云南小康年鉴

荣获全国地方志系统第二届年鉴评奖（2009）特等奖

云南省第十二次（2007年度）哲学社会科学优秀成果三等奖

云南省第八届年鉴评奖（2007）综合一等奖

云南省第八届年鉴评奖（2008）综合特等奖

第九届年鉴评奖暨第六届云南省地方志优秀成果奖（年鉴类）（2010）综合一等奖

YUNNAN PROVINCE
THE ALMANAC OF MODERATELY PROSPEROUS SOCIETY

云南小康年鉴

THE ALMANAC OF MODERATELY PROSPEROUS SOCIETY

YUNNAN PROVINCE

2012

云南省地方志编纂委员会　编纂

云南出版集团公司
云南人民出版社

图书在版编目（CIP）数据

云南小康年鉴．2012 / 云南省地方志编纂委员会编纂．-- 昆明 ：云南人民出版社，2012.12

ISBN 978-7-222-10526-3

Ⅰ．①云… Ⅱ．①云… Ⅲ．①小康－建设－云南省－2012－年鉴 Ⅳ．①F127.74-54

中国版本图书馆CIP数据核字(2012)第314282号

责任编辑：陈粤梅　郑灵琳　朱　颖
责任校对：朱　颖　李红菊　刘建军　方爱琴　宣　勤　代燕春
责任印制：洪中丽
装帧设计：梁　鹏

云南小康年鉴（2012）

云南省地方志编纂委员会　编纂

卯稳国　总编

出　版　云南出版集团公司　云南人民出版社
发　行　云南人民出版社
社　址　昆明市环城西路609号
邮　编　650034
网　址　www.ynpph.com.cn
E-mail　rmszbs@public.km.yn.cn
开　本　889×1194　1/16
印　张　40
字　数　1200千字
版　次　2012年12月第1版第1次印刷
印　数　1-2000册
排　版　昆明凡影图文艺术有限公司
印　刷　昆明富新春彩色印务有限公司
书　号　ISBN 978-7-222-10526-3
定　价　490.00元（含光盘）

云南小康年鉴编辑部地址：昆明市近华浦路春苑小区春明里28号
E-mail：ynxknj@vip.163.com

YUNNAN PROVINCE

编 辑 说 明

一、《云南小康年鉴》是云南省地方志编纂委员会主办的大型省级年度性、主题性、资料性工具书。2005年创刊，一年一卷，赓续出版，形成系列。

二、《云南小康年鉴》（2012）主要记述反映2011年1月1日至12月31日云南省全面建设小康社会的社会、经济、文化、生活的最新发展变化情况。

三、《云南小康年鉴》（2012）坚持“贴近实际、贴近生活、贴近群众”的办刊宗旨，力求“资料性、实用性、可读性”的统一，是主要面向各级党政领导和广大人民群众的大众年鉴。

四、《云南小康年鉴》（2012）框架结构，按照省、州（市）、县三个层面进行设置，分别由年度人物、小康论坛（专文）、年度要闻、省情概览、统计资料、绿色经济强省建设、新农村建设、新型工业化、特色产业、西部大开发、中国面向西南开放的桥头堡建设、城市化建设、民族文化强省建设、民族、社会生活、州市县小康建设进程、附录等17个栏目和索引组成。

五、为满足不同层次的需求，《云南小康年鉴》（2012）按照“固定栏目”与“非固定栏目”两种形式进行设置。固定栏目常年基本保持不变，立足于反映宏（中）观、综合情况；非固定栏目则内容相对灵活，主要是为了更好地反映出各地建设小康进程中的年度特色和地方特点。

六、《云南小康年鉴》（2012）体裁主要是专文、条目、表格和图片。其中，条目是基本记述单元。

七、《云南小康年鉴》（2012）资料，主要来自省内各级地方志机构。统计数据，主要来自于省级统计部门。由于行业与地区统计口径方面的原因，可能仍会出现个别数据不一致的现象，请读者在检索使用时加以注意。

八、《云南小康年鉴》（2012）中使用的度、量、衡，一律使用国家法定计量单位。

九、为方便国内外读者查阅检索使用，《云南小康年鉴》（2012）除专门设置中英文对照目录外，还在卷末设置了主题索引。索引以主题词首字的汉语拼音声母，按照A~Z音序的顺序排列。主题词所在页码，用数字表示，如“175、219、422”等。版面分栏排版，左、中、右栏，分别以a、b、c加以区别，便于对主题词所在位置进行具体标注，如“175a、219c、422b”等。

《云南小康年鉴》编纂职名

总 顾 问：李纪恒
顾　　问：高　峰　丁绍祥　吴光范　田　嘉　李富强
总　　编：卯稳国
副 总 编：崔质涛　杨　杰　李一是

主　　编：李一是
副 主 编：陈天武　袁丽萍　刘艾林　张学仁　张祖武
执行主编：陈天武
执行副主编：郑灵琳　刘建军

编辑部主任：郑灵琳
编辑部副主任：刘建军　郭　荣
编　　辑：田文桢　温益群　车光杰　郭　刚　杨　洪　姜定忠
赵　芳　李红菊　方爱琴　许旭光　宣　勤　代燕春
侯焕媛　张　春　杨　静　张炳贵　李海荣　何兴庚
李乐云　赖轶咏　牛永东
编　　务：蒲建生　李德明
翻　　译：饶杰卿
索　　引：郑灵琳
摄影编辑：孙晓云　李秋明
新闻摄影：李秋明　刘建华　张　彤　黄喆春　王顺祥　杨　峥
适志宏　雷桐苏　朱德华　顾　彬

封　　面：昆明长水国际机场
封　　底：银生古城——景东

《云南小康年鉴》协办单位

云南省总工会
中国民主建国会云南省委员会
云南省人民政府扶贫开发办公室
云南省人民政府侨务办公室
云南省林业厅
中共昆明市委
昆明市地方志办公室
昆明国家高新技术产业开发区管理委员会
景洪市人民政府
中共红河州委
普洱市人民政府
景东彝族自治县人民政府
中共彝良县委
陆良县人民政府
云南锡业集团（控股）有限责任公司
云南省能源投资集团有限公司
富滇银行
曲靖市商业银行
怒江交通运输集团有限责任公司

特邀编委

（排名不分先后）

中共云南省委常委、昆明市委书记	张田欣
云南省人民政府扶贫开发办公室主任	王　智
云南省人民政府侨务办公室主任	杨光民
云南省林业厅厅长	陈玉侯
昆明市地方志办公室主任	严宏纲
中共昆明市委常委、高新区党工委书记、管委会主任	董保同
中共红河州委书记	刘一平
普洱市人民政府市长	李小平
景东彝族自治县人民政府副县长	张天梅
中共彝良县委书记	曹阜忠
陆良县人民政府县长	陈　锐
云南锡业集团（控股）有限责任公司党委书记、董事长	雷　毅
云南省能源投资集团有限公司董事长	段文泉
富滇银行行长	卢　云
曲靖市商业银行董事长	李小生
怒江交通运输集团有限责任公司董事长	杨汶民

总撰稿人名单（按A~Z排列）：

陈德寿 陈杨东 冯　云 郭孟贤 何植敏 何志伟 蒋国安
李朝阳 李亚平 聂顺荣 龙垂东 庞　云 冉向阳 宋　予
熊泰和 王超英 严宏纲 杨光彦 杨树高 周国星 郑晓莹

撰稿人名单（按A~Z排列）：

艾文光 蔡　玲 曹晓军 陈建华 陈文举 陈兴年 程红春
崔江红 刀亚江 邓永平 丁煜新 董明鉴 董习保 窦正旺
杜红川 段怡敏 樊联奎 方玉红 冯　颖 付状明 高　宾
高　梅 高邦云 高保元 关世敏 管晓方 郭　武 郭润兰
郭志明 海成强 韩　悦 何　湘 何春城 何良兵 何少华
和　民 和云凤 贺　凡 衡　汝 洪应松 侯建华 胡荣莉
胡雪蕾 胡有洪 黄明韬 黄清祥 黄树英 黄志高 加三益
姜　华 蒋盛莉 金桂桂 金文明 金跃前 靳锡祥 赖俊芬
雷　涛 李　峰 李　杰 李　璟 李　伟 李　为 李　莹
李常有 李朝阳 李贵春 李海荣 李红兰 李加强 李建英
李俊成 李巧梅 李世奎 李思勇 李天义 李万辉 李晓媛
李燕兰 李玉生 李云峰 李云章 李志宝 李志诚 李忠文
李竹青 李竹贤 廖　立 刘　云 刘凤琼 刘明丽 刘世生
刘仕荣 刘书含 刘晓明 吕汇慧 罗承祥 罗美英 罗文福
马　钫 马才国 马各会 马义芳 马永飞 马仲全 毛锐锋
梅　菊 纳　梅 纳晓敏 潘　磊 潘振焱 庞亚萍 普凤珍

戚乔寿　秦穆　祁志浩　邱玮　邱开乾　冉玉兰　饶倪琴

佘文琴　宋元岫　苏文芳　苏正平　粟俊杰　孙向阳　谭纪芳

谭砚华　谭粤红　汤长平　唐芳　唐陶　唐春荣　唐建梅

唐荣华　陶明贵　陶正英　田芳　田瑞　田德粉　万吉星

王芳　王涓　王俊　王锐　王文　王颖　王宇

王媛　王常海　王基宇　王丽达　王邱华　王士录　王树恩

王思泽　王晓平　王永胜　吴立群　吴美菊　吴焰红　夏光柱

线智林　向士学　许振娣　薛海　晏权　杨坤　杨明

杨艳　杨斌斌　杨国培　杨加祥　杨家国　杨杰超　杨立鑫

杨连国　杨林黎　杨秋萍　杨圣云　杨树星　杨素娟　杨叶露

杨勇辉　杨裕萍　杨增才　杨镇宇　杨志香　晏江　依旺进

矣德忠　余红英　余剑明　余菊芳　余俊柏　俞文岚　袁登雁

岳丽萍　曾睿　曾海平　曾永春　詹应泽　张纯　张晖

张丽　张鑫　张一　张毅　张存浥　张红梅　张红涛

张红云　张洪芬　张怀寿　张焕明　张礼孔　张丽莲　张晓俊

张孝和　张雪英　张亚伟　张耀丕　张永梅　张永香　张玉宇

张云江　赵飞　赵悦　赵剑萍　赵秀元　赵学瑛　赵杨斌

郑航　郑宝华　郑灵琳　钟履山　周颜　周海波　周家荣

周能汉　周元珠　周智荣　朱懿　朱溪江　朱于波　卓维华

字凌　邹瑾

2011年1月21日，省委书记、省人大常委会主任白恩培在省人代会开幕式上讲话

2011年1月21日，省委副书记、省长秦光荣在省人代会上作政府工作报告

2011年1月21日，云南省第十一届人民代表大会第四次会议召开

2011年1月11日，省长秦光荣在保山市隆阳区瓦马乡看望慰问群众

2011年8月28日，省委副书记、省政府党组书记李纪恒在曲靖市调研

大理创新工业园

农民工成为技术工

全国最大技术先进的钛板卷生产线

大理南涧啤大麦收获

昆机股份有限公司高端设备实现批量化生产

蔬菜直销车进社区

昆明盘龙江畔好景观

四通八达的立交桥

规模居亚洲第一的糯扎渡水电站拦河大坝

世界第一高坝溪洛渡水电站双曲拱坝

2011年6月6日，第十九届昆交会开幕

2011年4月25日，省委副书记、省长秦光荣到寻甸县对牛栏江—滇池补水工程前期工作进行调研

云南创新云药进入美国等海外市场

保山昌宁笑果果食品有限公司员工在进行核桃加工

民族学校校舍等基础设施改善，学生们欢心开怀

2011年3月20日，盈江抗震救灾中的官兵除险排危清理废墟

年度人物
Persons of the Year

邓前堆

邓前堆，怒族，生于1964年3月，中共党员，云南省怒江州福贡县石月亮乡拉马底村一名普通医生。自1983年担任乡村医生以来，不顾生命危险，28年如一日，不辞辛劳，背着药箱，冒着生命危险，靠一套滑轮，一根绳子，通过距怒江江面30米高100多米长的溜索来往于拉马底村，为百姓送医送药，累计出诊5000余次，步行60多万千米，诊治患者13万余人次，未出现一起医疗事故和医疗纠纷，被当地群众誉为“索道医生”。28年来，无论地里劳动、赶集、做客、走亲戚，他身挎药箱，随时在田边地头、林间崖下为村民提供医疗服务。无论白天黑夜、刮风下雨，只要乡亲们有病，随叫随到，通过索道奔波于高山峡谷间。28年扎根基层，无私奉献，无怨无悔。以“救死扶伤”为己任，满腔热忱地把自己所学的知识倾注到农民身上，为患者解除痛苦，在平凡的岗位上做出不平凡的业绩。

2011年2月，云南省卫生厅授予他“优秀乡村医生”和“优秀共产党员”称号；5月，中共云南省委授予他“优秀共产党员”称号；6月，被中国教科文卫体工会评为“全国卫生系统职工职业道德标兵”； 9月在第三届全国道德模范评选中荣获“全国敬业奉献模范”称号。2012年6月被选为党的十八大代表。

朱有勇

朱有勇，生于1955年11月，云南个旧人，中共党员。长期从事生物多样性控制植物病害的基础、应用基础和示范推广研究，揭示生物多样性控制病害的基本规律和基本原理。在国际上创建“水稻遗传多样性控制稻瘟病理论和技术”和“生物多样性控制植物病害理论”，在国内外数千万亩的示范推广中，获得显著的经济、社会和生态效益。2000年获中国农业大学博士学位。先后担任教育部重点实验室主任，国家农业生物多样性工程中心主任、博士生导师，云南农业大学校长。2011年11月10日当选中国工程院院士。2001～2011年先后获何梁何利科学技术进步奖、国际农业研究杰出科学奖、联合国粮农组织国际稻米年科学研究一等奖、国家技术发明二等奖、云南省科学技术进步奖9项。先后获全国杰出专业技术人才、全国优秀留学回国人员、全国农业先进科技工作者、全国优秀共产党员、全国模范教师、全国十佳三农人物奖等荣誉。2012年6月被选为党的十八大代表。

目　录
CONTENTS

年度人物
Persons of the Year

邓前堆

Deng Qiandui

朱有勇

Zhu Youyong

小康论坛
The Moderately Prosperous Society Forum

加快建设面向西南开放重要桥头堡

访中共云南省委书记秦光荣　1

Accelerating the Construction of Significant Bridge Head Openning-up toward Southwest Asia --- an interview with Qing Guangrong, Secretary of Provincial Party Committee of CPC

做优做强产业园区　全力推动工业跨越发展

李纪恒　2

Excelling and Strengthening Industrial Zones, Putting All Efforts to Drive Forward the Leaping Development in Industry of Yunnan Province--- By Li Jiheng, Governor of the People's Government of Yunnan Province

稳中求进　创新推动　跨越发展　努力建设美好幸福的新昆明

张田欣　7

Making Steady Progress; Driving Advance with Innovations; Achieving Development Leaping Forward; Making Great Efforts to Improve a better and happier Neo Kunming—By Zhang Tianxin, Standing Committee Member of Yunnan Provincial CPC; Secretary of Municipal Party Committee of CPC

率先突破　优先发展　把红河建成面向西南开放的区域性国际化门户“金边”经济区和区域经贸合作强州

刘一平　13

Taking the lead in breaking through and Putting Development First, to Build Honghe into: an Openning-up, Regional and Internationalized Portal Facing Southwest Asia; and a Strong Autonomous Prefecture of 'Golden-lateraled' Economic Area and of Regional Economy Cooperation --- By Liu Yiping, Secretary of Honghe Hani and Yi Autonomous Prefectural Party Committee of CPC

服务民生促和谐　人才强省谋发展——全面实施“十二五”时期人力资源社会保障事业6大计划20大工程

解　毅　18

Improving Social Harmony by Servicing the People's Wellbeing, Planning Further Development by Intillectualizing Yunnan Province——To Comprehensively Implement 6 Great Plans and 20 Grand Projects in Human Resources and Social Security During the 'Twelveth Five-Year Plan'——By Xie Yi, Director General, the Department of Human Resources and Social Security of Yunnan Province

年度要闻
Highlights of the Year

1～12月　24

省情概览
Overview of Yunnan Province

综　述

Summary　32

重大决策

Important Decisions

概述　35

精心谋划　35

科学发展　35

成绩斐然　36

全面建设小康社会进程监测报告（2011）

Monitoring Report on the Course of Building a Moderately Prosperous Society in All Respects, Yunnan Province (2011)　37

全面建设小康社会进程概览

Overview on the Process of Constructing a Moderately Prosperous Society in All-Around Way

概述　42

财政收支　42

市场价格　42

2006～2011年云南省生产总值及其增长速度（图1 ）　42

2006～2011年云南省地方财政一般预算收入及其增长速度（图2）　42

2011年云南省居民消费价格比上年涨跌幅度（表1） 43
2006～2011年云南省全部工业增加值及其增长速度（图3） 43
农业生产 43
工业生产 43
2011年云南省主要工业产品产量及其增长速度（表2） 44
2006～2011年云南省建筑业增加值及其增长速度（图4） 44
建筑业 44
固定资产投资 44
2006～2011年云南省全社会固定资产投资及其增长速度（图5） 45
房地产开发 45
基础设施建设 45
社会消费品市场 45
2011年云南省分行业规模以上固定资产投资及其增长速度（表3） 45
2011年云南省房地产开发和销售主要指标完成情况（表4） 46
2006～2011年云南省社会消费品零售总额及其增长速度（图6） 46
对外贸易和引进外资 46
交通运输 47
邮电通信 47
2006～2011年云南省进出口总额及其增长速度（图7） 47
2011年云南省各种运输方式完成货物运输量及其增长速度（表5） 47
2011年云南省各种运输方式完成旅客运输量及其增长速度（表6） 47
2006～2011年云南省城乡居民人民币储蓄存款余额及其增长速度（图8） 48
旅游业 48
金融保险业 48
资本市场 48
教育事业 48
科技发展 48
文化事业 48
卫生及体育事业 48
生态环境保护 49
水资源与用水量 49
能源消费与节能 49
安全生产 49
人口与就业 49
2011年人口数及其构成（表7） 49
城乡居民生活 49
社会保障 50
社会福利事业 50
2006～2011年云南省城镇居民人均可支配收入及其增长速度（图9） 50
2006～2011年云南省农村居民人均纯收入及其增长速度（图10） 50

财政金融保障
Fiscal and Financial Guarantee

财　政
Fiscal Guarantee

概述 51
筹资融资 51
惠农强农 52
保障民生 52

金　融
Financial Guarantee

概述 54
金融服务“三农” 54
金融综合管理 54
支付体系运行 54
信用体系建设 55
货币金银管理 55
国库管理 55
反洗钱工作 55
金融对外开放与合作 55

气　象
Meteorological Statistics

概述 55
气候特征 55
气温 56
降水 56
日照 56
气候事件 56
气象灾害及损失 56
旱灾 57
低温雨雪冰冻 57
洪涝 57
其他灾害 57
滑坡泥石流 57
森林火灾 57

统计资料
Statistic Data

云南省国民经济和社会发展主要指标 60
2011年全国及各省、市、自治区主要经济指标 64
2011年全国及各省、市、自治区主要工农业产品产量 66
2011年全国及各省、市、自治区城乡居民生活情况 68

绿色经济强省建设
Strengthening Yunnan by Developing Green Economy

生态建设
Works on Ecological Improvement

概述 72
网络森林医院远程诊断系统 73
中越生物多样性保护合作协议 73
南滚河国家公园建立 73
小熊猫繁育基地落户普洱 73
老虎驯养繁殖基地建设 73
云南省杨善洲绿化基金会成立 73
“中国边境生物卫士奖”获奖单位个人 74
云南省森林火灾保险方案出台 74
林业标准技术审查专家库建立 74
林业改革 74
林权宗地管理数据库建设 74
农村能源建设 75
国家野生食用菌科研基地“落户”龙陵 75
森林火灾保险试点 75
特色林产业 75
国家公园建设 75
石漠化治理 75
自然保护区森林生态服务 75

国家级自然保护区建设 75
云南省国家级自然保护区 76
云南省省级自然保护区 77

生态保护
Ecological Conservation
概述 78
主要湖泊水库水质状况 78
2011年主要湖泊、水库类别统计 79
2011年九大高原湖泊水质状况 79
2011年度主要河流（河段）断面水质类别表 79
饮用水源地类别情况 79
主要河流水环境质量 79
出境跨界河流水质状况 80
集中式饮用水源地水质状况 80
环境空气质量 80
降水和酸雨 80
城市（镇）区域声环境质量状况 80
城市功能区声环境质量状况 80
辐射环境 80
森林资源现状及变化趋势 80
物种状况 81
湿地 81
自然保护区 81
废水 81
废气 81
固体废弃物 81
污染减排 81
九大高原湖泊水污染防治 81
三峡库区上游地区水污染防治 82
重金属污染防治 82
三废治理 82
清洁生产 82
生物多样性保护 82
自然保护区建设 82
天然林保护及退耕还林 82
水土保持 82
农村环境保护 82
生态建设示范区 82
环保专项行动 82
排污费征收 82
环境行政处罚 82
环境突发事件及处理 82
重点城市集中式饮用水水源地环境状况评估 83
城市环境基础设施建设 83
城市机动车污染防治 83
城市环境综合整治定量考核 83
建设项目环境管理 83
辐射环境管理 83
环境信访 83
云南省生物多样性保护图片香港展 83

生物资源开发
Biological Resources Development
概述 84
省政府出台发展生物产业重大举措 84
招商引资引智 85
生物产业发展规划编制 85
政策法规建设 85
典型示范 85
云南省生物产业科技成果展示交易会 85

新农村建设
Construction of New Countryside

综 述
Summary
概述 88
农业生产 88
农村基础设施建设 88
高原特色农业 88
农村社会事业 88
森林云南建设与生态环境治理 89
困难和挑战 89

农业和农村经济
Agriculture and Rural Economy
概述 90
农业投入和支农惠农政策 90
农业科技 90
农业产业结构调整 90
种植业 90
养殖业 91
农业机械化 91
农产品品牌 91
农产品出口 91
农民增收 91
农村劳务经济 92
农业产业化经营 92
农产品加工 92
农民专业合作组织 92
农产品质量 92
农业生态环境 92
动植物疫病疫情防控 92
农村改革和发展 93
农村能源 93

水 利
Water Resources Conservancy
概述 93
水利规划 94
防汛抗旱 94
水源工程建设 94
农村水利建设 94
水资源管理 95
水资源节约与保护 95
水土保持 96
农村水电 96
水利改革 96

兴边富民工程
Program to Revitalize Border Areas and to Enrich Residents' Lives
概述 96
兴边富民工程实施 97
兴边富民工程经验 97
“十二五”兴边富民工程 97

新型工业化
New Industrialization

综 述
Summary
概述 100
主要行业运行情况 100

制定全年全省工业经济运行目标 100
经济运行监测预警分析 101
煤电油运综合管理协调 101
工业企业达规培育 101
电子制造业软件业统计 101
全省蔗糖行业运行协调 101
强化安全生产工作指导 101
工业经济运行中存在的困难和问题 102

非公有制经济
The Non-public Sectors of the Economy
概述 102
消费需求 103
民间投资 103
信贷资金 103
进出口贸易 103
经济效益 103
社会贡献 103
与省外比较 103
云南省与部分省份非公经济增加值情况对比表 103

省属大中型企业
Provincial Medium and Large Enterprises
云南省工业投资控股集团有限责任公司 104
西南交通建设集团股份有限公司 104
云南省城市建设投资有限公司 104

国有资产监督管理
Supervision and Management on State-owned Assets
概述 104
省属企业转方式调结构 105
企业核心竞争力提升 105
省属企业融资创新 105

节能降耗
Energy and Consumption Efficiency
概述 106
组织领导 106
目标责任 106
淘汰落后产能 106
重点领域节能 106
节能产品惠民工程 106
节能评估和审查制度 106
低碳试点 106
企业节能 106
开展节能宣传 107

循环经济
Circular Economy
概述 107
“十二五”循环经济发展规划 107

安全生产
Safety in Production
概述 108
安全专项整治 108
道路交通安全监管 109
消防安全工作 109
安全生产应急能力建设 109
安全生产监管制度建设 109
生产安全事故查处 109

特色产业
The Pillar Industries

综　述
Summary
概述 112
支柱产业发展 112
传统产业结构调整 112
现代农业推进 112
服务业发展 112
战略性新兴产业 112
产业聚集发展 112
技术创新 113

烟　草
Tobacco
概述 113
打假打私专项行动 113
专卖证件管理 114
卷烟经营 114
烟叶产销 114
现代烟草农业建设 114
科技推广 114
特色优质烟叶开发 114
新烟区开发 114
烟叶资源配置方式改革 114
对外交流与合作 115
进出口贸易 115
云南中烟工业有限责任公司 115
品牌建设 115
烟叶原料 116
科技创新 116
基础管理 116
卷烟生产 116
国内销售 116
国际销售 116
红塔集团 116
卷烟生产经营 116
重点品牌 117
科技创新 117
多元化经营 117
红云红河集团 117
卷烟生产经营 118
品牌培育 118
市场营销 118
原料保障 118
科技创新 119
生产制造 119

电　力
Electricity
概述 119
电力生产 119
电力营销 120
电网建设 120
农电体制改革 120
社会用电 120
对外合作 120
云电外送 120
安全生产 120

矿　业
Mining
概述 121

重要成果 121
黄金产量 121
原煤基地 121
微波冶金 121
产能先进 121
多晶硅 122
大型矿床 122
矿业交易中心 122
钛业基地 122
地质找矿 122

生物资源开发
Biological Resources Development

参见“绿色经济强省建设”
Please Refer to ‘Strengthening Yunnan by Improving Green Economy’

旅游
Tourism

概述 123
旅游产业改革 123
旅游产业综合带动效应 123
政策支持 123
投融资渠道 123
旅游政务服务中心建设 123
中国国际旅游交易会 124
国际旅游 124
海外入滇旅游市场 124
边境旅游 124
区域旅游合作 124
国内旅游 124
国内旅游市场 124
红色旅游建设 125
乡村旅游建设 125
旅游自驾 126
假日旅游 126
旅行社管理 126
导游管理 126
休闲度假酒店建设 126
旅游企业经营 126
旅游标准化建设 126
重大项目建设 127
宣传推广 127
A级景区建设 127
旅游景区建设与管理 127
旅游生态文明建设 127
乡村旅游示范县（点） 127
导游援藏工作 127
旅游人才培训 127
对外旅游交流培训 127

西部大开发
The Grand Western Development Program

综 述
Summary

概述 130
西部大开发工作设想 131

西部大开发成果
Achievements of the Grand Western Development Program

财政收入 133
经济运行 133
工业生产 133
新型工业化 133
非公企业 133
能源保障 133
教育创先 133
十大科技进展 134
知识产权 134
道路运输 134
水路交通 134
居民收入 134
口岸进出口 134
旅游产业 134
对外开放 134
对外贸易 134
境外投资 134
乡村公路 135
民生工程 135
全民医保 135
金属矿床 135
物流集团 135
木本作物 135

中国面向西南开放的桥头堡建设
Construction of China's Bridge Tower Embracing Southwest Asia

对外开放
The Opening-up

概述 138
中国—东盟外长会在昆明举行 139
孟中印缅地区经济合作论坛第九次会议召开 140
省友协获“人民友谊贡献奖”称号 140
滇老共庆中老建交50周年 140
英国皇家国防研究院代表团访滇 140
美国国会议员助手团访滇 140
云南省友好代表团出访非洲 140
秦光荣率团出席中美省州长论坛并访问加拿大 141
云南—泰北合作工作组第四次会议举行 141
柬埔寨副首相兼内阁办公厅大臣索安访滇 141
中国云南—老挝北部合作工作组第五次会议 141
老挝国家主席朱马利·赛雅颂访滇 141
李纪恒率团出席中美省州长对话 141
孟加拉国议长阿卜杜尔·哈米德访滇 141
老挝干部考察团访滇 141

国际大通道建设
Construction of Grand International Passages

公 路
Highway

概述 142
公路运输 142
磨黑至思茅高速公路通车 143
普者黑至炭房一级公路通车 143
六库至曼海桥二级公路通车 143
施甸至链子桥二级公路通车 143

鸡足山旅游公路通车 143
腾陇二级公路建成通车 143
文山州3条二级公路通车 143
昭阳至彝良二级公路通车 143
柿子至凤翥二级路通车 143
元谋至双柏二级公路建成通车 143
怒江拉马底索改桥工程通车 143
边境公路交通建设 143
人口较少民族地区农村公路建设 143
道路客运整治专项行动 144

铁 路

Railway

概述 144
铁路运输 144
出省物资运输 144
重点物资运输 144
列车运行图调整 145
昆明至上海南K80/79次列车值乘任务接管 145
昆明至楚雄城际列车开行 145
昆明直达济南旅客列车开行 145
春运售票管理 145
春节旅客运输 145
暑期旅客运输 146
互联网购票启动 146
铁路建设 146
仁丽铁路建成通车运营 146
六沾复线建设 146
玉蒙铁路建设 146
沪昆客运专线多乐铺凤凰山隧道开工 146
大瑞铁路保山至瑞丽段建设动员大会举行 146
经营机制转换 147
服务旅客创先争优活动 147

民 航

Civil Aviation

概述 147
2011年12月云南机场集团有限责任公司运输生产报表 148
安全体系建设 149
机场转场工作 149
产业发展工作 149
经营管理水平 149
创先争优活动 150
新增航线 150
2011年新开恢复航线表 150

水 运

Water Transport

概述 151
澜沧江——湄公河国际航运考察 151
中越红河界河段航运考察 152
澜沧江文明航道授牌 152
澜沧江—湄公河通航协调会 152
澜沧江—湄公河国际航运复航 152
首家水上搜救机构挂牌 152

中国（云南）—东盟自由贸易区

China (Yunnan) - ASEAN Free Trade Area

概述 152
东盟各国简介 152
2007～2011年东盟六国主要经济发展指标变化表（表1） 154
2007～2011年东盟新四国主要经济发展指标变化表（表2） 156
东盟经济 157
中国—东盟自由贸易区建设 157
中国云南—东盟自由贸易区建设 158
2011年1～12月中国与东南亚国家贸易统计（表3） 158
大湄公河次区域（GMS）经济合作 159
云南与东盟国家友好往来 160

澜沧江—湄公河次区域经济合作

The Sub-regional Economic Cooperation of Lancang-Mekong River

概述 161
政策措施 161
合作项目 161
实施效果 162
重要活动 162

中国（云南）—南亚区域合作

China (Yunnan) - South Asia Regional Cooperation

概述 162
南亚区域国家简介 163
孟中印缅地区经济合作论坛第九次会议 164
2011年1～4月云南省与南亚各国贸易总值表 164
第六届中国—南亚商务论坛召开 165
第三届中国—南盟经贸高官会 165
印度与云南打造泛亚经贸合作商务平台 165
巴基斯坦—中国商务论坛 165
“中国—南盟国家人文交流”国际研讨会 165
远行的罗曼史—泰戈尔画展在昆明举办 165

对外贸易

Foreign Trade

概述 166
外贸结构调整 166
2011年云南省外贸进口统计表（表1） 167
2011年云南省外贸出口统计表（表2） 170
2011年云南省出口主要商品一览表（表3） 175
2011年云南省进口主要商品一览表（表4） 176

对外经济技术合作

Foreign Economic and Technological Cooperation

外商投资项目 178
外资审批 178
跨境经济合作区 178
国家级边境经济合作区 178
国家级经济技术开发区 178
对外承包工程 178
对外投资 178
昆交会客商情况 179
昆交会展位安排 179
昆交会商务成果 179
昆交会配套会期活动 179
昆交会会展特点 179

出入境检验检疫
Entry & Exit Inspection and Quarantine

概述 180
"桥头堡"建设服务 180
地方经济发展服务 181
进出口食品安全突发事件 181
食品添加剂专项治理 181
"双打"专项行动 181
昆明新机场检验检疫转场 181

口岸建设
Port Construction

概述 182
对缅边境口岸 182
对越边境口岸 182
对老边境口岸 182
口岸开放 182
口岸基础设施建设 182
口岸边民互市 183
电子口岸建设 183
口岸便利化通关 183
口岸合作 183
云南省口岸进出口货物统计表（2011年） 184
云南省口岸出入境人员及交通工具统计表（2011年） 185

桥头堡建设新篇章
New Chapters on Building the Bridge Head

云南省总工会 186
中国民主建国会云南省委员会 190
云南省人民政府扶贫开发办公室 191
云南省人民政府侨务办公室 192
云南省林业厅 194
中共昆明市委 198
昆明国家高新技术产业开发区管理委员会 206
景洪市人民政府 210
中共红河州委 212
普洱市人民政府 218
景东彝族自治县人民政府 224
中共彝良县委 226
陆良县人民政府 228
澜沧县中医院 229
云南锡业集团（控股）有限责任公司 230
云南省能源投资集团有限公司 234
富滇银行 238
曲靖市商业银行 240
云南怒江交通运输集团有限责任公司 242
环腾集团玉溪市溶剂厂有限公司 244
中国泉乡华宁陶 246
富源县煤炭工业局 248
富源县十八连山镇 250
富源县中安镇东门社区 252
富源县中安镇外山口社区 254
云南省移民开发局 256
云南烟叶复烤有限责任公司 258
大芦山——云仙彝族乡 259
富源县老厂镇 260
宣威市龙场镇旧营村 261
富源县好源农业综合有限责任公司 262
宣威市乐威经贸有限公司 264
西双版纳云丰木业有限公司 265
宣威市星海大酒店 266
宣威市顺达火腿食品有限公司 270
香格里拉酒业股份有限公司 271
云南邦特新材料有限公司 272
云龙县宝丰乡大栗树茶厂 273
景东县文华农场粮油厂 274
昆明凡影图文艺术有限公司 275

城市化建设
The Urbanization

综　述
Summary

城乡规划
Urban-rural Planning

完善城乡规划 278
区域城乡规划编制 278
城乡规划政策制定和规章制度建设 278
历史文化名城（镇村街）保护管理 279
城乡规划技术培训 279

城市建设
Urban Construction

城市治污设施建设 279
城镇园林绿化水平整体提升 279
市政公用事业 279
城市燃气行业管理 280
供水节水管理工作 280
"绿色照明"工程 280
推出市政基础设施工程资料软件 280
数字化城市管理工作 280
城建监察人员执法水平提升 280
市容环卫工作 281
优化区域中心城市布局 281

村镇建设
Villages and Towns

村庄规划 281
农村危房改造及地震安居工程 281
特色小镇建设 281
小城镇基础设施 281

建筑业
Construction Industry

概述 282
住房公积金监督管理 282
工程建设安全 282
抗震防灾和恢复重建工作 282
建筑节能 282
风景名胜区管理 282

房地产
Real Estate

房地产调控政策 283
房地产开发投资 284
稳定房价初见成效 284

国土资源管理
Administration on Land Resources

国土资源保障 285
服务"桥头堡"建设 285
"用地上山"新创举 285
土地整治 286
地质灾害防治 286
土地执法监察 286

队伍建设 286
国土资源管理工作构建 287

民族文化强省建设
To Develop Advanced Yunnan with Its Ethnic Culture Diversity

文化体制改革
Reform on the Cultural System

概述 290
产业政策 290
文化体制改革推进 290
文化市场 291
人才培养 291
基础工作 291

教育
Education

概述 291
教育事业 292
国家教育体制改革试点项目实施 292
学前教育行动计划实施 292
中小学校舍工程建设 292
云师大附中高考成绩斐然 293
初中教育评价制度改革 293
义务教育保障机制建设 293
教育乱收费治理 293
基础教育质量监测 293
高考新方案 294
招生考试信息化管理与平台项目获奖 294

科学技术
Science and Technology

概述 294
科技计划与经费 294
应用基础研究 295
技术创新体系建设 255
企业技术创新 295
重点产业创新 295
高新技术特色产业基地建设 296
农业科技创新工程 296
畜牧科技产业发展 296
粮食高产创建活动 296
边疆解“学科技难”惠民工程 296
生物能源产业化创新基地建设 297
花卉产业创新基地建设 297
生物医药产业发展 298
环境保护科技 298
灾害防御能力建设 298
医疗卫生科技 298
可持续发展实验区建设 298
节能减排科技创新工程 298
高新技术企业培育 299
创新型企业培育 299
省级重点实验室建设 299
省工程技术研究中心及科技服务建设 299
企业技术中心建设 299
云南科技创新园建设 299
培养引进高层次人才 299
科研院所技术开发专项 299
国际科技合作 299
国内科技合作 300
云南省科学技术奖颁奖大会 300
部省工作会商会议 300
科技成果 300
科技成果应用 300
科技奖励 301
获国家奖情况 301
社会力量设奖情况 301
技术市场 301
知识产权创造 301
专利技术转化实施 301
知识产权试点示范工作 301
知识产权保护工作 301
知识产权培训和人才培养 302

文化艺术
Art and Culture

概述 302
公共文化服务体系建设 302
文化艺术创作 302
文化遗产保护 302
人事制度改革 303
文化市场管理 303
文化产业发展 303
文化市场监管 303
对外文化交流 303
文化人才培养 304
全省第十一届新剧（节）目展演 305
2012新年戏曲交响音乐会 305
胡春华获第二十五届戏剧梅花奖 305
文化强省·百艺盛会 305
云南文化艺术职业学院开办舞蹈花蕾班 305
话剧《搬家》获大奖 305
“文化大篷车·千乡万里行”实施 305
“艺术客厅”演出项目 305
“高雅艺术走进校园”演出 305
云南省滇剧院建院60周年 305
参加全国社会文化类比赛 305
全省社会文化工作暨大村模式推广会议召开 305
全省“三馆一站”免费开放工作启动 306
创建国家公共文化服务体系示范区（项目）入围名单 306
全国文化志愿者云南行活动 306
第二届“大家乐”群众文化广场舞蹈大赛 306
中国民间文化艺术之乡 306
文化馆达标活动 306
云南省首届农民工文化节 306
云南省第三次全国文物普查 306
推荐评审第七批省级文物保护单位 306
文物保护单位 306
红河哈尼梯田申报世界文化遗产 306
茶马古道整体纳入国家保护规划 306
云南省博物馆建馆60周年 307
博物馆（纪念馆）免费开放 307
昆明官渡全国非物质文化遗产联展举办 307
文化遗产日系列活动 307
全省非物质文化遗产保护中心成立 307
国家级非物质文化遗产项目传承人推荐 307
国家级非物质文化遗产生产性保护示范基地入选项目 307
文化市场综合执法改革 307

第三批全省“文化惠民示范村”创建工作 307
中国国家动漫产业网云南分站启动上线 307
第四届昆明（泛亚）国际民族民间工艺博览会开幕 307
云南省动漫协会挂牌成立 307
首届云南文化创意周在昆明启幕 308
云南省博物馆与韩国ACC达成合作项目 308
纳米比亚政府文化代表团来滇访问考察 308
“文化云南网”正式开通 308

广播电视
Radio and Television
概述 308
获奖项目 309
工程项目建设 309
产业发展 310
《经典之夜》栏目开播 310
《爱上经典》栏目开播 310
《养生汇》栏目开播 310
《新看点》栏目开播 310
《华彩云南》开播 310
云南卫视成功举办大型跨年公益晚会《地球之声》 310
《文化云南 春暖花开》大型文化宣传直播节目 310
农村频率故事广播 311
庆祝中老建交50周年暨中国电影周活动 311
庆祝建党90周年云南25个少数民族歌曲展播活动 311
第七届泛珠三角区域合作与发展论坛暨经贸洽谈会报道 311
道德建设栏目《情暖人间》推出 311
全省民族广播业务培训班 311
卫视品牌栏目《音乐现场》改版 311

新闻出版
Press and Publication
概述 312
图书音像电子出版 312
建党90周年出版发行工作 312
《漫画PARTY》上线销售 312
开发网络游戏《出发 On Line》 312
报刊出版 312
非时政报刊出版单位改革 312
手机报发展 312
记者站管理 312
核发记者证 312
农家书屋工程建设 312
卫星数字农家书屋建设 313
少数民族文字出版东风工程 313
送书下乡活动 313
印刷业 313
第十四届云南国际印刷物资展览会 313
出版物发行 313
参加第二十一届全国图书交易博览会 313
新闻出版业改革发展项目库建设 313
东盟国际图书城立项 313
昆明新知集团柬埔寨金边华文书局开业 313
出版物质量检测 313
版权保护宣传 313
作品登记 293
扫黄打非 313
盗版工具书治理专项行动 314
校园周边文化环境整治专项行动 314

地方志·年鉴
Local Chronicles · Almanac
概述 314
《云南省志》分志编纂 314
州市县地方志事业稳步开展 314
部分州市政府出台地方志行政法规 314
全国地方志系统第二届年鉴评奖工作总结大会在昆明召开 314
云南省地方志系统年鉴期刊信息会在德宏州召开 315
云南省州市地方志办公室主任会议在丽江召开 315
《以法修志和谐发展》编纂出版 315
《云南小康年鉴》撰稿人研讨会召开 315
全省方志系统业务培训班举办 315
云南小康年鉴编纂人员到丽江调研 315

民 族
Ethnic Groups

综 述
Summary 318

民族事务
Ethnic Affairs
制定民族地方单行条例 319
修订民族自治地方单行条例 319
扶贫开发 320
帮扶独龙族发展 320
扶持民贸民品 320
少数民族发展资金管理 320
电脑农业与科技培训 320
组织参加第九届全国少数民族传统体育运动会 320
云南省第七届民族民间歌舞乐展演 321
实施云南世居少数民族文化精品工程项目 321
实施少数民族传统文化抢救保护项目 321
实施省级民族机动金文化教育经费项目 321
“中华一家亲”活动走进云南 321
民族教育 321
青少年“希望之旅”夏令营 322
双语教材编译及双语教材审定 322
防治艾滋病宣传 322
报刊赠阅 322
少数民族干部结构 322
省民委就民族问题接受国外电视台采访 322
零障碍双语教学项目座谈会 322
台湾原舞者文化艺术团赴滇交流 322
第五届中华青年民族学习交流营举办 322
迪庆藏族自治州歌舞团赴台湾演出 322
《党在我心中》 323

《云南民委工作60年》出版发行 323
335种图书获准出版 323
《云南民族工作专刊》出版发行 323
合作协议 323
少数民族传统文化抢救保护专项经费管理暂行办法出台 323
少数民族和民族地区经济社会发展“十二五”规划 323

社会生活
Social Life

综 述
Summary 326

社会救助
Social Assistance
抗灾救灾 327
防灾减灾能力建设 327
防灾应急“三小”工程 328
最低生活保障 328
医疗救助 328
五保供养 328
特殊对象救助 328
老年人福利 328
儿童福利事业 329
残疾人福利 329
慈善工作 329
双拥工作 329
优待抚恤 329
安置工作 329

扶贫攻坚
The Poverty-relief Program
概述 330
深度贫困群体重点帮扶 330
连片特困地区综合扶贫 330
整村推进 330
重点扶贫 330
产业扶贫 330
贫困地区劳动力转移培训 330
行业扶贫 330
社会扶贫 331
扶贫研究 331

人力资源和社会保障
Human Resources and Social Security
概述 331
就业工作 331
劳动保障 332
劳动关系 332
劳动合同 332
劳动争议处理 332
农民工权益保障 332
工资收入分配 332
企业最低工资标准 333
社会保障 333
社保基金监督管理 333
企业退休人员基本养老金 333
被征地农民基本养老保险 333
医疗保险 333
失业保险 334
工伤保险 334
生育保险 334
新型农村养老保险和城镇居民养老保险 334
人才队伍建设 334
高层次人才引进 334
职业能力培训 334
公务员管理 334
服务保障能力建设 334

平安云南建设
Construction on Stability
概述 335
打击刑事犯罪 336
命案侦破 336
多发性侵财犯罪侦破 337
打击拐卖妇女儿童犯罪 337
打击经济犯罪 337
“清网”行动 337
禁毒工作 337
禁吸戒毒 338
公安出入境管理 338
治安管理 338
网络安全保卫 339
缉私工作 339
公安消防管理 339
公安交通管理 339

民族医药
Ethnic Medicine
概述 340
傣族医学 340
彝族医学基础理论研究 340
彝族药学研究 340
彝族医药开发 340
藏族医学 340

医疗卫生
Health Care
概述 341
“医疗专家进社区”项目实施 341
“我身边的社区卫生服务”主题宣传活动 341
创建国家示范社区卫生服务中心活动 342
疾病预防控制工作 342
基本公共卫生服务 342
重大公共卫生服务项目 342
爱国卫生运动 342
艾滋病防治 342

食品药品监管
Supervision and Administration on Food and Drug
概述 342
打击食品非法添加和滥用食品添加剂 343
地沟油专项整治 343
整治邻苯二甲酸酯类物质 343
小餐饮食品安全整治规范试点启动 343
餐饮服务绩效考核 343
学校食堂食品安全督查 344
组建云南省餐饮服务食品安全专家委员会 344
制定《云南省餐饮服务许可管理办法实施细则》 344
药品安全责任体系评价试点 344
基本药物质量安全 344
药品生产监督管理 344
药品流通市场秩序 345

药品安全专项整治 345
违法药品广告清理整治 345
云南省药材标准 345
医疗器械监管 346
保健品化妆品职能调整 346
完善技术体系 346
医疗器械检测机构比对试验 346
信息化建设 346
宣传工作 346
云药产业 346
“全国安全用药月”启动仪式 346

体 育
Sports
概述 347
贯彻落实《全民健身条例》 347
“七彩云南全民健身基础设施工程” 347
组织全民健身系列活动 347
体育对外交流 347
藏区体育工作 348
竞技体育 348
运动员退役安置 348
备战奥运会全运会 348
高原体育训练基地建设 348
体育彩票业新突破 348
社会体育产业 349
举办高级别体育赛事 349

人口和计划生育
Demographic Works and Family Planning
概述 349
人口计生法制化建设 349
人口和计划生育综合改革 349
流动人口服务管理新机制 349
优生促进工程 350
实施生育关怀行动 350
人口发展战略研究 350
人口计生宣传 350
保障机制建设 350
慰问返乡农民工活动 351
关爱妇幼健康促进优生优育工程启动 351

妇女儿童权益保障
Protection to Women and Children’s Rights and Interests
概述 351
妇女创业就业 351
参与社会管理和创新 351
实施妇女儿童发展规划 352
关爱帮扶困难妇女儿童 352
和谐家庭建设 352
未成年人思想道德建设和家庭教育 352
启动“送温暖、三下乡”活动 353
表彰创先争优十大杰出女性 353
推进社会管理创新工作 353

物 价
Commodities Price
居民消费价格 354
城市主要生活用品价格 354
工业品价格 354
2011年云南/全国CPI运行情况 354
2011年工业生产者出厂价格和购进价格指数变动情况 354
农资价格 355
房屋销售价格 355
2011年昆明市住宅销售价格同比指数变动情况 355
稳定价格总水平 355
缓解煤电保供压力 356
促进农民增产增收 356
资源性产品价格改革 356
完善价格政策 356
市场价格秩序监管 357

保障性住房建设
Construction on Affordable Housing
概述 357
筹措资金 357
土地供应 357
税费政策 357

州市县小康建设进程
Process on Building Moderate Prosperity in Towns, Cities and Autonomous Prefectures

和谐 小康 文明村镇
Harmonious, Moderately Affluent and Civilized Villages and Towns
金星和谐社区 360
全面发展的好义新村 360
中国特色村——二顺村 360
六街以工业兴城镇 361
南碱村获第三批全国文明村称号 361
团结和谐的西山村 361
生态旅游村——银杏村 361
小村庄大变化 362
全国文明村镇——勐廷村 363
文明卫生小集镇——树林乡 363
威信西大门——庙沟 363
社会主义新农村——庆云村 364
永北镇灵源村 364
和谐小康村镇——通达傈僳族乡 365
生态新农村——下帮扫村民小组 365
蚕桑第一村——开南村 365
新家园行动示范点——德乐村 366
省级文明村——永冷村 366
傣族小镇——整董镇 366
国家级文明村镇——勐外村 367
“电脑村”——曼公村 367
民族团结示范村——大滩子村民小组 368
易地扶贫开发移民示范村——彝人新村 368
全国文明村镇——小甸头村 369
板板桥村面貌焕然一新 369
灯盏花种植专业村——鲁克村 369
特色乡镇——太邑 370
乔甸镇小梨园建新村 370
邓川创建生态文明镇 371
小康路上的马登村 371
新窝村旧貌新颜 372
民族文化大乡——鸡街 372
牛街乡发展优势产业 372
搬出来的景颇新农村——勐约栋 373

生态新村——三河 373
省级文明自然村——迪姑村 373

昆明市
Kunming City
概述 374
省首家社区残疾人日间照料站成立 375
斗南建成国内首家花卉图书馆 375
滇剧花灯传承基地 375
专业养老社区开工建设 375
盘龙区
Panlong District
松华坝水库核心区移民安置 375
北部山水新城建设 376
铁冲小流域治理 376
城中村改造 376
五华区
Wuhua District
都市经济 376
城市更新改造 376
昆明泛亚科技新区 377
西翥生态旅游实验区 377
聂耳故居陈列馆建成开放 377
垃圾填埋场沼气发电站 377
官渡区
Guandu District
环境保护 377
园林绿化 378
民生关注 378
西山区
Xishan District
农业园区建设 378
生态文明建设 378
招商引资 379
社会民生 379
科技兴农 379
文化惠民 379
东川区
Dongchuan District
产业转型 379
招商引资 380
产业园区建设 380
城乡建设 380
环保节能 380
文化产业 380
呈贡区
Chenggong District
撤县设区 380
新区建设 381
园林绿化 381
社会保障 382
平安建设 382
安宁市
An'ning City
城镇化进程 382
改善民生 382
创建国家卫生城镇 383
撤镇设街道办事处 383
安宁老人实惠多 383
晋宁县
Jinning County
县域经济综合实力增强 383
环湖生态建设 383
民生工程 383
新农合惠民 383
乡村兴办老年大学 384
富民县
Fumin County
县城建设 384
城乡绿化 384
贫困生救助 385
富民杨梅 385
人民生活 385
宜良县
Yiliang County
花卉苗木种植 386
高效绿色蔬菜基地 386
休闲农业 386
农村电影放映 386
2011烤鸭美食节 386
大学生创业园 386
工业园区建设 387
九宜二级公路工程建设 387
养老服务事业 387
嵩明县
Songming County
城乡建设 387
云南杨林工业园区 387
嵩明职教基地 387
现代农业科技示范园区 388
生态环保 388
石林彝族自治县
Shilin Yi Autonomous County
旅游转型提升 388
生态工业园区建设 388
石林台湾农民创业园 388
城乡建设 389
生态建设 389
社会保障全覆盖 389
禄劝彝族苗族自治县
Luquan Yi and Miao Autonomous County
招商引资 389
“云药之乡”建设 389
廉租住房保障 389
创建生态乡镇 389
农村居民生活 390
城镇居民生活 390
在岗职工收入 390
寻甸回族彝族自治县
Xundian Hui and Yi Autonomous County
汇龙湿地建设 390
集镇污染物处理 390
六甲之战纪念园迁建 390
民族文艺创作 390
昆明市经济社会发展主要指标（表一至表六） 391

曲靖市
Qujing City
概述 394
开展“新农村故事会”活动 394
滇中四城迈向同城时代 394
新村庄新社区“两新”工程建设 395
“母亲水窖”等项目实施 395
示范园区建设 395
保护坝区农田建设山地城镇工作 395
“三型五化六个一百”工程 396
全国粮食生产先进集体和个人表彰 396
品牌创建 396
特色小镇 396

生态示范区建设 396
“两下乡”工作 396
革命老区扶贫开发 396
全国示范社区卫生服务中心 397
第二十三届亚细亚水彩联盟展 397
代普芝荣获“第三届全国道德模范提名奖” 397

麒麟区
Qilin District

市级首批“两新”建设 397
麒麟水乡旅游片区建设项目正式通航 397
蔬菜销售便民网点建设 398
麒麟区荣获全国农村社区建设实验全覆盖示范单位称号 398
城乡居民收入水平显著提高 398
民生保障更加完善 398
瑞东社区获全国文明单位称号 398
“四进村常下乡”活动 398

宣威市
Xuanwei City

富裕生态和谐文明的新格宜 399
汽车开进马鞍山 399
曲交集团宣威公司倾力打造“新北站” 400
宣威市粮食总产实现“八连增” 400
中国烟草云南宣威大型引水济榕工程开工 400

马龙县
Malong County

城镇建设 400
城市园林化建设 400
山地蔬菜标准园建设 400
食用菌种植园区建设 401
落实惠农强农政策 401
环境保护 401
新农村建设 401
民族团结示范村建设 401

陆良县
Luliang County

爨乡城镇化 401
爨乡文化 401
爨乡书法 401
爨乡环保 402

师宗县
Shizong County

新型农村社会养老保险 403
社会保障体系 403
城镇职工和居民医疗保险 403
扶贫开发 403
万村千乡市场工程建设 403
家电下乡工程 403
文化产业 403
新农村建设 403
基本公共医疗卫生服务 404

罗平县
Luoping County

构建帮扶平台 404
首个乡村旅游综合服务体投入运营 404
板桥镇推行“领导干部民情联络卡”制度 404
全国首批建设野外科学观测研究基地 404
“十一五”云南省农业综合开发先进县 405
10项重点农业科技措施 405

富源县
Fuyuan County

惠民工程 405
城市建设 405
环境保护 405
农村精神文明建设 405
人民生活 405

会泽县
Huize County

人民生活 405
会泽“金果林” 406
肉牛产业 406
订单农业帮民富 406
会泽水利德资建 406

沾益县
Zhanyi County

农业强县 407
工业发展 407
第三产业有提升 407
人民生活 408
精神文明建设 408
社会保障 408
新农村故事上擂台 408
农民工的贴心人——陈家顺 408
曲靖市经济社会发展主要指标（表一至表六） 409

玉溪市
Yuxi City

概述 412
农村经济增势强劲 412
农民人均收入稳步增加 412
创建生态乡镇 413

红塔区
Hongta District

三七种植示范基地项目通过验收 413
非烟工业产值首超烟草工业 413
中心城区水源应急保障工程 413
昆玉高速公司获“全国五一劳动奖” 413
红塔区被定为全国“烤烟二十六级收购验证”试点 413
烟草专业生产合作社成效显著 413
易门—峨山—高仓二级公路建设工程竣工 414
兰溪桥竣工 414
溪口桥竣工 414
映月潭休闲文化中心被确定为国际休闲养生示范连锁基地 414
红塔区被考核为全国科技进步先进县（区） 414
玉溪米线节获中国最具地方特色美食节 414

江川县
Jiangchuan County

云之南艺术团到江川县演出 414
生态保护 414
九溪镇发展特色餐饮业 415
九溪镇海棠现代烟草农业示范区建设 415
生态移民搬迁 415
支持三农 416
土著鱼保护及开发利用 416
整村推进扶贫 416
教育工作先进县评定 416

生态文明家庭创建 416

澄江县

Chengjiang County

抚仙湖农村环境综合整治工程项目 416

参加全国目标数学大赛 416

"澄江化石地"申报世界自然遗产 417

省政府召开"申遗"工作现场办公会 417

联合国世界自然保护联盟专家对澄江化石地考察评估 417

剩余劳动力培训转移 417

民生工程 417

新农村建设 417

通海县

Tonghai County

稳定物价保障市场供应 417

高大村二组创建"民族团结示范村"通过验收 417

外贸出口首次突破亿美元大关 418

招商引资工作稳步发展 418

加快市场网络建设步伐 418

城镇保障性住房建设 418

生态文明建设 418

秀山、文庙片区旅游基础设施建设 418

华宁县

Hua'ning County

城市报警与监控系统通过初验 418

联合国科技特派员资金使用落实情况跟踪检查 418

陈奎元到华宁县调研滇越铁路保护利用情况 419

新型农村养老保险试点工作启动 419

新型农村社会养老保险基础养老金发放仪式 419

易门县

Yimen County

扶贫开发 419

保障性住房建设 419

农村土地流转"转"出新天地 419

举办"滇溪龙泉杯"全国沙滩排球大奖赛 420

石漠化治理 420

推进特色工业体系建设 420

获评首批云南省文明县城 420

易门县青春创业开展行动 420

农村新型能源建设 420

农业信息服务 421

引种美国山核桃 421

助推农民增收 421

峨山彝族自治县

Eshan Yi Autonomous County

成功举办60周年县庆活动 421

稳步推进"2213"工程 421

易峨高二级公路建设 421

打造"彝人谷""梁子一路情"旅游景点 422

生态县建设 422

新平彝族傣族自治县

Xinping Yi and Dai Autonomous County

新农村建设取得新成效 422

基础设施得到新改善 422

关注民生 422

大红山铁矿创造五个之最 422

大开门矿冶产业集群 422

获首批云南省文明县城 422

戛洒特色集镇建设 423

元江哈尼族彝族傣族自治县

Yuanjiang Hani, Yi and Dai Autonomous County

扶贫开发 423

非物质文化产业建设工作 423

金芒果文化旅游节 423

茉莉花产业协会获奖 423

干热河谷生态观测站建设项目通过验收 423

兑现强农惠农政策 424

万亩糖料甘蔗高产项目 424

生物资源创新项目通过验收 424

人工繁殖鳄鱼、淡水鲨鱼 424

玉溪市经济社会发展主要指标（表一至表六） 425

保山市

Baoshan City

概述 428

扶贫开发 428

新农村建设 429

亿元乡镇 429

千万元村 429

城镇居民消费结构 429

城镇居民家庭主要消费品拥有量 429

农村居民消费结构 429

农村主要耐用品拥有量 429

隆阳区

Longyang District

全国首个公路文化馆 429

低收入家庭入住廉租房 429

六曼公路通车 429

农村妇女宫颈癌检查 429

杨善洲纪念馆奠基 429

数字电视走进兰城百姓家 429

新农村建设 429

施甸县

Shidian County

扶贫开发 430

城乡建设 430

招商引资 430

科技贡献 430

环境保护 430

善洲墓园落成 430

腾冲县

Tengchong County

固定资产投资 430

火山热海文化旅游节暨第二届中国·腾冲翡翠博览会 430

腾冲小背龙 430

首次翡翠公盘 431

龙陵县

Longling County

打造松山旅游小镇 431

扶贫开发 431

黄龙玉开发 431

机动车拥有量大幅增长 431

打造石斛产业 431

文化站农家书屋实现全覆盖 431

昌宁县

Changning County

城乡居民养老保险 432

居民健康档案建设 432

新农村建设试点 432

公路建设 433
扶贫开发 433
保山市经济社会发展主要指标（表一至表六） 433

昭通市
Zhaotong City

概述 436
交通基础设施建设 436
组建农村客运公司 437
保障性安居工程 437
特色小城镇建设 437
旅游产业发展 437
扶贫开发 437
新型工业化 438

昭阳区
Zhaoyang District

李纪恒等视察昭通中心城市建设 438
玉米新品种试验成功 438
首个自动气象站投入使用 438
龙博饲料投产 438

鲁甸县
Ludian County

万名干部下基层 438
人才招聘会 439
小寨整乡推进项目 439
首届青花椒节暨农副产品交易会 439
大麻核桃获中国首届核桃节金奖 439
昭巧二级公路通车 439
新型建材项目落户鲁甸 439
月亮湾水库开工 439
国务院扶贫办到鲁甸调研 439
招商引资 439

巧家县
Qiaojia County

廉租房建设 439
城乡医保 439
回龙湾小康文明村 440

盐津县
Yanjin County

招商引资 440
全国文明村—石门村 440
城乡居民社会养老保险试点 440
柿凤二级公路通车 441
农村电网改造 441
关爱农村留守妇女儿童 441

大关县
Daguan County

提高新农合补偿标准 441
“一事一议”村民受益 441
翠屏山水库大坝填筑封顶 441
陈学明获“全国见义勇为英雄司机”称号 442
农业科技推广 442

永善县
Yongshan County

城镇建设 442
移民安置 442
野生猕猴桃资源原生态环境保护 442
“百千万”文艺下乡 442
马楠乡整乡推进扶贫开发试点 443
无公害农产品认证 443
半细毛羊入选云南六大名羊 443
首个发酵床生态养鸡场 443
困难群众优惠参加新农合 443

绥江县
Suijiang County

扶贫开发 443
农村能源建设 443
绥水二级公路竣工 443
整村推进为民造福 443
农家书屋建设 443
文化信息资源共享工程 444
村级活动场所建设 444
新农村建设工作队 444

镇雄县
Zhenxiong County

花园大桥竣工 444
镇雄车巢汽车城项目 444
农业综合开发项目通过验收 444
特有鱼类放流 445
多乐士希望小学落户口袋沟 445
农村环境综合整治项目通过验收 445
关工委“支学助教工程”启动 445
群众受益“一事一议” 445

彝良县
Yiliang County

牛街镇柑橘示范种植 445
彝良籍拳手获世界拳王金腰带 445
龙街乡民居建设 445

威信县
Weixin County

城镇化建设 446
扶贫开发 446
新农村建设 446
落实惠民政策 446
革命老区开发建设试点 447

水富县
Shuifu County

西部大峡谷温泉评为4A级景区 447
医疗保险跨省结算 447
中国(水富)首届东南亚商品交易会 447
农业综合开发项目 447
保障性住房建设 448
水绥二级公路通车 448
县城污水处理厂竣工 448
节能减排 448
易地扶贫开发 448
向家坝电站库区移民搬迁 448
昭通市经济社会发展主要指标（表一至表六） 449

丽江市
Lijiang City

概述 452
菜篮子工程 453
创建农业高产片区 453
财政扶贫开发投入 453
拉市海水库跻身国家级水利风景区 453
帮扶少数民族 454

古城区
Gucheng District

人均收入增加 454
社会保障全面加强 454
优化城乡交通 454
城市环境美化 454
特困户获赠电视机 454
推进全民健身运动 455
首座垃圾转运站建成使用 455
农村饮水安全工程 455
每乡一所幼儿园工程 455

永胜县
Yongsheng County
农村经济 455
实施工业倍增计划 455
环湖生态建设 455
环境保护 455
关注民生 455
扶贫攻坚 456
打造边屯文化品牌 456
华坪县
Huaping County
人民生活 456
农村流通网络体系建设 456
红岩子村跨越发展 456
市政基础设施建设 457
李江副省长到华坪视察 457
玉龙纳西族自治县
Yulong Nakhi Autonomous County
安居工程 457
云南第二大铁路客运站投入营运 457
高寒山区特色产业 457
雪桃三赴国宴 457
农村文化工程惠民 457
鳟鱼养殖增收 457
学校危房改造 458
乡村流通工程建设 458
石头城省级旅游特色项目完成 458
宁蒗彝族自治县
Ninglang Yi Autonomous County
农业经济 458
扶贫 458
新农村建设 458
工业经济 458
旅游业 458
生态保护 458
社会事业 458
风能开发 458
丽江市经济社会发展主要指标（表一至表六） 459

普洱市
Pu'er City
概述 462
特色产业建设 462
“三农”工作 462
城镇化进程 462
文化建设 463
建设和谐社会 463
思茅区
Simao District
重点项目建设 463
中心城区提升改造 464
社会保障体系建设 464
新农村建设 464
小康、文明村镇——高家寨 464
宁洱哈尼族彝族自治县
Ning'er Hani and Yi Autonomous County
绿色农业 464
新农村建设 464
和谐社会 465
墨江哈尼族自治县
Mojiang Hani Autonomous County
库区移民变渔民 465
中国·墨江国际双胞文化园 465
县乡村三级文化基础设施建设 465
景东彝族自治县
Jingdong Yi Autonomous County
核桃产业 465
林下养殖无量山乌骨鸡 465
挂钩扶贫 465
新会村新农村建设 466
水晶豌豆丰收 466
开南书院恢复重建工程竣工 466
哀牢山生态站科研成果展暨森林生态系统学术会 466
景谷傣族彝族自治县
Jinggu Dai and Yi Autonomous County
新农村建设 466
10项重点工程 466
8件惠民实事 466
无量宝地、佛迹仙踪旅游品牌 467
镇沅彝族哈尼族拉祜族自治县
Zhenyuan Yi, Hani and Lahu Autonomous County
镇沅瓢鸡 467
烤烟产业 467
江城哈尼族彝族自治县
Jiangcheng Hani and Yi Autonomous County
城镇建设 467
勐烈湖湿地公园 467
边民通婚子女落户 467
思江公路顺利通过验收 468
个私协会农资分会成立会 468
国际旅游线路 468
发现野象群 468
江城首家星级酒店签约 468
第二届中老越三国丢包狂欢节 468
孟连傣族拉祜族佤族自治县
Menglian Dai, Lahu and Va Autonomous County
孟连县总佛寺举行开光仪式 468
新农村建设 468
澜沧拉祜族自治县
Lancang Lahu Autonomous County
扶贫开发 469
民族文化旅游业 469
移民工作 469
人民生活 469
黄道能基金会启动 469
普洱市首条利用糖厂“三废”生产有机肥生产线在澜沧建成 469
西盟佤族自治县
Ximeng Va Autonomous County
特色产业 469
整村推进 469
重视民生 469
扶贫攻坚 470
普洱市经济社会发展主要指标（表一至表六） 471

临沧市
Lincang City
概述 474
新家园行动计划 474
农民收支双增长 474
城镇化率提高 475
生态文明建设 475
绿色经济建设 475
扶贫开发 475

桥头堡建设 476
基础设施建设 476
临翔区
Linxiang District
“六个共同”示范村 476
石房村新家园建设 476
“四个一”工程 477
凤庆县
Fengqing County
泡核桃产业建设 477
省级滇红生态产业园区建设 478
云　县
Yun County
社会救助 479
就业和再就业 479
社会保障 479
发展特色经济林 479
冬季农业开发 479
马铃薯种植致富能手评比 480
永德县
Yongde County
社会保障 480
施孟二级公路永德段通车 480
扶贫开发 480
城镇重点工程建设 481
镇康县
Zhenkang County
罂粟替代种植 481
首届临沧边交会 481
边境特色工业园区 482
市级文明村——董家寨 482
双江拉祜族佤族布朗族傣族自治县
Shuangjiang Lahu,Va,Blang and Dai Autonomous County
农业产业结构调整 483
南等水库建设 483
临双二级公路通车 483
民族语译播 483
交通运输网络建设 483
耿马傣族佤族自治县
Gengma Dai and Va Autonomous County
城乡居民收入倍增计划 484
交通建设 484
城镇建设 484
增收渠道拓宽 484
重点工业项目 484
招商引资 484
社会保障水平提升 484
惠民实事全面兑现 484
沧源佤族自治县
CangyuanVa AutonomousCounty
农家书屋建设 484
新家园行动计划 485
城乡医疗救助 485
发展蔗糖产业 485
东丁中型水库开工建设 485
沧源荣膺“中国特色竹乡” 485
临沧市经济社会发展主要指标（表一至表六） 486

楚雄彝族自治州
Chuxiong Yi Autonomous Prefecture
概述 488
元（谋）双（柏）公路建成通车 488
文化旅游业快速发展 489
工业园区建设 489
扶贫开发 489
灾害救助 489
《中国彝族通史》通过审定 490
楚雄市
Chuxiong City
三农工作成效显著 490
工业经济快速增长 490
消费市场繁荣活跃 490
城市建设稳步推进 491
和谐发展的树苴乡 491
双柏县
Shuangbai County
农业经济 491
工业经济 491
重点产业 491
城镇建设 491
农村基础设施建设 491
抗旱救灾 492
民生工程 492
牟定县
Mouding County
农业经济 492
工业经济 492
农村基础设施建设 492
凤屯风电场投产暨大尖峰风电场开工 492
城乡居民生活 492
旅游资源 493
南华县
Nanhua County
节能降耗 493
林化产业 493
新型农村合作医疗 493
贫困地区劳动力培训转移 493
电脑农业示范 493
生态建设 493
姚安县
Yao’an County
交通建设 493
紫金山天文台姚安观测站投入使用 493
城乡居民社会养老保险试点 493
官屯统建点民房质量整改 494
抗旱保民生 494
扶贫开发 494
大姚县
Dayao County
工业强县 494
农业富民 495
招商引资 495
畜牧业 495
林业产业 495
蚕桑产业 495
扶贫开发 495
社会生活 495
电影《梅葛》拍摄 495
永仁县
Yongren County
实施妇女儿童关爱工程 496
第四届云南民族服装服饰文化节暨中国彝族赛装节 496
阿朵所水库工程开工 496
元谋县
Yuanmou County
绿色产业 496

特色旅游业 496
县域工业 497
雷应山风电场 497
小额贷款公司 497
城市建设 497
农业经济 497
交通工程 497
生态环境保护 497
社会保障 497
武定县
Wuding County
农业产业化 497
武定壮鸡入选云南六大名鸡 498
农民入股开办农家乐 498
公共卫生服务体系 498
就业和再就业 498
农村环境综合整治试点项目 498
特色美食名店星级评定 498
禄丰县
Lufeng County
工业园区建设 498
新农村建设 499
被征地农民基本养老保障试点工作 500
抗旱救灾 500
食品安全 500
文化信息资源共享“农文网培学校” 500
旅游商品创意大赛 500
“彩云”牌无公害农产品 500
全国文明村镇——黑井镇 500
楚雄州经济社会发展主要指标（表一至表六） 501

红河哈尼族彝族自治州
Honghe Hani and Yi Autonomous Prefecture
概述 504
全国政协副主席罗富和到红河州调研 504
第十一届中越（老街）国际贸易交易会 504
村级科技服务体系建设(试点) 504
品牌培育 504
新型农村合作医疗 504
农村卫生工作 505
重点项目建设 505
保障性住房建设 505
兴边富民工程 506
援助帮扶就业 506
边境小额贸易 506
桥头堡建设 506
蒙自市
Mengzi City
出口农产品种植基地质量安全示范区建设 506
公益性岗位开发 506
农村能源建设 506
整村推进项目建设 506
草坝镇“三位一体”示范村项目建设 507
农村合作经济组织 507
个旧市
Gejiu City
工业经济 507
转型发展 507
扶贫开发 507
社会保障体系建设 507
就业和再就业 508
开远市
Kaiyuan City
全国文明村——老燕子村 508
农村社区化管理试点工作 509
建水县
Jianshui County
人民生活 510
工业经济 510
旅游业 510
城乡建设 510
建水紫陶 511
石屏县
Shiping County
百村千户万元增收行动 511
廉租住房建设 511
城市建设 511
扶贫开发 511
环境保护 511
新型农村社会养老保险 512
城镇居民社会养老保险 512
石屏杨梅节 512
中药材种植 512
俞正声到石屏县视察 512
弥勒县
Mi’le County
全国科普示范县 512
全国先进基层党组织 512
乳业奶源示范基地建设 512
弥勒工业园区 513
泸西县
Luxi County
乡村流通工程 513
新能源产业开发 513
现代畜牧业建设 513
农村医疗救助“一站式”服务 514
中国（泸西）高原足球训练基地建设 514
新农村建设 514
元阳县
Yuanyang County
农业经济 514
旅游开发 514
扶贫开发 514
梯田旅游小镇改造工程 515
省级文明村—牛街村 515
红河县
Honghe County
上海奉贤区党政代表团到县考察 515
红河至（元阳）南沙二级公路通车 515
风能开发 515
红河县人民医院住院综合楼建成 515
招商引资 515
中药材产业发展 515
农业科技 516
新农村示范村建设 516
绿春县
Lvchun County
“削峰填谷”造新城 516
黄连山地区综合扶贫开发 516
新农村示范建设 516
保障民生 516
石斛致富迷克村 517

屏边苗族自治县
Pingbian Miao Autonomous County
经济发展 517
人民生活 517
重点项目建设 517
城镇化建设 517
民族艺术精品创作 517
金平苗族瑶族傣族自治县
Jinping Miao, Yao and Dai Autonomous County
改善民生 517
扶贫开发 517
生态文明建设 517
河口瑶族自治县
Hekou Yao Autonomous County
基础设施建设 518
“兴边富民”整村推进 518
新农村示范村建设 518
产业扶贫 518
对外开放 518
红河州经济社会发展主要指标（表一至表六） 519

文山壮族苗族自治州
Wenshan Zhuang and Miao Autonomous Prefecture
概述 522
三七产业 523
扶贫开发 523
上海对口帮扶 523
“僰人”发展扶持项目 523
社会救助 523
保障性住房建设 524
农村学生营养改善计划启动 524
污染减排 524
七彩云南文山保护行动 524
农村广播影视建设 524
农村饮水安全 525
山区五小水利工程 525
文山市
Wenshan City
易地搬迁 525
扶贫开发 525
美丽的新农村—者白村 526
砚山县
Yanshan County
着力创建“四型”新农村 526
专业合作助致富 526
工业园区建设 526
国家烤烟标准化示范县建设 526
“东桑西移”促农增收 527
西畴县
Xichou County
特色产业 527
扶贫开发 527
麻栗坡县
Ma Lipo County
扶持农特产业 528
实施工业强县战略 528
扶贫开发 528
油榨房片区新农村建设 529
马关县
Maguan County
基础设施建设 529
扶贫开发 530
招商引资 530
管道天然气建设项目签约 530
“双语”普法 530
丘北县
Qiubei County
普者黑特色景观旅游名村 531
光明村前景更光明 531
农民喜爱农家书屋 531
广南县
Guangnan County
无电村通电工程 532
住房保障 532
扶贫开发 532
全国种粮大户——殷艳兴 532
文化惠民工程 532
就业再就业 532
基本公共卫生服务 532
生态环境保护 533
富宁县
Fu’ning County
蔗糖原料基地建设 533
油茶基地建设 533
扶持山瑶 533
扶贫开发 533
十大品牌建设 533
坡芽歌书入选国家级非遗 533
文山州经济社会发展主要指标（表一至表六） 534

西双版纳傣族自治州
Xishuangbanna Dai Autonomous Prefecture
概述 536
生物产业 536
旅游业 536
桥头堡主阵地建设 536
平安和谐州建设 536
生态州建设 537
景洪市
Jinghong City
割胶培训进村寨 537
研讨国际生态旅游名城建设 537
中外散文诗学会勐岭山创作基地挂牌 537
景洪市人民医院首例乳腺癌保乳手术取得成功 537
边境一线村小组党支部远程教育全覆盖 537
启动医疗救助即时结算服务试点工作 537
新农保管理信息系统开通 537
景洪市新农村建设网站开通 537
西双版纳·景洪国际“越冬节”通过评审 537
景洪工业园区发展态势良好 537
勐海县
Menghai County
城乡居民收入持续增加 538
着力打造两张名片 538
加快推进“生态县”创建工作 538
首批星级乡村旅游特色经营户授牌 538
举办第二届原生态哈尼民歌会 538
布朗山乡整乡推进扶贫开发试点项目启动 538
勐海网正式开通 539
“大益”牌商标被认定为“2011年中国驰名商标” 539

勐腊县
Mengla County
党建远程教育利边民 539
克木人探索出特色致富路 539
提升旅游主题形象 539
境外罂粟替代种植 540
老挝外交部视察中老边界 540
中老联合揭幕中老29号界桩 540
勐腊天勐有限责任公司投资老挝盐矿业 540
“廉政文化进傣乡”章哈比赛 540
西双版纳州经济社会发展主要指标（表一至表六） 540

大理白族自治州
Dali Bai Autonomous Prefecture
概述 542
“三农通”惠农 543
整县整乡推进项目试点 543
扶贫综合开发示范园区建设 543
招商引资 544
干部挂钩帮扶 544
自然村整村推进项目 544
专项扶贫开发 544
大理市
Dali City
环洱海农家庭院式污水处理设施 544
农资网点实现全覆盖 545
“两社一会”农致富 545
乡村旅游产业 545
基本公共卫生服务 545
城市低收入家庭生活水平稳步提高 545
城市居民收入增长 546
祥云县
Xiangyun County
青海湖周边新农村建设 546
省级重点村建设 546
新能源建设 546
“彩云红梨”促农增收 547
嫁接改良桑树 547
宾川县
Binchuan County
葱蒜助农增收 547
桔果上山腾地 547
鸡足山旅游公路通车 547
宾川新客运站启用 547
宾川被评为“中国水果之乡” 547
农业科技入户服务 547
大尖峰跨越式发展 548
村级公路实现油路化 548
农村入户调查 548
弥渡县
Midu County
特色专业村助农增收 548
工业特色小镇——苴力镇 549
党员家政服务队 549
群众花灯队活跃城乡 549
永平县
Yongping County
关注民生 549
媒体到永平专题采访 549
白恩培到县调研 549
政务服务中心启动运行 549
中缅油气管道工程永平段启动 549
云龙县
Yunlong County
关注民生 549
庭院重楼种植 550
第一个高中麦苗班开班 550
功果桥电站首台机组发电 550
洱源县
Er'yuan County
生态文明建设 550
新型能源开发 550
生态旅游 551
新农村建设 551
创建省级油菜高产区 551
邓川牛跻身“云南六大名牛” 551
社会保障 551
剑川县
Jianchuan County
农村危房改造 551
耕地保护 551
首次城镇居民经济情况调查 552
落实社保惠民政策 552
鹤庆县
Heqing County
新农村建设 552
推进新型工业化 553
民生保障 553
垃圾处理厂投入使用 553
蚕桑丰产丰收 553
漾濞彝族自治县
Yangbi Yi Autonomous County
核桃种植明星村——箐口 553
平坡中心集镇建设 553
漾濞核桃走上快车道 554
农产品亮相农博会 554
南涧彝族自治县
Nanjian Yi Autonomous County
名品名牌创建 554
森林南涧 554
生态农业 554
城乡人居环境 554
工业强县战略 555
母子垦水库扩建工程验收 555
巍山彝族回族自治县
Weishan Yi and Hui Autonomous County
社会保障 555
推进城镇建设 555
新农村建设 555
扶贫开发工程 556
发展肉牛产业项目 556
大理州经济社会发展主要指标（表一至表六） 557

德宏傣族景颇族自治州
Dehong Dai and Jingpo Autonomous Prefecture
概述 560
桥头堡建设全面启动 560
瑞丽试验区建设 561
基础设施建设 561
农村学生营养改善计划 562
医改新突破 562
芒 市
Mang City
创建国家卫生城市 563
新农村建设示范村——芒别村 563
瑞丽市
Ruili City
大瑞铁路保瑞段建设启动 564

龙瑞高速公路奠基 564
边民交易市场通过省级验收 564
第十一届中缅胞波节暨第四届珠宝文化节在瑞丽举行 564
"国门春城"项目奠基 564
中缅边交会 565
瑞丽国际医院奠基 565
口岸贸易 565
梁河县
Lianghe County
新农村建设 565
遮岛小学百年 565
和谐文化村—永和村民小组 565
盈江县
Yingjiang County
国家绿色能源示范县 566
弄璋糖厂扩建 567
工业园区建设 567
中国坚果之乡 568
文化惠民工程 568
中华翡翠毛料城 568
陇川县
Longchuan County
阿昌会街节 568
傣族新农村——喊撒村民小组 568
德宏州经济社会发展主要指标（表一至表六） 570

怒江傈僳族自治州
Nujiang Lisu Autonomous Prefecture
概述 572
改建"独龙"天路 573
独龙族整体脱贫提速 573
城乡基础设施改善 573
矿冶产业初具规模 573
发展电力产业 573
培育生物产业 573
旅游产业健康发展 573
扶贫攻坚 573
对外贸易 573
生态建设 574
泸水县
Lushui County
污水处理厂竣工 574
垃圾处理厂竣工 574
六曼公路通车 574
村组通畅工程 574
农家书屋大作为 574
农业综合开发 574
福贡县
Fugong County
农村经济发展 574
改善办学条件 575
基础设施 575
文化工程惠民 575
社会保障 575
生态环境建设 575
贡山独龙族怒族自治县
Gongshan Dulong and Nu Autonomous County
服务三农 576
中小水电开发 576
水政水保 576
灾后重建 576
兰坪白族普米族自治县
Lanping Bai and Pumi Autonomous County
民生改善 576
落实畜牧业惠民政策 576
非物质文化遗产保护 577
推进旅游产业发展 577
兰坪民族中学项目建设 577
教育资源整合 577
兰坪县中医院竣工 577
怒江州经济社会发展主要指标（表一至表六） 578

迪庆藏族自治州
Diqing Tibetan Autonomous Prefecture
概述 580
生态文明建设富有成效 581
民生保障明显提高 581
社会事业改革发展取得新进步 581
维护藏区社会稳定成效显著 581
藏民喜置家具 582
红盾护农行动 582
教育惠民政策暖人心 582
农民人均纯收入增幅居全国藏区之首 582
森林保险试点工作 582
建立农民工工资保障长效机制 582
香格里拉县
Shangri-La County
新农村省级重点建设村工作 582
区域协作促进基础设施建设 582
改善民生 582
集中办学取得新进展 583
旅游业和招商引资 583
云南生物多样性保护教育基地挂牌 583
杨传堂到香格里拉调研 583
德钦县
Deqin County
加大基础建设投资 583
生态建设稳步推进 584
民生保障得到加强 584
招商引资成效明显 584
民主法制进程加快 584
维西傈僳族自治县
Weixi Lisu Autonomous County
生物产业比重增加 584
林业生态产业 585
扶贫开发工作 585
文化产业 585
迪庆州经济社会发展主要指标（表一至表六） 586

附　录
Appendix
国务院关于支持云南省加快建设面向西南开放重要桥头堡的意见 588

索　引
INDEX
索引 595

小康论坛
THE MODERATELY PROSPEROUS SOCIETY FORUM

编者按：

2011年10月16日，《求是》杂志记者黄文川采访了中共云南省委书记秦光荣。秦书记就云南加快建设面向西南开放重要桥头堡问题发表了讲话。此文载于《求是》2011年第20期，本刊予以转载。

加快建设面向西南开放重要桥头堡

访中共云南省委书记秦光荣

随着国务院《关于支持云南省加快建设面向西南开放重要桥头堡的意见》的颁布，云南省成为国内外关注的焦点。为了更加深入地了解云南的“桥头堡”作用及其战略规划，近日，我们采访了中共云南省委书记秦光荣同志。

记者：我们看到，国务院的这一重要文件涉及范围十分广泛，涵盖了云南省经济社会发展的方方面面，是当前和今后一个时期指导全省经济社会发展和扩大开放的纲领性文件。请您谈谈在实践中应如何把握这一重要文件的精神实质与关节点。

秦光荣：需要强调的是，这个文件体现了党中央、国务院审时度势，是在新的历史起点上全面提升我国对外开放的层次和水平，完善对外开放总体格局所作出的重大战略部署。我认为，建设我国面向西南开放的重要桥头堡，当前要着重把握两个关键词。

第一个关键词是“我国面向西南开放”，就是以东南亚、南亚、西亚为重点，面向印度洋沿岸地区的开放。可以简单地概括为“一洋四区”，“一洋”是印度洋，“四区”是指南亚地区、东南亚地区、西亚地区和非洲东部印度洋沿岸国家。这一区域涵盖了50多个国家，近30亿人口，拥有广阔的市场空间，而且区域内双边、多边区域合作势头强劲，合作发展的潜力巨大。

另一个关键词是"桥头堡"，这本是陆桥经济的一个重要概念。"桥"是通道，"头"是前沿，"堡"是基地，"桥头堡"就是大通道、大基地、大平台和大窗口的意思。因此，文件中采用"桥头堡"就十分形象地指出了云南是我国面向西南开放的前沿门户，是我国扩大与印度洋沿岸国家开放合作的重要节点。此外，"桥头堡"还有另一层意思，与我国东部沿海以"引进来"为主的开放不同，我国面向西南的沿边开放更多的是以"走出去"为主要内容的开放，是以发展中国家相互合作为主的开放，是促进多民族、多宗教、多文化包容发展与和谐发展的开放。

记者："桥头堡"这一关键词形象地概括了云南的区位特征与比较优势。可以预期，这一战略的实施不仅能够使云南经济社会跨入又好又快发展的快车道，而且将进一步完善我国对外开放的格局，成为我国向西南开放的重要门户。

秦光荣：确实，把云南建成我国面向西南开放的重要桥头堡，既是我国睦邻、安邻、富邻的重要举措，也是包括云南在内的我国西南地区加快发展的迫切需要，将对我国经济社会产生重要影响。一是有利于我国进一步完善对外开放格局，进一步凸显云南在我国全方位开放格局中的重要地位和作用。二是为我国开辟一条新的西向贸易通道，为我国各省区与沿线国家、印度洋沿岸国家的全面合作和共同发展提供一个新的平台，为进一步开拓国际市场尤其是东南亚、南亚市场创造更好的条件。三是提升西部大开发的层次和水平，依托我国向西南开放的贸易通道，使西部地区尤其是西南地区开放格局发生重大变化，由开放的末梢成为开放的前沿，更好地利用两个市场、两种资源，提升西部地区的发展层次和水平。四是为云南边疆民族地区加快发展提供强大动力，拓展云南边境地区新的发展空间，创造新的亮点和热点，形成资金、技术、人才聚集的"洼地"，走出一条以开放促开发、以开放促发展的振兴之路。

记者：推进桥头堡建设意义重大，但也十分复杂。就像一项系统工程，千头万绪。抓住主要矛盾，在关键环节上率先突破，就成为实施这一战略的重中之重。

秦光荣：桥头堡建设既是难得的机遇，也面临着众多的挑战。我们必须把思想和行动统一到中央的决策和部署上来，力争在 8 个方面实现突破。

一是实现大开放。历史上云南就是我国从陆上与东南亚、南亚国家交往的桥梁和纽带，曾经在中国对外开放的进程中发挥过重要作用。近年来，我们在发挥区位优势，推动沿边开放方面取得了显著成效，为更深层次的合作奠定了坚实基础。下一步我们将围绕桥头堡建设，努力打造全方位、多层次、宽领域的开放格局，以开放促改革、以开放促发展、以开放促创新、以开放促文明、以开放促开明，做活沿边开放这篇大文章。

二是促进大发展。近年来，云南立足自身基础、特色和优势的发挥，实现了全省经济社会又好又快的发展。"十一五"期间，全省生产总值年均增长 11.8%，创造了改革开放以来的最高增速。"桥头堡"战略的实施，使云南的开放和发展站在了一个新的历史起点上。我们将围绕绿色经济强省、民族文化强省、中国面向西南开放重要桥头堡三大战略目标，进一步动员全省力量，加快发展步伐，努力建设一个经济更加繁荣、社会更加和谐、边疆更加安宁、环境更加优美的"七彩云南"。

三是构筑大通道。自古以来，云南对内对外的开放交往，都与通道建设息息相关，甚至可以说，云南的交通发展史就是一部对外开放史。近 10 年来，我们举全省之力推动交通基础设施建设，云南省对内对外连通条件大为改善。今后我们将继续加强交通、能源、物流、通讯等方面的基础设施建设，加快构筑与周边国家互联互通的综合大通道，为区域内各方加深合作创造更好条件。

四是打造大基地。产业发展不足一直是云南比较突出的问题，近年来随着基础设施建设取得实质性进展，加快产业发展的条件正在不断改善。我们将立足于"西部地区重要的外向型特色优势产业基地"这一定位，充分发挥差别化产业政策的引导支持作用，着力打造面向西南开放的特色优势产业基地，努力把云南建成承接东部产业转移的基地、面向印度洋沿岸市场的外向型产业基地和进出口商品生产加工基地。

五是培育大平台。搭建平台、建立机制、搞好服务，是发挥云南桥梁和纽带作用，促进各方交流合作的重要基础性工作。近年来我们在昆明进出口商品交易会、中国—南亚国家商品展等平台建设方面取得良好成效，下一步我们要强化平台建设，从加强开放经济带建设、对内对外经济走廊建设、会展平台建设、巩固提升合作机制、加快构建金融平台、推进通关便利化等方面着力，搭建起一个中国联系东南亚、南亚、西亚三大市场的新型交易平台。

六是建设大窗口。云南与周边国家地理相邻、人缘相亲、文化相近，建立了长期深厚的近邻情谊；云南还是中华文化圈、印度文化圈和东南亚文化圈的交汇区，是一个多元文化共生带。我们将立足于巩固发展好邻居、好伙伴关系的需要，以扩大对外交往、加强文化交流、推进教育合作、加强宣传合作等为重点，着力推进和深化同周边国家更高层次、更宽领域、更多形式的人文交流合作，使云南成为向外展示中华文化、对内推介邻国文化、促进国际友谊的友好交流窗口。

七是维护大团结。云南是一个边疆民族省份，我们长期以来重视加强民族团结和维护边疆和谐安宁，团结和稳定工作卓有成效。国务院文件明确提出，要把云南建设成为我国民族团结进步、边疆繁荣稳定的示范区，这既是对我省工作的充分肯定，也是对云南维护民族大团结寄予的殷切期望。为此，我们将采取更有力的措施，创新社会管理，巩固边境安宁，着力形成少数民族和民族地区经济加快发展、民族团结进步、社会和谐稳定的良好局面。

八是保护大生态。生态良好是云南的一大特色和优势，因地处长江、珠江、澜沧江、怒江、红河、伊洛瓦底江等重要国内国际河流的上游地区，云南的生态环境状况也直接影响着中下游地区的生态安全。一直以来，我们像珍惜生命一样珍惜云南的良好生态，像保护眼睛一样保护云南的优美环境。国务院提出要把云南建成“我国重要的生物多样性宝库和西南生态安全屏障”，这既是维护流域国家和地区生态安全的重要举措，也是促进云南可持续发展的客观需要。我们将继续坚持生态立省、环境优先的思路，采取更加有力的措施抓好七彩云南保护行动、“森林云南”建设、高原湖泊水污染治理、生物多样性保护、垃圾和污水处理设施建设等重点工作，加强跨区域生态合作，筑牢云南这道生态安全屏障，为国家生态文明建设和流域内的共同发展作出贡献。

记者：8个关键环节，每个都是一场硬仗。但我们也看到，党和国家在财税、金融、投资与产业、土地和生态补偿以及人才等方面给予了云南一系列政策措施，特别是在深化行政管理体制改革、外贸管理体制改革、资源性产品价格改革等诸多方面赋予云南很多先行先试的权利。把这些政策用足用活并落到实处，就成为顺利推进桥头堡建设的重要保障。

秦光荣：目前，省委、省政府正在深入调研，广泛论证，逐一研究提出落实方案，并着力形成一套更具创新性的体制机制和突破性的政策措施，努力走出一条符合云南实际的沿边开放开发新路。

一是争取在推进投资贸易便利化方面取得突破。力争在建立更加开放便利的出入境管理制度、简化境外投资项目审批程序、完善与周边国家货币清算机制等方面取得更大突破，为加强与周边国家的经贸合作创造更加宽松的体制机制环境。

二是争取在落实差别化的产业政策方面取得突破。通过增加鼓励类目录、放宽限制条件、下放审批权限等方式，把差别化产业政策真正落实到具体项目发展上，特别是争取在国外合作项目、产业布局政策、项目审批权限等方面得到国家更大的政策支持。

三是争取在开展电力价格改革试点方面取得突破。要充分发挥云南电力资源丰富的优势，充分体现市场机制对电力价格的调节作用，在现行电价的成本补偿型定价机制上下工夫，力争在电价自主权、电源调度权、留成电量、发电税收等电力开发利益分配方面取得实质性突破。

四是争取在推进用地思路改革方面取得突破。结合云南山多平地少的实际，要研究制定一些鼓励性的政策和措施，引导城镇建设和产业向山地发展，妥善处理好土地供与需、占与补、开发与保护的关系，破解重大项目建设用地需求与加强耕地保护的矛盾。

五是争取在推动金融改革发展方面取得突破。要落实好国务院明确的中小企业和涉农信贷支持、引进国内外金融机构、贫困地区贷款贴息制度、特色农业保险保费补贴等方面的扶持政策，同时着力抓好金融招商、完善金融机构布局、增加跨境贸易人民币结算试点企业数量、推进与周边国家签订双边本币结算协议等工作，为桥头堡建设提供充分的金融支持。

记者：感谢您接受采访，我们确信，经过全省人民的艰苦奋斗，一个坚不可摧的“桥头堡”必将屹立在祖国的西南大门，成为广大西部地区走出国门的先行区。

做优做强产业园区 全力推动工业跨越发展

云南省人民政府省长　李纪恒

一、立足全局，深刻认识加快产业园区发展的重大意义

产业园区是世界发达国家和我国发达地区加快工业化进程的成功模式。世界上最早的产业园区是 200 年前诞生的英国曼彻斯特纺织工业园区。稍后的德国鲁尔工业区，则是德国也是世界著名的重化工工业园区。进入 20 世纪，伴随着新一轮工业化浪潮的兴起，多种类型的产业园区有如雨后春笋遍地丛生。“二战”以后，日本兴办了 4600 个左右的工业园区，容纳了 10 余万家企业，大大加快了日本工业制造业的发展，推进了日本工业化的历史进程，带动了日本迅速崛起。美国的硅谷、英国的剑桥高技术区、韩国的大德科学城、台湾的新竹工业园、马来西亚的多媒体超级走廊、法国的索菲亚安蒂波里斯技术园、印度的班加罗尔和中新合作的苏州工业园，都是人们耳熟能详的世界著名产业园区。从 1979 年设立蛇口工业区算起，我国产业园区建设已经走过了 30 多年历程。现在，凡是产业园区集中的地方，就是工业化进程最快，工业化、市场化程度最高的地方。一个以产业园区建设为标志的工业化浪潮正在全国范围内兴起。

今后一段时期，是我省加快全面建设小康社会步伐，建设开放富裕文明幸福新云南的关键时期。加快产业园区发展，对推动我省科学发展、和谐发展、跨越发展具有重要意义。第一，发展产业园区，是实现工业化、城镇化、农业现代化“三化联动”的重要抓手。产业园区联结城市、农村，带动三次产业。以园区聚企业，以企业兴产业，以开发促发展，不仅培育壮大产业经济，还促进工业化、城镇化、农业现代化互为支撑、互动发展。第二，发展产业园区，是统筹城乡协调发展的重要切入点。发展产业园区，有利于推进农业产业化，提升和带动农业现代化，促进农村剩余劳动力向城镇和二、三产业转移。第三，发展产业园区，是推动工业跨越发展的重要支撑。工业园区化是现代工业发展的趋势。建设产业园区，有利于企业集聚和生产要素集中，促进企业间分工协作和产业链延伸，形成特色突出、优势明显、带动力强的产业集群，支撑工业经济跨越发展。第四，发展产业园区，是承接产业转移的重要途径。园区经济是开放经济，在区域发展和竞争日趋激烈的背景下，建设产业园区，能整合更多的资源，开辟更广阔的发展空间，更加有效地承接产业转移。第五，发展产业园区，是转方式调结构的迫切要求。通过产业园区，既能有效避免企业分散布点、大量占地，防止破坏生态、污染环境，又能搭建企业技术创新平台和科技成果转化平台，促进企业专业化生产、服务社会化协作、资源循环化利用、资本市场化运作，走绿色发展的道路。

从 1992 年昆明高新区、昆明经开区、曲靖经开区等园区开始建设以来，经过近 20 年的持续推动，我省产业园区从无到有、从小到大，呈现出良好发展态势。截至 2011 年底，全省产业园区已发展到 119 个，其中，国家级园区 6 个（含 3 个国家级边境经济合作区），省级重点和特色工业园区 40 个（2012 年新批准 15 个）。40 个省级重点和特色工业园区规划面积 1 323.72 平方千米，已开发面积 187.35 平方千米。2011 年，全省全部工业园区完成工业总产值 5 431.86 亿元、工业销售收入 5 304.86 亿元，规模以上工业增加值 1 590.52 亿元，分别占全省工业总产值的 70.48%、工业销售收入的 70.68%，规模以上工业增加值的 57.76%。在扩大对外开放、调整产业结构、转变发展方式、推动地方发展等方面起到了重要的窗口、辐射、示范和带动作用。在充分肯定成绩的同时，我们也清醒地认识到，我省产业园区发展总体滞后。一是发展不平衡，整体水平不高。滇中地区集中了全省 40%以上的省级重点和特色工业园区，2011 年实现工业总产值和规模以上工业增加值占全省 40 个省级重点和特色工业园区的 82.9%和 85.1%。2010 年，我省国家级高新区和经开区仅有 3 家，比江苏少 16 家，比浙江少 14 家，比江西少 5 家；省级重点和特色工业园区比江苏少 98 家，比福建少 83 家，比浙江少 76 家；销售收入上 100 亿元的工业园区只有 8 家，比江西少26家，比四川少27家。二是发展层次不高。一些产业园区规划水平不高、产业定位不明晰、主导产业不突出、产业同构化趋势明显、产业链体系较为薄弱、投资强度小、整体效益偏低。三是外向度不高，多数产业园区以承接国内产业转移为主，出口加工区、内陆港、保税仓库、保税物流中心建设滞后。四是管理体制和开发机制有待完善，产业园区内综合服务保障体系不健全，基础设施和公共服务平台建设比较滞后，成为招商引资的一个短板。存在这些问题的原因是多层面的，既有主观因素，也有客观因素，最主要的是一些地方和部门对发展产业园区认识不到位、措施不够有力。因此，各级各部门一定要把思想和行动统一到省委、省政府的决策部署上来，统一到省委光荣书记的重要讲话精神上来，深刻认识加强产业园区发展的重大意义，切实增强责任感和紧迫感，采取有力措施，努力实现省委、省政府确定的产业园区发展目标任务。

二、抢抓机遇，做优做强产业园区，全力推动工业跨越发展

当前，我省产业园区发展面临五大机遇：一是桥头堡建设成为国家战略，为我省加快产业园区发展提供了重大机遇。国务院支持云南建设面向西南开放重要桥头堡文件明确提出，建设跨境经济合作区和边境经济合作区，建设瑞丽沿边重点开发开放试验区，积极支持符合条件的地区按程序申请设立海关特殊监管区域，支持云南承接东部地区产业转移、打造承接产业转移基地，鼓励有条件的口岸物流基地发展保税物流，等等。二是新一轮西部大开发深入实施，为我省推进产业园区扩区升级提供了重大机遇。中央《关于深入实施西部大开发战略的若干意见》明确提出，“支持产业园区适当扩区调位，符合条件的省级开发区可申请升级为国家级开发区”。三是国际国内产业加快向西部地区转移，为我省更加有效地开展园区招商提供了重大机遇。四是加快经济发展方式转变，为我省依托园区促进产业结构优化升级提供了重大机遇。五是建设出境出省大通道，为我省优化园区布局、发展通道经济提供了重大机遇，有利于我们依托交通枢纽、节点和大通道，有序推进园区扩区调位，新布局一批现代物流园区、出口加工园区，优化生产力布局。我们要紧紧抓住、牢牢把握、用足用好这些发展机遇和有利条件，突出工业园区建设，实施园区发展“千百亿工程”，做优做强一批园区，全力推动我省产业园区发展取得新突破、迈上新台阶。具体实践中，要着力抓好以下几个方面。

第一，要进一步突出特色，在提升产业园区发展层次上取得突破。一要因地制宜探索产业园区发展模式。对拥有特色资源优势和大型骨干企业的地区，要依托特色资源和大企业发展主导产业带动型产业园区；对产业基础好、在产业链上同类企业集聚较多的地区，要发展专业配套协作型产业园区；对已经形成一定产业基础、多种相关产业发展较好的地区，要选择发展关联合作型产业园区。要根据各地实际，积极发展出口加工贸易园区、现代物流园区、科技创新产业园区、现代农业示范园区、旅游文化产业园区和综合保税区、边境经济合作区、跨境经济合作区等多种类型园区。二要科学定位园区产业。结合当地资源特点和产业基础，根据产业政策，明确产业园区的产业特色和定位。产业园区规划要与全省经济社会发展总体规划相衔接，与城市总体规划、土地利用规划、环境保护规划以及产业布局规划相协调。要尽可能依托城镇办产业园区，使产业发展与现代交通、物流相配套，把产业园区建成产业聚集的新高地、城市发展的新组团。三要推动产业集聚。要推动优势产业、优势企业、优势资源和要素保障向产业园区集中，除不宜集中的高危行业外，新建工业项目一律进入产业园区；已在产业园区外取得土地审批，尚未征用土地和动工建设的工业项目，应将其用地调到产业园区内进行建设。要突出园区主导产业、龙头企业，沿产业链方向整合集聚相关企业，形成龙头带动、配套协作的园区发展格局。四要重点支持成长型特色产业园区发展。省里将建立园区发展专项资金，重点扶持烟草及配套、钢铁、有色、稀贵金属、装备制造、磷煤化工、建筑建材、石油炼化、生物医药、电子信息、农特产品加工、珠宝玉石加工、家具家居、食品饮料、保税物流等成长型特色产业园区发展。各州市、县市区也要加大对产业园区建设的支持。

第二，要进一步创新体制机制，在产业园区规范化管理上取得突破。一要理顺管理体制。要给身份，各级政府应明确园区管理机构，明确机构级别、内部设置和管理职能，将工业园区管委会纳入编制管理。要给权限，政策上放权、工作上放手，财税上放活，充分发挥园区管委会的主体作用，让园区真正实现“封闭式管理、市场化运作、独立式运行”。省级工业园区享有省级工业项目审批权，赋予园区在规划、投入、收益、人财物和社会事务等方面的管理权限。对省级工业园区实行财税独立核算，实行“蓄水养鱼”。要抓紧制定出台《云南省产业园区建设管理办法》，推动园区建设管理迈上法制化、规范化、科学化轨道。二要完善考评体系。对全省各级各类产业园区实行统一归口管理、统一考核。省级及以上产业园区考评由省工信委牵头，省级相关部门参加，组织实施。各州市负责组织对省级以下产业园区的考核管理。产业园区建设与发展的考核情况，与园区领导班子待遇挂钩，与评价领导班子和干部使用挂钩，与园区管委会机构级别确定和调整挂钩，与园区提档升级挂钩。三要推行园区实体化运作。园区管委会要运用市场化的理念和手段建设和发展产业园区，不断提高园区市场化经营运作水平。借鉴苏州工业园区和成都高新区实体化运作的成功经验，各地园区可探索成立投资开发公司，以独立法人的形式代表园区管委会行使资产经营管理权，享有园区土地一级开发权。

第三，要进一步扩大开放，在园区招商引资上取得突破。园区经济就是开放型、开发型经济，必须以大开放、

大招商促进园区大开发、大发展。一要创新招商方式。变“单一项目招商”为“链条整体招商”，既注重引进龙头骨干企业，也注重引进产业上下游配套项目，形成带动、辐射效应。坚持社会招商、以商招商、政府招商并重，充分利用社会和民间的力量，大力推行龙头企业招商、商会招商、企业家招商，积极探索代理招商、中介招商、定向招商。积极探索以行业协会或企业为主体进行园区开发，大力支持沿海地区和有经济实力地区在我省共建产业转移示范园区，鼓励支持大企业（集团）和其他社会组织在工业园区创办“园中园”。二要突出引大引强。盯住国际国内500强企业、大型央企、民企、知名跨国公司、行业领军企业，尤其是要集中力量引进在产业链构建中起关键作用的旗舰型企业和重大项目，以龙头企业、重大项目的引进，带动园区主导产业的突破发展、跨越发展。三要提高引资质量。既要加快引进科技水平高、带动能力强的工业项目，又要积极承接现代服务业特别是研发机构和国际外包服务业转移。一些产业园区，要强化定向招商和承接产业转移，吸引特定区域的国内外大企业入园发展。

第四，要进一步转变发展方式，在推动园区可持续发展上取得突破。产业园区是现代工业发展的产物，理应成为科学发展的示范。一要加强土地管理。坚持集约发展、科学发展，按照高水平开发、高强度投入、高密度产出、高力度管理的要求规划、建设、管理好各类产业园区。在土地管理方面，要坚持“四个必须”，即：必须符合土地利用总体规划并依法批准；必须严格用途管制，严禁以工业用地为名搞商业地产项目；必须集约节约利用土地，特别要用足用活国家给予云南的低丘缓坡土地综合开发利用试点政策，推进园区向适建低丘缓坡地布局；必须尽力保障产业园区发展用地。要继续抓好标准厂房建设。二要加强环境管理。各地各部门要进一步严格环境影响评估，凡不符合园区规划和清洁生产要求、可能造成严重环境污染或生态破坏的建设项目，一律不予审批和进入。要积极开展生态工业园区建设，加强园区集中式污染处理设施建设，共同治理污染，降低环境治理成本。三要强化科技支撑。加快园区生产力促进中心、孵化基地、企业技术中心等创新平台建设，充分发挥企业主体作用，创新机制，整合资源，推进建立产学研战略联盟，大力推进科技成果产业化，不断提升园区企业自主创新能力。加强循环经济企业、循环经济工业园区、循环经济示范区建设，积极创建国家级生态示范园区，促进资源节约利用、综合利用、循环利用和低碳发展。

第五，要进一步提升综合竞争力，在构建产业园区服务保障体系上取得突破。一要加强基础设施体系建设。抓好以道路、供水、供电、供气、治污、绿化、通信、网络为主的基础设施建设，增强园区的吸引力和凝聚力。交通、城建、环保、供水、供气、供电、通信、教育、医疗、商业、物流、公租房、经适房等基础设及生活配套设施投资要优先向园区安排，推动产业发展园区化、园区发展城市化、城市发展生态化园林化。二要加强公共服务体系建设。推进园区信息化建设，大力培育和规范各类服务机构，引进各类生产性服务业，不断完善园区公共服务平台，为产业园区内企业提供全面周到的服务。加强园区的横向沟通与合作，支持高等学校、科研机构与产业园区和企业开展多种形式的合作。三要加强物流配送体系建设。探索建立内陆保税港区、出口加工区和保税物流园区，积极利用电子信息网络平台，切实提高通关能力，努力为企业便捷、低成本通关创造条件。推动产业园区内部的生产型物流体系建设，降低资金占用和生产成本，提高入园企业的盈利水平和竞争力。

三、强力支持，努力营造产业园区加快发展的良好环境

第一，要加强组织领导。各级党委、政府要把工业突破作为经济工作的生命线，把产业园区发展摆到更加重要的位置，加强领导和管理，配强配齐配优园区领导班子，建立健全党政主要领导亲自抓、分管领导具体抓，各方面分工负责、协同推进的领导体制和工作机制。省工信委作为全省产业园区工作的牵头服务部门，要研究提出全省产业园区发展战略规划和建设发展的政策措施，切实加强对全省产业园区规划建设和发展运行的组织指导、统筹协调、统计考核等工作。省级发改、科技、财政、人保、国土、环保、住建、农业、林业、水利、商务、统计、招商等职能部门，要切实履行职责，强化服务意识，积极为全省产业园区发展创造条件，提供方便，形成推动产业园区发展的合力。

第二，要强化政策支持。要认真梳理支持产业园区发展的各项政策，促进政策落地，形成政策叠加效应。要加强政策创新，尤其要在园区用地、财税政策、金融支持等方面探索创新，从政策层面解决发展难题。要强化财税支持，自2012年起，5年内省级工业园区内新增税收，依照现行财政体制规定应上缴省级财政部分，留给工业园区用于基础设施建设。对重要的产业和园区，要有针对性地设计相应政策，必要时实行“一园一策”、“一企一策”，做到政策配套，助推发展。

第三，要加强人才队伍建设。要加强园区领导班子建设，选配懂经济、会管理、有开拓创新精神的干部充实园区管理层，将各个方面的专业人才选派到园区工作第一线。要不拘一格，以前瞻、开放、包容的眼光，面向全省甚至国内外招聘懂产业规划、懂企业管理、懂招商引资、懂法律法规的人才和高端技术人才；对重要产业，要采取特殊政策，引进技术领军人物和研发团队，增强科技和智力支撑。要加强产业技术工人培训，为企业的落地发展创造条件。

稳中求进　创新推动　跨越发展　努力建设美好幸福的新昆明

中共云南省委常委、昆明市委书记　张田欣

昆明地处云贵高原，是云南的省会，是全省的政治、经济、文化、社会事业发展中心和交通、通讯枢纽，是国务院首批公布的24个历史文化名城之一，是享誉世界的“春城”、“花都”。全市辖6区1市7县，129个乡镇（街道）。总面积2.1万平方千米，总人口726万，常住人口648.64万，世居民族26个，少数民族人口88.98万，占常住人口的13.83%。昆明是中国面向东南亚、南亚的前沿和重要门户，滇中城市经济圈的中心，具有“东连黔桂通沿海，北经川渝进中原，南下越老达泰柬，西接缅甸连印巴”的独特区位。

2011年，面对复杂多变的国际环境和严峻的经济形势，我们紧紧围绕科学发展这一主题，紧扣转变经济发展方式这一主线，抢抓桥头堡建设机遇，积极应对各种不利因素与挑战，经过全市各族人民锐意进取、奋力拼搏，实现“十二五”良好开局。全市实现地区生产总值2509.58亿元，同比增长14%。地方财政总收入700.92亿元，增长25.3%。完成全社会固定资产投资2701.11亿元，增长25%。实现社会消费品零售总额1271.73亿元，增长20%。一、二、三产业分别增长6.1%、16.7%、12.5%，三次产业结构调整为5.3：46.3：48.4。非公经济占比达到44.8%。实际利用外资12.74亿美元、引进市外资金1100亿元，分别增长26.3%、15.75%。实现进出口贸易总额120.0亿元，增长18.1%。

当前，昆明的改革发展正处在一个非常关键的时期。一方面，昆明以前所未有的力度推进改革开放和现代化建设事业，实现了超常规发展，取得了巨大的成绩。另一方面，昆明在改革发展中也遇到了一些不可忽视的矛盾和困难。总的来看，既面临严峻挑战，也面临着前所未有的机遇，总体上机遇大于挑战。从国际来看，随着欧洲主权债务危机的蔓延和美国经济陷入高失业、高负债的困境，整个世界经济形势总体上十分严峻，经济复苏的不稳定性和不确定性上升。新兴经济体面临经济增速放缓和通货膨胀的双重压力，国际发展环境的不利影响明显加大。从国内来看，多年来，我国经济快速发展，但经济增长方式粗放，产业结构不合理，资源环境约束问题日趋尖锐。经济增长速度下行的压力和物价上涨的压力并存。部分企业特别是一些中小企业和微小企业生产经营困难，节能减排任务艰巨，房地产市场处于僵持状态，财政金融领域存在一些潜在风险，各种问题的叠加，使宏观调控面临“两难”选择。从全省来看，发展不够快、不充分、不协调、不平衡，仍然是云南的现实省情。转方式、调结构的任务艰巨，物价上涨压力较大，生产要素保供困难，需求增长放缓因素增多，企业生产经营困难，惠民生任务繁重，等等。从我市情况看，全国全省存在的突出问题，昆明市也不同程度存在。如何扩大内需，拉动增长，实现经济总量的突破；如何加快产业发展，壮大实体经济；如何深化改革，创新推动，增强发展的内生动力；如何保障和改善民生，增加全市人民的幸福感，真正做到经济增长与幸福指数同步增长等，都是我们需要面对的问题。

尽管我们面临着许多困难和挑战，但也有很多有利条件。一是中央经济工作会议确定了“稳中求进”的总基调，国家继续实施积极的财政政策和稳健的货币政策；二是国家在“十二五”期间，实施新一轮西部大开发，对西部地区加大支持力度；三是云南省“桥头堡”建设提升到了国家战略层面，昆明成为“桥头堡”建设的重要门户；四是昆明市具有四季如春的天时，有特大型省会城市的地利，有勤劳智慧的各族群众的人和。再加上现有的坚实基础和丰富的资源禀赋，将为昆明赢得良好的发展先机。对此，我们做出一个总体判断，未来一个时期，昆明仍处于加快发展的重大机遇期，城市化、工业化和农业现代化的加速期，加快转变经济发展方式的攻坚期，建设现代新昆明、推进区域性国际城市的黄金期，全面建设小康社会的关键期。

基于以上分析和判断，当前和今后一段时期，昆明必须坚持以邓小平理论和“三个代表”重要思想为指导，深入贯彻落实科学发展观，按照十七届六中全会、中央经济工作会议、省第九次党代会、省委九届二次全会和市第十次党代会的安排部署，紧紧围绕建设现代新昆明和区域性国际城市目标，以科学发展为主题，以加快转变经济发展方式为主线，着力扩大内需，着力发展实体经济，着力深化改革开放，着力保障和改善民生，在新的起点上，稳中求进、创新推动、跨越发展，为建设美好幸福的新昆明而努力奋斗。同时，昆明还要贯彻落实好省委书记秦光荣同志对昆明发展提出的新定位、新目标、新要求：昆明要争当云南科学发展、和谐发展、跨越发展的火车头，争做全省县域经济发展的排头兵，在全国省会城市的发展中争取新地位。

面对新形势、新任务，我们要把中央和省的精神要求贯彻落实好，就要积极处理好“稳中求进、创新推动、跨越发展”三者的关系，稳中求进是我们的总基调、总前提，创新推动是我们的动力源泉，跨越发展是我们的关键所在。不坚持稳中求进，经济工作就会出现大起大落；不坚持创新推动，昆明的发展就找不到内生动力和新的增长点；不跨越发展，昆明的经济总量就做不大，排头兵的作用就显示不了，就无法解决前进道路上的矛盾和问题，三者的关系是辩证互动、相辅相成的。

机遇蕴含精彩，实干成就伟业。当前，我们要牢牢把握“稳中求进”这一工作总基调，扩大内需这一战略基点，发展实体经济这一坚实基础，加快改革创新这一强大动力，保障和改善民生这一根本目的，以加快现代新昆明和区域性国际城市，在全省率先实现全面建成小康社会为大目标，坚持经济增长与幸福指数同步增长，着力打造富强昆明、开放昆明、文化昆明、生态昆明、和谐昆明、幸福昆明，努力把昆明建设成为最具魅力，最有幸福感、归属感、自豪感和安全感的宜居宜人新都市。

实现上述目标，重点要从以下八个方面寻求突破：

一、树立工业首位意识，加快新型工业化进程，努力壮大实体经济

工业是富民之基，强市之本。没有工业的跨越，就没有全市经济的跨越。目前，全国已进入工业化中级阶段中期，沿海发达地区已进入工业化中级阶段后期，而我市刚刚进入工业化中级阶段初期，工业化进程还比较滞后。工业发展中既存在规模不大、结构不优、竞争力不强等突出问题，也存在发展方式粗放、转型升级不快、自主创新能力弱等深层次矛盾。我们必须牢固树立工业首位意识，实施工业跨越发展计划，确保工业增加值、销售收入、利税三年倍增。

抓产业，壮大实体经济。实体经济始终是我们赖以生存和发展的基础。我们一定要立足实体经济，打牢物质基础。要紧盯大产业、大项目，特别是科技含量高的大产业、大项目，在创新发展上下大功夫，在转型发展上下真功夫，在科技推动上下实功夫，加快新型工业化步伐，建设区域性先进制造业、资源深加工、新型能源产业、高新技术产业和外向型特色优势产业五大基地。坚持一手抓烟草及配套、黑色冶金、有色冶金、磷煤盐钛化工、建筑建材等传统产业的改造提升，培育竞争新优势，使老树吐新枝，发展增活力；一手抓高端装备、石油炼化、光电子、生物医药、信息、食品加工等特色产业发展，加快中缅油气管道及配套、中国南车轨道交通产业基地等一批重大工业项目建设，培育一批产值上千亿元的产业集群。加快新材料、新能源、物联网、节能环保等战略性新兴产业发展，努力把昆明建设成为全省战略性新兴产业的先行区。

抓园区，推动集聚发展。工业园区是新型工业化的重要平台，有利于土地等各类要素资源的节约、聚集和整合，形成新的经济增长极。要以项目为龙头、产业为支撑、科技为先导、园区为载体，推动项目、资金、技术、人才扎堆园区，形成集聚效应。一是要推进现有园区综合配套改革，提升园区实体化管理、企业化运作、专业化服务水平。成立园区项目会审领导小组，对拟在国家级、省级园区落地的项目进行集中审核，确保入园项目符合产业定位，杜绝低质同构、恶性竞争。引导科技含量高、具有自主知识产权和核心竞争力的优势项目进入园区集群发展。把高新区、安宁工业园、经开区、空港经济区等打造成为销售收入超千亿元的一流园区，形成新的增长极。把度假区、阳宗海风景名胜区、轿子山旅游开发区等园区建设成为名副其实的旅游文化产业园区，争取杨林工业园区升级为国家级开发区。二是要按照“引导工业向适建山地发展”的要求，根据产业布局和项目实际，高起点、大气魄、大规模地规划和建设几个体量大、投资大、科技含量高、带动力强、效益好的现代化新型工业园区，引进世界500强、全国500强的大企业、大集团入园，形成昆明工业经济的强大引擎。三是要规划和引导建设几个特色产业突出的民营企业园区，推动民营企业转型升级、聚集发展。四是各县（市）区也要科学规划，以项目和产业为载体，形成一批工业经济园区。

抓政策，培育市场主体。研究制定加快工业发展的扶持奖励政策，推动大、中、小、微企业百舸争流、全面发展。要坚持本土企业与外来企业一视同仁，内培外引，互融共进，共同发展。现在有不少企业，反映突出的一个问题就是项目落地难，有的拖了几年也动不了。要采取有效措施，帮助企业解决好项目“落地难”的问题。实施大企业大集团战略，鼓励一批大项目、好项目，大产业、好产业进入园区。对科技含量高、利税贡献大的企业进行重

奖，培育一批优势成长型、龙头带动型企业。树立一群狼胜过一头狮子的理念，扶持中小企业和微型企业发展，每年抓好百家成长型中小企业、百家科技型中小企业和百家微型企业培育。用好“两化”融合政策，支持企业实施技术改造，促进工业化与信息化深度融合。创新和落实非公经济扶持政策，支持民间资本进入市政、交通、社会事业等领域，大幅提高非公经济比重。

二、提升城市化水平，加快现代新昆明和区域性国际城市建设

坚持科学规划、科学建设、科学管理、优质服务，加快城市化进程，提升城市化水平，全面推进现代新昆明和区域性国际城市建设，着力打造和提升“春城”品牌，努力把昆明建设成为最具魅力，最有幸福感、归属感、自豪感和安全感的宜居宜人新都市。

科学规划城市。昆明四季如春，天生丽质。如何把这座城市规划建设好，把她梳妆打扮好，既是一门学问，也是一个重大现实课题。除了要把总规搞好，还要在详规、小区规划和专业规划、片区规划上下功夫，包括对建筑物的单体设计、功能要求，以及装饰材料、色彩格调等都要讲质量、讲效果。要学习借鉴国际国内先进城市经验，坚持以人为本，按照现代新昆明和区域性国际城市标准，高起点、高品位、前瞻性地做好城市规划修编和形象设计，彰显美丽春城的个性与特色。

科学建设城市。延续和发扬昆明山水交融的建城理念，全面改造、包装和提升老城区，充分体现历史文化名城的特质风貌。按照绿化、亮化、净化、美化“四化”要求，科学规划、分步推进主城道路、街区综合整治提升，做到整治一条、包装一条、成功一条、群众满意一条。比如，结合“城中村”改造，把东风广场中央商务区、五华科技新城、老螺蛳湾片区、巫家坝片区改造提升成最有城市品位的标志性场所。加快城市新区建设，大面积实施立体绿化，体现现代都市气息和生态文化特色。推进呈贡新区建设，加快以空港经济区、晋城南城和昆阳—海口西城为重点的“一湖四片”建设，提速安宁、富民、嵩明、宜良—石林四个辅城建设。

科学管理城市。针对市民关注和社会反映突出的问题，全面开展道路交通、环境卫生、市场秩序、违法建设、城市架空线、户外广告和社会治安综合整治。坚持建管并重，巩固创园、创卫成果，继续推进“四创两争”工作。实施“公交都市”示范工程，完善智能化交通管理系统，提高交通组织管理水平，缓解城市交通拥堵。倡导文明新风，提升市民素质，培育现代新市民。坚持严格执法与热情服务相统一，深化城市管理体制改革，推进城市管理数字化、服务人本化，不断提高城市环境质量、宜居指数和文明程度。

强化基础设施建设。科学规划市政基础设施、交通道路等，形成地上地下贯通、中心外围联通的现代立体交通网络。继续实施“4321”路网建设计划，完善城市路网体系。加快地铁1、2、3号线建设，做好4、5号线开工前期工作。推进滇中城际快速交通和市域铁路、高等级路网规划建设，加快西北绕城、东南绕城、南连接线、昆武、昆嵩、黄马、石锁、功待、功东格高速等项目建设。推动东川、寻甸、禄劝至倘甸公路建设，实现县区和旅游景区之间高等级公路便捷联通，推进行政村路面硬化工作。完善城市电力、燃气、给排水、垃圾污水收集处理等市政配套设施建设，提升城市综合服务功能。抓好“三网融合”试点城市建设，打造智慧昆明，提高全社会信息化水平。

推动都市经济繁荣发展。致力发展现代服务业，建设区域性国际商贸物流、金融服务、旅游会展和科教研发四大中心。加快“退二进三”、市场搬迁步伐，着力培植家政业、餐饮业，提升传统服务业业态。编制《昆明市现代服务业集聚区发展规划》，推进中央商务区、5大物流基地、10个物流园区、14个商贸物流中心、金融产业园区等重大项目建设。促进旅游与文化、科技深度融合，优化提升传统景区景点，高水平推进环滇池旅游圈、石林旅游区、阳宗海风景区、轿子山旅游开发区、西翥生态旅游实验区等重大旅游项目建设，把昆明建设成为全国乃至世界知名的旅游目的地。

三、以新农村建设为抓手，统筹城乡发展，坚定不移抓好“三农”工作

针对我市城乡发展不平衡、不协调的实际，把“三农”工作放在重中之重的位置，统筹城乡区域协调发展，加快城乡一体化进程，努力构建城乡互动、区域协调、多极支撑、多元发展新格局。

大力开展水利基础设施建设。近三年来，昆明地区连续干旱，蓄水不足，特别是部分山区水利设施薄弱。要高度重视水利建设，加大财政投入力度，引导金融机构增加信贷投放，吸引社会资金投资农田水利建设。加快推进东川、石林、寻甸等中央财政小型农田水利重点县建设，推进嵩明大型灌区节水改造和一批小型灌区建设。

扎实推进社会主义新农村建设。按照“生产发展、生活宽裕、乡风文明、村容整洁、管理民主”的要求，实施“幸福乡村”建设工程，让农民群众日子过得越来越好。落实“守住红线、统筹城乡、城镇上山、农民进城”要求，优化城镇布局，建设山地城镇，构筑新型城镇结构形态，展现“山水园林一幅画、城镇村落一体化”的城乡建设新面貌。加大“撤村并居”、“迁村并点”、“生态移民”力度，集中力量打造一批特色村镇、旅游小镇。

加快推动农业产业化。按照打造高原特色农业的要求，优化农业布局，加快实施都市型现代农业“4210”工

程，建设滇池流域生态观光休闲型农业区、东西部高效农业区和北部特色农业区。坚持因地制宜、分类指导，宜林则林、宜果则果、宜畜则畜，稳定粮食生产，巩固烤烟支柱，壮大畜牧产业，提升蔬菜、花卉、林果等产业，提高农业生产规模化、标准化、产业化水平。全面推进石林台湾农民创业园、斗南国际花卉园区、宜良花卉苗木基地等重点农业园区建设，培育、引进、壮大一批龙头企业，打造一批知名品牌，形成一批产业集群。

统筹城乡区域协调发展。坚持“城乡一张图、全市一盘棋”，加大统筹发展力度。以全域城镇化为抓手，优化区域布局，突破城乡割裂、城乡二元体制机制，推动公共财政向“三农”倾斜、公共设施向农村延伸、公共服务向农村覆盖、现代文明向农村传播，加快城乡一体化进程，推动一板块率先跨越、二板块竞相发展、三板块迅速崛起，促进城乡区域协调互动、融合发展。

加大扶贫开发工作力度。实施开发式扶贫，尊重扶贫对象主体地位，做到扶贫开发和农村最低生活保障制度有效衔接，增强贫困地区和民族地区自我发展能力。整合各方资金资源，加快整乡、整村推进步伐，完成整村推进400个以上自然村，巩固提高贫困人口的温饱水平。实施扶贫开发“三年行动计划”，以禄劝、寻甸、东川和倘甸片区为主战场，推进集中连片特殊困难地区扶贫攻坚，力争倘甸片区列为国家级扶贫开发综合实验区。

四、高度关注民生，创新社会管理，促进社会和谐，全力打造幸福昆明

坚持以人为本，加强社会建设，着力改善民生，实实在在办一些老百姓看得见、摸得着、得实惠的好事实事，让人民群众共享改革发展成果，共创美好幸福生活。

抓好就业创业。把就业作为民生之本，实施更加积极的就业政策，多渠道开发就业岗位，确保年内新增就业8万人以上。加强就业服务和就业援助，统筹做好高校毕业生、农民工、城镇就业困难群体和退役军人就业工作。以创业带动就业，加快建设一批创业中心、创业社区和中小企业孵化园等创业基地，扶持科技人员、高校毕业生创业。拓展就业、创业、投资、社保、帮扶等增收渠道，加快建立与经济增长相适应的收入增长机制，大幅提高城乡居民收入。

发展社会事业。巩固“两基”成果，优化教育资源布局，均衡发展义务教育，促进教育公平。大力发展学前教育、职业教育和民办教育，抓好安宁、嵩明职教园区建设。重视高等教育，扶持昆明学院加快发展。优化城乡医疗卫生资源配置，建立基层医疗卫生机构运行新机制，推进以县级医院为重点的公立医疗改革试点，加快全科医生培养和乡村医生队伍建设。

提高社会保障水平。扩大社会保障覆盖面，提高统筹层次和保障水平，实现新型农村社会养老保险和城镇居民社会养老保险制度全覆盖。完善城镇职工、城镇居民基本医疗保险和新型农村合作医疗保险制度，建立养老保险、医疗保险关系转移接续机制，加快实现基本社会保障制度的城乡衔接。加大保障性住房和回迁安置房建设力度，切实解决城镇低收入人群、新就业和进城务工人员的住房困难问题。

创新社会管理机制。注重观念的转变、要素的集成、资源的整合、方法的改进，构建党委领导、政府负责、社会协同、公众参与的社会管理格局。以城乡社区为重点，完善基层为民服务体系，大力建设和谐社区，夯实社会管理基层基础。健全网上舆情引导处置机制，提高虚拟社会管理水平。建立分管领导牵头解决社会管理问题工作机制，重点做好流动人口、特殊人群和城中村、城郊结合部等重点区域的管理服务工作，切实维护社会秩序，优化社会环境，保障人民安居乐业。

维护社会和谐稳定。以创建平安昆明为目标，加强社会矛盾隐患排查调处和风险评估，开展领导干部定期接访、下访、约访和回访活动，实实在在地化解一批矛盾纠纷、解决一批群众反映强烈的社会治安问题、整改一批管理上的隐患漏洞和薄弱环节。

五、以桥头堡建设为契机，努力提升昆明对外开放水平

抢抓桥头堡建设战略机遇，强化开放意识，敢于开放、善于开放、主动开放，以开放促发展、促改革、促创新，提升开放型经济的质量和水平，形成全方位、多层次、宽领域对外开放格局。

加速综合改革突破。针对改革发展中躲不开、绕不过的突出问题，抓住一些重点领域和关键环节深化改革，着力构建有利于科学发展的体制机制。深化经济体制改革，加快国有资产战略性重组和产权多元化进程，加快垄断性行业和公用事业改革。健全完善政府投融资体制，加快国有融资平台商业化、市场化转型，既切实保证重点建设项目资金需求，又有效控制政府债务风险。深化行政管理体制改革，进一步转变政府职能。注重城市改革与农村改革相互协调，完善农村发展体制机制。推进政策创新，构建灵活、开放、高效的政策体系。

提高对外开放层次和水平。主动融入中国—东盟自贸区、孟中印缅次区域、大湄公河次区域合作，拓展与东南亚、南亚、西亚及印度洋沿岸国家和地区的交流合作。加快构建昆明—皎漂、昆明—北部湾、昆明—曼谷等大通道，推动昆明至珠三角、昆明至成渝、昆明至西藏昌都等经济走廊建设，为内地省区市和企业进入东南亚、南亚市场提供服务。精心组织实施好金融产业园区项目，加快把昆明建设成为区域性国际金融中心。整合昆明出口加工

区、昆明国际空港、昆明国际陆港，建设昆明综合保税区。加快昆明地区海关申报工作。加强与周边地区重要进出口物流节点、海港口岸、边境口岸的通关合作，提升通关便利化水平。办好昆交会、GMS经济走廊活动周以及第八届中国物流节、第五届全球外包大会等国际性经贸活动。

推动滇中城市经济圈建设。坚持规划共绘、交通共联、产业共兴、市场共构、环境共建、人才共享，携手曲靖、玉溪、楚雄，推动滇中城市群发展联手、产业联合、经济联动，共同将滇中地区培育成为我国面向西南开放重要桥头堡的核心区、支撑全省经济社会发展的重要增长极。加快构建以高速公路和城际轨道为支撑的区域交通体系，打造以昆明为核心的1小时交通圈，形成滇中四城交通方便快捷、互联互通的格局。抓住昆明固定电话号码升位契机，推动滇中区域通讯同网。

创新招商引资方式方法。继续加大招商引资力度，着力打造良好的投资环境，确保招得进、留得住、能发展。要突出专业招商，瞄准重点地区、重点产业和重点企业，千方百计多招商、招大商、招好商。突出产业招商，根据产业定位和布局，围绕装备制造、高新技术、战略性新兴产业和农副产品深加工等重点产业，有针对性地进行招商。突出以商招商，以才引才，一引十，十引百，整体引进人才、资金、技术、项目、企业，形成万商云集、群贤毕至的局面。

六、大力发展县域经济，夯实富民强市基础

县域强则全市强，县域兴则全市兴。要紧紧围绕县域经济繁荣，加快县城和园区建设，推进工业化、城镇化、农业产业化"三化同步"、"三化联动"，走出一条具有云南特色、符合昆明实际的县域经济发展路子。

加快县城建设步伐。以规划为龙头，推进城镇化步伐，加快市政基础设施建设，扩大规模、完善功能、突出特色、提升形象，夯实县域经济发展载体。分层次逐步放宽、放开户籍限制，让符合条件的农业转移人口稳步转变为城镇居民，引导农村居民有序转变为城镇居民。

做强县域特色产业。以市场需求为导向，结合县情、乡情、村情，充分发挥资源优势，差别竞争、特色取胜、错位发展，形成"一县一特色、一乡一产业、一村一品牌"的发展格局，争取每个县培育2至3个主导产业，夯实县域产业支撑。安宁、晋宁、富民、嵩明、宜良、石林要重点发展新型工业、现代农业和文化旅游产业，东川、禄劝、寻甸要重点发展资源精深加工、特色农业、文化旅游和劳动密集型产业，培育县域经济新的增长极。

创新县域经济发展体制机制。简政放权、扩权强县、扩权强镇，最大限度下放经济领域、社会事务管理权限，赋予县（市）区更大的发展自主权，激发县域发展活力。通过三到五年的努力，力争2个以上县（市）进入全国县域经济百强县行列，6个以上县（市）进入西部县域经济百强县行列。

七、深化文化体制改革，推动文化繁荣发展，着力打造文化昆明

认真贯彻落实党的十七届六中全会精神，按照建设云南民族文化强省的要求，着力打造文化昆明，为实现昆明创新推动、跨越发展提供坚强思想保证、强大精神动力、有力舆论支持和良好文化条件。

推进社会主义核心价值体系建设。坚持用中国特色社会主义理论体系武装干部、教育人民，开展具有行业特点的社会主义核心价值体系教育实践活动，筑牢全市人民团结奋斗的共同思想道德基础。下决心、花气力、集中力量抓好市民文明素质工程，广泛开展"爱我昆明、美在春城"主题实践活动。强化社会公德、职业道德、家庭美德、个人品德教育，开展群众性精神文明创建活动，形成知荣辱、讲道德、促和谐的社会文明新风。

完善公共文化服务体系。加强公共文化基础设施建设，支持好科技馆新馆、亚广影视传媒中心等省级标志性文化设施建设，加快昆明市文庙恢复性修建和一批重点文化项目建设，打造城市文化新地标。实施文化惠民工程，免费开放公共文化设施，整合基本公共文化服务项目和资源，让人民群众享有均等的基本公共文化服务。加大"两馆一站一室"、广播电视"户户通"、农家书屋、文化信息资源共享、社区和乡镇综合文化站等文化工程实施力度。实施文艺精品工程，引导文艺工作者深入基层、深入生活，以昆明独特的历史传统文化、民族文化、宗教文化、生态文化、现代时尚文化资源为土壤，创作生产更多具有云南特色、民族元素、时代风格和昆明气派的优秀文艺作品。

推动文化产业发展。实施大项目拉动、大集团牵动、大园区带动、大品牌驱动、大开放促动，大力发展创意设计、现代传媒、动漫游戏、新闻出版、演艺娱乐、广播影视、文化旅游、广告会展、艺术培训等重点文化产业。培育更多的市场主体，打造一批外向型骨干文化企业和知名民族文化产业品牌。推进市文化传媒中心、市文化创意产业基地（园区）等重大文化产业项目，培育一批文化产业集群，推进一批文化产业集聚区建设。

深化文化体制改革。加快经营性文化单位转企改制，增强文化企业的发展活力和市场竞争能力。拓展对外文化交流，推动文化与旅游的结合，吸引东南亚、南亚艺术团队和艺术人才落地昆明发展演艺产业，体现异国风情与文化元素。举办好南亚文化艺术节、聂耳音乐节、中国昆明国际文化旅游节、郑和国际文化旅游节等活动，提升文化影响力和辐射力。

八、加大滇池治理力度，着力优化生态环境

统筹经济社会发展和生态环境建设，强化以滇池为重点的市域水环境综合治理，狠抓节能减排，创建国家环保模范城市，加快国家生态市建设步伐，着力构建资源节约型、环境友好型社会。

加快滇池污染治理。滇池污染治理，全国及国际都格外关注。要坚定不移、毫不动摇地抓好滇池治理，坚持铁腕治污、科学治水、综合治理，锲而不舍地实施环湖截污和交通、农业农村面源污染治理、生态修复与建设、入湖河道整治、生态清淤、外流域调水及节水“六大工程”，改善滇池流域水环境质量，推动滇池治理实现新突破。加强全市水库、坝塘、河流的治理和管护，特别是重点加强松华坝、云龙水库、清水海等集中式饮用水源地以及阳宗海、牛栏江的管理和保护，确保城乡饮用水源安全。

全力打造森林昆明。继续实施天然林保护、退耕还林、防护林等工程，提高城乡绿地率和森林覆盖率，加快创建国家森林城市。实施城市生态隔离林带、绿色通道、城镇绿化和村庄绿化工程，大力开展立体绿化和屋顶绿化，扩大绿化空间、增加绿化总量、提升绿化质量。全面开展城市面山、交通沿线、河道沟渠、水库塘坝、村庄院落、坟场墓地等重点区域绿化造林，加快推进“五采区”、石漠化、难造林地的生态修复治理和生态隔离带建设。

大力发展循环经济。加快发展节能环保产业、新能源产业，创新适用低碳技术，争创国家低碳经济示范城市。严格控制新建高能耗、高排放项目，淘汰落后产能。推广清洁生产技术，开展资源综合利用，加大节能减排力度。强化节水管理，加快推进雨水收集利用、污水处理再生利用等节水工程建设。我市城区范围内的土地资源十分珍贵，一定要科学规划，严格控制，做到每一寸土地都要用好。要盘活存量土地，清理闲置土地，强化规划调控和用地管理，提高土地节约集约利用水平。开发利用新能源和可再生能源，培育生物质能和清洁能源产业，提高风能、太阳能、沼气等能源利用水平。

率先突破 优先发展 把红河建成面向西南开放的区域性国际化门户"金边"经济区和区域经贸合作强州

中共红河哈尼族彝族自治州州委书记 刘一平

2009年，省委作出"加大对内对外开放力度，把云南建设成为我国面向西南开放的重要桥头堡"的重大战略决策。2011年5月6日，国务院下发了《关于支持云南省加快建设面向西南开放重要桥头堡的意见》，红河州顺势而谋，乘势而上，紧紧抓住这一重大历史机遇，准确定位，精心组织，迅速行动，将桥头堡建设作为推进红河跨越发展、全面建设红河小康社会的重要抓手，扎实开展各项工作。

一、强化措施，攻坚克难，扎实推进红河桥头堡建设

2010年5月，中共中央政治局常委、国务院副总理李克强到红河视察工作时就强调"要把红河建设成为通达更加便捷，最具竞争力、最具活力、最具吸引力自治州，建设成为云南省对外开放的门户和前沿"，对我州的桥头堡建设提出了明确要求。之后，我州举行了"桥头堡建设，红河怎么办？"论坛、征文等活动，并通过座谈会、报告会等形式，充分听取、吸纳社会各界对红河州桥头堡建设的意见、建议，不断完善红河州桥头堡建设的思路、措施。经过反复研究、多次论证，2010年11月，正式提出了我州桥头堡建设的思路目标、工作重点、保障措施，紧紧围绕"通道"、"基地"、"平台"、"窗口"、"屏障"开展了卓有成效的工作，强势推进"绿色经济强州、工业经济强州、民族文化强州、区域经贸合作强州"建设，并结合红河实际提出了"率先突破，优先发展"的桥头堡建设战略思想，把红河建设成为滇越经济合作和对外开放的重要窗口和交流平台，成为全省沿边开放开发的典范，面向西南开放的区域性国际化门户，区域经贸合作强州和"金边"经济区。

（一）加强基础设施建设，着力构建国际大通道。近年来，我州紧紧围绕国家和省建设面向南亚、东南亚国际大通道的部署，加快构建以综合交通运输体系、战略能源通道和信息通道为重点的基础设施建设。一是加快交通运输体系建设。仅2011年，全州累计完成交通运输投资85亿元，比上年增长16.6%。已先后建成鸡石、通建、蒙河等高速公路，蒙屏、元绿、元红、蛮金等6条二级公路及中越红河公路大桥，石林至锁龙寺高速公路即将通车，锁龙寺至蒙自高速公路加快推进，石屏至红龙厂高速公路即将复工，蒙自至文山至砚山、羊街至鸡街高速公路前期工作取得积极进展，全州县县通高等级公路目标已实现。玉蒙铁路即将通车，蒙河铁路、云桂铁路红河段建设进展顺利；红河机场即将开工。红河航运发展规划已通过交通运输部的评审，已开始与越方进行磋商。二是加快能源通道建设。深度开发水电，优化发展火电，大力开发风电等新型能源，形成覆盖全州的电力保障体系，建设一批输变电电网工程，进一步提升"云电外送"南通道主网架功能，加强与周边国家的能源开发合作，扩大对越送电规模，建成对越及周边电力调配的枢纽。目前，已建成那兰、云鹏、雷打滩等7座中型电站和大唐开远、国电小龙潭等3座火力发电厂。仅2011年，全州能源产业完成投资53.27亿元（含电力、煤炭、石油天然气），泸西李子箐风电场、马堵山电站3台机组实现并网发电，新增电力装机37.45万千瓦，全州实现电力总装机437.45万千瓦。州域内已

拥有500千伏变电站（串补站）4座，220千伏变电站（开关站）14座，110千伏变电站30座。三是加快信息通道建设。加大信息通道及基础设施建设，形成覆盖全州的光纤通信网络，发展无线宽带网络、新一代互联网和移动通信，加快网络升级换代，实现与东南亚国家的互联互通，成为面向东南亚的国际信息交换平台。目前，建成覆盖全州的光纤通信网络，全州光纤网总长度达到4.4万千米；完成宽带通信网、数字电视网、互联网的三网融合。全州电话（含移动）用户达到291万户，每百人拥有电话（含移动）64.2部，宽带用户超过21.9万户，有线电视用户达48万户，广播、电视覆盖率分别达到96.1%和96.7%。

（二）发展特色优势产业，着力加快产业基地建设。为了扎实推进桥头堡建设，我州立足资源优势和产业基础，通过优化生产力布局，整合资源要素，大力发展特色优势产业，进一步加强外向型产业基地和进出口产品生产基地建设。一是强势推进高原特色农业发展。深入实施了农业产业建设"8311"行动计划，推进农业向外向型和高端化发展；统筹发展特色农业、林业产业和生物资源产业，粮食、烤烟、蔬菜、水果、蔗糖、茶叶、花卉、畜牧等产业快速发展，形成有较大规模的骨干产业集群和农产品出口基地。2011年，全州粮食总产达146.5万吨，种植烤烟65万亩、蔬菜135.56万亩、特色水果131万亩，新种核桃33万亩，经济林面积已突破500万亩；农业产业化经营组织已发展到225个、农民专业合作经济组织962个，建成州级示范农民专业合作社20个，104户州级以上龙头企业带动农户54万户、辐射订单种植面积达76.8万亩。2011年，农民人均纯收入达4 650元，比上年增长18.6%；2012年1至6月，农民人均现金收入达3 316元，同比增长18%。二是大力发展新型工业。近年来，切实加快"工业经济强州"建设步伐，全面实施了新型工业化发展的"13365"战略，打造世界级的锡、铟生产基地，国内外知名的有色金属、煤化工、综合能源和优质烟草基地。2011年全州工业总产值突破了千亿元大关，达到1 047.6亿元；2012年1至6月，预计全州实现工业总产值488亿元，同比增长9.2%。红钢60万吨型钢及配套、建水20万吨锰系合金、云锡10万吨铜、建水60万吨碳素阳极基本建成，开工建设云冶个旧15万吨铝、红钢80万吨钢板材、蒙自矿冶6万吨铅等项目，石屏泥炭、国电煤电多联产、国能弥勒25亿方煤制天然气、云锡10万吨锡搬迁、红烟异地技改、个旧霞石综合利用和一批电站、风能项目前期进展顺利。工业园区建设步伐加快，在省政府重点扶持的10户大型企业集团中，先后有云锡、云冶、云铜、云天化、煤化工、昆钢等6大集团进入红河工业园区投资创业。目前，蒙自、个旧、开远、泸西、建水、弥勒等纳入统计的8个工业园区规划总面积达到218平方千米，入园企业达150户，2011年实现税收14.8亿元。三是大力发展现代服务业。仅2011年投资13亿元完成了元阳哈尼梯田景区观景台、建水学政考棚、红河马帮城楼、泸西阿庐古洞提升改造、中国·红河蝴蝶谷景区观景台等24个旅游重点项目，完成了元阳大鱼塘、开远旧寨、通灵和苗寨特色旅游村建设，继续推进建水临安、泸西永宁等5个省级"旅游小镇"和石屏毛木咀、泸西城子、弥勒可邑等13个"省级特色旅游村"建设，以哈尼梯田、溶洞观光、跨境旅游、特色度假、民族文化等为特色的旅游品牌向标准化、高端化迈进，全州实现旅游业总收入86.37亿元，占全州GDP的11.06%。实施了一批以货场、仓储、配送等为重点的物流建设项目，与云南物流产业集团签订了总投资45亿元的"红河国际物流园"投资协议，并启动了第一期建设项目。批发零售、商贸餐饮、电子商务、社区家政、金融保险等服务业发展加快。

（三）加快社会事业发展，着力保障和改善民生。近年来，我州高度重视民生工作，大力发展教育、文化、卫生、科技等社会事业，切实解决群众最急需、最关心、最直接的现实问题。一是教育事业稳步发展。2011年全州教育支出达到37.7亿元，增长24%。学前教育发展较快，义务教育进一步巩固提高，职业教育、普通高中教育及民办教育快速发展。2012年高考上线人数和上线率均创历史新高，上线率达97.35%。二是文化事业全面进步。深入实施了"民族文化强州"战略，积极推进文化体制改革，"两馆一站"、农村文化惠民工程顺利实施，州级五大文化中心基本建成，全州共有公共图书馆15个、博物馆5个、文化馆14个、乡镇综合文化站133个、村级文化活动室481个，基层群众性文化体育活动广泛开展。先后完成《新红河谷》《边城之恋》《遥远的约定》等电影的拍摄，中国首部网络电视连续剧《镁光灯下》摄制完成，推出全国首支微博原创歌曲《我要去红河》，形成强大影响力。文化遗产保护、抢救和传承工作取得新成效，哈尼梯田已列入国家2013年申报世界文化遗产项目。三是卫生事业加快发展。2011年医疗卫生支出达21.2亿元，比上年增长35.7%。医药卫生体制五项改革扎实推进，疾病预防控制、医疗救治、卫生执法监督等体系不断完善，新型农村合作医疗参合率达98%以上。实施了138个卫生基础设施项目，启动了卫生信息化建设，基层医疗卫生服务网络不断健全，基本卫生服务能力明显增强。四是民生保障力度加大。持续扩大就业规模，2011年新增城镇就业2.64万人，转移农村劳动力8.92万人。社会保障体系更加健全，城镇职工基本养老、医疗、工伤、失业、生育保险覆盖面不断扩大，新型农村养老人员达131万人，新增农村低保人员3万多人。扶贫开发力度加大，仅"十一五"期间全州投入各类扶贫资金达到44亿多元；红河县垤玛三村两乡、绿春黄连山地区、金平拉祜族地区综合扶贫成效明显；2011年投入扶贫资金13.56亿元，解决了6万多农村贫困人口的温饱和增收问题。五是社会管理不断加强。基层民主法治建设扎实有效，突发公共事件得到了有效预防和妥善处置，食品药品监管、矛盾纠纷排查、社会治安综合治理、禁毒防艾等工作取得新成绩，各族人民和睦相处、和衷共济、和谐发展的良好局面进一步巩固。

（四）加快城镇化进程，着力推进城乡统筹发展。近年来，我州以社会主义新农村建设为抓手，加大城乡经济、政治、社会、文化、生态等建设，努力构建城乡一体化发展的体制机制，切实推进城乡统筹发展。一是加快社会主义新农村建设。按照“资源互补、项目倾斜、重点支持、样板带动”的原则，重点实施了新农村省级重点村、州级示范村、县市示范村项目建设，不断改善农村发展条件和生活环境。2006年以来，我州共实施新农村省级重点村585个、州级示范村600个、州级整乡推进示范乡镇13个、县（市）级示范村1 303个，累计投入新农村建设专项资金6亿余元，完成各类建设项目4 857项，进一步促进农村经济发展、农民收入增加、农村环境的改善。自2007年开始，每年都下派新农村建设指导员支持新农村建设，特别是“四群”教育活动开展以来，全州新农村建设指导员更加积极主动为群众办实事、做好事、解难事。二是加大统筹城乡发展力度。为加快统筹城乡发展步伐，州委、州政府在个旧、开远和蒙自等3市开展了统筹城乡发展试点。开远市紧紧抓住全省统筹城乡发展试点等机遇，制定出台了有关文件20多个，大力发展循环经济，着力推进新型工业化和城镇化建设，依托多年来工业重镇积累的经济优势，努力探索建立工业支持农业、城市反哺农村的机制，实施整市推进工程，发挥党委政府、集体组织和农民群众“三大主体”在建设社会主义新农村中的重要作用，建立完善“大行政”、“大督查”和“大包保”体制，着力改善民生，化解群众看病难、行路难、就学难等“十四难”问题，农村发展后劲显著增强，城乡差距明显缩小，城乡面貌焕然一新，提升了广大城乡居民的幸福感。蒙自市充分发挥红河州府回迁及其作为滇南中心城市核心区和农业大市的优势，以城市建设为切入点，通过大力发展现代农业和推进工业园区建设，来统筹城乡发展，实现了全市农业持续增产、农民持续增收。个旧市抓住国家首批资源型城市转型试点的机遇，以资源型城市转型为抓手，以产业发展二次创业为突破，建立“以工促农、以城带乡”的长效机制，大力发展现代农业，重点推进20多个综合改革试点村和特色小城镇建设，打造了沙甸穆斯林城镇等一批亮点纷呈的美丽小城镇和重点村寨。三是切实加快城镇化进程。“保护坝区农田、建设山地城镇”试点工作顺利开展，全州已划定55个低丘缓坡用地区域，面积达33.7万亩，绿春“削峰填谷”工程、蒙自南部半山、州交警汽车培训站、州反恐基地等一批山地城镇建设项目扎实推进。州域“五个层次”城镇体系建设持续加快，滇南中心城市半小时经济、生活圈基本形成。2011年，全州实施市政基础设施重点项目115项，市政设施不断完善，全州城镇建成区面积达157平方千米，城镇化水平为37.2%，其中，滇南中心城市城镇化水平达70%，建成区面积达85平方千米。各县市和州级有关部门充分利用省、州加大农民转户进城的时机，加快推进农民进城转户工作。截至2012年8月5日，全州已实现农业人口转户13.42万人，完成省下达任务数13万人的103%。

（五）深化改革扩大开放，着力加强对外开放平台建设。近年来，我州以省委、省政府把红河列为全省经济社会和城乡综合改革试点为契机，认真实施“区域经贸合作强州”战略，不断深化改革，扩大开放，切实加快对外开放平台建设。一是不断深化改革扩大开放。进一步推进了经济管理体制、社会管理体制、农村综合配套和行政管理体制等改革。个开蒙统筹城乡改革试点成效显著，开远市被列为全国农村综合改革试验区。农村土地承包经营权流转和集体林权制度配套改革继续推进，农垦系统体制改革稳步实施。资源管理体制、财税管理体制、行政审批制度等改革继续深化。金融改革扎实有效，信用社股权改革深入推进。二是加快构建对外开放平台。中国红河—越南老街跨境经济合作区建设步伐加快，建成河口北山口岸开发区，将中越双边合作范围扩展到红河州行政区域和越南老街省范围。招商、民生、华夏等银行分支机构已落户我州，跨境贸易人民币结算试点成效明显。积极推进红河综合保税区申报工作，加快推进金水河、绿春平河口岸和7个边民互市通道的建设。三是扩大对内开放与合作。以加入滇中城市经济圈为契机，广泛参与“泛珠三角”、“滇沪”、成渝特区的合作与协作，推进东部地区与红河州进行全方位的对接。强化招商引资，主动承接东部地区的产业转移。2011年，完成外贸进出口总值13.1亿美元，增长19.1%。2012年1至6月，全州新签项目93个，同比上升69%；外贸进出口总值达13.04亿美元，同比增长162.6%。

（六）建立健全体制机制，着力加强交流窗口建设。我州不断建立健全体制机制，加强文化交流，强化社会交往，促进交流与合作。一是扩大教育学术交流。培育对外交流载体，完善与越南及东南亚国家的双边、多边教育合作交流机制，实施了汉语推广计划和东南亚小语种教育计划，建设国际教育人才培养平台及面向越南及东南亚国家的国际远程教育信息网络，扩大与越南及东南亚国家学生到红河学院留学的规模，逐步设立面向越南和东南亚国家的国际学术交流平台。加大外向型人力资源的培训，促进人力资源的双向流动。二是加强文化交流。加强与越南及东南亚国家在文化领域的交流与合作，扩大文化交融，加快外向型文化产业的发展，构建文化交流平台，成功举办了多次大型文化交流活动，加强双边非物质文化遗产保护、新闻媒介的交流合作。三是加强社会交往。扩大双边人员往来和城市交流，增进双边的了解和认同，加强与东盟国家的外事交往，加强官方互访、会晤，积极支持民间、企业等开展各种跨境友好交流活动，加强与周边华侨、华人的联系，推动国际社会各界之间的交流。四是促进科技合作。按照“优势互补、互利共赢”的原则，以项目为纽带，促进与相关机构在应用研究、技术开发、产品研发、成果转让等方面的合作，形成面向东南亚各国的科技合作窗口。

（七）加强生态文明建设，着力构建生态安全屏障。近年来，我州以实施“七彩云南　生态红河保护行动”为契机，加快“绿色经济强州”建设，突出“森林红河”、节能减排、生物多样性保护等工作，努力构建生态安全屏障。一是加快红河谷绿色经济走廊建设。已完成了《红河谷绿色经济走廊建设规划》，进一步加大对南部6县项目、资金的倾斜和扶持力度，力争5至10年将红河谷绿色经济走廊建成全省流域综合开发的新示范、扶贫开发及跨越发展的新典范、绿色产业发展的新基地、山地城镇发展的新模式、滇东南跨境流域生态安全的新屏障、沿边开放的新前沿。二是加强林业生态建设。全面实施了天然林保护、退耕还林、防护林建设、石漠化治理、水土保持等生态建设工程，加快森林红河建设。仅2011年，全州完成营造林128.6万亩、管护森林473.35万亩、退耕还林6.5万亩、防护林工程17万亩、中低产林改造40万亩，实施石漠化综合治理9.85万亩，全州森林覆盖率达44.8%。新建农村能源沼气池1.5万户，完成农村改灶1.63万户。三是加强生态环境保护。异龙湖水污染综合防治取得突破性进展，水污染状况总体呈现出下降趋势，水质正在逐步好转。全州重金属污染专项整治工作取得新进展，生态修复、饮用水源地保护、农村环境综合整治、主要污染物排放等工作扎实有效。2011年，全州二氧化硫、氮氧化物、化学需氧量、氨氮排放量共削减了9 680吨。四是节约利用资源。节能降耗力度加大，节能技改、清洁生产、循环经济试点等工作扎实开展。2011年，全州淘汰各类落后产能36万吨，单位GDP能耗下降3.91%，万元工业增加值能耗比上年下降9.2%；2012年1至6月，预计全州单位GDP能耗同比下降6%，单位工业增加值能耗下降7%。积极探索山地综合利用新模式，加快发展山地城镇；完成农村土地整治项目54个，新增耕地9.82万亩，全州耕地实现了补大于占。矿产资源开发秩序进一步规范，地质灾害防治力度不断加大。

在省委、省政府的坚强领导下，经过全州各族人民的共同努力，全州综合实力显著增强、基础设施明显改善、产业建设成效显著、改革开放步伐加快、社会事业全面进步、生态建设成效明显。2011年，全州完成生产总值780.64亿元，增长13.5%；完成财政总收入195.3亿元，增长21.9%，其中，完成地方一般预算收入72.8亿元，增长18.9%；完成全社会固定资产投资641.9亿元，增长23.3%；完成社会消费品零售总额184.2亿元，增长20%；城镇居民人均可支配收入为16 789元，增长25.14%；农民人均纯收入为4 650元，增长18.6%；单位生产总值能耗下降3.91%。2012年1至6月，预计全州实现生产总值360.82亿元，同比增长10.5%；实现财政总收入103亿元，同比增长4.3%，其中，完成地方财政预算收入37.19亿元，同比增长9.5%；实现工业总产值505亿元，同比增长8.1%；完成固定资产投资242.1亿元，同比增长23.5%；实现消费品零售总额94.5亿元，同比增长15%；城镇居民人均可支配收入为9 418元，同比增长17%；农民人均现金收入为3 316元，同比增长18%。

虽然红河州实现了应有的发展，但是依然还存在着许多必须克服的困难和问题：州域经济总量还不够大，对外开放程度还不够高，州内企业竞争力还不够强，基础设施瓶颈尚未完全消除，社会发育程度还不够高，南部地区贫困面大贫困程度深，社会不稳定因素较多等，发展不充分、不平衡、不协调的局面短期内难以根本改变。

二、发挥优势，扩大开放，全力打造云南沿边开放的“金边经济区”

下一步，我州将紧紧抓住中央加快云南桥头堡建设、继续实施西部大开发和加快滇中经济区建设等重大机遇，借助中央实施的“镶边外交”战略，秉承“走得远比走得快更重要”的理念，发挥漫长边界、陆路相连、水流相接、跨境民族、习俗相近、产业相通六大优势，加强贸易、产业、金融、安全、旅游、文化、学术7个方面的跨境交流合作，采取建通道、强产业、拓市场、抓载体、活机制、搭平台、造环境7条有效措施，力争实现面向西南开放的国际化门户、区域经贸合作强州、固边护国民族团结进步的示范区三大目标，将红河州打造成为国家和云南沿边开放开发的“金边经济区”、“内陆黄金口岸”。

（一）构建更加便捷的国际大通道。力争尽快建成云桂铁路红河段、玉蒙铁路、蒙河铁路，加快蒙昆城际高铁、蒙文铁路等通边铁路前期研究，构建州域“三枢纽（蒙自、弥勒、建水）一极点（河口）”的铁路网状格局。围绕境内“三纵三横”公路骨架网络规划，建成石蒙高速公路，启动蒙文、石元高速公路建设，打通石文（石屏至文山）经济产业带和通往“两广”的梗阻地段。加快建设红河机场，力争“十二五”期间建成通航，启动建水、元阳等小型通用（勤）机场前期工作。

（二）打造更加强壮的产业支柱。紧紧围绕昆—河—海经济走廊产业带建设，全力打造特色农产品出口基地、工业产业基地和旅游产业基地“三大产业基地”，尽快形成面向周边国家的产业发展新优势。大力发展高原特色农业，培植一批特色农业龙头企业和特色农业产业园区。加快发展生物医药、生物技术服务、新型有色金属、稀贵金属、新能源等新兴产业。以国家级经济技术开发区的规格，加快红河工业园区和建水、弥勒、泸西等工业园区建设，加快规划建设建水省级陶瓷工业园区和沙甸省级民族特色园区，集中力量打造一批销售收入超十亿元、百亿元的大企业和大集团。强势推进集“观光、休闲、康体、养生、度假”为一体的旅游业，重点打造开远乡村旅游、元阳梯田旅游、屏边大围山国家公园、中国·红河蝴蝶谷、跨境旅游等，全面提升红河旅游业的档次和品位。

（三）开拓更加广阔的市场空间。充分利用独特地缘和区位优势，建设对外开放、对内经济合作和进出口贸易“三大平台”，为桥头堡建设提供更为广阔的市场空间。力争把河口公路口岸增设为国家级一类口岸，加快“红河综合保税区”申报步伐，争取早日立项建设。借力“央企入滇”引进大企业、大集团进驻红河。扩大和深化与周边区域的经贸合作，不断提升贸易水平和贸易总量，力争到2020年，实现进出口货运量1 000万吨以上、出入境人数1 000万人次以上，进出口贸易额80亿美元以上。

（四）建设更加坚实的发展载体。全力抓好区域信息交流中心、现代物流中心、进出口贸易中心“三大载体”建设。整合内外信息资源，巩固提升现有网络基础设施，努力拓宽网络覆盖面，加快建设区域信息交流中心。依托滇南中心城市和工业园区、边境口岸，大力发展第三方物流企业，建立快捷准时、设施配套、运转高效、优质价廉的现代物流网络服务体系，建设区域性现代物流中心。建立农产品、矿产品、工业品等交易中心和专业市场，优化进出口产品结构，发展跨境金融、承揽工程、劳务输出等服务贸易，全力建设区域性进出口贸易中心。

（五）完善更具活力的体制机制。建立健全扩大开放、经济合作、人才引进培养“三大机制”。通过加快建立稳定的外贸增长机制，完善扩大区域经济合作新机制，推进跨境贸易人民币结算试点工作，建立金融财政支撑体系、鼓励货物、劳务进出口相关税收优惠等政策。通过加快培养和引进一批掌握世界贸易规则，具有较高外语水平，熟悉东盟国家法律法规、商贸法规、技术标准的综合型人才，为桥头堡建设提供智力支持和人才保证。

（六）搭建更加有效的文化交流平台。认真实施“民族文化强州”战略，扎实抓好文化交流设施、文化交流合作、文化交流窗口“三大工程”建设，深化与国际国内的文化交流合作。在河口、绿春、金平等边境县建设“国门文化”活动阵地，在河口、金水河等口岸建设“国门文化”交流中心，在边民互市点（边境通道）建设“国门文化”工程，进一步树立“国门文化”的良好形象。联合越南对滇越铁路申报世界文化遗产进行可行性研究，把滇越铁路打造成中国与越南文化交流的走廊和文化旅游的精品线路。尽快建成“中国—东盟文化商品展销中心”、“中越体育交流中心”以及“民族文化传习馆”等设施，全力打造边境文化长廊，发挥文化的影响力和渲染力，为桥头堡建设提供文化支撑。

（七）营造更加有利的发展环境。大力发展教育、卫生、劳动就业、社会保障等社会事业，加强社会治安综合治理，着力构建和谐的“绿色社会”。继续实施“兴边富民”工程、边疆解“五难”、兴地睦边等专项工程，切实改善边境、民族、贫困地区群众的生产生活条件；加快产业发展，增加群众收入，促进南部及边境地区加快发展。加大对深度贫困和弱势群体的帮扶，加快建设和谐稳固边疆。打造“森林红河”，建设绿色经济强州。

服务民生促和谐 人才强省谋发展

——全面实施“十二五”时期人力资源社会保障事业6大计划20大工程

中共云南省委组织部副部长
云南省人力资源和社会保障厅厅长 解 毅

保障和改善民生，促进人的自由而全面的发展，已成为党委政府的执政责任、执政目的、执政追求和执政依靠，是人力资源社会保障部门义不容辞的重要责任。“十二五”时期，全省人力资源社会保障系统将在省委、省政府的坚强领导下，紧紧围绕建设绿色经济强省、民族文化强省和中国面向西南开放的重要桥头堡战略目标，继续坚持以民生为本、人才优先的主线，着力解决人民群众最关心、最直接、最现实的利益问题，重点实施人力资源社会保障6大计划20大工程，努力实现社会就业更加充分、更加公平、更加稳定、更加体面，力争实现社会保障范围覆盖城乡、基金保障有力、水平稳步提高、服务高效便利，培养造就数量充足、结构优化、布局合理、素质优良的人才队伍，基本形成合理有序的工资收入分配格局，健全完善机关事业单位人事管理体制机制，保持和谐稳定劳动关系，促进人力资源社会保障事业全面协调可持续发展。

一、实施就业促进计划，推动四大工程

“十一五”期间，面对空前困难的就业局势，全省人力资源社会保障部门完善了就业政策、就业服务和就业指导三套机制，采取了投资拉动就业、政策稳定就业、创业带动就业、培训提升就业、服务方便就业、分类扶持就业六大措施，保持了全省就业局势稳定。全省城镇新增就业116.25万人；下岗失业人员再就业46.23万人，其中就业困难人员21.68万人；城镇登记失业率控制在4.4%以下。2010年末，全省累计转移农村劳动力就业790万人；我省首创的鼓励创业“贷免扶补”模式，共扶持了6.2万人自主创业，带动了19.28万人就业。“十二五”期间，我省将继续把促进就业作为经济社会发展的优先目标，以充分开发和合理利用人力资源为出发点，坚持“劳动者自主择业、市场调节就业、政府促进就业、社会帮助就业”方针，实施扩大就业的发展战略和更加积极的就业政策，继续实施鼓励创业“贷免扶补”政策，促进城乡劳动者提高素质并逐步实现社会就业更加充分。

（一）推动创业促就业工程。在经济结构调整中，挖掘第一产业就业潜力，促使第二产业就业份额持续增长，千方百计扩大生产服务、金融服务、贸易服务、旅游服务、家庭服务等第三产业就业容量。大力支持非公有制经济和中小企业发展，创造更多的就业机会。深化、拓展“贷免扶补”创业促就业工作模式，为创业人员提供贷款支持、税费减免、创业服务、资金补助等服务。充分发挥失业人员小额担保贷款和劳动密集型小企业贷款促进创业和就业的作用。完善和落实鼓励创业的各项扶持政策，优化创业环境。努力提高大学生的创业比例，加强创业意识教育，激励更多劳动者走上创业之路。建立健全创业培训体系，健全创业服务体系，提高创业管理和服务水平，建设创业孵化基地，全面推进创业型城市建设。2015年末，累计扶持30万人成功创业，带动90万人就业。

（二）推动农村劳动力转移工程。推进城乡和区域就业的统筹协调发展，建立健全平等就业制度，消除劳动者城乡差别和就业歧视。进一步完善就业服务、职业培训和劳动维权“三位一体”工作机制，推进农村劳动力稳定转移和就地就近就业。加强农民工培训，大力培养技能型人才，鼓励农村劳动力获取职业资格证书。2015年末，累计培训农村劳动力培训1 000万人次，转移农村劳动力1 000万人次。

（三）推动重点群体就业工程。大力发展劳动密集型产业和企业，支持少数民族地区发展经济扩大就业。积极促进青年就业，加强高校毕业生就业政策扶持和服务，鼓励和促使更多大学生到城乡基层、中小企业就业、面向基层就业和自主创业。大力开发公益性岗位，进一步扩大就业援助范围，实施重点援助帮扶和个性化指导，帮助就业困难人员实现就业，确保零就业家庭成员至少一人实现就业，保持零就业家庭动态清零。建立健全就业援助制度和

工作保障制度，形成困难群体就业援助的长效机制。2015 年末，累计实现城镇新增就业 110 万人；下岗失业人员就业 40 万人以上，其中就业困难人员就业 30 万人以上；高校毕业生就业率不低于 80%；城镇登记失业率控制在 5% 以下。

（四）推动技能培训工程。健全面向全体劳动者的职业技能培训制度，紧密结合市场需求和就业要求，强化职业技能培训，全面提高劳动者就业能力和技能水平。实施劳动预备制培训，对新成长劳动力开展技能储备培训。强化创业与转岗培训，提升失业人员的就业能力。实施创业培训推进计划，进一步完善创业导师制度建设，扩大创业培训范围。充分发挥企业在培养技能人才中的主体作用，实施企业职工在岗轮训计划，提升在岗职工职业技能水平。建立职业技能储备制度，规范职业技能鉴定制度，确保所有有培训需求的劳动者都能得到一次以上的技能培训，努力实现"培训一人，就业一人"和"就业一人，培训一人"的目标。大力发展职业教育，实施公共就业技能培训基地建设项目。2015 年末，各类职业培训规模累计达到 50 万人；每年新培养各类高技能人才 5 万人，力争创建 100 个技能大师工作室，建成 50 个职业培训鉴定示范基地。

二、实施社会保障计划，推动四大工程

"十一五"期间，全省社会保险制度建设步伐明显加快，包含新型农村社会养老保险在内的多层次养老保险体系框架初步建立，覆盖城乡居民的医疗保险制度基本形成，失业、工伤和生育保险制度进一步完善，社会保险基金监督管理制度不断建立健全。金融危机期间，通过实施困难企业缓缴社会保险费或降低部分费率、再就业税费减免及提供相关补贴等政策，为"保增长、保民生、保稳定"做出了重大贡献。2010 年末，全省城镇职工养老保险、城镇基本医疗保险、失业保险、工伤保险、生育保险参保人数分别达到 317、820、201、227、210 万人；37 个县实施了新型农村社会养老保险，参保人数达到 450 万人。"十二五"期间，我省将坚持广覆盖、保基本、多层次、可持续方针，加快推进覆盖城乡居民的社会保障体系建设；全面实施《社会保险法》，完善社会保险制度，扩大社会保险覆盖面，完善社会保险关系的转移接续机制，初步实现人人享有社会保障，为全面建设小康社会提供水平适度、持续稳定的社会保障网。

（一）推动社保扩面工程。继续扩大各项社会保险制度覆盖范围，将城乡各类群体纳入相应的社会保障制度。重点做好农民工、非公有制经济组织从业人员、无雇工个体工商户、灵活就业人员参保工作。研究解决非全日制用工和非正规就业人员参加社会保障问题。研究制定城镇集体企业职工和原"五七工"、"家属工"等未参保群体养老保险办法，妥善解决好"老工伤"问题，"十二五"期末，基本解决社会保障历史遗留问题。完善和落实被征地农民的社会保障政策。制定激励政策，引导和鼓励各类人员及早参保、长期参保和连续参保。研究解决公务员和参照公务员管理人员参加工伤保险和生育保险问题。"十二五"期间，城乡基本养老保险参保人数由 1 000 万人增加到 3 000 万人以上，城乡基本医疗三项保险参保率达到 93%、参保人数达到 4 438 万人。

（二）推动保障待遇提高工程。根据经济社会发展情况，统筹提高各项社会保障待遇水平。提高企业退休人员养老金水平，建立随工资增长、物价上涨等因素调整退休人员基本养老金待遇和失业、工伤、生育保险待遇的正常机制。稳步提高农村居民养老保险基础养老金待遇水平。逐步缩小城乡三项基本医疗保险制度的待遇差距，合理确定基金结余水平。全面开展居民医疗保险门诊统筹和大病补充保险，逐步提高住院、重大疾病医疗保障支付水平。完善工伤保险职业康复标准和伤残辅助器具配置标准，努力提高康复后工伤职工的重返工作岗位的比率。适当扩大生育保险享受待遇项目。"十二五"期间，企业退休人员基本养老金年均增长 10% 以上，基本医疗保险住院费用支付比例全部达到 75% 以上，职工医疗保险保持在 80% 以上，失业、工伤、生育保险待遇稳步提高。

（三）推动社保机制创新工程。加强城乡社会保险制度统筹。完善企业职工基本养老保险省级统筹，探索统一城乡居民基本养老保险制度。整合公共服务资源，全面推进医疗、失业、工伤、生育保险市级统筹，加强省级调剂。探索建立工伤保险、生育保险省级统筹。完善社会保险关系的跨区域跨制度转移接续政策。实现全省范围内基本医疗保险参保人员异地持卡就医。全面建立公民社会保险登记制度，加快推进社会保障卡"一卡通"实现社会保险跨区域跨制度转移接续。

（四）推动服务水平提升工程。加快社会保障规范化、信息化、专业化、标准化建设步伐，健全管理体制，整合经办资源，合理配备工作人员，规范服务流程，加强业务培训，提升管理手段，提高服务水平。建立健全社会保险社会化管理服务体系，将企业退休人员纳入社区管理。建立社会保险基金运行情况分析和风险预警制度，建立社会保险基金使用效果和效率评价指标体系。规范工伤认定、劳动能力鉴定程序，提高工伤认定和劳动能力鉴定质量，提高对工伤职工的精细化服务水平。

三、实施人才振兴计划，推进三大工程

"十一五"期间，全省科学人才观逐步确立，党管人才工作新格局基本形成，人才政策体系进一步完善，市场

配置人才资源的基础性作用初步发挥，人才效能明显提高。以高层次、高技能人才为重点的各类人才队伍不断壮大。云南省工业技师学院等5所技师学院正式成立。2010年末，全省人才资源总量达到275万人，其中，党政人才30万人，企业经营管理人才42万人，专业技术人才118万人，高技能人才40万人，农村实用人才48万人，高技能人才占技能劳动者比例达到18.2%。“十二五”期间，全省将继续创新人才培养开发、评价发现、选拔任用、流动配置、激励保障机制，适应经济社会发展对人才的需求，以高层次人才和高技能人才为重点，加强人才培养和引进力度。遵循人才成长规律，树立“人才资源是第一资源”的观念，积极为人才发展营造“尊重劳动、尊重知识、尊重人才、尊重创造”的良好环境。2015年末，全省人才资源总量达到388万人以上，其中，企业经营管理人才58万人，专业技术人才136万人，高技能人才61万人，农村实用人才103万人，社会工作人才4.7万人。高技能人才在技能劳动者中的比例达到25%。全省技工学校招生总人数达到15万人左右，各类职业培训机构开展职业培训人数达到300万人左右。

（一）推动人才培养工程。以高层次创新型专业技术人才队伍建设为龙头，以能力建设为重点，实现专业技术人才总量稳步增加，素质明显提高，结构不断优化，管理日趋完善，形成促成优秀人才脱颖而出、人尽其才、才尽其用的良好氛围，培养造就一支与我省经济社会协调发展相适应的规模较大、门类齐全、结构合理、素质优良的专业技术人才队伍。以实施高技能人才振兴计划为龙头，建立健全高技能人才培养、使用、选拔、激励机制。以提升职业素质和技能为核心，以技师和高级技师为重点，适应产业结构调整升级的要求，形成一支门类齐全、技艺精湛的高技能人才队伍。围绕社会主义新农村建设，以提高科技素质、职业技能和经营能力为核心，以农村实用人才带头人和农村生产经营人才为重点，大规模开展农村实用人才培训。

（二）推动人才引进工程。实行更加开放的人才政策，完善人才引进的信息平台和服务平台建设，开发利用国内外人才市场和资源，健全人才吸引机制，以不求所有，但求所用为目标，推动各类人才的柔性引进。通过国际合作、东西部人才交流、省院省校合作等平台，加大对高层次人才引进力度。组织实施高层端科技人才引进计划、高技能人才振兴计划，积极引进海外高层次人才。建立与周边国家专业技术职称地区间相互认制度，积极与南亚、东南亚国家开展社会经济文化的交流和合作，培养涉外经济技术合作和跨文化交流外向型少数民族人才。鼓励各地和行业结合自身实际建立与先进省区、境外人才管理体系接轨的人才管理改革试验区，建立完善与西部大开发、滇沪合作、桥头堡建设配套的区域人才交流合作机制。

（三）推动人才激励工程。完善与工作业绩紧密联系、充分体现人才价值的激励机制，保障人才合法权益。围绕用好用活人才，完善政府宏观管理、市场有效配置、单位自主用人、人才自主择业的人才管理体制。改进调控方式，推动政府人才管理职能向创造良好发展环境、提供优质公共服务转变，运行机制和管理方式向规范有序、公开透明、便捷高效转变。遵循放开搞活、分类指导和科学规范的原则，深化国有企业和事业单位人事制度改革，创新管理体制，转换用人机制，扩大和落实单位用人自主权。制定并实施知识、技术、管理、技能等生产要素按贡献参与分配的办法。在企业推行期权、股权等中长期激励办法，重点向创新创业人才倾斜。完善事业单位岗位绩效工资制度，探索高层次人才、高技能人才协议工资、项目工资等分配形式。整合、调整、规范各类人才荣誉奖励体系。

四、实施城乡居民增收计划，推进三大工程

“十一五”期间，全省收入分配宏观调控体系进一步健全。全面清理规范公务员津贴补贴，实行统一的职务与级别相结合的工资制度；事业单位工作人员实行岗位绩效工资制度并逐步兑现；企业工资决定机制、欠薪保障机制、经营者收入监管机制进一步完善，工资集体协商机制稳步推进。职工工资收入水平稳步提高，2010年末，城镇单位在岗职工平均工资达到29801元，企业在岗职工年平均工资达到2 8315元，“十一五”期间年均增长13.2%和10.7%。“十二五”期间，我省将进一步统筹协调机关、事业单位和企业工资收入分配关系，着力提高低收入职工特别是一线职工的工资水平，逐渐缩小不合理的工资差距，促进形成公正合理有序的工资收入分配格局；逐步提高劳动报酬在初次分配中的比重，加快提高职工工资水平，实现城镇单位在岗职工工资水平实际年均增长11%，企业职工工资水平实际年均增长13%。

（一）推动中低收入群众收入增长工程。建立社会保障标准与物价上涨挂钩联动调整机制，建立调整提高部分特殊困难群体的补助标准的长效机制。

（二）推动企业职工工资正常收入增长机制构建工程。建立企业工资决定机制、正常增长机制、最低工资标准每年定期调整机制，重点提高基层一线职工工资水平，通过地方立法，实现企业工资集体协商全覆盖。完善对垄断行业工资总额和工资水平的双重调控，深化高收入行业工资收入分配制度改革，合理调控高收入行业、企业工资增长。

（三）推动机关事业单位津补贴制度完善工程。建立健全干部职务与职级并行制度，研究制定公务员职级与待遇挂钩的政策规定，研究实施符合我省实际的地区附加津贴制度，制定长期在基层和艰苦边远地区工作干部工资福利倾斜办法，进一步完善公务员工资制度。以实施绩效工资为重点，制定出台高层次人才分配激励机制、事业单位主要领导分配激励约束机制、工作人员兼职兼薪管理办法等政策，积极推进我省事业单位实施绩效工资工作，逐步

建立符合事业单位特点、体现岗位绩效和分级分类管理的工资收入分配制度。

五、实施和谐劳动关系计划，推进三大工程

“十一五”期间，全省劳动合同制度和集体合同制度实施取得新进展，协调劳动关系三方机制进一步完善；劳动人事争议处理体制机制进一步理顺，调解仲裁能力建设不断加强，及时有效处理劳动人事争议；劳动保障监察执法机制不断完善，加强了执法队伍建设，配置了一批执法监察车辆和设备，执法能力得到加强，有力维护了劳动者合法权益和社会稳定；建立健全了农民工工作协调机制。“十二五”期间，我省将进一步加快构建发展和谐劳动关系的机制体制，加快健全劳动关系协调机制、劳动人事争议调处机制和劳动保障监察执法机制，加强劳动者权益保护，逐步建立规范有序、公正合理、互利互赢、和谐稳定的新型劳动关系。

（一）推动劳动合同覆盖工程。切实提高小企业和农民工劳动合同签订率。健全劳务派遣规定，加强对劳务派遣用工的规范引导。完善企业裁员机制，规范企业规模裁员行为。加强对经济结构调整和改革中劳动关系处理的指导，纠正损害职工合法权益问题。全面推进劳动用工备案制度建设，建立用工信息数据库，加强对企业劳动用工的动态管理。完善集体协商机制，以企业集体协商为主题，以行业性、区域性集体协商为补充，努力扩大集体合同覆盖面，提高集体协商的实效性。强化集体协商代表培训，提高协商能力。“十二五”期间，企业劳动合同签订率达到98%，企业集体合同签订率达到80%。

（二）推动劳动人事争议仲裁体系建设工程。坚持“预防为主、基层为主、调解为主”的方针，建立健全企业内部协商调解机制。建立健全重大集体劳动争议应急调处机制。加快基层调解组织建设和仲裁机构的实体化建设步伐，实施劳动人事争议仲裁院建设工程。加强调解仲裁队伍建设，提高争议处理效能和专业化水平。实现队伍专业化、场地标准化、办案规范化。“十二五”期间，劳动人事争议仲裁结案率达到95%以上。

（三）推动劳动保障监察体系建设工程。加大对用人单位用工和人力资源市场的监管力度，加强劳动保障监察机构队伍建设，加强网格化、网络化管理机制建设，健全违法行为预防预警和综合治理机制，提高处理违法案件和处置劳动保障群体事件的能力，切实维护劳动者合法权益和社会稳定。把劳动保障执法监察年审与主动巡查、专项检查、查处违法案件相结合，做到预防并化解矛盾，发现并整改违法行为，查实并处理违法问题。建立企业劳动保障诚信等级评价标准和评价办法，建立企业守法信息共享机制。“十二五”期间，劳动保障执法主动监察用人单位覆盖率达到85%以上，劳动保障监察网络化、网格化建设达100%，实现对用人单位用工行为的全面监控。

六、实施公共服务体系建设计划，推动三大工程

“十一五”期间，确定了全省公共服务体系建设思路，完成了县级公共服务体系建设规划，90%以上的乡镇劳动保障所站完成了“2113116”建设主要任务。17个县基本具备一站式、一体化公共服务能力，3个县12个乡镇实施了农村劳动力转移就业服务体系建设项目，8个县32个乡镇实施了就业和社会保障服务设施建设试点项目。“十二五”期间，我省将围绕统筹城乡就业和加快建立覆盖城乡的社会保障体系建设，以基层为重点，进一步整合资源，健全完善省、州市、县（市区）、乡镇（街道）、社区（行政村）五级人力资源社会保障公共服务体系，实现基层人力资源社会保障公共服务的规范化、专业化、信息化、网络化的目标，为广大人民群众提供规范、均等、便捷、高效的公共服务。

（一）基层服务平台建设工程。省、州市两级建设人力资源市场、社会保障服务中心；5年投资12.85亿，完成129个县（市、区）和1363个乡镇（街道办事处）服务平台建设；14028个行政村（社区）设立劳动就业社会保障服务站（协管员），通过政府购买服务或兼职方式完成社区（行政村）服务；服务人口较多的行政村（社区），建立与街道劳动就业社会保障服务平台类似的专门机构。

（二）信息化工程。以社会保障一卡通为重点，实施金保工程（二期）建设，构建统一、高效、安全的人力资源社会保障信息系统应用支撑平台，实现电话咨询服务、互联网服务、基层信息平台服务、服务中心面对面服务和主动上门服务的相互衔接和联网互动。

（三）服务标准化工程。制定人力资源社会保障就业、社保经办、人事考试、人力资源市场、政务咨询等公共服务标准，在全省范围内统一服务项目、服务流程、服务承诺、服务质量，切实提高服务水平，实现人力资源社会保障公共服务制度统一、程序规范、服务均等。

“十二五”时期云南省人力资源和社会保障事业发展主要指标

指　　标	单位	“十一五”期末	“十二五”期末
一、就业			
1.人口总数	万人	4600	4773
2.就业人数	万人	2710	2802
3.城镇就业人数	万人	620	750
4.城乡就业人口比例		22.9：77.1	26.8：73.2
5.三次产业就业结构比例		61.4：12.4：26.2	53：15：32
&6.城镇新增就业人数	万人	116.25	110
&7.城镇下岗失业人员再就业人数	万人	46.23	40
&8.特殊困难群体就业人数	万人	21.68	30
&9.城镇登记失业率	%	低于4.4	低于5
10.农村劳动力转移就业人数	万人	790	1000
&11.“贷免扶补”扶持成功创业人数	万人	6	30
&12.“贷免扶补”创业带动就业人数	万人	17	90
二、社会保险			
*1.城镇基本养老保险参保人数	万人	317	350
*2.农村社会养老保险参保人数	万人	588	1250
*3.城镇基本医疗保险参保人数	万人	820	925
*4.失业保险参保人数	万人	201	215
*5.工伤保险参保人数	万人	227	250
*6.生育保险参保人数	万人	210	230
7.城镇职工基本医疗保险住院医疗费平均报销比例	%	70	75
8.城镇居民基本医疗保险住院医疗费平均报销比例	%	56	65
9.企业退休人员基本养老金水平	元	1280	年均增长10%
10.社会保障卡持卡人数	万	708	2800

指　　标	单位	“十一五”期末	“十二五”期末
三、人才培养			
1.人才资源总量	万人	275	388
2.党政人才总量	万人	30	31
3.企业经营管理人才总量	万人	42	57.54
4.专业技术人才总量	万人	118	136
5.高技能人才总量	万人	40	61.39
6.农村实用人才总量	万人	48	103.19
7.社会工作人才总量	万人	0.04	4.7
8.高技能人才占技能劳动者比例	%	18.2	25
9.技工学校招生数	万人	15.3	15
10.参加职业培训人数	万人	279	300
11.获得职业资格证书人数	万人	162.6	280
12.技师、高级技师人数	万人	2.58	7
四、劳动关系			
1.城镇单位在岗职工工资平均工资	元	29801	年均增长11%
2.企业职工工资平均工资	元	28315	年均增长13%
3.劳动合同签订率	%	98	98
4.集体合同签订率	%	5.31	80
5.劳动人事争议仲裁结案率	%	93	95
6.劳动保障执法主动监察用人单位覆盖率	%		85
五、基础能力建设			
1.县级基础设施建设达标数	个		130
2.乡镇级基础设施建设达标数	个		1369
3.接入省信息网络平台乡镇（街道）数	个		1370
4.接入省信息网络平台社区（行政村）数	个	——	14028

注：带*的指标为约束性指标，带&的指标为五年累计数

年度要闻

HIGHLIGHTS OF THE YEAR

1月

1日 《工伤保险条例》实施，云南省工伤死亡补助金从18万元提至34万元。

3日 全国爱国卫生运动委员会授予安宁市八街镇“国家卫生镇”称号。安宁市已有温泉、青龙、八街3个镇荣获“国家卫生镇”称号。

云南省政府命名曲靖市、芒市为第五批省级园林城市；命名呈贡县、晋宁县、嵩明县、禄劝彝族苗族自治县、师宗县、罗平县、会泽县、易门县和大姚县为省级园林县城。2011末，安宁、昆明、玉溪、景洪获国家园林城市称号。

4日 《云南日报》报道，中国移动云南公司分别在独龙江公路41千米和63千米处修建移动基站，投资300余万元，使移动电话信号覆盖独龙江公路全线。

6日 《云南日报》报道，2010年底，云南发展核桃、油茶等木本油料作物3000多万吨，木本油料产品产量超过45万吨，加工企业1000多家，产业总产值达125亿元。核桃产量、质量居全国之冠。云南成为全国重要木本油料基地。

11日 昆明至楚雄城际列车正式通车。楚雄成为继曲靖后，第二个开行城际列车的城市。

12日 曹德旺、曹晖父子2亿元扶贫善款项目总结表彰大会在北京举行。云南寻甸、武定、陆良、宣威、施甸、镇雄、广南7县33950户贫困家庭户每户收到2000元善款。

《云南日报》报道，云南省农科院花卉研究所选育的大花苞红色香石竹新品种“云红二号”在日本申请新品种保护成功。这是中国首个在发达国家获得授权的主要鲜切花自主知识产权新品种。

14日 国务院正式确定“澄江化石地”为中国政府2011年申报世界自然遗产项目，这是中国第一个化石类申遗项目。

18日 孟中印缅地区经济合作论坛第九次会议在昆明举办。以“多轨并进、务实合作”为主题，推动四国在交通、贸易、旅游及文化等重点领域开展务实和有效的合作。会议后四国代表团签署《关于推进孟中印缅地区合作的联合声明》。

19日 中国人民政治协商会议云南省第十届四次会议在昆明海埂会堂开幕。24日闭幕。

20日 《云南日报》报道，中共云南省委作出决定，授予大理白族自治州南涧彝族自治县人民法院公郎法庭庭长龙进品“爱民为民模范法官”荣誉称号。

21日 云南省第十一届人民代表大会第四次会议在昆明海埂会堂开幕。25日闭幕。

31日 国家科技部正式批准昆明贵研铂业股份有限公司的“稀贵金属综合利用新技术重点实验室”为国家重点实验室。这是云南省第一个企业国家重点实验室。

2月

6日 《云南日报》报道，昆明医学院第一附属医院心脏外科与医学影像中心携手实施西南地区首例“高危复杂型主动脉夹层”患者的杂交手术，主刀大夫张桂敏教授和杨百晖副教授成为全省独立完成此类杂交手术的首席专家。

11日 以“人文大理，高原花都”为主题的2011年中国大理第四届国际兰花茶花博览会在大理开幕。

18日 第21届中国（昆明泛亚）兰花博览会在昆明开幕。

20日 《云南日报》报道，经农业部公告确认，云南弥勒红骨羊、高黎贡山猪、独龙鸡、瓢鸡等一批具有独特性状和开发前景的珍贵畜禽遗传资源品种，经国家畜禽遗传资源委员会专家的现场鉴定和票决，有18个品种通过审定被列入国家畜禽遗传资源名录。

3月

7日 中国普洱茶国际评鉴委员会在北京成立并举行品茗会。

10日 德宏傣族景颇族自治州盈江县发生5.8级地震。25人遇难，250人受伤。11日，国家财政部、民政部下达云南省中央自然灾害生活补助资金5500万元，用于地震灾害受灾人员紧急转移安置、过渡期生活救助和向因灾遇难人员家属发放抚慰金。

19日 国家重点工程、云南最大的水电站——华能糯扎渡水电站通过国家核准。项目总投资450亿元，装机容量585万千瓦。

20日 《云南日报》报道，中共中央总书记、国家主席、中央军委主席胡锦涛作出重要指示：要求广大党员干部向杨善洲同志学习，努力做人民满意的好党员好干部。

中共中央组织部决定追授杨善洲“全国优秀共产党员”称号。

27日 金沙江干流第一座特大型水电站——金安桥水电站发电庆典仪式在丽江举行。

4月

1日 云南电网公司一架直升机进入电场，在楚雄市吕合镇海拔2020米高的500千伏小（湾）－楚（雄）紧凑型输电线上成功实现带电更换间隔棒作业，这是国内首次实现高海拔地区500千伏紧凑型输电线路直升机带电作业，填补国内高海拔地区高电压等级带电作业技术空白。

6日 《云南日报》报道，云南省药物研究所承担的“昆明生物产业基地生物医药中试生产中心中药、天然药物制剂生产平台”项目顺利通过专家验收。这是国内剂型最多、规模最大、具有领先水平的高层次中试平台，也是全省唯一涵盖《中国药典》(2010版）中药类所有药物剂型的中试平台。

12日 德宏傣族景颇族自治州芒市“中国·德宏2011国际泼水狂欢节”开幕。

17日 中国文化产业促进会向临沧市双江拉祜族佤族布朗族傣族自治县授予全球唯一的“中国古茶文化之乡”称号。

20日 广东产品西南行启动仪式暨粤滇经贸合作项目签约仪式在昆明举行。两省签订总额661.5亿元的经贸合作协议。

云南省环保厅与西南林业大学合作共建的云南生物多样性研究院在西南林业大学成立。

21日 国内首家有色金属现货电子交易所——昆明泛亚有色金属交易所在昆明海埂会堂正式交易。

第七届杰出华商大会暨第十届“外交官之春”在北京人民大会堂举行。在论坛组委会发布的“2011中国魅力城市排行榜”中昆明位列30强，昆明跻身中国魅力城市排行榜。

22日 第六届普洱茶国际博览交易会在昆明国际会展中心开幕。

云南省第一人民医院肝胆外科顺利完成全省首例单孔腹腔镜脾切除术。全世界完成该类手术50例，标志着云南单孔腹腔镜复杂手术水平又上一个新的台阶。

29日 云南省第二十届劳动模范和先进工作者表彰大会在昆明举行。全省各行各业298名劳动模范和先进工作者受到表彰。

30日 国家旅游局和云南省政府主办，以“相约狂欢昆明、体验七彩云南”为主题的2011中国昆明国际文化旅游节昆明狂欢节在昆明举行启动仪式。

5月

3日 昆明中药厂有限公司被国家商务部认定为“中华老字号”企业。公司“云昆”牌商标荣登“中华老字号”名录。

4日 第三届“云南青年创业省长奖”表彰暨云南省纪念五四运动92周年大会在昆明举行。帅云洪等10位创业青年获“云南青年创业省长奖”称号，每人3万元奖金。

《云南日报》报道，国家工业和信息化部正式批复，昆明市成为国家级信息化和工业化融合实验区。这标志着昆明市“强力推进工业突破，加快新型工业化进程”战略迈出重要一步。

9日 中共云南省委、省人民政府公布《关于加快实施“兴水强滇”战略的决定》，把加快水利改革发展提升到事关全省经济社会发展全局的战略高度。

12日 经省政府同意，命名鲁甸县小寨乡、陆良县龙海乡等30个乡镇（街道办事处）为第六批云南省生态乡镇。至此，全省已先后建成16个国家级生态乡镇、1个国家级生态村、218个云南省生态乡镇。

17日 《云南日报》报道，中共云南省委作出决定，授予怒江傈僳族自治州福贡县石月亮乡拉马底村乡村医生邓前堆“优秀共产党员”称号。(见“年度人物”)

23日 中共云南省委召开常委会扩大会议，研究全省对《国务院关于支持云南省加快建设面向西南开放重要桥头堡的意见》的贯彻意见时强调，广泛动员、加强领导、完善规划，确保桥头堡垒建设顺利推进，努力把云南打造成为中国面向西南开放的重要门户。

《云南日报》报道，国家林业局、教育部、共青团中央、中国生态文化协会联合授予保山市施甸县善洲林场“国家生态文明教育基地”称号。

27日 云南德宏后谷咖啡有限公司1万吨咖啡速溶粉生产线在德宏傣族景颇族自治州芒市建成投产。标志着德宏建成全国最大咖啡速溶粉生产线，成为全国最大咖啡生产加工基地。

30日 中科院昆明植物研究所、昆明动物研究所与昆明晶镖生物科技有限公司历时4年的联合攻关，一种具有全新作用机理的抗抑郁症创新新药——奥生乐赛特在滇问世。新药已获得国家食品药品监督管理局颁发的药物临床试验批件。新药已在33个国家实施专利注册，并在澳大利亚和日本获得授权。

30日 云南省委、省政府加快建设面向西南开放重要桥头堡动员大会在瑞丽召开。

瑞丽国家重点开发开放试验区建设正式启动。桥头堡建设两项重点工程——大理至瑞丽铁路保瑞段和龙陵至瑞丽高速公路建设同日奠基。

6月

3日 《云南日报》报道，国家科技部、国务院国资委和中华全国总工会3部门联合公布第三批国家级创新企业名单，云南南天电子信息产业股份有限公司和贵研铂业股份有限公司榜上有名。

5日 第六届中国—南亚商务论

坛在昆明举办。主题是中国与南亚国家间的贸易与投资。

第九届东盟华商投资西南项目推介会暨亚太华商论坛在昆明开幕。论坛项目签约仪式6日在昆明国际会展中心举行。

6日 第19届中国昆明进出口商品交易会暨第4届南亚国家商品展在昆明国际会展中心开幕并举行了项目签约仪式。昆交会首日成交金额57.3亿美元。10日落幕。累计成交金额69.6亿美元。

云南省政府和四川省政府战略合作框架协议签署仪式在昆明举行。双方进一步加强合作，实现区域联动、资源共享、优势互补，共同推进两省开放合作和经济社会又好又快发展。省长秦光荣和四川省省长蒋巨峰出席签字仪式。

9日 中国—老挝本币跨境结算在昆明正式启动，富滇银行在国内商业银行中首家推出老挝基普兑人民币现汇交易业务。云南跨境贸易人民币结算业务范围扩大到8个国家和地区，基本覆盖对外贸易主要伙伴。

15日 教育部与云南省人民政府在北京签署加快云南教育事业发展推进云南桥头堡建设战略合作协议和推进义务教育均衡发展备忘录。教育部长袁贵仁，省长秦光荣代表双方签字并讲话。

16日 省委、省政府在云县召开全省山区中小水利建设工作会议。会议要求，围绕山区特色优势产业发展，实现农业增效和农民增收为目标，实施"蓄水、引水、排水、灌水、节水"综合配套，注重科学治水，依法治水，全面加快山区中小水利建设。

18日 国务院扶贫开发领导小组主办，国务院扶贫开发领导小组办公室、北京市政府共同承办的"新世纪中国农村扶贫开发成就展"中，云南获"新世纪中国农村扶贫开发成就展优秀奖"。

19日 受万国邮联国际局邀请，德钦县云岭乡邮政所邮递员尼玛拉木赴瑞士伯尔尼邮联总部参加活动，成为第一个登上万国邮联讲台的乡村邮递员。

20日 《云南日报》报道，云南锡业集团经过120多年的发展，已成为世界著名锡生产、加工基地，是世界锡生产企业中产业链最长、最完整的企业，公司产品国际市场占有率达17.37%，在世界锡行业中排名第一。

22日 "建党90周年巨献·2011中国品牌总评榜颁奖盛典"在北京钓鱼台国宾馆举行。昆明荣获3项殊荣：2011联合国宜居城市、2011国际形象最佳城市、2011最具国际影响力城市。

2011年"万名医师支援农村卫生工程"在昆明启动。1794名医师深入全省104个县级医疗机构、卫生院开展为期一年的医疗卫生支农服务。

25日 《云南日报》报道，怒江傈僳族自治州成立"溜索改桥"工程建设领导小组，正式启动怒江、澜沧江、独龙江上的溜索桥工程。计划用3年时间完成42对溜索改桥任务。总投资1.96亿元。

27日 《云南日报》报道，云南邮政依托云南与老挝、越南、缅甸3国接壤的地理优势，成立专门的国际物流业务管理和运作机构。云南国际物流业务收入排名全国邮政系统第五位。

省话剧院以杨善洲为原型的大型话剧《守望心灵》在昆明剧院上演。

29日 省委组织部等部门主办的《辉煌的历程——庆祝中国共产党成立90周年大型图片展》在省图书馆举行。

30日 云南省庆祝中国共产党成立90周年大会在昆明召开。大会宣读省委决定授予（追授）"云岭先锋奖章"和表彰全省先进基层党组织、优秀共产党员、优秀党务工作者、基层党支部组织建设先进县市区的决定。

7月

3日 《云南日报》报道，云南省农业科学院甘蔗研究所自主选育的甘蔗新品种"云蔗03-194"通过国家甘蔗新品种鉴定，成为云南首个强抗旱性新品种。

《云南日报》报道，云南沾益县建成全国最大万寿菊种植加工基地。

5日 交通运输部与云南省委、省政府在北京举行会谈。交通运输部与省政府签署《贯彻落实国务院关于支持云南省加快建设面向西南开放重要桥头堡的意见，加快推进交通运输科学发展会谈纪要》。旨在政策上、项目上、资金上、技术上倾斜支持，合力推进桥头堡建设。交通运输部部长李盛霖与省长秦光荣签署《会谈纪要》。

国家民委与云南省委、省政府在北京举行工作座谈会。国家民委与省政府签署《建设民族团结进步边疆繁荣稳定示范区合作协议》。

6日 国家旅游局和云南省委、省政府在北京举行座谈会。国家旅游局与省政府签署《关于建设面向西南开放重要桥头堡 共同推进云南旅游产业跨越式发展会谈纪要》。国家旅游局局长邵琪伟和省长秦光荣代表双方在《会谈纪要》上签字。

8日 省政府与中国平安保险（集团）股份有限公司在昆明签署服务云南桥头堡建设专项合作协议。

10日 以"弘扬石文化，繁荣石产业"为主题的2011中国昆明泛亚石博览会在昆明国际会展中心开幕。

12日 寻甸回族彝族自治县在昆明举行中国·昆明泛亚国际林业产业园项目签约仪式。项目规划用地510.62万平方米，投资约104.81亿元，是云南首个现代林业产业园。

云南省最大巡逻搜救船在大理洱海首航。

15日 首届中美省州长论坛在美国犹他州盐湖城举行，省长秦光荣率云南省政府代表团出席。

23日 据《云南日报》报道，国家发改委正式批复关于云南省牛栏江—滇池补水工程可行性研究报告，中央将从预算内投资中定额安排33亿元支持建设，工程建成后每年可向滇池补6亿立方米的生态用水，改善滇池生态环境。

26日 商务部与省政府在昆明举行部省合作协调工作会议，签署《合力共建中国面向西南开放桥头堡战略合作协议》。

28日《云南日报》报道，科技部创新基金管理中心公布2011年第二批科技型中小企业技术创新基金项目立项名单，云南共有121个项目获得立项支持，资助金额7860万元。

31日《云南日报》报道，云南德宏傣族景颇族自治州优质晾晒烟种植面积和烟叶收购量跃居全省第一，建成全国最大晾晒烟基地。全州种植面积和烟叶收购量全国第一，农业产值2.16亿元，烟农户均收入5971.82元、人均增收125元。

8月

1日《云南日报》报道，云南农业大学稻作研究所承担的科技部“863”计划子课题滇杂粳稻繁殖制种技术获重大创新成果。滇杂粳稻成为西南推广杂交粳稻的主要品种，也是世界上唯一能在海拔2 000米地区大面积推广的杂交粳稻品种。

2日 云南省与东方航空共同投资组建的合资公司正式成立并颁证运行。中国东方航空股份有司云南分公司正式更名为东方航空云南有限公司。

3日 全省城镇居民社会养老保险试点工作部署暨新农保试点扩面工作会议在昆明召开。全省97个城镇居民社会养老保险试点县和60个新扩面的新农保试点县全部启动试点工作。

10日 上海云南两省市对口帮扶合作第十三次联席会议在昆明举行。上海市援助云南省帮扶资金1亿元，主要用于迪庆藏区及红河、文山、普洱3州市边境一线特困群体连片开发扶贫攻坚和怒江独龙族帮扶等。

11日 在成都举行的第二届世界城市科学发展论坛和首届防灾减灾市长峰会上，大理市获“世界生态名城”称号。

16日 昆明举办“APEC沼气资源开发利用国际科技合作论坛”。云南成为全国沼气发展的主要省区之一。全省约1000多万农民用上沼气，每年节省薪柴250万吨。

19日 全省农家书屋工程出版物配送仪式在昆明国际会展中心举行。

21日《云南日报》报道，全省民营文化企业召开座谈会。全省民营文化企业已发展到1.7万多户，占全省文化企业的83%；注册资本金340亿元，占全省文化企业注册资本金总额的77%，成为全省文化产业发展的主力军。

25日 省委召开全省领导干部会议，宣布秦光荣任中共云南省委书记，白恩培不再担任中共云南省委书记、常委、委员职务。

29日 云南机场集团提出的昆明新机场命名方案获国家批准，命名为“昆明长水国际机场”。

30日 云南省第十一届人大常委会第二十五次会议在昆明举行。会议通过白恩培辞去人大常委会主任职务的决定，同意秦光荣辞去省长职务的决定，决定李纪恒为云南省人民政府代理省长。

31日 省政府主办的“云南省特色优势农产品推介展”在北京全国农业展览馆开幕。云南从事茶叶、水果、蔬菜、咖啡、干果、药材、蜂蜜、野生食用菌及休闲农业等方面经营的157家企业、1000多种产品参展。

国家热带农副产品质量监督检验中心、国家橡胶及乳制品质量监督检验中心、国家太阳能热水器质量监督检验中心，3个国家级质检中心在昆明举行揭牌仪式。

9月

1日 云南省十一届人大常委会第二十四次会议通过的《云南省防震减灾条例》开始实施。

3日 2011年中国企业500强发布。云南入围的有红塔烟草（集团）责任有限公司、红云红河烟草（集团）责任有限公司、云天化集团有限责任公司、云南建工集团有限公司、云南煤化工集团有限公司、昆明钢铁控股有限公司、云南冶金集团股份有限公司、云南锡业集团（控股）有限责任公司。

5日 全省保护坝区农田建设山地城镇工作会议在大理市召开。省委书记秦光荣强调：立足云南省情，按照“守住红线、统筹城乡、城镇上山、农民进城”的总体要求，努力实现土地高效利用和城镇化科学发展，探索具有云南特色的城镇化道路。

第七届昆明泛亚国际农业博览会、第十四届中国昆明国际花卉展、第五届中国（昆明）国际农产品贸易对接会、2011年全国绿色消费巡展（昆明站）在昆明开幕。参展企业1800家。

7日 省委、省政府在昆明举行云南省校长大会，表彰了113位第二届云南教育功勋奖获得者。

8日 省委常委会审议并原则通过《云南省人民政府关于加大城乡统筹力度促进农业转移人口转变为城镇居民的意见》。

9日 云南省政府与中国建设银行股份有限公司在昆明举行支持桥头堡建设战略合作协议签字暨抗旱救灾捐款仪式。建设银行捐赠云南省政府300万元抗旱救灾资金。

14日 中国远征军抗日将士纪念碑在保山市腾冲县举行揭幕仪式暨《中国远征军》雕塑落成和中缅印战场图片展开幕。

15日《云南日报》报道，中国城市竞争力研究会主办的“2011中国城市分类优势排行榜”新闻发布会在香港举行。丽江市入选“2011中国十佳宜游城市”和“2011中国最具幸福感城市排行榜”。

16日《云南日报》报道，云南省交通规划设计研究院牵头申报的“陆地交通灾害防治技术国家工程实验室”获科技部批准，成为云南省交通运输行业首个国家级工程实验室。

云南省温暖工程慈善基金会在

昆明成立。全国政协副主席张榕明、副省长高峰为基金会揭牌。

《云南日报》报道，中国旅游品牌总评榜组会评选出“中国旅游百强景区”名单。云南的昆明石林、丽江玉龙雪山、云南民族村、禄丰世界恐龙谷4大景区入选。

18日 中华全国供销合作总社与云南省人民政府在昆明签署《关于发挥供销合作社优势、支持云南建设重要桥头堡战略合作协议》。

19日 省政府召开第六十一次常务会议，审议通过《云南省农村扶贫开发纲要（2011～2020年）》。

21日 云南省现代农业产业技术体系水稻综合试验站研究育成的常规超级稻后备品种“楚粳28号”，经农业部委派的专家组测产验收，平均亩产977.07千克。

27日 云南省政府与中国钢研科技集团公司战略合作框架协议在昆明签署。

30日 经国务院批准，云南省第十一届人民代表大会常务委员会第二十六次会议通过，撤销昆明市呈贡县，设立昆明市呈贡区。

10月

4日《云南日报》报道，国家工业和信息化部、财政部公布2011年国家技术创新示范企业名单，认定云天化集团有限责任公司等55家企业为国家首批技术创新示范企业。这是云南省唯一一家被认定的企业。

5日《云南日报》报道，全省拥有8支省级应急救援队伍、7个省级应急救援物资储备仓库，基本能满足企业安全突发事故应急救援。

“华平号”和“玉兴8号”两艘货船在湄公河水域遭不明身份武装人员劫持和袭击。12名中国船员遇难，1名船员失踪。

6日《云南日报》报道，云省农科院花卉研究所收到来自欧盟植物新品种保护办的非洲菊新品“AUTUMN DAY”（秋日）授权证书，成为中国首个在欧盟获授权的非洲菊新品种，云南省自主知识产权花卉新品种地域保护步入国际化。

7日《云南日报》报道，北京举行的“2011中国绿色发展指数报告发布暨绿色经济理论研讨会”上，正式发布《2011中国绿色发展指数报告—区域比较》公布全国30个省（区）市和34个大中城市面上的绿色发展指数。云南省绿色发展水平在全国排名第七，昆明市位列第三，居西部省会城市首位。

8日 云南省在昆明市举行纪念辛亥革命100周年座谈会。

21日 在杭州举行的“2011国际茶业大会暨茶产品交易会”上，昆明七彩云南庆沣祥茶业股份公司和大益茶业集团获中国国际十大著名茶企证书。云南天士力生物茶科技有限公司获中国最佳科技创新产品奖。

25日《云南日报》报道，全省334家高新技术企业中，非公企业259家，占77.5%；122家云南省创新型试点企业中，非公企业81家，占66.3%。非公企业成为全省科技创新的中坚力量。

27日 中国国家旅游局、云南省政府、中国民用航空局主办的2011中国国际旅游交易会在昆明开幕。30日闭幕。

29日 云南省的重项目——仁丽铁路通车运营。同时，全省第二大火车客运站丽江火车站投入运营。

11月

3日《云南日报》报道，2011年，全省个体工商户总数125.19万户，从业人员246.19万人。资金数额475.93亿元。云南个体工商户数量全国位居第十二位，西部省区中名列第二。

6日《云南日报》报道，2011年何梁何利基金揭晓，昆明理工大学副校长、教授彭金辉获何梁何利基金“科学与技术创新奖”，云南地质调查局局长、总工程师李文昌教授获“科学与技术进步奖”并分别获得20万港元的奖励。

《云南日报》报道，昆明中铁大型养路机械集团公司制造总厂铸造分厂QC小组科研成果“缸套的国产化研制”，获2011年度全国机械工业优秀质量管理小组活动成果一等奖。

9日 云南“十二五”期间投产的第一座大型水电站——华能功果桥水电站台机组（22.5万千瓦）投产发电。装机容量90万千瓦，总投资约89亿元。

17日《云南日报》报道，昆明石林台湾农民创业园、曲靖国际农业食品科技园区被农业部认定为第一批国家农业产业化示范基地，揭牌仪式在石林彝族自治县举行

19日 昆明船舶设备集团有限公司研发出大型枢纽机场行李处理系统通过专家验收，并在丽江机场、昆明新机场投入使用。

《云南日报》报道，宾川县国家级出口农产品质量安全示范区顺利通过国家质检总局考核验收，成为云南省第一个国家级出口农产品质量安全示范区。

25日 中国共产党云南省第九次代表大会在昆明海埂会堂开幕。省委书记秦光荣作报告，省委副书记李纪恒主持大会。29日闭幕。秦光荣当选为省委书记，李纪恒、仇和当选为省委副书记，辛维光当选为省纪委书记。

12月

6日《云南日报》报道，云南研发的小桐子生物燃料产品之一“小桐子精炼油”，成为中国航空生物燃料首次用于民航客机试飞所用原料。全省小桐子种植面积120万亩，逐步形成选育、种植、加工和开发产业链。

《云南日报》报道，联合国环境规划基金会、中国内地及港澳台5家环境保护协会共同主办的“绿色中国2011环保成就奖”评选活动在香港举行颁奖典礼，大理市荣获“杰出绿色生态城市”称号。

云南省与柬埔寨班迭棉吉省在

昆明举行签字仪式，缔结友好省关系。代省长李纪恒与班迭棉吉省省长翁恩共同签署协议。

7日 云南省开展群众观点群众路线群众利益群众工作教育、实行干部直接联系群众制度动员大会在昆明召开。

8日 住房和城乡建设部与省政府在北京签署《关于共同推进云南住房城乡建设科学发展，加快中国面向西南开放重要桥头堡建设合作备忘录》。

9日 国家发改委正式授牌云南山灞图像传输科技有限公司“国家远程医疗工程技术研究中心”。以此带动中国在这一领域内实现电子信息技术与医疗产业的高科技整合。

中国老挝缅甸泰国湄公河联合巡逻执法联合指挥部在西双版纳傣族自治州景洪港关累码头举行揭牌仪式。中老缅泰4国执法警务合作新平台正式建立。

10日 中国、老挝、缅甸、泰国湄公河联合巡逻执法首航仪式在西双版纳傣族自治州澜沧江景洪港关累码头举行。

11日 《云南日报》报道，云南省黄金产量22.3吨，产值首过100亿元。产量连续4年位列全国第三。

12日 工业和信息化部与省政府在北京共同签署《加快建设中国面向西南开放重要桥头堡战略合作协议》，把云南建设成为西部重要的外向型优势特色产业基地。

云南滇金丝猴研究中心成立暨白马雪山保护区与科研院所、白马雪山研究基地挂牌仪式在迪庆藏族自治州维西县塔城镇举行，塔城野生动物救护站和曲宗贡生态定位监测站两个科研机构同时成立。

17日 据《云南日报》报道，2011年，云南花卉种植总面积63万亩，花卉总产值232亿元，出口总额1.5亿元，鲜切花产量60.5亿枝。

公安部、省委、省政府追授陈锡华“缉毒英雄”和“云岭卫士”荣誉称号命名大会暨事迹报告会在昆明举行。

18日 全国妇联“送温暖、三下乡”活动启动暨“消除婴幼儿贫血行动”爱心营养包发放仪式在昆明市宜良县举行。

19日 首届中华艺文奖典礼在国家博物馆礼堂举行。云南著名舞蹈艺术家杨丽萍获“艺文奖”。

20日 国家卫生城镇命名表彰电视电话会议云南分会场暨全省爱国卫生工作会议上，2009～2011年度，全国爱卫会共命名表彰35个城市为国家卫生城市。云南昆明、玉溪、安宁、芒市等4个城市榜上有名。

石林彝族自治县正式被中央文明委命名为全国文明县城，成为云南首批获县之一。同时，石林县石林镇小箐村获全国文明村称号。

“中国十大边疆重镇”高峰论坛暨颁奖会在景洪市举行。西双版纳傣族自治州、河口瑶族自治县被评为“中国十大边疆重镇”。

27日 中共云南省委九届二次全体会议在昆明举行。省委书记秦光荣作工作报告，省委副书记李纪恒部署2012年工作，省委副书记仇和等出席会议。会议审议通过《中共云南省关于贯彻落实党的十七届六中全会精神加快建设民族文化强省的意见》。

2011年中国果蔬产业品牌论坛在北京举行。永平县厂街乡岩北村被组委会评为“中国核桃第一村”。

《云南日报》报道，第七次全国环境保护大会在北京举行。昆明市环境保护局获“全国环境保护系统先进集体”荣誉称号。

30日 国家财政部、民政部下拨云南省2011年自然灾害生活补助资金2.62亿元，用于解决冬春期间受灾群众口粮、饮水、衣被、取暖、伤病等基本生活困难。

THE ALMANAC OF MODERATELY
PROSPEROUS SOCIETY
YUNNAN PROVINCE

主　编　田文桢
责任编辑　李红菊

OVERVIEW OF YUNNAN PROVINCE

省情概览

Summary 综述

云南简称“云”或“滇”，素有“彩云之南”之美誉，是人类起源地之一。云南地处中国西南边陲，位于北纬21°8′32″～29°15′8″和东经97°31′39″～106°11′47″之间，北回归线横贯南部。全境东西最大横距864.9千米，南北最大纵距990千米，总面积39.4万平方千米，占全国陆地总面积的4.1%，居全国第八位。全省山区、半山区面积占94%，耕地面积420万公顷。

东部与贵州省、广西壮族自治区为邻，北部同四川省相连，西北隅紧倚西藏自治区，西部与缅甸接壤，南部同老挝、越南毗邻，全省有8个州市共25个县（市）与缅甸、老挝、越南3个国家的6个省（邦）、32个县（市、镇）接壤，国境线长4060千米。其中：中缅边界1997千米，中老边界710千米，中越边界1353千米。云南自古就是中国连接东南亚及南亚各国的陆路通道，有出境公路20余条，与泰国、柬埔寨、孟加拉、印度等国相距不远。

2011年，云南省设有16个州市，其中8个民族自治州，8个省辖市，129个县、市（区），其中：12个市辖区，9个县级市，79个县，29个民族自治县。省会昆明市，省政府驻昆明市五华山。

云南是一个高原山区省，属青藏高原南延部分，地势西北高、东南低，自北向南呈阶梯逐级下降。全省海拔高低相差很大，全省最高点为滇藏交界的德钦县怒山山脉梅里雪山主峰卡瓦格博峰海拔6740米，最低点在与越南交界的河口县境内南溪河与元江汇合处海拔仅为76.4米，高低相差6663.6米。地形以元江谷地和云岭山脉南段的宽谷为界，分为东西两部。东部为滇东、滇中高原，是云贵高原西缘部分，平均海拔在2000米左右。西部为横断山脉纵谷区，高山深谷相间，相对高差较大，地势险峻。主要山峰30余座，东部的乌蒙山、五莲峰、梁王山、轿子雪山等，西部的高黎贡山、怒山、云岭等，南部的哀牢山、无量山、大雪山、邦马山等。在山地高原间，分布着众多的面积为2.4万平方千米地势平坦连片的盆地。

云南河流湖泊众多，水系发达，境内大小河流600多条，重要的180多条，分别属于伊洛瓦底江、怒江、澜沧江、金沙江、红河、珠江六大水系。其中红河、珠江发源于云南境内，除金沙江，珠江外，均为跨国界河流。这些河流分别注入南中国海和印度洋，多数具有落差大，水流急、水量变化大的特点。全省高原湖泊40多个，多数为断陷型湖泊，湖泊水面面积1100平方千米。滇池为全省最大湖泊，面积306.3平方千米；洱海次之，面积约250平方千米。抚仙湖深度全省第一，最深处150多米，全国第二深水湖；泸沽湖次之，最深处90多米。

云南气候属于亚热带高原季风型，地处低纬度高原高海拔地区，地理位置特殊，形成冬无严寒夏无酷暑。由于地形复杂和垂直高差大等原因，立体气候特点显著，类型多样，突出的是年温差小、日温差大，干湿季节分明，气温随地势高低呈垂直变化异常明显，滇西北属寒带气候，长冬无夏，春秋短；滇东、滇中属温带气候，四季如春，遇雨成冬；滇南、滇西南属亚热带气候、热带气候，长夏无冬，遇雨成秋。全省年平均气温6.6℃～24.6℃，平均气温17.6℃。降水充足，5～10月为雨季，尤其集中在6、7、8三个月，11月至次年4月为旱季。云南因气候、生物、地质、地形的相互作用，形成省内分布最广、最重要的红土壤资源，故云南有“红土高原”“红土地”之称。云南是全国植物种类、遗留种最为集中的省份，类型多样，树种繁多，品种丰富，药用植物、香料植物、观赏植物全省都有分布，故有“植物王国”“药物宝库”“香料之乡”“天然花园”之称，是全球生物多样性最丰富、最集中、最复杂的地区和世界级的基因库。烟草、鲜花、茶叶、咖啡、核桃、膏桐、橡胶种植面积产量均居全国第一位；野生食用菌、甘蔗、蔬菜、丝麻、中药材面积和产量名列全国前茅。同时动物种类居全国之冠，珍禽异兽较多，如蜂猴、滇金丝猴、野象、野牛、长臂猿等仅云南有。故此又有“动物王国”之称。云南矿产资源丰富，储量大、矿种全、分布广，素有“有色金属王国”之誉。2011年，全省各类矿产地1291 个，各类矿产142 种。能源资源得天独厚，尤以水能和煤炭资源量较大，水能资源理论储量超过1.04亿千瓦，技术可开发的水能资源装机容量1.02亿千瓦，居全国第三位；经济可开发的水能资源装机容量9795万千瓦，居全国第二位，占全国可开发水电装机容量的25%。全省煤炭总储量691 亿吨，居全国第九位、南方省区第二位。

2011年，全省总人口4596.6万人，比上年增加1.2万人，出生率12.6‰，死亡率6.3‰，人口自然增长率6.3‰。人口总量居全国第十二位、西部第三位。其中，少数民族1533.7 万人，占总人口的33.37%。云南是一个多民族省份，也是一个少数民族大省，少数民族人口仅次于广西壮族自治区，居全国第二位，也是全国少数民族人口超过千万人口的3省区（广西、云南、贵州）之一。除汉族外，人口在5000人以上并有一定聚居区域的少数民族有：彝族、白族、哈尼族、壮族、傣族、苗族、回族、傈僳族、拉祜族、佤族、纳西族、瑶族、景颇族、藏族、布朗族、布依族、阿昌族、普米族、蒙古族、怒族、基诺族、德昂族、水族、满族、独龙族共25个，世居少数民族种类居全国第一位。在世居少数民族中，白族、哈尼族、傣族、傈僳族、拉祜族、佤族、纳西族、景颇族、布朗族、阿昌族、普米族、怒族、基诺族、德昂族、独龙族共15个民族为云南特有少数民族。另外，还有16个少数民族跨境而居，是全国跨境民族最多的省区。民族自治地方土地面积27.66万平方千米，占全省总面积70.20%。云南少数民族分布多样，既有一定的聚居区，具有“大分散、小聚居”的特点，又杂居于其他民族中，多居住在边疆和山区。云南各族人民世代和睦相处，安居乐业，在漫长的历史进程中，云南各民族创造了丰富多彩、独具特色的民族文化，如古滇文化、南诏大理文化、纳西族东巴文化、傣族贝叶文化、彝族太阳历文化、哈尼族梯田文化等，均在国内外有较大影响。众多民族、多种语言、多样歌舞、多种民俗、多彩服饰、民族节庆、民族婚俗、民族餐饮、民族居所以及民族工艺品等，构成绚丽多姿的民族多元风情，为云南增添神秘色彩。

2011年，省委、省政府带领全省各族人民，坚持以科学发展为统领，以转变经济发展方式为主线，应对复杂多变的国内外经济形势，克服资金供应紧张、物价上涨压力较大、自然灾害严重等困难，全力以赴保增长、稳物价、调结构、惠民生、促和谐，经济社会发展取得新成效，实现“十二五”良好开局。

2011年，全省实现生产总值(GDP)8750.95亿元，比上年增长13.7%。全省农业经济稳步发展，农业总产值突破2055.4亿元。工业经济产业优化升级，经济效益快速增长。全年全部工业完成增加值3206亿元，比上年增长14.7%；第一产业实现增加值1407.81亿元，增长6%，拉动全省GDP增长0.9个百分点，对GDP增长的贡献率为6.6%；第二产业实现增加值3990.97亿元，增长18%，拉动全省GDP增长8.1个百分点，对GDP增长的贡献率59.1%；第三产业实现增加值3352.17亿元，增长11.8%，拉动GDP增长4.7个百分点，对GDP增长的贡献率34.3%。规模以上工业完成增加值2753.64亿元，同比增长18%。节能目标全面完成。全省单位GDP能耗下降3.2%以上，单位工业增加值能耗下降5%以上。全社会固定资产投资7109.7亿元，比上年增长27.4%；一、二、三产业分别完成投资225.89亿元、1773.18亿元和3529.64亿元。城镇化水平从29.5%提高到36%。全年房地产开发投资1272.72亿元，比上年增长41.3%；全年商品房销售面积3107.12万平方米，商品房销售额133.61亿元。社会消费品零售总额3000.14亿元，同比增长20%；财政收支较快增长，全年财政总收入2258.2亿元，比上年增长24.8%；地方财政一般预算收入1110.83亿元，增长27.5%；地方财政一般预算支出2929.59亿元，比上年增长28.2%。全省金融机构人民币各项存款余额15356.86亿元，比年增长14.5%；各项贷款余额12114.59亿元，增长14.6%。全年外贸进出口总额完成160.5亿美元，比上年增长19.6%，在全国省市外贸排名中居第中二十二位。全年实现旅游业总收入1300.3亿元，增长29.7%。全省烟叶、茶叶、花卉、咖啡、核桃、膏桐6个产业种植面积居全国第一，其中烟叶、鲜切花、咖啡、核桃4个产品产量居全国第一。云花、松茸、牛肝菌、咖啡、葡萄、卷心菜、西兰花等出口量全国第一，云南农产品连续多年在西部省份排名第一。生猪、肉牛、肉羊存栏分别居全国第五位、第三位和第十一位。全省非公经济户数130万户，同比增长15.6%；非公经济完成增加值2931.4亿元，同比增长16.2%；上缴税金369.4亿元，同比增长26.5%，社会贡献率为52%。非公经济完成进出口总额79.7亿美元，占全省进出口总额59.6%，成为全省出口贸易的主力军。个私企业从业人数441.6万人，比上年增长10.3%。云南科技工作者，充分发挥科技对经济社会发展的支撑引领作用。全省实施重大项目30项、突破关键核心技术51项、研究开发拥有自主知识产权的重大新产品66个。云南已有国家级、省级工程技术研究中心44家，累计创造经济效益215.2亿元。全省高新技术企业334家，数量居全国第十七位，在西部12个省市区中排第四位；全省高新技术企业总资产1665亿元，实现销售收入917亿元。

2011年全省职工年平均工资3.53万元，同比增长17.0%。全省城镇居民人均总收入20255元，可支配收入18576元，扣除价格上涨因素，高于全国平均水平1.9个百分点。农民人均纯收入4722元，比上年增加770元，扣除价格上涨因素，比上年实际增长13.9%，高于全国平均水平2.5个百分点。农民收入增幅超过城镇区居民，城乡收入差距显著缩小，城乡收入比从2010年4.1：1降至3.9：1。参加城镇基本养老保险人数342.82万人，比上年增加25.4万人。参加城镇基本医疗保险人数865.8万人，增加45.32万人。全省参加失业保险人数216.75万人，比上年增加7.14万人。参加农村养老保险的人数1295.8万人，比上年增加611.18万人；参加新型农村合作医疗的农民3456.25万人，增加44.1万人，参合率96.18%。全省享受城市最低生活保障的居民数93.11万人，比上年增加0.51万人；享受农村最低生活保障的农民数403.37万人，比上年增加25.27万人。年末全省民用汽车保有量达到287.72万辆（包括三轮汽车和低速货车），比上年增长18.7%，其中私人汽车保有量235.62万辆。民用轿车保有量115.26万辆，其中私人轿车101.81万辆。

全省交通以昆明为中心，综合交通运输体系初步形成。昆明铁路局现有准轨、米轨铁路18条，其中3条准轨电气化铁路干线（沪昆、成昆、南昆），6条准轨铁路支线（羊场、东川、盘西、昆阳、安宁、东王），1条地方铁路（昆玉），3条合资铁路（广大、大丽、水红），2条米轨铁路干线（昆河、蒙宝）、支线3条（昆石、昆小、草官），管内线路铁路总长3822.0千米，营运里程 2511.2千米，设置198个车站。全年旅客发送2968万人，同比增加260万人；货物运输完成6354万吨，同比增加87万吨。拥有各型机车379台。

2011年，云南机场集团所属各机场始发航线323条，国内航线277条，国际、地区航线46条，形成以昆明机场为枢纽中心，覆盖全省70%的行政州市的现代化机场集群，成为全国拥有支线机场最多、航空资源富集、机场管理一体化、航线网络布局较完备的航空大省之一，全年旅客吞吐量2868.64万人次。初步形成以昆明为中心，连接省内与周边省际支线网络、辐射国内大中城市的干线网络和面向东南亚、南亚、连接欧亚的国家级和地区的国际航线网络为枢纽的机场群。

全省年底公路通车里程21.45万千米，高速公路2746千米，实现以省会昆明为中心，省内通往16州市的公路全部实现高等级化、辐射全国及周边国家的高等级公路交通网基本形成。全省道路运输经营户39.17万户，从业人员87.53万人；经营性道路运输车辆57.3万辆，开通国内客运班线5938条。客运量4.14亿人次，比上年增长14.3%；旅客周转量424.57亿人千米，比上公路年增长20.6%；货运量5.42亿吨，比上年增长18.7；货物周转量617.27亿吨千米，比上年增长12.5%。全省内河航道通航里程3374.76千米，水路完成客运量842万人次、旅客周转量1.96亿人千米、货运量439万吨、货物周转量8.1亿吨千米。

云南与越南、老挝、缅甸接壤，是通往东南亚、南亚的窗口和门户，与泰国和柬埔寨通过澜沧江——湄公河相连，并与马来西亚、新加坡、印度、孟加拉等国邻近，是毗邻周边国家最多、边境线最长的省份之一。云南与周边各国山水相连、民族同宗、文化同源，互利合作的历史悠久。云南本着“与邻为善、以邻为伴”的方针，随着经济合作不断深化，合作层次不断提升，已成为与周边国家发展互利合作关系的重要省份之一。云南是唯一能从陆路沟通东南亚、南亚的省份，具有通往东南亚、南亚最便捷的陆路通道，有“贯通两个大洋、连接三大市场”不可替代的综合区位优势。干线公路建设正向高速化发展，铁路通道向境外延伸，通往国内外的航空网络基本形成，水运正在走向区域联合开发的新阶段，集公路、铁路、航空、水运于一体的国际大通道雏形基本形成。大湄公河次区域间的铁路、公路、水运、航空立体交通网络正加快建设，对东南亚、南亚开放中的优势更加突出，经过不断努力，与周边国家在通路、通电、通商、通关的“四通”合作取得了积极成效，国际大通道效应日益显现。利用对外口岸和通道，开拓东南亚、南亚市场。2011年，中国—东盟自由贸易区全面建成，地缘优势凸现，又是云南的最大贸易市场。云南与东盟贸易额增势强劲，对东盟外贸总额59.5亿美元，同比增长30.2%，全国排名第十一位。境外直接投资5.7亿美元，同比增长20.4%，居全国第十位和西部地区第一位。

2011年，全省口岸20个，口岸通道数量居全国第一。初步形成集公路、铁路、水路、航空为一体，立体型、多层次、多元化的口岸体系。口岸进出口额63.3亿美元，比上年增长10亿美元，同比增长18.6%。进出口货运量1008.3万吨，同比增长11.9%；出入境人员2243.9万人次，同比增长16.5%；出入境交通工具400.2万辆（艘、架、列）次，同比增长24.7%。随着口岸基础设施力度不断加大投入，全省通关便利化水平日益提高，云南已形成集公路、铁路、水路、航空为一体，立体型、多层次、多元化的口岸开放体系，成为云南对外开放、发展外向型经济的重要支撑。

（李海荣）

长水国际机场机坪（云南机场集团　提供）

Important Decisions

重大决策

概述 2011年是“十二五”的开局之年，是建党90周年，也是云南经济社会发展的关键一年。在党中央的坚强领导下，省委抢抓机遇，科学分析云南经济社会发展面临的挑战与机遇，真抓实干，保证了经济社会平稳较快发展，顺利召开了中国共产党云南省第九次代表大会，推动云南科学发展、和谐发展、跨越发展，圆满完成了年度发展目标。

精心谋划 2011年，云南的经济社会发展挑战与机遇并存。针对复杂国际国内形势，中央的一系列宏观政策给云南应对挑战、克难奋进提供了保障。2010年12月3日，中共中央政治局会议专题研究2011年的经济工作，提出2011年要继续加强和改善宏观调控，统筹当前和长远，把握好政策实施的重点、力度、节奏，既要解决当前突出问题，又要切实推进解决深层次矛盾和化解潜在风险，为长远发展打下良好基础。2010年12月10～12日召开的中央经济工作会议在此基础上进一步明确了2011年宏观经济政策的基本取向要积极稳健、审慎灵活。要把稳定价格总水平放在更加突出的位置。2011年3月5日召开的第十一届全国人民代表大会第四次会议的政府工作报告中，确定了2011年国民经济和社会发展的目标。2011年10月15～18日召开的党的第十七届六中全会审议并通过了《中共中央关于深化文化体制改革推动社会主义文化大发展大繁荣若干重大问题的决定》。

中央准确定位，科学决策，对云南发展给予政策支持和党和国家领导人对云南发展给予关心指导。2011年全国“两会”期间公布的国家“十二五”规划纲要中，明确提出“把云南建成面向西南开放的重要桥头堡，不断提升沿边地区对外开放水平”。2011年5月6日，《国务院关于支持云南省加快建设面向西南开放重要桥头堡的意见》正式印发，桥头堡建设正式进入实施阶段。2011年2月25日至3月1日，中共中央政治局常委、中央纪委书记贺国强来云南指出，一定要从云南少数民族众多的实际出发，更加关心、不断改善少数民族群众的生活，使他们切实感受到祖国的温暖。3月7日，胡锦涛总书记对杨善洲同志的先进事迹作出重要指示，要求广大党员干部向杨善洲同志学习。3月10日，中共中央政治局常委、中央书记处书记、国家副主席、中央军委副主席习近平与出席十一届全国人大四次会议的云南代表共同审议时提出，希望云南紧紧抓住机遇，用足用好中央支持政策，以更大力度推进开放发展、协调发展和可持续发展，加快建设国际大通道，打造外向型特色优势产业大基地，构建开放型经贸合作大平台，努力使发展的基础更牢、后劲更足。3月10日，云南省盈江发生5.8级地震，25人遇难，300多人受伤，28万多人受灾。胡锦涛总书记作出重要指示：要迅速开展救灾工作，把抢救生命放在第一位。3月18～19日，中共中央政治局常委、国务院总理温家宝与中共中央政治局委员、国务院副总理回良玉亲临盈江指导抗震救灾和恢复重建工作。10月20～23日，中共中央政治局委员、中央书记处书记、中央组织部部长李源潮在云南省普洱、保山等地调研时说，杨善洲同志的崇高精神，表现在各个方面，每一个党员干部都要向杨善洲同志学习，做一个真正的共产党人。

省委在中央一系列宏观政策指引下，沉着应对挑战，立足大局，科学决策，针对2011年具体工作，省委深刻理解中央经济工作一系列部署的精神，从云南实际出发，突出转变经济发展方式，于2011年3月下发了《中共云南省委常委会2011年工作要点》。《国务院关于支持云南省加快建设面向西南开放重要桥头堡的意见》出台后，6月27～28日召开的省委八届十一次全委会，重点贯彻《国务院关于支持云南省加快建设面向西南开放重要桥头堡的意见》精神，扎实推进桥头堡建设。

11月25～29日，中国共产党云南省第九次代表大会在昆明隆重召开，秦光荣代表中国共产党云南省第八届委员会向大会做了《科学发展和谐发展跨越发展为加快建设面向西南开放重要桥头堡而奋斗》的报告。报告站在新的历史起点上，旗帜鲜明地提出科学发展、和谐发展、跨越发展，为加快建设面向西南开放重要桥头堡而奋斗的主题。

科学发展 2011年，省委坚决贯彻落实中央重大决策部署，客观把握云南发展面临的形势，以加快转变经济发展方式为主线，紧紧围绕“两强一堡”战略目标，全力推进经济社会发展和党的建设，统筹协调，抓住经济社会发展重点，确保实现了“十二五”经济社会发展的良好开局。

（1）以转变经济发展方式为主线，保持经济平稳较快发展。坚持在发展中促转变、在转变中谋发展。着力打牢发展基础，培育壮大特色优势产业，实施创新型云南行动计划，产业发展协调性增强，发展条件改善。大力促进农业现代化转型。加强农业农村基础设施建设，改善农业发展条件，大力发展现代农业。

加快推进新型工业化进程，进一步加大工业投入，扩大工业投资规模。进一步提升改造传统产业，强化品牌战略，加快企业整合重组，提高加工技术水平，延伸产业链，促进产业集群发展。进一步提高科技对工业的提升能力，深入推进建设创新型云南行动计划和中长期人才发展规划实施，完善科技创新服务平台，强化创新能力建设。

（2）以桥头堡建设为引领，提升对外开放水平。《国务院关于支持云南省加快建设面向西南开放重要桥头堡的意见》的出台，是新时期云南面临的重大历史机遇。5月30日，省委、省政府在瑞丽市召开全省动员大会，对全省推进桥头堡建设进行了全面安排；6月27～28日召开的省委八届十一次全委会，对贯彻《国务院关于支持云南省加快建设面向西南开放重要桥头堡的意见》作出具体部署，此后，云南桥头堡建设正式进入战略实施阶段。2011年重点加强基础设施建设，构筑陆上通往周边国家友好合作通道。突出区位优势，重点推进了4个方面的建设：一是加快交通通道建设；二是加快能源通道建设；三是加快物流通道建设；四是加快通讯和信息通道建设。

（3）以保障和改善民生为重点，促进社会建设更加和谐。全面落实中长期教育改革和发展规划纲要，扎实推进国家确定云南省的11项教育改革试点。加快发展学前教育，扩大中等职业教育办学规模，积极开展农村实用技术培训。推进基本医疗保障制度、国家基本药物制度、基层医疗卫生服务体系、基本公共卫生服务、公立医院改革试点改革。完善重大疾病预防控制、农村医疗卫生、新型城市医疗卫生服务体系和覆盖城乡居民的医疗保障制度，增加基本公共卫生服务项目。推进“贷免扶补”工作，落实和完善鼓励创业、促进就业政策。重点做好了高校毕业生、农村转移劳动力和就业困难人员就业、创业工作。加强对农民工的职业技能培训。加大了对就业困难人员和零就业家庭的就业援助。坚决防止物价过快上涨，强化了“米袋子”、“菜篮子”行政首长负责制，千方百计保持物价总体水平基本稳定。

（4）以民族文化强省为核心，推动文化改革发展。推进马克思主义中国化、时代化、大众化，广泛开展中国特色社会主义理论体系宣传普及活动，深入开展社会主义核心价值体系学习教育活动。党的十七届六中全会召开之后，11月23日召开的省委八届十二次全会，提出要深入贯彻落实党的十七届六中全会精神，抓紧制定我省贯彻中央《关于深化文化体制改革、推动社会主义文化大发展大繁荣若干重大问题的决定》的实施意见，推动民族文化强省建设不断取得新的突破。规划和建设一批文化产业园区和基地，鼓励社会力量发展文化产业。文化产业已初步形成全省经济支柱产业，全年增加值达534亿元、占云南省GDP比重6.11%。

（5）以民主法制为内容，加强社会主义民主制度化、规范化和程序化。省委积极推进社会主义民主的制度化、规范化和程序化。始终不渝地坚持中国特色社会主义政治发展道路，坚持党的领导、人民当家做主、依法治国有机统一。坚持和完善人民代表大会制度，深入贯彻落实《中共云南省委关于加强和改进新形势下人大工作的意见》，支持人民代表大会及其常委会依法履行职能，充分发挥人大代表作用，切实增强监督工作实效，稳步推进地方性立法，不断拓宽人大代表同广大人民群众联系的渠道。坚持和完善中国共产党领导的多党合作和政治协商制度。深化行政管理体制改革，进一步规范和减少行政审批，推进政府职能转变。建立健全有权必有责、用权受监督、违法要追究的监督机制。

（6）以改革创新的精神，加强和改进党的建设。省委始终坚持不懈地用中国特色社会主义理论体系武装全省党员干部，重点以深入开展创先争优活动和纪念建党90周年为契机，全面加强党的思想、组织、作风、制度和反腐倡廉建设。在争先创优活动中，发掘和集中宣传了杨善洲同志的先进事迹，引起了中央领导同志的高度重视，3月7日，胡锦涛总书记对杨善洲同志先进事迹作出重要指示，要求广大党员干部向杨善洲同志学习。省委及时召开座谈会，号召全省党员干部进一步把向杨善洲同志学习活动引向深入。结合纪念建党90周年活动，省委举行纪念建党90周年的系列活动，系统回顾了过去90年党在领导云南人民与全国人民一道进行革命斗争、中国特色社会主义建设中起到的领导核心作用，总结历史经验，树立忧患意识，加强党的执政能力与先进性建设。部署开展“四群教育”，密切党群关系。省第九次党代会作出部署，要求党员干部深入开展群众观点、群众路线、群众利益、群众工作“四群教育”，组织实施党员干部深入基层、深入群众、深入实际“三深入”活动。

成绩斐然 2011年，省委、省政府领导全省人民凝心聚力，踏实奋进，措施有力，实现了“十二五”的开门红，圆满完成了经济发展目标。总的来说，全年除居民消费价格指数略高于计划目标外，主要经济指标圆满完成云南省十一届人大四次会议确定的预期目标。全省生产总值实现8750.95亿元，全省生产总值增长13.7%；全社会固定资产投资完成7109.7亿元，全社会固定资产投资增长27.4%；社会消费品零售总额增长20%；地方财政一般预算收入1110.8亿元，增长27.5%；地方财政一般预算支出2929.6亿元，增长28.2%。居民消费价格总水平上涨4.9%，涨幅居全国末位。

2011年是云南发展中重要的一年，桥头堡战略上升到国家层面，隆重热烈纪念中共产党成立90周年，云南省第九次党代会胜利召开。回顾省委这年的工作，有许多经验值得总结。主要经验有：第一，坚持大胆解放思想，善抓发展机遇。第二，坚持不断深化省情认识，完善发展思路。第三，坚持以科学发展观为统领，始终把发展作为第一要务。第四，坚持深化改革、扩大开放，积极谋划和推动桥头堡建设。第五，坚持各民族共同团结奋斗、共同繁荣发展的方针，促进民族团结进步、边疆繁荣稳定。第六，坚持改革创新的精神切实加强党的建设，为云南的科学发展提供保障。

（张　晖）

Monitoring Report on the Course of Building a Moderately Prosperous Society in All Respects, Yunnan Province (2011)

全面建设小康社会进程监测报告（2011）

2010年，云南省委、省政府团结带领全省各族人民，努力克服国际金融危机的后续影响和百年不遇特大干旱带来的重重困难，团结拼搏，扎实工作，全省经济发展高开稳走，国民经济总体呈现平稳较快发展、巩固回升向好的态势，社会事业全面进步，教育事业发展取得了历史性的成就，"两基"顺利通过国家总体检查验收；卫生事业快速发展，投入明显增长，卫生资源持续增加，妇幼健康水平不断提高；社会保障取得重大突破养老保险政策体系不断完善，覆盖城乡居民的医疗保障体系基本建立，各项社会保险覆盖人数迅速增长，社会保障水平大幅提高；城乡低收入者生活得到有效保障，工作成效明显。经济和社会发展事业全面完成或超额完成省十一届人大三次会议审议通过的宏观调控主要预期目标，为云南"十一五"的收官之年画上了圆满句号。云南全面建设小康社会正稳步向前推进。

一、全面建设小康社会进程状况

在对云南小康社会建设为期十年（2000–2009年）连续监测的基础上，按照国家《全面建设小康社会统计监测方案》测算，2010年，云南省全面建设小康社会进程的实现程度为68.3%，比2009年提高2.8个百分点。推进速度比2000～2009年1.3%的平均速度提高了1.5个百分点，是2000年以来推进速度最快的一年。从监测体系的六个方面来看：

（一）经济发展平稳增长

2010年，经济发展方面的实现程度为53.7%，比2009年提高1.7个百分点，高于前十年平均每年提高1.3个百分点的水平，但低于2008～2009年提高2.5个百分点的水平。其中：人均生产总值实现程度为37.4%，比2009年提高3.9个百分点，高于前十年年平均提高1.4个百分点的水平，提高幅度不仅高于总体水平，而且也是自2000年以来最高的；R & D经费支出占生产总值比重的实现程度为24.5%，比2009年提高了0.4个百分点，又回复到2006～2008年连续持平的水平，该项工作仍属全面建设小康中的薄弱环节；第三产业增加值占生产总值比重实现程度为80%，比2009年下降1.7个百分点；城镇人口比重实现程度为58%，比2009年提高1.3个百分点，云南城镇化进程仍保持较慢的推进速度；城镇登记失业率与仍控制在国家限定的合理范围内，实现程度为100%。在面临经济和社会发展的重重困难中，云南虽然承载了较大的就业压力，各级政府和有关部门努力致力于和谐社会的建设，千方百计增加就业岗位，且取得了较好成效。

（二）社会和谐明显提高

2010年，社会和谐方面实现程度为60.8%，比2009年提高7.3个百分点，比前十年有了显著的进步，属于推进速度最快的年份。但体系内部指标实现程度仍然是参差不齐，悬殊较大。城乡居民收入比从2000年开始，其实现程度就超出了临界值并一直延续至今，城乡居民收入的差距仍然在警戒线之上；基尼系数实现程度延续多年为零的状况有了较大改观，2010年不仅实现零的突破，而且实现程度一举达到25.5%，这不仅说明全体居民收入差距过大的局面有所改善，而且也使全面建设小康速度得到加速提高；地区经济发展差异系数延续了从2005年以来的良好状况，2010年仍然实现100%，完全达到目标值要求，各地区之间经济发展差异程度不大，实现了全面建设小康社会的目标要求；社会保障事业稳步发展，2010年基本社会保障覆盖率实现程度为68.8%，比2009年提高10.3个百分点，是2007年以来最高的，主要原因是2010年全省大力推广了城乡居民养老保险，达到了较高的覆盖率，从2005年开始，实施新型农村社会养老保险和新型农村合作医疗制度带动了农村社会保障的快速发展。目前，全省农村社会医疗保险参保率已基本稳定；高中阶段毕业生性别比2010年实现程度为82.6%，比2009年下降1.3个百分点，主要原因是中专毕业女生人数大大高于男生人数，高中阶段毕业生性别差异系数的增加成为提高社会和谐的掣肘，也影响了全省全面建设小康的进度。

（三）生活质量逐步改善

2010年，生活质量方面实现程度为67.6%，比2009年提高3.1个百分点，增长速度快于前十年1.4%的年均增长速度，也高于整体水平。全省居民人均可支配收入实现程度为42.8%，比2009年提高4.1个百分点，高于前十年1.4%的年均增长速度，但低于2007～2008年的增长水平，说明在金融危机和自然灾害的影响下，云南人民的生活水平提高还是受到一定制约；恩格尔系数在2008年有所下降，2009年得到恢复，2010年延续上升势头，实现程度为88.5%，达到了历史最高水平，比2009年上升2.8个百分点；城乡居民人均住房使用面积实现程度仍然延续了近几年的增长势头，2010年达到66.8%，比2009年提高3.1个百分点，城乡居民的住房情况进一步改善；随着医疗卫生水平的提高及人居环境的改善，5岁以下儿童死亡率有较大幅度降低，2010年的实现程度为78.4%，比2009年提高5.4个百分点，实现程度稳步上升；平均预期寿命仍以稳步提高，且实现程度较高，2010年为90.7%，比2009年提高0.4个百分点，有望实现预期的目标。

（四）民主法制建设进展喜人

2010年民主法制方面的实现程度为93.7%，比2009年上升了3.5个百分点，扭转了2009年的下降状况，延续了民主法制建设在云南全面建设小康社会六大体系中实现程度最高的态势，继续稳步增长，接近全面小康社会的目标值。其中：公民自身民主权利满意度达到91.1%，社会安全指数实现程度为95.9%，分别比2009年提高1.1和5.5个百分点。其中，社会安全指数提高幅度较大，在生产生活中更加重视对生命和财产的保护。

（五）文化教育事业快速发展

2010年，文化教育方面的实现程度为80.3%，比2009年提高2.3个百分点，属于提高幅度较大的年份之一。其中：文化产业占GDP比重自2005年就达到100%的实现程度，提前达到全面建设小康的目标建设民族文化强省仍然是各级政府和各族人民的努力方向。居民文教娱乐服务支出占家庭消费支出比重实现程度为44.6%，比2009年增加2.8个百分点，但由于收入增长限制及物价指数一直偏高，人们的支出更加偏重于物质消费，精神享受的投入就受到影响，因而这一指标实现程度较低，也是整个监测体系中基数较低的指标。人口受教育程度一改多年提高幅度不大的状况，2010年平均受教育年限实现程度为72.4%，比2009年提高4.2个百分点，高于整体水平和前十年的平均水平，以此发展速度，云南人口受教育程度有望如期达到预定的目标。

（六）资源环境仍需改善

2010年，资源环境方面的实现程度为76.8%，比2009年下降0.4个百分点，是监测体系六大方面唯一下降的。这一体系下降的原因是内部指标起伏较大，常用耕地面积指数自2000年以来实现程度均保持了100%的优势，但对整体水平也就失去了拉升作用；而百年不遇的干旱使云南的水能发电减少而火能发电增加，单位生产总值能耗实现程度为52.1%，还处于较低水平，节能降耗工作仍任重道远。持续的旱情也使环境质量受到影响，地表水达标率降低致使环境质量指数由2009年的87.6%下降为85.6%，同时整个资源环境的实现程度也受到影响。全省上下对环境保护工作高度重视，加紧追赶资源环境的预期目标。

二、全面建设小康社会的主要困难及问题

2009年是云南经济发展最困难的一年，2010年则是经济形势最为复杂的一年，努力克服国际金融危机和百年不遇的严重旱情带来的影响，全省经济保持平稳较快发展，全面建设小康稳步向前推进。2010年云南经济发展中不充分、不平衡、不协调、不可持续的情况依然存在：农业基础地位不牢固，尚未摆脱靠天吃饭的传统农业发展之路；工业粗放发展特征明显，尚未步入新型工业化发展轨道；服务业比重低，传统服务业多，现代服务业少的问题突出，难以适应生产和人民生活水平提高的需要。

（一）国际金融危机仍然持续

国际金融危机的影响在持续，云南固有的产业结构单一、资源型产业比重大、产业发展层次低的矛盾仍然显现，尤其是支撑全省经济增长的有色、钢铁、化工等产业，其产品价格均与国际市场接轨，导致金融危机对全省的实体经济冲击十分深重，因而结构性矛盾、不确定性因素依然存在；宏观经济调控面临的“两难”选择增多；货币政策趋紧，由适度宽松转向稳健审慎灵活的货币政策；转方式、调结构、稳物价的任务艰巨。

（二）自然灾害的影响较大

2009～2010年的连续全省性特大旱灾时间长、范围广、损失大，在云南属于百年一遇。全省出现人、畜饮水困难，农作物受灾或绝收现象严重，农业直接经济损失达120亿元以上。同时，严重的旱情影响了以水力发电为主的电力供应，二、三产业的发展受到一定制约，而政府及社会各界投入了巨大的人力、物力、财力抗旱救灾也给经济社会的持续发展和全面小康建设进程带来一定影响。

（三）监测体系内各方面、各指标参差不齐

从监测体系的六大方面看，“经济发展、社会和谐、生活质量”三个方面的实现程度多年低于总体水平的状况仍然无较大改变，成为影响制约云南全面建设小康社会进程加快的主要因素，其中，最高的“生活质量”只有67.6%，最低的“经济发展”才53.7%。三方面所包含的指标量大面广且占较大权重，势必严重影响到云南全面建设小康建设进程的快速

2010年云南全面建设小康社会实现程度指标分组

实现程度	指标
实现目标	城镇登记失业率、地区经济发展差异系数、文化产业增加值占GDP比重、常用耕地面积指数
90%～100%	平均预期寿命、公民自身民主权利满意度、社会安全指数
80%～90%	第三产业增加值占GDP比重、高中阶段毕业生性别差异系数、恩格尔系数、环境质量指数
70%～80%	5岁以下儿童死亡率、平均受教育年限
60%～70%	基本社会保险覆盖率、人均住房使用面积
60%以下	人均GDP、R&D经费支出占GDP比重、城镇人口比重、基尼系数、城乡居民收入比、居民人均可支配收入、居民文教娱乐服务支出占家庭消费支出比重、单位GDP能耗

推进。“民主法制、文化教育、资源环境”三个方面是云南有优势的方面，对实现全面建设小康社会进程推动作用较大。将2010年云南全面建设小康社会实现程度的各项指标分组如下：

与2009年相比，23项监测指标实现程度差异仍然较大，各区间内的指标数量及内容没有大的改变，尤其是实现程度80%以上的指标没有任何变化，实现程度70%～80%的指标增加一项，实现程度60%以下的指标虽然减少了一项，仍多达8项，且都是经济类指标，占整个监测指标体系的指标个数的34.8%。

（四）收入分配比重偏低、差距过大

从宏观角度看，收入分配领域面临的问题表现为居民收入在国民收入分配中的比重偏低，劳动者报酬在初次分配中的比重偏低，表现为消费率相对较低、投资率相对较高。云南生产总值中劳动者报酬的比重不到50%，从微观角度看，收入分配问题表现为行业、地区和城乡间的差距过大，2009年5个州（市）城镇非私营单位在岗职工平均工资高于全省平均水平，11个州（市）低于全省平均水平；最高的金融业是最低的住宿和餐饮业的3.8倍，垄断性行业、新兴产业与传统产业间在岗职工工资水平差距逐步拉大。2010年云南城乡居民收入比4.06：1（全国3.23：1），而1978年云南的城乡居民收入比2.5：1(全国2.6：1)。

（五）科技发展滞后，科研创新能力较弱

主要表现在以下几方面：一是研发经费投入较低。2010年，R&D经费内部支出44.17亿元，占生产总值的比重为0.61%，与全国1.77%的平均水平差距较大；二是研发机构较少，高层次人才少。2010年全省有各类技术开发机构614个，研发人员1.39万人，其中博士和硕士0.35万人；三是研发水平有待提高。2010年全省各类单位共申请专利5645件，其中发明专利2333件，低于全国平均水平，与兄弟省市区差距较大。

三、加快云南全面建设小康的启示与展望

未来五年，是云南全面建设小康社会的关键期，应充分认识到边疆、民族、山区、贫困四位一体的基本省情，克服经济社会发展中的不够快、不充分、不协调、不平衡因素，要按照科学发展、和谐发展、跨越发展党的要求，走全面协调和可持续发展之路，营造安定团结的局面，尽快缩小与全国发展的差距，才能早日实现全面建设小康社会的目标。

（一）抓住新机遇，推进云南大发展

云南省委八届八次全会将“建设绿色经济强省、民族文化强省和中国面向西南开放的桥头堡”作为云南经济社会发展的三大战略目标。在“十二五”规划的开局之年，国务院批准并出台了《国务院关于支持云南省加快建设面向西南开放重要桥头堡的意见》，“两强一堡”建设进入了全面实施阶段，为推动云南科学发展、加快转变经济发展方式、扩大云南对内对外开放和造福全省各族人民赢得了重大的历史发展机遇。同时也给全面小康建设带来新的思路和契机，全省上下应抓住机遇，解放思想，发展生产力，加快经济发展步伐，增强经济活力，紧紧围绕“两强一堡”的战略目标，以实现“四个翻番”为契机，坚持农业产业化、新型工业化、城镇化和教育现代化四轮驱动，以改善民生促需求，注重基础设施建设，统筹对内对外开放，大力发展特色产业，创建资源节约型、环境友好型社会为发展理念，以协调高效、绿色经济、科技创新，增强自我发展为能力，以农业增效、农民增收，工业结构优化升级，大中小城镇协调布局发展为途径，走高效、低耗发展经济之路。在这一系列的政策措施指导下，云南经济发展必然会走得更好更快，全面建设小康社会也会迈上新的台阶。

（二）促进城乡居民收入同步快速增长

云南城乡居民与发达地区居民之间、云南内部城乡居民之间收入差距较大，一直是全省经济发展的突出问题，也是全面建设小康社会快速发展的“短板”。云南是全国最大的贫困省份，尤其是农村贫困人口数量大、分布面、类型多、贫困度深，虽然近年来党和政府为老百姓的脱贫致富做了大量工作，但由于历史和自然原因，仍有1300多万贫困人口分布在自然环境恶劣、扶贫成本高、难度大的高寒山区，特殊类型的贫困问题比较突出。社会财富分配不公会带来经济、社会发展的各种隐患，也不利于经济效益的提升和社会的发展。同时，贫富差距的扩大也会使贫困人群产生绝望、仇富心理，带来社会的不安定因素，违背全面建设小康社会的宗旨。

云南省第九次党代会明确了在未来五年内要实现城镇居民人均可支配收入和农民人均纯收入“两个倍增”，促进城乡居民收入和谐增长，关键是加大城乡扶贫力度，以开发促脱贫，用科学发展观带动特色优势产业，改善贫困地区生产生活条件，强化劳动力培训，以特殊的资金、政策优惠特殊区域，提高贫困地区和贫困人口的自我发展能力。只有增加广大城乡居民的收入，才能扩大全省消费市场，促进经济增长，保持社会稳定，加快全面建设小康进程。

（三）继续争取国家补偿

全面建设小康是在复杂的国际国内环境下进行的，由于区域、自然及政策等因素的制约，改革与发展必然带来不平衡性，出现“受益”人群和“受损”人群。云南长期作为资源产地以初级产品的形式为中东部提供生产原材料和廉价劳动力，对云南经济增长和人民收入提高的拉动作用十分有限。同时，由于位于长江三角洲和珠江三角洲上游，承担着保护下游水源、环境不被破坏的重要职责，近年来政府在退耕还林、保护水源、增加植被、治理污染等方面投入巨大，老百姓也为此做出巨大牺牲。虽然国家也据此给予了一定补贴，但相比较东中部地区，云南仍有较大差距。以薄弱的经济基础去追赶发达地区也颇显吃力。要实现全国全面建设小康目标，必须力争在全国范围建立完善的补偿机制，对维护了整体生态环境、提供了生产原材料的西部省区给予一定比例的补偿，得到发达地区的经济反哺。否则，以目前云南的实力和发展状况，要实现与全国同步实现全面建设小康的目标是相当困难的。

（四）加快落实各项社会保障措施

共建共享是和谐社会的客观要求，是保障和改善民生的客观要求。加快新型农村社会养老保险制度的实施，扩大社会化养老保险覆盖面。有利于扶贫攻坚任务的完成，有利于农村消费需求的扩大，有利于可持续的经济发展，有利于社会事业的全面进步，有利云南建设于平安和谐社会，有利于经济社会协调发展。

（五）努力创建和谐的社会关系

在市场经济的推动下，出现了经济成分和利益主体的多元化和社会组织形式的多样化，生活方式、就业形式、就业岗位各具特色，价值取向各有千秋，在个性化发展的时代，不平衡也越来越显现，各种经济政策、社会政策的影响难以惠及所有人和所有地区。因此在追求经济增长的同时，要注重社会公平、正义和环境保护问题，要注意地区间、民族间的差异问题以及决策的民主化等问题，提高消除贫困的能力，努力创建和谐的社会关系。

云南省全面建设小康社会实现程度（2000～2010年）

单位：%

监测指标 \ 年度	2000	2001	2002	2003	2004	2005	2006	2007	2008	2009	2010
一、经济发展	42.2	40.2	41.7	42.5	43.4	45.8	46.4	48.2	49.5	52.0	53.7
1.人均GDP	15.2	16.0	17.3	18.6	20.5	22.2	24.6	27.4	30.1	33.5	37.4
2.R&D经费支出占GDP比重	13.5	14.4	16.9	17.2	16.2	24.6	21.0	21.7	21.8	24.1	24.5
3.第三产业增加值占GDP比重	74.2	77.2	79.0	79.4	78.4	79.4	78.1	79.5	78.0	81.7	80.0
4.城镇人口比重	58.0	41.4	43.4	44.3	46.8	49.2	50.8	52.7	55.0	56.7	58.0
5.失业率（城镇）	100.0	100.0	100.0	100.0	100.0	100.0	100.0	100.0	100.0	100.0	100.0

（续表）

监测指标＼年度	2000	2001	2002	2003	2004	2005	2006	2007	2008	2009	2010
二、社会和谐	29.3	31.7	33.5	40.4	39.5	40.5	43.8	47.9	50.1	53.5	60.8
6.基尼系数	43.4	14.5	5.7	10.2	0.0	0.0	0.0	0.0	1.4	0.0	25.5
7.城乡居民收入比	0.0	0.0	0.0	0.0	0.0	0.0	0.0	0.0	0.0	0.0	0.0
8.地区经济发展差异系数	0.0	48.1	66.8	83.1	90.0	100.0	100.0	100.0	100.0	100.0	100.0
9.基本社会保险覆盖率	9.5	10.9	11.4	20.2	20.2	19.7	29.9	51.4	56.1	58.5	68.8
10.高中阶段毕业生性别差异系数	98.3	95.0	96.6	99.1	97.1	96.6	92.4	70.2	70.8	83.9	82.6
三、生活质量	45.4	44.5	46.4	48.3	50.2	51.4	54.4	57.5	60.3	64.5	67.6
11.居民人均可支配收入	21.1	19.1	20.7	21.9	24.1	25.9	28.3	31.3	35.2	38.7	42.8
12.恩格尔系数	76.2	75.3	76.6	80.1	78.9	78.3	85.6	86.9	82.0	85.7	88.5
13.人均住房使用面积	38.5	36.0	38.8	41.9	45.0	46.5	48.3	53.8	58.7	63.7	66.8
14.5岁以下儿童死亡率	26.6	31.2	34.5	36.3	40.7	43.6	49.0	53.2	62.7	73.0	78.4
15.平均预期寿命	87.3	87.7	88.0	88.3	88.7	89.0	89.3	89.7	90.0	90.3	90.7
四、民主法制	78.3	76.6	75.1	75.4	78.9	80.2	82.7	86.5	92.1	90.2	93.7
16.公民自身民主权利满意度	66.7	69.6	72.4	75.3	78.2	81.1	83.8	87.0	88.9	90.0	91.1
17.社会安全指数	88.0	82.5	77.4	75.5	79.5	79.4	81.8	86.1	94.9	90.4	95.9
五、文化教育	77.4	62.2	64.2	69.4	73.4	78.4	78.2	77.7	77.3	78.0	80.3
18.文化产业增加值占GDP比重	100.0	67.0	68.4	80.2	90.6	100.0	100.0	100.0	100.0	100.0	100.0
19.居民文教娱乐服务支出占家庭消费支出比重	61.1	53.2	62.2	63.2	59.5	65.5	54.7	47.1	40.3	41.8	44.6
20.平均受教育年限	60.3	60.4	60.6	60.7	60.9	61.0	64.2	65.5	66.9	68.2	72.4
六、资源环境	70.2	71.2	72.9	74.5	72.0	72.5	71.9	73.3	75.6	77.2	76.8
21.单位GDP能耗	48.7	48.2	47.6	48.1	45.7	43.1	43.7	45.5	47.8	50.1	52.1
22.耕地面积指数	100.0	100.0	100.0	100.0	100.0	100.0	100.0	100.0	100.0	100.0	100.0
23.环境质量指数	74.6	77.0	80.8	83.6	80.3	82.9	81.3	82.9	86.0	87.6	85.5
全面建设小康社会进程	53.1	50.6	51.9	54.5	55.7	57.6	59.0	61.3	63.4	65.5	68.3

（云南省统计局）

Overview on the Process of Constructing a Moderately Prosperous Society in All-Around Way

全面建设小康社会进程概览

概述 2011年，云南省全面建设小康社会的进程又稳步向前推进了一步。在国内外复杂多变的严峻形势下，全省各族人民在云南省委、省政府团结带领下，坚持以科学发展观为指导，认真贯彻落实国家各项宏观调控政策，大力推进“两强一堡”建设，以转变经济发展方式为主线，以改善和保障民生为落脚点，以提高自主创新能力为突破口，在调结构、转方式，强产业、增动力，惠民生、促和谐上狠下工夫，促进全省经济社会又好又快发展，实现了云南“十二五”科学发展和谐发展跨越发展的良好开局。全面建设小康社会取得新进展。

2011年，全省生产总值[2](GDP)完成8893.12亿元，比上年增长13.7%，高于全国4.5个百分点。分三次产业看，第一产业增加值1411.01亿元，增长6.0%；第二产业增加值3780.73亿元，增长17.8%；第三产业增加值3701.79亿元，增长12.0%。三次产业结构由上年的5.4:44.6:40.0调整为15.9.1:42.5:41.6。全省人均生产总值(GDP)达到19265元，比上年增长3.0%。非公经济创造增加值3679.78亿元，占全省生产总值的比重达41.4%，比上年提高0.8个百分点。

财政收支 2011年，全省财政总收入完成2258.2亿元，比上年增长24.8%。全省地方财政一般预算收入完成1110.83亿元，比上年增长27.5%；其中增值税完成136.64亿元，增长 21.2%；营业税277.71亿元，增长17.0%；企业所得税110.6亿元，增长34.4%。全省地方财政一般预算支出完成2929.59亿元，比上年增长28.2%，其中，用于农林水事务、教育、医疗卫生、住房保障支出、社会保障与就业的支出分别增长25.2%、28.9%、29.0%、35.3%和26.8%。

市场价格 2011年，全省居民消费价格比上年上涨4.9%，其中食品价格上涨11.5%。工业生产者出厂价格上涨4.7%。工业生产者购进价格上涨8.0%。固定资产投资价格上涨4.6%。农业生产资料价格上涨8.3%。农产品生产价格上涨17.6%。

图1　2006～2011年云南省生产总值及其增长速度

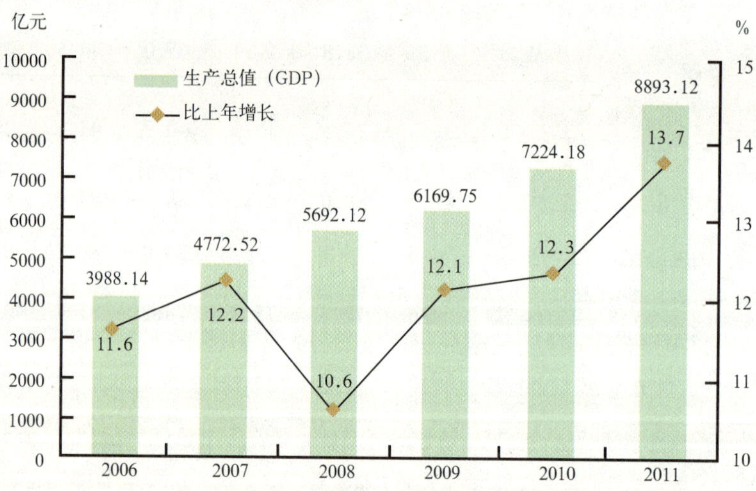

图2　2006～2011年云南省地方财政一般预算收入及其增长速度

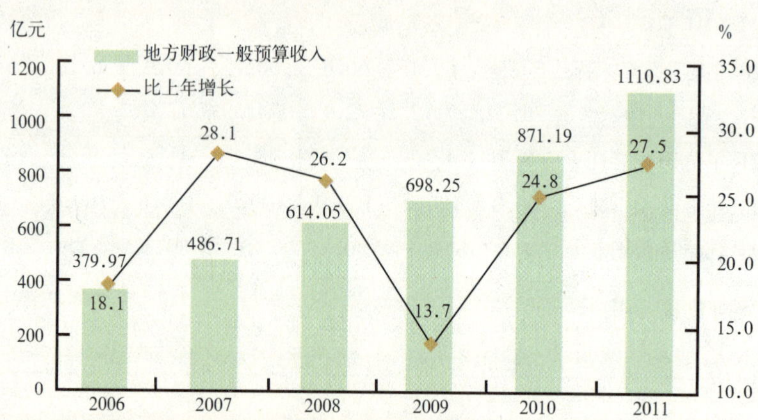

表1　2011年云南省居民消费价格比上年涨跌幅度

单位：万吨

指　标	全省	城市	农村
居民消费价格	4.9	4.8	4.9
食　品	11.5	11.1	12.1
其中：粮食	11.9	12.0	11.7
油脂	13.0	13.6	12.5
肉禽及其制品	24.8	24.8	24.7
烟酒及用品	0.8	0.7	0.9
衣　着	0.5	0.2	1.1
家庭设备用品及维修服务	1.4	3.9	−2.2
医疗保健及个人用品	3.3	4.1	1.9
交通和通信	0.0	0.2	−0.2
娱乐教育文化用品及服务	−0.3	−0.5	0.1
居　住	4.4	3.9	5.2

图3　2006～2011年云南省全部工业增加值及其增长速度

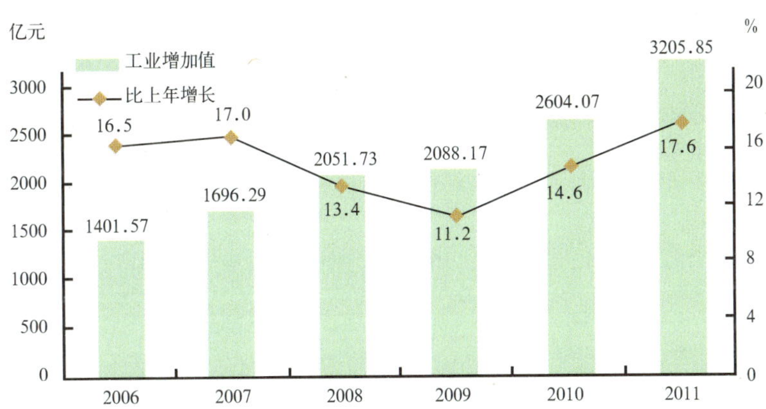

农业生产　2011年，全省完成农业总产值2306.5亿元，比上年增长6.1%。其中，种植业产值1124.7亿元，增长6.8%；林业产值246亿元，增长12.2%；畜牧业产值808亿元，增长2.5%；渔业产值56亿元，增长9.2%；农林牧渔服务业产值72亿元，增长7.5%。

全年粮食总产量[3]达1673.6万吨，比上年增长9.3%。油料产量60.75万吨，比上年增长77.5%；烤烟产量102万吨，增长6.7%；蔬菜产量1340万吨，增长6.8%；园林水果产量405.39万吨，增长18.7%；茶叶产量23.83万吨，增长14.9%；鲜切花产量65.03亿枝，增长7.5%。

全年肉类总产量[4]达324.36万吨，比上年增长0.9%；牛奶产量52.39万吨，增长3.9%；禽蛋产量21.65万吨，增长4.1%。

全年新增有效灌溉面积86.6万亩，新增节水灌溉面积53.5万亩。

工业生产　2011年，全省全部工业完成增加值3205.85亿元，比上年增长17.6%；规模以上工业[5]完成增加值2753.64亿元，增长18.0%。在规模以上工业中，轻工业完成增加值1245.65亿元，增长17.9%；重工业完成增加值1507.99亿元，增长18.0%。

全年规模以上工业中，烟草制品业完成增加值938.05亿元，比上年增长17.5%；电力生产和供应业完成增加值290.53亿元，增长18.3%。六大高耗能行业共完成增加值1014.32亿元，比上年增长17.2%，其中，化学原料及化学制品制造业增长22.1%、非金属矿物制品业增长20.1%、电力热力的生产和供应业增长18.3%、黑色金属冶炼及压延加工业增长12.6%、有色金属冶炼及压延加工业增长16.7%、石油加工炼焦及核燃料加工业增长3.5%。

全年原煤产量9957.41万吨，比上年增长2.0%；发电量1555.13亿千瓦小时，增长13.9%；粗钢产量1323.23万吨，增长2.3%；钢材产量1351.85万吨，增长11.3%；十种有色金属产量270.79万吨，增长12.7%；水泥产量6788.88万吨，增长17.3%；卷烟产量729.98万箱，增长2.1%；成品糖产量173.51万吨，下降3.5%。

表2　　2011年云南省主要工业产品产量及其增长速度

产品名称	单　位	产量	比上年增长%
原　煤	万吨	9957.41	2.0
发电量	亿千瓦小时	1555.13	13.9
其中：水电	亿千瓦小时	1007.41	23.8
火电	亿千瓦小时	536.06	-1.9
铁矿石原矿量	万吨	2820.33	14.4
粗　钢	万吨	1323.23	2.3
钢　材	万吨	1351.85	11.3
十种有色金属	万吨	270.79	12.7
其中：铜	万吨	39.08	14.6
原铝	万吨	88.32	30.6
铅	万吨	43.15	13.5
锌	万吨	89.67	0.6
锡	万吨	7.65	1.6
硫　酸（折100%）	万吨	1199.45	12.3
烧　碱（折100%）	万吨	19.90	11.6
化　肥（折100%）	万吨	326.93	-10.2
卷　烟	万箱	729.98	2.1
成品糖	万吨	173.51	-3.5
精制茶叶	万吨	13.95	13.6
中成药	吨	25903.58	24.3
自来水生产量	万立方米	71478.17	2.9
机制纸及纸板	万吨	49.12	9.5
水　泥	万吨	6788.88	17.3
平板玻璃	万重量箱	850.03	15.5
人造板	万立方米	152.95	1.8
发电设备	万千瓦	62.89	-12.0
变压器	万千伏安	1603.49	-10.7
汽　车	辆	97174	-4.6

图4　　2006～2011年云南省建筑业增加值及其增长速度

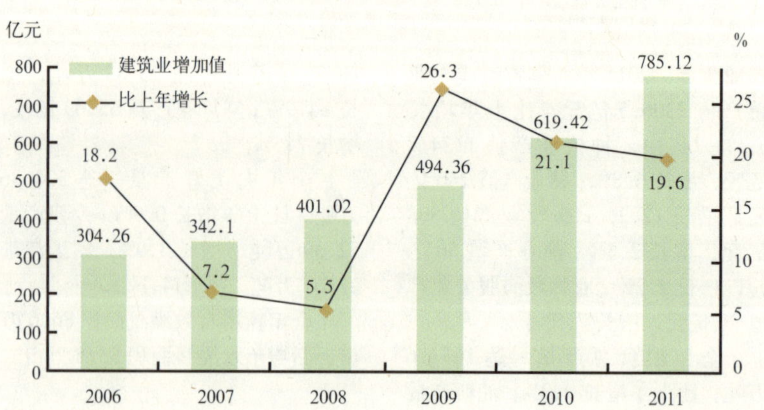

建筑业　2011年，全省规模以上工业企业累计实现利税1525.03亿元，比上年增长22.3%；其中实现利润523.55亿元，增长24.5%。

全年全社会建筑业完成增加值785.12亿元，比上年增长19.6%。全省具有资质等级的总承包和专业承包建筑业企业完成总产值1867.06亿元，比上年增长23.7%；实现利润65亿元，增长28.6%；上缴税金81.42亿元，增长27.1%。

固定资产投资　2011年，全省全社会固定资产投资规模达到7109.70亿元，比上年增长27.4%。分三次产业看，第一产业投资282.16亿元，增长24.9%；第二产业投资2222.24亿元，增长25.3%，其中工业投资2213.52亿元，增长25.3%；第三产业投资4605.3亿元，增长30.5%。规模以上固定资产投资（不含农户）[6]5927.01亿元，增长27.6%。

图5　　2006～2011年云南省全社会固定资产投资及其增长速度

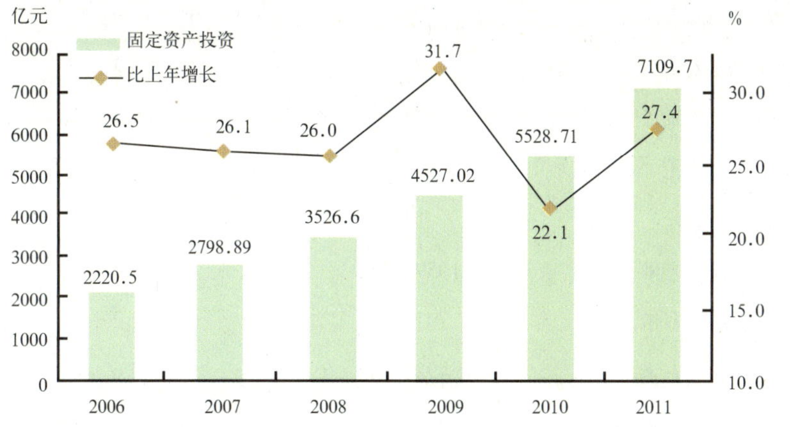

房地产开发　2011年，全省房地产开发投资完成1272.72亿元，比上年增长41.3%，其中，商品住宅投资873.9亿元，增长33.5%；办公楼投资44.25亿元，增长99.2%；商业营业用房投资164.34亿元，增长67.9%。全省商品房屋施工面积10597.88万平方米，增长20.6%；商品房屋竣工面积1450.76万平方米，下降5.5%；商品房销售面积3107.12万平方米，增长5.0%，商品房销售额1133.61亿元，增长21.3%。

基础设施建设　2011年，全省重点项目建设强力推进。大丽、保腾等高速公路建设稳步推进，59条二级公路基本建成，昆明市轨道交通工程加快实施；新建改建农村公路1.6万千米，新开工建设41项骨干水源工程，新建成35座中小型水库、45万件"五小水利"工程，牛栏江—滇池补水工程进度加快；金安桥、功果桥电站和镇雄电厂投产发电，六大煤炭基地、中缅油气管道及石油炼化基地建设进展顺利。

社会消费品市场　2011年，全省实现社会消费品零售总额3000.14亿元，比上年增长20.0%。按经

表3　　2011年云南省分行业规模以上固定资产投资及其增长速度

单位：亿元

行　业	投资额	比上年增长%
总　　计	5927.01	27.6
农、林、牧、渔业	153.15	9.3
采矿业	262.42	22.9
制造业	895.51	39.1
其中：烟草制品业	36.43	50.2
化学原料及化学制品制造业	80.34	19.9
医药制造业	25.19	55.0
非金属矿物制品业	130.41	34.5
黑色金属冶炼及压延加工业	85.68	66.9
有色金属冶炼及压延加工业	115.86	17.1
电力、煤气及水的生产和供应业	792.61	23.3
建筑业	6.13	6.3
交通运输、仓储和邮政业	842.80	1.5
信息传输、计算机服务和软件业	48.64	10.4
批发和零售业	253.87	17.7
住宿和餐饮业	97.55	79.0
金融业	4.10	-2.0
房地产开发	1272.72	41.3
租赁和商务服务业	21.49	74.4
科学研究、技术服务和地质勘查业	33.28	4倍
水利、环境和公共设施管理业	597.18	11.2
居民服务和其他服务业	14.46	4.5
教育	126.05	-18.1
卫生、社会保障和社会福利业	81.54	21.5
文化、体育和娱乐业	98.63	128.3
公共管理和社会组织	115.49	28.3

表4　2011年云南省房地产开发和销售主要指标完成情况

指　　标	单 位	绝对数	比上年增长%
投资完成额	亿元	1272.72	41.3
其中：住宅	亿元	873.90	33.5
其中：90平方米以下住宅	亿元	175.38	38.0
其中：经济适用房	亿元	14.58	16.9
房屋施工面积	万平方米	10597.88	20.6
其中：住宅	万平方米	7973.23	13.2
房屋新开工面积	万平方米	4984.70	34.6
其中：住宅	万平方米	3618.18	22.2
房屋竣工面积	万平方米	1450.76	-5.5
其中：住宅	万平方米	1182.14	-6.1
商品房销售面积	万平方米	3107.12	5.0
其中：住宅	万平方米	2716.42	2.2
本年资金来源	亿元	1648.09	26.7
其中：国内贷款	亿元	129.50	-19.5
其中：个人按揭贷款	亿元	202.98	-2.9
本年购置土地面积	万平方米	1425.38	38.2
土地购置费	亿元	129.87	7.1

营地统计，城镇消费品零售额2407.21亿元，增长20.8%；乡村消费品零售额592.93亿元，增长16.9%。按消费形态统计，批发业零售额241.74亿元，增长35.9%；零售业零售额2140.42亿元，增长16.2%；住宿业零售额32.67亿元，增长26.3%；餐饮业零售额404.55亿元，增长18.7%；其他行业零售额180.76亿元，增长58.9%。

在限额以上批发和零售业[7]零售额中，粮油类零售额比上年增长36.5%，汽车类增长12.7%，石油及制品类增长54.2%，机电产品及设备类增长55.4%，日用品类增长30.4%，文化办公用品类增长27.5%，化妆品类增长16.6%，金银珠宝类增长49.4%，家具类增长32.5%，建筑及装潢材料类增长61.3%，家用电器和音像器材类增长16.7%。

图6　2006～2011年云南省社会消费品零售总额及其增长速度

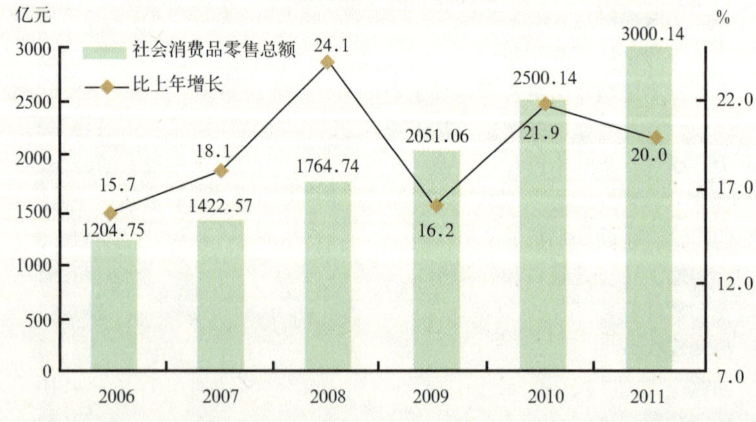

对外贸易和引进外资　2011年，全省外贸进出口总额完成160.53亿美元，比上年增长19.6%。其中出口完成94.73亿美元，增长24.6%；进口完成65.8亿美元，增长13.2%。全年对欧盟进出口17.91亿美元，增长22.7%；对东盟进出口59.5亿美元，增长30.2%；对南亚进出口10.82亿美元，增长16.2%。

全省机电产品出口20.28亿美元，增长17.6%；农产品出口17.57亿美元，增长34.9%；磷化工产品出口14.94亿美元，增长30.2%；纺织品及服装出口7.18亿美元，增长2.5%。在进口商品中，金属原材料进口26.52亿美元，增长3.7%；农产品进口10.82亿美元，增长24.8%；机电产品进口7.99亿美元，下降5.4%；非金属原材料进口3.91亿美元，增长57.7%。

全年共批准利用外资项目163个，与上年持平，合同利用外资21.54亿美元，增长41.9%，实际使用外商直接投资17.38亿美元，增长30.7%。

图7　2006～2011年云南省进出口总额及其增长速度

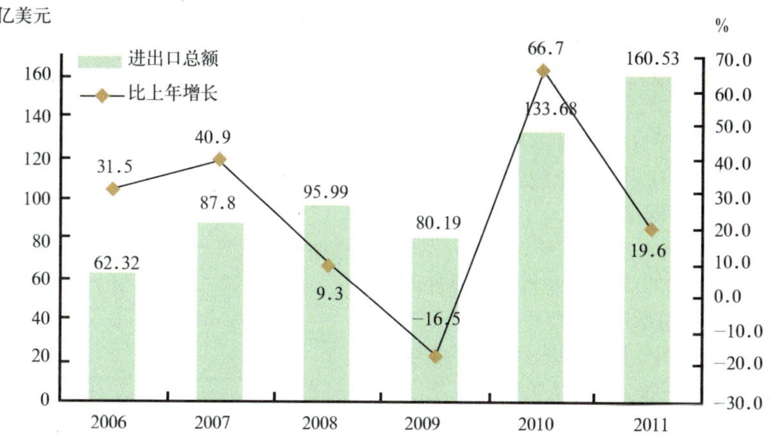

交通运输 2011年，全省交通运输、仓储和邮政业增加值为217.19亿元，比上年增长7.4%。

年末全省民用汽车保有量达到287.72万辆（包括三轮汽车和低速货车7.68万辆），比上年末增长18.7%，其中私人汽车保有量235.62万辆，增长21.5%。民用轿车保有量115.26万辆，增长22.1%，其中私人轿车101.81万辆，增长24.2%。

邮电通信 2011年，全省完成邮电业务总量[8]314.65亿元，比上年增长17.0%。其中，邮政业务总量16.32亿元，增长8.2%；电信业务总量298.33亿元，增长17.2%。年末固定电话用户540.11万户。其中，城市电话用户361.43万户，农村电话用户178.68万户。新增移动电话用户345.01万户，年末达到2589.51万户，其中

表5　2011年云南省各种运输方式完成货物运输量及其增长速度

指　标	单　位	绝对数	比上年增长%
货物运输总量	亿　吨	6.68	15.4
铁　路	亿　吨	1.18	3.5
公　路	亿　吨	5.42	18.7
水　运	亿　吨	0.04	9.2
民　航	万　吨	6.79	−22.3
管　道	亿　吨	0.04	−2.9
货物运输周转量	亿吨千米	1070.11	8.0
铁　路	亿吨千米	369.70	3.2
公　路	亿吨千米	617.27	12.5
水　运	亿吨千米	8.19	18.5
民　航	亿吨千米	1.04	−19.4
管　道	亿吨千米	73.91	−2.0

表6　2011年云南省各种运输方式完成旅客运输量及其增长速度

指　标	单　位	绝对数	比上年增长%
旅客运输总量	亿　人	4.71	13.7
铁　路	亿　人	0.41	9.7
公　路	亿　人	4.14	14.3
水　运	亿　人	0.08	15.2
民　航	亿　人	0.08	0.6
旅客运输周转量	亿人千米	610.78	16.6
铁　路	亿人千米	91.91	13.9
公　路	亿人千米	424.57	20.6
水　运	亿人千米	1.96	10.1
民　航	亿人千米	92.34	3.7

3G 移动电话用户 234.16 万户。年末全省固定及移动电话用户总数达到 3129.62 万户，比上年末增加 322.52 万户。电话用户普及率达到 68.47 部 / 百人。固定宽带接入用户 306.52 万户，移动互联网用户 1662.72 万户（含无线上网卡用户和手机上网用户）。

旅游业 2011 年，全省接待海外入境旅客（包括口岸入境一日游）763.72 万人次，比上年增长 15.2%，实现旅游外汇收入 14.01 亿美元，增长 22.8%。全年接待国内游客 1.63 亿人次，增长 18.0%；实现国内旅游收入 1195.73 亿元，增长 30.4%；全省实现旅游业总收入 1300.29 亿元，增长 29.1%。

金融保险业 2010 年末，全省金融机构人民币存款余额达 15356.86 亿元，比上年末增长 14.5%，其中城乡居民储蓄存款余额 6654.87 亿元，增长 16.4%。年末全省金融机构人民币各项贷款余额达 12114.59 亿元，增长 14.6%。

全年保险公司原保险保费收入 256.18 亿元，比上年增长 8.7%。其中，财产险业务原保险保费收入 109.17 亿元，增长 15.9%；寿险业务原保险保费收入 119.41 亿元，增长 1.7%；健康险和意外伤害险业务原保险保费收入 27.6 亿元，增长 14.8%。全年支付各类赔款及给付 84.66 亿元，比上年增长 27.7%。其中，财产险业务赔款 47.38 亿元，增长 24.8%；寿险业务给付 24.84 亿元，增长 42.8%；健康险和意外伤害险赔款及给付 12.44 亿元，增长 13.5%。

资本市场 2011 年，全省云南企业通过证券市场累计筹资 100.25 亿元，比上年增加 51.35 亿元。其中，A 股再筹资（包括配股、公开增发、非公开增发、认股权证筹资）78.25 亿元，增加 62.7 亿元；上市公司通过发行可转债、可分离债、公司债筹资 22 亿元，增加 22 亿元。年末全省共有上市公司 28 家，总股本 168.7 亿股；总市值 1853.7 亿元，比上年减少 937.9 亿元。

图8　2006～2011年云南省城乡居民人民币储蓄存款余额及其增长速度

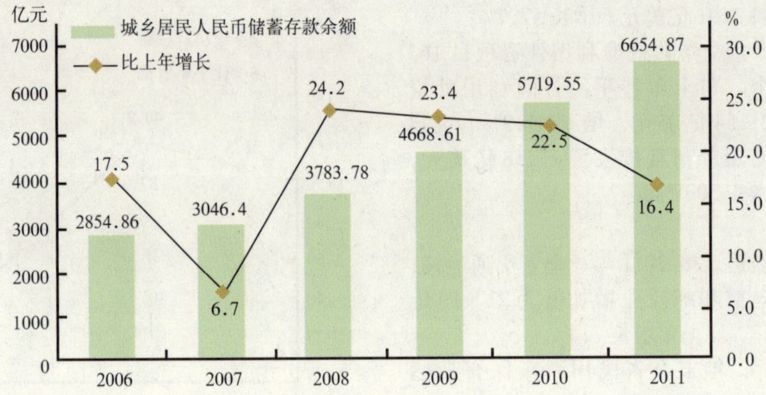

教育事业 2011 年，全省普通高等学校招生 16.13 万人，比上年增长 13.2%；在校学生 48.76 万人，比上年增长 11.1%；毕业生 10.95 万人，比上年增长 14.8%。各类中等职业教育招生 22.37 万人，在校生 67.59 万人，毕业生 15.58 万人。普通高中招生 24.38 万人，在校生 66.11 万人，毕业生 19.23 万人。初中招生 68.62 万人，在校生 204.87 万人，毕业生 66.77 万人。普通小学招生 65.38 万人，在校生 424.08 万人，毕业生 72.91 万人。幼儿园在园幼儿 108.59 万人。小学学龄儿童入学率达 99.61%，小学毕业生升学率达 94.25%。高等教育毛入学率达 23%，高中阶段教育毛入学率达 70%。

科技发展 2011 年，全省科学研究与试验发展（R&D）经费支出 52.7 亿元，比上年增长 19.3%，占生产总值（GDP）的比重达 0.6%，与上年持平。年末共有国家认定企业技术中心 13 个，省级企业技术中心 198 个，省级以上重点实验室 35 个，省级创新型试点企业 110 家。全年共登记科技成果 744 项，其中基础理论成果 35 项，应用技术成果 676 项，软科学成果 33 项，有 9 个项目获得 2011 年度国家科学技术奖，有 3 名科学家获 2011 年度何梁何利基金科学与技术奖。已建立国家级高新技术开发区 1 个，省级高新技术开发区 3 个。全年专利申请 7150 件，获专利授权 4199 件；签订技术合同 1246 项，成交金额达 11.86 亿元，比上年增长 5.8%。花卉新品种“秋日”（非洲菊）成为我国第一个获欧盟授权品种，重大水利水电工程多项施工技术创国内第一，中国第一条全流程钛带卷生产线在滇投产。

文化事业 2011 年末，全省共有各种艺术表演团体 162 个，文化馆 148 个，公共图书馆 153 个，博物馆 67 个。全省广播、电视人口覆盖率分别达到 95.69% 和 96.72%。中、短波转播发射台 60 座，广播电台 17 座，电视台 17 座，有线电视用户 534 万户。

卫生及体育事业 2011 年末，全省共有卫生机构 9956 个，医院 845 个；卫生机构拥有床位数 17.34 万张，卫生技术人员 15.1 万人，其中医生 6.47 万人。疾病预防控制机构 150 个，卫生技术人员 6477 人；专科防治机构 30 个，卫生技术人员 615 人；妇幼保健院（所、站）148 个，卫生技术人员 5365 人。乡镇卫生院 1388 个，床位 3.61 万张，卫生技术人员 2.32 万人。全年甲、乙类法定报告传染病发病人数 82521 例，报告死亡 1557 人；报告传染病发病率 179.52/10 万，死亡率 3.39/10 万。

全年云南运动员在国际比赛中获金、银、铜牌5枚；在全国比赛中获金、银、铜牌33枚。

生态环境保护 2011年末，全省各级环境监测站186个，环境监测人员1456人。城市污水处理率达到98.0%，工业固体废物综合利用率达到46.6%。全年化学需氧量排放量比上年削减1.58%，二氧化硫排放量比上年削减1.78%。全年共完成营造林929.94万亩，启动实施4730.18万亩省级公益林生态效益补偿，治理水土流失面积3301.3平方公里。截至年底，已确权集体林地面积为1800万公顷，其中发放林权证的面积为1786.7万公顷。年末全省自然保护区156个，其中国家级自然保护区17个，省级自然保护区42个。自然保护区面积286.63万公顷，其中国家级自然保护区面积144.97万公顷，省级自然保护区面积76.08万公顷。

水资源与用水量 2011年，全省水资源总量1364.57亿立方米，比上年下降29.7%；人均水资源2955.98立方米，减少30.1%。全年总降水量3547.6亿立方米，下降21.9%；全年平均降水量985.1毫米，下降16.9%。全年总用水量142.64亿立方米，比上年减少3.3%。万元生产总值用水量[9]163立方米，比上年下降20.1%。万元工业增加值用水量81.4立方米，下降16.86%。全省人均用水量为309立方米，下降3.7%。

能源消费与节能 2011年，全省能源消费总量9540.28万吨标准煤，比上年增长9.98%。全年全社会用电量为1204.07亿千瓦时，比上年增长19.9%。在规模以上工业主要能源消费量中，原煤消费量7886.38万吨，增长9.0%；洗精煤消费量1696.66万吨，增长10.3%；焦炭消费量1159.77万吨，下降0.2%，天然气消费量3.77亿立方米，增长12.9%，电力消费量744.41亿千瓦时，增长11.9%。全省能源消费量结构为：第一产业占2.04%；第二产业占74.74%；第三产业占14.59%；居民生活消费占8.63%。全省单位生产总值能耗比上年下降3.22%；单位工业增加值能耗比上年下降6.65%；单位生产总值电耗比上年增长5.45%。全年共实现节能量130.26万吨标准煤。

安全生产 2011年，全省生产安全事故死亡人数为2388人，比上年下降1.24%。亿元GDP生产安全事故死亡人数为0.27人，下降17.3%；工矿商贸企业（不含煤矿）生产安全事故死亡人数为319人，下降8.07%；煤矿百万吨死亡人数为1.838人，增长77.6%。全年共发生道路交通事故5021起，造成1806人死亡、6467人受伤，直接财产损失2689.54万元；道路交通事故万车死亡率为2.13，下降16.8%。

人口与就业 2011年末，全省常住人口为4631万人，比上年末增加29.4万人。全年出生人口58.8万人，出生率为12.7‰；死亡人口29.6万人，死亡率为6.4‰；自然增长率为6.35‰，比上年下降0.19个千分点。年末全省城镇化率达36.8%，比上年提高2个百分点。城镇人口1704万人，乡村人口2927万人。

表7　2011年人口数及其构成

单位：万人

指　标	年末数	比重（%）
全省总人口	4631.00	100.0
其中：城镇	1704.00	36.8
乡村	2927.00	63.2
其中：男性	2404.60	51.9
女性	2226.40	48.1
其中：0~14岁	932.25	20.1
15~64岁	3340.98	72.2
65岁及以上	357.57	7.7

全年城镇新增就业人数27.6万人，新增转移农村劳动力168.4万人次。年末全省城镇实有登记失业人数15.99万人，城镇登记失业率4.05%。

城乡居民生活 2011年，全省城镇居民人均可支配收入[10]18576元，扣除价格因素，比上年实际增长10.3%；城镇居民人均消费性支出12248元，比上年增长10.6%。全省职工年平均工资35387元，比上年增长17.3%。农村居民人均纯收入4722元，扣除价格因素，比上年实际增长13.9%；农村居民人均生活消费支出4000元，比上年增长17.7%。城镇居民家庭食品消费支出占消费总支出的比重为39.2%，农村居民家庭食品消费支出占消费总支出的比重为47.1%。

社会保障 2011年末，全省参加城镇职工基本养老保险人数为342.82万人，比上年末增加25.4万人。其中，参保职工238.66万人，参保离退休人员104.16万人。参加城镇基本医疗保险人数为865.8万人，增加45.32万人。其中，参加城镇职工基本医疗保险人数[11]443.36万人，参加城镇居民基本医疗保险人数422.44万人。参加城镇医疗保险的农民工为19.69万人。全省参加失业保险人数为216.75万人，比上年末增加7.14万人。参加农村养老保险的人数为1295.8万人，比上年末增加611.18万人；参加新型农村合作医疗的农民为3456.25万人，增加44.1万人，参合率达96.18%，比上年提高0.89个百分点。新型农村合作医疗基金累计支出总额为57.74亿元，累计受益7862.22万人次。全省享受城市最低生活保障的居民为93.11万人，比上年增加0.51万人；享受农村最低生活保障的农村居民为403.37万人，比上年增加25.27万人。

社会福利事业 2010年末，全省共有各类收养性社会福利单位床位4.96万张，全年收养各类人员3.8万人。州（市）级儿童福利院772个，流浪未成年人保护中心19个。农村养老服务机构661个，床位3.59万张，收养各类人员2.8万人，集中供养率超过了89%。各类社区服务设施572个，其中，社区服务中心75个，社区服务站497个。全年销售社会福利彩票39.64亿元，筹集社会福利资金11.02亿元，接受社会捐赠2.3亿元。

图9 2006～2011年云南省城镇居民人均可支配收入及其增长速度

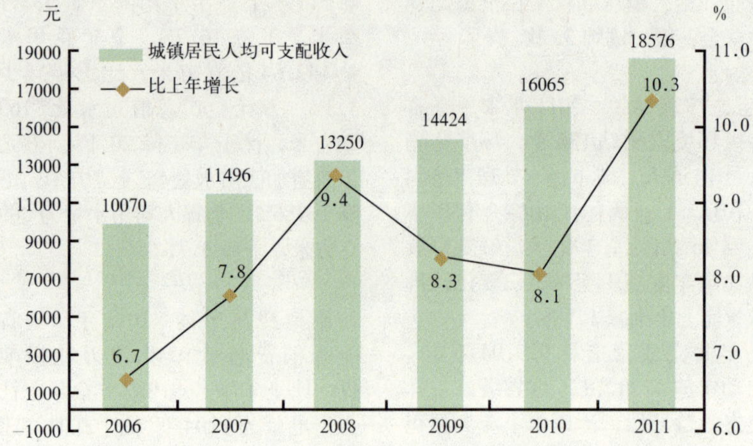

注：城镇居民人均可支配收入由国家统计局云南调查总队提供

图10 2006～2011年云南省农村居民人均纯收入及其增长速度

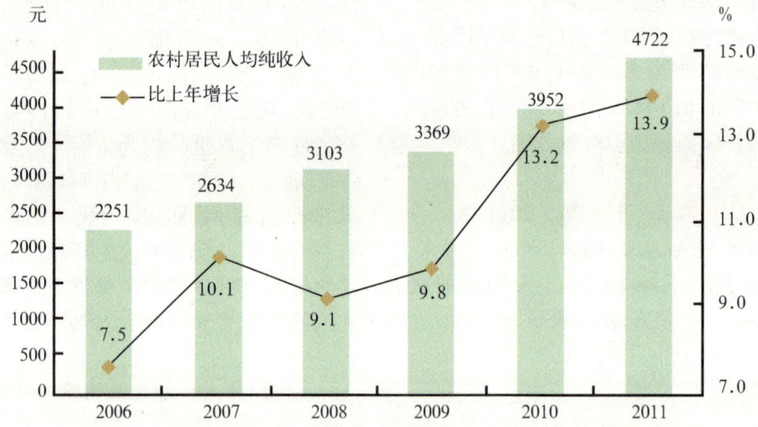

注：农村居民人均纯收入由国家统计局云南调查总队提供

注：[1]本公报中数据均为初步统计数。

[2]生产总值、三次产业增加值的绝对值按现价计算，增长速度按可比价计算。

[3]粮食总产量由国家统计局云南调查总队提供。

[4]肉类总产量、牛奶产量、禽蛋产量由国家统计局云南调查总队提供。

[5]规模以上工业企业是指年主营业务收入2000万元及以上工业法人企业。

[6]规模以上固定资产投资（不含农户）是计划总投资500万元以上的固定资产项目投资，包括房地产开发项目投资。

[7]限额以上批发企业是指年主营业务收入2000万元及以上的企业，限额以上零售企业是指年主营业务收入500万元及以上的企业；

[8]邮电业务总量按2010年不变价格计算。

[9]万元生产总值用水量、万元工业增加值用水量、单位生产总值能耗按2010年不变价格计算。

[10]城镇居民人均可支配收入和农村居民人均纯收入的增长速度为扣除价格因素影响后的实际增速，城镇居民人均消费性支出和农村居民人均生活消费支出的增长速度未扣除价格因素的影响。

[11]城镇职工基本医疗保险人数包括参保职工和参保退休人员。城镇居民基本医疗保险的参保对象是不属于城镇职工基本医疗保险覆盖范围的城镇非从业人员。

（李朝阳）

Fiscal and Financial Guarantee

财政金融保障

Fiscal Guarantee
财政

概述 2011年，全省财政总收入完成2258.2亿元，比上年增加448.9亿元，增长24.8%；地方一般预算收入完成1110.8亿元，比上年增加239.6亿元，增长27.5%。其中，税收收入完成881.7亿元，增长25.6%；非税收入完成229.1亿元，增长35.5%。地方一般预算支出完成2929.6亿元，比上年增加643.9亿元，增长28.2%。财政收支快速增长的主要原因：(1)各级财政部门立足云南实际，积极培植财源，加强税收和非税收入征管，财政收入实现较快增长。全省财政总收入完成2258.2亿元，首次突破2000亿元大关；全省地方财政一般预算收入完成1110.8亿元，迈上了1000亿元台阶。同时，各级财政部门不断扩大公共财政覆盖范围，完善科学的财政支出体系，最大限度地发挥财政资金使用效益，财政支出统筹兼顾，突出重点，全省地方一般预算支出接近3000亿元，进一步提高了财政保障能力。财政收支增幅均达到20%以上。(2)积极争取中央支持。牢牢抓住中央实施积极财政政策的机遇，认真挖掘新一轮西部大开发的优惠政策空间，多方向国家反映汇报全省经济社会发展中存在的困难和问题，得到了中央财政的大力支持。2011年，中央下达全省的各项补助收入为1452.9亿元，比上年决算数增加163.1亿元，增长12.6%，补助规模持续加大，补助数额创10年来最高水平。(3)财政加大经济建设投入力度。各级财政部门多方筹措资金，努力推进项目建设，提高财政对经济建设的投入力度。财政经济建设支出730亿元，占全省财政支出近30%，比上年增加125亿元，增长21%，有力地支持了润滇工程、滇池污染治理、保障性住房、二级公路和昆明新机场等重大基础设施建设。(4)财政加大民生投入。各级财政部门进一步健全完善公共财政服务体系，不断优化支出结构，优先安排民生支出，着力解决人民群众最关心、最直接、最现实的利益问题。全省地方财政民生投入2098亿元，比上年增加528亿元，增长33.6%。其中，医疗卫生、教育、社会保障和就业等支出增量分列前三位，财政全力保障民生、改善民生、发展民生，民生投入再创新高。(5)预算执行进度加快。针对近年来财政支出进度前低后高、极不均衡的问题，省财政厅切实采取各种有效措施，通过提前下达部分数额相对固定的补助资金，及时启动省级支出预算执行动态监控机制，建立省对下支出进度考核机制，督促检查预算指标下达和支出完成情况，不断增强地方预算执行的时效性和均衡性，预算执行进度创近10年来最好水平。

筹资融资 2011年，全省财政进一步加强筹资融资力度，推动经济又好又快发展。(1)集中财力支持重大基础设施建设。财政经济建设支出首次突破700亿元大关。围绕全省20个重大建设项目和20项重要工作，努力创新工作方式，对双20项目经费给予重点保障。积极创新投融资方式，通过争取中央土地出让收入计提、财政资本金注入、银行融资等方式投入水利基本建设98.1亿元，省财政共投入专业投资公司各项资本金75.56亿元，充分发挥财政投资的导向作用，拉动银行和社会投资200亿元，有力

《阳光财政 公民读本》向社会公开发放（省财政厅 提供 吴国华 摄）

地保障了公路、铁路、机场、水利等重点基础设施建设项目的顺利实施。（2）大力促进全省产业发展壮大，增强发展后劲。进一步调整财政资金支持重点，加强对企业和产业发展的薄弱环节和关键领域的支持，拓展中小企业、非公企业融资渠道，尤其加大支持特色产业、新兴产业和地方金融企业发展。安排省级旅游资金1.4亿元，推进旅游“二次创业”。支持企业实施技术改造项目，促进企业提高自主创新能力，加快推进全省新型工业化发展步伐。安排区域协调发展资金和外贸发展资金2.1亿元，引导支持企业积极开展对外贸易。继续推进“家电下乡”和“汽车摩托车下乡”工作，进一步加快补贴兑付进度，惠及全省200多万农户。扎实推进“万村千乡市场工程”，支持乡镇农贸集贸市场建设、改造和提升，扶持大型商贸流通企业和大型批发市场，促进全省现代流通网络体系建设。（3）大力支持生态文明建设。继续推进七彩云南保护行动，筹集资金41.3亿元支持节能减排和环境整治；筹集资金31.7亿元，支持全省九大高原湖泊水污染防治，推进云南人口、资源、环境协调发展。（4）加大科技投入，提升经济发展动力。继续推动创新型云南行动计划实施、加大科学普及支持力度、加强省级科研机构创新平台建设、支持高端人才引进培养以及开展省院省校合作，提升全省的科技创新能力，进一步发挥科技对经济发展的推动作用。

惠农强农　2011年，全省进一步落实惠农强农政策，积极支持“三农”发展。（1）加强农村基础设施建设。认真贯彻落实“兴水强滇”战略，多渠道筹措整合资金，着力加强农田水利等薄弱环节建设，确保完成40万件“五小水利”工程的目标任务。对全省农村电网改造专项贷款予以贴息，推进农村电网改造工程的顺利实施，极大地改善农村生产生活用电需求。进一步夯实农业增效、农民增收的基础，促进了农民增收致富。（2）落实各项惠农扶农政策。投入42.6亿元，继续实行粮食直接补贴、良种补贴、农机具购置补贴、农资综合补贴、畜牧良种补贴、橡胶良种补贴、能繁母猪补贴、草原生态保护奖励补助、马铃薯原种补贴等直补政策。筹集资金42.5亿元，积极支持林业生态建设，继续提高全省森林覆盖率，改善云南生态环境，促进农民增收。安排资金3.6亿元开展涉农贷款增量奖励和定向费用补贴工作，安排资金4.3亿元支持农业保险深入开展，积极引导金融支持“三农”。筹集安排扶贫专项资金33.2亿元，开展了整村推进、贫困地区劳动力转移培训、产业扶贫、易地搬迁、扶贫安居等工程，继续开展扶贫集中连片开发，积极开展贫困村村级互助资金试点工作。（3）加大财政支农资金整合力度。整合35项资金共计10.2亿元，扶持农业产业化重点项目。新增农业产业化专项扶持资金2亿元，对特别重要的原料基地和农业龙头企业给予进一步的扶持。安排资金2.5亿元，用于基础设施、园艺设施补助和草地建设。支农资金整合平台进一步完善，有效推动了我省优势特色产业发展。（4）不断提升农业综合开发的质量和效益。全省共投入农业综合开发资金15.2亿元，实施土地治理项目210个，农业综合开发力度的进一步加大，项目区农业基础设施大幅改善，农业产业化经营步伐明显加快，农业科技成果转化成效显著，农业生态环境建设持续加强，综合示范带动作用效果明显。（5）是进一步深化农村综合改革。基本完成深化乡镇机构改革任务。不断完善农村义务教育管理体制改革，城乡教育发展差距逐步缩小，促进了义务教育均衡发展。县乡财政管理改革不断深化。集体林权制度改革成效明显。积极筹措资金15.3亿元；进一步实施村级公益事业建设“一事一议”财政奖补试点。安排2.3亿元实施1500个省级重点建设村省级补助项目，推进社会主义新农村省级重点建设村试点。

保障民生　2011年，全省财政部门统筹兼顾，坚持“以人为本”民生优先，积极推进社会事业建设。（1）保障教育优先发展。下达义务教育保障机制经费95.1亿元，继续实施免学费、免费发放教科书政策，对农村义务教育阶段贫困家庭寄宿生提供生活费补助，提高农村中小学公用经费标准，完成200万平方米中小学校舍拆除重建任务，加固改造B、C级校舍320万平方米，实施农村中小学食堂条件改善试点工程，进一步完善农村义务教育经费保障机制。安排资金11.3亿元，与全国同步实施农村义务教育薄弱学

校改造计划，推进义务教育均衡发展。将学前教育专款增加到1亿元，着力解决当前存在的“入园难”问题。继续安排中等职业教育发展专项资金1.5亿元，安排中央代发地方政府债券资金5亿元支持州市职业教育园区建设，支持职业教育发展。安排高等教育专项资金2亿元，筹集新增生均提标经费11.1亿元，确保2011年全省本科院校生均标准达到1万元，高职高专院校专科生均标准达到5000元。进一步完善家庭经济困难学生资助体系，筹集资金10.4亿元，对普通本科高校、高等职业学校和中等职业学校家庭经济困难学生发放各类奖助学金，资助学生60.3万人；建立普通高中家庭经济困难学生资助体系；对中职农村家庭经济困难学生和涉农专业学生实行免学费政策。建立物价联动机制，全年下达6671.3万元，3次对大中专在校学生发放临时价格补贴。（2）不断完善社会保障和就业体系。推进建立统一的企业职工基本养老保险制度，提高企业退休人员养老金，不断扩大基本养老保险覆盖范围。稳步推进城乡居民养老保险试点，全省城镇居民基本养老保险参保人数达到334.6万，新型农村社会养老保险参保人数达1047.4万。发放老年人保健补助和长寿补助。推动建立城市低保与就业再就业工作的联动机制和低保家庭收入审查机制，实现全省城市低保对象93万余人应保尽保。建立和完善临时困难救助制度，安排城乡临时救助资金2.2亿元，解决低保对象因自然灾害、物价上涨等因素造成生活出现较大困难的问题。新型农村合作医疗保障水平继续提高，城镇居民基本医疗保险提标扩面稳步推进，加大城乡医疗救助力度，进一步减轻城乡居民医疗负担。筹措就业专项资金6.4亿元，发放小额担保贷款，完善农村劳动力转移就业培训制度，切实发挥创业带动就业的倍增效应，重点支持做好高校毕业生、农村转移劳动力、城镇就业困难人员的就业工作，有力地促进了全省就业工作目标的完成。（3）支持医药卫生体制

沙特基金会和欧佩克国际发展基金会贷款云南高等职业教育项目实施情况汇报会（省财政厅 提供 吴国华 摄）

改革。加大政府卫生投入，以确保按期完成三年医改重点任务。全面推进实施国家基本药物制度，加强基层医疗卫生服务体系建设，促进基本公共卫生服务均等化。保障重大公共卫生服务项目，加强公共卫生体系建设，支持公立医院改革试点。下达资金2.9亿元，专项用于农村计划生育家庭各类奖励扶助，并对符合条件的计划生育家庭参加新型农村合作医疗予以全额资助。(4)积极构建公共文化服务体系。投入资金8.6亿元，继续重点支持实施广播电视“村村通”、农村广播电视节目无线覆盖、文化资源共享、农村电影放映、农家书屋等重大公共服务工程。下达资金1.7亿元，确保全省1595个美术馆、公共图书馆、文化馆（站）和43个博物馆、纪念馆免费开放，进一步提升完善公共文化服务体系。安排资金3000万元，进一步加大文化惠农活动支持力度，确保农民享受基本文化权益，丰富农民精神文化生活，创造了农村文化建设的“云南经验”。安排专项资金1.3亿元，积极支持文化体制改革和文化产业发展。(5)积极促进社会和谐稳定。继续安排农村危房改造及地震安居工程建设补助资金20亿元，重点解决各类困难农户的住房问题。筹措安排城镇保障性住房建设补助资金99亿元，同时，安排中央代发地方政府债券资金5亿元转贷州市、县，并积极引导各类社会资金，支持保障性安居工程建设。筹措救灾资金14.1亿元，支持地震以及部分州市严重旱灾等灾区开展灾后恢复重建，妥善安排灾区群众生产生活。安排专项资金5.2亿元，支持开展第三轮禁毒人民战争。积极筹措资金，支持“10.5”事件应急处置及善后工作，维护边境稳定。争取中央移民后期扶持应急处置资金支持，扎实推进库区移民安置工作。研究建立机关事业单位职工工资正常增长机制，积极配合做好事业单位实施绩效工资改革工作，努力推动城镇居民收入与经济发展同步增长。

（董习保）

Financial Guarantee
金融

概述 2011年，中国人民银行昆明中心支行认真领会和把握稳健的货币政策，坚决贯彻落实金融宏观调控的各项政策措施，引导金融机构优化信贷结构，均衡投放节奏。截至12月末，全省金融机构本外币各项存款余额15429亿元，增长14.5%，比年初增加1953亿元；本外币各项贷款余额12348亿元，增长15.3%，比年初增加1643亿元。新增其他融资541亿元，有效地支持了全省经济社会平稳较快发展。

2011年，累计增加地方法人金融机构信贷总量、再贷款、再贴现限额合计115.42亿元。调增云南省农村信用社34亿元新增贷款总量，对富滇银行累计发放11.6亿元中小金融机构再贷款，促进其不断优化信贷结构，切实加大对中小企业的支持力度。2011年，全省人民银行累计发放再贷款64.9亿元、办理再贴现79亿元，较上年分别增4.7倍和1.01倍。

年内，结合云南实际，制定实施全省信贷指导意见。配合有关部门在鲁甸县创新开展小微企业融资服务试点。中小企业贷款新增438亿元，保障性住房贷款增加87.5亿元，助学贷款增长46%。林权抵押贷款排名全国第一。

金融服务“三农” 截至12月末，全省涉农贷款余额4192亿元，增量、占比均高于上年各项贷款平均水平。推出了存货质押贷款、费权质押贷款、农用汽车合格证质押贷款、仓单质押贷款、农户联保贷款、涉农企业小企业联保贷款以及农户住房、宅基地使用权质押贷款等数十种服务“三农”的信贷创新产品，林权抵押贷款继续保持领先地位。农村新型支付工具及业务推广取得积极进展，农村地区银行类金融机构网点接入行内系统和现代化支付系统覆盖率分别达到93%、60%。农村地区人均持卡达到0.63张，率先在全国推出“惠农支付服务”业务，建成“惠农支付服务业务点”759个，在烟草、蔬菜、花卉等特色农业领域实施农副产品收购资金电子化支付，逐步引导农村经济实体和农户改变结算习惯，意义深远。2011年全省建成15个州级、17个县级刷卡无障碍示范街以及7个刷卡无障碍示范景区，银行卡受理市场环境持续改善。农村信用体系建设试点工作进一步推进，为698万户农户建立纸质信息档案，240.48万户农户建立电子信用档案，评定信用农户416万户，信用村2586个、信用乡镇59个，试点州市工作推进成效显现。

金融综合管理 2011年，制定云南省银行业机构金融开业管理、重大事项报告、综合执法、综合评价四项工作制度，初步构建云南省金融服务与管理制度体系。抽调341名检查人员，组成19个检查组，对全省338个银行业金融机构首次开展综合执法大检查。共查出问题2281个，罚款258.7万元；做好新入驻金融机构的开业管理与服务，2011年全省人民银行共办理14家新设立金融机构筹建情况报告和加入金融管理服务体系的申请；加强对金融机构的重大事项报告管理，建立《云南省银行业金融机构重大事项报告登记表》，拟定《重大事项报告制度相关条目解释》。2011年全省人民银行共受理金融机构重大报告事项51项；制定“综合评价工作操作流程”，多次专题会议研究，多方收集资料，认真做好对金融机构综合考核评价前的各项准备工作。通过综合管理与服务，促进全省银行业金融机构进一步提高了遵守金融法规、执行央行政策的自觉性，增强其合规经营的主观愿望，促使其进一步完善内控管理机制。

支付体系运行 2011年，积极推进对非金融机构的行政许可、新版票据凭证和支付密码推广使用工作。云南省支付结算综合业务系统成功上线，实现省内跨行资金的实时清算。

抓好清算中心分设后的管理，创造性提出“控制性管理”的模式等经验做法并得到总中心肯定，实现了日清算量超千亿元无差错以及三大业务系统安全稳健运行的好成绩。

信用体系建设 年内，在全国率先建立信用评级报告集中审核制度，开展形式多样的信用宣传和主题活动，制定出台《云南省中小企业信用体系建设实施意见》。截至11月末，全省人民银行累计完成21165户中小企业信用档案建设工作，其中4663户企业获得了信贷支持。

货币金银管理 2011年，顺利推进云南省发行基金物流管理系统试点，全面组织对全省货币发行业务及发行库的内控安全现场检查，积极推进全省有库县支行发行库硬件设施改造。钞票处理业务迈上新台阶，强化内控管理和监督检查，实施清分“连班制”，实现了2011年安全生产无事故，超额完成总行下达的销毁清分任务，单机产量多次排名全国第一。

国库管理 2011年，成功实现对省分库、昆明市中心支库、五华区和盘龙区支库的业务合并，建立国库横向联网协调机制，顺利完成横向联网系统在临沧、迪庆地税系统的推广运行，全年全省共有129家单位实现了横向联网。组织开展国库业务综合柜员制专题调研，探索开展地方国库现金管理业务。全年全省各级国库办理一般预算收入入库、一般预算支出同比分别增长24.1%和30.2%。

反洗钱工作 年内，认真开展边境8州市大额现金监测工作，首次完成对全省91家金融机构依法履行反洗钱义务情况的评估。协查案件数比上年同期增长33%，协查次数增长21.2%。协办案件取得关键进展。

金融对外开放与合作 2011年，出台《云南省人民银行系统支持服务桥头堡建设指导意见》，推动与云南周边国家实现双边本币结算，成功组织并参与了对泰国、老挝央行的出访，代总行草拟中老结算协议，与老挝央行进行磋商并取得实质性进展，为总行与老央行签订两国结算协议奠定了基础。在全国首次实现人民币对老挝基普的柜台挂牌。在全省6家商业银行推出人民币对泰铢柜台挂牌的基础上，12月19日成功实现全国首例人民币对泰铢银行间市场的区域交易。截至2011年12月31日，市场运行平稳，交易活跃，累计交易57笔，金额2.46亿元。跨境人民币结算业务迅速增长，全年共办理跨境人民币结算业务突破250亿元，为上年同期结算量的3倍。实现资本项目人民币结算零的突破，结算金额达78.70亿元。跨境人民币结算地域范围从8个国家扩展至26个国家和地区。昆明区域性金融中心建设取得实质性进展。

（李　峰）

Meteorological Statistics

气　象

概述 2011年，全省低温、干旱等气象灾害发生频繁，省气象局组织编制《云南省气象局气象灾害应急预案》，并与省国土厅签署《关于深化地质灾害气象预警预报工作合作协议》，与省民政厅联合下发《关于建立气象灾害防御联动机制的通知》，省级部门气象灾害防御机制初步形成。同时建立气象灾害预警手机短信发布“绿色通道”和分区全网免费发布机制，进一步扩大了气象灾害预警信息发布的覆盖面，全省气象预警短信决策群组人数达到3.8万人。

2011年，全省共投入人工影响气象经费1.1亿元，16个州（市）111个县的1391个作业点，实施人工增雨防雹作业达1.09万点次，发射各型增雨防雹弹共12.8万发，影响面积4.7万平方千米，农作物受益2615万亩，森林受益1870万亩，直接和间接减少经济损失超过百亿。

2011年，全省新建17个自动土壤水分观测站。相继建成南涧凤凰山和镇沅千家寨2个高山无人自动站，完成香格里拉大气本底站温室气体监测项目采样系统的安装调试并投入观测。全省山洪地质灾害防治气象保障工程全面启动，农村气象综合信息服务系统和乡镇气象信息服务站建设同步推进，实现乡镇全覆盖，行政村覆盖率达60%以上。至年末，全省共建设电子显示屏1.42万块，加上农村大喇叭、手机短信、电视、广播、网络等传播手段，基本实现气象信息“村村通”。

气候特征 2011年，全省大部地区气候出现明显异常，气温偏高，降水量为自1961年以来第二偏少年，仅次于2009年。气温除1月、3月、11月偏低外，其余时段均为正常至偏高，其中6～8月气温偏高最为明显，是1961年以来气温第二偏高年份，仅次于2010年同期。降水量除1月、3月偏多外，其余时段皆为偏少，其中主汛期6～8月的全省平均降水是自1961年以来最少年份。全省雨季开始期跨越5月上旬至6月下旬，大部地区为正常至偏晚，结束期大部地区在9月下旬至10月中旬，为正常至偏早。

2011年，全省异常气候事件及气象灾害频繁，其中低温冷害、夏季干旱、高温、连阴雨天气较为突出，给全省工农业生产和人民生活带来较大影响。2011年为气象灾害偏重年份，就农业生产气候条件而言属中等偏上年景。

气温 2011年，全省各站点年平均气温6.4℃～23.7℃，与常年相比，滇中以东以南大部地区偏低，其中文山州西南部、曲靖市东部等地偏低0.5℃～1.2℃，富源、屏边2站破年气温的历史最低纪录；其余大部地区偏高，其中易门、嵩明、华宁、香格里拉、德钦偏高1.0℃～1.2℃。2011年全省年平均气温16.7℃，较常年偏高0.3℃，比2010年偏低0.9℃。

从气温时空变化看，气温除1月、3月、11月偏低外，其余时段均为正常至偏高，其中6～8月气温偏高最为明显，是1961年以来气温第二偏高年份，仅次于2010年同期。

降水 2011年，全年降水量分布特点为由东北向西南递增。最大降水区位于滇南边缘一带，降水量为2000毫米以上，其中江城2226毫米为全省最大值。次之为滇西的龙陵一带，降水量为1500～2000毫米。降水量最少的地区集中分布在滇西北北部和滇东北南部地区，少于500毫米，其中昭通市昭阳区仅318毫米，为全省最小值。其余地区多为600～1200毫米。与常年相比，除滇西南、滇南外大都偏少2～5成。威信、沾益、玉溪、盈江等34个站年降水量突破了历史最小值纪录。

2011年，全省平均年降水量850毫米，较常年偏少239毫米，是自1961年以来第二偏少年，仅次于2009年。降水量除1月、3月偏多外，其余时段皆为偏少，其中主汛期6～8月的全省平均降水是自1961年以来最少年份。

日照 2011年，全省日照除1月、3～5月、10月、12月正常至偏少外，其余时段正常至偏多。

年日照时数最多和次多区域位于滇西北南部的鹤庆和滇西的保山一带，最少和次少区域位于滇东北的盐津和滇东南的河口一带。具体分布为：除滇中以东大部地区、滇西北西部地区外大都多于2000小时，其中鹤庆2776小时为全省最大值，滇东北的盐津926小时，为全省最小值。与常年相比，滇中以西地区大部地区及曲靖市、昭通市偏多，其中普洱市大部、临沧市东部、大理州北部、保山市西部、迪庆州东部、昭通市东部等地偏多200小时以上，鹤庆偏多幅度最大，达476小时；昆明市、玉溪市、曲靖市南部、文山州、红河州、西双版纳州西部等地偏少，其中昆明市大部、红河州西南部和东南部、文山州北部等地偏少逾200小时，嵩明偏少幅度最大，达552小时。全省站点平均年日照时数2036小时，较常年偏少13小时，比2010年偏少17小时。

气候事件 (1) 降水异常偏少。2011年，全省大部分区的年降水较常年偏少，平均降水量为1961年以来第二偏少年份。与常年同期相比，除1月和3月偏多外，其余月份降水均为偏少，其中主汛期6～8月偏少最为明显，全省平均降水量是自1961年以来最少年份。(2) 低温雨雪冰冻天气。2011年1月，滇中以东以北地区出现严重的持续低温雨雪冰冻天气，全省出现的降雪天气站次较常年同期偏多近1倍，雨凇（冻雨）天气站次较常年同期偏多3倍以上。(3) 倒春寒。2011年3月，全省共有57个站出现倒春寒天气，其中有30个站为强倒春寒，主要集中分布于滇中南部、滇东南以及滇东北南部地区。(4) 雨季开始期和结束期异常。2011年雨季开始期与常年相比，有41个站偏早至特早，35个站定正常，其余地区为偏晚至特晚。全省雨季于2011年11月15日全部结束，与常年相比，除永胜、芒市、宁洱、文山等18个站为偏晚外，其余大部地区为正常至偏早。(5) 单点性强降水偏少。2011年汛期（5～10月）全省范围内共出现大雨609站次、暴雨151站次、大暴雨9站次，与历年同期相比，大雨偏少310站次，暴雨偏少65站次，大暴雨偏少6站次。单点性强降水引发的洪涝、滑坡泥石流等衍生灾害较常年偏轻。(6) 秋季连阴雨天气明显。2011年秋季一共有95个站出现了秋季连阴雨天气，主要分布在我省西部、东部和南部边缘地区，大部分地区的连阴雨天气持续时间为7～12天，属近年来连阴雨影响较重的一年。

气象灾害及损失 2011年，全省主要灾害有干旱、低温雨雪冰冻、大风冰雹、雷击、暴雨洪涝、滑坡、泥石流、森林火灾、作物病虫害等气象及其衍生灾害。其中干旱和低温雨雪冰冻是全省最严重的气象灾害，造成的直接经济损失分别占总损失量的52%和28%。

全省1823.3万人受灾，因灾死亡91人，失踪3人；房屋受损10.35万间，倒塌1.65万间；农作物受灾面积2114.7千公顷，绝收面积320.7千公顷；直接经济损失184.0亿元，其中农业经济损失154.5亿元。总的来说，2011年气象旱灾害造成的直接经济损失高于2000～2010年的平均值，但死亡和失踪人数是2000年来最少年份。气象灾害造成的人员死亡和失踪：雷电灾害30人，洪涝灾害29人，地质灾害14人，森林火灾9人，大风冰雹灾害9人，雨雪冰冻灾害3人。

旱灾 2011年，全省出现局部春旱和严重夏旱。入汛后，全省大部降水偏少，5～10月全省平均降水量较常年同期偏少23%，为有气象记录以来降水最少的年份。尤其是中东部地区降水偏少20～60%，造成滇中及以东地区夏旱严重，致使农作物受灾，人畜饮水困难，其中昭通、曲靖、文山等州市灾情较重。全省共有1090.2万人因旱受灾，农作物受灾面积1421.5千公顷，绝收面积233.8千公顷；直接经济损失96.1亿元，其中农业经济损失90.4亿元。

低温雨雪冰冻 2011年1～3月，滇中及以东地区、滇西北出现低温雨雪冰冻灾害，其中昭通市、曲靖市、红河州等地受灾较重。灾害共造成494.2万人受灾，3人死亡；房屋受损3.04万间，倒塌7554间；农作物受灾面积487.9千公顷，绝收面积50.2千公顷。因灾造成直接经济损失51.0亿元，其中农业经济损失36.6亿元，其中灾情最突出的昭通市、红河州灾害损失分别达19.4亿元、16.8亿元。

洪涝 2011年入汛后，由于降水量偏少、强降水过程较少，全省未出现大面积洪涝灾害，主要是单点强降水造成的局部洪涝灾害，全年因灾害造成的人员伤亡和经济损失较常年偏轻。3～11月，全省共出现局地洪涝灾害192次，其中6～8月，滇东北、滇西北、南部边缘地区暴雨洪涝灾害突出。全省洪涝灾害共造成206.7万人受灾，28人死亡，1人失踪；房屋受损2.48万间，倒塌4110间；农作物受灾面积113.2千公顷，绝收面积16.9千公顷。因灾造成直接经济损失11.7亿元，其中农业经济损失6.8亿元。

其他灾害 2011年1～11月，全省出现局地冰雹、大风灾害228次，灾害损失略高于常年。其中1月上、中旬大风冰雹出现在滇西南地区，4月中下旬、5月滇西、滇南及滇东北等得冰雹、大风灾害频繁；6～8月，滇中及以东地区、滇西冰雹、大风灾害突出。其中昭通、曲靖、红河、楚雄等州市损失较重。大风、冰雹灾害造成275.8万人受灾，9人死亡；房屋受损4.15万间，倒塌1238间；农作物受灾面积199.4千公顷，绝收面积35.9千公顷。直接经济损失20.4亿元，其中农业经济损失18.8亿元。

2011年雷电灾害初发期偏早但灾害次数偏少，属近7年来最轻的年份。造成人员死亡的灾害主要出现在8月（12人）、6月（11人）和7月（4人），曲靖、红河、昭通、普洱、保山、丽江等州市灾害较重。灾害共造成4474人受灾，30人死亡。

滑坡泥石流 2011年，全省因强降水引发的滑坡、泥石流初发时间早，但灾情偏轻。灾害共造成17.4万人受灾，12人死亡，2人失踪；房屋受损6450间，倒塌3160间；农作物受灾面积10.4千公顷，绝收面积10.4千公顷。直接经济损失4.0亿元，其中农业经济损失1.4亿元。其中昭通市、怒江州、大理州、楚雄州灾情较重。

森林火灾 2～4月，迪庆、丽江、保山、大理等州市出现森林火灾，其中剑川“3·2”森林火灾造成9人死亡、7人受伤。

（冯　颖）

0.4512783
0.3548621
0.89521453
.332548

主　编　刘建军

责任编辑　李海荣

STATISTIC DATA

统计资料

云南省国民经济和社会发展主要指标

指　　标	单　位	2006年	2007年	2008年	2009年	2010年	2011年	2011年比2010年增长(%)	2007年-2011年4年平均增长(%)
一、云南省生产总值	亿　元	3988.14	4772.52	5692.12	6169.75	7224.18	8893.12	13.7	12.2
第一产业	亿　元	724.40	837.35	1020.56	1067.60	1108.38	1411.01	6.0	5.2
第二产业	亿　元	1705.83	2038.39	2452.75	2582.53	3223.49	3780.72	17.9	14.9
第三产业	亿　元	1557.91	1896.78	2218.81	2519.62	2892.31	3701.79	12.0	11.9
人均GDP	元/人	8929	10609	12570	13539	15752	19265	13.0	11.4
非公经济占GDP的比重	%	36.50	37.40	38.50	39.10	40.60	42.10	1.5个百分点	–
二、农业									
1.农、林、牧、渔业总产值	亿　元	1209.76	1414.79	1641.46	1706.19	1810.53	2306.49	6.1	6.3
2.主要特色农产品产量									
粮食	万　吨	1457.60	1460.70	1518.59	1576.92	1531.00	1755.60	14.7	3.8
油料	万　吨	39.01	36.65	40.38	50.16	34.23	60.75	77.5	9.3
甘蔗	万　吨	1678.73	1938.67	1898.75	1761.31	1750.92	1898.78	8.4	2.5
烤烟	万　吨	75.78	76.68	83.97	88.03	95.40	101.82	6.7	6.1
蔬菜	万　吨	1033.78	1113.33	1166.64	1238.24	1255.03	1340.00	6.8	5.3
鲜切花	亿　枝	39.86	49.86	52.90	56.02	60.50	65.03	7.5	10.3
水果	万　吨	162.56	202.37	266.18	342.74	397.91	476.43	19.7	24.0
茶叶	万　吨	13.82	16.99	17.15	18.29	20.73	23.83	15.0	11.5
橡胶	万　吨	26.42	28.22	25.72	29.84	33.06	36.34	9.9	6.6
核桃	万　吨	10.65	12.63	14.26	16.90	24.80	31.01	25.0	23.8
咖啡	万　吨	2.54	2.96	3.29	7.02	4.94	6.50	31.6	20.7
水产品	万　吨	29.2	33.39	39.37	43.07	48.17	54.88	13.9	13.4
三、工业									
1.全部工业增加值	亿　元	1401.57	1696.29	2051.73	2088.17	2604.07	2994.30	17.6	14.7
2.工业主要产品产量									
成品糖	万　吨	140.31	188.04	211.02	223.91	179.78	173.51	-3.5	4.3
卷烟	万　箱	648.10	670.26	679.55	691.58	714.76	729.98	2.1	2.4
粗钢	万　吨	635.38	883.85	901.31	1049.05	1293.77	1323.23	2.3	15.8
钢材	万　吨	588.06	789.99	836.62	973.30	1214.99	1351.85	11.3	18.1
十种有色金属	万　吨	206.85	233.77	216.75	215.80	240.34	270.79	12.7	5.5
原煤	万　吨	7339.08	7755.19	8657.43	8921.02	9763.38	9957.41	2.0	6.3
发电量	亿千瓦小时	753.64	904.51	1039.56	1173.82	1364.85	1555.13	13.9	15.6
水泥	万　吨	3305.97	3568.53	4011.98	5046.45	5786.16	6788.88	17.3	15.5
化肥(100%)	万　吨	305.04	316.26	338.27	356.73	363.97	326.93	-10.2	1.4
四、建筑业									
总产值	亿　元	672.88	763.32	907.58	1196.86	1511.00	1869.65	23.7	22.7
增加值	亿　元	304.26	342.10	401.02	494.36	619.42	786.02	19.4	15.6
实现利润	亿　元	18.54	26.50	27.93	38.51	50.54	63.91	26.5	28.1
上缴税金	亿　元	27.30	30.52	35.81	44.50	64.06	71.37	11.4	21.2
五、固定资产投资									
全社会固定资产投资总额	亿　元	2208.60	2759.00	3435.90	4526.40	5528.70	6185.30	11.9	24.6

（续表）

指　　标	单　位	2006年	2007年	2008年	2009年	2010年	2011年	2011年比2010年增长（%）	2007年-2011年4年平均增长(%)
按产业分							10.16		
第一产业	亿　元	66.43	72.19	174.02	197.06	225.89	282.16	24.9	37.4
第二产业	亿　元	800.57	997.47	1259.04	1524.87	1773.18	2222.24	25.3	23.0
第三产业	亿　元	1353.45	1729.23	2093.54	2805.09	3529.64	4605.30	30.5	27.2
按经济类型分									
1、国有经济投资	亿　元	1067.50	1211.78	1426.95	2144.32	2623.07	3332.11	27.0	24.3
2、民间投资	亿　元	1127.05	1570.18	2026.43	2259.84	2795.78	3632.05	29.9	27.2
3、外商、港澳台投资	亿　元	25.90	16.93	73.22	122.86	109.86	145.54	32.5	46.4
六、房地产									
房地产业投资	亿　元	332.15	422.86	557.69	737.46	900.44	1272.72	41.3	29.8
房屋施工面积	万平方米	3322.00	4302.00	5367.64	5639.76	8784.97	10597.88	20.6	26.1
房屋竣工面积	万平方米	1160.00	1017.00	1051.65	3895.91	1535.99	1450.76	-5.5	4.6
商品房销售面积	万平方米	1693.00	1974.00	1643.08	797.64	2959.43	3107.12	5.0	12.9
商品房销售额	亿　元	402.98	483.93	440.31	230.39	934.60	1133.61	21.3	23.0
七、国内贸易									
社会消费品零售总额	亿　元	1204.75	1422.57	1764.74	2051.06	2542.44	3000.14	20.0	20.0
公有经济	亿　元	207.72	248.89	305.93	335.24	435.35	564.64	29.7	22.1
国有经济	亿　元	133.50	165.98	198.37	292.89	359.11	473.40	31.8	28.8
非公有经济	亿　元	997.03	1173.68	1458.81	1715.82	2064.80	2435.50	18.0	19.6
私有经济	亿　元	772.93	987.35	1207.23	1440.72	1843.61	2168.09	17.6	22.9
八、能源									
1.能源生产总量(等价热值)	万吨标准煤	6075.09	6546.65	7595.31	7851.21	8822.03	9752.64	10.55	9.93
2.能源消费总量(等价热值)	万吨标准煤	6620.57	7132.63	7510.82	8032.06	8674.17	9540.28	9.98	7.58
3.规模以上工业能源消费									
综合能源消费量(当量热值)	万吨标准煤	4095.81	4269.52	4220.53	4446.47	4607.10	4934.77	7.11	3.80
原煤	万　吨	5182.09	5978.89	6087.26	6939.84	7233.93	7886.38	9.02	8.8
电力	亿千瓦时	461.18	531.55	559.01	599.92	665.42	744.41	11.87	10.05
焦炭	万吨	1168.12	1291.30	1262.70	1174.14	1162.11	1159.77	-0.20	-0.14
天然气	亿立方米	5.21	5.29	4.97	4.19	3.34	3.77	12.87	-6.27
4.能源利用效率									
单位生产总值能耗(按2005年可比价计算)	吨标准煤/万元	1.7082	1.6402	1.5617	1.4915	1.4378	1.3911	-3.25	-4.02
单位工业增加值能耗(按2005年可比价计算)	吨标准煤/万元	3.4599	3.1896	2.9637	2.8519	2.5494	2.2964	-9.92	-7.87
单位生产总值电耗(按2005年可比价计算)	千瓦时/万元	1660.8	1704.7	1654.9	1585.6	1594.1	1681.3	5.47	0.25

（续表）

指　　标	单　位	2006年	2007年	2008年	2009年	2010年	2011年	2011年比2010年增长(%)	2007年-2011年4年平均增长(%)
九、交通运输邮电									
1.货运周转量	亿吨千米	692.21	770.96	811.15	910.43	990.50	1070.11	8.0	9.1
铁路	亿吨千米	277.21	314.23	336.20	340.95	358.31	369.70	3.2	5.9
公路	亿吨千米	409.46	450.83	468.63	496.14	548.53	617.27	12.5	8.6
水运	亿吨千米	4.22	4.59	5.16	5.42	6.91	8.19	18.5	14.2
空运	亿吨千米	1.32	1.31	1.16	1.16	1.29	1.04	-19.4	-4.7
2.旅客周转量	亿人千米	362.40	393.40	411.89	448.45	523.64	610.78	16.6	11.0
铁路	亿人千米	47.22	52.63	66.61	63.37	80.73	91.91	13.9	14.2
公路	亿人千米	247.71	265.80	272.98	302.22	352.10	424.57	20.6	11.4
水运	亿人千米	1.17	1.21	1.54	1.55	1.78	1.96	10.1	10.9
空运	亿人千米	66.30	73.76	70.76	81.31	89.03	92.34	3.7	6.9
3.邮电业务总量	亿　元	337.62	469.40	606.99	669.99	773.00	845.46	9.4	20.2
十、财政									
财政总收入	亿　元	887.00	1111.30	1360.00	1490.82	1809.20	2258.20	24.8	20.6
地方一般预算收入	亿　元	379.97	486.71	614.05	698.25	871.19	1111.16	27.5	23.9
各项税收	亿　元	299.39	378.64	482.39	548.11	702.16	881.74	25.6	24.1
地方一般预算支出	亿　元	893.58	1135.22	1470.24	1952.34	2285.72	2929.60	28.2	26.8
文教科卫事业费	亿　元	299.39	378.64	482.39	548.11	702.19	793.62	13.0	21.5
十一、金融									
金融机构人民币存款余额	亿　元	6131.25	7170.87	8418.94	11119.64	13411.49	15356.86	14.5	20.2
居民储蓄存款	亿　元	2854.86	3046.40	3783.78	4668.61	5719.55	6654.87	16.4	18.4
金融机构人民币贷款余额	亿　元	4803.51	5671.66	6594.33	8779.63	10568.78	12114.59	14.6	20.3
短期贷款	亿　元	1881.70	2125.16	2505.45	2924.40	2671.12	3048.42	14.1	10.1
十二、对外贸易									
1.进出口总额	亿美元	62.31	87.80	95.99	80.19	133.68	160.53	20.1	20.8
其中：出口总额	亿美元	33.91	47.36	49.87	45.14	76.06	94.73	24.5	22.8
进口总额	亿美元	28.40	40.44	46.12	35.05	57.62	65.80	14.2	18.3
其中：边境小额贸易	亿美元	7.76	10.11	12.01	12.61	17.36	20.00	15.8	20.8
2.实际利用外资	亿美元	3.02	3.95	7.77	9.10	13.29	17.38	30.7	41.9
十三、旅游业									
1.接待海外旅游者人数	万人次	181.00	221.90	250.22	284.49	329.15	395.38	20.1	16.9
2.旅游外汇收入	亿美元	6.58	8.60	10.08	11.72	13.24	16.08	21.5	19.6
3.接待国内游客人次	万人次	7721.30	8986.15	10250.08	12022.85	13836.81	16331.78	18.0	16.2
4.旅游业总收入	亿　元	499.78	559.21	663.28	810.73	1006.83	1300.29	29.1	21.1
十四、人口	万　人	4483.00	4514.00	4543.00	4571.00	4601.60	4631.00	0.64	0.65
出生率	‰	13.20	13.08	12.63	12.53	13.1	12.71	-0.4个千分点	-
死亡率	‰	6.30	6.22	6.31	6.45	6.56	6.36	-0.2个千分点	-
自然增长率	‰	6.90	6.86	6.32	6.08	6.54	6.35	-0.19个千分点	-
城镇化率	%	30.50	31.60	33.00	34.00	34.80	36.80	2.0个百分点	-

（续表）

指　　标	单　位	2006年	2007年	2008年	2009年	2010年	2011年	2011年比2010年增长(%)	2007年-2011年4年平均增长(%)
十五、年末社会劳动者人数	万　人	2517.60	2573.81	2638.40	2684.80	2765.90	2857.23	3.3	2.6
职工人数	万　人	247.98	280.72	286.70	293.60	303.70	304.00	0.1	4.2
国有单位职工人数	万　人	170.98	175.17	177.80	178.00	181.30	182.00	0.4	1.3
十六、职工工资									
职工工资总额	亿　元	458.62	566.49	683.69	788.38	903.72	1050.00	16.2	18.0
国有单位	亿　元	339.88	398.49	473.30	546.72	619.53	720.00	16.2	16.2
职工年平均工资	元	18711	20481	24030	26992	30177	35387	17.3	13.6
国有单位	元	20017	22884	26765	30329	34330	40379	17.6	14.9
十七、教育文化体育									
普通高等学校数	所	50	51	59	61	61	64	4.9	5.1
普通高等学校在校学生数	万　人	28.42	31.11	34.77	39.36	43.69	48.76	11.6	11.4
普通中等专业学校在校学生数	万　人	17.35	18.63	20.53	23.37	29.00	30.15	4.0	11.7
普通中学在校学生数	万　人	244.70	251.77	259.48	264.97	270.63	270.90	0.1	2.1
普通小学在校学生数	万　人	452.26	453.31	451.04	444.14	435.21	424.08	−2.6	−1.3
小学学龄儿童入学率	%	96.57	97.59	98.29	98.29	99.71	99.61	—	—
文化馆	个	148	148	148	148	148	148	0.0	0.0
公共图书馆	个	149	149	150	150	150	153	2.0	0.5
广播人口覆盖率	%	92.00	92.65	93.12	94.29	95.40	95.69	0.29个百分点	–
电视人口覆盖率	%	93.70	94.02	94.34	95.06	96.40	96.72	0.32个百分点	–
运动员国际比赛获奖牌数（金、银、铜牌）	块	11	3	12	15	16	5	−68.8	−14.6
运动员全国比赛获奖牌数（金、银、铜牌）	块	40	43	31	55	47	33	−29.8	−3.8
十八、科技									
R&D经费内部支出	亿　元	21.09	26.12	31.59	37.23	44.17	52.70	19.3	20.1
R&D经费内部支出占GDP的比重	%	0.53	0.55	0.55	0.60	0.61	0.62	0.01个百分点	–
科技活动人员	万　人	6.25	6.72	7.42	9.33	9.14	9.20	0.7	8.0
R&D人员全时当量	万人/年	1.61	1.80	2.03	2.11	2.26	2.36	4.4	7.9
十九、卫生									
卫生机构床位数	万　张	11.04	11.90	12.78	14.01	15.71	17.34	8.0	9.0
卫生技术人员	万　人	12.14	12.37	12.62	13.38	14.17	14.93	5.4	4.2
医生	万　人	5.65	5.66	5.73	5.94	6.21	6.34	2.1	2.3
二十、环境保护									
工业废水排放达标率	%	89.16	90.51	92.66	89.29	91.83	92.50	0.7个百分点	–
工业固体废物综合利用率	%	40.96	42.67	47.81	58.82	51.77	49.00	−2.77个百分点	–
森林覆盖率	%	49.90	49.91	49.91	47.50	47.50	47.50	–	–

（云南省统计局综合处　提供）

2011年全国及各省、市、自治区主要经济指标

地　区	生产总值(亿元)	第一产业	第二产业	工　业	建筑业	第三产业	交通运输、仓储和邮政业	批发和零售业
全　国	471563.7	47712.0	220591.6	188571.7	32019.8	203260.1	21803.9	43623.0
北　京	16011.4	136.2	3744.4	3039.0	705.4	12130.9	845.3	2122.8
天　津	11191.0	159.1	5878.0	5380.5	497.5	5153.9	699.0	1377.1
河　北	24228.2	2905.7	13098.1	11741.9	1356.2	8224.3	2046.2	1770.6
山　西	11100.2	641.4	6577.8	5903.9	674.0	3880.9	736.3	846.7
内蒙古	14246.1	1304.9	8092.1	7158.9	933.1	4849.1	981.6	1216.6
辽　宁	22025.9	1915.6	12150.7	10696.5	1454.2	7959.6	1086.0	1943.0
吉　林	10530.7	1277.4	5601.2	4907.7	693.5	3652.1	419.4	861.5
黑龙江	12503.8	1705.6	6317.3	5583.2	734.1	4481.0	501.8	1068.7
上　海	19195.7	124.9	7959.7	7230.6	729.1	11111.1	913.6	3041.0
江　苏	48604.3	3064.8	25023.8	22072.3	2951.5	20515.7	2051.7	5436.7
浙　江	32000.1	1580.6	16404.2	14535.5	1868.7	14015.4	1197.9	3215.8
安　徽	15110.3	2020.3	8226.4	6979.6	1246.8	4863.6	587.5	1049.6
福　建	17410.2	1610.6	9167.5	7775.1	1392.4	6632.1	976.4	1514.3
江　西	11583.8	1391.1	6592.2	5611.9	980.4	3600.5	482.4	777.9
山　东	45429.2	3973.8	24037.4	21290.3	2747.1	17418.0	2214.1	5477.3
河　南	27232.0	3512.1	15887.4	14401.7	1485.7	7832.6	995.8	1591.1
湖　北	19594.2	2569.3	9818.8	8538.0	1280.7	7206.1	869.5	1512.9
湖　南	19635.2	2733.7	9324.7	8083.2	1241.6	7576.8	933.8	1662.3
广　东	52673.6	2659.8	26205.3	24408.1	1797.2	23808.5	2035.2	5424.2
广　西	11714.4	2047.3	5736.8	4914.4	822.4	3930.3	577.6	769.2
海　南	2515.3	659.2	714.5	475.0	239.5	1141.6	122.1	254.5
重　庆	10011.1	844.5	5542.8	4690.5	852.3	3623.8	456.3	747.3
四　川	21026.7	2983.5	11027.9	9491.0	1536.9	7015.3	638.8	1186.6
贵　州	5701.8	726.2	2334.0	1969.7	364.3	2641.6	569.1	444.2
云　南	8751.0	1407.8	3991.0	3205.9	785.1	3352.2	217.2	817.7
西　藏	605.8	74.4	209.5	48.9	160.6	321.9	22.8	34.3
陕　西	12391.3	1220.9	6836.3	5727.8	1108.5	4334.1	553.2	1031.6
甘　肃	5000.5	678.2	2524.3	2071.3	452.9	1798.0	259.3	325.6
青　海	1634.7	155.4	939.1	775.7	163.5	540.2	67.5	93.7
宁　夏	2060.8	184.1	1076.0	836.9	239.1	800.7	171.8	102.3
新　疆	6474.5	1139.0	3289.8	2764.1	525.7	2045.7	256.7	316.9

注：本表绝对数按当年价格计算，增长速度按不变价格计算

（续表）

地　区	2011年生产总值 比2010年增长(%)	人均地区生产总值(元)	2011年人均生产总值比2010年增长(%)	全社会固定资产投资(亿元)	全社会固定资产投资比2010年增长(%)	农林牧渔业总产值(亿元)	农林牧渔业总产值比2010年增长(%)
全　国	9.2	35083.0	8.7	311021.9	11.8	81303.9	4.5
北　京	8.1	80394		5578.9	3.3	363.1	0.9
天　津	16.4	84337	10.8	7067.5	12.6	349.5	4.2
河　北	11.3	33571	9.7	16404.3	8.8	4895.9	3.9
山　西	13.0	30974	10.4	7072.8	16.7	1207.6	5.8
内蒙古	14.3	57515	13.8	10403.9	16.6	2204.5	5.7
辽　宁	12.1	50299	11.6	17726.3	10.5	3633.6	6.0
吉　林	13.7	38321	13.4	7436.7	−5.5	2275.1	5.2
黑龙江	12.2	32615	12.0	7523.8	10.4	3223.5	5.5
上　海	8.2	82560	5.0	4879.2	−4.5	314.6	−0.6
江　苏	11.0	61649	9.7	26678.6	15.1	5237.4	4.2
浙　江	9.0	58665	7.1	14185.1	14.6	2534.9	3.1
安　徽	13.5	25340	12.6	12433.8	7.7	3459.7	4.0
福　建	12.2	46972	11.4	9926.4	21.1	2730.9	4.1
江　西	12.5	25884	11.8	9089.8	3.6	2207.3	4.2
山　东	10.9	47260	9.9	26770.7	15.0	7409.7	3.8
河　南	11.6	28981	12.2	17766.8	7.1	6218.6	3.8
湖　北	13.8	34131	13.5	12585.7	22.6	4252.9	4.4
湖　南	12.8	29828	11.2	11833.7	22.5	4508.2	4.3
广　东	10.0	50295	8.0	17158.5	9.8	4384.4	3.9
广　西	12.3	25315	12.0	7973.6	13.0	3323.4	4.8
海　南	12.0	28797	11.1	1669.5	26.8	1002.4	6.6
重　庆	16.4	34500	15.2	7472.6	11.7	1265.3	4.8
四　川	15.0	26133	15.9	14239.8	8.6	4932.7	4.6
贵　州	15.0	16413	16.1	3943.5	27.0	1165.5	1.4
云　南	13.7	18957	13.0	6185.3	11.9	2306.5	6.1
西　藏	12.7	20077	12.7	516.3	11.6	109.4	3.6
陕　西	13.9	33142	13.7	9445.8	18.6	2058.6	5.6
甘　肃	12.5	19517	12.3	3961.7	25.4	1187.8	5.4
青　海	13.5	28891	12.3	1435.7	41.2	230.8	4.8
宁　夏	12.0	32392	10.8	1639.1	13.5	354.7	5.1
新　疆	12.0	29496	12.0	4632.1	35.3	1955.4	6.9

（云南省统计局　提供）

2011年全国及各省、市、自治区主要工农业产品产量

地 区	发电量（亿千瓦小时）	生 铁（万吨）	粗 钢（万吨）	钢 材（万吨）	水 泥（万吨）	农用化肥（万吨）	汽 车（万辆）
全 国	47000.7	62969.3	68388.3	88258.2	208500.0	6217.2	1841.6
北 京	263.0		2.9	289.6	911.5		150.5
天 津	619.1	2097.0	2295.7	5163.8	765.5	6.3	75.7
河 北	2310.2	15442.4	16450.7	19256.4	13972.4	176.4	72.1
山 西	2344.0	3768.6	3490.4	3371.2	3935.6	363.8	0.6
内蒙古	2972.8	1431.1	1669.7	1417.3	6396.5	126.1	3.7
辽 宁	1368.1	5417.9	5389.2	5754.1	5690.1	64.2	75.5
吉 林	709.9	941.4	925.2	1069.0	4221.3	27.7	155.7
黑龙江	828.7	588.9	667.5	598.0	4213.9	68.4	18.2
上 海	947.0	1947.5	2225.5	2483.6	805.6	2.6	191.6
江 苏	3755.8	5303.5	6838.8	10011.6	14899.7	269.9	80.4
浙 江	2774.2	1002.2	1329.9	3141.0	12122.3	30.2	30.6
安 徽	1632.8	1829.8	1968.6	2746.3	9204.7	259.7	117.0
福 建	1578.9	441.2	1166.9	1561.0	6570.9	53.5	18.6
江 西	729.9	1917.1	2067.8	2250.3	6782.2	30.4	34.4
山 东	3162.3	5608.5	5655.2	7033.7	15035.6	616.5	76.3
河 南	2583.2	2151.0	2370.8	3553.6	13666.0	492.2	36.6
湖 北	2077.2	2520.7	2753.3	3573.4	9342.9	1033.4	131.9
湖 南	1343.5	1876.4	1819.8	1947.8	9238.6	216.6	16.2
广 东	3735.5	861.6	1324.3	3189.9	12607.0	55.3	150.3
广 西	1039.0	955.6	1212.2	1766.4	8640.1	98.0	142.4
海 南	172.9			23.2	1508.5	67.1	15.2
重 庆	582.2	559.4	630.6	950.0	4935.2	175.9	166.6
四 川	1980.7	1715.0	1729.2	2237.7	14501.1	507.1	12.9
贵 州	1379.3	482.4	434.0	462.9	5000.2	367.5	1.3
云 南	1555.7	1344.2	1323.2	1351.9	6457.4	326.9	9.7
西 藏	27.2				232.8		
陕 西	1222.5	732.0	766.0	1038.2	6430.6	92.8	55.7
甘 肃	1027.9	769.3	819.8	812.8	2746.8	74.1	2.1
青 海	463.1	114.6	139.5	142.0	1043.0	288.2	
宁 夏	939.3	91.9	28.8	76.5	1455.5	92.8	
新 疆	875.2	1058.1	893.0	985.1	2993.6	233.6	0.1

（续表）

地区	粮食（万吨）	油料（万吨）	蔬菜（万吨）	糖料（万吨）	水果（万吨）	肉类（万吨）	奶类（万吨）
全国	57120.8	3306.8	67929.7	12516.5	22768.2	7957.8	3810.7
北京	121.8	1.4	296.9		120.9	44.4	64.0
天津	161.8	0.7	431.3		62.6	42.9	69.4
河北	3172.6	141.8	7384.3	46.5	1719.2	418.2	466.9
山西	1193.0	18.7	981.9	32.4	617.9	71.3	75.9
内蒙古	2387.5	133.9	1440.2	157.7	301.4	237.4	931.4
辽宁	2035.5	119.8	2832.5	7.8	810.7	408.2	132.0
吉林	3171.0	69.6	971.4	16.3	225.7	243.9	46.0
黑龙江	5570.6	23.3	789.9	275.0	279.9	201.2	550.4
上海	122.0	1.9	408.2	1.1	88.0	27.6	29.1
江苏	3307.8	144.1	4586.9	9.6	757.1	375.9	59.2
浙江	781.6	39.9	1815.6	71.1	712.4	176.0	19.9
安徽	3135.5	213.8	2214.0	21.6	846.6	375.5	22.5
福建	672.8	27.5	1623.4	56.0	687.9	183.0	15.8
江西	2052.8	113.6	1165.7	62.8	580.6	295.6	12.3
山东	4426.3	341.0	9180.9	0.02	2850.8	711.1	279.0
河南	5542.5	532.4	6709.7	26.7	2414.1	641.7	321.1
湖北	2388.5	304.7	3358.6	32.5	855.2	381.9	34.8
湖南	2939.4	215.3	3337.4	72.2	868.8	489.5	8.1
广东	1361.0	91.9	2851.0	1390.0	1314.3	434.7	14.5
广西	1429.9	50.1	2246.4	7270.0	1223.0	391.1	8.9
海南	188.0	9.9	469.1	387.8	403.7	71.6	0.2
重庆	1126.9	46.5	1408.0	11.8	261.1	196.3	8.0
四川	3291.6	278.4	3573.6	88.0	776.6	651.2	71.7
贵州	876.9	78.9	1250.1	43.6	128.0	180.0	4.9
云南	1673.6	60.7	1340.0	1898.8	476.4	324.4	56.6
西藏	93.7	6.4	60.1		1.4	26.1	29.8
陕西	1194.7	59.0	1432.5	0.2	1587.1	99.6	182.4
甘肃	1014.6	63.5	1320.6	18.1	519.1	83.8	37.7
青海	103.4	33.3	144.6	0.01	4.4	28.8	28.4
宁夏	359.0	18.4	438.7	0.01	237.3	25.2	96.0
新疆	1224.7	66.8	1866.2	519.0	1036.0	120.0	133.9

（云南省统计局　提供）

2011年全国及各省、市、自治区城乡居民生活情况

地　区	城镇居民家庭人均可支配收入(元)	城镇居民家庭人均消费性支出(元)	城镇居民恩格尔系数(%)	农村居民家庭人均纯收入(元)	农村居民家庭人均生活消费支出(元)	农村居民恩格尔系数(%)	居民消费价格指　数(上年=100)
全　国	21809.8	15160.9	36.3	6977.3	5221.1	40.4	105.4
北　京	32903.0	21984.4	31.4	14735.7	11077.7	32.4	105.6
天　津	26920.9	18424.1	36.2	12321.2	6725.4	35.3	104.9
河　北	18292.2	11609.3	33.8	7119.7	4711.2	33.5	105.7
山　西	18123.9	11354.3	31.3	5601.4	4587.0	37.7	105.2
内蒙古	20407.6	15878.1	31.3	6641.6	5507.7	37.5	105.6
辽　宁	20466.8	14789.6	35.5	8296.5	5406.4	39.1	105.2
吉　林	17796.6	13010.6	32.7	7510.0	5305.8	35.3	105.2
黑龙江	15696.2	12054.2	36.1	7590.7	5333.6	38.9	105.8
上　海	36230.5	25102.1	35.5	16053.8	11049.3	40.9	105.2
江　苏	26340.7	16781.7	36.1	10805.0	8094.6	35.1	105.3
浙　江	30970.7	20437.5	34.6	13070.7	9965.1	37.3	105.4
安　徽	18606.1	13181.5	39.8	6232.2	4957.3	41.5	105.6
福　建	24907.4	16661.1	39.2	8778.6	6540.9	46.4	105.3
江　西	17494.9	11747.2	39.8	6891.6	4659.9	45.2	105.2
山　东	22791.8	14560.7	33.2	8342.1	5900.6	35.7	105.0

（续表）

地区	城镇居民家庭人均可支配收入(元)	城镇居民家庭人均消费性支出(元)	城镇居民恩格尔系数(%)	农村居民家庭人均纯收入(元)	农村居民家庭人均生活消费支出(元)	农村居民恩格尔系数(%)	居民消费价格指数(上年=100)
河南	18194.8	12336.5	34.1	6604.0	4320.0	36.1	105.6
湖北	18373.9	13163.8	40.7	6897.9	5010.7	39.0	105.8
湖南	18844.1	13402.9	36.9	6567.1	5179.4	45.2	105.5
广东	26897.5	20251.8	36.9	9371.7	6725.6	49.1	105.3
广西	18854.1	12848.4	39.5	5231.3	4210.9	43.8	105.9
海南	18369.0	12642.8	44.9	6446.0	4166.1	51.3	106.1
重庆	20249.7	14974.5	39.1	6480.4	4502.1	46.8	105.3
四川	17899.1	13696.3	40.7	6128.6	4675.5	46.2	105.3
贵州	16495.0	11352.9	40.2	4145.4	3455.8	47.6	105.1
云南	18575.6	12248.0	39.2	4722.0	3999.9	47.1	104.9
西藏	16195.6	10398.9	49.9	4904.3	2741.6	50.5	105.0
陕西	18245.2	13782.8	36.6	5027.9	4491.7	29.9	105.7
甘肃	14988.7	11188.6	37.4	3909.4	3664.9	42.2	105.9
青海	15603.3	10955.5	38.9	4608.5	4536.8	37.8	106.1
宁夏	17578.9	12896.0	34.8	5410.0	4726.6	37.3	106.3
新疆	15513.6	11839.4	38.3	5442.2	4397.8	36.1	105.9

（云南省统计局　提供）

THE ALMANAC O
PROSPEROUS S
YUNNAN PROVI

主　编　车光杰
责任编辑　李红菊
STRENGTHENING YUNNAN BY DEVELOPING
GREEN ECONOMY
绿色经济强省建设

Works on Ecological Improvement

生态建设

概述 2011年，云南省林业系统紧紧围绕桥头堡和森林云南建设目标任务，进一步解放思想、深化改革，扎实工作，圆满完成了各项目标工作任务，共计下达中央、省级林业投资52.1亿元，同比增长11.6%；完成营造林1060万亩(70.67万公顷)，为计划的1.63倍；实现林业产值688亿元，同比增长19.6%，保持了又好又快的发展势头。

（1）森林生态建设上升为国家战略，发展迎来新机遇。云南省紧抓住桥头堡建设战略机遇，深入研究林业在桥头堡建设中的功能定位、特色优势、建设重点、拓展方向、政策需求，提出把生物多样性宝库和生态安全屏障建设列为桥头堡建设战略目标。在国务院组织起草支持云南桥头堡建设意见过程中，先后陪同中央财经领导小组、国务院联合调研组开展专题调研活动，主动参与桥头堡建设课题研究，积极向中央有关部委反映森林生态建设的重大意义和发展潜力，争取纳入桥头堡建设总体规划。同时，组织编制《云南省生物多样性宝库和生态安全屏障建设规划》，国务院相关文件明确把“建设我国重要的生物多样性宝库和西南生态安全屏障”作为桥头堡建设的五大战略定位之一。云南省第九次党代会报告也明确把“建设森林云南，推进生态安全屏障和生物多样性宝库建设”作为今后5年全省经济社会发展六大目标之一。国家林业局还与省政府签订部省战略合作协议，明确林业支持桥头堡建设的目标任务和政策措施。

（2）林业发展思路进一步清晰。通过编制《云南林业“十二五”发展规划》《云南省生物多样性宝库和生态安全屏障建设规划》以及林产业、科技推广、湿地保护、林地保护利用等专项规划，组织起草省政府《关于加快林业产业发展的意见》《关于加强自然保护区建设和管理的意见》《关于继续推进天然林资源保护工程的意见》等文件，筹备召开森林云南建设推进会，使森林云南和生态安全屏障建设的目标做到了有机统一，林业发展方向进一步明确，发展思路进一步明晰，政策措施进一步完善，为林业科学发展、和谐发展、跨越发展奠定了基础。

（3）改革发展中凸现的一些重大问题得到破解。省级以上公益林实现了同等标准补偿和管护补助全覆盖。云南省1.78亿亩（0.1187亿公顷）国家级和省级公益林全部纳入生态效益补偿或天保工程森林管护补助范围；云南省政府第55次常务会还决定从2011年开始将省级公益林补偿标准由5元提高到10元，达到国家标准。森林政策性保险范围大幅扩展。云南省森林火灾保险试点由昆明等5州市扩大到15个州市，投保林地面积达3.26亿亩（0.2173亿公顷），涉及林业经营者820余万户。野生动物公众责任保险由西双版纳、普洱、临沧3个州市6个县扩大到保山、迪庆5个州市14个县。森工企业职工生产生活得到保障。积极争取国家支持，出台了天保二期的政策措施，组织完成省、县两级实施方案编制，将资金、任务、责任落实到山头地块和单位，使11980名森工企业职工得到妥善安置，17374名离退休人员纳入基本养老和医疗保险，确保养老金按时足额发放，实现了从一期到二期的平稳过渡，保持了社会稳定。陡坡地生态治理工程即将启动。云南省政府第68次常务会专题听取了关于推进森林云南建设的情况汇报，决定从2012年起用10年时间，在生态脆弱区实施1000万亩（66.67万公顷）25度以上陡坡地生态治理工程，这是生态建设的重大举措。

（4）集体林权制度配套改革迈出新步伐。2011年，云南省组建省级林权交易中心，建成州（市）、县（区）林权管理服务中心117家，开通全省林权管理信息系统，推进林权管理网络化、数字化进程，进一步规范林权流转管理。先后依法流转林地779万亩（51.93万公顷），流转金额24亿元。成立森林资源资产评估机构67家，认证评估咨询人员700多名。云南省林业厅报请省政府出台《关于加快推进林权抵押贷款工作的意见》，编印《林权抵押贷款简明实用手册》，有效推进林权抵押贷款工作，全省林权抵押贷款余额突破70亿元，居全国第一位。云南省林业厅与云南省供销社联合下发《关于加快发展林农专业合作社的实施意见》，出台《云南省林农专业合作社章程》《云南省林农专业合作社省级示范社认定管理办法》，成立林农专业合作社2024个，涉及林农11.4万户、林地面积436.7万亩（29.11万公顷），14个县、市、区成功申报为国家林业专业合社作示范县。深入推进林木采伐管理改革，全面推行林木采伐管理公示制，进一步完善林木采伐管理政策和措施。

（5）林业生态建设保护成效明显。2011年，云南省认真落实森林资源目标管理责任制，严格执行林地定额和林木采伐限额制度，编制完成省级林地保护利用规划，全面启动县级林地保护利用规划编制工作。加快推进林业重点生态工程建设，完成天保工程公益林建设、石漠化治理、防护林建设、退耕还林及巩固成果造林469万亩（31.27万公顷）；新建农村户用沼气池15.6万户、节柴改灶14.9万户；完成湿地恢复工程5项，新增国家公园3个、国家湿地公园2个、生物多样性保护教育基地8个；科学编制4个省级自然保护区总体规划，昆明轿子山成功晋升为国家级自然保护区；在全国率先开展自然保护区生态服务功能价值评估并向社会公开发布；争取国家、省级投入森林防火经费1.1亿元，批准森林防火基础设施建设项目经费1.5亿元，发生的108起森林火灾当日扑灭率达98.3%，火案查处率88%，受害率0.3‰，各项防控指标均创历史最好水平；发生林业有害生物466.56万亩（31.10万公顷），防治率达89.8%，成灾率5.8‰，被国家林业局评为有害生物防治先进单位；严厉打击涉林违法犯罪，共受理各类林业案件19779起，查处19498起，查处率达98.58 %，有力维护了森林资源安全。

（6）林业产业发展质量进一步提升。2011年，云南省投放林业贴息贷款8.54亿元；完成木本油料基地建设560万亩（37.33万公顷）、占年计划的124%；以桉树、竹材等为主的速生丰产林基地达到2000万亩（133.33万公顷）；启动实施珍贵及特殊树种培育试点，建成珍贵用材林基地300万亩（20万公顷）；完成中低产林改造407万亩（27.13万公顷），比上年翻了一番；林业企业超过1万户，其中省级龙头企业252户、产值达269.4亿元，分别比上年增加58户、52.4亿元；昆明杨林家具产业园区、昆明泛亚国际林产业园区、玉溪林产业园区等相继开工建设，楚雄野生菌、宜良观赏苗木等一批林产品交易市场初步形成。

（7）基层基础建设进一步夯实。棚户区改造顺利推进。全面完成了2010年跨年度实施改造建设任务；2011年4560户建设任务已全面开工，到位资金2.6亿元，占计划投资的89%，完成投资1.8亿元，超过计划投资的60%。基层站所条件进一步改善。争取国家、省级资金6125万元，新建、改建森林公安派出所121个、乡镇林业站50个、标准化林业站6个、木材检查站8个，建立了木材运输管理网络平台，实现了木材运输证管理全国“一票通”。科技支撑进一步加强。承担完成了国家及省部级科技攻关2大类17项，科研成果获奖41项。完成良种审（认）定74个，推广新技术、新品种82项。建立科技示范县10个、标准化示范区6个、示范基地11个，示范面积1.6万亩（0.107万公顷），带动推广面积32.4万亩（2.16万公顷）。完成26个林业标准编制，评审通过14个。法制建设稳步推进。出台了《云南省林地管理条例》《云南省林木种苗管理规定》，《云南省森林防火条例》已进入省人大常委会二审程序。林业普法工作成效明显，行政执法进一步强化。行政许可管理更加规范，公开、公正、高效办理了1500多件行政许可事项，有力地支持了地方经济建设。

网络森林医院远程诊断系统 2011年，为给广大林农和防治主体提供快捷、便利、专业和高效的林业有害生物防治公共服务，解决森林个体分散经营管理与联防联治需求之间的矛盾，云南省网络森林医院成立并设立“云南省网络森林医院远程诊断信息管理中心”。通过该系统即可实现自我诊治林业有害生物、方便及时查询丰富的信息资源、可以得到专家面对面的咨询服务和现场指导帮助、可以在最短的时间内向林检部门上报林业有害生物灾情。

中越生物多样性保护合作协议 2011年，以越南科学院热带生物学研究所副所长Vu Ngoc Long为团长的6人代表团，在云南省西双版纳州勐仑镇与中科院西双版纳热带植物园、西双版纳国家级自然保护区管理局就生物多样性保护项目进行合作商谈。双方在科研、管理人员互访交流，人才互换培养，生态旅游能力建设，科研项目合作及跨境区域生物多样性联合调查等方面形成了5年的合作《谅解备忘录》。中国中科院西双版纳热带植物园主任陈进、西双版纳国家级自然保护区管理局局长杨松海与越南科学院热带生物学研究所副所长Vu Ngoc Long和越南农业和农村发展部CatTien国家公园主任Pran Van Thanh共同在合作《谅解备忘录》上签字。《谅解备忘录》的签订，将标志着中越生物多样性保护合作项目在中国西南边陲拉开序幕。

南滚河国家公园建立 年内，建立南滚河国家公园列为临沧市重点工程之一。该项目自2010年2月启动实施以来，先后完成《云南南滚河国家级自然保护区生态旅游总体规划》《南滚河国家公园资源调查及评价报告》《南滚河国家公园初步规划》等的编制，其中《云南南滚河国家级自然保护区生态旅游总体规划》于2010年11月30日获得国家林业局批准。2011年，云南省人民政府对《临沧市人民政府关于建立云南南滚河国家公园的请示》作出批复，同意临沧市建立南滚河国家公园。

小熊猫繁育基地落户普洱 2011年，44只国家二级重点保护野生动物小熊猫由云南怒江傈僳族自治州姚家坪小熊猫繁育基地迁至普洱市普洱国家公园。至此普洱国家公园已拥有100多只小熊猫，普洱国家公园成为全国最大的小熊猫繁育基地。

老虎驯养繁殖基地建设 2011年，云南野生动物园的东北虎、孟加拉虎、白虎陆续产仔，共有16只小虎出生，且全部成活，加上原有的老虎，云南野生动物园已拥有近200只老虎，老虎的高繁殖率和高成活率，让云南野生动物园跻身全国最大的老虎驯养繁殖基地之一。

云南省杨善洲绿化基金会成立 2011年，云南省杨善洲绿化基金会在昆明成立。该基金会由云南省林业厅、国土资源厅、环境保护厅、农业厅、水利厅共同发起，为公募基金会，公募范围为云南省。基金会原始基金人民币600万元，来源于云南省林业厅、国土资源厅、环境保护厅、农业厅、水利厅的捐赠。云南省林业厅为基金会业务主管单位。根据基金会章程，基金会将以深入贯彻落实“生态立省、环境优先”发展战略，大力弘扬杨善洲精神，动员和鼓励社会各界共同参与生态建设与环境保护，积极推动“森林云南”建设，把云南建设成为中国西南“绿色生态屏障”，促进云南经济社会可持续发展为宗旨。公益活动业务范围主要涉及8个方面：宣传杨善洲精神，动员和激励一切力量参与绿化造林，改善生态环境；架设与社会各界联系的桥梁和纽带，搭建商会、企业界和爱心人士参与生态建设的多个平台，倡导各地区、各企业和社会各界人士在本会设立单位或个人冠名基金，为建设“森林云南”、保护和改善生态环境拓展募资渠道，扩大资金来源；依法接收绿化捐赠和政府资助，组织实施绿化公益项目及相关活动；组织各种绿化公益募捐活动，组织社会力量参与绿化事业和生态建设；组织开展森林碳汇、生物多样性保护活动，积极探索生态效益补偿有效机制；依照国家法律和政策规定，组织实施基金保值增值的经营和投资活动；开展国际绿化公益事业的交流与合作，争取国际捐赠和资助；定期不定期开展评比活动，表彰为生态建设做出突出贡献的单位和个人。

“中国边境生物卫士奖”获奖单位个人　2011年，国际野生动物保护学会（WCS）、中华环境保护基金会（CEPF）和中国野生动物保护协会（CWCA）共同主办的第三届中国边境生物卫士奖颁奖。来自全省林业、海关、公安、边防部队、自然保护区系统和边境村镇的25个单位和个人获奖，其中：卓越卫士奖5个、杰出卫士奖5个、优秀卫士奖15个。云南省有5个单位和个人荣获此项荣誉，分别是：云南保山市森林公安局获卓越卫士奖，云南省沧源南滚河国家级自然保护区管理局获杰出卫士奖，云南省西双版纳州森林公安局勐腊派出所张勇、云南省临沧市森林公安局刑侦大队、云南省盈江县森林公安局王德能获优秀卫士奖。

云南省森林火灾保险方案出台　2011年，为巩固集体林权制度改革成果，有效化解森林火灾风险，提高林业防灾减灾能力和灾后自我救助能力，调动社会各界投资造林的积极性，促进森林云南建设，根据中央、省委林业工作会议精神，以及国家有关部委对森林保险的一系列政策规定，云南省林业厅、云南省财政厅、云南保监局联合制定《云南省森林火灾保险方案》。根据《方案》内容，云南省森林火灾保险将按照“政府引导、市场运作、自主自愿、协同推进”的基本原则，坚持以政府引导为依托，以林业经营者自主自愿为基础，以市场化运作为手段，以协同推进为要求，以林业经营者受益为目的，探索建立森林火灾风险保障体系。一是坚持“三个兼顾”，即兼顾林业经营者的缴费能力，兼顾政府财政的补贴能力，兼顾共保联合体的风险承受能力；二是坚持“两低一保”，即低保额、低保费、保成本；三是坚持林业经营者受益；四是坚持加强和促进森林防火工作；五是坚持协调配合，财政、林业、保监、保险经纪公司、承保公司等部门要密切配合，共同做好森林火灾保险投保、查勘、定损、理赔等各环节的工作。

林业标准技术审查专家库建立　2011年，为积极推进云南省林业标准化建设工作，加强林业标准技术审查管理，提高技术标准制定、修订和评审工作的科学性，保证林业标准项目工作质量，云南省林业标准化技术委员会在全省林业科研院所、大专院校、林业系统科技推广部门组织开展林业标准技术审查专家征集，经过各单位公开推荐、标准委员会资质审查和遴选，组建云南省首批林业标准技术审查专家库。首批林业标准技术审查专家库由32名长期从事森林生态、林业调查规划、林木遗传育种、林木种苗、森林培育、经济林栽培、林产化工、林业有害生物防治、园林植物栽培等专业领域研究和应用技术推广的专家组成。林业标准技术审查专家主要职责是积极参与林业标准项目审查、论证工作；协助开展林业标准相关理论研究、技术标准推广和交流等工作；对林业标准化建设工作提供工作意见和建议。专家库的建立，将为推进我省林业标准化建设提供技术智能支持和科技咨询服务。

林业改革　截至2011年末，云南省集体林权制度主体改革已基本完成，全省各级共投入林改经费13.4亿元，完成确权面积2.7亿亩（0.18亿公顷）、确权率达到98.9%，均山到户率达到92.4%，调处纠纷16.5万起、调处率达到98.8%，是西部地区最早完成明晰产权任务的省份，走在全国前列。配套改革正逐步展开，建立林权流转中心117个，成立各类林业专业合作社2024个，林权抵押贷款余额达70亿元，居全国第一，全省林业产权交易市场正式挂牌。大力推进林业分类经营、林木采伐管理等各项改革，森林火灾保险全面启动，林业发展活力不断增强。

林权宗地管理数据库建设　2011年，云南省建成林权宗地管理数据库，林权管理信息范围系统覆盖全省，入库宗地已达690多万宗，全省120个林权管理服务中心与省林业厅已基本实现联网运行，可完成林权宗地的林权登记、变更、注销、林权证打印以及林权宗地信息统计等职能工作，并可面向社会提供宗地及林权证查询、信息发布、林地拍卖等服务工作。云南林权交易中心网站开通，林权流转信息系统和交易竞价系统可实施远程异地信息公告和林权异地竞价交易。

农村能源建设 截至2011年12月底，全省新建农村户用沼气累计达到15.62万户（其中省级项目5.51万户、国债项目6.99万户、退耕还林项目2.59万户、其他项目5203户）。完成农村改灶14.91万户（其中省级项目6.35万户、退耕还林项目3.91万户、其他项目4.65万户）。

国家野生食用菌科研基地"落户"龙陵 2011年，云南省生物技术和种质资源研究所与云南省保山市龙陵县小黑山省级自然保护区管理所签订"国家食用菌产业技术体系野生菌种质原生地保护保育点建设"项目。项目以龙陵县境内的野生木耳、香菇等腐生食用菌为研究对象，重点围绕食用菌资源保护、优质高效栽培生产技术、食用菌产业升级关键技术等问题进行研究。科研基地占地300亩，总投资15万元，计划实施5年。科研成果将对促进保山乃至云南发展优质、高产、高效的食用菌产业注入活力，依靠科技创新能力推动食用菌产业升级发展，将对促进云南由食用菌产业大省向食用菌产业强省转变发挥积极作用。

森林火灾保险试点 2011年，云南省开展森林火灾保险试点工作的突出特点是：做到了"一个全国最低，四个全国唯一"的要求。一是费率全国最低。昆明等5州（市）森林火灾保险试点费率为1‰，为全国最低；二是唯一按综合赔付率提取防灾防损费用于森林防火工作的试点省，为基层加强森林火灾综合防控能力建设提供了有利条件；三是唯一设立火灾保险工作奖励基金的试点省，有利于发挥试点地区的积极性；四是唯一引入保险经纪公司代理火灾保险招标、业务督办的试点省，可保证试点工作依法、高效、安全开展；五是唯一通过政府公开招标采购，优选承保公司的试点省，能够降低费率、提高服务质量和水平。上述特点，是森林火灾保险工作的重大创新，综合形成了云南特色的森林火灾保险模式，收到了良好效果，得到了国家林业局、财政部、中国保监局的充分肯定。

特色林产业 2011年，通过加强政策引导、加大资金投入、加快中低产林改造等措施，全省以核桃为主的木本油料种植面积已达3560万亩，年总产量超过50万吨，总产值超140亿元，均居全国第一位；林浆纸一体化、林化工、野生动物驯养繁殖、森林生态旅游、木材加工等特色林产业全面发展。全省林业总产值达到670亿元、是2005年2.8倍；林业企业达到1万多户，其中省级林业龙头企业达252户、增加了237户；林农人均特色经济林收入达到600元；林产业已成为全省快速发展的产业，部分山区林农收入超过坝区。

国家公园建设 年内，根据《云南省国家公园发展规划纲要》和保山市、临沧市和红河州政府的申请，云南省政府分别于3月、5月和10月批准建立高黎贡山、南滚河和大围山3个国家公园。截至年末，经省政府批准建立的国家公园已达8个，即普达措、丽江老君山、西双版纳、梅里雪山、普洱、高黎贡山、南滚河和大围山国家公园。

石漠化治理 2011年，全省石漠化综合治理工程县由2010年的12个增加为35个，封山育林58.9万公顷、人工造林1.95万公顷，已全部完成封山育林任务。自2008年实施石漠化综合治理试点至2011年底，全省已完成封山育林64.1万公顷、人工造林3.7万公顷。

自然保护区森林生态服务 2010年7月，云南省林业厅委托省林业调查规划院开展云南省自然保护区森林生态系统服务功能价值评估，2011年11月通过专家评审。此次评估采用国家统一的技术标准，客观、科学地评估了云南省自然保护区森林生态系统服务功能及其价值，是全国首个省级尺度上的自然保护区森林生态系统服务功能价值评估。经过评估，云南纳入评估的国家级、省级自然保护区2010年提供的森林生态服务价值达2009.02亿元，相当于全省2010年地区生产总值（GDP）的27.8%。自然保护区每年每公顷的森林生态服务价值达12.31万元（每亩价值8200元）。根据《中国森林生态服务功能评估》报告，为云南省平均森林生态服务价值5.06万元的2.4倍，充分体现了自然保护区这一特殊区域的森林生态服务的价值和地位。

国家级自然保护区建设 2011年，国务院办公厅批准云南省云龙天池国家级自然保护区、元江国家级自然保护区新增为国家级自然保护区。元江自然保护区位于玉溪市的元江哈尼族彝族傣族自治县境内，地处国际河流元江（红河）河谷，是全国唯一位于北回归线，在干热河谷自然条件下形成的森林生态系统类型的自然保护区，保护面积2.24万公顷。云龙天池自然保护区位于云南省西北部大理白族自治州云龙县境内，保存全国最集中连片的大面积原始云南松林，保护区也是滇金丝猴活动的最主要区域，保护面积1.45万公顷。

（王　锐）

云南省国家级自然保护区

序号	保护区名称	类型	行政区域	主管部门	始建时间	级别批准时间
1	西双版纳国家级自然保护区	森林生态	景洪市 勐腊县 勐海县	林业	1958	1986
2	南滚河国家级自然保护区	野生动物	沧源县 耿马县	林业	1980	1995
3	高黎贡山国家级自然保护区	森林生态	隆阳区 腾冲县 泸水县 福贡县 贡山县	林业	1983	1986
4	白马雪山国家级自然保护区	野生动物	德钦县 维西县	林业	1983	1988
5	哀牢山国家级自然保护区	森林生态	景东县 镇沅县 楚雄市 双柏县 南华县 新平县	林业	1986	1988
6	文山国家级自然保护区	森林生态	西畴县 文山县	林业	1986 1997	2003
7	黄连山国家级自然保护区	森林生态	绿春县	林业	1983	2003
8	大围山国家级自然保护区	森林生态	河口县 屏边县 个旧市 蒙自市	林业	1986	2001
9	金平分水岭国家级自然保护区	森林生态	金平县	林业	1986	2001
10	无量山国家级自然保护区	野生动物	景东县 南涧县	林业	1986	2000
11	大山包国家级自然保护区	湿地生态	昭阳区	林业	1994	2003
12	药山国家级自然保护区	森林生态	巧家县	林业	1984	2005
13	永德大雪山国家级自然保护区	森林生态	永德县	林业	1986	2006
14	会泽黑颈鹤国家级自然保护区	湿地生态	会泽县	林业	1990	2006
15	苍山洱海国家级自然保护区	森林生态和湿地生态	大理市 漾濞县 洱源县	环保	1981	1994
16	纳板河国家级自然保护区	森林生态	景洪市 勐海县	环保	1991	2000

云南省省级自然保护区

序号	保护区名称	类型	行政区域	主管部门	始建时间	级别批准时间
1	紫溪山省级自然保护区	森林生态	楚雄市	林业	1982	1994
2	马关古林箐省级自然保护区	森林生态	马关县	林业	1982	2002
3	威远江省级自然保护区	野生植物	景谷县	林业	1983	1983
4	玉龙雪山省级自然保护区	森林生态	玉龙县	林业	1984	1984
5	哈巴雪山省级自然保护区	森林生态	香格里拉县	林业	1983	1983
6	碧塔海省级自然保护区	湿地生态	香格里拉县	林业	1983	1983
7	会泽驾车省级自然保护区	野生植物	会泽县	林业	1984	1984
8	彝良海子坪省级自然保护区	野生植物	彝良县	林业	1984	1984
9	纳帕海省级自然保护区	湿地生态	香格里拉县	林业	1983	1983
10	永善三江口省级自然保护区	森林生态	永善县	林业	1984	1984
11	禄丰雕翎山省级自然保护区	森林生态	禄丰县	林业	1984	1984
12	铜壁关省级自然保护区	森林生态	盈江县 陇川县 瑞丽市 梁河县	林业	1986	2002
13	莱阳河省级自然保护区	森林生态	普洱市	林业	1986	1986.3
14	泸沽湖省级自然保护区	湿地生态	宁蒗县	林业	1986	1986
15	麻栗坡、马关老君山省级自然保护区	森林生态	马关县 麻栗坡县	林业	1986	1986
16	富源十八连山省级自然保护区	森林生态	富源县	林业	1986	1986
17	孟连　山省级自然保护区	野生植物	孟连县	林业	1986	1986
18	观音山省级自然保护区	森林生态	元阳县	林业	1988	1994
19	永平金光寺省级自然保护区	森林生态	永平县	林业	1988	1994
20	巍山青华绿孔雀省级自然保护区	野生动物	巍山县	林业	1988	1997
21	红河阿姆山省级自然保护区	森林生态	红河县	林业	1995	1995
22	龙陵小黑山省级自然保护区	森林生态	龙陵县	林业	1995	1995
23	腾冲北海湿地省级自然保护区	湿地生态	腾冲县	林业	1995.1	2005.1
24	糯扎渡省级自然保护区	森林生态	思茅区 澜沧县	林业	1996	1996
25	拉市海省级自然保护区	湿地生态	玉龙县	林业	1998	1998
26	昭通朝天马省级自然保护区	森林生态	彝良县 盐津县	林业	1998	1998
27	珠江源省级自然保护区	森林生态	沾益县 宣威市	林业	2000	2008

（续表）

序号	保护区名称	类型	行政区域	主管部门	始建时间	级别批准时间
28	临沧澜沧江省级自然保护区	森林生态	凤庆县 云县 临翔区 双江县 耿马县	林业	1999	1999
29	镇康南捧河省级自然保护区	森林生态	镇康县	林业	1999	1999
30	剑川剑湖省级自然保护区	湿地生态	剑川县	林业	2001	2006
31	墨江西歧桫椤省级自然保护区	野生生态	墨江县	林业	2001	2005
32	沾益海峰省级自然保护区	湿地生态	沾益县	林业	2002	2008
33	驮娘江省级自然保护区	森林生态	富宁县	林业	2002	2002
34	丘北普者黑省级自然保护区	湿地生态	丘北县	林业	2002	2002
35	广南八宝省级自然保护区	地质遗迹	广南县	林业	2002	2002
36	兰坪云岭省级自然保护区	森林生态	兰坪县	林业	2003	2003
37	麻栗坡老山省级自然保护区	森林生态	麻栗坡县	林业	2003	2005
38	晋宁梅树村省级自然保护区	地质足迹	晋宁县	国土	1989	1989
39	澄江动物化石群省级自然保护区	古生物遗迹	澄江县	国土	1997	
40	建水燕子洞白腰雨燕省级自然保护区	野生动物	建水县	建设	2002	2002

（王　锐）

Ecological Conservation

生态保护

概述　2011年，云南省环境保护系统坚持以科学发展为主题，紧紧围绕转变经济发展方式这一主线，以加强环境执法监管为核心，以服务经济社会发展为出发点和落脚点，开拓创新，真抓实干，全面完成了各项工作任务。

2011年，全省城市空气质量总体良好，首要污染物为可吸入颗粒物；酸雨分布区域保持稳定，酸雨污染变化不大，19个主要城市降水pH年平均值在4.06～8.84之间。河流总体水质为轻度污染，主要河流水质污染状况呈现由东向西逐渐减缓趋势，主要出境、跨界河流断面达到水环境功能要求。与2010年相比，九大高原湖泊水质总体保持稳定，滇池外海、滇池草海主要超标水质指标年均监测值有所下降，滇池草海由重度富营养下降为中度富营养，阳宗海水质由Ⅳ类好转为Ⅲ类。21个主要城市的43个集中式饮用水水源地中，38个能满足集中式饮用水源地水质要求。城市声环境质量总体良好，夜间超标率高于昼间，交通干线两侧的超标率高于其他区域，影响范围最大的噪声源是生活噪声源。生态环境状况保持稳定。

主要湖泊水库水质状况　2011年，开展水质监测61个湖泊、水库中，水质优（Ⅰ～Ⅱ类）23个，占

2011年主要湖泊、水库类别统计

名称	个数	Ⅰ类	Ⅱ类	Ⅲ类	Ⅳ类	Ⅴ类	劣Ⅴ类	水环境功能达标
湖泊	20	2	2	6	1	0	9	5
水库	41	0	19	14	6	1	1	25
合计	61	2	21	20	7	1	10	30
比例（%）		3.3	34.4	32.8	11.5	1.6	16.4	49.2

2011年九大高原湖泊水质状况

湖泊	水域功能	水质综合评价	透明度(米)	营养状态指数	主要污染指标	污染程度
滇池草海	Ⅳ	＞Ⅴ	1.41	62.23	BOD5、总氮、总磷	重度污染
滇池外海	Ⅲ	＞Ⅴ	0.47	68.77	总氮、总磷、高锰酸盐指数	重度污染
阳宗海	Ⅱ	Ⅳ	1.96	39.8	砷	重度污染
洱　海	Ⅱ	Ⅲ	1.81	38.77	总氮、总磷	良
抚仙湖	Ⅰ	Ⅰ	6.99	16.3	—	优
星云湖	Ⅲ	＞Ⅴ	0.54	65.63	BOD5、总氮、总磷	重度污染
杞麓湖	Ⅲ	＞Ⅴ	0.79	62.23	BOD5、总氮、总磷	重度污染
程　海	Ⅲ	Ⅲ	2.3	40.07	—	良
泸沽湖	Ⅰ	Ⅰ	11.4	17.8	—	优
异龙湖	Ⅲ	＞Ⅴ	0.26	78	高锰酸盐指数、BOD5、总氮、总磷	重度污染

注：1.评价执行《地表水环境质量标准》（GB3838-2002）
2.按省环境监测中心站提供数据为准
3.部分湖泊由于连续三年干旱，水位下降较多，导致部分指标浓度有所上升，水质有所下降

2011年度主要河流（河段）断面水质类别表

单位：个

水系名称	Ⅰ类	Ⅱ类	Ⅲ类	Ⅳ类	Ⅴ类	劣于Ⅴ类标准	合计
长　江	0	9	11	8	3	10	41
珠　江	2	4	10	4	2	7	29
红　河	0	8	11	4	1	2	26
澜沧江	0	11	20	6	0	2	39
怒　江	0	1	9	0	0	1	11
伊洛瓦底江	0	4	5	1	0	0	10
小　计	2	37	66	23	6	22	156

饮用水源地类别情况

水质类别	Ⅰ	Ⅱ	Ⅲ	Ⅳ	Ⅴ	劣Ⅴ
水源地（个）	1	24	13	4	0	1
比例（%）	2.3	55.8	30.2	9.3	0	2.3

37.7%；水质良好（Ⅲ类）20个，占32.8%；水质轻度污染（Ⅳ类）6个，占9.8%；水质中度污染（Ⅴ类）1个，占1.6%；水质重度污染（劣Ⅴ类）11个，占18.1%。全省湖库水质总体良好。61个湖泊、水库中，有30个水质达到水环境功能要求，占总数的49.2%。

九大高原湖泊水质优及良好的湖泊是抚仙湖、泸沽湖、洱海、阳宗海；水质重度污染的湖泊是滇池草海、滇池外海、异龙湖、星云湖、杞麓湖。与2010年相比九大高原湖泊水质总体保持稳定，滇池外海、滇池草海主要超标水质指标年均监测值有所下降，滇池草海由重度富营养下降为中度富营养；阳宗海水质由Ⅳ类好转为Ⅲ类。

主要河流水环境质量　云南省主要河流呈现由东向西水质污染逐渐减缓趋

势，主要出境、跨界河流达到水环境功能要求，全省河流总体水质为轻度污染。六大水系主要河流受污染程度由大到小排序依次为：长江水系、珠江水系、澜沧江水系、红河水系、怒江水系和伊洛瓦底江水系。

出境跨界河流水质状况 2011年，19个出境、跨界河流监测断面中，符合Ⅱ类标准水质优断面11个，占57.8%；符合Ⅲ类标准水质良好断面6个，占31.6%；符合Ⅴ类标准水质中度污染断面1个，占5.3%；劣于Ⅴ类标准水质重度污染断面1个，占5.3%。17个断面达到水环境功能要求，占出境、跨界断面的89.5%。与2010年相比，出境、跨界断面水质达标率略有提高。

集中式饮用水源地水质状况 2011年，云南省21个城市（所有州市府所在地和不设区的市政府所在地）的43个集中式饮用水水源地开展了水质监测，监测结果表明：按GB 3838－2002《地面水环境质量标准》中Ⅲ类标准要求，能满足集中式饮用水源地水质要求的有38个占88.4%；不能满足要求的5个，占11.6%。在不能满足要求的5个饮用水水源地中，主要超标水质指标为总氮、总磷。

环境空气质量 2011年，全省18个主要城市以二氧化硫、二氧化氮、可吸入颗粒物的年平均浓度值评价，普洱市、六库镇符合空气环境质量一级标准，占11.1%；昆明等14个城市符合环境空气质量二级标准占77.8%；昭通市和个旧市符合环境空气质量三级标准，占11.1%。影响云南省城市环境空气质量的首要污染物为可吸入颗粒物。

全省18个开展自动监测的城市中，空气质量优良率均为90.0%以上。与上年相比，玉溪市空气质量优良比例由98.6%上升为100%，监测结果均为优良的城市数量由上年的12个增加为13个，全年未出现超过轻微污染的情况。

18个主要城市二氧化硫年平均浓度在0.003～0.078毫克／立方米之间，平均浓度0.031毫克／立方米，与2010年持平。最大值（0.078毫克／立方米）出现在昭通市，比上年的0.082毫克／立方米下降了0.004毫克／立方米，超过环境空气质量二级标准0.3倍；按年平均浓度评价，保山市、丽江市、普洱市、临沧市、文山市、景洪市、芒市、六库镇8个城市符合环境空气质量一级标准的要求，昆明市、曲靖市、玉溪市、楚雄市、蒙自市、大理市、香格里拉县城、开远市8个城市符合环境空气质量二级标准的要求，昭通市、个旧市2个城市超过了环境空气质量二级标准限值。

二氧化氮的年平均浓度在0.004～0.044毫克／立方米之间，平均浓度0.017毫克／立方米，与上年持平。最大值（0.044毫克／立方米）出现在昆明市。按年平均浓度评价，18个主要城市除昆明市为二级，其余17个城市均符合环境空气质量一级标准的要求。

可吸入颗粒物的年平均浓度在0.025～0.070毫克／立方米之间，平均浓度0.050毫克／立方米，比上年0.059毫克／立方米下降了0.009毫克／立方米，最大值（0.070毫克／立方米）出现在开远市。按年平均浓度评价，普洱市、大理市、六库镇、香格里拉县城符合环境空气质量一级标准要求，昆明市等14个城市符合环境空气质量二级标准要求。

降水和酸雨 2011年，全省开展降水酸度监测的19个主要城市中，降水pH年平均值在4.06～8.84之间。19个城市中有8个监测到酸雨，其中，昆明、安宁、昭通、普洱、临沧5个城市虽然出现了酸雨，但降水pH年均值尚在5.6以上，为非酸雨区；楚雄、个旧、蒙自的降水pH年均值低于5.6，分别为5.03、4.76、5.52，为酸雨区。19个主要城市酸雨频率在0～57.1%之间，平均为6.0%。酸雨频率最高的是个旧市，其次为楚雄市。

城市（镇）区域声环境质量状况 2011年，全省18个主要城市共设置2091个区域声环境质量监测点，对包含612.57万人，面积为431.64平方千米的城区声环境质量进行了监测。总体来说，文山、大理、瑞丽3个城市区域声环境质量一般，临沧、楚雄为好，其余13个城市均为较好。431.64 平方千米的城区中，有8.0%的区域声环境质量为差或较差，一般的区域占25.9%，好或较好的区域占66.1%。

城市功能区声环境质量状况 全省16个主要城市平均昼间各类功能区声环境的平均超标率为7.9%，夜间为18.0%；昼间各类功能区的超标率为0.5%～12.8%，工业区超标率明显低于其他区域；夜间各类功能区的超标率为6.3%～42.3%，交通干线两侧超标率明显高于其他区域。总体上，夜间超标率高于昼间，交通干线两侧的超标率高于其他区域。

辐射环境 2011年辐射环境质量监测覆盖全省16个州市，γ辐射剂量率为37.7～115.9纳戈瑞／小时，均值为72.5纳戈瑞／小时（已扣除宇宙射线响应值），辐射环境质量保持稳定，辐射环境水平处于正常波动水平范围。重点辐射污染源周围辐射环境水平正常。全省共有核技术利用单位2304家，其中放射源使用单位465家，在用放射源2178枚，射线装置使用单位1839家，射线装置3435台（套）。全省核技术利用中的放射性同位素和射线装置总体处于安全状态。

“3·11”日本特大地震引发福岛核电站发生核事故后，云南省立即启动应急监测工作，监测结果表明核事故未对云南省环境产生影响。

森林资源现状及变化趋势 2011年，云南省现有林地面积2476.11万公顷，其中森林面积1817.73万公顷（含岩溶地区石山灌木林115.67万公顷），占林地面积的73.41%。森林覆盖率47.5%。活立木总蓄积17.12亿立方米，其中森林蓄积15.54亿立方米。2011年，全省乔木林面积、森林面积、森林覆盖率持续增长，活立木蓄积、森林蓄积有所增加，林木生长量明显大于消耗量，森林资源总体上继续保持持续增长的态势。

物种状况 云南自然生态系统类型按群系有445种，分属于12个植被型或植被亚型。目前已知云南高等植物18340种（含种下等级），其中苔藓植物1658种，蕨类植物1325种，裸子植物116种，被子植物15241种，分别占全国植物的49%以上；已记录脊椎动物1972种，约占全国的47.4%，其中鸟类904种、鱼类522种、兽类305种、爬行类174种、两栖类123种。云南境内的中国特有种目前记录数为9225种，其中植物8772种、动物453种；云南特有种目前记录数为4280种，其中植物4018种、动物262种。

湿地 全省有4处湿地列为国际重要湿地，已建湿地类型自然保护区17处。2011年新增“普洱五湖”和“普者黑喀斯特”2个国家湿地公园，全省共有4处国家湿地公园。大山包国际重要湿地获人民日报组织评选的“中国最美湿地”称号。

自然保护区 2011年，轿子山省级自然保护区晋升为国家级自然保护区。截至2011年12月，全省共建有自然保护区162个，其中国家级17个、省级42个、州市级60个、县级43个，总面积296万公顷，占国土面积的7.5%。基本形成了各种级别、多种类型的自然保护区网络体系，使全省典型生态系统及85%的珍稀濒危野生动植物得到了有效保护。

废水 2011年，全省废水排放总量14.7亿吨，比2010年增长20.6%。其中，工业废水排放量4.68亿吨，比2010年增长28.6%。生活污水排放量10.02亿吨，比2010年增长17.3%。

化学需氧量排放量55.47万吨，

省政府举行云南生物多样性研究院揭牌仪式（省环保厅 提供）

比2010年降低1.58%。其中，工业废水中化学需氧量排放量17.54万吨，生活污水中化学需氧量排放量29.35万吨，农业源化学需氧量排放量7.29万吨，集中式治理设施化学需氧量排放量1.29万吨。

氨氮排放量5.93万吨，比2010年降低1.06%。其中，工业废水中氨氮排放量0.51万吨，生活污水中氨氮排放量4.08万吨，农业源氨氮排放量0.16万吨，集中式治理设施氨氮排放量1.18万吨。

废气 工业废气排放总量17448.98亿标立方米，比2010年减少32.5%。二氧化硫排放量69.13万吨，比2010年减少1.78%。其中，工业二氧化硫排放量64.25万吨，生活二氧化硫排放量4.87万吨。氮氧化物排放量54.85万吨，比2010年增长5.54%。其中，工业氮氧化物排放量34.83万吨，生活氮氧化物排放量0.60万吨，机动车氮氧化物排放量19.42万吨。烟粉尘排放量37.38万吨，比2010年降低11.2%。

固体废弃物 2011年全省工业固体废物产生量17552.43万吨，较上年增长5.9%，其中危险废物产生量133.80万吨，降低1.8%。工业固体废物综合利用量8754.31万吨，综合利用率48.9%；工业固体废物贮存量4735.56万吨；工业固体废物处置量4059.71万吨；工业固体废物排放量227.90万吨，降低22.4%。危险废弃物连续4年无排放量。

污染减排 2011年，省政府与16个州（市）人民政府签订了减排目标责任书。全省共完成211个省级重点减排项目，完成率92%。新建成投运23个县级城镇污水处理厂，新增污水处理能力16.4万吨/日。按时完成国家下达的2011年淘汰落后产能任务。

经国家环保部核定，2011年，云南省化学需氧量排放量55.47万吨、氨氮排放量5.93万吨、二氧化硫排放量69.13万吨、氮氧化物排放量54.85万吨，分别比2010年下降1.58%、1.06%、1.78%和上升5.54%。

九大高原湖泊水污染防治 编制完成九湖治理“十二五”规划，规划项目设置295个，总投资552.74亿元。截止2011年底，九湖治理投资62.74亿元，其中滇池治理投资47.8亿元，其他八湖治理投资14.94亿元。2011年，九湖规划项目完工17项，开工113项，开展前期工作136项。2011年，洱海、抚仙湖被列入国家湖泊生态环境保护试点范围并得到2.8亿元的国家专项资金支持。编制完成了洱海、抚仙湖生态环境保护试点实施方案及2011年度实施方案。启动实施19

个项目，完工12个，完成投资8.59亿元。其中洱海完成6.9亿元，抚仙湖完成投资1.69亿元。

三峡库区上游地区水污染防治 2011年完成了《三峡库区及其上游地区水污染防治“十二五”规划》云南部分的编制工作。108个项目纳入国家规划，涉及规划项目资金50.88亿元。同时，通过加强区域整治和保护，金沙江云南出省断面（三块石断面）水质全年持续保持优良。

重金属污染防治 2011年9月省人民政府批复《云南省重金属污染综合防治“十二五”规划》，组织11个国家级重点防控区域编制完成重金属污染综合防治规划。加快推进规划项目实施。依法关停淘汰了一批涉重金属污染企业。南盘江出省界断面，红河干流以及文山南北河、小白河出境断面稳定达标。江流域水质明显好转。

三废治理 2011年，全省工业废水治理投资8.7亿元，完成治理项目146个。工业废气治理投资6.88亿元，完成治理项目187个。工业固体废弃物污染治理投资1.2亿元，完成治理项目53个。

清洁生产 2011年评估或验收94家重点企业，培训企业清洁生产人员1901人。通过实施生产环节的全过程控制和废弃物的循环利用，实现了节水节电、节能降耗、减少主要污染物排放的目标。

生物多样性保护 印发实施了《云南省生物物种资源保护与利用规划纲要2011–2020年》。云南省环保厅与西南林业大学合作共建了云南生物多样性研究院，研究院成立一年来，累计立项21个研究课题，获得经费支持1200余万元。环保部支持投入775万元，完成了滇西北18个县（市、区）生物物种资源调查。

自然保护区建设 2011年，省政府先后出台《关于进一步加强自然保护区建设和管理的意见》《关于做好自然保护区管理有关工作的意见》。国家组织对云南西双版纳等17个国家级自然保护区进行管理评估，评估结果7个为“优”，10个为“良”。继续争取国家对野生动植物保护及国家级自然保护区建设投入，中央和省级投资5150万元。

天然林保护及退耕还林 2011年，云南省天然林保护工程经过13年的实施，完成了试点阶段和一期工程的各项任务，二期工程顺利启动。天然林保护工程二期实施期限为10年，即2011～2020年，实施范围包括13个州（市）的72个县（市、区）和3个重点森工局，共计75个实施单位。全面完成2010年国家下达云南退耕还林工程建设任务248.1万亩，完成总投资3.78亿元。

水土保持 2011年完成水土流失治理面积3250平方千米，新实施生态修复面积6000平方千米。执行全国第一批坡耕地水土流失综合治理试点工程、水土保持小流域综合治理工程等项目，中央预算内投资13061.54万元，其中中央投资10000万元，地方配套3061.54万元。世行贷款／欧盟赠款水土保持项目基本完成，完成投资27142万元，其中：世行贷款11615万元，欧盟赠款2217万元，国内配套13310万元。

农村环境保护 2011年争取中央农村环保专项资金3500万元、省级生态建设专项资金1360万元安排62个村庄进行农村环境综合整治，在西双版纳州景洪市勐罕镇和勐海县勐海镇开展农村环境连片整治及农村环境综合整治目标责任制试点。

2011年在全省所有县（市）、区推广测土配方施肥4762万亩；全省“三品”认证累计达916家企业2079个产品，全省“三品”产值255.25亿元。农村能源建设投资进一步加大，全省农村能源建设资金超过2.2亿元，全省新建农村户用沼气15.65万户，完成农村节柴改灶14.91万户，推广农村太阳能热水器6.3万台，20.28万平方米。

生态建设示范区 全省15个州（市）、70个县（市、区）开展了生态州、县创建工作；各地积极推进生态乡镇、村创建，累计建成10个国家级生态示范区、16个国家级生态乡镇、1个国家级生态村、218个省级生态乡镇。昆明市命名197个行政村为“昆明市生态村（社区）”，走在全省前列。

环保专项行动 2011年，云南省环保专项行动重点是：深入整治重点行业重金属排放企业环境污染问题；进一步加大牛栏江调水水源区水环境保护工作力度；进一步强化污染减排重点项目的监管督查力度。公布了全省铅酸蓄电池行业企业环境污染问题整治等5个省级挂牌督办事项。截至12月30日，全省21家铅酸蓄电池企业均按挂牌要求停产整治，其中，5家企业关闭，2家企业拆除。重点推进红河卡房大沟及藤条江、南盘江、泚江、螳螂川等流域重金属排放企业环境违法整治工作。

2011年，云南省环境监察系统共出动66780人次，检查污染防治设施29580（台）套，建设项目1450个，限期治理项目645个，受理7835起环境信访投诉，全部进行了调查处理，处理率为100%，结案7718起，结案率为98.5%。

排污费征收 全省排污费共征收3.16亿元，其中，各州（市）征收2.54亿元，省级征收0.62亿元，全省排污费共上缴中央国库3155万元，上缴省级国库1.06亿元。

环境行政处罚 2011年，省级直接实施行政处罚6件，共处罚金372万元。全年没有发生任何执法瑕疵和复议问题。

环境突发事件及处理 2011年，全省发生了3起一般（Ⅳ级）突发环境污染事件，没有发生特大（Ⅰ级）、重大（Ⅱ级）、较大（Ⅲ级）突发环境事件。事故均及时妥善处置，最大限度地减轻了事件所造成的危害。

重点城市集中式饮用水水源地环境状况评估 2011年，昆明市、曲靖市、玉溪市、昭通市、保山市、红河州、普洱市、丽江市、临沧市共9个州市18个主要集中式饮用水水源地开展了环境状况评估。其中3个河流型饮用水水源地，15个湖库型饮用水水源地，供水人口共799.8万人，设计取水量为65265.96万吨/年。评估结果显示，除普洱市木乃河水库未开展水质监测外，其他17个水源地均开展了常规监测，水质全年12个月均达到饮用水标准，水源地达标率为100%，水量达标率100%，达标供水量43232.78万吨。18个水源地全部完成了水源保护区的划分，并制定完善了饮用水源地环境应急预案。

城市环境基础设施建设 至2011年末，全省已建成污水处理厂117座，污水处理能力达320.65万吨/日，城镇污水处理率由2010年的74.74%提高到2011年的79.61%。建成无害化垃圾处理厂（场）115座，形成无害化处理能力16559吨/日，城镇垃圾无害化处理率由2010年的62.5%提高到2011年的73.40%. 全省城市燃气普及率73.85%，绿地率34.42%。2011年城市污水和生活垃圾处理量分别为74521万立方米和541.53万吨。

城市机动车污染防治 2011年，全省机动车保有量达807.25亿辆，新增注册114.71万辆。全省环保委托检验机构共计20个。

2011年，昆明市机动车保有量150.68万辆，机动车简易工况法环保检测量46.08万辆，发放环保合格标志41.99万辆（含新车），其中黄标11万辆、绿标30.98万辆。

城市环境综合整治定量考核 2011年，全省17个设市城市环境综合整治定量考核结果：地级市前5名：昆明市、玉溪市、临沧市、普洱市、保山市。县级市前5名：安宁市、景洪市、楚雄市、芒市、个旧市。

建设项目环境管理 2011年，共审批建设项目环评文件1.5万项，比上年的12953项增加2317项（增长17.9%）；建设项目竣工环保验收3900项，比上年的2272项增加1628项（增长41.7%）；与有关部门共同组织对工业园区规划、水电开发规划、旅游总体规划等71项规划环评进行了审查。昆明绕城高速公路东南段、恩洪矿区煤矸石综合利用电厂"上大压小"新建工程等7个重大建设项目环评文件通过环保部审批。

辐射环境管理 2011年，全面开展各项辐射安全检查活动，全省共组织出动检查人员2580人次，对420家放射源使用单位、10家放射源销售单位进行了现场检查，涉及放射源1860枚；开展了安保用X射线装置专项检查活动，对全省147家使用单位，共计332台（套）安保用X射线装置进行了检查；强化核与辐射安全培训，对来自全省的220名核技术利用单位从业人员和126名辐射安全监管人员进行了培训；强化废旧放射源管理，全省共收贮废旧放射源159枚。

2011年省环保厅共办理辐射类行政许可事项191件，其中辐射安全许可证审批48项、项目环评审批49项、项目竣工环保验收3项、放射性同位素转让审批91件。

环境信访 2011年，省级处理群众来信（含传真、邮件、网上信访）179件，来信办结率达95%，其中办理省领导重要批示信访件3件；接待群众来访28批71人次，来访办结率达100%；办理省人大政协建议、提案64件，办结率达100%。

全省加强了'12369'环保投诉热线建设，2011年受理投诉9793件，办结9770件，办结率99.8%。回复"网上环保咨询"25件，答复"领导信箱"42件，网络信访办结率100%。"96128"政务查询热线受理54个查询、咨询问题，均按照办理时限给予了答复。

云南省生物多样性保护图片香港展 10月25～29日，云南省环保厅举办"云南生物多样性图片展"参加了在香港举行的"香港国际环保博览会"。展览共展出100多张图片，内容包含云南省特殊的地质地貌（如三江并流、梅里雪山等），特有的动物（如滇金丝猴、黑颈鹤等）和植物（大树杜鹃、华盖木等），内容丰富、画面精美的图片震撼了香港及国内外观众，特别是29号的公众开放日近千名中学生和香港市民观看了展览。展览达到了宣传、展示云南生物多样性，让外界了解云南各族群众为保护生物多样性所做工作和贡献的目的。

（王丽达）

云南省生物多样性保护图片香港展（省环保厅 提供）

Biological Resources Development

生物资源开发

概述 2011年，全省在遭受严重干旱灾害情况下，全省上下按照省委、省政府的部署和要求，以科学发展观为主题、加快转变发展方式为主线，一手抓抗旱救灾，一手促产业发展，圆满完成和超额完成了年初下达的生物产业责任目标任务，整个生物产业发展的速度、质量和效益都有较大提升。据统计，全省生物产业总产值突破4000亿元达4344亿元，比上年增614亿元，增16.5%。主要特点：(1) 基地建设得到新加强。如临沧市大力做优茶叶、甘蔗、橡胶、核桃、烤烟、澳洲坚果、生物药材、木薯、膏桐等优势生物产业基地，全市原料基地面积达1400多万亩，比上年增加148万亩，增11.8%；玉溪市大力发展热区冬春早菜和高海拔温凉地区的夏秋反季蔬菜，蔬菜种植面积达85万亩，比上年增加3万亩，蔬菜出口基地被商务部评为云南省第一家"国家外贸转型升级示范基地"；红河州在年初全州大范围遭受长时间低温寒害灾情的情况下，积极安排救灾资金600万元，各有关部门深入到生物企业和优势生物产业种植基地指导生产自救工作，把灾害影响降到最低，生物产业原料产品产量达567万吨，比上年增62万吨，增12.3%；德宏州在2010年获得"中国咖啡之乡"的称号后，2011年又积极组织开展了"中国坚果之乡——盈江"的申报工作，并于2011年12月获得中国特产之乡组委会的授牌；怒江州生物产业基地种植面积达154万亩，比上年增加48万亩，增45.3%。2011年，全省生物产业种植面积达到1.02亿亩，比上年增5.58%；农业产值2176.96亿元，比上年增268.96亿元，增14.1%。(2) 精深加工迈出新步伐。各州市和省直各有关部门把建设生物产业加工园区作为促进产业精深加工发展的突破口，相互配合，积极协同，努力创建产业聚集度高、核心竞争力强、专业化分工特色显著的生物产业加工示范园区，有效的引导技术、人才、资金等生产要素向加工园区聚集，提升了生物产业的精深加工水平。文山三七产业园区，通过多部门共同努力，园区累计完成投资8.53亿元，已有7个企业11个项目入园，其中6个项目竣工投产，园区实现工业总产值4.47亿元，同比增长8.75%；销售收入12.85亿元，增长27.71%；实现税利0.99亿元，增长18.47%。2011年，全省从事生物企业6243个，从业人员达140.15万人；中型以上企业利税总额达916.86亿元、同比增19.95%；固定资产投资达157.27亿元，增33.45%；全省生物产业工业产值达2167.34亿元，增18.95%。(3) 市场开拓有了新发展。昆明市大力推进中国昆明国际农产品物流中心、云南农产品电子交易中心等11个综合性、专业性市场建设；丽江市积极鼓励企业发展直供直销、网络营销等新型销售模式，全市生物产业省外国外直销网点达107个，比上年增加16个，增17.6%；保山市出台政策，对获得中国驰名商标、云南省驰名商标、云南名牌称号和被列为国家外贸出口重点支持的生物企业给予奖励；迪庆州采取系列措施积极组织生物企业发展出口贸易，生物产业出口取得大的突破，全年出口创汇800万美元，比上年的479万美元增321万美元，增67.01%；曲靖市贯彻落实"质量兴市"战略，在全市开展创建马铃薯、蔬菜、畜牧、水产养殖加工等4条现代生物农业质量走廊活动。2011年，全省生物产业销售收入达2935.76亿元、同比增26.04%；出口额达18.77亿美元，增31.26%。(4) 引资引智取得新成绩。西双版纳州在第十四届"澜沧江·湄公河次区域经济合作西双版纳边境贸易旅游交易会"上，首次单独设立生物产业综合展区，突出推介生物产业；昭通镇雄县通过积极努力，引进中国品牌500强企业雨润集团入驻镇雄，已达成初步合作协议；普洱市围绕普洱茶生产加工与吉林大学生命科学院、北京师范大学、云南大学、云南农大等高校和科研机构开展合作，大力引进人才，科研攻关取得显著成效，在普洱茶功能和产品研究方面已取得15项国家专利和知识产权保护；楚雄州采用以商招商的方式大力开展招商引资工作，取得明显成效，全年全州优势生物产业招商引资实施项目70多项，占全州招商引资项目总数的20.9%，实际到位资金24亿元，比上年增长15.38%；大理州招商引资取得较大突破，全年完成引进资金8.21亿元，比上年的5.66亿元增45%。2011年，全省生物产业招商引资达成签约项目875个，协议引进省外、国外资金867.74亿元、同比增249.1亿元，增长40.27%；生物产业招商引资实际到位资金219.18亿元，增74.76亿元，增长51.45%。同时，通过举办云南生物产业科技成果展示交易会和招聘生物产业高层次人才工作的开展，促成了51项科研成果的转化应用。

省政府出台发展生物产业重大举措 2011年，省政府出台《关于贯彻落实国务院促进生物产业加快发展若干政策的实施意见》，提出了"十二五"及今后一个时期全省生物产业的政策目标和发展重点，从发展壮大生物企业、大力促进自主创新、扩大对外交流合作、加大财政支持力度、落实税收优惠政策、积极拓宽融资渠道、完善用地保障措施、创造良好市场环境、强化生物资源开发保护管理、加强生物产业发展组织领导等方面提出60条具有很强针对性和操作性的政策措施。《实施意见》的出台和贯彻落实，有力地促进了全省生物产业又好又快发展。

招商引资引智 2011年，省政府发展生物产业办把招商引资引智工作作为促进生物产业加快发展的重要环节来抓，在创新模式、强化管理、深化服务上下工夫，利用媒体推广、参会参展、举办招商会等各种形式组织开展好生物产业引资引智活动，健全重大招商引资项目跟踪服务、工作目标倒逼管理机制，积极引进国内外有实力、有市场的大企业大集团参与生物资源开发，借助社会资金和先进技术推进优势生物产业快速发展，经过积极接洽，促进广东省上市企业广州香雪制药股份有限公司到迪庆州投资设厂发展玛咖产业和开展中药材经营，已初步达成合作意向。同时，还积极牵头完成了在广东深圳召开的第五届中国生物产业发展大会的组团参展工作，省农科院、省林科院、省微生物研究所、省食用菌研究所等10家生物技术科研机构和15户生物企业参加了会议和展出，交流了生物产业发展经验和做法，推介了全省的特色优势产品。在搭建生物产业交流合作平台中，注意协调和配合相关部门搞好生物产业引资引智工作，围绕"桥头堡"建设，促进生物产业的交流与合作，争取引资引智创造佳绩，为全省开创开放工作新局面增光添彩。围绕实施"特色优势产业人才聚集工程"，配合省委组织部、省人力资源和社会保障厅做好生物产业领域的人才引进工作，研提生物产业领域人才引进对策措施供上级机关决策参考，并到山东大连开展了招聘活动。通过做好生物产业人才需求情况的收集建库、人才延引与推荐工作，2011年，共有14人到生物产业领域需求单位报到工作。

生物产业发展规划编制 2011年，按照省政府要求，省发展生物产业办成立云南省生物农业和生物林业"十二五"发展规划及重点产品目录起草工作组，组织开展了调查研究和起草工作，牵头编制了全省生物农业"十二五"发展规划、生物林业"十二五"发展规划和生物产业"十二五"重点发展产品目录，并通过了由省发展改革委牵头组织的专家及省级部门评审。同时，还启动了生物制造、生物环保两个规划的编制工作，并开展了初步的调查研究。

政策法规建设 2011年，省政府发展生物产业办会同省政府法制办，进一步加强与有关部门的立法工作协调，积极准备，先后组织人员深入昆明、玉溪等地调研，抓好《云南省生物产业发展条例》的立法研究制定工作，形成了法规草案文本初稿，并按程序征求州市和省级有关部门的意见，完成条例草案制定的立法课题研究工作，转入立法程序。《条例》的制定，力求以地方法规促进资源的有效保护、产业的有序开发，同时保障全省生物安全和生物产品质量安全。该项立法属创制性立法，没有国家的上位法律依据，在国内各省区市中也是第一家。条例的颁布实施，必将有力保障全省生物产业的健康持续发展，并发挥不可替代的作用。

典型示范 2011年，省政府发展生物产业办按照"调优一产、调强二产、调快三产"的要求，努力培植优势特色产业，培育新的经济增长点。在深入广泛调研的基础上，形成了我省《关于发展玛咖产业的调研报告》，着手策划、规范和促进玛咖产业的发展，培育新的生物经济亮点。按照"扶优扶强扶特"、抓典型树示范发挥辐射带动作用的原则，充分发挥省级财政发展生物产业专项资金"四两拨千斤"的作用，在年初制定了项目资金申报指南，积极组织开展特色优势生物产业项目申报。在征集各州市意见、收集州市上报扶持项目的基础上，认真筛选确定并抓好一批重大项目建设，以重大项目实施为抓手，加强"一企一策"的研究指导服务工作，做到每个优势产业均认真研究并筛选一批带动性、示范性强的项目，以州市为单位，实行挂钩联系制度，集中精力，搞好服务，实施跟踪问效，加大项目申报和资金投入使用的规范力度，加强项目资金投入使用绩效评价与管理，强化项目建设，以大项目为带动，促进生物产业加快发展。2011年在全省筛选、扶持建设了84个生物产业重点项目，并努力争取各级政府增加对生物产业的财政投入，集中力量支持骨干龙头企业发展和产业化重大项目建设。一大批生物产业重大项目的建设，进一步培育壮大了生物产业龙头企业，有力促进了生物产业持续快速健康发展。

云南省生物产业科技成果展示交易会 2011年6月上旬，省政府举办云南省生物产业科技成果展示交易会，集中展示了全省生物产业领域科研单位的最新研究成果和先进实用技术，为科研机构和企业搭建了交流合作平台，促进了先进实用科技成果的转化，增强了科技对生物产业的支撑引领作用。此次展示交易会参展科技项目105个，会上组织了省内8个科研单位、5个大专院校和15个企业的70项科技成果在展出中进行洽谈交易，其中达成了51项科技成果项目的交易合作协议，促成了31项科技成果的转化应用。通过展示交易会的探索和实践，拓展了生物企业与科研单位密切合作的有效途径，促进了科技研发与生产应用的无缝对接和有机衔接，对加强产业链条的精深加工环节，提升生物产品精深加工水平，发挥了积极作用。

（黄清祥）

主　　编　车光杰
责任编辑　代燕春

CONSTRUCTION OF NEW COUNTRYSIDE
新农村建设

图片由曲靖市志办 提供

Summary 综述

概述 2011年是"十二五"的开局之年，全省遭遇了三年连续干旱，造成农业直接经济损失80亿元。面对干旱，云南动员全省力量集中抗旱，开源与节流并重，临时性与长效性机制并举，从干旱造成的生产困难、饮水困难两大难题出发，以确保饮水安全为首要任务，通过合理开发利用地下水、送水等措施，保障旱区群众生活用水。同时，通过调整种植结构、生物抗旱、避开重灾期等方式，力保旱区农业生产，缓解因灾损失。在连续三年干旱的背景下，云南新农村建设进一步推进，启动实施了《2011～2020年农村扶贫开发纲要》《"十二五"兴边富民工程》《加快少数民族和民族地区发展"十二五"规划》《扶持人口较少民族发展规划》，加快重点扶贫开发工程建设，实施1万个贫困自然村的整村推进和25个贫困乡的整乡推进，开展了6个县的"县为单位、整合资金、整村推进、连片开发"试点工作，贫困地区群众收入持续增加，增幅高于全省平均水平。

农业生产 2011年，云南省全年粮食产量达1755.6万吨，增产105.6万吨，在连续三年遭受严重旱灾的情况下实现"九连增"。农民人均纯收入达到4722元，实际增长13.9%，与城镇居民人均可支配收入实际增长10.3%相比，增幅高出3.6个百分点；与城市居民人均可支配收入18576元比，从2010年的1∶4.07下降到1∶3.93，城乡差距进一步缩小。

农村基础设施建设 2011年，云南深入实施"兴水强滇"战略，扎实推进润滇工程建设，新开工骨干水源工程41项，新建成35座中小型水库、45万件"五小水利"工程，实施51个小型农田水利重点县建设，完成中低产田地改造357万亩，解决299万人的饮水困难和饮水安全问题。完成500个村的村容村貌整治，1500个新农村省级重点村建设，新建农村户用沼气池15.6万个，节柴改灶12万户；实施1.7万个自然村道路硬化，新建改建农村公路1.6万千米；独龙江公路改建工程开工，建成了部省共建"溜索改桥"拉马底示范工程。

高原特色农业 2011年，全省特色农业产业进一步发展，主要表现：(1)特色农业产业发展迅速。蔬菜、咖啡等农产品产销两旺，肉、蛋、奶等畜牧和水产发展势头良好、供给充裕。冬季农业开发面积超过2200万亩，产值突破180亿元。组织开展了"十优强县"创建、"百县百园"创建和生猪规模化养殖百万工程建设。创建完成"十优强县"65个、现代农业示范园52个、年出栏万头以上的生猪标准化规模养殖场50个。创建畜禽标准化示范场50个，园艺作物标准园23个，启动实施了577个生猪、奶牛标准化养殖场（小区）建设。宣威市现代农业示范区建设进展顺利，石林台湾农民创业园、曲靖（国际）农业食品科技示范园进入了国家产业化示范基地。(2)农业产业化进一步发展。全省新增2亿元省级财政专项资金、统筹整合10亿元涉农资金，扶持农业龙头企业发展。新增省级龙头企业114户，全省农业龙头企业达2400多户，实现销售收入872亿元。新增农民专业合作社2092个，建成52个省级现代农业示范园，启动实施577个生猪、奶牛标准化养殖场建设；完成木本油料种植面积560万亩。2011年1至11月，全省通过农超对接的生鲜农产品销售量达33692.78吨，销售额4.78亿元。(3)特色农业国际竞争力初显。2011年云南省农产品进出口总值为28.4亿美元，比上年（下同）增长30.8%。其中，出口17.6亿美元，增长34.9%；进口10.8亿美元，增长24.8%。2011年12月单月进出口额超3亿美元，创全省农产品外贸历史新高。其中特色农产品出口稳定增长，累计创汇占农产品出口七成以上比重。2011年，"云烟"累计出口4.5亿美元，增长17.9%；"云茶"出口2082万美元，增长20.8%；"云菌"出口1.2亿美元，增长26.6%；"云花"出口3899万美元，增长35.4%；咖啡出口1.3亿美元，增长49.9%。

农村社会事业 2011年，全省农村社会事业进一步发展：(1)农村教育事业发展迅速。出台《云南省学前教育三年行动计划（2011～2013年）》，大力发展农村学前教育，新建扩建农村幼儿园380所。新建、改扩建一批乡镇中心幼儿园，新建一批双语幼儿园，创建一批省一级示范幼儿园，逐步完善县、乡、村三级学前教育网络，培训农村幼儿园园长和骨干教师2000名。出台《云南省人民政府关于促进义务教育均衡发展的实施意见》，逐步解决县域内城乡校际间差距，加大改造薄弱学校力度，在38个县（市、区）开展义务教育均衡发展的改革试点。加快发展面向农村的职业教育。全年培训500万人次的任务。(2)卫生事业发展迅速。全省投入44.63亿元，建设乡镇卫生院1088个、村卫生室6932个、社区卫生机构249个，基层医疗卫生条件逐步改善；新农合参合率稳定在96%以上，人均筹资水平从2010年的140元提高到230元。基本药物制度实现基层全覆盖，公立医院改革试点有序推进。(3) 抗旱救灾保民生顺利推进。全省各级筹集投入抗旱救灾资金7.52亿元，376万人投入抗旱救灾，投入1800眼机电井、3359处泵站、12.8万台（套）抗旱机动设备，出动机动运水车辆8.5万辆（次），抗旱用电2453万度、用油3864吨，临时解决291.6万人、161万头大牲畜饮水困难，实现抗旱浇灌面积802万亩次。(4) 农村劳动力转移就业成绩喜人。云南省深入实施“农村劳动力转移就业特别行动计划”两年来，依托阳光工程、雨露计划、春风行动、乡村流通人才等转移培训工程，以定点和定向培训为主，以劳动力需求较大的行业为主，不断提高农村劳动力转移就业实践技能。一方面开展专业技能培训，提高农民就业技能和融入城镇的能力；另一方面抓住农业部门实施“3699工程”、推动现代农业发展的有利时机，开展技能培训和创业培训，增强农民就业能力、创业能力和辐射带动能力。2011年，全省共培训农村劳动力137万人，组织各类招聘会1008场，分别占计划数的137%和200%。通过积极开展农村劳动力培训工作，极大地带动了农村劳动力转移就业，截至2011年底，全省累计转移农村劳动力达850多万人。2011年，云南省劳动力转移新增116万人，全省农民人均工资性收入达到1130余元，比上年增加200多元，增长22%。目前，云南省已创建26个农村劳动力转移就业示范县，逐步形成了“会泽家政”“佤山艺人”“临沧保姆”“鹤庆银匠”等劳务品牌。(5) 全省新农保和城镇居民社会养老保险试点扩大到99个县市区，1325.7万人参保，43.5万被征地农民得到养老保障。

森林云南建设与生态环境治理 2011年，全省完成营造林1060万亩，为计划的1.63倍；改造中低产林407万亩，实现林业产值670亿元，同比增长16.5%。全省1.78亿亩国家级和省级公益林全部纳入生态效益补偿或天保工程森林管护补助范围，并将省级公益林补偿标准由5元提高到10元，达到国家标准，省级以上公益林实现了同等标准补偿和管护补助全覆盖。同时，森林政策性保险范围大幅扩展，森林火灾保险试点由昆明等5州市扩大到15州市，投保林地面积达3.26亿亩，涉及林业经营者820万户。深入开展“七彩云南保护行动”，新增治理水土流失面积3250平方公里，石漠化治理工程顺利开展。启动“滇西北生物多样性数据库”建设，完成西双版纳生物多样性保护廊道示范项目。九大高原湖泊水污染防治力度加大，滇池水体恶化的势头进一步得到遏制。加强耕地保护和土地整治，地质勘查和矿产资源开发利用取得新进展。

困难和挑战 2011年，在全省新农村建设取得巨大成就的同时，有两个挑战值得关注：一是农村出现“空心化”。为了应对连年干旱，深入贯彻“农业损失务工补，田里损失田外补”的抗旱保民生思路，2010年3月全省开始实施“云南省农村劳动力转移就业特别行动”，“特别行动”每年促成200万以上旱区农村劳动力转移就业，进一步加剧了全省农村的“空心村”。农村的“空心化”使农村缺少青壮年劳动力，导致农村抗旱自保能力不足。同时，农村“空心化”可能进一步加重干旱对农产品有效供给的影响。二是干旱对生态环境的影响，连年的干旱对全省人工造林造成了巨大影响。据林业厅统计，近3年新造林地受灾、报废面积大，三分之一以上需要补植补造；同时，干旱导致部分林木旱死，2011年干旱导致全省林地受灾总面积1476万亩、报废面积337万亩；此外，干旱导致全省森林火灾、虫灾频发，全年全省发生108起森林火灾，发生林业有害生物466.56万亩，成灾率5.8‰，诸方面的影响，可能导致全省森林的“绿色水库”功能退化。

（郑宝华　崔江红）

昭通市昭阳区因旱绝收的玉米（省社科院农研所　崔江红　摄）

Agriculture and Rural Economy

农业和农村经济

概述 2011年，全省农牧渔业总产值达2055.4亿元，突破2000亿元大关，同比增26%，增幅高于“十一五”年均增幅12个百分点。其中：种植业产值1117.4亿元，增20.7%；畜牧业产值808.2亿元，增37.3%；渔业产值57.6亿元，增19.9%；农产品加工产值1042亿元，增18.8%。农牧渔业增加值达1235.7亿元，同比增26.2%，其中：种植业增加值738亿元、畜牧业增加值435.8亿元、渔业增加值21.4亿元、农产品加工增加值280亿元、乡镇企业增加值1676亿元。

农业投入和支农惠农政策 2011年，全省争取农业投入68.72亿元，其中：中央农业投入52.81亿元，省级农业投入15.91亿元，比上年净增11.27亿元，增幅18.5%。2011年全省种植业保险承保面积达852万亩。其中：水稻334万亩，玉米323万亩，油菜85万亩，青稞8万亩，甘蔗102万亩。畜牧业保险包括能繁母猪及奶牛等品种。

农业科技 2011年，全省组织实施水稻等8个产业技术体系建设，审定品种58个，研发新技术48项，新品种75个；示范推广面积1149.15万亩，示范推广种猪1184头，商品猪25.56万头；示范推广奶牛5000头。新增产值19.95亿元，培训技术人员和农户38.9万人次，良种覆盖率95.6%，良法覆盖率94.3%。争取了国家产业技术体系17个岗位科学家、49个综合试验站站长岗位，为农科人员搭建了工作平台和与外界沟通交流的渠道。组织实施了超级稻研究与推广协作，推广超级稻楚粳27号155万亩，平均亩产673.26千克，新增产值2.2亿元。推广楚粳28号180万亩，平均亩产733千克，新增产值3.94亿元，成为超级稻后备品种。两个品种新增产值6.14亿元。2011年，全省共完成高产创建示范745片，示范面积741.4万亩，辐射带动3483.44万亩，超计划483.44万亩，实地测产增产粮食53.27万吨，全省推广测土配方施肥4762.06万亩。2011年，全省推广水稻精确定量栽培204万亩，平均亩增产稻谷60多千克，亩节省用种0.5～1千克，节省氮肥用量3～5千克，同时通过干湿灌溉管理和薄水勤灌技术，每亩可节约灌溉水30%～40%，该技术的应用实现亩节本20元左右。全年全省高产创建实现增产粮食53.27万吨，每千克粮食按2元计，可实现新增产值10.65亿元。在全省16个州市完成生物可降解膜试验42组，推广250吨，示范面积3.18万亩。在6州市9县启动德国生物菌剂试验示范347亩。推广水稻简化育秧技术25万亩、免耕栽培18万亩，收集保存马铃薯优良品种66个。全省新增稻麦联合收割机856台、水稻插秧机321台。全年新建设施大棚2650余亩，示范带动农户建设1500亩；新增机械化节水灌溉设施1.45万亩，示范带动农户建设1.2万亩。组织360个乡镇农技推广机构实施条件建设。组织30个县实施农技推广示范县工程，建设试验示范基地300个，培训指导员3000名，培育示范户3万个。推广新品种642个（次）、推广新技术451项（次）；示范户种粮增产3024万千克，养殖增产1.54万吨，新增产值4.89亿元；培训技术人员和农户人次数57.7万人次；良种覆盖率97.1%，良法覆盖率96.31%。评出推广奖100项，近1800名农技人员和成果受到表彰。组织农校参加全国职业技能大赛，获得10个优秀奖。组织36个县开展新型农民科技培训，培训农民2.1万人，推广新品种116个（次），推广新技术276项（次）。农业植物新品种保护累计申请新品种保护247件，获得授权74件，排全国第十一位。

农业产业结构调整 2011年，全省组织开展“百县百园”创建、休闲农业示范创建。共创建现代农业示范园75个。宣威市国家级现代农业示范区建设进展顺利，嵩明县、砚山县被新认定为国家级现代农业示范区。石林台湾农民创业园、曲靖（国际）农业食品科技示范园被农业部认定为国家产业化示范基地。认定休闲农业示范企业28个，罗平县被认定为国家级休闲农业示范县，西双版纳傣族园等3家企业被认定为国家级休闲农业示范点。对16个咖啡生产基地县、15个橡胶生产基地县给予了重点扶持。实施了中低产茶园改造56万亩、中低产蔗园改造1万亩、中低产桑园改造10万亩。冬季农业开发完成2234.9万亩，完成计划任务的101.6%，同比增225.2万亩，增11.2%；实现农业产值184.6亿元，比上年增加48.3亿元，增35.4%。新启动建设了568个生猪标准化规模养殖场，组织实施了生猪标准化规模养殖“百万工程”，建设完成了52个年出栏万头以上猪场。新建存栏100头以上的肉牛规模养殖场158个，新建存栏100只以上的肉羊规模养殖场265个。全年农田地种草推广种植完成55万亩（其中推广苜蓿等优质耐旱牧草20万亩），建成4个引种试验基地，共进行引种试验117个品种，已筛选出18个适宜在云南推广的优质牧草品种。

种植业 2011年，全省粮食播种面积达到6696万亩，同比增48.2万亩；粮食总产量1755.6万吨，增加105.6万吨。全省冬季农业开发面积达到2235万亩，同比增225万亩，增11%；实现农业产值184亿元，同比增48亿元，增35%；覆盖农民3416万人，增加268万人、增8.5%，人均收入达到540多元，同比增107元，增25%。全省蔬菜播种面积达1160万亩，产量达1560万吨，同比分别增3.7%和4.7%；综合产值达到450亿元以上，其中农业产值230亿元。马铃薯种植面积1008万亩，产量1125万吨，实现农业产值154亿元，同比分别增长2%、1.8%和13.2%，居全国第三位。甘蔗种植面积480万亩，产量2000万吨，实现农业产值85亿元以上，同比分别增长10.1%、13.6%和45.3%，居全国第二位。桑园面积142.19万亩，产鲜茧4.3万吨，农民卖茧收入14.8亿元，同比分别增长7.62%、4.19%、7.5%和23%，位居全国第五位。水果面积509万亩，产量达460万吨，同比增长33%和16%；实现农业产值72.8亿元左右。油菜面积430万亩，产量达到48.2万吨，同比增90.5%。全省咖啡面积达到92万亩，增42.31%；产量6.5万吨，增31.78%；年均价同比上涨36%，最高价达40.7元／千克，创出全省咖啡种植以来新高；亩均产值达到3468元，增23.7%。橡胶面积达到795.4万亩，增7.9%；干胶产量38万吨，增14.9%；面积、产量均超过海南跃居全国第一；年均价上涨17.4%；亩均产值达到3190元，增22.7%。茶叶面积565万亩，增2%；产量24.5万吨、增18%；年均价上涨10%；亩均产值达到1228元，增25.8%。甘蔗面积480万亩，增4%；产量2000万吨，增12.4%；年均价上涨38.7%；亩均产值达到1700元，增28.6%。蚕桑面积140万亩，增3.5%；产量4.3万吨、增7%；鲜茧年均价上涨54.2%；亩均产值达到1500元，增12.8%。香蕉种植面积110万亩，产量146万吨。

养殖业 至2011年底，全省共建设存栏100头以上肉牛规模化养殖场（小区）1068个，存栏100只以上肉羊规模化养殖场（小区）5759个，其中2011年新建存栏100头以上的肉牛规模养殖场（小区）285个，新建存栏100只以上的肉羊规模养殖场（小区）1561个。全省生猪出栏4992万头，增7.3%；产值514亿元，增4.5%。外销生猪970万头，增15%。肉牛出栏331万头，增5.6%；产值80亿元，增19%。肉羊出栏711万只，增4.7%；产值35亿元，增15.4%。水产养殖面积175.5万亩，增8%，产量55万吨，增14%。肉类总产达522万吨，增6.9%。禽蛋产量达到40万吨，增10.7%。奶产量达到66万吨，增5.1%。

农业机械化 2011年，全省新增农机总动力217万千瓦，增长9%；新增农机作业面积1118万亩，增长20%。全省农机化综合水平达36%，比上年增加4个百分点，高于全国平均增幅2个百分点。在购机补贴政策的推动下，全年新增农机具50余万台，大中型拖拉机、联合收割机增幅达8%、23‰以上，山区微耕机、经济作物、畜牧养殖特色机械发展迅速。师宗、禄劝、盐津3个县被农业部、国家安监局授予“平安农机”示范县称号。

农产品品牌 2011年，全省完成“云南六大名猪、六大名牛、六大名羊、六大名鸡、六大名鱼”评选认定活动。在全省范围内组织评选认定云南高上高农业科技发展有限责任公司的“高上高”牌有机猪肉等54个产品为“云南名牌农产品”。通过争取昆明市呈贡区斗南镇斗南村（鲜切花）、开远市乐白道办事处乐白道村（蜜桃）、砚山县维摩乡倮可者村（辣椒）和沾益县大坡乡大坡村（万寿菊）4个村镇列入农业部第一批“全国一村一品示范村镇”。

农产品出口 2011年，全省举办、参加了第九届中国国际农产品交易会、香港美食博览会、第七届泛珠三角区域经贸合作洽谈会、云南优质生态农产品香港推介会、云南省特色优势农产品北京推介展、第七届昆明泛亚国际农业博览会，加大农业对内对外招商引资力度。据海关数据统计，全省全年实现农产品出口17.57亿余美元、83.42万吨；比上年同期分别增34.9%和22.3%，农产品出口全年实现西部省区第一。蔬菜（食用菌、松茸除外）、烟草、咖啡、食用菌（松茸除外）、松茸、植物精油、茶叶等传统大类出口农产品完成14.22亿美元，56.43万吨，同比分别增长30.7%和25.5%，占全省农产品出口总额的80%。其中全省咖啡出口3.05万吨，出口额1.34亿美元，分别比上年增长2.55%和50.5%；水果、坚果及其产品出口1.92亿美元，同比增61.5%，出口16.04万吨，同比增20.5%；花卉出口4695万美元，同比增加7%，出口1万余吨，同比增22.5%；马铃薯出口3749万美元、6.37万吨，出口额及出口数量同比分别增长115.1%和93.7%。对东盟、欧盟、北美及拉丁美洲、香港及日本5个重点市场出口合计完成17.04亿美元，同比增长44%，占同期全省农产品出口总额的96%。其中：对东盟出口9.21亿美元，65.9万吨，同比分别增43.6%和27.1%，出口金额占全年出口合计比重52.4%；对欧盟出口3.39亿美元，同比增23.5%，占合计比重的19.3%，出口数量7.36万吨，同比减少5.9%；对北美及拉丁美洲出口1.41亿美元、1.95万吨，金额同比增44.8%，数量减少8.8%；对日本出口1.12亿美元、数量1.47万吨，同比分别增长18.6%和11%，占全年全省出口金额的6.4%；对香港出口8664万美元、2.68万吨，同比分别增27.7%和102.6%，出口金额所占比重为4.9%。

农民增收 2011年，全省农民人均纯收入达到4722元，同比增加770元，扣除物价因素实际增长13.9%，高于全国平均水平2.5个百分点。农民人均纯收入绝对值和增加额均创历史最高水平。其中：家庭经营收入达到2966元，增456元，增幅18.2%；工资性收入1139元，增209

元，增幅22.5%；转移性收入398元，增63元，增幅18.8%；财产性收入219元，增42元，增幅23.7%。

农村劳务经济 2011年，省委、省政府在全省深入实施“农村劳动力转移就业特别行动计划”，促进农民持续增收和农村劳务经济又好又快发展。全年全省共培训农村劳动力126.24万人。其中：农业部门培训农村劳动力61万人，农民创业培训830人；举办各种形式的招聘会898场，新增转移就业132万人，返乡65万人，净转移就业67万人。截至2011年底，累计转移就业农村劳动力857万人。其中：农业部门举办招聘会320场，新增转移就业41.3万人。2011年，全省农民人均工资性收入超过1130元，达到1139元，较上年增加209元，增幅达22.5%，占农民人均纯收入的24%。

农业产业化经营 2011年，全省安排7570万元的“农业产业化”和“乡镇企业”项目资金，扶持了44个龙头企业项目；完成了新增2亿元农业产业化项目的扶持方案，扶持了63个县和83个龙头企业。加强与省金融办的配合，完成200亿元专项贷款。全省农业龙头企业由上年的2296户增加到2410户，其中百强企业中农业龙头企业占10户。龙头企业实现销售收入1016亿元，销售收入1亿～5亿元的龙头企业由98户增加到109户，5亿～10亿元的龙头企业由10户增加到14户，10亿元以上的龙头企业由9户增加到12户。争取认定国家级重点龙头企业7户、国家农业产业化示范基地2个、国家农产品加工示范企业10户和国家休闲农业示范县1个、示范点3个。认定省级重点龙头企业91户。取消9家省级重点龙头企业资格。

农产品加工 2011年，全省农产品加工业总产值突破千亿元大关，达到1123亿元。云南茅粮酒业集团有限公司等10户农产品加工企业被认定为全国农产品加工示范企业。

农民专业合作组织 2011年，全省农业产业化经营组织达4613个，龙头企业达到2410户。其中省级重点龙头企业由298家增加到380家，龙头企业固定资产达到486亿元，比上年增长21%，龙头企业实现销售收入1016亿元，增长38%。农业产业化龙头企业带动种植基地5279万亩，带动畜禽养殖11746万头（只），带动养殖水面面积44万亩，带动农户586万户，带动基地农户增收124亿元。 2011年，全省经工商注册登记的农民专业合作社达11349个，注册成员28万，注册资金83.8亿元。农民专业合作社覆盖全省16个州市129个县（市、区）。

农产品质量 全年全省新启动20个县区农产品质检体系建设。组织6个州市农业检测机构通过了省级检测机构资质认定。创建14个“农业标准化示范县”、5个“农业标准化示范企业”。认定无公害农产品产地1012万亩，无公害农产品产地复查换证单位17家，产地50个，换证面积635万亩。新认证“三品”企业128家，“三品”262个，认证面积72万亩，畜禽养殖规模272万头（只／羽），年总产量108万吨，年总产值37亿元。“三品”复查换证企业74家产品148个，换证面积78万亩，畜禽养殖规模29万头（只／羽）。2011年，全省获得农业部农产品地理标志登记证书6个，保护种植（养殖）区域范围面积29.71万公顷。全年共计受理绿色食品企业年检113家产品261个。全年农产品综合抽检合格率达97.7%。其中：畜产品99.5%，蔬菜94.7%，水果98.8%，茶叶100%，水产品94%，食用菌100%。

农业生态环境 2011年，九湖流域投入近2000万元，开展地膜回收利用、蔬菜清洁生产技术示范。在瑞丽等39个县布设418个监测点，组织德宏等4州（市）开展外来有害入侵生物综合防治示范和应急防除，防除薇甘菊4.89万亩，挽回经济损失1000多万元。全省共筹措资金2154.24万元用于水生生物增殖放流，全年共投放各类鱼苗5754.2万尾，其中，淡水经济鱼类5588.9万尾、珍稀濒危鱼类165.3万尾。在九大高原湖泊区域推广秸秆利用“双室堆沤池”1.5万个，“三室堆沤池”2000多个。在滇池、异龙湖流域共完成测土配方施肥10万余亩，肥料利用率提高3%～5%。开展了普通野生稻、古茶树等41种濒危农业野生植物资源分布状况调查，建立了11个农业野生植物原生境保护点。

动植物疫病疫情防控 2011年，全省已建立专业化统防统治合作组织1121个，经工商和民政部注册登记

文山州砚山县党员捐建的爱心水窖（省社科院农研所 崔江红 摄）

的专业化统防统治合作组织292个，并开展多种模式农作物病虫害专业化统防统治服务。全省开展植物产地检疫80余万亩次，植物调运检疫12.5万批次，苗木近1000多万株，种子及其他农产品1000多万吨，国外引种282批次（其中苗木217批次，62.964万株；种子65批次，842.81千克）。2011年，全省没有发生区域性重大动物疫情，重大动物强制免疫密度达95%，免疫抗体合格率达70.7%以上。全省创建动物防疫整村推进示范县已达24个，示范乡镇达365个。全省129个县（市、区）、1316个乡（镇）、11.86万个村都开展了产地检疫，开展面达100%。实施产地检疫动物8534.2万头（只）、同比增52.84%；屠宰检疫4959.5万头（只），增42.53%。其中规模养殖场和养殖小区动物产地检疫率达到100%。监督检查出省猪牛羊1189.9万头（只），查出不合格动物2.2万头（只），全部做了无害化处理，耳标佩戴率达到100%。全省实施畜产品中兽药残留抽检632批，合格率99.84%。抽检兽药产品1531批，278批为假冒合法企业假兽药，进入检验环节1253批，合格965批，合格率77.02%。实施瘦肉精专项检测1.05万头份。组织开展盈江地震灾区紧急强制免疫牲畜4.9万头，无害化处置因灾死亡畜禽2.7万头只，消毒面积35.3万平方米。

农村改革和发展 2011年，全省深入开展农村土地延包后续完善工作，全面落实承包地块、面积、合同、证书“四到户”。到年末，全省农村土地承包经营权证和承包合同书基本落实到户。2011年全省土地流转总面积达459.4万亩，比上年增20%。其中：转包118.7万亩，出租251.3万亩，互换28.8万亩，转让25.8万亩，股份合作9.1万亩，其他形式25.7万亩。转包和出租分别占全省家庭承包土地流转总面积的26%和55%。有10个县（市、区）建立农村土地承包经营权流转有形市场，85个乡（镇）建立了流转服务中心。全省有38个县成立了仲裁委员会，聘任仲裁员333人。全年全省仲裁庭共受理纠纷361件，裁决纠纷107件，调解纠纷194件。2011年全省农村集体资产总额427.08亿元。其中：货币资金135.7亿元，固定资产218.4亿元。农村集体资源总面积2.56亿亩，其中：集体所有农用地总面积2.4亿亩。全省已有1316个乡镇、2945个村实行了会计委托代理服务，分别占总数的96.6%和96.3%；代管集体资金总额达126.8亿元，占资金总额的93.4%。全省已实行财务公开的村委会1.34万个，占总数的99.5%；已成立民主理财小组并开展活动的村委会1.32万个，占总数的98.3%。村集体资产总额达427.08亿元，村均318万元，分别比上年的407亿元和303万元增长4.91%和4.23%。有经营性收入的村5712个，占全省总村数的42.5%，比上年的5279个增加8.2%。

农村能源 2011年，全省共新建农村户用沼气池15.5口。争取农村沼气建设项目中央资金2.59亿元，占全国投入的6%。其中：中央资金农村户用沼气7.75万口，大中型沼气工程20个，农村沼气乡村服务网点1200个。

（何　湘）

Water Resources Conservancy

水　利

概述 2011年，全省各级水利部门认真贯彻落实中央和国务院关于水利工作的精神，以省委、省政府《关于加快实施“兴水强滇”战略的决定》为指导，以超常规的举措和前所未有的力度加快推进水利基础设施建设，切实提升抗御干旱灾害能力和农业综合生产能力。全年争取中央投资76.4亿元，比上年增长53%；落实省级水利建设资金57.6亿元，增长44%；州（市）县级水利投资48亿元，增长60%。全省水利投资规模继2009年突破100亿元、2010年突破150亿元后，2011年突破200亿元，达到201.2亿元。在建重点水源工程达156个。全省共建成集中式供水工程8424件、分散式供水工程1.42万件，解决了251万农村人口和48.29万农村学校人口饮水安全问题。认真组织实施46个重点县、25个专项工程和3个重点县奖励工程建设项目，完成22.1万亩中低产田地改造任务；全年建成2146千米干支渠防渗工程和45.62万件山区“五小水利”工程。部省共建山区水利发展改革示范区深入推进，全年累计完成投资42亿元。全国第一批坡耕地水土流失综合治理试点工程圆满完成，水土保持小流域综合治理工程全面完成，全省治理水土流失面积3250平方千米，新实施生态修复面积6000平方千米；新增农村水电装机95万千瓦，中小水电装机容量达到1465万千瓦，27个电气化县全面启动，5个国家新批准的小水电代燃料项目全面实施，农村水电增效扩容项目稳步推进。

水利规划 2011年，全省“十二五”水利发展规划编制完成并经省政府印发执行。《规划》总结了“十一五”水利发展成就、分析了水利发展面临的形势，提出了“十二五”水利发展的总体思路、发展目标、建设任务、改革管理措施等。加快重点水源工程建设规划编制。完成《“十二五”大型水库建设规划和中型水库建设规划》的编制，积极协调水规总院、中咨公司，努力争取更多的项目进入全国规划，为下步争取国家支持提供依据。重点组织编制完成《西南五省（自治区、直辖市）重点水源工程近期建设规划（云南省）》环境影响报告书，并按照水利部、中国国际工程咨询公司、国家环保部的要求配合长江委及时进行了完善。积极完善省水资源综合规划、大江大河流域综合规划等编制工作。积极组织配合长江委、珠江委完善长江、珠江等六大流域综合规划修编及编制工作；组织完善《云南省水资源综合规划》修订工作；启动南盘江等6条跨州市重要支流流域综合规划；启动云南省水中长期供求规划、水利规划体系目录编制。力求通过各项规划的编制，为指导流域水资源利用、开发与保护提供科学指导。积极加强流域规划及制度建设。认真贯彻实施水利部印发的《水利规划管理办法》，认真总结水利规划执行情况，积极研究全省水利规划体系。努力完善水利工程规划同意书制度，在反复修改、召开听证会的基础上，为保障水利工程建设符合流域综合规划和防洪规划的要求，发布了《云南省水工程建设规划同意书制度管理实施细则》。

防汛抗旱 2011年旱情初现，全省各级水利部门见事早、谋划早、部署早，充分发挥部门职责，及时会商全省抗旱救灾形势，迅速启动并适时调整抗旱应急响应作出具体部署，派出多个工作组赴受灾较重地区检查指导抗旱救灾，积极主动向国家有关部委反映全省旱情和受灾情况，努力争取中央的支持，与相关部门一起，深入9个旱情突出的州（市），对责任制落实、应急方案编制、增蓄应急重点项目实施等情况开展了专项督促检查；反复认真深入研究安排抗旱增水源、饮水保安全具体工作，全面启动了121件增蓄应急重点项目建设；指导帮助灾区各级党委、政府组织群众开展扎实有效的抗旱减灾、生产自救工作。通过共同努力，全省各级筹集投入抗旱救灾资金11.87亿元，其中水利系统筹集投入8.77亿元，420万人投入抗旱救灾，累计临时解决385.1万人、203.2万头大牲畜饮水困难，实现抗旱浇灌面积829万亩次，确保了城乡供水安全，基本保证了全省工农业生产用水需求。

水源工程建设 2011年，全省在建重点水源工程达156个。牛栏江—滇池补水工程前期工作取得积极进展，工程规划已纳入国家“十二五”发展规划，可行性研究报告获得国家批复，初步设计报告和开工报告近期即可由水利部审批，工程建设全面加快，累计完成投资55.43亿元，2011年新增完成投资20.07亿元。新开工了41件骨干水源工程，已全部完成法人组建，水、电、路、导流输水隧洞等施工准备，工程全面启动。2007年开工的14件水源工程，永平大碱塘等3件工程完成竣工验收，其余11件工程完成工程建设任务，开始发挥效益。2008年开工的10件水源工程，永仁尼白租水库、石林团结水库扩建工程已全面完工，瑞丽芒林等5件工程主体工程完工。2009年开工的11件水源工程，陆良恨虎坝、彝良双河等2座水库大坝封顶，其余项目正加紧主体工程施工。2010年开工的42件骨干水源工程，祥云青海湖等3件工程主体工程完工，37件工程进入主体工程施工。2011年列入计划的8件中型病险水库除险加固工程全部开工建设。251座小㈠型病险水库除险加固主体工程全部完工，投入使用验收或竣工验收137座。408件重点小㈡型和300件一般小㈡型病险水库除险加固项目已进入全面实施阶段，有322座重点小㈡型和76件一般小㈡型项目主体工程完工；2012年700余件小㈡型项目前期工作正抓紧开展，部分已开工建设。

农村水利建设 2011年，全省下达饮水安全投资13.05亿元，其中中央投资10.05亿万元，省级投资1.91亿万元，州市配套1.09亿元。解决全省250.98万农村人口和48.29万农村学校人口饮水安全问题。完成2010年度第一、二批31个重点县和18个专项工程建设任务，完成投资7.31亿元，争取中央投资3.03亿元。中央已下达2011年度计划，投资6.33亿元，其中中央投资2.48亿元。2011年中央新增安排了全省第三批15个重点县和25个专项工程，并对腾冲等3个重点县给予了600万元的奖励，新增投资5.27亿元，争取中央投资2.23亿元。继续推进大型灌区续建配套和节水改造工程，2010年实施的12个大型灌区节水续建配套改造项目已全面完成，完成投资3.125亿元，争取中央投资2.5亿元。2011年，中央下达了全省8个大型灌区投资1.23亿元，争取中央资金0.98亿元。8个大型灌区已全部开工建设，完成投资3650万元。2010年立项实施的永善云荞、玉龙县玉龙等两个中型灌区总投资3883万元，其中中央财政资金1980万元。已完成投资3055.5万元，占总投资的79%。2011年立项建设泸西县金马坝和昌宁县枯柯河中型灌区，总投资3774.51万元，已全部开工建设，完成投资820万元，预计2012年4月底前可完成投资2050万元，完成总投资的54%。实施251座小㈠型病险水库除险加固工程，批准概算总投资15.73亿元，其中中央资金9.05亿元，省级资金2.11亿元，州（市）县级资金4.57亿元。截至12月底，所有项目全面开工建设。到位资金14.62亿元，其中中央9.048亿元，地方配套5.57亿元，完成投资13.76亿元，占总投资的87%，占到位资金的94.1%。2011年累计建成45.62万件山区“五小水利”工程，是全省计划数40万件的114%。其中小水窖285125件、小水池34215件、小坝塘1072件、小沟渠（管）13.29万件、小泵站（含机电井）2851座，完成投资47亿元。增加蓄水容积2806万立方米，解决和改善供水人口392万人，新增灌溉面积91万亩，改善灌溉面积223万亩。山区水利发展与改革示范区建设深入推进，共完成水利建设投资42亿元，建成各类水利工程21877件，改善、新增和恢复农田灌溉面积134.13万亩，治理水土流失面积2453.4平方千米。全力推进中低产田地改造建设，全年共完成投资3.09亿元，完成22.1万亩中低产田地改造任务、占计划221%。

水资源管理　2011年，全省加强取水许可管理工作，各级水利部门对取水许可审批程序、审批权限，水资源费的征收、管理和监督等进行了规范。始终坚持取水申请由行政许可受理中心统一登记备案，始终坚持严格《取水许可申请书》审查，始终坚持核发取水许可证进行现场核实，始终坚持地下水严格审批，始终坚持取水计划管理。2011年，全省对371个取水项目进行了现场核实后，颁发了取水许可证。为严格地下水取水许可管理，组织开展《云南省地下水禁采区、限采区划定报告》编制工作，规范了地下水开采行为。加大取水计划审核、退水水质检测和计量设施核验等，开展了全省取水许可年度检查工作，红河、玉溪、曲靖等大部分州市对取水许可户进行了年度检查和计划取水下达。90%以上的取水户能做到手续齐全，管理规范。全省年终保有的有效取水许可证1.39万本，审批地表水1100亿立方米。严格按照《建设项目水资源论证管理办法》的规定，严把初审关、严把专家质量关、严把报告书评审关、严把报告书复核关，有效提高了报告书编制质量。积极开展了包括地表取水、地下取水，涉及水电、水库、城市供水、建材、化工、工业园区等多个方面的166项水资源论证报告书评审，审批了154项水资源论证报告书并出具了审批意见，为建设项目合理利用水资源和审批发放取水许可证提供了科学依据。同时，对暴露出审查把关不严的州市水行政主管部门和报告书编制质量低劣的资质单位进行了全省通报，并要求限期整改。全省按照财政部、国家发改委、水利部《水资源费征收使用管理办法的通知》等文件的要求，对水资源费征收标准、征收时限、征收程序等及时进行调整。做到水资源缴纳通知单“五明确”，为水资源的宏观管理、水资源费的预算管理及支出管理提供了有力保障。重点突出水资源有偿使用制度检查，杜绝减免水资源费的违法行为。完善分级征收体制，建立征收目标责任、分解、通报、程序机制，坚决执行“依法征收、应收尽收”，全年全省征收水资源费6.25亿元。落实“实行用水总量控制红线制度”，积极稳妥有序推进“云南省取水许可总量控制指标体系”编制工作。完成了《普洱市水功能区划》《普洱市地下水水功能区划》《普洱市县（区）界河流水质水量监测方案》等编制工作。

水资源节约与保护　2011年，认真开展水功能区保护工作，全面启动了全省主要水功能区纳污能力核定工作，继续推进饮水安全保障体系建设，确定水源名录，加大监测力度。向社会公布203个县级以上城市供水水源地、备用水源地目录，组织水文部门，加大了水源地水质监测工作，全年全省县级以上城市集中式饮用水水源地实现全覆盖监测。落实了全省县级以上城市水源地安全责任制，明确了安全责任人。与省环保厅联合开展了水源地保护区划定工作，在全省范围内组织开展了供水水源地保护专项行动，全省大部分州市完成了饮用水水源地的确界立碑工作，明确了水源地的保护范围和保护目标，县级以上城市饮用水水源地保护范围内，全面禁止直排入河排污口。为有效指导全省水源地保护，在全省县级以上城市饮水安全现状调查评价的基础上，编制完成《云南省县级以上城市饮用水水源地安全保障规划》。进一步夯实水功能区管理基础。加强与环保部门在入河排污口审批和日常监管的协作，协调环保部门在审批新、改、扩建入河排污口设置申请时，征求水行政主管部门意见，有效遏制了随意设置入河排污口现象。为进一步规范各县级以上水行政主管部门入河排污口审批和档案管理，制定入河排污口审批和档案管理规范，印发各州市执行。明确州市界河水质考核断面、考核指标，并制定考核方案。编制完成《云南省州市界河水质水量监测规划》，启动州市界河水资源质量监测、评价工作，从2010年1月起建立月报制度，每月定期编制《云南省州市界河水资源质量月报》，报送水利部和流域委。按照云南省水功能区划，完成水域纳污能力核定，并向有关部门提出限排意见；完成牛栏江—滇池补水工程水源区内牛栏江德泽水库上游干流和19条主要支流水功能区纳污能力核定，并提出纳污总量控制意见。制定《云南省重大水污染事件报告办法》《云南省水利系统突发性水污染事件应急预案》，在全省水利系统建立了较为完善的突发性水污染事件通报制度。各州市水行政主管部门都制定了突发性水污染事件应急预案。年内，10余起突发性水污染事件得到妥善处置，确保了受污染影响区域内的饮用水安全，维护了社会稳定。完成《云南省地下水利用与保护规划》《云南省重点流域水功能区纳污总量控制意见》《云南省21世纪前10年水功能区水资源质量调查评价》等工作。继续推进节水型社会建设工作，全面开展节水型社会建设“十二五”规划编制工作，制定云南省大中型灌区用水效率考核方案、考核办法和云南省规模以上企业用水效率考核方案、考核办法。曲靖、玉溪两个国家节水型社会建设试点城市各项指标基本达到规划目标要求，两市《节水型社会建设试点中期评估报告》通过水利部珠江水利委员会检查，评估并获得好评。昆明被命名为第五批国家节水型城市。

水土保持 2011年，全省水土保持工作以提高水土资源利用效率和效益为核心取得好成绩，预防监督实现新突破，综合治理取得新成绩，生态修复有了新进展，监测预报有了新举措，新《水土保持法》宣传贯彻有声有色，前期工作全面展开，第一次水利普查水土保持专项扎实推进，世行贷款/欧盟赠款水土保持项目基本完工。全省共治理水土流失面积3250平方千米，新实施生态修复面积6000平方千米，审批水土保持方案2481个（其中省级321个），验收开发建设项目水土保持设施项目313个（其中省级45个），省级征收水土保持设施补偿费7176万元。

农村水电 2011年，全省农村水电预计完成投资66亿元以上，新增农村水电装机95万千瓦，完成发电量465亿千瓦时，分别占全年农村水电建设管理目标任务45亿元的131%，占计划新增装机容量90万千瓦的106%，占计划发电量400亿千瓦时的116%。全省中小水电装机容量达到1469万千瓦，其中农村水电装机容量达到886万千瓦。农村水能资源开发率达55%。扩大试点的4个代燃料项目基本完成建设任务，完成投资5315万元，占投资计划5450万元（中央1850万元，省级400万元）的98%，其中红河、镇康、宁洱通过省级验收。第四批扩大内需5个代燃料项目主体工程已全面开工建设，共完成投资9444万元，占总投资计划1.02亿元的93%，项目区电网改造工程建设基本完成，其中沧源已通过省级验收。2010年批准实施的3个代燃料项目主体工程进展顺利，完成投资7005万元，全面完成年度5869万元投资计划，占总投资计划的73%。2011年批准实施的5个代燃料项目，完成投资3600万元，占年度投资计划3519万元的102%。2011年代燃料项目共争取中央补助3100万元，省级安排622万元。

水利改革 2011年，全省共有124个县（市、区）完成农村小型水利工程管理体制改革。192.88万件农村小型水利工程进行了管理体制改革，其中，昭通、曲靖、玉溪、红河、西双版纳、德宏、丽江7个州（市）已完成县级考核验收，国有水管单位管理体制改革成果进一步巩固，昆明、楚雄、迪庆、怒江等州（市）在理顺水管理体制、城乡水务一体化改革和创新投融资机制等方面都取得了较大突破，全省已有11个州（市）和96个县（市、区）实行了水务统一管理，占全省县级以上行政区总数的74%。以落实“两项经费”为重点不断深化水管体制改革。水价改革稳步推进，有3个县启动了国家农业水价综合改革试点工作。

（杨家国）

Program to Revitalize Border Areas and to Enrich Residents' Lives

兴边富民工程

概述 云南地处祖国的西南边陲，是一个集“边疆、山区、多民族、贫困”为一体的省份。有明显的资源和区位优势，也是一个极具发展潜力的省份。边境地区涉及保山、红河、文山、普洱、西双版纳、德宏、怒江、临沧8个州市25个边境县（市），其中有5个民族自治州、有22个县属民族自治县或自治地方，共有人口664万人，占全省总人口的14.4%；国土面积9.25万平方千米，占全省总面积的23.47%。

全省边境地区有以下几个主要特点：一是边境线长，内外交往密切。全省国境线长4060千米，占中国陆上边界线的1/5，25个边境县（市）分别与缅甸、老挝、越南3国接壤，是中国通往东南亚、南亚地区的主要陆上通道。有国家一级口岸16个、二类口岸7个，有16个少数民族跨境而居。边境内外边民同宗同源，语言相通，民族相同，相互通婚，经济交往紧密，相互间流动频繁。二是社会发展程度低，贫困程度较深。全省16个沿边跨境民族中，有11个民族是从原始社会末期直接过渡到社会主义社会的“直过”民族；有8个地区是援越抗法、援越抗美、自卫反击第一线的原战区；有16个县（市）是国家扶贫开发工作重点县，1个省级扶贫开发重点县。三是反渗透和禁毒防艾任务艰巨，守土固边任务重。

2011年，省委、省政府认真贯彻落实中央的部署和要求，始终把推进兴边富民工程作为发展边疆经济、维护民族团结、巩固边防安全、促进社会和谐稳定的大事来抓，不断创新思路，探索机制，采取了一系列特殊政策措施，从2005～2010年先后实施了两轮兴边富民工程，累计投入资金425亿元，不断加大对边境地区的支持力度，坚定不移谋发展，千方百计惠民生，共同努力促团结，齐心协力保稳定，兴边富民工程取得了显著成效，全省边境地区呈现出经济发展、生态改善、民族团结、社会和谐、人民生活水平显著提高的良好局面。

兴边富民工程实施 2011年，经过5年兴边富民工程实施取得积极成果。一是综合经济实力明显提升。充分发挥沿边的区位和资源优势，积极培育和扶持一大批特色优势产业，经济实力不断发展壮大。边境地区生产总值由2005年的305.6亿元增加到2010年的683.3亿元，年均增长13.2%，高于全省平均水平1.4个百分点。二是基础设施不断改善。实施兴边富民工程以来，边境地区固定资产投资由2005年的211亿元增加到2010年的637.9亿元，年均增长23.2%，建设了一大批对加快发展具有重大带动作用的交通、通信、水利、环保等公共基础设施项目，夯实了边境地区发展的基础。三是群众生活水平明显提高。积极拓宽边民增收渠道，农民人均纯收入由2005年的1337元增加到2010年的3114元；建设和改造一批寄宿制学校，满足了边境地区中小学生寄宿要求；建设了一批文化馆、图书馆、文化站（室），基本实现广播电视"村村通"；25个边境县（市）全部建立了新型农村合作医疗制度和农村低保制度，解决了一批安全饮水问题和无电人口用电问题。四是各族群众的凝聚力和向心力明显增强。兴边富民工程解决了边境地区各族群众最关心、最直接、最现实的诸多切身问题，解民难、顺民意、遂民愿、得民心，得到了各族干部群众的衷心拥护，极大地增强了边境地区各族人民的凝聚力和向心力。

兴边富民工程经验 2005～2011年，全省在兴边富民工程的实践中，积累了宝贵经验：一是始终坚持科学发展。着力处理好边境地区人与自然的关系、经济发展与社会进步的关系、发展质量与速度的关系，努力推动经济社会全面协调可持续发展。二是始终坚持民生为本。把发展经济和改善民生紧密结合起来，把保障和改善民生作为出发点和落脚点，着力解决边境各族群众最关心最直接最现实的利益问题。三是始终坚持团结和谐。紧紧围绕"共同团结奋斗、共同繁荣发展"的主题和"富民、兴边、强国、睦邻"的宗旨，以发展促团结，以团结保发展，使各族群众和睦相处、和衷共济、和谐发展。四是始终坚持因地制宜、合力推进。充分考虑边境地区发展的特殊性、复杂性和艰巨性，充分考虑边境地区各民族的特点和差异，因地制宜、分类指导，充分调动各级各部门、社会各界和边境各族干部群众的积极性，广泛动员和组织各方面的力量，共同推动兴边富民工程取得实效。

"十二五"兴边富民工程 2011年，在国家《兴边富民行动规划（2011～2015年）》的指导下，在系统总结前两轮兴边富民工程经验的基础上，针对边境地区发展过程中存在的突出矛盾和问题，全省认真组织编制了《云南省兴边富民工程"十二五"规划》。以建设民族团结进步、边疆繁荣稳定示范区为目标，以统筹区域发展、推进扶贫开发、建设新农村、增强自我发展能力为主线，解放思想，先行先试，不断创新发展方式，通过实施"十大工程"，完善"十项保障"措施，加快边境地区经济社会发展，促进民生改善，巩固边疆和谐稳定，为建设中国面向西南开放重要桥头堡提供有力支撑。

《"十二五"规划》总投资809.2亿元。核心内容是完成"五大任务"，实施"十大工程"和完善"十项保障"。五大任务是：强化基础设施建设，消除发展制约瓶颈；构建特色产业体系，增强自我发展能力；发展公共服务事业，改善群众民生产生活条件；稳定解决群众温饱，富裕边民巩固边防；加强环境综合整治，建设生态安全屏障。十大工程是：基础设施工程、扶贫开发工程、产业培育工程、素质提高工程、民生保障工程、城镇建设工程、民族文化工程、开放窗口工程、边境和谐工程、生态保护工程。十项保障是：农村义务教育经费补助、寄宿制学生生活补助、中级职业学校免学费补助、农村最低生活保障补助、新型农村合作医疗补助、农村低保人口大病救助补助、农村五保人口大病救助补助、新型农村养老保险补助、居民就业培训补助、边民定补补助。力争通过5年的努力，使边境地区公路、水利、能源等基础设施取得重大进展，城镇化率显著提高，经济与产业结构进一步优化，特色农业、特色加工业、商贸物流和跨境旅游等产业形成体系，区域内经济年均增长速度超过14%，生产总值达到1300亿元以上，比2010年翻一番，城乡居民生活接近全省平均水平，有力促进"富民、兴边、睦邻、强省"目标的实现。

（省发改委地区处）

省政府副秘书长崔质涛与老挝工贸部副部长开玛尼在云南老北合作第五次会议上签约（省发改委 提供）

THE ALMANAC OF MODERN
PROSPEROUS SOCIETY
YUNNAN PROVINCE

主　　编　车光杰
责任编辑　代燕春

NEW INDUSTRIALIZATION
新型工业化

位于安宁市草铺镇的云天化集团工业园区　（李文涛 摄）

综述

Summary

概述 2011年，全省工业战线积极应对国际经济环境新变化和国内经济运行新情况，努力克服煤、电、油、水、气紧张局面，工业经济取得了显著成绩，超额完成年初省政府确定的工业发展目标任务，全年工业经济运行总体呈现：增量较大、速度较快、质量较高、保障较好、运行较稳，实现了“十二五”良好开局。2011年，全省工业经济呈现主要特点：

（1）工业经济总量登上新台阶。全年全省全部工业增加值突破3000亿元，达到3205.85亿元，比2010年增加601亿元，相当于“十五”年均增量的6倍，“十一五”年均增量的2.1倍。全年全省工业增加值增速达到17.6%，比2010年加快2.9个百分点，比“十一五”期间平均增幅快3.1个百分点。工业对全省经济增长贡献率达到46.2%，比2010年提高1.5个百分点，拉动GDP增长6.3个百分点。(2) 运行质量和效益显著提升。全省工业投资完成1950.53亿元（新口径，下同），增长30.0%，占全省固定资产投资的比重为32.9%。其中，非电力工业投资完成1194.34亿元，增长33.8%。央企入滇战略取得新进展，与中国大唐等17户中央企业签订了战略合作协议。工业园区建成标准厂房352万平方米，引进工业项目1050个。全年规模以上工业主营业务收入完成7505.77亿元，增长21.4%；利税完成1525.03亿元，增长22.3%；利润完成523.55亿元，增长24.5%。万元工业增加值用水量下降到108立方米，工业用水重复利用率达到92%。全年共淘汰炼铁、水泥等落后产能516.51万吨，电力装机8.05万千瓦；规模以上工业万元单位增加值能耗下降6.65%。(3) 工业经济运行稳定性增强。全年规模以上工业完成增加值2753.64亿元，增长18.0%，比上年加快3.0个百分点。其中，轻工业1245.65亿元，增长17.9%，比上年快2.9个百分点；重工业1507.99亿元，增长18%，比上年快3个百分点。前8个月，规模以上工业累计增速从14.6%稳步上升到8月末的17.5%；后4个月运行总体稳定，累计增速都保持在18%。(4) 州市间工业经济竞相发展。从规模以上工业增加值总量排序看，昆明市完成698.22亿元，玉溪市538.31亿元，曲靖市394.52亿元，红河州321.57亿元，大理州154.06亿元，以上5个州市总量排序与2010年相同；楚雄州完成125.97亿元，排序第六位，较2010年上升1位；昭通市119.11亿元，排序第七位，下降1位；文山州90.14亿元，排序同2010年；临沧市56.51亿元，排序第九位，上升4位；保山市56.23亿元，排序同2010年；普洱市54.17亿元，排序第十一位，下降2位；丽江市42.29亿元，排序第十二位，上升2位；德宏州38.99亿元，排序第十三位，下降2位；西双版纳州32.25亿元，排序第十四位，下降2位；迪庆州14.16亿元，怒江州11.02亿元，排序同2010年。(5) 煤电油运要素保障有力。到年底，火电厂存煤357.53万吨，日均限电量从最高5000万千瓦时，降到500万千瓦时。9～12月送广东电量比计划减少36.3亿千瓦时；2012年初，全省已基本放开用电。铁路累计货物发送6354万吨，多运86.5万吨；铁路外运出省物资完成3450万吨，增长3%；铁路货物运输满足率达到98%。(6) 主要工业品价格先扬后抑。前9个月，工业生产者出厂价格逐月上涨，7月份涨幅最高达到6.7%。进入10月后，主要工业品价格回落，12月份工业品出厂价格上涨2.1%，全年累计上涨4.7%。全年全省工业生产者购进价格累计上涨8%。

主要行业运行情况 2011年，按统计分类的39类行业中，增加值增速上升的30个；100种主要工业产品中，产量增长的57种。主要行业运行情况如下：(1) 能源工业快速增长，工业增加值增长21.9%，比2010年快2.4个百分点。(2) 原材料工业平稳较快发展，全年增加值增长17.7%，比2010年快3.4个百分点。(3) 烟草制品业总量增加，结构提升。全年省内企业生产卷烟729.98万箱，增长2.1%。卷烟产销结构继续改善，实现工业增加值938.05亿元，增长17.5%，比2010年快1.5个百分点。12月末，云南中烟工业公司省内企业实现销售收入1010.45亿元，增长15.6%；利税843.66亿元，增长22.2%；利润126.47亿元，增长31.1%。(4) 装备制造业生产平稳，全年规模以上工业增加值增长8.7%，比2010年下降3.95个百分点。(5) 食品药品工业生产保持平稳较快运行。(6) 电子信息产业保持较快增长。全年电子信息制造业实现主营业务收入77.84亿元，增长21.7%；实现利润6.19亿元，下降1.2%。软件企业实现软件业务收入43.2亿元，增长11.5%；实现利润1.87亿元，下降21.9%。

制定全年全省工业经济运行目标
2011年，省工信委及时研究制定《云南省2011年工业经济运行工作指导意见》，明确2011年全省工业经济运行的指导思想、主要目标和任务。通过目标分解、测算确定16个州市和18户重点企业（集团）全年工业增加值、销售收入、利税、利润4项指标，以省政府目标责任制的形式，签订了发展目标。同时，会同省财政厅、省统计局对2010年16个州市和16户重点企业的“四项指标”进行考核，提出了奖励方案上报省政府。并由省政府下发文件对州市和企业进行通报表彰。

经济运行监测预警分析 2011年，省工信委加强经济运行监测预警分析，确保全省经济平稳运行。主要措施：(1) 进一步做好运行监测分析。组织承办了省政府季度工业经济运行分析会。做好月度运行监测分析，完善运行通报例会制度；改进和加强季度经济运行专题会议制度，按季下达工业经济发展目标，加强对州市工业经济运行的指导，按季度召开由部门和行业协会参加的形势分析专题座谈会，增强横向交流和纵向互动；重点做好有色、钢铁、建材、机械等实体经济产品生产、销售、价格、库存、出口交货值等微观经济指标监测分析。(2) 提高监测分析预见性。密切观察国内外形势变化，及时掌握国家调控政策动向，深入研究和超前分析国家宏观调控政策取向，准确把握宏观经济走势。密切关注大宗产品、原材料价格、市场需求及先行指标的动态变化，及时发现苗头性、倾向性问题，提高工作的预见性和主动性。(3) 主动掌握企业资金需缺，加强信息引导。密切关注国家提高“两率”对企业融资影响，及时主动掌握企业流动资金需求，加强以建设大企业（集团）财务公司建设信息引导，调剂资金余缺，提高资金使用效率。

煤电油运综合管理协调 年内，省工信委针对煤电油运矛盾突出的实际，开展了一系列工作：(1) 开展煤炭安全生产和煤矿安全隐患排查治理督促指导。治理煤矿瓦斯，实施煤矿整合技改，推动煤矿验收复产，提高安全生产技术水平和增产扩供保障能力。推动煤炭供需有效衔接，确保重点行业、重点地区和重点时段煤炭的平稳供应。(2) 加强电力生产运行调控。及时研究提出蓄水存煤、锁定压减外送电量目标。加强负荷预测预报，做好电力电量综合平衡预案。结合省内用电需求变化，下半年进一步锁定外送电量，千方百计确保省内统筹安排丰枯季节水火电机组运行计划和蓄水存煤工作，强化电力节能经济调度。全面加强电力需求侧管理，实施错峰避峰、移峰填谷，提高电能利用效率。(3) 协调成品油供应。密切关注重大工业建设项目、重点工业企业的成品油需求，制定保供方案，设立保供通道，积极做好成品油的协调调运，努力增加油源投放，保障电煤运输和农副产品运输等重点行业用油。(4) 积极协调焦化制气原料用煤需求，保障城市和人民生活用气需要。

工业企业达规培育 2011年，根据国家统计局对统计方法制度改革的规定，从当年起，规模以上工业企业统计标准年主营业务收入由500万元提高到2000万元，按照2010年12月全省规模以上工业企业快报资料测算，新统计口径规模以上工业企业户数将由3640户减少为2387户，净减少1253户。通过分地区举办达规企业培训，进一步做大了规模以上工业总量，也对加强企业管理，加强企业统计能力建设，提升企业统计业务和分析水平，进一步强本固基，进一步做好复杂环境下的经济运行分析、监测工作起到了积极的促进作用。2011年末，按照新的统计口径，全省规模以上企业户数达到2570户，新增183户。

电子制造业软件业统计 年内，召开全省电子制造业和软件业统计工作会议，加强和规范了电子信息产业的统计工作。按月对电子制造业和软件业的运行情况进行分析，编写电子制造业软件业运行情况，及时反映电子信息产业运行情况和发展状况。完成了2010年电子信息行业年报。2011年，全省有3户软件企业进入全国软件百强企业。

全省蔗糖行业运行协调 年内，省工信委关注高糖价下省内制糖行业运行情况，积极协调解决制糖企业煤电油运等生产要素问题；组织召开全省蔗糖行业工作会议，安排部署2011/2012年榨季工作，组织实施糖蔗联动，稳定糖料种植面积。

强化安全生产工作指导 2011年，省工信委加强化工安全生产监督指导主要措施：(1) 强化“一岗双责”

富宁永鑫糖厂（省工信委　提供）

落实安全生产责任。制定印发《关于落实安全生产“一岗双责”进一步强化安全生产责任制的通知》《关于贯彻落实云南省进一步加强企业安全生产工作实施意见重点工作分工方案的通知》。与省国防科工局、委属煤炭事业单位，省国防科工局与云南民爆集团有限责任公司，云南民爆集团有限责任公司与下属民爆企业均签订了安全生产责任状，在工业和信息化领域和民爆行业形成了一级抓一级，层层抓落实的安全生产局面。全省民爆行业生产运行平稳，民爆生产、销售企业未发生安全生产死亡事故。(2) 制订年度工作计划。制发《云南省工业和信息化委贯彻落实省人民政府重点督查安全生产工作实施方案》，扎实开展安全隐患排查治理专项行动，有效防范和坚决遏制重特大事故发生，坚决遏制事故多发势头，为省第九次党代会顺利召开营造平安、和谐的社会环境。(3) 做好两化融合促进安全生产工作。围绕工信部对两化融合工作提出的总要求，积极开展两化融合促进安全生产工作。组织推荐一批全省两化融合促进安全生产项目，玉溪矿业公司、安宁化工厂和省民爆集团项目被工信部列入工信部首批100项两化融合促进安全生产重点推进示范项目盘子。(4) 做好“打非”专项行动相关工作。在全省工信系统开展了以煤矿资源整合、隐患排查治理、技术改造等环节及民用爆炸物品生产、销售、储存等方面“打非”专项行动。(4) 积极开展治大隐患防大事故安全隐患排查治理专项行动，在全省工信系统开展以煤矿和民爆行业为重点的专项行动。分别对昆明、曲靖、玉溪、楚雄等州市民爆生产销售企业进行督查检查，促进了安全生产责任和各项工作的落实。

工业经济运行中存在的困难和问题　2011年，全省工业经济运行中存在的困难和问题：(1) 缺水。2010年全省遭遇了百年一遇重特大干旱，2011年入汛以来，局部地区再次遭遇伏旱，对工业生产造成了严重影响。斗南锰业等企业自9月以来靠外出购水组织生产。昆钢股份、南疆制药等企业也一度出现取水困难。曲靖市388户规模以上工业企业中，因缺水影响生产的达到139户，曲靖多晶硅、驰宏锌锗、双友钢铁等重点企业相继紧急停产让水，以保人民群众生产生活。(2) 缺煤。受煤矿安全生产事故多发，煤矿复产缓慢等因素影响，全省原煤产量增长缓慢，全年仅增长2%。重点煤矿建设滞后，与主力电厂相配套的大中型骨干煤矿迟迟不能建成投产，同时关闭矿井导致原煤产能下降，外部煤源调入受阻，严重影响火电厂发电，也影响了化肥、建材、城市人工煤气等行业正常生产。(3) 缺电。从9月5日起，全省工业推出有序有电措施，在外送电量压减10%的基础上，全省含戛售在内的淘汰类企业用电一律停止供电，黄磷企业停产让电，电石减80%用电负荷；新增工业用电全部推迟投产。全年累计限电达到27.7亿千瓦时。(4) 缺资金。国家先后6次上调存款准备金率和3次加息，商业银行可用资金减少。12月末，全省金融机构人民币各项贷款余额比上年仅增长14.6%；新增贷款比上年少增241.43亿元。在货币政策紧缩情况下，中小企业融资难问题突出，大企业（集团）资金也较为紧张。(5) 部分行业生产经营困难。全年工业品出厂价格价格累计上涨4.7%，工业生产者购进价格累计上涨8%。进大于出3.3个百分点。由于燃料动力价格上涨过快，尤其是煤焦价格倒挂，黑色金属压延加工等重点行业利润不断压缩，自11月份，行业利润进入负增长通道。全年利润下降19.8%，35%左右的企业进入亏损状况，亏损企业亏损总额增长2.16倍。

（粟俊杰）

The Non-public Sectors of the Economy
非公有制经济

概述　2011年，全省非公经济户数达142.3万户，同比增长9.5%。其中，个体工商户124.26万户，同比增长8.88%；私营企业17.9万户，同比增长14.7%；注册资金6540亿元，增长29.6% 。全年非公经济预计完成增加值3679.78亿元，增长18.2%（现价比增长25.5%），占全省GDP的42.1%，所占比重比2010年提高1.5个百分点，拉动GDP增长7.39个百分点，对全省经济的贡献率达53.9%。其中，第一产业完成增加值364.62亿元，占全省第一产业增加值的25.9%，同比增长9.8%；第二产业完成增加值1828.74亿元，占全省第二产业增加值的45.8%，增长23.3%，其中工业实现增加值1400.85亿元，占工业增加值的43.7%，同比增长28.7%；第三产业完成增加值1486.42亿元，占全省第三产业增加值的44.3%，增长14.4%。全省个体工商户从事第一、第三产业户数增加，第二产业户数减少：第一产业4.23万户，同比增长72.21%；第二产业7.65万户，同比下降1.82%；第三产业112.38万户，同比增长8.19%。

消费需求 2011年，全省非公经济消费品零售额2435.5亿元，比上年增长18%，占全省社会消费品零售额的81.2%。

民间投资 2011年，全省非公经济投资3777.59亿元，同比增长30%。其中民间投资3632.05亿元，同比增长29.9%，占全社会固定资产投资的51.1%。

信贷资金 2011年，全省对中小企业贷款余额为4187.08亿元，比年初增加了439.08亿元，比2010年增加617.48亿元，占全省新增贷款的39.9%，比2010年增加3.3个百分点。

进出口贸易 2011年，全省非公企业共完成进出口总额98.1亿美元，比上年增长23.3%，占全省进出口总额的61.2%，比2010年增加1.6个百分点。其中，非公企业进口额完成31.5亿元，增长28.1%，占全省进口总额的47.9%；非公企业出口额完成66.7亿元，增长21.1%，占全省出口总额的70.4%。

经济效益 2011年，全省非工业企业营业收入总体保持增长，但部分行业增幅继续放缓，企业营业收入增幅回落，但企业利润增幅有所提高。纳入财政快报统计的施工和房地产、交通、商贸、服务业、物资等行业企业实现营业收入分别为402亿元、138亿元、156亿元、18亿元、14亿元，同比分别增长14.6%、18.8%、57%、10.9%、20.9%。交通、服务业和物资业增幅分别回落3.8个、1.4个和4.2个百分点；纳入统计非国有企业盈亏相抵后累计实现利润达到123亿元，同比增长16.5%，增幅提高2.3个百分点。分行业看纳入统计的非国有企业利润主要集中在冶金业、轻工业和煤炭业，分别实现利润37亿元、22亿元和14.5亿元，三个行业利润总和占非国有企业实现利润的73.5%，其中，冶金业主要来源于有色金属产业，轻工业来源于糖产业。

社会贡献 2011年，全省非公经济上缴税金完成445.4亿元，同比增长20.6%，相当于全省地方财政收入的40.1%；个私经济从业人员达到514.1人，净增72.5万人，比上年同期增长16.4%，其中，个体工商户从业人员244.08万人，同比增长14.06%；私营企业从业人员270.02万人，同比增长18.6%。

与省外比较 纵向比，全省非公经济增加值占全省GDP的比重逐年提高，2011年达到42.1%，比2005年提高7.1个百分点。从横向看，全省非公经济增加值占GDP比重比全国平均水平低20个百分点，比非公经济发达的浙江、江苏、山东、广东等省低30个百分点以上，比中部地区的湖南省低16个百分点。同处西部的重庆、四川近年来非公经济发展速度加快，重庆市非公经济增加值占GDP比重由2005年50.4%提高到61.2%；四川省民营经济增加值占GDP比重由2005年的43.5%提高到57.8%。云南非公经济总量从上世纪90年代中期的十八位左右下滑至2011年二十四位，人均GDP仅高于甘肃和贵州两省，排名全国倒数第三。

云南省与部分省份非公经济增加值情况对比表

省份	2005年非公经济增加值				2011年非公经济增加值			
	绝对量（亿元）	比云南省高*亿元	占GDP的比重（%）	比云南省高*个百分点	绝对量（亿元）	比云南省高*亿元	占GDP的比重（%）	比云南省高*个百分点
福建	4060	2802.7	61.8	26.8	11637	7957.22	66.5	24.4
四川	3210.57	1953.27	43.5	8.5	11560	7880.22	57.8	15.7
陕西	1592.6	335.3	43.3	8.3	6060	2380.22	50.5	8.4
湖南	3314.5	2057.2	51.2	16.2	11000	7320.22	56.1	14
辽宁	3282.1	2024.8	41	6	13600	9920.22	61.8	9.7
云南	1257.3	—	35	—	3679.78	—	42.1	—

（张云江）

Provincial Medium and Large Enterprises

省属大中型企业

云南省工业投资控股集团有限责任公司 云南省工业投资控股集团有限责任公司（以下简称“工投集团”）组建于2008年5月，注册资本金为人民币60亿元。

2011年，工投集团资产总额达276亿元，净资产87亿元。经营效益持续增长，实现营业收入40.53亿元，同比增长36%；实现利润总额3.84亿元，同比增长39.13%。2011年再次成功发行12亿元中期票据，现已形成银行贷款、企业债、信托理财和中期票据等形式多渠道融资方式，全年累计融资近30亿元，累计完成投资34亿元。

未来几年，工投集团将着力抓好工业园区、资源、高新技术、医药四大业务板块和现代服务业的倍增工作。力争到2013年销售收入达到75亿元，增加1.5倍；实现利税11亿元，增加1.8倍；工业增加值达到16亿元，增加1.7倍。

西南交通建设集团股份有限公司 西南交通建设集团股份有限公司是集公路、铁路、水利水电、矿山工程开采、房地产开发等业务于一体的施工工程总承包一级企业，是全省交通建设龙头骨干企业。2011年荣获第三届“中国十佳绿色责任企业”称号。多项工程分别荣获国家优质工程金质奖和国家水利工程最高奖项大禹奖。2011年全年实现营业总收入16.75亿元，实现利润总额9670万元，利税总额1.51亿元，完成增加值3.64亿元。结合企业“十二五”规划和倍增跨越目标，西交集团力争 2014年完成工业增加值4.45亿元，销售收入27亿元，利税总额2.30亿元。

云南省城市建设投资有限公司 云南省城市建设投资有限公司（简称：省城投公司）成立于2005年4月，是经云南省人民政府批准组建的现代大型国有企业，是省政府授权的城建投资项目出资人代表及实施机构。2009年2月，正式纳入省国资委监管。

省城投公司以“政府引导、市场机制、企业运作”为指导思想，围绕云南省委、省政府关于城镇化建设的战略部署，实现政府意图。通过建立科学高效的投融资体系，在政府重点关注的产业区域发挥种子资金的积极引导和多级放大作用，以有限的直接投入带动大量社会资金参与，促进云南省城市化建设与发展。

截至2011年，公司已发展为总资产368亿元，拥有20个控股子公司，按照集团化管控模式进行管理的大型企业集团。由公司投资建设的省市重点项目有：北京云南大厦、云南海埂会议中心、部分驻昆高校呈贡新校区建设、西双版纳避寒山庄、云南省两污治理、滇池北岸环湖东路沿线土地一级开发、昆明第一人民医院北市区医院、昆明“城中村”改造等。

（李思勇　刘　云）

Supervision and Management on State-owned Assets

国有资产监督管理

概述 2011来，在省委、省政府的坚强领导下，省国资委积极应对复杂多变的经济形势，紧紧围绕转方式调结构这一主线，抢抓桥头堡建设机遇，不断完善监管体制，着力提高管理水平，努力提升核心竞争力，国有经济在全省经济社会发展中的地位和作用进一步凸显，为实现新的跨越发展奠定了坚实基础。监事会加大监督检查力度，全年开展专题调研211次、专项检查79次，形成年度监督检查报告17份、专项检查报告46份、主席专报33份，有效防范了企业风险。

截至2011年底，18户省属企业资产总额5294亿元，同比增长16%；净资产总额1651亿元，同比增长13%。实现收入2776亿元，同比增长24%。实现利税227亿元，同比增长45%。全年实现利润100.3亿元，其中，云天化、云铜、昆钢3户企业利税超过30亿元。省属企业全年完成固定资产投资571亿元，同比增长46%；实现增加值442亿元，同比增长19%，拉动全省经济增长3.3个百分点，对全省经济增长贡献率为18.3%。

省属企业转方式调结构 2011年，省属企业以谋求企业健康、快速、可持续发展为目标，围绕“主业优强、相关多元、多业支撑”进行探索和实践，坚定不移推进省属企业转方式调结构工作。通过努力，省属企业从现有主业、相关多元和转型升级三个层面，在产业和产品结构的调整上取得了明显成效，主业核心竞争力不断提高，主要表现：云锡锡化工产能继续保持世界第一；昆明机场旅客吞吐量突破2000万人次，跻身世界大型枢纽机场行列；昆钢推广高强度钢筋产品以及其他抗跌产品，实现吨钢利润84.04元，吨材利润51.09元，处于全国平均水平以上；云投初步形成了以电力、旅游、铁路、金融、燃气和石化为主的核心业务板块；十四冶在市场开拓和项目管理上狠下工夫，结转和新签合同总额实现了大幅增长，预计全年可突破175亿元，相关多元产业逐渐形成新的竞争优势；昆钢控股相关多元产业实现增幅98.05%，占利润总额的比例已达73.72%；云天化聚甲醛规模全国第一；云锡锡深加工产品销量比重达到43%；建工在做强主业的同时，积极开拓房地产业；云南白药打造从药材种植到医药商业物流体系完整的现代中药产业链，逐渐从单一医药生产向综合医药经营服务企业转型；十四冶投资2000万元的冶化重装基地一期工程正式竣工投产，全年已创造产值近3亿元。新的经济增长点逐步显现。省属企业在钛、稀贵金属、新型环保、多晶硅、新能源、钢结构、新型环保、太阳能发电等产业板块发展初具规模。冶金集团冶研新材料公司3000吨/年多晶硅、新立公司6万吨/年钛白粉和1万吨/年海绵钛等项目进展顺利；云天化集团按照10%的股权比例参股中缅石油管道云南炼油项目，发展下游石化后加工项目；云投石林太阳能光伏发电并网项目一期10MWp已经并网发电；机场集团与云南电视台签订合作的战略框架协议，率先在全国机场范围内实现“媒企联合”。

企业核心竞争力提升 2011年，省属企业坚持把提升核心竞争力作为企业实现跨越发展的关键环节来抓，推进管理创新和科技创新，促使企业着力降低资产负债率、提高资本证券化率、提升管理效率、强化融资创新，取得明显成效。通过扎实开展“管理水平提升年”活动，着力强化企业发展战略规划、重大投资管理、风险控制等工作，省属企业管理水平整体得到提升。基础管理进一步完善，战略管理不断优化，风险管控进一步加强，管理效益逐渐显现，成本得到有效控制，成本费用利润率实现连续三年提高。昆钢、云天化、机场集团被评为管理提升优秀企业。继续加大科技投入，实施重大科技项目，深入开展创新型企业试点工作。褐煤液化、多晶硅冶炼等一批关键技术的开发取得新突破。2011年，省属企业拥有国家级研发中心、技术中心和工程中心增加到34个；拥有知识产权数量大幅增加，有中国驰名商标10个、国家专利547项。云天化被评为首批国家技术创新示范企业，昆钢股份等9户企业被确定为云南省首批创新型企业。

省属企业融资创新 年内为有效解决资金短缺、融资困难、融资成本高等制约省属企业发展的突出问题，省国资委和省属企业采取有力措施，创新融资模式，直接融资取得历史性突破。2011年，省属企业累计完成直接融资305亿元，是省政府下达全年直接融资目标的169.44%，同比增长38%。其中，通过上市公司实现再融资超过50亿元，发行企业债、公司债融资32亿元。特别是强化融资创新取得新进展，全年通过发行中票、短融及信托理财、融资租赁等方式融资近200亿元，较上年增长8倍。资本证券化水平逐步提高。2011年，省属企业资本证券化率提高到30.9%，较上年增加2.4个百分点。昆钢煤焦化成功借壳ST马龙，实现省投控股绿大地。构建新型融资平台迈出新步伐。成功组建了全省首家省属股权投资公司云南圣乙投资公司，建工、工投也成立股权投资基金公司，城投等省属企业发起成立首家地方保险公司。

（李思勇　刘　云）

昆明中铁（省工信委　提供）

Energy and Consumption Efficiency

节能降耗

概述 2011年，按照党中央、国务院关于节能减排的一系列战略部署，在省委、省政府的正确领导下，紧紧围绕加快构建资源节约型、环境友好型社会为目标，以深化实施“七彩云南”保护行动为契机，以调整产业结构、转变发展方式为重要抓手，以重点领域、重点行业为突破，采取积极有效应对措施，全省节能降耗工作取得了积极成效。全省单位GDP能耗下降3.22%，下降到1.09吨标准煤/万元（当年价）；万元工业增加值能耗下降9.92%，下降到1.98万吨标准煤/万元（当年价）。

组织领导 2011年，按照全国节能减排电视电话会议、全省低碳节能减排大会和省政府62次常务会议精神，认真做好节能减排综合协调工作，强化目标责任，狠抓任务落实。为认真贯彻落实好全国节能减排工作电视电话会议精神，专题研究并提出了《贯彻落实全国节能减排工作电视电话会议精神的实施意见》，以指导全省的节能减排工作。在全面总结“十一五”节能减排形势的基础上，编制完成了《云南省“十二五”节能减排规划》。每季度对节能减排形势进行分析，切实加强预警预测工作。

目标责任 2011年，把节能减排作为年度重点督查的20项重要工作之一，把节能目标责任制落实情况作为各级政府和国有企业落实“四项制度”的重要内容。发布年度全省和各州市单位国内生产总值能耗指标公报，组织节能考核工作组，对58个省级责任单位节能目标责任进行现场评价考核，考核结果向社会公告。对未完成年度目标的责任单位启动行政问责，对超额完成的给予表彰奖励。

淘汰落后产能 “十一五”期间，全省重点淘汰钢铁、铁合金、电力、有色、煤炭、焦炭、黄磷、建材、电石、化肥等行业的落后产能4796万吨，超额完成了淘汰落后产能任务；组织实施了重点节能示范工程项目500余项，带动投资超过200亿元，每年新增节能能力500万吨标准煤。

重点领域节能 2011，年重点推动工业领域节能减排，加强重点耗能企业节能管理，提高能源利用效率；严格控制污染增量，强化对现役燃煤机组、钢铁行业脱硫设施和污水处理厂的运行监管，确保污染治理设施正常运行，全面提高综合脱硫效率、污水处理率。按照“优先实施城市绿色照明，重点推进可再生能源建筑应用示范工程，深入开展公共机构及交通节能，积极促进农业农村及商业节能”的思路，全面挖掘建筑、公共机构、交通、商业和农业农村节能潜力。建立政府引导，企业为主，金融机构贷款和社会资金积极参与的节能投入机制。实施一批城市照明、建筑、公共机构、交通、农业农村及商业重点领域节能示范项目，引导社会投资推进全社会节能；推行合同能源管理，促进节能服务业发展。

节能产品惠民工程 年内，结合云南省实际，积极推行合同能源管理，促进节能服务产业发展。充分调动用能单位节能改造的积极性，推动节能改造，提高能源利用效率。采取积极有效措施，加快太阳能、绿色照明、平板电视、节能汽车、等节能产品的推广，确保“节能产品惠民工程”顺利实施，有效推动全社会节能工作。

节能评估和审查制度 2011年，根据《固定资产投资项目节能评估和审查暂行办法》（国家发展和改革委员会令第6号）精神，为从源头上杜绝能源资源浪费，提高能源利用效率，不断深化全省固定资产投资项目节能评估和审查工作，制定具体实施细则和流程，把节能评估和审查作为固定资产投资项目核准、审批和备案的前置条件。2011年5月，下发了《关于进一步加强云南省固定资产投资项目节能评估和审查工作的通知》，全省基本建立了节能评估和审查体系。2011年全年，开展固定资产投资项目节能评估和审查700余件，节能评估和审查工作有序推进。

低碳试点 年内，编制《云南省低碳发展规划纲要（2010～2020年）》，经省政府审定印发实施，以指导“低碳云南”建设，推动经济社会发展向低碳能、低碳耗、高碳汇模式转型，成为全国低碳发展的先行示范省。成立了云南省低碳发展试点推进工作领导小组，领导小组办公室设在省发改委，负责全省低碳发展试点日常工作。经省政府同意设立省级低碳发展引导资金。组织开展了云南省2005年温室气体清单报告编制、各州市碳排放能源平衡研究和云南省碳排放量统计、核算、考核体系研究等，为全省碳排放指标的分解考核提供依据。

企业节能 2011年，在重点耗能企业深入开展节能对标管理、能源审计，推进实施能效标准管理和产品能耗限额管理，开展企业能效普查和节能监测，建立企业能源利用状况报告制度和耗能岗位负责人制度。推进“万家企业节能行动”，重点抓好年综合能耗5000吨标准煤以上其它企业的节能工作，开展中小企业节能。

开展节能宣传 2011年6月中旬，与全国同步开展全国节能宣传周活动，通过“十一五”节能活动回顾展，“节能我行动、低碳新生活”万人签名，节能新技术、新产品展示，“我为节能减排献一策”评选等活动，广泛宣传节能减排。倡导全社会进一步把节能理念转化为全民行动，形成了全民节能的强大声势和浓厚氛围。

（省发改委资源环境处）

Circular Economy 循环经济

概述 2011年，在省委、省政府的正确领导下，深入贯彻落实科学发展观，始终把构建资源节约型和环境友好型社会与全面建设小康社会目标结合起来，把发展经济与节约资源、保护环境结合起来，采取一系列强有力措施，不断调整产业结构，转变发展方式。各地、各部门结合实际，积极研究并探索发展循环经济新路子，大力推进以“减量化、资源化、再利用”为核心内容，以低消耗、低排放、高效率为基本特征的经济发展模式，并取得了新的成效。

（1）构建滇中、滇东为主要区域的工业循环体系。滇中、滇东是全省工业集中分布的地区，主要以磷、煤、有色金属等资源加工型产业为主，普遍存在产业链短、资源消耗大、利用率低、生态环境破坏严重等问题。但滇中、滇东区域工业产业的集中分布为构建生态工业链及发展循环经济提供了基础，为以调整物质流动方向为特征的循环经济的发展提供了空间。主要立足当地的资源优势和产业优势，以提高资源利用效率和改善生态环境为目标，以产业结构调整及优化布局为主线，依托龙头企业和工业聚集区（工业园区）及特色产业基地，不断延伸产业链和资源再生链，形成一批生态共生产业集群，构建资源型产业发展的循环工业模式。

（2）构建高原湖区及重点河流区为主循环农业体系。全省坝区、特别是湖盆区域由于地形平缓、土壤肥沃和水资源使用便利，是社会经济发展的密集区域，尤其是农业发展的主要区域。这些区域普遍存在农业生产粗放、产业结构不合理、面源污染突出等问题，特别是农药、化肥残留物及垃圾、秸秆、畜群粪便等农村及农田废弃物污染严重，导致湖区水环境及生态环境质量下降，加剧了湖区经济发展与资源环境之间的矛盾。因此，这些区域是农业循环经济发展的重点区域。另外，在金沙江、珠江等重要河流的主要直接径流区，有选择地开展农业循环经济示范区建设。农业循环经济示范区的建设以发展农业生产，提高经济增长质量为重点，以削减面源污染及保护水环境质量为目标，突出产业结构调整和提高资源利用效率，依靠科技进步，从农民家庭、村镇、生态园（区）、区域等4个不同层次构建农业循环经济发展模式。

（3）构建滇西北、滇东南生态旅游业循环经济体系。旅游业是全省五大支柱产业之一，已成为全新的经济增长点，在国民经济中的地位日显重要。以滇西北旅游区、滇东南旅游区为优先区域，以生态旅游为优先领域，从空间格局（区域层次）、旅游服务业体系（产业层次）、旅游业基础设施（企业和产品层次）等方面构建旅游循环经济模式。

（4）构建重点城市再生产业循环经济体系。再生产业的发展是建立资源节约和循环型社会的重要途径。昆明、曲靖、玉溪、蒙自、大理是全省确定的5个重点发展的区域性中心城市，是社会消费、可再生废旧物资产生的主要区域。以重点城市作为再生产业发展的优先区域，构建再生产业循环经济模式，为再生资源回收、加工体系的完善及再生资源实体的建立提供借鉴。

“十二五”循环经济发展规划 2011年，“十二五”规划实施全省循环经济发展的总体思路是：坚持经济发展与环境保护并重、资源节约与合理开发并举，把节约放在首位的方针，围绕全面建设资源节约型、环境友好型社会为目标，以转变经济发展方式为主线，以提高资源利用率和降低废弃物排放为重点，以科技创新和制度创新为动力，建立和完善循环经济发展体系和运行机制，深入开展资源节约与综合利用工作，缓解资源约束矛盾，促进结构调整和优化升级，形成具有云南特色的循环经济模式，实现经济社会又好又快发展。突出优先区域和优先领域两大布局，抓住资源开发、资源消费、废弃物产生、再生资源、社会消费5个重点环节，努力构建循环型工业、循环型农业、循环型旅游业、循环型再生产业以及支撑保障五大体系。

“十二五”全省循环经济发展的主要任务：一是发展工业循环经济。优化调整产业结构，推进工业转型升级；大力推进清洁生产；抓好冶金、化工、建材、造纸、制糖等重点行业循环经济；加强工业园区生态化改造及建设；加强工业资源综合利用等多项任务措施。二是发展农业循环经济。推广农业清洁生产；发展高效节水农业；加强农业环境污染防治；大力发展无公害农产品、绿色食品和有机食品；发展生态养殖业；减少碳排放，增加农业碳汇；推进生态家园建设等多项任务措施。三是发展旅游业循环经济。引导旅游企业进开展清洁生产；通过开展生态设计、实行生态补偿、倡导发展生态产品、实行生态管理、提供生态服务大力发展生态旅游；加快推进丽江市和丘北县普者黑发展旅游循环经济试点建设；推进六项绿色创建，即创建绿色饭店、绿色餐饮业、绿色景区、绿色旅行社、绿色旅游商店和绿色旅游娱乐场所；倡导绿色消费的理念等多项任务措施。四是发展资源再生产业。提出了建立社区回收、再生资源集散交易市场、再生资源集中加工利用的三级回收利用体系；推进再生资源集散加工基地建设和再生资源回收利用产业化示范项目的实施；扩大城市再生水和生活、建筑垃圾综合利用规模；开展废弃电器电子产品的回收利用；加强再生资源回收利用体系管理；加强再生资源利用技术开发；做好示范试点、培育龙头企业等多项任务措施。

（省发改委资源环境处）

Safety in Production 安全生产

概述 2011年，全省安全生产呈总体稳定、局部波动反弹的态势。全省共发生各类伤亡事故6771起、死亡2388人，同比增加586起、减少30人，分别上升9.47%、下降1.24%。其中道路交通事故5020起、死亡1806人，同比增加281起、减少80人，分别上升5.93%、下降4.24%（生产经营性道路交通事故死亡657人，低于控制指标36人；其他道路交通事故死亡1149人，低于控制指标7人）。未发生1次死亡10人以上的重大事故，实现了近20年来的历史性突破；工矿商贸事故261起、死亡319人，同比减少21起、28人，分别下降7.45%、8.07%，低于控制指标15人；煤矿事故79起、死亡183人，同比增加23起、82人，分别上升41.07%、81.19%，超控制指标63人；火灾事故1353起、死亡53人（其中生产经营性火灾事故635起、死亡8人），同比减少593起、5人，分别下降30.47%、8.62%，低于控制指标7人；铁路运输事故37起、死亡23人，同比增加7起、1人，分别上升23.33%、4.55%，与控制指标持平；农业机械事故21起、死亡4人，同比增加13起、上升162.5%，死亡人数与控制指标持平。

全年全省共发生较大事故118起、死亡469人，同比增加28起、116人，分别上升31.11%、32.86%，超控制指标28起；发生重大事故1起，宣威市杨梅山煤矿“4·15”重大瓦斯爆炸事故，造成12人死亡、3人受伤，同比减少2起、22人，分别下降66.67%、64.71%，低于控制指标2起；发生特别重大事故1起，曲靖市师宗县私庄煤矿“11·10”特别重大煤与瓦斯突出事故，死亡43人。

全省16个州（市）中，有12个州（市）死亡人数下降，有14个州（市）低于控制指标，有15个州（市）未发生重大事故。道路交通、工矿商贸、火灾事故死亡人数均下降、都低于控制指标；铁路运输、农业机械与控制指标持平。

全省亿元GDP生产安全事故死亡率由0.35降到0.28，降幅20%；道路交通万车死亡率由2.62降到2.14，降幅18.32%；工矿商贸十万就业人员事故死亡率由4.29下降到2.77（不含煤矿），降幅35.43%；煤矿百万吨事故死亡率由1.052上升到1.85，增幅75.86%。

安全专项整治 年内，全省开展煤矿专项整治，召开全省煤矿瓦斯专项整治现场推进会，采取停产整顿、限期达标、整合重组、依法关闭等手段，实行“一井一策”的专项整治措施。省安监、工信、煤监、能源等部门先后召开省级煤炭行业管理部门联席会议12次，分3个阶段对昭通市煤矿安全隐患进行集中排查整治，6次组织对14个产煤州（市）、50个县（市、区）、120个煤矿企业进行督查。开展非煤矿山专项整治，组织召开全省非煤矿山专项整治现场推进会，出台《云南省尾矿库汛期安全生产管理特别规定》，落实全省63座三等以上和下游冲击范围内有人员密集场所（重要设施）尾矿库责任单位和责任人，整治露天矿山4601座。开展危险化学品专项整治，对化工企业危险工艺生产装置实施自动化改造，开展安全距离不足和危险化学品运输车辆“大吨小标”、“大罐小车”的专项整治，24户涉氨、涉氯企业完成自动化改造，61户安全距离不足汽车油（气）站安装了阻隔防爆装置，13户安全距离不足的化工企业实施转产、搬迁或关闭，

安全生产月咨询日活动（省安监局　提供）

3000多辆危险化学品运输车辆安装了GPS系统；投入9000多万元，在烟花爆竹生产企业强制推行机械化生产。开展建筑施工安全专项整治，省住建厅下发《2011年建筑安全专项整治实施方案》，对建筑施工脚手架、深基坑、高大模板、建筑起重机械等危险性较大环节进行安全专项整治。开展重点建设项目安全专项整治，省安委办组织有关行业管理部门对昆明新机场、轨道交通等重点工程为主的铁路、公路、水电、机场等部分重点建设工程进行专项整治。此外，质监、农机、民航、电力、民爆、旅游、教育等行业领域，也都有针对性的采取有力措施开展了专项整治。

道路交通安全监管　2011年，公安交警部门积极与交通运输、安全监管、农业等部门协作配合，狠抓道路交通安全。开展了客运企业及客运车辆安全隐患、道路安全隐患、严重交通违法行为、农村地区机动车及驾驶人排查等“四项排查整治行动”，排查整治道路安全隐患点段1802处，整治948处，整治率52.6%。建立全省重点车辆和驾驶人信息数据库，强化重点驾驶人的分类管理，深入推进实施“文明交通行动计划”。开展酒后驾驶专项整治行动，查处酒后驾驶1780人次、醉酒驾驶1891人次，采取刑事强制措施1889人，移送检察机关918人，判刑546人。推进“护卫天使行动”，改善了校园周边道路交通环境和行车秩序。推广丘北经验，强化农村道路交通安全防控。狠抓事故的预防和处理环节，强化事故处理机制建设。制发《云南省道路交通事故联合约谈制度（试行）》，对7个州（市）、县（市）进行了约谈。排查客运企业、站场608家，排查客运车辆6万余辆，排查校车585辆，排查客运车辆驾驶人7.1万余人。

消防安全工作　2011年，全省各级公安消防部队深入贯彻《云南省消防条例》和省政府《关于进一步加强消防工作的意见》，狠抓消防安全工作落实。完善消防安全责任网络，制定《全民消防安全宣传教育实施细则》，启动全民消防安全宣传教育行动。构筑社会消防安全“云岭防火墙”工程，10229个重点单位和人员密集场所消防安全“四个能力”建设达标，农村房屋火灾保险覆盖率达92%。部署开展高层民用建筑、建筑消防设施专项整治和“云岭平安”系列专项行动。深入推进“清剿火患”战役工作，排查单位场所3.9万余家，督促整改火灾隐患和消防违法行为2.3万余处，查封危险部位或场所14287个，111家政府挂牌督办整改重大火灾隐患单位全部整改销案。组建省综合应急救援总队和覆盖全省的省、州、县三级综合应急救援队伍。组织开展跨区域应急救援实战拉动演练，部队灭火救援综合实力显著增强。各级公安消防部队共接警出动8011起，抢救被困人员3842人，抢救财产价值3.27亿元。

安全生产应急能力建设　2011年，省政府投入1250万元，用于加强9支省级安全生产应急救援队伍和8个省级危化事故应急救援物资储备仓库建设。全省现有专（兼）职应急救援队1582支，共组织应急救援演练8455次，参加事故救援522次，抢救遇险生还547人。在文山富宁县“3·07”纯苯泄漏、“7·11”磷酸泄漏污染、“10·02”醋酸甲酯泄漏和广南县“11·22”工业黄磷泄漏燃烧等事故救援中，应急救援队和应急储备物资设备发挥重要作用，避免了重大水系污染事故。迪庆州国道214线香德线肯古隧道“3·29”和学央丫卡隧道“8·11”两起坍塌事故27名被困人员全部成功获救。针对云南极端天气等自然灾害容易引发生产安全事故的特点，省安监、气象等部门进一步完善了因自然灾害引发生产安全事故的预警工作机制，建立联席会议制度和24小时情况通报制度，及时向有关州（市）和企业发出预告。

安全生产监管制度建设　2011年，省政府下发《云南省人民政府关于进一步加强安全生产工作的决定》，强调8个方面的工作，特别是明确规定州（市）、县安委会主任由政府主要领导担任、政府常务副职分管安全生产工作。建立健全“月通报、季发布、年考核”制度，各级安委会坚持每月向党政主要领导、分管领导和有关部门通报安全生产情况，每季度在《云南日报》等媒体上发布安全生产形势，年底对安全生产控制考核指标完成情况进行严格考核。坚持对重大隐患治理实行省、州（市）、县（市、区）三级政府挂牌督办。2011年，省安委办提请省政府挂牌督办了7个重点行业（领域）的34个重大隐患。

生产安全事故查处　2011年，全省实行事故约谈制度，对在一个月内连续发生2起以上较大事故、重大事故隐患整改不到位、超事故控制指标、瞒报迟报事故的州（市）、县（市、区）政府、有关部门和企业进行约谈，共同分析事故原因，查找薄弱环节。省安委办对10个州（市）、19个县（市、区）政府及其有关部门进行了19次约谈。组织现场警示教育，省安委办先后组织3次现场警示教育，向州（市）政府和有关企业发出《事故警示通报》31份。建立较大事故查处挂牌督办制度，对发生较大以上工矿商贸事故的，由省安委办挂牌督办，全年共挂牌督办较大事故14起。各类生产安全责任事故查处结案率89.4%（其中较大生产安全事故结案率91.8%，重大生产安全事故结案率100%），累计追究处理140人，其中给予党纪政纪处分105人、移送司法机关追究刑事责任35人。

（唐　陶）

THE PILLAR INDUSTRIES

特色产业

主　　编　田文桢
责任编辑　代燕春

红塔集团生产线（红塔区志办　提供）

Summary

综 述

概述 2011年是全省特色产业发展较快的一年，在省委、省政府的正确领导下，全省上下着力培育壮大特色优势产业，优化产业结构，产业发展取得明显成效。全年全省生产总值完成8750.75亿元，增长13.7%。其中，第一产业实现增加值1407.81亿元，增长6%；第二产业实现增加值3990.97亿元，增长18%；第三产业实现增加值3352.17亿元，增长11.8%。三次产业结构比例为16.1：45.6：38.3。

支柱产业发展 2011年，全省烟草、矿业、能源、旅游、生物五大支柱产业对经济发展的支撑作用日益明显，非烟产业快速发展，烟草工业通过推出高端卷烟新品种，提高一、二类卷烟比重，销售收入和利税双双突破千亿。电力、热力的生产和供应业保持较快增长，完成工业增加值290.53亿元，同比增长18.3%。矿业产业链延伸取得较大突破，骨干企业技术装备水平进入全国先进行列，资源和能源利用水平明显提高。旅游设施不断完善，旅游酒店业蓬勃发展，2011年旅游总收入突破1300亿元，同比增长18%。生物产业快速发展，生物医药、农林产品加工等特色生物产业竞争优势明显提高。

传统产业结构调整 2011年，全省有色、黑色、化工、建材、机械继续成为经济增长的骨干力量。有色金属冶炼及压延加工业完成工业增加值247.68亿元，增长16.7%；黑色金属冶炼及压延加工业完成工业增加值153.01亿元，同比增长12.6%；化学原料及化学制品制造业完成工业增加值187.30亿元，同比增长22.1%；建材和机械行业保持较快增长。技术和装备水平进一步提高，主要骨干企业装备居全国先进水平，新型干法水泥比重达到81%。精深产品比重较大提高，锡的精深加工转化率达38%、铝达到50%。产业集中度明显提高，磷复肥产业集中度达到85%，有色行业重点龙头企业产量比重达到70%以上，制糖业达到50%以上。资源掌控能力明显增强，龙头企业集中了省内60%的铜和铅锌资源、70%的锡资源、50%的磷资源。

现代农业推进 2011年，全省在确保粮食稳定增长的前提下，烟叶、畜牧、果蔬、茶叶、薯类、中药材、甘蔗、花卉、木本油料、橡胶、林产业、咖啡、蚕桑等优势特色农产品发展呈现出规范化、标准化发展趋势，初步实现了由零星分散到发挥优势、规模发展的重大转变，涌现出一批有一定带动能力的龙头企业和名牌产品，农产品跃升至全省第一大宗出口商品。全年全省新增省级龙头企业114户，全省农业龙头企业达2400多户，实现销售收入872亿元。新增农民专业合作社2092个，建成52个现代农业示范园，启动实施577个生猪、奶牛标准化养殖场建设。完成木本油料种植面积560万亩。

服务业发展 2011年，全省第三产业增加值增速达11.8%，比2010年提高0.3个百分点。服务业从业人员比重不断提高。服务业内部结构逐步优化，旅游、商贸流通等传统服务业持续快速发展，金融保险、现代物流、会展等为代表的新兴服务业得到不断发展、壮大。全省服务业完成投资4605.3亿元，同比增长30.5%，高于全社会固定资产投资增速3.1个百分点。通过举办昆交会、南亚国家商品展、农博会等推动会展业快速发展。服务业领域改革进一步深化。培育形成了一些规模大、效益好的现代企业集团和产业集聚区，产业集中度不断提升。服务业已经成为云南省扩大社会就业的重要渠道，对经济和社会发展的贡献日益突出。

战略性新兴产业 至2011年，全省涌现出云南白药、云南沃森等一批现代生物产业龙头企业，初步形成以红外及微光夜视、光电子信息材料、太阳能电池等为主导，以光机电一体化设备、半导体照明、OLED等为补充的光电子产业发展格局。贵金属新材料已形成了较为完善的创新体系，产业规模排名世界第五、中国第一。新材料方面已拥有一批优秀产品及成果储备。高端装备制造业攻克了一批关键技术，研制了一批技术含量高、市场竞争力强的高新技术产品。形成了一批具有自主知识产权的技术、装备和系统，培育了一批有发展潜力的环保企业。太阳能、风能、生物质能等新能源产业取得突破性发展，石林县16.6万千瓦光伏试验示范电站一期建成投产，已建成风电发电70万千瓦。

产业聚集发展 2011年，全省实施大企业、大集团战略，积极引进战略投资者，加快推进央企入滇，企业组织结构调整取得明显成效。涌现出红塔、昆钢、云天化等13户销售收入超百亿的大型企业集团。中小企业发展得到进一步提升。产业集中度进一步提高。40个重点和特色工业园区积极发挥产业聚集作用，初步形成昆明高新区稀贵金属、生物产业和电力装备产业集群，昆明经开区生物医药、光电子、装备制造产业集群，大理创新工业园区汽车产业集群、玉溪数控机床产业园等产业集聚区。

技术创新 2011年，全省实施重大科技专项，突破关键核心技术62项，研发具有知识产权的重大新产品61个。建成国家和省级高新技术特色产业基地17个、创新型试点企业154家、创新团队72个，新增国家认定企业技术中心2家、省级认定企业技术中心34家。全省高新技术企业达440户，并实现国家重点支持的8个高新技术领域全覆盖。科普工作进入全国先进行列。自主品牌建设有了很大进步，打造了斗南花卉、晨农蔬菜、滇虹药业、后谷咖啡、云南红等一批知名品牌。

（省发改委综合处）

Tobacco 烟草

概述 云南省烟草专卖局、中国烟草总公司云南省公司下辖16个州市级烟草专卖局（公司），以及云南省烟草烟叶公司、云南烟叶复烤有限责任公司、云南省烟草实业公司、中国烟草云南进出口有限公司等4家直属企业。截至2011年，公司拥有总资产688.26亿元，其中，固定资产70.42亿元、流动资产571.07亿元，资产负债率26.81%。共有在岗员工17738人，其中聘用员工2738人。

2011年，全省烟草商业系统实现税利216.63亿元、同比增长20.08%；实现利润111.58亿元、同比增长14.6%。三项费用率12.56%。

2011年，省局（公司）被省政府授予“全省水利工作先进单位”称号；省局（公司）党组书记、局长（总经理）余云东，保山市局（公司）局长、经理何伟，玉溪市局（公司）红塔区公司副经理杨璧素分别被省政府评为“云南省第20届劳动模范”。

打假打私专项行动 2011年4月，省政府召开打击涉烟违法犯罪工作会议，全面部署打击涉烟违法犯罪

红塔物流（红塔集团 提供）

工作，省政府与各州市政府签订了2011年《打击涉烟违法犯罪工作责任书》。6月，根据国家烟草专卖局、公安部等部门关于开展打击假冒卷烟和规范烟草市场专项行动的要求，省工商局、检验检疫局、烟草专卖局、公安厅根据部署联合制定《云南省“两烟”打假打私和规范烟草市场专项行动工作方案》，在全省范围内组织开展打击涉烟违法犯罪和规范烟草市场专项行动，各地按照要求积极抓好卷烟市场监管工作，建立卷烟市场监管长效机制，进一步提高了监管的能力和水平。11月29日，召开工作会议，对开展卷烟市场整治专项行动再次进行了部署安排，用为期半年左右的时间，在全省范围内进一步组织开展卷烟市场专项整治行动。以实现打击涉烟违法犯罪的水平和能力明显提升、卷烟零售市场准入管理水平明显提升、控制卷烟零售市场的能力明显增强、卷烟市场监管终端建设取得突破。全年全省共出动打假打私人员 17 万多人次，查办各类案件10089起，罚没真品卷烟20045件，查获假冒卷烟 8883 件，走私烟 297 件，查获烟叶、烟丝2830吨，查获各类烟草机械21台，破获非法涉烟网络案件22起。公安机关刑事拘留520 人，逮捕177人，判刑215人，劳教8人。

专卖证件管理 2011年，全省各级烟草专卖管理部门坚持依法行政、依法许可，按照行政许可的程序和规定，依据市场需求、方便消费、与社会发展相适应的原则，新办烟草专卖零售许可证2.71万份，注销1.93万份，达到19.19万户，全省烟叶收购资格证，新办50份，变更168份，延续12份，补办7份，注销2份，总量比上年增加48份，全省共开具准运证13.79万份，其中，烟叶准运证6.78万份，卷烟准运证6.7万份，专卖物资及烟机准运证3091份。

卷烟经营 2011年，全省烟草商业系统销售卷烟852.06亿支（170.56万箱），同比增加31.62亿支（6.33万箱），增幅3.85 %。其中一、二、三类卷烟销量同比分别增长了27.50%、11.44%和 26.47%。卷烟销量占比一至五类分别为11.84%、2.77%、66.69%、14.03%、4.67%，三类卷烟增长成为卷烟结构提升的突出亮点。2011年卷烟含税单箱销售收入达到22045元，同比增加3336元，增长17.83%，是历史上结构提升最快的一个时期。

烟叶产销 2011年，全省共种植烟叶714.04万亩，烟叶收购总量达到102.85万吨（2057.06万担）。其中，收购烤烟99.42万吨（1988.46万担）、香料烟2.78万吨（55.5万担）、白肋烟0.66万吨（13.1万担）。收购总值187.26亿元，同比增长31.78%；实现烟叶税41.2亿元，增长31.79%。

现代烟草农业建设 2011年，在总结楚雄禄丰和滇东综合示范区现代烟草农业建设经验基础上，以现代化为统领，以基地单元为载体，以特色化为抓手，大力推动“三化”建设，全面提升现代烟草农业建设水平。安排实施腾冲、祥云、弥勒、姚安和牟定等12个“三化”综合示范县，建成了一批现代烟草农业典型示范区。发展种植专业户17.4万户，专业合作社3050个，家庭农场856个，3种生产组织形式种烟面积306万亩、占43.6%；发展综合服务型专业合作社764个，单环节服务型专业合作社2799个，专业化育苗、商品化供苗做到了100%，专业化机耕面积445万亩、起垄256万亩、植保439万亩、烘烤261万亩，烟农组织化程度进一步提高。

科技推广 2011年，全省漂浮育苗比例达100%，商品化育苗比例达100%；轮作面积644.94万亩，同比增加70.74万亩，占种烟面积的91.85%；机械深耕面积556.14万亩，同比增加63.64万亩；测土配方施肥面积679.73万亩，同比增加79.71万亩；百亩以上连片种植面积527.45万亩，占75.11%，同比提高10.61%；千亩以上连片种植面积68.67万亩，户均种烟面积达20.02亩，同比增加7.72亩。

特色优质烟叶开发 2011年，全省围绕知名品牌原料需求，坚持“发挥优势、挖掘潜力、填补空白、满足需求”的原则，依托绿色生态优势，扎实推进特色品种基地建设，着力树立品牌，着力打造特色，着力提升质量，推进黄金走廊生态特色烟叶建设。全省承担国家局特色优质烟叶开发点46个，种植面积78.2万亩，收购烟叶230万担；种植红花大金元87.96万亩，收购烟叶227.2万担；种植美国品种和津巴布韦引进品种21.37万亩，收购烟叶64.1万担，满足了知名品牌优质原料需求。着力开发地方区域特色，打造云南黄金走廊生态特色烟叶品牌，启动了保山界头、普洱勐先河、临沧博尚、文山普者黑四大生态园区建设具有鲜明特色的优质烟叶产区建设。

新烟区开发 年内，全省坚持“高起点谋划、高标准建设、高水平发展”开发思路，坚持“四位一体”开发模式，切实加大工作力度，扎实推进新烟区建设与发展，共投入行业补贴资金28.9亿元，完成烟水工程、机耕路、密集烤房、农机具等项目11.5万件，建成设施配套高标准基本烟田152万亩；已建成基地单元43个，占全省基地单元总数的39.1%，新增计划实现100%基地化生产；使新烟区计划总量从2008年的241万担增加到2011年的463.3万担，增幅92.2%，占全省计划总量的24%，文山、保山、普洱跨入了100万担大烟区行列，临沧增长3倍以上。

烟叶资源配置方式改革 2011年，全省按照“密切合作，加强引导，全面提升，稳定发展”的基本思路，坚持工业“主动参与、深度介入”的工作方针，深化资源配置方式改革，构建适应知名品牌发展的新型工商合作模式。新建基地单元50个，种烟87万亩，收购烟叶262万担，对口19家工业企业、21个卷烟品牌；加上2010年建成的60个基地单元，全省基地单元达到110个，收购计划550万担，占全省烟叶收购计划29%；加大集中加工力度，减少加工对子16对，品牌导向作用进一步凸显。省局与4家工业企业签订了合作框架协议，达成共识；班子领导分别带队到工业企业进行走访调研，两次召开工业企业烟叶采购人员茶话会，加强沟通交流，密切合作关系。

对外交流与合作 2011年，云南烟叶在国际市场上的知名度不断提升，云南与国际主要卷烟制造商和中间商的合作关系进一步密切，欧美市场和东南亚市场作为云南烤烟出口两大支柱市场的地位进一步巩固。至年末，云南烟草与菲莫国际公司、英美烟草远东烟叶有限公司、日本烟草公司、天利国际经贸有限公司、韩国人参公社、南洋烟草兄弟有限公司、联一烟草国际公司、环球烟叶公司、普瑞铭烟草亚洲有限公司、印尼三宝麟烟草公司、SOCOTAB公司、印尼针标烟厂、帝国烟草公司等国际客户保持着稳定的合作关系。

进出口贸易 2011年，全公司实现进出口总值3.37亿美元，同比增长16%。其中，进口总值1134万美元，同比增长119.34%；出口总值3.26亿美元，同比增长14.13%。出口烟叶85,842吨，同比增长0.81%；创汇3.23亿美元，增长14.44%。出口品种有烤烟、烟叶副产品、香料烟、生切烟丝、白肋烟、烟草薄片、烟丝等，合同执行率为100%。川渝中烟工业公司、河北中烟工业公司5家工业公司为股东单位。

（曾永春）

云南中烟工业有限责任公司 2011年，云南中烟工业有限责任公司围绕中国烟草行业“532”、“461”的大品牌发展规划和“卷烟上水平”

2011年8月8日，中共云南省委副书记、省长秦光荣，副省长曹建方对云南烟草“十二五”规划进行专题调研（中烟公司 提供 张忠文 摄）

战略，以及云南烟草工业“5422”品牌发展目标，实现国内市场销售卷烟1024万箱，国际市场销售卷烟25万箱。烟草主业（含省外全资及控股企业）全年实现税利972亿元，同比增加178亿元，增长22.4%；实现利润140亿元，增加33亿元，增长31.2%；单箱税利10602元，增加1566元，增长17.33%。其中，省内实现税利843亿元，增加153亿元，增长22.2 %；实现利润126亿元，增加29亿元，增长31%；单箱税利11539元，增加1722元，增长17.54%。实现进出口总值1.7亿美元，同比增长19.8%，其中出口总值1.6亿美元，进口总值930万美元。截至2011年底，公司总资产1500亿元，净资产1200亿元，4万多名员工。多元化投资241亿元，投资项目138个。公司在卷烟产销总量、税利总额、一类烟产销量、全国市场覆盖率、国际市场销量等多项指标上均位居行业第一，实现“十二五”的良好开局。

品牌建设 2011年，云南中烟公司坚持把品牌发展作为“卷烟上水平”的核心，深入推进落实“做大品牌、降低危害、提升价值”三大品牌发展战略。制定了“十二五”时期“5422”品牌发展目标，即争取到2015年或用更长一段时间，力争实现“红塔山”“云烟”“玉溪”“红河”品牌年产销规模分别达500万箱、400万箱、200万箱、200万箱；“红塔山”“云烟”“玉溪”年商业销售收入达3个1000亿元；四大品牌产销总规模达1300万箱，其中低焦油产品200万箱以上；国际市场境外生产和一般贸易分别达35万箱和15万箱；省内企业税利总额达1200亿元。2011年，以“提升品牌结构，谋求高端低焦新突破，培育骨干品牌，谋求合作生产新发展”为工作重点，实现四大重点骨干品牌“玉溪”“云烟”“红塔山”“红河”卷烟国内销量分别达到96万箱、230万箱、311万箱和210万箱，品牌集中度达83%，创历史新高。按照中国烟草行业三类烟以上商业销量排序，“红塔山”“云烟”分居全国第一、第三位，“玉溪”“云烟”分居行业一类烟第二、第六位；按照商业销售收入排序，“云烟”“红塔山”“玉溪”分别排名全国第二、第六、第八位。卷烟结构持续提高，一、二、三类烟商业销量分别达150万箱、15万箱和559万箱，同比增长32%、31%和21%。高端卷烟和低焦油卷烟发展势头良好，高端形象产品高调起步，“玉溪（庄园）”在全国12个省区市22家分公司上市，“云烟（大重九）”在8个城市上市，市场反响强烈；"玉溪"一类烟销量位居行业第二，其高端产品增幅达76.85%。"红塔山"低焦油卷烟销量排名跃升至第8位，品牌布局更趋合理，结构和效益同步提高。

烟叶原料 2011年，全省43个现代烟草农业基地单元建设全面推进，启动首期2个片区2万担烟叶的调拨计划。"NC297""红花大金元""K326"等绿色有机烟叶品种进一步推广种植，宾川有机烟叶生产点的有机转换期和有机认证工作顺利完成。启动"烟叶庄园"建设，"玉溪"凤窝园和"印象"石林园已初步打造成为保障品牌发展、展示品牌文化、提升品牌形象的原料和宣传基地。优化省内烟叶资源配置，明确了"十二五"省内烟叶调拨总量、分年度调拨量、基地规划和基地品种规划，原料基础更加牢固。

科技创新 年内，云南中烟公司强化科研平台建设，完善科技创新体系，实施重大项目带动，投入7200万元组织实施了27项科技计划项目（不含卷烟企业自定项目和自筹投入），对39项科技成果进行评价验收。强化质量监督，组建云南中烟卷烟产品质量检测中心，编制卷烟产品质量安全标准体系表，实施烟用添加剂排查、烟叶和卷烟农残监控。全系统有2人被认定为中国烟草首批卷烟高级调香师和卷烟调香师，有3人被授予中国烟草第一批学科带头人称号。以信息化带动工业化，"两项工作"信息平台、"ERP"系统平台、协同办公系统等项目初步完成并上线运行。

基础管理 2011年，云南中烟公司持续强化对标、创优和贯标工作，在行业公布的42项经济技术指标中，22项优于平均值、33项同比改进。全年卷烟企业销售成本率（含省外）26 %，同比下降1.54%；卷烟三项费用率8.67 %，下降0.7%；成本费用利润率26.05%，提高4.71 %。初步建立内控制度体系，全年实施采购项目1731个，金额120.38亿元，公开招标比例达83%，项目采购成本比上年度降低2.93亿元，降幅达4.5%。

卷烟生产 2011年，全省生产（含省外全资及控股企业）卷烟925.55万箱，同比增加27.33万箱、增长3.04%。其中，省内生产卷烟729.98万箱，同比增加15.23万箱、增长2.13%。省内累计实现工业总产值1076.18亿元，增加140亿元，增长14.95%；实现销售收入总额1010.45亿元，增加136.13亿元，增长15.57%；平均单箱销售收入为13950元，增长11.08%。品牌合作生产（含省外全资、控股企业和其他卷烟企业）共计255.1万箱，增长12.77%。

国内销售 2011年，全省销售（含省外全资及控股企业）卷烟917.09万箱，同比增加38.32万箱，增长4.36%。其中，省内销售卷烟724.31万箱，同比增加28.19万箱，增长4.05%。卷烟销售收入成本率为24.35%，同比下降1.59%；三项费用率为8.76%，同比下降0.74%。

国际销售 2011年，全省实现卷烟境外销售总量24.8万箱（124万件）。其中，一般贸易出口卷烟12.2万箱（61万件），境外生产卷烟12.6万箱（63万件）。云南卷烟品牌已进入东南亚、中东、中南美洲、非洲、东欧和全球免税市场等六大板块30多个国家及地区。

（晏　江）

红塔集团 红塔烟草（集团）有限责任公司（简称红塔集团）前身是创立于1956年的玉溪卷烟厂，1995年改制为玉溪红塔烟草（集团）有限责任公司，2005年12月2日，正式更名为红塔烟草（集团）有限责任公司。截至2011年底，红塔集团以母分公司形式拥有云南省内玉溪卷烟厂、楚雄卷烟厂、大理卷烟厂、昭通卷烟厂4家不具有法人资格的生产厂；控股海南红塔卷烟有限责任公司、红塔辽宁烟草有限责任公司、香港红塔国际烟草有限公司、老挝寮中红塔好运烟草有限公司；参股吉林烟草工业有限责任公司；拥有云南红塔集团有限公司和云南红塔烟叶物资有限责任公司（2011年8月取消法人资格）2个全资子公司。红塔集团拥有总资产961.32亿元，其中，固定资产净值118.04亿元、流动资产595.48亿元，资产负债率为30.91%。集团共有在岗员工9792人（含玉溪、楚雄、大理、昭通卷烟厂），其中，高级技术人员55人、中职1310人，初职2472人。

2011年，红塔集团在中国企业联合会、中国企业家协会发布的"2011年中国企业500强"中排名一百三十二位，位列滇企之首，烟草行业第二位。玉溪卷烟厂被国家安全生产监督管理局、全国总工会评为"全国安全生产督导人员培训先进集体"；玉溪卷烟厂工艺质量科被全国总工会授予"全国五一巾帼标兵示范岗"；玉溪卷烟厂制丝二车间电气修理作业区被共青团中央授予"全国青年文明号"称号。

卷烟生产经营 2011年，红塔集团境内外卷烟总产量（包括集团省内四厂内销与出口、合作生产、境外生产）集团境内外生产规模为562.71万箱，同比增加30.01万箱，增长5.63%。其中：省内四厂生产359.42万箱（含出口卷烟7.22万箱），同比增加7.7万箱，增长2.19%；品牌合作生产192.02万箱，增加21.56万箱，增长12.65%；境外加工11.27万箱，增加0.74万箱，增长7.03%。

全年，集团境内外销售540.37万箱，同比增加19.97万箱，增长3.84%。其中：省内内销卷烟337.8万箱，增加3.05万箱，增长0.91%；合作生产品牌销售184.09万箱，增加17.55万箱，增长10.54%；一般贸易出口和境外加工销售18.48万箱，同比基本持平。

全年烟草集团省内实现卷烟

坐落于抚仙湖畔的玉溪烟草庄园（红塔集团　提供）

销售收入503.18亿元，同比增长13.71%。实现税利425.85亿元，同比增长25%，其中利润56.41亿元。三项费用率为9.82%。红塔辽宁公司实现税利37.49亿元，同比增长20.28%。海南红塔公司实现税利10.33亿元，同比增长24.76%。

重点品牌　2011年8月，红塔集团推出源自中国第一座烟草庄园、中国第一包有机烟——“玉溪（庄园）”，第一次让“有机”从概念走向现实，定位为高端消费群、行业高端品牌中的尖端规格。年内，“玉溪（庄园）”在13个省区市的29家分公司上市，形成一定影响力，高端突破取得一定成效。2011年，“玉溪”品牌商业销售95.77万箱，同比增加27.03万箱，增长39.32%，排名行业一类烟商业销量第二位，商业批发销售收入472.8亿元，排名第八位。“红塔山”品牌商业销售311.16万箱，同比增加36.64万箱，增长13.35%，是中国卷烟销量第一大品牌，商业批发销售收入548.03亿元，排名第八位，其中100元及以上价位产品销售87.7万箱，同比增长24.03%。

科技创新　2011年，红塔集团技术中心紧紧围绕集团“努力打造世界领先品牌”愿景目标和实施“5211”品牌发展规划，以提升品牌结构、提高产品单箱盈利能力为着力点，大力增强自主创新能力，突出产品特色，在稳定产品质量的同时，提升产品市场核心竞争力，取得显著的成效。集团科研项目获奖16项。其中：国家局2010年度科技进步奖2项（三等奖2项），云南省科技进步奖4项（二等奖2项，三等奖2项），云南中烟科技进步奖10项（特等奖1项，一等奖2项，二等奖3项，三等奖4项）；获集团科技进步奖77项（特等奖1项，一等奖4项，二等奖22项，三等奖25项，鼓励奖15项）；申报专利104项（发明专利10项，实用新型专利49项，外观设计专利45项），获授权专利94项（发明专利4项目，实用新型专利45项，外观设计专利45项）；发表科技论文38篇，其中：国内核心期刊31篇。参与制定修订标准55项（烟草行业标准5项，本企业标准制定修订46项，部门级标准制定修订4项）。卷烟产品“玉溪（软境界）”在国家局、云南省烟草专卖局的感官质量和综合质量抽查中屡获行业第一。

多元化经营　截至2011年底，云南红塔集团有限公司参与投资项目65个，总投资额167.59亿元。按投资行业分布计算，金融证券行业投资16项，投资额68.89亿元，占投资总额的41.11%；能源交通行业投资5项，投资额43.42亿元，占投资总额的25.91%；酒店房地产行业投资14项，投资额29.56亿元，占投资总额的17.64%；烟草配套及材料行业投资18项，投资额13.74亿元，占投资总额的8.20%；其他行业投资12项，投资额11.98亿元，占投资总额的7.15%。2011年，云南红塔集团有限公司纳入统计的47家企业实现主营业务收入472.27亿元，实现税利120.767亿元，公司本部实现利润7.35亿元。

（曹晓军）

红云红河集团　红云红河烟草（集团）有限责任公司（简称红云红河集团）成立于2008年11月8日，由原红云烟草（集团）有限责任公司和原红河烟草（集团）有限责任公司红河卷烟厂、新疆卷烟厂合并组建。下辖昆明卷烟厂、红河卷烟厂、曲靖卷烟厂、会泽卷烟厂、新疆卷烟厂、乌兰浩特卷烟厂；控股山西昆明烟草有限责任公司、内蒙古昆明卷烟有限责任公司，拥有商贸、印刷、运输、酒店、学校、医院等公司和企业，核心品牌“云烟”“红河”为“中国驰名商标”“中

云南农业大学“红云园丁奖”“红河助学金”颁奖仪式（红云红河集团　提供 陈帆　摄）

国名牌产品”。

2011年是红云红河集团“十二五”规划开局之年，是“卷烟上水平”扎实推进并取得重大突破的一年。在国家烟草专卖局、云南中烟工业有限责任公司和各级党委政府的正确领导下，集团认真落实全国、全省烟草工作会议精神，抓管理、练内功、打基础、树形象、强品牌、增效益，整体运行继续保持产销协调均衡、产品结构上移、品牌价值提升、实力持续增强的良好发展态势，实现了集团“十二五”的稳健起步。2011年集团品牌规模保持行业第一、效益居行业第三位，列中国企业500强第一百四十七位、制造业500强第六十八位，先后荣获“全国扶贫开发先进集体”“云南省思想政治工作先进集体”“云南省质量效益型先进企业”等荣誉称号。

卷烟生产经营　2011年，红云红河集团共生产卷烟491.47万箱，同比增长3.3%；销售卷烟498.8万箱，增长7.1%；实现销售收入618.48亿元，增长17.05%；实现税利499.81亿元，增长21.63%；实现利润75.99亿元，增长9.06%。其中，集团省内生产卷烟370.57万箱，增长2.08%；销售卷烟379.52万箱，增长7.46%；实现销售收入507.27亿元，增长17.48%；实现税利415.88亿元，增长21.35%；实现利润64.06亿元，增长6.97%。

品牌培育　2011年，红云红河集团进一步明确品牌“4215”发展目标，到2015年，力争云烟品牌规模达到400万箱、红河品牌规模调控在200万箱左右、云烟商业批发销售额1500亿元。云烟着力突破高端市场，云烟（大重九）2011年8月面世，云烟印象、珍品系列和红河（道）拓市上量，一类小熊猫、呼伦贝尔和软金雪莲整合至云烟品牌，三类小熊猫向红河整合，加快红河四类向三类转移，以三类为主做大体量，推动云烟和红河两大品牌结构整体上移。努力拓展低焦市场，积极培育云烟（软印象）、云烟（5mg印象）、云烟（金福）、云烟（win）等低焦产品，加紧研发储备高端低焦新品，稳步推进在线产品降焦，推动品牌“低焦高质”发展。

市场营销　2011年，集团深化协同营销，开展恳谈宣讲和文化交流434场次、受众2万多人次，签署合作协议14家。强化全员营销，集团领导分工挂片市场，协调市场规划布局，赋予新疆、乌兰浩特两厂和山昆、蒙昆两公司营销主体责任，巩固拓展当地市场。开展专业化分工、项目制管理，将目标分解落实到每个市场部，加大以销售业绩为依据的考核力度。着力精准营销，选择重点规格、重点市场、重点环节在全国16个省区开展云烟印象等精准营销。做实终端建设，以旗舰店、专卖店、标准店等形式参与11省市29个终端项目建设，搭建网络营销互动平台。拓展海外市场，立足缅甸、香港、印尼、南部非洲、马其顿等合作项目，推进境外实体化运作，调整外销产品线，扩大一般贸易出口。

原料保障　2011年，集团加强基地建设，优质原料基地扩大为7省18市46县80个单元，以“红大”、K326等为主栽品种，派驻95名科技人员全程参与烟叶生产；推进云烟印象烟庄建设，石林园进入实质运作，红河、曲靖、腾冲园的选址及资料收集已经开展；推进昆明卷烟厂老厂房改建原料仓库、曲靖南海子烟叶仓库及红河烟叶仓储基地建设，整合压缩库存等级，进一步优化原料结构；制定烤烟工艺分级标准，完成昆明、红河、曲靖三大烟区复烤模块化配方打叶设计，统一调配烟叶，集中打烤；抓紧烟叶采购，分品种单收单调单储，着重提高烟叶纯度和工商交接合格率，2011年415.4万担烟叶采购计划已完成376.59万担，占采购计划的90.66%，同时采购调入进口烟叶14.7万担。

科技创新 2011年，集团转化应用最新科研成果，完成云烟（5mg印象）、（软印象），红河（硬）和云烟（清甜香）、（大紫）等24个新品研发，云烟（大重九）以专属原料、专用配方、专门工艺、专线加工充分彰显“清、甜、津、润”。依托“云烟专线”优化流程、精控参数，云烟（印象）、（软珍）、（紫）等品质普遍提升。加强减害降焦，云烟（软印象）“降焦不降香”，云烟（软紫）、（软如意）等降焦提质，推动云烟（6mg清甜香）、（3mg超细支WIN）等低焦新品研发，2011年集团在线卷烟产品焦油加权平均值降至12.02mg/支、同比下降0.54mg/支。突破传统调香模式首创田间、烘烤、陈化、赋韵“四级调香”技术体系，牵头完成的“中式卷烟风格感官评价方法”达国际领先水平，内源性微生物产香技术推广应用，特征香味物质定向包埋及释放技术取得突破，掌握了卷烟抽吸干燥感形成的部分机理。集团全年共承担各级科研项目88项，申报专利79项，获授权专利62项、软件著作权3项，13个科研项目获上级奖励，其中云南省科技进步一等奖1项、三等奖2项，云南中烟特等奖1项、一等奖2项、二等奖5项、三等奖2项。2人分别被认定为行业卷烟调香师和高级调香师，1人被认定为行业卷烟调香方向学科带头人，1人被认定为云南中烟科技领军人才，2人被认定为云南中烟学科带头人。

生产制造 2011年，在昆明卷烟厂实施技改搬迁过程中，曲靖卷烟厂承担云烟（软珍）、云烟（紫）生产任务，在红河（硬）置换过程中，红河、曲靖、会泽、乌兰浩特卷烟厂及山昆、蒙昆公司开展转换生产。落实“体系目标化、管理流程化、流程信息化、基础规范化、改进持续化”五化要求，开展管理目标检查和体系文件交叉审核。深入推进现场管理，加强成本控制，推广设备优秀操作法，对照行业10项主要经济技术指标，集团创优达标率83%；开展对标项目攻关，2011年集团31指标同比有所提高，26指标优于行业平均水平。构建起涵盖原料、添加剂、烟用材料等169项企业标准的质量安全控制体系，全年集团产品质量行检、抽检、商检合格率均为100%。加快技改进度，2011年5月昆明卷烟厂新厂区竣工投产，曲靖卷烟厂卷包中庭改造主体工程完工，会泽卷烟厂组织施工招标，新疆卷烟厂联合工房主体结构基本完工，乌兰卷烟厂技改收尾工作进展顺利，红河卷烟厂组织地质勘探招标。

（杨裕萍　朱　懿）

Electricity 电　力

概述 2011年，云南电网公司圆满完成了各项目标任务，全年绩效考核指标均达到或超额完成考核值，实现了“十二五”良好开局。公司全年完成售电量1313.59亿千瓦时，同比增长11.23%。其中，省内售电量950.81亿千瓦时，增长17.46%；西电东送电量323.03亿千瓦时；对越南送电39.76亿千瓦时。完成固定资产投资128.77亿元。其中，电网建设投资109.91亿元，小型基建投资4.49亿元，技改投资14.37亿元。实现营业收入545.11亿元，同比增长10.06%；实现利税49.36亿元，完成经济增加值（EVA）6.03亿元。截至2011年底，公司资产总额达到769.4亿元，资产负债率77.15%。公司在南方电网公司2011年责任制考核中排名第一。

电力生产 2011年，全省完成发电量1555.13亿千瓦时，同比增长13.94%；全年全社会用电量为1204.07亿千瓦时，增长19.9%。统调电厂完成发电量1249.73亿千瓦时，比上年的1137.73亿千瓦时增加电量112.0亿千瓦时，增长9.84%。其中火电完成479.59亿千瓦时，比上年同期490.06亿千瓦时减少电量10.47亿千瓦时，降低2.14%；水电完成760.21亿千瓦时，比上年同期的643.62亿千瓦时，增加电量116.58亿千瓦时，增长18.11%；风电完成9.67亿千瓦时，比上年同期的3.92亿千瓦时增加电量5.75亿千瓦时，增长146.44%；太阳能发电完成2616.1万千瓦时，同比增长114.22%。

电力营销 2011年，全省完成售电量1313.59亿千瓦时，同比增长11.23%。其中，省内售电量950.81亿千瓦时，增长17.46%；西电东送电量323.03亿千瓦时；对越南送电39.76亿千瓦时。

电网建设 2011年，全省110千伏及以上项目开工75项、投产63项（变电容量683.3万千伏安、线路长度1918.45千米），直供区配网项目开工198项、完工170项；初设审查完成101项、批复96项；500千伏功果桥电站送出、惠历和220千伏瑞丽等3项南网重点项目顺利投产；38项2010年中央投资110千伏项目全部完成；小龙潭矿务局炸药库搬迁工作按期完成。基建安全总体平稳，质量工艺水平纵向对比提高较大，造价控制率18.11%，没有超投资现象发生，公司基建综合指标均符合年度目标值。

农电体制改革 年内，国务院国资委正式审批富民、罗平、宣威、元阳、绿春、绥江、会泽和云南水利电力有限公司等8家地方供电企业国有产权无偿划转云南电网公司。按照国家的相关法律法规，认真履行工商变更等各项手续，组织完成了富民等8家地方供电企业产权登记、工商注册等相关手续，完善了出资人权益，并账后资产经营管理平稳运行，资产经营活动合规合法。继续推进地方供电企业国有产权划转工作，重点部署安排农电管理体制改革工作，主要采取了以供电局为责任主体、依托云南电网公司体制改革工作小组为后台支撑并及时指导、协调、帮助等方式开展工作。通过各方，共同努力，富源、师宗、华坪、宁蒗、古玉（黑白水）等5家地方供电企业国有产权无偿划转云南电网公司待国务院国资委审批。

2011年，在全省103家独立核算供电企业中，云南电网公司管辖102家。其中：全资92家，控股4家（文山电力、平远、辰华、河口），参股1家（临沧地方电网），准代管5家（泸西、金平、马关、麻栗坡、广南）。云南电网公司农电管理的90家并账县级供电企业年度售电量334.9亿千瓦时，占云南电网公司省内售电量950.81亿千瓦时的35.22%。

2011年，怒江供电局配合云南电网公司投入独龙江乡“整乡推进，整族帮扶”图为施工人员奋战在独龙江通电工程一线（云南电网公司 提供）

社会用电 2011年，全省全社会用电量1204.1亿千瓦时，同比增长19.92%（全国增长11.74%），增速比上年加快7.3个百分点。其中，第二产业完成966.0亿千瓦时，增长22.53%；第三产业完成93.6亿千瓦时，增长43.79%。

年内，云南电网公司直接供电的主要行业中，黑色金属和矿采选业用电增幅104%、铁合金59.34%、铅锌57.33%、电石45.46%、煤炭开采和洗选业36.22%，增幅都在30%以上。全省负增长较大的有：金属制品业-36.42%、烧碱-17.05%、造纸及纸制品业-16.28%、电锡-11.04%。

对外合作 2011年，云南对越南送电4条线路累计结算电量49.19亿千瓦时（两条220千伏对越南送电线路累计结算电量为39.76亿千瓦时），完成送电指标48.6亿千瓦时的101.21%，同比减少11.05%。全年对越送电超（少）计划罚金共计334.6万美元。自2004年9月25日起至2011年12月31日止，云南对越送电累计电量为213.95亿千瓦时。

2011年，115千伏对老挝送电累计结算电量为1.04亿千瓦时。自2009年12月6日至2011年12月25日，云南对老送电累计电量为1.66亿千瓦时。

2011年，自缅甸瑞丽江电站购电21.51亿千瓦时。自2008年12月起至2011年12月25日止，自缅甸瑞丽江电站累计购电电量为52.05亿千瓦时。2011年，自缅甸太平江电站购电2.73亿千瓦时。自2010年8月起至2011年12月25日止，云南电网累计自缅甸太平江电站购电5.13亿千瓦时。

云电外送 2011年，云南电网向南方电网送电323.03亿千瓦时，同比增长0.11%，最大外送电力达到8718.4兆瓦。6～10月云南电网发电主汛期集中外送电量为202.6亿千瓦时，占全年外送电量总量的62.72%。全年送越南电量39.76亿千瓦时，同比减少28.33%，最大电力为1069.35兆瓦。

安全生产 2011年，云南电网公司系统累计发生事故总数19起（同比减少20起）。发生一般人身事故1起，同比增加1起；发生一般电网事故1起，减少9起；发生一般设备事故17起，减少12起。

（贺 凡）

Mining
矿　业

概述　云南矿产资源丰富，成形地质条件优越，矿产资源不仅储量大，矿种全，而且经济价值高，素有“有色金属王国”之称。云南矿产资源共有9大类：黑色金属矿产、能源矿产、有色金属及贵金属矿产、化工非金属矿产、稀有及稀土矿产、特种非金属矿产、冶金辅助原料矿产、建材非金属矿产及彩石矿产等，是全国矿产种类齐全的省份之一。全省共发现矿产142种，占全国发现矿种171种的83.04%，矿产地1291处，有54种矿产保有储量排在全国前的三位。煤炭、黑色金属、有色金属、磷化工及建材非金属等矿产已成为云南省国民经济和社会发展的支柱产业。据统计，全省煤炭资源总量691亿吨，探明资源储量293亿吨，保有资源储量282亿吨，居长江以南第二位，是国家十大煤炭基地之一。浅地表煤层气资源总量为4241亿立方米，居全国第九位；铁矿保有资源35.69亿吨，居全国第五位；锰矿保有资源9215.71万吨，居全国第三位；铜矿1043.13万吨，居全国第三位；铅矿708.53万吨，居全国第一位；锌矿1969.84万吨，居全国第一位；锡矿104.86万吨，居全国第一位；铝土矿9735.10万吨，居全国第五位；金矿498吨，居全国第七位；银矿1.41万吨，居全国第三位；磷矿储量40.28亿吨，居全国第一位；盐矿143.33亿吨，居全国第三位。

重要成果　2009年，云南省启动的“三年地质找矿行动计划”推进成效明显，地质找矿工作取得一批重要成果，发现3个超大型矿床和5个大型矿床：香格里拉县普朗超大型铜矿区是一个铜矿资源富集区，探明铜矿资源量650万吨，铜远景资源量达1000万吨以上；鹤庆县北衙超大型金矿区是一个金多金属资源富集区，累计查明黄金资源量127吨，共生铁矿石5000万吨，共伴生银3000吨、铜金属量20万吨。麻栗坡南秧田超大型钨矿区是一个钨矿资源富集区。初步控制的钨资源量大于30万吨，为超大矿床规模；鹤庆县北衙北段大型铅锌矿，初步估算铅锌金属量118万吨。该矿区铅锌远景资源量达300万吨以上；镇康芦子园大型铅锌、铁多金属资源富集区，已探明铅锌金属量105万吨，矿床规模为大型；保山隆阳区大型铅锌矿区，是一个铅锌资源富集区，有勐兴铅锌矿区、东山铅锌矿区和新发现的西邑大型铅锌矿；镇沅县超大型金矿外围地区和墨江县金厂大型金矿外围地区，探明黄金资源量22.14吨；富源县大河煤矿三、四矿段大型煤矿区，初步估算焦煤资源量2.5亿吨，达到大型井田规模。

黄金产量　云南省探明黄金保有矿产资源量在500吨以上，有黄金矿产合法开采企业29户，年处理原矿能力达到600万吨，7个年产1吨以上的黄金矿山基本建成，2011年黄金产量25吨以上，产值首次超过100亿元，与上年全年产量持平。黄金产量连续4年位列全国第三。

原煤基地　2011年底，全省持证煤矿1210个，平均单井产量达到6.8万吨，首次出现了千万吨级的煤炭企业。原煤产量达到9760吨，进入全国十大产煤省行列。煤炭产量的快速提升不仅保障了全省经济社会发展的需求，而且供需基本平衡并适度外调。全省累计出煤炭6730万吨，调入4320万吨，净调出2410万吨，净调出量占全省煤炭生产总量的5.7%。全省煤炭资源总量为691亿吨，居全国第九位。褐煤资源量仅次于内蒙古，居全国第二位。全省煤炭资源主要集中在曲靖市、昭通市、红河哈尼族彝族自治州。

微波冶金　微波冶金也被称为绿色冶金，是促进冶金工业节能减排降耗的有效途径之一，为破解这一难题，昆明理工大学攻关课题组以产学研结合的方式，系统深入开展了干燥、煅烧、浸出、还原和冶金用材料制备等技术的原理研究。经过22年的科研创新，研制出了系列新型微波冶金反应器，并在国内外首次建立了微波冶金大型化、连续化、自动化的微波高温生产线。这一成功的微波冶金理论研究和新工艺分别荣获2010年度云南省自然科学一等奖和2010年度国家技术发明奖二等奖。微波冶金产业化已成功推广到冶金、能源、化工、烟草等到行业，并先后向西班牙国家碳材料研究所等单位转让高水平的微波反应器、生产线及相关技术25项，累计新增产值9.76亿元，新增利润2.42亿元。

产能先进　云南冶金集团把科技进步与创新作为加快转变发展方式的重要支撑，促进产业走向内增长轨道。云南冶金集团吨铝电耗指标远低于国内平均水平，吨铝生产能耗达到世界先进水平，文山铝业80万吨氧化铝项目即将建成“工艺先进、控制一流”的国内标志性氧化铝生产厂；全球首创铸轧坯料生产0.005毫米以现超薄铝箔技术；自主研发和集成创新的“铅精矿加压浸出技术”应用领域不断延伸，高硅氧化锌矿等处理工艺在国内首先实现工业化生产；首次获得全国铁合金行业市场准入，承办国内锰铁行业最大的采选冶一体化企业，建成投产的5万千伏安电炉是亚洲锰系合金冶容量最大、技术装备水平最高的设备；一举成为全国多晶硅行业标准制定的重要参与者；组建云南冶金科技（美国）公司，形成了直接接触和掌握利用行业最先进、最前沿技术的国际平台。

多晶硅 年内，云南冶金集团昆明冶研新材料公司投资30亿元建成的年产3000吨多晶硅产业化项目是云南省唯一的高纯多晶硅生产线，产品设计定位为电子级多晶硅。累计生产多晶硅450多吨。2011年生产多晶硅1600吨，销售收入7亿元。多晶硅生产线工艺先进，单条生产线的规模处于国内同行业前列。高纯多晶硅生产线填补了云南省多晶硅行业空白。

大型矿床 2011年，云南完成钻探工作量突破110万米，通过地勘单位两年的努力，评价了3个超大型矿床：香格里拉县普朗超大型铜矿，累计探明铜资源量750万吨，资源量可达1000万吨以上；麻栗坡县南秧田超大型钨矿，钨资源量大于30万吨，资源量50万吨；鹤庆县北衙超大型金矿，累计探明金资源量200吨。此外，探获一大批资源储量：大型铅锌矿3个，大型铁矿3个，大型金矿1个，大型钼矿1个，大型煤矿1个，钨、锡、铝土、磷等矿产勘查也获得了重要进展，新增资源量各相当于1个大型矿床规模。大型金属矿床累计探明资源量超过780万吨。

矿业交易中心 2011年，云南省国土资源部门在加快推进桥头堡建设中，充分发挥自身资源和区位优势，立足云南加快地质找矿，加快打造昆明（国际）矿业交易中心，为把云南打造成为外向型有色金属和稀贵金属产业基地，提供强有力矿产资源保障。云南矿产资源丰富，矿产业是云南五大支柱产业之一。全省只探明了1/3的资源储量，尚有2/3的矿产资源未探明，找矿潜力巨大。按照省委、省政府实施三年地质找矿行动计划的重大决策，云南省国土资源部门建立找矿行动组织体系，制定管理措施，建立协调推进机制和监督检查制度。力争到2012年实现新增资源量达到铜（钼）1000万吨，铅、锌1000万吨，铁矿石25亿吨，金200吨，锡25万吨，钨30万吨，银5000吨，煤20亿吨，铝土矿2亿吨，磷2亿吨。2006年成立以来，昆明（国际）矿业交易中心已完成采矿权和探矿权出让624个，其中采矿出让价款11.475亿元，收取探矿权出让金6.555亿元；完成采矿权和探矿权转让项目1204个。其中采矿权转让合同金额25.595亿元，探矿权转让合同金额19.835亿元。

钛业基地 2011年，云南楚雄州依托钛资源储量丰富，重点扶持培植做大做强钛产业。云冶集团新立公司投资8,48亿元的武定年产8万吨高钛渣项目已经建成，投资38.8亿元的禄丰钛业分公司年产6万吨钛白粉，1万吨海绵钛生产线项目正在加紧建设中；昆钢集团云南钛业股份有限公司投资历20.6亿元的钛材深加工项目也落户楚雄禄丰，初步形成从钛矿开采、钛白粉、海绵钛到钛板卷生产和深加工产品开发的具有技术先进、形成规模的钛产业链；围绕武定和禄丰两县建设的新型工业化示范基地，全省最大的钛产业基地已规模显现。

（李海荣）

地质找矿 2011年，云南省全面推进三年地质找矿行动计划，进一步健全完善矿政管理体制机制。针对地勘行业属地化以来，地质找矿缺乏统一部署、地勘投资不足及资金分散、探矿权设置过多、小打小闹形不成整装勘查等突出问题，云南省人民政府常务会会议决定，一次性投入3亿元，连续5年，每年增加5000万建立全省地勘基金，审议同意并全面启动实施“三年找矿行动计划”。当年，全省投入地质勘查资金突破23亿元，同比增长10%；完成钻探工作量突破110万米，同比增长10%。通过地勘单位近两年的努力，地质找矿取得了重大阶段性成果：(1) 评价了3个超大型矿床：香格里拉县普朗超大型铜矿，累计探明铜资源量750万吨，远景资源量可达1000万吨以上；鹤庆县北衙超大型金矿，累计探明金资源量约200吨；麻栗坡县南秧田超大型钨矿，初步控制钨资源量大于30万吨，远景资源量50万吨以上。(2) 探获一大批资源储量：大型铅锌矿3个，大型铁矿3个，大型金矿1个，大型钼矿1个，大型煤矿1个，钨、锡、铝土、磷等矿产勘查也获得了重要进展，新增资源量各相当于1个大型矿床规模。(3) 取得了一大批重要找矿信息，为今后的勘查工作打下了良好基础。

（冉玉兰）

Biological Resources Development

生物资源开发

Please Refer to 'Strengthening Yunnan by Improving Green Economy'

参见“绿色经济强省建设”栏目

Tourism 旅 游

概述 2011年，全省接待国内外游客1.67亿人次，比上年增长18%。接待海外旅游者395.4万人次，同比增长20.1%，高于全国17个百分点；旅游外汇收入16.1亿美元，增长21.5%；接待国内旅游者1.63亿人次，增长18%，高于全国5个百分点；旅游业总收入达1300.3亿元，增长29.7%，比上年加快5个百分点，高于全国9个百分点，创历史最好水平。海外旅游者（过夜）花费水平为186.6美元/人天，国内过夜旅游者平均花费519.4元/人天，同比增长7.2%；游客在云南平均停留天数为2.8天，同比增加0.2天；住宿、餐饮、游览、购物消费占总花费比重分别上升1.5、1.4、2.2和0.7个百分点。全年旅游产业增加值预计达到550亿元，净增100亿元，占全省GDP的6.3%，占第三产业增加值的16.4%，比上年提高0.8个百分点。全省旅游产业呈现出发展提速、产出水平提高的势头，实现了“十二五”良好开局。

旅游产业改革 2011年，全省旅游体制机制创新有新突破。腾冲县实行大旅游管理模式，将翡翠产业管理、餐饮业发展准入、旅游出租车规范管理、旅游定点购物等工作统一纳入旅游局日常管理工作中，形成促进旅游产业发展的强大合力。大理苍洱、玉溪抚仙湖—星云湖和腾冲3个旅游综合改革试点地区建成了4个重大项目，完成投资55.6亿元，同比增长69.5%。全面启动了世博新区和5个专项改革试点规划编制和有关建设工作，指导昆明康辉旅行社有限公司完成改革改制工作。

旅游产业综合带动效应 2011年，全省旅游业对全省交通运输业的贡献达222亿元，对住宿业的贡献达216亿元，对餐饮业的贡献达177亿元，对娱乐业的贡献达103亿元，对商品零售业的贡献达328亿元以上，有力促进了云南经济社会的持续健康发展。同时，通过要素的链接和与相关产业的互动发展，旅游业在促进文化、体育、商务会展、城乡建设以及扩大就业、增加群众收入等方面也发挥着越来越重要的作用。

政策支持 2011年，深入落实省政府与国土资源部签署的支持云南旅游综合改革发展合作协议，与省国土厅共同编制完成《云南省旅游产业土地利用专项规划》，并上报国土部审批。按照省政府的部署要求，促成省政府与国家旅游局签署了《关于建设面向西南开放重要桥头堡 共同推进云南旅游产业跨越式发展会谈纪要》，进一步争取到了国家旅游局在旅游新业态开发、国内外知名旅游企业和投资商引进，以及协调国家相关部委出台支持政策等方面，给予更大的支持。推动省政府出台《云南省支持酒店业发展奖励办法》，进一步加大对休闲度假酒店建设和国际知名酒店品牌引进的支持力度。

投融资渠道 2011年，云南省旅游局与工商银行云南省分行和华夏银行云南省分行签署银旅战略合作协议，两行每年分别安排一定额度的资金，专项用于支持旅游重大项目建设和重点旅游企业发展；与工商银行云南省分行就争取工银国际设立的云南省文化旅游产业发展股权基金支持旅游开发建设达成一致意见。此外，世博集团公司与建设银行云南省分行正抓紧发起成立云南旅游产业股权投资基金。

旅游政务服务中心建设 2011年，结合旅游行政部门自身的特点，积极推进政务服务中心建设，上半年完成了政务大厅的改扩建工作，加

10月27日，2011中国国际旅游交易会在昆明国际会展中心隆重开幕

（省旅游局 提供 张恒钊 摄）

强硬件设施建设，拓展政务查询、业务办理、投诉受理等功能，设立政务信息查询、行政审批受理、信访工作受理、旅游投诉受理、导游业务受理和人大代表、政协委员来访接待6个窗口，为社会公众提供优质、规范、快捷服务，有效推动了局机关四项制度建设。全年共承接“96128”来电183个，来访咨询9000余人次，承办行政审批事项4015件。

中国国际旅游交易会 10月27日，中国国家旅游局、云南省人民政府、中国民用航空局主办的2011中国国际旅游交易会在昆明国际会展中心隆重开幕。全国政协副主席白立忱出席开幕式并宣布2011中国国际旅游交易会开幕。云南省委书记秦光荣，旅交会组委会主任、国家旅游局局长邵琪伟，旅交会组委会主任、云南省委副书记、云南省代省长李纪恒以及省级领导罗正富、杨应楠、仇和、晏友琼、顾伯平，贵州、宁夏、海南等省区有关领导出席开幕式。开幕式由旅交会组委会副主任、云南省政府副省长刘平主持。交易会共设展位2233个，参展国家及地区达95个。云南省参展团共发放各种宣传品316万份，签订组团人数26万人次，签订合同430份，总金额2.7亿元，意向组团人数71万人次，达成意向性协议 1173份，总金额4.1亿元。云南参展团被授予“最佳组织奖”和“最佳展台奖”等4项大奖。

国际旅游 2011年，全省接待海外入境游客763.7万人次，同比增长15.2%。其中接待海外旅游者（过夜）395.4万人次，增长20.1%；接待口岸入境一日游游客368.3万人次，增长10.4%。

海外入滇旅游市场 2011年，全省接待海外入境游客763.7万人次，同比增长15.2%。海外入滇游客市场平稳发展。亚洲市场虽然面临着日本大地震、其他国家经济增速普遍减缓的困难，但依然保持了两位数的增长，入滇游客达190.9万人次，同比增长22.4%；欧洲入滇游客达60.7万人次，增长20.6%；美洲入滇游客19.9万人次，增长19.4%。各州市海外入境旅游市场稳步增长。西双版纳、德宏、普洱、迪庆、丽江等州市同比增长超过20%，其中西双版纳增长超过35%，接待海外游客29.4万人次。昆明、迪庆、丽江位居全省海外游客接待量前三，分别累计接待海外游客100.4万人次、88.9万人次、76.1万人次，分别占全省海外旅游者总数的25.4%、22.5%、19.2%，增幅均在16%以上。口岸入境一日游方面，怒江入境一日游客同比增长35%，增幅居全省第一位。德宏、红河、西双版纳分别达到135.7万人次、123.8万人次、47.2万人次，占全省口岸一日游人数的36.8%、33.6%、12.8%，与上年同期相比分别增长7.8%、6.3%、31.7%。

边境旅游 2011年，省旅游局积极与云南省公安厅出入境管理局等部门协调，指导相关边境州市做好边境旅游线路上报材料，以云南省人民政府的名义正式向国家上报了《云南省人民政府关于请求批准云南省德宏州和保山市开展边境旅游异地办证试点工作的请示》和《云南省人民政府关于请求批准开通云南西双版纳至老挝琅勃拉邦边境旅游环线的请示》。协调云南省公安厅出入境管理局等部门，向国家旅游局正式上报《云南省旅游局关于申请放宽云南省入境旅游落地签证人数限制的请示》，请求国家旅游局协调公安部，争取给予恢复全省入境口岸办理旅游个人签证业务和同意将全省入境旅游团队签证人数放宽至3人及以上的相关政策支持。

区域旅游合作 2011年，全省围绕桥头堡建设对旅游区域合作提出的新要求，继续强化国际国内区域旅游合作，进一步深化GMS旅游合作机制，加快推进澜沧江—湄公河旅游圈和孟中印缅旅游圈的建设；成功承办2011中国国际旅游交易会，进一步深化“泛珠三角”区域、西部12省区市，以及与上海等省区市和台湾的旅游合作，多角度、多层次推动旅游合作走向深入，尤其是在旅游线路推广、互为旅游目的地营销、互送游客、游客流动便利化以及人力资源培训等方面进一步开展合作，旅游经济外向型水平进一步提高。

国内旅游 2011年，全省共接待国内旅游者1.63亿人次，同比增长18%。其中过夜游客9058.1万人次，增长18.7%；一日游游客7273.7万人次，增长17.2%。

国内旅游市场 2011年，国内旅游市场保持高位增长，四川、重

庆、北京、广东、上海、浙江是全省最大的省外客源市场，随着旅游产品结构的不断调整和市场开发力度的不断加强，福建、广西、湖南、江苏、青海、海南、宁夏、贵州等省份入滇游客所占比重均有不同程度的上升。本省居民占国内游客总量的42.4%，比上年增加6.7个百分点。其中昆明游客最多，占所有游客的12.6%，来自玉溪、红河、大理、怒江、迪庆等州市的游客比例均有所提升。昆明、大理等传统核心旅游集散地接待国内旅客均超过1300万人次，丽江、西双版纳、迪庆等热点旅游地区仍然保持强劲的增长势头，与此同时，红河、楚雄、昭通、德宏、保山、普洱、怒江等温热旅游地区实现了快速增长。

红色旅游建设　2011年，根据省委部署，结合建党90周年纪念，开展纪录片《长征·云南不朽记忆》发放，并对云南省红色旅游进行了推介活动。加强对杨善洲教育基地规划的咨询和指导工作，积极落实《保山市大亮山善洲林场红色旅游区总体规划》经费，及时组织赴施甸善洲林场的实地调研，并对《保山市大亮山善洲林场红色旅游区总体规划》进行研讨的专项调研工作。8月18日，组织《西南片区红色旅游规划》专家评审会，并顺利通过评审。此外，积极组织参加全国红色旅游工作会议、全国红色旅游二期规划纲要的培训以及全省红色旅游健康发展专项检查工作。

乡村旅游建设　2011年4月，云南省旅游局组织开展对全省第二批50个旅游特色村的检查验收工作，积极指导推动第三批旅游特色村的开发建设工作，严格按照《云南省加快乡村旅游发展指导意见》和《云南省乡村旅游建设与评价标准》的相关要求，精心筛选全省第四批50个旅游特色村名单上报省政府审核，全面启动第四批旅游特色村开发建设工作。12月，省旅游局组织开展对全省第三批50个旅游特色村的检查验收工作，指导推动第四批旅游

天然太极地貌奇观（云龙县志办　提供）

特色村的开发建设工作。至2011年末，全省乡村旅游形成200个旅游特色村发展规模。

旅游自驾 2011年6月，省旅游局积极组织旅游自驾相关单位参加 第二届中国宁夏国际自驾车旅游节，并举行云南旅游自驾产品推介会；帮助指导旅游自驾分会承办“保山2011年端阳花市自驾车体验游”活动，并到全省16个州市调研，对旅游自驾与露营资源作初步盘点，与大理、红河、版纳等13个州市签订战略性合作协议。旅游自驾车分会还与云南大学签订编拟《汽车营地建设及等级评定与划分标准》、《自驾车旅游服务等级与评定标准》合作协议，加快推进汽车营地与自驾旅游服务标准化建设。

假日旅游 2011春节“黄金周”，全省共接待游客626.2万人次，比上年春节“黄金周”增长20%。其中，接待过夜游游客130.1万人次，一日游游客496.1万人次。实现旅游收入28.7亿元，同比增长28.7%。民航共投入航班5080个架次，其中新增航班29个架次，运送旅客53.4万人次。铁路共投入运力690个车次，增加了104个车次，增长17.7%，运送旅客101万人次。公路共投入客车31.2万辆次，同比增长19%，运输旅客571万人次。春节“黄金周”期间，全省自驾车出游达274.9万辆次，同比增长22.2%。全省无旅游交通安全事故。

2011十一“黄金周”，全省共接待游客599.35万人次，比上年增长7.22%。其中，接待过夜游游客184.49万人次。一日游游客414.86万人次。实现旅游收入29.57亿元，增长16.26%。民航共投入航班5336个架次，其中新增航班61个架次，运送旅客61万人次。铁路共投入运力708个车次，与上年同期持平，运送旅客148.5万人次。公路共投入客车26.2万辆次，增长1.2%，运输旅客875万人次。十一“黄金周”期间，全省自驾车出游达189万辆次，增长7.6%。全省无旅游交通安全事故。

年内，小长假短线旅游成为全省旅游发展的热点。元旦小长假接待旅客226.8万人次，占当月接待国内旅客总量的22.3%；清明节小长假接待旅客199.4万人次，占当月接待国内旅客总量的15%；端午节小长假接待旅客196.5万人次，占当月接待国内旅客总量的14% ；“五一”小长假接待旅客295.9万人次，占当月接待国内旅客总量的21.7% ；中秋小长假接待旅客204万人次，占当月接待国内旅客总量的16.8% 。

旅行社管理 2011年，全省继续贯彻落实《旅行社条例》、《旅行社条例实施细则》，督促16家旅行社按“七统一”的标准要求，治理旅行社部门承包、个人挂靠，强化企业法人治理结构，规范企业经营行为。进一步规范旅行社经营行为，加大对贯彻《旅行社条例》《云南省旅行社和从业人员管理暂行办法》《云南省旅行社门市部管理暂行办法》《云南省国内旅游合同》的检查力度，同有关部门依据相关法律法规，严厉打击旅行社非法用工、违法违规经营行为。同时加强赴台旅游管理，认真落实《大陆居民赴台湾地区旅游管理办法》，督促赴台旅游组团社，严格执行《大陆居民赴台旅游团队组接社合作合同要点》规定，确保了赴台旅游有序健康发展。

导游管理 2011年，进一步强化对全省导游的教育培训和管理服务工作，组织开展全省导游技能大赛，努力提升导游队伍的素质和服务技能；通过调研、座谈等形式，率先在全国旅游行业中就导游队伍社会劳动保障权益问题进行了有益探索，联合云南省人力资源与社会保障厅制定下发《云南省导游薪酬机制指导意见》，探索建立云南省合理透明的导游薪酬制度和激励机制。

休闲度假酒店建设 2011年，全省建成高端商务和休闲度假酒店5个，引进了希尔顿、香格里拉、万豪、凯悦、雅高等5家酒店管理集团（公司）旗下的5个品牌进驻全省经营管理。全省共有11家酒店管理集团（公司）旗下的15个品牌进滇经营管理。小型精品酒店建设加快推进，基本建成2个各具特色、配套完善的休闲度假主题精品酒店。

旅游企业经营 2011年，全省星级宾馆饭店床位出租率为60.6%，同比上升4个百分点；平均房价为185.7元／间，增长9.9%；营业收入过亿元的饭店企业4家。旅行社累计组织接待国内游客达1047.7万人，同比增长22.5%；组织出境旅游人数31万人次，同比增长29.7%。接待人数过10万的旅行社企业23家，其中过20万的6家，过60万的2家。全省174个A级景区（点）中，纳入监测的9个4A级以上景区累计接待游客1645.4万人次，同比增长15.8%；实现门票收入16.2亿元，增长22.3%。其中石林风景名胜区累计接待游客300万人次，实现门票收入4.8亿元，增长15%；大理崇圣寺三塔文化旅游区接待游客185.7万人次，实现门票收入1.22亿元，增长44%；丽江玉龙雪山累计接待游客261.5万人次，实现门票收入3.65亿元，增长19.3%；丽江古城累计接待游客342万人次，实现收入2.6亿元，增长18.2%；西双版纳热带植物园累计接待游客65.8万人次，实现门票收入3400万元，增长14.2%。

旅游标准化建设 2011年，在组织编制完成5个地方标准的基础上，先后完成了《云南省旅游标准化发展规划（2011 ~ 2015）》《云南省旅游标准体系构建与总体设计》《云南省旅游特色村建设与评价标准》的编制工作，《精品酒店等级划分与评定》《特色民居旅馆、客栈等级划分与评定》等地方标准已基本编制完成。强化对已制定出台的旅游购物等5个地方标准的贯标力度，完成首批27家旅游购物场所、38家旅行社和1010名导游的等级评定工作。石林、云南民族村、玉龙雪山和丽江市4个全国标准化试点单位创建工作一次通过国家旅游局的评估验收。丽江市完成37个国家标准和行业标准、13个云南省地方标准的宣传贯彻、实施和评定工作。

重大项目建设 2011年，全省建设完成重大项目10个，实际完成投资220亿元，同比增长37.8%，超额完成全年投资120亿元的目标任务。全年纳入云南省旅游“二次创业”目标责任制考核的142个旅游重大项目，有27个项目实现新开工建设，开工率67.5%；在建类项目实际完成投资规模131亿元，投资完成率达到143.1%。结合旅游产业发展和工作实际需要，组织对《云南省旅游“二次创业”目标责任制考核评价办法》《云南省旅游“二次创业”目标责任制考核实施办法》进行了重新修订，进一步完善了促进旅游重大项目建设的奖罚工作机制。

年内，普达措国家公园二期、梅里雪山国家公园、丽江老君山国家公园、西双版纳热带雨林国家公园、普洱国家公园和昭通大山包国家公园等6个国家公园正在建设中；16个旅游小镇正在推进建设；第三批50个旅游特色村正在建设，第四批50个旅游特色村已经启动建设，乡村旅游蓬勃发展，带动农家乐1万多户，吸纳农村剩余劳动力和返乡农民工10多万人。旅游城市、休闲度假基地和民族文化旅游示范县建设有序推进。

宣传推广 2011年，全省在国内外组织开展近110场次的宣传促销活动，加大云南旅游形象和产品宣传推广力度。针对海外不同客源市场，不断加强“请进来、走出去”工作，对马来西亚、新加坡、印度、印度尼西亚客源市场组织开展专项营销活动；组织全省各州市旅游部门和旅游企业分别参加了第14届海峡两岸旅行业联谊会及旅游宣传推广活动，参加柏林、莫斯科、首尔、台北等地的国际旅游展会活动；在香港成功举办“七彩云南、魅力香港行”活动周；分别接待美国、印度等国旅行商来全省考察。强化国内客源市场开拓，统一组织参加了国内旅游交易会、中国国际自驾游交易博览会、西部旅游产业博览会、上海旅游节等15次国内重点旅游展会和节庆；支持全省各地组织举办13个特色浓郁的民族旅游节庆活动，进一步提升了“七彩云南，旅游天堂”的知名度和吸引力，保持了入滇游客的快速增长。

A级景区建设 2011年，全省各地A级景区创建工作不断加强，积极指导推动一批具备条件的景区开展高等级旅游景区创建，全力推动全省旅游A级景区提升品质。成功争取国家旅游局新批丽江古城、大理崇圣寺三塔文化旅游区、中国科学院西双版纳热带植物园3个5A级景区，使全省5A级景区总量增至5个，列全国第五位，西部地区与陕西省并列第一。

旅游景区建设与管理 至2011年12月，全省共有A级旅游景区175家，其中：5A级5家、4A级52家、3A级33家、2A级75家、1A级10家。加强指导楚雄世界恐龙谷、迪庆普达措国家公园、保山腾冲热海景区等景区开展5A级旅游景区创建工作；进一步指导西双版纳勐泐大佛寺、西双版纳茶马古道景区、保山云峰山、保山腾冲北海湿地、红河建水团山古村等景区开展4A级旅游景区创建工作；指导罗平鲁布革三峡风景区等景区开展3A级旅游景区创建工作等高等级旅游景区创建工作。此外，认真落实国家旅游局于2010年3月下发的《5A级旅游景区整改通知书》的整改意见，指导、监督昆明石林景区切实做好5A级旅游景区整改复查工作。

旅游生态文明建设 2011年，按照省委、省政府的部署和要求，结合云南省旅游局承担的工作任务，切实加强七彩云南生态文明建设、七彩云南保护行动、云南省九大高原湖泊水污染综合防治、云南省生物多样性保护等生态文明建设的有关工作，积极配合省住建厅和省林业厅开展旅游小镇建设和国家公园建设与管理等工作。

乡村旅游示范县（点） 9月20日，经云南省休闲农业与乡村旅游工作协调小组审核，向国家旅游局上报了曲靖市罗平县、丽江拉市海美乐旅游度假有限公司等7家关于创建“2011年全国休闲农业与乡村旅游示范县和示范点”申报材料。12月15日，云南省曲靖市罗平县、丽江拉市海美乐旅游度假有限公司、西双版纳傣族园有限公司和宣威市虹桥生态旅游开发有限公司入选农业部、国家旅游局联合认定的2011全国休闲农业与乡村旅游示范县、示范点名单。

导游援藏工作 全年完成对藏区英语培训班50人计划，依托云南省旅游职业学院完成一个藏区英语导游长期培训班招生计划，响应国家旅游局号召，派出德、日、泰、英等4个语种5名援藏导游参加2011 年度第九批全国援助西藏行动。

旅游人才培训 2011年，全省各级各类旅游从业人员培训超过5000人，培训、考试、颁发“云南省旅游从业人员上岗证”1000余人。全年全省共有7785人参加导游考试，其中加试考生174人（含2011年导游年检不合格人员25人）。云南省旅游培训中心考点共计考生1624人，其中普通话考生1212人、外语类考生263人、加试类考生149人。全省报考中级（59人）和高级（46人）导游员等级考试合格人数分别是17人和27人，合格比率分别是28.81%和58.7% 。

对外旅游交流培训 2011年12月18日至2012年1月5日，云南省旅游局在西双版纳州举办对老挝琅勃拉邦、乌多姆赛、丰沙里、南塔等北部4省37名旅游行政管理干部和旅游企业高管培训班。老挝北部4省均由省旅游局长带队，参培人员多为行政管理干部、旅游警察和部分旅游企业高级管理人员。培训期间国家旅游局领导亲临培训现场进行指导。

（赵　飞）

YUNNAN PROVINCE
PROSPEROUS SOCIETY

主　　编　车光杰
责任编辑　代燕春

THE GRAND WESTERN DEVELOPMENT PROGRAM

西部大开发

清洁新能源风力发电　（大理州政府办公室　提供）

Summary 综 述

概述 实施西部大开发战略以来，在党中央、国务院的正确领导下，在国家有关部门的大力支持下，全省上下抢抓机遇，攻坚克难，开拓奋进，西部大开发工作取得巨大成就。综合经济实力大幅提升，基础设施建设取得重大突破，特色优势产业快速发展，民生事业得到明显改善，生态建设和环境保护取得显著成效，对内对外开放新格局初步形成。

（1）国民经济实现较快发展。2011年，全省生产总值8750.95亿元，增长13.7%；全省一般预算收入完成1110.83亿元，增长27.5%；一般预算支出完成2929.59亿元，增长28.2%。全省规模以上工业累计完成增加值2753.64亿元，增长18%；全社会固定资产投资7109.7亿元，增长27.4%，其中，一、二、三产业投资分别增长24.9%、25.3%和30.5%；全省实现社会消费品零售总额3000.14亿元，增长20.0%；人均GDP达到18957元，增长13.0%。全省三次产业比重为16.1∶45.6∶38.3。

（2）桥头堡建设取得重大突破。2011年，国务院出台《国务院关于支持云南省加快建设面向西南开放重要桥头堡的意见》，标志着云南进入科学发展、和谐发展、跨越发展的新时代；出台桥头堡重点工作部委分工方案、部际联席会议制度，确保桥头堡建设落到实处。云南省委、省政府及时召开桥头堡动员大会，制定贯彻落实实施意见，启动瑞丽国家重点开发开放试验区建设，开工建设大理至瑞丽铁路保瑞段、龙瑞高速公路等一批重大项目；积极争取在电价改革、差别化产业政策、大通道建设等方面的政策支持，为桥头堡建设提供了有力支撑。

（3）基础设施建设取得新进展。仁和至丽江铁路实现建成通车运营。云桂铁路、中缅通道大理至保山段等在建项目建设积极推进。59条政府收费还贷二级公路基本建成，全省129个县（区市）已有123个通高等级公路，完成新建、改建农村公路1万千米。昆明长水国际机场建设推进顺利，即将实现转场运营。滇中引水工程前期工作稳步推进，重点水源工程建设加快推进，在建项目达119件，新开工建设43件。建成45万件“五小水利”工程，解决了208万农村居民和48万农村学校师生的饮水安全。电力装机达4202万千瓦。同时，在建装机2768万千瓦，筹建及开展前期工作达7500万千瓦以上。完成中缅油气管道和石油炼化基地开工建设。金安桥水电站第3台机组、功果桥水电站第2台机组投产发电，溪洛渡、向家坝水电站进入蓄水准备阶段。风电产业迅猛发展，累计投产70万千瓦。西电东送和云电外送达380亿千瓦时。全省累计完成污水处理项目111个，新增污水处理能力193万吨/日；完成垃圾处理项目91个，新增生活垃圾无害化处理能力10566吨/日。新建和改造城镇供水设施项目61个，供水保障能力进一步增强。

（4）产业结构优化升级加快推进。2011年，依托比较优势，举全省之力，着力培植特色优势产业，全省经济逐步从资源开发导向型战略转变到依托优势、面向市场、依靠科技、提高效益的轨道上来，为长远发展打下良好基础。全省全部工业增加值突破3206亿元，烟草产业税利突破1096亿元，能源和冶金工业销售收入都突破1000亿元。烟叶、橡胶、核桃、鲜切花、野生菌产量全国第一，蔗糖、茶叶、蚕桑、水果、畜牧产品等在全国占有重要位置。旅游二次创业扎实推进，新增3个5A级景区，全年接待海内外游客1.67亿人次，旅游总收入超过1300亿元。文化产业快速发展，增加值占全省生产总值比重达6.3%。组织实施战略性新兴产业重大科技项目60项，天然药物和生物疫苗研发水平以及大型铁路养护机

大瑞铁路保瑞段建设奠基（郑少健　摄）

械、乘用车柴油机技术国内领先，高端数控机床研发制造、自动化物流、烟草柔性制丝设备技术达到国际先进水平。风电装机达70万千瓦，冶金集团3000吨多晶硅项目建成投产。实施重大科技专项，组建创新联盟，为产业科技创新搭建了平台。突破关键核心技术62项，研发具有知识产权的重大新产品61个。建成国家和省级高新技术特色产业基地17个、创新型试点企业154家、创新团队72个，新增国家认定企业技术中心2家、省级认定企业技术中心34家。全省高新技术企业达440户，并实现国家重点支持的8个高新技术领域全覆盖。

（5）生态建设和环境保护取得新成效。2011年，深入实施“七彩云南保护行动”“森林云南”建设，完成营造林1060万亩，改造中低产林407万亩，国家和省级公益林全部纳入补偿补助范围；不断扩大生物多样性保护范围。新增治理水土流失面积3250平方千米。加快推进三峡上游区、滇池等九大高原湖泊水污染防治、城镇污水垃圾处理等工程建设；巩固退耕还林成果。加强铬渣无害化处理和含铬废水治理项目的监督管理。积极推动首批20家企业（单位）开展循环经济试点工作；印发实施《云南省低碳发展规划纲要（2011～2020年）》。积极开展节能减排工作，科学合理地分配“十二五”总量指标，并层层签订节能减排和低碳目标责任书；可再生清洁能源装机比重不断提高，风电、生物质能发电、生物质液体燃料等新型能源发展迅速，全年单位国内生产总值能耗预计下降3.2%，化学需氧量、氨氮、二氧化硫、氮氧化物预计分别削减3.17%、3.22%、2.53%和0.87%。

（6）社会民生得到较大改善。2011年，全省新增校舍面积308万平方米，新增中小学教师5.6万名；学前三年毛入园率达44.3%，高中阶段教育毛入学率达70%，高等教育毛入学率达23%，高考录取率达86.1%。覆盖城乡的基层医疗卫生服务体系逐步完善；城镇基本医疗保险参保人数达862万人，新型农村合作医疗参合率达96.18%，初步实现了城乡居民医疗保障全覆盖。纳入国家“十一五”规划的953个乡镇综合文化站建成投入使用；广播电视覆盖率达到95.37%和96.39%。建立稳定物价保障市场供应责任书长效考核机制、社会救助和保障标准与物价上涨挂钩的联动机制。全省居民消费价格上涨4.9%，比全国低0.5个百分点，涨幅居全国末位。全省城镇新增就业人数27.6万人；全省农村劳动力转移就业培训106万人，新增转移农村劳动力110万人。城镇居民基本养老保险参保人数达422万人。新建城镇保障性住房累计开工30.95万套。

（7）城乡统筹协调发展。2011年，按照“守住红线、统筹城乡、城镇上山、农民进城”的要求，转变建设用地方式，引导城镇、村庄、工业向适建山地发展，建设山地城镇。全年粮食总产量1755.6万吨，实现连续9年增产。完成中低产田地改造357万亩。新建农村户用沼气池15.6万个。整合10亿元涉农产业发展资金用于扶持农业龙头企业发展。农民人均纯收入4722元，增长13.9%，创1997年以来最高增幅。启动实施“十二五”兴边富民工程。制定实施《云南省加快少数民族和民族地区经济社会发展“十二五”规划》。贫困地区全年居民收入增幅高于全省平均水平。

（8）对内对外开放有新突破。2011年，全省确立了以南亚、东南亚为重点的对外开放战略，加强国际大通道建设，“引进来”和“走出去”，不断优化发展环境，不断开拓国际市场，不断提升沿边开放的质量和水平，努力发挥云南作为全国面向西南开放重要桥头堡地位。3个跨境、5个边境经济合作区建设和跨境贸易人民币结算试点工作稳步推进。大湄公河次区域合作进一步深化，双边合作机制得到巩固和完善。成功举办第19届昆交会暨第4届南亚国家商品展，展会规模、参展客商和业务成交额再创新高。南亚商务论坛、东盟华商会、大湄公河次区域经济走廊活动周等重大活动影响日益扩大。孟中印缅地区经济合作以及云南与中南半岛国家的合作务实推进。深入实施“央企入滇”战略，在滇央企达到55户。对外贸易较快增长，全年全省对外贸易实现进出口总额160.5亿美元，增长19.6%。新批外商投资项目163个，实际到位外资17.4亿美元，增长30.6%，创历史新高。引进省外到位资金1790亿元，同比增长29%。

西部大开发工作设想 “十二五”期间，云南省西部大开发工作将全面贯彻中央西部大开发工作会议和省第九次党代会精神，紧紧围绕建设绿色经济强省、民族文化强省和中国面向西南开放重要桥头堡的战略目标，坚持农业产业化、新型工业化、城镇化和教育现代化四轮驱动，以加快转变经济发展方式为主线，以改善民生为根本，以奋力跨越为关键，以科技进步和人才开发为支撑，更加注重强基础、建生态、兴产业、惠民生、拓开放、促和谐，抢抓机遇，开拓创新，锐意进取，推动全省经济社会科学发展、和谐发展、跨越发展，加力提速全面建设小康社会步伐，建设开放富裕文明幸福新云南。

（1）谋长远、增后劲，打牢长远发展基础。基础设施是经济社会发展的重要支撑。坚持基础先行，适度超前谋划和建设一批重大基础设施项目，从根本上缓解发展瓶颈制约。千方百计加大投入，大力发展民生水利。加快滇中引水前期工作，力争“十二五”期间早日开工建设。积极推进牛栏江和清水海补水工程建设，继续实施润滇工程，开工建设一批骨干水源工程。加强“五小水利”、病险水库除险加固、江河堤防治理等项目建设。基本解决农村饮水安全问题。加快中低产田地改造步伐。全面加强铁路、公路、航空和水运建设，扩大路网规模，提高通达能力，形成以陆路为骨干、航空为先导、水运为互补、区域枢纽为纽带，连接川渝黔桂藏、走向东南亚、通边达海、内通外畅的现代综合交通运输体系。实现州市高速路、县县二级路、县乡柏油路、村村硬化路目标。围绕建设境内外电力交换枢纽，加快电网建设步伐，保障省内电力需求，抓好西电东送、云电外送。积极推进中缅油气管道及配套建设。提高信息网络传输能力和覆盖率，促进三网融合。推进物联网开发利用基础设施建设，完善信息服务体系，建设面向东南亚南亚的通信枢纽和区域信息汇集中心。

（2）兴产业、调结构，不断增强自我发展能力。产业不强是云南的软肋。要把调整经济结构、推动产业大发展作为跨越发展的重要支撑，不断增强自我发展能力。坚持一、二、三产业协调发展。大力发展高原特色农业，调快调优一产。继续实施百亿公斤粮食增产计划，确保粮食安全。发挥地域和气候优势，做大做强龙头企业，打造优势特色农产品品牌。大力发展生物制药、食品饮料、纺织服装、家电日化等轻工业。整合提升钢铁产业，延伸有色产业链。烟草产业要加快现代烟草农业建设，优化卷烟结构，做大骨干产品规模。能源产业要加快“三江”干流水电开发，建设国家西电东送清洁能源基地、新能源示范基地。矿产业要加大地质找矿和精深加工力度，推进矿电结合，引导能源密集型工业向水电资源富集区域集中。抓好生物产业原料基地建设、品牌培育和市场开拓，建设中国重要的生物产业基地。继续推进旅游产业二次创业，打造国内一流、国际知名旅游目的地。大力培育战略性新兴产业。实施大企业培育工程，推动央企入滇和有实力的民企入滇，加快引进世界500强、中国500强企业。实施中小企业成长工程，发展一批专精特新中小企业和微型企业。实施园区升级工程，提高配套水平和服务能力，打造10个销售收入超千亿元的产业园区。四是促进非公有制经济大发展。创新和落实对非公有制经济发展的扶持政策，实施融资服务创新、市场开拓推进、集群发展促进、信息化服务推进等工程。

（3）建生态、重保护，建设美好家园和生态安全屏障。坚持生态立省、环境优先，建设资源节约型、环境友好型社会。 深入推进“七彩云南保护行动”，加强天然林保护、退耕还林、防护林建设、石漠化治理等重点生态工程建设，森林覆盖率达到55%以上，增加森林碳汇。加强以滇西北、滇西南为重点的生物多样性保护，建立生物多样性监测、评价和预警机制。提升以滇池为重点的九大高原湖泊治理保护成效，加强出境跨界河流水环境综合防治。加快中低产林改造，加强石漠化综合治理，积极扩大岩溶地区草地治理试点范围。积极做好西部地区生态文明示范工程试点工作。树立绿色发展理念，加大节能减排工作力度，大幅度提高能源利用效率，大幅度减少污染物排放。加快淘汰落后产能，积极发展清洁载能产业。抓好重金属等重点污染物的监管和污染防治，有效防范环境风险和妥善处置突发环境事件。大力发展循环经济，积极推进清洁生产。以地震、地质、气象和生物灾害防治为重点，构筑应急救灾与常态防灾相结合、救灾减灾并重、城镇农村统筹、治标治本兼顾的科学防灾减灾体系，提高灾害应对能力。

（4）稳物价、惠民生，促进社会事业全面进步。保障和改善民生事关各族群众福祉。继续加大投入，稳步推进教育现代化，促进教育公平。进一步巩固“两基”成果，促进义务教育均衡发展。提高家庭困难寄宿学生生活费补助标准，扩大覆盖面。加快发展高中阶段教育、职业教育、学前教育、继续教育。大办卫生、多办医院，加强州市级区域医疗中心建设，完善县乡村医疗卫生服务网络，加快城镇社区卫生服务机构建设，有效解决群众看病难、看病贵问题。提高突发公共卫生事件防控和应急处置能力。积极扶持中医药和民族医药事业发展。稳定低生育水平，提高出生人口素质。加大价格监督检查力度，规范市场价格秩序。加快建立省级及州市价格调节基金，加强生猪、蔬菜等农产品生产基地、流通体系建设。建立与经济增长相适应的收入增长机制，大幅度提高城乡居民收入特别是中低收入群体收入。健全农民工工资支付保障体系。实施更加积极的就业政策，鼓励企业稳定并扩大就业。加强社会救助体系建设，健全城乡居民最低生活保障制度。加快推进保障性住房建设。进一步加大对革命老区、民族地区、边境地区发展扶持力度，加大扶贫资金投入。编制实施连片特困地区区域发展和扶贫开发规划。推进兴边富民工程建设。

（5）抢机遇、扩开放，拓宽发展空间。以桥头堡建设为龙头，加快推进沿边开放和招商引资，全面提升对内对外开放水平。研究编制云南省沿边开放开发战略发展规划。加快推进瑞丽重点开发开放试验区建设。加快推进跨境经济合作区和边境经济合作区建设前期工作。推进昆河经济走廊口岸通关便利化和昆曼大通道运输和贸易便利化。继续深化与东南亚南亚的全方位开放合作，积极融入中国—东盟自由贸易区，进一步提升与大湄公河次区域和孟中印缅区域合作层次与水平。加快推进对外经济走廊建设，鼓励企业赴境外投资。继续办好昆交会、南亚国家商品展等国际会展。深化与泛珠三角、长三角、环渤海以及周边省区市和成渝、北部湾经济区的合作。三是强化招商引资工作。畅通项目审批绿色通道，提升招商引资项目跟踪服务水平。加快建立产业招商引资项目库，突出加强与中央企业、外资企业尤其是的对接，深入推进“央企、名企”入滇战略。吸引各类金融机构来滇设立区域总部或分支机构。

（省发改委西开办）

Achievements of the Grand Western Development Program

西部大开发成果

财政收入 2011年，全省财政总收入2258.2亿元，比上年增收448.9亿元，增长24.8%。全省地方财政一般预算收入完成1110.8亿元，比上年增加239.6亿元，增长27.5%；地方财政收入快速增长的同时，各项重点支出得到较好保障，财政支出结构进一步优化。全省地方财政一般预算支出完成2929.6亿元，比上年增支643.9亿元，增长28.2%. 财政总收入为全省经济社会发展提供有力保障。

经济运行 全省实现生产总值8750.95亿元，比上年增长13.7%，比全国高4.5个百分点，创近30年来云南GDP增长最好水平。其中，第一产业实现增加值1407.81亿元，同比增长6.0%，对GDP增长的贡献率为6.6%；第二产业实现增加值3990.97亿元，同比增长18.0%，对GDP增长的贡献率为59.1%，第三产业实现增加值3352.17亿元，同比增长11.8%，对GDP增长的贡献率为34.3%。全省三次产业比重为16.1:45.6:38.3。人均GDP18957元，比上年增长13.0%。非公经济创造增加值3680亿元，占全省GDP比重42.1%，比上年提高1.5个百分点．全年固定资产投资完成7109.7亿元，比上年增长27.4%，比上年净增1581亿元。全省实现社会消费品零售总额3000.14亿元，比上年增长20.0%，比全国高2.9个百分点。全省实现旅游总收入1300.29亿元，同比增长29.1%。全省金融机构人民币各项存款余额为15356.86亿元，比上年增长14.5%；全省金融机构人民币各项贷款余额12114.59亿元，比上年增长14.6%。2011年，全省进出口总额160.5亿美元，同比增长19.6%，增速比全国低2.9个百分点．全省城镇新增就业27.6万人，全省职工平均工资3.53万元，同比增长17.0%。全省节能降耗单位生产总值（GDP）能耗下降3.22%，完成全年制定的节能减排约束目标。

工业生产 2011年，全省规模以上工业完成工业增加值2753.64亿元，同比增长18%，比全国高4.1个百分点；效益综合指数318.89，比上年提高30.2个百分点。全小轻工业累计完成增加值1245.65亿元，比上年增长17.9%；重工业累计完成增加值1507.亿元，增长18.0%；全省发电量1555.13千瓦时，同比增长13.9%；原煤生产9957.41万吨，增长2%；钢材生产13514.85万吨，增长11.3%；10种有色金属生产270.79万吨，增长12.7%。全省规模以上工业产品销售率为96.7%，比上年提高0.2个百分点。实现主营业务收入7507.77亿元，比上年增长21.4%；实现利润523.55亿元，增长24.5%。

新型工业化 2011年，全省工业经济坚持走新型工业化道路，工业经济结构调整成效明显、工业投资大幅增长、创新能力不 断增强。结构调整以先进装备制造、新材料、光电子、现代生物为重点的战略性新兴产业集群正在形成。工业投资全年完成1417亿元，增长34.8%。中缅油气管道控制性工程建设等一批重大项目有序推进；昆钢年产2万吨全国最大钛材生产线、云南冶金集团3000吨多晶硅项目等投入运行。园区经济快速发展，园区完成工业增加值1490亿元，同比增长25%，招商引进工业项目1050个。单位工业增加值能耗下降5%以上。电力行业实现节能400万吨标准煤；淘汰炼铁、水泥等落后产能516.51万吨，节能目标全面完成。央企入滇战略取得新进展，2011年与中国大唐、中国有色、华润集团、中钢研等17户中央企业及金融机构签订了战略合作协议，协议投资2965亿元。

非公企业 2011年，全省非公有制高新技术企业和创新型企业数量逐年增多。全省334家高新技术企业中，非公企业259家，占77.5%；122家云南省创新型试点企业中，非公企业81家，占66.39%. 随着大批非公企业向高新技术产业聚集，非公企业正成为全省科技创新的中坚力量．通过实施各类省级科技计划项目支持非公企业健康发展，在优惠政策大力支持下，全省非公企业研发经费投入已占高新技术企业总研发投入的81%，非公企业销售收入占高新技术企业总销售收入的比例接近70%。

能源保障 2011年，全省能源系统加强供应保障能力建设，能源产业发展能力进一步增强，能源结构不断优化，清洁能源发展迅速。全省能源工业累计完成投资926.4亿元，同比增长15.8%。全省能源行业完成增加值516.5亿元，同比增长19.5%. 累计发电量1555.1亿度，

同比增长13.9%，有效支撑全省经济增长的目标，为经济发展提供稳定能源保障。

教育创先 2011年云南教育改革、基础日新月异：制定出台全省中长期教育改革发展规划纲要和“十二五”规划，提出教育总体战略目标；教育体制改革试点整体进；国家教育部与省政府签署《加快云南教育事业发展推进云南桥头堡建设战略合作协议》和《推进义务教育均衡发展备忘录》加快教育发展；加大投入建设教育基础设施；“云海工程”试点高考评价改革，即参加高考的考生，可自愿参加一次网上升学指导测验和问卷调查；质量工程提升内涵发展实力；高考新方案导向素质教育；贫困生资助政策

形成体系；抢抓机遇推进“桥头堡”建设；营养餐寄宿生补助全覆盖。

十大科技进展 2011年云南十大科技进展：(1) 花卉新品种“秋日”（非洲菊）成为中国第一个获欧盟授权品种；(2) 重大水利水电工程多项施工技术创国内第一；(3) 2011年度何梁何利科技奖云南获奖人数全国第一；(4) 新修订的《云南省科学技术进步条例》颁布实施；(5) 历时12年研究开启云南药用植物宝库之门；(6) 澄江化石研究揭示了早期动物演化进程；(7) 中国第一条全流程钛带卷生产线在滇投入；(8) 大型磷复肥装置实现国产化；(9) 云南省招考信息化平台国内领先；(10) 科技支撑野生食用菌出口突破欧盟技术壁垒。

知识产权 2011年，知识产权保护工作成效显著，“尊重版权，崇尚科学”的良好气氛在全省初步形成。全省专利申请量和授权量大幅增长，全省专利申请量7150件，同比增长26.7%；全省专利授权量4199件，同比增长9.8%。全省著名商标，地理标志商标成果显著。全省共取得有效商标总数58074件，著名商标总数1177件，已注册和初步审定地理标志商标19件，创历史最高纪录。

道路运输 2011年，全省道路运输经营户达39.17万户，从业人员达87.53万人；拥有经营性道路运输车辆57.3万辆，开通国内客运班线5938条，道路运输完成客运量4.1亿人次，完成旅客周转量424.57亿人千米，分别比上年同期增长14.26%和20.58%；全省道路运输完成货运量5.4亿吨，完成货物周转量617.27亿吨千米，分别比上年同期增长18.66%和12.53%。其中，开通国际道路旅客运输线路17条，完成国际道路运输客运量308.6万人次，比上年同期增长3.97%，完成货运量447.65万吨、货物周转量2.26亿吨千米，分别比上年同期增长17.8%和14.98%。

水路交通 2011年，全省水路交通基础设施完成投资2.54亿元，比2010年增加24.79%创历史新高。全省内河航道通航总里程3374.76千米，较2010年增加280.4千米，增长率为9.06%；水路运输共完成客运量842万人次、旅客周转量1.96亿人千米，同比分别增长15.15%和11.73%；完成货运量439万吨、货运周转量8.1亿吨千米，同比分别增长9.2%和18.38%。越来越好的水路交通基础设施，进一步为云南省发展外向型交通运输夯实基础。

居民收入 2011年，全省城镇居民人均总收入20255元，同比增长15.9%。其中人均可支配收入18576元，名义增长为15.6%，高于全国平均水平1.5个百分点，扣除物价因素实际增长10.3%，高于全国平均水平1.9个百分点。农民人均纯收入4722元，比上年增加770元，名义增长19.5%，高于全国平均名义增幅1.6个百分点，扣除价格因素实际增长13.9%，高于全国平均水平2.5个百分点．农民收入增幅超过城镇居民，城乡收入差距显著缩小，城乡收入比从2010年4.1:1降至3.9:1。全省贫困地区农民纯收入增速超过全省平均水平。2011年，全省贫困地区实现农民人均纯收入3747元，比上年增加639元，增长20.5%，比全省平均增幅高1个百分点。

口岸进出口 2011年，口岸工作紧紧围绕桥头堡建设这个中心，把口岸开放、建设和发展作为提升云南沿边开放水平、加快边境口岸经济发展的重点，做大做强口岸区经济，搭建全省全面对外开放的平台。口岸实现“五个突破”：出入境人员2243.万人次，突破2000万人次，同比增长16.5%。出入境交通工具400.万辆（艘、架、列）次，突破400万辆（艘、架、列）次，同比增长23.9%。进出口货运量1008.3万吨，突破1000万吨，同比增长11.9%。进出口额63.3亿美元，突破60亿美元，关税突破20亿元人民币大关。云南国家一类口岸16个，二类口岸7个，形成集公路、铁路、水路、航空为一体，立体型、多层次、多元化的口岸开放体系，口岸主要指标实现突破性增长。

旅游产业 2011年，全省主要旅游经济指标快速增长。全省接待海外旅游者395.4万人次，同比增长20.1%，高于全国17个百分点；旅游外汇收入16.1亿美元，同比增长21.5%；接待国内旅游者1.63亿人次，同比增长18%，高于全国5个百分点；实现国内旅游收入1195.7亿元，同比增长30.4%；旅游业总收入1300.3亿元，同比增长29.7%，高于全国9个百分点。2011年全省旅游产业增加值550亿元，净增100亿元，占全省GDP的6.3%。

对外开放 云南对外开放十大亮点：(1) 建设桥头堡，构建对外开放新格局；(2) 试验区合作区启动，加快沿边开放步伐；(3) 部省携手合作，多措并举促进开放；(4) 转方式调结构，对外贸易再创新高；(5) 滇企出国，“走出去”创出新天地；(6) 大项目推进，招商引资取得新突破；(7) 强“点”连“线”，国际大通道更通畅；(8) 请进来达互通，人文交流取得新进展；(9) 七彩云南，对外开放市场更繁荣；(10) 四国联合执法，湄公河黄金水道复航。

对外贸易 2011年，全省外贸实现进出口总值160.5亿美元，净增26.3亿美元，增幅达19.6%，在全国各省区市外贸排名中居22位。在出口商品中，第一大类商品机电产品出口20.3亿美元，同比增长17.6%；农产品位居第二，出口17.6亿美元，同比增长34.9%；排第三位的化肥出口14.3亿美元，同比增长36.1%。在进口商品中，农产品进口10.8亿美元，同比增长24.8%。2011年，东盟仍是云南省第一大外贸市场，与东盟贸易总值59.5亿美元，同比增长30.2%。全省民营企业进出口92.5亿美元，同比增长26.3%，占同期全省外贸进出口总值的57.6%，国有企业进出口60.5亿美元，增长11.1%。

境外投资 2011年，全省企业共对全球15个国家和地区的77家境外企业进行了直接投资，对外直接投资5.7亿美元，同比增长20.4%，远高于全国5.2%的增幅，居全国第十位和西部地区第一位，同时，通过并购方式实现对外投资金额1172.3万美元，对外投资方式逐渐向高端方式转变。年底，全省新批境外投资企业28家，境外投资企业337家，中方协议投资102.亿美元，对外实际投资累计18.6亿美元。2011年，全省企业开展境外直接投资的范围已从2010年的13个国家和地区扩大到15个。2011年底，全省累计外派各类劳务人员67445人，期末在外人数19863人。

乡村公路 2011年，全省公路建设高度重视民生、重视农村公路投入，全省乡镇通畅率达92.6%，行政村通达率为98%，初步形成以干线公路为骨架，县乡公路为依托，乡村公路为脉络，干支相连、纵横交织的农村公路网络，有效解决群众出行难问题。年底，全省完成交通固定资产投资619亿元，超额完成省政府下达的420亿元的目标任务。全省公路总里程21.45万千米，新增5000多千米．新建成59条政府还贷二级公路基本建成，二级以上高等级公路通车里程达13141千米，占全省公路总里程的6.13万千米．全省123个县（市、区）将全部通高等级公路。新改建农村公路1.63万千米。

民生工程 2011年，全省各类城镇保障性住房累计新开工建设39.95万套，完成投资226.43亿元，占总投资的82.34%，新增发放租赁补贴9万户以上。已下达中央和省级资金22亿元，补助30万户农村危房改造及地震安居工程，解决250.98万农村人口和48.29万农村学校师生饮水安全问题；新建农村户用沼气15.6万户、节柴改灶12万户，退耕还林新增太阳能热水器17516台，全省累计建成45万件山区“五小水利工程”。继续开展由1家大型企业、1家科研院校、1家金融企业对口帮扶1个边境县（市）的模式；2011年全省可心减少100万贫困人口；1万个整村推进项目，已组织实施11447个；完成扶持50个人口较少民族聚居村委会发展特色产业目标任务；全省农村劳动力转移就业培训126万人，新增转移农村劳动力132万人；全省城镇新增就业人员27.6万人；全省共发放小额贷款59.4亿元，扶持8.9万人实现自主创业，带动近30万人实现就业。全省城镇职工基本养老、基本医疗、城镇居民基本医疗、失业、工伤、生育保险参保人数累计1882.28万人，完成目标任务的100.66%；全省城市低保对象93.1万人，农村低保对象403.4万人，月人均补助分别为182元和82元；救助城市困难群众117.91万人次，救助农村困难群众573.22万人次；对88所农村敬老院新建、改扩建项目给予资助，7235万元高龄津贴补助已全部发放到80周岁以上老年人手中。

全民医保 2011年，包括部分进城务工人员在内，全省城镇职工基本医疗保险和城镇居民基本医疗保险参保863.08万人；全省参加新农合的农村居民人数达到3456万人，参合率达96.18%；城镇居民人均筹资标准达到240元至280元、新农合人均筹资标准达到230元；城镇职工医保、新农合最高支付限额基本达到当地职工年平均工资的6倍和农民人均纯收入的8倍以上；新农合全省最高支付限额达到5万元，政策范围内住院费用报销比例达到70%；参合农民门诊报销比例平均达到50%。全省基层医疗卫生机构实现基本药物制度全面覆盖。全省129个县（市、区）的乡镇压卫生院和村卫生室实行零差率销售，覆盖率100%。基本药物全省实现统一采购和统一配送，采购累计金额11.05亿元。全省投入基础设施建设资金44.63亿元，建设乡镇村卫生室8269个，基层就医条件不断改善。

金属矿床 2011年，云南完成钻探工作量突破110万米，同比增长10%。通过地勘单位2010～2011年的努力，评价了3个超大型 矿床：香格里拉县普朗超大型铜矿，累计探明铜资源量750万吨，远景资源量可达1000万吨以上；麻栗坡县南秧田超大型钨矿，钨资源量大于30万吨；鹤庆县北衙超大型金矿，累计探明金资源量200吨。此外，探获一大批资源储量：大型铁矿3个，大型金矿1个，大型钼矿1个，大型煤矿1个，钨、锡、铝土、磷等矿产勘查也获得了重要进展，新增资源量各相当于1个大型矿床规模。

党团员服务队进村入户为民服务
（云南电网公司 提供 徐永平 摄）

物流集团 云南物流集团紧紧抓住“桥头堡”建设重大机遇，加快推进“贸易规模化、物流网络化、产业链延伸化、服务链增值化、管理科学化”的“五化”经营模式，全面提升企业核心竞争力。2011年，集团营业收入突破100亿元，达到110亿元，同比增长46%，物流总额超过370亿元，位列中国物流企业50强第10位，成为西部物流行业领军企业，提前一年实现打造“百亿集团”的目标。成为云南从事商贸流通和现代物流服务的龙头骨干企业。

木本作物 2011年，全省木本油料种植面积已达3560多万亩，产量49.5万吨、产值142.5万元。其中核桃面积3250万亩，产量44.1万吨，产值135亿元；油茶160万亩，产量3.3万吨，产值3.5亿元；澳洲坚果面积40万亩，产量6000吨，产值2亿元；膏桐面积80万亩，产量5000吨，产值1亿元；油桐面积28万亩，产量1万吨，产值1亿元．核桃和产值均居全国之首，油茶居全国第10位，云南成为全国重要的木本油料基地。

（李海荣）

THE ALMANAC OF MODERATELY
PROSPEROUS SOCIETY
PROVINCE

主　　编　车光杰
责任编辑　李红菊

BRIDGE TOWER

Construction of China's Embracing Southwest Asia

中国面向西南开放的桥头堡建设

景洪大桥　（李子寿　摄）

The Opening-up

对外开放

概述 2011年，在中共云南省委、省政府的领导下，云南省外事涉外部门坚持以邓小平理论、"三个代表"重要思想为指导，深入贯彻落实科学发展观，紧紧抓住桥头堡建设的有利契机，围绕省委、省政府建设"两强一堡"的战略要求，努力拓展开放区域，强化开放支撑，搭建开放平台，建立健全合作机制，对外开放取得良好成绩。

2011年，全省对外交往继续保持活跃势头，接待了来自54个国家的政府代表团及重要外宾498人，其中副总理以上级别代表团16起、省部级50余起，接待了30多个国家60余位驻华使节和参赞访滇，配合中联部接待国外政党代表团46批703人次，通过友协渠道接待来自15个国家45批代表团共363人。通过争取，云南省成为首批4个出席中美省州长论坛的省份之一，时任省长秦光荣和时任代省长李纪恒分别于7月和10月赴美国和北京出席中美省州长论坛系列活动，与美国地方政府、商界代表和友好组织广泛接触，展现了云南作为生态大省和旅游大省的良好形象，推动了双方友好往来与务实合作。友城工作不断推进，新增友城7对，怒江州与临沧市实现了友城关系零的突破，云南省荣获全国友协颁发的"人民友谊贡献奖"。省人大、省政协与各国议会间的交流活动增多，军事、司法及民间友好交往深入发展，各地区对外交往蓬勃开展，出入境人数突破2000万人次。

年内，全省启动瑞丽重点开发开放试验区、耿马（孟定）边境经济合作区建设，红河、勐康、瑞丽公路口岸和丽江机场口岸通过验收；中缅公路龙陵—瑞丽段、中缅铁路保山—瑞丽段境内段动工建设，昆明至老挝会晒客运班车线路开通，中老泰铁路境外段通过专家技术方案论证，中老泰三国便利运输协定谅解备忘录谈判会议成功召开，云南省与越南签署中越联网工程第二商业运行阶段购电协议，进口缅甸电量达到51.6亿千瓦时，中缅油气管道境外段开工建设。全省桥头堡

阿拉伯国家驻华使节团访滇（省外办 提供）

建设各项基础工程全面展开，迅速推进。

2011年，全省配合外交部圆满完成在昆明举办的中国—东盟“10+1”外长会议、中国—东盟友好交流年启动仪式，会议就中国与东盟之间各领域的互联互通达成了重要共识。成功举办中老建交50周年庆祝系列活动，组织滇老200多名青年开展互访交流；成功举办第十九届中国昆明进出口商品交易会暨第四届南亚国家商品展、中国国际旅游交易会、中国—东盟应对气候变化科技论坛等大型国际会议会展，对外交流合作更加密切。领馆区建设取得新进展，外交部与孟加拉国外交部已就孟加拉国在昆明设立总领馆正式换文。

2011年，云南省继续推进多、双边的国际区域合作机制，成功举办“孟中印缅地区经济合作论坛”第九次会议，促成中、缅、孟3个国家派出副部级官员参会，成功推动该机制更名为“孟中印缅地区合作论坛”，确定共建昆明—加尔各答经济走廊，形成了“一轨”领导下的“多轨”合作格局。通过努力，促成云南—泰北合作工作组第四次会议时隔3年后在泰国召开，达成了一系列合作成果。云南—老北合作工作组第五次会议、湄公学院理事会、省外办与老挝北部五省外事部门协作机制会议等双边活动均取得有效进展，与柬埔寨合作机制进入筹备阶段，与相关国家就推进昆曼公路跨境运输协定实施、组建对口工作机制、推动中泰贸易人民币结算、推动湄公河二期航道改造、加快跨境经济合作区建设及加强边界管理等方面达成广泛共识，多双边合作走向更加务实、更加具体、更加成熟阶段。

年内，外事涉外部门通力协作，全力配合做好领事保护工作，全省全年共处理涉外及领保案件2632起，涉30多个国家近4000名人员，妥善处理了“10·5”中国商船、人员在湄公河流域遭遇事件。配合中央有关部门圆满完成中老边界第一次联合检查。

2011年，云南对外贸易平稳增长，进出口结构进一步优化。全省进出口总额达到160.5亿美元，同比增长19.6%。其中出口94.7亿美元，同比增长24.6%；进口65.8亿美元，增长13.2%。实际利用外商投资17.4亿美元，增长30.7%。外向型农业显著成长，全省农产品出口额达到12.24亿美元，增长29%。跨境贸易人民币结算再创新高，全年共办理人民币结算250.27亿元，其中货物贸易人民币结算155.16亿元，是2010年的3倍；服务贸易及其他经常项目16.41亿元；资本项目实现零的突破，达78.7亿元。全年共接待国内旅游者达1.63亿人次，海外旅游者达395.38万人次，全省实现旅游总收入1300.29亿元，分别比上年增长18.0%、20.1%和29.1%。分别与越南、老挝等周边国家签订旅游合作协议或备忘录14份，云南正从单一的旅游目的地向区域性国际旅游集散地转变。

2011年，全省积极组织特色民族文化团体对外宣传交流，提高了云南文化的影响力。全年共向境外派出各类文化交流团组24起426人次。大型原生态歌舞集《云南映象》赴澳大利亚演出获得成功。《京韵彩云南》赴新加坡进行交流演出，展现了云南独特的文化魅力，带动了滇新经贸文化交流。《亲情中华》赴美国进行新春慰问演出，增进了华侨与祖国的情感纽带，为美国和云南开展进一步交流合作奠定良好的基础。云南杂技团赴香港演出、云南省歌舞剧院应邀赴匈牙利参加中匈友好演出、云南艺术团赴智利参加国际民俗艺术节、楚雄彝族自治州少数民族艺术团赴韩国参加国际假面舞艺术节等进一步提升了云南海外知名度和影响力。

2011年，全省加速建设国际教育合作与交流平台，与美国、加拿大、英国、德国等发达国家及院校签署教育合作协议，通过合作办学、互派留学生、教师培训、共建教育基地等方式进行合作。与加拿大枫华学子文化中心共同建立中国首个省级教育机构在北美设立的海外交流教育培训基地。积极打造面向东南亚南亚的科教中心，昆明市正在将呈贡新区打造成以高等教育为主的中央智力区，逐步扩大越南、缅甸、老挝、柬埔寨、泰国、尼泊尔、巴基斯坦等东南亚和南亚国家的留学生就学比例和专业学科学习层次，来滇留学生数突破1.7万人。

2011年，全省共实施27个国际科技合作项目，申报6个项目获科技部国际合作计划立项支持；与东盟、美国、乌克兰、捷克等国签署相关科技交流合作协议，夯实云南对外科技合作基础。积极推动云南先进技术和产品“走出去”，促进技术转移和产品输出。创新疫情疫病防控机制，推进全省边境地区疫情疫病联防联控“3+1”防线建设。加强对外医疗合作，与邻国建立跨境合作机制，有效遏制云南与邻国边境地区艾滋病、疟疾、登革热等疫病的传播和蔓延。配合中国和平发展基金会组织医疗队赴缅免费为缅甸贫民患者实施白内障复明手术，广受当地政府和人民好评。此外，云南省卫生部门向乌干达派出了第15批医疗队，受到乌政府和人民的赞扬。

中国—东盟外长会在昆明举行 1月25日，中国—东盟外长会在昆明举行，外交部部长杨洁篪出席会议并讲话。

2011年是中国和东盟缔结友好交流对话关系20周年。此次中国—东盟外长会议是首次在中国举行的“10+1”外长会，是2011年中国多边外交的开篇之作。会议围绕“中国—东盟战略合作”主题，就双方建立对话关系20周年、中国—东盟自贸区建设、东亚合作等方面充分交换了意见，达成广泛共识。

东盟各国外长通过实地考察昆曼公路，对地区间互联互通和区域合作的前景给予高度评价，对云南构建连接中国与东南亚、南亚的国际大通道有了具体的认识。会议的成功举办，进一步宣传了云南，推介了云南桥头堡建设，彰显了云南

中国—东盟外长会议在昆明召开（省外办 提供）

在中国与东盟合作中的战略地位和重要作用。

孟中印缅地区经济合作论坛第九次会议召开 1月18～19日，孟中印缅地区经济合作论坛第九次会议在昆明召开。孟加拉国外交秘书凯耶斯、中国外交部部长助理程国平、印度前外交秘书冈萨夫、缅甸外交部副部长吴貌敏分别率团出席会议，云南省省长秦光荣、副省长顾朝曦等省领导出席会议并致辞。各国代表签署了《关于推进孟中印缅地区经济合作的谅解备忘录》，同时，四国商会代表、学术机构和联络机构就成立孟中印缅商务理事会、四国联合通讯、汽车集结赛路考也分别签署了备忘录。

四方代表团一致同意把“孟中印缅地区经济合作论坛”正式更名为“孟中印缅地区合作论坛”，以进一步扩大四方在经贸、农业、旅游、文化、教育、卫生、科技、扶贫、应对气候变化、合理利用水资源和安全等领域的务实合作。

省友协获“人民友谊贡献奖”称号 5月19日，为表彰云南省多年来在民间对外交流方面做出的突出贡献，以及在全国友协和地方友协开展的国际民间交流活动中给予积极支持和帮助，中国人民对外友好协会决定授予云南省人民对外友好协会“人民友谊贡献奖”荣誉称号。

滇老共庆中老建交50周年 2011年4月25日，由云南省人民政府外事办公室和老挝驻昆总领事馆主办的庆祝中老建交50周年座谈会在昆举行。云南省副省长顾朝曦、老挝外交部副部长谢姆·蓬玛占出席会议并讲话。

英国皇家国防研究院代表团访滇 2011年5月25～27日，在英国驻华使领馆官员的陪同下，英国皇家国防研究院院长、英国海军中将查尔斯·斯塔尔率英国皇家国防研究院代表团访滇并拜会了昆明市委、省商务厅、省能源局、省社科院、云南大学东南亚研究所等单位。省委常委、昆明市委书记仇和接见了代表团一行。

美国国会议员助手团访滇 4月22～26日，应中国人民外交学会邀请，由美国美亚基金会组织的美国国会议员助手代表团一行6人访问云南省西双版纳州。代表团由美国国会议员民主党、共和党重要议员的高级助手组成，旨在了解云南省改革开放和经济社会发展情况。代表团在西双版纳期间，考察了磨憨口岸，了解了口岸人员流量、进出口贸易、物流、通关手续便利化等问题；参观曼飞龙傣族村寨、澜沧江及傣族园和野象谷，观看《勐巴拉纳西》演出，代表团考察了云南省少数民族文化的保护和传承及野生动物保护工作。

云南省友好代表团出访非洲 6月上旬，应肯尼亚农业部、南非旅游部和纳米比亚环境与旅游部邀请，云南省委书记、省人大常委会主任白恩培率省友好代表团对肯尼亚、南非和纳米比亚进行考察访问。访问肯尼亚期间，代表团拜会了肯尼亚副总统穆西约卡，双方就经贸、农业、环保、旅游、生物资源和可持续发展等问题进行了广泛而深入地交换了意见。在南非期间，代表团考察了南非旅游业发展和环境保护等方面的情况。在纳米比亚期间，白恩培与纳环境旅游常务秘书卡伦比·尚古拉博士进行会晤，双方就环境保护、旅游开发、生物资源和可持续发展等问题深入交换了意见。代表团还会晤了斯瓦科普蒙德市市长罗西娜·霍碧丝及艾克卡特·德马修斯首席执行官等管委会成员，双方就进一步加强友好合作进行了有益的探讨，并希望昆明市与斯瓦科普蒙德市加强接触和交流，早日建立友好城市关系。

秦光荣率团出席中美省州长论坛并访问加拿大 7月15日，首届中美省州长论坛在美国犹他州盐湖城举行，秦光荣省长率云南省政府代表团出席。秦光荣就加强生态环境保护发表主旨演讲。并在同期举行的中美贸易文化教育大会开幕式上讲话，介绍云南省旅游发展情况，积极宣传推介云南。

论坛期间，秦光荣还会见了科罗拉多州、特拉华州、罗德岛州3州州长和美国大自然保护协会、星巴克集团等机构和公司的高层领导，就发展云南省同美国各州及有关机构的友好合作关系广泛交换意见，形成重要共识。期间，云南省与美方签署《云南省林业厅与美国大自然保护协会关于生物多样性保护合作框架协议》《云南省科学技术厅与美国犹他大学科技合作谅解备忘录》等多份合作协议。

访问加拿大期间，秦光荣与蒙特利尔前市长、天辰集团董事长皮埃尔·布克会晤，并分别会见了蒙特利尔和魁北克企业界人士，就云南省与北美在农业和生物科技领域的交流合作特别是务实推进云南（曲靖）国际农业食品科技园深入交换意见，考察了魁北克良种牛人工授精中心、美迪卡欧公司、拉法基加拿大技术中心、班芙国家公园等，看望了加拿大华人联合总会。

云南—泰北合作工作组第四次会议举行 8月7～13日，应泰国外交部东亚司邀请，云南省代表团赴泰国曼谷参加云南—泰北合作工作组第四次会议。经过协商，双方就云南省与泰国的合作中的重点领域、具体项目、合作方式及新的努力方向等形成一致意见，泰方将在2011年底前完成中老泰昆曼公路三方跨境运输协定的批准手续；泰国投资局停车经济合作理事会与云南省贸易促进会组建对口工作机制；双方将在毗邻地区推动使用人民币作为中泰贸易结算货币；泰方将向云南提交清孔工业园开发规划计划书并邀请云南企业参与建设；双方将共同推动上湄公河二期航道改善工程；双方文化部门开展互访活动，加大与中柬老泰缅越六国边境地区文化艺术团开展巡演活动。

柬埔寨副首相兼内阁办公厅大臣索安访滇 9月6～9日，柬埔寨副首相兼内阁办公厅大臣索安一行10人来云南访问。省委书记秦光荣在昆明会见了索安一行。通过访问，进一步促进滇柬双方经贸、旅游、文化、教育等领域合作。

中国云南—老挝北部合作工作组第五次会议 9月12～13日，中国云南—老挝北部合作工作组第五次会议在老挝人民民主共和国南塔省举行，会议签署了中国云南—老挝北部合作工作组第五次会议纪要。经过磋商，双方就深挖合作潜能，拓宽合作领域，扩大合作成果达成共识：进一步密切双方人员往来，加强交流，加大互派留学生力度，积极开发适应双边经济发展需要的人力资源；进一步扩大贸易投资合作，加快推进中国磨憨—老挝磨丁跨境经济合作区建设，共同努力扩大云南与老挝的贸易，务实推进双边经济合作项目；进一步推动交通运输便利化，加快昆曼大通道老挝会晒至泰国清孔跨湄公河大桥建设进度，加快建立中国云南—老挝北部口岸合作交流机制，逐步加大边境地区基础设施建设力度；进一步探索新的合作领域，加强物流运输、高新技术、环境保护等新领域的合作；进一步完善落实合作机制，建立定期不定期的交流协商会议制度，建立健全企业间的合作机制，为企业参与滇老合作牵线搭桥。

老挝国家主席朱马利·赛雅颂访滇 9月23～27日，老挝人民革命党总书记、国家主席朱马利·赛雅颂在中联部副部长刘结一、中国驻老挝大使布建国等陪同下访问云南。双方就如何加强各领域的交流合作、进一步提升滇老合作水平进行了深入交流。

李纪恒率团出席中美省州长对话 10月19日，中美省州长对话在北京举行，云南省代省长李纪恒率云南省代表团出席并就促进地方就业作专题发言。此次对话由中国人民对外友好协会和美国全国州长协会共同举办。外交部副部长崔天凯、美国副国务卿罗伯特·霍马茨致辞。浙江、湖南、北京、辽宁、安徽、江西、山东、云南8省市领导和美国华盛顿州、佐治亚州、关岛、夏威夷州、北卡罗来纳州、北马里亚纳群岛地方领导人率团出席。会上，中美省州长围绕促进地方经济发展、促进就业等共同关心的问题进行发言交流。

李纪恒在专题发言中介绍了云南省在加强就业、调整产业结构、转变经济发展方式以及社会保障体系建设方面的做法，并热情邀请参加对话的各位州长到访云南，邀请美国企业到云南投资。

孟加拉国议长阿卜杜尔·哈米德访滇 10月14～16日，孟加拉国议长阿卜杜尔·哈米德访问云南，省人大常委会常务副主任晏友琼会见了代表团一行。双方就友好交流与务实合作交换了意见。

老挝干部考察团访滇 12月4～6日，应中联部邀请，以中央委员、计划和投资部部长宋迪·隆迪为团长的2011年度第五批老挝干部考察团一行25人访滇。省委书记秦光荣会见了考察团一行。秦光荣向考察团介绍了云南省近期召开的第九届党代会的有关情况，希望进一步推进与老挝的互利合作。宋迪表示，来到云南就像回到自己的家乡一样，通过考察，学到了许多基层党建和基层民主建设方面的做法和经验。

（张　毅）

Construction of Grand International Passages

国际大通道建设

Highway 公路

概述 2011年，全省交通运输系统紧紧围绕“二级公路决战年”和“创先争优示范年”活动，全年完成交通投资619.3亿元，超过省政府下达的420亿元的任务，其中公路建设完成投资616.5亿元，水运完成投资2.54亿元。全省59条二级公路强势推进，累计完成投资887亿元，建成55条。全省二级公路从2008年年底的4859千米增至10136千米，129个县中123个通高等级公路。高速公路建设扎实推进。普立至宣威、龙陵至瑞丽、大理至丽江、昆明西北绕、锁龙寺至蒙自、武定至昆明、保山至腾冲等重点项目平稳推进；磨黑至思茅高速建成通车，全省高速公路通车里程达2746千米。农村公路建设深入推进。全省农村公路建设完成投资72.09亿元，在建项目2250个，完工项目1430个。全年新改建农村公路1.63万千米，其中沥青（水泥）路4500千米，全省乡镇通畅率达到92.6%，行政村通畅率和通达率分别达到28%和98%。城乡客运一体化进程加快，全年新建农村客运站74个，共计建成913个，全省累计开通农村客运线路4848条，运营车辆3.19万辆，日发班次6.19万班，乡镇通班车率达到99.71%，行政村通班车率达到82.28%。公路养护管理不断加强。高速公路优良路率达96.2%，在全国干线公路养护管理规范化检查中的排名明显提升。切实加大普通国省干线公路养护“四新”技术推广运用，投入资金5380万元，购置设备255台，养护机械化水平进一步提高。继续深化农村公路养护管理体制改革，县乡两级都成立了农村公路管理机构；投入农村公路养护资金6.62亿元，基本实现农村公路“有路必养、有路必管”。收费信息化建设步伐加快，滇西、滇南12条高速公路实现跨区域联网收费；新增38条电子不停车收费车道，共开通54条，用户达到1.6万户。

公路运输 2011年，全省完成公路客运量4.14亿人次，旅客周转量424.57亿人千米，完成货运量5.42亿吨，货物周转量617.27亿吨千米，同比分别增长14.3%、20.6%、18.7%和12.5%。2011年春运期间，全省公路运输共投放客车31.2万辆（次），其中包车5305辆（次），加班车6332辆（次）。完成客运量568万人，完成旅客周转量 50009.5 万人千米，客运量与上年同期相比增长10.06%；共完成货运量386万吨，完成货运周转量26634万吨千米。

2011年7月5日，交通运输部与云南省人民政府签署会谈纪要（省交通厅 提供 张孝坤 摄）

磨黑至思茅高速公路通车 4月25日，磨黑至思茅高速公路建成通车。磨思高速公路是国道213线兰州—磨憨公路、西部大开发通道干线、国家高速公路网规划之昆明—曼谷国际大通道的重要组成部分，路线长约64.5千米，经磨黑、宁洱、同心、思茅，止点接思小高速公路起点。设计时速为80千米。项目总投资46亿元。

普者黑至炭房一级公路通车 2月21日，文山壮族苗族自治州普者黑至炭房一级公路正式通车。普炭一级公路是省道S206线以且至马关公路在文山州内的重要路段，总长60.1千米，跨越丘北、砚山两县，起点为省道S206K线丘北县城附近的红薯山，止点连接国道主干线GZ75线并与砚平高速公路相连，是文山州与曲靖市之间的重要通道，也是通往普者黑风景区的主要通道。普炭一级公路概算总投资14.70亿元，2009年2月动工建设，2010年9月底完工并试通车，建设工期比计划工期提前了10个月。

六库至曼海桥二级公路通车 6月1日，云南省第一条代建制公路六库至曼海桥二级公路建成通车。项目于2009年9月15日开工建设，全长91.956千米，起于怒江州泸水县上江乡三界桥，接金厂岭至六库二级公路，止于保山市隆阳区潞江镇，接保龙高速公路潞江坝立交连接线，是入藏、出滇、连接口岸的瑞丽至德钦干线公路的一段，也是云南由北向滇西南延伸的一条经济旅游干线。项目建设工期仅18个月，实现了“管理采用新模式、技术标准不降低、投资控制有结余、整体效应有提升”的代建目标。

施甸至链子桥二级公路通车 5月15日，施甸县城至链子桥二级公路通车。该路起于施甸县甸阳镇角里村，止于施甸、永德两县交界处的链子桥北岸，全长66.75千米，项目概算总投资6.23亿元。

鸡足山旅游公路通车 5月15日，宾川鸡足山旅游公路建成通车。项目起于大理机场，止于鸡足山祝圣寺，于2009年7月14日开工，全长104.55千米，概算总投资14.67亿元，分四期建设。

腾陇二级公路建成通车 6月30日，腾冲至陇川二级公路建成通车。腾陇路起于保山市腾冲县中和乡毛家营，途经德宏州梁河县、盈江县，止于陇川县章凤镇，路线全长160.43千米，概算总投资22.73亿元。

文山州3条二级公路通车 8月22日，文山州3条二级公路建成通车，共计里程390千米。其中：文山至天保二级公路路线全长183.5千米；文山至都龙二级公路路线全长96.6千米；珠街至西林二级公路路线全长110千米。3个项目于2009年10月开工建设，概算总投资39.49亿元。

昭阳至彝良二级公路通车 8月27日，昭彝二级公路建成通车。昭彝二级公路起于昭阳区徐家营，途经昭阳区北闸镇、盘河乡，彝良县洛泽河镇、角奎镇、钟鸣乡，大关县天星镇、翠华镇、寿山乡，止于水麻高速公路麻柳湾立交，全长92千米，连通昭阳、彝良、大关3县区9个乡镇。概算总投资21.48亿元，于2009年12月全面开工。

柿子至凤翥二级路通车 9月4日，柿凤二级公路建成通车。柿凤二级公路贯穿盐津、彝良、镇雄、威信4县，全长61.451千米，概算总投资19.2亿元。

元谋至双柏二级公路建成通车 11月1日，元谋至双柏二级公路建成通车。元双公路于2009年3月28日开工，起于元谋县城，途经牟定县、楚雄市，止于双柏县城，路线全长164千米，概算批复约为40亿元。

怒江拉马底索改桥工程通车 11月23日，怒江州福贡县石月亮乡拉马底村索改桥工程完工，分别建成一座人马吊桥——“幸福桥”，一座汽车吊桥——“连心桥”，惠及当地265户、1043人，结束了拉马底村的老百姓溜索过江的历史。交通运输部党组成员、政策法规司司长何建中宣布大桥建成通车。

2011年11月23日，怒江拉马底索改桥工程建成通车（省交通厅 提供 张孝坤 摄）

边境公路交通建设 截至2011年底，沿边8个州（市）共有公路95896千米，占全省公路总里程的45.8%，沿边25个县（市、区）共有公路43898千米。省会昆明市到沿边8个州（市）府所在地均通高等级公路。全省二级公路建设完成后，沿边25个县中除福贡、贡山、孟连3个县外，其余22个县将通高等级公路；16个口岸中除片马、田蓬口岸外，其余14个口岸实现通高等级公路。沿边8个州（市）587个乡镇中，523个实现通畅，通畅率为89.1%；5983个建制村中，5852个建制村通公路，通达率为98%。沿边25个县的252个乡镇中，217个实现通畅，通畅率为86.1%；2157个建制村中，2123个通公路，通达率为98.42%。

人口较少民族地区农村公路建设 2011年，省交通运输厅围绕全省农村公路“十二五”发展目标，加大人口较少民族地区农村公路建设投入。以通村路面硬化工程为重点，共安排1.7亿元用于建设38个人口较少民族聚集村493千米通村硬化路面工程。重点抓好福贡上帕大桥和怒江州18座溜索改桥建设，溜索改桥的首批示范工程拉马底汽车吊桥和害扎人行吊桥主体工程建成通车。重点支持了贡山县独龙江乡整乡推进独龙族整族帮扶交通基础设施项目建设，共安排落实了独龙江交通基础设施建设资金3.28亿元，其中2011年落实了1.77亿元。

道路客运整治专项行动 7月1日至10月31日，省交通运输厅开展了深化和拓展道路客运隐患整治专项行动。全省运管系统共出动运政执法人员3.69万人次，出动检查执法车辆9886辆次，设置执勤点50多个，投入整治专项经费70余万元，累计检查客运企业1391户次，检查客运车辆5.47万辆次，检查客运驾驶员10.75万人次，检查客运站（含旅游客运站点）100余个，检查危货运输企业51户，检查危货运输车辆529辆次；对1689项、人、站、车辆违章违规行为进行了处罚和整改。共排查一般性隐患1878项，已整改1837项，整改率达99.3%；排查治理重大隐患6起，已整改销号6起，整改率达100%；列入治理计划的重大隐患2项；落实治理目标2项；落实治理机构人员128项；落实限时整改要求12项；落实安全措施应急预案2项；累计落实隐患治理专项资金11.6万元。

（杨斌斌）

Railway 铁路

概述 昆明铁路局属国家铁路运输企业，管辖线路跨越云南、四川、贵州3省，主要负责管辖区域内的旅客和货物运输组织工作。至2011年末，全局开行昆明直通北京、上海、郑州、武昌、南京西、济南、广州、厦门、襄樊、西安、成都、重庆、南宁、贵阳、六盘水、攀枝花、曲靖、大理、楚雄、丽江等旅客列车，负责货运五定班列、行包快运专列、集装箱专列、鲜活冷藏班列、大宗货物直达列车等货物运输组织工作。

昆明铁路局管内铁路有准轨（轨距1435毫米）、米轨（1000毫米）两种轨距，是全国18个铁路局中唯一准米轨并存的铁路局。管辖沪昆、成昆、南昆3条准轨电气化铁路干线，昆河、蒙宝2条米轨铁路干线，广大、大丽、水红3条合资铁路，昆玉1条地方铁路，羊场、东川、盘西、昆阳、安宁（联络线）、东王6条准轨支线，昆石、昆小、草官3条米轨支线。管内线路总延长3822.0千米，其中，国铁3036.6千米（米轨797.0千米）、合资711.3千米、地方74.1千米；线路营业里程2511.2千米，其中，国铁1927.6千米（米轨656.6千米）、合资538.6千米、地方55.9千米；电气化铁路1429.5千米，其中国铁1065.8千米、合资363.7千米。有桥梁1615座19.54万延长米，隧道796座49.03万延长米。设198个车站，其中，国铁147个（米轨36个）、合资46个、地方5个；按等级分，特等站1个、一等站1个、二等站9个、三等站14个、四等站95个、五等站78个。拥有各型机车379台，其中内燃机车144（合资公司配属11台）、电力机车235台。国铁配属客车1381辆（准轨1359辆）。

铁路运输 2011年，昆明铁路局完成旅客发送2968万人，同比增加260万人，增长9.6%；货物发送6354万吨，增加87万吨，增长1.4%；准轨日均装车2626车，增加136车，增幅5.5%；日均卸车2623车，同比增加222车，增幅9.2%，全面完成全年各项任务目标。

2011年，分界口接入通过重车日均同比减少54车、接入作业重车日均同比增加178车、接入空车日均同比减少29车，货源和请求车大幅萎缩，在此不利形势下，昆明铁路局继续与17家50万吨以上货运大客户签订年度运量互保协议，加大货源组织力度，有效遏制货源下滑态势。同时，动态调整到卸重车组织，加大分界口交接力度，确保运输生产任务完成。12月23日，全局完成换算周转量450.54亿吨千米，超全年计划0.54亿吨千米，同比增加21.54亿吨千米，增长5%；准轨卸车累计完成93.44万车，超年计划32车，提前8天完成铁道部下达的全年换算周转量任务目标和准轨全年卸车计划。

出省物资运输 2011年，云南省出省物资铁路运输3450万吨，同比增加107万吨，增长3.2%。

1月1日，昆明铁路局联合云南省工信委下发《关于加强入滇物资和省内铁路运输组织工作的通知》，建立铁路运输激励长效机制，采取“发送与到重捆绑、管内运量与管外运量捆绑”的营销方式，用吸引到重与装车相挂钩的办法激励铁路运输重点企业加大入滇物资吸引到重组织力度，解决出省物资运输车源不足难题，实现铁路运输上总量、出省物资有增量。12月13日，全省出省物资铁路外运3361.7万吨，提前18天完成省政府年初下达的3358万吨任务。

重点物资运输 2011年，昆明铁路局与云南省工信委、省发改委、中石化、省粮食局等部门和单位建立日常沟通协调机制，对云南省经济增长至关重要和关系国计民生的电煤、粮食、果蔬、化肥、食糖等重点物资，开辟运输绿色通道，采取“优先计划、优先配车、优先装车、优先取送、优先挂运、优先放行、优先接运、优先卸车”的“八优先”运输政策全力给予保证，从计划安排、分界口接入、挂运上线、卸车组织等层层抓好落实，做到有请必装，有多少运多少，不因铁路运输原因影响云南煤电油运正常供应。2011年，完成电煤运输608万吨，同比增加58.2万吨，增长10.6%；成品油接运530.9万吨，增加74.2万吨，增长16.5%；果蔬运输累计完成6.5万吨，减少17.9

万吨，减少73.2%。

列车运行图调整 1月11日，昆明铁路局以实现增运增收为目标，以增开管内客车和加大分界口货车交接为手段，实施年内首次列车运行图调整，增开客车3对、货车8对，分界口交接对数由67对调整为72对，客运列车旅行速度由62.77千米/小时提高至63.48千米/小时，货物列车旅行速度由34.55千米/小时提高至34.88千米/小时。此次调图，调整列车运行经路1对，北京西至昆明K471/4/1、K472/3/2次改K471/2次，改经由京广、沪昆、水红、盘西、沪昆线运行；列车等级提高2对，重庆至昆明2652/49次、2650/1次改快速K1052/49次、K1050/1次，成都至昆明2639/40次改快速K1139/40次；广丽线图定旅客列车9对。

8月28日，全国铁路实施新一轮旅客列车运行调整图，昆明至上海南K740/39次列车在昆明至六盘水间改经沪昆线运行，相应增加宣威站，取消红果停点；厦门至昆明K230/1次、郑州至昆明K337次、上海南至昆明K739次、北京西至昆明K471次、昆明至北京西K472次列车停站相应作出调整。9月20日，货物列车调图开始执行，根据线路允许速度，对沪昆、成昆、南昆、盘西、水红线运行标尺进行调整，对"夕发朝至"的大理、丽江客车终到点进行微调，满足旅客出行需求。

昆明至上海南K80/79次列车值乘任务接管 1月10日，昆明至上海南K80/79次列车值乘任务正式由上海铁路局移交昆明铁路局负责，昆明铁路局值乘上海列车增至3对。K80/79次列车累计开行50年，始终由上海铁路局负责值乘，移交昆明铁路局管理后，列车编组18辆，旅客定员1200人，运行里程2660千米，K80次单程运行36小时16分，K79次单程运行37小时零2分。

昆明至楚雄城际列车开行 1月

2011年1月11日，昆明至楚雄城际列车首发开行

（省铁路局 提供 李忠财 摄）

11日8时52分，首趟楚雄至昆明K9638/5次城际列车从楚雄站发出，标志着昆明铁路局管内自2007年昆曲城际后第2列城际列车正式开行。

昆明至楚雄城际列车为一站直达，运行里程184千米，单程运行时间2小时17分，每天开行2对。

昆明直达济南旅客列车开行 7月1日，根据新列车运行图，新增昆明至济南快速列车1对。10月1日，昆明至济南K492/1次旅客列车正式开行，由昆明铁路局负责值乘，单程运行2978千米，全程运行43小时零2分，隔日开行，途经镇远古镇、南昌滕王阁、"八一"起义馆、九江庐山、天柱山、合肥万佛湖、兖州水泊梁山、泰山等国内著名旅游景点。12月1日起，列车改为每日开行。

春运售票管理 2011年，针对春运期间客流密集、旅客购票拥堵的问题，昆明铁路局从方便旅客购票出发，在昆明站站前广场设置春运临时售票点，开设20个售票窗口，减少旅客排队时间；结合昆明市汽车客运站搬出市区实际，在昆明市南部、西部、西北汽车客运站各增设1个临时代售点，方便地州旅客购票；主动与云南省教育厅联系，组织各学校对学生用票需求进行统计，对购票学生达到100人的学校，由昆明站提供上门送票服务，或协调学校统一到昆明站办理团体订票，进一步做好学生购票服务工作。同时，加强客票代售点管理，规范售票业务管理。1月17日，正式开通全局统一客服电话95105105，提供120条线自助语音查询以及20个人工座席服务，24小时接受旅客咨询、求助和投诉。2011年，全局范围内客票代售点达到38个，其中昆明市内28个；全局售票窗口达242个，比2010年春运增加25个，增幅11.5%。

春节旅客运输 2011年春运期间，昆明铁路局聘请来自云南省人大、省政协和省纪委、省委宣传部、省发改委（价监局）、省工信委、省文明办、省消费者协会、工人日报社驻云南记者站、春城晚报社等单位以及曲靖、大理、丽江等地区的人员担任春运社会监督员，负责监督铁路春运工作，宣传铁路春运工作组织情况。两次召开社会监督员工作座谈会，介绍铁路发展和云南铁路建设取得的成绩、春运面临的形势、春运准备和组织工作情况等，听取社会监督员对铁路春运工作及社会监督活动的意见和建议，就社会监督员提出意见整改情况进行通报；组织社会监督员分别检查昆明至丽江东K9610次、昆明至曲靖T9006次旅客列车和曲靖、广通站春运工作情况，了解昆明铁路局在安全有序完成春运"人群大迁移"组织工作中的各项举措及铁路职工的艰辛。在昆明、曲靖、大理、丽江等地组织高校志愿者参与春运服务工作，重点在解答问询、购买车票、安排候车、引导进出站、搬运行李等方面提供帮助。1月14日，昆明铁路局官方新浪微博建立，先后在人民网、新华网、腾讯网开通，多角度对铁路春运工作进行宣传，营造良好舆论环境。

2011年春运自1月19日始，2月27日止，历时40天。昆明铁路局针对春节假日客流以探亲流、旅游流为主，且主要集中在管内昆明至曲靖和昆明至丽江方向的特点，合理安排运能，增开昆明至曲靖、丽江东、威舍等方向临客55列，对昆明至六盘水6062/1次、昆明至攀枝花6162/1次、昆明至红果

2011年10月29日，全省第二大火车客运站——丽江火车站正式投入运营

（省铁路局　提供　李忠财　摄）

7452/1次和昆曲宣城际列车共计加挂客车460辆，最大限度满足春节旅客出行需求。春运期间，全局开行临客158列，加挂客车2115辆，累计发送旅客399.5万人，同比增加42.4万人，增长11.9%，实现“和谐春运、平安春运”目标。2月8日，旅客发送及购票人数达到最高，发送旅客12.87万人，售票12.36万张。

暑期旅客运输　7月1日至8月31日暑运期间，昆明铁路局累计发送旅客622.28万人，同比增加54.14万人，增长9.5%。其中，直通旅客发送235.13万人，同比增加20.86万人，增长9.7%；管内旅客发送387.15万人，同比增加33.28万人，增长8.7%。针对暑期学生流、旅游流集中叠加特点，全局增开临客253列，对客流较大线路列车加挂扩编客车4315辆，有效提高运输能力。

互联网购票启动　12月10日起，昆明铁路局管内昆明—北京T62/1次特快列车、昆明—曲靖—宣威“T”字头城际列车，12月13日起，全部快速旅客列车车票实行互联网售票，旅客通过中国铁路客户服务中心“12306网站”办理铁路电子客票的销售、改签、退票等业务，除窗口售票、电话订票外，又增加另一种售票方式，缓解旅客购票压力。互联网购票后的纸质车票换取业务凭有效身份证件在昆明铁路局管内各客运站售票窗口及客票代售点办理，一张有效身份证件同一乘车日期同一车次仅能购买一张车票。

12月9日，昆明铁路局模拟普通旅客购票流程，绘制网络购票流程图，在路局新浪官方微博“昆明铁路”发布，为旅客购票提供方便、快捷的服务。该流程图被中央、地方主流网络媒体及网民转发上万次。

铁路建设　2011年，昆明铁路局管内在建铁路项目11个，即玉蒙铁路、蒙河铁路、沾六复线、昆广复线、昆玉扩能、大瑞铁路、仁丽铁路、昆明枢纽、东南环线、云桂铁路、沪昆客专，完成投资108.83亿元。

2011年，国家对经济进行宏观调控，铁路建设形势变化，建设资金紧张，各建设项目施工组织计划、进度和工期安排受到影响。昆明铁路局按照保重点项目及控制性工程的原则，合理安排施工组织，集中各项资源，建设项目安全有序推进。6月9日，玉蒙铁路秀山隧道突破富水、破碎、断层，实现平导贯通，11月17日正洞基本贯通；7月20日，六沾复线控制性工程——歌乐隧道贯通，历时38个月，由中国中铁建工集团承建（隧道全长4584米，最大埋深144米，围岩破碎，地下水及岩溶较多）；10月6日，大瑞线大柱山隧道燕子窝断层平导顺利通过；12月5日，昆明枢纽控制性工程新碧鸡关隧道贯通。

仁丽铁路建成通车运营　10月29日，仁和至丽江铁路正式通车运营，丽江站投入使用。省委副书记、代省长李纪恒，省委常委、常务副省长罗正富，省委常委、副省长李江，省人大常委会常务副主任晏友琼，副省长和段琪，省政协副主席倪慧芳，昆明铁路局局长刘振芳、局党委书记刘柏盛等领导出席通车典礼。典礼由云南省政府秘书长丁绍祥主持，李纪恒宣布仁丽铁路正式通车运营，罗正富在典礼上致辞。

仁丽铁路南起仁和站，向西北至丽江站，北接在建的丽香铁路，全长14.74千米，按国家Ⅰ级单线铁路设计，设计时速每小时120千米，于2008年12月开工建设，2011年6月竣工，8月17日开通试运营，并开办客运业务。丽江站位于丽江市玉龙县，建筑面积1.2万平方米，是云南省建成的第二大客运站，主体建筑具有鲜明的纳西民族风格，设有2个候车厅、17个售票窗口。

六沾复线建设　2月6日19时，上村中桥架梁结束，标志着六盘水至沾益复线521孔铁路桥梁全部架设完毕。六沾复线架梁施工自2010年5月19日开始，由中铁一局负责。

5月10日11时15分，凤凰山至宣威段上行线开通；9月8日，宣威至龙津沟上行线拨接施工；10月21日11时50分，炎方至龙津沟段双线拨接开通，六沾复线双线运营里程由曲靖延伸至龙津沟，实现分段开通目标。

玉蒙铁路建设　2月21日，玉蒙铁路铺架开工仪式在玉溪南站举行，标志着玉蒙铁路基础建设基本完成，进入最后实施阶段。玉蒙铁路是泛亚铁路的重要组成部分，自玉溪南站起，经通海、建水至蒙自，全长141千米，为国铁Ⅰ级电气化铁路，设计速度目标值每小时120千米，项目总投资45亿元，2005年12月15日开工，预计工期4年，因地质复杂等原因，致工期推迟。

沪昆客运专线多乐铺凤凰山隧道开工　4月5日、6日，沪昆客运专线云南段多乐铺、凤凰山隧道相继开工，由中铁五局五公司承建。多乐铺、凤凰山隧道均位于云南省富源县境内，多乐铺隧道全长1079米，为高瓦斯隧道，瓦斯地段埋深较浅，属一级风险隧道，工期30个月；凤凰山隧道全长3973米，隧道洞身岩性为玄武岩夹凝灰岩，岩体破碎，安全风险高，施工难度大，号称“地质博物馆”，工期30个月，采用“进口分修、出口合修”的设计方案施工。

大瑞铁路保山至瑞丽段建设动员大会举行　5月30日，大瑞铁路保山至瑞丽段建设动员大会和工程奠基仪式在瑞丽举行。省委书记、省人大常委会主任白恩培，省委副书记、省长秦光荣，铁道部党组成员、副部长卢春房，省领导李纪恒、王学仁、罗正富、李江、杨应楠、张田欣、辛桂梓、晏友琼、孔垂柱、和段琪、梁公卿、丁绍祥等出席动员大会。

大瑞铁路全长约350千米，按大保段和保瑞段分期开工，项目投资总估算147亿元，预计总工期6年，速度目标值140公里／小时。2008年6月30日，大瑞铁路大理至保山段先期开工建设，线路全长133.66千米，总投资60.14千亿元。

经营机制转换 5月，铁道部党组提出“加快转变铁路发展方式，实现铁路全行业规范化管理”的思路，明确以市场需求为导向，以经济效益为中心，以人民群众满意为标尺，扩大铁路局自主经营权，强化铁路局市场主体地位，实施多元化经营，确保企业有序高效、健康发展。昆明铁路局积极推进实施多元化经营改革，按照“多元化经营、一体化管理、全口径算账”的总体要求，确立“统筹市场开发，统一经营管理，专业化生产组织，全口径财务核算，一体化考核激励”的多元化经营工作思路，规范构建路局多元化经营管理体系。对非运输业务、资产、人员等进行优化整合，减少内部关联交易，避免无序竞争，推进集约化、规模化、专业化发展；运输业与非运输业相互配合，发挥优势，良性互动，大力延伸服务链，全方位拓展市场，在6个物流基地开展“门到门”运输服务试点，推进“运贸一体化”运作，并拓展局外设备维修施工市场，努力做大非运输业务。2011年，非运输业超额完成全年收入、效益、利润指标计划。

服务旅客创先争优活动 10月12日起，在全局开展“服务旅客创先争优”活动，树立“以服务为宗旨、待旅客如亲人”的理念，以站车环境整洁舒适、安全治安有序可控、乘降组织平稳有序、旅客购票更加方便、列车餐饮质价相符、站车经营秩序规范、客车上水质量提高、设施功能更加完善、客运管理全面提升为目标，突出“优化服务环境、改进服务态度、提高服务质量”三大内容，积极推进铁路行业创先争优，切实解决广大旅客最关切、最期盼、最不满意的问题，提高人民群众对铁路工作的满意度。11月1日至12月31日，在全局处职领导干部中开展“做一次普通旅客、做一天客运职工”体验实践活动，分析思考客运服务中存在的问题和不足，并写出体验报告，为探索服务旅客创先争优新途径提出建议，切实解决旅客乘车过程中存在的困难和客运职工生产生活中遇到的实际问题。各客运站根据活动要求，对照标准查找不足，组织客运职工学习掌握《客运服务用语》，规范客运岗位人员作业行为。各次旅客列车在提高餐饮供应质量的基础上，保证2元以下矿泉水和15元以下盒饭不断供；普通旅客列车预留4个硬卧下铺、5个硬座席位，供行动不便的残疾旅客优先购票使用；普通旅客列车预留2个硬座席位，供中途上车的残疾旅客使用，把“人民群众满意”的评价标准落实到服务旅客工作的全过程。

（吴立群）

Civil Aviation 民航

概述 2011年，云南机场集团坚持以安全运营为前提，以深化制度建设和管理创新为主题，以顺利完成昆明机场转场运营准备为目标，全面落实民航工作总体要求，精心组织运营保障，不断提高经营管理水平，有效地推进年初确定的各项工作目标和重点工作任务，实现了全年安全生产目标，圆满完成全年航空运输及保障任务，保持了较好的发展态势，各项工作都取得了明显成绩，实现了“十二五”的良好开局。

——运输指标有增有降。2011年，机场集团各机场保障航班运输起降25.42万架次、旅客吞吐量2868.64万人次、货邮吞吐量28.98万吨，分别比上年同期增长4.9%、9.1%，下降0.5%。其中，昆明机场保障航班运输起降19.12万架次、旅客吞吐量2227.31万人次、货邮吞吐量27.25万吨，同比分别增长5.6%、10.3%，下降0.4%。

——安全态势总体平稳。2011年，各机场未发生飞行事故、地面事故、空防事故和事故征候，属于机场责任原因的一般不安全事件明显减少，保证了集团安全平稳发展，巫家坝机场实现安全运行60周年。

——重点工程稳步推进。2011年，昆明长水国际机场建设共完成实物工程量投资50.74亿元，开工至今累计完成实物工程量投资187.88亿元，占概算批复总投资额的98.72%，12月底主体工程通过竣工验收；丽江机场改扩建工程已竣工验收，共完成工程投资10.92亿元，机场等级由4C提高到4D，获批国家口岸机场；西双版纳机场改扩建工程完成年度工程投资3.76亿元，累计完成工程投资6.26亿元；泸沽湖机场项目已获得国务院、中央军委立项批复，可研报告通过专家评估，机场扩大试验段工程顺利竣工，专用公路全线路基土石方工程全部完工；红河、沧源、澜沧、怒江机场正在积极参与、协助政府部门开展选址、项目立项、可研、初设等前期工作。

——长水国际机场转场运营准备。2011年8月9日，中国民用航空局正式批复，同意将昆明新机场命名为“昆明长水国际机场”，英文名称为“KUNMING CHANGSHUI INTERNATIONAL AIRPORT”。9月25日，省市各有关部门和各转场演练工作组成功开展了昆明新机场第一次运行模拟演练，为正式转场运营积累了宝贵的数据资料和实战经验。12月14日，昆明新机场及新辟调整国际航路航线获得中国人民解放军总参谋部批复；抓紧推进校飞试飞前置审批，制定了《昆明新机场建设工程实物

2011年12月云南机场集团有限责任公司运输生产报表

统计单位	统计指标	2011年12月	同比增长	2011	2010	累计同比增长	各机场所占份额	2011年生产目标	完成目标
集团公司	运输起降架次	21251	3.9%	254150	242338	4.9%	100.0%	261000	97.4%
	起降架次	21327	3.8%	255151	243289	4.9%	—	—	—
	旅客吞吐量（人）	2306707	5.0%	28686465	26294887	9.1%	100.0%	28660000	100.1%
	货邮吞吐量（吨）	25943.3	4.1%	289756.5	291316.9	−0.5%	100.0%	314000.0	92.3%
昆明机场	起降架次	15789	3.1%	191744	181466	5.7%	75.1%	—	—
	运输起降架次	15731	3.0%	191207	181036	5.6%	75.2%	193000	99.1%
	其中：国内航线	14428	3.1%	173990	166748	4.3%	—	—	—
	国际航线	1111	1.7%	14815	11772	25.8%	—	—	—
	地区航线	192	−0.5%	2402	2516	−4.5%	—	—	—
	旅客吞吐量（人）	1778082	5.3%	22273127	20194754	10.3%	77.6%	22000000	101.2%
	其中：国内航线	1657769	4.8%	20735187	18958821	9.4%	—	—	—
	国际航线	97436	12.9%	1218015	935748	30.2%	—	—	—
	地区航线	22877	6.1%	319925	300185	6.6%	—	—	—
	货邮吞吐量（吨）	24147.9	3.8%	272493.0	273670.0	−0.4%	94.0%	295000.0	92.4%
	其中：国内航线	22892.8	4.0%	258453.1	259818.2	−0.5%	—	—	—
	国际航线	1105.1	−1.0%	12331.5	12512.7	−1.4%	—	—	—
	地区航线	150.0	12.3%	1708.4	1339.0	27.6%	—	—	—
丽江机场	运输起降架次	1631	8.9%	20136	21074	−4.5%	7.9%	23300	86.4%
	旅客吞吐量（人）	163098	7.2%	2183597	2217915	−1.5%	7.6%	2410000	90.6%
	货邮吞吐量（吨）	505.6	216.2%	4370.2	3058.7	42.9%	1.5%	3334.0	131.1%
版纳机场	运输起降架次	1535	−3.0%	17658	17738	−0.5%	6.9%	19100	92.5%
	旅客吞吐量（人）	165063	−3.9%	1917833	1887362	1.6%	6.7%	2010000	95.4%
	货邮吞吐量（吨）	454.8	−31.0%	4814.5	7400.9	−34.9%	1.7%	7919.0	60.8%
腾冲机场	运输起降架次	664	7.1%	5258	5228	0.6%	2.1%	5960	88.2%
	旅客吞吐量（人）	54076	−2.6%	517838	465778	11.2%	1.8%	540000	95.9%
	货邮吞吐量（吨）	162.7	11.0%	981.2	538.6	82.2%	0.3%	592.0	165.7%
芒市机场	运输起降架次	490	15.6%	4927	4528	8.8%	1.9%	4800	102.6%
	旅客吞吐量（人）	47181	9.4%	506452	443843	14.1%	1.8%	470000	107.8%
	货邮吞吐量（吨）	460.5	16.2%	3929.9	3654.1	7.5%	1.4%	3837.0	102.4%
迪庆机场	运输起降架次	248	8.8%	4168	3440	21.2%	1.6%	3922	106.3%
	旅客吞吐量（人）	18463	14.2%	374775	263323	42.3%	1.3%	300000	124.9%
	货邮吞吐量（吨）	13.4	−80.3%	512.5	871.9	−41.2%	0.2%	959.0	53.4%
大理机场	运输起降架次	288	84.6%	3284	2582	27.2%	1.3%	2737	120.0%
	旅客吞吐量（人）	22917	68.0%	274486	227072	20.9%	1.0%	240000	114.4%
	货邮吞吐量（吨）	56.7	62.4%	952.9	465.4	104.8%	0.3%	512.0	186.1%

（续表）

统计单位	统计指标	2011年12月	同比增长	2011	2010	累计同比增长	各机场所占份额	2011年生产目标	完成目标
普洱机场	运输起降架次	192	-17.9%	2446	2334	4.8%	1.0%	2661	91.9%
	旅客吞吐量（人）	20541	1.6%	238486	219689	8.6%	0.8%	240000	99.4%
	货邮吞吐量（吨）	59.8	16.8%	734.4	508.0	44.5%	0.3%	539.0	136.2%
保山机场	运输起降架次	172	11.7%	1740	1704	2.1%	0.7%	1823	95.4%
	旅客吞吐量（人）	14161	6.4%	153616	154372	-0.5%	0.5%	168000	91.4%
	货邮吞吐量（吨）	51.7	-27.1%	306.6	361.9	-15.3%	0.1%	380.0	80.7%
文山机场	运输起降架次	112	30.2%	1328	774	71.6%	0.5%	820	162.0%
	旅客吞吐量（人）	6566	17.7%	71757	56771	26.4%	0.3%	60000	119.6%
	货邮吞吐量（吨）	6.8	-64.4%	111.4	156.7	-28.9%	0.0%	165.0	67.5%
临沧机场	运输起降架次	132	1.5%	1304	1412	-7.6%	0.5%	1497	87.1%
	旅客吞吐量（人）	11768	2.1%	119067	126636	-6.0%	0.4%	136000	87.5%
	货邮吞吐量（吨）	19.1	-64.7%	500.6	589.0	-15.0%	0.2%	618.0	81.0%
昭通机场	运输起降架次	56	-6.7%	694	488	42.2%	0.3%	517	134.2%
	旅客吞吐量（人）	4791	-10.0%	55431	37372	48.3%	0.2%	40000	138.6%
	货邮吞吐量（吨）	4.4	92.5%	49.6	41.9	18.5%	0.0%	47.0	105.5%

管理移交暂行办法》，稳步推进转场培训和实物移交，确保建设与转场齐头并进；结合现场实物移交及成品保护工作，全面加强现场安全保卫工作。

安全体系建设 2011年，云南机场集团重点加强机场运行质量控制，全面推行“检查单”报告制度，狠抓复杂天气条件下的飞行保障和特殊航班的运行保障“两个程序”，引入安全绩效监测机制，进一步实施动态风险管理；编制完成《“十二五”安全发展规划》，明确安全发展方向；完成全国中小机场安保管理体系（SeMS）建设试点相关工作，不断完善体系手册、程序文件和作业文件，深入开展“标兵班组”建设，有效提升基层班组的执行力；加强机场净空保护，进一步加大对特许经营单位安全服务工作的管理力度，开展治大隐患防大事故安全隐患排查治理专项行动，不断巩固安全平稳运行的态势。

机场转场工作 2011年，在确保巫家坝机场运行安全和服务质量平稳受控的前提下，全面推进转场运营工作。建立一体化的转场沟通协调机制，按照实际需要修订完善了转场实施方案、转场计划、转场运营准备工作方案，落实责任，衔接流程；按现代企业制度的规范要求组建了昆明长水国际机场运营模式和管理机构，初步完成机场运营模式转型；加强资源配置和商业开发，完成飞行区、航站区与场区的资源分配工作，制定长水机场土地管理、有偿转让经营权（特许经营）管理、广告管理和商业管理等有关规定；加紧民用机场原始资料提供及上报，有序推进飞行校验；强化人力资源储备，做好制度准备、人员培训、模拟运行演练，按计划完成了绝大多数转场工作任务。至12月底，昆明新机场项目主体工程共64项单位工程全部通过验收，标志着昆明新机场项目主体工程建设圆满收官，全面具备校飞、试飞条件并进入转场运行前准备阶段。

产业发展工作 2011年，云南机场集团推动各州市机场与当地政府成立航空市场发展领导小组，初步建立共同开发航空市场的工作机制。截至2011年末，云南机场集团有航线323条，其中，国内航线277条，国际、地区航线为46条。组织开展“规范提升机场服务标准”和“四亮四创四评”主题活动，建立大面积航班延误新闻发布机制，推行“优质服务”班组评比考核，全面落实服务质量监督检查机制，航班正常率和顾客满意度均保持在较高水平。非航方面，集团不断加强参控股企业治理，完善产权管理机制，促进企业间的业务、资金协同，各经营主体协同效应初步显现，腾冲航空旅游，新机场物流、酒店、机务维修资源整合等招商项目稳步推进；云南民航教育培训学院已完成组建并将投入试运行；推行“媒企联合”，与云南电视台签订合作战略框架协议。

经营管理水平 2011年，云南机场集团完成“十二五”发展规划编制，开展一系列关系云南民航发展的重大课题研究；完善战略绩效管理，提高战略规划落实能力，强化控股企业发展战略研究和规划编制；进一步提升财务预算管理功能，推行

天空之城——长水国际机场（机场集团 提供 李俊 摄）

内部稽核制度，强化经济运行分析，提高财务预警能力；大力开展管理水平提升年活动，构建机场精细化运营能力体系，在省国资委组织的管理提升考核中荣获“优秀企业”，是参加考核的16家省属企业中获此最高奖励的3家企业之一；圆满完成《云南省民用运输机场保护条例》立法任务，筹备组建机场综合监察执法队伍，为机场集团发展创造了更好的运营环境。

创先争优活动 2011年，围绕庆祝建党90周年，深入贯彻落实党的十七届六中全会精神，以学习杨善洲先进事迹为契机，以加强对工程建设、资金管理、固定资产处置、节能降耗的监督为重点开展效能监察，制定完成贯彻落实“三重一大”决策制度；广泛开展各类文体活动，营造了浓厚的机场文化氛围；昆明机场被中央文明委评为“全国文明单位”，集团党委被命名为“省级基层党建工作示范点”，集团荣获2010年度全国“安康杯”竞赛活动优胜企业称号，有4人荣获云南省“劳动模范”荣誉称号。

新增航线 2011年，云南机场集团新开辟或恢复航线共52条。新增通航城市：唐山、南通、百色、鄂尔多斯、榆林、台州和巴厘岛、岘港、苏拉塔尼、内比都、沙巴、高雄等12个城市。新增承运人：河北航空公司、中国联合航空公司、印度尼西亚发达菲航空公司、柬埔寨通里萨航空公司及泰国东方航空公司等6家。

2011年新开恢复航线表

月 份	新开航线
1月	昆航开通昆明–芒市往返航线 东航开通昆明—岘港航线
2月	印度尼西亚发达菲航空公司开通昆明—巴厘岛包机航线 河北航空公司开通石家庄—重庆—昆明航线
3月	东航开通普洱—昆明—北京航线，腾冲—昆明—上海航线，昆明–南昌–南通航线，昆明–临沂–大连航线 柬埔寨通里萨航空公司开通暹粒—昆明—暹粒航线 祥鹏航空公司开通昆明–杭州航线，昆明–济南–大连航线，昆明–武汉–济南航线，昆明–厦门航线，昆明–海口航线 昆明航空新开昆明–西安航线，恢复昆明–绵阳航线 中联航新开昆明–北京南苑航线

（续表）

月 份	新开航线
4月	东航开通芒市—曼德勒包机航线、昆明-百色-桂林航线 重庆航空开通重庆-大理航线
6月	南航恢复广州—香格里拉航线 祥鹏航空公司开通昆明—石家庄—唐山航线 东航新开昆明-长沙-南通航线 东航新开昆明-石家庄直飞航线
7月	厦门航空公司开通厦门—重庆—丽江航线 东航新开昆明-鄂尔多斯-哈尔滨航线，昆明-南宁-桂林-北海航线 川航新开迪庆-成都航线 祥鹏航空新开昆明-重庆-徐州、昆明-重庆-南京、昆明-宜昌-大连航线
8月	成都航空有限公司恢复成都-丽江-成都航线 奥凯航空公司新开昆明—榆林—天津航线 东航新开昆明-香格里拉-成都往返航线、新开昆明-乌鲁木齐直飞航线 马来西亚航空公司开通沙巴-昆明-沙巴包机航线
9月	东航云南公司恢复腾冲—昆明—上海航线 重庆航空公司恢复腾冲—重庆航线 祥鹏航空公司新开芒市—北京直飞航线
10月	东航新开芒市-昆明-上海航线 昆航新开昆明-常州-大连航线、昆明-长沙-石家庄航线 泰国东方航空新开昆明—苏拉塔尼包机航线
11月	东航新开芒市-成都航线 厦航新开丽江-杭州航线 缅甸国际航空公司新开昆明-内比都包机航线 昆航新开昆明-重庆-台州航线 祥鹏新开昆明-宜昌-南京航线、昆明-长沙-宁波
12月	成都航空新开西双版纳-成都航线 台湾立荣航空复开昆明-高雄航线 东航开通北京—昭通—北京（经停昆明）航线

（马　钫）

Water Transport 水运

概述　2011年，全省内河航道通航总里程达3374.76千米，比上年增加280.4千米，增长率9.06%。其中：三级14千米，占总里程的0.41%；四级540.21千米，占总里程的16%；五级295.4千米，占8.75%；六级958.53千米，占28.4%；七级799.33千米，占23.69%；等外级767.29千米，占22.74%。全省有内河港口12个，分28个港区，有内河港口泊位192个，其中生产性泊位190个（300吨级以上泊位48个，300吨级以下泊位142个），非生产性泊位2个，码头泊位长度9060米，其中生产性泊位8840米，非生产性泊位220米。2011年，全省水路运输完成客运量842万人次，旅客周转量1.96亿人千米；货运量439万吨，货物周转量8.19亿吨千米，同比分别增长15.2%、10.2%、9.2%和18.4%。

澜沧江—湄公河国际航运考察　4月20～26日，交通运输部翁孟勇副部长率考察团一行20余人，赴老挝、泰国实地考察上湄公河航运，并分别与老挝、泰国交通部门举行会谈。期间，翁孟勇副部长一行考察了景洪港、上湄公河会晒至孟莫段航道和清盛港二期（吞吐量600万吨）工程建设情况，并和老挝交通部部长宋玛举行会谈。中老双方还就发展基础设施建设合作签署了谅解备忘录。在与泰国交通运输部副部长格古·丹集威差举行会谈时，就上湄公河航运发展和互联互通等问题，双方一致认为有必要与其他相关国家协商，共同研究澜沧江—湄公河国际航运进一步发展的新思路，进一步改善和整治上湄公河航道。

中越红河界河段航运考察 3月21～26日，云南省航务管理局组织红河州、河口县交通局和水运设计单位对中越红河界河段（龙博河至河口）51千米航道进行实船考察。经考察，红河界河段（龙博河至河口）河宽60～200米，平均比降约0.6‰，枯水期最小水深0.6～1.0米，目前红河界河段（龙博河至河口）航道无需整治50吨级船舶即可通航10个月，100吨级船舶可通行5个月以上，其中坝洒农场至河口段50吨级船舶基本可全年通航，100吨级船舶可通行7个月以上，通航技术可行，该界河段航道具备复航的基本条件。

澜沧江文明航道授牌 8月12日，澜沧江文明航道授牌仪式暨新闻发布会在昆明举行。云南省文明办正式为澜沧江文明航道授牌，授予澜沧江航道运输线"文明航道"称号，成为云南省第一条省级"文明航道"。

澜沧江—湄公河通航协调会 9月7～8日，中老缅泰4国在大理召开澜沧江—湄公河商船通航协调联合委员会第十次会议。会议对澜沧江—湄公河航道维护和整治、航运管理、航行安全、成品油试运输等议题进行了深入讨论，并签署了会议纪要。会议期间，四国参会代表乘坐澜沧江海事局巡逻搜救船，对洱海水上旅游航运、水上应急处置能力以及通航管理情况进行了考察。

澜沧江—湄公河国际航运复航 12月10日，中国、老挝、缅甸、泰国湄公河联合巡逻执法首航仪式在关累港举行。云南省委常委、政法委书记、公安厅厅长孟苏铁主持仪式，中国公安部副部长孟宏伟，交通运输部副部长徐祖远，老挝人民军副总参谋长波相，缅甸内政部副部长、警察总监觉吞，泰国国家安全委员会秘书长威谦出席仪式并讲话。四国联合巡逻执法正式启动，湄公河国际航运黄金水道全面恢复通航，10艘商船跟随联合巡逻执法船一同起航出发。按照中老缅泰湄公河流域执法安全合作机制，依据有关联合声明和会议纪要，在中国关累港设立中老缅泰湄公河联合巡逻执法联合指挥部，在老挝、缅甸、泰国分设联络点，及时交流情报信息，组织协调各方行动。四国将在实践中不断完善联合巡逻执法合作机制，进一步推动建立四国执法安全合作长效机制，切实打击犯罪，更好地维护湄公河流域社会治安秩序。

首家水上搜救机构挂牌 12月16日，云南省首家水上搜救机构"大理洱海搜救中心"授牌暨"澜沧江海事局巡逻搜救船"首航仪式在大理举行。澜沧江海事局巡逻搜救船由交通运输部、云南省交通运输厅和大理州人民政府共同投资1374万元共同建造，是云南省投资规模最大、科技含量最高、水上搜救功能最齐全、设备最先进的海事搜救船。该船船长39.8米，型宽9.2米、型深2.7米，最大载客300人，主机功率1064千瓦，设计航速30千米／小时，续航能力400千米，最大排水量170吨，为双体双机双舵船。船上设有海事指挥中心、医务室、乘员舱等舱室，配有两个消防炮和六部消防栓，搭载有区域地理信息系统，船舶动态监管系统，数据处理分终端集成数字化设备，是集洱海保护，安全监管、执法宣传、调查取证、消防、指挥等多功能一体化的海事巡逻工作船。

（刘书含）

China (Yunnan) - ASEAN Free Trade Area

中国（云南）—东盟自由贸易区

概述 2011年，东南亚地区各国政局仍然保持了相对稳定，经济形势整体向好。经济表现较好的是印度尼西亚，以及柬埔寨、老挝、缅甸等东盟新成员国。东盟最大经济体印尼呈现"高增长、低通胀、低失业"的良性发展特征，全年经济增长达6.4%。东南亚的区域次区域合作，包括东盟共同体建设、以东盟为主导的10+3合作、在东盟主导下以10+3合作为主渠道的东亚合作，以及次区域（也称"小地区"）合作都在不同程度上继续推进。

2011年是中国—东盟自由贸易区基本建成后的第二年。中国—东盟在货物贸易、服务贸易、投资尤其是货物贸易方面增长迅速，显示了较强的生命力。但也出现了一些新的情况和问题，仍然需要磨合。随着菲律宾等一些东盟成员国与中国之间南海争端的升温，中国与东盟的关系经受了新的考验。

东盟各国简介 截至2011年底，东盟各国的基本情况如下：

新加坡：国土面积710平方千米，总人口520万。2011年，新加坡国内生产总值约2709亿美元（2010年人均GDP36631美元）；对外贸易总额8184亿美元，其中出口4322亿美元，进口3862亿美元；外汇储备2487亿美元，外债236亿美元。

马来西亚：国土面积33.02万平方千米，总人口2860万。2011年，马来西亚国内生产总值约2691亿美元（2010年人均GDP6822美元）；对外贸易总额3807亿美元，其中出口2127亿美元，进口1680亿美元；外汇储备1296亿美元，外债782亿美元。

泰国：国土面积51.31万平方千米，总人口6820万。2011年，泰国国内生产总值3487亿美元（2010年人均GDP3950美元）；对外贸易总额4620亿美元，其中出口2455亿美元，进口2165亿美元；外汇储备2038亿美元，外债849亿美元。

菲律宾：国土面积30万平方千米，总人口1.02亿。2011年，菲律宾国内生产总值2378亿美元（2010年人均GDP1750美元）；对外贸易总额1189亿美元，其中出口518亿美元，进口671亿美元；外汇储备840亿美元，外债637亿美元。

印度尼西亚：国土面积186.04万平方千米，总人口2.55亿。2011年，印度尼西亚国内生产总值8348亿美元（2010年人均GDP2363美元）；对外贸易总额3802亿美元，其中出口2081亿美元，进口1721亿美元；外汇储备1362亿美元，外债1590亿美元。

文莱：国土面积5765平方千米，总人口40.9万。2011年，文莱国内生产总值205亿文莱元（2010年人均GDP26486美元）；对外贸易总额131亿美元，其中出口86亿美元，进口45亿美元。外汇储备12.5亿美元。

越南：国土面积33.12万平方千米，总人口8870万。2011年，越南国内生产总值1162亿美元（2010年人均GDP1120美元）；对外贸易总额1972亿美元，其中出口972亿美元，进口999亿美元；外汇储备164亿美元，外债376亿美元。

缅甸：国土面积67.66万平方千米，总人口5895万。2011年，缅甸国内生产总值417亿美元（2010年人均GDP420美元）；对外贸易总额149亿美元，其中出口88亿美元，进口61亿美元；外汇储备39亿美元，外债83亿美元。

柬埔寨：国土面积18.1万平方千米，总人口1530万。2011年，柬埔寨国内生产总值161亿美元（2010年人均GDP693美元）；对外贸易总额158亿美元，其中出口67亿美元，进口91亿美元；外汇储备41亿美元，外债48亿美元。

老挝：国土面积23.68万平方千米，总人口632万。2011年，老挝国内生产总值65亿美元（2010年人均GDP942美元）；对外贸易总额35亿美元，其中出口16亿美元，进口19亿美元，外汇储备9亿美元。

至2011年底，东盟10国的总面积为443.58万平方千米，总人口约为6.29亿人。2011年，东盟10国国内生产总值约达2.16万亿美元，进出口总值约达2.40万亿美元。其中出口1.2732万亿美元，外汇储备8213.5亿美元，外债总额5610亿美元。

柬埔寨金边洞里萨河边的游船（省社科院东南亚所　提供　王士录　摄）

表1　　2007～2011年东盟六国主要经济发展指标变化表

	2007	2008	2009	2010	2011
新加坡					
国内生产总值（10亿美元）	177.3	189.4	183.3	222.7	270.9
GDP实际增长率（%）	8.8	1.5	−0.8	14.5	5.0
通货膨胀率（年平均%）	15.9	−5.7	−0.5	4.6	4.6
总人口（百万人）	4.6	4.8	5.0	5.1	5.2
出口总额（10亿美元）	302.8	342.7	273.4	358.3	432.2
进口总额（10亿美元）	256.8	316.1	243.1	310.3	386.2
外汇储备（10亿美元）	162.9	174.1	187.8	225.7	248.7
外债（10亿美元）	25.6	25.5	20.3	21.8	23.6
汇率（1美元：新加坡元）	1.44	1.44	1.40	1.29	1.22
马来西亚					
国内生产总值（10亿美元）	186.8	222.7	192.9	237.8	269.1
GDP实际增长率（%）	6.5	4.8	−1.6	7.2	4.5
通货膨胀率（年平均%）	2.3	4.5	1.0	2.1	3.7
总人口（百万人）	27.2	27.5	27.9	28.3	28.6
出口总额（百万美元）	176220	199733	157665	197001	212709
进口总额（百万美元）	13493	148472	117402	152571	167986
外汇储备（百万美元）	101313	91528	96713	106525	129594
外债（10亿美元）	61.5	66.2	66.4	70.2	78.2
汇率（1美元:马来西亚林吉特）	3.31	3.46	3.42	3.08	2097
泰　国					
国内生产总值（10亿美元）	247.1	272.6	263.7	318.9	348.7
GDP实际增长率（%）	5.0	2.5	−2.3	7.8	3.8
通货膨胀率（年平均%）	3.1	0.4	3.5	3.0	4.9
总人口（百万人）	65.7	66.3	67.0	67.6	68.2
出口总额（百万美元）	151240	175215	150712	193610	245532
进口总额（百万美元）	124478	157830	118022	161271	216480
外汇储备（百万美元）	87455	111008	138418	172129	203806
外债（10亿美元）	48.6	54.8	58.7	74.0	84.9
汇率（1美元：泰铢）	33.72	34.90	33.32	30.15	30.03

（续表）

	2007	2008	2009	2010	2011
菲律宾					
国内生产总值（10亿美元）	149.0	174.2	168.3	199.6	237.8
GDP实际增长率（%）	7.1	4.6	1.1	7.6	4.3
通货膨胀率（年平均%）	2.8	8.2	4.2	3.8	4.8
总人口（百万人）	94.2	96.1	98.0	99.9	101.8
出口总额（百万美元）	49512	48253	37610	50684	51773
进口总额（百万美元）	57903	61138	46452	61068	67134
外汇储备（百万美元）	33752	37551	44243	62375	83967
外债（10亿美元）	65.9	64.9	62.9	62.6	63.7
汇率（1美元：菲律宾比索）	46.15	44.32	47.68	45.11	43.16
印度尼西亚					
国内生产总值（10亿美元）	432.1	510.0	539.3	706.5	834.8
GDP实际增长率（%）	6.4	6.0	4.6	6.1	6.5
通货膨胀率（年平均%）	5.9	11.2	2.8	7.0	3.9
总人口（百万人）	234.7	237.5	240.3	243.0	254.6
出口总额（百万美元）	118014	139606	119646	158075	208131
进口总额（百万美元）	85259	116691	88715	127447	172133
外汇储备（百万美元）	56924	51641	66119	96211	136233
外债（10亿美元）	133. 9	146.2	157.5	154.0	159.0
汇率（1美元：印尼盾）	9419	10950	9400	8991	8775
文　莱					
国内生产总值（10亿文莱元）	12.3	14.4	13.3	—	—
GDP实际增长率（%）	0.2	−1.9	−1.8	3.4	1.8
通货膨胀率（年平均%）	0.3	2.7	1.1	0.4	2.0
总人口（千人）	400.0	400.0	406.2	407.2	
原油生产（千桶/日）	194	—	—	—	—
出口总额（百万文莱元）	11556	—	—	—	—
进口总额（百万文莱元）	3166	—	—	—	—
外汇储备（百万美元）	625.5	710.5	996.7	—	—
汇率（1美元：文莱元）	1.51	1.42	1.45	1.36	1.24

注：表中2011年的数字为估计数，仅供参考

资料来源：The Economist Intelligence Unit , Country Report：Singapore，Malaysia，Thailand，Philippines，Indonesia，Brunei，2011.

表2　　2007～2011年东盟新四国主要经济发展指标变化表

	2007	2008	2009	2010	2011
越　南					
国内生产总值（10亿美元）	71.1	90.3	93.2	103.5	116.2
GDP实际增长率（%）	8.5	6.3	5.3	6.8	6.0
通货膨胀率（年平均%）	12.6	20.0	6.5	11.8	19.0
总人口（百万人）	85.3	86.1	87.0	87.8	88.7
出口总额（百万美元）	48561	62685	5096	72192	97230
进口总额（百万美元）	58999	75468	64703	77339	99861
外汇储备（百万美元）	23748	24176	16803	12926	16393
外债（百万美元）	22734	24964	28674	32887	37615
汇率（1美元：越南盾）	16010	17433	18472	19498	21055
老　挝					
国内生产总值（10亿美元）	4.1	5.2	5.7	—	
GDP实际增长率（%）	7.8	7.2	7.6	7.7	
通货膨胀率（年平均%）	4.5	7.6	0.0	5.0	
总人口（百万人）	6.1	6.2	6.3	6.3	
出口总额（百万美元）	923	1085	1031	—	
进口总额（百万美元）	1065	1405	1327	—	
外汇储备（百万美元）	533	629	703	—	
外债（10亿美元）	4.2	5.3		—	
汇率（1美元：基普）	9603	8744	8516	8320	
柬埔寨					
国内生产总值（10亿美元）	8.6	11.2	10.6	12.4	16.1
GDP实际增长率（%）	10.2	6.7	−1.5	4.7	6.0
通货膨胀率（年平均%）	14.0	12.5	5.3	3.1	6.5
总人口（百万人）	14.3	14.6	14.8	15.1	15.3
出口总额（百万美元）	4089	4708	4302	5527	6724
进口总额（百万美元）	5439	6509	5876	7380	9084
外汇储备（百万美元）	2143	2641	3288	3802	4113
外债（百万美元）	3761	4215	4364	4431	4809
汇率（1美元：瑞尔）	3999	4077	4165	4051	4142
缅　甸					
国内生产总值（10亿美元）	16.3	22.6	26.3	31.7	41.7
GDP实际增长率（%）	3.4	1.1	1.8	3.3	3.2
通货膨胀率（年平均%）	28.6	16.0	2.2	9.4	8.0
总人口（百万人）	58.6	58.9			
出口总额（百万美元）	6279	6916	6673	8555	8770
进口总额（百万美元）	3027	3888	3951	4230	6097
外汇储备（百万美元）	2312	3412	3561	3763	3931
外债（百万美元）	8237	8002	8186	7993	8340
汇率（1美元：缅元）自由市场	1290	1185	1055	970	815
官方汇率：	5.56	5.39	5.52	558	535

注：表中2011年的数字为估计数，仅供参考

资料来源：The Economist Intelligence Unit，Country： Report：Vietnam，Laos，Cambodia，Myanmar，2011．

老挝首都万象市街景（王士录　摄）

东盟经济　2011年印度尼西亚、老挝、柬埔寨、缅甸等东盟新成员国经济发展良好。表现较差的则是泰国、菲律宾、新加坡、马来西亚、越南。东盟最大经济体印尼呈现“高增长、低通胀、低失业”的良性发展特征：1～10月经济增长率达到6.5%，全年经济增长可达6.4%。柬埔寨、老挝、缅甸等东盟新成员大力增加财政支出，提振实体经济发展、加速追赶东盟其他经济体的口号。柬埔寨全年经济增长达6.7%，成为东南亚地区增速最快的国家之一。文莱从2010年开始摆脱经济负增长，2011年在全球油气产业复苏的推动下，GDP增速达2.8%。泰国、菲律宾、新加坡、马来西亚、越南等国经济呈现不同程度的通胀上升、外贸下降、产业发展乏力等收缩性特征。受此影响，五国经济增长有所减速，分别降至5.0%、2.6%、4.7%、5.3%和5.8%。

中国—东盟自由贸易区建设　中国—东盟自由贸易区正式启动两年来，在货物贸易、服务贸易、投资尤其是货物贸易方面增长迅速，显示了较强的生命力，同时也出现了一些新的情况和问题，仍然需要磨合。

2011年11月18日于印尼巴厘岛举行的第14次中国—东盟领导人会议上，温家宝总理就深化中国—东盟务实合作提出6点倡议：(1)是完善中国—东盟自贸区建设，扩大贸易投资合作。(2)是成立中国—东盟互联互通合作委员会，加快推进互联互通等基础设施建设。(3)是深化金融领域合作。(4)是开拓海上务实合作，中方将设立中国—东盟海上合作基金。(5)深化科技和可持续发展领域合作，将2012年作为“中国—东盟科技合作年”。(6)是进一步加强社会和民生领域的合作。

会议发表《纪念峰会联合声明》，全面规划中国—东盟各领域合作，有利于进一步推进双方面向和平与繁荣的战略伙伴关系。会议签署的《第14次中国—东盟领导人会议联合声明》回忆了1991年建立对话关系20年来中国与东盟合作的重大阶段性成果，并为巩固和深化双边关系达成了共识。声明表示：中国与东盟决心永做好邻居、好朋友、好伙伴，将双边战略伙伴关系推向新的高度；将努力合作，有效落实《落实中国—东盟面向和平与繁荣的战略伙伴关系联合宣言的行动计划(2011～2015)》；中国将支持并与东盟密切合作，以在2015年实现由3个支柱组成的东盟共同体，即东盟政治安全共同体、东盟经济共同体和东盟社会文化共同体。中国与东盟致力于在经济全球化和区域一体化的背景下进一步深化和拓展互利经济合作；决心充分、有效落实中国—东盟自贸区相关协定，推动经济发展和实现2015年双方贸易额达到5000亿美元及提高中国对东盟直接投资的目标；将根据《中国—东盟全面经济合作框架协议》，继续努力提高市场准入水平、逐渐实现货物、服务贸易自由化和便利化，提升公众和企业界对自贸区效益的认识；将共同努力加强旅游合作，实现2015年双向游客1500万人次的目标；东盟欢迎中国－东盟中心在北京成立，支持中心有效运转；

将通过支持落实《东盟互联互通总体规划》和中国－东盟互联互通项目，加强东盟内部以及中国与东盟之间的互联互通；将继续加强农业能源合作，确保粮食和能源安全；将致力于通过落实《东盟一体化倡议第二工作计划》，为东盟缩小发展差距和一体化努力提供帮助；支持在东盟东部增长区、老柬缅、越老柬缅、印马泰成长三角、大湄公河次区域经济合作、东盟－湄公河流域开发合作等框架下的次区域开发。

关于地区与国际合作，中方重申在不断演变的区域架构中，继续支持东盟的主导地位；重申由东盟主导的东盟与中日韩合作将继续作为建立东亚共同体这一长期目标的主渠道；中国支持东盟决定建立应对全球性问题共同平台；东盟重申坚持一个中国的政策。

据海关统计，2011年全年（1～12月），中国与东盟的双边贸易额达到3628.54亿美元（其中包括中国与非东盟成员东帝汶的贸易额0.72亿美元），同比增长23.9%。其中，中国对东盟出口1700.83亿美元，增长23.1%；从东盟进口1927.71亿美元，增长24.7%；中国对东盟贸易逆差达到226.88亿美元（上年同期为163.62亿美元）。期间，中国与东盟各成员国的双边贸易均保持两位数以上的增长。其中对马来西亚的进出口900.35亿美元，增长21.3%，为中国在东盟内部最大的贸易伙伴；对泰国、新加坡和印度尼西亚的进出口额分别为641.37亿美元、634.82亿美元、605.22亿美元，分别增长22.3%、11.2%和41.6%。此外，对越南、缅甸、柬埔寨和老挝等东盟新成员国进出口也呈快速增长，其中对越南的贸易总额达到402.07亿美元，同比增长了33.6%。至2011年末，中国对东盟的平均关税已经降至0.1%，双方93%的产品贸易关税降为零。中国已成为东盟第一大贸易伙伴，东盟已替代日本成为中国第三大贸易伙伴。

至2011年6月底，中国和东盟各国之间双向投资不断扩大，至2011年末，累计相互投资额近800亿美元。在中方倡议下，中国－东盟投资合作基金、中国－东盟银行联合体相继成立，成为双方投融资合作的重要平台。资料显示，在坚持平等互信原则的基础上，中国人民银行与东盟各国中央银行开展了多种形式的对话和协调，推动区域金融合作向纵深化、多元化方向发展：如为促进贸易结算便利化，中国央行与越南、老挝央行签署了双边结算合作协议，使地区性金融合作机制建设迈出了实质性步伐；在货币互换方面，中国与泰国、菲律宾、马来西亚、印尼等国签署了总额达230多亿美元的互换协议；自2009年跨境贸易人民币结算试点正式启动以来，国内银行已在东盟多个国家开展了人民币结算业务。

中国云南—东盟自由贸易区建设 2011年，云南对外贸易总额达到160.5亿美元，同比增长19.6%，新增27亿美元。其中出口总额94.7亿美元，同比增长24.6%，新

表3　2011年1～12月中国与东南亚国家贸易统计

金额单位：亿美元

	进出口		出口		进口		贸易逆差	
	金额	同比	金额	同比	金额	同比	当年	上年同期
东盟	3628.54	23.9%	1700.83	23.1%	1927.71	24.7%	-226.88	-163.62
文莱	13.11	27.1%	7.44	102.5%	5.67	-14.7%	1.78	-2.90
缅甸	65.00	46.3%	48.22	38.7%	16.78	73.65%	31.43	25.16
柬埔寨	24.99	73.5%	23.15	71.8%	1.84	96.8%	21.31	12.54
印度尼西亚	605.22	41.6%	292.22	33.1%	313.00	50.5%	-20.78	11.95
老挝	13.06	20.4%	4.77	-1.5%	8.30	37.9%	-3.53	-0.88
马来西亚	900.35	21.3%	278.90	17.2%	621.45	23.2%	-342.55	-266.04
菲律宾	322.45	16.2%	142.54	23.5%	180.00	11.0%	-37.46	-46.65
新加坡	634.82	11.2%	355.70	10.0%	279.12	12.9%	76.59	76.38
泰国	647.34	22.3%	256.79	30.2%	390.40	17.6%	-133.44	-134.53
越南	402.07	33.6%	290.92	25.9%	111.16	59.1%	179.76	161.33
东帝汶	0.72	67.5%	0.70	64.5%	0.02	595.8%	0.69	0.43

资料来源：中国商务部亚洲司，2012-02-01 16:40

http://yzs.mofcom.gov.cn/aarticle/g/date/p/201202/20120207946820.html

增18.6亿美元；进口总额65.8亿美元，增长13.2%，新增8.2亿美元。其中，云南对东盟的贸易总额达到59.5亿美元，再创历史新高，增长30.2%。其中出口35.46亿美元，同比增长22.4%；从东盟进口24.1亿美元，增长43.9%，新增贸易额13.8亿美元。主要特点是：在贸易规模持续扩大的同时，进出口结构调整也取得明显成效。农产品和机电产品成为出口主力。资源性商品和农产品进口增长强劲。同时，多元化战略逐渐凸显效果。全年，云南省与相邻的缅甸、越南和老挝3国累计贸易额达到35.5亿美元，同比增长22.4%，占全省与东盟外贸比重的59.7%。其中，仅滇缅贸易就占全省与东盟贸易比重的34.8%，外贸额达到20.7亿美元，同比增长17.8%；滇越贸易额12.1亿美元，增长28.2%，排名第二；滇老贸易额2.7亿美元，增长31.2%。全年除与文莱和新加坡的贸易额有所下滑外，与其他东盟市场的贸易额均保持了两位数增长。

2011年，云南省对东盟以一般贸易方式进出口35.6亿美元，增长46.3%，在主要贸易方式中排名第一。同期，与缅甸、越南和老挝以边境小额贸易方式进出口额达到20亿美元，同比增长15.9%；对外承包出口9885万美元，增长1.1倍；加工贸易1.6亿美元，下滑15.8%。年内，云南共有1606家企业和东盟国家建立了进出口外贸业务，较上年同期增加了297家。其中，国有企业对东盟进出口12.6亿美元，增长19.1%，占同期云南全省对东盟贸易总额的21.2%；民营企业进出口45.4亿美元，增长33.9%，占76.3%，民企主打东盟市场的特点依然显著；外商投资企业进出口1.6亿美元，增长28.1%，占2.7%。

年内，云南对东盟贸易商品结构优势互补和多元化发展明显。主要表现是：农产品出口创新高，贸易额达到9.2亿美元，同比增长43.6%，首次超过机电产品成为全省对东盟的第一大出口品种，尤其是特色农产品出口增势较快；机电产品增势平稳，化肥出口增势明显。进口方面，中国—东盟主要贸易区“零关税”优惠政策效应明显，全年云南省从东盟国家进口商品种类累计达到600余种项，享受“零关税”商品种类300余项。其中，农产品收益最为明显，全年累计进口8.5亿美元，同比增长37.9%，所占比重35.4%成为进口第一大类商品。金属矿砂增势平稳，连续3年保持了两位数增长。

大湄公河次区域（GMS）经济合作 2011年11月，中国与东盟（10+1）峰会通过《第14次中国—东盟领导人会议联合声明》，参会各方领导人一致同意将继续“支持在东盟东部增长区、老柬缅、越老柬缅、印马泰成长三角、大湄公河次区域经济合作、东盟－湄公河流域开发合作等框架下的次区域开发”。

2011年是由亚洲开发银行倡导的大湄公河次区域经济合作实施以来的第20个年头。GMS经济合作继续秉持“加强次区域国家的联系，提高次区域的竞争力，建设共同繁荣的大家庭，推动本地区经济和社会发展”的宗旨，不断取得新进展。7月28日，第三次GMS环境部长会议在柬埔寨首都金边举行，中国环境保护部部长周生贤的特别代表、环境保护部国际合作司司长徐庆华率由环境保护部、对外合作中心、东盟中心以及云南、广西环保部门代表组成的中国代表团出席了会议。来自柬埔寨、老挝、缅甸、泰国和越南的环境部长或其代表，以及亚洲开发银行副行长洛哈尼出席了会议。柬埔寨首相洪森出席会议开幕式并致辞。徐庆华在发言中简要介绍了中国“十一五”期间所取得的重大环保成就和“十二五”时期的主要目标任务。他表示，GMS核心环境项目一期，特别是在生物多样性保护走廊建设方面取得了重要成果。在项目二期中，应继续强调生物多样性保护合作的示范作用，加强生物多样性资源的可持续利用和管理，为保护次区域丰富的生态资源共同努力。会间，各国就《GMS核心环境项目生物多样性保护走廊计划二期框架文件(2012～2016)》达成原则一致，并通过了《第三次GMS环境部长会议联合声明》。

8月4日，GMS经济合作第17次部长级会议在柬埔寨首都金边举行，来自中国、缅甸、老挝、泰国、柬埔寨、越南的部长级官员以及亚洲开发银行（亚行）和国际组织的代表出席了会议。中国政府代表团由财政部副部长张少春率领。会议期间，各国部长回顾了自第16次部长会以来GMS合作取得的进展，审议了GMS第4次领导人会议的成果文件准备进展，其中包括GMS新十年（2012～2022）战略框架、旅游合作战略、信息高速公路谅解备忘录、核心环境项目二期框架文件和行动计划、设立GMS铁路协调办公室行动计划及交通与贸易便利化成果文件，并就新十年战略框架的实施进行了深入讨论。会后发表了《部长联合声明》。张少春在会议发言中充分肯定了GMS合作取得的进展，并就未来合作阐述了中方的立场和观点。他表示，参与合作各方应加强政策对话，推动理念创新，在继续关注基础设施互联互通的基础上，不断开拓新领域，探索新方式，推进交通与贸易便利化、社会发展等方面的合作，全面提高GMS合作的质量与效益。张少春积极评价了亚行多年来对GMS合作所给予的支持，并希望亚行继续加大投入，积极拓宽融资渠道，为深化合作作出新的贡献。

年内，GMS经济合作最重要的行动就是12月19日至20日在缅甸新首都内比都举行了GMS经济合作第4次领导人会议。中国国务委员戴秉国出席了会议。与会领导积极评价中国为促进次区域合作发挥的重要作用，表示大湄公河次区域经济合作20年来取得丰富成果，有力促进了次区域各国经济社会发展和民生改善。面对当前复杂严峻的世界经济形势，大湄公河次区域国家要以大湄公河次区域经济合作新十年战略框架为指引，以促进可持续发展为重点，通过更强劲、更紧密的合作，以采取针对性和创新性手段应对和战胜未来挑战。各国均表示要结合次区域合作特点和自身发展特色，充分发挥互补优势，广泛动员各种资源，推进次区域互联互通建设，促进运输和贸易便利化，加快经济走廊建设，加强环保、农业、旅游、人力资源合作，充分发挥亚洲开发银行的协调作用，吸引更多发展伙伴，共同维护次区域的融合、繁荣与和谐。会议通过了《内比都宣言》和《大湄公河次区域经济合作新十年战略框架》(2012～2022)，为次区域未来十年发展确定了方向和任务，把次区域合作带入新的发展阶段。

云南与东盟国家友好往来 2011年，云南省与GMS国家的官方交往继续保持了频繁的态势，在频繁的交往中，表现出了进一步加强经贸合作的强烈意愿。

——滇越官方往来。年内，云南省与越南之间保持了密切的官方交往，交往的层次较高，体现出越南国家层面对云南省级层面交往的特点。最主要的有：6月初，越南计划投资部副部长邓辉东和越南农业农村发展部副部长叶京频应邀出席了第19届昆交会，副省长刘平在云南海埂会堂会见了邓辉东和叶京频等一行。12月中旬，越共中央委员、中央军委委员、国防部总政治部副主任梁强为团长的越南干部考察团一行访问云南，省委常委、省纪委书记辛维光在昆明会见梁强一行。梁强表示，中国在改革开放与党建工作中取得的许多好经验、好做法值得越南学习借鉴。希望通过此次访问，进一步增进越南与云南之间的友谊，推动双方在多个领域的深入合作，实现共同发展。

——滇老官方往来。年内，云南省与老挝的官方交往层次较高，主要是国家级领导人到云南访问。9月，老挝人民革命党中央政治局委员、中央书记处常务书记、国家副主席本扬·沃拉吉率领的老挝人民革命党代表团一行访问云南，9月6日，省委常委、副省长李江在昆明会见了本扬·沃拉吉一行。本扬希望在落实两国全面战略合作关系中能推进与云南的合作，扩大经贸合作规模，促进民间友好交往。

——滇缅官方往来。年内，滇缅官方往来更加频繁，缅方表现出越来越强的合作意愿，滇缅经贸合作可能成为云南对外经贸合作的一个新的增长点。6月初，缅甸商务部副部长彬山等应邀出席第19届昆交会暨第4届南亚国家商品展。6月5日，副省长刘平在云南海埂会堂会见了彬山一行。双方均希望加大双边经贸合作，刘平还特别提到了建设边境经济合作区的愿望。12月18～21日，云南省代省长李纪恒作为中国政府代表团成员前往缅甸内比都，陪同国务委员戴秉国出席了大湄公河次区域经济合作(GMS)第四次领导人会议的相关活动。参加了与缅甸总统吴登盛、缅甸副总统吴丁昂敏乌，柬埔寨首相洪森、老挝总理通辛、越南总理阮晋勇和泰国总理英拉的会见，参加了领导人会议开幕式，出席了中国公司承建的内比都机场新航站楼启用仪式。在缅甸仰光期间，李纪恒还看望了云南驻缅甸的企业代表，与他们进行了座谈，并考察了仰光港勃昂觉码头和昂山市场。

——滇泰官方往来。年内，由于泰国政局持续动荡基本告一段落，双方之间交往逐渐恢复。6月，泰国商务部首席顾问猜亚·尹维莱一行访问云南。6月5日，副省长和段琪在昆明会见了猜亚·尹维莱一行。和段琪希望进一步发挥好云南与泰北合作机制的作用，促进双方在文教、旅游等更多领域的合作。充分发挥昆曼大通道作用，造福沿线人民。加大相互投资合作和服务贸易领域的合作力度，共同推动双边经贸合作向更大规模和更高层次发展。猜亚·尹维莱表示，随着泰滇双方基础设施的不断加强，特别是云南在桥头堡建设中的地位和作用日益凸显，双方合作前景更加广阔，泰国将抓住这一良好机遇，加大同云南的合作。

(王士录)

老挝与泰国之间的廊开口岸（王士录　摄）

The Sub-regional Economic Cooperation of Lancang-Mekong River

澜沧江—湄公河次区域经济合作

概述 2011年，云南省紧紧抓住桥头堡建设新的历史机遇，进一步发挥大湄公河次区域（GMS）合作机制作用，扩大对外合作，全面提升云南省各领域的对外开放水平。在欧美经济危机蔓延、国际经济形势严峻的形势下，真抓实干务实效，机制建设不断推进，经济合作纵深发展，区域合作全面深化，取得了丰硕的成果。

近期目标（2011～2015年）：基础设施建设趋于完善，云南全方位参与GMS合作的格局基本形成；中长期目标（2016～2020年）：贸易投资高速增长，区域经济一体化步伐明显加快。通过规划合作，云南在GMS合作中的地位进一步增强，云南省作为中国面向西南开放的桥头堡地位充分体现。

加快推进昆明—河内经济走廊建设；着力推进昆明—皎漂经济走廊建设；稳步推进昆明—曼谷经济走廊建设；积极谋划昆明—密支那经济走廊建设。推动瑞丽国家重点开发开放实验区的建设，启动并有序推进中越河口—老街、中缅瑞丽—木姐、中老磨憨—磨丁3个跨境经济合作区建设。全面扩大沿边开发和开放，以跨境开发区为交互节点积极参与大湄公河次区域南北经济走廊建设。加强与次区域各国的政策协调，争取在口岸协调管理、完善检验检疫体制、制定区域贸易物流战略、强化国家和区域贸易便利化机制等重点领域取得务实成果。全面提升对外经贸合作水平。充分利用中国－东盟自由贸易区平台，进一步加强中国—东盟湄公河流域开发合作机制、大湄公河次区域合作机制。

政策措施 2011年，云南省进一步实施澜沧江—湄公河次区域经济合作。一是强化政策支持。积极争取中央对国家级边境经济合作区的支持，争取国家在行政管理、财政税收、产业政策上给予更大的权限。强化地方政府支持，权限尽量下放至经营主体，更好的应对市场变化，出台有利于各经营主体参与次区域国家的贸易和投资的优惠政策。鼓励企业“走出去”，发展依托国外资源、能源、市场等“多头在外”的工业模式。二是增加资金投入。多方筹措资金支持此区域国家相关项目，优化基础设施建设，优先贷款，给予利率优惠。推动“中国—东盟投资合作基金”和中国—东盟信贷资金投向GMS国家的基础设施等领域。鼓励私人资本参与GMS经济合作。通过资金投入，加快各类经济合作区的发展，为产业集聚创造条件，提升云南省对外经贸合作水平。三是优化合作机制。发挥GMS平台重要的沟通作用，在其合作框架下巩固提高现有双边及多边合作机制，发展新的合作机制，协同互助，提升合作效益。加快建立云南－柬埔寨合作机制，深化BCIM机制内涵。通过优化机制，深化合作，促进区域合作。四是加强人才培养。鼓励、支持和推动云南省高等院校、职业学校“走出去”积极扩大与GMS国家教育机构的交流与合作。大力培养适应中国与东南亚合作需要的外向型、复合型人才。增强与湄公学院的交流，加速区域合作型人才的队伍建设。

合作项目 至2011年末，澜沧江—湄公河次区域经济合作取得积极进展。主要实施项目：中缅油气管道项目。其中（缅甸段）第四标段2011年10月1日开工，标志着中缅油气管道线路工程全面展开。

越南老街钢铁项目。昆明钢铁控股有限公司开发越南老街省贵沙铁矿，计划开发投资总额为2869万美元，已具备250万吨／年开采能力。老街一期年产50万吨钢铁项目计划投资额为3.07亿美元，炼钢项目于6月开工。

老挝投资建设50万吨钢铁厂项目。昆钢开发万荣地区铁矿并兴建直接还原铁厂，老挝20万吨直接还原铁和配套矿山项目总投资为2948万美元。在老挝建设钢铁厂项目，总投资为1.18亿美元，已经开工。

老挝北部九省1/20万地质矿产图项目。2011年，中方落实一期项目资金2000万元人民币，委托中国地质调查局西南地质调查中心和云南地勘局组织项目实施。

老挝万象赛色塔综合开发区项目。云南海投运营万象1000公顷土地综合开发项目，2011年拿到了“土地使用权许可证”，完成了《总体规划》及《可行性研究报告》。

东南亚大米加工投资项目。2011年，云南海投与柬埔寨索玛（SOMA）集团在昆明签署“中柬企业20万吨大米加工项目合作备忘录”。完成拟在老挝万象赛色塔综合开发区内投资建设50万吨大米加工出口项目（一期20万吨）的《可行性研究报告》。就在缅开展大米加工项目向缅方提交了项目建议书（项目年产能为近期20万吨、远期100万吨）。老挝北部饲料加工项目已于2011年10月赴老挝北部考察调研，编制《项目建议书》。

老挝万象隆赞湖综合开发项目。2011年4月，云南海投与老挝吉达蓬集团公司签署《老挝万象隆赞湖项目出资协议书》。已初步完成《规划方案》及《营销方案》。

中老农业科技示范园项目。2011年4月和6月，西双版纳州农业局与老挝乌多姆赛省农林厅和风沙里省农林厅先后签署了扩大示范园面积和延长合作期限（至2020年）的意向性协议和农业科技交流合作工作会晤纪要。

中缅农业科技示范园建设项目。“中缅农业科技示范园建设项目”由云南投资400万元，委托云南省农业厅执行。园区位于距离仰光90千米的勃固省，占地面积约115亩，目前已完成各项基础设施建设，正在试运行阶段。

老挝北部电网项目。云南电网公司与老方于9月29日在昆明签署了《云南电网公司与老挝国家电力公司关于老挝北部电网项目相关问题谅解备忘录》，展开电力合作。

境外禁毒替代种植项目。2011年，云南农垦在老挝、缅甸实际完成境外禁毒替代种植2.04万亩，累计面积达19.24万亩。

实施效果 2011年，云南积极参与次区域合作，成效明显。GMS合作机制不断健全完善，贸易与投资合作稳步快速发展。GMS经济走廊不断推动；公路、铁路等交通基础设施互联互通；能源合作得到加强；成员国电信网络互相联通；地区跨境旅游的规模不断扩大；农业领域可持续发展；环境领域合作持续推进，人力资源开发合作得到深化。通过大湄公河次区域经济合作，云南省在硬件项目建设和软件环境改善两方面都取得了巨大进展，有力地支持了本地经济发展，为促进区域经济融合发挥了积极作用。通过合作，云南强化了区位优势，促进了外向型经济的发展，有力地推进了对外开放进程。

重要活动 1月1日，中老边境商品交易会在江城县勐康口岸开展。

1月18日，孟中印缅地区经济合作论坛第九次会议在云南昆明开幕。

6月5日，“第三届大湄公河次区域（GMS）经济走廊活动周”在昆明开幕。同期，第十九届中国昆明进出口商品交易会和第十四届南亚国家商品展在昆明圆满举办，规模创历届之最。

7月12日，2011年湄公河论坛在泰国孔敬召开。

8月9日，云南－泰北合作工作组第四次会议在泰国曼谷召开。

8月12日第十三次东盟—湄公河流域开发合作（AMBDC）部长级会议在印尼召开。

9月7日，中老缅泰澜沧江湄公河商船通航协调联合委员会第十次会议在大理举行。

9月12日，中国云南—老挝北部合作工作组第五次会议在老挝南塔省举行。

10月14日，云南省发展和改革委员会与柬埔寨王国政府内政部在金边召开了建立中国云南－柬埔寨王国合作机制的第一次筹备会议。

11月12日，中越（老街）国际贸易交易会在越南老街举行。

12月5日，第四期老挝北部经济发展规划编制技术人员培训班开班。

12月7日，滇缅经贸合作论坛第三次会议在云南省德宏州瑞丽市隆重开幕。同时，第十一届中缅边境经济贸易交易会开幕。

12月19日，大湄公河次区域经济合作第四次领导人会议在缅甸首都内比都开幕。

12月26日，首届澜沧江·湄公河流域国家文化艺术节在中国云南省西双版纳傣族自治州举行。

（省发改委澜湄办）

China (Yunnan) - South Asia Regional Cooperation

中国（云南）—南亚区域合作

概述 2011年，中国与南亚区域的合作取得瞩目成就。1～12月中国与南亚区域贸易额达974.28亿美元，同比增长20.9%。其中出口713.09亿美元，增长23.8%；进口261.19亿美元，增长13.8%。

云南省借助“桥头堡”的战略机遇，全面发展与南亚各国的关系。孟中印缅地区经济合作论坛第九次会议在昆明开幕；应印度文化关系委员会邀请，云南杂技团一行30人赴印访问演出，赢得了观众普遍赞誉；印度文化关系委员会、印度驻广州总领馆在云南大学举办了著名画家泰戈尔的画展，并与云南大学签署合作备忘录设立泰戈尔教席；南亚各国积极组团到云南参加第十九届中国昆明进出口商品交易会暨第四届南亚国家商品展。云南省政府和巴基斯坦贸易发展署于6月8日共同举办了“巴基斯坦—中国商务论坛”。2011年1～11月云南省与南亚进出口首次迈上10亿美元大关，达到10.1亿美元，是2006年的5倍，占全省进出口的比重从2006年的3.5%增加到2011年的7%。其中，2011年云南与印度、孟加拉国、斯里兰卡的贸易分别达到7.8亿美元、1.4亿美元和0.6亿美元，同比分别增长19.9%、35.6%和38.6%。

南亚区域国家简介

印度：据印度中央统计局2011年5月31日发布的公报显示：2010～2011财年（截至2011年3月31日），印度国内生产总值（GDP）为48.77万亿卢比（约合1.08万亿美元），比上年增长8.5%。农业增幅高达6.6%，采矿业和制造业增幅分别为5.8%和8.3%。2011年印度农业、工业和服务业占GDP的比重分别为14.35%、27.9%和57.73%。2011年1～6月，印度进出口达3747.5亿美元，同比增长43.2%。其中，印度出口1 601.65亿美元，增长58.4%；进口2 145.85亿美元，增长33.7%；贸易逆差额544.2亿美元，同比降低8.4%。印度共利用外资168.32亿美元，增长57%。2011年4～6月印度利用外资的三大来源地分别为毛里求斯、新加坡和美国，外资额分别为45.26亿美元、26.71亿美元和3.34亿美元；外资投入的三大领域分别为医药行业、服务业（包括金融和非金融业）和电信业，外资额分别为29.92亿美元、21.91亿美元和12.12亿美元。至2011年8月19日，印度外汇储备达3 182.2亿美元，其中作为外汇储备最大组成部分的外币资产增加15.8亿美元，达2 852.5亿美元。特别提款权达46.3亿美元，增加1 900万美元；在国际货币基金组织的储备增加1 200万美元，达29.8亿美元。黄金储备继续保持在253.5亿美元。自2010年12月以来，印度通胀指标就一直处于高位，而政府允许国有石油公司上调油价5%的政策，更是成为了推动物价上涨的重要因素。2011年4月印度通货膨胀率超过8.5%，8月份通货膨胀率达到9.8%，环比增长0.6 个百分点。2011年9 月16 日，印度中央银行再次宣布将基准利率提高25 个基点至8.25%，这是其自2010 年3 月以来印度央行的第12 次提高基准利率。10月25日印度央行将贷款利率上调25个基点至8.5%，将存款利率上调25个基点至7.5%，另将银行存款准备金率维持在6%不变。

印度加尔各答火车站候车大楼（省社科院南亚所　俞文岚　提供）

巴基斯坦：2010～2011财年，巴基斯坦经济增长承受重压，大部分预定的经济指标均未实现，GDP增长率仅为2.4%，不仅大大低于4.5%的预定增长目标，与上一年度的3.8%相比也下降了不少。财政方面也面临严峻的形势。政府原来计划将财政赤字占GDP的比例控制在5.3%以内，但根据修正后的数据显示，本年度巴财政赤字占GDP的比例将高达5.9%。　截至2010～2011财年年底，巴国内公共债务增长29.2%至6万亿卢比，占GDP的比重为33.3%，政府外债增至563亿美元（合4.8万亿卢比），占GDP的比重为26.6%。　消费者物价指数高达14.5%。　分析人士认为，由于政府无法实现足额财政收入，被迫大规模向央行举债，导致央行被动印刷货币，加之全国范围能源短缺危机和基础建设迟缓落后，推升了整体通胀。为了促进巴基斯坦经济的恢复与发展，2011年4月，巴基斯坦商业委员会向政府提出振兴经济路线图。在这个路线图中，巴基斯坦商业委员会提出了包括农业收入税改革、在巴主要的大城市征收财产税、增加政府对穷人的食品补贴、在宗教学校增加技术培训课、在政府内设立能源部，以统筹规划并整合能源计划的实施，以有助于增加国家的发电能力、在现有的税收制度的基础上通过完善征收手段的方式使国家的税收收入每年增加400亿卢比（约47亿美元）、通过给予印度最惠国待遇和扩大巴印之间的边境贸易以提高巴印双边贸易额等措施。

孟加拉国：2010～2011财年，孟加拉国GDP达到998亿美元，实际增长速度达5.8%。随着全球经济的逐渐恢复，孟加拉国对外贸易出现较快增长势头，2010～2011财年(2010年7月至2011年6月）前半年，孟加拉国出口创汇达102.63亿美元，比上年同期增长41%，超出预算17%。其中，黄麻及黄麻制品、冷冻食品、针织服装、梭织服装分别创汇5.49亿、3.31亿、43.12亿和36.37亿美元，分别比上年增加58.3%、52.9%、43.4%和40.8%。据孟加拉国央行统计，孟2010～2011财年出口总额为230.1亿美元，进口总额为303.4亿美元，同比分别增长41.75%和41.84%。贸易逆差达到73.3亿美元，而上一财年为51.6亿美元（出口162.33亿美元，进口213.9亿美元），增长42%以上。贸易逆差日益扩大。

2011年3月，孟消费品价格指数（CPI）达到10.86%，其中食品价格指数达到 14%，非食品价格指数为 4.32%，通胀率创 2008 年 7 月以来新高。为控制物价，孟央行继 2010 年 8 月将准备金利率提高 100 个基点之后，2011 年 3 月，孟央行再度将准备金利率提高 50 个基点，贷款利率由 5.5% 提高至 6%，存款利率由 3.5% 提高至 4%，以遏制通胀压力。

斯里兰卡：2010 年斯里兰卡经济实际增长率达到 8% 的高水平。2011 年上半年 GDP 增速与 2010 年同期的 7.8% 相比，仍保持了 8% 的增长速度。其中工业增长较快，高达 10.3%；服务业也达到了 9.1% 的水平，均高于 2010 年同期的 8% 和 7.6% 的增长速度。2011 年的斯里兰卡总投资有望在 2010 年 27.8% 的水平上再增长 29.5%，主要投资领域包括旅游、电信、制造业、建筑业和房地产开发等。随着经济的振兴，失业率预计从 2010 年年末的 4.5% 减少到 2011 年同期的 4.3%。进出口收入继 2010 年出现强劲恢复性反弹后，2011 年继续保持上扬势头。前 8 个月斯里兰卡的出口收入为 69.66 亿美元，进口支出为 129.26 亿美元。

尼泊尔：2010 ～ 2011 财年，尼泊尔GDP达83.9亿美元（991316 百万卢比），增长 4.7%。人均 GDP 受印度卢比升值拉动，达到 488 美元（36411 卢比）。同时，尼泊尔通胀率高达 8.3%。

不丹：2010 ～ 2011 年度不丹经济增长率可能达到 8.1%。贸易不平衡状况得到一定程度改善，外汇储备有较大幅度增加，从上年度的 7.6 亿美元增加到了 9.06 亿美元。根据不丹旅游委员会的统计，2011 年 6 月，不丹游客人数从 2010 年 6 月底的 753 名增加到 2011 年 6 月的 1277 名，增长幅度高达 69.6%，收入也从 70 万美元增加到 120 万美元。

马尔代夫：2011 年马实际 GDP 约为 211.23 亿拉菲亚，比 2010 年的 195.08 亿拉菲亚增长 8.3%。2011 年 1 月、5 月和 9 月，马累的消费物价指数分别为 6.5%、7.5% 和 8.9%；2011 年 1 月、5 月和 7 月，环礁岛屿的消费物价指数分别为 4.0%、5.2% 和 7.5%。通货膨胀压力较大。

阿富汗：2010 ～ 2011 年，阿富汗 GDP 增速达 8.2%，但也面临巨大的通胀压力。2011 年 1 月阿富汗的消费物价一度高攀至 18.4%。总体来看，阿富汗经济增长的风险较多。这些风险包括基础设施薄弱、毒品走私犯罪猖獗、社会安全局势持续恶化、腐败问题成为痼疾以及通胀难以得到有效遏制等。

孟中印缅地区经济合作论坛第九次会议　2011 年 1 月 18 日，孟中印缅地区经济合作论坛第九次会议在昆明召开。会议在以往八次会议成果的基础上，以“多轨并进、务实合作”为主题，在人文领域合作、地区经济合作、区域互连互通基础设施建设和孟中印缅合作论坛机制建设等几个方面展开主题研讨，以推动 4 国在交通、贸易、旅游及文化等重点领域开展务实和有效的合作。中国外交部部长助理程国平，孟加拉国外交秘书穆罕默德·米贾鲁尔·凯耶斯、孟加拉国驻华大使孟什·法亚兹·艾哈迈德，印度代表团团长、前外交秘书埃里克·冈萨夫，缅甸外交部副部长吴貌敏，国务院发展研究中心副主任卢中原等出席开幕式并致词。各国代表都表示，在当前这个相互依存的世界里，需要大家团结携手，共同承担起责任。对论坛成立以来的发展和发挥的作用倍感振奋，对推进未来的合作充满信心。希望通过论坛进一步加强沟通合作，寻求最大化利用区域内资金、人才和资源的途径，立足南亚，超越区域局限，取得更大的合作成效。四国代表团共

2011年1～4月云南省与南亚各国贸易总值表

金额单位：万美元

国家（地区）	进出口	比重%	出口	进口	贸易差额	比上年增长（%）		
						进出口	出口	进口
全省总计	473151	100	283900	189251	94649	34.9	61.8	7.9
南亚合计	21390	4.5	13788	7602	6186	85.5	82.1	92.3
印度	14392	3.0	6852	7540	−688	75.1	57.2	95.3
孟加拉国	3035	0.6	2974	61	2913	426.3	431.8	249.5
巴基斯坦	2021	0.4	2021		2021	4.9	9.2	−100.0
斯里兰卡	1926	0.4	1925	1	1924	141.4	141.3	
马尔代夫	13	0.003	13		13	168.4	168.4	
不丹	2	0.0004	2		2	137.4	137.4	
尼泊尔	1	0.0002	1		1	486.6	1425.9	−100.0
阿富汗								

同签署了《关于推进孟中印缅地区合作的联合声明》及其他多项会议文本，4国商会代表共同签署了《关于成立四国商务理事会的会议纪要》，学术界代表共同签署了《关于孟中印缅地区经济合作论坛通讯的谅解备忘录》，4国联络机构共同签署了《关于孟中印缅汽车集结赛的会议纪要》。

第六届中国—南亚商务论坛召开 6月5日，以“中国—南亚投资与贸易”为主题的第六届中国—南亚商务论坛在昆明开幕。本届论坛首次采取轮值主席国制，由斯里兰卡担任轮值主席。为此，斯里兰卡总理亲自率团参加了本次论坛。来自阿富汗、巴基斯坦、不丹、印度、马尔代夫、孟加拉、尼泊尔、斯里兰卡等8国300余名代表齐聚昆明，围绕“扩大贸易，创新商业政策，为更广泛的合作营造氛围”和“促进投资，推动基础设施、能源、农业、旅游合作”等议题进行深入交流商讨。

第三届中国—南盟经贸高官会 2011年6月7日，第三届中国—南盟经贸高官会在腾冲举行。中国商务部相关负责人，孟加拉国、马尔代夫、尼泊尔、巴基斯坦、斯里兰卡等南亚国家经贸部门、驻华使馆及我驻巴基斯坦、阿富汗、孟加拉国、印度使馆经商参处代表与会。会议回顾了近年来中国—南盟经贸合作发展情况。各国代表表示愿进一步加强合作，密切往来，提升双边经贸合作的规模和水平。就推动双边经贸合作发展，中方提出了增加中国自南盟国家的进口、提高经济技术合作水平、继续深化投资合作的3点建议。会议还就加强中国—南盟经贸高官会机制化建设等问题进行了坦诚务实的交流，并达成共识。

印度与云南打造泛亚经贸合作商务平台 2011年6月5日，第六届中国—南亚商务论坛项目推介会暨企业洽谈会在昆明召开。印度工业联合会中国区首席代表潘迪代表印度政府欢迎中国广大投资者前往印度投资，印度工业联合会官员对与会者详细说明了到印度进行商务交往的合作方式与细节。随即，“印度·中国合作促进中心螺蛳湾国际商贸城办事处”正式揭牌成立。这标志着云南正加快与南亚国家的合作与经济交流，携手打造“联通泛亚”、“开放共赢”的商务平台。

巴基斯坦—中国商务论坛 2011年6月8日，由中国云南省政府和巴基斯坦贸易发展署主办，云南省商务厅和巴基斯坦驻成都总领事馆承办的巴基斯坦—中国商务论坛在昆明举行。巴基斯坦工商联前会长塔瑞克·萨义德、巴基斯坦贸易发展署署长塔瑞克·普利、巴基斯坦驻成都总领事哈桑·哈比布出席论坛并致词。巴基斯坦代表欢迎中国在石油、天然气开发和机械、交通等领域的外商直接投资。云南代表对进一步促进云南和巴基斯坦的经贸合作提出建议：拓展合作商机，拓宽合作渠道，实现优势互补；加强云南省与巴基斯坦相关部门的交流，设立官方、半官方或民间贸易促进机构，也希望巴基斯坦在昆明设立总领事馆或办事处。

“中国—南盟国家人文交流”国际研讨会 7月26～27日，由中国国际问题研究所和云南省社科院共同主办的“中国—南盟国家人文交流”国际研讨会在昆明召开。来自阿富汗、孟加拉国、不丹、印度、马尔代夫、尼泊尔、巴基斯坦和斯里兰卡等8个南盟国家的高层官员及学者，与来自中国外交部、中国国际问题研究所、云南省社科院、北京大学、四川大学、上海国际问题研究所、中国现代国际关系研究院等10余家中国南亚研究资深机构和相关政府部门的学者与官员齐聚一堂，从不同层面提出了中国—南盟人文交流的途径，包括推进研究机构、信息及学者之间的交流，开展人力资源开发与培训合作，加强媒体之间的交流与合作，设立人文合作专项基金等。今后，中国—南盟人文交流将沿着这个思路，进一步将各个层面的合作落到实处。

远行的罗曼史—泰戈尔画展在昆明举办 12月6日，为纪念印度诗人罗宾德拉纳特·戈尔诞辰150周年，由印度文化关系委员会（ICCR）、印度驻广州总领事馆和云南大学联合举办的“泰戈尔：远行的罗曼史（Tagore：Romance of Travel）”泰戈尔画展开幕式暨泰戈尔教席备忘录签字仪式在云南大学隆重举行。

（俞文岚）

印度果蔬市场一角（省社科院南亚所　俞文岚　提供）

Foreign Trade

对外贸易

概述 2011年，全省进出口总额达到160.5亿美元。其中：出口94.7亿美元，同比增长24.6%，比全国出口平均增幅高4.3个百分点；进口65.8亿美元，增长13.2%。对外贸易在扩量的同时，质量效益也持续改善，商品结构、市场结构、企业主体结构不断优化，具有云南特点的外贸竞争新优势逐步体现。机电产品和特色优势产品出口支柱地位进一步巩固，资源性产品进口份额有新的增加；全省对东盟贸易接近60亿美元，对南亚贸易突破10亿美元，传统市场进出口占比不断提高，对欧美市场开拓取得明显进展；民营企业活力进一步释放，其进出口的增长幅度和比重明显上升；州市外贸工作卓有成效，增速普遍高于全省平均水平。

2011年，全省外贸发展主要措施是：(1) 抓增点。积极推进加工贸易，争取尽快形成“两头在外、大进大出”的加工贸易格局，针对全省加工贸易基础薄弱的现状，与昆明海关联合，共同为后谷咖啡和省物流集团等企业开展加工贸易进行政策指导和协调；与检验检疫部门共同推进农产品出口基地备案工作，促进有增长潜力的农产品出口；推进旅游商品出口，积极协调外贸企业在新螺蛳湾设立窗口公司，采用旅游购物方式，扩大小型机电、轻纺产品出口。(2) 创机遇。利用商务部新赋予云南省的进口资质和配额量，推动云天化、物产公司燃料油进口；抓住国家规范玉石毛料进口的机遇，鼓励缅甸玉石毛料等特色产品进口；重点推进云南外贸“倍增计划”工作，争取云南最终进入商务部“优化外贸国内区域布局”倾斜支持的10个省区名单；引进省外企业，央企、外企和民企落户云南开展外贸业务，形成万商云集的局面。(3) 稳重点。抓重点企业、重点商品、重点州市、重点市场进出口工作，推动外贸进出口快速发展；重点扶持一批进出口额上10亿美元的龙头企业；鼓励企业创立自主品牌；着手制定龙头企业评定标准和管理办法，进一步规范管理，提升云南外贸自身的可持续发展能力，带动全省外贸不断实现新的跨越。(4) 重开拓。进一步加大对传统的东盟市场的开拓，同时重点抓好增长较快的南美市场的开拓，带动其他市场发展。

外贸结构调整 2010年，全省对外贸易取得较好成绩。主要原因是在观念上、措施上，坚决、敏锐地实现了对贸易结构的不断优化，让进出口工作紧紧抓住转变经济增长方式、调整外贸结构这个发展的大方向，根据出口商品的潜在优势，进行积极引导、扶持、发展，有效地促成了产业效益的形成，首先使机电产品成为云南的出口主力，使云南产品的出口质量、出口形象、出口实力发生根本性的质变。出口工作还充分体现云南的山区优势、物种优势、气候优势，在出口结构调整中着力培植农业经济，看准云南农业经济在出口市场中将充分地体现它的稀缺性增长优势，以及科技在农业附加值产出中的后劲，使云南的农业经济在出口中体现出了时代的特色、竞争力的特色和区域的分工特色。另外，出口工作进一步开发、锁定与东南亚北部地区的经济互补性，为云南外贸的可持续发展、优质发展、主动发展提供了条件。从总体看，出口工作体现对整体经济及环境的思考与引领，外贸工作“转方式、调结构”取得初步成效，商品结构明显改善，机电产品、农产品和纺织品占全省出口的比重接近50%，传统出口产品比重下降到20%以下。在出口中占比重最大的3个产品是：机电产品占总额的22.6%、农产品占17.8%、磷化工占15.1%，有色金属和磷化工等传统产业主导云南出口的局面已经改善。出口金额增幅在100%以上的商品有：金属制品、蘑菇罐头、松香、服装、铝、锡，这些产品体现云南出口结构主体的优化，也实事求是地兼顾云南出口结构在转变中的过渡。在出口金额中，负增长的产品有：辣椒、果蔬汁、磷酸、有色金属、银、铅、焊锡、水产品、玉石。这些产品的负增长一方面虽然没有普遍超出市场的正常波动，但另一方面也体现高污染、高能耗、资源性产品在市场竞争中的软弱与尴尬。有色金属的出口总数量虽然同比增长78.4%，但总金额反而下降25.3%。这个典型的事例深刻地说明，两高一资的传统出口结构，不仅自身的经济发展受到多种制约，在国际市场上的出路也很尴尬。

2010年，在进口工作中，商务结合云南经济的发展，利用资源性产品需求的不断增长和外汇充实的良好时机，以及周边国家的国情特点和发展机遇，加大对进口产品结构的优化力度、同时增大进口的力度，也实现进口的极速增长。在进口中，占比最大的3个产品是：金属原材料占总额的46.7%、农产品占15.1%、机电产品占14.6%。在进口产品中，金额增幅在100%以上的商品有：铜矿砂、铅矿砂、锡矿砂、铬矿砂、棕榈油、大豆、铜。其中，铜增长达1 962.6%，这些产品准确地反应云南原优势产能的基础需求，以及新形势下境内外产能的互补性需求。出口金额负增长的产品有：钴矿砂、锌矿砂、贵金属矿砂、芝麻、腰果、金属制品、电器、铁道运输设备、氧化铝、初级塑料、水产品、聚乙烯、硫化橡胶制品。这些信息一方面表明云南产业在转型中进一步进入高等级化，但也从另一个侧面说明，云南在矿产品原料方面的进口，在抓宏观的产业导向机遇上还有潜力可挖。

表1　　2011年云南省外贸进口统计表

国别（地区）	本年累计	上年同期	增长%
进口合计	657994	581200	13.2
亚洲	339067	260166	30.3
非洲	59425	27060	119.6
欧洲	57248	71774	−20.2
拉丁美洲	116707	139894	−16.6
北美洲	33572	28047	19.7
大洋洲	51974	54259	−4.2
合计中：东盟	240531	167125	43.9
合计中：南盟	14990	16683	−10.1
合计中：欧盟	51239	60212	−14.9
巴林	0	261	−100
孟加拉国	168	157	7
文莱	0	1	−100
缅甸	67187	64861	3.6
柬埔寨	18	0	0
香港	804	574	40.1
印度	14768	16357	−9.7
印度尼西亚	27809	26801	3.8
伊朗	3806	2941	29.4
以色列	863	860	0.3
日本	19508	22907	−14.8
科威特	1742	740	135.4
老挝	16218	10095	60.7
马来西亚	67300	34707	93.9
蒙古	14682	22462	−34.6
尼泊尔	0	1	−100
巴基斯坦	46	161	−71.4
菲律宾	1436	451	218.4
卡塔尔	2078	2558	−18.8
沙特阿拉伯	18411	8212	124.2
新加坡	2805	1424	97
韩国	1779	716	148.5
斯里兰卡	7	7	0
泰国	33669	13065	157.7

（续表）

国别（地区）	本年累计	上年同期	增长%
土耳其	3169	4088	−22.5
阿拉伯联合酋长国	2578	611	321.9
越南	24091	15720	53.3
中华人民共和国	1153	921	25.2
台湾	1974	1104	78.8
哈萨克斯坦	10999	7403	48.6
博茨瓦那	5322	160	3226.3
乍得	0	1	−100
刚果	0	1689	−100
埃塞俄比亚	0	1	−100
加蓬	133	114	16.7
肯尼亚	9	45	−80
毛里塔尼亚	7987	4164	91.8
摩洛哥	236	486	−51.4
莫桑比克	40	0	0
纳米比亚	1464	0	0
尼日利亚	29	0	0
南非(阿扎尼亚)	35676	9808	263.7
苏丹	12	0	0
坦桑尼亚	12	0	0
乌干达	0	66	−100
扎伊尔	2347	1510	55.4
赞比亚	6148	8994	−31.6
津巴布韦	8	22	−63.6
比利时	2577	211	1121.3
丹麦	538	2259	−76.2
英国	1834	2153	−14.8
德国	23259	15255	52.5
法国	1602	4403	−63.6
意大利	3822	5206	−26.6
卢森堡	882	839	5.1
荷兰	5513	4728	16.6
希腊	0	36	−100
西班牙	895	6520	−86.3
阿尔巴尼亚	0	542	−100
奥地利	7418	14787	−49.8
保加利亚	3	1827	−99.8
芬兰	320	98	226.5

（续表）

国别（地区）	本年累计	上年同期	增长%
匈牙利	4	3	33.3
冰岛	8	10	−20
列支敦士登	3	4	−25
马耳他	3	0	0
挪威	357	421	−15.2
波兰	7	5	40
罗马尼亚	15	29	−48.3
瑞典	1886	1393	35.4
瑞士	890	1216	−26.8
爱沙尼亚	8	0	0
拉脱维亚	93	27	244.4
亚美尼亚	1124	3385	−66.8
俄罗斯联邦	1116	3663	−69.5
乌克兰	504	48	950
斯洛文尼亚共和国	0	31	−100
捷克	557	398	39.9
斯洛伐克	2	3	−33.3
前南马其顿	823	67	1128.4
赛帝汶	335	2205	−84.8
塞尔维亚	851	0	0
阿根廷	2259	1565	44.3
玻利维亚	1709	4080	−58.1
巴西	23641	24597	−3.9
智利	11860	14421	−17.8
哥伦比亚	122	7	1642.9
哥斯达黎加	1	0	0
库腊索岛	15	0	0
危地马拉	213	34	526.5
墨西哥	27815	17770	56.5
秘鲁	49072	73906	−33.6
苏里南	1	0	0
乌拉圭	0	2148	−100
委内瑞拉	0	1367	−100
加拿大	5203	3789	37.3
美国	28369	24258	16.9
澳大利亚	51713	54122	−4.5
新西兰	262	137	91.2

表2

2011年云南省外贸出口统计表

国别（地区）	本年累计	上年同期	增长%
出口合计	947277	760503	24.6
亚洲	617592	511410	20.8
非洲	42898	53088	−19.2
欧洲	137625	101821	35.2
拉丁美洲	60756	46035	32
北美洲	77733	38266	103.1
大洋洲	10672	9883	8
合计中：东盟	354870	290024	22.4
合计中：南盟	93164	76612	21.6
合计中：欧盟	129534	90346	43.4
阿富汗	0	32	−100
巴林	879	587	49.7
孟加拉国	14417	12395	16.3
不丹	10	6	66.7
文莱	112	141	−20.6
缅甸	139950	111032	26
柬埔寨	658	370	77.8
塞浦路斯	69	122	−43.4
朝鲜民主主义人民共和国	23	80	−71.3
香港	59424	21742	173.3
印度	69357	51586	34.4
印度尼西亚	24323	16786	44.9
伊朗	13848	16030	−13.6
伊拉克	2701	11924	−77.3
以色列	3654	3806	−4
日本	30285	22732	33.2
约旦	1977	2153	−8.2
科威特	1669	790	111.3
老挝	10358	10160	1.9
黎巴嫩	1231	1915	−35.7
澳门	1472	1290	14.1
马来西亚	24791	21060	17.7
马尔代夫	39	56	−30.4
蒙古	45	2	2150
尼泊尔	3	0	0
阿曼	118	210	−43.8
巴基斯坦	3140	8174	−61.6
巴勒斯坦	0	6	−100
菲律宾	5222	3876	34.7
卡塔尔	245	283	−13.4
沙特阿拉伯	5552	8012	−30.7
新加坡	12022	14269	−15.7

（续表）

国别（地区）	本年累计	上年同期	增长%
韩国	16152	15849	1.9
斯里兰卡	6197	4364	42
叙利亚	1321	2821	-53.2
泰国	40147	33390	20.2
土耳其	3029	2420	25.2
阿拉伯联合酋长国	9917	8995	10.3
也门共和国	864	3604	-76
越南	97286	78941	23.2
台湾	11379	10255	11
东帝汶	32	138	-76.8
哈萨克斯坦	2494	5712	-56.3
吉尔吉斯	525	2516	-79.1
塔吉克斯坦	478	760	-37.1
土库曼斯坦	0	20	-100
乌兹别克斯坦	175	4	4275
阿尔及利亚	2407	6549	-63.2
安哥拉	1466	2005	-26.9
贝宁	1492	2026	-26.4
博茨瓦那	187	265	-29.4
喀麦隆	738	833	-11.4
加那利群岛	1	1	0
佛得角	133	209	-36.4
中非	27	14	92.9
乍得	272	15	1713.3
科摩罗	0	17	-100
刚果	281	459	-38.8
吉布提	328	733	-55.3
埃及	5799	6679	-13.2
赤道几内亚	356	268	32.8
埃塞俄比亚	164	212	-22.6
加蓬	245	336	-27.1
冈比亚	636	568	12
加纳	1454	2235	-34.9
几内亚	517	652	-20.7
几内亚(比绍)	50	20	150
科特迪瓦(象牙海岸)	378	466	-18.9
肯尼亚	2592	3057	-15.2
利比里亚	237	235	0.9
利比亚	566	2785	-79.7
马达加斯加	307	440	-30.2
马拉维	54	98	-44.9
马里	23	9	155.6

（续表）

国别（地区）	本年累计	上年同期	增长%
毛里塔尼亚	348	742	-53.1
毛里求斯	668	806	-17.1
摩洛哥	3454	2469	39.9
莫桑比克	1308	1292	1.2
纳米比亚	1178	841	40.1
尼日利亚	1855	1364	36
留尼汪	228	134	70.1
圣多美和普林西比	0	12	-100
塞内加尔	979	1640	-40.3
塞舌尔	11	20	-45
塞拉利昂	82	79	3.8
索马里	64	70	-8.6
南非(阿扎尼亚)	6205	3975	56.1
苏丹	1583	2890	-45.2
坦桑尼亚	1157	1909	-39.4
多哥	1087	1025	6
突尼斯	250	1130	-77.9
乌干达	137	46	197.8
扎伊尔	505	815	-38
赞比亚	826	116	612.1
津巴布韦	230	458	-49.8
莱索托	15	24	-37.5
梅利利亚	0	12	-100
斯威士兰	9	23	-60.9
厄立特里亚	4	6	-33.3
马约特	3	4	-25
比利时	17972	11173	60.9
丹麦	837	295	183.7
英国	13140	5098	157.7
德国	28364	20636	37.4
法国	10008	6927	44.5
爱尔兰	235	283	-17
意大利	13393	11315	18.4
荷兰	21855	11872	84.1
希腊	2159	2235	-3.4
葡萄牙	1388	2351	-41
西班牙	11434	10526	8.6
阿尔巴尼亚	484	533	-9.2
奥地利	25	44	-43.2
保加利亚	428	553	-22.6
芬兰	451	553	-18.4
匈牙利	92	137	-32.8

（续表）

国别（地区）	本年累计	上年同期	增长%
冰岛	0	1	−100
马耳他	1087	722	50.6
摩纳哥	3	0	0
挪威	51	86	−40.7
波兰	2897	1813	59.8
罗马尼亚	1191	2108	−43.5
瑞典	661	391	69.1
瑞士	189	163	16
爱沙尼亚	72	47	53.2
拉脱维亚	99	145	−31.7
立陶宛	240	256	−6.3
格鲁吉亚	279	245	13.9
阿塞拜疆	0	2494	−100
白俄罗斯	5	9	−44.4
摩尔多瓦	0	1	−100
俄罗斯联邦	2854	2380	19.9
乌克兰	2990	4290	−30.3
斯洛文尼亚共和国	1345	607	121.6
克罗地亚共和国	575	854	−32.7
捷克	87	126	−31
斯洛伐克	8	11	−27.3
前南马其顿	192	0	0
波黑	5	5	0
赛帝汶	403	405	−0.5
塞尔维亚	129	130	−0.8
安提瓜和巴布达	10	5	100
阿根廷	4611	7739	−40.4
阿鲁巴岛	3	6	−50
巴哈马	90	10	800
巴巴多斯	9	13	−30.8
伯利兹	185	113	63.7
玻利维亚	3	17	−82.4
巴西	28124	15302	83.8
开曼群岛	0	5	−100
智利	4249	3732	13.9
哥伦比亚	1224	1263	−3.1
多米尼加	10	28	−64.3
哥斯达黎加	197	290	−32.1
古巴	60	80	−25
库腊索岛	35	21	66.7
多米尼加共和国	165	293	−43.7
厄瓜多尔	422	686	−38.5

（续表）

国别（地区）	本年累计	上年同期	增长%
法属圭亚那	20	25	−20
格林纳达	4	6	−33.3
瓜德罗普	24	26	−7.7
危地马拉	347	517	−32.9
圭亚那	120	181	−33.7
海地	40	73	−45.2
洪都拉斯	102	223	−54.3
牙买加	316	155	103.9
马提尼克	3	18	−83.3
墨西哥	8089	5783	39.9
尼加拉瓜	76	88	−13.6
巴拿马	7625	3378	125.7
巴拉圭	253	235	7.7
秘鲁	1354	953	42.1
波多黎各	38	48	−20.8
圣卢西亚	23	27	−14.8
圣马丁岛	5	9	−44.4
圣文森特和格林纳丁	570	574	−0.7
萨尔瓦多	184	283	−35
苏里南	213	194	9.8
特立尼达和多巴哥	57	174	−67.2
乌拉圭	919	1878	−51.1
委内瑞拉	977	1575	−38
圣其茨−尼维斯	0	5	−100
荷属安的列斯	0	6	−100
加拿大	4426	2982	48.4
美国	73082	35085	108.3
百慕大	225	199	13.1
澳大利亚	8130	7267	11.9
斐济	81	196	−58.7
新喀里多尼亚	25	24	4.2
瓦努阿图	13	45	−71.1
新西兰	1802	1534	17.5
巴布亚新几内亚	509	686	−25.8
社会群岛	7	1	600
所罗门群岛	0	7	−100
汤加	19	14	35.7
萨摩亚	53	41	29.3
图瓦卢	8	5	60
密克罗尼西亚联邦	5	24	−79.2
马绍尔群岛共和国	3	8	−62.5
法属玻利维亚	7	30	
大洋洲其他国家(地	10	0	0

表3　　2011年云南省出口主要商品一览表

金额单位:万美元

名　称	单位	2011年		上年同期		增减绝对值		增减%	
		数量	金额	数量	金额	数量	金额	数量	金额
全省出口总计			947277		760503		186774		24.6
主要出口商品小计			680185		556822		123363		22.2
机电产品			202755		172412		30343		17.6
金属制品			66288		64770		1518		2.3
机械及设备			48299		38767		9532		24.6
电器及电子产品			43266		33483		9783		29.2
运输工具			18903		13340		5563		41.7
仪器仪表			9366		9984		−618		−6.2
望远镜	万个	188	2681	290	2298	−102	383	−35.2	16.7
农产品	吨	834247	175726	682166	130308	152081	45418	22.3	34.9
蔬菜	吨	424160	64830	312386	46684	111774	18146	35.8	38.9
食用菌	吨	7918	12272	8089	9696	−171	2576	−2.1	26.6
松茸	吨	764	5752	1206	4734	−442	1018	−36.7	21.5
其他蘑菇及块菌	吨	6276	6273	5449	4639	827	1634	15.2	35.2
蘑菇罐头	吨	878	247	1434	322	−556	−75	−38.8	−23.3
其他蔬菜	吨	405108	50158	292273	34259	112835	15899	38.6	46.4
其他蔬菜罐头	吨	6898	2755	6106	1984	792	771	13	38.9
辣椒干及粉	吨	3755	1317	6199	1879	−2444	−562	−39.4	−29.9
烟草及制品	吨	92407	44528	91088	37770	1319	6758	1.4	17.9
烤烟	吨	77661	29063	77001	24639	660	4424	0.9	18
卷烟	吨	8145	11623	7526	9021	619	2602	8.2	28.8
咖啡	吨	30528	13389	29760	8931	768	4458	2.6	49.9
松香	吨	25746	6394	24197	4855	1549	1539	6.4	31.7
香料油	吨	3241	5104	3202	4095	39	1009	1.2	24.6
鲜切花	吨	9142	3899	7131	2879	2011	1020	28.2	35.4
茶叶	吨	6065	2082	5714	1723	351	359	6.1	20.8
果仁	吨	2902	2045	1627	1422	1275	623	78.4	43.8
水产品	吨	2872	653	155	44	2717	609	1753	1384.1
果蔬原汁	吨	347	18	868	50	−521	−32	−60	−64
磷化工产品	吨	3000996	149441	2785229	114734	215767	34707	7.7	30.2
磷酸氢二铵	吨	1231294	71799	1253791	57033	−22497	14766	−1.8	25.9
过磷酸钙	吨	1174390	50813	814232	25689	360158	25124	44.2	97.8

（续表）

名称	单位	2011年		上年同期		增减绝对值		增减%	
		数量	金额	数量	金额	数量	金额	数量	金额
磷酸	吨	162294	12878	142353	10037	19941	2841	14	28.3
三磷酸钠	吨	61868	5644	67233	5169	-5365	475	-8	9.2
正磷酸氢钙	吨	130558	5306	108848	3511	21710	1795	19.9	51.1
黄磷	吨	15225	5205	30128	8524	-14903	-3319	-49.5	-38.9
尿素	吨	24249	1265	100373	3654	-76124	-2389	-75.8	-65.4
磷矿石	吨	9006	115	7245	74	1761	41	24.3	55.4
其他纺织品	吨	387584	41805	452675	40494	-65091	1311	-14.4	3.2
布料	吨	282347	23672	286720	19447	-4373	4225	-1.5	21.7
棉纱	吨	5867	3812	5797	2862	70	950	1.2	33.2
有色金属	吨	39154	34486	34936	24521	4218	9965	12.1	40.6
银	吨	221	22626	220	14093	1	8533	0.5	60.5
铝	吨	30348	8499	23887	5790	6461	2709	27	46.8
铅	吨	7404	2017	7916	1722	-512	295	-6.5	17.1
锡	吨	303	1030	788	2006	-485	-976	-61.5	-48.7
锌	吨	694	190			694	190		
铜	吨	95	96	199	149	-104	-53	-52.3	-35.6
焊锡	吨								
电力	万千瓦	530090	30610	556216	28688	-26126	1922	-4.7	6.7
服装	吨	130772	30019	312541	29559	-181769	460	-58.2	1.6
药品	吨	9497	4952	9297	4517	200	435	2.2	9.6
硅	吨	14270	3994	17164	4304	-2894	-310	-16.9	-7.2
石蜡	吨	21361	3101	30224	4300	-8863	-1199	-29.3	-27.9
木及制品	吨	9572	1928	13250	2369	-3678	-441	-27.8	-18.6
非工业用钻石	克拉	11496	715	12985	572	-1489	143	-11.5	25

表4　　2011年云南省进口主要商品一览表

金额单位:万美元

名称	单位	2011年		上年同期		比上年同期±%	
		数量	金额	数量	金额	数量	金额
全省进口总计			657994		581200		13.2
主要进口商品小计			523098		491824		6.4
金属矿砂	吨	9130941	265207	8046120	255669	13.5	3.7

（续表）

名 称	单位	2011年		上年同期		比上年同期±%	
		数量	金额	数量	金额	数量	金额
铁矿砂	吨	6745271	66903	5163808	42075	30.6	59
铅矿砂	吨	160498	34140	114488	15319	40.2	122.9
锌矿砂	吨	417777	12212	338520	9579	23.4	27.5
锰矿砂	吨	705671	7761	884144	9626	−20.2	−19.4
锡矿砂	吨	24910	7738	17533	8783	42.1	−11.9
镍矿砂	吨	463065	3248	600205	2682	−22.8	21.1
贵金属矿砂	吨	12670	636	20706	979	−38.8	−35
钴矿砂	吨	470	71	296	56	58.8	26.8
铬矿砂	吨	455	13	1004	30	−54.7	−56.7
农产品	吨	2300250	108203	2459866	86708	−6.5	24.8
棕榈油	吨	548273	63441	465562	39085	17.8	62.3
黄大豆	吨	224142	12659	345931	16302	−35.2	−22.3
花卉种球	吨	11089	3528	10150	3096	9.3	14
甘蔗	吨	671623	2969	689524	2468	−2.6	20.3
水产品	吨	3160	859	15320	2256	−79.4	−61.9
其他芝麻	吨	7628	800	31912	3151	−76.1	−74.6
龙眼干	吨	4272	698	5291	737	−19.3	−5.3
腰果	吨	644	371	1324	319	−51.4	16.3
机电产品			79912		84481		−5.4
机械及设备			51183		59736		−14.3
仪器仪表			12252		10597		15.6
运输工具			7522		7666		−1.9
电器及电子产品			7149		4998		43
金属制品			1764		1112		58.6
硫黄	吨	1744754	36093	1829126	22216	−4.6	62.5
木材	立方米	691530	22112	525221	17852	31.7	23.9
原木	立方米	549507	14886	389013	11269	41.3	32.1
锯材	立方米	142023	7226	136208	6583	4.3	9.8
铜	吨	7187	6445	15563	12159	−53.8	−47
初级形态塑料	吨	14913	2972	14460	2559	3.1	16.1
聚乙烯	吨	9554	1389	9323	1258	2.5	10.4
氧化铝	吨	28401	962	233892	7227	−87.9	−86.7
玉石、玉石毛料及矿产品	吨	1517	332	3637	696	-58.3	-52.3
硫化橡胶制品	吨		1		1		

（杨　明）

Foreign Economic and Technological Cooperation

对外经济技术合作

外商投资项目 2011年，全省批准外商投资项目162个，实际利用外资17.4亿美元，同比增长30.6%，占全国实际利用外资的1.5%，比上年增加0.5个百分点，利用外资延续了自2006年以来一年一个台阶、一年一次跨越的快速发展势头。外商投资质量进一步提高，农林渔牧业实际利用外资同比增长近8倍；投资主体进一步多元化，外资来源地有泰国、荷兰、加拿大、香港、澳门等多个国家和地区；招大商、引大资取得突破，单个项目平均投资规模超过1千万美元；州市引进外资的积极性进一步提高，迪庆、普洱、德宏、保山等地实际利用外资大幅增长，增幅高达数十倍。全省利用外资超千万美元的州市达到12个。外商投资在弥补省内建设资金不足、加快经济结构调整、扩大就业等方面发挥了明显的促进作用。

外资审批 2011年，全省进一步简化审批程序，将多项外资审批权限下放各州市审批点，为各州市商务部门及时答疑解惑、指导其做好外资审批、备案工作，及时向重点外资企业宣讲"桥头堡"政策。5月，召集全省40多家重点外商投资企业参加"国务院关于支持云南加快面向西南重要桥头堡意见"政策学习解读说明会，全面解读"桥头堡"政策对外商投资云南的重大机遇，加大了外商对投资云南的热情；引导外资大项目落地，积极参与外商投资项目考察、谈判，提供法律咨询，调解项目落地过程中的各项问题，先后促成了康师傅饮品项目落地，省商务厅与星巴克中国公司签订战略合作协议，协助家乐福、沃尔玛公司在云南增设新门店；密切与跨国公司的联系，加速实现其投资云南的意愿，与来访的世界500强企业日本双日集团交流，促成该司与省商务厅签订合作备忘录，邀请该司物流专家团到云南省举办物流培训会等活动，基本促成了双日集团在昆明新机场建设医药和冷链物流基地。

跨境经济合作区 2011年，推进建设中越河口—老街、中缅瑞丽—木姐、中老磨憨—磨丁跨境经济合作区。省商务厅参与了云南省商务考察团访问越南工贸部、中国代表团赴越南谅山"中越跨境经济合作区项目研讨会"，参加了亚行主办的"GMS南北经济走廊发展研讨会"，召开了"中越跨境经济合作区建设协商会议"，并与越方组成联合考察团赴中国唯一建成的跨境经济合作区——霍尔果斯国际边境合作中心实地考察，促成了越方"越中跨境经济合作区中央工作组"的成立，与亚行达成了 利用"GMS经济合作第四次领导人会议"的机遇，大力推动中越两国中央政府签署《建立中越跨境经济合作区双边倡议的谅解备忘录》的共识；中缅瑞丽—木姐跨境经济合作区在德宏州及瑞丽市政府和相关部门开展了跨境经济合作区的研究、规划等基础性工作后，在昆交会期间，省商务厅邀请了缅甸木姐地方长官参加了跨境合作区的研讨活动，启动了中缅跨境经济合作区推动工作；中老磨憨—磨丁跨境经济合作区，在老挝政府积极态度和配合下，西双版纳州与南塔省已签署了中老磨憨—磨丁跨境经济合作区战略框架协议。

国家级边境经济合作区 2011年，腾冲（猴桥）、麻栗坡（天保）、泸水（片马）、耿马（孟定）、孟连（孟阿）以及磨憨成立国家级边境经济区申请已由国务院转至商务部，并等待商务部综合评估和批复。根据商务部、国开行将在"十二五"期间对国家级边境经济合作区、跨境经济合作区内建设项目予以300亿元融资贷款支持的合作框架协议，省商务厅同国开行云南分行，组织瑞丽、畹町、河口3个国家级边境经济合作区申报26个项目，申请贷款金额达66.7亿元。

国家级经济技术开发区 年内，为配合"桥头堡"战略的实施，省商务厅积极深入条件较好的各州、市省级经济开发区，推动各地抓住国家支持省级开发区升级的契机，适时申报为国家级经济开发区。至年末，大理开发区，嵩明、红河工业园区升级的请示已经省政府呈国务院转商务部会办。

对外承包工程 2011年，全省新签对外承包工程项目47个，完成营业额11.6亿美元，同比增长18.4%；新批境外投资企业28家，共对15个国家和地区的74家境外企业进行了直接投资，实际对外投资5.7亿美元，同比增长20.4%，继续保持在全国第十位、西部和沿边省份第一位的良好成绩；共派出各类劳务人员11196人，实现外汇收入近1亿美元。

对外投资 2011年，全省企业对外投资的增长方式向多元化发展，以增资和并购的方式实现对外投资的数量有明显增加，土地置换、股权置换等投资方式已经引入，在全省新批的投资企业中以并购方式设立的对外投资的企业有3家。另有办理增资扩股的企业11家；投资国别进一步扩大，欧美等发达国家市场成为海外投资的新目标，全省企业抓住金融危机后发达国家投资成本低的机遇，积极到海外拓展，省内企业分别在美国、德国、卢森堡、阿联酋等新兴投资市场实现投资 1371 万美元，占实际投资总额的 2.4%，使全省的投资国别达到 15 个。“次区域五国”仍然是云南省对外投资的主体市场，全年全省企业在缅甸、老挝、越南、柬埔寨、泰国 5 国实际投资共计 5.01 亿美元，占实际投资的 87.8%；全省对外投资除传统的水电、矿产和农业开发领域外，在广播电视、软件和纺织鞋帽制造业等新行业都有实际投资，新批投资企业也集中在新兴产业；实物投资和资源回运有力地拉动了全省外贸进出口增长，全省境外投资企业从境外运回的物质为 5.3 亿美元，主要运回原糖、橡胶、铁矿石和锡铅等冶金原料，全省投资项下的实物出口和资源回运有利地带动了云南进出口贸易的增长，对全省外贸增长起到了积极的作用。

昆交会客商情况 2011 年，昆交会和南亚国家商品展进一步得到了海内外各界广泛关注和积极参与，参会的境外代表团达到 47 个，其中副部级以上代表团 26 个（政要代表团 2 个、省市长代表团 10 个、大使代表团 1 个、副部长级代表团 13 个），其他代表团 21 个，此外，还有国内其他省（区、市）代表团 19 个参加本届昆交会；国内外企业达到 1 855 家，比上届增加近 300 家；专业客商和专业观众超过 5.1 万人次，其中，境外客商超过 2.2 万人次，比上年增长 10%；境外交易代表团达到 25 个，除东盟 10 国、南盟 8 国全部参展外，还有来自瑞典、韩国、澳大利亚、哈萨克斯坦、台湾、香港、澳门等其他 7 个国家和地区的企业组团参展，比 2011 年增加 2 个；国内参展的其他省（区、市）交易代表团 19 个。

昆交会展位安排 2011 年昆交会设置 4 个商品专业馆、2 个专题馆和 2 个室外展区。商品专业馆包括机电馆、生物资源馆、化工矿业馆和家居建材馆，与 2010 年相比，2011 年取消了轻工纺织馆，扩大了机电馆规模；专题馆包括东盟馆和投资促进馆；展区包括斯里兰卡主题国展示区和室外大型工程机械展区。南亚国家商品展按国别划分区域，并由组委会统一布展。本届展会共设置室内标准展位 2485 个，比上届增加 33 个，其中昆交会设置 1983 个标准展位，南亚国家商品展设置 502 个标准展位，另外，还设立了 3000 平方米室外展区。

本届展会的展位在 5 月中旬就已全部提前落实，具体情况为：联办方和省外参展单位展位数 373 个，其中联办方 160 个，其他省（市、区）213 个，比上年增加 99 个，增长 41%；境外参展展位数 498 个，其中东盟国家全部参展，展位 468 个，其他国家和地区 30 个，比上年增长 34%；南亚 8 国全部参加本届南亚国家商品展，共安排展位 502 个，比上年增加 142 个，增长 39%，其中斯里兰卡 100 个、孟加拉国 98 个、阿富汗 26 个、不丹 7 个、巴基斯坦 130 个、尼泊尔 65 个、印度 75 个、马尔代夫 1 个。

昆交会商务成果 2011 年展会各项外经贸成交累计达 69.6 亿美元，比上年净增 44.8 亿美元，同比增长 180.4%；进出口成交 16.39 亿美元，出口 11 亿美元，进口 5.39 亿美元，同比增 22.8%。其中，南亚国家进出口累计成交 2.94 亿美元，占总成交额的 17.9%，南亚展现场累计成交 5 454.15 万人民币。出口成交的主要国家有：缅甸、日本、泰国、新加坡、美国、印度、菲律宾、越南、马来西亚、印尼；出口的主要商品为：化工产品，有色冶金，牛肝菌、蔬菜等农副产品，机电产品，纺织服装，医药保健产品等。进口成交的主要国家有：缅甸、马来西亚、越南、泰国、柬埔寨、印尼、越南、美国、印度；进口的主要商品为：铁矿石、化工产品、有色冶金、机电产品、农副产品等。

利用外资签约项目 40 个，金额 52.1 亿美元，同比增长 391.5%。项目涉及能源开发、农业种植及加工、加工制造、矿冶、基础设施、生物制药、现代物流、教育、医疗卫生、金融等行业和领域。其中，现代服务业是签约项目较为集中的领域，占外资项目总数一半以上。投资者主要来自美国、澳大利亚、泰国、印尼、缅甸、德国等国家和香港、台湾地区，其中香港地区签约项目所占比重最大。

外经签约项目 2 个，合同金额 1.07 亿美元，同比增长 25.9%。具体项目为云南省海外投资有限公司与 SOMA GROUP CO.,LTD.(KINGDOM OF CAMBODIA) 签约的中柬大米加工项目和云南阳光基础建设有限公司与非洲乍得公路局签约的 101 公路承包工程项目。国内经贸合作活跃。综合旅游开发成为国内合作签约项目中的一大热点，项目总投资接近总量的 50%。省外投资者主要来自北京、安徽、福建、广东、浙江、上海、贵州、湖南等 20 个省区市。此外，国内贸易现场成交 8.62 亿人民币。其他省区市参展成果显著，外经贸成交和国内经贸合作成交均大幅增长。其中，深圳与云南本地企业达成合作意向项目 33 个，签约金额 115.2 亿元人民币，包括现场签约项目 9 个，合作金额 26.2 亿元人民币；意向项目 24 个，意向成交 89 亿元人民币。充分体现了“共同的展会共同举办，共同的成果共同分享”的办会理念。

昆交会配套会期活动 2011 年会展的同时，还举办了第六届中国—南亚商务论坛、第九届东盟华商投资西南项目推介会暨亚太华商论坛、第三届 GMS 经济走廊活动周、第二届中国·东南亚·南亚电视艺术周、第五届昆交会杯国际商务高尔夫球邀请赛以及中国—南盟经贸高官会、东南亚、南亚国家经贸推介会、日本投资项目推介会、第 12 届中国西部国际博览会推介会等 10 多场其他经贸推介和洽谈活动，使昆交会暨南亚国家商品展的内涵不断丰富，影响力不断提高，以展会为桥梁的区域合作深入推进。

昆交会会展特点 2011 年昆交会主要特点：(1) 办展办会机制进一步

创新。按照“共同的展会共同举办，共同的成果共同分享”的办会理念，在办会机制方面恢复了轮值主席制度，由四川省担任昆交会轮值主席，由斯里兰卡担任南亚国家商品展主题国和中国 南亚商务论坛轮值主席。在运作模式上实施展会分离，商品展览集中安排在昆明国际会展中心，开幕式、欢迎晚宴、专场文艺演出以及重要会议、重要会见等集中安排在海埂会议中心。在宣传推广上除邀请国内主流媒体积极报道展会情况外，还邀请了来自东南亚、南亚各国28家媒体全面宣传报道云南对外开放情况，向社会各界广泛征集了宣传口号，为昆交会及南亚国家商品展扩大国内外影响营造了浓厚氛围。(2) 参展企业和商品质量显著提高。本届展会由省商务厅、省贸促会、省侨办、省外办、省招商合作局联合组织了6个小组分别出访东南亚、南亚各国，开展昆交会系列活动专项招商招展工作，同时还先后派出6个国内招商小组赴东、中、西部省份邀请采购商，成效显著。一批南亚、东南亚的知名企业：老挝啤酒、越南平仙鞋业、泰国TCC集团、越南边和咖啡、缅甸优美家具、泰国胜利海洋食品有限公司、菲律宾富源国际贸易有限公司、香港通恒国际、印度塔塔集团、印度烟草企业、斯里兰卡AKBAR茶叶、孟加拉黄麻出口有限公司等纷纷参展，使展会档次和水平有了明显提高，得到了与会客商的一致肯定。(3) 专业化水平进一步提高。机电馆设置展位达575个，比上届增加198个，同时根据展出商品种类，分为机床工具、电子电器、印刷机械、食品机械、矿冶设备等专业区域，进一步突出了专业特色。

斯里兰卡总理贾亚拉特纳参加昆交会（省外办 提供）

（杨 明）

Entry & Exit Inspection and Quarantine

出入境检验检疫

概述 2011年，云南出入境检验检疫局认真贯彻国家质检总局提出“抓质量、保安全、促发展、强质量”的工作方针，狠抓47项工作，有效推动全面工作并取得好成绩。全年全局共受理报检23.64万批次，货值65.51亿美元（其中边民互市产品12.39万批次，货值2.76亿美元），与上年同期相比，批次增长45.93%，货值增长27.69%。签发各类原产地证明书2.7万份，签证金额14.23亿美元，分别增长23.01%和38.48%。出入境人员检疫查验1413.25万人次，健康检查3.1万人次，艾滋病监测2.82万人次，预防接种8.02万人次。检疫和消毒处理交通工具101.22万（辆、架、艘）次，检验检疫出不合格货物8101批次，货值3.62亿美元。有7931批（货值3.35亿美元）进境货物经检验检疫处理合格后放行。从进境植物及植物产品中截获有害生物8276种次，计256种。与上年相比，有害生物种次增加9.46%、种类增加2.4%。口岸截获非法入境动物及产品68批次，854.18吨。从出入境人员传染病检测及健康检查中检出传染病1818例（其中检出HIV阳性95例、肺结核3例、性病26例）。

“桥头堡”建设服务 2011年，云南出入境检验检疫局成立桥头堡建设工作领导小组，下设基础保障和能力建设、技术保障和能力建设、通关便利化和能力建设、检验检疫监管和能力建设4个工作组，着手编制推进桥头堡建设检验检疫事业发展分阶段需求和项目规划。年内，总局支持云南桥头堡建设和推进云南检验检疫事业发展的指导意见正式出台；省局将国务院意见中涉及检验检疫工作和事业发展的各项目标任务分别细化并纳入到全省桥头堡建设的总体规划中；在已实施的中缅油气管道工程项目建设中，争取到了总局的帮助指导，制定出台《云南检验检疫局石油及天然气检测能力对口帮扶工作方案》，并派出3批18人（次）到对口帮扶局跟班指导、培训人员，为做好中缅油气管道项目把关服务工作奠定了基础。

地方经济发展服务 2011年，云南出入境检验检疫局积极探索检验检疫中心工作和云南地方经济发展的切入点、结合点，努力提高服务地方科学发展的有效性。大力推进通关便利化工作，积极帮助企业应对国外技术贸易壁垒，严格执行国家对出口农产品、纺织品的检验检疫费减免政策；努力践行“严格把关，热情服务”的检验检疫职责，促成了国家质检总局与泰国、老挝签署经昆曼公路进出口水果检验检疫要求的议定书、老挝玉米输华的植物检疫议定书，实现了老挝玉米从磨憨口岸试进口，水果的进出口增速迅猛，经磨憨口岸对外贸易额再创历史新高；认真贯彻落实省委、省政府关于推进农业产业化发展扶持龙头企业的意见精神，有力推动了全省农业产业化发展，被省委评为“推进农业产业化发展扶持龙头企业先进单位”，被省人民政府评为“云南省农产品出口工作先进单位”。

进出口食品安全突发事件 2011年，云南出入境检验检疫局面对食品安全方面发生的突发事件，启动了处置突发事件应急预案，进行快速应对和处理。4月，台湾“塑化剂”事件发生后，省局快速反应，迅速开展风险分析，加大进出口食品监管力度。对昆明市场流通领域进口的台湾青豆进行抽查，检出塑化剂超标，责令下架封存；对台湾饮料、果酱果浆、胶囊淀状粉状食品和食品添加剂进行清查，对台湾进口食品中邻苯二甲酸酯DEHP的抽检工作，涉及16个品种饮料、果冻未发现不合格情况，要求进口食品经销单位进行自查；对5类出口食品的9户出口生产企业进行邻苯二甲酸酯类物质（DEHP、DINP）检测，未发现不合格情况。8月，陆良县发生铬渣污染事件，省局第一时间快速应对处理，对陆良境内出口蔬菜增加铬检查项目，严格检验合格方准予出口；对出口蔬菜基地进行实地调查和评估，采集了基地土壤、灌溉用水、蔬菜样品、生产用水进行检验，经检验评定所有被检验项目未受到铬渣污染，帮助企业避免损失，确保云南蔬菜水果的顺利出口；组织对陆良县出口朝鲜蓟罐头基地的原料、土壤、灌溉水、生产用水和成品罐头进行抽样检测，结果表明出口朝鲜蓟罐头未受到铬渣污染事件的影响。

食品添加剂专项治理 2011年，省出入境检验检疫局按照国家质检总局和省政府统一部署，开展严厉打击食品非法添加和滥用食品添加剂专项行动。全局共有733人次参加了执法检查，检查出口食品生产企业257家，检查其他食品生产企业126家，抽查食品291批次，抽检食品添加剂生产企业40家，抽检食品添加剂45批次。经过全面排查，云南省出口食品企业中未发现非法添加和滥用食品添加剂的违法违规行为，也未收到相关投诉。通过严打专项治理，有力提升了云南省出口食品质量安全水平。

“双打”专项行动 2011年，云南出入境检验检疫局按照国家质检总局和省政府关于打击侵犯知识产权和制售假冒伪劣商品专项行动的统一部署，开展“双打”专项行动。云南检验检疫系统共出动执法人员1118人次，检查经营进出口食品、汽配、化矿、动植物产品的企业186家，核查各类检验检疫证单1511份，查处1起盗用“QS”标志的假冒伪劣产品的违法案件。按照省政府要求，云南局“双打”专项行动方案纳入了省政府“双打”专项行动总体方案。成立了云南检验检疫局、云南省质量技术监督局“双打”领导小组，在开展“双打”专项行动执法检查中形成联动机制，联合省市各级质监、工商、卫生、食药监等部门，开展对进口汽配、食品、化妆品等商品的专项执法检查。以专业市场销售的进口汽配为重点，以超市、宾馆、冷库的进口食品、肉类为突破口，在昆明地区开展了持续一个月的“双打”专项执法检查行动，共出动执法人员180余人次，检查经销进口商品的商家148家，其中对昆明市东聚汽配市场和部分4S店中销售或使用的涉及安全的汽车配件进行检查，共检查32家；对大型超市、酒店、经销商销售或使用的进口食品、餐料、酒水进行检查，共检查16家；对昆明市东站冷库和部分小冷库中销售的动物产品进行检查，共检查5个冷库，涉及其中经营进口肉类的经营户100户。针对检查中发现的进口商品手续不全、无中文标签等问题，各相关部门按照有关规定采取了责令限期整改、停止销售使用、监督销毁、监督退货等措施，“双打”专项行动取得成效。

昆明新机场检验检疫转场 2011年，云南出入境检验检疫局按照省委、省政府的部署，对昆明长水国际机场检验检疫项目建设作精心布置安排。主动与省发改委、口岸办、昆明新机场建设指挥部、住房和城乡建设厅、人力资源和社会保障厅、财政厅等部门沟通协调，争取相关部门支持。经周密规划设计，审批项目立项总投资2304.11万元，争取到省口岸办281万元专项资金支持。项目包括综合布线系统、检验检疫计算机专网系统、检验检疫电视监控系统、检验检疫现场指挥中心、政务公开大屏幕显示系统、检验检疫自主申报与监管信息系统、机房及弱电间、负压隔离室、进港行李通道式核辐射监测系统、相关区域门禁系统以及相关配套设施建设。通过5个月（7～12月）项目实施，按质按时完成，12月23日通过省口岸办组织的初步验收，昆明长水国际机场具备检验检疫转场条件。

（洪应松）

Port Construction 口岸建设

概述 2011年，云南省口岸出口额63.3亿美元，同比增长18.6%。其中出口44.7亿美元，增长24.5%；进口18.6亿美元，增长6.6%。进出口货运量1008.3万吨，同比增长11.9%。其中出口272.1万吨，增长8.1%；进口736.2万吨，增长13.5%。出入境人员2243.9万人次，同比增长16.5%。其中出境1118万人次，增长16.4 %；入境1125.9万人次，增长16.5%。出入境交通工具400.2万辆（艘、架、列）次，同比增长23.9%。其中出境200.6万辆（艘、架、列）次，增长24.7%，入境199.6万辆（艘、架、列）次，增长23.1%。

2011年，云南省中缅边境各项指标同比继续保持良好增长态势。其中出入境人员和交通工具占比分别超过70%和90%，进出口货运量占全省比重近六成；中越边境口岸4项指标均实现两位数增长，其中货运量增幅最大；中老边境口岸除出入境人员负增长外，其余3项指标均有增长。腾冲猴桥口岸进出口额、片马口岸货运量、畹町口岸出入境人员和交通工具为同类指标增幅最大口岸。

对缅边境口岸 2011年，中缅边境口岸进出口额占云南省口岸的43.9%，共计27.8亿美元，同比增长24.6%。其中出口21.8亿美元，增长30.5%；进口6亿美元，增长6.8%。云南省对缅进出口额占云南省口岸对缅进出口额的74.6%，其他省份占25.4%。进出口货运量占全省口岸的57.2%，共计576.4万吨，同比增长10.6%。其中出口131.6万吨，增长11.4%；进口444.8万吨，增长10.4%。

出入境人员占云南省口岸的71.2%，共计1597.4万人次，同比增长19%。其中出境793.8万人次，增长19.2%；入境803.6万人次，增长18.9%。

出入境交通工具占云南省口岸的90.5%，共计362万辆次，同比增长24.4%。其中出境181万辆次，增长25.1%；入境181万辆次，增长23.7%。

对越边境口岸 2011年，中越边境口岸进出口额占云南省口岸的19.9%，共计12.6亿美元，同比增长17.1%。其中出口10.4亿美元，增长20.2%；进口2.2亿美元，增长4.2%。云南省对越进出口额占云南省口岸对越进出口额的96.2%，其他省份占3.8%。进出口货运量占云南省口岸的26.1%，共计263.6万吨，同比增长40.2%。其中出口100.3万吨，增长6.2%；进口163.2万吨，增长74.4%。

出入境人员占云南省口岸的19.9%，共计445.5万人次，同比增长11%。其中出境223.7万人次，增长10.7%；入境221.8万人次，增长11.3%。

出入境交通工具占云南省口岸的4.5%，共计17.9万辆（列）次，同比增长32.1%。其中出境9.3万辆（列）次，增长36%；入境8.6万辆（列）次，增长28%。

对老边境口岸 2011年，中老边境口岸进出口额占云南省口岸的10.5%，共计6.6亿美元，同比增长16.1%。其中出口4.8亿美元，增长2.5%；进口1.8亿美元，增长81.3%。云南省对老进出口额占云南省口岸对老进出口额的40.1%，其他省份占59.9%。进出口货运量占云南省口岸的7.6%，共计76.4万吨，同比增长23.3%。其中出口26.9万吨，增长37.5%；进口49.5万吨，增长16.7%。

出入境人员占云南省口岸的2.7%，共计61.6万人次，同比下降8.1%。其中出境31.1万人次，下降7.8%；入境30.5万人次，下降8.4%。

出入境交通工具占云南省口岸的4.6%，共计18.2万辆次，同比增长9.4%。其中出境9.1万辆次，增长9.4%；入境9.1万辆次，增长9.4%。

口岸开放 2011年，全省初步形成集公路、铁路、水路、航空为一体，立体型、多层次、多元化的口岸通道体系。全面围绕国家和省口岸“十二五”规划编制，合理配置口岸资源，对一类口岸加大改扩建步伐，提升口岸功能；对二类口岸建设完善配套设施，提升流量扩大开放。把口岸建设与国际大通道、跨境经济合作区、边境通道和边民互市点建设有机结合，与区域之间的仓储、物流、加工、金融等方面的规划有机结合，与促进边疆民族地区经济社会发展等有机结合起来，搭建起云南省全面对外开放口岸平台，做大做强口岸经济，提升云南沿边开放水平。截至2011年底，云南省共有23个口岸，其中经国务院批准的一类口岸有16个（公路口岸10个、铁路口岸1个、航空口岸3个、水运口岸2个），经云南省政府批准的二类口岸有7个（均为公路口岸）。2011年，国务院批复云南省开放勐康口岸、河口公路口岸和丽江机场口岸，批准天保口岸对第三国人员开放。

口岸基础设施建设 2011年，云南省口岸办坚持科学发展观，贯彻落实云南省委、省政府口岸发展部署，加速口岸查验设施建设步伐，夯实口岸通关基础，以口岸通关便利化为抓手，会同相关单位，科学合理确定了口岸专项资金项目。按照力保重点、兼顾一般、分步实施、协调发展、分类指导的原则，严格按建设的相关程序和《云南省口岸建设专项资金管理办法（试行）》的规定，基本完成各口岸经济区总体规划；完成瑞丽、河口、磨憨、打洛、南伞、孟连6个口岸查验货场及磨憨、河口、南伞、孟连、片马、田蓬、勐康7个口岸联检楼建设项目；勐康口岸查验货场基本建成即将组织验收，开工建设天保、腾冲、章凤、盈江、沧源、都龙口岸联检楼和查验货场等14个项目。同时，通过市场运作方式，加快瑞丽、河口、磨憨等大口岸仓储物流设施的建设和完善。2006～2011年累计投入中央边境口岸转移支付资金5.1亿元；2009～2011年累计投入省财政口岸专项资金3.2亿元。通过各相关单位的共同努力，口岸查验设施建设取得实质性进展，实现口岸又好又快发展。

口岸边民互市 2011年，全省推进沿边开放、探索沿边口岸开放新模式，把创新作为深入实施兴边富民工程的突破口，积极创造促进边民参与边境贸易和发展外向型经济的条件和环境，加速推进口岸建设发展创新力度。积极推进边民互市贸易场所管理试点，提高沿边开放效益，实践“富民兴边”战略。截至2011年底，完成盈江、畹町、瑞丽、天保、南伞、章凤口岸和绿春平河边民互市贸易场所规范化建设实施方案评审工作，并对盈江、畹町、天保、瑞丽、章凤口岸边民互市贸易场所进行验收，口岸边民互市扩大边境地区对外开放，建立服务进出口业协作新机制，促进边境地区产业发展，加快边远地区脱贫致富，推动口岸边境地区经济社会又好又快发展。

电子口岸建设 2011年，在建设云南电子口岸门户网站的基础上，为加快电子口岸建设工作，积极与相关单位和部门协调联系，推进口岸通关项目的整合和开发，推动和整合口岸各方信息资源，开发3个新应用项目（云南电子口岸边境机动车辆进出境IC卡管理系统、云南检验检疫边境贸易电子申报系统和业务在线查询系统），3个新应用项目已经试运行，新应用项目的运行进一步提高通关流程的自动化和通关效率，口岸通关的智能化和信息化建设迈出实质性步伐。截至2011年底，全省9600多家外贸企业实现电子报关12.3万余票，报关单量、数据交换处理量平均增长了约8%，共发布口岸信息3800多条，确保了口岸执法管理更加严密、高效，企业进出口通关更加有序、便捷，通关效率逐步提高，建立电子口岸通关便利化的优质服务平台正在实现。

口岸便利化通关 2011年，省口岸专项资金加大电子口岸建设和口岸科技装备投入，口岸智能化水平显著提升，口岸车辆出入境电子IC卡快速系统全面推广，检疫边境贸易管理系统试运行，有效提升全省口岸对外开放和通关便利化水平。各口岸相关部门积极协作，全面推动“属地申报，口岸验放”通关模式，提高通道效率。

口岸合作 年内，各口岸相关部门积极协作，全面推动“属地申报，口岸验放”通关模式，提高通道效率。先后已与黄埔、上海、湛江、南宁、深圳及西安等地进行广泛的通关合作。积极推进双边和多边合作，建立中越、中老、中泰各方交通运输、物流贸易等官方信息协调机制，促进边境贸易便利化。同时云南省口岸办加强与兄弟省市的大通关协作，与泛珠9+2区域省区口岸办、贵州省口岸办、宁夏回族自治区口岸办签署合作协议。云南检验检疫部门与贵州、重庆检验检疫机构和相关部门联合签署大通关协议，积极探索“产地检验、口岸出单”出口通关模式和“口岸转检、属地报检”进口通关模式共同完善通关便利环境。2月，在昆明举办中泰植物检验检疫会谈，并草签《关于双方经昆曼公路进出口水果检验检疫要求的议定书》；4月，中泰两国政府在北京正式签署《议定书》。同时，受国家质检总局委派，组织相关专家到老挝玉米主要产地进行实地考察，与老方就《老挝玉米输往中国植物检疫要求议定书》逐条进行广泛深入的磋商并达成一致，中老双方草签了《议定书》。昆明海关与越南地方海关有效落实会晤机制，双边执法和通关便利化合作进一步深化，承办“大湄公河次区域国家海关贸易便利化研讨会”，加强了次区域海关间的沟通和共识。

（杨镇宇）

云南省口岸进出口货物统计表（2011年）

序号	口岸名称	进出口额（万美元）						货运量（吨）					
		合计	同比增长%	出口	同比增长%	进口	同比增长%	合计	同比增长%	出口	同比增长%	进口	同比增长%
	总　计	632918	18.6	446813	24.5	186104	6.6	10083475	11.9	2721523	8.1	7361952	13.5
	一类口岸合计	504899	25.8	396491	30.5	108408	11.2	7646214	18.5	2322802	15.7	5323412	19.7
1	昆明机场	73893	36.0	47545	42.1	26348	26.4	12265	0.7	7343	1.0	4922	0.1
2	瑞　丽	166582	32.8	141335	43.1	25247	−5.5	1352318	21.3	673040	32.3	679278	12.0
3	畹　町	5263	−32.9	1924	−26.0	3339	−36.3	120622	−16.6	15699	−26.9	104923	−14.8
4	河　口	99300	19.5	82205	23.8	17095	2.4	2413746	47.2	922116	6.5	1491630	92.6
5	磨　憨	66385	16.1	48521	2.5	17864	81.3	764060	23.3	268859	37.5	495201	16.7
6	金水河	390	−20.4	14	−92.5	376	23.7	64601	1.8	92	−97.3	64509	7.5
7	天　保	18467	7.2	17242	7.1	1225	8.3	83571	−28.3	35907	−9.5	47664	−38.0
8	思茅港	0	0.0	0	0.0	0	0.0	0	0.0	0	0.0	0	0.0
9	景洪港	18811	−12.5	13189	−7.0	5622	−23.2	142668	−16.4	63965	−30.1	78703	−0.7
10	版纳机场	0	0.0	0	0.0	0	0.0	0	0.0	0	0.0	0	0.0
11	腾冲猴桥	40886	109.6	31554	188.5	9332	8.9	2552615	5.1	223617	40.0	2328998	2.6
12	孟定清水河	9977	−2.2	9031	−8.6	946	191.1	87844	−1.6	85335	−2.8	2509	67.9
13	打　洛	4945	9.2	3931	−2.5	1014	104.8	51904	−1.3	26829	0.6	25075	−3.3
	二类口岸合计	58391	−6.7	35538	−21.6	22853	32.4	1672660	16.3	336286	−18.5	1336374	30.3
14	片　马	2497	92.2	205	25.0	2292	101.9	459202	169.9	1084	127.7	458118	170.0
15	盈　江	9414	−41.6	6562	−47.1	2852	−23.3	148993	−58.9	42728	−72.2	106265	−49.1
16	章　凤	14697	−38.3	12315	−47.0	2382	317.9	199044	14.7	64573	−14.6	134471	37.2
17	南　伞	3913	33.9	2218	66.1	1695	6.7	253075	−20.0	43016	−21.3	210059	−19.7
18	孟　连	12443	73.5	6698	154.4	5745	26.5	301745	53.4	94329	68.4	207416	47.4
19	沧　源	7475	69.8	2702	82.6	4773	63.4	236781	48.6	45638	23.6	191143	56.1
20	田　蓬	7952	15.6	4838	18.4	3114	11.4	73820	22.9	44918	26.4	28902	17.8
	其　他	69628	0.6	14784	50.1	54843	−7.7	764601	−31.4	62435	−36.6	702166	−30.9

云南省口岸出入境人员及交通工具统计表（2011年）

序号	口岸名称	出入境人员（人次）						交通工具（辆、艘、架、列次）					
		合计	同比增长%	出境	同比增长%	入境	同比增长%	合计	同比增长%	出境	同比增长%	入境	同比增长%
	总 计	22439242	16.5	11180626	16.4	11258616	16.5	4002264	23.9	2005814	24.7	1996450	23.1
	一类口岸合计	18546643	18.3	9263571	18.4	9283072	18.2	3309359	25.0	1659797	26.4	1649562	23.7
1	昆明机场	1334151	20.0	666436	19.5	667715	20.5	13511	18.7	6784	19.1	6727	18.4
2	瑞 丽	10530748	22.8	5253819	23.2	5276929	22.4	2329982	19.5	1160606	20.9	1169376	18.2
3	畹 町	562171	61.0	280227	62.0	281944	60.0	215220	209.6	107988	210.6	107232	208.6
4	河 口	3991020	10.0	1993565	9.8	1997455	10.3	157553	33.2	81484	37.6	76069	28.9
5	磨 憨	616565	-8.1	311128	-7.8	305437	-8.4	182241	9.4	91779	9.4	90462	9.4
6	金水河	89103	29.0	44227	28.6	44876	29.5	1311	-21.0	700	-16.4	611	-25.7
7	天 保	261568	21.5	131346	21.6	130222	21.5	15621	22.5	7843	22.0	7778	23.0
8	思茅港	0	0.0	0	0.0	0	0.0	0	0.0	0	0.0	0	0.0
9	景洪港	36211	8.4	17080	1.9	19131	15.0	5884	11.4	2950	13.2	2934	9.8
10	版纳机场	22742	22.8	11176	16.9	11566	29.2	305	0.3	153	0.7	152	0.0
11	腾冲猴桥	437833	47.1	222107	46.3	215726	48.0	184996	47.4	95133	47.8	89863	47.0
12	孟定清水河	252054	9.0	125226	10.4	126828	7.7	68517	18.6	37146	20.0	31371	17.0
13	打 洛	412477	-14.1	207234	-14.0	205243	-14.3	134218	4.6	67231	4.4	66987	4.8
	二类口岸合计	3892599	8.5	1917055	7.8	1975544	9.2	692905	18.8	346017	17.2	346888	20.4
14	片 马	207746	15.7	104328	15.0	103418	16.5	100019	39.9	50398	39.5	49621	39.0
15	盈 江	943751	-22.0	465560	-23.0	478191	-20.9	160511	-19.1	79995	-19.4	80516	-18.9
16	章 凤	680770	14.3	309384	13.1	371386	15.4	98768	91.4	47570	78.6	51198	105.0
17	南 伞	869308	22.7	429568	21.8	439740	23.7	133731	11.8	66393	11.7	67338	12.0
18	孟 连	761113	45.2	384084	45.8	377029	44.7	116504	47.2	58894	38.3	57610	57.6
19	沧 源	316141	18.6	156143	19.6	159998	17.7	78167	32.1	39430	35.8	38737	28.6
20	田 蓬	113770	9.6	67988	8.4	45782	11.5	5205	52.6	3337	54.5	1868	49.4

2011年11月15日，云南省总工会召开云南省工会桥头堡建设研讨会，动员全省广大职工为桥头堡建设献计出力

发挥工会工作优势　加快桥头堡建设

加快建设面向西南开放重要桥头堡，给云南经济社会发展带来了千载难逢的机遇，也给工会组织围绕中心、服务大局提出了新的更高要求。2011年，省总工会召开桥头堡建设工作研讨会，制定下发《云南省总工会关于在加快建设面向西南开放重要桥头堡中充分发挥工会组织作用的意见》。2012年初，省总工会十届九次全委会明确提出，各级工会要组织动员全省广大职工，在科学发展、和谐发展、跨越发展、建设中国面向西南开放重要桥头堡的新征程中建功立业。

全省工会桥头堡建设项目研究会

云南省职工经济技术创新工程十周年总结大会在昆明召开

云南省总工会

目标任务

《云南省总工会关于在加快建设面向西南开放重要桥头堡中充分发挥工会组织作用的意见》提出，要坚持以推动科学发展为主题，以服务职工群众为宗旨，以发展和谐劳动关系为主线，以落实“两个普遍”为重点，以加强工会组织建设为基础，以开展党工共建创先争优活动为动力，以提高做好新形势下职工群众工作能力和水平为保证，努力建设学习型、服务型、创新型工会，充分发挥工会组织的职能作用，团结动员各族职工为加快建设面向西南开放重要桥头堡建功立业，不断谱写云南工运事业发展新篇章。要深入开展多种形式的建功立业活动，不断激发广大职工的劳动热情和创造活力，为加快建设面向西南开放重要桥头堡充分发挥工人阶级主力军作用；积极发展和谐劳动关系，切实维护职工合法权益，为加快建设面向西南开放重要桥头堡营造和谐的社会环境；大力实施职工素质建设工程，全面提升职工队伍整体素质，为加快建设面向西南开放重要桥头堡提供智力支持和人才保障；大力加强工会自身建设，全面提高做好新形势下职工群众工作的能力和水平，为加快建设面向西南开放重要桥头堡凝聚力量、发挥作用提供坚强组织保证。

具体措施

省总工会要求各级工会紧扣桥头堡综合交通体系、能源保障体系、国际性信息枢纽建设和外向型特色产业基地建设，组织职工开展形式多样的劳动竞赛活动，培养选树一批工人先锋号先进集体、节能减排先进单位先

云南省2011～2013年职业技能竞赛活动启动仪式在昆明钢铁集团公司举行。省委常委、副省长李江，省人大常委会副主任、省总工会主席江巴吉才和有关单位领导出席启动仪式

进个人、优质服务标兵，推动劳动竞赛向非公有制企业、新兴产业、现代服务业拓展与延伸，努力实现竞赛活动的全覆盖、人员的全参与，激发和调动职工参与桥头堡建设的积极性和创造性。围绕推动外向型特色优势产业、战略性新型产业、资源深加工产业和装备制造业发展，组织开展“创建学习型组织、争做知识型职工”活动和多岗位多工种全员职工技术技能培训、技术革新、技术攻关和发明创造、合理化建议等多种形式的职工经济技术创新活动，培养造就一批“能工巧匠”“名师高徒”“技术标兵”“技术工种带头人”“创新示范岗”“创新能手”，催生一批“技术创新成果”，推广一批先进操作法，为增强企业自主创新能力，推动云南科技创新、产业升级和结构优化。大力推动党和政府各项就业、创业优惠政策落实，着力帮助“零就业家庭”、失业人员解决就业问题。深入开展送温暖、金秋助学、职工医疗互助等活动，推进帮扶服务工作经常化、规范化、社会化，促进职工民生改善。健全完善帮扶中心“五位一体”（困难救助、维权服务、争议调解、法律援助、医疗互助）建设，建立健全州（市）、县（市、区）、乡镇（街道）、村（社区）和企业五级帮扶体系，努力实现工会帮扶工作与社会公共管理有机衔接，促进帮扶中心持续健康发展。依法推动企业普遍开展工资集体协商工作，推动建立健全企业工资协商共决机制、正常增长机制和支付保障机制，切实维护职工群众的劳动经济权益。广泛开展创建劳动关系和谐企业活动和“双爱双评”等活动，发展和谐劳动关系。积极参与社会管理工作，切实做好新形势下职工群众工作，以职工队伍稳定促进边疆稳定和社会和谐稳定。

组织领导

省总工会要求县以上工会领导机关和省级产业、厅（局）、公司工会要建立专门的组织领导机构，建立健全定期研究、专题汇报、分类指导、挂钩联系、情况上报等制度，形成上下联动、共同推进的工作机制，推动工会工作深入开展。要把工会推进桥头堡建设重点工作纳入党委政府总体规划和工作格局，统一部署、统一检查、统一考核，形成有利于工会组织发挥作用的领导体制。要深入调研，精心谋划，筛选一批工会基础设施建设项目，采取“四个一点”（政府争取一点、省总补助一点、州市安排一点、县级自筹一点）的资金运作模式，拓宽资金来源渠道，千方百计保障所需资金。要充分利用电视、广播、互联网等媒体和工会报刊等宣传舆论阵地，大力宣传桥头堡建设的重大意义、成绩经验和先进典型，充分激发广大工会干部和职工群众参与桥头堡建设的积极性、主动性和创造性。

省总工会将争取用3～5年时间，在8个重要沿边口岸各建设1个适应沿边开放发展要求，集办公、接待、帮扶服务为一体的综合服务中心，全面提升沿边口岸县乡两级工会帮扶服务水平和国际影响力。将从资金投入、服务内容、硬件设施等方面，进一步规范州（市）、县（市、区）两级帮扶中心建设，提高帮扶中心规范化、制度化建设水平。加大资金集中投入力度，逐步改善部分县级工会办公条件较差问题，进一步提升县级工会整体服务水平。研究制定工会推进桥头堡建设的考核办法、激励措施，适时召开桥头堡建设工作推进会，肯定成绩，推广经验，破解难题，全面提升工会推进桥头堡建设工作整体水平。

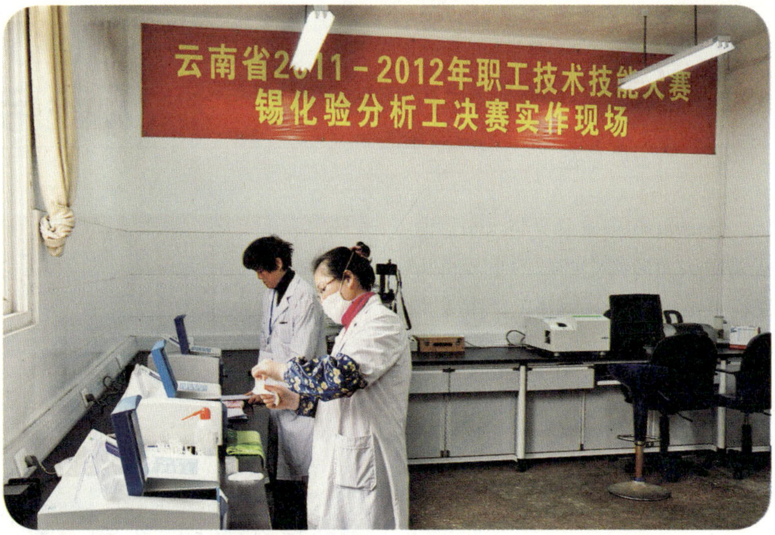

云南省2011～2012年职工技术技能大赛锡化验分析工决赛实作现场

云南省职工医疗互助活动会议

云南省总工会在昆明举行“金秋助学”仪式

民建云南省委 发挥密切联系经济界的优势 积极参与云南桥头堡建设

自2011年国家确立将云南建设成为中国面向西南开放的重要桥头堡发展战略以来，民建云南省委积极响应国家和省委、省政府号召，广泛动员所联系的经济界人士和广大会员，立足“岗位立功、实业报国、奉献社会”价值取向，全身心投入桥头堡建设。一年多来，民建云南省委持续深化思想建设，通过举办一系列庆祝建党90周年、建会65周年和民建云南省委成立30周年活动，进一步在会员中树立社会主义核心价值观和“同心”思想，不断激发广大会员爱国爱党爱会精神，主动参与到全省经济社会发展建设中去。一年多来，持续抓好会员发展和会员培训工作，不断完善会员结构，提升会员素养，提高会员能力，为推进桥头堡建设维系好一方群体、团结好一方力量、发挥好一方作用。持续做好课题调研和建言献策工作，充分发挥经济感知优势，通过“两会”和各类专题会议、专项交流活动等平台，提出许多应对经济和社会发展问题的良方利策，得到党委、政府的肯定和认同。积极投身社会服务和公益事业，号召广大会员积极参与滇池治理，捐建“云南民建林”；动员广大会员捐款捐物协助旱区人民群众抗旱保民生；协调落实帮扶点玉溪华宁县通红甸乡经济发展项目；积极参与昭通彝良震区救灾重建；持续支助优秀贫困学生赴省外参加“扬帆夏令营”活动……通过实实在在的行动，为党和政府分忧，为一方百姓谋福，为桥头堡建设献力。桥头堡建设的机车正沿着轨道加速前行，云南民建将继续团结好所联系的群体，协助党委、政府开好这班车、行好这段路，为全省顺利实现小康社会建设目标作出应有的贡献。

学教活动丰富多彩，思想建设深入推进

民建中央及民建云南省委紧急筹集100万元救灾款物援助昭通彝良地震灾区

积极参与滇池治理，“云南民建林”翠映滇池之滨

云南省扶贫办

2011年是“十二五”规划的起步之年，也是实施新十年农村扶贫开发纲要的开局之年。省扶贫办紧紧围绕中央新十年农村扶贫开发纲要和国家支持云南加快桥头堡建设意见精神的贯彻落实，采取有力措施，不断创新工作方式，千方百计加大投入，广泛动员社会各界参与，突出工作重点，强化督促检查，切实加大全省扶贫开发工作力度，各项工作取得了显著成效。全年共投入省级以上财政扶贫资金32.58亿元，较上年增加2.1亿元，总量、增量、均创历史最高水平，可解决100万贫困人口的温饱问题。在边远、少数民族、贫困地区实施整体推进项目2454个，易地搬迁1.26万人，改造危房2.8万户；投入1.25亿元，在25个乡镇实施整体推进；投入1.1亿元，在11个县实施连片开发试点；整合资金17.9亿元，实施1万个贫困自然村整体推进。贫困地区农民人均纯收入达3747元、同比增加639元，实际增长14.9%，增幅高于全省平均水平1个百分点，总量、增量、增幅创历史最好水平。

在西双版纳布朗山调研，与布朗族群众进行座谈

在大理州宾川县调研宾川扶贫开发产业情况

在西双版纳勐腊县勐仑镇大卡老寨村调研，与布朗族群众进行座谈

在昆明倘甸园区调研扶贫开发工作

在昆明倘甸园区调研扶贫开发工作，询问当地群众生产生活情况

走向辉煌的云南侨务工作

2012年6月4日，省委书记秦光荣、省长李纪恒会见世界华商500强泰国正大集团主席谢国民

2011年6月5日，国务院侨办主任李海峰和云南省秦光荣省长参加《国务院侨务办公室 云南省人民政府关于发挥侨务资源优势支持云南桥头堡战略合作协议》签字

财政部副部长李勇率国务院督查组赴云南省陆良县查看侨场危房改造情况

2011年12月9日，省长李纪恒、常务副省长罗正富、副省长顾朝曦赴国务院侨办汇报云南侨务工作

2006年，全省侨务工作会议召开以来，全省各级侨办全面贯彻落实党的侨务工作方针政策，围绕中心、服务大局、依法护侨、促进发展，为国家大局服务、为云南发展服务和为侨服务，努力开创了侨务工作新局面。

一、招商引资引智成效明显

6年来，省侨办与云南省企业签署正式合同38个，吸引侨资总额达30亿美元，实际到位侨资20.62亿美元，这些项目的引进在云南经济社会发展中发挥了积极的作用。昆明、德宏、大理、保山、临沧、丽江等州（市）侨办围绕当地党委、政府的中心工作，积极拓展招商引资工作，取得较好成果。

（一）东盟华商会品牌作用凸显

省侨办已连续成功举办10届东盟华商会，共有超过2000人次的侨领，华商参加活动，签署合同及意向协议300多项，促成海外华商与西南六省（区、市）的企业达成259个初步合作意向，与云南省企业签署38个正式合同，实际到位外资40亿美元。云南成功引进了泰国TCC集团、丹麦嘉士伯集团、菲律宾世纪金源集团、新加坡三德集团、泰国正大集团、印尼力宝集团、印尼三林集团、香港雅居乐集团、联想集团等一批世界500强和世界华商500强企业。东盟华商会已成为推动桥头堡建设、扩大云南对外开放的重要国际性涉侨活动，成为国务院侨办重点支持的全国侨务系统两大经济科技会展活动之一。

（二）“外企入滇”活动务实推进

省侨办紧紧抓住东部侨资企业二次投资重大机遇，创新提出打造服务桥头堡建设新平台“外企入滇”活动。2011年是“外企入滇”活动启动之年，在国侨办支持下，共有天津、浙江、上海等地的侨资企业家组成的3个“侨资企业西部行”考察团到云南进行投资考察，来自16个国家和地区的41名华商参加。全年共有来自19个国家49批次的254人次侨资企业家到云南进行项目考察，共签署2个合作框架协议，达成投资项目意向37个，总投资金额3.5亿美元。

（三）园区招商取得突破

瑞丽国际华商产业园是侨务招商侨资工作服务云南对外开放和桥头堡建设的重大项目。2011年产业园建设取得明显成效：一是国侨办在东盟华商会上对瑞丽国际华商产业园授牌标志着该项目正式启动；二是通过大量的前期工作，产业园的一批重大华商投资项目达成合作协议，2011年共洽谈、引进项目18个，其中泰国正大集团、美国滇虹药业、印

云 南 省 侨 办

省长李纪恒、副省长顾朝曦出席缅北侨界欢迎会

尼力宝集团、香港雅居乐置业、缅甸大通公司等6个重点招商引资项目取得重大进展，总投资金额达到19.5亿美元。

二、国内侨务工作取得显著成效

(一) 围绕改善民生，华侨农场改革工作圆满完成

从2008年开始，中央、省、州、县各级政府共投入改革资金8.49亿元，其中云南省各级政府投入资金7.2亿元，云南侨场改革各项任务圆满完成：一是体制改革顺利完成，全省13个侨场有7个并入周边乡（镇），5个设立华侨管理区，1个林场改制为公益性事业单位，全省共拿出398个行政、事业编制，稳妥解决了原侨场管理人员安置问题；二是全省侨场共完成14673户危房改造任务，中央投入资金8488.8万元，云南省投入资金24414.2万元，共计32903万元；三是云南侨场职工、改制场员应参保人数16625人，已全部参加基本养老保险统筹，参保率100%；四是侨场改制场员和家属参加城镇居民基本医疗保险8643人，参加农村新型合作医疗保险25935人，参保人员共34578人，参保率达96.2%；五是全省13个侨场46.7万亩土地全面完成确权办证工作，完成率100%。2007年全省侨场人均纯收入仅2750元，通过深化改革，2011年人均纯收入已达4250元，人均增长1500元，五年增长54.5%。云南侨场改革工作得到了国务院督查组、国侨办的充分肯定。

(二) 依法护侨，切实维护归侨侨眷合法权益

全省各级侨办举办侨法培训班6期，在各类媒体上开辟专栏、专版500余次，培训基层侨务干部670人次。举办座谈会、知识竞赛500余次，接受宣讲的归侨侨眷达5万余人次，扩大了侨法宣传的覆盖面和影响力。6年来全省侨办系统共受理信访案件5162件次，其中来信2898件次，来访2264人次。目前已结案4927件次，办结率达95.45%，部分案件正在办理中，做到件件有落实，事事有回音。

三、华文教育工作再上新台阶

(一) 云南华文学院正式挂牌成立

2011年3月22日，省政府召开华文教育工作专题会议，要求突出四个重点，着力打造云南华文教育工作新特色、新亮点。2011年6月5日，国务院侨务办公室与云南省人民政府签署共建云南华文学院的协议。国务院侨务办公室主任李海峰和省长秦光荣共同为云南华文学院授牌，云南华文学院正式成立。9月，云南华文学院招收学生919人。

(二) 突出重点，华文教育工作成效显著

在国侨办和省委、省政府的大力支持下，全省各级侨办加大对缅甸、老挝、泰国、越南等周边国家的华文教育工作力度，开展了华文教师培训、教材发送、招收华裔学生、组织华裔青少年夏（冬）令营等工作，进一步巩固和发展周边睦邻友好关系。

(三) 对外文化交流和侨务外宣工作取得明显进展

充分发挥云南独特的人文、自然、区位优势，加强对外文化交流和宣传活动，推动了云南独特民族文化走向世界。受国务院侨办委托，先后7次组派有关民族歌舞团参加“文化中国 · 四海同春”赴海外慰侨演出及文化交流活动，为弘扬中华文化、促进中外文化交流方面作出积极贡献。

四、广交朋友，对外联谊工作更加活跃

6年来，全省侨务部门与海外侨胞的友好交往进一步扩大，共接待来自30余个国家和地区的海外华侨华人24000余人次，与全球80余个国家的200多个侨团建立了联系，与50余个华商总会建立了稳定合作关系。在大理、曲靖、临沧等州（市）党委、政府的支持下，成功举办第四、五、六届世界云南同乡联谊大会，有20个国家和地区的780名海外云南同乡参加，促进了云南与海外同乡的合作交流。

6年来，云南侨务工作取得了明显的成绩，这些成绩取得是国侨办和省委、省政府正确领导的结果，是省级各部门和地方各级党委、政府大力支持的结果，是全省各级侨务部门团结协作、精诚合作的结果，是全省侨务干部拼搏创新、无私奉献的结果。

省侨办组织的“文化中国 四海同春”艺术团赴海外慰侨演出

云 南 省

2011年是“十二五”开局之年。全省林业系统紧紧围绕桥头堡和森林云南建设目标任务，进一步解放思想、深化改革，扎实工作，圆满完成了各项目标任务。初步统计，下达中央、省级林业投资52.1亿元，同比增长11.6%；完成营造林1060万亩，为计划的1.63倍；实现林业产值670亿元，同比增长16.5%，保持了又好又快的发展势头。

一、森林生态建设上升为国家战略，发展迎来新机遇

全省各级紧紧抓住桥头堡建设战略机遇，深入研究林业在桥头堡建设中的功能定位、特色优势、建设重点、拓展方向、政策需求，提出把生物多样性宝库和生态安全屏障建设列为桥头堡建设战略目标。在国务院组织起草支持云南桥头堡建设意见过程中，先后配合中央财经领导小组、国务院联合调研组开展专题调研活动，主动参与云南桥头堡建设课题研究，积极向中央有关部委反映森林生态建设的重大意义和发展潜力，争取纳入桥头堡建设总体规划。同时组织编制《云南省生物多样性宝库和生态安全屏障建设规划》，积极向国家林业局汇报规划编制情况。通过努力，国务院文件明确把“建设我国重要的生物多样性宝库和西南生态安全屏障”作为桥头堡建设的5大战略定位之一。省第九次党代会报告也明确把“建设森林云南，推进生态安全屏障和生物多样性宝库建设”作为今后5年全省经济社会发展6大目标之一。国家林业局还将与省政府签订部省战略合作协议，明确林业支持桥头堡建设的目标任务和政策措施。云南省林业改革发展迎来新机遇。

二、林业发展思路进一步清晰

通过编制《云南林业“十二五”发展规划》《云南省生物多样性宝库和生态安全屏障建设规划》以及林产业、科技推广、湿地保护、林地保护利用

石屏县低效林改造后的用材林

林 业 厅

思茅松原料林基地

人工速生丰产林——桉树

退耕核桃示范林

碧塔海秀色

退耕还林生态好

等专项规划，组织起草省政府《关于加快林业产业发展的意见》《关于加强自然保护区建设和管理的意见》《关于继续推进天然林资源保护工程的意见》等文件，筹备召开森林云南建设推进会，使森林云南和生态安全屏障建设的目标做到了有机统一，林业发展方向进一步明确，发展思路进一步明晰，政策措施进一步完善，为林业科学发展、和谐发展、跨越发展奠定基础。

三、改革发展中凸现的一些重大问题得到破解

针对云南林业改革发展中凸现的问题，省林业部门深入研究、大胆探索，积极争取支持，取得了重大突破。省级以上公益林实现了同等标准补偿和管护补助全覆盖。全省1.78亿亩国家级和省级公益林全部纳入生态效益补偿或天保工程森林管护补助范围；省政府第55次常务会还决定从2011年开始将省级公益林补偿标准由5元提高到10元，达到国家标准。补偿标准不一致的问题得到了解决。森林政策性保险范围大幅扩展。森林火灾保险试点由昆明等5州市扩大到15个州市，投保林地面积达3.26亿亩，涉及林业经营者820余万户。野生动物公众责任保险由西双版纳、普洱、临沧3个州市6个县扩大到保山、迪庆5个州市14个县。森工企业职工生产生活得到保障。积极争取国家支持，出台天保二期的政策措施，组织完成省、县两级实施方案编制，将资金、任务、责任落实到山头地块和单位，使11980名森工企业职工得到妥善安置，17374名离退休人员纳入基本养老和医疗保险，确保养老金按时足额发放，实现从一期到二期的平稳过渡，保持社会稳定。陡坡地生态治理工程即将启动。省政府第68次常务会专题听取林业厅关于推进森林云南建设的情况汇报，决定用10年时间，在生态脆弱

林业有害生物防治

2011年剑川“3·2”森林火灾扑救中实施直升飞机吊桶灭火

区实施1000万亩25度以上陡坡地生态治理工程。自然保护区管理体制改革即将实施。报请省政府出台的《关于加强自然保护区建设和管理的意见》，明确了自然保护区管理体制、人员编制、经费保障方式，为有效解决自然保护区管理体制不顺的问题提供政策依据。

四、集体林权制度配套改革迈出新步伐

坚持以规范林权管理为核心，积极搭建林权交易平台，组建省级林权交易中心，建成州（市）、县（区）林权管理服务中心117家，开通全省林权管理信息系统，推进林权管理网络化、数字化进程，进一步规范林权流转管理。先后依法流转林地779万亩，流转金额达24亿元。成立森林资源资产评估机构67家，认证评估咨询人员700多名。报请省政府出台了《关于加快推进林权抵押贷款工作的意见》，编印了《林权抵押贷款简明实用手册》，有效推进了林权抵押贷款工作，全省林权抵押贷款余额突破70亿元，居全国第一位。与省供销社联合下发《关于加快发展林农专业合作社的实施意见》，出台《云南省林农专业合作社章程》《云南省林农专业合作社省级示范社认定管理办法》，成立林农专业合作社2024个，涉及林农11.4万户、林地面积436.7万亩，14个县（市、区）成功申报为国家林业专业合社示范县。深入推进林木采伐管理改革，全面推行林木采伐管理公示制，进一步完善林木采伐管理政策和措施。

五、林业生态建设保护成效明显

认真落实森林资源目标管理责任制，严格执行林地定额和林木采伐限额制度，编制完成省级林地保护利用规划，全面启动县级林地保护利用规划编制工作。加快推进林业重点生态工程建设，完成天保工程公益林建设、石漠化治理、防护林建设、退耕还林及巩固成果造林469万亩；新建农村户用沼气池15.5万户、节柴改灶12万户，分别比计划增0.5万户和2万户；完成湿地恢复工程5项，新增国家公园3个、国家湿地公园2个、生物多样性保护教育基地8个；科学编制4个省级自然保护区总体规划，昆明轿子山成功晋升为国家级自然保护区；在全国率先开展自然保护区生态服务功能价值评估并向社会公开发布；争取国家、省级投入森林防火经费1.1亿元，批准森林防火基础设施建设项目经费1.5亿元，发生的108起森林火灾当日扑灭率达98.3%，火案查处率88%，受害率0.3‰，各项防控指标均创历史最好水平；发生林业有害生物466.56万亩，防治率达89.8%，成灾率5.8‰，被国家林业局评为有害生物防治先进单位；严厉打击涉林违法犯罪，共受理各类林业案件19779起，查处19498起，查处率达98.58 %，有力维护森林资源安全。

六、林业产业发展质量进一步提升

2011年，投放林业贴息贷款8.54亿元，完成木本油料基地建设560万亩，占年计划的124%；以桉树、竹材等为主的速生丰产林基地达到2000万亩；启动实施珍贵及特殊树种培育试点，建成珍贵用材林基地300万亩；

完成中低产林改造407万亩，比上年翻了一番；林业企业超过1万户，其中省级龙头企业252户、产值达269.4亿元，分别比上年增加58户、52.4亿元；昆明杨林家具产业园区、昆明泛亚国际林产业园区、玉溪林产业园区等相继开工建设，楚雄野生菌、宜良观赏苗木等一批林产品交易市场初步形成。

七、基层基础建设进一步夯实

2011年，棚户区改造顺利推进。全面完成2010年跨年度实施改造建设任务；2011年4560户建设任务已全面开工，到位资金2.6亿元，占计划投资的89%，完成投资1.8亿元，超过计划投资的60%。争取国家、省级资金6125万元，新建、改建森林公安派出所121个、乡镇林业站50个、标准化林业站6个、木材检查站8个，建立木材运输管理网络平台，实现了木材运输证管理全国“一票通”。承担完成国家及省部级科技攻关2大类17项，科研成果获奖41项。完成良种审（认）定74个，推广新技术、新品种82项。建立科技示范县10个、标准化示范区6个、示范基地11个，示范面积1.6万亩，带动推广面积32.4万亩。完成26个林业标准编制，评审通过14个。出台《云南省林地管理条例》《云南省林木种苗管理规定》《云南省森林防火条例》已进入省人大常委会二审程序。行政许可管理更加规范，公开、公正、高效办理1500多件行政许可事项，有力地支持了地方经济建设。

2011年4月，泸水县大兴地乡林业站工作人员在给自基村村民兑现森林抚育误工补助

八、自身建设得到全面加强

在切实抓好各项林业重点工程的同时，高度重视抓好自身建设。全面加强林业党风廉政建设，深入开展“学习杨善洲精神、争做人民满意的好公仆”和林业工程、资金、干部“三个安全”等活动，以优良的党风政风保证了林业事业健康发展；积极推进平安林区创建、林业信息化、老干部管理、林业宣传、社保、综治维稳、工青妇、机关后勤服务等各项工作，林业宣传工作获得国家林业局考核评比第一名，纪检监察、综治维稳、提议案办理、老干部管理服务、工会等工作分别受到省委、省人大、省政府及业务主管部门表彰奖励。

现代化的林业企业生产区

昆明市倾力

当前，昆明既面临着许多重大历史机遇，也面临着许多困难和挑战，但总体上机遇大于挑战。未来一个时期，昆明仍处于加快发展的重大机遇期，城市化、工业化和农业现代化的加速期，加快转变经济发展方式的攻坚期，建设现代新昆明、推进区域性国际城市的黄金期，全面建设小康社会的关键期。站在新的历史起点上，昆明市将以全面小康和幸福昆明为目标，以“争当‘三个发展’火车头、争做县域经济排头兵、在全国省会城市发展中争取新地位”为标杆，抢抓国家新一轮西部大开发和云南桥头堡建设“两大机遇”，全力推动工业化、城镇化、农业现代化“三化”联动，坚决打好园区经济、县域经济、民营经济“三大战役”，加快建设现代新昆明和区域性国际城市，倾力打造富强昆明、开放昆明、文化昆明、生态昆明、和谐昆明、幸福昆明“六个昆明”，坚持稳中求进、创新推动、跨越发展，为建设美好幸福的新昆明而努力奋斗。

省委常委、市委书记　张田欣

市委副书记、市长　张祖林

地铁长水机场专线

建设中的地铁

昆明夜景

打造“六个昆明”

富强昆明

坚持科学发展这一主题，突出转变经济发展方式这一主线，着眼创新推动、转型升级，实现跨越发展，打牢昆明的物质基础。在做大经济总量的基础上做强经济实力，在增加城乡居民收入的基础上提高生活质量，全面提升城市综合实力和竞争力，努力实现民富市强。

2012年4月9日，省委常委、市委书记张田欣参加寻甸中石油昆仑燃气有限公司天然气综合利用项目开工仪式

云内动力

中缅油气管道中国境内段在安宁草铺开工

贵研铂业

昆明路网

盘龙江穿城而过（陈显洲 摄）

开放昆明

坚持开放引领，抢抓桥头堡建设战略机遇，以开放促发展、促改革、促创新，着力构建全方位开放格局，形成内外联动、互利共赢、安全高效的开放型经济体系，把昆明建设成为中国面向西南开放的国际化门户和重要桥头堡城市。

泛亚民族民间工艺品博览会

2012年1月10日，驻昆外国使节国际友人昆明市春节招待会在翠湖宾馆金色大厅举行

国际文化旅游节、狂欢节

昆交会展馆人来人往、络绎不绝

昆交会民族服装的参演人员吸引国际眼光

2012年昆明（香港）招商引资推介会

昆明市委、市政府领导到中国铝业总部进行拜访座谈

中国—南亚商务论坛

对外文化交流演出

昆明市聂耳诞辰100周年纪念活动

文化昆明

坚持文化立市，充分发挥昆明独特的历史文化、民族文化、生态文化、佛教文化、都市时尚文化和边疆异域文化资源优势，把昆明建设成为底蕴深厚的历史文化名城、和谐共融的民族文化宝库、开放包容的国际文化枢纽、实力强大的文化产业基地、以人为本的文化共享家园。

农家书屋建设工作顺利完成

云南陆军讲武堂

非物质文化遗产展

生态昆明

坚持生态优先，统筹经济社会发展和生态环境建设，争创国家环保模范城市、国家低碳发展示范城市和国家生态城市，让“美丽春城”展现出人与自然和谐相处、繁荣共生的独特风采和魅力，把昆明建设成为云南绿色经济强省的龙头。

湿地

盘龙江

鸥戏翠湖

世博园

云南民族村环境噪声污染监测牌（张卫明　摄）

渔浦寒泉公园

2011年12月6日，省委常委、市委书记张田欣对农贸市场建设进行专题调研

2011年9月9日，市委副书记、市长张祖林看望中华小学的教职工与学生

和谐昆明

坚持安民为要，把创造和谐稳定的社会环境作为首要政治任务和基础民生工程，最大限度地激发社会创造活力，最大限度增加和谐因素、减少不和谐因素，最大限度化消极因素为积极因素，切实增强人民群众的安全感和满意度。

2012年10月6日，昆明城市标识导向系统彩云路路口标识牌率先亮相22条道路

昆明和谐大舞台

蔬菜直销车

分到廉租房的东风云汽困难职工欣喜不已

孩子在阳光充足的廉租房内安心学习

（全版图片除署名外由昆明日报社 提供）

“大家乐”广场舞蹈比赛

运动项目地砖

幸福昆明

坚持以人为本，把切实保障和改善民生作为一切工作的出发点和落脚点，加大社会事业发展和社会保障力度，实实在在办一些老百姓看得见、摸得着、得实惠的好事实事，让人民群众学有优教、病有良医、老有善养、住有宜居，实现经济发展与幸福指数同步增长。

幸福的笑容

绿荫下的舒适散步

龙腾盛世

打造国际知名 国内一流

昆明国家高

昆明国家高新技术产业开发区是1992年经国务院批准的云南省唯一的国家级高新区。在国家科技部、云南省委省政府、昆明市委市政府的领导下，昆明高新区高举“发展高科技、实现产业化”旗帜，已成为高新技术产业发展的重要基地，国际知名、国内一流的创新型特色园区建设已扬帆起航。

中共昆明市委常委、高新区党工委书记、管委会主任董保同在“四群教育”工作中下村入户

——园区经济稳步增长，综合实力全面提升。昆明高新区经国务院批准的建成区5平方千米已开发完毕，目前正在推进新城高新技术产业基地的开发建设。2011年，全年实现总收入1088.6亿元，净增182.6 亿元；实现规模以上工业产值576亿元，工业增加值120.5亿元，现价增速达28.2%；规模以上工业利税总额29.5亿元，同比增长35.3%；完成工业固定资产投资79.9亿元，同比增长41.2%；实现进出口5.2亿美元；实现地方财政一般预算收入14.8亿元，增收3.3亿元，增长28.8 %。实现了税收稳定增长，完成财政总收入35.8亿元，同比增长33.3 %，增收8.9亿元。完成政府性基金收入26.4亿元（含城中村改造），同比增长243.7%。

——优化投资环境，产业招商推动园区经济发展。紧紧围绕建设国际知名国内一流创新型特色园区的总目标，按产业招商的工作理念，昆明高新区大力营造“小机构、大服务”的服务性政府模式，建立和完善了“投资审批一条龙服务、项目建设全方位服务、项目建成投产后经常性服务”

的创新型特色园区

新技术产业开发区

新城产业基地路网建设

河道治理

的投资服务体系。相继出台了内外资企业奖励政策、项目扶持政策、税收优惠政策、产业政策等四大类共46项招商引资优惠政策，设立了投资促进一局、二局、三局和重点项目督导组等产业招商队伍，形成围绕产业抓招商、围绕项目强服务的工作格局。2011年底，进区企业已达5353家，其中，年销售收入上100亿元的企业3家，上10亿元的企业11家，上亿元的企业54家。一批世界500强和国内500强企业和一大批优势产业项目相继落户昆明高新区，园区发展充满新的活力，区域经济强劲增长极的作用日益明显。

——全力推进现代新昆明新城高新技术产业基地建设。根据市委、市政府决定，自2008年4月1日起，昆明高新区全面行使市级管理权限，全力推进位于滇池东南岸呈贡区马

新城产业基地全景

云南山霸自主研发的远程可视医疗PACS系统

金铺乡（现为马金铺街道办事处）的现代新昆明新城高新技术产业基地开发建设。完成了新城基地86.88平方千米概念性规划、42平方千米产业区的控制性详规、4平方千米中央商务区的城市规划设计，建成后的科技新城区规模将是20万以上居民的宜居新区，集居住、商务、旅游和休闲为一体。目前，已有投资200多亿元的60多个项目在新城基地动工建设，部分已建成投产。

——坚持规划引领和科技创新，大力建设创新型特色园区。昆明高新区先后创办了创业服务中心、大学科技园、软件园、高新技术产品出口基地、高新保税库、国家生物产业基地、国家稀贵金属新材料产业化基地、国家生态工业示范园、水科技及环保产业园等14个国家级创新基地；以及工业资源循环利用工程技术中心等5个国家级工程技术中心，园区孵化场地面积达到51.5万平方米，累计孵化企业710多家。承担了国家863项目、国家高技术产业化示范项目、国家火炬计划项目20多项，拥有149家高新技术企业，区内企业拥有专利1701件，全区拥有各类专业技术人才 40630 人。2011年编制《创新型特色园区建设试点方案》，并通过了国家科技部组织的专家评审；编制完成有色和稀贵金属新材料、生物医药产业、装备制造产业、水科技产业等特色优势产业专项规划；在有色和稀贵金属新材料产业领域实现工业产值500.8亿元，占全区工业总产值的57%；在生物医药产业领域：实现工业产值130.5亿元，占全区工业总产值的15%；在水科技及环保产业领域和装备制造产业方面也取得重要进展。

——“十二五”指导思想。面对“桥头堡”和区域性国际城市

昆明国家生物产业基地

贵研铂业贵金属生产线

建设，昆明高新区明确“十二五”指导思想：紧紧围绕把昆明高新区建设成为国际知名、国内一流的创新型特色园区的总目标，坚持“特色立区、规划引领、产业招商、科技支撑、基础先行、金融助力、民生为本、服务至上”，着力发展园区特色产业、着力加强基础设施建设、着力突破资金瓶颈制约、着力提升自主创新能力、着力改善民生民计、着力强化队伍自身建设，为把昆明建设成中国面向西南开放的区域性国际城市做出积极贡献。

——“十二五”发展目标。总体目标是：建成国际知名、国内一流的创新型特色园区。经济发展目标是：实行规模扩张和内生增长并举，各项主要经济指标保持30%以上的增长幅度，到2015年，确保实现总收入1800亿元以上，力争达到2000亿元；实现工业总产值1200亿元以上，规模以上工业增加值388亿元，财政总收入80亿元以上。社会事业发展目标是：全域城市化基本实现，辖区城市化率达到90%以上，形成完整的科、教、文、卫保障体系，辖区人民享受到完善周到的社会服务。

——“十二五”工作部署。围绕把昆明国家高新区打造成国际知名、国内一流的创新型特色园区的目标，实施“三步走”工作步骤，即一年完善规划布局，三年取得显著成效，五年实现规模提升。昆明高新区将突出特色产业引领，强化基础设施承载，提升自主创新拉动，以产业招商为引领，推进园区经济跨越发展，以园区现有的新材料、生物制药、电力装备制造产业为基础，提升带动水科技及节能环保、电子信息、创意文化产业等新兴产业发展，培育技术先进、产业链长、带动作用大、有特色的产业集群，形成园区发展的核心竞争力。

新城产业基地水科技园

澜 沧 江 岸 黎

景洪市为西双版纳傣族自治州的首府，是一座亚热带风光和民族特色浓郁的边疆城市，已有800多年的历史。1982年，景洪被批准为国家级对外开放的风景名胜区和省级旅游度假区。景洪市素称“黎明之城”，是云南省走向东南亚通道上的一座重要港口城市，1999年被评为全国优秀旅游城市，2010年2月景洪市被评为国家园林城市。与老挝缅甸接壤，国境线长112.39千米。境内有国家级口岸景洪港和西双版纳机场、“240”边贸区。辖10个乡镇，1个街道办事处，97个村民委员会（社区），辖区内有5个县级国营农场、4个中央和省属科研单位。1个旅游度假区，1个工业园区。全市面积6959平方千米，被誉为“东方多瑙河”的澜沧江—湄公河纵贯全境。有动物1861种，国家一级保护动物11种。有高等植物3890种，珍贵树种340种。森林覆盖率达84.46%。主产水稻、橡胶、茶叶、热带水果、花卉、南药等。

佛教圣地（李维俊　摄）

景洪市为多民族聚居地，生活着傣族、汉族、哈尼、基诺、布朗、瑶等13个民族。总人口52万。有傣族的“贝叶文化”，哈尼（爱尼）族的“无文字文化”和基诺族的“热带丛林文化”等特色鲜明的民族文化。有傣族的“泼水节”、哈尼（爱尼）族的“嘎汤帕节”、基诺族的“特懋克节”、拉祜族的“拉祜扩节”和瑶族的“盘王节”等民族节日。陆路通道与昆明和缅甸、老挝、泰国相连，空中通道与昆明、上海、广州等地以及泰国通

傣历1374年新年泼水节庆祝大会会场

基诺族过节

傣族泼水节重要活动——放高升（李植森　摄）

澜沧江岸黎明之城夜景

明之城 景洪市

一望无际的胶林（李植森　摄）

万亩茶园（李植森　摄）

航，水路通道与缅、老、泰相通。

2011 年，全市生产总值 105.27 亿元，对外经济贸易总额 1.6 亿美元，有各类宾馆、酒店 48 个，各类旅游景点景区 10 多个（3A 级以上景区 7 个），接待国内外游客 498 万人次，旅游总收入 37.6 亿元。科技对经济的贡献率达 46%，被评为全国科技进步考核先进县（市），科技强劲助推经济社会发展。

为加快发展，景洪市将进一步学习实践科学发展观，全面提升城市品质，深入实施旅游“二次创业”。突出“雨林景洪 · 柔情傣乡”特色，倾力打造热带雨林城、民族特色城、魅力水乡城、休闲度假城、美食文化城、文明和谐城。把澜沧江水引入景洪城区，建设山水相依、城池合一的傣乡水城。新建景洪至勐罕公路，从景哈至猴山方向沿江修建一条人行观光道。全力保护和开发好景洪电站、橄榄坝电站建成后形成的两个湖泊，架好勐泐大桥、橄榄坝大桥，整修扩建高速公路进入景洪、版纳机场进入景洪的两条通道。把曼听公园、白象湖公园、南药园、风情园、花卉园作为精品工程进行改造。做精做亮江南城、做好做美江北城、开发建设西北城。快速推进旅游度假区、嘎洒片区开发建设。围绕景洪主城区修建一条环城高速公路，加快推进沧江新区、大渡岗茶园旅游小镇、嘎洒旅游小镇、勐罕旅游名镇和嘎洒勐西莎湾、勐龙旅游黄金线等重点项目建设，着力打造一批高品质的特色旅游项目和特色旅游乡村。提升改造傣族园、野象谷等景区，全面推动新老旅游产品替换和转型升级。旅游发展模式从“政府主导型”向“政府引导调控、市场主导型”转变，旅游经济增长方式从“数量型”向“质量型”转变，旅游产品结构从“观光型”向“休闲度假、康体疗养、商务会议、娱乐购物型”转变。

从构建“中国景洪—泰国清迈—老挝琅勃拉邦”黄金三角旅游大格局出发，抓住澜沧江 · 湄公河黄金水路和昆曼国际大通道全线贯通的机遇，加强与次区域国家地区的旅游合作，加快景洪旅游市场向国内、国际市场“两轮驱动”转变，加快实施“3510”工程：3 年创建省级文明城市、5 年创建国家级文明城市、10 年进入世界宜居城市行列。把景洪建设成为中国与东南亚国家旅游互动的桥头堡、集散地、目的地，打造成国际生态旅游度假天堂。

景洪沧江新区

把红河建成面向西南开放的区域

2009年，省委作出“加大对内对外开放力度，把云南建设成为中国面向西南开放的重要桥头堡”的重大战略决策，红河州紧紧抓住这一重大历史机遇，精心组织，迅速行动，扎实开展桥头堡建设各项工作。

一、强化措施，攻坚克难，扎实推进红河桥头堡建设

2010年11月，红河州正式提出了桥头堡建设的思路目标、工作重点、保障措施，紧紧围绕“通道”“基地”“平台”“窗口”“屏障”开展了卓有成效的工作。一是加快构建国际大通道。已建成通建、蒙河等高速公路，蒙屏、元绿等6条二级公路，石林至锁龙寺、锁龙寺至蒙自高速公路加快推进，石屏至红龙厂高速公路即将复工。玉蒙铁路即将通车，蒙河铁路、云桂铁路红河段建设进展顺利；红河机场即将开工。已建成那兰、云鹏等7座中型电站和大唐开远、国电小龙潭等3座火力发电厂，泸西李子菁风电场、马堵山电站实现并网发电。宽带通信网、数字电视网、互联网实现三网融合，全州光纤网总长度达4.4万千米。二是加快产业基地建设。深入实施了农业产业建设“8311”行动计划，粮食、烤烟、蔬菜、水果、蔗糖、茶叶、花卉、畜牧等产业快速发展。2011年，全州种植蔬菜135.56万亩、特色水果131万亩，经济林面积已突破500万亩。切实加快“工业经济强州”建设步伐，全面实施了新型工业化发展的“13365”战略，打造世界级的锡、铟生产基地，国内外知名的有色金属、煤化工、综合能源和优质烟草基地。2011年，全州工业总产值突破千亿元大关，达到1047.6亿元。大力发展现代服务业，已完成了元阳哈尼梯田景区观景台、中国·红河蝴蝶谷景区观景台等旅游重点项目，已形成哈尼梯田、跨境旅游、特色度假、民族文化等特色旅游品牌。实施了一批物流建设项目，商贸餐饮、社区家政、金融保险等服务业发展加快。三是加快社会事业发展。教育、文化、卫生事业较快发展。城镇职工基本养老、医疗、失业、生育保险覆盖面不断扩大。红河县垤玛三村两乡、绿春黄连山地区、金平拉祜族地区综合扶贫成效明显。四是加快城镇化进程。2006年以来，红河州投入专项资金6亿多元实施了新农村省级重点村585个、州级示范村600个、州级整乡推进示范乡镇13个、县（市）级示范村1303个，切实改善了农村的生产生活条件。加

泸西灯盏花试验大棚

建水柑桔分检车间

建水和源大棚无公害蔬菜

元阳优质生态高产茶园

个旧乍甸乳业自动化取奶设备

性国际化门户和“金边”经济区

大统筹城乡发展力度，个旧、开远和蒙自等3市统筹城乡发展试点扎实开展。“保护坝区农田、建设山地城镇”试点工作顺利开展，全州已划定55个低丘缓坡用地区域，面积达33.7万亩。2011年，全州城镇建成区面积达157平方千米，城镇化水平为37.2%，其中，滇南中心城市城镇化水平达70%。五是加强对外开放平台建设。进一步推进经济管理体制、社会管理体制、农村综合配套和行政管理体制等改革。中国红河—越南老街跨境经济合作区建设步伐加快。跨境贸易人民币结算试点成效明显，积极推进红河综合保税区申报工作。广泛参与“泛珠三角”、“滇沪”、成渝特区的合作与协作，推进东部地区与红河州进行全方位的对接。2011年，完成外贸进出口总值13.1亿美元，增长19.1%。六是加强交流窗口建设。完善与越南及东南亚国家的双边、多边合作交流机制，逐步建立面向越南和东南亚国家的国际学术交流平台。加强与越南及东南亚国家在文化领域的交流与合作，加强与东盟国家的外事交往。七是构建生态安全屏障。加快“绿色经济强州”、红河谷绿色经济走廊建设，全面实施了天然林保护、退耕还林、石漠化治理、水土保持等生态建设工程，加快森林红河建设。节能降耗力度加大，2011年，全州森林覆盖率达44.8%。单位GDP能耗下降3.91%。

二、发挥优势，扩大开放，全力打造云南沿边开放的“金边经济区”

下一步，红河州将紧紧抓住中央加快云南桥头堡建设、继续实施西部大开发和加快滇中经济区建设等重大机遇，借助中央实施的“镶边外交”战略，秉承“走得远比走得快更重要”的理念，发挥漫长边界、陆路相连、水流相接、跨境民族、习俗相近、产业相通六大优势，加强贸易、产业、

红云红河集团红河卷烟厂

开远清洁能源开发项目

石屏豆制品生产车间

个旧云河药业生产车间

个旧云锡10万吨铅项目

弥勒湖泉生态园温泉

金平猛拉“泼水节”

元阳哈尼梯田景观台

金融、安全、旅游、文化、学术七个方面的跨境交流合作，采取建通道、强产业、拓市场、抓载体、活机制、搭平台、造环境七条有效措施，力争实现面向西南开放的国际化门户、区域经贸合作强州、固边护国民族团结进步的示范区三大目标，将红河州打造成为滇越经济合作和对外开放的重要窗口和交流平台，成为全省沿边开放开发的典范，面向西南开放的区域性国际化门户，区域经贸合作强州和“金边”经济区。

建水十七孔桥

红河第一湾

文化科技卫生三下乡活动深受人民群众欢迎

红河元阳老虎嘴哈尼梯田景观

哈尼族口传文化译注全集

阿哲圆舞曲

石屏花腰彝族表演

（一）构建更加便捷的国际大通道。力争尽快建成云桂铁路红河段、玉蒙铁路、蒙河铁路，加快蒙昆城际高铁、蒙文铁路等通边铁路前期研究，构建州域“三枢纽（蒙自、弥勒、建水）一极点（河口）”的铁路网状格局。围绕境内“三纵三横”公路骨架网络规划，建成石蒙高速公路，启动蒙文、石元高速公路建设，打通石文（石屏至文山）经济产业带和通往“两广”的梗阻地段。加快建设红河机场，力争“十二五”期间建成通航，启动建水、元阳等小型通用（勤）机场前期工作。

（二）打造更加强大的产业支柱。全力打造特色农产品出口、工业产业和旅游产业“三大产业基地”，尽快形成面向周边国家的产业发展新优势。大力发展高原特色农业，培植一批特色农业龙头企业和特色农业产业园区。加快发展生物医药、生物技术服务、新型有色金属、稀贵金属、新能源等新兴产业，加快红河工业园区和建水、弥勒、泸西等工业园区建设，加快规划建设建水省级陶瓷工业园区和沙甸省级民族特色园区，集中力量打造一批销售收入超10亿元、100亿元的大企业和大集团。强势推进集“观光、休闲、康体、养生、度假”为一体的旅游业，重点打造开远乡村旅游、元阳梯田旅游、中国·红河蝴蝶谷、跨境旅游等品牌，全面提升红河旅游业的档次和品位。

（三）开拓更加广阔的市场空间。充分利用独特地缘和区位优势，建设对外开放、对内经济合作和进出口贸易“三大平台”，为桥头堡建设提供更为广阔的市场空间。力争把河口公路口岸增设为国家级一类口岸，加快“红河综合保税区”申报步伐。借力“央企入滇”引进大企业、大集团进驻红河。扩大和深化与周边区域的经贸合作，不断提升贸易水平和贸易总量，力争到2020年，实现进出口货运量1000万吨以上，进出口贸易额80亿美元以上。

（四）建设更加坚实的发展载

能容纳5000余名观众的红河体育馆

全民健身活动广泛开展

全国健身基础设施工程已布及全州各乡镇农村

绿春黄连山国家级自然保护区一角

环境事故应急演练现场

实施七彩云南·生态红河保护行动

体。全力抓好区域信息交流中心、现代物流中心、进出口贸易中心“三大载体”建设。整合内外信息资源，巩固提升现有网络基础设施，努力拓宽网络覆盖面，加快建设区域信息交流中心。依托滇南中心城市和工业园区、边境口岸，大力发展第三方物流企业，建立快捷准时、设施配套、运转高效、优质价廉的现代物流网络服务体系，建设区域性现代物流中心。建立农产品、矿产品、工业品等交易中心和专业市场，优化进出口产品结构，发展跨境金融、承揽工程、劳务输出等服务贸易，全力建设区域性进出口贸易中心。

泸西李子箐风电场

（五）完善更具活力的体制机制。建立健全扩大开放、经济合作、人才引进培养“三大机制”。通过加快建立稳定的外贸增长机制，完善扩大区域经济合作新机制，推进跨境贸易人民币结算试点工作，建立金融财政支撑体系，出

红河电网首座500千伏红河变电站

弥勒雷打滩水电站

中越红河公路大桥

蛮金二级公路磨夺寨大桥

玉蒙铁路建水县境内东山特大桥路基桥墩

鸡石高速公路

对外贸易繁荣发展

台鼓励货物、劳务进出口相关税收优惠等政策。通过加快培养和引进一批熟悉东盟国家法律法规、商贸法规、技术标准的综合型人才，为桥头堡建设提供智力支持和人才保证。

（六）营造更加有利的发展环境。大力发展教育、卫生、劳动就业、社会保障等社会事业，加强社会治安综合治理，着力构建和谐的“绿色社会”。继续实施“兴边富民”、边疆解“五难”、兴地睦边等专项工程，切实改善边境、民族、贫困地区群众的生产生活条件；加快产业发展，增加群众收入，促进南部及边境地区加快发展。加大对深度贫困和弱势群体的帮扶，加快建设和谐稳固边疆。

金水河镇牛场坪村新貌

维护农民工合法权益

农家书屋

新农村建设指导员举办科技培训

走村进寨为群众送医疗卫生服务

金平莽人新村

普洱：全力打造国家

当今时代，发展绿色经济是全球共识，走绿色发展道路是必然趋势。进入21世纪，欧盟、美国等主要经济体纷纷制定绿色发展规划。党的十七大提出加快转变经济发展方式，建设资源节约型和环境友好型社会，实现可持续发展目标。省第九次党代会描绘了云南科学发展、和谐发展、跨越发展的宏伟蓝图，提出了“四个翻番”、“两个倍增”的宏伟目标，并把“生态建设产业化、产业发展生态化，争当生态文明建设排头兵”等内容作为关乎全省未来发展的长远大计进行了安排部署。省委、省政府对普洱的发展寄予厚望，要求普洱五年后经济总量翻一番半、甚至两番以上，在全省实现率先跨越发展。

普洱最大的特色是绿色，最大的优势是生态，最大的产业是绿色产业。普洱市委、市政府紧紧抓住国家支持云南省加快建设面向西南开放重要桥头堡和云南省实施绿色经济强省战略的重大机遇，大胆探索并提出了建设国家绿色经济试验示范区的战略构想。这一战略构想，以贯彻落实科学发展观为主线，以生态立市、绿色发展为核心，以推动普洱经济社会又好又快发展、打造国家首个绿色经济发展新区、建设人类共同的美好家园为主题，是落实桥头堡战略的重要载体，是推动普洱率先跨越发展的重要平台，是转变经济发展方式的大胆尝试。这一战略构想，符合世界发展潮流，符合普洱发展实际，符合人类共同追求的美好愿景。

省委书记秦光荣、省委副书记、省长李纪恒等领导到普洱视察

云南省政府在普洱召开推进普洱绿色经济发展专题会

顺势而谋 乘势而上 普洱市位于云南省西南部，辖9县1区，总人口256万。普洱的基本市情可以用两句话来概括。第一句是“老、少、边、山、贫”。“老”即革命老区，有6个老区县；“少”即少数民族地区，少数民族占总人口的61%；“边”即地处边境，4个县与越南、老挝、缅甸接壤，国境线长486千米；“山”即山区面积大，山区、半山区占总面积的98.3%；“贫”即贫困面大，贫困程度深，贫困人口占全省的8.7%，是一个亟待扶持发展的边疆多民族贫困地区。第二句是“多、富、优、广、特”。“多”即生物多样性丰富，是云南“动植物王国”的缩影。“富”即资源富集，已探明黄金储量103.7吨，铜储量253万吨，铁储量仅惠民铁矿就达21亿吨，全国唯一的可溶固体钾盐矿已探明储量2000多万吨；水能蕴藏量1500万千瓦，林地面积313万公顷，热区面积2.85万平方千米，居全省之首；药用植物1000多种，享有“怀金孕宝”“绿海明珠”“云南核心药库”之美誉。“优”即气候环境优越，海拔在317～3370米之间，年均气温18.9℃，年均降雨量1598毫米，中心城区空气中负氧离子最高浓度达每立方厘米12500多个，被喻为“天然氧吧”“春天中的春天，春城中的春城”。“广”即地域广袤，植被广布。全市土地面积4.5万平方千米，植被有热带、准热带、亚热带、温带等类型，

绿色经济试验示范区

是北回归线上保存较为完整、不可多得的一片巨大绿洲。“特”即特色鲜明，特点突出。普洱是普洱茶原产地、茶马古道的源头，是全国咖啡、石斛最大的产区，桑蚕丝品质在世界最高的5A级以上，橡胶面积居全国第三，松香产量居全省第一，是一块极具开发潜力的绿色宝库。

普洱优越的生态环境和自然资源是天地造化的宝库，也是历代普洱人用生命保护下来的宝藏。这块宝地，不仅属于普洱、属于云南，也属于全国和全世界。在这块宝地上推动经济社会发展，绝不能走先污染后治理、先破坏再恢复的旧路，也不能走边发展边污染、边污染边治理的老路，必须把生态立市作为永恒前提，绿色发展作为永久主题，绿色产业作为有力支撑，在科学发展观的指导下，走出一条具有自身特色的绿色发展道路。2010年7月，借国家发改委桥头堡调研组到普洱调研的机遇，初步提出建设国家绿色经济试验示范区的设想。2011年5月，国务院《关于支持云南省加快建设面向西南开放重要桥头堡的意见》明确提出：“支持普洱市发挥自然生态和资源环境优势，大力发展循环经济，建设重要的特色生物产业、清洁能源、现代林产业和休闲度假基地”。这个《意见》赋予了普洱建设“四个基地”的任务，提出一系列推动普洱又好又快发展的政策措施。为贯彻好落实好《意见》精神，经过深入研究和科学论证，普洱市进一步明确和丰富了建设国家绿色经济试验示范区的战略构想，得到了国务院、全国政协、国家有关部委和省委、省政府、省级有关部门以及社会各界的高度肯定和大力支持。

全国政协副主席白立忱先后两次率队对普洱建设国家绿色经济试验示范区进行调研指导，形成了向中办和国办报送的《关于云南省普洱市发展绿色经济情况的调研报告》，党和国家领导人对此作了重要批示，明确支持地方立足自身优势，积极发展绿色经济。全国政协人口与环境资源委员会召集国家有关部委、部分高校、研究机构的领导和专家学者在北京钓鱼台国宾馆召开推动云南普洱建设绿色经济试验示范区、发展绿色经济座谈会，专门为普洱发展绿色经济把脉指导。国家发改委9个司局2个研究所室的20名负责人、专家组成调研组深入普洱开展绿色经济发展情况专题调研，具体研究支持普洱建设国家绿色经济试验示范区、发展绿色经济的意见建议。与此同时，省政府调研组先后两次对普洱建设国家绿色经济试验示范区进行调研指导。省委书记秦光荣多次亲临普洱调研指导，明确支持普洱建设国家绿色经济试验示范区，明确要求“把普洱打造成为生态环保的新高地、绿色经济的示范区、休闲度假的养生堂”。省长李纪恒对普洱建设国家绿色经济试验示范区作出重要批示，要求普洱市立足实际、发挥优势、先行先试，积极推进清洁生产，大力发展循环经济和绿色产业，为推进绿色经济强省建设作出积极贡献，并率队深入普洱调研，主持召开省政府推进普洱绿色经济发展专题工作会议。省委副书记仇和、副省长孔垂柱等领导也先后作出重要批示，支持普洱建设国家绿色经济试验示范区，发展绿色经济。

在国家和省的关心指导下，普洱积极营造建设国家绿色经济试验示范区的良好环境和浓厚氛围。 2012年3月，普洱市专门召开了市、县、乡三级干部参加的建设国家绿色经济试验示范区动员大会，邀请省内外知名的专家、学者、企业家参与普洱绿色发展论坛，新引进星巴克、中坤集团、太平洋建设集团、华夏集团、海王集团等一批知名企业加盟普洱建设国家绿色经济试验示范区，形成了国内外、省内外、党委政府、社会各界齐心协力推动普洱绿色发展、建设国家绿色经济试验示范区的强大合力。

林在城中、城在林中、山水相依、绿色生态

立足长远　意义重大　普洱建设国家绿色经济试验示范区的实质，就是要进一步发挥优越的绿色生态、良好的资源环境、日益坚实的绿色产业基础等优势，不断提升壮大绿色产业，让绿色产业成为主体，绿色企业成为主力，绿色经济成为主流，绿色文化成为主导，吸引各方关注，造福普洱各族群众。其外延，就是通过自身的实践和探索，摸索出边疆民族地区和欠发达地区依靠自身特色优势实现又好又快发展的思路和出路，为全国乃至全球同类地区走绿色发展之路探索路径、作出示范。

（一）普洱绿色产业基础较好，建设国家绿色经济试验示范区能够为落实好桥头堡战略、提升绿色产业搭建一个新平台。普洱资源丰富，绿色产业基础较好，经过多年培育，初步形成5+6产业集群，茶叶、林产、水电、文化旅游养生、咖啡、烟草、生物药、渔牧业等绿色产业不断发展壮大。2011年，绿色产业增加值占全市GDP的比重达到90%以上，这在高耗能、高排放、高污染随处可见的今天是难能可贵的。但是，由于基础差、底子薄、起步晚，普洱的绿色产业大多存在体量小、规模小的问题。为找到一个有力的支撑平台和有效的突破口，把《国务院关于支持云南省加快建设面向西南开放重要桥头堡的意见》中明确的“四个基地”建设落到实处，普洱立足自身优势提出建设国家绿色经济试验示范区，目的是要在保护好自然资源和生态环境的基础上，通过国家政策的特别支持，大力发展具有示范带动效应的绿色经济。

（二）普洱生态环境优良，建设国家绿色经济试验示范区能够为保护生物多样性、建设生态安全屏障探索出一种新模式。党的十七届五中全会明确提出，“十二五”期间要把保护生物多样性、建设生态安全屏障作为战略举措，促进经济社会发展与人口资源环境相协调。普洱生物多样性丰富，生命生态系统完整，森林覆盖率达67%，森林生态总面积居全省第一位；人均森林活立木蓄积量81.8立方米，为全国的9.2倍；动植物种类繁多，境内分布着16个面积达12.84万公顷的自然保护区，保存着全国近1/3的物种，是中国乃至全球生态环境最好、物种最丰富的地区之一。这块地球上为数不多的没有被伤害的皮肤，无疑是保护生物多样性、构筑西南生态安全屏障的核心区域。守护好这片净土，既是普洱各族人民的神圣职责，也是全国人民的共同心愿。在普洱建设国家绿色经济试验示范区，通过采取系统谋划、科学布局、高位推动等措施，在发展绿色经济的同时保护好生物多样性、构筑西南生态安全屏障，有利于贯彻落实国家关于保护生态、建设生态文明的决策部署，有利于推进生物多样性保护工作由被动向主动、由单一向系统、由粗放向科学转型，有利于推进区域利益与全局利益、局部利益与整体利益、当前利益与长远利益的和谐统一，探索合理保护、优化开发、有效利用、持续发展的新模式。

（三）普洱自然资源丰富，建设国家绿色经济试验示范区能够为边疆民族地区发挥资源优势、实现绿色发展走出一条新路子。欠发达地区都有资源丰富、基础薄弱、发展滞后三个鲜明特点。出现这样的现象，根本原因是没有找到一条把资源优势转化为发展优势的路子。普洱人均拥有水量居全国全省前列，土地面积、林地面积、热区面积居全省第一，是国家“西电东送”和“云电外送”的重要能源基地，“普洱茶”的最大基地，全国优质咖啡、人工石斛最大的主产区，云南发展水产养殖业潜力最大的地区之一。但普洱的256万各族群众守护着这片地球的肺叶，守卫着全国为数不多的“绿色海洋”，守望着世人羡慕的“金山银山”，却过着十分贫困的生活。2011年人均GDP仅为11795元，只到全国的33.6%；农民人均纯收入仅为4338元，只到全国的62.1%；城镇居民人均可支配收入仅为14877元，只到全国的68.2%。全市10个县（区）中有9个山区贫困县，贫困人口88.5万人。如果按照现有发展模式推进，普洱与全国的差距只会越拉越大；如果仅靠国家的普惠性政策支持，普洱走不出发展困境；如果不充分发挥绿色生态优势，优势也会慢慢变成劣势。在普洱建设国家绿色经济试验示范区，按照“生态建设产业化，产业发展生态化”的思路，坚持生态优先，集约利用资源，大力发展绿色经济，既可以充分发挥普洱的绿色生态优势，又可以最大限度地减少温室气体对全球气候的影响，为全国同类地区探索一条科学发展、绿色发展的新路子。

咖啡示范场

（四）普洱区位条件优越，建设国家绿色经济试验示范区能够为提升沿边开放水平、展示国门形象打开一扇新窗口。促进民族团结繁荣、维护边疆长治久安、推进边境睦邻友好合作，是国家提升沿边开放水平的重大战略，也是桥头堡建设的重要任务。普洱地处大湄公河次区域中心、中国面向西南开放桥头堡的前沿，是云南唯一“一市连三国、一江通五邻”的州市，历史上就是祖国西南的重要门户。至2011年，全市有思茅港和勐康2个国家一类口岸、孟连1个国家二类口岸以及17条对外通道。素有“东方多瑙河”之称的澜沧江—湄公河纵贯全境，流经缅甸、老挝、泰国、柬埔寨、越南进入太平洋。哈尼族、拉祜族、佤族、傣族等民族跨境而居，同周边国家的文化交流、人员往来、边民互市、商贸合作十分密切。改革开放以来，普洱充分发挥地缘优势，提升拓展与周边国家的人文交流和经贸合作，为落实国家与邻为善、与邻为伴的外交方针作出了积极贡献。在普洱建设国家绿色经济试验示范区，有利于提高国家沿边开放水平，有利于加快“实现大开放、促进大发展、构筑大通道、打造大基地、培育大平台、建设大窗口、维护大团结、保护大生态”的桥头堡建设，有利于展示边境民族团结、经济发展、社会稳定、人与自然和谐的良好国门形象。

内涵丰富　前景广阔　普洱建设国家绿色经济试验示范区的总体思路是：坚持以科学发展为主题，以加快转变发展方式为主线，紧紧抓住国家支持云南建设我国面向西南开放重要桥头堡和云南被列为全国首批低碳经济试点省份的重大机遇，牢固树立“生态立市、绿色发展”理念，按照“资源利用集约化、能源开发清洁化、工业发展园区化、生态建设产业化、产业发展生态化、城乡环境宜居化”的思路，充分利用国际国内两种资源、两个市场，坚持改革创新，大胆先行先试，为云南乃至全国走绿色发展道路作出示范。

发展目标是：全面实施“13111”工程，到2016年，即全市生产总值达到1000亿元，全市累计完成固定资产投资3000亿元，工业总产值达到1000亿元，累计完成招商引资1000亿元以上，农民人均纯收入达到10000元；强化绿色产业支撑力，绿色产业增加值占GDP的比重达到95%左右，森林覆盖率达到70%以上，城市绿化率保持在50%以上，科技进步对经济增长的贡献率达55%以上，单位生产总值能耗下降到1.07吨标准煤以下，累计治理水土流失面积650平方千米以上，人民生活水平达到或超过全省平均水平，国家绿色经济试验示范区建设初见成效，在全省科学发展、和谐发展、跨越发展中实现率先跨越发展。到2020年，把普洱建成云南低碳经济试点核心区，西南重要生态安全屏障，国家重要的生物多样性宝库、特色生物产业聚集区、绿色工业示范区、绿色经济总部园区、绿色产品贸易集散地和繁荣和谐稳定的边疆多民族示范区，中国—东盟绿色产品交易平台，人民生活达到或超过全国平均水平，全面实现小康，建成国家绿色经济试验示范区。今后，普洱市将沿着科学发展、绿色崛起的道路，在国家绿色经济试验示范区的平台上，不断探索，不断创新，不断超越，当好绿色发展先锋，引领绿色发展方向，贡献绿色发展经验，造福普洱各族群众，充分发挥国家绿色经济试验示范区在全国乃至全球绿色经济发展中的示范带头作用，在绿色发展大道上越走越宽、越走越好。

发展重点是：实施生态种养殖、产品精深加工和绿色新兴产业“三大示范项目”。加快建设特色生物产业、林产业、清洁能源和休闲度假“四大基地”。发展壮大特色生物产业，重点开发文化旅游产业，大力发展清洁能源产业，提升发展现代林产业，形成“四大绿色产业”。着力构建生态环境、城乡统筹、科技创新、外贸促进、金融服务、专业人才“六大支撑体系”。通过三大示范项目、四大基地、四大绿色产业、六大支撑体系的建设，形成绿色经济试验示范区的整体构架和丰富内涵。

核心内容是：

优化一个布局。加快推进思宁一体化城市发展和建设思茅、宁洱、景谷、江城绿色经济试验示范区这个核心；加快推进景谷、澜沧两个次区域中心城市发展；构建思宁江墨“通道经济带”“景景镇”“两山绿色经济带”和澜孟西“普洱绿三角经济带”。

强化两大举措。以构建连接各大区域公路、铁路、航空、水运立体综合交通网络为核心，推进教育、科技、文化、卫生、体育、商贸流通和信息等基础设施建设，实现大建设夯实大基础；按照1个产业重点引进扶持1—2户龙头大企业的思路，引进国内外知名大企业、大集团落户普洱，实现大招商带动大发展。

打造三大品牌。突出普洱茶、咖啡、生物药、渔牧、生态优质烟叶、特色有机蔬菜等产业重点，打造特色产业品牌；全面实施绿化、亮化、野花、野生动物、好水、风貌改造、酒店、湿地、人文和美食“十大工程”，着力打造以生态生命景观系统支撑的“妙曼普洱、养生天堂”精品城市品牌；依托普洱高雅时尚的森林生态文化，浓郁深厚的普洱茶文化，妙曼无限的少数民族文化，以及富含东南亚风情、开放包容的口岸文化四大重点，打造生态文化品牌。

建设四大基地。大力发展茶产业、生态咖啡、生物药、渔牧业、优质烟叶、橡胶、生态果蔬等特色生物产业，把普洱打造成为国家特色生物产业基地；大力发展以水电为主，太阳能、风能、生物质能为补充的清洁能源产业，把普洱打造成为全国重要的清洁能源基地；提升发展以林（竹）浆纸纤为龙头、林板和林化为两翼、林下特色经济等为补充的现代林产业，把普洱打造成为全国现代林产业基地；积极构建“景景镇”“绿三角”“思宁”三大休闲养生区，墨江、江城休闲养生度假点，把普洱打造成为国际一流的休闲度假基地。

实施五大战略。以茶、林、生物药、咖啡、橡胶等特色产业发展为重点，大力实施绿色产业现代化；以建设完备的森林生态系统、维护生物多样性为核心，大力实施生态建设产业化；围绕“妙曼普洱、养生天堂”城市品牌建设，突出园林化、精品化、森林化建设风格，加快国家森林城市、森林生态小城镇、绿色生态社区、生态村庄规划建设，努力实现城乡环境宜居化；依托区位优势，以口岸和通道为基础，以文化为纽带，全力建设无障碍物流体系和综合保税区、中老缅越四国边境绿色经济自由贸易区、中国—东盟经济文化交流中心，形成全方位多元化对外开放新格局；以绿色科技创新体系为抓手，积极建设绿色技术创新信息服务平台、绿色生物科技创新园区、产品质量安全监督检验检测中心，搭建国家绿色经济试验示范区科技创新服务平台。

构建六大体系。着力构建生态环境支撑体系；围绕打造绿色产业化技术支持系统，完善绿色科技推广服务，设立绿色发展技术创新专项资金，着力构建科技创新支撑体系；围绕建立以思茅区为核心的国际物流、商贸、保税仓储配送中心，建设昆明与普洱互动的现代物流服务平台，打造“中老越三国边境经济圈”，着力构建贸易促进支撑体系；鼓励金融机构在普洱设立分支机构，设立绿色经济发展基金，鼓励引导社会和民间资本投资发展绿色经济，着力构建金融服务支撑体系；加大专业人才的引进和培养力度，建立干部对口挂职交流机制，着力构建专业人才支撑体系；健全完善的就业、就学、就医、社会保险、医疗保障、收入分配、住房保障等制度，着力构建社会保障支撑体系。

先行先试 成效初现 普洱市坚定不移转方式、调结构，千方百计保增长、快发展，全心全意惠民生、促和谐，全市经济社会发展实现了新突破，呈现了新亮点，迈上了新台阶，国家绿色经济试验示范区建设迈出了新步伐，展现了新特点，取得了新成效。

2011 年，全市完成地区生产总值 301.2 亿元，增长 14.2%，增幅居全省第六位；全社会固定资产投资 305.2 亿元，增长 29.8%，其中，完成省考核任务 284 亿元，增长 27.3%，增幅居全省第四位；地方财政一般预算收入 39.3 亿元，增长 27.3%，地方财政一般预算支出 145.7 亿元，增长 27.7%，绝对额均居全省第六位；外贸进出口总额 2.1 亿美元，增长 23.2%；农民人均纯收入 4338 元，增长 18.8%；城镇居民人均可支配收入 14877 元，增长 10.4%；万元生产总值能耗下降 3.8%。

（一）四大基地取得新成效。打造特色生物产业、清洁能源、现代林产业和休闲度假基地见成效。以茶、烟草、咖啡、生物药、渔牧为重点的特色生物产业稳步推进。全市茶园面积达到 330 万亩，占全省的 59.8%、全国的 11.2%，成为“普洱茶”的最大基地。引进天士力集团转化普洱茶重大研发成果获得成功，“帝泊洱”品牌效应日渐扩大，国家普洱茶产品质量监督检验中心顺利建成，实现了由“农业普洱”“文化普洱”向“科学普洱”的新跨越；咖啡面积达到 43.9 万亩、产量 2.83 万吨、产值 8.5 亿元，居全国第一，成为星巴克的重要战略合作伙伴、雀巢咖啡中国区域的最大供应基地；与红塔集团、广东中烟、湖南中烟等大企业合作，建设全国生态优质烟叶核心基地迈出新步伐；人工种植石斛近万亩，种植面积和产量均居全国、全省前列，引进康恩贝集团引领现代生物药业发展，打造全国最大的铁皮石斛产业化基地不断推进；以深圳惠科、爱伲集团、云南海王为龙头，建成年加工 3 万头肉牛、10 万吨鲜鱼生产线，渔牧产业由传统工艺向现代精深加工迈进。以水电为主和太阳能、风能、生物质能为补充，建设清洁能源基地再创佳绩。建成大中型电站 12 座，水电总装机容量达到 354.9 万千瓦，实现产值 40 亿元，成为全省重要的清洁能源基地。以金光集团、云景林纸、云南林投为龙头，建设现代林产业基地上新台阶，2011 年全市实现林业产值 70 亿元。以绿色生态旅游、茶文化体验、度假休闲养生为主的国际性旅游度假休闲养生基地建设取得新进展。打造了澜沧景迈芒景、梅子湖酒店等一批高端旅游景区景点，引进金洲集团建设普洱国家公园、改造提升墨江北回归线标志园和茶马古道公园，引进中坤集团规划建设中国普洱休闲养生部落。2011 年接待国内外游客和旅游收入增幅均居全省第一。

（二）基础设施再上新台阶。完成综合交通投资 58.4 亿元，磨思高速公路和澜西路、思江路等 8 条二级公路建成通车，澜沧绿三角机场立项报批工作进展顺利，玉溪新平—镇沅—临沧高速公路及玉溪—磨憨铁路（普洱段）等项目前期工作扎实推进。完成水利投资 12.1 亿元，江城营盘山、思茅箐门口等水库竣工验收，景东青龙、镇沅新江等水库开工建设，实施 54 座病险水库除险加固工程，完成 1.4 万件“五小水利”工程，新增和改善灌溉面积 25.1 万亩。完成电站及电网投资 116.3 亿元，以糯扎渡电站提前两年下闸蓄水为标志，全市电站建设取得突破性进展。石门坎、三江口电站建成发电，普西桥、勐野江电站建设进展顺利。电网建设加快推进，投资 59 亿元的糯扎渡电站 800 千伏直流输电工程和 500 千伏交流送出工程开工建设，成为西电东送、云电外送的重要枢纽，清洁能源基地建设取得重大突破。完成城镇基础设施及房地产投资61.8亿元，完成社会事业投资17.2亿元。

（三）绿色产业实现新突破。实现工业总产值165亿元，增长22.9%；规模以上工业增加值54.2亿元，增长26.8%。茶、林、电、矿产业实现工业产值115.8亿元，占工业总产值的70.2%；实现利税22.6亿元，增长34.1%。全市实现旅游总收入29.6亿元，增长72.8%；实现咖啡产值8.5亿元、烟农收入10.9亿元、橡胶产值10.8亿元，蚕桑产值2.3亿元，生物药业产值5.1亿元，渔牧业产值41.4亿元。实现农业总产值147.3亿元，增加值88.7亿元，分别增长8.4%和8%。粮食总产量95.5万吨，连续7年增产。完成中低产田地改造31.2万亩、中低产林改造40万亩，生态茶园覆荫树种植57.6万亩。农业产业化经营组织发展到760个，各类农业龙头企业发展到172家。

普洱市工业园区一角

（四）城乡建设展现新面貌。积极探索实践城镇上山、农民进城的城镇化发展新路子，创造了特色城镇化发展“普洱模式”，为全省城镇化建设提供了有益经验。着力打造“妙曼普洱、养生天堂”城市品牌，加大中心城区提升改造力度，湿地系统恢复和绿化、美化、亮化等一批项目全面推进，16条续建及新开工城镇道路通车12条，一个以生命景观系统支撑的妙曼城市呼之欲出，“城在林中、林在城中、山水相依、绿色生态”的妙曼城市展现雏形。1个区域性中心城市群（思茅区、宁洱县），2个区域性次级中心城市（景谷县、澜沧县），6个小城市（县城）和一批重点特色城镇有机结合的城镇体系逐渐形成。澜沧惠民城乡一体化试点稳步推进，全市城镇化率达32.3%。2011年，荣获“CCTV最值得向世界推介的中国名城”“中国十佳绿色城市”“中国最佳休闲小城”“中国魅力城市”“全国可再生能源建筑应用示范城市”和“EMBA最具投资价值城市”等荣誉称号。

（五）对外开放迈出新步伐。开放合作向宽领域、高层次、全方位推进，新引进加拿大嘉汉林业、中国建材、广东核电、深圳永丰源、中坤集团、太平洋集团、河北东日集团、沃尔玛、苏宁、国美等一大批企业。2011年实施各类经济合作项目182项，实际到位市外资金131.4亿元，比上年增长70.7%。与泰国彭世洛市缔结为友好城市，与吉林市结为友好城市工作顺利推进，与昆明市签订国际大通道建设和边境贸易合作框架协议。孟连勐阿边境经济合作区列入国家桥头堡战略，江城勐康口岸获批为国家一类口岸。加强同周边国家人文交流和经贸往来，中越老三国边境经济圈建设积极推进。

（六）文化事业取得新业绩。文化产业发展势头强劲，文艺创作持续繁荣，推出了《妙曼普洱》《茶马古道》《牡帕密帕》《普洱之恋》《虎妈》《阿佤山》等一批音乐、影视、歌舞、文学艺术精品力作，特色文化品牌不断涌现。中央电视台“心连心”艺术团首次走进普洱，参加央视年度大型公益励志电视活动—《梦想合唱团》荣获冠军；隆重举办普洱民族团结誓词碑建碑60周年纪念活动，成功举办了以“书画普洱”为主题的第十一届中国普洱茶节；景迈山千年万亩古茶园被批准为国家级重点文物保护单位，荣获2011年中国十大休闲胜地称号，申报世界文化遗产通过专家评估论证。

（七）和谐社会呈现新气象。2011年，民生投入达101.4亿元，占地方财政一般预算支出的72.3%，解决了一大批关系人民群众切身利益的民生问题。全面协调发展各级各类教育，投入教育经费21亿元，增长20.8%，思茅师专组建普洱学院获得成功。完成112个卫生基础设施项目建设。发放小额担保贷款总量连续三年居全省第一位。投入城乡社会救助资金6.5亿元。开工建设5540套廉租住房和公共租赁住房。投入各类扶贫开发资金8.1亿元，完成730个自然村整村推进项目，澜沧拉祜族聚居区扶贫开发取得阶段性成效，聚居区2.6万群众初步摆脱贫困。新增公益林250万亩，生物多样性保护扎实有效。人民群众对城市环境满意率从上年的73%提高到80%。群众工作受到中央和省委的肯定，全国做好新形势下群众工作经验交流会在普洱召开，“孟连事件”转变为“孟连经验”在全国推广。

深入实施国家桥头堡战略，加快建设国家绿色经济试验示范区，推动普洱经济社会率先跨越发展，是时代所需、民心所向、形势所迫。普洱将毫不动摇地坚持科学发展、和谐发展、跨越发展，勇于创新，敢于突破，一步一个脚印，努力把机遇变成动力，把规划变成现实，把优势变成实力，为全省绿色发展、跨越发展作出示范。

打造“两山”绿色经济带 建设普洱

世界黑冠长臂猿之乡—普洱景东，位于滇西南中部，普洱市北端。处于东南亚—大理佛文化国际黄金旅游线路重要节点上，是普洱市北部对外经济贸易和旅游开发的绿色桥头堡。全县辖13个乡（镇）、166个村民委员会、4个社区、2345个村民小组，总人口36万。总面积4532平方千米，其中山区面积占95.5%，坝区占4.5%。境内居住着彝、汉、傣、布朗等25种民族，少数民族占总人口的49.5%，彝族人口占总人口的42.1%，是一个多民族融合的山区农业县，是云南省6个单一彝族自治县之一。

县委书记张瑜（李世华 摄）

县长李春荣（李世华 摄）

景东境内有无量山、哀牢山两个国家级自然保护区，是全国为数不多的同时拥有两个国家级自然保护区的县区之一，在不到万分之一的国土面积上保留了占全国三分之一的物种。哀牢山生物多样性在世界上绝无仅有，无量山有87群500余只国家一级濒危重点保护动物黑冠长臂猿，被命名为“中国黑冠长臂猿之乡”。全县森林覆盖率达66.82%，是全国、全省的重点林区之一。矿产资源较为丰富，已探明有21种甲类矿产；水资源极为丰富，澜沧江上有漫湾、大朝山两个国家级水电站，水能资源开发利用前景十分广阔。

景东历史悠久，唐南诏时设银生节度，是南诏疆域最广阔的节度，因此被誉为“银生古城”，也是最古老的普洱茶产区。明朝洪武初年置景东府，演绎了一段长达500多年跌宕起伏、可歌可泣的陶府土司历史。历史上涌现出了同治皇帝老师刘崐、四省巡抚程含章、晚清云南五大诗人之一戴家政等一批文化先贤、历史名人；遗留下文庙、卫城、三塔等具有浓烈民族色彩兼有中原文化韵味的历史文化古迹，珍藏着举世无双的陶府傣族出土文物等4000多件。流传着火把节、打歌、跳菜、杀戏等多姿多彩、特色鲜明的民族民间文化。

省级重点文物保护单位景东文庙（陶明贵 摄）

国家一级濒危重点保护动物黑冠长臂猿（唐云 摄）

吉尼斯世界纪录彝族大三弦雕塑（李思思 摄）

绿色桥头堡 景东彝族自治县

投资4.68亿元的青龙水库建设启动仪式（李世华 摄）

景东是普洱市现代农业产业化示范基地，已培植形成以烤烟、蚕桑、茶叶、渔牧、核桃、矿电、林板林化、食品加工等特色优势产业，被列为国家“东桑西移”蚕桑基地县、云南省蚕桑生产核心基地县、云南省核桃基地县，“无量山乌骨鸡”名列云南省六大名鸡之一。

景东县委、县政府团结带领全县各族干部群众，紧紧抓住国家新一轮西部大开发和桥头堡建设等战略机遇，扎实推进“无量山哀牢山绿色生态经济带”建设，努力把景东建设成为云南省的绿色桥头堡和普洱市北大门绿色经济通道区，全面实施“一产富民、二产三产强县、生态立县、科教兴县、改革开放活县”五大战略，做强做大林业、烤烟、蚕桑、矿电、牧渔产业，提升茶叶、核桃、蔗糖产业，着力培育食品加工业、生物产业和旅游文化产业。建成文教大县、现代农业产业示范县、现代林产业加工基地县、优质烤烟基地县、茧丝绸生产加工基地县、无量山哀牢山国家公园高端旅游科普基地县，努力把景东建成绿色经济实验示范区的排头兵、统筹城乡农民进城的示范县和企业家创业建功的乐园。

2011年，实现县内生产总值34.6亿元，增长13.9%；完成全社会固定资产投资13.64亿元，增长30.8%。地方财政一般预算收入2.54亿元，增长11%；支出12.36亿元，增长7.6%。农民人均纯收入4171元，增长19.5%；城镇居民人均可支配收入14089元，增长10.8%；社会消费品零售总额8.41亿元，增长18.4%；金融机构各项存款余额34.24亿元，增长17.2%；各项贷款余额19.8亿元，增长20.5%。三次产业结构优化为42.7：25.8：31.5。农业产业发展初显规模，实现农业总产值24.55亿元，增长12.2%。工业园区规划高位推进，工业结构调不断整优化，完成县内工业总产值15.2亿元，增长26.2%；实现规模以上工业增加值5.2亿元，增长27%。三产经济实现增加值10.89亿元，增长9%。“无量山哀牢山绿色生态经济带”规划编制扎实推进，生态旅游文化规划编制工作有序开展。商贸物流、金融保险、特色餐饮、房地产等日渐繁荣，“乡村流通工程”、“万村千乡市场工程”和“家电下乡”持续活跃。

“十二五”期间，景东规划实施“4+1工程”，即“4个一百亿加1个一万元”工程，具体目标为：县内生产总值年均增长28.2%以上，达到120亿元以上；固定资产投资年均增长40%以上，5年累计完成130亿元以上；全县工业总产值年均增长48.6%以上，达到110亿元以上；累计完成招商引资100亿元以上；农民人均纯收入年均增长23.5%以上，达到12000元以上。景东县委、县政府将以中国特色社会主义理论为指导，坚定不移地贯彻落实科学发展观，以实现跨越发展为主题，树立高原情怀，倡导大山精神，大力弘扬“尚德崇文、和谐包容、敢为人先”的景东精神，同心同德，群策群力，振奋精神，合力攻坚，为全面开创景东科学发展、和谐发展、跨越发展新局面而努力奋斗！

现代观光农业及“菜篮子”基地（李思思 摄）

万亩烤烟基地（李世华 摄）

特禽养殖无量山灰天鹅（罗中儒 摄）

云南六大名鸡之一无量山乌骨鸡（王云 摄）

红色热土起雄风

县委书记曹阜忠到工业园区调研

罗炳辉将军纪念馆

彝良是全省土地革命时期5个老区县之一，也是国家重点扶持的贫困县。全县国土面积2804平方千米，辖15个乡镇，总人口58.4万人。彝良历史悠久，从秦汉时期开始有历史记载，古镇牛街已有1600多年历史。彝良有深厚的文化底蕴，境内居住着汉、彝、苗、回等17种民族，有浓郁的民族民间文化、众多的历史人文景观。

彝良资源富集，全县煤炭储量18亿吨以上，其中小发路片区优质无烟煤储量达2.4亿吨，发热量8000大卡以上，被誉为世界煤炭“王中王”；铅锌资源初探储量157万个金属吨，预测远景储量1000万个金属吨以上，初步判断属特大型矿床；硅矿资源储量达80亿吨以上，品位高达98%以上，开发潜力巨大；水能资源丰富，理论蕴藏量86.76万千瓦，可开发51.18万千瓦；生物资源独具特色，特别是“中国天麻原产地”的小草坝天麻驰名中外；

彝良县城远眺

——彝良建设桥头堡行动纪实

小草坝天麻

标准化养鸡场

烤烟种植

有较好的红色生态旅游资源，红军二、六军团三进三出彝良，打响了著名的“乌蒙回旋战”，红军川滇黔边区游击纵队在彝良开展革命活动长达12年之久，这里养育了革命先驱刘平楷、云南省唯一一位被中央军委认定为人民解放军军事家的罗炳辉将军、时代英雄徐洪刚等众多英雄模范人物；有滇东北海片区最大的森林绿洲小草坝省级风景名胜区。

小草坝秋韵

树林乡管坝新农村建设点

驰宏公司全景

龙安三乐水库

云南高原第一坝——陆良县

县委书记　朱党柱

县长　陈锐

爨文化广场夜景

陆良县位于云南省东部，曲靖市南部，县城距昆明123千米，距曲靖65千米，国土面积2018平方千米，其中坝区面积772平方千米，是云南省第一大高原平坝。全县辖8镇2乡1个华侨管理区，139个村（居）委会。2011年末总人口66.5万人。

陆良早在西汉元封二年（公元前109年）设县，是云南最早建置的24个县之一，素有“文献之邦”“鱼米之乡”“丝绸之府”的美誉，是著名的爨文化发祥地。历史文化积淀丰厚，境内有世界罕见的地理奇观国家4A级旅游风景区彩色沙林，有被康有为誉为书法“天下神品第一”的国宝爨龙颜碑，有五峰山国家级原始森林公园，有始建于明代的省级重点保护文物大觉寺千佛塔，还有如诗如画的万亩荷花白水塘等景区景点。

陆良是全国可持续发展实验区、云南省47个县域经济试点县、云南省40个工业强县、云南省40个高原特色农业示范县、云南省10个特色文化县、云南省现代农业示范县之一。陆良境内土地平整、肥沃，自然资源丰富，发展现代农业具有得天独厚的优势，素有滇东粮仓之称，农林牧渔业总产值多年位于全省各县（市、区）第1位。陆良工业园区是省级重点工业园区，轻工、化工、建材、生物资源加工4个产业集群特色鲜明，工业增加值年均保持在全省20位以内。陆良县城区面积15.5平方千米，城区人口14.8万人，城镇化率37%、绿化率36.5%，拥有不同规模的集镇30个，商贸流通、文化旅游、房地产等现代服务业持续健康发展，社会消费品零售总额、第三产业增加值年均保持在全省第25位左右。陆良是进出滇东的重要枢纽，324和326国道在县内交汇，南昆铁路穿境而过，是连接昆明辐射曲靖、红河、文山乃至贵州、广西西部地区的中心地带，是滇东重要的物资集散地。陆良深厚的文化积淀、丰富的自然资源、良好的区位交通、充足的人力资源，蕴藏着巨大的比较效益和发展潜力。2011年，实现县内生产总值115亿元，绝对数位居全省第18位；完成地方公共财政预算收入4.53亿元，绝对数位居全省第36位；完成规模以上固定资产投资67.7亿元，绝对数位于全省第31位；城镇居民人均可支配收入1.8万元、农民人均纯收入5960元，绝对数均位于全省第25位。

陆良县万亩荷花白水塘

陆良县委、政府将紧紧抓住国家新一轮西部大开发、云南省“两强一堡”、滇中城市群经济圈和昆曲绿色经济带规划建设的战略机遇，牢固树立科学、安全、和谐、可持续发展理念，大力实施“产业强县、开放活县、科教兴县、依法治县”发展战略，加快推进新型工业化、农业产业化、城乡一体化进程，建设“富强、活力、生态、和谐”陆良。

澜沧县中医院

澜沧县中医院座落在澜沧县城建设路，成立于1993年10月3日，属全民所有制卫生事业单位，是云南省普洱市边三县（澜沧、西盟、孟连）唯一一所二级中医医院，承担着全县医疗、急救、乡村中医业务指导及勐朗镇3.5万人口的防疫、保健工作任务。澜沧县中医院以诚信立院为本，突出诊疗综合实力，在院长高亚飞的带领下，不断加强人才兴院、技术兴院、服务兴院。目前，医院发展成为技术先进、设备精良、专科齐全，集医疗、教学、科研为一体的现代化医院。

澜沧县中医院开展优质护理工程

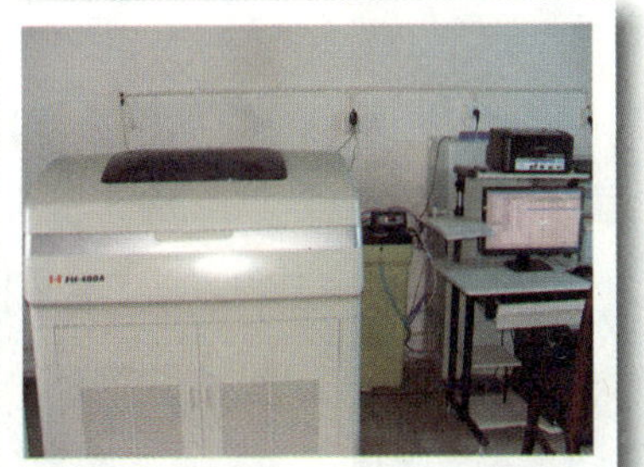
澜沧县中医院全自动生化分析仪

澜沧县中医院飞利浦HD6

澜沧县中医院占地面积3869平方米，其中业务用房3545平方米，内设住院部及门诊部，床位编制120张，实际开放病房69张，主要开设内科、外科、儿科、妇产科、肛肠科、针推理疗科、麻醉科、口腔科、防疫保健科、检验科、放射科、功能科等十余个临床及辅助科室。医院现有退休职工34人，在职职工104人，其中卫生专业技术人员91人（其中副高3人、中级20人、助理级35人、员级33人），本科6人，专科58人，中专及以下40人。

医院设备，有飞利浦HD6彩超、DR数字化影像机、奥林巴斯胃镜以及全自动生化仪等万元以上设备42台（件），设备总值650万元，固定资产1033万元。

在业务技术方面，医院开展临床各科常见病、多发病的防治，抢救危重病，开展胃部切除等外科手术及子宫切除等妇产科手术及计划生育手术，其中，中医斜扳指点法治疗腰椎间盘突出受到广大患者的好评。

澜沧县中医院，先后荣获“百姓放心示范医院”“省文明单位”“全国卫生系统先进集体”“全国职业道德先进单位等荣誉”。医院始终坚持以“病人至上、质量第一”为办院宗旨，以“人性化”的空间设计、全程导医陪护服务、先进网络管理流程为特色，以“星级服务、普通收费”构筑起医院和谐的平台。

澜沧县中医院职工代表大会

澜沧县中医院医院门诊综合楼

云南锡业集团

2011年12月6日，时任省委副书记、代省长李纪恒（前右二）到云锡控股公司指导工作

2011年7月11日，时任省委常委、昆明市委书记仇和（前左二）到云锡控股公司指导工作

2011年4月27日，省委常委、副省长李江（左二）到云锡控股公司指导工作

2011年10月17日，省委常委、组织部部长刘维佳（中右二）到云锡指导工作

2011年，云南锡业集团（控股）有限责任公司（以下简称云锡控股公司）以科学发展为主题，以转方式调结构为主线，全面贯彻落实云锡第九次党代会确立的“1188656”发展纲要，推进实施“十二五”规划，体制机制改革深入推进，管理水平有效提升，企业转型升级进一步加快，各大产业板块加快发展，资源拓展成效显著，市场营销工作进一步加强，科技创新能力不断提升，人才队伍建设不断加强，人力资源结构进一步优化，企业发展能力、竞争能力和综合实力大幅度提升，企业凝聚力、执行力和自主发展能力进一步增强。在全司干部职工的共同努力下，较好地完成了2011年各项生产经营目标和任务，保持了快速发展的良好势头，企业发展迈上了一个新台阶。

主要产品产量持续增长

2011年，云锡控股公司完成有色金属总产量24.56万吨，同比增长45.3%。完成产品锡5.62万吨，锡材1.81万吨，锡化工1.43万吨，贵金属369吨。

主要经济指标完成情况

2011年，云锡控股公司实现营业收入205亿元，利税总额21亿元。

深化体制改革，全面推进转方式调结构。深入推进集团化管控体制改革，构建以云锡股份公司为核心企业的有色金属产业板块组织管理模式，充实调整云锡控股公司和云锡股份公司的管理职能，促进有色金属产业板块更好更快发展。构建管理高效、运作有序，适应产业多元化、产权多元化、经营国际化新特点的集团化组织管控架构，为云锡控股公司打造国际一流矿业

（控股）有限责任公司

云锡控股公司赴美国斯坦福大学“战略经营管理EMBA专题研修班”学习考察

通过美国斯坦福大学专家评审团组织的学习专题论文答辩

企业奠定了坚实的基础。

深化体制改革，全面推进转方式调结构

按照转方式调结构总体要求，紧紧围绕产业、产品、资产、资金、组织、人力资源6个方面的结构调整，全力推动企业发展方式的转变。以建设资源节约型、环境友好型企业为着力点，大力发展循环经济、低碳经济和绿色经济，不断拓展云锡特色新型工业化发展道路，企业转型升级达到了一个新高度。云锡控股公司被国家列为云南个旧多金属“矿产资源综合利用示范基地”。

持续推进“双创一加强”工作，管理创新成效显著

认真开展“管理水平提升年”活动，各项管理工作取得新进展。铅业分公司、贵研催化剂公司等单位的整体管理水平达到国际同行业先进水平，一大批企业进入国内、省内、州内的先进企业，企业整体管理水平迈上一个新台阶。

积极拓展融资渠道，优化资产资本资金结构，提升企业多元化资本运作能力，为重点产业项目建设提供资金保障。锡业股份12亿元公司债券发行工作已完成；40亿元非公开发行股票中国证监会已正式受理。贵研铂业2.7亿元再融资工作已完成。

加快信息化建设步伐，以信息化促进管理现代化，进一步提高管理运行效率。

夯实产业发展平台，加快打造各大产业板块

——有色金属产业板块。个旧东部区域矿山主体框架工程基本形成。1800、1600、1360三大平台建设顺利推进，老厂分矿3个500吨/日硫化矿生产基地、大屯选矿厂8000吨/日硫化矿选厂改扩建工程等矿山采选生产基地建设加快推进，生产力布局不断优化。华联锌铟210万吨/年采矿扩建项目和8000吨/日选矿扩建项目加快推进。

建设中的华联锌铟8000吨/日多金属选矿厂效果图

老厂分矿羊坝底3000吨/日硫化矿选厂

建成投产的10万吨/年铅冶炼厂

即将建成投产的10万吨/年铜冶炼厂

云锡同乐太阳能公司生产的真空管

云锡控股公司庆祝中国共产党建党90周年职工大型演唱会

云锡郴州公司锡深加工项目竣工投产

评选表彰2010年度“感动云锡”十大人物

10万吨／年铅熔炼系统达产达标，10万吨／年铜项目即将竣工投产，10万吨／年锌项目有序推进。加快锡精深加工产品提质提级。郴州锡材深加工产业基地投入试生产。

——贵金属产业板块。400万升催化剂产业项目”、“多品种、小批量军用贵金属新材料科研生产基地”和“稀贵金属综合利用新技术国家重点实验室”等项目的申报和建设有序推进。

——新能源产业板块。“100兆瓦多晶硅片建设项目”稳步推进；云锡同乐太阳能公司光热一期项目建成投产，正加快市场拓展。圣比和公司被省科技厅认定为“云南省动力电池材料工程技术研究中心”。

——建筑房地产产业板块。沉着应对国家宏观政策调整，寻找机遇，顺势而谋，做好项目推进和项目储备工作；严格资金管理，化解项目风险，提高项目运营质量。

——传统优势特色产业板块。结合传统优势特色产业的实际和特点，系统全面地对传统优势特色产业进行调研，科学分析产业现状及

世界最大的锡化工中心

发展优势。

大力实施资源战略，不断提升资源保障能力

加大力度推进实施资源拓展战略，初步搭建起省内、红河州、玉溪市、滇西资源平台，深化四川、内蒙、新疆、湖南、澳洲等资源拓展工作。加大资源项目的并购和整合力度，在资源拓展上取得重大突破。

个旧矿区找矿持续取得好效果，新增有色金属资源 18.7 万吨。老厂东铜锡矿接替资源勘查等 3 个全国危机矿山项目圆满完成，云锡控股公司被国土资源部评为“全国危机矿山接替资源找矿先进集体”。西区资源整合取得实质突破，整装勘查工作正顺利推进。

红河州内资源整合取得重大突破，与 6 个县市签订资源整合框架协议。省内资源拓展工作正在积极推进，与文山州人民政府签订战略合作协议，为拓展滇东南资源创造了更加有利的条件。积极拓展省外资源项目。组织多支专业技术队伍对美国、俄罗斯、玻利维亚等海外资源考察和论证工作。

加强和改进科研工作，较好发挥科技的支撑和带动作用

2011 年，公司荣获国家科技进步奖二等奖 1 项，中国有色金属工业科学技术奖二等奖 2 项，省级科技进步奖二等奖 1 项、三等奖 2 项。被云南省政府授予“十一五”省科技计划组织管理先进集体称号。

优化人力资源结构，提升人力资源管理水平

编制了《2011 ～ 2020 年人力资源规划》，明确了“十二五”期间人才工作的目标，全力打造适应云锡跨越式可持续发展需要的人才队伍。加大人才培养力度，加快人才队伍建设，不断提高培训的针对性和实效性。荣获“有色金属行业职教先进单位”称号。

认真做好安全、环保和质量工作，企业社会形象全面提升

云锡控股公司被国家安监总局确定为“安全生产标准化建设示范企业”。完成了《氧化亚锡》《焦磷酸亚锡》等 8 个企业标准的制订和修订，云锡为主修订的《铸造锡铅焊料》国家标准被评为“云南省标准化技术创新奖”。质量管理 QC 小组活动持续有效开展，再次荣获“全国质量管理小组活动优秀企业”称号。被评为“中国质量诚信企业”“云南省企业标准化良好行为 4A 级示范企业”，荣获“云南省质量效益型先进企业特别奖”。环境保护工作进一步强化，编制了《重金属污染综合防治“十二五”规划》。

“十二五”期间，云锡控股公司将按照新一届省委领导班子提出的“三年倍增、五年跨越”发展目标要求，走云锡特色新型工业化道路，推动新的跨越式可持续发展，打造千亿企业集团和国际一流矿业企业。

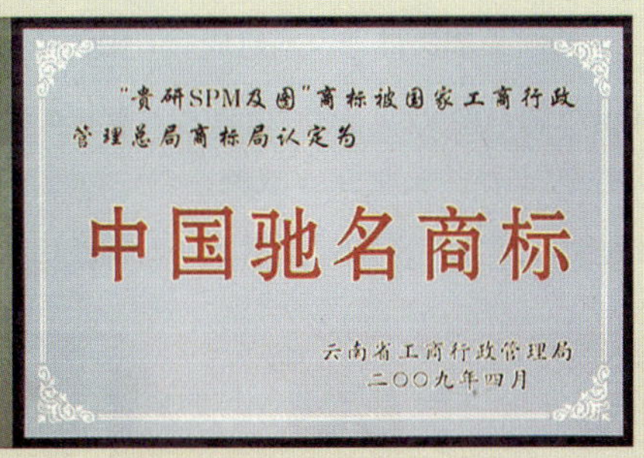

云南能源航母扬帆起航

揭牌仪式

云南省能源投资集团有限公司（以下简称“云南能投集团”或“集团”）是云南省委、省政府在“十二五”期间为加快推进云南建成中国面向西南开放的重要桥头堡，进一步实施云南省工业强省战略，做强做大能源产业，推动云南经济社会全面协调可持续发展而组建的。2012年1月11日，经云南省人民政府批复同意组建。云南能投集团的成立，对打造云南能源龙头企业，加快能源产业发展，发挥能源产业的基础支撑作用，提高全省能源保障，把能源优势转化为经济优势，推动云南由能源资源大省向能源强省转变，推进云南新型工业化道路进程具有重要意义。

云南能投集团是由云南省投资控股集团有限公司以全部电力及有关股权资产出资组建、云南省国有资产监督管理委员会履行监管职能的省属重点企

云南省人民政府副秘书长蒋兆岗主持揭牌仪式

云南省工商行政管理局向云南省能源投资集团有限公司颁发营业执照

云南省能源投资集团有限公司
YUNNAN PROVINCIAL ENERGY INVESTMENT GROUP CO.,LTD.

集团董事长、党委书记段文泉

集团总裁刘文娴

集团总裁刘文娴代表集团与五华区人民政府签订“企业内培协议书”

董事长段文泉到大唐国际进行交流

董事长段文泉在南京西普总经理杨世宏的陪同下参观水泥机械加工厂

业，注册资本金101.89亿元，总资产约208.41亿元。作为云南省能源战略的实施平台，云南能投集团是云南省人民政府授权的能源投资项目出资人代表及实施机构，是云南省能源资源开发、建设、运营和投融资主体，云南省电力、煤炭和相关能源资源、资产的整合主体。主要业务涵盖电力、煤炭、环保、新能源等投资、建设及生产经营管理；油气资源及管网项目的投资和开发；国际能源合作及高端电力装备制造、物流、贸易；与能源相关的技术、物资、信息服务等。

云南能投集团成立后，紧紧围绕“云电自用”和把云南资源优势转化为经济优势、发展优势的目标，加快资源整合，盘活存量资产，做大增量规模，逐步实现对省内能源资源的掌控，并着力打造四大主要业务板块：一是水电。实现参股水电的提质增效，以控股梯级开发为主推动“三江”流域大水电开发。以流域为主整合省内中小水电，提升其资源价值。按照建设“桥头堡”要求，积极实施“走出去”战略，面向南亚、东南亚国家积极开展对外能源合作开发。二是火电与煤炭。按照“水火同济”发展原则，控股建设好一批大中型火电、煤电一体化和燃气发电项目，优化能源供应结构。同时，通过市场化运作，积极参与省内煤炭资源的整合与开发。三是新能源。加快对云南省新能源资源的开发利用，以风电、太阳能、生物质能等发电为重点，并积极推动其他新型能源产业的发展。四是油气资源开发及综合利用、节能及能源相关产业。积极推进石油天然气管网综合利用和分布式能源项目，节能及能源相关其他产业。开展节能和合同能源管理业务，实施全省能源“节能管理”工作，落实云南节能减排目标。打造电力装备制造板块，推动云南省高端电力装备制造业、高新技术及新能源装备产业的发展。云南能投集团现已初步形成以水电、火电、新能源为主

董事长段文泉出席央企入滇活动，能投与四大央企签订战略合作协议

的电力板块，及煤炭、油气等能源资源开发，同时，积极推进国际能源合作及高端电力装备制造、物流、贸易的集团化能源投资企业。

云南能投集团在加快发展、做大规模的同时，将脚踏实地，一步一个脚印地着眼未来，开拓发展思路，励志创新。认真落实省委、省政府能源发展战略，按照云南省国资委关于省属企业转方式、调结构的具体部署和“目标倍增、布局合理、结构优化、效益优良”的要求，搭建好云南省“十二五”能源发展创新平台。积极推动云南能源产业跨越发展，落实资源、工业强省战略，结合云南资源优势和产业优势，以掌控的电力装机和电量，积极探索大用户及点对点直供电模式，支持云南优势有色矿业和载能工业的发展，加快推进云南新型工业化道路的进程；推进产融深度结合，加快云南优质能源资产与资本市场的直接对接，创建云南能源产业整合基金，把云南能投集团建设成为全国一流的能源投融资平台，为云南省能源产业发展、能源资源整合提供有力的金融支持；积极实施产学研一体化发展，依托能源产业优势，延伸产业链，引进吸收国内外先进能源技术，建设具有较强竞争力的能源产业园区，促进云南能源产业的科技创新和产业升级；按照现代企业管理制度，强化集团科学化、规范化和精细化管理，建设独具特色的企业文化，紧紧围绕云南

董事长段文泉和建工集团董事长陈文山代表双方企业签订战略合作协议

"十二五"社会经济"四个翻番""两个倍增"发展目标，不断推进云南能投集团科学发展、和谐发展、跨越发展。

展望未来，云南能投集团将坚持发展为第一要务，秉承务实进取、开拓创新的精神，以创新谋发展，以发展壮大促进云南能源产业的崛起。按照集团发展战略规划，到2016年，集团总资产将超过1000亿元，电力权益和可控装机规模突破1500万千瓦，年煤炭产量达到500万吨，年销售收入200亿元。到2020年，力争总资产超过1500亿元，电力权益和可控装机规模达到2000万千瓦，年煤炭产量达1000万吨。在发展成为云南大型能源龙头骨干企业的同时，立足云南"桥头堡"战略和建设"三基地一枢纽"国家能源基地的战略构架，履行好以能源促进云南经济快速、创新、跨越发展的重要使命，树立高原情怀，践行大山精神，以坚韧不拔的意志，勇往直前的气概，务实奋进，锐意进取，贡献、支持、服务于云南社会经济全面协调可持续发展。（陈嘉霖　张丽君　供稿）

滇中引水工程意向贷款协议签字仪式

集团举办董监事高管专业培训班

集团召开2012年度年中工作会议

（图片摄影：赵振王　张勰）

富 滇 银 行 股

富滇银行股份有限公司（以下简称“富滇银行”）成立于2007年12月30日，是经中国银监会批准成立的云南省省级地方性股份制商业银行。

几年来，富滇银行一直以加快发展地方金融业、促进云南经济发展为己任，积极面对复杂多变的外部经济金融环境，坚持以科学发展观统领全局，以风险控制为前提，以全面发展为主线，以提高经营质量和监管评级为重点，着力推进结构优化和发展方式转变，使客户基础有效夯实，业务结构持续优化，创新能力和市场竞争力切实增强，实现了效益、质量、规模的协调发展。

截至2011年12月31日，富滇银行本外币资产总额830.11亿元，全口径存款余额695.23亿元，各项存款余额615.51亿元，各项贷款余额424.30亿元；实现利润总额9.59亿元，不良贷款率1.07%。全行业务发展逐年稳步、积极推进，资产总量及存、贷款总量持续稳健增长，盈利水平显著提高，资金运行总体平稳，不良贷款及不良贷款率实现“双降”。

富滇银行根据“立足云南、辐射西南、放眼全国、走向泛亚”的区域战略定位，已在云南省大部分州市和重庆直辖市成立分支机构，在老挝成立代表处，发起设立4家村镇银行，成立3家金融服务中心。先后荣获“全国支持中小企业发展十佳商业银行”“中国十大最佳城市商业银行”“2010年全国服务县域经济十佳商业银行”“中国最具发展潜力零售银行”“2011中国中小企业金融服务十佳机构”等荣誉称号；并荣获“最

国家外汇管理局副局长邓先宏、老挝国家银行副行长宋袍·范西、中国人民银行货币政策二司副司长邢毓静、云南省人民政府金融办公室主任刘光溪、中国人民银行昆明中心支行行长周振海、老挝大众外贸银行副行长旺盖·达隆汶、富滇银行董事长夏蜀出席启动仪式

云南省人民政府副省长曹建方为富源富滇村镇银行开业揭牌

份　有　限　公　司

富滇银行赞助并冠名的“东盟之行富滇之举——2011东南亚自行车信使活动”新闻发布会

佳管理创新城市商业银行奖”“最佳公司治理城市商业银行奖”“中国管理学院奖”“2011年度中小企业融资贷款突出贡献奖”“2011年度云南‘桥头堡’建设特别贡献奖”等全国性和全省性重要奖项。在英国《银行家》杂志所评选的全球前1000家银行中，排名第758位；探索了一条中小银行特色化、差异化发展之路，日益凸显出在云南省经济和社会发展以及金融改革中的地位和作用。

心以致远，行于维新。富滇银行将继续按照“成为具有核心竞争力、可持续经营、泛区域发展的现代商业银行”愿景，秉承“富滇、致远、服务、卓越”使命，树立“以战略规划为先导、风险控制为基础、市场营销为中心、规范管理为手段、金融创新为动力”的企业经营理念，实现从传统经营模式向现代商业银行转型。同时紧紧抓住云南“两强一堡”战略的历史机遇，积极探索“走出去”战略，为云南省经济社会实现又好又快发展贡献出更大力量。

重庆市人民政府副市长凌月明、云南省人民政府副省长高峰为富滇银行重庆分行开业揭牌

曲 靖 市

曲靖市市长岳跃生在市商业银行五周年华诞晚宴上

云南省银监局城商处处长孔详丹、市商业银行独立董事彭志强听取讲座

董事长李小生在晚宴上致辞

曲靖市商业银行是由曲靖市人民政府作为主发起人发起设立的一家地方性股份制金融企业。自2006年3月28日成立以来，在市委、市政府的领导下，在各级监管部门的监管指导下，坚持“立足地方经济，支持中小企业、服务广大市民”的市场定位，坚定不移打造小企业授信表现出色银行，科学合理调整信贷结构，积极转变业务发展方式，坚持开拓与管理并重。经过5年的艰苦努力，在公司治理、经营管理、风险防控、质量管理、基础设施建设、机构建设、队伍建设、精神文明建设等方面都取得了可喜的成绩，各项业务快速、健康、协调发展，初步建立了完善的法人治理机制和严密的内控管理流程，实现了拨备充足、风险可控、稳健合规、高效优质的发展目标。

截至2011年末，负债总额119.66亿元，比上年末增26.6亿元，增长28.62%，其中各项存款余额113.8亿元，增长25.44%。资产总额125.8亿元，比上年增27.3亿元，增长27.76%，其中各项贷款余额54.8亿元，较年初增加11亿元，增长25.12%。全年实现各项收入6.9亿元，比上年增加3.2亿元，增长86.61%；实现拨备前经营利润2.7亿元，比上年增加1.5亿元，增长131.28%，完成计划1.8亿元的148.17%。全年缴纳各种税金1.5亿元。年内，荣获2011年云南省人民政府金融办公室授予的“2011年度最具成长性银行”“云南省服务中小企业最佳金融机构”荣誉称号，荣获“服务小微企业突出贡献奖”，在曲靖金融系统首获北京兴原认证中心颁发的ISO9001质量管理体系认证证书，有3个营业网点获得省银行业协会授予的“银行服务示范单位”，5个对外营业机构获得省市“青年文明号”称号，3个营业网点连续3年获得市级青年文明号称号。

2011年，曲靖市商业银行强化存款基础地位，牢固树立“存款立行、质量兴行”的理念，全方位，深层次展开存款组织工作，年末各项存款比上年净增24亿元，突破百亿大关。严格执行国家产业政策，严守监管红线，按照贷款新规要求，新增贷款规模50%用于投放小微企业，其中融惠通小

“源远流长—商行发展”论坛

商 业 银 行

官渡区人民政府副区长张勋与行长侯宁波共同为新螺蛳湾支行揭牌

行长侯宁波与副区长张勋亲切合影

市人行、市银监局领导到会指导

企业信贷中心发放贷款 7 454 笔，余额 133 946 万元，比年初增 83 282 万元，增幅达 164.32%，占全行贷款余额的 24.46%。年末全行发放中小企业贷款 46 亿，占总贷款余额的 85%，实现了调整优化信贷结构，践行了“打造小企业授信表现出色银行”的战略目标。大力发展中间业务，积极拓展收益渠道，围绕“银行卡质量提升年”目标，加大发卡和受理市场的建设和维护工作，注重银行卡的存款有效性和卡使用性，使珠江源卡有效率达到 98.39%，同时扩大 POS 终端市场占有规模，拓宽 ATM 布放渠道，夯实客户基础，年末 ATM、POS 交易量在曲靖市银行业中分别排名第四和第三位。科学合理使用头寸资金，大幅提升资金利用率，全年实现同业存放收益 8 828 万元，比年初增加 5 039 万元，增幅 134.10%，并加强利率定价指导，积极开拓票据市场，实现票据贴现利息收入 8 727 万元，收入比上年增长 459%。全年实现中间业务收入 1 531 万元，完成计划的 191.37%，较上年增加 584 万元，增长 61.67%。

2011 年，曲靖市商业银行深化内控强化管理，全面贯彻落实银监会“深化银行业内控和案防制度执行年”活动，按照“重点抽查、分类推进、差别对待”的原则，对全行资金交易业务、票据业务、负债业务、现金业务、信息科技等关键环节进行全面风险排查，及时有效防范化解各类风险，确保稳健合规经营。全年共开展离任审计、内控达标审计等 4 类 21 个，开展 3 次新放贷款风险合规滚动检查和会计档案、操作风险等自律检查 6 项，同时开展警示教育和“三防预案”演练，进一步强化风险防控意识，提高内控制度执行能力，全年在曲靖市公安局、市银监局组织的金融安全评估检查中，有 22 个营业网点达到优秀标准。完善公司治理，稳步推进内部改革，顺利完成综合管理能力提升项目，形成了覆盖全部业务和管理领域的质量管理与内控体系价值评估，完成了组织管理体系及组织架构建设、人力资源体系建设、风险管理体系建设、内控管理体系建设和合规管理体系建设、战略管理体系建设等，为 5 年战略规划的落实和实现奠定了基础。

行长侯宁波与昆明分行、新螺蛳湾支行领导班子合影

2011 年，曲靖市商业银行平稳推进机构建设和规划，不断优化网点布局，夯实跨区域发展基础，积累异地机构管理经验，先后完成红河分行、昆明分行关雨路支行的开业工作，并申报获得昆明分行新螺蛳湾支行、安宁支行的筹建，同时进行对红河分行的开远、个旧支行以及昆明行分行螺师湾支行、滇池路支行、白塔路支行的筹建和对麒麟城区 2 个支行、富源胜境支行、宣威下堡街支行 4 个特色支行建设工作。

怒江交通运输集

怒江交通运输集团有限责任公司，位于怒江州政府所在地泸水县六库镇，占地面积78861平方米。公司在怒江西岸建有办公大楼、永乐大酒店、新区客运站、交通小区和以农贸市场为主体的“旺赢商圈”；东城区小沙坝建有汽车综合性能检测站、汽车修理厂、驾驶员培训站和怡鑫汽贸4S店。公司在怒江州所辖泸水、兰坪、福贡、贡山4县及省级片马口岸均有客运站及客运宾馆，新建8个乡村汽车站。主要经营客货运输、汽车销售、汽车修理、驾驶培训、宾馆旅游和房地产开发等业务。

董事长兼总经理杨汶民（右一）会见缅甸邻邦官员

公司下属经营单位14个，员工总数684人，资产总额2.35亿元，运输车辆499辆，承担着怒江州全部长途客运任务。公司的宗旨是努力办好交通，服务边疆人民，所属客运站每天往返州内各县以及芒市、腾冲、保山、丽江、大理、昆明、攀枝花等地的长短途班次320多辆次。怒江州所属29个乡镇，除独龙江乡因道路条件制约暂不发客车外，其余28个乡镇都有公司所发的定点班车。

新建驾驶培训站教练及考试场地

“清白做人、认真做事、科学决策、勤政廉洁”是董事长杨汶民2004年10月主持交通运输集团工作时为领导班子和全体员工制定的工作准则。在怒江州委、州政府的领导下，在省交通运输厅的大力支持下，领导团队紧紧依靠全体干部职工，以企业文化建设为抓手，改革图强、创新发展、自强不息、拼搏奋进，在努力发展生产的同时，完成政府“民心工程”西片农贸市场的建设任务并开发建设了交通小区，彻底改变了职工的住房条件；按照政府的要求和贫困地区职工的实际情况，完成国有控股、职工自愿参股形式的企业制度改革；新建一批生产生活设施和乡村汽车站，改善了企业的工作条件和乡

团 有 限 责 任 公 司

怒江交通运输集团有限责任公司新貌

新区客运站鸟瞰

村群众的出行环境。收入逐年增加，职工生活逐年改善，企业面貌发生了根本性的变化。“十一五”期间，企业实现了“劳有所得、住有所居、学有所教，病有所医、老有所养”的生活目标。

“做精运输，做强维修，发展旅游，投资缅甸，延伸产业链，做强企业”是怒江交通运输集团“十二五”发展目标。为了在云南桥头堡建设中发挥西南运输通道的优势，进一步规范运输市场，做强做大运输企业，2011年，在省委、省政府，州委、州政府和各级领导的帮助下，公司领导顶着来自挂靠车驾驶员和市场风险的压力，坚持公有制为主体的原则，创新经济增长方式，不畏艰险、锐意改革，圆满解决了“12 · 30”停运事件。在2005年全部高快车实行公车公营改革试点的基础上，又投入6134.6万元，收购挂靠车139辆，结束了长期以来制约企业发展的跨县市线路长途客运车辆的挂靠经营模式，闯出了一条独具特色的自我发展之路。站在新高度、定位新起点，建设新区客运站、怡鑫汽贸分公司，改造驾驶培训场地和设施，更新和增加教练和考试用车，新招驾驶员222人，录用大专生11人，送培修理工和管理人员104人，拓展企业经营范围，增强企业的发展后劲。狠抓安全，科学管理，营业收入首次突破亿元大关。

2011年，公司荣获“企业文化建设百强单位”；公司和董事长兼总经理杨汶民荣获交通部“全国交通企业管理现代化创新成果三等奖”；中国国际职业经理人协会、中国工业合作协会、中国国际贸易促进委员会授予杨汶民“中国优秀企业家”称号。

（施怀宇　图／文）

一切为了“卷烟上水平”

1988年，创建乡企玉溪市溶剂厂。2002年，改制为非公企业云南省玉溪市溶剂厂有限公司。2005年，以玉溪市溶剂厂有限公司为核心企业组建云南环腾集团。改制以来，公司上缴国家税收9000余万元。24年来，公司作为卷烟企业增塑剂专用生产单位，一切为了“卷烟上水平”，不断创新发展，先后荣获“全国五一劳动奖状集体获得单位”“全国诚信守法企业”“全国模范职工之家”等250多项荣誉；职工86人次荣获“全国劳动模范”“全国优秀农民工”“全国五一劳动奖章”等荣誉，其中，公司董事长蒋兴建被评为全国青年星火计划“带头人”“标兵”“十大杰出青年”“全国劳动模范”“全国劳模特邀代表”，1993年、2005年、2010年3次受到胡锦涛、温家宝、李克强等党和国家领导人的亲切接见。

2002年，中共云南省委书记白恩培（左三），中共玉溪市委书记李江（左一）到公司调研

政治强

企业创办时，以3名党员为依托，建立党支部，确立党在企业中的地位和作用。企业改制后，党支部、董事会、经营班子达成共识：民营企业的党组织，只能加强，不能削弱；要充分发挥非公有制党组织在职工群众中的核心作用和在企业发展中的政治引领作用，确保企业沿着正确的政治方向发展，努力打造一支政治过得硬的企业团队。

2006年，党支部实施“云岭先锋”工程，董事会、经营班子积极支持，党员自觉参与。2008年7月，被中共云南省委表彰为先进基层党组织；同年，被省委、省政府表彰为省级文明单位。党支部秉胜组织职工开展深入学习实践科学发展观活动，党员做到个人形象一面旗、工作热情一团火、谋事布局一盘棋。克服和战胜全球金融风暴和经济危机给企业带来的困难和问题，化危为机，促进企业发展。2009年，被省委组织部认定为“第三批‘学科’活动非公企业示范点”。2010年5月，党支部组织开展创先争优活动，“和而不同”的创造出“十到位、三先进”的成功经验，团结带领职工节奏快、标准高、状态好、工作实，促进企业发展上新台阶。2011年6月，被省委组织部认定为“基层党建工作示范点”，省内外党建考察学习团队117批、3625余人次先后到企业交流学习。

2005年4月，蒋兴建在北京人民大会堂出席全国劳动模范和先进工作者表彰大会

经过24年的风雨磨砺，党支部发展26名新党员，现有29名党员，占员工总数的16.3%，占公司中层以上管理人员92%。为农村基层党组织输送8名党员领导干部，其中：3名当选为村党总支书记、副书记、村委会主任，5名当选为村民小组支部书记、组长，有力地为促进地方

环腾集团 玉溪市溶剂厂有限公司

经济社会和谐可持续发展做出贡献。

2010年4月26日，环腾集团董事长蒋兴建（右）作为全国劳模特邀领队与红塔集团总裁李穗明（左）、省总工会副主席杨建军（中）在北京合影

企业兴

24年来，以公司省级企业技术中心为核心，承担国家级“八五”星火计划、“九五”“十五”火炬计划重点项目实施，自主研发出“三醋酸甘油酯”“CA粒子增塑剂”“瞬间二醋纤增塑剂”3个云南名牌产品。“HT-2”新产品，被省工信委专家组评审认定为省级新产品，并推荐申报国家级重点新产品，处于国际领先水平；红塔集团认定为卷烟滤嘴棒成型固化“专用”产品，并签订技术保密协议；云南中烟公司和国家烟草专卖局认定为产品质量优于国家标准、最安全一类推荐使用产品。1996年，公司被评为“国家级高新技术企业”，在多次复审中被认定。2012年，公司有四大系列新产品33项，其中多个产品荣获国家级新产品和国家重点新产品证书、9个省级新产品、3个云南名牌产品；申报国家专利知识产权23项，受理23项，已获得授权专利证书17项。2010年3月，中国增塑剂协会统计公示：公司在生产规模、市场占有率、年销售收入、新产品开发能力等方面位居国内及东南亚同行业首位。尔后，企业始终保持强劲地发展势头。

生态好

公司作为化工企业，以“清洁生产”、节能降耗为重点，创建生态效益型、环境友好型企业作为首要责任。企业创办时，把生态环保纳入统一规划；在先后多次技改项目审定实施过程中，首先审查是否符合生态环保，凡是不符合要求的，坚决整改。24年来，做到污水“零”排放、废气达标排放，被环保部门多次表彰为“环保先进单位”。

24年来，公司不断调整厂区绿化规划，安排专人种草、养花、植树。利用三八妇女节、五四青年节、七一建党节，组织女职工、青年团员、党员开展植树活动，既为厂区增添景色、又培养职工审美情趣。2011年3月，党支部开展“学习杨善洲植树活动”，全体党员、入党积极分子等40余人在厂区内种植红豆杉等树种250余棵。厂区绿化、美化率达70%，被来宾称赞为“花园式企业”。

2012年10月6日，红云红河集团采购中心总监苗魁元（前右）到公司现场考察

2011年9月29日，企业被云南省科学技术厅等部门复审评定为“国家级高新技术企业”

中国泉乡 华宁陶

泉水·陶土·陶文化

华宁古称宁州，泉水四溢，掬水可饮，享有“中国泉乡”“陶乡”、“桔乡”之美称；大地中蕴藏丰富的优质粘土及釉色原料。得天独厚的水土为“陶乡”奠定坚实基础，他乡人可取经、不可再版水土，望而兴叹。

宋代南诏时期，大批内地陶器工匠涌进云南，使华宁陶生产技术产生了第一次突变。历代尤其是明代大规模移民，带来了中原及江南地区先进的生产技术，在极大促进云南经济社会和文化全面发展的同时，推动了华宁陶的发展。

明代，华宁陶市场畅销，聪明绝伦的制陶艺人在碗窑村周边修建了一条又一条龙窑。长长的龙窑依山势而建，一个窑口高过一个，十多个窑口紧紧相连，火从下点，火力顺势而上，绵绵不绝，颇具现代化既节能降耗、又生态环保的发展理念，初步实现社会化大生产，分工精细，你家擅制碗，我家长做缸，家家户户不同的产品集中起来，合烧一条龙窑。烧好的陶器再一同挑到村口卖，于是碗窑村前形成了一条颇具规模的陶街。

清《宁州郡志》记载：“车鹏，明洪武年间迁居华宁，于城北华盖山麓建窑制陶，华

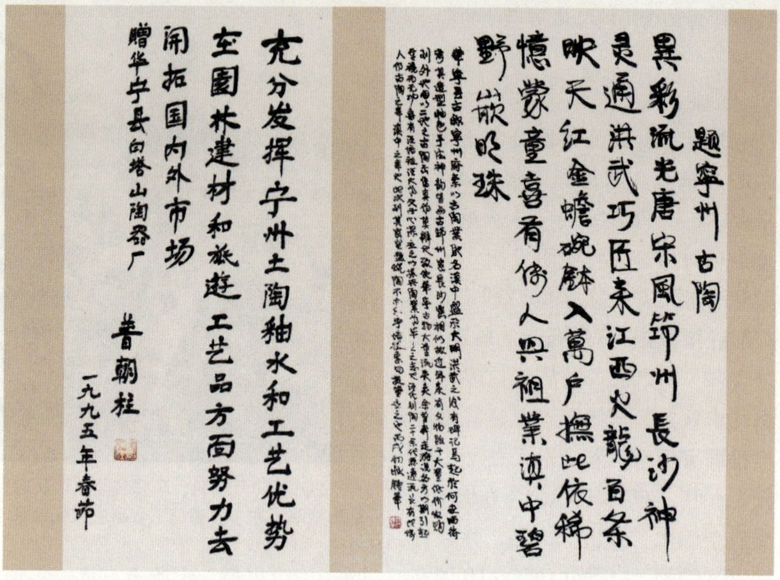

原中共云南省委书记普朝柱题词　　国家一级美术师、著名画家姚钟华题词

宁陶业由此兴焉。”其实，在车朋之前，华宁就有了烧陶的历史。1984年4月，考古工作者在华宁境内青龙新村，发现新石器遗址，采集到陶片40块、陶坯1块，有红陶、黑陶和灰陶，为盘、罐器物。有专家推论：华宁陶的源起可以追溯到新石器时代，是古滇先民生产生活的产物。

1910年，连接昆明和越南河内的国际窄轨铁路修通，嗅觉灵敏的商贩雇佣马帮将华宁陶运到开远、蒙自、河口，甚至是越南老街、河内。华宁陶有了一条新的、更远的传播线路。

华宁陶美，民国《新纂云南通志》记载：“陶器，宁州（华宁古称宁州）所产者为著名，有粗细二种，细者如花瓶、花盆、文具等，釉水式样，书画彩色均有可观。”

今天，碗窑村前的陶街消失了，十多条龙窑消失了。但华宁县城附近碗窑村的50多户人家，

手工拉坯

民国·月白釉孩儿枕

竹报平安壶

彩绘陶

杨大申竹节提梁壶

彩陶制品

大都是制陶人的后裔。村里依旧保存着一个完整的制陶流程，从取土到拉胚，从建窑到烧制，从造型到上釉，都能寻找踪影。

继承·发扬·再创新

华宁陶不仅进入千家万户，还留下了其演变发展的痕迹，形成特殊的人文文化历史景观。

1952年华宁县人民政府把23个分散的手工业制陶家庭组织起来，成立了第一个手工业合作小组。1956年发展为华宁陶器社。1980年华宁陶器社更名华宁县陶器厂，1988年以后，华宁陶初步形成技术与艺术、传统与现代、产品与市场相结合的格局；逐步形成建筑陶、日用生活陶、工艺陶、园林陶四大系列500多个品种，华宁陶工艺精湛，器质细腻，釉色斑斓，有华夏古陶“活化石”之美誉，华宁也因此被誉为“陶乡”。

1990年中央工艺美术学院陶瓷系主任梅健鹰教授在华宁的“仿古餐具”、“半坡式陶餐具”和“梅花胆瓶”，被云南省轻工厅授予设计奖，“半坡式陶餐具”全套188件入选亚运会。1991年被国家民委、轻工部和中国人民银行批准为民族用品。1992年云南省工艺美术研究所主持华宁陶工艺品开发，高级工艺美术师、陶瓷艺术家刘正南和著名雕塑家、工艺美术师朱祖德等参与华宁陶工艺品开发，并获第三届中国艺术节奖。1993年中央工艺美术学院教授、副院长杨永善出版的《美哉陶瓷2 民间陶瓷》收集华宁陶的“绿釉瓜棱壶”、“竹叶纹酒壶”、“绿釉支柱式油灯”、“绿釉烛台”、“绿釉单耳罐”等。1996年华宁建筑陶被评为中国首届消费者信得过产品。1997年华宁工艺陶获首届国际爱因斯坦新发明、新技术产品博览会暨国际荣誉评奖会金奖。2000年“宁州”牌彩陶被评为云南省名牌产品。2012年在南昌举办的第十三届中国工艺美术大师作品暨国家艺术精品博览会上，华宁宁州陶发展有限公司选送的作品《天沐》荣获银奖，《临风》和《福禄》荣获优秀奖。华宁陶工艺品在中国国际国内旅游节、文化、商品等展销会上独树一帜。

华宁陶以彩釉为最，“宁州陶器烧得绿”的民谚蜚声滇中。绿则釉之功效也，几多人谈釉色变，但华宁传统陶釉无毒无害，生态环保。

华宁陶，开华宁工业之先河。

近年来，华宁县以打造“西南千年陶乡”为目标，以市场经营为导向，以产品创新为突破口，做大做强工艺陶，推动了陶产业的迅猛发展，工艺陶产值从2008年的600万元跃升至2011年的7000万元，年生产各类陶件6000万件。2012年，华宁县成立了文学艺术和民族民间工艺发展促进会、陶瓷艺术协会，举行“华宁县古陶博物馆暨陶产业创意园区建设咨询会”、“华宁陶发展论坛”、华宁县首届陶艺美术书法大赛作品联展，举办华宁陶艺术专业人才培训班，组织陶艺协会所属6家企业参加2012年昆明泛亚国际民族民间工艺品博览会和2012年省工美杯大赛，获得2金2银3铜4优的好成绩，开展“华宁陶”地方标准和地理标识认证工作，打造“华宁陶”品牌，营造推动华宁陶文化产业发展的良好氛围。同时，华宁县委、县政府已着手陶土资源勘探和编制华宁陶产业发展规划，华宁千年古陶必将重放异彩。

清·月白釉罐

青釉带座观音尊

竹节烟筒

高温黑陶

求实奋进创伟业 科学发展铸辉煌

党委书记、局长　尹连武

煤矿安全监控系统

和谐矿区

富源县是全国首批100个重点产煤县之一，同时也是云南省重要煤炭能源基地县。县域内煤炭储量大、分布广、煤种齐，全县11个乡镇有10个乡镇产煤，有煤面积达1088平方千米，占全县国土总面积的33.5%，已查明资源量82.46亿吨。全县共有143矿154对井，设计生产能力1821万吨/年。2011年生产原煤2102万吨，生产洗精煤170万吨，生产焦151万吨，完成工业总产值140亿元。

富源县煤炭工业局代表县人民政府行使煤炭安全监管职能。近年来，紧紧围绕建设云南“煤化工强县”和“煤电大县”目标，突出煤矿安全工作重点，积极探索和改革监管方式，狠抓煤矿技术改造，强化矿井基础管理，推广运用新科技，提高机械化水平，全县煤炭产业呈现安全、稳定、健康发展的良好势头，正逐步走上安全发展、节约发展、科学发展和可持续发展的道路。

一、健全监督管理机制，强化安全责任落实

制定“一套制度两个体系”（即：《富源县煤矿安全管理制度》《富源县煤矿安全监管主体责任体系》《富源县煤矿企业安全主体责任体系》）及《富源县地方煤矿危险源排查治理工作手册》《富源县煤矿安全生产违法违规行为处罚手册》等管理制度和工作手册，推进了安全生产“两个主体责任”的落实。实行层层签订煤炭安全生产目标管理责任书，形成层层安全生产挂钩负责制、“一岗双责”制，做到分工明确、责任到人。

二、严格落实管理制度，消除安全事故隐患

制定出台一系列安全生产管理制度、重大隐患举报奖励制度、处罚制度、隐患排查整改制度等，对煤矿存在的重大隐患实行告诫、下达停产指令、给予经济处罚和黄、红牌警告等措施，对隐患整改不及时、不彻底的，坚决停产整顿，停止调运，发生事故的，一律予以重处重惩。严格实行“五个一”检查制度（煤矿企业每日一排查，煤炭分局每周一次排查，县局每月一次全面检查，每季度一次交叉大检查，每半年邀请专家开展一次会诊督查），严格落实隐患“排查→整改→复查→验收→销号”的工作流程。制定了到煤矿检查时夜查不得低于1/3的工作纪律，对煤矿生产安全实行24小时管理，特殊时段进行重点监控，使煤矿在任何时间都不敢放松管理，对煤矿安全生产管理起到了明显的促进作用。

三、加大安全资金投入，实施科技兴煤战略

严格落实煤矿企业安全费用的提取制度，提取的费用由煤矿企业专户储存，专款专用，保证煤矿安全设备设施的投入到位。仅2011年就完成安全生产投入14.6亿元，固定资产投资达27.8亿元。建成质量标准化矿井141对，其中省二级17对、省三级124对。高瓦斯矿井和“双突”矿井全部安装了瓦斯抽放系统。积极推广运用机械化采煤方法、改善矿井装备条件，逐步淘汰落后的采煤技术，不断推动煤矿采、掘、机、运等方面的科技进步。全县所有矿井全部实行壁式采煤，共有壁式工作面166个，其中单体液压支柱工作面146个、柔性掩护支架工作面6个、机械化采煤工

富源县煤炭工业局

作面累计达到14个，安装斜井架空乘人装置17套，实现矿井机械化掘进8对，矿井连续机械化运输43对。目前已建成矿井瓦斯发电项目5家，全县154对矿井全部安装安全综合监测监控系统和井下人员定位系统，实现了县、镇、矿三级联网。

四、强化队伍建设，提高从业人员素质

按照“三项建设”的要求，认真抓好煤炭安全监管队伍、技术服务、安全培训、整顿非法开采、驻矿安全监督员、煤炭过磅验站、矿山救护队等七支队伍建设，充实行业管理队伍，强化教育培训。制定《富源县煤矿人才保障制度》，采取与矿校（院）结合模式，实行订单委培、定向培养，委托云南能源技术学院、中国矿大等院校培养中、长期专业技术学员，定期或不定期对全县所有煤炭行政执法人员进行业务培训，组织煤矿采煤、机电、通风、地质及测量人员外出培训，对煤矿从业人员和特种作业人员分批、分类强制进行培（复）训，实现了从业人员100%培训、特种作业人员100%持证上岗。

五、开展各类安全活动，夯实煤矿安全基础

以“平安创建年”活动为载体，以深入开展“安全生产年”活动为主线，以建设“三型五化六个一百”工程为契机，创造性地开展了“矿井安全质量标准化创评”活动、“平安班组创评”活动、“队伍达标”创评、“机械化采煤”创评活动。深入开展“百日安全无事故”活动、“雨季三防”活动、“六月安全月”活动、“十二月平安月”活动。各煤矿每月开展一次安全警示教育、一次应急救援演练、一次安全专题培训活动。不断推进煤矿各生产系统动态达标，促进矿井系统优化合理，不断提升管理水平，以活动保安全，以活动促发展。

六、加大环境保护力度，创建平安和谐富源

坚持煤炭资源“谁开发、谁投资，谁污染、谁治理”的原则，结合国家产业政策，把煤矿生产建设与环境保护纳入煤炭生产的建设与管理中，对产业结构不合理、资源浪费严重、破坏生态环境、导致当地环境恶化的项目进行调整。严格按照保持生态平衡的条件制定煤炭资源开采计划，在煤矿开采的同时进行生态恢复性建设和环境保护。依托煤炭工业发展优势，因势利导，走“以工哺农”、“矿村结合”建设新农村的路子，在煤炭企业及加工转化企业中设立企业社会责任奖，引导和鼓励煤矿企业捐资捐物为当地群众修公路、建学校，改善了农村生产生活环境。2011年，全县149个煤矿企业捐资约3.17亿元，其中：投入“四新”工程建设资金约1.23亿元，捐资助学、饮水工程、道路交通等公益事业投资约1.94亿元。“十一五”期间，全县地方煤矿企业及社会公益事业投资累计约9.88亿元。

（组稿 肖敏刚　撰稿 曹如荣）

管理推进会

综采

煤矿安全知识竞赛

安全文艺汇演

安全检查指导

班前会议

滇东能源大镇煤电重镇

十八连山镇原名雨汪乡，2001年8月更名为十八连山乡，2009年9月完成撤乡设镇。镇政府所在地距县城117千米，南昆铁路、324国道从境内通过，区位优越。境内资源丰富，有青猴、岩羊、山茶、杜鹃等珍希动植物，有长江以南最大的无烟煤田，探明储量38.2亿吨，还有著名的“贵州龙”化石。全镇主体地势北高南低，国土面积334平方千米，共辖17个村委会、181个自然村、263个村民小组17420户70299人。境内有投资135亿元、装机容量320万千瓦的国家西部重点工程——滇东雨汪煤电一体化工程，第一、二台机组先后于2009年6月、11月点火发电，第三、四台机组正在规划建设中。投资2.9亿元、设计库容1722万方的岔河中型水库于2011年12月开工建设，预计2014年建成。2011年，全镇紧紧围绕年初确定的经济社会发展目标任务，续写了全镇经济社会快速健康发展的新篇章。

镇党委书记　赵亮

镇长张德华（前）检查富江公路建设

十八连山镇集镇一角

十八连山国家级森林公园

一、农业农村经济工作成效显著

2011年，全镇农村经济总收入完成5.91亿元，同比增15%；农民人均纯收入5210元，同比增17.4%；实现财政收入7282万元，同比增11.7%；收购烤烟325万千克，实现产值6002万元；金融机构年末存款余额3.13亿元、贷款余额2.22亿元，分别增长17.7%、15.6%。全年生产原煤365万吨，供应电煤198万吨，实现产值18.9亿元；非煤矿山企业实现产值5600万元。全年畜牧业总产值和畜牧业收入稳步增长，比上年分别增加3545万元、2130万元。建成各类安全饮水工程23件，解决了1.95万人、4847头牲畜的饮水安全问题。

二、项目建设成效显著

一是全力抓好雨汪煤电、岔河水库、富江二级公路和汕昆高速公路等一批大项目建设的服务工作，确保了大项目建设有序推进。二是扎实抓好重点项目工作。投资800多万元，全面启动镇文化活动中心办公楼及文化广场建设。总投资6000万元、年入选原煤120万吨的天鑫洗煤厂建设进展顺利。启动1600余万元的煤矿专线岔河35KV变电站建设，预计2012年10月前可投入使用。三是积极做好项目储备及立项申报工作。完成富江二级公路两条连接线共8千米的勘测设计及编制评审工作；完成雨箐、细海、海老3条通村油路设计评审工作；便民服务中心大楼、职工

富源县十八连山镇

公租房、小客运站、集镇农贸市场、廉租房、雨汪小学综合楼、雨汪中学学生住宿楼，3个村级活动场所建设等项目列入2012年建设。

三、民生工作扎实推进

一是新农村建设成绩突出。完成小团山、大长乐、上慕乐和瓦窑4个自然村的“四新”工程建设；投资150万元完成箐门前至下迤彩5.1千米的通村公路建设；完成大树村省级重点村建设；完成取木得、金竹塘、际山脚3个省级整村推进重点扶持村；完成350万元小额扶贫贷款的发放及150户30万元的魔芋种植户产业扶贫工作；完成岔河村委会德黑村500人116户易地扶贫搬迁项目规划编制申报工作。二是各种惠农政策落实到位；共发放惠农补贴611.7万元。三是劳动和社会保障基础得到夯实。新型农村养老保险新参保1558人，续保34364人；城镇居民医疗保险参保926人；新增就业岗位307个，创业带动就业岗位106个；农村劳动力转移输出1463人；动员19家企业成立劳务运输协会，就地组织劳务用工；开展清理拖欠农民工工资专项行动，追回工资100余万元。

四、社会事业全面进步

一是教育基础得到夯实。投入资金1200余万元，新建校舍面积1万多平方米，完成雨汪中学108套教师廉租房、雨汪中学学生食堂、华毕小学整体搬迁工程，撤并校点3个。积极动员社会各界支持关心教育事业，成立了富源县雄达教育基金会，为全镇教育发展注入了活力。二是人口与计划生育工作圆满完成县下达任务。全面完成第六次人口普查工作，并被市委市政府表彰为先进集体。三是文体事业繁荣发展。发展文化联合体18个、文化户48户、业余演员267人，建成9个村级文化室和14个农家书屋。四是卫生事业扎实推进。总投资600余万元的卫生院综合楼建成并投入使用。农村合作医疗运行良好，16289户、62249人参加新农合，兑付医疗补偿资金703万元。五是加快城镇化建设步伐，对集镇进行控制性详细规划，对农贸市场、客运站片区及文化广场片区进行了修建性详细规划。

五、安全稳定成绩喜人

全面贯彻落实“安全第一、预防为主、综合治理”的安全生产工作方针，切实加强“一套制度，两个体系”建设，严格落实“四个创评”活动的要求，突出抓好煤炭安全生产，全面做好非煤矿山及其它领域的安全生产工作，保持了安全生产无事故的目标。认真开展矛盾纠纷排查化解工作，严格落实矛盾纠纷排查化解的“八项机制”。实行领导挂片包保责任制、领导干部大接访大下访制度，每月召开一次维稳工作例会，对排查出的社会热难点问题、信访、矛盾纠纷进行了全面梳理、分析、研判，将包保责任落实到单位和个人，切实维护了社会稳定。

六、党的建设不断加强

一是党员的理论水平和思想素质有新提高。加强党的理论武装，狠抓党员理想信念教育，邀请市委党校教授讲党课，为干部开拓了视野，提高了理论素质。二是选齐配强干部。按照德才兼备、以德为先的用人导向，对3个团结干事不力、凝聚力和战斗力不强的村党总支负责人进行了调整，选配股级领导干部33名。三是建立了干部考核奖惩六项机制和管理制度，解决了部分干部长期形成的“懒、散、庸、滑”问题，转变了工作作风，促进了干部勤政廉政。四是进一步完善了“四议两公开”工作法和“五公开”工作机制，有效地保障了群众的知情权、决策权、参与权和监督权。五是建立健全了工作评议机制，组织县、镇人大代表对3个单位进行了工作评议，加强了行风建设，群众的满意度不断提高。六是建立了领导干部评选表彰机制，每月评选9个人，奖励体现到年度考核中，积极在全镇营造比学赶超的干事创业氛围。

（组稿 肖敏刚　撰稿 陈敏权）

贵州龙化石

油菜种植

投资135亿元、装机容量320万千瓦的滇东第二发电厂（雨汪电厂）

建设试点“新社区”

社区党总支书记、主任　肖植源

社区两委班子成员（前后左右）牛国云、袁虎、龚丽娟、盛祖芳、李金桃、方崇娟、王五斤、田兴华、肖植源、温培高、王进、卢显春

东门社区在上级党委、政府的正确领导下，坚持“以人为本、关注民生、为民谋利、解民难题”的原则，认真贯彻落实“四新”工程有关“新社区”建设的各项要求，以建设人口稠密、商业发达、收入较高、设施齐全、环境优美、体系健全的城镇社区为发展目标，扎实有效开展“新社区”建设工作。

一、基本社情

东门社区位于富源县城中心，是富源县委、县政府的所在地。社区面积约3平方千米，公路交通四通八达，铁路运输便利，地理环境优越，区位优势明显。社区共有22个居民小组，有农户1230户，农业人口3596人；有机关、事业单位、企业55个，共计3251户，总人口1.49万人。2011年农村经济总收入7968万元，农民人均纯收入5450元。

二、社区重点项目建设

社区始终把经济建设摆在各项工作之首，结合县城规划，紧紧抓住重点项目建设。一是社区统建小区建设。根据《富源县城总体规划》，东门统建小区拟建于县城东北面，总用地面积约16.29公顷（244.38亩）。总建筑面积73.24万平方米，其中住宅56.09万平米，商业3.66万平米，绿化率40%，建筑密度29%，容积率3.85%，总户数4857户。二是一组锦裕大厦建设。投资6000余万元建盖一组水果市场商住楼，总建筑面积3.26万平方米，集体可创年收入100余万元。目前工程已经竣工，下一步将大力推进商业铺面招商引资的进程。三是东门社区幼儿园建设。在二组第一职中高级中学老校址预留面积5250平方米建设幼儿园，用于改善社区学前教育的办学环境。四是富源县2012公共廉租房东门社区项目点建设。在三组金龙街旁预留面积2000平方米建设公共廉租房，共计89套，用于解决居民住宅困难问题。五是二组商住楼建设。在富法路临街预留面积2436平方

社区主城区一角

富源县中安镇东门社区

社区大道——金城路东段

社区居民小区

社区居民晨练

米建设一栋集商业住宅为一体的商住楼，于解决二组居民的住宅困难问题，并增加集体经济收入。六是六组综合楼建设。六组小区内有预留空地3600平方米，其中800平方米用于集红白理事会、小组办公室、党支部活动室为一体的综合楼建设，1300平方米用于建设商住一体的小高层商住楼，目前六组综合楼建设项目验收合格，已经顺利投入使用。

三、社区社会事务长足发展

加大基础设施建设，改善社区人居环境。努力改善卫生基础设施，加强对小区道路的管理执法力度。联系城建管理部门，拆除社区违章乱建建筑物，有效地整治了社区内乱搭、乱建、乱堆放、乱设摊等现象，使社区环境面貌有了极大的改观。对辖区内无牌无证门店进行了清理，净化了辖区环境。社区内环卫设施完备，设有垃圾分类箱，居民自觉将垃圾分类，社区环卫站实行可回收物质再利用。垃圾收集更为科学化，不仅方便了保洁人员按可回收和不可回收及时收集清运，也使居民形成了良好的绿色环保氛围。健全社会保障机制，实现“老有所医、老有所养、困有所助”。加强城镇居民医疗保险、新型农村合作医疗保险和城镇居民养老保险、新型农村社会养老保险等工作。续保和新增参保完成率100%。不断完善农村困难群众关怀机制，对因病因灾等特困群众进行及时救济。

社区党建工作进一步加强。坚持每月学习一次制度。通过认真学习邓小平理论、“三个代表”重要思想以及科学发展观，进一步增强班子贯彻执行党的路线、方针、政策的自觉性和坚定性。坚持一年两次的民主生活会，紧密联系党政班子的思想、组织、作风、制度和执政能力五大建设实际，查摆问题，研究制订改进措施，增进班子团结协作的团队精神，提高了班子决策民主化、科学化水平。社区党总支下设7个党支部，有党员73人。近年来不断有优秀的新生力量加入到组织中来，为社区党组织增加了新鲜血液。党总支始终坚持把服务群众作为社区党建工作的基本立足点，大力发展社区服务，精心构建社区服务网络，切实解决居民实际问题。坚持以社区党建统领社区各项工作，建立了多方参与、资源共享、有效互动的工作机制，发挥社区党组织在社区建设和社区管理中总揽全局、协调各方的作用。

“新社区”建设工作是一项系统、长期、艰巨的工程，需要在实践中不断完善、不断提高，只有起点，没有终点。东门社区作为“新社区”建设试点之一，在今后的工作中，将继续深入落实“新社区”建设标准，进一步改善社区居民生产生活条件，努力开创“新社区”建设的新篇章。

（组稿 肖敏刚　撰稿 何佳倩）

社区三组综合商贸楼

社区锦裕大厦

努力建设富裕和谐新社区

中安镇外山口社区位于富源县城北郊，距县城 5 千米，属城乡结合部的农村社区。辖区面积 25 平方千米，其中耕地面积 934 亩，人居占有耕地 0.17 亩。社区辖窑上、余家屯、汤家屯、刘家湾、外山口、壁板坡 6 个居民小组 12 个自然村，有住户 2061 户 8454 人，社区党总支下设 5 个党支部，有党员 182 名。社区道路交通便利，富法公路、铁路 2208 线及后矿铁路运煤专线纵贯境内，森林资源丰富，有林业面积约 3 万余亩，境内驻有后所煤矿和富源火车站等 2 个省属单位、金田原公司等 10 余个民营企业和县检察院、法院、工商局、电信局等多个单位。

社区实施“致富工程”，切实改善民生。

思路：以党建“三有一化”建设为着力点，以发展新产业、建设新社区、培育新居民、构建新体制、营造新风尚为重点，紧紧围绕“经济繁荣、设施完善、环境优美、文明和谐”的目标，保护好投资者创业的积极性，不断优化产业、壮大集体经济、增加居民收入、改善人居环境，全面推进富裕社区建设。

县委书记顾琨（右一）陪同中纪委领导在社区检查五公开工作

县委书记顾琨（左二）陪同曲靖市副市长周宗（左一）检查争先创优工作

措施：(一) 创办公司，增加集体收入。以社区集体经济投入的方式，2010 年成立大地经贸公司，通过运营，年创集体收入 70 万元，用于解决群众新型农村合作医疗费用、贫困家庭补助、贫困生资助等费用。(二) 做好集体预留土地文章，于 2011 年 5 月成立集体瑞和祥房地产开发公司，建设社区综合市场和服务中心。以片区开发为契机，以集体预留土地为基础，采取招商引资、联合开发等形式，建设一个集贸市场和商住一体的小区，总规划用地面积 7.3 万平方米，总建筑面积 12 万平方米，总投资 2.5 亿元。建设完成后，社区集体享有综合市场 1.9 万平方米，临街商业铺面 2500 平方米，可提供 1000 余个摊位，1000 多套住宅，能解决 2000 多人就业。瑞和祥房地产开发公司建设祥雲花园小区，开发建设完成后，拥有集体商业建筑 4000 平方米。以上两个项目 2017 年前竣工，每年可为集体经济创收 500 万，用于集体经济滚动发展社区居民分红。

发展：社区在中安镇党委、政府的正确领导下，紧紧抓住县城山口片区开发的有利机遇，突出基础设施、征地拆迁、招商引资、社保扩面、和谐平安建设五个重点，大力发展经济，着力改善民生，促进社会和谐，社区经济社会各

社区两委班子成员（前后右至左）庄存保、李石进、潘晓坤、李柳平、郭雄、李三兰、张绍林、王世彪、肖大志、李启宏、刘乔生、潘映宏、王子军

社区余家屯居民小组综合办公楼

富源县中安镇外山口社区

外山口社区党总支书记　李柳平

外山口社区居委会主任　潘晓坤

社区领导与飞龙集团商谈综合市场开发项目

项事业取得了阶段性成效。2011年社区经济总收入达7042万元，居民人均总收入8749元，人均纯收入4301元。（一）基础设施和社会事业得到加强。近年来，社区投入资金280万解决5个居民小组9个自然村1302户5276人的人畜饮水；已实施3个居民小组6个自然村1212户4950人的电网改造，改造率达58.8%；投入资金400余万元，完成6个小组12个自然村的村庄道路硬化。社区现有完小一所，村小二所，民办幼儿园一所，在校小学生973名，学前幼儿在园120名，社区投入资金200余万元，在完小新建了500平方米的综合楼一幢，硬化校内活动场地800平方米，支砌围墙600立方米，购置了课桌200套，不断完善学校的基础设施，改善办学条件。社区社会保障覆盖面不断扩大，新型农村合作医疗参合率达100%，新型农村养老保险参保人数3547人，占适龄参保人数的96%，享受农村最低生活保障人数2094人，已领取新型农村养老保险的人数610人。为有效完善服务功能，社区已投入1500余万元，在余家屯、刘家湾、窑上、外山口、壁板坡5个小组建设集红白理事会、老年活动中心、党支部活动阵地等为一体的综合服务中心，小组场所功能更加完善。2010年实施了壁板坡居民小组四新工程建设，该项目涉及村内道路硬化、电网改造、安全饮水工程建设、红白理事会建设及部分居民房屋修缮，该工程已投入资金171万元，改善了人居环境，方便了当地居民生产、生活。（二）经济实力得到增强。集体经济实力增强，通过片区开发，社区在基础设施得到不断完善的同时，集体经济也得到增强，集体年经济收入达70余万元，做到了有钱办事。农民收入增加，随着单位、企业不断落户社区，为社区居民提供了大量就业机会，务工收入逐年增加，已成为群众增收致富的主渠道。

民主法制不断加强、社区各项管理制度得到不断完善，民主决策及监督得到不断加强。居规民约得到进一步完善，社区干部管理制度得到进一步加强，建立和完善社区“两委”班子议事规则、“三重一大”决策、重要工作情况通报、“一事一议”、“四议两公开”、村民代表会议、村民询问和质询、“三资”管理、“五公开”等工作有序开展，促进了干部廉洁履职，增强了干群关系。狠抓矛盾纠纷排查调处工作，严格按照“八项”解处机制开展工作，把矛盾化解在基层，促进家庭和睦、邻里团结。

社区的发展刚刚才起步，未来的社区两委班子将在县委政府、中安镇党委政府的坚强领导下，以北城区项目建设为依托，充分利用好上级给予的优惠政策，不断谋划发展壮大集体经济的思路，增加居民收入，解决好失地少地居民的民生问题。

（组稿　肖敏刚　撰稿　李柳平）

正在开发建设中的社区主城区一角

云　南　省　移

省委书记秦光荣视察省移民开发局并与局党组成员合影

（一）领导重视，思路明确，移民工作地位更加凸显

2011 年，秦光荣书记、李纪恒代省长、罗正富常务副省长、曹建方副省长、邹纲仁顾问、丁绍祥秘书长等省领导对移民工作先后做出重要指示和批示达 42 次，为移民工作指明了方向。4 月 13 日，时任省长的秦光荣到省移民开发局调研。6 月 21 日，秦光荣省长主持召开省政府第 58 次常务会议，指出一定要统一思想，坚定目标不动摇，切实解决当前移民工作中存在的问题，进一步推动移民工作，全

局长韩梅与群众交谈

民　开　发　局

省委书记秦光荣与移民干部亲切交谈

省委副书记李纪恒在德宏视察移民工作时向移民了解生产生活情况

力维护稳定。

在秦光荣等省领导的关心支持下，全局进一步明确各级移民机构职能，建立全省移民工作目标责任考核机制，狠抓“16118”移民安置政策和“先移民后建设”研究，加快移民安置进程，赢得了各级各部门、项目业主和设计单位的更大支持，移民工作在全省工作大局中的地位更加重要。

省委常委、秘书长曹建方在韩梅局长的陪同下视察移民工作

（二）转变作风，凝聚合力，机关自身建设成效明显

（1）端正风气。按照“内强素质，外树形象”的要求，紧紧围绕“八个整顿、八个树立”，大力开展“机关作风建设年”活动，有力营造了“风清气正、团结协作、务实高效、清正廉洁”的良好氛围。（2）强化管理。研究制定《云南省移民开发局党组会议制度》等6个制度和办法，进一步规范了人事、财务、重大事项的监督管理。（3）理顺关系。积极主动到国家有关部委汇报工作，争取政策和资金，请求理解和支持；切实理顺地方政府、业主、移民的关系，加强与省级相关部门、项目业主和设计单位的沟通联系，努力形成推进移民工作的整体合力。（4）服务基层。始终落实一线工作法，坚持深入基层检查调研全省移民工作，督导各项工作落实；下派工作组常驻溪洛渡、向家坝、糯扎渡、功果桥等在建水电站库区现场，从政策、资金、技术、服务等方面加大支持保障力度，及时解决工作中出现的问题和困难。（5）培训干部。与河海大学合作完成全省州市移民局长、部分移民工作重点县区移民局长共65人的培训工作；完成了金沙江流域涉及移民工作的市县360名移民干部的业务培训。（6）加强宣传。转变移民工作宣传思路，主动出击，积极探索与新闻媒体的合作，与云南日报报业集团签订战略合作协议，加强了省移民开发局门户网站建设。

云南烟叶复烤有限责任公司

2011年5月17日，国家局局长姜成康(右前三)与时任云南省委书记白恩培(右前二)调研云南烟叶复烤有限责任公司大理复烤厂生产加工车间

2010年4月15日，国家局局长姜成康(右前三)与时任云南省长秦光荣(右前二)视察云南烟叶复烤有限责任公司泸西复烤厂

2009年12月16日，云南烟叶复烤有限责任公司成立授牌仪式在昆明举行。云南烟叶复烤有限责任公司领导班子成员在授牌仪式上合影（从左至右）党委副书记、纪委书记、工会主席白学高，副总经理黄文勇，副总经理、总工程师王德华，党委书记、总经理杨世田，党委副书记、常务副总经理文俊，副总经理、总会计师潘丽春，副总经理邱崇庆

云南烟叶复烤有限责任公司于2009年12月16日成立。公司的成立不仅奏响了打叶复烤企业重组整合的序曲，也为卷烟工业企业带来了“福音”。

云南烟叶复烤有限责任公司作为全国最大的打叶复烤企业，公司紧跟行业发展步伐，抢抓机遇、锐意进取、深化改革，开创了复烤工作新局面。公司自成立以来，经济运行情况良好，资源配置方式改革顺利推进，企业重组整合工作、企业管理工作、集中加工、队伍建设等领域都实现新突破。至2011年，公司股东从成立时的14 家增至18 家，资本金从13.48 亿元增加到38.68 亿元，云南省烟草公司股权比例从59.55%降至32.83%。2010烤季，公司共收储烟叶1088万担，加工烟叶965.3万担，实现税利4.36亿元。2011烤季，预计收储烟叶1200万担以上，加工烟叶1000万担以上，实现税利 4.8亿元。复烤公司作为劳动密集型企业，公司每年可为农民工提供10多万个就业岗位，为全省经济社会又好又快发展作出了积极贡献。

成绩和数字的背后，镌刻着国家局、省局领导的殷殷嘱托，记录着云南烟叶复烤有限责任公司成立一年来直面挑战的艰辛求索；肯定和赞誉的背后，铭记着工商携手共铸品牌的情深意长，凝结着每一个云南烟叶复烤人无怨无悔的全心付出。2011年5月，国家烟草专卖局局长姜成康到云南烟叶复烤公司调研时指出：“云南烟叶复烤公司合并重组的时间不长，在整合资源、加强管理、确保产品质量、努力提高经济效益四个方面取得了非常好的效果，对云南复烤公司的工作要给予充分肯定。”

当前，云南烟叶复烤有限责任公司仍存在生产点分散、原烟仓储条件差、成品仓库和分选场地不足、工艺技术落后，信息化工作滞后等问题，难以满足“卷烟上水平”对原料保障的需求，也不能适应“532、461”大品牌对原料集中加工的需求。有挑战反而能提供发展的契机和动力，公司只有沉着应对挑战，积极抢抓机遇，才能在更高的起点上构筑新的辉煌。

群雄逐鹿，勇者方能胜出；任重道远，还需激流勇进。迈上新起点，云南烟叶复烤人将在“大成”文化的浸润和感召下，在新的征途上继续跋涉，高举深化改革、开拓创新的大旗，朝着“国内一流、国际先进”现代化打叶复烤企业的目标奋勇前行！

加工车间

片烟精选

大芦山——云仙彝族乡

云仙彝族乡俗称“大芦山”，位于普洱市思茅区西北部，距思茅城60千米。是一个典型的山区农业乡。全乡国土面积678平方千米，辖12个村委会，116个村民小组，总人口18603人，有汉、彝、傣、佤等10多种世居民族，主体民族为彝族。2011年完成烤烟生产任务27876.5担，收入2635.2万元。乡级财政收入达600万元。农民人均纯收入达到2500元。

烟农

烟叶

大芦山烟叶

近年来，云仙彝族乡紧紧围绕思茅区“建设中心城，发展功能镇，打造特色村，统筹城乡发展”的思路，突出产业培植、基础建设、农民增收、财政增长、发展社会事业和维护社会稳定等6项工作，做优做强烤烟、林业、畜牧业、蔬菜、咖啡、茶叶、橡胶等7个支柱产业。加快集镇建设步伐，着力建设山区物流集散功能镇和特色农业小镇；做优特色产业，着力打造特点鲜明、优势突出的特色村；加强生态环境保护，着力发展绿色生态农业；加大基础设施建设力度，着力发挥交通、水利、通信、电力等基础设施的保障作用。努力把云仙建成生态环境优美、地域特征鲜明的山区生态农业小镇，无量山经济带和思景公路线上经济发展、社会和谐、文明富裕的特色乡镇。

大芦山美景

富源县老厂镇

老厂镇位于富源县东南部，距县城98千米，国土面积236平方千米。全镇辖9个村（居）委会、109个自然村、121个村民小组、12350户43253人。有耕地5.2万亩，人均占有耕地1.08亩。境内地形以山地为主，最高海拔2460米，最低海拔1485米，年平均气温11℃—14℃，年降雨量1100～1500毫米，立体气候明显，适宜种植魔芋，有“魔芋种芋第一乡”之称。矿产资源丰富，素有“八宝之乡”的美誉。已探明无烟煤储量38.9亿吨，是“西南最大的无烟煤田之乡”。森林覆盖率42.7%。

近年来，老厂镇深入贯彻落实科学发展观，抢抓机遇，攻艰克难，潜心苦干，全面推进富裕老厂、平安老厂、和谐老厂、绿色老厂、活力老厂建设，经济社会呈现科学发展良好态势。2011年，实现工农业总产值35.4亿元、增长21%；地方财政收入6568万元、增长34.9%；固定资产投资完成6.5亿元、增长21%；农村经济总收入6.5亿元、增长21%，农民人均纯收入5850元、增长16%。

2011年，粮食总产量2930万千克，收购优质烟叶110万千克，种植魔芋22000亩，实现产量3537万千克，培育壮大以大河乌猪为主的养殖业，完成肉类总产量9175吨。一产实现产值2.86亿元。

老厂镇坤星源魔芋加工厂

标准化小学——永坤小学

在工业方面，老厂镇加大科技兴煤力度，全年投入煤矿技改和安全生产资金3.9亿元，实现原煤产量560万吨、产值26亿元；坚决淘汰落后产能，整合关闭拖竹煤矿井口，积极发展建筑建材业，实现非煤产值1.3亿元。

在新农村建设方面，以“四新”建设为平台，积极探索实践资源开发成果共享新机制，致力搭建以工哺农、矿村共建、科学发展桥梁。在投资3.2亿元完成“整乡推进”的基础上，累计投资1.6亿元建设新社区、新村庄、新矿区、新山村，农村人居环境明显优化。

在民生改善方面，全镇累计投资3200万元发展教育事业，投资45万元改善镇村医疗卫生条件，投资1800万元，完善通讯、文化等设施建设。累计发放各种惠农补助836万元、救济粮3.2万千克、低保金111.6万元。认真落实农村养老、失业、医疗等社会保障政策，推进新农合、新农保服务工作，扎实做好人口与计划生育工作，人口出生率为11‰。

在安全稳定方面，老厂镇深入推进煤矿“四个创评”活动，连续6年实现原煤产量百万吨死亡率为零目标，对非法开采始终保持高压态势；加强和推进社会管理创新，畅通群众诉求渠道，群众急热难点问题解决率达95%以上。

随着综合实力显著攀升，富民产业不断壮大，社会事业协调发展，老厂镇农村面貌日新月异。

文化小广场

大格村委会马街新村庄建设现场

优美和谐的大槐树矿区

宣威市龙场镇旧营村

龙场镇旧营村距宣威市25千米，距龙场镇中心集镇11千米。辖19个自然村，16个村民小组，有1587户6785人。10余年时间，云南省宣威市龙场镇旧营村，在村党总支书记孙德康的带领下，筑起12座桥梁，修通7.22千米的弹石路、12.6千米水泥路、16.2千米砂石路和22.6千米便道，建起一所新完小、一个新集镇，19个村民小组用上自来水，农民人均纯收入由890元增至3750元，初步实现由“旧营”到“新营”、穷村到小康村的转变。

实施“连心”工程，打造汇集民声的“聚集园”。党员干部每周走访3户居民家庭，每天确定一名村组干部接待村民来访，每季度组织各村村民小组组长、村民代表、党代表、人大代表等参加院心会、座谈会，通过与居民“连心”，真正的为村民解决实际问题和困难。

团结务实的领导班子

为人民服务，共建和谐家园

旧营村完小

实施“民心”工程，打造服务村民的“便捷园”。为13户村民办理了大病救助，为1000余人提供了义诊服务，开展送医送药，保健咨询活动2次，服务村民600余人次。

实施“爱心”工程，打造社会救助“温馨园”。收到捐赠衣物等物品150余件，帮扶困难大学生10余名圆了大学梦。

实施“暖心”工程，打造居民生活的“和谐园”。评选表彰30户“好家庭”、18名“好婆媳”、20名“好家长”、15名“好妯娌”、17名“好夫妻”、14名“好党员”。

实施“怡心”工程，打造文化生活的“娱乐园”。完成投资2500万元。新建一批基础设施。整合各类资金60万元，新建村级组织活动场所，全村8个村民小组党支部建立了活动场所。并建全配齐图书阅览室、乒乓球室、棋牌室、图书阅览室等多功能为一体的活动室来满足居民的业余生活。

农业设施

家家户户用上自来水

水电站

富源县好源农业

富源县好源农业综合有限责任公司成立于2005年7月，公司设在富源县黄泥河镇，注册资金1000万元。公司主要从事中药材及农副产品种植、加工、销售，种植基地遍布云南省，主要产品有：

姜片、姜块、半夏、柴胡、茯苓、桃仁、砂仁等，是云南省最大的半夏、茯苓、柴胡生产企业，生产的产品直接或间接全部出口。

该公司先后取得了云南省检验检疫局颁发的出口食品生产企业备案证明、HACCP认证，注册了

加工厂外观

主要产品

柴胡种植基地

鲜姜种植基地

综合有限责任公司

原粮精选

先进的生姜加工设备

“好源”牌商标。2008年分别被评为富源县“十佳龙头企业”“守合同 重信用企业”“青年就业创业见习基地”；荣获富源县“产品质量管理先进单位”，并被曲靖市政府认定为“农业产业经营市级重点龙头企业”。

基地建设

好源坚信，“只有合格的原料才能生产出合格的产品。”从源头做起，建立健全产品原料的可追溯体系，以公司+农户的模式。茯苓、半夏、柴胡、姜种植基地遍布云南文山州、西双版纳州、墨江县、腾冲县、蒙自市、个旧市、富源县等地，免费为广大农户提供籽种及栽培技术，直接参与农户3万多户，种植面积5万多亩。为企业的发展奠定了坚实的基础，同时，也为种植地区农户的脱贫致富作出了积极的贡献。

加工厂建设

合格的原料必须在合格的卫生环境及与之配套的加工设备中生产，才能生产出合格的产品。因此，对加工厂软硬件的建设、完善、固化也是好源人常抓不懈的中心工作之一。

展望未来

公司将在做好现有业务的同时，逐步从原料、半成品生产向成品生产转移；与科研院所合作，进行产品的研究开发，实现产品升级、降低市场风险；努力开拓国内外市场，使企业做大、做强，为提供安全、合格的农副产品作出贡献。

半夏种植基地

鲜姜种植基地

宣威市乐威经贸有限公司

宣威市乐威经贸有限公司成立于2003年。至2011年，公司拥有固定资产5000多万元，有职工200多人。公司主要经营土木建筑工程、酒店、石材开采及加工。

土木建筑工程是公司的经营项目，公司拥有建筑施工机械30余（台）辆，曾参加过马龙县过境公路、大丽（大理至丽江）等多条高速公路的建设及房屋建筑工程项目。

乐威大酒店总投资3500多万元，属公司自筹自建。大酒店座落在宣威市建设街288号，东邻西亚广场，距火车站1千米；西靠近宣威市委、市政府等政府机关办公要地，南向面对宣威市人民医院、市第六中学，北靠双龙农贸交易市场。地理位置优越。

乐威大酒店总占地面积3213.89平方米，其中酒店建筑面积11000平方米，停车场占地面积2100平方米，酒店装饰为“三星级”标准。总体设计本着人文环境与现代时尚风采的相得益彰，体现以人为本的理念，展现繁华温馨气息，营造和谐的大众消费氛围。大酒店集超市、餐饮、桑拿 、娱乐、足疗、客房、大（小）会议厅为一体。酒店设有客房130间，分为套房、豪华标间、普通标间、单间4个档次，可满足不同客人的需要。

公司所属的大理石石材加工厂，原矿地处于宣威市板桥镇、龙场镇，其中板桥镇原矿山占地0.1189平方千米，现开发石材品种8个；龙场镇矿山占地0.0889平方千米，现开发石材品种6个。上述两个矿山出产石材主要用于房屋建筑及装饰。石材加工厂建在宣威市郊区，占地面积30余亩，设有大型桁架，3台加工设备，1台50吨级吊车，年产装饰材料20万平方米，建筑材料10万立方米。

宣威乐威经贸有限公司愿与社会各界朋友诚实交往，共谋发展，为社会的繁荣昌盛奉献自己的力量。

石材成品

乐威大酒店总台

乐威大酒店豪华标间

乐威大酒店多功能会议室

乐威大酒店外景

西双版纳云丰木业有限公司

公司董事长 何汝桥

西双版纳云丰木业有限公司位于景洪市大曼么么龙路，工厂分别位于景洪市嘎栋和橄榄坝，总占地面积 220 余亩，公司总资产 6000 多万元。下属骏丰分公司、毅丰分公司、木材研究所、嘎栋带锯厂和合丰分公司等 5 个分支机构，有职工 520 人，其中技术人员 40 人，管理人员 32 人。公司主要利用西双版纳废弃的橡胶木生产集成材、刨切单板（木皮）多层板等家俱材料，并利用公司木材研究所进行橡胶木研究开发工作，年产量达 20000 多立方米，其中木皮 3000 万平方米，产值达 7000 多万元，是中国最大的橡胶木皮加工企业。公司现正进行上市的准备工作，已委托国金证券公司做上市辅导工作。

云丰木业采用德国和中国广东瑞森研究所的先进生产技术，并结合本公司木材研究所的新技术，生产“永丰”牌和 5F 牌木皮和拼板，产品畅销全国各地及东南亚、欧盟等国家和地区。拥有自主知识产权的创新技术新产品“五防”（防腐、防水、防虫、防火、防变形）木皮填补了国内技术和市场的空白，新产品“抗断”拼板在国内率先突破了技术难关，产品在市场上供不应求。

云丰木业在发展的同时，不断发展对外的交流与合作。公司与西双版纳州质量技术监督局合作成立西双版纳州橡胶木加工工程技术研究中心，与西双版纳职业技术学院合作成立产学实训基地。公司生产经营活动中严格执行国家强制性标准、行业标准和地方标准，并自行制定了企业标准，填补了国内橡胶木行业没有执行标准的空白。

公司在取得了经济效益的同时，没有忘记回报社会，积极参加各种社会活动，开展了捐资助学活动，为新成立的热带雨林基金协会捐款等。

公司多年来先后被评为西双版纳州及景洪市“纳税先进户”“先进非公企业”“先进科技企业”和“云南省成长型非公企业”。公司的发展符合典型的废物利用，循环经济，节能减排，生态环保的政策及趋势，有利于促进西双版纳州经济和社会的发展。

加工车间

生产车间

公司原材料

宣威市星海

星海皇楼大酒店坐落于火腿之乡——云南省宣威市，位于宣威市振兴街北段美奂公园旁。酒店占地6926平方米，总建筑面积21868平方米。主楼17层，高52米，酒店建于2004年，拥有注册资本800万元，是一座地理位置优越，环境优美，交通便利，功能齐全，服务优良的现代化星级酒店。

董事长 何大学

何董事长与驻波兰大使孙大使合影

星海皇楼大酒店

为了满足宾客的多层次不同需求，酒店集客房、餐饮、娱乐、商务办公为一体，客房设有标准间及豪华套房，装饰高档，设施齐全；同时，餐饮部聘请名厨主理，提供各菜系和地方特色菜，品种齐全，色鲜味美，能提供600余人同时就餐；多功能会议室配套一流，能容纳300人召开会议。除此之外，酒店还设有会议，歌舞厅，KTV包厢，桑拿按摩保健中心，棋牌室等服务和娱乐设施，配套项目齐全，是会议服务，商务洽谈，旅游休闲下榻的理想场所。

皇楼大酒店

酒店大堂

会客厅

会议室

长期以来，星海皇楼大酒店始终遵循“以人为本，顾客第一，服务至上”的经营理念，运用科学的管理方式，创建和谐畅通的管理网络，以分工明确，各负其责，灵活沟通的管理体系为途径，高效优质的服务为手段，赢得了省内外广泛的赞扬，既促进了经济效益的提高，又收到了良好的社会效益，其发展速度在云南全

会议中心

客房

豪华商务套房客厅

省处于领先地位，成为宣威市酒店行业的龙头企业。

近年来，随着人们健康的娱乐意识的提高，越来越多的酒店为迎合消费者休闲的生活口味，将康乐设施、娱乐器材引入酒店的娱乐营业项目，带动了一股新的消费潮流。而星海皇楼大酒店更是走在了这股潮流的前头。在提供优质服务的同时，星海皇楼大酒店牢固树立安全第一的防范意识，坚持预防为主的思想，狠抓酒店的娱乐的薄弱环节，消除事故隐患，严格安全管理，每隔一段时间就对娱乐场所进行一次彻底的检查，加强了酒店娱乐项目的管理，为保证酒店娱乐经营的安全性、正常性，经常深入开展安全专项整治，坚决防止了特大事故的发生。

出访波兰——代表团成员与使馆齐领事、波兰PTAK开发区领导留影

公司拥有一批事业心强、技术精湛、实践经验丰富职业道德高尚的员工队伍。公司在人员管理上实行正规、统一化的管理机制，采取聘用制，实行机制留人、环境留人、感情留人、待遇留人的用人制度。在服务社会、服务大众的过程中结合企业的发展不断提升自己，实现自己的职业目标，按照企业的原则规范工作。

“不积跬步无以至千里，不积细流无以成江河”。在星海皇楼大酒店的发展场合中，始终坚持顾客至上，锐意进取的精神，致力营造出温馨舒适的环境；同时，在酒店的发展建设中，审时度势、与时俱进，树立大局意识和长远观念，增强责任感和使命感，谱写出云南星海皇楼大酒店美好明天的壮丽诗篇。

公司代表团成员在波兰听讲座

宣威星海皇楼大酒店董事长何大学一行出访波兰

宣威市顺达火腿食品有限公司

宣威市顺达火腿食品有限公司成立于1994年。公司位于宣威市西宁街道复兴村委会箐茨沟，以生产经营“宣达”牌宣威火腿系列产品为主。公司下设顺达酒店、火腿食品加工厂，配有现代化中心实验室，共有员工76人。在市内设火腿收购点13个，并在昆明、重庆、贵阳、深圳、北京、上海等地建立销售网络点18个，形成了收购、加工、销售为一体的现代化火腿食品经营体系。所生产的产品顾客满意度达百分之96%以上，拥有固定资产4304万元，年创产值3981万元。

公司总经理张天喜

1996年11月，经国家商标局注册“宣达”商标。2003年5月、2006年12月、2008年3月、2009年12月先后4次获得宣威市工商行政管理局、宣威市企业信用协会颁发的“守合同、重信用”荣誉称号。2005年在国家质监总局全国腌腊制品抽查检验中，公司生产的宣威火腿系列产品经检验合格并在国家质监网上公布。2006年10月获全国工业产品生产许可证（腌腊肉制品生产许可证号：QS53036040125056）。2010年1月获得曲靖市“宣达”牌知名商标称号。2010年5月公司申报云南省“宣达”牌著名商标；6月公司申办月饼生产许可证、宣威火腿熟食产品生产许可证。

2009年，在宣威市设立13个火腿收购点，共收购鲜腿1625吨，生产宣威火腿系列产品1137吨，创产值3981万元，实现销售收入3904万元，实现利税552万元，带动农户7600户，增加收入234万元。

2009年10月，投资建设年加工2500吨宣威火腿系列产品生产线，生产开发火腿熟食、腊肉、香肠、月饼等系列产品。该项目总投资4346万元，项目建成投产后，年实现销售收入6266万元，实现利润总额2052万元，实现税后利润1536万元，投资利润率25.48%，投资报酬率39.21%。同时可带动生猪养殖户15000户，增加收入450万元。

宣达牌火腿“皇冠”

公司产品

香格里拉酒业股份有限公司

香格里拉酒业股份有限公司由华泽集团下的香港上市的香港金六福投资（0472）收购，为商务部批准的外资投资企业，其主要控制方为华泽集团。2000 年注册，注册地为云南省迪庆藏族自治州香格里拉经济开发区，注册资本为 5656 万元，主要进行新型青稞干酒、葡萄酒系列产品的研究开发、生产和销售以及相关原料基地的培育建设，主导产品为“香格里拉”“天籁”“大藏秘”等品牌的葡萄酒和青稞酒。

2010 年，公司通过省级企业技术中心认定，有实验室、小试、中试设备，有国家葡萄酒、果酒专家委员会委员 1 名为技术带头人，国家评酒委员 1 人，工程师 5 人，专、兼职研发人员 10 余人。拥有葡萄栽培、酿酒、微生物发酵、机电一体化、市场策划与营销、品牌策划与推广、分析与检验等专业的知识结构，有研发设备仪器 46 台（套），具备实施青稞酒、葡萄酒从实验室、小试、中试到产业化的全套试验，是目前全球唯一实现青稞干酒产业化生产的单位。公司现已获得 54 个商标和国家专利 8 项。

2009 年，公司再次通过中国质量认证中心 ISO9001：2008、GB/T19001–2008 质量管理体系认证及 ISO22000:2005、GB/T22000–2006 食品安全管理体系认证。2010 年，香格里拉酒业股份有限公司在生产与加工领域同样再次通过中国质量认证中心有机产品认证。

“香格里拉”品牌的高原系列葡萄酒，2006 年跻身“全国十大影响力红酒品牌”行列。2007 年 3 月荣获“云南十佳名酒”榜首。同时成为唯一入选“第六届中国名酒”的云南品牌。2002 年以来，公司诚实守信，全力打造“香格里拉”品牌神秘、尊贵、圣洁、时尚的气质形象，先后将“香格里拉 · 藏秘”“大藏秘”青稞酒系列产品和“香格里拉”葡萄酒系列产品打造成为“云南省名牌产品”“云南省著名商标”“云南十佳名酒”和“中国名酒”。企业先后获得“云南省食品生产经营放心企业”“迪庆州‘十 · 五’优强企业”“云南省质量效益型先进企业”“执行标准先进单位”“云南省农业产业化经营重点龙头企业”“云南十佳雇主”“质量信誉双满意”“云南省优强工业企业”及“迪庆州‘十五’期间环境保护优秀企业”称号。

香格里拉高原系列葡萄酒在国际大赛上获多项殊荣，其中 1900 干红葡萄酒先后获得“2008 亚洲葡萄酒质量大赛金奖”和“中国国际葡萄酒、烈酒品评赛（VINALIES CHINA）金奖”。2009 年，香格里拉高原系列 1700 干红葡萄酒在“克隆宾杯”第三届烟台国际葡萄酒大赛上一举获得“特别金奖”。同年，在香港美酒品评大赛上，香格里拉高原系列 1900 与 2800 干红葡萄酒两度荣获铜奖。2010 年，高原系列 1900 及 2100 干红葡萄酒成为云南省政府接待用酒。同年，香格里拉高原系列产品高原赤霞珠干红葡萄酒在亚洲葡萄酒质量大赛上荣获金奖。

云南邦特新材料有限公司

云南邦特新材料有限公司全景

云南邦特新材料有限公司于2001年在原云南省宣威市电石厂基础上改制成立，是云南省内首家将开放式电石炉改造为内燃式电石炉的企业。董事长孔祥能被云南省科技厅、教育厅、经贸委评为云南省省院省校合作先进个人，并荣获上海市科学技术进步奖（三等奖）。

公司董事长　孔祥能

公司正在16500kVA的半密闭内燃式电石炉上试验“电石新工艺”。2007年，与昆明理工大学真空冶金国家工程实验室签订《科学技术合作协议书》，由厂方投资60万元，首先采用化学法进行焦粉提纯试验，试验结果：能把含60～70%固定碳的焦粉提纯到90%固定碳含量。于2010年又与中国矿业大学签订《项目合作协议书》，采用物理法再次对焦粉进行提纯试验，目前仍在试验中。其目的是将焦化厂筛余的含杂质多、固定碳偏低的焦粉进行提纯后造粒，用于生产电石，实现废物利用。为使项目有切实可行的操作性和推广性，该厂方再次试验无烟煤粉，效果较好，使规模化生产具有广泛的原料来源。

生产水循环冷却系统

公司董事长孔祥能在多年经营企业中，积极参加省内文化活动，被云南省大姚县人民政府聘为“特别顾问”。

“电石新工艺”原料

16500kVA半密闭电石炉

碳化砖成品

云龙县宝丰乡大栗树茶厂

云龙县宝丰乡大栗树茶厂创建于1987年。茶厂逐步走上了公司+基地+农户的产业化正轨，形成了以种植、加工、销售高海拔有机绿茶为核心的现代化制茶企业。所使用商标被认定为云南省著名商标，是大理州农业产业化重点龙头企业，大理州优秀民营企业，大理州首届一指的绿茶生产企业。至2011年，已种植高海拔（2300～2500米）优质生态茶园2.7万多亩，带动茶叶种植户2000多户，建成大栗树大山头、大黑岩、红岩头、团结、永平大平坦5个茶叶初制车间，1个茶叶精制厂。茶厂建成1.2万多亩茶园，产量300多吨，产值2400多万元。

采茶

云龙县宝丰乡大栗树茶厂位于澜沧江上游东岸的云雾山中，远离污染源且有茂密的天然防护林。茶园坐南朝北，北邻沘江，西、南两面皆为澜沧江，山高谷深，形成“晴时早晚遍地雾、阴雨连天满山云”的独特气候环境。茶园连片集中，土层深厚，有机质丰富（高达6.01%）。大栗树茶厂坚持从基地选择和茶树品种抓起，选择生态环境优越的高海拔平缓坡地种植茶园，选用优良的茶树品种，采取企业统一标准，统一加工，统一品牌，统一销售的经营模式，坚持以生产绿茶为主。由于合理兼顾了种植、生产、加工销售、消费等各个方面的利益，企业得到了健康的发展。

从2010年开始，大栗树茶厂进入快速发展时期，茶厂规划新种植茶园1万亩。到2013年，茶厂投产茶园达2.7万亩，产值达到1亿元，带动农户3000多户。

产品

茶农

茶农新居

茶厂远眺

景东县文华农场粮油厂

景东文华农场粮油厂位于景东县文井镇内，创立于1999年12月。现有厂房1440平方米，仓库2050平方米，场地800平方米。拥有生产设备0.5T/II蒸汽锅炉1台、大型榨油机4台、小型榨油机2台、烘干机1台、日产5吨精炼设备1套、挂面生产设备1套、20吨油罐5个。每年可加工油菜籽3600吨，生产菜籽油1200吨。

景东文华农场粮油厂通过10余年的努力，企业由原作坊式的生产者发展成为实现年产值1200余万元的普洱市粮油龙头企业。主营产品“文华之星”系列纯菜籽油以其川河坝优质菜籽为原料，采用物理压榨工艺提取原油，然后经过精炼脱胶、脱酸、脱皂、脱色、脱臭（五脱）的工艺将油脂中有害杂质除去，既具保留了纯菜籽油的特有品质，又达到油脂食用价值和安全贮藏目的。于2007年通过国家绿色食品认证，绿色安全，食用健康。近年来开发的“文华之星”系列核桃油含有补脑活性元素，具有健脑作用。兼营的“文华之星”系列挂面采用精致面粉为原料，添加盐、碱、水经悬挂干燥后切制而成，不含任何防腐剂及添加剂，营养成份得到有效保留。曾多次荣获“云南省消费者喜爱商品”称号，多次被县级、市级评为“守合同、重信用”企业。

纯核桃油

生菜油

菜籽

被评为诚信单位

纯菜籽油

油菜基地

中信银行

主　编　车光杰
责任编辑　代燕春

THE URBANIZATION

城市化建设

城市建设　（李秋明　摄）

Summary 综述

2011年，云南省按照“做强大城市、做优中小城市、做特乡镇、做美农村”的思路，大力推进城镇化进程，取得明显成效。具体体现在：一是城镇化进程加快。全省城镇化水平提高到36.8%，涌现出一批特色鲜明、内涵丰富的大中小城市和特色城镇。二是城镇功能逐步完善。交通、能源、通讯、给排水等设施得到较大完善，全省城市人均道路面积达到10.3平方米，燃气普及率达到61.66%，供水普及率达到92.27%，城镇污水集中处理率和生活垃圾无害化处理率分别达到75%、80%，城市绿化覆盖率和绿地率分别达到33.05%、30.9%，城乡面貌有了较大改观。三是在城镇化发展中不断改善民生。2011年底，全省建成和在建廉租住房34.3万套、公共租赁住房11.81万套、经济适用住房6.1万套，实施19.93万户垦区、林区、中央下放地方煤矿棚户区（危旧房）改造和华侨农（林）场危旧房改造，平均每年发放住房租赁补贴10万户左右，较好地解决91.14万户城镇中低收入住房困难家庭的住房问题，完成136.5万户农村危房改造及地震安居工程建设任务，云南省成为全国保障性住房建设规模较大的省区之一。四是城乡规划工作稳步推进。云南省县（市、区）以上城镇基本完成总体规划编制工作，控制性详细规划接近全覆盖，大部分乡镇完成规划编制，210个特色小镇规划和村庄规划编制工作正全面开展。

Urban-rural Planning 城乡规划

完善城乡规划　2011年，全省深入贯彻落实《云南省人民政府关于加强耕地保护促进城镇化科学发展的意见》和全省保护坝区农田建设山地城镇工作会议精神，制定下发《云南省住房和城乡建设厅关于加强耕地保护调整完善城乡规划工作的实施意见》，对城乡规划调整完善工作进行了全面安排部署。至2011年底，全省各市、县城镇近期建设规划编制工作已基本完成，为充分发挥规划龙头作用，引导产业化和城镇化项目“上坡进山”，建设山地、山水、田园城镇，促进城镇化和经济社会科学发展提供了法定规划依据。

区域城乡规划编制　年内，全省完善区域城乡规划体系，以区域规划为统领，优化区域城镇及生产力布局，继续推动“六个层次”城镇建设，加快推进城镇化进程和省域及部分城镇群规划编制及研究工作。2011年全省城镇化水平达到36.8%，比2010年增长近2个百分点。《云南省城镇体系规划（2011～2030）》成果已编制完成，于2011年9月8日通过了住房和城乡建设部、国土资源部、国家发改委专家组的技术审查，并制定了《云南省城镇体系规划实施管理办法（报审稿）》。《滇中城市群规划（2009~2030）》于2011年5月27日经省人民政府批复实施，并会同省人民政府新闻办公室于2011年8月3日召开了新闻发布会；《滇西城镇群规划（2011～2030）》和《滇东北城镇群规划（2011～2030）》成果已编制完成，于2011年12月上报省人民政府审批；《滇东南城镇群规划研究》和《滇西南城镇群规划研究》成果于2011年11月17日通过了省级有关部门、专家的联席审查，为开展滇东南及滇西南城镇群规划编制工作奠定了坚实的基础，提供了直接的依据和支撑。

城乡规划政策制定和规章制度建设　2011年，制定下发《云南省城镇特色规划编制暂行办法》，结合各地城市总体规划的制定和修改，进一步强化和规范城镇特色规划编制，使城镇建设更具民族特色、地域特点和历史文化特征。加快推进《云南省城乡规划条例（草案）》的修改完善工作，经省人民政府第66次常务会议讨论通过，已提请省人民代表大会常务委员会审议。

历史文化名城（镇、村、街）保护管理 2011年，省政府批准公布鹤庆县松桂镇、建水县官厅镇苍台村、红河县城迤萨镇历史文化街区等10个镇村街区为云南省历史文化名镇名村名街。至2011年底，全省历史文化名城名镇名村名街数量已达70个，其中：国家级历史文化名城5个，中国历史文化名镇名村12个，省级历史文化名城名镇名村名街53个。编制完成《云南省历史文化名城名镇名村名街保护体系规划》，系统地分析总结了云南传统聚落历史文化资源的价值和现状，提出了有针对性的保护措施和管理要求。

城乡规划技术培训 2011年，省住建厅组织规划主管部门及城乡规划编制单位相关专家和技术人员参加了由住房和城乡建设部城乡规划司与中国城市规划学会在景洪市联合主办的第五期《城市、镇控制性详细规划编制审批办法》培训班。召开云南省山地城镇规划设计动员培训大会，邀请有关专家开展了专题培训，为推动云南山地城镇规划建设工作的开展奠定基础。

Urban Construction

城市建设

城市治污设施建设 2011年，根据《云南省城镇污水处理及再生利用设施、生活垃圾处理设施建设规划(2008～2012年)》和省人民政府确定的2012年底前全省129个县（市、区）累计完成248个治污项目的责任目标要求，省治污办制发《云南省城镇污水处理厂运行维护及安全评定标准》《云南省城镇排水设施运行维护质量及安全评定标准》，提出污水处理143个，生活垃圾处理105个，实有治污项目246个。各州（市）、县（市、区）党委、政府加强督促指导和协调力度，明确目标、责任到人、完善制度、强化监管等有效措施，克服了时间紧、任务重、融资难等诸多困难，通过重点加快推进项目建设进度、强化工程建设质量、运行和资金管理四个方面的工作，全省治污设施建设稳步推进。2011年底，全省建成投运治污项目202个，占82.1%，在建项目44个，占17.9%。其中，保山市、临沧市、迪庆州、丽江市规划内治污项目已全部建成投入运行，昭通市、曲靖市、普洱市、文山州、西双版纳州规划内垃圾处理项目全部建成投入运行。全省城镇污水处理设施由“十五”末34个县（市、区）、37座污水处理厂、污水处理能力127.05万吨／日增加到103个县（市、区）、117座污水处理厂、污水处理能力320.65万吨／日，污水处理能力增长了152%；垃圾处理设施由“十五”末29个县（市、区）、27座垃圾处理场、垃圾处理能力5993吨／日增加到115个县（市、区）、115座垃圾处理场，垃圾处理能力16559吨／日，垃圾处理能力提高了176%。

城镇园林绿化水平整体提升 2011年，全省推进云南园林苗木产业化和滇派园林品牌化建设，在建好“云南省城市园林绿化苗木科研培植基地网”的基础上，注重培育行业龙头企业，完成云南绿盛美的绿化工程公司、云南山川绿化公司一级资质申报指导和审核并顺利晋升一级资质。至此，全省一级资质企业达到6家。相继完成《云南省城市绿化树种名录》修订、全省苗木市场调研和滇派园林产业公司组建等工作，着力在创建园林城市、提升园林绿化水平、改善人居环境等方面狠下工夫，全省建成区绿地率达26.31%，绿化覆盖率达30.92%，人均公园绿地面积达8.66平方米，云南省现有29个省级园林城市（县城）、6个国家级园林城市（县城）和2个国家级园林城镇，25个市（县）绿地系统规划编制（修编）通过技术审核。昆明市、玉溪市、丽江市完成了人居环境范例奖的申报，昆明市完成人居环境奖申报前期工作。昆明市地下管线信息系统、丽江古城历史文化遗产保护等4个项目获得2011年度中国人居环境范例奖。

市政公用事业 年内，全省坚持从细节入手、从基础抓起，建立完善市政公用设施管理长效机制，进一步加大对城市桥梁、供气、供水、污水、路灯以及窨井等设施管养力度，保障市政公用事业的健康发展。至2011年末，全省城市道路达8262.34千米，比2010年增长9.56%；道路面积达1.56亿平方米，增长11.78%；人均道路面积达11.48平方米，增长2.96%。全省供水管网1.49万米，增长10.94%；燃气管道长度为3967.46千米，增长24.13%；排水及雨水管道达9724.4千米，增长9.56%；建成区管网密度达6.67千米／平方千米，增长2.46%。全省燃气普及率达63.29%，供水普及率达93.17%，城镇化水平由“十五”末的29.5%提高到36.8%，涌现出了一批特色鲜明、内涵丰富的大中小城市和特色城镇。

城市燃气行业管理 2011年，全省建设部门宣传贯彻国务院《城镇燃气管理条例》，组织各州（市）住房和城乡建设主管部门管理人员、燃气经营企业进行培训，邀请中国城市燃气协会理事长王天锡等条例参编专家和省发改委、省能源局、省公安消防总队、省技术质量监督局等相关人员对城市燃气建设、经营和管理中的问题进行了讲解。贯彻落实省政府与中国石油天然气集团公司签订的《战略合作协议》的相关要求，做好全省城镇天然气等燃气设施建设，规范燃气市场秩序，确保燃气的安全供应，城镇燃气普及率达到61.66%。云南省住房和城乡建设厅会同省能源局、云南中石油昆仑燃气公司等组织编制《云南省城镇燃气发展“十二五”规划》，邀请北京、上海等燃气行业专家、省级相关部门评审通过，上报省政府待批。与省工商行政管理局协调，联合出台《关于进一步加强燃气经营企业经营许可管理的通知》。开展城市燃气工程审批管理工作，对弥勒县城市燃气工程、曲靖市城市燃气工程、云南省液化天然气应急储备基地等项目进行评审。先后对玉溪、楚雄等燃气工程进行验收。对云南省（除昆明）150家燃气企业经营许可进行审查。同时联合省商务厅、云南日报社举办“新能源与汽车高峰论坛”，邀请国家知名专家就燃气汽车的加气站规划建设、汽车改装管理、气源保障等方面进行交流，为下一步云南省出台相关鼓励、扶持新能源政策提供了依据。

供水节水管理工作 2011年，全省认真贯彻落实《中华人民共和国水法》《城市节约用水管理规定》《云南省实施〈中华人民共和国水法〉办法》，改善城市水生态环境。完成123家城市供水企业经营许可证年度复审、5家新申办企业的审查、部分水厂水质抽查等项工作，编制并向住房和城乡建设部上报《城镇供水设施改造与建设“十二五”规划（云南省部分）》。联合省卫生厅对云南省设市的21个城市供水企业的44个出水厂水样水质按《生活饮用水卫生标准》（GB5749–2006）进行监督检查，并向国家城市供水水质中心上报。2011年底，全省县以上城市供水规模达到450万吨/日，人均日生活用水量达到128.56升，供水普及率达到92.27%。针对云南省旱情，及时了解全省旱期城市供水情况，并派专人分赴各灾区，加强对城市供水节水管理，采取分片区限时供水、建设应急取水设施、建立城市供水应急预案，加大设施运转负荷、启用应急补充水源、实行临时超额用水加价方式调控用水等工作的指导力度。加强供水设施的检查，指导各地具体开展了供水管网和供水设施的巡查检修和城市节约用水宣传工作，切实保障旱情期间的城市供水安全。积极配合开展《云南省节水管理条例》城市节水部分的有关条款的编制。5月15～21日，在全国第20届“城市节约用水宣传周”期间，开展了以“建设节水型城市，改善城市水生态”为主题的宣传活动，设计制作节水专题公益广告片，在昆明市160余条公交线路2300多台公交车上的3000多块液晶电视屏上进行为期1个月循环播放，昆明市节水办还对已建成的270多座再生水利用设施运行情况进行了检查稽查。

“绿色照明”工程 2011年，积极参与住房和城乡建设部《城市照明“十二五”规划纲要》的编制，组织省市政工程质量检测站编制了云南省地方标准《云南省城市照明安全运行规程》。联合省发改委转发了《进一步加强城市照明管理工作的意见》。大力支持昆明风向标会展有限公司在昆明国际会展中心举办涉及城市道路照明、城市给排水、水处理、市政工程及设施等的“2011第二届云南市政技术与设施展览会”，充分展示中国LED节能照明、新技术、新设备、新工艺等“四新”产品，为促进云南省城市建设节能减排提供良好的交流平台。广泛开展对公共建筑、道路、景观照明的节能改造，推广应用高效照明电器产品和节能控制技术，提高电能利用效率，实现“绿色照明”。2011年10月底，云南省城市照明路灯共计近50万盏。

推出市政基础设施工程资料软件 2011年9月，与北京华表世纪科技有限公司联袂研制开发推出“云南省市政基础设施工程资料软件”，内容涵盖了城镇道路、城市桥梁、给排水管道、给排水构筑物、交通设施、亮化照明、燃气、园林绿化、河道治理、垃圾填埋场工程共10个专业，内容分为施工组织管理、工程施工记录等10类用表，软件将为云南省市政基础工程施工提供一个完整、科学、规范的使用样本和规范表单。

数字化城市管理工作 2011年，在昆明市、安宁市、个旧市实施数字化城市管理的基础上，与云南省电信分公司多次协调对接，制定了云南省数字化城市管理实施方案的资金投入预算，为进一步整合城市管理资源、规范数字化城市管理行为、构建城市管理长效机制提高城市管理水平、保障数字化城市管理系统的规范建设和良性运行打下了基础。

城建监察人员执法水平提升 年内，继续推进以“外树形象、内提素质”为重点的云南省城管执法培训和教育引导，开展城建监察协会会员单位间的帮扶互助活动，加强了内部执法人员的学法用法规范化、制度化建设，研究建立日常巡查网格化管理制度，建立与公安等部门联动机制，加强道路占用挖掘管理，打击偷盗、损坏公共设施等违法行为，保持公共设施的完好率。

市容环卫工作 1月17～18日，组织召开云南省环卫协会会员大会暨协会第三届理事会换届会议。启动了环卫协会工作，在全省范围内进行会员单位重新登记统计，对现有各单位资料进行整理归类、建立档案。组织各州（市）、县住建（城管）局环卫工作、环卫站负责人和垃圾处理厂负责人，进行环卫工作业务培训。主办首次全省范围的环卫工人联欢演出，展示了环卫行业风采，促进了城市环卫事业的健康发展。

优化区域中心城市布局 年内，省内区域中心城市布局的总体要求是，认真贯彻全省城镇体系规划（2011～2030）的布局，把其作为城市化建设的重要内容，不断推进区域生产要素向中心城市聚集。区域中心城市是省域的区域核心城市、经济中心、综合服务中心和交通枢纽，具有较强的区域影响力，是引领云南城市发展的重要增长极。《云南省城镇体系规划（2011～2030）》提出构建"一区五群"的城镇空间布局结构，因地制宜壮大中心城市，促进区域生产要素向中心城市集聚，加快培育和引导滇中城市集聚区的昆明市、曲靖市、玉溪市、楚雄市；滇西城镇群中的大理市、保山市、瑞丽市，滇东南城镇群中的蒙自市、个旧市、开远市、文山市；滇西南城镇群中的普洱市、景洪市；滇东北城镇群中的昭通市，滇西北城镇群中的丽江市等区域中心城市建设，提出了规划指引要求。

Villages and Towns

村镇建设

村庄规划 2011年底，云南省应完成村庄规划编制8.04万个，扣除迁村并点的村庄数量1340个，计划完成村庄规划数量7.9万个，实际完成村庄规划编制8.42万个，其中行政村总体规划9413个，自然村建设规划7.48万个，分别完成2011年年度总任务的106.6%、138.0%、103.6%，为2012年完成13.64万个村庄规划奠定良好基础。

农村危房改造及地震安居工程 2011年，农村危房改造及地震安居工程计划30万户，其中拆除重建20万户，修缮加固10万户。拆除重建每户补助1万元，共计下达中央和省级补助资金20亿元，其中中央补助资金13.42亿元，省级补助资金6.58亿元。修缮加固由州（市）筹集2亿元，每户补助2000元，对C级局部危房进行加固。2011年底，云南省各州（市）、县完成危房改造户的调查、危房改造农户的审核、审批、公示等相关工作。全省拆除重建已批准开工19.69万户，占98.5%；竣工15.99万户，占任务的80%。修缮加固已开工93241户，占任务的93.2%；竣工65246户，占任务的65%。总投入资金72亿元。

特色小镇建设 5月5日，云南省人民政府印发《关于加快推进特色小镇建设的意见》，在60个旅游小镇的基础上，又明确了150个特色小镇名单，其中：68个现代农业型，34个工业型，27个商贸型，12个边境口岸型，9个生态园林型，形成了6类共210个特色小镇合理布局的格局。210个特色小镇都是一定区域的中心和县域经济的次中心，具有较好的基础、显著的特色和明显的发展优势。同时，210个特色小镇具有典型的代表性和示范性：有16个为国家级重点镇，7个为全国发展改革试点小城镇，11个为国家级口岸，11个为特有较少民族自治乡，14个省重点工业强县的重点工业镇，13个为省级工业园区项目所在地；有3个为国家和省重点农产品交易市场所在地，6个为省级历史文化名镇，5个为省级爱国主义教育基地，12个为全国特色景观旅游示范名镇（村）。

小城镇基础设施 2011年，全省特色小镇自来水普及率达60%，污水处理率达5%，垃圾处理率达10%，镇区道路铺装率达33%，路灯率达60%。特色小镇公共设施，其中，32%建有文化设施，32%建有体育设施，52%建有汽车客货运站，87%建有卫生院，56%建有宾馆接待设施，30%建有区域专业商品市场，60%镇建有综合市场，40%镇建有大牲畜市场，5%建有农产品专业市场。平均每个建制镇拥有各类学校9.4所，文化站、图书馆0.8个，影剧院0.5个。

Construction Industry

建筑业

概述 2011年，全省建筑系统认真贯彻实施《云南省建筑企业资质管理实施细则》，加强建筑企业资质、资格准入、省外建筑业企业入滇备案管理，加大扶持力度，兑现奖励扶持政策。信息化建设加强，建筑市场监管进一步规范。协调税务部门出台规范建筑业企业营业税征管行为、调整劳务企业营业税率相关文件，有效解决重复征税问题，有力促进了劳务市场本地化的培育。引导企业提高科技创新能力，有13项省级工法被评为国家级工法。全省建筑企业综合实力明显增强，高资质企业数量不断增多。至2011年末，全省有特级资质企业2家，一级资质企业160家，二级资质企业1065家，一级企业数量较2008年实现翻番。全年完成产值1867.06亿元，比上年增长23.7%；增加值785.12亿元，比上年增长26%，超额完成年度目标任务，较2008年实现翻番，建筑业支柱产业地位和作用日趋显现。加强了勘察设计行业监管，行业行为进一步规范，本行业全年营业收入达135亿元，增长30%；加快推进工程建设标准化，15部地方标准审批发布，参与8部国家行业标准编制工作，工程建设标准定额管理加强，工程造价咨询营业收入5亿元；颁布实施《云南省建筑智能化工程招投标管理办法》，强化招投标市场监管，招标投标工作进一步规范。

住房公积金监督管理 2011年，全省住建部门建立完善住房公积金监管协调会议制度，省级部门间形成监管合力，完善信息管理系统，改进和规范了住房公积金业务服务。严格执行“限高保低”政策，加强单位项目贷款的清收力度，逾期贷款显著下降。开展行业文明创建活动，群众满意度提高。全省住房公积金归集总额1003.5亿元，比上年增长26.8%；归集余额575.2亿元，增长24.8%；累计发放住房公积金贷款628.4亿元，增长21.8%；个贷余额342.8亿元，个贷率达到60%，个贷逾期率降至0.03%；公积金支持保障性住房建设贷款4.46亿元，已收回1.8亿元；全年实现住房公积金增值收益3.5亿元，其中划转廉租住房补充资金1.2亿元。

工程建设安全 2011年，全省认真贯彻执行国务院、省政府关于安全生产的工作要求，先后7次组织督查组、检查组对全省在建项目质量安全进行工作督查和执法检查，特别是加大对昆明新机场、昆明地铁等重大建设项目的质量安全检查。全省全年共发生建筑安全生产事故27起、死亡30人，低于省安委会下达的年度安全生产指标（58人），建筑安全生产形势保持了稳定。进一步提升精品工程意识，加大了创优工作力度，获中国建设工程鲁班奖1项、国家优质工程金奖2项、银奖7项，7个项目获国家AAA级安全文明标准化诚信工地称号。

抗震防灾和恢复重建工作 2011年认真贯彻落实省政府《关于全面加强预防和处置地震灾害能力建设十项重大措施实施方案》，加大《防震减灾法》、《云南省建设工程抗震设防管理条例》等法律法规和《建筑抗震设计规范》等强制性技术标准宣传贯彻力度，积极推进减隔震技术发展与应用，确保建筑工程抗震设防质量。加强应急抢险队伍建设，开展应急救援演练，提升住房城乡建设系统应急处置能力；圆满完成盈江“3·10”地震房屋应急评估和市政设施应急抢险等任务。按照省政府关于盈江地震灾区恢复重建10大工程的要求，分两个阶段完成投资建设任务的规划目标，积极协调有关部门组织指导地震灾区恢复重建工作。2011年底，共下达盈江“3·10”地震恢复重建资金12.63亿元，民房恢复重建大部分完成，地震灾区基础设施建设、社会事业、城镇建设工程、防灾减灾体系建设、生态环保工程和强基固本工程全面启动。

建筑节能 2011年，按照国家建筑节能强制性标准，编制完成《云南省建筑节能设计标准》，建筑节能设计和建筑节能施工图审查执行率为100%，竣工验收阶段执行建筑节能设计标准比例达到96%。完成太阳能热利用与建筑一体化使用面积11.5万平方米。玉溪市、普洱市和瑞丽市分别被国家评为可再生能源建筑应用城市示范和县级示范，共争取国家补助资金1.29亿元。太阳能光电建筑一体化、绿色建筑、既有建筑节能改造取得重大进展。开展省城生态小区创建工作，完成了白沙润园生态小区的评审和世博生态社区（二、三期）、荣合金岸等4个生态小区验收评审工作，促进了房地产开发领域的节能减排和建设水平的提高。

风景名胜区管理 年内全省风景名胜区总体规划、详细规划和重大基础设施建设选址许可工作有序进行，澄江动物化石保护地申报世界自然遗产已完成国际专家评估工作。根据联合国教科文组织第34届世界遗产大会审议通过的云南三江并流保护区世界自然遗产地边界细化方案，省人民政府上报国务院的《三江并流风景名胜区总体规划（修改）》于2012年1月5日通过了住房城乡建设部组织召开的部际联席会议的审查。

（张礼孔　关世敏　李璟）

昆明地产（昆明市志办　提供 谢慧　摄）

Real Estate

房地产

房地产调控政策　2011年初，国务院下发《关于进一步做好房地产市场调控工作有关问题的通知》，省住房和城乡建设厅及时提出贯彻意见，经省政府常务会议研究通过后，印发《关于进一步做好房地产市场调控工作的意见》，对全省房地产调控工作进行全面部署。

根据7月12日国务院常务会议“必须坚持调控方向不动摇、调控力度不放松，坚定不移地抓好各项政策措施的落实，不断巩固和加强调控效果”的精神和住房城乡建设部的有关要求，省住房和城乡建设厅报经省政府同意，由房地产市场监测调控协调领导小组印发了《关于进一步落实房地产调控政策有关问题的通知》，进一步明确了有关要求。

加强对房地产调控政策措施贯彻落实情况的督促检查。9月，省住房和城乡建设厅厅领导带队，对全省各州市贯彻落实国务院和省政府房地产调控政策情况进行了调研、检查和督导。

健全房地产调控机制。为及时把握房地产市场动态，省住房和城乡建设厅始终把省房地产市场监测调控协调领导小组会议和省房地产经济运行分析联席会议作为做好调控工作的重要手段，同时坚持每月上报全省房地产经济运行分析报告，领导小组会后及时印发会议纪要，加强情况通报和信息交流，形成云南省房地产调控的合力。

全面贯彻执行国务院和省政府房地产调控政策措施。各城市（含地级市、县级市和州府所在县）均按要求确定和公布了2011年住房价格控制目标；昆明市实行了严格的住房限购政策；各地切实增加住房建设用地供应；严格执行差别化税收政策，对个人购买商品住房不足5年转让交易的，统一按销售收入全额征收营业税；落实差别化信贷政策，对购买第二套住房的家庭，执行首付款比例不低于60%、贷款利率不低于基准利率的1.1倍的政策规定；加强市场秩序整治，规范商品房预（销）售行为，实行明码标价。

房地产开发投资 2011年，全省房地产开发投资首次突破千亿元大关，实际完成1272.72亿元，同比增长41.3%。超额322.72亿元完成年初省政府下达的950亿元的投资目标任务。房地产开发投资占全省规模以上固定资产投资的比重达到21.5%。其增速高于固定资产投资增速13.7个百分点；高于全国房地产开发投资增速13.4个百分点。云南省房地产业的跨越式发展，有力促进了全省经济社会的平稳较快发展，为实现云南省"十二五"规划的良好开局作出了积极贡献。

在房地产调控政策作用下，房地产开发投资的结构有所调整。一方面住宅开发投资保持较快增长，但增速低于房地产开发投资整体增速。全省完成住宅开发投资873.9亿元，同比增长33.5%，占房地产开发投资的比重为68.7%，较上年同期下降4个百分点。另一方面非住宅开发投资呈现高速增长的态势，占比提高。办公楼开发投资完成44.25亿元，同比增长99.2%；商业营业用房开发投资完成164.34亿元，同比增长67.9%；其他类房地产开发投资完成190.23亿元，同比增长51.4%。

省住房和城乡建设厅加强房地产开发投资工作的分类指导，优化房地产开发投资区域分布。一是提高未实施限购的州市、县市房地产开发投资的吸引力，二是加快昆明市周边城市房地产业的发展步伐，有力促进了云南省16个州市房地产开发投资实现全面增长。规模排在前六位分别是：昆明市（625.97亿元）、曲靖市（138.53亿元）、红河州（72.52亿元）、玉溪市（66.88亿元）、楚雄州（52.46亿元）和普洱市（46.87亿元）。增速排在前六位的州市均高于全省平均增速，分别是怒江州（198.2%）、德宏州（108.6%）、普洱市（96.7%）、保山市（75.0%）、丽江市（56.6%）、昆明市（42.0%）。从昆明市的具体情况来看，房地产开发投资由主城区向周边辅城转移，县市房地产业的发展步伐加快。

稳定房价初见成效 2011年，随着综合房地产调控政策效应的逐步显现，云南省房地产业平稳较快发展，房价逐步趋稳，房地产调控的成果不断巩固和扩大，房地产经济基本上朝着宏观调控的预期方向发展。

昆明市和大理市住房价格涨幅总体上呈现明显回落趋势，调控成果不断巩固。根据国家统计调查并发布的全国70个大中城市住宅销售价格变动情况显示，2011年12月份昆明市新建住宅价格环比涨幅为0，同比上涨2.3%，涨幅较上年同期和年初均明显收窄。大理市新建住宅价格环比涨幅为0，同比仅小幅上涨0.6%。2011年昆明市和大理市新建住房价格环比和同比变化情况示意图如下图：

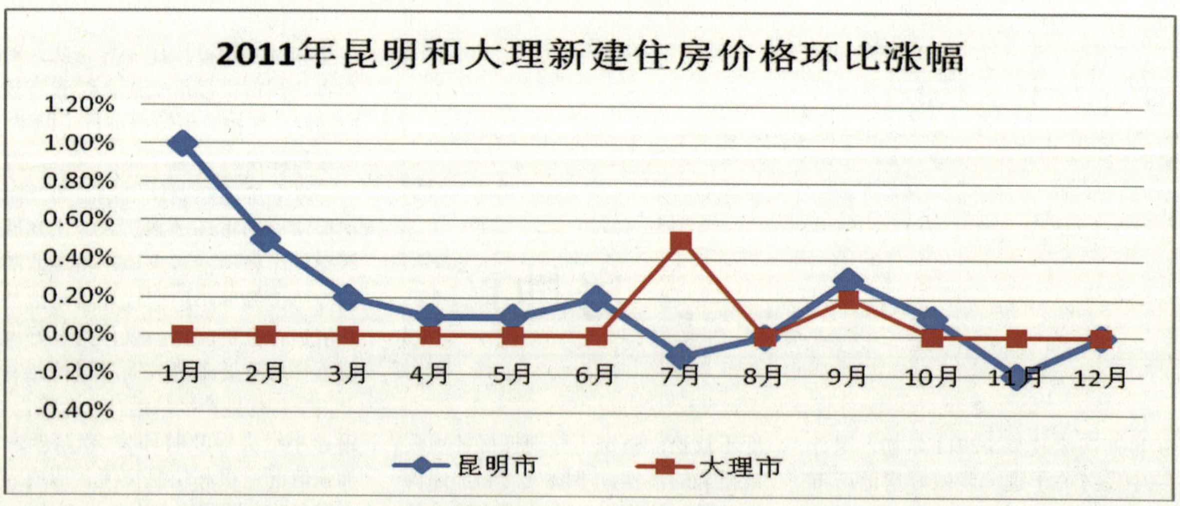

（张礼孔　关世敏　李璟）

Administration on Land Resources

国土资源管理

国土资源保障 2011年国家下达云南省用地计划指标20.3万亩，同比增长21.7%。全省共批准用地39.1万亩，供应各类用地20.4万亩，同比增加35.8%。据土地市场动态监测与监管系统显示，全省土地出让收入总额已突破900亿元。44条二级公路等一大批重点建设项目及保障性安居工程等民生项目用地得到切实保障。年初云南省“兴地睦边”农田整治重大工程启动仪式隆重举行，“兴地睦边”和中低产田地改造投资强度空前，进展顺利，新增耕地8.11万亩，为全省粮食连年增产奠定了基础。耕地保护目标五年责任考核圆满通过国务院联合检查组考核，并得到充分肯定。开展城乡建设用地增减挂钩1.92万亩。矿产资源开发管理进一步加强。计划投放制度得到严格执行，共审批探矿权1659个，采矿权460个，征收入库矿产资源补偿费1300余万元；征收矿产资源有偿使用费6.7亿元，同比增长19.8%。

服务“桥头堡”建设 2011年，省国土资源厅全力争取国土资源部给予倾斜和支持，主动调研，在广泛征求有关方面意见的基础上，草拟《国土资源部支持云南加快“桥头堡”建设的实施意见》（代拟稿），加强向国土资源部的汇报与协调。在国土资源部和省委、省政府主要领导高位推动下，《国土资源部支持云南加快“桥头堡”建设有关措施的通知》正式出台，文件在保障云南省“桥头堡”建设发展用地，推进低丘缓坡土地综合开发利用，创新用地管理方式，加强耕地保护和土地整治，加强地质勘查和矿产资源开发利用，加强地质灾害防治和地质环境保护等方面给予了大力支持。为全省国土资源系统今后几年创造性地开展工作，积极探索破解“两难”局面，提供了充分的政策空间和有力的政策支持，使国土资源服务“桥头堡”建设站在了更高的起点，走向了一个新的阶段。

“用地上山”新创举 2011年，省委、省政府深入贯彻落实中央领导关于国土资源工作的重要讲话精神，立足云南省情，作出了保护坝区农田建设山地城镇的重大决策，明确提出坚持多利用坡地、荒

2011年9月5日，省委、省政府在大理召开全省保护坝区农田建设山地城镇工作会议（省国土资源厅 提供 朱云忠 摄）

地搞建设，谋划城乡统筹发展新模式。这一关系云南省科学发展、和谐发展、跨越发展的重大新政，是走云南特色城镇化道路、转变建设用地方式、实现可持续发展的重要创举，成为全省上下的共识和统一行动，不仅得到了党中央、国务院领导的充分肯定，也引起了社会各界的广泛关注和好评。作为耕地保护的责任部门，全省国土资源系统迅速推进“用地上山”相关工作。当年3～4月，省国土资源厅牵头组成8个调研组，分赴16个州市37个县（区）开展调研，总结基层实践经验，形成了8篇专题调研报告和2份配套政策，为省委、省政府决策部署提供了参考。9月，省委、省政府在大理州召开全省保护坝区农田建设山地城镇工作会议，明确了保护坝区农田、建设山地城镇的指导思想、目标任务，安排部署了有关重点工作，出台《关于加强耕地保护促进城镇化科学发展的意见》。国土资源部将云南省列为全国“低丘缓坡荒滩等未利用土地综合开发利用试点”省份之一。省国土资源厅抢抓机遇，及时召开专题会议，提出：加快推进“两项基础工作”，以“三个一批”、“十种类型”为抓手，确保全省保护坝区农田和建设山地城镇工作取得突破。按照会议部署，全省129个县（市、区）完善土地利用总体规划工作和1平方千米以上坝子核查工作全面展开。昆明市等8个州（市）确定为国家试点，各选择2～3个县（市、区）开展试点工作；其余州（市）和县（市、区）作为省级试点开展工作，享受国家试点同等政策。修改完善了《云南省坝区耕地质量补偿费征收使用管理办法（试行）》。编制完成云南省低丘缓坡土地综合开发利用试点工作方案、技术要点和部分试点项目实施方案。先行先试，及时部署启动了一批山地综合开发利用试点，并加大对试点项目的支持力度。坚持舆论先行，强化宣传工作。中央和地方各类媒体密集介绍云南省建设山地城镇的新闻、专题报道250余篇（条），形成了全社会关注和支持山地城镇建设的浓厚氛围。

土地整治 2011年，全省国土资源系统大力开展中低产田地改造和土地整治工作。1月18日在临沧市耿马县隆重启动“兴地睦边”农田整治重大工程。该工程计划在云南边境的25县投资86.2亿元，实施农田整治重大工程，建设总规模323万亩，新增耕地23万亩，计划5年完成。2011实施“兴地睦边”项目56个，建设规模57.33万亩，预计新增耕地4.26万亩，预算投资13.29亿元。全年安排下达中低产田地改造和其他土地整治项目147个，建设规模129.12万亩，预计新增耕地8.85万亩，项目预算总投资29.12亿元。共争取中央支持资金18.8亿元，其中“兴地睦边”资金12亿元，新增费分成6.8亿，为云南省历年中央资金支持最多的一年。完成了全省土地整治项目可研、规划设计编制和制图标准、可研审查纲要、规划设计审查纲要等5个新的规程，并对全省土地整治工作队伍开展了两次集中培训，全面加强全省土地整治行业管理，提高土地整治工作水平。

地质灾害防治 2011年，全省发生地质灾害346起，造成17人死亡、5人失踪、27人受伤，直接经济损失2.76亿元；成功预报避让地质灾害14起，转移避让2977人，避免人员伤亡579人。特别是6月下旬以来，怒江州贡山县等地发生重大山洪泥石流灾害，因应急处置措施和方法得当，取得了突发重大灾害无人员伤亡的防灾减灾成效。年度因灾伤亡人数为省国土资源厅成立以来最低值。2011年全省投入地质灾害防治经费11亿余元，其中争取中央财政投入专项经费4.47亿元，省级专项经费5.1亿元，各州市投入专项经费2.08亿元。汛期地质灾害巡查工作有序开展，地质灾害防治规划体系建设加快推进，地质监测预警和应急体系建设切实加强，地质灾害综合治理扎实推进，地震灾区地质灾害防治措施有力。大型以上地质灾害治理项目现场核查和论证制度不断建立健全。地质灾害隐患点应急演练参演人员达5.5万人次。继续加强地质灾害群测群防“十有县”、地质灾害防治“五条线”和乡镇国土所“五到位”建设。通过狠抓各项措施的落实，全省地质灾害防治水平不断提高。

土地执法监察 2011年，云南省人民政府召开全省国土资源执法监察工作专题会议。省政府《关于建立完善土地管理长效机制进一步落实耕地保护共同责任的通知》正式发文实施，以政府为主导的耕地保护责任体系、发挥部门横向联动作用等相关内容得到进一步明确，推动了国土资源“大家管、大家用”新局面的形成。全省卫片执法检查工作扎实开展，土地和矿产卫片执法通过国土资源部验收。全省违法用地面积占新增建设用地总面积的比例为12.9%，违法占用耕地面积占新增建设用地占用耕地总面积的比例为8%，同比分别下降2个和4个百分点。全省无被国土资源部问责的情况发生。同时，积极配合省发改委对全省已建和在建高尔夫球场进行清理整治。楚雄德钢等案件得到有力查处，国土执法查处一案、震慑一方、教育一片的威慑力明显增强，土地和矿产资源开发管理秩序朝着科学发展的方向持续好转。

队伍建设 2011年，云南省国土资源系统干部人事制度改革稳步推进，处级干部竞争上岗实现预期目标，经过严格程序选拔，8名干部从33名竞争者中脱颖而出，走上新的工作岗位。州市国土资源局班子建设不断强化，干部轮岗交流得到加强，干部教育培训逐步制度化，事业单位清理规范全面推进，干部管理信息化水平不断提高。“两整治一改革”专项行动深入推进，国土资源部对云南省总体评价为优秀。开展全覆盖的廉政风险点排查活动，共确定廉政风险点942个，制定防范措施1250条。组织开展各县（市、区）国土资源局主要领导162人廉洁从政教育集中整训。深入推进工程建设领域突出问题专项治理工作，深化“小金库”专项治理，规范行政事业性收费，强化预算执行纪律。通过切实加强党风廉政建设，全省国土资源系统违法违纪发案率显著下降，行风政风名次明显上升。2011年，全省各级检察机关查处国土资源系统违法案件6起8人，同比下降46.7%，在34个省直部门行风政风评议中，省国土资源厅位列第三位。

国土资源管理工作构建 2011年，国土资源管理各项基础工作扎实有序推进。土地利用总体规划、矿产资源规划及各专项规划的编制工作任务如期完成。农村集体土地确权登记发证稳步推进。矿业权实地核查换证工作有序开展。矿产资源储量利用调查全面完成。矿山地质环境得到保护。矿业权交易规模不断扩大。国土资源节约集约创建工作成效明显，昆明市高新区、楚雄市、沾益县被评为2010年度全国模范县。财务管理工作更加规范，经费保障高效有序。法治、责任、阳光和效能政府建设深入推进。科技与对外合作工作取得了新进展。信息化建设不断加强。测绘行政管理得到强化，基础测绘投入大幅增加，重大项目成绩斐然，测绘保障服务作用彰显，地理信息产业加速发展。基础性、公益性地质调查和战略性矿产资源勘查成果丰硕。机关党建、信访工作、综治维稳、平安创建和离退休干部工作也取得了良好成效。

（冉玉兰）

非洲联合馆
Africa Pavilion
世博大道
Shibo Ave.

主　编　车光杰
责任编辑　李红菊

TO DEVELOP ADVANCED YUNNAN
WITH
ITS ETHNIC CULTURE DIVERSITY

民族文化强省建设

云南民族文化活动（省文化厅　提供）

Reform of the cultural system

文化体制改革

概述 2011年，是全省文化体制改革突破较大的一年，是各项政策落实较好的一年，是产业发展成效明显的一年。根据省统计局初步预测，2011年全省文化产业实现增加值超过530亿元，比上年增长20%左右，占全省生产总值的比重达到6.3%左右。

年内，全省各州市认真学习贯彻党的十七届六中全会精神，结合文化体制改革和文化产业发展的实际，广泛开展宣讲活动，深入组织研究讨论，制定具体措施，抓好贯彻落实，进一步提高了对文化体制改革发展重要性紧迫性的认识，增强了推进文化体制改革、加快文化产业发展的自觉性。同时，认真贯彻落实年初全省宣传文化工作会议和省文产领导小组会议精神，认真调研、主动汇报、积极争取，在党委、政府的重视下，文产机构建设得到加强，经费保障得到提高，各州市都参照省里的领导和管理机制，调整充实了文化产业发展领导小组，由州市主要领导任组长，建立健全了州市文产办。16个州市有7个州市文产办为正处级建制，9个州市为副处级建制，80%以上的县市区建立文产办，省级文化主管部门建立文产处或改革办，全省横向到边、纵向到底的文化产业领导和管理体系初步形成。各州市和部分县市区预算安排了文产工作经费和文化产业扶持发展资金，有的州市达到1000万元以上。省文产办参与组织了民族文化强省建设年度考评工作，参与筹备了省委、省政府向中央专题调研组的汇报，参与起草了省委《关于贯彻落实党的十七届六中全会精神加快建设民族文化强省的意见》，完成了省委交给的党的十七届六中全会精神的宣讲任务，并正在牵头起草全省"十二五"文化改革发展规划纲要。

2011年，全省各州市认真组织实施"十二五"文化产业发展规划的制定工作，大部分州市完成了规划制定任务，结合自身实际确立了文化产业发展的奋斗目标、战略思路、主要原则、重点产业和发展措施，部分州市还组织实施了珠宝玉石、陶器、锡器、银器、斑铜、砚石、木雕、民族刺绣、民族扎染、民族民间乐器、茶马古道、历史文化名镇开发等云南特色文化产业的专题规划。省文产办组织力量，开展《云南主导文化产业区域布局规划》以及工艺美术、珠宝玉石、新兴产业、动漫产业等行业发展实施意见的起草和修改工作。

2011年，省文产领导小组会议确定41个省级重点文化产业项目，省文产办建立了省级重点文化产业项目跟踪问效制度，认真推进重点文产项目建设，在项目论证、规划立项、招商引资、资金筹措、用地安排等方面积极搞好服务，有力地促进了重点项目的实施，并于年底组织3个检查组进行集中检查，形成综合报告。根据各个项目的基础条件、发展潜力和实施进度，按照动态管理的原则，将原定41个重点项目调整为50个，作为省委常委会议的参阅材料。至年末，各大项目进展顺利，进程加快。各州市文产办积极配合省里在重点文产项目推进上做了大量工作，并从自身实际出发，认真策划开展本地重点项目的实施，高度重视项目前期工作，运用一切平台和机会积极开展项目前期工作和招商引资，取得了较好的效果。同时，省文产办还积极参与了省级重大标志性文化设施项目建设的协调服务。

产业政策 2011年，全省各级文产管理部门加强与相关部门的联系，建立良好的协调沟通机制，协调落实文化产业发展政策，为文化企业搞好服务。省文产办加强与财政、发改、工商、税务等部门的沟通和协调，积极促成相关部门细化政策执行方案，同省财政厅、国税局、地税局反复研究，累计公布了共5批188家享受税收优惠政策的转制文化企业名录，使中央和省扶持发展文化产业的各项政策落到实处；加强与工商、国土、人社等部门的联系，为转制文化企业在市场准入、项目用地、人事编制政策落实等方面做了大量的协调工作；积极配合有关部门制定地方国民经济和社会发展规划及相关专业规划，《十二五全省国民经济与社会发展规划纲要》《桥头堡建设规划》《西部大开发战略规划》《经济体制改革发展规划》《服务贸易业规划》《旅游产业改革发展规划》等都充实了文化产业发展的内容；同省财政厅、省委政策研究室等部门共同研究制定并出台《云南省文化企业国有资产监督管理暂行规定》《云南省属文化企业领导人员业绩考核办法》，建立国有文化资产监督管理和国有文化企业领导人考核规范，使考核工作有规可循；与省金融办联合起草《关于金融支持文化产业的意见》报省政府办公厅审定下发；加强与银行的联系，多次与建设银行、民生银行、国家开发银行进行座谈，与民生银行签订战略合作协议；多次召开银企对接座谈会，为企业和银行牵线搭桥，在工艺美术、珠宝玉石行业初步形成了务实有效的银企合作机制，发放贷款近50亿元。

文化体制改革推进 2011年，全省加快推进国有文艺院团和非时政类报刊出版单位体制改革，制定并报审出台《关于加快全省国有文艺院团体制改革的指导意见》和《关于非时政类报刊出版单位体制改革的指导意见》，并对两项工作召开会议进行部署，有序推进；为转企改制的经营性文化单位搞好服务，在成本支付、人员安置、社会保障、财税扶持、工商注册、项目建设等方面给予支持帮助，巩固和提升了转企改制成果，云南出版集团公司筹备股改并作上市准备，云南广电网络集团基本完成全省广播电视传输机构资源整合，云南文投集团融资筹建一批重大文化项目，云南省文博产业集团等转制文化企业也取得新的绩效；以推进管办分离、依法行政、规范服务为核心，促进政企、政事、政资、政府与市场中介组织分开，积极推进了文化行政管理体制改革，部分州市和县区完成了文化行政主体整合；积极推进公益性文化事业单位“三项制度”改革，完善岗位责任制、聘用制和任期目标责任制；积极推进各级电台电视台“制播分离”及两台合并。

文化市场 年内，全省通过兴办各类展会搭建市场交易平台，促进企业推介和产品营销。省文产办先后策划创办、牵头主办或配合承办中国昆明泛亚石博览会、昆明泛亚民族民间工艺品博览会、云南昆明动漫节、云南玉雕大师作品展、云南国际珠宝展、瑞丽国际珠宝文化节、腾冲翡翠博览会、云南翡翠精品展、中国（云南）翡翠创意设计大赛、广南句町文化旅游节、云南民族服装服饰文化节、北京（云南）国际文化展等十多项展会活动。通过认真研究，确定了全省重点培育和扶持发展的十大品牌展会，其中，昆明泛亚石博会品牌日臻成熟，影响力不断扩大，展位供不应求，每届交易额达5亿多元；昆明泛亚民博会在规模、品质、效益等方面都逐届提升，届次交易额已达上亿元；云南玉雕大师作品展为新创展会，在引导提升珠宝文化附加值、推动珠宝产业向珠宝文化产业转化方面发挥了积极作用，配合展会制定出台《云南优秀玉雕作品评选办法》和《云南玉雕大师评选办法》，并开展首次评选活动，评选出首批30名云南玉雕大师，推出了一批玉雕新秀，被评选为第二届全省宣传文化工作创新奖。积极组织商家参加第七届深圳文博会等省外知名展会，开展企业推介、产品营销、招商引资活动，仅深圳文博会招商签约就达上百亿元。引导和支持各行业协会完善机制、开展活动、发挥作用，促进行业自律。为搭建市场交易平台，激活文化产品产权交易市场，批准建立了云南元盛文化产权交易所和昆明泛亚珠宝玉石交易所，并开始投入运营。积极推进中华文化走出去，文投集团在柬埔寨开发的《吴哥的微笑》运营良好，新知集团在柬埔寨开发的金边华文书局开业运营。

人才培养 2011年，省文产办和云南大学共同举办了云南文化产业骨干培训班，来自全省16个州市、行业协会、文化企业的70多名文产干部和企业代表参与培训。培训班借鉴在职培训、MBA、MPA等高级人才培训的成功经验，以课程模块组织教学。中国人民大学金元浦教授、中国传媒大学齐勇锋教授等知名专家为培训班授课。培训期间还组织了对重大文化产业项目的考察，组织了银企对接座谈会。学员普遍反映，课程设置合理，内容丰富，专家讲得好，培训效果实，学习收获大。

基础工作 2011年，全省各州市、各部门在机构建设、制度建设、经费保障、信息沟通等方面都做了大量工作，为文产工作开展奠定了良好基础。对省文产办的机构性质、职能职责及其各处室的分工进行了认真研究和加以明确；省文产办创办《云南文产》简报，搭建交流平台；与云南网合作创办并开通运营云南省文化产业门户网站——云南文产网；与省珠宝质监院联合制定发布《云南省珠宝玉石产业统计评估模型》，并进行了评估，为产业发展决策提供了科学依据；与云南大学文产研究院共同建设文化产业理论及战略咨询数据库；与省统计局联合完善云南文产统计指标体系，开展了文产统计培训；组织编撰《云南特色文化产业系列丛书》。

（朱于波）

Education 教育

概述 2011年，云南省大力加快现代教育的建设，开启教育现代化的新征程。制定和组织实施了云南省《中长期教育和改革发展规划纲要》(2010～2020年)，教育优先发展的战略地位进一步巩固。云南省被列为国家综合教育改革试点省份，省政府与教育部签订《支持云南教育改革发展战略合作协议》，中央支持地方教育重大项目的投资云南占全国的10%以上。

2011年，全省学前三年毛入园率达44.3%，九年义务教育巩固发展，初中升学率达70.7%，高中阶段毛入学率达70%，高职在校生增加4.6%，高等教育毛入学率达23%，高考录取率达86.1%，毕业生离校时初次就业率达83.5%，增设与国家、省重大战略、产业发展和改善民生相关的优势特色学科（群）52个、学位授权支撑学科58个；争取国家和省的科研项目1500余项，荣获国家和省部级的科研奖励48项，其中获国家科技进步二等奖1项、何梁何利奖1项。昭通师专和普洱师专实现专升本，昆明医学院更名为昆明医科大学，云南开放大学的建设取得实质性进展，终身教育不断加强。

2011年，全省教育投入600亿元，大力推进12个职教园区建设和实训基地建设，继续完善呈贡新区高校园区基础设施建设。全省新增校舍面积307.96万平方米，新增中小学教师5.59万名，培训各类校长3100名，培训教师15.5万名。各类学生的资助体系进一步完善，共发放助学金和贷款13.2亿元，资助学生87万人。省政府与教育部签订了《义务教育均衡发展备忘录》。

2011年，全省全面启动云南教育综合改革的试点工作，各项改革有序推进。改革办学体制，各类民办学校在校学生增加13.2万人，其中民办高等院校学生增加1.43万人，增加13.35%。改革教育管理体制，加大高校自主招生试点工作力度，实施省内一本、二本院校按大类或院（系）招生。改革学前教育管理体制，增强地方政府学前教育发展的责任。教育督导机制进一步健全，督导工作进一步加强。进一步推进中小学减负工作，实施初中教育评价制度改革，积极推进高中新课改及新课改后的高考改革。加强和完善职教集团建设，促进产学研结合。推进教育国际化体制改革，招收来滇留学生2万多人，兴办国际学校和国际部24个。

（李云峰）

教育事业 2011年，全省普通高等学校招生16.13万人、在校学生48.76万人、毕业生10.95万人，分别比上年增长13.18%、11.05%、14.84%。各类中等职业教育招生22.37万人，比上年减少29.48%；在校生67.59万人，比上年增长1.02%；毕业生15.58万人，比上年增长0.08%。普通高中招生24.38万人、在校生66.03万人、毕业生19.23万人，分别比上年增长6.45%、4.34%、4.28%。普通初中招生68.62万人，比上年减少2.89%；在校生204.87万人，比上年减少1.20%；毕业生66.77，比上年增长4.07%。普通小学招生65.38万人、在校生424.08万人、毕业生72.91万人，分别比上年减少2.31%、2.56%、1.06%。学前教育招生72.54万人、在校生108.59万人、毕业生49.37万人，分别比上年增长0.03%、10.03%、9.91%。高等教育、高中阶段、初中学龄人口、小学学龄儿童毛入学率分别为23%、70%、105.24%、108.12%；普通高中、初中、小学毕业生升学率分别为77.5%、70.72%、94.25%；九年义务教育巩固率达89.26%，扫除文盲13.51万人。

国家教育体制改革试点项目实施 3月7日，省委、省政府成立由省长为组长，省委宣传部部长和分管教育的副省长为副组长，各相关委厅局为成员单位的云南省教育体制改革领导小组。至3月10日，云南省共获得11项国家体制改革专项试点项目和1项省级政府教育统筹综合改革试点项目。4月11日，云南省教育体制改革领导小组召开专题会议，研究试点工作初期产生的重大专项问题。4月19日，省政府召开教育改革专题会，明确提出省政府每年安排1000万专项经费用于教育体制改革。5月17日，省政府第57次常务会审定通过《云南省实施国家教育体制改革试点工作方案》。5月24日，省委、省政府召开全省教育工作会议，对教育改革和发展工作做了总体部署。9月28日，云南省教育体制改革领导小组召开第一次全体会议，对实施试点项目工作进行专题研究。10月10日，召开全省电视电话会议，对全省实施教育体制改革试点工作进行动员和部署。10月11日，颁布《云南省教育体制改革领导小组关于下发云南省实施国家教育体制改革试点项目方案的通知》，正式启动实施国家教育体制改革试点项目。10月25日，云南省教育体制改革指导小组召开会议，推进实施国家教育体制改革试点工作。11月16日，云南省教育咨询委员会正式成立，做好重大教育改革和发展政策的调研、论证、咨询和评估工作。11月18日，云南省教育体制改革工作会在昆明召开，对云南省实施国家教育体制改革试点工作进行安排和部署，并公布云南省教育咨询委员会第一批29名省内咨询委员会专家。要求2012年3月底前完成目标任务。

学前教育行动计划实施 5月27日，省政府印发《云南省学前教育3年行动计划（2011～2013）》，提出从2011年起，省财政将连续5年，每年安排1亿元学前教育发展专项资金，主要用于农村幼儿园（含民汉双语幼儿园）新建和改扩建、城镇幼儿园的维修改造、晋升为省级示范幼儿园的奖补、教师培养培训和幼儿教师基地建设等项目。3年计划的总体目标是：到2013年，云南省农村幼儿园资源快速扩大，每个乡镇有1所中心幼儿园，人口集中的村社办有幼儿园，每个县至少创建1所省级示范幼儿园，做到“乡乡有幼儿园，县县有示范园”，民办幼儿园发展规范有序，各类幼儿园办园条件日趋完善，学前教育3年毛入园率达50%。为了实施农村学前教育推进工程，云南省将在4900个乡镇各建1所中心幼儿园，在较大自然村建一批村社幼儿园，以民族自治县为重点，建一批“民汉双语”幼儿园。规定新建乡镇中心幼儿园50万～150万元补助，新建村社幼儿园给予19万～50万元补助，改建和扩建幼儿园给予适当补助。

（纳 梅）

中小学校舍工程建设 2011年，全省共投入中小学校舍安全工程资金42.6亿元。其中：中央资金10.75亿元，省级资金14亿元，各

丽江市第一高级中学钢结构校舍

（李竹贤 供稿）

州（市）、县（市、区）自筹资金14.73亿元，其他各种渠道筹集资金3.12亿元。全年全省中小学校舍安全工程累计开工411.6万平方米（其中：新建重建293.9万平方米，加固改造117.7万平方米），竣工交付使用176.6万平方米（其中：新建重建117.8万平方米，加固改造58.8万平方米），拆除D级危房194万平方米。

（李竹贤）

云师大附中高考成绩斐然 2011年云师大附中高考文科总分600分以上18人，占全省600分以上总数的29.51%；理科总分600分以上150人，占全省600分以上总数的21.25%；上线率100%，一本上线率80.8%。文科总分校平均分519.39分，超过一本控制线分24.34分，理科总分校平均分539.61分，超过一本控制线分74.61分。不含政策加分，理科有21名同学进入云南省总分前50名，文科有18名同学进入云南省总分前50名。刘毅文等7位同学囊括云南省2011年高考文理科总分及6个单科状元。

（李　为）

初中教育评价制度改革 自2009年10月云南省教育厅颁布《关于初中教育评价制度改革的意见》后，云南省全面部署以建立初中学生学业水平考试制度、完善初中学生综合素质评价制度、改革高中阶段招生制度为主要内容的初中教育评价制度改革工作。2011年7月，首次抽考生物学科，组织全省2009年入校学生参加生物学业水平考试；各州（市）自行组织地理、信息技术学业水平考试。省教育厅颁布了初中10个学科的学业水平标准与考试说明。2010～2011年，全省初中学校新增计算机56000多台，新增生物、地理、历史、信息技术教师占初中新增教师的三分之一，基本开齐了国家要求的所有课程，基本开足了课标规定的课时，从根本上扭转了中考考什么、教师教什么、学生学什么的群体性偏科现象。

（李云峰）

义务教育保障机制建设 2011年，全省共下达义务教育保障资金66.63亿元。其中：中央资金47.76亿元，省级资金13.92亿元，州（市）配套资金4.95亿元。累计免除城市义务教育阶段学杂费0.52亿元，补助学生38.06万人；对农村义务教育阶段学生免除学杂费，并对学校给予公用经费专项补助33.37亿元，共惠及学生590.96万人；农村义务教育公用经费在上年的基础上生均再提高100元，已达到小学500元／生，初中700元／生；免教科书费6.35亿元，受益学生627.67万人；补助家庭经济困难寄宿生生活费21.36亿元，补助人数达到248.21万人，补助人数比2010年增加18.41万人。从2011年秋季学期开始，寄宿生全年生活费补助标准再提高250元，达到小学1000元/生，初中1250元／生；提高7个人口较少民族学生生活费补助资金，共下达0.11亿元，补助学生4.44万人，在享受寄宿生生活费补助的基础上，人均每年再增加250元的生活费补助；补助义务教育阶段学校食堂改善条件资金4.24亿元，下达迪庆州藏区高原农牧民子女学生生活补助资金0.68亿元。藏区学生生活费补助标准达到小学1600元／生，初中1700元／生。

（李竹贤）

教育乱收费治理 全省教育系统启动“专项工作督查年”。年初，省教育厅与各州（市）教育局签订工作目标管理责任书和各高校党风廉政建设责任书，将治理教育乱收费作为重要考核内容，层层签订“治理教育乱收费责任书”和“收费承诺书”。坚持教育收费公示制度，接受学生、家长和社会的监督。3月，省治理教育乱收费厅际联席会议组织7个教育收费检查组，对7个州（市）16个县（市）64所学校进行了专项监督检查，同时开展第四批“创建规范教育收费示范县”活动，马关县、蒙自市、元阳县、宾川县、弥渡县、镇康县达到要求，自此全省共31个县获此殊荣。4月1日，制定印发《关于进一步规范我省中小学校服务性收费和代收费管理有关问题的通知》，要求坚持学生自愿和非营利原则，做到不与学费合并统一收取，及时据实结算、多退少补；坚持报备制度。9月开学后，开展省、州、县三级联动的教育收费专项检查，将挤占、挪用、截留教育经费和“一边免费，一边乱收费”作为治理教育乱收费的“两条高压线”。全年，共组织514个县级以上检查组，检查学校9120所，确保各项惠民政策落实到位。查处教育乱收费案件18件，查处违规收费资金347.41万元，清退违规收费资金345.23万元，党政纪处分和其他处理59人，其中撤职校长7人。重点查处德宏州经济职业技术学校、云南商务信息工程学校、云南经贸管理学校虚报、冒领及非法套取国家助学金、免学费资金案件。

（罗承祥 赵悦）

基础教育质量监测 4～11月，云南省教育科学研究院（云南省教育评估院）组织开展云南省首次基础教育质量监测。该院在借鉴PISA与TIMSS监测方法的基础上，根据学科的课程标准，独立研发基础教育质量监测6个工具包，每个工具包有学生学习质量监测试卷、学生学习质量调查问卷、教师问卷、校长问卷。先后开展了4次大规模的基础教育质量监测，监测县域涉及昆明市盘龙区、西山区，丽江市玉龙县，监测样本学生8226人、教师408人、校长102人、学校102所；

云南省开展首次基础教育质量监测

监测学科有小学五年级语文、数学；初中二年级语文、数学；高中二年级语文、数学等3个学段6门学科。所撰写的《云南省基础教育质量监测报告》，部分内容与建议被云南省人民政府教育督导团、云南省教育厅以及监测县教育局采纳并应用。

（周家荣）

高考新方案 11月，云南省公布2012年高考新方案。建立“三位一体”招生考试评价体系，考试模块为3[语文+数学（文/理）+外语]+综合（文/理）+学业水平考试量化成绩+综合素质评价，高考总分(满分772分)=高考成绩(满分720分)+英语听力成绩(满分30分)+学业水平考试量化成绩(满分22分)；新方案实行普通高中学业水平考试成绩、综合素质评价与高考录取直接挂钩的招生录取方式，其中学业水平考试成绩是双挂钩（量化和等第）。将考生的普通高中学业水平考试成绩量化为相应的分数，量化分数直接计入高考总分，招生院校以学生高考总分为录取主要依据；把普通高中学业水平考试成绩等第及考生综合素质评价提供给招生院校，作为录取参考依据。将逐步扩大高校自主选拔录取的范围和数量，继续试点部分高职院校单独招生，实现多元录取。

（李云峰）

招生考试信息化管理与平台项目获奖 年内，云南省招生考试院和昆明理工大学联合研发并组织实施的“云南省招生考试信息化管理与服务平台”项目获2011年度云南省科学技术进步一等奖。该项目涵盖了研究生、普通高校、中专学校、成人学校的招生考试工作，自学考试、教师资格考试、大学英语四（六）级考试以及社会考试等8大类31项次教育考试工作等业务。截至2011年12月，使用考生达550余万用户，年使用考生突破150万人次。该项目平台以稳定的性能，实现了对招考复杂业务、部门及各类用户的有效管理，满足了全省招生考试各类复杂业务应用需求。同时，也全面加强了网上信息采集、信息流通、政务公开、信息公示等功能，是推进招生“阳光工程”的有力保障。2008～2009年，项目取得经济效益5.63亿元。

（纳　梅）

Science and Technology 科学技术

概述 2011年，全省组织实施培育战略性新兴产业重大项目60项，突破关键核心技术62项，研究开发具有自主知识产权的重大新产品61个，认定省自主创新产品和重点新产品117项。至2011年，全省认定高新技术企业达440家，居全国第十五位，西部第三位；省创新型（试点）企业达154家，省产业技术创新战略试点联盟14家，“云药之乡”达40个，省级科普教育基地达100家。省级重点实验室达35个，省级工程技术研究中心达66个，省级企业技术中心达199个；国家级和省级高新技术特色产业基地达17个，国家级和省级农业科技示范园区达11个；建立院士专家工作站12个。引进海内外高端科技人才达51人，遴选省中青年学术和技术带头人后备人才达667人，省技术创新人才培养对象达410人，培育省创新团队达72个。云南农业大学朱有勇教授成功当选为中国工程院院士。2011年，全省发表SCI论文1108篇，居全国第二十一位，同比增长21%。全省专利申请7150件，居全国第二十四位，同比增长26.66%；专利授权量4199件，居全国第二十三位，同比增长9.84%。争取国家科技计划项目793项，经费6.42亿元，同比增长60%。其中获国家自然科学基金项目567项，经费2.98亿元，居全国第十九位；121家科技型中小企业获国家科技型中小企业技术创新基金支持，立项成功率居全国第一位。加强科技与金融结合，争取银行对415家科技型中小企业项目贷款43亿元，企业知识产权质押贷款9200万元。9个项目获得2011年国家科学技术奖科技进步二等奖；3名科技工作者获2011年度何梁何利奖，获奖人数居全国领先。

科技计划与经费 2011年，省科技计划工作围绕《云南省“十二五”科学和技术发展规划》的工作部署，以加快实施建设创新型云南行动计划为核心，以支撑全省发展方式转变和经济结构调整为主线，组织实施一批支撑我省产业结构优化和产业技术升级的战略性重大项目，为全省“两强一堡”建设提供有力的科技支撑。省科技计划项目共安排科技创新强省、重点新产品开发、社会发展、科技平台建设、科技富民强县等科技计划项目1711项，安排年度省级科技经费58615.4万元。其中，新立项目1271项，项目总投资66亿元，安排年度省级科技经费39027.4万元。

应用基础研究 2011年，云南省应用基础研究专项支持重点项目605项，安排科技经费总额2420万元，安排经费1580万元。全年获得国家基础研究项目571项，争取经费32825万元。其中：国家自然科学基金项目567项，经费29817万元；经费数与2010年相比实现翻番。获科技部支持省部共建国家重点实验室973项目1项，经费1060万元；国家重点实验室专项经费1600万元。国家重大研究计划科学目标导向项目“细胞多能性和人类重大疾病的猴模型研究”作为科技部与云南省推进的重大项目，已通过立项评审。2011年，动员组织云南省科技人员研究提出15项973计划和重大研究计划项目建议书，推荐上报科技部。全年共有3项973计划项目通过科技部组织的验收，其中2项为优秀。取得一批重大科技成果。全年共获得省部级以上奖励27项，其中，特等奖1项，一等奖1项，二等奖9项，三等奖16项。

技术创新体系建设 2011年，组织全省企业实施培育战略性新兴产业重大项目60项，突破关键核心技术62项，研究开发具有自主知识产权的重大新产品61个；新认定高新技术企业121家、国家现代服务业创新发展示范企业2家，遴选创新型试点企业32家，推进企业重视知识产权获取、加快科技成果转化；121家中小企业获国家科技型中小企业技术创新基金支持，立项成功率居全国第一位，争取国家科技经费7860万元，创历史新高。2011年，重点围绕生物医药、高端装备制造、农产品精深加工、新材料、光电子等全省优势特色产业，组建“云南省钛产业技术创新战略联盟”等首批14家产业技术创新战略试点联盟，有利于整合科技资源，深化产学研合作，共同开展瓶颈技术攻关，加快科技成果转化，优化产业链，推动产业整体升级，提高产业综合竞争力。全年全省新组建省级工程技术研究中心24个、院士（专家）工作站12个，认定省级重点实验室1个、批准省级重点实验室培育对象1个，认定国家技术转移示范机构2家。全省新认定高新技术特色产业基地1个、组织7个国家级高新技术产业化基地通过复审，有国家和省高新技术特色产业基地17家。2011年，昆明高新区、昆明经开区、玉溪高新区、大理高新区实现销售收入1800亿元，平均增速在20%以上，80%以上的核心专利实现了产业化，自主创新能力显著增强。

企业技术创新 2011年，全省科技工作以提升技术创新能力为核心，引导全省相关企业加大研发投入、加强技术创新、加快成果转化，为全省发展方式转变和产业结构调整起到了支撑作用。以科技政策为导向，促进创新环境完善。发布实施《云南省“十二五”科学和技术发展规划》。新修订实施《云南省科学技术进步条例》，出台《云南省重点新产品认定实施办法（试行）》《云南省院士专家工作站实施办法（试行）》《云南省企业重点实验室管理实施细则（暂行）》等一批政策文件。科技部与云南省政府签订了新一轮部省工作会商制度议定书，进一步增强科技对全省经济社会发展的支撑和引领作用。2011年，工业领域新立项实施国家和省级科技计划项目191个，安排国家和省级科技经费13537万元，带动了企业、金融和社会资金多元化投入，有效支持全省企业技术创新工作。2011年，全省新认定高新技术企业121家、高新技术特色产业基地1家、国家现代服务业创新发展示范企业2家、首批产业技术创新战略试点联盟14个，遴选创新型试点企业32家、上市培育企业12家，组建工程技术研究中心24个、院士（专家）工作站12个，对提升我省企业技术创新能力，满足重点产业发展科技需求具有促进作用。

重点产业创新 2011年，围绕建设创新型云南行动计划的实施，继续推进有色金属新材料、磷化工煤化工、装备制造业3个产业化创新基地建设，全年新立项目21项，总投资11.12亿元，安排省科技经费3450万元，拉动银行贷款3.46亿

昆明新机场航站楼成为全球最大的单体隔震建筑（省科技厅 提供）

元。将建成铂族金属二次资源高效回收产业化、低浓度煤矿瓦斯发电示范推广、混合蒽油及洗油精细加工等生产装置15台套以上，完成工业增加值2.72亿元，新增销售收入2.98亿元，新增利税2264万元；获取可逆式炉卷轧机轧制不锈钢复合板（卷）、铸轧法生产电容器用铝箔、混合蒽油精馏等新技术、新工艺63项；开发出具有自主知识产权的320X256中波红外焦平面探测器、烟草薄片滚刀切丝机、碎石工程用大型联合破碎站成套设备、高原型重型载货汽车驾驶室等新产品21个；申请专利22件，其中获授权16件，制订标准6项。通过农业科技创新工程和特色产业基地项目的实施，全省优势特色农产品原料基地建设不断发展。育成一批优质、高产、抗病、抗逆、适应性广的滇杂系列粳稻品种，在云南、贵州、四川及湖南等地推广种植累计220万亩，增产稻谷1.3亿千克，产值达2.6亿元，滇杂系列粳稻已成为西南推广杂交粳稻的主要品种之一。核桃、油茶、小桐子培育出具有自主知识产权的新品种11个。核桃种植面积、产量和产值均居全国第一。牛肝菌仿野生栽培在省热带作物科学研究所获得成功。通过"云南野生食用菌出口贸易技术措施的应对技术研究"项目实施，证明尼古丁是牛肝菌中天然代谢产物，促成欧盟修改了牛肝菌干片尼古丁的限量标准，促进牛肝菌贸易受阻问题解决获得实质性进展，全年出口实现恢复性增长，保住了每年1亿多美元的出口市场。省烟草农业科学研究院自主选育的"云烟87""云烟97"等系列烟草新品种，种植面积已占全国烟草种植面积的63.3%，成为全国烟叶生产的主栽品种，同时烤烟种子供种占全国的75%以上。以中药、民族药为核心，新立项目17项，项目总经费5.36亿元，省科技经费支持1290万元。以推进云药之乡建设为重点，新认定10个"云药之乡"，至此全省共认定40个"云药之乡"。2011年云药之乡中药材种植面积达到220余万亩，占全省种植面积近70%，产量20多万吨，基本涵盖全省主要中药材品种。

高新技术特色产业基地建设 截至2011年，全省国家级高新技术产业化基地已达7家，省级高新技术特色产业基地已达10家。2011年，省科技厅认定了玉溪研和数控装备高新技术特色产业基地，基地已聚集数控装备企业10余户，其中基地骨干企业3户。基地产品包括各型立式加工中心光机、各型立式数控机床光机、复合加工机床、数控车床、数控系统及数控机床的应用程序等主导产品，形成了联系紧密，分工协作，较为完整的上下游产业链条。形成了数控装备产业集群，带动了区域经济的发展，在省内具有明显的产业特色和竞争优势。

农业科技创新工程 2011年，全省组织实施培育战略性新兴产业重大项目10项，突破关键核心技术12项，研究开发具有自主知识产权的重大新产品16个。全年农业植物新品种通过国家审定1个，通过省级审定31个，全省农业植物新品种累计申请国家植物新品种保护247个，获得授权74个。年内认定的20家农产品深加工科技型企业实现销售收入37.91亿元；税后利润7.33亿元，创税 4.24亿元，出口创汇1.19亿元，产品加工规模达到24.47万吨。新产品销售收入为1.06亿元。昆明石林农业科技示范园等10个园区被认定为云南省农业科技示范园，入园内资企业54户、中外合资企业3户，主要合作科研单位20个以上，共计实现总产值29.34亿元，销售收入13.55亿元，利税6286万元；接待参观考察916次，获国家驰名商标1个，中国名牌产品1个。年内首次认定32家云南省科技型农村经济合作组织，下达资助经费160万元，积极推动全省科技型农村经济合作组织快速健康发展。

畜牧科技产业发展 2011年，承担省级科技计划项目的畜牧企业销售收入42.94亿元，净利润4.49亿元，税收10484.8万元。解决关键技术24项，授权专利数52个。带动农户41.7万户，农户增加收入7.81亿元。云南神农农业产业集团有限公司优质生猪标准化养殖、云南乍甸乳业有限责任公司的奶牛标准化养殖等，获国家标准化管理委员会认定为全国农业标准化示范区。昆明华曦牧业集团有限公司2011年获国家级农业产业化龙头企业和中国驰名商标认定。

粮食高产创建活动 2011年，根据省委、省政府"百亿斤粮食增产计划"的总体部署，云南省科技厅承担50片（总面积50万亩）粮食高产创建示范区建设。通过技术集成、科技成果的应用和推广，最大限度地发挥品种和技术的增产潜力，实现了粮食稳步增收增产目标，对保证粮食安全发挥科技支撑作用。2011年省科技厅下达粮食高产创建专项经费1020万元，全省25个主要农作物主产区，创建水稻、玉米、马铃薯、油菜和小麦示范面积共53.14万亩，其中水稻24.49万亩、玉米12.56万亩、马铃薯6.09万亩，超额完成下达的种植面积50片（50万亩）。玉米、马铃薯和水稻3种作物总产量8445.46万千克，水稻、玉米和马铃薯分别按3.5元／千克、2.5元／千克和1.5元／千克计算，总产值达17079.66万元。示范区共涉及70个乡镇，农户60493户，全面完成2011年科技厅粮食高产创建活动的总体要求和具体目标。推广种植优质专用和高产品种60余个，良种覆盖率达100%，其中85%以上为"十五"以来云南省科技计划项目立项资助选育、拥有自主知识产权的品种。

边疆解"学科技难"惠民工程 2011年，省科技厅继续在25个边境县（市）及3个藏区县开展大规模的边疆解"学科技难"惠民工程实施行动。全年省投入1050万元，各州（市）投入63万元，县（市、区）投入523万元，其他投入4596.561

非洲菊“秋日”获欧盟授权（省科技厅 提供）

万元。各项目承担州（市）大力发展特色产业项目，其中，种植类项目完成种植面积 18.92 万亩，总产量 9.05 万吨，总产值 5.62 亿元；养殖类项目存栏数为 1867 头（只），出栏数为 3240 头（只），总产值 1347 万元。2011 年共建设完成特色产业示范基地 35 个，规模达 6.58 万亩。2011 年累计选派科技特派员 81 名，培养科技辅导员 561 名，成立农村经合组织 38 个；开展形式多样的实用技术培训，培训人数达到 9.94 万人次。通过项目实施，带动农户共计 5.74 万人，农民人均纯收入达 2612 元，农民工用工人数达 53676 人。工程立足县域特色产业发展，普及推广先进实用技术。全年，推广新品种 36 个，推广面积 13.59 万亩；推广新技术 31 项，推广面积 18.22 万亩；推广农资 42 种，推广面积 14.37 万亩；引进新品种试验 51 个；开发加工农产品 14 种，销售数量 13881 吨。2011 年边疆解“学科技难”惠民工程项目承担企业中有省级龙头企业 5 家，州级龙头企业 4 家，县级龙头企业 7 家。获有机认证的基地面积共计 7280 亩，获绿色食品认证的基地面积共计 45052.5 亩，获无公害农产品认证的基地面积共计 2000 亩。

生物能源产业化创新基地建设 2011 年，“小桐子生物柴油产业化关键技术研究与示范”项目取得丰硕科技成果。累计收集优良种质资源 699 份，建设种质资源圃 250 亩，筛选出优良品系 10 个，优良材料 11 个，优良品种 2 个，鉴评新品种 1 个；建立小桐子母本园和育种基地 200 亩，完成良种繁育基地 1600 亩，繁殖优质种苗 400 万株，完成良种核心示范种植 4.86 万亩。小桐子原料林培育大规模推进。已建立核心试验区 750 亩、小桐子生物能源原料林丰产栽培试验示范 150 万亩。云南神宇新能源有限公司小桐子生物柴油研发与生产线 10 万吨厂房已建成，初加工厂进入安装施工阶段；3000 吨生产线已投入试生产，生产出了少量生物柴油。云南神宇新能源有限公司被省能源局认定为云南省小桐子生物柴油示范企业。2011 年 10 月 28 日，中国首次航空生物燃料用于客机试飞取得成功，试飞所用生物燃油原料是云南开发成功的小桐子精炼油，在小桐子生物能源产业的建设在全国处于领先地位。

花卉产业创新基地建设 2011 年，启动实施国家级省级花卉科技项目 11 项（其中国家项目 3 项），计划投入科技经费 1575 万元（其中国家投入经费 260 万元），其中年度经费 585 万元，为云南花卉星火产业带建设及推进花卉产业创新基地建设提供了有力的科技支撑。2011 年全省花卉种植总面积达 70 万亩，花卉总产值 267 亿元，出口总额 1.7 亿美元，鲜切花产量 65 亿支。培育出花卉新品种 33 个，其中获得国家植物新品种权证书 1 个，获得欧盟新品种权证书 1 个，31 个新品种处于测试阶段。自主选育并成功申报的花卉新品种数量已达204个，其中获得新品种授权保护的新品种有55个（包括在国外申请获授权的新品种3个），花卉新品种类型除了传统的蔷薇属、石竹属、百合属、菊花属、非洲菊属，又新增了茶花属、唐菖蒲属、兰属、杜鹃属、含笑属等，成为全国花卉新品种研究种类最多、成果最多的省份。获花卉繁育的相关国家技术发明专利15项，鲜切花连续18年全国领先，成为全国最大的鲜切花种苗产销中心。构建了农业部花卉质检中心（昆明）及全国花标委鲜切花标委会两大平台，研制出一批全国领先的国家、行业标准和检测技术规程，其中主导研制的国家、行业、地方及企业四级标准达50余项，且病毒检测、脱毒种苗（球）、采后处理等多项标准居全国领先水平，同时建立起59项部级备案检测技术规程，数量居全国第一。

生物医药产业发展 2011年，通过实施中药现代化科技产业（云南）基地建设和重点新产品开发计划（社会发展），全省8个项目获国家“重大新药创制”科技重大专项立项支持；奥生乐赛特胶囊等2个（1类和5类）中药、天然药物获得国家药物临床试验批件。至此省科技计划立项支持的新药研发项目共有18项进入临床试验阶段，其中奥生乐赛特胶囊成为自2002年国家食品药品监督管理局颁布实施《药品注册管理办法》以来，全省第一个中药、天然药物1类新药获得临床试验批件的品种。在持续支持新药研发的同时，突出支持了注射用灯盏花素、络泰注射用血塞通等一批云药名方名药的二次开发。国家科技重大专项“防治艾滋病规模化现场流行病学和干预研究”项目，取得了显著成效并获得国家在“十二五”期间的滚动支持。“个体化骨科手术精确定位模板的关键技术研究和应用示范”“登革热分子流行病学应急检测技术研究及应用”等一批重点项目获得省科技计划立项支持。

环境保护科技 2011年，继续围绕九大高原湖泊综合治理，典型生态脆弱退化区域保护、修复、重建，废弃物资源化利用等重点工作，新立项目9项，安排科技经费2035万元。突破了“吸附沉淀剂研发、制备及水体除砷的关键技术”，阳宗海湖泊已恢复到地表水Ⅲ类水标准。突破了“东川河砂配制环保型高强度高耐久性混凝土关键技术”“东川河砂配制超长大体积或清水混凝土关键技术”“东川河砂混凝土配制关键技术”等一系列关键技术，成功开发出具有自主知识产权的环保型高强度高耐久性机场跑道混凝土、清水混凝土等新产品，并应用于昆明新机场跑道、航站楼的建设中，推广应用量达155.8万立方米，实现产值5.77亿元，推广应用成效显著。

灾害防御能力建设 2011年，全省“重大自然灾害下云南公路交通生命线应急保障关键技术与决策支持应用研究”“地沟油检验鉴定方法的应用研究”等4项公共安全领域科技项目已完成立项程序纳入社会发展科技计划项目库，项目总经费1685万元，拟支持科技经费总额485万元。“多功能经纬仪研制及应用于地震预报研究”项目已纳入重点新产品开发科技计划项目库，项目总经费440万元，拟支持科技经费总额180万元。

医疗卫生科技 2011年，全省新立项目4个，总经费350万元，支持科技经费160万元。通过“降低出生缺陷关键技术及干预措施的研究及示范”项目实施，突破降低出生缺陷的关键技术，建立和完善了常见染色体非整倍体疾病的快速产前诊断技术和进行性肌营养不良、脊肌萎缩症、α—地中海贫血、β—地中海贫血、G6PD缺乏症等5种单基因遗传病的基因诊断与产前诊断技术规范；通过“中国南方I号病防控技术研究”项目实施，突破了快速筛查诊断中国南方I号病的关键技术，建立了以蛋白芯片、胶体金层析、标志基因扩赠等技术为核心的灵敏、精确的快速筛查诊断技术体系，开发出了2种鼠疫特异性靶抗原（F1及Pla）及其单克隆胶体金快速诊断试纸条，将鼠疫判定时间由传统的96小时缩短为3天内完成。

可持续发展实验区建设 2011年，全省各国家级、省级可持续发展实验区，在经济稳步增长的同时，注重社会、人口、资源、环境的协调发展。曲靖市麒麟区国家可持续发展实验区被科技部授予2011年全国县（市）科技进步考核科技进步先进县（市）荣誉称号；临沧市国家可持续发展实验区于2011年5月申报了国家可持续发展实验区。

节能减排科技创新工程 2011年，依托科技创新强省、重点新产品、社会发展、科技富民强县、国家相关计划等各类科技计划，组织实施74项节能减排重点示范工程和重点节能新产品开发（其中：省级节能减排重点项目42项，国家重点项目4项，国家科技型中小企业创新基金项目28项）。项目总经费19.7亿余元，安排省科技经费6095万元，国家科技经费支持2944万元。节能减排、降耗工作取得了较好成效。围绕重点耗能企业，以及太阳能利用，研究开发节能减排新技术、新产品，深入推进企业节能行动，建设节能减排示范工程，一批节能减排创新成果、新能源产品已成功推广应用。云南云天化氟化学有限公司通过实施“3万吨／年冰晶石产业化”项目，形成具有自主知识产权的磷肥副产物氟硅酸生产冰晶石产业化成套技术，将建成万吨／年冰晶石示范装置。项目的实施，减少煤气消耗约10%，与国内同类装置相比，降低冰晶石合成母液约2/3。年可实现销售收入1.44亿元，利税3895万元。为全省乃至全国磷肥基地建设、节能减排起到良好的示范作用。云南陆良银河纸业有限公司实施的“桑枝制浆及黑液碱回收技术产业化”示范项目，主要利用桑树废弃的桑枝替代传统造纸原料，在原有7条造纸生产线基础上，进一步研发产业化生产及节能减排关键技术，每年可节约用水111.69万立方米、节约蒸汽5.86万吨、节约桑枝纤维765吨。实现了资源的保护和节约，对综合利用林产品废弃物和清洁生产有积极的示范作用。

高新技术企业培育 2011年，全省新认定高新技术企业121家。至此，全省高新技术企业总数达到440家，较2010年增长30%，高企数量居全国第十五位、西部省区第三位，并首次实现全省16个州（市）均有高新技术企业。据统计，2011年全省高新技术企业拥有总资产3270亿元，年总销售收入1648亿元。其中高新技术产品（服务）收入1467亿元，分别较2010年增长96%、79.7%、70.6%。年销售收入超过1亿元的高新技术企业有143家。其中年销售收入达100亿元以上企业2家，10亿～99亿元企业26家，1亿～9.9亿元企业115家。企业2011年投入的研发经费总额69亿元，近3年通过各种方式获得的自主知识产权6500项。

创新型企业培育 截至12月，全省共遴选6批共154户企业开展试点，安排科技经费6100万元，44户命名为云南省创新型企业。云南南天电子信息产业股份有限公司、贵研铂业股份有限公司通过科技部、国务院国资委、中华全国总工会联合组织的评价，被命名为国家创新型企业。通过重点培育，试点企业自主创新能力明显提升。

省级重点实验室建设 2011年，围绕云南省产业发展的重大需求，批准云南省中药和民族药新药创制企业重点实验室（筹备）、云南省生物光电子硅材料制备技术企业重点实验室（筹备）和云南省铅锌资源综合利用企业重点实验室（筹备）为省级企业重点实验室培育对象。围绕云南省优势特色学科建设要求，新认定云南省灵长类生物医学重点实验室，批准云南省干细胞和再生医学重点实验室（筹备）为省级重点实验室培育对象。至此，全省省级重点实验室达35个，省级重点实验室培育对象1个，省级企业重点实验室培育对象3个。其中，国家重点实验室2个、企业国家重点实验室1个、省部共建国家重点实验室培育基地3个。省级重点实验室中，生物资源与环境领域15个、医药领域12个、材料工程与信息领域9个。2011年，35个省级重点实验室共有研究人员1394人，省高端人才11名、省创新团队11个；仪器设备总值6.16亿元。争取科研项目945项，项目经费约9亿元；发表论文1817篇，其中SCI收录485篇；共出版学术专著26部。获授权发明专利149项；制定（修订）标准18项。获得重点新产品认证5个、农业新品种认证25个。科技成果转化产生直接经济效益2.6亿元。

省工程技术研究中心及科技服务建设 2011年，新认定省级工程技术研究中心24家。全省省级工程技术研究中心达66家。66家省级工程技术研究中心共拥有总资产551.2亿元，拥有大型科学仪器设备数4696台（套），大专以上专业技术人员2637人，其中高级以上职称763人。申请专利2288件，其中发明专利申请数1246件，专利授权数1289件，其中发明专利授权数515件。参与制定国家标准、行业标准307件，技术转让和服务收入27.3亿元，累计创造经济效益321.9亿元。2011年，全年下达省级工程技术研究中心和科技条件平台建设项目32项，其中工程技术研究中心类项目24项，共建专业服务机构6项，公共科技平台类项目2项。共安排科技补助经费5270万元，其中年度科技经费 2140万元。

企业技术中心建设 2011年，新认定云南铜业科技股份公司、驰宏锌锗股份公司等35家省级企业技术中心。至此，全省企业技术中心达199家；联合省发改委共同推荐昆明机床、云南沃森2家企业的技术中心通过了国家认定。全省国家级企业技术中心达到14家。

云南科技创新园建设 年内，云南科技创新园昆明基地拟选址于官渡工业园，已向昆明市规委报送了可行性研究报告和控制性详细规划，进行创新园项目开发公司筹建。同时，确定云南科技创新园玉溪基地拟选址于澄江县龙街镇，已编制完成建设规划并上报省政府审批；12月15日，省科技厅与玉溪市政府签订了建设云南科技创新园合作协议，云南研创开发投资有限公司正式挂牌，开展项目前期工作。

培养引进高层次人才 2011年，全省引进高端科技人才13名；新选拔省中青年学术和技术带头人后备人才57名，省技术创新人才培养对象52名；组织完成了2011年“两类人才”出站评价工作，90人通过出站评价。据不完全统计，在培养期内共取得授权发明专利149项、实用新型和外观设计专利54项；开发和推广新产品或新品种121个；共获得国家级科技奖励14项；省级科技奖励181项，其中一等奖25项、二等奖42项、三等奖114项；共发表论文2207篇，其中第一作者777篇，通讯作者1080篇；SCI、EI收录433篇；撰写著作180部，其中主编54部；培养硕士和博士研究生1182人；通过成果转化、技术服务和技术改造为企业创造或新增效益89.3亿元。

科研院所技术开发专项 2011年，全省立项36项，安排项目资金2500万元，带动转制科研院所的投入达1.14亿，有效发挥了院所专项的引导和带动作用。

国际科技合作 2011年，全省立项支持国际合作专项计划项目21项，支持专项经费2687万元，引导和带动社会投入近21851万元；协助组织并通过验收国际合作项目5项，申报国家发明专利5项（其中获授权1项），主持起草国家标准1项、参与制订国家标准4项及地方标准2项。

国内科技合作 2011年，充分发挥省院省校科技合作平台作用，引进突破了一批关键核心技术，开发了一批自主知识产权的重大新产品。突破“300KA大型曲面阴极电解槽”等3项关键核心技术，研究开发“雨生红球藻粉”“滇粮牌胚芽米”等5项拥有自主知识产权的重大新产品，申请或获得授权专利25项，获得新品种登记5个，产生经济效益4.12亿元，新增利税2550万元。围绕新能源、新材料、装备制造、粮食安全、农业产业化等重点领域，组建了12个院士（专家）工作站。上海与云南省于2011年8月10日签署部门合作备忘录，并于2011年5～9日成功举办世博科技成果展（云南省）展示点启动仪式暨2011沪滇科技交流活动。积极开展“泛珠三角”区域科技合作，省科技厅组织全省部分企业和投资机构代表参加了第七届泛珠三角区域合作经贸洽谈会，并代表云南省经贸代表团，在科技成果项目和新兴产业推介会上作推介。

云南省科学技术奖颁奖大会 2011年7月4日，省委、省政府在昆明召开2010年度云南省科学技术奖颁奖大会，表彰奖励为云南省科技事业和现代化建设发展作出突出贡献的科技人员和单位。180个项目（人）获得云南省科学技术奖，其中特等奖1项，一等奖13项，二等奖35项，三等奖125项，科技创业奖4人，科技合作奖2人。省委副书记、省长秦光荣在会上作重要讲话。省委副书记李纪恒主持会议，省委书记、省人大常委会主任白恩培，省政协主席王学仁，省委常委、副省长李江，省委常委、省委秘书长杨应楠，省人大常委会常务副主任晏友琼，省政府秘书长丁绍祥出席会议。副省长和段琪在会上宣读云南省人民政府关于2010年度科学技术奖励的决定。

2010年度云南省科技颁奖大会（省科技厅 提供）

部省工作会商会议 10月11日，科技部 云南省人民政府2011年工作会商会议在昆明隆重召开。全国政协副主席、科技部部长万钢，科技部副部长陈小娅、科技部副部长王伟中及科技部相关司局负责人，中共云南省委书记秦光荣，省委常委、省委秘书长杨应楠，省人大常委会副主任杨建甲，省政府副省长和段琪，省政协副主席顾伯平，省政府副秘书长赵慧侠出席了会议。会议由王伟中主持。会上，陈小娅副部长和段琪副省长分别代表双方签署《科学技术部 云南省人民政府工作会商制度议定书》，启动了新一轮工作会商制度。

（姜 华）

科技成果 2011年，全省科技成果登记工作取得丰硕成果。成果总数达到744项，超过了2010年度的历史最高水平。2011年度全省科技成果有以下特点：一是具有自主知识产权的成果数大幅度增长。2011年度登记的成果中拥有发明专利达351项，比2010年度214项增加137项，增幅64%，表明全省自主创新能力进一步提高。二是标准制定工作得到充分重视。2011年登记的成果中，全省相关单位共参与或主持制定的标准数为47项，企业更加重视技术的规范化、标准化。

科技成果应用 2011年，全省在676项应用技术成果中，原始性创新成果382项，占56.5%；国外引进消化吸收创新53项，占7.8%；

科技部与云南省人民政府2011年工作会商会议（省科技厅 提供）

国内技术二次开发239项，占35.35%；处于成熟应用阶段的成果552项，占81.66%；处于中试或设备的样机、试样等中期阶段的成果77项，占11.4%；处于实验室、小试等初期阶段的成果47项，占6.95%。据对475项应用技术成果进行统计，属于电子信息的18项，软件18项，光机电一体化29项，生物、医药和医疗器械183项，新材料27项，新能源与高效节能18项，环境保护18项，地球、空间和海洋13项，农业150项。全省农业和生物、医药领域的高新技术成果仍然占主体地位。

科技奖励　2011年度云南省共有193项（人）获得省政府奖励，其中杰出贡献奖1人、特等奖2项、一等奖19项、二等奖40项、三等奖131项，奖励人员1366人，组织313个。

获国家奖情况　云南省有10个项目获得2011年度国家科学技术奖科技进步二等奖。本年度全省获奖成果主要集中在农、林、水等民生领域，改变了以往全省以冶金材料成果为主的获奖格局。另外我省一批科研成果和科技人员获得了科技部批准的社会力量奖励，其中有3名科学家（彭金辉、李文昌、高立志）获2011年度何梁何利基金科学与技术奖。

社会力量设奖情况　年内，新批准云南省测绘学会设立的云南省测绘科学技术奖。至此省科技厅审批了5家机构中国烟草公司云南省公司科学技术奖、云南交通科学技术奖、云南卫生科技教育管理协会卫生科技成果奖、云南农业科技大青年标兵奖。2011年度开展奖励工作，对76个项目、102家单位和590名科技人员进行了奖励。进一步扩大了科技奖励的对象和领域，使我省社会力量奖励工作在国家层面产生了一定影响。承办了国家奖励办公室社会力量设奖工作研讨会，宣传了云南社会力量奖励工作。

技术市场　2011年，全省技术合同交易较2010年度有较大幅度增长。并呈现以下特点：(1) 技术合同成交总量持续攀升。2011年全省技术市场在加快科技成果转化进程中，保持良好的发展态势，技术交易总量增势明显。全省共认定登记技术合同1246项，成交金额11.86亿元，同比分别增长18.7%和5.8%。(2) 技术开发占主体地位。在技术开发、技术转让、技术咨询和技术服务合同中，技术开发在交易活动中仍保持领先并占主体地位，成交项数和金额分别占总量的74%、61%。(3) 计划外项目是技术交易主体。2011年技术合同中，计划外1040项，合同成交额9.34亿元，占合同总项数的83.47%，占总成交额的78.74%，创2006年以来5年技术合同新高。各级政府科技计划项目进入技术市场共206项，合同成交额2.52亿元，占合同总项数的16.53%，合同总成交额的21.26%。其中，国家计划12项，合同成交额0.22亿元；部门计划77项，合同成交额1.54亿元；省级计划53项，合同成交额0.61亿元；地市县计划64项，合同成交额0.15亿元。(4) 企业是技术市场交易主体。从卖方情况看，2011年在我省技术交易中，企业法人作为合同卖方892项，合同成交额9.09亿元，分别占总项数的71.59%和总成交额的76.63%；事业法人作为合同卖方263项，合同成交额1.66亿元，分别占总项数的21.1%和总成交额的14%；从买方情况看，企业法人买入705项，合同成交额9.13亿元，分别占总项数的56.58%和总成交额的77%。(5) 高新技术产业引领了技术市场发展。从登记合同的技术领域分布情况看，全省技术合同主要集中在电子信息技术、先进制造技术、新能源与高效节能、环境保护与资源综合利用技术、现代交通五大领域。其中，新能源与高效节能技术和电子信息技术两大领域的技术合同交易额占据了总交易额的55.18%。

（秦　穆）

知识产权创造　2011年，全省专利申请量为7150件，居全国第二十四位和西部第六位，年增长率达26.7%，连续5年年均增长率超过18.1%，年专利申请量首次突破7000件关口。全年全省专利授权量为4199件，年增长率为9.8%，居全国第二十三位和西部第五位。

专利技术转化实施　年内，在上年的基础上，认真执行并不断完善《云南省专利转化实施计划项目管理办法》，以全省重大项目及成长性较好的中小企业为重点，在先进装备制造、节能环保、新材料、新能源、生物及光电子等我省重点发展的技术、产业领域，遴选12家企业的优秀项目，开展专利转化实施计划，促推专利技术产业化、商品化。对2010年立项的10个专利转化计划项目进行检查，实施良好。州市专利技术转化工作也取得新进展，大理州优选出10个项目进行专利试点和产业化；玉溪市转化实施294项特色产业专利技术，年销售收入34.4亿元，专利技术促进节能、降耗、减排等年新增效益3.17亿元；曲靖市试点企业共实施专利技术95项，实现年销售收入达31.8亿元，取得了丰硕成果。

知识产权试点示范工作　2011年，昆明市知识产权示范城市工作取得实效。1～9月，昆明市共申请专利2900件，同比增长18.8%；共获得专利授权1986件，同比增长11.7%；申请量、授权量分别占全省总量的三分之二，继续保持领先优势。

知识产权保护工作　2011年，全省知识产权局系统共开展了150余次专利执法专项检查，出动执法人员1241人，执法检查经营场所和企业752个，检查各类商品7000余种，查处假冒专利商品3种，纠正专利标注不规范商品232件，为科技创新营造了良好的环境。同时加大专利行政执法工作力度，打击和防范专利领域反复、群体、恶意侵权行为，对当事人提出专利纠纷调处请求，依法及时立案，2011年共立案20件，结案20件。其中，开展专项行动期间，共立案20件，结案21件。

知识产权培训和人才培养 2011年，在全省范围内遴选150余名技术和业务骨干，着力加强企事业单位知识产权实务人才培养；新增9名取得代理人资格人员；积极争取，将国家知识产权局在昆明设立2011年全国专利代理人资格考试考点，并组织175人报名参加考试，以重点培养一批专利代理师及知识产权专业人才，为科技创新成果知识产权化提供人才支撑。昆明冶金高等专科学校开设知识产权专业教育，着力培养一批具有创新技能和知识产权知识的人才，首批52名学员已入校学习，填补全省高等院校知识产权普及教育的空白。昆明市、西双版纳州、德宏州等9个州市开展知识产权进校园活动，全省知识产权法制教育进校园活动成效显著。

（李常有）

Art and Culture 文化艺术

概 述 2011年是全面实施"十二五"规划的开局之年，是深入学习贯彻党的十七届六中全会、省第九次党代会和省委九届二次全委会精神，加快实施"两强一堡"发展战略，大力加强云南民族文化强省建设的关键一年。一年来，按照中央的部署，在省委、省政府的领导下，全省文化建设各项工作踏实起步、扎实推进，有力有效、有声有色，较好地完成了年度工作任务，为进一步推动云南文化改革发展奠定了良好基础。

公共文化服务体系建设 2011年，全省投入公共文化服务体系保障经费12.84亿元。其中中央补助资金1.07亿元，省级配套2105.6万元。文化信息资源共享工程新建"农文网培学校"244个。32个州市级图书馆、文化馆，265个县级图书馆、文化馆，9个县级美术馆，1375个文化站免费开放。新建和改扩建"两馆一站"36个。举办以"舞云南·颂祖国"为主题的云南省第二届"大家乐"群众文化广场舞蹈大赛，16个州市共演出1450场次、演出节目3000多个、参赛群众逾43万人次、观众达1000多万人次，参加省级决赛优秀节目48个、演员653人，"大家乐"已成为社会公认、群众喜爱的广场文化活动品牌。"春雨工程"——全国文化志愿者边疆行活动深受边疆各族群众的欢迎。

文化艺术创作 2011年，举办云南省第十一届新剧（节）目展演，共演出64场32台剧（节）目，观众达4.2万余人；云南省文化厅庆祝建党90周年暨云南省第十一届新剧（节）目展演闭幕式文艺演出《七彩颂歌》，京剧《罗成》、歌舞《七彩颂歌》获特别奖，滇剧《大唐公主》、话剧《搬家》、音舞诗画《阿米车》《梦幻腾冲》等12部作品获金奖；举办"文化强省 百艺盛会"——2011云南文化艺术系列活动，推出舞台艺术类、社会文化和非物质文化遗产类等六大门类的60余个项目；以杨善洲同志先进事迹为题材的大型话剧《守望心灵》、纪念辛亥革命100周年的重大历史题材剧目《铁血流芳》及荣获"五个一"工程奖和文华剧目奖的花灯剧《桫椤寨》，在广大观众中引起了强烈共鸣；舞蹈《夏日里的滴滴调》、《蔵灯》分别荣获第九届全国舞蹈比赛编导二等奖、表演三等奖，话剧《搬家》荣获第十二届中国戏剧节剧目奖、优秀编剧奖，京剧《罗成》荣获第六届中国京剧艺术节参演剧目奖，花灯《月上柳梢》、《邮票》入选第八届"中国滨州·博兴小戏艺术节"推荐剧目，主演杨仕明、李云燕分别荣获表演一等奖、胡黔荣获作曲一等奖，京剧《罗成》主演朱福荣获"魅力春天"全国京剧青年演员擂台邀请赛擂主奖；5名歌手参加文化部、国家广电总局等主办的第九届中国西部民歌歌会，取得了2金1银2铜的优异成绩。省美术馆免费开放，举办画展10余个，"非遗画忆"入选国家美术展览工程资助项目。省级4个院团和转企改制的省杂技团全年共赴全省29个县191个乡镇演出219场，观众达175.2万人；省直院团全年共演出154场，实现了"周周演"的目标。全年全省有7个优秀剧目获国家级13个奖项，有32台新剧（节）目获省级各类奖项。

文化遗产保护 2011年，全省编制和实施《云南文化遗产保护"十二五"规划》，云南茶马古道将整体纳入国家保护，红河哈尼梯田、普洱景迈古茶园进入申遗程序，红河哈尼梯田被列为中国政府2013年申遗项目，实施了滇越

国家级重点文物保护单位——允燕塔（盈江县志办李加强　提供）

式；研究制定全省文化产业鼓励类产业目录；加强与金融和保险的合作，与中国工商银行云南省分行、中国建设银行云南省分行签订战略合作协议；向文化部报送东盟民族民间艺术博览园、新平县民族服饰文化产业等20余个投融资重点项目；开展全省第三批50个“文化惠民”示范村评审，全省“文化惠民”示范村总数达到124个，覆盖了全省绝大部分县（区、市）。通过举办“昆明泛亚民族民间工艺品博览会”“云南动漫节”“民族服饰文化节”，以及组团参加“深圳国际文化产业博览会”“上海国际艺术节”“首届云南文化产业创意周”等活动，为文化产业发展营造了良好环境。

铁路的重点保护工作；开展“历史名城与旅游小镇和谐共建”和“文化惠民与遗产保护协同发展”试点，探索文化遗产保护与利用的有效途径；对全省129个县进行实地文物调查，共调查登记不可移动文物14704处，其中新发现不可移动文物10996处，复查3708处，增幅位居全国第五，全国文物保护单位和挂牌保护文物由2764个增加到5346个；启动实施国家级文物保护项目16个、省级保护项目30多个；全省各级历史文化名城名镇（村）由2010年的61个增加到70个，位居全国前列；积极申请落实各级非物质文化遗产保护经费2288万元，比2010年新增经费1127万元，同比增长49.25%；投资2300多万元，对10个人口较少民族博物馆、民族特色村寨以及文化遗产进行改造、建设和抢救保护；向国家发改委申报15个州市和文物大县的博物馆新建、改扩建项目资金4.5亿元；完成近2万余件馆藏珍贵文物和部分重要文物的文物调查及纸质档案的填报和数据库管理系统建设工作，实现文化遗产信息数据资料的实际运用和公开服务；全省纳入国家博物馆、纪念馆免费开放补助单位增至43家，获得国家专项经费补助2200余万元；为州市县博物馆争取国家文物修复、陈列布展经费800余万元；办理文物进出境近800余件、涉案文物91件，鉴定全省馆藏文物5000多件，确定三级以上文物200余件，审核文物拍卖标的3000多件。

人事制度改革　年内，率先实行公益性文化事业单位人事制度“双聘”改革，云南文化艺术职业学院、云南民族文化艺术研究院、省滇剧院、省京剧院、省花灯剧院、省话剧院等单位所有领导都实行面向社会公开招聘与单位内部竞聘的“双聘”制度。8个直属事业单位的36个岗位面向社会和内部招聘工作人员44人。

文化市场管理　按照“五个一批”的要求，国有文艺院团体制机制改革全面启动。16个州市相继完成了机构整合，组建了文化市场综合行政执法支队，14个州市成立了文化市场管理领导小组。县（区、市）改革有9个州市全面完成，4个州市基本完成，3个州市开始启动。

文化产业发展　2011年，全省命名12个省级文化产业示范基地；首批认定动漫企业4个，云南省动漫协会拥有会员单位102个；积极推进国家动漫产业网云南分站建设，初步确定了网站的发展思路和运营模

文化市场监管　2011年，全省共出动执法人员21.94万（次），检查文化市场经营单位15.48万家、责令整改3143家；案件查办受理举报811件，立案调查936件，移交案件138件，办结案件961件；行政处罚警告4386家（次），罚款283.85万元，责令停业整顿307家，没收违法所得10.66万元。加强“五老”网吧监督员队伍建设，全省拥有“五老”网吧监督员3200名；深入推进全省网络文化市场计算机监管平台建设、管理和使用，积极与昆明电信公司达成了监管设备的托管协议，实现了上与文化部、下与16个州市、129个县（区、市）监管平台的互联互通。大力推进“绿色网吧”试点，共有试点单位近30个。创新工作方法，形成了网上初审、公示与实地查看、认定批复的良好机制；积极推进行政审批制度改革，取消审批项目1项，合并减少审批项目4项，移交省新闻出版局4项，行政审批项目从原来的17项减少为8项，压缩审批时限30%以上；积极推进网吧连锁企业的发展，全省共有网吧连锁企业43家。

对外文化交流　年内，省文化厅利用参加孟中印缅地区经济合作论坛第九次会议、云南—泰北合作工作组第四次、云南—老北合作第五次

中老建交50周年庆祝活动（省外办 提供）

会议、云南省与印度西孟邦合作论坛、云南与孟加拉合作对话第二次会议等国际性会议之机，向会议介绍云南文化交流合作规划、计划，增进了了解。应邀和受文化部等派遣，“亲情中华”云南艺术团赴美国进行新春慰问侨胞演出、中国·匈牙利·欧洲《文化之桥》大型春节文艺晚会演出、《云南映象》参加“澳大利亚中国文化年”开幕演出、新加坡第十八届“春城洋溢华夏情”交流演出等一系列大型交流演出获得高度赞誉；组团赴智利参加“国际民俗艺术节”演出；组团赴印度新德里、昌迪加尔和斋普尔演出，深受欢迎。组团为中国—东盟外长会议、外交部新闻司等举办的外国记者新春招待会等重要会议、活动举办的专场演出；与加拿大、埃及等国进行的文化交流考察达成了多项合作协议；指导监督迪庆州博物馆与意大利驻华使馆联合举办“他乡雪山—云南三角流域老照片展”等活动，进一步推动了中外文化交流与合作。在港澳台文化交流方面，在台湾举办云南省名家美术作品暨云南当代艺术展，举办葫芦丝·巴乌专场音乐会；赴澳门参加“庆祝澳门回归祖国12周年”演出活动；赴香港进行商业演出等。全年全省对外、对港澳台派出各类文化交流团组和个人24起426人次，分别前往匈牙利、英国、美国等17个国家及香港和台湾地区。全省接待对外、对港澳台各类文化交流团组和个人9起35人次，分别来自美国、意大利、法国、泰国、纳米比亚、日本、埃及等7个国家，进一步扩大了云南文化的对外影响力。

文化人才培养 年内，全省选派文化副县长6名，选派4名机关干部到乡镇挂职锻炼。举办为期21天的文化创意产业发展及管理和营销美国培训班，各州市分管文化副市长、文化局主要领导共16人参加了培训。111名正科级以上干部参加省委组织部组织的干部在线学习，84名公务员和参公人员参加省公务员局组织的行政机关公务员在线学习，8名处级干部、13名科级干部参加云南大学、云南师范大学、昆明理工大学干部自主选学培训。选派1名厅级、7名处级党员干部参加省委党校培训。对300余名高职、中职专业技术人员进行了职称评定，制定云南省基层文化干部队伍培训工作方案，指导全省各级支中心、农文网培学校开展远程培训5期，共培训基层专业人员1778人（次）。云南文化艺术职业学院与云南省歌舞剧院共同举办的五年制中专少数民族舞蹈表演花蕾班开办，60名少数民族舞蹈苗子成为首届花蕾班学员。首次采取民族语言及专业“双测试”的办法，从基层文化单位中选拔了12名少数民族声音乐人员赴上海音乐学院深造。

（艾文光）

全省第十一届新剧（节）目展演 5月6～26日，云南省第十一届新剧（节）目展演在昆明举行。昆明市及各州、市、县专业文艺表演团体，民营演出团队，大专院校，社会团体，文化公司共40家单位的32台优秀剧（节）目，分别同时展演，历时20天，演出64场，观众4.2万余名。本届展演评出特别奖，综合奖戏剧类金奖、银奖、优秀奖，歌舞、音乐、杂技类金奖、银奖等奖项，云南省京剧院的京剧《罗成》、红河州歌舞团的歌舞《七彩颂歌》、曲靖市珠江源演艺中心的滇剧《大唐公主》、云南省话剧院的话剧《搬家》、云南艺术学院文华学院音舞诗画《阿密车》、云南文化产业投资控股有限公司演艺集团的《梦幻腾冲》等31台剧（节）目获奖。

2012新年戏曲交响音乐会 12月30日，新年戏曲交响音乐会在云南艺术学院实验剧场隆重上演。晚会分为《序》《戏坛印记》《梅花绽放》《推陈出新》及尾声《永恒的歌》5个部分，云南省戏曲表演奖“梅花奖”得主王玉珍、冯咏梅、杨益琨、李丹瑜和胡春华等5位戏曲名家领衔主演。

胡春华获第二十五届戏剧梅花奖 2011年6月10日，第三届中国戏剧奖·梅花表演奖暨第二十五届中国戏剧梅花奖颁奖晚会在成都隆重举行。省京剧院院长、一级演员胡春华荣获中国第二十五届戏剧梅花奖。

文化强省·百艺盛会 9月3日，2011云南“文化强省·百艺盛会”文化艺术系列活动启动。活动从9月开始至新春前结束，为期近5个月，共有舞台艺术、社会文化和非物质文化遗产、文博、讲座、展览五大门类，内容涉及艺术客厅精品剧目展演、书法美术摄影展览、群众文化广场舞蹈大赛、文化产业系列讲座、文化创意活动展、典藏精品拍卖与鉴赏等60余个项目。

云南文化艺术职业学院开办舞蹈花蕾班 年内，经过云南文化艺术学院和省歌舞剧院从全省25个少数民族中精挑细选出的，共有60名少数民族学生，力争在5年的时间内培养出一批传承和发扬云南民族民间舞蹈，适合并服务于云南地域乃至面向东南亚舞台表演的少数民族优秀人才。

（周　颜）

话剧《搬家》获大奖 2011年10月14～30日，由中国文联、中国戏剧家协会和重庆市人民政府共同主办的第十二届中国戏剧节在重庆市举行。云南省话剧院创作演出的大型话剧《搬家》荣获中国戏剧剧目奖，杨跃红获优秀编剧奖。

（田　瑞）

“文化大篷车·千乡万里行”实施 2011年1～12月，云南省文化厅安排的5个慰问演出分团，奔赴全省29个县191个乡镇慰问演出219场，一共惠及观众175.2万余人次。

“艺术客厅”演出项目 2011年，省京剧院、省滇剧院、省花灯剧院、省话剧院、云南文化艺术职业学院、省杂技团等6个院团，在“艺术客厅”开展了为城市广大群众服务的惠民演出项目，以高质量、低票价、适应市场的形式为市民提供了精彩的京剧、滇剧、花灯剧、话剧、杂技等戏曲剧目（节目），演出154场，实现了周周有演出的目标，取得良好社会和经济效益。

“高雅艺术走进校园”演出 2011年，省花灯剧院、云南民族管弦乐团把“中国民族音乐作品”送进了昆明学院等昆明及州市的6所校园，为大学生群众带去了精彩的演出。

（杜红川）

云南省滇剧院建院60周年 12月16日起，为纪念建院60周年，云南省滇剧院举办了一系列纪念活动。相继举办以“滇韵流芳·六十辉煌”为主题的庆典晚会，编辑印制《滇韵流芳—云南省滇剧院建院60周年》大型纪念册，设置艺术长廊，举行建院60周年庆祝晚宴，并举行各种座谈会与论证会，就滇剧艺术的创新与发展，进行了广泛及深入的探讨。

（丁煜新）

参加全国社会文化类比赛 2011年1月，丽江、昆明两个少儿合唱团赴海南参加由文化部、教育部、海南省人民政府联合举办的第四届中国少年儿童合唱节并参加闭幕式演出，分别获得小云雀、小黄鹂奖；4月，红河州、大理州及昆明市寻甸县文化馆选送《选街长》《村支书的沉浮》《通》《反客为主》等4个节目，参加由中国戏剧文学学会组织的第二届全国戏剧文化奖·小剧场戏剧展演季活动，其中大理州的小戏小品小白剧《反客为主》参加展演季并入围并赴北京参加展演，受到专家评委和观众的一致好评；6月，昆明艺术职业学院聂耳合唱团及师大商学院学生合唱团赴重庆参加中华红歌会比赛，昆明聂耳合唱团荣获中华杯（金奖），师大商学院荣获长江杯（银奖）；7月，5名歌手参加由文化部、国家广电总局等6个单位主办的第九届中国西部民歌（花儿）歌会，取得两个金奖、一个银奖、两个铜奖的优异成绩，云南省文化厅社文处、省文化馆荣获优秀组织奖。

全省社会文化工作暨大村模式推广会议召开 4月25～27日，2011年全省社会文化工作暨大村模式推广会议在腾冲召开。 组织各州市文化部门的领导干部实地参观考察了腾冲县中和乡大村“文化惠民示范村”创建及腾冲县农村公共文化建设情况，保山市文化局等8家单位作了经验交流发言，省文化厅与16个州市签订了2010年度共享工程乡镇建设协议书，会议还印发了关于社会文化有关文件。在全省掀起了深入广泛开展推广“大村模式”，建设“文化惠民示范村”活动的新高潮。

全省“三馆一站”免费开放工作启动 4月，省文化厅与省财政厅联合制定了《云南省推进美术馆、公共图书馆、文化馆（站）免费开放工作实施方案》，对免费开放工作进行了安排部署。2011年，全省共下拨“三馆一站”免费开放资金12837.6万元（其中中央资金10732万元，省级配套2105.6万元），免费开放工作正在稳步推进中。

创建国家公共文化服务体系示范区（项目）入围名单 5月28日，经过国家公共文化服务体系建设专家委员会评审，保山市列入第一批创建国家公共文化服务体系示范区，昆明市“社区文化沟通机制建设”和“楚雄州农民素质教育网络培训学校建设”列入第一批创建国家公共文化服务体系示范项目，拉开了全省创建国家公共文化服务体系示范区（项目）的序幕。

全国文化志愿者云南行活动 7月9日，2011年“春雨工程”——全国文化志愿者边疆行活动云南启动仪式在德宏州举行。7月9～29日，文化志愿者们在20天的时间里，以组织培训、发放资源、技术服务、巡回宣传等形式在德宏州的瑞丽市、芒市、盈江县、陇川县及瑞丽市畹町区，分别开展培训、技术维护、展览、放电影等“六个一”活动。

（万吉星）

第二届“大家乐”群众文化广场舞蹈大赛 10月26～31日，“云南省第二届‘大家乐’群众文化广场舞蹈大赛决赛”在西双版纳州景洪市勐泐文化广场隆重举行。全省16个州市共选送优秀节目48个，653名演员参加省级决赛，共有9个节目荣获金奖、16个节目荣获银奖、23个节目荣获铜奖，有9个州市文化局荣获优秀组织奖。第二届“大家乐”群众文化广场舞蹈大赛，全省各州市、县都不同程度的组织了初赛，复赛，共创作或学习演出节目3000多个、演出场次近1450场（次）、参加广场舞蹈大赛的群众和演员逾43万人次。

（王芳）

中国民间文化艺术之乡 11月10日，文化部下发《文化部关于命名2011～2012年度中国民间文化艺术之乡的决定》，昆明市官渡区等19个县区、乡镇被命名为中国民间文化艺术之乡。

文化馆达标活动 11月11日，文化部下发《文化部关于命名一、二、三级文化馆的决定》，公布了全国第三次县级以上文化馆评估定级名单，云南省文化馆等25个文化馆被评定为一级文化馆，云南省宜良县文化馆等27个文化馆被评定为二级文化馆，云南省昆明市盘龙区文化馆等50个文化馆被评定为三级文化馆。

（万吉星）

云南省首届农民工文化节 12月23日，“建设者之歌”——云南省首届农民工文化节新闻通报会拉开了云南首届农民工文化节的序幕。整个活动历时3个多月，涉及昆明市多个地点，参与活动的农民工覆盖昆明市5个区。文化节活动内容包括举行“我为云南添光彩”——农民工演讲比赛、农民工才艺大赛、法律知识讲座、走进建设工地新春慰问演出、农民工看中国形势教育展和农民工美术书法摄影作品展、农民工子女美术书法培训班和农民工子女舞蹈培训班，以及举行音诗交响专场晚会、电影专场晚会、民族歌舞乐专场晚会、戏剧歌舞专场晚会、专题文艺晚会暨首届农民工艺术节闭幕式，进一步丰富了农民工的业余文化生活。

（王芳）

云南省第三次全国文物普查 至2011年，全省文物普查专项经费累计投入4556.53万元，普查经费投入数量居全国第七位。全省有1500人参加普查机构工作，1700人组成300多支普查队奔赴第一线进行田野调查，参与文物普查人员数位居全国第四。通过云南省第三次文物普查，全省不可移动文物由5300处增加到14704处，其中新发现10998处。全国文物普查文物数量由复查的23万处增加至76万处，增幅为232%，全省不可移动文物数量由复查的3706处增加到14704处，增幅为297%，远高于全国平均水平，位居全国第五位（前四位是江西、河南、浙江、四川）。

（马永飞）

推荐评审第七批省级文物保护单位 至8月30日，全省各州市共上报项目523项。9月6～9日，云南省文物局在石屏县召开云南省第七批省级文物保护单位评审会，最后评出玉水坪遗址等143项作为报批项目。2012年1月7日，云南省人民政府印发《关于核定并公布第七批省级文物保护单位的通知》，对玉水坪遗址等143项予以正式批准公布。

（杨圣云）

文物保护单位 2011年，全省各级文物保护单位和挂牌保护文物由2764处增加到5346处。其中国家级、省级、州市（县区）级和挂牌保护文物分别由74处增加到121处、243处增加到386处、2070处增加到3741处、374处增加到1098处。

（余剑明）

红河哈尼梯田申报世界文化遗产 12月6日，副省长高峰在省政府主持召开红河哈尼梯田申报世界文化遗产工作领导小组第二次全体会议，研究部署哈尼梯田申报世界文化遗产工作。会议听取相关申报世界文化遗产工作进展情况的汇报。副省长高峰代表省政府作申报部署。

（杨圣云）

茶马古道整体纳入国家保护规划 年内，云南省文物局积极将云南茶马古道保存完好的24段、300多千米茶马古道路段和沿线村落、寺庙、客栈、商号、古茶园共计150多个点统一申报为全国重点文物保护单位，纳入国家依法保护范畴。茶马古道与丝绸之路、海上瓷器之路被列为中国古代三大国际交通线路之一，被国家文物局纳入《中国文物保护事业发展“十二五”规划》进行保护、研究和利用。组织编辑出版了20万字的《茶马古道研究论文集》，与云南大学共同举办“茶马古道与桥头堡－中国古代大通道”系列学术活动、与普洱市政府联合举办“首届普洱茶马古道节”、“普洱茶艺术节”活动，使“茶马古道”成为云南的一张更为响亮的名片，掀开了茶马古道文化线路遗产保护、开发的新篇章。

（余剑明）

云南省博物馆建馆60周年 2011年是云南省博物馆建馆60周年，云南省博物馆出版《春秋——云南省博物馆60年》馆史志，举办《春秋——云南省博物馆建馆60周年馆藏珍宝展》。云南省博物馆是全省文物陈列展览的主要单位，是国家一级博物馆，馆内现有10个部门，职工100余人；藏品数量达20余万件；全馆共举办展览318个，参观观众达600万余人；出版专著60余部。

（王永胜）

博物馆（纪念馆）免费开放 2011年，中宣部、财政部、文化部和国家文物局联合印发新增第三批博物馆、纪念馆免费开放名单。其中，昆明市聂耳纪念馆、普洱市博物馆、宣威市浦在廷纪念馆、玉龙县红军长征过丽江纪念馆、西南联大蒙自分校纪念馆等5座博物馆、纪念馆被列入中央补助地方博物馆、纪念馆免费开放专项资金补助名单。截至2011年底，云南省已有43座博物馆、纪念馆享受到国家财政补助，补助金额达4710万元。

（谭粤红）

昆明官渡全国非物质文化遗产联展举办 3月22～27日，由云南省非物质文化遗产保护中心主办的首届昆明官渡全国非物质文化遗产联展在昆明市官渡区官渡古镇举办。联展共有来自全国的10个民间美术（年画）和16个传统手工技艺项目参加。

文化遗产日系列活动 6月11～12日，2011年“文化遗产日”云南省暨昆明市非物质文化遗产系列活动在昆明市南屏步行街举行。通过传统手工技艺现场制作、宣传《中华人民共和国非物质文化遗产法》、非物质文化遗产宣传展板展示和民族歌舞表演等方式，引导和鼓励广大群众积极参与非物质文化遗产保护。

全省非物质文化遗产保护中心成立 8月8日，经云南省事业单位登记管理局核准，云南省非物质文化遗产保护中心正式成立。

国家级非物质文化遗产项目传承人推荐 10月17～19日，云南省文化厅组织开展云南省推荐第四批国家级非物质文化遗产项目代表性传承人评审工作。经过专家评审，向文化部推荐41人申报第四批国家级非物质文化遗产项目代表性传承人。

国家级非物质文化遗产生产性保护示范基地入选项目 10月31日，文化部公布了41个国家级非物质文化遗产生产性保护示范基地，建水县贝山陶庄文化产业有限公司、宁洱县困鹿山贡技茶场榜上有名。

（潘振焱）

文化市场综合执法改革 截至年底，全省16个州、市级相继完成机构整合，组建了综合责任主体，并已挂牌。14个州、市（除普洱、迪庆）成立了文化市场管理领导小组。129个县中有96个县（市、区）成立综合执法机构，60个县（市、区）成立了文化市场管理领导小组。129个县中有96个县（市、区）成立了文化市场管理领导小组。

（张红涛）

第三批全省“文化惠民示范村”创建工作 5月，省文化厅下发《云南省文化厅关于开展第三批文化惠民示范村创建活动的通知》，在全省范围内遴选了50个示范村创建点，围绕“文化乐民、文化育民、文化富民”的指导思想，深入推进农村文化建设，并重点指导临沧市耿马县孟定镇芒团村开展文化惠民示范村建设工作，探索农村文化产业与非物质文化遗产保护相结合的新路子。

中国国家动漫产业网云南分站启动上线 7月29日，云南省动漫企业认定领导小组办公室在云南省文化厅举办中国国家动漫产业网站云南分站签约暨上线启动仪式。中国文化传媒集团、云南省文化厅、云南新锐和达信息产业有限公司三方根据国家有关要求，就网站规划、建设和运营有关事项达成一致，签署了《国家动漫产业网地方分站合作协议》并正式启动中国国家动漫产业网站云南分站，这是国家动漫产业网在地方开通的第一家分站。

第四届昆明（泛亚）国际民族民间工艺博览会开幕 8月19～21日，2011第四届昆明（泛亚）国际民族民间工艺博览会在昆明国际会展中心开幕。主要活动有民族民间工艺品展销、民族民间工艺演示、文物艺术品拍卖、民间收藏品鉴宝赛宝、首次云南民族民间工艺品产业发展论坛和第五届“工美杯”精品评选表彰活动等内容。参展作品包含雕刻雕塑、编织刺绣、服饰染装、民间陶瓷、民族器乐、奇石玉器等11个门类，参展范围包括全国各地及东南亚、南亚各国的民族民间工艺品，成为全国最大的民族民间工艺专业大型会展。

云南省动漫协会挂牌成立 9月1日，云南动漫协会正式挂牌成立。并召开云南动漫协会第一次会员大会，通过了《云南动漫协会章程》，选举产生了云南动漫协会第一届理事会及协会负责人。

首届云南文化创意周在昆明启幕 10月22～26日，首届云南文化创意周在云南陆军讲武堂、云南省科技馆和云南大学等地点举行。本届活动以“创想·活力·价值”为主题，举办了云南青年大学生创意作品展、高峰论坛、云南农村文化产业成果展、云南创意集市、翠湖创意音乐节和创意产品推介等6个活动板块。活动周期间，共有3000余件各类文化创意作品参加展出，共实现项目意向性签约15亿元，超过50万网友和5万市民游客参与到活动中。

（雷　涛）

云南省博物馆与韩国ACC达成合作项目 6月，云南省博物馆与韩国亚洲文化展坛达成协议，共同完成一期研究项目——云南东南亚青铜纹样调查。由云南省博物馆专业研究人员与韩国人员组成调查小组，分别于2011年11月前赴文山、西双版纳调查，前往铜鼓集中地越南、老挝进行调查。调查内容包括收集当地博物馆馆藏铜鼓纹样、记录铜鼓资料与拍摄纪录片、调查民间铜鼓历史与使用现状。

纳米比亚政府文化代表团来滇访问考察 12月9～12日，文化部邀请纳米比亚青年、体育和文化部长卡泽南博·卡泽南博（Kazenambo Kazenambo）率纳米比亚政府文化代表团一行5人访滇。双方就近年来中国与纳米比亚的交流与合作进行了探讨，对2012年云南与纳米比亚的文化合作进行了磋商。

（韩　悦）

“文化云南网”正式开通 12月4日，省政府新闻办公室、省文化厅在北京召开“文化云南网”（http://www.ynwh.net）开通新闻发布会。“文化云南网”设置了7个各具特色的板块，内容涵盖了云南文化的方方面面，通过文字、图片、视频、动漫的形式，全面展示云南文化，搭建了文化资源展示平台、文化产品交易平台、文化互动交流平台。

（王　涓）

Radio and Television
广播电视

概述 2011年，全省三级广播电视播出机构155个。其中，省州级以上广播电台17座（包括未单独设置的）计35套节目，电视台17座计47套节目；县级广播电视台120座（包括已批准建立正待完善或组建的县级广播电视台）。全省有省以上广播电视部门批准的有固定编制、频率、播出时间的中短波转播发射台60座，调频转播发射台393座，电视转播发射台180座，形成了城市和农村联通，无线、有线结合的多形式多层次的广播电视传输网络。全省广播人口覆盖率95.69%，电视人口覆盖率96.72 %，分别比上年增加0.32 % 和0.33 % 。省电台和云南电视台的节目通过卫星传送，可覆盖全省和全国部分省区和东南亚地区。全省有线广播电视传输网络干线总长8.39万千米，有线电视用户534万户，数字电视用户315.9万户，付费数字电视用户210万户，双向电视用户59.8万户，广播电视网络互联网用户14万户。省电台现有新闻广播、民族广播、经济广播、音乐之声、教育广播、交通之声、香格里拉之声、少儿广播、农村广播共9套节目，全年播音57841小时，日均播音158.5小时，比上年日均增加20.6小时。昆明市电台阳光频率、都市频率、汽车频率、老年广播4套节目，全年播音30290小时，日均播音83小时。除汉语节目外，全省各级电台开办了藏语、西双版纳傣语、德宏傣语、拉祜语、景颇语、景颇载瓦语、傈僳语、苗语、壮语、瑶语、哈尼语、彝语、佤语等13种少数民族语言节目及越南语节目。全省地县级以上电台（含未独立设置的广播频率和独立设置的县级电台）全年播音280862小时，日均播音769.48小时，比上年日均增加25.03小时。云南电视台有卫视、都市、娱乐、生活资讯、电影、公共、少儿共7套节目（不包括公交频道），全年播出55440小时，日均播出152小时，比上年日均增加2小时。其中，云南卫视每日24小时播出。昆明市电视台有综合、生活、文艺、体育、影视、新闻计6套节目，全年播出46518小时，日均播出127小时。全省州县级以上电视台全年播出767825小时，日均播出2103.6小时。2011年底，全省广电系统共有从业人员17479 人（比上年增加

1132人），其中管理人员2729人，专业技术人员9650人，比上年增加953人。2011年度，省广电系统全年总收入42.4亿元，其中行政事业单位总收入26.4亿元，企业单位总收入15.9亿元。实际创收收入31.76亿元，其中广播广告收入1.64亿元，电视广告收入12.33亿元，比上年有所增加。

（李贵春 杨素娟）

获奖项目 2011年，云南人民广播电台、云南电视台和德宏人民广播电台、曲靖人民广播电台的节目分别获全国少儿类广播电视栏目及节目优秀奖。云南人民广播电台在时隔5年后再次获得中国播音主持界的最高奖项，2011中国播音主持“金话筒奖”。在2011年《中国广播影视》杂志实施、国家广电总局认定的全国广播业综合实力大型调研评估活动中，云南人民广播电台被评为全国最具实力省级广播电台，其交通频率被评为全国最具实力省级交通广播，同时交通频率还被2011中国传媒投资年会评为第8届中国最具投资价值媒体。云南电视台《经典人文地理》获得全国纪录片栏目奖；《新视野》栏目制片人武志敏成为全国优秀新闻工作者；都市频道获得“全国最具影响力地面频道”的奖项；《都市条形码》获得了“地面频道新闻节目20强”称号；《条形码新闻连夜看》获得“最具原创性新闻节目”殊荣。由云南省委宣传部、云南电视台、云视传媒集团共同组织策划和投资拍摄的电视剧《中国远征军》获得第28届中国电视剧飞天奖长篇电视剧二等奖、优秀导演奖、优秀男演员奖等三项大奖；电视剧《护国大将军》被中宣部列入纪念辛亥革命100周年的重要献礼作品，在中央电视台一套首播。由云南民族电影制片厂参拍的电影《走路上学》在荣获第13届中国电影少儿作品华表奖后，在2011年第一届北京国际电影季被评为走出去工作表现突出十佳影片之一。由云南电影集团投拍的电影《建党伟业》获得第14届电影华表奖优秀故事片、优秀导演和优秀编剧共三大奖项；电影《杨善洲》获得了第14届中国电影华表奖优秀故事片和优秀男演员两项大奖；电影《武侠》入围第64届戛纳电影节午夜展映单元，获得第48届台湾电影金马奖最佳动作设计、美术设计以及视觉效果3项技术大奖。

工程项目建设 2011年，全省完成“十一五”广播电视村村通直播卫星覆盖工程省级考核验收工作和总结表彰工作、2008年度农村中央广播电视节目无线覆盖工程（调频和电视）项目整体验收工作、2009年边境地区广播电视建设项目竣工验收工作和西新工程第四期第一阶段加强边境口岸广播电视覆盖项目省级技术验收工作。完成“十二五”广播电视村村通工程建设规划，落实了中央和省级配套经费。2011年中央和省级配套资金两个5800万元已经足额到位并完成了设备招标和合同签订工作。全面启动广播电视直播卫星公共服务建设。完成云南省直播卫星公共服务区域划分工作。全省各州市基本成立以州市为单位的农村数字电影院线公司，共组建

2011年6月12～22日，第二届中国聂耳音乐（合唱）周开幕式文艺晚会（省广电局 提供）

数字电影放映小队 876 支。

产业发展 2011 年，全省广播影视实际创收收入 29.14 亿元，同比增长 23.1%。其中，省两台广告收入分别突破 1 亿元和 9 亿元，同比增长 17.25% 和 32%；云广传媒集团及下属子公司合计实现收入 1.06 亿元，资产规模达到 4419 万元；云视传媒集团及下属子公司合计实现收入 4.8 亿元，资产规模达到 3.8 亿元；云广网络集团实现创收 13.79 亿元，同比增长 15.85%；各州市县实现总创收 4.07 亿元，同比增长 39.6%。2011 年，全省电影票房总收入达到 1.9 个亿元。中国地面数字电视传输标准海外推广云南应用服务平台项目在老挝琅勃拉邦、沙湾拿吉、巴色三省国标地面数字电视基站实现测试信号的播出，并与老挝全面达成了在全国建设的合作协议，老挝万象地区中国国标地面数字电视用户已超过 4 万户。

（杨素娟 李贵春）

《经典之夜》栏目开播 云南卫视 2011 年 6 月开播，每周六晚 22：20 ～ 22：57 播出。该节目风格打破了目前惯有的明星访谈式节目，集纪录片语言的准确性与现场访谈语言的个性化融为一体，同时呈现不同时期经典人物的经典代表作品的精彩片段，让观众在重温经典的欢愉中，在品味嘉宾丰富有趣的人生经历中感知成功的魅惑，体会人性中跌宕起伏的辛酸与幸福。主持人张漫在娱乐圈高层有着良好的口碑，拥有丰富的节目主持经验，为《经典之夜》在节目风格、艺人沟通、节目制作的流畅性、文化性、独家性等方面奠定了扎实的基础。节目开播至今，在行业内外建立了良好的口碑，节目收视率在全国周六同时段曾取得过第六名的好成绩，随后播出的节目均位列前十名。

《爱上经典》栏目开播 云南卫视 2011 年 7 月开播，每周四、五晚间 22：15 ～ 23：00 播出。以“经典歌曲”为主，采用“深度访谈 + 金曲演绎”的演播室节目。节目以新颖的方式带观众重温经典音乐背后的感人故事，讲述歌曲创作鲜为人知的经典往事，畅谈人物内心情感变迁，无论是校园民谣、影视歌曲、民族歌曲、港台歌曲、红色金曲，还是国外金曲，凡是经典音乐，全部囊括其中。强调视觉冲击和经典音乐的全新演绎方式，大量老旧珍贵影像资料运用，数千首经典音乐汇集荧屏，海内外经典音乐的集中荟萃，实力唱将、老中青三代联袂动情演绎，使节目更具收视看点。

《养生汇》栏目开播 云南卫视 2011 年 2 月 14 日正式开播。节目以“关注健康生活，体验快乐养生”为口号，打造全新的娱乐氛围，树立权威的养生观点为宗旨。每期节目 32 分钟，设置两名搭档主持人、两名权威专家和四名艺人嘉宾，通过聊天把最实用、最健康的养生知识通过电视媒介进行传播。《养生汇》专家们资深的经验，生动的语言，活泼的方式，结合模型、图示、运动等不同的方式展现快乐的养生概念，得到了越来越多电视观众的认可和喜爱。节目播出后在全国 30 个城市的数据采样月平均收视在 0.10；全年高于 0.10 的共有 165 期，形成了固定的收视人群，以较高的栏目出点留住了频道的收视人群，给予下一时段栏目有效地支持。

《新看点》栏目开播 云南电视台 2011 年 4 月 11 日推出的卫视频道、都市频道和七彩公交频道并机直播的早间新闻资讯节目。《新看点》是云南电视台强化新闻立台、全力推进绿色传媒品牌战略的一项重要举措，是云南卫视改版创新的重头戏之一，也是云南电视台服务“桥头堡”建设的新举措。栏目紧紧围绕“桥头堡”建设这一省委省政府中心工作，立足云南的地理区位优势、生态环境优势和民族文化优势，努力打造“突出特色有亮点、面向全国有看点”的特色早间节目。

（董明鉴）

《华彩云南》开播 云南卫视 2011 年 10 月完成并播出对“十一五”期间云南文化产业事业发展进行全面总结的专题片《华彩云南》。该片对十多年来，尤其是“十一五”期间，云南由民族文化大省向民族文化强省迈进过程中，从指导思想、政策突破、市场实践、收获成果等多个方面进行了有宏观、有微观，有政策、有案例的全面梳理。播出后反响良好。

云南卫视成功举办大型跨年公益晚会《地球之声》 2010 年 12 月 31 日至 2011 年 1 月 1 日凌晨，云南卫视举办的大型公益跨年晚会《地球之声》取得圆满成功。《地球之声》央视索福瑞收视率为 0.430，在省级卫视同时段排名达到第六位，在昆明地区同时段收视排名第一位。据统计，《地球之声》网络官方视频点击量突破 1 万次，在 8 家合作网络媒体中国新闻网、新浪、搜狐、百度等总访问量为 125 万多次。《地球之声》高举公益环保理念在其中独树一帜，其对劲歌热舞跨年晚会主题的颠覆，其独特但让人过目难忘的艺术表现形式赢得了观众高度评价。2011 年底，《地球之声》晚会获得了由北京大学电视研究中心主办的“中国电视掌声　嘘声”年度活动五个“掌声奖”中的一个。中国社科院新闻与传播研究所研究员时统宇评价道：“在中国电视跨年的狂欢中，‘地球之声’有一种难能可贵的沉重感，彰显的是主流媒体的理性和责任，是中国电视年度大型活动中的思想者。”

（刘晓明）

《文化云南 春暖花开》大型文化宣传直播节目 1 月 4 日，云南电台香格里拉之声 FM99 开播，节目以访谈等方式，将云南文化建设方方面面的成果进行全景式的解读和呈现。通过与文化有关的各方嘉宾做客直播间的方式，提供人物访谈平台，邀请了省文化厅，省直文化单位，文化企业，以及有关部门的领导、文化学者、艺术家、文化企业家等做客直播间，通过电波让听众分享云南文化建

2011年7月19日，电影《杨善洲》云南首映式在云南电视台演播厅举行（省广电局 提供）

设的过去、现在和未来。节目每期1小时，每周1期，持续一整年，有100位嘉宾走进节目。

（和 民）

农村频率故事广播 2月1日，云南人民广播电台乡村故事广播改为农村频率故事广播，并于3月1日正式开播。农村频率故事广播是云南省地区唯一的一家以专业农业为定位的省级广播电台，播出频率为AM1242，覆盖昆明及玉溪、个旧、大理、昭通、楚雄、开远、保山地区。全天播出时间为早7点到晚上24点，共17个小时。

庆祝中老建交50周年暨中国电影周活动 4月22日晚，庆祝中老建交50周年暨中国电影周首映式在位于万象的老挝国家文化宫举行，拉开了中国电影周的序幕。本次电影周活动，是中国驻老挝大使馆与老挝新闻文化部共同举办的纪念中老建交50周年系列活动之一，云南电视台下属的云数传媒公司承担了21部电影的译制工作。老挝人民革命党中央书记处书记征·宋本坎，中国驻老挝大使布建国女士，老挝投资计划部部长、老中友好协会主席辛拉冯·昆佩吞及老挝新闻文化部常务副部长博森坎普·冯达拉出席了首映式。老挝政府领导人与布建国大使都对云南电视台承担的影片译制工作给予了高度地肯定。现场观众也对影片及其翻译非常赞赏，表示“中国电影拍得很棒、很纪实、很震撼”。另外还有老挝观众表示，老挝语配音使他们完全能看得懂、听得明白。

（胡雪蕾）

庆祝建党90周年云南25个少数民族歌曲展播活动 5月起，由云南省民委主办、云南人民广播电台承办的庆祝中国共产党成立90周年云南25个少数民族歌曲展播活动历时7个多月，播出了云南25个世居少数民族的代表性歌曲，共70多首。分别在云南人民广播电台、云南广播网、云南民族网和我省8个民族自治州电台进行了展播。

（纳晓敏 赵学瑛）

第七届泛珠三角区域合作与发展论坛暨经贸洽谈会报道 9月21日，第七届泛珠三角区域合作与发展论坛暨经贸洽谈会在江西南昌开幕。泛珠区域11家广播电台于当天上午联合推出“站在’9+2’最前沿”大型直播。云南电台成为唯一一家在主会场搭台直播的媒体，让泛珠区域广大听众第一时间走近泛珠大会。新闻广播对云南参加第七届泛珠三角区域合作发展论坛暨经贸洽谈会的相关消息进行了及时报道，先后发回连线、口播、录音、消息等报道10多条。

（王 宇）

道德建设栏目《情暖人间》推出 2011年11月13日，云南卫视新开纪实性人物专题栏目《情暖人间》。该节目旨在充分发挥电视媒体在构建社会主义核心价值体系、传播先进思想道德方面的重要作用，集中展示公民道德建设的丰硕成果，广泛动员人民群众支持和参与道德建设，推动形成全社会共同的道德规范和积极向上的精神追求。栏目形态上采用观众更乐于接受的讲述道德模范人物感人故事的方式，栏目时长为10分钟，全年52期，每周日上午10：00播。

（刘晓明）

全省民族广播业务培训班 12月，由省委统战部和云南人民广播电台民族广播联合举办的全省民族广播业务培训班在昆明举行。省电台民族广播和全省12个州市22家广电局、广播电台、民族语言文化译制传播中心的80多名民族广播采、编、译、播工作人员参加培训。

（纳晓敏 赵学瑛）

卫视品牌栏目《音乐现场》改版 云南卫视《音乐现场》被誉为亚洲流行音乐航母。自2009年8月8日开播以来，《音乐现场》一贯秉承打造新娱乐、创意新视听的节目宗旨，坚持原创、绝对真唱的品质要求。同时具有亚洲最超炫的舞台，成为当今电视音乐节目中最具影响力的品牌栏目。2011年栏目进行了改版，推出明星首唱会：每期到场明星嘉宾所表演曲目为最新全国首发，也是独家电视专场演唱会，为执梦中国原创音乐的歌手提供了绝佳的舞台，节目中歌星与歌迷进行现场互动以及场外互动，使节目“更好听、更好看、更独家”，更全面权威地展现华语原创乐坛新面貌，同时，收视也一路飙升，并创下了同时段排名第二的好成绩。

（刘晓明）

Press and Publication

新闻出版

概述 2011年，云南省新闻出版系统认真贯彻党的十七届二中全会精神，加大新闻出版系统改革力度，一手抓改革发展，一手抓行业管理；一手抓公益事业，一手抓产业繁荣，新闻出版体制改革不断深化，新闻出版事业、出版产业进一步繁荣，全省出版业资产总额实现200多亿元，销售收入160多亿元，从业人员10.1万人，取得了良好的社会效益和经济效益。

图书音像电子出版 2011年，全省出版图书7388种，比上年增加1927种，增长35.3%；出版音像制品570种、电子出版物53种。116种获得省部级以上奖项，14个图书选题、3个音像和1个电子出版物选题入选“十二五”国家重点出版规划。年内出版《马克思主义中国化理论体系研究》《毛泽东之路》《党史故事画卷》《党员干部楷模杨善洲》《杨善洲箴言》《沧江静静流》和《多情红土地——90首云南各少数民族歌咏新生活音乐专辑》（CD）、《百年回眸——云南影响中国近代史发展的大事记》等一批导向正确、主题突出、内容丰富、群众好评的重点优秀出版物。

建党90周年出版发行工作 2011年，全省扎实做好庆祝建党90周年出版发行工作，组织策划庆祝建党90周年重点选题57种，出版发行50种。在全省各大书店开展庆祝建党90周年优秀出版物展示展销活动，设立专柜专架专台，分“光辉历程”“先锋楷模”“复兴之路”“生日颂歌”“党旗下成长”等5个部分，精心挑选2万多种出版物，涵盖社科、文艺、军事等作品，进行展示展销。

《漫画PARTY》上线销售 年内，由云南教育出版社有限责任公司动漫中心自主研发的全省首款数字出版产品——《漫画PARTY》卡通故事电子丛书，正式通过APP STORE上线销售。

开发网络游戏《出发On Line》 2011年，云南天游科技发展有限公司历时5年，投资1000余万元，从游戏引擎的技术研发到游戏内容的创意、创作、制作，成功研发了完全拥有自主知识产权的云南省第一款网络游戏——《出发On Line》，在台湾、香港、澳门地区以及马来西亚、新加坡等国家陆续上线，实现版权贸易收入200万元，填补了云南省网络游戏产业空白的历史。

报刊出版 2011年，全省出版报刊191种，其中报纸64种，期刊127种。报纸平均期印数246.90万份，平均期发行量246.13万份，年总印数65962.5万份，年总印张数3125235千印张，年度经营总收入12.88亿元。期刊平均期印数224.82万册，平均期发量224.42万册，年总印数3297.4万册，年总印张数176548千印张，年度经营总收入2.38亿元。

非时政报刊出版单位改革 2011年，根据中央部署，按照分类指导的原则，出台了《云南省深化非时政类报刊出版单位体制改革方案》，并制定《云南省深化非时政类报刊出版单位体制改革工作联席会议制度》和《云南省非时政类报刊出版单位转制规程》。改革方案拟定全省时政类报刊58种，主要是各地党报党刊和公益类报刊，对于这部分报刊单位，在向社会公示后，保留其事业性质。方案确定分二批完成改革，第一批转企改制报刊23种，第二批转企改制报刊9种。

手机报发展 2011年，全省手机报单位有16家，总用户数达到100万户，完成销售收入302.7万元。玉溪手机报、曲靖手机报、昭通手机报的用户总数和销售收入处于省内手机报领先地位。曲靖手机报隶属于曲靖日报社，与中国移动合作开通彩铃和短信两种交互模式，年平均订阅用户近3万户，上半年销售收入达到50万元，经济效益增长幅度相对较大。

记者站管理 年内，省新闻出版局对驻滇记者站以及省内各报刊出版单位在各州市设立的记者站进行年度核验。重点审核各报刊社驻滇记者站的办公条件、办公经费和人员等情况是否具备开展活动的基本条件，聘用人员是否签订劳动合同及持有新闻记者证的情况。对记者站组稿情况和上稿率等工作业绩进行了考核，检查记者站（办事处）的工作人员在采访组稿过程中是否有违规违纪的行为。通过核验记者站92家，进行缓验2家。

核发记者证 年内，对全省2010年12月31日前核发的208家报纸、新闻期刊、广播电台、电视台及89家中央及外省驻滇记者站的新闻记者证进行了核验。至年底，发放新闻记者证5980本。

农家书屋工程建设 2011年，全省农家书屋工程进一步推进。全年投入中央财政资金8523.2万元，地方配套资金2130.8万元，通过招标采购，建设了5327个农家书屋。至年底，全省农家书屋建成总量达11933个，覆盖全省85%行政村，3504万

农家书屋（省新闻出版局 提供）

农村人口受益。玉溪、迪庆、怒江、西双版纳、保山、德宏和丽江等7个州市、25个边境县和3个藏区县实现农家书屋行政村全覆盖。

卫星数字农家书屋建设 12月，省新闻出版局与中国卫星通讯集团航天数字传媒有限公司签署《卫星数字农家书屋战略合作协议》，在德宏州瑞丽市先行试点“卫星数字农家书屋”建设。

少数民族文字出版东风工程 2011年，中央财政下拨资金和地方配套资金1311万元，用于云南少数民族文字出版基地印刷设备购置、迪庆日报社采编信息化建设、藏区新华书店发行网点建设和县新华书店流动售书车购置等项目。另外，获得全国民族文字出版专项资金752万元、国家重点出版物基金1136.3万元，用于支持民文出版和重点出版项目。

送书下乡活动 2011年，全省在怒江州举办的文化科技卫生“三下乡”集中示范活动。省新闻出版局向怒江州农家书屋配送了33套总价约15.3万元的书桌、书架，并拨付怒江州农家书屋配套设施建设经费30万元。省新华书店集团有限公司到活动现场开展了优惠售书活动。

印刷业 2011年，全省共有印刷企业6364家，从业人员约5万人。其中，出版物印刷企业150家，包装装潢印刷企业1026家，其他印刷企业1098家，出版物排版、制版、装订企业7家，“三小印”经营户4422家。

第十四届云南国际印刷物资展览会 4月25~27日，省商务厅、省新闻出版局、云南出版集团公司、省印刷业协会等部门和单位在昆明会展中心举办第十四届云南国际印刷物资展览会。展会共设展位164个，参展客商达112家，缅甸、老挝、泰国和越南组团60多人参加，展会总成交额2500万元。

出版物发行 2011年，全省共有图书发行单位3255家。其中，总发行单位3家、企业连锁经营总部1家、批发单位110家、零售单位3137家、读者俱乐部3家。共有音像经营单位6461家，其中，批发单位33家，零售5128家，出租1300家。

参加第二十一届全国图书交易博览会 6月，组织出版发行单位参加在哈尔滨市举办的第二十一届全国图书交易博览会。云南省设展位14个，展出图书期刊1960种，实现订货码洋240万元。

新闻出版业改革发展项目库建设 年内，全省着手建立全省新闻出版业“十二五”改革发展项目库。首批收集改革发展项目130个，其中“少数民族文献数字化出版及软件完善与开发”等15个项目进入新闻出版总署的全国新闻出版业“十二五”改革发展项目库。

东盟国际图书城立项 2011年，“东盟国际图书城”被列为全省“三个一百”重点建设项目和省政府重点督查的20个重大建设项目。年初，由云南出版集团公司负责，省新闻出版局配合，成立项目领导小组和相应工作机构，并赴山东、安徽、浙江、江苏、上海、广东等地调研图书城建设，进一步完善了项目规划。“东盟国际图书城”完成了选址和开工奠基仪式。

昆明新知集团柬埔寨金边华文书局开业 10月29日，昆明新知集团柬埔寨金边华文书局正式开业。金边华文书局占地约8000多平方米，共有9层楼，经营图书种类8万多种，书局还开设中文教学培训、中柬文化交流、华人联谊以及留学生服务等综合性服务业务。

出版物质量检测 2011年，“3·15消费者权益日”和“六一”儿童节期间，重点开展少年儿童出版物质量检测工作，对20家印刷发行企业的50种共1000册少年儿童出版物进行印装质量抽样检测，质量合格率100%。

版权保护宣传 2011年4月，全省开展新闻出版（版权）宣传月活动。组织各州市参加以报纸和电视为平台的版权知识竞赛，回收到印在《云南日报》和《春城晚报》上的答题卡13690份，经过统一阅卷，全部答对卷9069份。在公证处全程公证下，评出一等奖30名、二等奖100名、三等奖200名。电视版权知识竞赛通过16支州市代表队的初赛，选出6支代表队在云南电视台演播大厅进行决赛，决出一等奖1名、二等奖2名、三等奖3名。期间还开展了“绿书签行动”，在昆明向群众、中小学生派发书签1万张，张贴打击侵权盗版卡通宣传画5000张。各地也开展了有声势的版权宣传活动和“绿书签行动”，开展现场咨询，散发宣传材料，营造知识产权保护的良好氛围。

作品登记 全年完成作品登记459件，完成图书版权引进合同备案登记202种，共受理各类版权咨询1000余人次。

扫黄打非 2011年，全省共出动执法人员18万人（次），检查出版物店铺（摊点）13.87万个（次），取缔非法店铺（摊点）2900个，收缴各类非法出版物约123万册（盘），查办各类案件1751件，行政处罚612件。各级“扫黄打非”部门共出动检查人员24560人（次），查缴淫秽色情出版物18350张（册），检查互联网服务单位1563家（次）、移动运营商23家，删除淫秽色情信息953条，封堵涉黄网站314个。

盗版工具书治理专项行动 2011年，全省出动检查人员1.48万人（次），检查店、铺、摊点8791个（次），收缴非法出版物约2.6万件（册），其中，盗版工具书1921册，盗版教辅材料10031册，盗版音像制品约1.65万盘（碟），查办各类案件126起。

校园周边文化环境整治专项行动 年内，全省查缴盗版教辅材料约3.45万册，盗版软件约3万盘，淫秽色情出版物约18.38万册（盘），处罚违规网站51个，封堵黄色网站314个，删除有害信息约74万多条。

（汤长平）

Local Chronicles · Almanac

地方志·年鉴

概述 2011年，云南省地方志办公室坚持以邓小平理论、“三个代表”重要思想和科学发展观为指导，严格执行国务院《地方志工作条例》和省政府《云南省地方志工作规定》，积极稳步推进了《云南省志》的编纂、州市县志编纂指导、年鉴刊物编辑、方志理论研究、党建思想政治工作、党风廉政建设以及后勤服务等各项工作。《云南省地方志工作规定》实施一年来，省方志办带领全省地方志系统认真学习、贯彻执行“规定”精神，昆明市、楚雄州、普洱市等地政府也相应出台了配套的地方志工作法规，将“规定”进一步落到了实处。全省地方志事业取得了更加显著的成绩，开创了地方志工作的新局面。

《云南省志》分志编纂 至2011年底，省志完成《环境保护志》（50余万字）的终审工作；完成《烟草志》（60余万字）的复审工作；完成《财税志》《人民代表大会志》（共100余万字）送审稿的编辑加工工作；完成《劳动和社会保障志》《气象志》（100余万字）的责任编辑工作，以及《测绘志》《教育志》《社科志》《体育志》《科技志》《公路志》的审改和回复工作。组织人员先后到司法厅、省高院、社科联、文化厅、体育局、商务厅、高新开发区等单位指导、帮助各部门进一步明确修志指导思想和要求，推进修志工作开展。同时以会带训，分批分专业采取召开省志编纂工作会议。省志办还应邀出席省国税局、测绘院、体育局、文化厅、交通厅、昆医附二院等厅局的志书编纂工作会议。

州市县地方志事业稳步开展 2011年，全省全面完成二轮地方志编纂出版的有市级2部，县市区级近30部。其中2011年出版《兰坪县志》《墨江县志》《泸西县志》《屏边县志》等。审阅修改《红河州志》《德宏州志·社会卷》《德宏州志·政治卷》《彝良县志》《巧家县志》《祥云县志》《盐津县志》等一批志书，提出较系统完整的修改方案；帮助修改完善《澄江县志》篇目。先后参加《彝良县志》《巧家县志》《盐津县志》《红河州志》的评稿会，提出了指导性意见。年内，深入昆明、临沧、大理、昭通、丽江、迪庆、普洱、西双版纳、红河、玉溪、德宏，以及瑞丽、个旧、洱源、施甸、腾冲、彝良、巧家等州市县调研地方志工作，指导、督查、协调并帮助解决其相关问题。

部分州市政府出台地方志行政法规 2011年3月8日，《昆明市贯彻〈地方志工作条例〉和〈云南省地方志工作规定〉实施意见》出台，为昆明市地方志事业实现科学发展提供了强有力的制度保障。5月23日《楚雄彝族自治州地方志工作规定》获通过，7月1日起施行。9月，普洱市政府办公室下发关于印发普洱市贯彻《地方志工作条例》和《云南省地方志工作规定》实施意见的通知，要求各县（区）人民政府，市直各委、办、局，各人民团体，企事业单位结合实际认真贯彻落实。至此，全省有3家促成地方志编纂立法。

全国地方志系统第二届年鉴评奖工作总结大会在昆明召开 1月18～21日召开。会议由中国地方志指导小组办公室和中国地方志协会主办，云南省地方志办公室和昆明市地方志办公室共同承办。云南省人大常委会原副主任、省地方志编纂委员会副主任吴光范，昆明市政府副秘书长郭增敏，中国地方志指导小组秘书长兼办公室主任田嘉出席会议并讲话。各省、自治区、直辖市地方志编委会（办公室），新疆生产建设兵团志办公室，全军军事志指导小组办公室，武警部队编史办公室，国务院有关部委局史志机构的相关领导和年鉴获奖单位代表，以及中国地方志指导小组、中国地方志协会领导，共240余人参加了会议。会议表彰了省级地方综合年鉴、地市级（含副省级城市）地方综合年鉴、县区级地方综合年鉴、专业年鉴、军事年鉴、武警年鉴等6个系列获奖年鉴459部。其中，特等奖49部，一等奖100部，二等奖151部，三等奖159部。获奖代表在会上介绍交流了各自的编纂经验。会上，《云南小康年年鉴》(2009）荣获特等奖，受到中指组表彰。

2011年1月9日，全省地方志系统“雅昌杯”（第三届）职工运动会在临沧市临翔区举办（云南省志办　提供）

云南省地方志系统年鉴期刊信息会在德宏州召开　2月25日召开，由云南省地方志办公室主办，德宏州史志办承办。省地方志办公室领导、省直机关年鉴编纂单位负责人、各州（市）地方志（史志）办公室分管年鉴期刊信息工作的领导、主编，德宏州史志办全体人员、德宏州各县市（区）史志办主任共80余人参加会议。德宏州副州长孔勒干，省人大常委会原副主任、省地方志编纂委员会副主任吴光范，中国地方志指导小组期刊指导处处长、《中国地方志》主编于伟平先后讲话。省地方志办公室主任李一是充分肯定了全省年鉴期刊信息工作所取得的成果。省直机关、各州（市）地方志（史志）办公室就年鉴、期刊、网络、简讯工作进行了交流发言。

云南省州市地方志办公室主任会议在丽江召开　4月18～19日召开，由云南省地方志办公室主办，丽江市地方志办公室承办。全省地方志系统近100人参加会议。省人大常委会原副主任、省地方志编纂委员会副主任吴光范，省政府副秘书长白庚胜、丽江市政府副市长杨一奔出席会议并讲话。云南省地方志编纂委员会专职副主任、云南省地方志编纂委员会办公室主任李一是要求全省地方志系统认真贯彻落实国务院《地方志工作条例》和《云南省地方志工作规定》，提高志鉴质量，加强队伍建设推动事业发展。会议通报了全省修志工作进展、《云南省地方志十二五规划》（草案），各州市地方志办公室负责人分别介绍了各地学习贯彻《地方志工作条例》和《云南省地方志工作规定》的情况。19日，召开了云南省地方志学会工作会、云南省地方志系统学习杨善洲先进事迹座谈会。丽江媒体专门就全省地方志系统开展向杨善洲同志学习活动采访了省地方志办公室李一是主任。会议期间成立了全省地方志系统专家委员会，举行了《以法修志 和谐发展》文集首发式。

《以法修志 和谐发展》编纂出版　4月，云南省地方志办公室编纂出版《以法修志 和谐发展》文集，以期更好地学习、宣传、贯彻落实秦光荣省长2010年8月签署的《云南省地方志工作规定》，进一步增强法制意识，推动方志理论研究，不断完善方志学科建设，总结、交流并推广二轮修志经验。该书收录了全省60余篇论文，分为上、中、下3个部分，约35万字，由云南美术出版社出版。

《云南小康年鉴》撰稿人研讨会召开　5月12日，《云南小康年鉴》州市撰稿人研讨会在昆明召开。《云南小康年鉴》在突出特色的同时，严把质量关。自2005年创刊以来，先后荣获“云南省哲学社会科学优秀成果”“云南省年鉴综合一等奖和综合特等奖”“全国地方志系统年鉴评比特等奖”。为进一步提高年鉴质量，加强交流与合作，省地方志办公室主持并展开此次会议。省人大常委会原副主任、省地方志编纂委员会副主任、《云南小康年鉴》顾问吴光范，省志办领导李一是、陈天武、袁丽萍及编辑部成员、特邀编审及撰稿人等共40余人参加会议。与会人员希望省志办在贯彻落实《地方志工作条例》和《云南省地方志工作规定》过程中，进一步重视年鉴工作，加强年鉴业务指导性和培训力度。

全省方志系统业务培训班举办　12月18日，云南省地方志办公室举办全省地方志业务培训班。此次培训的内容主要以方志基本理论及志书编纂应用及编辑知识为主，从理论与实践的结合上，提高参会人员业务素质。昆明举办了培训班，来自全省方志系统的专职修志人员278人参加培训。省方志办为学员颁发了“地方志编纂资格证”并组织100余人分别到广西、福建等地学习考察。此次培训班系二轮修志以来，培训参会人数最多的一次。

云南小康年鉴编纂人员到丽江调研　4月20～22日，云南小康年鉴编辑部一行10人，到丽江市及永胜、华坪2县开展调研。主题是小康年鉴为何进一步突出特色、服务“桥头堡”建设，研究解决州市县条目内容一般化、陈式化之弊，进一步提高条目质量的问题。通过座谈交流，调研组受益匪浅，开阔了思路，找到突破口，为谋划完善编目、充实条目内容、提高年鉴整体质量奠定了坚实的基础。

（郑灵琳）

主　　编　温益群

责任编辑　代燕春

ETHNIC GROUPS

民　族

云南省少数民族传统体育运动会（省民委　提供）

Summary

综 述

2011年，云南省56个民族均有分布，少数民族人口为1534.91万，占总人口的33.4%；世居少数民族25个，人口1531.5万，占少数民族人口的99.8%。人口最多的5种少数民族分别是彝族、哈尼族、白族、傣族、壮族，人口分别是504.12万人、162.95万人、156.49万人、122.28万人和121.53万人，占少数民族人口比例分别为32.85%、10.62%、10.2%、7.978%、7.92%。全省有自治州8个，自治县29个，民族乡145个。

2011年，云南民族工作深入贯彻落实科学观取得长足发展：

创新民族团结进步创建活动。2011年，云南省民委紧紧围绕“共同团结奋斗、共同繁荣发展”的民族工作主题，全面贯彻落实国家民委关于开展民族团结进步创建活动的安排部署，在全面、广泛、持久、深入开展创建活动的基础上，结合实际探索出了云南创建活动的“三种模式”，不断开创民族团结进步事业新局面。一是切实加强对创建活动的组织领导。省和各州市、县都成立了民族团结进步创建活动领导机构，明确了工作职责。基层各单位也都建有领导小组或设有专人负责创建活动，形成了横向到边、纵向到底的创建工作网络。二是不断推广运用三种创建模式。即：在农村开展民族团结示范村建设创建模式，选择协调民族关系任务较重或少数民族聚居的村（自然村），从改善民生入手，采取整村推进的模式大力开展民族团结示范村建设，2011年，省民委共投入约3000万元，建设了111个民族团结示范村。在城市开展民族团结进步示范社区创建模式，从完善服务体系着力，以开展民族团结进步示范社区创建活动为抓手，高位推动民族工作进社区，昆明市已有10社区、其他15个州市各有1个社区开展了省市区三级联创民族团结进步示范社区活动，全省129个县（市、区）都在县城所在地开展了民族团结进步社区创建活动。三是创新创建活动载体。围绕宣传马克思主义民族观和党的民族政策，充分利用少数民族传统节日开展创建活动，举办了民族团结成就展、知识竞赛、演讲比赛、书画摄影展、文艺演出等活动，通过举办各种联谊联欢活动，增进各民族交往交流。四是促进民族团结进机关、进企业、进学校。以昆明市官渡区幼儿园为试点开展了“小手牵大手、融入校园文化、走进幼儿心灵”的民族文化传承教育活动；以云南生物谷灯盏花药业有限公司为试点开展“企业是树、员工是根、民族团结是沃土”的民族团结宣传教育活动。五是培养表彰民族团结进步先进典型。在2011年全省民族工作会议上，省领导专门为全省首批命名为省级民族团结进步示范社区的4个试点社区授牌，大力开展表彰活动，引领带动民族团结进步创建活动深入开展。通过深入扎实的工作，全省开展民族团结进步创建活动取得了显著成效。主要体现在：进一步营造了民族团结进步的良好氛围，进一步保障和改善了民生，进一步巩固了和谐的民族关系。通过抓预防、抓排查、抓化解三项重点工作的落实，切实把涉及民族因素的矛盾纠纷解决在基层、化解在萌芽状态，确保了2011年没有发生一起因民族因素引发的重大群体性事件。

建立健全城市少数民族服务体系。随着全省城镇化、工业化、市场化、国际化、信息化深入发展，城市少数民族人员急剧增加，城市民族工作越来越重要。省民委提出依托以昆明市为中心的16个州市政府所在城市，以开展民族团结进步示范社区创建为载体，以保障城市少数民族合法权益为核心，建立健全城市少数民族事务服务体系，推动城市民族工作成为民族团结进步边疆繁荣稳定示范区建设先行先试的排头兵。全省各级民族工作部门紧紧抓住省级财政加大投入的契机，结合实际不断探索城市民族工作的新思路、新方法、新途径，推动城市民族工作创新发展。各地普遍开展了城市社区民族工作专题调研，全面掌握全省1455个社区少数民族工作的基本状况和存在问题。全年共在昆明市建设了10个民族团结进步示范社区，在其余15个州市各创建了1个民族团结进步示范社区，在县级市和边疆城市创建了7个民族团结进步社区。在示范社区创建中，注重保障城市少数民族在风俗习惯、宗教信仰等方面的特定需求，通过建立少数民族流动人员登记备案制度，建立民族事务联系人制度，建立流动党员驿站，成立社区少数民族法律服务援助站等工作机制，切实保障生活在城市的少数民族群众合法权益，帮助少数民族流动人员更好地融入城市。

推进兴边富民行动。省委、省政府于2011年9月召开全省“十二五”兴边富民工程会议，国家民委领导到会作指导。会议启动实施《云南省兴边富民工程“十二五”规划》，计划投入资金809亿元，推进“十大工程”和实施“十大保障”，2011年完成年度投资超过200亿元。省民委2011年投入25个边境县兴边富民行动重点县建设资金1.6亿元，实施项目407个，累计36万人次受益。其中，安排6000万元开展5个国家特色优势产业试点县和20个省级特色优势产业试点县建设，安排6330万元实施了184个“兴边富民示范村”建设，使边境少数民族群众从兴边富民行动中享受到了更多的发展实惠，感受到了更多的政策温暖。

扶持人口较少民族发展。“十二五”国家进一步扩大人口较少民族扶持范围，我省增加了景颇族。根据国家规划，2011年省政府出台《关于进一步加快人口较少民族发展的决定》，批准实施《云南省扶持人口较少民族发展规划（2011～2015年）》，在西双版纳州召开云南省扶持人口较少民族发展工作会议，安排部署全省新一轮扶持发展工作。省民委作为规划的牵头部门，在做好规划协调落实的同时，不断加大投入力度。2011年投入资金1.22亿元，实施了335个人口较少民族聚居自然村整村推进，50个建制村特色产业培植项目，围绕“五通十有”目标巩固提升扶持成果和建设示范村。同时，大力推进上海对口帮扶工作，上海市民宗委投入2239万元，参与实施独龙江乡整乡推进独龙族整族帮扶项目，投入170万元，继续帮扶德昂族发展。随着扶持力度的不断加大，人口较少民族发展的步伐更加稳健。

Ethnic Affairs
民族事务

制定民族地方单行条例 2011年，全省制定民族自治地方制定单行条例10件，分别是：

（1）《云南省大理白族自治州村庄规划建设管理条例》。2011年2月19日州十二届人代会第四次会议审议通过，2011年3月30日省十一届人大常委会第二十二次会议审议批准。2011年4月27日发布，2011年7月1日实施。（2）《云南省漾濞彝族自治县漾濞核桃产业发展条例》。2011年1月16日县十四届人代会第四次会议审议通过，3月30日省十一届人大常委会第二十二次会议审议批准。2011年7月18日发布，9月1日实施。（3）《云南省兰坪白族普米族自治县丰坪水库保护管理条例》。2011年1月21日县十二届人代会第四次会议审议通过，3月30日省十一届人大常委会第二十二次会议审议批准。2011年5月1日公布实施。（4）《云南省镇沅彝族哈尼族拉祜族自治县水资源条例》。2011年1月29日县十五届人代会第四次会议审议通过，3月30日省十一届人大常委会第二十二次会议审议批准。2011年7月19日发布，8月1日实施。（5）《云南省西盟佤族自治县城镇建设管理条例》。2011年1月21日县十届人代会第四次会议审议通过，3月30日省十一届人大常委会第二十二次会议审议批准。2011年5月27日发布,7月1日实施。（6）《云南省景谷傣族彝族自治县农村公路条例》。2011年1月20日县十五届人代会第四次会议审议通过，3月30日省十一届人大常委会第二十二次会议审议批准。2011年4月11日发布,5月1日实施。（7）《云南省西双版纳傣族自治州古茶树保护条例》。2011年2月25日州十一届人代会第六次会议审议通过，5月26日省十一届人大常委会第二十三会议审议批准。2011年6月30日发布，8月1日实施。（8）《云南省金平苗族瑶族傣族自治县城镇管理条例》。2011年2月26日县十一届人代会第四次会议审议通过，5月26日省十一届人大常委会第二十三次会议审议批准。2011年7月28日发布，10月1日实施。（9）《云南省玉龙纳西族自治县水资源保护管理条例》。2011年3月4日县十四届人代会第四次会议审议通过，5月26日省十一届人大常委会第二十三次会议审议批准。2011年6月28日发布，9月1日实施。（10）《云南省沧源佤族自治县沧源崖画保护条例》。2011年2月28日县十一届人代会第四次会议审议通过，5月26日省十一届人大常委会第二十三次会议审议批准。2011年7月22日发布，7月22日实施。

修订民族自治地方单行条例 年内，全省修订民族自治地方单行条例5件，分别是：

（1）《云南省文山壮族苗族自治州林业管理条例》。2011年2月20日州十二届人代会第七次会议审议通过，3月30日省十一届人大常委会第二十二次会议审议批准。2011年5月9日发布,6月1日实施。（2）《云南省文山壮族苗族自治州森林和野生动物类型自然保护区管理条例》。2011年2月20日州十二届人代会第七次会议审议通过，3月30日省十一届人大常委会第二十二次会议审议批准。2011年5月9日发布，2011年6月1日实施。（3）《云南省澜沧拉祜族自治县禁毒条例》。2011年1月21日县十三届人代会第四次会议审议通过，3月30日省十一届人大常委会第二十二次会议审议批准。2011年6月7日发布，9月1日实施。（4）《云南省西双版纳傣族自治州天然橡胶管理条例》。2011年2月25日州十一届人代会第六次会议审议通过，5月26日省十一届人大常委会第二十三次会议审议批准。2011年6月30日发布,8月1日实施。(5)《云南省怒江傈僳族自治州林业管理条例》。2011年2月26日州九届人代会第七次会议审议通过，3月30日省十一届人大常委会第二十二次会议审议批准。2011年4月28日发布，10月1日实施。

扶贫开发 9月29日，省委书记秦光荣到省民委系统对建设示范区开展专题调研并召开座谈会。之后省民委代起草《中共云南省委 云南省人民政府关于把云南建设成为我国民族团结进步边疆繁荣稳定示范区的意见》。意见提出集中力量对滇西边境山区、乌蒙山区、石漠化地区、宁蒗小凉山区、藏区和贫困民族乡，以及傈僳族、拉祜族、佤族等特困民族、散居民族、人口较少民族和少数民族深度贫困群体聚居建制村等特殊贫困区域、特殊贫困群体进行特殊扶持。确保到2015年，民族地区贫困群体人均纯收入增长幅度高于全国平均水平，基本公共服务主要领域指标接近全国水平，60%的贫困人口脱贫，贫困发生率降到10%以下。同时编制实施《云南省加快少数民族和民族地区经济社会发展“十二五”规划》。规划实施民生改善、基础设施建设、社会保障、特色产业发展、民族教育科技振兴、民族文化发展、劳动者素质提高和民族团结保障8项重点工程56个具体项目，预计总投资728亿元。据初步统计，2011年省级各部门已投入约306亿元，大力推动兴边富民行动，深入实施扶持人口较少民族发展规划。

帮扶独龙族发展 年内，根据上海和云南两省市对口帮扶独龙族发展计划和中共云南省委办公厅、云南省人民政府办公厅《关于独龙江乡整乡推进独龙族整族帮扶三年行动计划的实施意见》安排部署，两省市民（宗）委认真落实、密切合作，全年投入3139.4万元（上海2239.4万元，云南配套900万元），全面实施龙元、迪政当、巴坡、钦兰当4个安置点的安居房建设和整村推进建设项目，目前各项目点建筑材料已备齐，安居房建设初具规模，帮扶项目正在抓紧实施。9月19～24日，由上海市委统战部副部长、市民宗委党组书记周富长率队的上海市民宗委及四大宗教考察团在省民委副主任张慧星的陪同下，赴云南省怒江州考察调研对口帮扶独龙族发展工作。考察调研后，上海宗教界明确表示将捐赠计划外帮扶独龙族发展资金200万元，重点实施教育和卫生等项目。

扶持民贸民品 年内，省民委会同省财政厅组织国家2011年度民族贸易企业网点改造和民族特需商品定点生产企业技术改造贷款财政贴息项目，安排中央和省级项目贷款贴息资金206万元。与省财政厅联合组织2011年扶持民族地区企业贴息贷款项目申报评审工作，安排财政贴息资金300万元。2011年全省边销茶定点生产企业由“十一五”期间的1家增为6家。

少数民族发展资金管理 2011年，全省管理使用的中央少数民族发展资金28150万元。民族发展资金项目管理实行分配制和申报制。主要做法：一是突出重点，统筹兼顾，保障民族工作任务得到落实；二是建立制度，规范管理，不断提高项目管理水平。三是准确定位，找准切入点，充分发挥少数民族发展资金的示范带动效益。2011年开发建设“云南省民族发展资金项目管理系统”，实现项目申报、审核审批、执行验收、总结评价的全程网络化管理，大幅提高资金项目管理的效率，提升操作的规范性和透明度。

电脑农业与科技培训 2010～2011年，全省民族地区电脑农业累计推广面积达750万亩，年均375万亩，其中粮食作物258万亩，经济作物55万亩，特色产业62万亩；新增粮食产量1.1亿千克，增加总收入近亿元；推广应用专家系统34个，其中粮食作物15个，经济作物7个，特色产业12个，项目辐射350个乡镇2825个行政村17022个村民小组106万户农户，受益农民320万人。46个合同县中，44个属民族自治地方县，有20个民族自治县、17个边境县、19个人口较少民族聚居县，辐射布朗族（莽人、克木人）、拉祜族（苦聪人）、彝族（僰人）、瑶族（山瑶）聚居区和藏区。

组织参加第九届全国少数民族传统体育运动会 9月10~18日，由国家民委、国家体育总局主办，贵州省人民政府承办的第九届全国少数民族传统体育运动会在贵阳市举行。云南省以刘平副省长为团长，由26个民族、380多人组成的代表团参加了射弩、陀螺、龙舟、秋千、高脚竞速、蹴球、摔跤、武术、马术、板鞋竞速10个竞赛项目和15个表演项目的比赛。经过参赛各民族体育健儿的团结协作、奋勇拼搏，10个竞赛项目优势突出，勇夺9个一等奖，30个二等奖，30个三等奖；一等奖数超过上届1个，居全国前列，射弩、陀螺、龙舟、秋千、高脚竞速、蹴球、摔跤、武术、马术9个项目均获得了奖项。其中，射弩项目夺得5个一等奖，陀螺项目夺得3个一等奖，武术项目夺得1个一等奖。15个表演项目技压群雄，在188个参赛项目中脱颖而出，勇夺12个一等奖，3个二等奖，其中，《阿尺目刮斗嘎来》（傈僳族）、《波海咚》（佤族）、《嚓哒噜》（哈尼族）、《打歌》（彝族）、《打松球》（拉祜族）、《谷斯伴》（景颇族）、《花腰摆》（傣族）、《赛席欢》（布朗族）、《跳铃》（瑶族）、《竹铃响》（哈尼族）、《编走编跳》（傣族）、《赛秧乐》（白族）12个项目荣获一等奖，占参赛项目的80%，超过上届3个，连续三届蝉联全国第一。竞赛、表演项目成绩不论在获奖数量还是获奖比例上，均创造了全省参加历届全国民族运动会的新纪录，取得了历史性的新

第九届全国少数民族传统体育运动会云南代表团表演项目比赛（省民委 资铁 摄）

突破。

云南省第七届民族民间歌舞乐展演 11月21～25日，云南省第七届民族民间歌舞乐展演在普洱市举办。来自全省16个州市和云南民族村共17支代表队，18个民族的演员、编导共计1156人参加了63个节目的展演，共产生了13个金奖，19个银奖，22个铜奖及9个优秀奖，9支代表队荣获传承奖，11个代表队荣获组织奖。全省历届参演人数最多、范围最广、规模最大、水平最高的一届展演活动。

实施云南世居少数民族文化精品工程项目 12月28日，省委民族工作领导小组会议研究确定，从2011年起每年安排1500万元作为省级25个世居少数民族文化精品工程专项经费。2011年，共计安排项目21个1500万元，其中省级项目4项，经费270万元；安排州、市、县项目17项，经费1230万元。项目内容涵盖少数民族传统文化，少数民族文物古籍，少数民族文学作品、广播影视和出版物，少数民族艺术创作，少数民族文化示范点等范围。通过项目的实施，全省少数民族文化精品不断呈现，文山壮族的“莱瓦”艺术，腾冲的佤族清戏，大理洱源的白族唢呐文化，丽江民间刺绣等传统文化精品正逐渐成形；一些独具匠心的云南特色文化精品在全国走在全前列，《云南民族古籍珍本影印集成》、《彝族毕摩经典译注》充分展示全我省对民族文化古籍文献的珍视和打造古籍精品的魄力；《傣汉大辞典》则将成为我国傣文翻译、使用的规范化、标准化的权威依据；一批文艺剧（节）目精品不断涌现，具有强烈的思想性、时代性、民族性和艺术性，提升了云南民族文化的艺术魅力。

实施少数民族传统文化抢救保护项目 2011年，云南省少数民族传统文化抢救保护专项经费共安排项目144个，其中省级项目9个，安排资金350万元；州、市、县项目135个，安排资金1650万元；共计安排144个项目，经费2000万元。项目涵盖抢救、保护、收集面临失传、损毁的少数民族文物，古籍、口传文学项目，抢救、保护、传承濒危少数民族传统文化遗产项目，抢救保护少数民族语言文字等内容。随着资金的不断投入和保护意识的不断提高，少数民族传统文化抢救保护工作取得了可喜的成绩。

实施省级民族机动金文化教育经费项目 民族机动金文化教育项目经费742.5万元。其中，教育项目固定性支出280万元，民族文化活动项目192万元，民族文化事业项目270.5万元。经费下达后，确保了民族文化活动的顺利开展，省级民族文化工作得以保障，民族教育工作存在的特殊困难和问题得到缓解，成为贯彻党的民族政策的具体体现。

“中华一家亲”活动走进云南 由国家民委主办，国家民委文化宣传司、云南省民委承办的“中华民族一家亲——文化下乡活动”于2011年5月15～25日走进云南。“中华民族一家亲”文化下乡活动是国家民委按照中央关于服务基层，服务群众的要求而打造的一项文化品牌活动，旨在通过送戏、送书、送医等形式，体现党和政府对少数民族群众的关爱，帮助少数民族群众解决实际困难，丰富少数民族群众的精神文化生活，满足少数民族群众的基本文化需求。

民族教育 2011年，云南省各级各类学校少数民族在校生307.45万人，占全省在校生总数的31.97%。其中，学前教育少数民族在校生311208人，占28.66%；初等教育少数民族在校生1504190人，占33.87%；初中阶段教育少数民族在校生695084人，占33.85%；高中阶段教育少数民族在校生375647人，占28.10%；中等职业教育少数民族在校生181952人，占26.92%；普通本科少数民族在校生71714人，占24.24%；普通专科少数民族在校生57035人，占29.75%；成人本专科少数民族在校生55807人，占30.34%；硕士研究生少数民族在校生3542人，占13.74%；博士研究生少数民族在校生274人，占12.09%。2011年，中央民大附中、河北大厂高级实验中学、云南师大附中、云南民族中学、云大附中等优质高中学校共面向全省招收少数民族学生595名，让少数民族学生共享了优质高中教育。2011年，云南省特有民族大中专班继续在云南省林职学院、云南省民族中专举办；云南省首届特有民族本科班在云南农业大学开办，面向全省招收整体教育水平相对滞后的14种特有少数民族学生60名；在招生名额分配及录取中对人口较少民族学生作了适当照顾，对特有民族本科及大中专班学生给予免学费、补助生活费，所需经费由省级教育事业费和省民委民族机动金解决。2011年，云南省民委用于民族教育的经费为356万元，专项用于民族学校基础设施建设、实训设备购置补助、贫困民族生救助、特有民族本科班免学费补助生活、组织以民族学生为主的夏令营活动、开展民族文化进校园活动和教师节走访慰问部分承担民族班办学任务的学校教师。

青少年“希望之旅”夏令营 8月，云南省关工委、云南省民委共同在昆明组织云南省青少年“希望之旅”夏令营活动。来自文山、红河、普洱、玉溪、昆明、大理、临沧、怒江等8个州市青少年宫和澜沧拉祜族自治县周恩来班、西盟佤族自治县邓颖超班的136名青少年学生、辅导员参加了夏令营活动。活动以环保、科技、民族、国防为主题，组织各族青少年学生参观了污水处理厂、船房河入海口湿地、云南民族博物馆、省博物馆、省科技馆、省天文台，到解放军某部体验了一日的军旅生活。通过参观、体验，增强了青少年学生珍惜资源、爱护环境的意识，增进了民族交流和团结，激发了青少年学生爱科技、学科技的热情，进一步增强了青少年学生维护民族团结、反对民族分裂的责任感和使命感。

双语教材编译及双语教材审定 8月16～25日，云南省教育厅、省民委在昆明召开了双语教材审定会议。经过各文种编译人员的努力，编译完成并审定通过了彝、白、哈尼、傣、壮、苗、傈僳、佤、拉祜、纳西、瑶、景颇、藏、独龙等14个民族18个语种的五年级语文教材；同时审定通过了10个语种的学前班教材和修审了18个语种的二年级语文教材。审定后的教材由云南民族出版社出版后，免费赠送开展“双语”教学的学校师生，为双语教学提供了教材保障。

防治艾滋病宣传 2011年，省防艾局与省民委在25个边境县（市）、198个乡镇、307个行政村开展兴边富民工程防治艾滋病宣传项目，重点培养行政村级针对少数民族群众的防治艾滋病宣传员，目的是通过他们走村串户的宣传，在少数民族群众中普及和推广防治艾滋病知识，为新一轮防治艾滋病人民战争和云南省桥头堡建设做出贡献。同时，省民委到迪庆州现场发放藏语艾滋病宣传光碟，并进行民族地区艾滋病防治宣传教育工作调研，积极探索做好民族地区艾滋病防治宣传教育工作的新思路和新方法。

报刊赠阅 2011年，省民委继续对边疆25个县（市）250多个乡镇和省级有关部门办理民族类报刊赠阅活动，共赠阅《今日民族》杂志1500份，《民族画报》378份，《中国民族》378份，《中国民族报》378份，全年共投入资金30万元。该项目自1999年开始实施，深受基层干部群众的欢迎。

少数民族干部结构 2011年，全省公务员中，少数民族干部约10万名，占32.1%；厅级干部中，少数民族干部占31.3%；县处级干部中，少数民族干部占29.4%，其中，县（市、区）党政主要领导中，少数民族干部占45.1%。在省级正厅级机关事业单位117个领导班子中，配备少数民族干部的班子86个，占73%；在16个州市党委、人大、政府、政协班子中，配备少数民族干部的占89%。在云南省第十一届人民代表大会630名代表中，少数民族占47%；云南省第十届政协648名委员中，少数民族委员占32%。在民族自治地方的各级领导班子中，基本形成了以少数民族为主的干部结构。

省民委就民族问题接受国外电视台采访 2011年4月，省民委副主任马春、张慧星分别接受匈牙利多瑙电视台和巴基斯坦国家电视台采访，就中国的民族政策及在云南的实践、云南省民委机构及职能、云南少数民族基本情况及中国少数民族权益保障和云南民族传统文化、节日等方面，向摄制组全面宣传介绍了中国的民族政策和云南的民族工作。

零障碍双语教学项目座谈会 5月，世界少数民族语文研究院（简称SIL）云南代表处、云南省教育学会少数民族教育专业委员会和省少数民族语文指导委员会三方签订的零障碍双语教学项目座谈会在剑川县举行。

台湾原舞者文化艺术团赴滇交流 5月，台湾原舞者文化艺术团一行28人赴云南进行民族文化交流活动。原舞者艺术团是台湾岛内唯一成规模的少数民族文化艺术团体，由阿美族、排湾族、卑南族等10多个少数民族组成。

第五届中华青年民族学习交流营举办 8月，云南省选派10名少数民族大学生赴澳门、台湾参加第五届中华青年民族学习交流营活动。共有来自港、澳、台和云南的100多名青年大学生参加活动，为期十多天的活动中进一步加深了云南少数民族青年同台湾、澳门及香港少数民族青年友谊。

迪庆藏族自治州歌舞团赴台湾演出 11月，云南省迪庆藏族自治州歌舞团一行30人赴台巡回演出。歌舞团分别在中山纪念馆、海洋技术学院、苗栗艺文中心进行《来自香格里拉的舞动》歌舞表演，共有7000多名观众观看了演出。歌舞团表演了具有浓郁民族和地域特色的歌舞，向台湾观众展示了云南省迪庆藏区藏族、傈僳族等民族的传统文化，增强“香格里拉”品牌在台湾的影响力，加深了两岸同胞的情谊。

《党在我心中》 2011年，出版发行《党在我心中》以12种少数民族文字出版。2011年6月17日，云南民族出版社以西双版纳傣文、德宏傣文、景颇文、傈僳文、拉祜文、佤文、彝文、哈尼文、藏文、苗文、纳西文、白文12种少数民族文字出版发行《党在我心中——中国共产党简明知识云南读本》。该书以问答的形式，结合云南地方党史，简洁明了、通俗易懂地讲解了党的基本知识，介绍了党的光辉历程。该书将免费发送到全省基层特别是边疆少数民族地区，进一步增强广大少数民族干部群众在党的领导下的向心力和凝聚力。

《云南民委工作60年》出版发行 12月《云南民委工作60年》一书由云南民族出版社出版发行。该书是第一本系统介绍云南民委工作的著作，全书由文字和图片两大部分组成。图片部分精选了反映中华人民共和国建立以来不同时期民委工作的100多幅图片，并配有简明扼要的图说；文字部分包括前言、历史回顾、领导专文、州市总结、文献法规、后记等篇章。文字、图片两大部分从不同侧面展现出云南省民委的发展历程、主要工作成就及现状。

335种图书获准出版 云南355种少数民族文字和汉文少数民族题材图书选题获准出版。2011年，云南省355种少数民族文字和汉文少数民族题材图书选题项目获准出版，其中，民族文字选题192种，汉文选题163种。“十一五”国家重点图书《彝族毕摩经典译注》、“十二五”国家重点图书《哈尼族口传文化译注全集》、《双语词典系列》以及用12种民族文字出版的《党的知识简明读本》等列入出版计划。

《云南民族工作专刊》出版发行 3月，中华儿女报刊社出版发行《云南民族工作专刊》，讲述了新时期在我党的领导下，云南各级党委、政府和各级民族工作部门紧紧围绕“共同团结奋斗、共同繁荣发展”的民族工作主题，团结和带领全省26个世居少数民族开拓创新、锐意进取，创造性的开展具有生动实践的“中国特色”、“云南经验”的民族工作模式，推动全省少数民族和民族地区实现民族团结、社会和谐、边疆稳定、跨越发展的目标，为巩固和发展平等团结互助和谐的社会主义民族关系作出新的更大的贡献。

合作协议 2011年7月5日，国家民族事务委员会与云南省委、省政府在北京举行工作座谈会，国家民委与省政府签署了《建设民族团结进步边疆繁荣稳定示范区合作协议》。根据协议，双方将成立合作领导小组，统筹协调相关工作，审议决策合作中的重大事宜，并每年召开一次专题会议，重点研究示范区建设中的重大事项，总结部署相关工作。

少数民族传统文化抢救保护专项经费管理暂行办法出台 1月，经省政府批准，省财政厅、省民委联合下发《云南省少数民族传统文化抢救保护专项经费管理暂行办法》（以下简称《办法》）。《办法》要求专项经费的使用必须坚持专款专用、突出抢救保护少数民族传统文化、集中经费和突出重点、统筹兼顾的原则。经费使用开支范围包括少数民族语言文字的抢救保护及规范化、标准化、信息化和资源数据库建设；少数民族文物的普查、征集、展示、宣传、研究和民族文物资源的数据库建设；少数民族古籍的普查、征集、抢救、保护、修复、翻译、整理、出版、传承人培训和信息化管理系统建设；濒危少数民族传统文化遗产抢救、保护、传承和研究；流传广泛的少数民族口传文学等非物质文化遗产抢救保护和整理开发；少数民族传统文化抢救保护项目的重要出版；少数民族优秀传统文化遗产交流合作；少数民族优秀传统物质文化遗产抢救保护；省委、省政府确定的其他少数民族传统文化抢救保护项目。同时，对专项经费的申报程序与管理以及专项经费的监督与检查等方面做了也作了细致的规定。

藏族妇女（迪庆州志办　提供）

少数民族和民族地区经济社会发展“十二五”规划 8月，云南省人民政府印发《云南省加快少数民族和民族地区经济社会发展“十二五”规划》，拟投入728亿元，实施民生改善、基础设施建设、社会保障、特色产业发展、民族教育科技振兴、民族文化发展、劳动者素质提高、民族团结保障八大重点工程56个具体项目，确保到“十二五”末，云南少数民族和民族地区实现“民族地区综合经济实力、少数民族和民族地区人民生活水平和质量、少数民族和民族地区社会事业发展、民族地区生态环境建设、民族工作”迈上五个大台阶，把云南建设成为“我国民族团结进步边疆繁荣稳定示范区”。《规划》分为前言、概论、少数民族和民族地区发展现状、总体部署、主要任务、重点工程和保障措施七个部分。

（杨林黎）

云南省公安边防总队
救灾车队
面加强十大能力建设
不断提升防灾减灾水平

SOCIAL LIFE

社会生活

主　　编　温益群
责任编辑　代燕春

云南省救灾物资储备中心　（省民政厅　提供）

Summary

综 述

2011年，全省民政系统工作高起点开局、高标准推进、高效率落实，为经济发展和社会和谐稳定作出了重要贡献。(1) 奋力抗灾救灾。全省共投入救灾资金12.6亿元，救助受灾群众590万人，推进44 755户倒损民房恢复重建工作和22个救灾物资储备库建设。深入实施防灾应急“三小”工程，加强防灾减灾宣传教育，继续为500个乡镇配备救灾车辆，全省防灾减灾能力和群众防灾减灾意识有了新的提高。(2) 加大社会救助力度。巩固城市低保应保尽保、按标施保，积极稳妥完成30万农村低保扩面工作。建立社会救助和保障标准与物价上涨挂钩联动机制，对城乡低保对象、农村五保对象、重点优抚对象发放了价格临时补贴，提高了城乡低保保障标准和补助水平。在全省50%以上的县（市、区）级开展城乡低保资金同级审计。认真开展城乡医疗救助工作，全面实施“一站式”即时结算制度。加强临时救助、沿边定居群众和20世纪60年代精简退职人员救助工作。全省共投入社会救助资金92.3亿元，比上年增长36.7%。全省有城市低保对象93.1万人、月人均补助水平达177元；农村低保对象403.4万人、月人均补助水平达82元；农村五保供养对象22.1万人、集中供养率为13%。资助困难群众参保参合就医690多万人次，临时救助困难群众90多万人次，促进了困难群众共享经济社会发展成果。(3) 大力推进社会福利事业发展。编制养老服务体系建设专项规划，加大养老机构建设力度，积极开展居家养老服务和爱心护理试点工作，落实66.07万名80岁以上老年人的高龄津贴。出台《关于加强孤儿保障工作的实施意见》，落实了4.3万名孤儿的基本生活补助。积极推进残疾人福利工作。大力发展慈善事业，加强福利彩票发行管理，全省共投入社会福利经费和省级福彩公益金11亿元，比上年增长37.9%，促进了基本公共服务惠及广大弱势群体。(4) 进一步加强城乡和谐社区建设。从完善基层民主制度、加强社区服务体系建设、扩大农村社区建设覆盖面等方面推进社区建设，突出抓好城市社区办公用房和活动场所建设，省级投入补助资金1亿元，积极推进491个城市社区活动场所建设。积极推行“两委一站”式社区工作模式，加强社区服务站标准化建设，开展第四届社区居委会换届选举工作。继续深化村务公开民主管理工作，全面完成“难点村”治理任务。着力提高村干部待遇，省级财政对村干部岗位补贴补助标准达每人每月600元，其中25个边境县市和迪庆藏区3个县达700元。积极推进《云南省实施〈中华人民共和国村民委员会组织法〉办法》和《云南省村民委员会选举办法》修订工作，进一步夯实社会管理基层基础平台。(5) 深入开展双拥优抚安置工作。全省涌现一批全国双拥模范城（县）、双拥模范单位和双拥模范个人。认真贯彻各项优抚政策，以15% ～ 20%不等比例提高各类优抚对象抚恤补助标准，实施重点优抚对象价格临时补贴，开展巡回医疗活动和重点优抚对象疗养工作，保障了优抚对象的合法权益。落实8.8万名60周岁以上农村籍退役士兵老年生活补助，完成零散烈士纪念设施普查工作，编制烈士纪念设施建设规划，加强优抚事业单位建设。成立云南省退役士兵安置工作领导小组，坚持实施“双考”安置办法，出台《云南省退役士兵职业教育和技能培训实施办法》，推进退役士兵城乡一体化免费教育培训工作，开展社会安置活动，全面扶持退役士兵就业创业，全省于8月底前全面完成退役士兵的接收安置任务。完成第二批军休干部购房未达标货币补差和购买现有住房补贴工作，加强军供站维修改造，有力地支持了国防和军队建设。(6) 着力加强专项事务工作。创新社会组织管理服务，建立重要工作报告、专家咨询、便民服务、联席约谈、应急预案五项新机制，加强社会组织党建工作和公信力建设，出台《云南省社会组织评估管理办法》，进一步优化社会组织发展环境。深化上门联合年检“直通车”服务，认真开展社会组织创先争优、“小金库”专项治理等活动，加强境外非政府组织备案工作，经民政部授权开展在滇境外基金会备案工作。全省现有社会组织13 825个，应建党组织的1 529个社会组织中，已建党组织的1 419个，占93%，较好地发挥了社会组织沟通民意、规范行为、提供服务、化解矛盾、参与管理的职能作用。加大殡葬改革力度，加强殡葬行风建设，推进殡葬惠民便民措施，火化率比上年提高1.5%。加强婚姻登记规范化、信息化建设，实现全省联网在线登记，婚姻登记服务能力和水平不断提高。在完成瑞丽市先行试点工作基础上，全面启动24个县市第二次地名普查试点工作。建立由14个省级单位组成的省平安边界建设联席会议制度，深入开展平安边界建设，完成桂滇省界线及省内县级界线年度联检工作，为界线附近地区社会和谐稳定提供了有力支撑。完成呈贡县撤县设区、昆明市政府驻地迁移等行政区划调整工作。全省街道办事处由80个增加到119个，镇由561个增加到577个，促进了城镇化发展。认真落实省政府关于解决难民生产生活的

"八条意见"，妥善解决难民的实际困难。(7) 全面融入桥头堡建设热潮。按照统筹规划、分类指导、全面发展的工作思路措施，着力推动"滇中经济区"民政工作率先发展，统筹推进滇东北、滇东南、滇西南地区民政工作全面发展，积极扶持边境地区和藏区民政工作跨越式发展。2011 年 10 月 7 日，省人民政府和民政部签署部省合作协议，切实发挥民政在桥头堡建设中的基础性保障作用。6 月 15 日，省民政厅与临沧市人民政府签署厅市合作协议，先行先试推进边境民族地区民政事业跨越式发展。全省遴选、储备各类民政建设项目 10 753 个，建设总投资 287.8 亿元。在全省民政系统深入开展"千名干部下基层活动"，全省 1.3 万人次民政干部深入基层、深入村寨（社区），走访 2.4 万户 6.8 万名群众，宣传党和政府的发展政策惠民措施，了解社情民意，开展结对帮扶，排查矛盾 2 000 多个，解决问题 3 100 多个，有力推动了各项民政政策贯彻到基层、落实到终端。

（邱　玮）

2011年12月15日，云南省防灾应急"三小工程"建设示范活动在玉溪市易门县举行（省民政厅　提供）

Social Assistance 社会救助

抗灾救灾　2011 年，云南省先后发生了低温雨雪冰冻、盈江"3 · 10"地震、腾冲"6 · 20"、"8 · 09"地震和严重旱灾等重特大自然灾害。全省因各种自然灾害，共造成 1881.49 万人不同程度受灾，因灾死亡 112 人、失踪 1 人，紧急转移安置 18.07 万人，饮水困难人口 389.71 万人、因灾死亡大牲畜 3.68 万头，因灾倒塌民房 1.6 万户 6.6 万间、损坏 39.8 万间，农作物受灾 2246.65 千公顷、成灾 1398.56 千公顷、绝收 350.48 千公顷，灾害造成直接经济 196.3 亿元。党中央、国务院高度重视云南灾情，胡锦涛总书记、温家宝总理、习近平副主席、李克强副总理、周永康书记和回良玉副总理、中央军委郭伯雄副主席分别作出重要批示和指示，温家宝总理、回良玉副总理率国务院工作组赶赴云南灾区指挥抗灾救灾工作。国家减灾委、民政部全力支援云南灾区的抗灾救灾工作，针对云南省灾情，先后 3 次启动国家救灾应急响应。省委、省政府领导多次作出重要批示和指示，第一时间深入灾区查看灾情、慰问受灾群众和奋战在抢险救灾一线的部队官兵，指挥部署灾区开展抗灾救灾工作。省减灾委、省民政厅先后 4 次启动救灾应急响应，并派出 15 个工作组深入灾区指导抗灾救灾工作。2011 年，全省共投入救灾资金 12.6 亿元，向灾区组织调运救灾帐篷 28935 顶、棉被 46250 床、大衣 17915 件、衣服 1670 套，救助受灾群众 590 万人，恢复重建倒损民房 44755 户，受灾群众的基本生活得到保障。中央下达云南省自然灾害补助资金 3.28 亿元，帮助受灾地区解决冬春期间受灾群众口粮、衣被、取暖等基本生活困难，共救助生活困难群众 527.64 万人。

防灾减灾能力建设　2011 年，省级财政下拨资金 2500 万元，继续为 500 个乡镇配备救灾车辆，提高了基层救灾应急工作效率。省级财政从防震减灾十大能力建设经费中安排 3700 万元，资助滇西（大理州）救灾物资储备库、滇南（红河州）救灾物资储备库、保山救灾物资储备库以及 11 个州市的 19 个县级物资储备库的建设，提升应急救援物资保障能力。对大理、怒江、丽江、迪庆、文山、红河、曲靖 7 个州市的 641 名基层灾害信息员进行培训和技能鉴定。

防灾应急“三小”工程　2010年云南省政府第46次常务会决定，“十二五”期间，筹措资金3.275亿元，在全省实施防灾应急“三小”工程。2011年，全省投入资金9700万元，为全省1310万户家庭发放了防灾应急小册子，为157.5万户家庭发放小应急包，组织开展防灾应急小演习1434次，有效提高人民群众的防灾减灾意识和临灾条件下的自救互救能力。

最低生活保障　2011年，中央和省级共投入城市低保资金14.83亿元，全年累计支出城市低保资金18.66亿元。自7月份起，按月人均15元的标准，提高全省城市低保对象的补助水平；10月份起，再次按月人均5元的标准提高补助水平；到12月底，全省共有城市低保对象93.1万人，月人均补助水平达到182元，平均保障标准达到250元／月。中央和省级共投入农村低保资金37.01亿元，进一步扩大农村低保覆盖面，新增保障对象30万人，其中，内地县新增保障对象25万人，边境县新增保障对象5万人。至12月底，全省共有农村低保对象403.4万人。按月人均12元的标准提高补助水平，全省月人均补助水平达到82元，保障标准达到1433元／年。省级安排城乡临时救助资金2.2亿元，其中：城市临时救助资金2000万元、农村临时救助资金2亿元，累计支出城乡临时救助资金3.14亿余元，对90.3万人次城乡困难群众实施了临时救助，其中，救助低保对象35.2万人次，非低保对象55.1万人次。包括涉诉特困人员在内的城乡群众的突发性、临时性生活困难得到了有效解决。

医疗救助　2011年，中央和省级共投入城市医疗救助资金2亿元，农村医疗救助资金7.04亿元。城乡医疗救助“一站式”即时结算管理服务模式全面实行，救助程序进一步简化，救助效率得到提高。全年城市医疗救助117.91万人次，支出资金2.18亿元，其中，资助100.6万人参加城镇居民基本医疗保险，支出参保金5621.98万元；住院救助8.85万人次、支出资金1.45亿元，次均住院救助1636元；门诊救助8.46万人次、支出资金1693.29万元，次均门诊救助200元。农村医疗救助573.22万人次、支出救助资金8.28亿元。其中：资助参合511.26万人次，支出资金2.54亿万元；住院救助37.97万人次、支出救助金5.23亿万元，次均住院救助1378元；门诊救助24万人次、支出救助金5098.65万元，次均门诊救助212元。

五保供养　全年全省农村五保供养工作稳步推进。至12月底，全省有农村五保对象22.1万人，其中集中供养3.22万人，集中供养率达到15%。全省集中供养标准较上年有所提高，平均标准达到269元／人·月；分散供养平均标准达到124元／人·月。农村敬老院建设进一步推进，全年中央和省级共投入敬老院建设资金5283万元，新建、改扩建88所农村敬老院。截至12月底，全省共有农村敬老院662所，供养床位3.6万张。

特殊对象救助　2011年，中央和省级福彩公益金共投入359万元，资助新建了会泽、开远、福贡3个救助管理站和永善、绥江、水富3个未成年人保护中心。开展接送流浪孩子回家专项行动，最大限度减少了未成年人流浪现象。全省各级救助管理机构和基层民政部门共救助66117人次。

老年人福利　2011年2月，全国老龄办主任会议在昆明召开。37个省、市、自治区、直辖市、计划单列市及新疆生产建设兵团老龄办相关负责人共150余名代表参会。9月以“创新社会管理　孝行构建和谐”为主题，举办了敬老月活动新闻发布会。召开庆祝云南省第24届敬老节暨敬老助老表彰大会，表彰“云岭孝星”100名，“敬老奉献模范”20名，“老有所为模范”20名，对10个首批省级敬老助老教育基地进行命名授牌。开展了“关爱老人　边疆行”走访慰问活动，安排30万元对16个州市280个“五老”（高龄老人、贫困老人、知名老人、老英雄、老党员）家庭和16个养老服务机构进行走访慰问。举办了2011泛亚（昆明）老龄产业博览会。截至2011年底，全省已有10个州（市）65个县（市、区）成立了老龄事业发展促进会。省老龄事业发展基金会从募筹资金中安排286万元，帮助12个州（市）45个县市区102户“五老”（农村特困老党员、老乡村干部、老英模、老优抚对象、老支边教师）解决住房难等困难，扶持曲靖、昭通、西双版纳等州市80个基层老年协会添置活动设施。全省高龄补贴工作制度化，申请审批和发放程序规范化，补贴标准和补贴水平进一步提高，共有80～99周岁老年人66.07万人享受到了月人均30元的保健补助，百岁老人1160人享受到了月人均231元的长寿补

云南省流浪未成年人救助车发车仪式（省民政厅　提供）

助，共支出补贴资金2.54亿元。加强老龄信息管理系统项目，项目硬件建设和系统软件开发已组织并通过验收。申报了2011年度“百村建设”计划项目，申请省级福彩公益金200万元，资助100个基层老年协会解决活动设施建设等实际困难。全面推进为老服务信息服务平台建设，云南省老龄委办公室与中国移动云南公司在昆明签署共同推进老龄服务信息化战略合作协议。

儿童福利事业 年内，出台《云南省人民政府办公厅关于加强孤儿保障工作的实施意见》，确定全省散居孤儿和机构供养孤儿的最低养育标准分别按每人每月600元、1000元执行。制定下发《云南省民政厅 云南省财政厅关于发放孤儿基本生活费的通知》，规范孤儿基本生活补助费发放对象、申报审批发放程序、建立孤儿档案、台账以及管理使用儿童福利信息系统等工作。认真统计核实全省孤儿人数并与省财政厅协调，除中央专项补助400元外，省级财政按每人每月100元给予配套补助，中央和省级共计下拨孤儿基本生活专项补助资金2.57亿元，极大的改善和提高了孤儿的生活和养育水平。对全省艾滋病致孤儿童，在享受每人每月500元孤儿基本生活费补助标准的基础上，再发放120元的生活救助金；对感染艾滋病的儿童，除给予120元的生活救助金外，每人每月再发放30元营养补助费，共计安排专项资金361.51万元。抓好儿童福利机构建设，新建和改扩建10个“儿童福利机构建设蓝天计划”项目，全省儿童福利机构数量达到27个，确保孤儿居有定所、生活有着落。指导德宏州做好“中国儿童福利示范区”工作。开展“明天计划”、“重生行动”和“治疝项目”工作，部、省两级下拨经费748.1万元，实施手术并治愈1231名残疾儿童。

残疾人福利 2011年，全省共有社会福利企业364家，年检合格率100%，安置19492名残疾人就业。继续积极开展贫困残疾人“福康工程”和“义肢助残”康复项目。年内，获得国家康复辅具研究中心“福康工程”示范机构3家和30具假肢及价值1000多万元的康复辅具和器材；为临沧、丽江、德宏、迪庆、普洱5个州市的300名贫困残疾人免费装配假肢300具，省本级福彩公益金投入“义肢助残”项目资金200万元。实施民政部门精神卫生机构建设项目。2011年，共有6个民政精神卫生机构项目纳入中央专项资金投资计划，安排中央专项资金1.08亿元，省级配套投资计划下达补助资金2910万元，进一步健全了“三无”和经济困难精神病人救治安置网络。

慈善工作 2011年，省慈善总会共争取到国内外慈善项目资金约6900余万元，用于实施灾区恢复重建、助医助残等方面，直接救助的人数近6000人次，累积受益人数超过20万人次。全年，省慈善总会共接社会各界捐款6873.5万元，为开展慈善救助提供了资金支持。盈江“3·10”地震发生后，省慈善总会共接收到社会各界捐款3153万元和价值145万元的物资，全额下达了接收到的抗震救灾资金。举办了主题为“庆祝建党90周年·关爱社会弱势群体”的文艺演出捐赠活动。晚会现场共募集善款1965万元，用于先天性心脏病儿童、唇腭裂儿童和困难老人救助。开展“送温暖、献爱心”活动，共接收到各单位及社会各界的捐款 307万元和价值7.5万元的物资。

双拥工作 年内省双拥办代表省委、省政府走访慰问36个驻守在8个州、市的边防一线部队基层单位，向部分部队送出700万元慰问经费，演出32场。出台《云南省双拥模范城（县）创建命名管理办法实施细则》和《云南省双拥模范城（县）考评标准》。积极协调驻滇部队开展抗灾救灾工作，驻滇部队共有2911名官兵参与了抗灾救灾工作，出动车辆30台，抢运救灾物资150吨，驻滇部队捐款563万余元。筹资276万元为基层边防部队解决了文体娱乐设施、道路维护等急难问题。

优待抚恤 2011年，全省共投入优抚经费11.67亿元。其中，中央经费10.78亿元、省级经费9771.48万元。2011年6月完成了全省烈士纪念设施普查工作，共录入烈士墓穴信息16201尊，烈士个人信息22333人，纪念碑、塔、亭、馆、雕塑、广场、大门等其他烈士纪念设施信息751个。全面开展对符合享受待遇条件的农村籍退役士兵身份核查认定工作。审查确定60岁以上农村退役士兵享受国家老年生活补助的人员，提高部分优抚对象的抚恤和生活补助标准。

安置工作 截至8月底，全面完成退役士兵接收安置任务，安置城镇退役士兵4000多人，占符合城镇安置总数的100%，其中就业安置1300多人，自谋职业2600多人，自谋职业率达66%，共支付自谋职业补助金1.5亿多元。出台《云南省退役士兵职业教育和技能培训实施办法》，将教育培训经费纳入各级财政预算，把教育培训补助经费从两年每人4500元提高到6000元，全省共支出培训经费836.43万元。接收军队退休干部167人，审定退休干部（含士官）安置去向156人。向省福彩公益金评审委员会申报了10个军休干部老年活动室建设经费740万元。下拨管理机构经费2184万元，离退休干部人员经费59017万元，离退休干部调整待遇经费16070万元。召开全省军休房改业务培训会，完成第一批404人房改补贴兑现工作，测算审核上报了第二批1759人购房未达标货币补差和购买现有住房补贴工作，涉及经费1.7亿多元。审核批准19名随军无固定工资收入遗属生活补助，核拨补助经费74万多元，按程序审核批准28名退休干部享受护理费。对纳入审定范围的618名无军籍退休退职职工档案进行审核。

（邱　玮）

The Poverty-relief Program

扶贫攻坚

概述 2011年是实施新十年农村扶贫开发纲要的开局之年。在省委、省政府的正确领导下，省扶贫办围绕中央新十年农村扶贫开发纲要和国家支持云南加快桥头堡建设意见精神的贯彻落实，采取措施，不断创新工作方式，加大投入，动员社会各界参与，突出工作重点，强化督促检查，加大全省扶贫开发工作力度，各项工作取得成效。全年共投入省级以上财政扶贫资金32.58亿元，其中，省级财政扶贫资金8.1亿元，较上年增加2.1亿元，增长22%，总量、增量、增幅均创历史最高水平，预计可解决100万贫困人口的温饱问题。贫困地区农民人均纯收入达3747元，同比增加639元，实际增长14.9%，增幅高于全省平均水平1个百分点，总量、增量、增幅也创历史最好水平。

深度贫困群体重点帮扶 2011年，认真贯彻省委、省政府《关于加快边远少数民族贫困地区深度贫困群体脱贫进程的决定》，将60%以上的财政扶贫资金用于深度贫困群体。在边远、少数民族、贫困地区实施整村推进2454个，易地搬迁1.26万人，改造危房2.8万户。加大对特殊困难群体的扶持力度，投入资金2.63亿元实施独龙江乡整乡推进独龙族整族帮扶，投入资金2.07亿元重点帮扶瑶族支系山瑶群众脱贫致富，投入资金5227万元实施澜沧拉祜族贫困群众聚集区综合扶贫开发。在莽人、克木人、僰人前三年重点帮扶工作的基础上，从夯实增收产业、开展实用技术培训、完善公共服务、推进基层组织建设上巩固提升帮扶成果。

连片特困地区综合扶贫 2011年，通过积极争取，云南省乌蒙山区、石漠化地区、滇西边境山区、迪庆藏区有85个县进入国家重点扶持的集中连片特困地区，为今后10年加大扶贫开发力度、争取国家支持奠定了重要基础。以资源大整合、社会大参与、群众大发动、连片大开发为主要方式，投入1.25亿元财政扶贫资金，在25个乡镇实施了扶贫开发整乡推进试点工作。投入1.1亿元在11县（市、区）实施了连片开发试点，为连片特困区域发展与扶贫攻坚积累了经验。拟订《云南省怒江州和宁蒗县扶贫攻坚大会战实施方案》，对以宁蒗县为主的小凉山地区的2.5万深度贫困人口实施综合扶贫。

整村推进 2011年，全省共整合投入资金17.9亿元，实施1万个贫困自然村整村推进，并把项目和资金优先安排到深度贫困人口比重达30%以上的自然村，对贫困自然村最亟需的基础设施建设和带动增收效果最明显的主导产业培植给予重点支持。

重点扶贫 2011年，全省安排1.2亿元产业扶贫补助资金，重点对贫困地区经营实力强、产业链条长、带动范围广、示范效果好的龙头企业、农民专业合作组织、种养大户、示范户、示范小区进行扶持。安排财政扶贫专项贴息资金1.8亿元，带动金融机构10亿元扶贫项目贴息贷款和30亿元扶贫到户贷款，重点对贫困地区发展潜力较大的优势特色产业和带动贫困群众增收致富效果明显的龙头企业进行扶持，并积极支持贫困农户开展生产。安排贫困村村级互助合作试点资金3000万元，在31个县240个贫困村开展了试点工作。全年累计扶持龙头企业138家、农民专业合作组织260个，帮助33.6万户贫困群众发展产业，有力促进了贫困农户持续快速增收，贫困地区农民人均家庭经营性收入达2306元、同比增长20.6%，增幅高于全省平均水平2.4个百分点。

产业扶贫 年内，全省安排3.4亿元实施6.8万贫困人口扶贫易地搬迁。通过项目实施，贫困乡村基础设施明显改善，特色产业加快发展，农民收入快速增加，农民素质显著提升，社会事业明显进步，基层组织不断壮大。

贫困地区劳动力转移培训 2011年，全省投入省级以上财政资金2亿元，转移培训贫困地区农村劳动力50万人，累计实现贫困地区农村劳动力转移就业350万人，贫困地区农民人均工资性收入达到1051元、同比增长25.5%，增幅和对农民增收的贡献率分别高于全省平均水平3个和6个百分点。

行业扶贫 2011年，全省投入20亿元，在贫困地区实施农村危房茅草房改造、安居工程建设等20万户。投入以工代赈资金3亿元，积极开展了乡村道路、小型农田水利、人畜饮水等工程建设。建成“五小水利”工程36万件，推进13件中型、18件小㈠型水库建设，新增库容2.3亿立方米，新增和改善灌溉面积69.7万亩，解决175万农村人口、41万农村学校人口饮水安全问题。完成农村公路建设投资48亿元，新建和改建农村公路1.24万公里，贫困地区农村公路通畅通达水平显著改善。安排中央和省级补助资金4.8亿元，开展卫生建设项目877个。新型农村合作医疗制度实施与全省实现同标准、齐推进。投入中央和省级专项资金2.7亿元，安排4.9万个自然村广播电视村村通工程建设任务。积极推进“万村千乡市场工程”，建设改造农家店2777个、配送中心69个。

社会扶贫 2011年，沪滇对口帮扶不断深化，上海市投入对口帮扶资金3.37亿元、比上年的2.26亿元增加了1亿多元，是资金增幅较大的一年。中央国家机关27家单位、省级机关企事业单位投入资金近4亿元，开展了形式多样、内容实在、效果明显的定点帮扶。全省去年选派新农村指导员近14000人重点帮扶贫困村。大专院校、科研院所、部队、民营企业和社会团体也积极发挥各自人力、资金、信息等方面的优势，参与多形式、多层次的帮扶活动。同时，积极开展减贫领域的国际合作与交流，全年累计引进外资3000万元。

扶贫研究 年内，省扶贫办组织开展新阶段扶贫思路、扶贫战略和政策体系、连片特困地区综合扶贫等10余个综合、专项课题的研究。开展各类重大调研活动30多次，形成《云南省农村扶贫开发纲要（2011~2020年）》送审稿，拟订了国务院扶贫开发领导小组办公室与云南省人民政府《关于加快扶贫开发进程推进云南桥头堡建设的合作协议》。草拟《云南省农村扶贫开发条例》。

（王思泽）

Human Resources and Social Security

人力资源和社会保障

概述 2011年，云南省各级人力资源社会保障部门认真贯彻落实省委、省政府的决策部署，围绕中心、服务大局，抓住“民生为本，人才优先”工作主线，实施充分就业战略和人才强省战略，制定并实施了人力资源社会保障事业发展“十二五”规划，各项工作取得显著成绩，实现了“十二五”人力资源社会保障工作的良好开局。就业工作取得显著成绩。城镇新增就业达27.6万人，城镇登记失业率4.05%，为近几年来最低水平。“贷免扶补”等政策扶持创业再创历史最好水平，发放创业贷款59.4亿元，扶持8.9万人创业，带动近30万人就业。覆盖城乡的基本养老保险制度基本建立。顺利启动城镇居民社会养老保险试点工作，新农保和城镇居民养老保险试点县达到99个。全省参加社会保险人数达3208万人次，增长38%。调整提高企业职工养老保险、医疗、工伤、生育保险待遇水平。劳动关系工作取得新突破。率先在全国以省政府规章出台《农民工工资支付保障规定》，省、州（市）、县（市、区）全部建立劳动关系三方协调机制，启动实施职工工资集体协商制度，上调云南省最低工资标准，劳动合同制度覆盖面进一步扩大。工资收入分配和人事人才工作取得新进展。制定出台“十二五”期间城镇居民增收的20条政策措施，提高中低收入群体的收入水平，规范机关事业单位收入分配，逐步缩小地区间收入差距。人才队伍建设不断加强，公务员队伍建设稳步推进，事业单位人事制度改革不断深化。在全国率先完成中央下达云南省的军转安置任务。另外，争取中央有关部委的支持也取得新成绩，人力资源社会保障部与省政府签署共同推进桥头堡建设的备忘录，提出30条支持云南人力资源社会保障工作的政策措施。

就业工作 2011年，全省城镇新增就业人员27.6万人，完成目标任务的115%，城镇登记失业率4.05%，控制在4.6%的目标内。全省共发放小额贷款59.4亿元，共扶持8.9万人实现自主创业，带动近30万人实现就业。其中，城镇新增就业人数、小额担保贷款发放和扶持自主创业人数均创历史新高，城镇登记失业率为近年来最低。创业带动就业政策措施进一步强化。支持和促进就业有关税收政策得到贯彻落实。将高校毕业生和妇女享受“贷免扶补”创业小额贷款和小额担保贷款的额度从5万元提高到10万元。在全省范围启动大学生创业园区建设。全年共扶持2561名大学生实现创业。重点人群就业工作不断推进。完善服务措施，鼓励高校毕业生到基层就业。把就业困难应届高校毕业生纳入就业援助范围。全省共开发高校毕业生就业见习岗位2万个，有1.2万名高校毕业生到岗见习，完成目标任务的120%。全

9月6日，云南省2011年高校毕业生就业服务月活动启动仪式（省人力资源和社会保障厅 提供）

省共开发公益性岗位3.63万个，完成年度目标任务的100.8%。下岗失业人员再就业9.35万人，完成目标任务的116.9%，其中，就业困难人员就业7.07万人，完成目标任务的117.8%；援助2312户零就业家庭成员实现至少1人就业，保持动态清零。全省共培训农村劳动力126.24万人，新增转移农村劳动力就业116万人。公共就业服务力度不断加大。广泛开展各类招聘专项行动。与泛珠三角人力资源合作与交流不断深化，与广东等省签署了就业服务、职业培训、技工教育等多项合作协议，并连接开通了广东、福建两省人力资源市场信息网络。全省初步形成了上下连接、内外连通的多层次、广范围的就业公共服务体系。

2011年3月14日，省法制办举行《云南省农民工工资支付保障规定（草案）》听证会（省人力资源和社会保障厅 提供）

劳动保障 2011年，认真开展各项专项检查行动和劳动保障执法年审，主动监察用人单位50236户，接受举报投诉9653人次，立案9307件，参与处理突发事件383起，追发劳动者工资待遇6.08亿元，督促补签劳动合同26.59万份，督促社会保险缴费6558万元，纠正单位违法规章7589件，清退童工76名。

劳动关系 2011年，全面落实劳动合同制度，实现国有企业劳动合同签订率100%，小企业劳动合同签订率增至69%，城镇稳定就业1年以上的农民工劳动合同签订率增至85%。建立工资集体协商制度企业达到18817户，较2010年翻了2番多。全省所有州市县都建立了协调劳动关系三方机制。会同省总工会、省企业联合会／企业家协会、省工商联完成了全国劳动关系和谐企业、和谐工业园区评选推荐工作，在2011年全国构建和谐劳动关系先进表彰暨经验交流会上，全省共有7家企业受到国家表彰。

劳动合同 2011年，扎实开展农民工劳动合同签订“春暖行动”。根据人力资源和社会保障部《关于开展2011年农民工劳动合同签订春暖行动的通知》要求，3-6月在全省范围内，以建筑业、住宿和餐饮业、制造业、采矿业、居民服务业为重点，全面开展了农民工劳动合同签订“春暖行动”，进一步提高了农民工劳动合同签订率，全省城镇稳定就业1年以上的农民工劳动合同签订率由2010年的83%增至85%。深入开展“推进小企业劳动合同制度实施专项行动”。根据全国协调劳动关系三方的统一部署，继续在全省开展了全面推进小企业劳动合同制度实施专项行动计划，小企业劳动合同签订率由2010年的63%增至69%；重点开展推进集体合同制度实施“彩虹计划”。云南省协调劳动关系三方着力推进集体合同制度，集体合同签订份数已达6250份，覆盖职工121万人。全面开展劳动用工备案工作。2011年，共为3.8万户用人单位与87.3万名劳动者签订的劳动合同办理了备案手续。全省签订劳动合同职工人数达331万人，城镇规模以上企业劳动合同签订率达99%。

劳动争议处理 年内，加大劳动人事争议调解仲裁工作力度，加快推进各州市劳动、人事争议仲裁委员会整合及劳动人事争议仲裁院建设。努力化解各种劳动人事矛盾纠纷。全省各级劳动人事争议仲裁委员会共计立案受理案件5191件，审结案件5176件，结案率95.8%。

农民工权益保障 2011年，全省农民工权益保障工作，主要围绕加强农民工工资支付保障、参加社会保险、职业安全卫生等权益维护进行：（1）利用农民工工作联席会议机制，制订了农民工维权工作要点，强化有关成员单位工作责任，依据各自的工作职责，共同做好农民工合法权益的维护工作。（2）省政府制定颁布《云南省农民工工资支付保障规定》，下发《云南省农民工工资准备金管理办法》、《云南省农民工工资保证金管理办法》《云南省农民工工资支付不良信用单位管理办法》，以“三金五制”为主要内容的农民工工资支付保障体系得到健全。（3）组织开展国务院新修订的《工伤保险条例》《云南省农民工工资支付保障规定》宣传活动。（4）是开展了农民工工资支付情况专项检查，共检查用人单位13341户，涉及务工人员81.13万人。及时处理和解决涉及农民工工资拖欠的案件，办结农民工工资拖欠案件4863件，共为农民工追回拖欠工资3.46亿万元。

工资收入分配 2011年，对云南省“十二五”期间城镇居民增收问题进行了专题研究，提出了促进城镇居民增收的20条政策措施。公务员工资制度得到进一步完善。事业单位实施绩效工资工作全面推进。调整了云南省2011年企业最低工资标准，平均增幅达到14.3%。发布了全省2011年企业工资指导线方案。顺利完成对3万多家事业单位和1023户企业的薪酬调查工作。进一步完善了企业军转干部解困补助政策，调整了企业军转干部的解困补助标准。

企业最低工资标准 2011年，对全省企业最低工资标准进行了调整。全省一类地区最低工资标准为950元，二类地区为845元，三类地区为720元。

社会保障 2011年，全省城镇基本养老保险参保人数达342.82万人，完成目标任务的107.1%；城镇职工基本医疗保险参保人数达441万人，完成目标任务的100%；城镇居民医保参保人数达422万人，完成目标任务的100%；工伤保险参保人数达243.4万人，完成目标任务的105.8%；生育保险参保人数达216.49万人，完成目标任务的100.2%；失业保险参保人数达216.57万人，完成目标任务的103%。“新农保”试点从37个县市区扩大到99个县市区，城镇居民社会养老保险同步纳入试点，全省1325.73万人参保（新农保1295.8万人，城镇居民养老保险29.93万人），参保率分别达到82.7%和61.3%。社保基金总收入386亿元，比上年增长22.9%，总支出287亿元，比上年增长19.9%。全省企业退休人员基本养老保险待遇得到提高，月人均基本养老金水平达到1431元。城镇职工和城镇居民政策范围内住院费统筹基金最高支付限额平均报销比例，分别达到80.04%和70%；城镇职工医保平均最高支付限额，整体达到当地职工平均工资的6倍以上。全省16个州市建立了城镇职工基本医疗保险“特殊慢性病”“特殊疾病”门诊费报销制度。工伤、生育保险待遇也得到了提高。城镇基本医疗保险全面实现州市级统筹，15个州市开展了城镇居民门诊统筹。推进以复合结算方式为重点的医疗付费方式改革工作。城镇基本医疗保险实现全省16个州市异地持卡就医购药即时结算。全省所有州市均启动医疗保险关系转移接续工作。超过10万名有城镇户籍，有就业经历，已达到或超过法定退休年龄，过去无法参加养老保险人员的养老保障问题得到解决。

社保基金监督管理 2011年，全省完成了人力资源和社会保障部统一部署的失业保险基金专项检查工作任务。14个州（市）本级和115个县（区）100%完成了自查任务，对191户参保单位失业保险缴费申报情况进行了抽查，对409名失业人员进行了调查走访；州（市）对70个县（区）失业保险经办机构进行了检查，检查面达60.86%；云南省人力资源和社会保障厅对昭通、曲靖、德宏、昆明等4个州（市）本级和所辖8个县（区）进行了检查，并对4个失业保险参保单位失业保险缴费情况进行了抽查。完成了部分州市基本医疗保险基金专项检查工作任务，楚雄、西双版纳、昆明、玉溪、保山5个州市分别对44家医保定点医院、50家医保定点药店、17个医保经办机构进行了专项检查。实现基金监管软件省、州（市）两级联网，在全国率先完成了社会保障监督委员会的建立工作。

企业退休人员基本养老金 2011年，根据人力资源和社会保障部、财政部《关于2011年调整企业退休人员基本养老金的通知》的要求，云南人力资源和社会保障厅与云南省财政厅联合下发《关于2011年调整企业退休人员基本养老金的通知》，从2011年1月1日起调整全省企业退休人员基本养老金。全省参加2011年调整基本养老金的退休（退职）人员具体范围包括：2010年12月31日前已按规定办理退休（退职）手续的企业退休（退职）人员、参加云南省企业职工基本养老保险社会统筹的事业单位退休（退职）人员（不含退休待遇已按劳社部文件规定，纳入国家统一的事业单位退休费调整范围的转制单位转制前退休的人员）和个体工商户、自谋职业等退休（退职）人员。经过2011年基本养老金调整，云南省企业离退休人员的月人均基本养老金水平将由1281元增加到约1431元，月人均增加150元。

被征地农民基本养老保险 2011年，全省16个州市均出台了被征地农民基本养老保障办法。参加基本养老保障的被征地农民累计达到22.2万人，被征地农民养老保障资金累计26.08亿元，已有10.24万被征地农民开始享受养老保障待遇。

医疗保险 2011年，全省城镇基本医疗保险参保人数达863万人。其中：城镇职工441万人，城镇居民422万人。下发了《云南省人力资源和社会保障厅云南省财政厅关于全省统一提高城镇居民基本医疗保险待遇的通知》和《云南省人力资源和社会保障厅关于统一降低城镇职工基本医疗保险和城镇居民基本医疗保险乙类药品先自付比例的通知》，为全省全面提高城镇居民医保待遇水平提供了强有力的政策支持。全省城镇职工和城镇居民政策范围内住院费平均报销比例分别达到70%，全省城镇职工医保平均最高支付限额整体达到当地职工平均工资的6倍以上。医疗保险全面实现计算机信息化管理，并实现全省联网即时结算。深化医疗保险付费方式改革，按照人力资源和社会保障部《关于进一步推进付费方式改革的意见》精神，成立医疗保险付费方式改革工作领导小组，制定云南省医疗保险支付方式改革方案，同时公布64个临床路径明确的病种费用结算参考标准，指导各地开展或进一步完善病种结算办法，全省有12个州市分别采取了总额预付、病种付费、按人头付费的复合结算方式。认真组织医疗保险定点医疗机构和零售药店资格审批和年检工作，审核发放11家医疗机构和116家药店基本医疗保险定点服务机构资格，对315家定点零售药店和102家定点医疗机构进行了年检换证，联合省卫生厅、省发改委、省药品监督管理局对20家医疗机构和10家药店进行现场检查。

失业保险 2011年，全省失业保险参保人数为216.57万人，完成全年目标任务的103%。征缴失业保险费11.24亿，支出失业保险基金2.1亿，共向7.48万名失业人员提供救助。2011年，全省通过小额担保贷款政策扶持3万人创业，新增发放贷款17亿元；通过劳动密集型小企业贷款政策扶持小企业400户，新增发放贷款5亿元，共带动（吸纳）就业12.98万人。

工伤保险 2011年，全省工伤保险参保企事业单位4.74万户，参保人数达到243.4万人，完成目标任务的105.8%，提前完成了2011年的扩面任务。连续6年调整提高了工伤职工伤残津贴、生活护理费及工亡职工供养亲属抚恤金标准。全省1～4级伤残津贴从5年前人均750元，调整到1920元，增长156%；护理费从人均427元，调整到746元，增长75%；工亡遗属抚恤金从人均370元，调整到820元，增长122%。工伤职工辅助器具配置标准、配置项目和类型从26项增加到39项。2011年，全省又有7.18万名老工伤人员新纳入统筹管理，纳入统筹的老工伤人员累计达9.4万人。

生育保险 2011年，全省生育保险参保人数达到216.49万人，完成目标任务的100.2%。制定出台《云南省职工生育保险办法》，《办法》与原实施的《云南省企业职工生育保险办法》相比，有3个特点：(1)生育保险覆盖范围上实现三个延伸，即从各类企业延伸到机关、事业单位和有雇工的个体工商户；从用人单位在职职工延伸到退休人员；从参保女职工延伸到参保用人单位男职工未就业配偶。(2)待遇水平有新提高，即提高各类生育或计划生育医疗费用支付参考标准以及因生育死亡一次性补偿金额；增加生育营养补助等待遇项目；调整待遇发放标准；明确因生育引起的并发症的病种范围和支付标准。(3)管理水平有新要求。《办法》明确职工生育保险基金实行州（市）级统筹，建立省级调剂金制度，逐步实行省级统筹；明确生育或者计划生育医疗费要实行经办机构与医疗机构协议直接结算；明确了享受生育保险待遇的等待期为6个月。

新型农村养老保险和城镇居民养老保险 2011年，全省新型农村养老保险试点从37个县市区扩大到99个县市区，城镇居民养老保险同步纳入试点，全省参保人数为1325.73万人（新农保1295.8万人，城镇居民养老保险29.93万人）。参保率分别达到82.7%和61.3%。

人才队伍建设 2011年，云南省国有企事业单位和非公经济专业技术人才达到93.8万人，其中高级职称人员有8万人，占队伍总数的8.4%。全省共有两院院士10人，国家有突出贡献专家47人，全国“新世纪百千万人才工程”国家级人选38人，享受国务院特殊津贴1480人，省有突出贡献的专业技术人才1435人，享受省政府特殊津贴专家1378人，已初步形成一支规模宏大、结构合理、门类齐全的专业技术人才队伍。2011年，73个高级专业技术人才评审委员会的评审工作顺利完成，近1.2万人获得高级专业技术职称资格。新选拔100名高级专业技术人员享受省政府特殊津贴，奖励标准从每人8000元提高到1万元。进一步完善职称工作，放宽非公经济组织专业技术人员申报职称资格基本条件。进一步放宽对县级基层单位、艰苦行业和边疆民族地区专业技术人员申报职称资格时职称外语和计算机应用能力条件的要求。开展了对各类人才的表彰奖励。200名基层科技人员获第五届全省科技兴乡贡献奖，与有关部门一起对100名拔尖农村乡土人才进行了表彰。

高层次人才引进 2011年，配合国家深入开展“万名专家服务基层活动”及“海外赤子为国服务计划”专项活动。积极向国家申报留学回国人员科技活动择优资助项目，鼓励支持留学回国人员在云南创新创业。完成了2011年云南省引进22名高层次人才享受政府购房补贴和工作经费资助评审工作。精心组织实施引智项目计划，执行国家和省级引智项目计划36项，引进经济技术类外国专家70余人。

职业能力培训 2011年，制定高技能人才发展中长期规划，实施高技能人才振兴计划，组织实施“2011～2013年全省技能竞赛年活动”。大力开展职业培训，全省共培训67.22万人，组织66.94万人参加职业技能鉴定，59.58万人取得职业资格证书，合格率为89%。技工院校进一步发展，在校生人数首次突破10万人。

公务员管理 2011年，全省全面完成各级机关考试录用公务员、基层政法机关定向招录公务员工作。首次探索从具有2年以上务农或从业经历的优秀工人、农民中考录公务员。省级机关招录有基层工作经历人员的比例提高到了86%。继续推进面向基层公开选调公务员工作。公务员考试测评基地建设稳步推进。圆满完成全省公安机关执法勤务机构人民警察警员职务套改任务，组织开展国税系统行政执法类公务员管理试点。进一步完善了公务员考核制度。规范各类评比达标表彰项目。丰富公务员培训内容，加强公务员思想教育和素质教育。继续推动教育、医疗、卫生等公共企事业单位办事公开、提高服务质量工作，公务员管理机制不断创新。

服务保障能力建设 2011年12月，人力资源社会保障部与云南省政府签署了共同推进桥头堡建设的合作备忘录。人力资源社会保障部将从7个方面30项内容对云南省人力资源社会保障工作提供帮助和支持。制定并

"民工局长"陈家顺（右一），为农民工解决子女就学难题（省人力资源和社会保障厅　提供）

发布了云南省人力资源社会保障事业发展"十二五"规划。报请省政府出台了进一步加强基层就业和社会保障公共服务体系建设的意见，基层就业和社会保障服务设施建设被纳入"十二五"期间省年度基本建设盘子，每年安排1亿元资金，明确了项目建设内容、标准、经费等，为人力资源社会保障公共服务的均等化打下了坚实的基础。全面完成金保工程一期建设任务，全省经办机构联网率达99%，乡镇社区联网率80%以上，发放社会保障卡780万张。积极参与国家和省各项专项规划编制、综合性政策制定等工作，将人力资源社会保障重要目标任务、重要指标、重大政策措施和重大工程项目纳入国家和省规划。

（周海波）

Construction on Stability

平安云南建设

概述　2011年，全省公安工作全面推进"三项重点工作"、"三项建设"和公安队伍建设，工作主动性、创造性明显增强，队伍凝聚力、战斗力明显提升，整体工作不断取得新突破，为维护全省社会大局持续稳定、服务"十二五"良好开局、保障人民群众安居乐业作出了贡献。

年内，出台《云南省流动人口服务和管理暂行办法》，实行居住证"一证通"制度。省、州（市）、县（区）全部设立党委政府牵头的流动人口服务管理工作协调领导机构及具体工作机构，并按流动人口500：1的比例配备户籍协管员7151人，服务和管理流动人口380余万人。

全省公安机关突出"六位一体"防控措施，严厉打击各类刑事犯罪。全年破获各类刑事案件10.62万起，同比上升10.3%。共抓获上网在逃人员1.39万余人，其中命案上网在逃人员1320人；开展"打四黑除四害"专项行动，捣毁126个黑作坊、44个黑工厂、17个黑市场和311个黑窝点；破拐卖妇女儿童案件594起，抓获人贩子394人，解救被拐妇女儿童241人。严厉打击侵害国家、集体、企业和公民利益的经济犯罪活动，全年共破获经济犯罪案件3226起，抓获犯罪嫌疑人2373人，挽回经济损失7.5亿元，维护了全省社会治安持续稳定。

按照"除源截流是关键，净化市场是根本，科技禁毒是保障，发动群众是基础"的要求，全面推进第三轮禁毒人民战争。推动强制戒毒管理体制改革，推广开远"雨露社区"和昆明和谐家园模式，创新发展"生理脱毒、身心康复、自食其力、融入社会"四位一体的戒毒康复模式，逐步形成重点突出、布局合理、辐射周边的康复戒毒工作格局。全省建成"无毒县"28个、"创建无毒乡镇先进县"86个、"无毒社区"754个。坚持以《禁毒

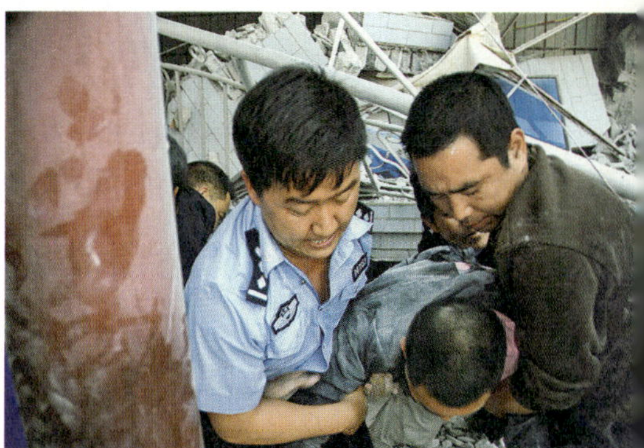

2011年3月10日，盈江地震中，公安干警施救掩埋群众

（省公安厅　提供）

民情走访（省公安厅 提供）

法》《戒毒条例》为主线，强化禁毒宣传，增强毒品预防教育的实效性，先后在全省组织了春运“流动课堂”、学校“三项活动”、交通沿线识毒拒毒反毒大型主题宣传活动，近3000万人次受到教育。

强化先进典型示范引领作用，组织开展了云南省第二届“百姓最喜爱的十大人民警察评选活动”，靳保忠、邵卫民、董永山、周铁花、马兴旺、柳海涛、杨文学、庄群勇、赵立彬、王兴锋10人当选；组织媒体对连续48年无事故的迪庆州看守所进行集中报道；举办了中华人民共和国建立以来全省公安英烈和一、二级英模中的共产党员英雄事迹巡回展。组织开展新一轮全警大轮训工作，共举办各类培训班703期，培训民警5.7万余人次。各警种预防和打击犯罪、服务民生的能力明显提升。

在执法执勤部门和派出所配备4660名专兼职法制员，切实发挥法制员审核关口作用；在省公安厅“云南公安教育训练网络平台”组织开展全省公安机关“每日一题”学法用法活动，全省公安民警通过平台参加执法教育培训30余万人次。继续开展信访积案化解专项活动，化解率为96.4%，信访总量持续平稳。

抓紧边境安全整治，加强国际警务合作，共同预防和打击国际恐怖活动及跨国刑事犯罪。针对缅北动荡局势，加大边境管控工作力度，妥善处置各类突发事件，针对“枪、毒、拐、赌”犯罪，开展边境治安整治，战果明显。积极参与并妥善处理“10·5”湄公河中国船员被枪杀等重大敏感事件，推动实现中老缅泰湄公河流域联合武装执法，维护了边境地区的安全稳定。

开展“大走访”开门评警活动，把以人为本、执法为民、保障服务民生等要求落实在具体执法和管理服务活动中，群众对公安机关总体满意度稳步上升。通过“110警情短信回访”“网上警务室”“公安微博”等平台和“警营开放日”“警民相约警务室”“民警进千村万户”等方式，走访群众118万人次，单位、企业、厂矿1.5万余家，村（居）委会1.6万余个，村寨（社区）3.5万余个。涌现出一批群众工作典型经验和工作亮点。其中有受到胡锦涛总书记等中央领导和公安部领导充分肯定的孟连县公安局群众工作法、迪庆州香格里拉县公安局尼旺宗派出所“亲情式服务工作法”、文山消防支队“融入式公共服务型社会消防工作法”、鲁甸县公安局文屏派出所“马兴旺工作法”等。

全省公安交管工作取得历史性突破，20年来首次实现全年未发生一次死亡10人以上重特大交通事故。在全省16个州市推广IC卡学时里程管理；以“酒后驾驶”“三超一疲劳”等专项整治为契机，加大对严重交通违法行为的查处打击力度，全省未发生因“三超一疲劳”违法行为引起的一次死亡3人以上的交通事故；全面落实派出所参与交通管理措施，286个农村公安派出所建立内设交警中队；推进交通事故损害赔偿人民调解和快处快赔工作，公平、高效地化解社会矛盾；实现音视频与信息的互联互通，建成全省互联网服务平台投入使用。

推出云南省公安机关第一份自主采编、全国公开发行的公安杂志《云南警方》，开通了“云南警方微博”和“云南警方手机报”及公安官方微博145个，初步形成集警务公开、警民互动、便民服务、化解矛盾、展示形象等多种功能为一体的全省警务微博群；省厅互联网官方网站“云南公安网”跻身全省政法系统一流门户网站行列；“云南警方”微博运行维护工作走在西部地区前列，并受邀参加公安部经验交流。创新道路交通管理工作，依托信息化对一般交通违章实行“首违不罚”、对违章停车实行“温馨提示”、对违章处罚实行网上办理。

打击刑事犯罪 2011年，全省公安机关共立各类刑事案件28.68万起，同比上升4.8%；破案10.62万起（含破年内现案、年前积案和协破外省市区案件），破案数首次突破10万起，同比上升11.2%，立破案数均创历史新高。全省共打掉黑恶势力犯罪团伙68个（其中涉黑团伙13个，同比上升18%，涉恶团伙55个），破刑事案件945起，同比上升3%；抓获黑恶犯罪嫌疑人884人。在侦办泸西“2010·11·18”涉黑案件中，共逮捕犯罪嫌疑人78名，查获各类枪支12支、子弹523发、自制炸弹11枚，扣押车辆28辆，冻结资金375万余元。

命案侦破 2011年，全省共立命案1347起，破1276起，现行命案破案率94.73%，永胜“1·13”故意杀人案、水富“2 · 14”故意杀人案、会泽“3 · 29”特大杀人案、瑞丽“8 · 27”特大入室抢劫珠宝店案、景洪“10 · 5”特大抢劫杀人案等一批有广泛社会影响的案件，均及时成功告破；攻坚克难能力进一步增强。全省有玉溪市和78个县（市、区）实现命案全破，澄江、姚安、绿春、南涧4个县未发命案。

多发性侵财犯罪侦破 2011年，全省共破侵财案件8.63万起，同比上升12.2%。其中，破盗窃案件7.51万起，上升14.7%。全省共立电信诈骗案件5392起，破案215起，立案上升73.43%，破案上升4.8倍。同时，加大防骗工作力度，发送防范短信4000万余条，印发宣传册10万册，成功拦截电信诈骗案件30余起，堵截被骗资金200万余元。打击边境走私贩卖枪支弹药专项行动。共查破涉枪案件621起，同比上升20.4%。

打击拐卖妇女儿童犯罪 2011年全省共立拐卖案件672起，同比上升14.1%；破594起，摧毁犯罪团伙22个，抓获犯罪嫌疑人394名，抓获公安部A级通缉在逃人员1名，解救被拐妇女儿童241人。成功破获公安部挂牌督办的“2 · 21”特大拐卖案件，抓获犯罪嫌疑人78名，解救婴儿10名，查明贩卖婴儿案件216起，打掉长期盘踞云南省拐卖团伙14个，公安部五局发来贺电，对此给予通报表扬。

打击经济犯罪 2011年，全省公安机关共受理各类经济犯罪案件4063起，立案3689起，同比分别上升12.64%、4.68%；破案3656起，同比上升10.79%。涉案总价值28.35亿元，挽回经济损失7.14亿元。

2011年，全省公安机关依法立办涉烟案件385起，破277起，抓获违法犯罪嫌疑人516人，刑事拘留518人，已批准逮捕169人，协助办理和移送烟草专卖部门行政处罚2139件。查获假冒卷烟2027.13件，查获制假烟机12台（套），查获走私烟1979.84件，查获非法烟叶、烟丝1143.82吨，涉案总价值10973.61万元。

全省各级公安机关共立知识产权类犯罪案件494起，破案426起，捣毁制贩假冒伪劣窝点296个，打掉犯罪团伙137个，缴获假冒伪劣侵权商品27万余件，涉案金额2.32亿万元，抓获犯罪嫌疑人750名。成功破获“8 · 12”销售假冒品牌运动鞋网络案件；“9 · 27”销售假冒注册商标的商品网络案件；“9 · 16”分销假冒卷烟网络案件；“7 · 27”分销假冒卷烟网络案件和“10 · 06”非法运输、分销假冒卷烟网络案件。

2011年，全省公安机关共立银行卡犯罪案件274起，破案287起，抓获犯罪嫌疑人130名，收缴涉案卡589张，涉案金额5478.59万元，挽回损失861.6万元。

2011年，全省公安机关共立假币犯罪案件47起，破获41起，其中破获10万元以上案件6起，抓获犯罪嫌疑人57名，缴获假人民币326.7万余元，假美元60.76万余元。全省金融机构临柜收缴假人民币758.2万元，警银收缴比例为61.93%，比上年同期增加5.24%。

“清网”行动 2011年，全省抓获网上逃犯365人，提前实现网上逃犯总量下降84.69%的奋斗目标。节假日期间，不少民警放弃休息，放弃与家人团聚，奋战在追逃第一线，忘我工作，仅国庆期间就抓获网上逃犯19人。10月1日凌晨，丽江市公安局经侦支队二大队大队长王斌，因积劳成疾，牺牲在追逃岗位上，年仅40岁。

禁毒工作 2011年，全省查破毒案1.58万起（刑事案件10847起），抓获违法犯罪人员1.77万人（犯罪

缉毒检查

嫌疑人11608人），缴获毒品13.54吨，比上年同期分别上升22.5%、13.3%、45.7%。缴获毒品总量超过历史最高的2005年（10.68吨）；缴获的冰毒、海洛因分别占全国总量的60.3%、70.4%。其中，专案侦查破获毒案2440起、缴获毒品6.13吨，同比分别上升65.6%、47.4%；公开查缉查破毒案7373起、缴获毒品6.47吨，同比分别上升20.8%、40.7%；查破零星贩毒案件3588起，同比上升2.3倍，占全部案件的比例增加20个百分点。

开展“拔钉子”专项行动。抓获“钉子”50名，摧毁了一批盘踞边境的贩毒集团；开展“清网”行动，抓获涉毒在逃犯罪嫌疑人251名；开展“831”全国打击特大网络吸贩毒活动统一行动，查获涉毒违法犯罪人员752人，缴获毒品81.8千克；开展“夜鹰行动”，重点打击夜间吸贩毒活动。积极推进缉毒侦查协作，协助内地23个省市区950人次来滇侦办案件230起；向缅甸和内地11个省市区移交毒案332起、毒品491.1千克、犯罪嫌疑人557名及大批犯罪线索。

全年，全省公安禁毒部门查破毒案5236起，占全省总数的48.9%；缴获毒品8737.3千克，占64.5%；公安边防部门破案2061起，占19.3%；缴获毒品3362.1千克，占24.9%；其他警种破案3399起，占31.8%，缴获毒品1428.7千克，占10.6%。全省共办理易制毒化学品购买、运输许可证（备案证明）47132份；查破制毒物品违法犯罪案件220起（其中刑事案件151起），抓获违法犯罪嫌疑人172名，缴获制毒物品527.7吨。其中制毒物品缴获量超过前3年总量（408.1吨），创历史最高纪录。统一回收、销毁和集中保管缴获的制毒物品330.3吨。

全省公安禁毒部门与缅、老、越北部边境地区禁毒部门会谈会晤63次，联合扫毒34次、办案9次，抓获涉毒人员102名，缴获毒品458千克、易制毒化学品10.7吨；铲除罂粟530亩。规范境外罂粟替代发展，对内加强对替代企业人员的培训和管理，出台替代企业的退出管理办法；对外加强与老挝和缅甸的协调交流，争取两国中央和地方政府支持替代种植。加强国际禁毒警务合作，在边境地州建立禁毒警务联络官办公室。

禁吸戒毒 2011年，全省完成强制隔离戒毒职能移交。安全有序地将全省30个公安强制隔离戒毒所的2.03万名戒毒人员移交给司法行政部门，并整体移交2个强制戒毒所，与司法行政部门建立强制隔离戒毒工作无缝衔接的长效机制；出台《强制隔离戒毒人员诊断评估暂行办法》；建立强制隔离戒毒工作信息数据共享交换平台，实现信息共享、互联互通、无缝衔接。大力推进戒毒康复场所建设。以开远“雨露社区”和昆明“和谐家园”为重点，创新发展“生理脱毒、身心康复、自食其力、融入社会”四位一体的戒毒康复模式，得到国家禁毒委、公安部领导的肯定和推广。全省已投入使用的戒毒康复场所5个（开远、昆明、保山、楚雄、个旧），总容量3000余人，现在有戒毒康复人员1700余人，累计入住1万余人次。全面落实管控措施。集中开展吸毒人员大排查、大收治，提高了对吸毒人员的发现能力、对吸毒成瘾人员的收治和戒毒康复能力、对吸毒人员的动态管控能力，较好地实现了“底数清、现状明、信息准、管控严”的要求。截至11月30日，全省新发现吸毒人员10536人，同比增加27.5%；吸毒人员管控率达80.5%，同比上升14.9个百分点，高于全国平均数（48.9%）；收治吸毒人员3.57万人，（其中正在执行强制隔离戒毒24140人，社区戒毒6007人，社区康复5595人）；查获吸食合成毒品人员1812人，同比增加1.06倍。此外，会同省文化、工商等部门制定了加强娱乐服务场所禁毒管理工作的意见。禁种铲毒成效明显。全省实现“零产量”、“零种植”的州市由去年的6个增加为9个，工业大麻监管进一步加强。

公安出入境管理 2011年，全省共批准公民因私出国（境）人员41.99万人次，共管理常驻外国人5564人。办理外国人签证证件2.36万件，管理边境出入境人员15.32万人次，办理出访团组45个128人次（出访22个国家、地区）。共清理查处“三非”（非法入境、非法居留、非法就业），外国人8228名，共查处涉外行政案件576起829人。

治安管理 2011年，全省公安机关共建成调解室9227个，共排查化解社会矛盾纠纷11.86万起，调处治安案件4.73万起，调处轻微刑事案件258起。全省共发生群体性事件862起，同比下降28.5%；参与人数4.91万人，同比下降23.1%；没有发生1000人以上的群体性事件。

全年，全省旅馆业信息系统由2010年统计的1.863家，增长到了2.32万家，新版旅店业系统安装率和运用率均达到100%。通过系统信息化应用，直接抓逃937人（累计抓逃4456人），查获吸毒人员7979名，破获治安案件2832起和刑事案件173起，抓获各类犯罪嫌疑人2369人。

年底，全省已安装娱乐服务场所治安管理信息系统2552家，采集从业人员信息6.89万人，制作从业人员IC卡6.81万张，上传数据381.55万条。

全省生产性废旧金属治安管理信息系统建设步伐加快。截至年底，全省安装生产性废旧金属收购治安管理信息系统的注册用户已达1700余家，传输信息2万多条。

印章信息系统进行了升级改造，全省印章信息库可提供印章查询信息28.98万条。

共捣毁非法制贩烟花爆竹窝点2个，收缴原材料200余千克、半成品9万余件，查处非法运输烟花爆竹案件7起，收缴烟花爆竹9900余件，有效预防和遏制涉及烟花爆竹的爆炸案件及事故的发生。确保了全省春节等大型节庆活动举办的

45场大型焰火燃放活动安全。民爆服务管理工作进一步规范，全省已有300余家涉爆从业单位基本符合“两个标准”的检查验收。

全年，全省共发现并受理各类治安案件19.26万起，查处17.1万起，与上年同期相比，分别上升24.5%和18.6%；共查处各类违法人员15.24万人，同比下降1.1%。西双版纳州公安机关成功解救被境外赌场扣押的中国公民206人，迫使老挝磨丁赌场13个赌厅和缅四特区小勐拉赌场7个赌厅关闭；临沧市公安机关捣毁境外赌场在中国境内开设的网络赌博窝点4个和挤压缅甸果敢地区赌厅4个被迫关闭，并查获偷越国境嫌疑人183名。全省共查处涉及“四黑四害”治安案件3044起，立刑事案件2512起，破刑事案件1319起，捣毁黑作坊62个、黑工厂31个、黑市场15个、黑窝点257个，抓获各类违法犯罪嫌疑人7839人，其中刑拘1607人。同时，立“地沟油”刑事案件6起，破获4起，抓获违法犯罪嫌疑人13人，查扣涉案油品65.8吨，查实的涉案油品数量49.6吨，涉案总金额53.2万元。全省共查处涉爆案件117起、涉枪案件519起，捣毁非法制贩爆炸物品窝点11个、制贩（改制）枪支窝点32个，抓获相关犯罪嫌疑人750人，收缴各类枪支4232支、半成品枪支138支、制枪工具209件（套）、仿真枪11798支、子弹12.3万余发、炮弹186枚、手榴弹454枚，地雷36枚，炸药9.65万余公斤、雷管28.78万余发、索类8.3万余米、黑火药587千克等，并组织进行了销毁。全省共破获“三电”刑事案件859起，打掉涉电犯罪团伙19个；破获涉校刑事案件342起，查处涉校治安案件284起，整治校园周边交通、治安乱点290处；配合相关职能部门收缴非法出版物34.52万件，处罚违规店档摊点776个，取缔关闭非法网站19家；依法取缔非法矿点93个，清理废弃矿洞52个，永久封闭、炸封矿洞674个。

网络安全保卫 2011年，全省公安机关网安部门共办理涉网违法案件232起，查处违法人员798人；办理网络犯罪案件286起，抓获犯罪嫌疑人892人；配合其他警种侦办破获一批涉网违法犯罪案件，抓获各类犯罪人员1746人。组织清查网吧9446次，清查网吧2.75万家（次），配合文化部门查处网吧502家，配合工商部门取缔黑网吧160家、警告1355家、责令整改647家；利用网吧管理系统抓获违法犯罪人员571人，破获各类案件546件；调查非经营上网服务场所5615家，完成了253家宾馆酒店、大中专院校等非经营性上网场所安全保护技术措施的落实。

缉私工作 2011年，全省立案办理各类走私犯罪案件725起，案值11.44亿元，涉嫌偷逃税款1.2亿元；办理行政案件648起，案值7706.04万元，对涉案的539人/单位做出行政处罚。缴获毒品151.933千克，抓获犯罪嫌疑人61人，其中“9·23”特大走私毒品案一案缴获毒品冰毒29.35千克，是全国打击行邮及货运渠道毒品走私专项行动中查获的最大一起走私毒品案。查获易制毒化学品5.93吨；查获走私进口废物近11.79吨和红豆杉、金钱豹骨架、象皮、虎爪等珍稀动植物及物品1批。

查获走私冷冻食品案件78起，查获走私冷冻食品1067.3吨，案值1634.87万元、涉嫌偷逃税款367.01万元。办理涉税案件452起，案值1.2亿元，涉嫌偷逃税款1.28亿元，抓获涉案犯罪嫌疑人49名，案值1.2亿元；组织侦办“6·03走私出口化肥案”“7·15走私进口稀土案”“8·03走私白糖案”“9·23走私普通货物案”等一批涉税走私违法大要案。

查获走私及非法经营卷烟案件9起，查获走私及非法经营卷烟3.1万条，制烟设备辅料1批。查获以熊××为首的涉烟违法犯罪团伙，成功破获云南近年来破获的最大一起走私、非法经营假冒卷烟网络案件。抓获犯罪嫌疑人20人，查获假冒卷烟2851条，涉及玉溪大境界、红河道等国内高档知名卷烟品牌，缴电动卷烟机1台，走私入境西班牙产气枪1支、子弹1000发、制假辅料小盒卡纸25盘、锡箔纸17盘、盘纸113盘、卷烟纸90盘、暂扣涉案车辆7辆。

公安消防管理 2011年全面遏制了重特大火灾事故，持续保持全省火灾形势平稳。全省共发生火灾1353起，死53人（含放火致死11人），伤33人，直接财产损失7376.2万元。部队共接警出动8244起，抢救被困人员3842人，抢救财产价值30184万元，完成了盈江、腾冲地震和迪庆隧道坍塌等应急救援任务。

全省16个州（市）、129个县（市区）全部依托公安消防部队组建了综合应急救援队伍。文山102个乡镇还依托专职消防队组建了应急救援分队，形成了覆盖全域的应急救援力量网络。率先在川滇交界处和滇南、滇西组织开展了3次72小时自我保障条件下的灾害事故跨区域应急救援实战拉动演练，在中石油安宁油库举行了石油化工灭火救援综合实战演习，部队实战能力显著提升。

公安交通管理 2011年，全省接报适用一般程序处理的道路交通事故共5021起，造成1806人死亡，6467人受伤，直接财产损失2689.54万元。其中，发生一次死亡5人以上道路交通事故11起，造成69人死亡。

2011年，春运期间，全省共出动警力12.74万人次，出动警车3.16万辆次，投入测速装备1948台次，设置交通安全检查服务站407个，查验车辆67.57万辆次，查纠各类交通违法行为7.05万起，维护了道路交通安全。

认真开展酒后驾驶专项整治行动，自5月1日以来，全省共查处酒后驾驶1780人次，醉酒驾驶1891人次，采取刑事强制措施1889人，移送检察机关918人，经人民法院判决实刑546人，有效震慑了醉驾违法犯罪行为。

2011年，全省认真开展公路客运隐患排查治理，全省公安交管部门在专项行动中排查客运企业、站场608家，排查客运车辆数为6.09万辆，排查校车585辆，排查客运车辆驾驶人7.12万人。全省客运车辆动态管理GPS系统共建立监控平台753个，全省已安装GPS车辆终端设备2.67万辆。全省共建立185个人民调解室、69个道路交通事故损害赔偿理赔服务中心。调解道路交通事故案件1.13万起，履行1.11万起。实现了全省电子监控交通违法的异地处罚及罚没款的异地缴纳，切实解决了人民群众多年来反映强烈的"接受处罚难、缴款难"的问题。系统运行以来，已受理跨州市异地处罚6.61万人次，跨县区异地处罚30.36万人次。

（王晓平）

Ethnic Medicine 民族医药

概述 云南自然资源丰富，少数民族众多，各个民族在长期与疾病作斗争的过程中，运用丰富的动植物、矿物药材资源，积累了丰富的临床实践经验，形成了各具特色的民族医药，为边疆各民族群众的生息繁衍作出了贡献，在现代医药迅速发展的今天，仍然是保障各民族人民健康的重要手段。

2012年，全省民族医药事业长足发展，基本形成傣医、彝医、藏医三大医药为代表的民族医药体系。

傣族医学 傣医是中国少数民族医学中具有较完整理论体系的医学之一，也是被国家列为"四大民族医（藏、蒙、维、傣）"之一的传统医药，在国家少数民族医学中占有重要地位，有2500多年的悠久历史。2000多年来，傣族人民在长期的防病治病和生活实践中，摸索总结出了丰富多彩的诊疗治病经验方药，不断发展成为以傣医"四塔"（风、火、水、土）"五蕴"（色、识、受、想、行）为理论核心的一门学科。至2011年出版了《档哈雅》《嘎牙山哈雅》《风病条辨译注》《傣医诊断学》《傣族医药学基础理论》《竹楼医述》《档哈雅龙》《德宏傣药验方集》《中国傣医药彩色图谱》等医学专著，收载临床常用傣药300种，验方1000多个。

彝族医学基础理论研究 至2011年，云南彝医理论研究取得丰硕成果，编著出版彝族医学基础理论专著《中国彝族医学基础理论》，项目取得8项独创性成果。

彝族药学研究 至2011年，楚雄州彝族医药研究所、楚雄州中医院组成"彝族药学研究"课题组，经云南省和楚雄州有关专家组成的专家委员会鉴定，认为项目总结了自《齐苏书》问世400多年来彝族药的研究成果和应用经验，研究建立了系统的彝族药学理论，为彝族药的科研、新药开发、教学、临床应用提供了理论依据，填补了彝族药学理论系统研究及彝药分类的空白。

彝族医药开发 至2011年，楚雄州彝族医药科研人员在彝族民间验方的基础上，经过反复的临床研究，在证实疗效确切后，按《云南省民族药标准审批办法》要求，对复方蜂毒搽剂、嗨诺情秋齐胶囊（养胃解毒胶囊）、利胆解毒胶囊、紫灯胶囊、饿求齐胶囊（止泻胶囊）、彝心康胶囊、绿芨咳喘颗粒、茯蚁参酒、复方大红袍止血胶囊、乌金活血止痛胶囊、咽舒胶囊、咽舒口服液、复方仙鹤草肠炎胶囊13种新彝药进行临床、毒理、制备工艺、质量标准、稳定性试验研究后，申报为云南省地方标准新药。经国家新药评审委员会评审，嗨诺情秋齐胶囊（养胃解毒胶囊）、利胆解毒胶囊、紫灯胶囊、饿求齐胶囊（止泻胶囊）、彝心康胶囊、绿芨咳喘颗粒、茯蚁参酒、复方大红袍止血胶囊、乌金活血止痛胶囊、咽舒胶囊、咽舒口服液、复方仙鹤草肠炎胶囊12种新彝药获得了国家药品监督管理局药品生产批准文号，累计取得批准文号的龙灯胶囊、灵丹草颗粒、咽舒口含片4个品种，楚雄州已有16种彝族药获得药品生产批准文号。此外，楚雄州药品生产企业还获得了熊胆粉、虎杖矾石搽剂、散痛舒片、舒胃药酒4个品种的药品生产批文。

藏族医学 藏医藏药是祖国医药学宝库中的重要组成部分。迪庆藏族自治州是以藏族为主体的民族地区，千百年来，藏医藏药为本州的藏民和民族的生存和繁衍做出不可磨灭的贡献。藏医学的理论体系，认为人体由五种元素构成，即铁、木、水、火、土，以取类比象五行生克关系说明人体的生理病理现象，并把人体的生理功能概括为"隆"（指气和风），"赤巴"（指火或胆），"培根"（指精液或痰液）三大因素。藏医学认为，上述三种因素的功能在人体内维持平衡，就是生理现象，反之就会产生疾病。藏医学的诊断方法有“望、摸、问”三法，临床中除切脉外还有尿诊法，尿诊是藏医临床诊断常用的方法。

藏医学中的药物，以采用青藏高原特有的植物、矿物、动物药材为主，同时使用一部分中药材。常用药物500种，炮炙方法为炒、炙、炮、煨、浸、蒸等。剂型有丸、散、汤、膏、灰、酒等。最常用的剂型为散剂，丸剂次之，膏剂及煎剂极少，主要是便于在草原生活的牧民使用和携带。

（张耀丕）

Health Care 医疗卫生

概述 2011年，在省委、省政府的正确领导下，全省卫生系统围绕加快建立基本医疗卫生制度，出台并实施了“十二五”卫生事业发展规划，深入推进医药卫生体制改革，顺利完成五项重点改革任务，医改和各项卫生工作都取得了显著成绩。

2011年，全省新型农村合作医疗制度取得新突破。全省参合农民3456万人，参合率96.18%，人均筹资标准增加到230元，为历年来最高；门诊统筹率达96.85%，门诊报销比例平均达到50%，最高支付限额达5万元，住院费用报销比例平均达到70%；定点医院做到即时结报；启动了提高儿童先心病和白血病等大病保障水平的试点工作，全省共有724名参合患儿接受了治疗。

年内，全省基本药物制度在基层全面实施。全省所有政府办基层医疗卫生机构和村卫生室全部配备和使用基本药物，基本药物实现全省网上集中采购，统一配送，零差率销售，实现全覆盖。启动基层综合改革以来，中央、省累计投入补偿资金6.3亿元。通过实施基本药物制度，基层药价下降，就诊人数上升，群众用药负担减轻，基层医疗卫生机构门急诊次均药费同比从23.8元下降到21.2元，住院次均药费从800.8元下降到653.2元，门急诊人次从764.1万人次上升到814.2万人次。

年内，中央、省级财政共投入基层医疗卫生机构基础设施建设资金44.63亿元，建设村卫生室6932个，乡镇卫生院1088个，社区卫生机构249个，基层就医条件不断改善。加强基层医疗卫生队伍建设，免费培养农村订单定向医学生250名，全科医师转岗培训2014名；培训乡镇卫生院人员5579人次、乡村医生2.7万人次，社区护士1120名；3年共招聘执业医师130人到乡镇卫生院工作。

2011年，全省开展9类基本公卫均等化和6项重大公卫服务项目，城乡居民电子健康档案建档率达69.34%，对187万多名高血压患者、45万多名糖尿病患者和8.7万余名重症精神病患者进行了建档和慢病管理；对145万余名儿童补种了乙肝疫苗，为全省3.36万例白内障患者免费实施了复明手术，对39万余名农村孕产妇住院分娩进行了补助，为32万余名农村妇女免费增补了叶酸，对1.28万余名农村妇女乳腺癌和15.36万余名农村妇女宫颈癌进行免费检查；完成15.1万户防止燃煤型氟中毒的改炉改灶和19万户无害化卫生厕所建设。

年内，全省公立医院改革取得进展。在公立医院推出惠民措施，优化服务流程，三级医院开展预约诊疗服务，增设方便门诊与惠民门诊等，县级以上医院实现门诊病历“一本通”。

“医疗专家进社区”项目实施 2011年，在昆明地区实施“医疗专家进社区”工作试点项目的基础上，将昭通、曲靖、玉溪、红河、楚雄、大理州（市）列为2011年项目试点实施地区，探索社区首诊、双向转诊工作，总结经验，逐步推广。4月，省财政下达2011年医疗专家进社区试点工作省级补助资金89.2万元。6月起，全省在昭通等6个州市启动2011年公立医院对口支援社区卫生服务中心项目试点工作。

“我身边的社区卫生服务”主题宣传活动 2011年7月起，在全省范围内广泛开展“我身边的社区卫生服

全国优秀乡村医生代梅花深入麒麟区越州镇西关社区巡诊（云南省卫生厅 提供）

务”主题宣传活动。9月，省卫生厅组织“我身边的社区卫生服务”演讲、征文和摄影比赛的全省复赛，共选出2位演讲选手、10篇优秀征文和19幅摄影比赛参加全国决赛。2名选手在卫生部“我身边的社区卫生服务”演讲比赛决赛中分别获得三等奖和优秀奖。在征文比赛和摄影比赛中各有1篇作品获得全国三等奖。

创建国家示范社区卫生服务中心活动 年内，按照《卫生部办公厅关于开展创建示范社区卫生服务中心活动的通知》要求，省卫生厅积极组织开展创建活动。通过评估和现场复核评估，曲靖市南宁街道社区卫生服务中心、宣威市虹桥街道社区卫生服务中心和普洱市思茅区振兴北路社区卫生服务中心被卫生部评为国家示范社区卫生服务中心。

疾病预防控制工作 2011年，全省扎实推进狂犬病、手足口病、霍乱防治工作；顺利开展结核病、血吸虫病、地方病、麻风病、慢性病、疟疾、虫媒病毒性疾病、重性精神疾病防治工作。在全省县级以上建立了重性精神疾病基本数据收集分析系统；应对新疆自治区脊灰野病毒输入性疫情，在全省范围内对0～5岁儿童开展两轮次脊灰疫苗应急强化免疫活动。甲乙类传染病报告发病率为179.5248/10万，低于全国242.43/10万的平均值。

基本公共卫生服务 年内，全省对0～6岁儿童开展预防接种，报告接种率98.28%。加强传染病报告和处理。做好农民工基本公共卫生服务。为高血压、糖尿病等慢性病患者提供防治和健康服务指导。对发现的重性精神疾病患者全部纳入管理范围。在专业机构指导下对在家居住的重性精神疾病患者进行治疗随访和康复指导，每季度至少随访1次，同时进行病情评估和督导服药，管理率达到90%以上。

重大公共卫生服务项目 2011年，全省对187万多名高血压患者、45万多名糖尿病患者和8.7万余名重症精神病患者进行了建档和慢病管理，对145万余名儿童补种了乙肝疫苗，完成15.1万户防止燃煤型氟中毒的改炉改灶。

爱国卫生运动 2011年，全省完成重大公共卫生服务19万座农村改厕项目，农村环境卫生健康危害因素监测项目900次，农村集中式供水工程水质卫生监测项目任务9800份。昆明、玉溪、安宁、芒市4个城市荣获“国家卫生城市”称号，“创卫”成绩居全国首位。

艾滋病防治 2011年，省政府继续与各州（市）政府签订责任目标，各州（市）认真贯彻落实各项工作。中央安排全省防艾专项经费2.9亿元、省级安排防艾专项经费6000万元，均已全部下拨并制定专项资金项目管理方案。年内，全省各级政府和卫生部门广泛开展宣传教育，进一步扩大预防艾滋病宣传教育覆盖面，努力提高宣传教育效果。据2011年底抽样调查，全省城市居民艾滋病基本知识知晓率为96.6%，农村居民为92.1%。2011年，全省共开展艾滋病监测检测358.6万人份，报告艾滋病病毒感染者9266例，艾滋病死亡1915例。全省累计开展艾滋病免费抗病毒治疗2.4万人，在治疗约2万人。全年开展婚前保健人群艾滋病咨询检测50.5万人，开展孕产妇检测74.8万人次，已分娩产妇服药率为92.05%，已分娩活产婴儿服药率96.75%，对729名阳性孕产妇进行了阻断治疗，母婴传播阻断覆盖率达99.59%。年内，认真落实国家“四免一关怀”政策。全省已对1.2万余户受艾滋病影响的家庭、5000余名受艾滋病影响的儿童及未成年人进行了登记造册，关怀救助率及学龄儿童“两免一补”率达100%。

（张耀丕）

Supervision and Administration on Food and Drug

食品药品监管

概述 2011年，云南省食品药品监管在省委、省政府和国家局的正确领导下，紧扣健全完善监管体制机制，提高监管能力这个执法保障基础，扭住确保人民群众饮食用药安全这个根本任务，全面贯彻落实科学发展观，转观念、拓思路、建机制、争创新，干部职工思想进一步稳定，监管举措进一步完善，监管效能进一步提高，巩固了食品药品安全稳中向好的形势，夯实了有效开展工作的基础，提升了食药监人的良好形象，促进了食品药品产业好中求快的良性发展，维护了全省人民饮食用药安全。

2011年，全省食品药品监督系

统基本完成机构改革任务，除少数市县外，绝大多数接手履行新职能。据调查统计，市县两级新增监管机构97个，其中：稽查机构64个，检验机构12个，药品不良反应监测机构21个，按照《云南省人民政府关于进一步加强食品安全工作的意见》，乡镇食品药品监管站建设稳步推进。新增人员编制782名、科级领导职数94名。除4个州市工作经费（扣除工资的所有收入）下降外，全省160个市县两级行政机构、检验机构工作经费比2010年增加1146万元。

打击食品非法添加和滥用食品添加剂 4月27日，省政府严厉打击食品非法添加和滥用食品添加剂专项工作电视电话会议在昆明举行。省政府副省长高锋出席会议并作重要讲话，会议传达了省委书记白恩培、省委副书记、省长秦光荣对食品安全的批示。4月29日，云南省食安委针对“严厉打击食品非法添加和滥用食品添加剂”专门召开了新闻发布会，云南省食品药品监督管理局局长孙学明在“严厉打击食品非法添加和滥用食品添加剂”专项行动新闻发布会上作专题讲话，宣布明确从即日起，云南省开展为期4个月的“严厉打击食品非法添加和滥用食品添加剂专项行动”。专项行动提出要“五个不留死角”（宣传不留死角、排查不留死角、责任不留死角、监管不留死角、整治不留死角）。行动中要做到“三个必须”“三个一律”。“三个必须”即：存在违法行为的必须停业整顿；整改达不到要求的必须吊证；对违法违规企业及责任人必须依法从重处罚。“三个一律”即：凡是发现故意使用非食用物质或滥用食品添加剂的一律吊证，依法没收其违法所得和用于违法经营的相关物品，并移送司法机关；对使用的添加剂来源不清、标志不明的一律停业整顿；对添加剂管理不规范、制度不健全的，一律列入“黑名单”作为重点监管对象，加大监管力度。

截至2011年10月31日，全省出动执法人员74574人次，出动执法车辆21387车次，检查餐饮服务单位10.98万户，行政处罚279件，没收非食用物质和滥用的食品添加剂487.2千克，没收金额64.93万元，责令改正4744户，给予警告11387户，印发宣传材料55.45万万套，印发粘贴宣传材料15万套，组织举办培训988次，培训餐饮服务单位食品安全管理人6.63万人次。

地沟油专项整治 按照国家局、省政府要求，云南省食品药品监督管理局联合省卫生厅，从2010年8月30日至10月30日在全省范围内组织开展“地沟油”和餐厨废弃物管理专项整治。此次专项整治以学校、工地食堂等为主要对象，重点整治城郊结合部、城市近郊区、旅游景点、农村等餐饮业集中地，督促指导餐饮服务单位建立餐厨废弃物处置管理制度及相关台账，严格执行食品原料采购查验和索证索票制度，改造规范餐厨废弃物收储设施，坚决依法打击餐饮服务单位违法购买食用油，使用“地沟油”和违法销售或处置餐厨废弃物行为，对从非法渠道购进食用油和使用“地沟油”加工食品及违法销售或处置餐厨废弃物等违法行为严肃查处，直至吊销许可证。同时食品药品监督管理相关机构和人员也积极探索餐厨废弃物资源化利用和无害化处理技术工艺路线及管理模式；明确了规范管理地沟油及餐厨废弃物的基本原则，以及科学实施餐饮废油资源的工作思路。

整治邻苯二甲酸酯类物质 年内，针对非法添加邻苯二甲酸酯类非食用物质的事件，按照国务院食品安全委员会的统一部署和要求，省食品药品监管局采取措施，先后4次下发文件全面加强对台湾进口运动饮料、果汁、茶饮料、果酱果浆、胶锭粉类等食品及相关食品添加剂在餐饮服务监管中的抽验监管，深入排查风险隐患，确保消费者健康安全。并对台湾方面通报的问题产品采取召回、封存措施。按照《云南省食品药品监督管理局转发关于台湾问题食品进口流向情况文件的通知》，组织对餐饮服务单位进行全面排查检验，责令立即下架台湾相关企业问题产品。全面加强对相关产品的检验检测，凡发现含邻苯二甲酸酯类物质的将立即采取封存、调查、召回等措施。

小餐饮食品安全整治规范试点启动 2011年7月，云南省食品药品监督管理局依据《食品安全法》《食品安全法实施条例》《餐饮服务许可管理办法》和《餐饮服务食品安全监督管理办法》，按照国家食品药品监督管理局《关于开展小餐饮食品安全整规试点工作的通知》要求，决定将昆明市、大理州和昆明市呈贡区、德宏州芒市作为试点单位，进行小饮食店、小农家乐、小饮食摊群等各类小餐饮整顿规范和示范建设。通过对小餐饮整规试点，逐步规范小餐饮单位的经营行为，结合本地区实际，出台小餐饮管理办法，解决一批餐饮服务食品安全隐患大、群众反映强烈的区域性、行业性餐饮服务食品安全问题，使小餐饮逐步达到“布局基本合理，设施基本齐全，制度基本完善，安全基本保障”的目标。

餐饮服务绩效考核 2010年5月30日至6月3日，由国家食品药品监督管理局局纪检组、监察局局长罗丽娜带队的全国2010年度餐饮服务食品安全监管绩效考核抽查工作组4人一行，对云南省的2010年餐饮服务食品安全监管绩效考核工作进行抽查。云南省食品药品监督管理局选定昆明市、腾冲县接受现场检查。

通过检查，云南省餐饮服务食品安全监管绩效考核工作得到了国家局抽查组的充分肯定和表扬。各州、市人民政府也先后组织了本辖区内的餐饮服务食品安全监管绩效考核抽查工作，促进了云南省餐饮

2011年6月，云南省食品药品监督管理局党组书记张笑春在到昭通市苏甲乡九年一贯制学校学生宿舍查看学生食宿情况（省食品药品监督管理局 提供）

服务环节食品安全监管绩效考核工作取得实效。

学校食堂食品安全督查 2011年11月20日，云南省食品药品监督管理局对全省学校食堂进行了全面检查。此次检查中主要从学校食堂的制度建设、工作措施、落实情况、存在问题等方面入手，重点检查学校食堂的购进记录、备案情况、设备设施、布局和加工流程。对存在的问题限期整改，最大限度地排除学校食堂的食品安全隐患，保证了学校食堂食品安全，师生饮食安全。

通过此次监督检查，进一步加大了对学校食堂食品安全知识的宣传力度，提高了师生食品安全意识，为师生的食品安全提供了保障。

组建云南省餐饮服务食品安全专家委员会 8月23日，云南省食品药品监督管理局牵头成立了云南省餐饮服务食品安全专家委员会。专家委员会的60余位成员主要来自省食品药品监督局、省质监局、省卫生厅、省工商局、省农业厅、省教育厅等食品安全监管部门及部分高等院校。

制定《云南省餐饮服务许可管理办法实施细则》 2011年，云南省食品药品监督管理局为进一步加强餐饮服务许可管理，规范餐饮服务秩序，促进云南省餐饮服务企业完善食品安全管理体系，维护人民群众用餐安全。根据《中华人民共和国食品安全法》《餐饮服务许可管理办法》等法律法规，在学习借鉴省外经验和广泛调研的基础上，结合云南省实际，起草制发《云南省餐饮服务许可管理办法实施细则》，组织专家进行论证和公众听证，并于2011年12月1日正式施行。

药品安全责任体系评价试点 2011年，在未被国家局确定为全国试点省份的情况下，云南省食品药品监督管理局积极主动开展工作，确定大理、曲靖、文山3个州市为省级药品安全责任体系评价试点地区，并成立了试点工作领导小组和工作机构。5月，云南省局工作组对3州市开展责任体系评价试点和部分县区示范县创建情况进行督导检查。6月，召开试点工作座谈会，组织有关人员赴湖南、浙江、宁波学习调研，并拔出275万元经费推动试点工作深入开展。7月，省局在全国药品安全责任体系评价试点工作座谈会上作经验交流发言，受到国家局充分肯定。通过积极协调，云南省政府向国家局上报《关于将云南省列入全国药品安全责任体系评价试点地区的函》，由省政府牵头成立了相关省级部门参加的试点工作领导小组，下拨专项工作经费。此后，国家局将云南省列入全国试点省份，给予重点指导和帮扶。

基本药物质量安全 2011年，云南省食品药品监督管理局下发《关于进一步加强基本药物质量监督管理的实施意见》和《关于进一步加强2011年基本药物质量监督管理的通知》，把基本药物监管作为年度工作的重点来抓。主要措施：

（1）在生产环节，对基本药物生产企业100%开展处方工艺核查，100%实行飞行检查和跟踪检查，100%推行质量受权人制度。引导基本药物生产企业在规定时限内率先实施国家新版GMP认证标准。开展全省基本药物生产经营督查，对82家生产企业的256个品规注射剂类、408个品规非注射剂类国家基本药物，以及176个品规的省增补基本药物进行处方和关键技术参数核实；对发现的问题责令整改、停产、限期申报、补充注册申请、分类处理，建立了全省基本药物品种数据库和各州、市基本药物监管档案。针对当前部分中药材价格上涨幅度较大，部分企业基本药物中标价格不升反降的不正常现象，对46家基本药物生产企业的59个重点品种进行核查。与卫生、招标采购等部门建立协查核查制度，通报基本药物品种抽验、不良反应等情况，核查基本药物生产配送企业资质及有关问题，形成了监管与招标采购的联动机制，受到国家局领导的表扬。

（2）在流通环节，下发《关于加强药品批发企业药品储存温湿度监管工作的通知》，276家配送企业在今年11月前完成药品阴凉库、冷库的温湿度自动监测设施设备安装。认真实施基本药物中标品种备案工作，制定《云南省国家基本药物和省增补基本药物样品备案实施细则》，积极争取省政府专项拨款200万元，按GSP要求建立中标品种储备库，已备案567家中标企业的1607个样品。

（3）在使用环节，协调卫生部门，推进医疗机构“规范药房”和农村药品“两网”建设，强化对基本药物进货、验收、养护和使用的检查，推进规范合理使用基本药物。全省行政村以上药品监督网覆盖率达100%，供应网覆盖率达95.5%；县级以上医疗机构“规范药房”达标验收率100%，县级以下达标验收率94%。

药品生产监督管理 2011年，云南省食品药品监督管理局把宣传贯彻新版GMP作为规范药品生产、全面提高企业软硬件建设和质量管理水平的基础工作来抓。上半年组织全省监管部门领导和企业法人召开了新版GMP宣贯会，组织2期企业培训，对全省158名药品安监人员和175家企业的337名企业法人、质量负责人进行了为期5天的系统培训，占应训企业数的97.8%，增强了监管部门和企业管理人员对新法规的理解和执行力。下半年，组织新GMP检查员培训，新训检查员151人，轮训老检查员51人，提高了检查员队伍执行新GMP的能力。通过日常检查、飞行检查、专项检查和安全性再评价实现了对药品生产企业的全覆盖监管。

药品流通市场秩序 2011年，云南省食品药品监督管理局通过严格许可证管理，提高准入门槛，引入退出机制，不断提高基本药物配送能力和规范管理水平。通过加强对批发企业和零售药店执行GSP的检查、开展处方药销售专项检查、鼓励药品批发企业托管乡镇卫生院和村卫生室，支持药品零售企业向农村延伸网点、加强疫苗流通使用监管、组织特殊药品专项检查、完成全球基金疟疾项目药品采样等工作，继续加大监管力度，全省11家疫苗经营企业管理水平得到提高，217家有经营假劣药品和挂靠、过票等非法经营行为的批发企业和零售药店受到了处罚。一批条件差、经营不善的企业被淘汰，全省药品经营企业整体水平得到一定提高。

药品安全专项整治 2011年，云南省食品药品监督管理局在原专项治理的基础上，继续开展打击侵犯知识产权和制售假冒伪劣商品专项行动，开展非药品冒充药品违法行为第三阶段专项整治、继续深化打击利用互联网等媒体发布虚假违法广告及通过寄递等渠道销售假药等一系列专项整治行动，取缔无证经营药械单位或个人16起，移交公安机关查办4件；销毁货值金额848万元的假冒伪劣和过期失效药品21768个品种；查获标示为“国产食品、进口食品、食品、保健食品、保健用品、化妆品、消毒产品、未标示文号产品”等8类非药品冒充药品的违法品种975个；责令39家违规网站进行整改，对20家未经审批、涉嫌网上违法药品交易、地址和域名在云南省内的涉药网站，通报省通信管理部门，依法强制关闭；注销9家许可证过期网站；对1家标志为“云南红豆药业有限公司”，在网上宣传销售美国、法国、德国、瑞士等多个国际知名制药企业专利抗肿瘤产品的虚假网站进行了强制关闭，向省公安厅移送了案件。2011年10月13～15日，云南省为期两年的药品安全专项整治通过国务院检查组验收并得到充分肯定。检查组认为有些方面还体现出云南突出的亮点，对全国有示范作用。

2011年9月1日，云南省食品药品监督管理局局长孙学明（左）率领相关人员检查食品安全工作（省食品药品监督管理局 提供）

违法药品广告清理整治 2011年，云南省食品药品监督管理局进一步加大整顿规范力度，继续推进对违法药品广告的清理整治工作。通过强化属地监管责任、扩大监测管理范围、提高监测查处效率、对严重违法广告采取“七个一律”等行政措施，在全省开展严重违法药品广告暂停销售品种专项检查。全年共组织8次22家药品生产企业或代理商约谈，发布2期消费警示共涉及10个违法广告品种，发布违法药品广告公告7期，对84个违法药品广告品种进行了公告，对2010年第四季度以来不做整改或再次违法的83个违法药品广告品种采取了在全省暂停销售的行政强制措施。由于成效明显，国家局专门为云南省出了一期《药品广告监管工作动态》，共刊登云南省8篇文章。《中国医药报》在1月18日，头版头条刊登《云南整治违法药品广告治理不手软》的文章，对云南省药品广告监管工作给予充分肯定。

云南省药材标准 2011年，云南省食品药品监督管理局不断完善药品标准研究的长效机制，不断总结标准研究经验，建立了药品生产企业和研发单位起草，省级食品药品检验单位复核，由食品药品监督管理部门组织审评、审定、颁布的药品标准研究制定机制；建立了精通业务、熟悉标准的专家数据库，专家做到及时参加审评工作，发挥控制标准质量、提高标准水平的作用。年内，在云南省中医学院药学院、省药检所的共同努力下又完成52个品种的审评审核和发布工作。项目一期、二期累计完成药材标准354个，中药饮片标准189个，标准整体水平达到现行国家药典要求。

医疗器械监管 2011年，云南省食品药品监管体制取消垂管体制，省级以下食品药品监管部门交由地方政府管理。针对这一实际，云南省食品药品监督管理局进一步落实医疗器械监督属地管理，各级食品药品监督管理部门在日常监管的针对性和精细化上下工夫。通过不断强化高风险产品、重点环节、重点单位的监管，严格落实现场检查频次，提升了日常监管工作效率。在摸清企业基本情况的基础上，云南省食品药品监督管理局建立对口帮扶工作机制，通过引入专家咨询论证机制等措施，在职责范围内尽力为企业排忧解难，避免企业走弯路，造成不必要的损失。通过将行政服务前置，搭建技术咨询服务平台，形成行政许可的良性互动，提高了医疗器械行政许可服务质量。全年全省有23家申办医疗器械生产技改企业因引入专家论证咨询而受益。

保健品化妆品职能调整 根据《云南省人民政府办公厅关于做好省以下食品药品监督管理体制调整和机构移交工作的通知》和云南省卫生厅、云南省食品药品监督管理局《通告》的要求，2010年8月20日，省卫生厅与省食品药品监管局进行了保健食品、化妆品监管工作责任移交，云南省食品药品监督管理局开始履行保健食品、化妆品监管任务。截至2011年12月，除楚雄州外，各州、市局已建立保化监管工作机构，完成工作移交并展开相应工作。

完善技术体系 2011年，云南省食品药品检验机构由任务型检验向科研型检验、标准控制向控制标准转变成效明显。承担6个品种的国家药品评价抽验、38个国家提高药品标准行动计划的标准修订起草和38个标准复核任务，创历史新高。开展“云南地产保健食品铅污染状况及其控制策略”等4个专题研究。倡导成立云南灯盏花产业技术创新联盟，促进灯盏花二次开发。颁布48个中药材和中药饮片标准，自2005年开展标准研究制定工作以来，全省累计颁布350个中药材标准、190个中药饮片标准，助推了云药产业发展。标准研究课题获云南省科技进步二等奖、国家科技奖励工作办公室“华夏医疗保健国际交流促进科技奖”、2011年度中国药学发展“食品药品质量检测技术奖”。医疗器械检验能力大幅提升，取得83个产品项目检验资质，成为国家认监委确认的橡胶避孕套3C认证指定检验机构、全国医疗器械检验机构比对试验无源专家组成员。全年争取到国家、省能力建设资金3400万元，用于添置县级食品快检、州市不良反应监测、食品药品及医疗器械检验仪器设备。省药学会成立6个专业委员会，是除中国药学会和南京药学会外，专业委员会最多的省份，为开展药学科技工作奠定了基础。

医疗器械检测机构比对试验 2011年，云南省医疗器械检验所在国家食品药品监督管理局医疗器械监管司举办的医疗器械检测机构比对试验工作会议上，以参加全国15项以上比对试验且结果满意的优秀成绩，受到国家局医疗器械监管司的大会表扬，并被推荐为国家局医疗器械（无源）比对试验专家组成员单位。

信息化建设 2011年，云南省食品药品监督管理局牵头开展云南省电子政务主题式推进项目，即食品药品安全信息工程研究课题，整合全省食品药品安全信息资源。构建信息化监管网络平台，促进信息化建设步入规范、安全、可控轨道。全面推进电子监管建设，45家基本药物中标生产企业全部实现赋码，426家药品批发企业实现核注核销。43个药品安全示范县乡镇以上医疗机构和零售药店实施电子监管工作稳步推进，并获得国家局支持。按云南省零售药店30%比例，对4323家实施电子监管的零售药店布放数据采集机给予中央财政补贴1448万元。开发运用一系列监管信息系统，提高了工作效率。政务信息工作成绩显著，在国家局考核中居全国第一名。

宣传工作 2011年，由云南省食品药品监督管理局与《中国医药导报》社合作出版发行的《中国医药导报·云南食品药品》核心期刊发行量稳步增长，投稿不断增加，覆盖面和影响力越来越大，成为全省医药行业的主导期刊。全系统采取多种形式开展系列宣传，先后在《中国医药报》、新华网、《云南日报》、云南电视台、云南人民广播电台、《云南政协报》《春城晚报》等媒体上发表作品900余件，做到了电视上有画面、广播里有声音、报纸上有文字、网络上有信息。

云药产业 2011年，在多年大力倡导中药材产业化种植，开展“云药之乡”建设发展的推动下，全省中药材种植产业发展迅速，不少地方中药材种植已成为调整优化农业产业结构、促进农民增收的主要项目。制药工业继续保持好中求快的高速发展态势，全年制药工业产值达215.24亿元，利润总额30.67亿元，流通领域销售收入282.68亿元，利润5.35亿元，分别比2010年增长29.66%、72.96%、15.49%和17.05%。

“全国安全用药月”启动仪式 2011年9月1日，根据国家食品药品监督管理局的统一部署，“全国安全用药月”云南省启动仪式在昆明市金碧广场正式启动。启动仪式上，全体食品药品监管人员发出了“忠于职责”的宣誓，百名药师也发出了“安全用药”的宣誓。参会嘉宾和市民则在签名版上留下了自己对安全用药的看法。当天，全省16州、市的食品药监部门统一行动，组织大型启动仪式。

（张　一）

Sports 体育

概述 2011年是"十二五"的开局之年，也是新一轮体育备战周期和为建设西南体育强省奠定基础的一年。全省体育系统坚持以科学发展观为统领，促进相关体育政策出台，完善制度和规划编制工作，全面贯彻落实《全民健身条例》，推进"七彩云南全民健身工程"，加强竞技体育保障机制建设，打造云南高原体育品牌，圆满完成2011年各项工作任务，实现了"十二五"时期云南省体育事业的良好开局。

贯彻落实《全民健身条例》 2011年，云南省级和100%的州市及79%的县（区、市）政府将全民健身工作纳入经济社会发展规划、纳入省政府工作报告、纳入财政预算，"三纳入"工作还写入《云南省全民健身计划（2011~2015年）》，有效地推动了各级政府履行公共体育服务职能，促进了全民健身事业发展。

"七彩云南全民健身基础设施工程" 2011年，云南省争取国家体育总局资金4086万元、省级投入资金1.6亿元，支持31个县（区、市）、251个乡镇（街道）、2179个村（社区）和722个边境30户以上自然村，实施"七彩云南全民健身基础设施工程"两批项目。各州（市）、县（区、市）体育部门积极争取政府支持，加大项目资金配套和整合力度，推进项目实施，基层体育设施建设成效显著。

组织全民健身系列活动 年内，为打造云南省全民健身日活动品牌，连续3年组织8月8日的"全民健身日"健身系列活动。开展云南少数民族健身操、全省足球业余联赛、体育舞蹈公开赛（锦标赛）、龙狮大联动活动、健身气功交流比赛等系列活动，并发挥其示范作用。全年全省组织各级各类体育健身活动近2000次，有400多万人次参与全省各地开展的全民健身日活动。

体育对外交流 2011年举办全省业余足球联赛总决赛暨四国足球邀请赛、德宏国际泼水狂欢节和目瑙纵歌节、中缅胞波狂欢节、中缅藤球、篮球友谊赛等全民健身活动，架起了友谊的桥梁。与澳门地区和韩国、缅甸、泰国等东亚、东南亚国家开展多形式的体育对外交流，展示云

澳门事业发展局局长黄有力带领澳门体育记者代表团来滇访问（省体育局　提供）

南对外开放的良好形象。

藏区体育工作 2011年，省体育局高度重视藏区体育工作，制定援藏体育建设工作方案，将援藏体育建设纳入国家和省相关的政策和云南体育事业发展“十二五”规划，加大支持力度。“七彩云南全民健身基础设施工程”明确提出支持藏区体育事业的内容，从2010年开始到“十二五”末，以实施“七彩云南全民健身基础设施工程”为重点，对迪庆州体育基础设施建设，每年援助不低于5条全民健身路径，安排不低于2个乡镇每个资助10万元建设看台灯光篮球场，按照每个3万元的标准安排14个行政村（社区）建设1个标准篮球场和2张室外乒乓球台，支持3万元资助20个30户以上自然村建设篮球场。同时，省体育局还积极挖掘民族特色，丰富藏区人民文化体育生活，创编藏族健身操，支持气功站点建设，做好藏区体育彩票工作，为藏区体育事业发展增添后劲。

竞技体育 2011年，全省竞技体育工作以备战2012年伦敦奥运会和2013年第十二届全国运动会为工作重心，围绕“参加全国锦标赛、冠军赛，每年获得超过12枚金牌、25枚奖牌，力争伦敦奥运会向国家输送3名以上运动员 ”的目标，调整运动项目设置，健全保障机制，优化项目布局，狠抓训练管理，狠抓赛风赛纪和反兴奋剂工作，竞技体育取得了新的成绩。确定获得伦敦奥运会参赛资格3人，参加世界比赛共获得金牌4枚（含青少年3枚），银牌2枚（世界大学生运动会），铜牌2枚。代表中国参加亚洲比赛获得金牌5枚（含青年3枚）、银牌1枚（青年）、铜牌1枚；获得全运项目全国锦标赛、冠军赛成年组获得第一名13个、第二名5个、第三名15个。参加第七届全国城运会云南省代表团获得1金8银2铜。参加全国第二届智运会获得2枚铜牌。运动员张娴在东京女排世界杯关键场次比赛中获得最佳运动员奖。新建足球队进入第七届全国城市运动会决赛。高尔夫球运动员参加世界大学生运动会获得团体银牌，参加全运会预赛排名赛获得女子团体第四名。云南桥牌女队重返甲级联赛。

运动员退役安置 2011年，全省基本建立运动员文化教育和社会保障的政策、制度、工作体系。解决积压多年的退役运动员一次性安置问题，301名退役运动员全部得安置，其中就业安置195人，自主择业106人，领取一次性经济补偿金共1275万元，安置率达100%。

备战奥运会全运会 2011年，密切跟踪云南省入选国家队的运动员情况，确定重点对象，集中人力、物力和财力，做好相关保障工作。成立局备战十二运办公室，签订新一轮备战周期目标责任书。进一步调整优化竞技项目布局。对省级全运项目20个大项150个小项实行夺金项目、潜金项目和一般项目的分类管理。在优势项目队（组）中建立“复合型”教练员工作团队，加强团队建设和培训工作。以国家短道速滑队事件为鉴，加强运动队思想政治工作。贯彻《反兴奋剂条例》，加大赛风赛纪和反兴奋剂工作力度。制定以省级专业项目为重点的青少年运动员选材标准，提高选材质量，加强业余训练网络建设。

高原体育训练基地建设 2011年，云南省已基本完成全省高原体育基地“蝶状”布局规划。以昆明海埂体育训练基地获批外资贷款为标志的省本级高原体育训练基地建设项目进展顺利，昆明海埂体育训练基地提升老品牌，塑造新形象，基地3000万美元外贷项目已列入国家发改委和财政部项目目录，已挂牌“中国足球协会昆明高原训练基地”和“中国宋庆龄基金青少年足球训练基地”。呈贡基地整合用地和省体工大队搬迁征地进展顺利。省体育局积极建立合作机制，与文山州、西双版纳州和丽江市政府签订了推进体育事业发展的合作协议。丽江高海拔训练基地投资2.4亿元建设的场馆和运动员公寓进入后期收尾阶段，游泳馆项目已进入招标阶段。西双版纳盛璟新城投资2.1亿元，完成了包括棒球、垒球、篮球、网球、乒乓球和羽毛球等项目在内的场馆设施建设。文山富宁低海拔体育训练基地已完成总体规划，正积极推进项目前期工作。

体育彩票业新突破 截至12月31日，云南省体育彩票销售额达

云南省体育健儿奋力拼搏（省体育局 提供）

34.24亿元，同比增幅20.33%，全国排名第九位，为国家募集体彩公益金9.76亿元。省体育局荣获总局“2011年度全国体育彩票工作贡献奖”。昭通市、昆明市、大理州、曲靖市销售保持快速增长，昭通市销量同比上年增长45%以上。

社会体育产业 年内，加强与旅游部门合作，完成《全国体育旅游专项调查》云南省调查工作。投入资金扶持本土体育企业“云南云健体育用品有限公司”发展。支持、依托温泉高尔夫球会组建云南高尔夫球队，给予昆明星耀（国际）俱乐部有限公司挂牌“云南省马术训练基地”，为西双版纳盛璟新城挂牌“云南省体育训练基地”。

举办高级别体育赛事 至2011年，“中国东川汽车越野赛”已成功举办8届。从2011年起升级为国际级赛事，被中央电视台评选为“2011十大体育经典营销案例”。西双版纳盛璟新城不到两年时间，已成功举办了4个国际赛事、8个国内赛事，获批“中国棒垒球训练基地”。在昆明成功举办2014年巴西世界杯亚洲区预赛资格赛中国与老挝队比赛和亚洲区预赛中国与新加坡队比赛，2011年全国青少年男子足球总决赛等。

（吕汇慧）

Demographic Works and Family Planning

人口和计划生育

概述 2011年，云南省人口和计划生育工作紧紧围绕省委、省政府“两强一堡”发展战略和构建统筹解决人口问题工作新机制、促进人口长期均衡发展目标，以“统筹协调、科学管理、优质服务、利益导向、群众自治、人财保障”的人口和计划生育综合改革为抓手，狠抓任务落实，各项工作取得新突破。2011年全省出生人口58.8万人，比上年增加1万人；人口出生率为12.7‰，比上年增加0.1个千分点；净增人口29.4万人，比上年增加0.5万人；自然增长率为6.35‰，比上年下降0.197个千分点；死亡人口29.6万人，死亡率为6.4‰，年末全省常住人口为4631万人。

年内，省人口计生委召开全省人口和计划生育工作会议，传达学习全国人口计生工作会议精神，认真分析全省面临的人口形势。会议对新形势下进一步做好人口和计划生育工作作了全面部署。并与各（州）市政府签订目标责任状，推动全省统筹解决人口问题健康平稳发展。

人口计生法制化建设 2011年，全省认真组织修订《云南省人口与计划生育条例》和《云南省流动人口计划生育管理规定》。认真开展人口计生依法行政示范乡镇（街道）创建活动，逐步推进人口计生行政执法工作的制度化、规范化，建立人口计生依法行政长效工作机制。继续开展基层文明执法专项活动回头看活动，有效地促进了依法行政和行风建设。举办全省计划生育行政执法培训，进一步提高执法队伍业务素质和执法水平。抓好将三级以上计划生育手术并发症纳入特别扶助制度的试点工作，为2012年全面铺开奠定基础。认真办理省人大代表和政协委员提案，做到事事有调查、件件有回复。

人口和计划生育综合改革 2011年，全省人口计生改革进一步推进，省级综合改革试点工作稳步推进，各项改革初见成效。积极开展争创国家级人口和计划生育综合改革示范市活动，大理州被省人口计生委推荐为第三批创建单位，玉溪市被列为全国“创建幸福家庭活动”试点市。狠抓群众自治长效机制建设，认真组织实施《云南省人口和计划生育基层群众自治村（居）示范活动实施方案》和“诚信计生”工作，推动创建活动深入开展。

流动人口服务管理新机制 年内，全省流动人口管理创新机制出台一系列举措：召开全省流动人口“一盘棋”工作推进会议，贯彻落实全国加强和创新流动人口服务管理暨全国“一盘棋”机制建设会议精神，下发全省流动人口全国“一盘棋”工作方案；大力推进区域协作，双向管理逐步深化，为推进云南省实现全国“一盘棋”打下坚实基础；进一步加强全员流动人口统计信息工作和人口宏观管理与决策信息系统（PADIS）流动人口子系统的应用工作；积极指导试点单位开展流动人口基本公共服务均等化试点工作，推广试点工作经验，积极探索在全省范围内开展工作。加强流动人口计划生育协会组织建设，至12月30日，在全省各地已建立447个流动人口计划生育协会组织；稳步推进流动人口动态监测工作；参加国家人口计生委统一安排的2011年三类地区人口流动及其影响因素监测调查工作；出台《关于

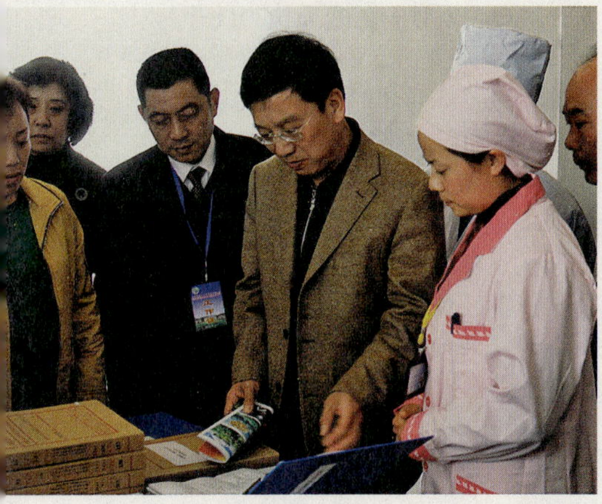

2011年3月6日，省人口计生委党组书记郝青山深入临沧市凤庆县计生服务站指导工作（省计生委　提供）

进一步加强流动人口计划生育药具免费发放服务和管理工作的意见》，积极推进流动人口免费药具发放服务均等化工作；进一步加强与相关部门的协调配合工作，努力推动流动人口服务管理长效机制建设。

优生促进工程　2011年，全省推进计划生育优质服务提质提速。全面落实《云南省农村妇女增补叶酸预防神经管缺陷项目实施方案》。按照医改责任目标，需要完成目标人群25.1万人，1～12月，全省共计发放叶酸31.98万人，服用率已达89.1%，超过了医改确定的70%的目标；孕前优生健康检查试点县工作有序推进，在2010年8个试点县的基础上，文山、凤庆、剑川3个县被列为国家孕前优生健康检查试点县，11个试点县工作进展情况良好。同时，结合全省实际，在省财力支持下，云南省按照国家标准分二批又拓展了20个县开展孕前优生健康检查试点工作，并采取以会代训、专业培训等途径，切实抓好项目实施；国家人口计生委批复将“西部孕前优生健康检查指导中心”建在云南，省人口计生委争取将该项目纳入全省“十二五”经济社会发展规划和中国面向西南开放的桥头堡建设项目；积极开展创优争先活动，全年全省有46个“国优”县和58个“省优”县；推进县乡计划生育服务站（所）规范化、标准化建设，评选10个县级和30个乡级示范站；切实抓好推广使用安全套预防艾滋病工程；计划生育科研成果显著，“绝育技术并发症防治技术研究”和“妇女生殖道感染诊断与综合防治技术研究”两项课题分获国家人口计生委“十一五”全国人口和计划生育优秀科技成果二等奖。

实施生育关怀行动　2011年，全省认真落实国家和省对计划生育家庭的奖励扶助政策，加强对项目实施的调研、指导和绩效评估工作。成立省级幸福工程组委会，先后在全省投入“幸福工程—救助贫困母亲”项目资金100万余元，切实帮助计生贫困母亲及家庭脱贫致富。开展“生育关怀—彩云之南在行动”系列大型公益活动，为160个不孕不育家庭提供免费治疗，为1600个有生殖健康障碍的家庭提供减免服务。认真抓好计划生育家庭保险工作，全省投保金额达2549万元。

人口发展战略研究　年内，全省结合国家主体功能区划和云南实际，完成“云南人口功能区”研究。投入全人口信息化项目配套建设基本经费4685.6万元；完成育龄妇女及家庭成员数据库优化升级和项目验收；完成“十二五”人口规划编制工作；启动人口计生阳光统计示范单位申报（祥云县、富民县）工作和全员人口信息采集机制创新试点工作；加强对基层的人口发展战略研究、人口规划、人口统计和基层基础工作进行指导和督查。

人口计生宣传　2011年，全省认真组织开展学习宣传贯彻胡锦涛总书记重要讲话精神系列活动，综合治理出生人口性别比偏高问题，在全省开展集中整治“两非”专项活动。与相关部门协作，组织开展了宣传基层先进典型、评选先进代表等各项宣传活动。稳步推进人口文化创建活动，启动了婚育新风进万家活动第四周期示范工作及人口文化基地建设工作，在全省建立129个县级人口文化大院。积极推进人口早教工作，拓展宣传教育渠道，完成《云南人口宣传》专刊12期，播出《计生之窗》广播栏目52期，设计和制作《人口和计划生育墙报》等宣传品近20种，制作了人口与计划生育宣传教育课件，组织开展“三下乡”活动。开展优化人口计生户外宣传活动，营造更加有利于全面做好人口工作的环境；强化对新闻宣传的监管，引导正确的舆论方向。

保障机制建设　2011年，全省加强计生队伍建设。认真贯彻落实《党政领导干部选拔任用工作条例》的规定，积极推进干部公示制度，坚持任人唯贤、德才兼备的原则，选好用好委机关及直属单位处级领导干部；加强教育培训工作，提高干部队伍素质，全省各级人口计生部门组织开展了165期业务培训班，培训人数达12550人次；加强人口计生队伍职业化建设，大力推进“强基提质”工程建设；组织完成了全系统1500名工作人员参加国家生殖健康咨询师职业资格考试的报名和培训工作；进一步深化事业单位人事制度改革，积极推进委直属事业单位聘用制度和岗位管理制度；全力做好计划生育家庭奖扶政策经费保障工作，全年全省各级累计投入各项奖励资金达1.74亿元，中央投入云南省1.46亿元，共计投入达3.2亿元；积极配合省财政厅完

2011年8月5日，省人口计生委主任陈云生深入普洱市思茅区龙潭乡指导人口文化大院建设工作（省计生委　提供）

成农村计划生育家庭奖励资金绩效评价方案设计、基础数据的收集和抽查评估等工作；积极协调，争取落实推套防艾、人口计生综合改革、国家孕前优生健康检查试点等专项工作经费投入，共计2400万元。

慰问返乡农民工活动 2011年春节期间，全省各级人口计生部门开展了以"关怀关爱、促进和谐"为主题的"慰问返乡农民工及其家庭活动"。全省共为返乡农民工及家庭成员发放宣传资料40万余份，宣传品35万余份。发放慰问品、慰问金合计100万余元，为返乡育龄妇女查环、查病、查孕10059余人（次），发放避孕药具19.6万余盒。在元旦、春节期间，组织开展多种形式的集中宣传活动，向育龄流动人口发放宣传资料、慰问信、安全套等。计划生育协会组织基层群众编演文艺节目，深入乡村，开展文艺慰问演出，全省共举办文艺演出4000余场，让群众在欢快愉悦的气氛中接受人口计生宣传教育。

关爱妇幼健康促进优生优育工程启动 2011年6月2日，"关爱妇幼健康促进优生优育工程"启动仪式在昆明举行。该工程是由民间组织发起实施的社会公益项目，活动由省医疗扶贫顾问委员会和云南给力投资有限公司承办。在启动仪式上，云南省人口计生系统获得价值2亿元的医用设备捐赠。省人口计生委主任陈云生，项目牵头单位省医疗扶贫顾问委员会和项目承办单位云南给力投资有限公司的有关领导，州（市）人口计生委科技科长，县（市、区）人口计生局长、服务站长出席启动仪式。

（蔡　玲）

Protection to Women and Children's Rights and Interests

妇女儿童权益保障

概述 2011年，全省各级妇联围绕建设绿色经济强省、民族文化强省和面向西南开放重要桥头堡战略目标，把握加强和创新社会管理的重大机遇，围绕中心、服务大局，立足本职、服务妇女，深化"坚强阵地"和"温暖之家"建设，突出"创业就业年"的工作重点，大力推动解决妇女儿童最关心最直接最现实的利益问题，各项工作取得了新进展，团结带领广大妇女为实现全省"十二五"良好开局作出积极贡献。2011年12月，全国人大常委会副委员长、全国妇联主席陈至立到云南省调研后，对云南妇联工作给予了"做得好、抓得实"的充分肯定和高度评价。

妇女创业就业 2011年为全省"创业就业年"。全省各级妇联组织积极协调有关部门，解决担保资金和贴息等问题，加大小额信贷实施力度，使小额贷款在全省129个县顺利实施。全年新增"贷免扶补"贷款、小额担保贷款、劳动密集型贷款、扶贫贷款、"巾帼科技信用贷款"等各类小额贷款14亿（是全省妇联系统自1998年至2008年10年来实施小额贷款累计数的25倍）。扶持3万名妇女实现创业，带动和创造了15万余个就业岗位，在2010年的水平上实现倍增，季度还款率保持在99.22%以上。积极开展妇女创业就业指导服务工作，联合人力资源和社会保障部门在全省开展"春风行动"，组织女性人才专场招聘会83场次，为妇女提供就业岗位3.7万个。联合云南省调查总队高质量完成"发展家庭服务业促进妇女创业就业的对策研究"调研课题，组队参加全国巾帼家政服务技能大赛，着力促进家庭服务业发展。引领妇女参与现代农业发展，加大对女经纪人、女科技致富带头人和妇女专业合作经济组织的扶持力度，全省共举办各类实用技术培训2万余期，分级分类培训城乡妇女达200万人次以上，不断壮大农村乡土人才队伍。

参与社会管理和创新 2011年，认真学习贯彻中央和省委关于加强社会管理及其创新的决策部署，与省综治办联合在文山召开深入推进社会管理创新工作会，明确了妇联组织参与社会管理和创新的思路及举措，并下发《云南省妇联关于进一步加强新形势下妇女群众工作的意见》，指导基层妇联开展工作。健全和完善妇女思想动态信息收集上报工作机制和分析制度，在124个县开通12338妇女维权公益热线，畅通妇女诉求表达渠道，积极参与化解社会矛盾。加大维权服务力度，与综治、法院、公安、司法、民政等有关部门协作配合，推动妇女维权岗、妇女法律援助中心、维权合议庭、家庭暴力投诉站、反家庭暴力妇女庇护所等社会化维权维稳服务阵地的巩固和发展，依托基层综治中心建设抓好基层妇女儿童维权服务站（点）建设，并借助社工和志愿者队伍的力量，把维权工作延伸进社区和家庭。把开展禁毒防艾作为参与社会管理创新的一项重要任务，在全省妇联系统启动开展第三轮禁毒防艾人民战争宣传教育活动，深化"拒绝毒品、抗击艾滋、建设家园、共创平安”主题活动；实施“妇女面对面”防治艾滋病、“艾滋病致孤儿童社区寄养关怀”、“中国温暖12·1爱心基金——中国移动关爱行动”等禁毒防艾项目，培训禁毒防艾宣传教育骨干11.4万多人次，受艾滋病影响儿童、贫困留守儿童、艾滋病感染妇女等受益人群达3万多人次。

实施妇女儿童发展规划 2011年，全省妇联组织充分发挥妇女儿童工作委员成员单位及其办公室作用，促进完成2001～2010年“两纲”、“两规”终期评估工作。在推动和指导各地、各部门自查自评和省级完成统计监测报告的基础上，争取省政府重视支持，组成8个检查组，分赴8个州市、16个县市区、32个乡镇、40个村（社区）开展实地评估检查，验证工作成效，指导解决问题。全省“两规”终期评估显示，确定的219项指标中，定量指标102项，达标率为80.2 %；定性指标117项，基本达标，全省妇女儿童的生存发展环境进一步优化。同时，扎实推进2011～2020年新“两规”的编制工作，在调查研究、科学评估、反复征求意见的基础上，形成新“两规”送审稿，报经省政府常务会审议通过。按照全国妇联的要求，组织参与“中国妇女儿童十年发展成就展”活动并赴北京参展，云南展厅荣获此次展览最高奖项“最佳策划设计制作奖”，是全国5个获此奖的省区市之一。同时荣获“优秀组织奖”，充分展示了云南省妇女儿童事业取得的丰硕成果。

关爱帮扶困难妇女儿童 年内，省妇联联合卫生部门，在全省14个项目县开展农村妇女乳腺癌、宫颈癌“两癌”免费检查试点项目，如期完成三年为41万人次农村妇女免费检查的试点任务。在深入调查、摸清情况的基础上，争取省财政支持资金700万元，启动实施“农村‘两癌’贫困妇女救助”“贫困三八红旗手生活补助”“农村单亲贫困母亲安居住房援建”等实事项目，救助167名患“两癌”贫困妇女和114名生活困难的省及以上“三八红旗手”，帮助83户单亲贫困母亲援建安居住房，为困难妇女儿童提供了实实在在的帮助。大力实施“母亲水窖”“母亲健康快车”“金沙江下游水库移民妇女发展扶持”“春蕾计划”、农村中小学抗旱人饮工程、救助儿童勤工俭学的“童缘”等项目，开展“农村留守妇女儿童关爱行动”“消除婴幼儿贫血行动”，协调争取投入项目资金3300多万元，全年新建集中供水池46个，“春蕾学校”7所，“春蕾图书室”“安康图书室”“认助乡村图书室”63个，救助1000多名品学兼优、家庭困难学生完成学业，为基层配备“母亲健康快车”6辆及价值90余万元的药品，发放消除婴幼儿贫血爱心营养包19389盒，把帮扶救助送到妇女儿童身边。

和谐家庭建设 年内，全省进一步深化家庭领域的工作，着力打造“家”字工作品牌，夯实和谐社会建设的基础。深入推进“美德在农家”“学习型家庭”“家庭助廉”“低碳家庭　时尚生活”、平安家庭、和谐家庭等创建活动。大力开展家庭文化艺术及妇女健身活动，创建30个全国妇女健身示范站点，开展社会体育指导员和巾帼文明健身队结对示范活动，组队参加“第五届全国妇女健身活动（网络）展示赛”，促进家庭文化、社区文化建设。深入实施巾帼志愿服务行动计划，引导广大妇女在城乡社区开展关爱空巢老人、帮扶留守妇女儿童、美化社区环境等巾帼志愿服务，全省2028支巾帼志愿者队伍、5.57万名注册巾帼志愿者活跃城乡社区。

未成年人思想道德建设和家庭教育 2011年，省妇联与省委宣传部、省文明办、省教育厅、团省委、省关工委、中国移动云南分公司联合，开展“童心向党”歌咏比赛和第二届优秀童谣征集评选、表彰活动，促进未成年人健康成长。开展家庭教育指导与服务，牵头组织有关部门深入基层组织开展“家庭教育大讲堂巡回讲座”及“赏识—让生命更精彩”普及家庭教育知识活动，推进“网上家长学校”、“成长心桥”手机报建设工作，多形式多渠道宣传普及科学的家庭教育知识。完成全省家庭教育“十一五”规划的终期评估抽查工作，召开省家庭教育研究会五届一次常务理事会省和家庭教育“十一五”课题研究工作总结表彰会，举办全省家庭教育骨干培训班，进一步加强家庭教育骨干队伍建设。

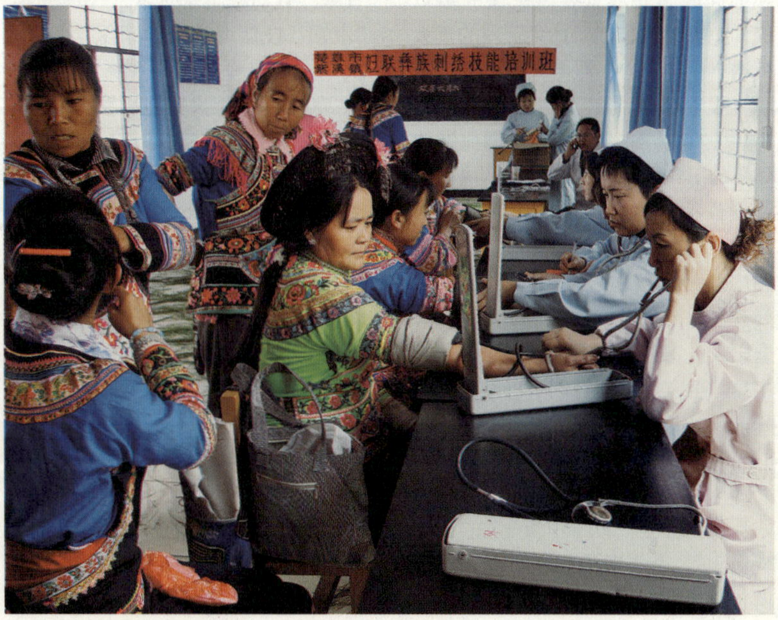

为农村妇女开展健康体检（省妇联　提供）

启动“送温暖、三下乡”活动 12月18日，全国妇联“送温暖、三下乡”活动启动暨“消除婴 幼儿贫血行动”爱心营养包发放仪式在宜良县举行。全国人大常委会副委员长、全国妇联主席陈至立，全国妇联党组副书记、副主席、书记处书记孟晓驷，省委副书记仇和，全国妇联书记处书记、中国儿童少年基金会副理事长范继英出席活动。活动仪式由省妇联主席胡有兰主持。活动仪式上，陈至立副委员长代表全国妇联向云南省妇联捐赠了包括母亲水窖建设经费、母亲小额循环贷款、母亲健康快车、消除婴幼儿贫血行动爱心营养包、妇女儿童健康食品等价值600万元项目资金及物资。仪式结束后，陈至立副委员长一行参观考察了宜良县永新村妇女之家，详细了解当地贫血儿童的数量和爱心营养包使用培训情况，并看望慰问了永新村城北村民小组贫困户张树英，送去慰问金和慰问品。在滇期间，陈至立副委员长一行还深入到德宏州陇川县、瑞丽市调研考察工作。

表彰创先争优十大杰出女性 2月28日，云南省纪念“三八”国际劳动妇女节101周年暨创先争优十大杰出女性表彰大会，在昆明隆重召开。省委副书记李纪恒出席大会并发表重要讲话。省人大常委会常务副主任晏友琼、省人大常委会副主任程映萱、省政府副省长高峰、省政协副主席倪慧芳、省政府秘书长丁绍祥等领导出席会议。省直有关部门、单位领导，全国妇联在昆执委、省妇联在昆常执委，在昆部分厅级女领导，省妇联团体会员代表，全省政法、教育、卫生、工商、税务、交通、省属企业、驻昆武警部队代表，受表彰人员所在单位及系统代表，昆明市属有关单位代表及新闻工作者共1500多人参加会议。会议由高峰副省长主持。省妇联主席胡有兰在会上致辞。会议对杨竹芳、宋培芝、柳清菊、舒群、李海燕、尹祖鸾、郑南南、李学莲、陈硕、铁飞燕10名“云南创先争优十大杰出女性”，以及蒋立虹、桑思柳、白存珍、徐英、赵宁、王佳敏、冯咏梅、赵淑芬、徐佳、陈舒10名“云南创先争优十大杰出女性”提名奖获得者进行了表彰。会议号召，全省各族各界妇女在新的历史条件下继承百年来世界妇女团结奋斗的光荣传统，立足本职、奋发有为，为建设“两强一堡”发挥更大的作用；传承文明、弘扬新风，更加自觉地维护社会和谐稳定；勤奋学习、刻苦求知，做自尊、自信、自立、自强的时代新女性。

省委副书记李纪恒与受表彰的“创先争优十大杰出女性”亲切交谈（省妇联　提供）

推进社会管理创新工作 4月25日，云南省妇联、省综治办深入推进社会管理创新工作会议在文山召开。会议围绕贯彻落实全省群众工作会议暨领导干部社会管理创新研讨班精神，研究部署妇联组织和综治部门协作配合，在参与社会管理、化解社会矛盾、构建和谐社会中的主要任务。省委副书记李纪恒出席会议并作重要讲话，省委常委、省政法委书记、省综治维稳委主任、省公安厅厅长孟苏铁主持会议。省综治维稳部分成员单位、省维护妇女儿童合法权益联席会议成员单位、省“平安家庭”创建活动领导小组成员单位领导，文山州委、州政府主要领导和16个州市党委分管领导、妇联主席、综治办主任等共200余人参加会议。会议要求，各级妇联组织要找准工作切入点，着力加强思想引导，把广大妇女的智慧和力量凝聚到推动科学发展、促进社会和谐上来；着力改善妇女民生，让妇女群众得实惠、普受惠、长受惠；着力教育和引导妇女理性维权维稳，在促进和谐建设中有所作为；着力增强社会管理服务能力，提高社会工作专业化水平；着力夯实妇联基层基础，切实推进“坚强阵地”和“温暖之家”建设；着力改革创新，建立健全妇联发挥作用的有效机制。各级综治部门要切实增强紧迫感和责任感，更加自觉地把社会治安综合治理放到全面建设小康社会的大局来谋划，以解决影响社会和谐稳定突出问题为突破口，组织协调有关部门，积极推动社会管理创新，深入开展矛盾纠纷排查调处、社会治安防控体系建设和基层基础性工作，积极支持妇联把建设平安家庭、调解矛盾纠纷、接待来信来访、法律宣传服务、制止家庭暴力等多项与社会稳定密切相关的工作，纳入当地综治工作总体部署；积极配合妇联开展来信来访联接、矛盾纠纷联排、维权服务联动等工作，切实把暖人心、聚人心、稳人心的工作做到妇女群众心坎上，努力让城乡居民生活得更加美好。

（高　梅）

Commodities Price

物价

居民消费价格 2011年，全省居民消费价格持续上涨，涨幅居全国末位。受国际国内经济大环境影响和农产品价格上涨拉动，云南省居民消费价格呈现上涨趋势，1～10月环比持续上涨，随着各项调控政策效果的逐步显现，11月、12月环比出现下降，降幅分别为0.2%、0.3%；年内同比涨幅总体呈逐月扩大的趋势，1～8月，月同比涨幅均低于全国平均水平，9月同比上涨6.1%，与全国持平；10月份后同比涨幅有所回落，10、11、12月同比分别上涨6.0%、5.3%、5.3%。2011年全省居民消费价格总水平累计上涨4.9%，虽然略高于年初确定的预期调控目标，但仍低于全国平均水平0.5个百分点，在全国31个省（区、市）中与天津市并列倒数第一位。其中，食品类价格累计上涨11.5%，拉动价格总水平上涨3.6个百分点，对总指数的影响程度达73%，是影响价格总水平上升的主要因素。食品中肉禽及其制品、油脂、粮食、蛋、干鲜瓜果累计涨幅较大，分别为24.8%、13.0%、11.9%、10.6%、9.7%。

城市主要生活用品价格 2011年，全省城市主要生活用品价格呈上涨态势。粮食价格涨幅较大。2011年，云南省监测的东北粳米、江苏粳米、本地产晚籼米和粳米，平均零售价格分别为每千克5.74元、4.94元、4.36元、5.04元，同比分别上涨5.44%、11.33%、15.55%、10.31%。袋装富强粉、一级标准粉价格分别为每千克4.49元、3.95元，同比分别上涨10.54%、8.22%。一级玉米价格为每千克2.42元，同比上涨3.47%。食用油价格持续上涨。2011年云南省监测的一级散装菜籽油平均价格为每千克13.73元，同比上涨11.68%。另据监测，至2011年12月，5升桶装金龙鱼调和油价格为每桶67.36元，同比上涨7.16%。肉禽蛋价格大幅上涨。据监测，2011年云南省生猪及产品价格持续走高，10月份全省仔猪、鲜后腿猪肉、精瘦肉平均价格分别为每千克35.38元、33.69元、37.91元，为全年最高；11月、12月略有回落。仔猪、鲜后腿猪肉价格分别为每千克28.34元、28.83元，同比分别上涨98.34%、41.30%；牛肉、羊肉平均价格分别为每千克37.89元、42.94元，同比分别上涨8.44%、14.25%；活肉鸡价格为每千克18.95元，同比上涨8.96%；鸡蛋价格为每千克11.21元，同比上涨16.27%。

工业品价格 工业品价格呈“高进低出”格局。2011年，受国际原油、有色金属、黑色金属等大宗商品价格持续波动上行影响，云南省工业生产者出厂价格和购进价格呈持续

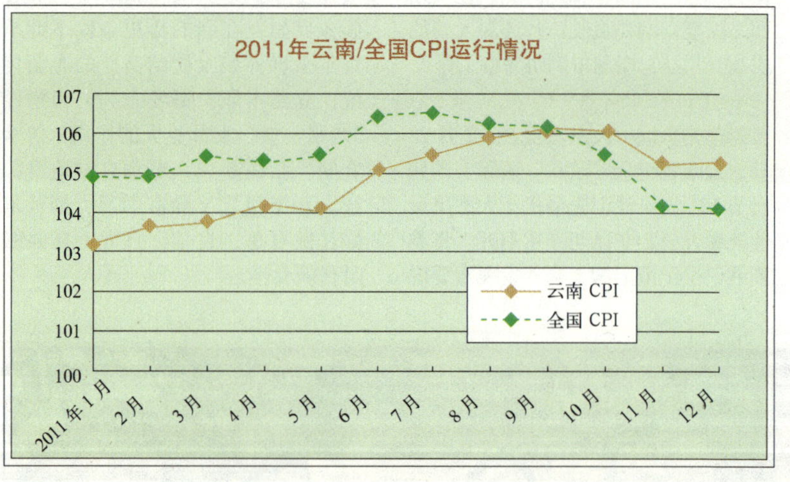

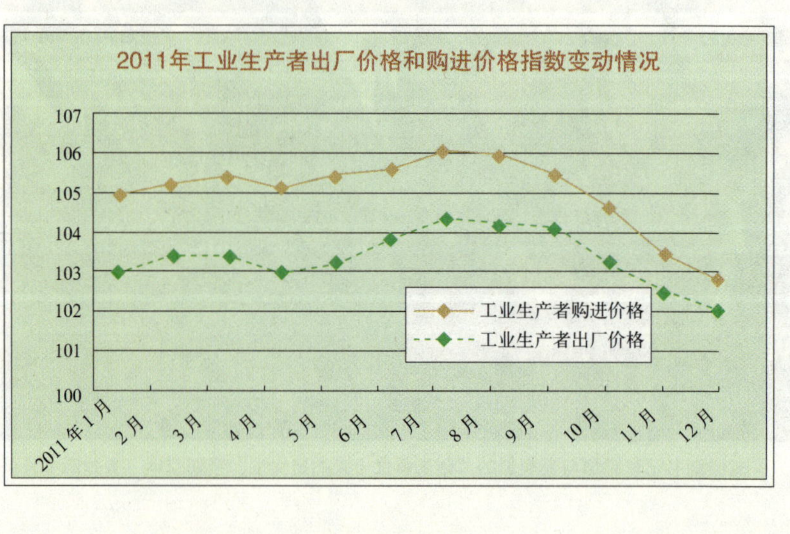

上涨走势，但购进价格涨幅始终高于出厂价格涨幅，且均低于全国平均水平。工业生产者出厂价格累计上涨4.7%，比全国6.0%的平均涨幅低1.3个百分点，其中，生产资料累计上涨5.8%，生活资料累计上涨1.6%；工业生产者购进价格累计上涨8.0%，比全国9.1%的平均涨幅低1.1个百分点，比出厂价格高3.3个百分点，呈现“高进低出”局面。

从监测数据看，所监测的主要工业品价格均呈上涨态势。2011年，铜、锡、铅、锌、铝平均价格分别为每吨64975元、190750元、16390元、17480元、16817元，分别比上年上涨10.50%、31.74%、2.09%、2.94%、6.18%；6.5高线线材、6.5普通线材、螺纹钢、角钢平均价格分别为每吨5112元、4944元、5166元、5007元，分别比上年上涨13.72%、12.89%、12.91%、12.57%。42.5强度、52.5强度普通硅酸盐水泥平均价格分别为每吨470.34元、532.38元，分别比上年上涨7.83%、6.78%。

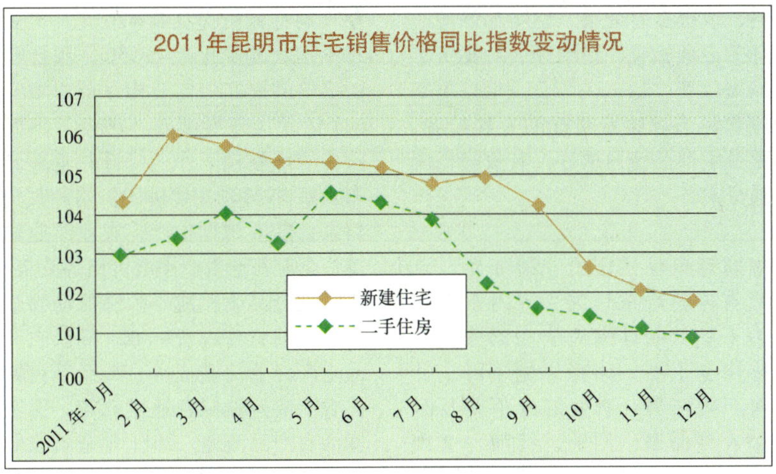

农资价格 2011年，全省农资价格涨幅较大，呈现前三季度涨幅逐月扩大、四季度涨幅略有回落态势，全年累计上涨8.3%，其中产品畜、化学肥料、农用机油、农用种子价格涨幅较大，分别累计上涨19.6%、12.1%、8.6%、8.3%。

从监测数据看，所监测的主要农业生产资料价格均呈上涨走势。2011年碳酸氢铵、尿素、过磷酸钙、复合肥平均价格分别为每千克0.86元、2.52元、0.71元、1.98元，分别比上年上涨13.72%、23.29%、22.91%、13.91%；高压聚乙烯棚膜、地膜平均价格分别为每千克17.04元、15.47元，分别比上年上涨8.68%、8.16%。

房屋销售价格 2011年，受国家及云南省一系列房地产调控政策的影响，全省房屋销售价格同比涨幅趋稳回落。昆明市新建住宅和二手住房价格环比呈现上半年持续上涨，下半年开始逐步趋稳回落态势；同比涨幅整体呈现回落态势。据统计数据，2011年昆明市新建住宅价格累计上涨5.6%，涨幅比上年回落1.2个百分点，其中新建商品住宅价格累计上涨6.1%；二手住房价格累计上涨3.6%。2011年大理市新建住宅价格累计上涨1.4%，其中新建商品住宅价格累计上涨1.4%；二手住房价格累计上涨3.7%。

稳定价格总水平 2011年，省物价部门调控物价主要措施：(1)构建稳定物价保障市场供应长效考核机制。按照中央将稳定物价总水平作为2011年宏观调控首要任务的要求，狠抓省政府20条稳价保供政策措施的落实，及时提出了建立全省稳定物价保障市场供应责任制的措施建议，研究拟订了2011年的考核目标和工作职责。省政府高度重视，决定把稳价保供责任制作为稳定物价的重要抓手和长效机制，列为省政府每年督查的重点工作。全省物价会上，省政府与各州、市政府签订了《2011年稳定物价保障市场供应责任书》。为保障责任制的顺利实施，经省政府同意，会同有关部门及时下发了《稳定物价保障市场供应责任管理考核办法》，并建立了月度通报制度和督促检查制度，提高了各州、市对稳价保供工作的重视程度和责任意识。(2)建立社会救助和保障标准与物价上涨挂钩的联动机制。按照国家五部委和省政府20条措施要求，积极加强与财政、民政等相关部门的沟通协调，经省政府常务会议审议通过，会同相关部门联合下发了《关于建立社会救助和保障标准与物价上涨挂钩的联动机制的通知》，建立了云南省社会救助和保障标准与物价上涨挂钩的联动机制，在国家要求的基础上扩大了保障对象范围，增加了普通本专科及中专在校贫困学生；对临时价格补贴标准作了明确具体的规定。全省联动机制于2011年11月份正式实施。在联动机制建立前，省级财政下拨1.6亿元补助经费，对城市低保对象、农村低保对象、农村五保供养对象、重点优抚对象低收入群体按每人每月10元的标准发放3个月的临时价格补贴，在一定程度上缓解了物价上涨对低收入群体生活的影响。(3)建立中心城市鲜活农产品直销长效机制。督促昆明市新建和改扩建256个生鲜超市，确保310个蔬菜直销点临时机制与社区生鲜超市长效机制的顺利衔接，并设置了60辆蔬菜直销车直接进入社区销售，受到广大群众的欢迎和认可。对运输鲜活农产品的货运车辆发放特别通行证，允许24小时进城和便利停靠，确保农副产品正常供应。曲靖、临沧等地也采取多种形式积极推动“农超对接”，增设了鲜活农产品直销网点等，有效降低了蔬菜流通成本和价格，取得良好效果。切实加强流通环节专项检查，组织开展对集贸市场摊位费、超市进场费、生猪屠宰销售环节等收费情况的专项检查，整顿农产品流通秩序，有效降低流通成本。

缓解煤电保供压力 2011年，云南省再遇严重旱灾、省内水电出力不足、电煤供应全面紧张、价格快速上涨、库存急剧下降。针对严峻形势，省发展改革委及时深入到曲靖、昭通、红河、文山等州市及滇东、开远、小龙潭、巡检司等电厂进行现场调研，在全国率先下发《关于保障电煤供应稳定电煤价格有关问题的通知》，将电煤供应任务分解落实到煤矿并研究制定煤矿开采权、生产许可证与电煤供应任务挂钩的考核机制，对电煤实行限价管理。全面开展涉煤价格专项检查，严厉打击违反电煤价格调控政策、擅自提高价格和通过降低煤质、以次充好等手段变相涨价以及串通涨价等违法行为。对曲靖、昭通、红河等重点产煤州市和138家煤矿全面开展电煤生产成本监审，覆盖了全省近80%的电煤销售量，为实施临时价格干预提供了明确依据。通过电煤保供和价格干预后，省内电煤主产地购销合同的签订和履约情况有了明显改善，电煤价格大幅下降，库存逐月上升，对保障全省今冬明春电煤供应和电厂的正常生产运行发挥了重要作用。

促进农民增产增收 2011年，全省较大幅提高云南省中晚籼稻、粳稻价格水平最低收购价格，在国家每50千克提高10元和23元的基础上分别再增加5元和9元，比2010年分别提高15%、30%。落实烤烟收购价格政策，积极争取国家支持，将烤烟收购价格平均提高12%，加之烟叶品种的优化，预计全省烟农全年增收43.4亿，增幅达31.4%。在全省11个甘蔗主产区实施了糖、蔗价格二次联动政策，年度榨季甘蔗收购首付价提高到420元，比去年平均收购价提高10.5%，预计收购价格的提高将使全榨季蔗农增收6.7亿元。开展涉农、涉企、涉民收费清理整顿工作，修订并重新公布云南省23项主要涉农价格和收费目录。落实烤烟生产、农业产业化龙头企业基地生产用电价格等政策，降低农产品生产成本。降低动物及产品检验检疫收费标准，降低农产品生产经营流通成本。继续落实鲜活农产品运输绿色通道政策，促进鲜活农产品流通，2011年全省收费公路减免鲜活农产品运输车辆通行费7.19亿元。

资源性产品价格改革 2011年，全省推进资源性价格改革，主要措施是：(1) 推进电力价格改革试点。根据《国务院关于支持云南省加快建设面向西南开放重要桥头堡的意见》和省委、省政府关于尽快将云南省的水电资源优势转化为经济优势的重要指示精神，全力推进电力价格改革试点的方案起草工作。经深入调研、反复论证，8次向国家发改委汇报沟通，数易其稿，形成了《云南省电价改革试点方案》，提出了9条深化电价改革的措施建议。

(2) 不断完善电价政策。疏导煤炭价格上涨对发电成本的影响，先后将云南电网燃煤电厂上网电价每千瓦时提高0.46分钱（其中0.3分用于解决脱硫加价）、2.6分钱，安装脱硫设施的新投产燃煤机组上网电价由每千瓦时0.33元调整为0.3606元。完善地方独立电网丰枯电价政策，制定了地方独立电网区域性输配电价标准（每千瓦时0.10元），丰水期试行区域性电价政策，缓解地方电网丰水期窝电的矛盾，促进水电资源就地转化和当地经济社会发展。争取国家将云南送广东电价每千瓦时由0.363元调整为0.39元，每千瓦时提高2.7分。争取国家核准太阳能光伏发电项目上网电价统一为每千瓦时1.15元，石林并网光伏电站一期项目上网电价每千瓦时再提高0.35元，促进可再生能源发展。核定云南省垃圾焚烧发电临时结算电价每千瓦时0.4846元，缓解垃圾焚烧发电企业的经营困难，促进资源综合利用和环境保护。

(3) 继续推进全省"两污"价格改革。统一制定和公布了全省水资源费、城市供水和污水处理价格的指导标准。加强对州市水价改革的指导，对省管理的州市政府所在地的水价调整，由省和州市发改部门联合召开听证会；对一次性调价幅度较大的地方，采取一次听证和分步实施的办法，确保水价调整方案的平稳实施。2011年，楚雄市等11个县市调整了供排水价格，师宗县等5个县市调整了居民垃圾收费价格。

(4) 加强旅游资源价格收费管理。实施《云南省游览参观点门票价格管理实施办法（试行）》，明确了旅游门票价格调价幅度和频次，统一了优惠政策及公示规定。暂缓出台阿庐古洞景区、西双版纳植物园门票价格调整。制定了云南省草原植被恢复费标准，调整绿化费标准，促进生态文明建设。

完善价格政策 2011年，全省全面清理并制定云南省中小学校服务性收费和代收费管理政策，出台《云南省高等学校学分制收费管理暂行办法》，保持公办学校收费稳定。结合医改进程，全省农村和城市社区基层医疗机构全部实行了基本药物集中采购和零差价销售；调整修订65项医疗服务价格，制定了"一般诊疗费"收费政策和12个试点病种的最高限价，有效降低了基本药物价格，有升有降调整了医疗服务价格，减轻病患不合理医疗费用负担。取消和停止了云南省部分社团收取的10项收费。严格落实11类34项商业银行收费减免政策。切实加强住房价格管理，制定了《云南省商品房销售明码标价实施细则（试行）》，严格落实商品住房明码标价制度和备案制度，规范房地产市场价格交易行为，出台了《云南省物业服务收费管理实施办法》，清理整顿涉及房地产开发、销售和中介服务的各项收费。对民办学校、景区门票、城市供水、电厂电价、药品等行业开展成本监审，核减企业上报不合理成本23.15亿元。

市场价格秩序监管 2011年，省物价部门加强价格监管。(1) 实施临时价格干预措施。积极建议省政府临时价格干预措施执行时间由各州市自行确定，昆明等城市延长临时价格干预措施的执行时间，确保了元旦、春节期间的价格稳定；对盈江县地震灾区、昭通移民工程等特殊地区的建材等实施临时价格干预措施，有效预防了局部市场价格上涨。(2) 加强市场价格监督检查。加强流通环节收费专项治理，对农贸市场摊位费、超市进场费、生猪屠宰销售环节等收费情况进行专项检查，整顿农产品流通秩序，有效降低流通成本。对家乐福白云、世纪城超市等价格欺诈行为进行严厉查处，分别罚款50万元并曝光。开展电力价格、电煤价格等专项检查，对电煤生产与供煤企业的购销合同、电煤供应及价格执行等逐一核查。针对成品油一度供应紧张，及时召开提醒告诫会，下发提醒告诫通知书，督促执行成品油零售政府指导价，保障成品油市场正常秩序。2011年，全省共查处价格违法案件1237件，查处价格违法金额5008.726万元，实施经济制裁总金额5235.622万元。(3) 及时应对突发事件。针对年初食盐抢购等突发事件，会同相关部门组织调运，稳定市场供应，启动应急监测和价格检查日报制度，发布正面信息，引导群众心理预期，确保市场和社会稳定。

（省发改委价格调控处）

Construction on Affordable Housing

保障性住房建设

概述 2011年，省委、省政府始终坚持把加快推进保障性安居工程建设作为落实科学发展观的重要举措狠抓落实，全省住房保障工作取得显著成效。至12月底，全年新建的31万套城镇保障性住房全部开工，竣工10.5141万套，完成投资226.43亿元，完成总投资的82%。2011年是云南省保障性安居工程建设总量最大、任务最重的一年，全年的任务接近“十一五”期间的总和，全省各地确保落实土地、落实资金，按时开工，在确保工程质量安全的前提下，超额完成了国家下达和省政府确定的年底前完成60%以上投资额的目标任务。

筹措资金 2011年，省政府从保民生、保增长、保稳定的高度出发，逐年加大对城镇保障性住房建设的资金配套力度。全年安排省级城镇保障性住房建设补助资金11.35亿元。同时，积极争取到中央补助城镇保障性住房建设资金67.37亿元。各地严格落实国家和云南省有关政策，多渠道筹措建设资金，确保土地出让总收入的5%、房地产开发税收的10%和住房公积金增值净收益用于保障性住房建设，并积极搭建投融资平台，全省落实信贷资金120多亿元。

土地供应 2011年，全省对城镇保障性住房建设用地计划指标实行单列，做到优先供应、应保尽保。全年全省落实城镇保障性住房建设用地1.6万余亩，确保了城镇保障性住房建设用地的需要。

税费政策 2011年，全省城镇保障性住房建设、买卖、经营等环节涉及的土地使用税、土地增值税、契税、印花税、营业税、房产税等，按照国家有关规定予以减免。城镇保障性住房建设项目免收城市基础设施建设配套费、异地安置人防建设费等行政事业性收费和政府性基金。

（张礼孔　关世敏　李　璟）

PROCESS ON

BUILDING MODERATE PROSPERITY IN TOWNS, CITIES AND AUTONOMOUS PREFECTURES

州市县小康建设进程

主　　编　刘建军

责任编辑　李海荣

（张卫民　摄）

Harmonious, Moderately Affluent and Civilized Villages and Towns

和谐 小康 文明村镇

金星和谐社区 昆明市盘龙区联盟街道金星社区成立于2005年5月，辖区东起万宏路，南至白云路，西以北京路至金星立交桥为界，北至二环北路。面积0.45平方千米，常住居民7757户，总人口20515人。社区党委以落实科学发展观为举措，以抓社区“党建、管理、服务”3个全覆盖为突破口，围绕“服务群众、凝聚民心”的工作理念，推动和谐社区建设，促进社区各项工作全面发展。

围绕“四当五服务”“真情七送”“八到家”工作，积极解决群众最关心、最直接、最现实的利益问题，提升社区在居民中的影响力。落实“四当五服务”工作制度。把“群众的事当自己的事来办、小事当大事办、缓事当急事办、分外事当分内事办”，切实做好单位（居民）、劳动就业、社会治安综合治理、弱势群体的帮扶、人口与计划生育等的管理与服务工作，赢得了居民对社区的信任和支持。施行“八到家”工作制度，即“新婚喜事庆贺到家，办理丧事慰问到家，家庭纠纷调解到家，有病住院看望到家，计生走访关爱到家，重点人员帮教到家，生活保障发放到家，下岗待业安置到家”。打造“真情七送”为服务平台，给社区居民送关怀，2011年共帮助辖区单位、居民办理各种业务487件次；给千家万户送平安，构建由“扶危济困网”“治安防范网”“城管服务网”构成的“三大网络”服务平台；给孤寡老人送健康，成立云南省首家“社区健康小屋”，组织医疗志愿服务队对辖区内的残疾人和70岁以上的独居老人提供免费义诊，送医送药；开展给弱势群体“夏送凉”“冬送暖”和“日常送关怀”等帮扶活动；针对欠薪的农民工，残疾对象等打造“半小时法律援助服务圈”，为欠薪的农民工、残疾人等提供各类法律服务16件次，先后帮助城镇失业低保人员、残疾人办理法律援助惠民卡30多人次，对60年以上党龄的老党员和困难党员以及辖区弱势群体进行定期慰问；给社区群众送绿色，美化社区环境，打造绿色社区；给社区居民送“精神食粮”，开展“金星和风”演讲比赛、居民道德讲座、“党旗飘飘”为民服务文艺演出，倡导争创“文明单位”和“五好文明家庭”的良好风尚。2011年9月5日，举办第二届“金星和风——民族团结百家宴”活动；给待业青年送岗位，年内，共举办就业培训4次。为164名失业人员推荐和联系了用工岗位。并帮助有条件的下岗失业人员自主创业2件次，带动就业8名。

加强社区文化建设，提升社区凝聚力。探索广场文化、楼道文化等新的活动方式，营造社区温馨的氛围。创作的社区歌曲《金星之歌》，这首歌代表盘龙区参加“唱响昆明——爱国歌曲大家唱”群众性歌咏比赛，《金星之歌》已成为一张社区名片被广为传唱。创办云南省首家社区报《金韵星声》，受到广大居民群众的喜爱。“社区是我家，建设靠大家”已经成为金星社区的共同心声。

（吴焰红）

全面发展的好义新村 安宁市县街街道村委会好义村民小组，全村有耕地822亩，其中水田409.5亩，旱地412.5亩；有农户211户675人，其中劳动力459人，长期外出劳务人员105人。2009年全村经济总收入988.5万元，人均纯收入7475元。在各级政府支持下实现了100%农户通自来水、通有线电视、硬化道路通到各户门口、100%参加新型农村合作医疗。随着新农村建设的稳步推进，村民小组解放思想、开拓创新，投入资金45万元对原办公楼进行全面装修改造。建成集文化室、电脑室、老年活动室、妇女之家、儿童乐园为一体的开放式群众文化娱乐场所。老办公楼旧貌换新颜，让村民看到了建设社会主义新农村的必要性和重要性，由此树立了全民共同参与建设社会主义新农村的信心。村小组遵照农户意愿，合理流转土地，发展特色农业，发展大棚花卉、西瓜、黄芽韭菜等73亩，租金收入每年4.38万元。土地流转，既保证了种田农户的吃、穿问题，又为富余劳动力提供了就业渠道，人们各尽所能，农民收入不断增加，社会风气明显好转。

（马义芳）

中国特色村——二顺村 在江苏省江阴市华西村举行的第十届村长论坛上，曲靖市会泽县乐业镇二顺村被评为“中国特色村”，全市首家获得此殊荣。全国共有30个村被命名为“中国特色村”。云南省有5个，曲靖市仅此一家。会泽县乐业镇二顺村辖区面积5平方千米，全村共596户2396人。村党总支下设7个党支部，有党员64人。村党总支在学习实践活动中，以产业富村为“纲”、党建领村为“要”、科技兴村为“基”、法治稳村为“源”、环境靓村为“本”、文化活村为“魂”，构建了“一村多品”的产业发展格局，农民人均收入实现快速增长，村级集体经济不断壮大，村容村貌焕然一新，党的基层组织凝聚力明显增强，提前实现了人均经济总收入8000元、纯收入4000元的目标，村集体经济纯收入达9万元，党总支被省委组织部表彰为“五好村级党组织”。

（田德粉）

六街以工业兴城镇 六街镇位于玉溪市易门县北部，与安宁市禄脿镇和禄丰县的土官镇接壤，是昆明、玉溪、楚雄三州市的交汇点。安丰营至易门二级公路穿镇而过，集镇距安楚高速公路16千米，距昆明75千米，距县城20千米，独特的区位使六街镇成为易门的“北大门”。辖区总面积221平方千米，总人口2.54万人。镇内石灰石资源储量251亿吨，是冶金熔剂生产的优质原料。六街镇集中优势资源向大企业、大项目集聚，围绕石灰石资源综合开发项目，做强、做大冶金熔剂生产基地。以石灰石资源关联的企业有昆钢钙镁熔剂、山东泰山建材、日丰预制件等5户。近年来，共完成工业固定资产投资6.5亿元，工业企业发展至280户，其中规模以上企业11户，实现营业收入7.1亿元、利税0.8亿元，从业人员2900余人。2011年，有个私企业1604个，从业人员4217人，企业总收入8.11亿元，实现税利0.72亿元，工业总产值6.45亿元，从事第二、第三产业的6450人，占总劳动力的43.13%。集镇面积1.2平方千米，街道8条6.5千米，人口8200人。利用为昆钢提供石灰石资源的有利条件，在集镇投资1450万元因为开采石灰石而搬迁的瓦家底村36户群众统一建盖了别墅式的居住小区，成功实现了整村搬迁至集镇，实现了“建好一个厂，竖起一片城”。农民进厂务工，入城生活，全镇11户规模以上企业吸纳农村劳动力3900余人，以服务企业为主的运输公司发展至4家，注册车辆1100多辆。镇内管理服务机构健全，小学、中学、医院、药店、餐馆、超市、银行俱全，娱乐休闲、餐饮服务优良，商贸物流繁荣，城镇化水平不断提升，有效带动了一、三产业和小城镇的发展。

（矣德忠）

南碱村获第三批全国文明村称号 新平县漠沙镇南蚌村南碱村民小组在社会主义新农村建设中，以建设老百姓最幸福的地方为目标，以增加农民收入为核心，以文明村创建为载体，以群众性精神文明创建活动为抓手，调整产业结构，促进农民增收，保护生态环境，改善村庄卫生，开展科技培训，提倡社会新风，全村支柱产业生机勃勃，基础设施日新月异，村庄面貌焕然一新，乡村文明程度和公民文明素质不断提高，建设了具有民族特色的“村美、人富、文明、和谐”的社会主义新农村。2011年，全村总面积6.25平方千米，耕地面积496.34亩，有57户273人。粮食总产20万千克，人均产粮733千克；种植业产值112.2万元，畜牧业产值62.6万元，实现经济总收入246.4万元，农民人均纯收入5824元。12月20日，中央文明委授予第三批“全国文明村”。

（刘凤琼）

团结和谐的西山村 在施甸县城西面大山脚下的绿荫里有一座回民村落，近年来在党和国家民族政策和惠农举措的推动下，该村正迅速崛起，经济文化建设方面蓬勃发展。这个村子叫西山村，全村共有2个村民小组，92户农户480人，有良田160亩，耕地450亩，山林1000多亩。西山村还是施甸县一个有名的华侨村，在外华侨500多人。该村主要的经济收入是林果业、畜牧及食品加工业、交通运输业。林果方面种植板栗400亩、甜柿20亩、核桃30亩。仅板栗收入就达30万元。畜牧方面主要是发展牛、鹅养殖，同时依托地理位置和环境的优势发展清真特色农家乐。现已开办6家农家乐，每天接待食、游客300余人。在村外县城等地从事饮食服务业的还有24家，专门从事牛干巴、板鹅食品加工的有9家。交通运输方面全村有机动车70多辆，搞运输的有8户，全村第三产业收入已突破300万元，村民人均纯收入达4500元。

截至2011年，该村争取国家项目资金近百万元，用于道路硬化、建公厕、路灯、人畜饮水工程以及墙体文化建设等，村里还成立村级道路养护小组，将卫生维护细化到每一户农户，村容村貌大为改善。现在西山村已经成为环境优美、经济发展、民族团结、文明和谐的小康村。

（詹应泽　杨志香）

生态旅游村——银杏村 腾冲县固东镇江东社区共有银杏1万多亩3万余株，因保存有1000余株树龄百年以上的古银杏又被誉为银杏村。银杏村国土面积35.42平方千米，有农户978户3885人。近年来，依托古银杏资源，调整产业结构，发展乡村旅游，银杏村在解决剩余劳动力、增加农民收入、保护银杏资源、提高农民素质等方面取得了显著成效，走出了一条生态旅游富民之路。

2010年江东社区被列为全省首批旅游特色村，并提出了打造“中国银杏第一村”的目标定位。2011年，对江东旅游小镇进行全面规划建设。投资1700万元完成银杏村二级旅游路一期路基工程。投资150多万元对江东旅游核心区陈家寨54户进行风貌改造。投资516万元对进村主路、村内道路、荷花池、公厕、文化活动场所、水体景观、党支部活动场所等基础设施进行建设。投资104.78万元进行江东村落环境综合整治。投资34万元完成江东万头生猪养殖场租地及一期工程，投资500万元的厂房正在施工。投资近100万元新建占地面积8200平方米的停车场和占地4500平方米的文化广场各一个。投资30万元完成江东农村集市项目建设。启动农家旅馆改造项目，总投资380万元对25家农户进行农家旅馆改造。

在加强基础设施建设的同时，银杏村充分挖掘和展示固东民俗文化风情，通过现场演示腾冲皮影、腾冲纸伞、腾冲绒锈和腾冲各种地方特色小吃的制作工艺，举办专场文艺演出和展示会，建设文化主题大院等活动，多视角展示腾冲丰富多彩的地方民俗文化，把展示乡村民俗文化作为发展乡村旅游的又一亮点。形成了行政村有文化活动室及文化活动广场、自然村有文化活

银杏村的秋天（腾冲县志办　提供）

动中心及“文化晒场”和农民业余表演队，农户有“文化月台”和文化活动积极分子的“三级网络”。依托文化信息资源共享工程创办农文化网培学校，聘请文化干事和文化顾问，定期和不定期开展农村致富技术培训和文化信息服务。

银杏村在过去单纯依靠季节性观光和出售银杏鲜果增加收入的基础上，经过不断摸索实践，初步形成“一村一品”发展模式，陈家寨自然村发展“吃在农家”旅游产业，坝心自然村发展“农闲绣花”文化产业，江云自然村发展“生态农家”经济林产业。初步形成赏江东自然美景、尝银杏系列美食、品地方民俗文化三个主题鲜明的旅游精品。2011 年共接待游客 10 万人次，从事农家乐服务的农户增至 70 余户，实现旅游总收入 1200 万元。乡村旅游已逐步发展成为江东村民增收的支柱产业。

（许振娣）

小村庄大变化　大坪子自然村位于龙陵县城东北部 3 千米处，320 国道穿境而过，这里距县城较近、交通便利、周边企业众多。村里有农户 52 户，农业人口 272 人。原来的大坪子村基础设施落后，居住环境差，大部分农户沿袭着人畜共用一个院子的居家模式，院子、村庄道路都是泥土路面，村庄道路狭窄、路面坑坑洼洼，由于缺乏排水设施，污水肆意流淌，车辆通行、村民出行十分不便。这里产业单一，农民增收困难。

2011 年，实施边境地区专项转移支付资金村容村貌及环境整治项目，投入项目资金帮助当地群众改善基础设施，改善居住环境，发展产业。有了项目资金的扶持，村民们有力出力，有物出物，家家户户开展了家园建设。52 户农户都硬化了院场和入户路；每一户家庭都对住房墙体进行了粉白，让房屋披上新装；他们还改造畜圈，让饲养猪、鸡、牛的场所与人的生活区域彻底分隔开来，其中有 48 户农户建起了卫生圈，33 户农户建起了沼气池，48 户农户建起了干净、整洁的卫生厕所。据统计：全村共改造并硬化村庄主道路 810 米，主岔路 370 米，入户道路 900 米。

项目的实施不但激发了村民改变村庄落后面貌的热情，也拉动了相关部门的支持。农业、林业、畜牧等部门的科技人员进村来了，县残联、县扶贫办、县畜牧局等单位的干部们来了，一些周边的企业也来了，他们为村民传授核桃、石斛等种植技术，举办养猪、养鸡知识培训，有的还带来了资金。目前，大坪子自然村已经种植核桃 400 多亩，部分村民利用房前屋后的空地种起了石斛，家家户户鸡鸭成群、肥猪满圈，有 5 个农户还成为了养猪示范户，有 2 户农户开起农家乐。

大坪子自然村建前（龙陵县志办　提供）

大坪子自然村建后（龙陵县志办　提供）

具有当地民族文化特色的村民综合文化活动室、篮球场、休闲广场和功能齐全的村级卫生室正在建设中，预计2012年3月底竣工。到项目实施结束，全村计划完成投资228.16万元，其中中央财政补助资金80万元、部门整合35.56万元、信贷资金10万元、群众“一事一议”投工投劳筹资102.6万元。

如今绿树掩映中的村庄变得美丽了。这里一条条混凝土硬化的村庄道路连接各家各户，大部分家庭可以把拖拉机、小汽车直接开到了自家的院子里。大坪子自然村变成了一个鸟语花香生态，恬静雅致居民区。

（廖　立）

全国文明村镇——勐廷村 勐廷村位于昌宁县城北部，距县城3千米，国土面积18.80平方千米，年平均气温14.90℃，年降水量1253.10毫米。辖19个村民小组，814户农户，2856人，其中回民小组6个，回族675人。近年来，勐廷村立足一、二、三产业多业并举的发展优势，重点发展现代设施农业、畜牧业、林果业和特色农产品加工业，大力发展商贸运输、餐饮和劳务输出3项产业，农村经济取得长足发展。坚持把文化建设与中心工作有机结合，在村内建成200多米文化长廊，1800米墙体文化。设立文化活动室、图书室、文化小广场以及党员活动室，建立廉政活动中心和7个群众读报点。全村808户建立家庭档案，党员干部家中设图书架。2011年，实现农村经济总收入2580万元，农民人均纯收入4800元。被命名为“全国文明村镇”，这是本村继“全国民族团结进步模范集体”“全国美德在农家活动示范点”“全国民主法治示范村”后获得的第四项全国性荣誉。年内，勐廷村还被省纪委命名为首批省级廉政文化示范点。

（赵杨斌）

文明卫生小集镇——树林乡 彝良县树林乡是地处高寒、边远而又贫困的少数民族乡，那里环境艰苦、气候恶劣，俗有“小西伯利亚”之称。多年来，传统的生活习俗和卫生习惯深深地影响着人们，脏、乱、差现象十分突出。过去，历届党委、政府在治理脏、乱、差方面没少花力气，但最终收效甚微，面貌依旧。今年，乡党委、政府认真研究，下定决心彻底改变树林集镇的脏、乱、差面貌，创建和谐、文明、卫生的小集镇，提高人们的文明意识和生活质量。

乡党委、政府制定《小集镇文明卫生管理规定》明确政府职责、环卫人员和住户职责以及卫生费筹集和违反卫生管理管理规定处罚标准等相关要求，通过制度来抓落实、促工作、强管理。对集镇环境卫生清理费用采取“三个一点”的办法解决，即：乡财政拨出一点、干部职工承担一点、街道住户分摊一点，多渠道筹集资金，环卫经费得到了保证，为文明小集镇建设奠定了基础。乡政府安排1名干部专门负责管理集镇卫生工作，定期巡查。聘请3名环卫人员负责公共卫生区域的清扫工作，做到定时打扫、定时清运、定点堆放；街道住户实行门前“三包”责任制，乡政府定期开展街道卫生检查，对不清洁或违反文明卫生管理规定的住户采取经济处罚、张榜公布等方式接受群众监督。树林乡在开展卫生小集镇创建工作中，把文明新风进农家活动结合起来，向群众倡导健康文明向上的生活理念，摒弃生活陋习，使群众的生活方式发生了转变。而今，当你走进树林乡，就会感觉到树林集镇的街道变净了，路面变洁了，环境变好了，面貌变新了，干部群众心里变乐了。

（付状明）

威信西大门——庙沟 庙沟镇位于威信县西南部，属于1988年区乡体制改革从长安区分出的新建乡，2011年12月12日庙沟乡撤乡设镇。镇政府所在地距威信县城扎西33千米，东北与麟凤镇、长安镇相连，西南与镇雄县雨河镇、木卓乡、罗坎镇接壤。全镇辖区面积55.9平方千米。2011年末辖5个村70个村民小组，总人口5536户2.17万人，其中非农业人口646人，女性1.04万人，少数民族436人（其中苗族336人）。

1988年，庙沟集镇有建成区面积0.3平方千米，集镇人口3200人。受经济条件、自然环境等因素影响，到2006年，全乡国民经济总收入2211.3万元、财政总收入194.38万元。农民人均纯收入979元，人均占有粮食338千克。广播电视覆盖率81.5%。

2010年，庙沟集镇被确定为昭通市40个重点集镇建设之一，庙沟党委、政府紧紧抓住这一有利机

庙沟新集镇（威信县志办　提供　周元珠　摄）

遇，围绕“威信西大门，物流集散地”的定位，按照“因地制宜、突出特色，完善功能、注重实用，着眼长远、适度超前”的原则，改造提升老集镇，高标准规划新集镇，为破解建设资金短缺的“瓶颈”，乡党委、政府按照“向上争取一点、土地盘活一点、项目整活一点、招商引资一点、银行借贷一点、群众自筹一点”的“六个一点”工作思路，把农村危房改造、异地搬迁、整村推进、新农村建设等项目资金予以整合，捆绑使用。至2011年底，政府已投入资金360万元，拉动群众自筹资金1500余万元，全面启动老集镇房屋改造和提升工作，形成了与“生态文明家园”建设协调一致的集镇新风貌。投资200万元实施新、老集镇街道硬化、美化工程。依托生态优势，大力发展野鸡、竹鸡、河鱼等特色养殖，拓宽群众增收路子。巩固发展好蚕桑、畜牧、劳务输出等优势产业，大力发展面条、丝绵等农产品加工业，不断丰富群众的钱袋子。继续推行“公司＋基地＋农户”的运作模式，以“积极鼓励、示范带动、整体推进”的办法狠抓蚕桑产业的发展。对200公顷蚕桑进行改良改造，对367公顷老桑园进行全面管护，新栽植“一步成园桑”40公顷。在蚕桑生产受到冰灾、旱灾严重影响的情况下，共养蚕1204.5张，产鲜茧3.83万千克，实现产值130.9万元，比上年同期增长37.3万元，增幅4%。依托交通便利的优势，大力发展农家乐为主的餐饮业，拉动农村消费，吸引农村人口和农村非农产业向小集镇集中，促进一、二、三产业协调发展。依托庙沟镇与镇雄、威信2个县多个乡镇接壤的优势，大力发展物流和商贸流通，打造庙沟物流集散地，使庙沟集镇辐射带动周边农村经济发展的作用显著增强。针对集镇脏、乱、差现象整治难、管理难的问题，创新、改进管理手段，提高管理水平，着力解决好市容环境、交通秩序、社会治安等突出问题。提请乡人代会表决通过《庙沟乡集镇卫生管理办法》，严格落实临街住户门前“三包”责任制，引导群众树立“人民集镇人民建，人民集镇人民管”的理念，把强制行政管理变成群众的自觉行动，形成良好的社会风尚。

2011年，庙沟镇总耕地面积达到3860公顷，农作物总种植面积2943公顷，其中种植粮食2334公顷，产粮7557吨。水果产量1.05万千克。大牲畜出栏190头、存栏1220头；生猪出栏1.27万头、存栏1.06万头。出产河鱼100吨，野鸡、竹鸡等特色禽类出栏9万只。实现畜牧业总产值3025万元，比2010年增长1135万元，增幅60%。农村经济总收入6811万元，比2010年增加776.5万元，增长12.9%。农民人均纯收入2579元，比2006年增加1600元，增长37.96%。广播电视覆盖率达到97%。目前集镇建设已完成投资6000余万元。新、老集镇供排水工程、街道沥青铺筑、人行道青石板铺装、绿化、亮化工程已全面完成，集镇新区市镇路面回填、河堤、桥梁、橡胶坝、取水坝、文化广场、文化活动中心、居民住宅房、庙沟小学综合楼、滨河景观大道、5个中心村的小集镇建设等工程相继竣工，一个具独特建筑风格、特色生态旅游、特种农业种养殖和农产品加工，并融合川滇民族风情的威信西大门正悄然崛起。

（周元珠）

社会主义新农村——庆云村 丽江市古城区束河街道庆云村依托束河古镇保护和旅游开发项目，加强基础设施建设，培育旅游服务业，提升村民素质，培育经济增长点，村民生活逐年提高，村容村貌变化较大。培育主导产业，增加农民收入。庆云村组织村干部到成都考察农家乐旅游和新农村建设经验，对村民进行服务技能培训。争取贴息贷款50万元，扶持10户农户发展“农家休闲田园客栈”，培育吃住行游玩一体的主导产业，配套发展生态农业，庭院经济，增加农民收入。多方筹措资金，加强基础设施建设。建设完成2000平方米村道水泥路面，铺埋1000米排污管道，种植600平方米景观草坪，投资1.5万元建设人畜饮水工程，投资61万元，建成庆云活动乐园，内设图书室、会议室、乒乓球室、台球室、灯光篮球场和停车场，满足村民文化生活需求的同时，对外经营增加经济收入。倡导先进文化，树立文明乡风。庆云村积极开展“十星级文明户”创建活动，制定《庆云村村规民约制度》、《庆云村农家客栈经营守则》等制度，组织村民整修庭院，美化环境，开展运动会、文体活动、公民道德知识竞赛、“八荣八耻”教育，引导村民更新观念，提高道德和文明素质，社会主义新农村建设取得显著成效，被束河街道推荐为区级文明村。

（张永香）

永北镇灵源村 永北镇灵源村委会位于永胜县城东郊，地处城乡结合部，交通便利，辖区内有滇西名胜古迹（云南省重点文物保护单位）灵源箐，景区浓荫掩映，古木参天，亭台楼阁隐约其间，风景秀丽如画。村委会辖11个村民小组1102户3685人，有耕地2167亩，人均耕地0.6亩，属典型的人多地少区域，主产粮食作物有水稻、玉米、蚕豆等，经济作物以蔬菜种植为主。村“两委”班子，以创建省级文明村为努力方向，积极开展新农村建设，各项事业全面发展。

灵源是典型的农业村，农业人口占总人口的95%以上，群众收入主要以种植为主，经济发展模式单一。为提高农民收入，村委会发挥地域优势，积极引导群众进行产业结构调整，大力发展优势产业和特色产业，经济收入逐年稳步增长。2011年全村经济收入1850万元，人均有粮450千克，人均经济收入5012元。除发展传统的种养殖业外，积极组织对外劳务输出，拓宽群众增收渠道。加强基础设施建设，村委会积极争取“一事一议”等项目资金100余万元，开展道路硬化建设工程，至2011年底，全部完成村内道路及通村道路的路面水泥硬化工程。同时，争取到农村改厕项目，改造卫生厕所460户，改善全村卫生环境。村委会坚持“精神文明建设和物质文明建设”两手抓。多方筹措资金，修建村委会文体活动中心和刘家园村民小组村级活动场所，设置篮球场、图书室等，为群众提供完善的文体活动设施；组建文艺表演队，排演各类群众喜闻乐见的文艺节目，向群众宣传党的政策、方针，积极参加各类文艺汇演；反对封建迷信、聚众赌博、虐待老人，提倡科学文化、遵纪守法、尊敬老人，弘扬文明新风，每年开展“五好家庭”、“文明家庭”评比活动；开办家政培训班，进行社会公德和家庭美德教育，使村民树立生态保护意识，自觉养成文明卫生、保护环境的习惯。通过几年努力，全村基础设施建设得到夯实，农村经济得到快速发展，村容村貌得到较大改善，被列为全镇乃至全县的发展样板。

1997年至今，村委会分别获得各级党委政府授予的多种荣誉称号。2005年被中央文明委授予“国家级文明村先进村”的最高级称号。2009年评为省级文明村。

（金桂桂）

和谐小康村镇——通达傈僳族乡 通达傈僳族乡位于华坪县西部，距县城50千米，西北面分别与永胜、宁蒗两县交界，总面积151.7平方千米，海拔1562～3198.3米，相对高差1636.3米，地势西北向东南倾斜，山高谷深，沟壑纵横，地质条件复杂，森林覆盖率41.5%，年平均气温11℃～16℃，年降雨量1000毫米左右。年光照2500小时左右，无霜期240～270天。全乡辖通达、维新、双龙、丁王、白姑河5个村民委员会，48个村民小组，总人口8313人。乡内居住有傈僳族、彝族（他留人）、傣族、回族、纳西族等少数民族，少数民族占全乡人口的73.6%，主体民族为傈僳族，占全乡总人口的62%，是一个多民族杂居的山区农业乡。2000年，通达乡被文化部授予中国民间文化艺术之乡称号。

2011年，全乡农村经济总收入5900余万元，农民人均纯收入3485元。全乡优质烟叶种植4701亩。交售烟叶1.35万担，实现产值1310万元，烟农户均收入1.86万元。全乡畜牧业产值1200万元。全乡牛存栏3800头，出栏420头；羊存栏1.6万头，出栏4000头；生猪存栏1.2万头，出栏4000头；禽类存栏4.5万只，出栏20万只。全乡种植蔬菜6000多亩，产值850多万元；核桃种植5万亩，产值300余万元；花椒种植4800多亩，产值680余万元。乡党委、政府为增加群众增收致富门路，扶持双龙、维新、丁王3个村，由村党支部书记牵头组建成立了华坪县顺通中药材种植专业合作社，在合作社的带动下，全乡种植中药材2528亩（附子360亩、续断1698亩、云木香310亩、天麻20亩、桔梗140亩），实现中药材产值85万元。实施维新村6组100户的房屋抗震加固，完成丁王村6组、通达村6、8组和白姑河村1组，3个新农村示范点建设，完成110户农村危房改造工程并兑现补助资金。通达乡党委、政府加强对村组干部的培训，完善村级各项制度和村规民约，不断推进村民民主自治工作。畅通民意诉求渠道，全力解决好群众合理合法的诉求。加强矛盾纠纷排查化解工作力度，完善矛盾纠纷调解工作机制，提高预防和应对突发事件能力。认真贯彻落实党的民族政策和民族宗教工作基本方针，积极开展爱国主义教育和民族团结教育，全年无一起到县、市、省、进京信访案件，促进了各民族文明、和谐、小康发展。

（李建英）

生态新农村——下帮扫村民小组 联珠镇克曼村下帮扫村民小组位于墨江县北部，距县城9千米，有农户47户200人，耕地面积128亩。2011年，农民人均纯收入3000元，人均有粮377公斤。

原下帮扫村民小组因地质滑坡，2010年，县委、政府决定对其进行整体搬迁，根据其经济实力、区位优势、地形特点和实际状况，将其定位为社会主义新农村建设示范点。2010年12月项目启动，共整合项目7个，投资1231万元。

下帮扫建设点占地面积38亩，安置47户。搬迁户住房建筑总面积5640平方米，新建猪厩47户940平方米，配套建设大沼气池1口、安装太阳能47套、垃圾池1个；架设400V输电线路1条，安装入户表47只，实施村内道路硬化10条2000米，活动场所1个600平方米。

主要特色农业产业种植香蕉、芭蕉、茶叶以及生猪养殖，其中，芭蕉、香蕉、茶叶户均6亩，户均年收入16500元；生猪，户均5头，户均年收入5000元。通过新农村示范点建设，下帮扫村民小组实现村庄道路硬化、庭院净化、环境美化，村民的生活质量、综合素质、思想观念和意识得到根本转变，发生了翻天覆地的变化。全组上下呈现出生产更加发展、生活更加宽裕、村容更加整洁、乡风更加文明、管理更加民主，人民群众安定祥和、安居乐业、和谐发展的崭新局面。

（王 媛）

蚕桑第一村——开南村 景东抓住国家“东桑西移”的机遇，进一步调整优化产业结构，把在全县全面发展蚕桑产业的思路转变为打造集中连片发展高产优质桑园，让老百姓真正得到实惠。经过10年的发

下帮扫村民小组新居（墨江县志办 提供）

展，文井镇开南村发展成为景东蚕桑第一村。2011年，全村养蚕户达658户，桑园4050亩，交售蚕茧280吨，蚕农收入900余万元；其中，蚕农中收入1万～2万元的有604户，2万～3万元的有50户，3万～5万元的有4户。亩桑园收入最高达6000元。

（苏文芳 陶明贵）

新家园行动示范点——德乐村 大寺乡德乐村位于凤庆县城以北20千米的凤小公路沿线，澜沧江南岸，辖区总面积27.2平方千米，年平均气温15℃，年降雨量1500毫米。全村辖7个自然村25个村民小组，1246户、5166人。耕地2899亩、茶园5816亩、核桃1.87万亩、烤烟1000亩，是一个典型的山区农业村。2011年，全村实现经济总收入3268万元，农民人均纯收入5060元。

2010年，大寺乡德乐村列为全县18个新家园建设示范村之一，深入推进新家园行动计划，取得了较好成效。新家园建设采取“两种模式”建家园：一是“长藤结瓜式”，即以凤小线、接漾线大寺段2条县乡和乡村主干道为轴心，鼓励具备条件的农户通过土地置换的方式，搬出旧居到公路沿线建新房，腾出原址发展产业，以路为线连接起座座新房，犹如长藤上结出的累累硕果。二是“星星点灯式”，即由农户依山就势拆除旧房，建新房。红瓦白墙的新式民居房，零星点缀在青山绿水间，宛如一幅幅“星星点灯”的画卷。用“三个机制”作保障一是运作机制。成立新农村建设理事会，协商解决建房过程中出现的问题，协调处理各种矛盾和利益关系，最大限度地发挥群众的主观能动性。其次是责任机制。实行工匠持证上岗制度，凡承建民居房的工匠，必须经过县新农办组织的培训，并取得资格证书，同时与村委会签订安全责任书。实行挂钩包干制度，以新农村指导员和大学生村官为主体，进行分片挂钩包干到户，从动工到完工验收，全程进行监督指导，确保房屋质量和施工安全。三是支撑机制。以“调结构、促增收”为抓手，大力发展烤烟产业，提质增效核桃、茶叶、畜牧等传统产业。以增产增收确保农户不因建房而降低生活水平，不因还款而背上沉重包袱。采用“四个一点”的办法筹资金即“农户储一点、亲朋借一点、银行贷一点、政府补一点”，多渠道帮助农户协调筹措资金，缓解建房资金压力。

截至2011年底，全村建成砖混结构新型民居房517户。建成水泥硬板路8条11千米。同时，配套进行村卫生室、村民活动场所建设，实施环境整治工程，加强民主法制建设，促进乡风文明。如今，白墙红瓦的新型民居房，依山就势、星星点灯似地掩映在德乐村的青山绿水之间。

（郭润兰）

省级文明村——永冷村 沧源县勐董镇永冷村，位于镇东面，距离县城6千米，是个半山半坝的佤族村寨，下辖5个自然村，6个村民小组，农户324户1348人，国土面积17.15平方千米，其中林地面积1.46万亩，占总国土面积56%，耕地面积4528亩，人均耕地3.4亩，其中水田面积1530亩，人均1.1亩。经济来源以农业产业为主，主要产业有甘蔗、粮食、烤烟、养殖业、小区域经济等。永冷村结合自身条件，按照“长短结合、以短养长”的原则，调整农业产业结构，积极培育新型支柱产业。全村有核桃面积5279亩，竹子9461亩（其中可采伐650亩），甘蔗1680亩，茶叶426亩。2011年全村粮食种植面积2750亩，总产量达650吨，亩产236千克，人均有粮471千克，出栏大牲畜31头，生猪410头，家禽1610只。经济总收入659.8万元，人均纯收入4048元。外出务工人员140人，创收80万元。全村有大小拖拉机59辆，收入38万元。

近年来，永冷村按照“生产发展、生活宽裕、乡风文明、村容整洁、管理民主”的要求，通过实施新农村建设项目，带动整合项目资金、群众投工投劳，各项基础设施建设日趋完善。新建入村硬板路5.1千米；全村98%的农户住进了新瓦房。村党总支以“三培养”和农村基层党组织活动场所建设“边疆党建长廊建设”为抓手，加强农村基层组织和党员队伍建设。把党员培养成为致富能手，把致富能手培养成为党员，共有党员致富能手22人。2008年被沧源县委评为“先进党组织”，2010年、2011年连续两年被镇党委评为“先进党组织”。创建“十星级文明户”168户，星级家庭126户，产业示范户81户，平安家庭81户。多年来，永冷村一直保持着“无黄赌毒、无打架斗殴、无偷窃现象、无抢生超生、无刑事案件、无责任事故、无治安案件、无邪教迷信”的“八无”良好社会风气，全村呈现出邻里和睦、尊老爱幼、治安良好、团结向上的良好景象。2002年被临沧地区团委授予“五四红旗团总支”；2003年被省综治委授予“云南省安全村寨”；2006年被评为市级文明村；2009年被评为省级文明村，至2011年底一直保持省级文明村。

（李竹青）

傣族小镇——整董镇 江城县整董镇，雍正年间就有傣族居住，光绪三十四年（1897年）属傣族土司辖地，1929年设立江城县时归江城管辖。中华人民共和国成立后，1950年江城设区村制时属康平区，1953年划归景洪县，1966年又回归江城县，属康平区的一个乡。1969年改称“五一”大队，1979年更名为整董大队，1984年初设傣族乡，1988年初经省人民政府批准正式设立整董镇。镇内居住着傣族、瑶族、哈尼族、彝等11个民族，民族团结，社会和谐，经济日益繁荣，节日以傣族的传统节日（如“泼水节”、“新米节”）为主，各民族团结共聚，展现了兄弟民族团结风貌。

整董镇具有傣族民居、服饰、语言、民俗、文化等都保留得比较完整和思江二级公路横穿境内两大优势。2011年，江城县在保护好现

整董傣族民居（江城县志办 提供）

有傣族民居的基层上，对镇内傣族村庄进行了规划整治，倾力打造边地傣乡旅游风情小镇，让人们来到这里就可以领略到妙曼的傣乡文化。对傣族吊脚楼民居的结构和功能进行完善和提升，把以前用来堆放杂物的吊脚楼底层改进成旅游接待点和特色商品店，楼上作为可以接待游客住宿的农家特色宾馆，把传统的傣族民居打造成为旅游接待的一项产业。

（刘明丽）

国家级文明村镇——勐外村 2011年12月孟连县娜允镇勐外村民小组被评为第三批全国文明村镇。勐外村民小组位于娜允镇的西北部，南扎河畔，距镇政府15千米，属傣族群众聚居的村民小组，所辖于娜允镇芒掌村民委员会。史上曾是孟连历代傣王土司休闲避暑胜地。北靠青山峻岭，前视田野小河，甘甜的山泉穿寨而过，寨中古树参差有致，自然生态环境优美。全村实有耕地面积457亩，其中水田面积137亩，旱地320亩，现有固定资产20余万元。共有43户216人。2010年农民人均纯收入2808元，人均有粮520千克。1999年被中共孟连县委、县人民政府命名为县级文明村；2004年被中共思茅市委、市人民政府命名为市级文明村，同年又被定为全市重点民族文化旅游生态建设村；2007年中共云南省委、省人民政府命名为省级文明村；2009年荣获全国文明村镇工作先进村镇；2011年12月被评为第三批全国文明村镇。

（张永梅）

"电脑村"——曼公村 景洪市景哈哈尼族乡莫南村委会曼么村民小组是个远近闻名的"电脑村"。全村71户人家31户购买了电脑，接通了互联网，成为哈尼人与外界联系最便捷的桥梁。曼么村在保护好集体公益林、水源林的前提下，积极发展橡胶产业，利用轮歇地规划种植橡胶7000亩，已开割2500亩。2011年，村民人均纯收入6500元，10年间增长6倍，部分村民年家庭收入超过20万元。已有三分之一的

晨曦中的勐外村（孟连县委宣传部 提供）

人家盖起了哈尼族风格的别墅，彩电、冰箱、空调等家用电器进入普通哈尼人家，摩托车成为村民劳动、出行的基本工具，有31户还购买了私家轿车。还有一部分人家准备盖好新房后就买电脑。互联网敞开了一道山里人了解世界、连通外界、学习知识、增长见识的窗口，村民生活越来越现代、时尚。

（李　杰）

民族团结示范村——大滩子村民小组　南华县沙桥镇天申堂村委会大滩子村民小组位于沙桥镇西南部，海拔2200米。距镇政府19千米，距南华县城38千米，楚大高速公路、320国道从村旁经过，交通便利。村民小组共有32户118人，均为彝族。全村总面积3.12平千米，有耕地105亩，其中旱地82亩，水田23亩，人均耕地0.84亩。主要农作物以马铃薯、萝卜、大白芸豆为主，是集高寒、冷凉、贫困为一体的少数民族聚居村寨。村民小组自然条件较好，群众生产生活水平居于全镇中等水平，群众素质较高，但基础设施建设相对滞后。2011年，大滩子村民小组以农民增收为核心，以产业调整为突破，实施“云南省民族团结示范村”建设项目，投入项目资金30万元。主要实施6个工程项目：停车场项目投入2.96万元，其中自筹及其他2100元，补助资金2.75万元；生态建设项目投入15.4万元，其中自筹及其他9.8万元，补助资金5.6万元；特色民居改造项目投入5.16万元，其中自筹及其他4100元，补助资金4.75万元；人畜饮水项目投入2.97万元，其中自筹及其他2000元，补助资金2.77万元；公厕、垃圾池项目投入4.6万元，其中自筹及其他8000元，补助资金3.8万元；文化室、跳歌场项目投入11.75万元，其中自筹及其他1.42万元，补助资金10.33万元。全部建设项目总投资完成42.84万元。项目的实施初步探索了一条“上级安排项目资金，县委政府加强领导，主管部门督促指导，镇村两级组织协调，农民群众积极参与”的民族团结示范村建设新路子。

（窦正旺）

易地扶贫开发移民示范村——彝人新村　永仁县彝人新村居民迁出地为阿朵所小石板箐组、居心克土组，属少数民族聚居的高寒贫困山区，村民多生活在海拔2200～2400米的大雪山半山坡，山高坡陡箐深，气候寒冷，土地贫瘠，群众居住分散，交通十分不便，农业基础设施薄弱，居住地最远距离集镇21千米，并存在多处地质灾害隐患，村民生产生活环境极为恶劣，村民收入主要依靠核桃和畜牧业。为探索一条新的扶贫开发之路，按照“移民下山、移民就市、移民就医、移民就学”的思路，在各级各部门的大力支持下，宜就镇于2010年3月组织实施易地扶贫搬迁项目，搬迁农户50户220人。项目安置点位于宜就镇北部、集镇水厂下方，项目定名为彝人新村，占地面积51367平方米，与宜就新大街相邻，地势平缓，海拔1763～1733米，地质情况较好。距永仁南永公路900米，距集镇1300米，交通便利。项目总投资515万元，其中：投入易地扶贫开发资金100万元，扶贫整村推进资金15万元，整合部门资金200万元，发动群众自筹200万元。每户农户建房投入资金7.3万元（含公共基础设施建设部分），其中：扶贫易地开发资金1.5万元，抗震民居建设资金1万元，县级补助0.8万元，群众自筹资金4万元。新建住房户均占地面积227平方米，同时实施了水、电、路、文化活动室及绿化等公共基础设施建设。项目完成后，搬迁群众彻底摆脱了恶劣的生存环境，获得更好的发展空间。村民依托集镇，积极发展餐饮、商品零售等服务业，依托周边村组规模发展葡萄种植920亩及100余亩温室大棚蔬菜等产业的机遇，利用农闲发展打工经济。同时，原居住区的土地可通过退耕还林、生态造林政策进一步扩大核桃种植面积，

新建成的大滩子村民小组太阳能洗澡间（南华县志办　提供）

易地扶贫开发移民项目示范村——彝人新村（永仁县志办　提供）

达到人均拥有100株以上核桃树，进一步培强做大核桃产业，走一条生态、绿色、环保的发展道路。通过多渠道创业发展，村民每年人均可增加纯收入2650余元。2011年2月16日，彝人新村举行了隆重的开村仪式。

（高邦云）

全国文明村镇——小甸头村 个旧市鸡街镇下乍甸村委会小甸头村，总面积0.23平方千米，有59户220人，耕地面积225.73亩，人均1.05亩。稳步推进社会主义新农村建设，截至2011年，全村安装太阳能农户45户，完成“一池三改”（改厨、改厕、改厩）的农户12户，63%的农户以沼气为生活能源，91%的农户用上了新浴室。近年来，小甸头村以市场为导向、以特色种植为龙头，大力发展芦笋、黄花菜等特色蔬菜、水果，实现了经济的持续发展。2011年，全村经济总收入277万元，农民人均纯收入6200元。成立了小甸头农村专业技术协会，拥有会员45人，并成立下乍甸芦笋专业合作社，拥有社员584人，2011年下乍甸芦笋专业合作社实现生产总值1958.6万元。家家户户盖起了新房，电视机、洗衣机、音响、DVD等电器早已普及每个家庭，电脑开始进入部分家庭，移动电话人均拥有量、家庭拥有摩托车、拖拉机、汽车的数量也在逐年上升。开展“十星级文明户”创建活动，全村57户家家挂上了星级文明牌，创建率达到100%。小甸头村适龄儿童入学率达100%，青壮年扫盲率达100%。村内建有文化活动娱乐中心，并拥有19人的文艺队和16人的篮球队，每年开展定期不定期的文化活动30次以上。小甸头村小组积极推动“三个文明建设”，取得了较好的成绩，先后被评为市级“文明单位”、市级“科普文明村”、州级“文明单位”、州级“科普文明村先进集体”、省级“文明村”。2009年1月，小甸头村小组获得了“全国文明村镇”的光荣称号。

（何少华）

鲁克村（泸西县志办 提供）

板板桥村面貌焕然一新 板板桥，是一个瑶汉居住的山区自然村落，位于金平县县城西面，地处金河镇西部三个行政村寨的交通要道，距县城7千米。2011年全村共216户961人，全半劳动力626个，外出务工人员313人。耕地面积2300亩，其中水田940亩，旱地1360亩。人均经济收入3500元。1972年起，板板桥村村寨建设曾走在全县各村寨的前面，至1980年新建砖木结构住房数26户，户均使用面积达70平方米，户均住房面积超出当时的传统民居10～20平方米。由于成绩突出，曾被中共金平县委树立为农村建设典型村寨之一。改革开放以来，该村群众自觉掀起新农村建设的热潮，村民的住房条件得到显著的改善，90%以上的居民都住上砖混结构住房。但村内道路大多年久失修，给群众出行带来不便。随着经济和社会各项事业的发展，道路晴通雨阻的现状已很难满足人民群众的生产生活需求，实现全村通水泥路是村民们多年的梦想。2011年，在上级的关心支持下，金河镇党委、政府配套水泥230吨，县属相关单位部门资助资金3.47万元，群众集资5.85万元，本村籍在外出工作的公职人员有56人捐款0.85万元，建成村内水泥道路长1230米，宽3.5米；修建篮球场一个，面积506平方米；建成板板桥村大门25平方米；新建卫生厕所1间40平方米。还为部分农户新修入户道路、庭院坝等附属工程。群众投工料折合12.76万元。全村主干道基本实现了水泥硬化，极大地方便了群众生产生活，美化了环境卫生，为板板桥村发展经济和社会事业奠定了坚实的基础。

（罗文福）

灯盏花种植专业村——鲁克村 鲁克村是泸西县中枢镇逸圃村委会的一个彝族村，有70户316人。近几年来，鲁克村调整产业结构，走“公司＋基地＋农户”之路，发展灯盏花产业。红河千山生物公司出资铺设浇灌管网7000余米，改善基础生产条件，派出技术人员指导群众规划田块、种植灯盏花。2006年全村共种植270亩灯盏花，实现总产值135万元。2011年在进一步拓宽灯盏花种植面积的同时，村小组还推广种植菜豌豆50亩、韩国辣椒40亩，群众增加了收入。经济收入增加的同时，鲁克村积极改善生产生活条件。村上为有一定医护能力的个体户提供房屋，并争取资金建成了村卫生所；铺设自来水管道4000余米，建小水窖17口，自来水入户率达100%；接通了有线电视，安装固定电话和拥有移动电话的农户数达67户；全村有拖拉机70台、摩托车67辆，鲁克村成了周围村寨羡慕的“小康村”。从2000年开始，该村在广大村民中积极倡导“科学、文明、健康”的生活方式。村里组建了文艺宣传队，建成面积50平方米的“农家书屋”，存有图书1500多册，期刊300多册，报纸5种，光盘50张。该村社会治安良好，尊老养老、团结友善蔚然成风。

（赖俊芬）

特色乡镇——太邑 大理市太邑彝族乡距下关市区仅13千米，交通便捷是市属唯一的山区民族乡。全乡国土面积106.5平方千米，有1991户，8466人，下辖太邑、者么、桃树、乌栖、己早5个村民委员会，42个自然村，60个村民小组，以扇状分布在5座大山之上。居住着白族、彝族、傈僳族、汉族等，其中以彝族和白族分占总人口55.6%和42.3%。境内山川秀丽、群山叠翠，属高山峡谷地形，境内最低点坦底么海拔1340米，是大理市的最低点。

太邑乡核桃种植优势明显，是有名的“核桃之乡”。太邑猪、鸡、羊等生态畜牧产品品质纯正且健康环保。全乡累计种植核桃4.2万亩。2011年，核桃经济总收入达2200万元，比上年增长20%，核桃产业成为山区特色经济发展的支柱产业。新种植蚕桑139亩，扶持铁观音生态茶园200亩，扶持土鸡特色养殖户30户、野猪养殖户1户、养蜂户10户、养羊户6户，投入71万元实施退耕还林后续养殖业建设项目。依托太邑山区生态自然景观资源优势，立足红河源生态旅游线路开发，红河发源于太邑彝族乡乌栖村，彝族群众把它叫做“额骨阿宝”（彝语，汉译为：一条弯弯曲曲的大江的父亲）。以“体验彝家风情、感悟红河律动、品味山村风光”的旅游主题，宣传推介云南大理“大红河源——额骨阿宝之旅”旅游品牌。投入30万元建成桃树农家生态休闲山庄，投入6万元新修乌栖至红河源1.5千米生态旅游公路，投入3万元注册20种“大红河源——额骨阿宝”商标，投入15万元设置指路牌和景区分布标志牌。组建一支集“引导、讲解、展示”于一体的旅游服务队伍，成功举办云南大理“大红河源——额骨阿宝之旅”2011年彝族火把节暨市彝学会年会系列活动。形成“以核桃林果产业为基础，生态种养殖业为拓展，多向型劳务输出为补充，生态观光旅游为探索”的生态经济产业发展格局。2011年，全乡经济总收入完成2.91亿元，比上年2.64亿元增加2700万元，增长10%；财政收入完成1200万元，比上年1016万元增加184万元，增长18%，其中：地方一般预算收入完成478万元，比上年407万元增长71万元，增长15%；农民人均纯收入达3498元（不含政策性补助），比上年3015元增加483元，增长16%。

（杨　艳）

乔甸镇小梨园建新村 宾川县乔甸镇小梨园村有93户356人，其中白族314人。农民经济收入主要以烤烟、水稻、葡萄、桔果、餐饮业为主。2010年，小梨园村开始实施新农村省级重点建设村建设，项目实施中，共筹集整合项目资金112.57万元，在坚持原有规划的基础上，发挥优势，突出白族民居特色，形成

太邑彝族乡欢度火把节（大理市志办　提供）

小梨园村容村貌焕然一新（宾川县志办 提供）

整齐划一的村庄格局。完成主巷道硬化15条2493米，粉刷墙体78户1.5万平方米，墙体彩绘251.44平方米，建成980平方米篮球场1个，建成集党员活动室、老年活动室、妇女之家、青年之家为一体的文化活动室4间150平方米，大门1座，围墙88.2平方米，植造绿化果树120株，村内绿化300平方米，建景观水塘1座，安装太阳能路灯10组。并以文化活动室为载体，大力实施乡风文明工程，深入开展“平安家庭”“十星级文明户”活动，呈现出了崇尚科学技术、崇敬勤劳致富的新风尚。全村在巩固烤烟、畜牧养殖等传统支柱产业的基础上，新发展了葡萄、柑橘等高效经济作物150多亩；借海稍鱼饮食品牌优势，引导发展海稍鱼餐饮经营户12户，群众增收渠道不断增多，生活水平不断提高。2010年，小梨园农村经济总收入达263.5万元，农民人均纯收入达5160元。建设项目竣工后，加强养护，建立健全了村民自我管理、自我教育、自我服务、自我监督的村规民约、“门前三包”、村道养护、庭院保洁等一系列长效责任机制和约束机制，实现民建、民管、民享。通过省级重点建设村建设，村内人居环境及群众精神面貌都发生了明显变化，成为宾川新农村建设的又一亮点。

（张红云）

邓川创建生态文明镇 邓川镇是洱源县的南大门，是中国西南最大的乳制品加工基地、云南省重要的农用车装配出口基地、以大蒜为龙头的农副产品集散地、钛金属粗精加工新区。全镇国土面积44平方千米，下辖4个村委会25个自然村56个村民小组，总人口16 793人。

2011年，全镇粮食总产量7 470吨，粮食平均单产523千克，比上年增长4.4%；种植烤烟430亩，实现烟农收入105.59万元，实现烟叶税收入19.74万元；全镇奶牛存栏5723头，乳畜业良种改良2986头；农民人均纯收入为4819元，比上年增加933元，人民生活水平进一步提高。邓川工业园区完成工业总产值1.34亿元，工业增加值3613万元；私营企业完成生产总值1.38亿元，同比增长23.68%，完成营业收入9618万元，实现利润546万元，上交税金261万元；总投资2.08亿元的鑫宝石业石材生产线、锦洋生物血清有限公司生物血清生产技改工程和邓川泰昌实业农业产业链项目已完成投资1.78亿元。

扎实开展“洱海保护月”和“河道保护周”活动，组织开展垃圾清理活动10场次，参与人数4630人次，共清理垃圾149.5吨。投资100万元的城镇生活垃圾处理项目已完成清运车辆和分类设施采购；全年完成绿化种植2.23万株，绿化率达100%。总投资80万元的2011年洱海流域百村整治村莲河、井旁两个自然村工程已完工并通过验收，总投资1 140万元的中心集镇工程建设进展顺利，莲河、溪长、魏军三个社会主义新农村省级重点建设村的村级文化活动室，与中心集镇建设项目同时实施，中和、腾龙两个中心村，文笔、溪长、魏军三个示范村建设工程已完工。

（杨杰超 李志诚 杨国培 杨树星）

小康路上的马登村 剑川县马登村是马登镇下辖的一个行政村，有5个村民小组，坐落在马登坝子中心，毗邻怒江州兰坪县，为马登镇党政机关所在地。海拔2382米以上，气候条件恶劣，霜冻、干旱等自然灾害极为频繁，自古农作物产量低，经济落后，人民群众生活比较困难。马登村便一度成了远近闻名的贫困村。那时，连外地的乞讨人也将自己称之为“马登人”。马登村人立志要把被“玷污”了的名字“正名”过来，提出了“谋思路追求卓越；求发展善抓机遇；创业绩敢为人先；重和谐宽容待人”的新的发展理念，从此着手开始了自己家园的规划建设。

在实践中，他们抓住小城镇建设的有利战机，在盘活土地资源，调整产业结构上狠下工夫。先后依托小城镇建设和交通特殊区位优势，选准了生猪养殖、交通运输、商贸服务、土特产品加工“四大”支柱产业的发展。而且坚持换届不换思路，换人不弃项目等，使家乡的面貌一天天发生着深刻变化。

至2011年，生猪养殖发展成为全县重点示范村，全村生猪养殖年经济收入达321万元。其中，谢德三、谢亚斌、谢三宝三个重点示范户年生猪存栏共达862头，年出栏576头，年收入143万元；全村从事交通运输服务的大、小车辆共90多辆，年经济收入达200多万元；全村开办宾馆、酒店11家，开办“农家乐”等餐饮业的共23家；从事商品批发、销售达50余户，全年商贸服务业经济收入达320多万元；土特产品加工中，食用菌年销量达400多吨，经济收入近800万元。其中，阿宝生态食品加工厂年生产总值达450万元，生产旺季为当地解决劳动就业达800多个，为社会创造直接经济利益260多万元。还先后资助困难学生、病患者近30个，捐款、助困金额近25万元。

新思路带来了新发展，新的经济发展催生了全村面貌的新变化。2011年，全村423户、1438人，经济总收入875万元，比上年增167万元，农民人均收入2851元，比上年增492元；粮食总产740万千克，人均占有粮食520千克；全村拥有固定电话412部，移动电话1026户，电话普及率72部／百人。现在，小城镇建设日新月异，人民群众的生活环境和生活质量日趋改善，全村老幼团结和谐，新的一批批城镇建设和新农村建设项目正在实施之中。街头小巷随处可见人们繁忙和欢乐的景象。该村“农民企业家”时任村党支部书记、村委会主任谢金宝同志很自信地说：本村在水利、林业、交通、小城镇、畜牧业、蔬菜、烤烟、企业等方面的发展上，都有了新的发展规划措施。只要一步一脚印的发展下去，规划建设成行政办公、商贸居住、娱乐休闲为一体的功能齐全的中心小城镇的目标，一定会得到实现。

（李玉生）

新窝村旧貌新颜　鹤庆县松桂镇新窝村有600多户2800多人，平均海拔2100米，境内山高坡陡，缺水少地，是典型的少数民族贫困村。2010年该村被列为千村扶贫百村整体推进项目实施村。项目实施一年后，在“八个有”的实施中共投入资金437.61万元。完成新建瓦房48户，危房改造加固411户，白墙粉刷567户，院内硬化324户，配建沼气池18口，节能灶349口，卫生厕370户，卫生厩302户；建设了南溪鲁、上箐和西箐三个自然村自来水工程，新建24口小水窖；投入17.1万元扶持养殖产业，同时开展种植业技术培训1382人次。项目在自然村“六个有”的实施中共投入58.4万元，新建改造公路里程9.6千米、桥涵2座、沟渠3000米，全村水利道路基础设施得以改观。项目在行政村“六个有”的实施中共投入资金96.05万元，新建村委会综合楼一幢，新建了同兴希望小学。

新窝村通过千村扶贫百村整体推进项目的实施，旧颜换新颜，村民的生产生活有了明显提高，该村多年来农民人均纯收入都徘徊于1200元，2011年，70%的农户人均纯收入达到了1800元。

（夏光柱）

民族文化大乡——鸡街　漾濞县鸡街乡辖4个村委会38个村民小组1397户5112人，是典型的彝族聚居地。彝族群众能歌善舞，彝家刺绣精美绝伦，素有“歌舞刺绣之乡”的美誉。随着社会的不断进步，鸡街民族文化随之不断创新发展，民族歌舞、民族刺绣等民族传统得到进一步挖掘，中央电视台等多家知名电台到鸡街进行专访宣传。新创了《牛歌》《十二花名》《大刀舞》《大刀之乡花正红》等经典歌舞曲目，打造了“彝族大刀王”的品牌形象，其中《牛歌》和《大刀舞》于2010年荣登《民歌·中国》栏目，在2011年中国大理漾濞核桃节漾濞核桃节昆明推介会亮相；“大刀队”“打歌队”在大理国际非物质文化遗产保护开幕式上演出并获得银奖。为了让刺绣不断推陈出新，先后举办了四届“绣女”大赛，其中2011年的“彝族绣娘”被注册为州、县级“民间艺术大师”；开发了一批民族刺绣精品，赴2011年昆明国际旅游交易会、“中国大理漾濞核桃节”昆明推介会、2011年中国旅游交会、“三月街民族节”等参加展销，备受社会各界青睐。一时绣品走俏省内外，成了该乡的一条富民之路，年内创造收入450万元，占农村经济总收入的10%。每到“达村庙会”“菜白正月十五打歌会”“鸡街二月十五打歌会”“过路把千秋会”“赛衣庙会”等节日或是婚丧嫁娶村民们都聚集在一起进行打歌对歌、绣品展等交流。以“针、刀、会”为主题的民族文化在全乡文化事业中呈现出前所未有的发展盛景，有力地推进富裕、文明、开放、和谐的鸡街“彝族文化大观园”建设，成为了为典型的“民族文化大乡”。

4月21日，是鸡街乡民族传统节日“三月十九”。节日当天还举办刺绣产品和剪纸大赛、祭祀、对歌等活动。图为八方彝族群众届会打歌场
（漾濞县志办　提供）

（梅　菊）

牛街乡发展优势产业　巍山县牛街乡位于县境西部，属于典型的山区乡，主要居住着汉族、彝族、白族、傈僳族等9个民族，总户数3317户，总人口1.17万人，总人口中，农业人口占1.14万人，占97.6%，少数民族人口1.03万人，占总人口的87.9%。全乡辖4个村民委员会、90个村民小组。近年来，牛街乡立足自身优势，在抓好粮食生产的同时，十分重视培植壮大烤烟、核桃等优势产业的发展，取得了可喜的经济效益和生态效益，进一步巩固了烤烟和核桃作为全乡农民增收致富支柱产业的地位。按照烟叶优质化的要求，积极组织，加大宣传，加强指导力度，围绕行政、科技“两条线”，种植红大烟叶4880亩，完成烟叶收购62.15万千克，2011年实现烟农收入1300万元，比上年增长68%。持续加大泡核桃种植力，以核桃的种植作为林果产业发展的重点，把全乡的主要核桃种植任务放在一个村委会，实行集中连片种植，统一管理的模式。通过积极努力，至2011年底全乡累计种植泡核桃6.29万亩，实现核桃总产值1127万元、比上年增长236%，年收入在5万元以上农户达到43户。实现全乡农村经济总收入7576.25万元，比上年增1515.25万元，增长25%；农民人均纯收入2828元，比上年增600元，增长26.9%。

（侯建华）

搬出来的景颇新农村——勐约栋 陇川县勐约栋位于景罕镇与陇把镇交界处，是一个纯景颇族村寨，全村有21户，96人；占地面积23亩，建筑面积4585平方米。原址位于勐约乡营盘村委会，村寨村民居住分散，房屋简陋，道路崎岖，生活条件艰苦，基础设施薄弱。2008年国家建设龙江水利水电工程，勐约栋群众舍小家、顾大家，于2008年4月从原址搬迁至现址——景罕镇与陇把镇交界处。

为改变贫困落后的面貌，勐约栋党支部狠抓组织建设，建立了一支团结务实、坚强有力的支部班子。用党章规范党员行为，创新党建模式，充分利用民族歌舞活动，不断充实丰富群众文化生活，塑造村民昂扬向上的精神面貌。勐约栋有了翻天覆地的变化。

如今的勐约栋，处处显现出新农村的新面貌，村寨道路平坦，居住环境优美，邻里和睦了，形成和谐安宁的人居环境。人均年收入达4300元。新居规划、村容村貌、基础设施等都得到了跨越式改变。当你进入勐约栋，不一样的景颇新农村展现在你眼前。最具特色的是村小组的寨门。寨门顶端雕刻代表景颇族勤劳勇敢形象的牛头，两侧粗壮的辟邪柱顶是虎虎生威的景颇族守护神虎头，兴旺柱上栩栩如生的雕刻着和景颇族生活息息相关的狗、猪、鱼、鸡、百灵鸟等图案，进入寨门左侧是投资34万元建盖的党员文化活动室，设计独特、造型美观，寨子大小事务都在文化活动室举办，它也是村民们农活结束后的休闲娱乐的场所，还是学习科学技术的课堂。村道两旁一幢幢具有景颇民族特色的崭新楼房错落有致，楼房上挂着随风飘扬的国旗、党旗，显示景颇族同胞永远跟随共产党的决心和开创美好家园的愿望。

（张洪芬）

生态新村——三河 三河村位于泸水县鲁掌镇西南部10千米处，平均海拔1760米，距州府、县城六库22千米。面积67万平方千米，其中林地面积5.37万亩，人均林地面积153亩。全村350户1247人。滴水河、湾转河、古炭河三条河流纵贯全村，故名。境内群山环绕，森林茂密，山清水秀。主要居住着傈僳族、汉族群众。村落分散，道路不畅。一直沿袭着“养猪为过年，养鸡为吃盐。种好粮食图个肚儿圆”的传统农业生产模式，过着贫困的日子。

2000年，全村有204户贫困户，贫困人口820人，农民人均纯收入不足700元。为改变落后状况，党委政府引导群众利用丰富的林地资源，把规模发展林果经济作为脱贫致富的主导产业，促进资源优势向经济优势的转化。2001年开始，泸水县按照“扶持特色种植，打造山区农民长远致富支柱产业”的理念，投入上百万元，调整产业结构，扶持三河村种植草果、核桃、花椒和茶叶，以增加经济作物面积，改善生态环境，拓宽农民增收渠道。2005年，抓住怒江州百万亩林果基地建设的契机，州县林业部门进一步加大对三河村经济林果的扶持力度，三河村掀起了新一轮经济林果种植热潮。随着新农村建设的深入，三河村提出“林—药”：在经济林下种植重楼、草果；“林—菜”：在经济林下种植刺笼苞、魔芋、蔬菜；“林—草”在经济林下种植牧草，变放养为圈养，解决牲畜与经济作物之间的矛盾；“林—畜”：在经济林下养鸡、兔四种山区农业综合开发模式。“四种模式”使生态系统的物质和能量得到有效的循环利用，树下树上能够相得益彰。三河村经济林果种植业实现了质的飞跃，

2010年，全村就新增草果800多亩，刺笼苞2万多株，重楼50多亩。2011年，重楼种植面积达120亩，三河村的经济收入主要靠草果、核桃、花椒“三棵树”。为了便于优质农产品外销，三河村先后争取到上千万元的资金，建成了投资1 574万元，长25千米的三河村省级农村公路建设科技示范路，湾转河到亚碧罗的通组公路、姚家坪到三河村的防火公路、浪坝寨村和三河村8千米联村公路，头道桥到村委会5千米村间道路硬化，解决了三河村“口袋底”的交通状况。随着交通条件的改善，草果、核桃、花椒等农特产品源源不断地运往山外，变成一沓沓钞票，鼓了村民的腰包。2011年末，全村350户1274人种植核桃6 317亩、草果6 200亩、花椒582亩，人均7.33亩。主要林特产品产量40多万千克，年产值500多万元，户均收入1.5万元，人均4 700元。全村家家有草果、户户种核桃，呈现出溪涧草果绿、山岭核桃摇，山腰花椒香的喜人景象。一个资源增长、生态良好、产业发展、农民富裕的社会主义新农村正在深山峡谷中崛起。

（何春城）

省级文明自然村——迪姑村 维西县攀天阁乡迪姑村地处风景秀美的攀天阁坝区，距乡政府所在地3千米，由皆菊村委会所辖。2011年末全村共有76户276人，有18名党员，耕地总面积为447.12亩，农民人均收入达3320元。近年来，在村党员干部的带领下，以邓小平理论和“三个代表”重要思想为指导，认真贯彻落实科学发展观，以新农村建设和文明新村建设为目的，坚持“治贫先治愚，扶贫先扶志”的思想理念，着力解决农民的精神动力，强化群众思想教育，狠抓村民道德建设，推进移风易俗。通过制定符合村情民情的《村规民约》和开展“十星级文明户”、“五好家庭”等活动以及加强依法治村，迪姑村已形成了崇尚科学、文明健康、向上的良好社会风气、村内无黄赌毒等丑恶现象。全年均无发生一起重大刑事和治安案件，全村社会和谐稳定，经济快速发展的良好局面。狠抓经济建设，促进了全村三个文明建设齐发展。迪姑村依托本地资源优势，因地制宜，优化农业产业结构，进行了“老黑谷”品种提纯繁育并推广种植，完成了200亩的提纯繁育，完成投资10万元。大力发展了养殖业、中药材种植业，极大地增加了农民的收入。2011年被评为省级文明自然村。

（唐春荣）

Kunming City

昆明市

主　　编　何兴庚
责任编辑　宣　勤

概述　昆明市是云南省省会，总面积约21011平方千米。2011年，辖五华、盘龙、官渡、西山、呈贡、东川6区、安宁市（县级）、晋宁、富民、宜良、嵩明和石林彝族自治县、禄劝彝族苗族自治县、寻甸回族彝族自治县7县；设3个国家级开发（度假）区、昆明阳宗海风景名胜区、昆明倘甸产业园区和轿子山旅游开发区；乡镇59个，其中乡16个（含4个民族乡）、镇43个（2010年5月，玉溪市澄江县阳宗镇移交昆明市托管），70个街道办事处。年末，全市常住人口648.64万人，增加4.72万人，户籍人口544.04万人。城镇人口比重为66%；少数民族户籍人口82.86万人，占全市户籍人口数的15.23%；人口自然增长率5.66‰。

2011年，全市实现生产总值2509.58亿元，比上年增长14.0%。实现工业增加值848.90亿元，增长15.5%，其中，规模以上工业实现增加值698.22亿元，增长16.6%。三次产业结构调整为5.3∶46.3∶48.4。社会消费品零售总额1271.73亿元，增长20%。

2011年，全市财政总收入700.92亿元，比上年增长25.3%。地方一般预算收入317.69亿元，增长25.2 %，其中，税收收入283亿元，增长25.2%。在税收收入中，增值税43.8亿元，营业税100亿元。全市地方一般预算支出441.73亿元，增长27.6%。

2011年末有普通高等院校40所，在校生34.13万人，专任教师2.17万人。中等专业学校74所，在校生16.24万人，专任教师4858人。普通中学267所，在校生32.10万人，专任教师2.05万人。普通小学976所，在校生51.96万人，专任教师2.64万人。小学学龄儿童毛入学率106.75%。初中阶段教育毛入学率达109.99%。高中阶段教育毛入学率达87.21%。

至年末，全市参加基本养老保险102.60万人，其中，参保职工73.16万人。参加新型农村养老保险135.55万人，参加原农村养老保险31.55万人。参加失地农民养老保险17.06万人。参加失业保险78.70万人，参加生育保险56.23万人，参加工伤保险70.30万人，参加城镇职工医疗保险140.4万人。参加城镇居民基本医疗保险130.18万人。新型农村合作医疗参合率96.5%。

建设中的地铁站台

2011年，农民人均纯收入6985元，扣除物价因素，实际增长13.3%；城镇居民可支配收入21966元，实际增长11.0%。人均消费性支出14106元。城乡居民人民币储蓄存款余额2615.65亿元，比年初增长12.4%。农村人口平均住房面积43.7平方米。城镇登记失业率2.03%。

省首家社区残疾人日间照料站成立 2011年3月4日上午，云南省首家社区残疾人日间照料站在昆明市五华区观音寺社区进行揭牌仪式，省市及五华区相关领导出席仪式。该站建在残疾人比较集中的五华区廉租房小区内，由区住建局提供3间铺面和2套住房共150平方米的房间，照料站分为教学、康复和生活3个功能区，可容纳20名残疾人入学，已有5名残疾人入站接受日间照料。为探索适应残疾人托养服务需求的方式，五华区在观音寺社区残疾人日间照料站创造性地建立"区残联负责指导、扶持，普吉办事处主管、街道残联全面负责，观音寺社区管理运行"的社区托养服务新模式，努力满足残疾人托养服务需求，提供残疾人日间生活照料、生活技能训练、职业康复、职业培训与教育、工疗等服务。观音寺社区残疾人日间照料站的建立标志着云南省残疾人托养服务进社区工作启动，社区建设功能将得到进一步的拓展、延伸和完善，使得辖区残疾人得到更加便捷、贴切的服务。

斗南建成国内首家花卉图书馆 2011年1月26日，昆明图书馆斗南花卉分馆在呈贡斗南开馆。它是昆明图书馆与呈贡区图书馆、昆明斗南花卉产业园区开发有限公司、新知集团有限公司充分发挥各自的资源优势而首创的国内第一家以花卉为主题的专题公共图书馆。建馆初期拥有图书2000册，期刊150册，报纸1种。广大花卉从业者、爱好者和市民可以在此免费阅读到有关花卉栽培、花卉嫁接、花卉艺术、花卉产业、花卉图片等以花卉为延伸的图书资源，可以查阅到"清华同方""龙源期刊"数据库中有关花卉的数字资源，还可以在此进行以花卉为主题的培训、交流及小型展览。它对提升昆明斗南花卉产业基地和鲜切花交易市场的文化品牌和科技创新有着积极的作用，也为国内外花卉企业、花商、花农和专家学者搭建一个共享资源和交流学习的平台，体现了昆明图书馆在事业发展中创新服务模式的新亮点。昆明图书馆斗南花卉分馆以其专业知识的特色性、地域环境的鲜活性、信息支撑的科学性、资源共享的广泛性，将公共资源利用有效化，信息服务的特色化，服务环境的优质化，产业群体的参与化、社会效益的最大化展现在富强昆明、活力昆明、文化昆明、生态昆明、和谐昆明的建设活动中。

滇剧花灯传承基地 云南省首家滇剧花灯传习馆古渡梨园4月26日在官渡古镇成立。古渡梨园作为云南省唯一一家滇剧花灯传习馆，并成为云南文化艺术职业学院实习基地。传习馆将以民间传承和学校传承等方式，对滇剧、花灯进行挖掘、保护和传承。传习馆邀请全省知名艺人前来表演，定期举办各类滇剧、花灯表演，滇剧、花灯唱腔、滇剧打击乐等多种培训班，传承滇剧花灯艺术，同时将定期举办有滇剧、花灯老艺人、票友、专家、戏迷等参加的研讨会，为滇剧花灯艺术爱好者搭建沟通交流的平台。

专业养老社区开工建设 2011年12月30日，昆明首个开建的新型专业养老社区枫蓝　银天公寓举行奠基仪式。公寓位于昆明市盘龙区龙华路，占地18.29亩，建成后社区将有1000张床位。公寓是昆明6个养老设施中首个开工的建设项目，建成后项目会将文化交流中心、护理培训中心、医疗康复中心、营养中心融入其中，针对老人特殊要求提供一对一的个性化管理和服务。该养老社区突破传统的床位式养老生活模式，从家庭的情感交流出发，引入自主式生活模式，老人可根据自己的生活习惯安排自己的生活方式和节奏。同时，社区配以"管家＋秘书"式的社区管理模式，公寓内还有无障碍通道和方便老人呼叫的应急按钮装置。在健康管理方面，社区将定期检查并记录老年人的身体情况，采取及时有效的防治措施，与三级甲等医院联手开通紧急就医绿色通道，同时联合专业院校开办老年大学。

（方玉红）

Panlong District 盘龙区

松华坝水库核心区移民安置 昆明市重点饮用水源地松华坝水源保护区位于盘龙区内，涉及松华、阿子营、滇源、龙泉（部分）、双龙（部分）5个街道办事处，总面积629.8平方千米，占全区总面积的71%，总人口90026人，森林覆盖率68.12%。设计库容2.19亿立方米，每日为昆明市主城区供水45万立方米，占主城区总供水量的30%以上。1991年起，松华坝水库水质开始恶化，富营养化趋势明显，保护区内特别是一级核心区产生的生产生活污染成为水库直接污染源之一。为此，市委、市政府决定重点实施水库一级保护区核心区内的人口迁移，并将此项工作作为昆明市创建国家环境保护模范城市重点工作之一，由盘龙区负责完成。

保护区核心区移民搬迁范围，主要涉及龙泉、双龙、松华街道和托管的滇源、阿子营街道的15个居民小组，1292户移民家庭、3080人。搬迁范围土地总面积39.03平方千米。移民搬迁总经费为10.93亿元。搬迁移民采取城市化集中安置方式，购买茨坝蒜村经济适用房1670套、10.3万平方米作为移民安置房。2011年3月25日，召开移民搬迁工作动员大会，安置组从4月2日起，进驻蒜村移民搬迁住房分配点。截至12月31日，移民户财产补偿协议总体签约率达92.2%，移民大部分已迁入安置房，原移民村庄房屋拆除清理工作快速推进，整个移民搬迁工作已接近尾声。

北部山水新城建设 盘龙北部山水新城东起昆曲高速、南至沣源路、西临茨坝、北至松华坝，规划面积13.1平方千米，是盘龙区拓展发展空间的重要区域。北部山水新城规划建设指挥部按照“一年做规划、两年打基础、三年成规模、五年起新城”的建设思路，计划在5年内将新城打造成为最具山水灵气的“生态之城”、聚财生富的“商贸之城”、以现代科技研发和服务为支撑的“科技之城”、拥有一流人居环境的“魅力之城”。

自2009年以来，经过近3年的建设，盘龙北部山水新城规划建设初具规模。山水新城范围内生态环境建设以盘龙江、金汁河为主轴，以生态公园建设、河道整治为重点，先后新建河长林、龙川桥、龙江春晓、春溢、春漫、春江、园博园、田溪、金江等11个公园；金汁河绿化工程完成绿化面积约12万平方米，种植乔木1.97万株，为新城建设营建了良好的生态环境基础。

支撑新城的路网由三横三纵主干道构成：东西向有沣源路（原7204公路）、西北绕城线、规划宝云路等3条通道，南北格局由北京路延长线、盘江西路、昆曲高速等3条道路构成。至2011年底，沣源路改扩建工程、北京路延长线（7204公路—松华坝段）建设工程已全面完成，西北绕城线、盘江西路、宝云路等路网建设正在推进之中。2011年，完成土地收储7700亩，颐康新城、省农科院研发中心、黄金集团总部及研发中心、省国际矿产交易中心、三峡集团公司云南区域总部等一批辐射带动强的重点项目已签约落地，正在加紧实施。

铁冲小流域治理 铁冲小流域位于阿子营街道办事处，地处松华坝水源保护区腹地。流域面积18.56平方千米，涉及6个自然村、1844人。2010年4月，确定为生态清洁型小流域治理项目。项目在继承传统水土保持的基础上，将18.56平方千米的保护范围划分成一、二、三级保护区，分别构筑生态防护、生态防治、生态修复3道防线。生态防护为第一道防线，以“护”为主，从源头上堵住污染，在这个一级保护区里，任何与供水设施和保护水源无关的项目都被严格禁止。生态防治为第二道防线，以“治”为主，紧挨着一级保护区，河道两侧100米至1.5千米范围内为二级保护区，多为耕作和居住区。在二级保护区，实施坡耕地改造、修建水池、支砌沟渠、配设节水管网等工程；同时实施生态建设工程，推广绿色、无公害技术，发展生态农业。种植有机油桃300亩、蓝莓360亩，让农民进入产业园区打工，由传统农民变为职业农民。美化村庄环境，硬化道路6.68千米，村建绿化32亩，建污水收集处理8个、沼气池152口、垃圾收集房28座、公厕2座、安装太阳能路灯63盏、健身路径1条，建成文化活动中心240平方米，流域内村庄墙体宣传、美化，面积800平方米，雨污分流，建成污水处理站2座，铺设截污管21千米，配备保洁队伍，垃圾日清，建立8个水质指标动态变化监测点、7个标准径流小区。生态修复为第三道防线，突出大自然自身的修复作用，停止人为干扰，促进水源区环境的改善。

经过一年多的努力，在铁冲试点小流域内，一个层层布设的综合治理措施已经初现模样，2011年3月，全国水土保持会议现场观摩点设在铁冲，“铁冲模式”成为水土保持的亮点，得到水利部专家一致肯定。

城中村改造 自2008年昆明市实施城中村改造以来，盘龙区完成67个村规划编制，47个村修建性详细规划获得市规委审批，27个村进入实质性土地拆迁整理，累计拆除地上建（构）筑物面积468.25万平方米。启动28个村回迁安置房建设，累计竣工面积141万平方米。有4个村回迁安置房交付使用，947户群众入住新居。在城中村改造中新建3所小学、1所幼儿园，2880名学生就读新校。在城中村改造中坚持“政府主导、企业参与和村民自愿”原则，推行“先安置、再搬迁、后拆迁”的改造模式，在3年的城中村改造过程中无群体性事件发生、无重大安全事故发生、无强制性拆除。

（吴焰红）

Wuhua District 五华区

都市经济 昆明金鹰天地购物中心、邦利·嘉年华广场建成营运，南屏世纪商务中心、东方柏丰首座商务中心、和谐商业广场等商业项目加快建设，全年新增楼宇商业面积50万平方米。全区有商务楼宇172幢，面积184万平方米，其中税收过千万元的楼宇36幢，过亿元的6幢，柏联广场和国托大厦升级为2亿元楼宇。现代服务业快速发展，引进云南省亚联财小额贷款有限公司、昆明泛亚有色金属交易所、昆明屈臣氏个人用品有限公司、华夏人寿保险股份有限公司云南分公司等一批区域性总部入驻，使五华新增总部品牌4户，小额贷款公司5家，投资担保公司21家。大力发展非公经济，2011年底，全区非公企业已达53804户，其中私营企业14776户，非公企业实现经济增加值264.97亿元，同比增长12.2%，占全区GDP总量的43.6%。非公经济实现社会消费口品零售总额290.64亿元，占全区社会消费品零售总额的84%。

城市更新改造 全年安排城市更新改造项目60个，总投资30.71亿元。“三年交通设施建设计划”中的41条道路已建成24条，8条正在建设当中，9条已完成前期工作。实施龙井街改扩建，完成王筇路大修；理想仓储药品配送中心、民生能源昆明液化气储配中心等项目建设加快；地理信息产业园、昆明剧院周边改造、动漫文化产业体验园工程正加紧进行。全区投资71.59亿元用于城中村改造，28个村顺利启动回迁安置房建设，竣工面积94.5万平方米。其中38万平方米已交房使用，12万平方米封顶断水。“退二进三”工作取得突破，昆明市政工程公司、昆明起重设备公司、云南鑫宝油品公司等地块已完成出让和启动保障性住房建设，共收储土地4815.86亩，出让2304.48亩。

昆明泛亚科技新区 昆明泛亚科技新区是在昆明五华科技园的基础上建设发展起来的，位于辖区西北片区，开发面积11.79平方千米，范围西至西北三环，东至普吉路，北至西北三环，南至海屯路。先后投入26亿元，高起点、高定位、高标准建成五华1号、2号、17号、科普、海屯等道路，总里程达15.22千米，初步形成纵横交错的交通网络，投资环境极大改善。全面启动征地拆迁和土地整理工作，累计拆迁160万平方米，收储土地5200亩，供应土地350.7亩。加速推进生物医药、科技研发、新能源等产业项目，红云红河集团昆烟易地技改项目竣工投产，七O五所昆明分部扩建、理想仓储药品配送中心主体动工，四川科伦集团科域商务中心、普洱茶文化科技中心等项目顺利落地，五华中小科技企业创业园二期工程有序开展。园区重点科技型企业已达200家，申请专利1491件，有10家企业通过省、市级企业技术中心认证，9家企业通过国家高新技术企业认证。园区规模以上工业增加值实现215.8亿元，比去年增长20%。

西翥生态旅游实验区 为在全市率先实现一步城市化和全域城镇化目标，五华区重拳出击，将沙朗和厂口两个街道办事处合并，成立昆明西翥生态旅游实验区暨五华区西翥街道办事处，实行“两块牌子，一套人马”的管理体制。从修编土地总体利用规划入手，实现“三规”统一，将白族文化、古驿道“驿路梨花”、云南王龙云“官塘”等自然风光与现代生活相结合，引进主题公园、现代观光农业、山地康体度假、高端旅游产业项目，打造民俗浓郁，山水功能融于科技、建筑美观融于自然的现代化生态新城。构建昆明主城“一小时生态旅游经济带”和昆明新经济走廊。加快旅游特色小镇建设，加紧建设沙朗坝子田园风光民族风情农耕文化精品展示园；与香港金源果业集团签署协议，在厂口秧草塘建设有5万亩现代化多功能果园“现代农业公园”；启动桃园旅游生态新城居民集中居住示范点项目，将大村、东村、桃园社区建成时尚旅游休闲度假示范区和国际生态山地城镇示范基地。逐步形成农业新技术示范、大学生农业创业、农产品精深加工、农业会议会展、科普教育培训、休闲观光等多种功能现代农业园区。 10月又与江苏凯旋数字文化产业基地有限公司正式签订协议，投资50亿元，建设昆明环球动漫文化产业园。

聂耳故居陈列馆建成开放 为保护历史文物古迹，弘扬民族优秀文化传统，打造泛亚历史文化名城，五华区将聂耳故居修葺一新，建立昆明聂耳故居陈列馆，向社会公众免费开放。聂耳故居位于甬道街73、74号（原72号），是昆明历史文化街区—昆明老街的中心区域。这片由百年老屋和青石街道组成的街区，积淀着昆明古城厚重而多元、丰富而独特的历史，是昆明历史文化名城最重要的标志之一。修缮一新聂耳故居，综合运用动静结合方式，利用声光电相结合的科技手段，全新展示聂耳生平，展出了聂耳在昆明、上海、海外所度过的3个人生阶段的大量照片、遗物与生活用品，还展出了大量有价值的历史资料和图片。分“成春堂”诊室及药铺、聂耳与国歌、聂耳在昆明、聂耳在上海、永远活在人民心中、聂耳父母卧室等多个展示单元。记载着人民音乐家聂耳的光辉人生。

伟大的人民音乐家聂耳于1912年2月15日诞生于此。聂耳的父亲聂鸿仪是玉溪的中医大夫，家住玉溪州城镇北门街3号，因生活较为艰难，于清末带全家到昆明甬道街租下72号门牌的一间铺子，取名“成春堂”。2003年，聂耳故居被列为省级文物保护单位，但年久失修，不适应历史文化名城发展需要。五华区在上级有关部门支持下，多次调查研究，查阅历史档案，广泛征询社会各界和专家意见，在充分论证的基础上，投资400余万元，于2011年5月，将聂耳故居修缮一新，开辟为聂耳故居陈列馆。

垃圾填埋场沼气发电站 昆明西郊垃圾卫生填埋场沼气发电项目首台机组正式并网发电，此项目由五华区与英国BIOGAS科技有限公司共同合作开发，是昆明市首批获得国家发改委批准的CDM（清洁发展机制）项目。项目总投资为1350万元，总装机容量1500KW，2011年10月8日通过验收，年可处理垃圾沼气600万～900万立方米，预计每年可产生碳减排量4万～6万吨，是全市首批利用垃圾填埋产生的沼气发电的项目。项目的建成不仅填补了五华区利用垃圾填埋沼气生产绿色能源领域的空白，也进一步实现了垃圾处理的减量化、无害化和资源化。

（杨连国）

Guandu District
官渡区

环境保护 年内，关停两家企业。共计减排化学需氧量减排量为59.73吨，减排率为9.4%；氨氮减排量为2.25，减排率为12%；二氧化硫减排量为48.1，减排率5.6%；氮氧化物为5.12，减排率为8.3%。全年普查工业污染源778家，审批690家，未批88家。完成工业污染源整治138家。其中，限期整改8家，取缔23家，立案调查1家，当场处罚6家，下达整改通知100家。普查七小企业23家，审批15家，未批8家。完成七小企业整治20家。其中，限期整改3家，取缔2家，立案调查3家，当场处罚5家，下达整改通知7家。普查“七小”行业4157家，审批3340家，未审批817家。完成“七小”行业污染源整治674家。其中，限期整改115家，取缔54家，立案查处84家，当场处罚128家，下达整改通知293家。普查生活污染源693家，已审批660家，未审批33家。完成生活污染源整治33家。普查医疗机构污染源226家，已审批48家，未审批178家。完成医疗机构污染源整治107家，其中，取缔79家，立案查处2家，当场处罚20家，下达整改通知6家。普查农业污染源59家，已审批6家，未审批53家。完成农业污染源整治3家，其中，牛栏江流域搬迁奶牛规模养殖场1家，搬迁奶牛895头；搬迁肉鸡养殖场2个，处置存栏肉鸡3.3万。加大对滇池流域水环境整治力度，对97个城中村、64个村庄污水进行收集处理。滇池面山绿化造林7091亩，完成省级生态乡镇（街道）申报，9个村获第二批市级生态村命名。扎实开展“四环十七射”道路环境综合整治工作，完善“棋盘式、网格化”城市管理机制，拆除临违建筑343.34万平方米。新建5.05平方千米“噪声达标区”，巩固“烟尘控制区”、“噪声达标区”工作成果，复测率100%。狠抓节能降耗，审核验收清洁生产企业10户。规模以上工业单位增加值能耗下降13.6%，单位地区生产总值能耗下降5%，超额完成化学需氧量、二氧化硫等主要污染物减排任务。

园林绿化 完成绿化面积7091.1亩，新增造林410.1亩，新造林地补植3481亩，生态隔离带1200亩，滇池面山抚育及补植500亩，滇池及阳宗海面山封山管护1500亩。政府样板林200亩，中低产林改造4000亩，天然林保护森林管护33.10万亩，市级苗木基地建设3600亩，完成任务量的102%，义务植树83.34万株。完成美洲黑杨育苗15万株。杨善洲纪念林植树1500亩。新增城市绿地319.55万平方米，人均公共绿地13.06平方米。年内，种植乔木33.48万株，攀援植物36.98万株。完成公园绿地建设50.86公顷，屋顶绿化示范点2个。建设苗木基地430亩。建成区绿地率40.03%，绿化覆盖率44.03%。全年管养的建成区绿化面积321万平方米，视觉补差、缺（损）补植乔木4945株、灌木17.95万株、草坪3.22万平方米，攀援植物3.47万株、竹类2.03万株。开展植物病虫害防治77次，修剪乔木4.91万株、修剪绿篱34.89万平方米、修剪草坪21.86万平方米。

民生关注 2011年，全区养老保险参保单位3607家，城镇职工养老保险参保9.77万人；工伤保险参保7.15万人。其中农民工参加工伤保险3.9万人；生育保险参保5.38万人；超龄参保人员3595人。全区城镇基本医疗保险参保人数达到45.1万人。其中：城镇职工基本医疗保险参保17.2万人，城镇居民基本医疗保险参保27.9万人。医院门诊审核结算29.4万人次，个人账户支付1523.9万元，统筹基金支付679.9万元。城镇居民普通住院审核结算1.13万人次，统筹支付3288万元。建成85个社区和25个定点首诊医疗机构城镇居民医保参保经办点。全区失业保险参保11万人，接收失业职工档案9789份，办理《失业证》5560本，2.28万人次享受失业保险待遇。农村养老保险政策进一步完善。全区被征地人员参保累计3.2万人。其中，新增参保人数2164人，共有1.5万人领取养老金。全年累计开发就业岗位4.32万个，新增城镇就业2.99万人，转移就业农村富余劳动力2.16万人。城镇登记失业率2.2%，城镇“零就业”家庭保持动态清零。全年全区财政投入民生类资金10.06亿元，增长25%。城市最低生活保障标准提高到人均每月310元。全年受理劳动举报、投诉案件235起，为420位劳动者追回工资108万元，责令用人单位为53名农民工退还押金3.92万元。处理突发案件57次，涉及农民工3800余人，涉及金额5055万元。积极推进劳动监察“两网化”建设，全区建成9个二级网络，53个三级网络，初步完成网络内2.01万户用人单位信息采集工作。建设完成方旺片区大羊村保障性住房项目一期工程共18栋，用地面积7.01万平方米。建设廉租住房2528套，投资2.47亿元。2011年5月开工建设二期3558套保障性住房，用地面积11.70万平方米。2011年9月，大板桥街道办事处政企共建300套保障性住房项目开工。

（加三益）

Xishan District
西山区

农业园区建设 万亩绿色蔬菜园区全年完成绿色蔬菜播种面积1545.33公顷，生产绿色蔬菜4017.1万千克，总产值7832万元；建立绿色标准化示范基地459.13公顷。四季特色瓜果园区新建矮砧密植果园2.66公顷，引进11个草莓新品种、2个西瓜新品种开展试验示范，带动全区发展优质草莓12.71公顷、优质西瓜110.01公顷，建立核心示范样板3.73公顷；示范带动57.33公顷果园实现标准化生产。小村片区都市型现代农业发展示范园区完成园区规划并引进5家企业，引进国内外奇异瓜果品种200余个进行实验示范。

生态文明建设 2011年新增城市绿地249公顷，全面完成生态修复各项工作，分别完成植树造林666.26公顷、“五采区”植被恢复65.66公顷、苗木基地建设224.26公顷、滇池面山抚育及补植33.33公顷、中低产林改造533.33公顷；区域范围内完成水葫芦圈养种植1400公顷，并进行资源化利用，为改善水质起到积极作用。积极开展螳螂川（海口河）二期主要河道，金家河、太家河等

29条主、支流（沟渠）综合整治工作。2011年共拆除建（构）筑物10万平方米、埋设截污管10千米，贯通河岸道路4.5千米。被命名为第五批国家节水型城市、“国家卫生城市”称号。创全国文明城市工作完成国家、省三次迎检工作任务。13个涉农社区被命名为“昆明市第一批市级生态村（社区）”。创国家环保模范城市工作完成全区滇池流域工业污水全面截流收集处理建设工作，以及二环路内250户庭院雨污分流及污水处理再生利用设施建设，进一步加强了辖区内“五小”生产加工企业的监管力度。创国家森林城市工作共完成各项建设任务766.66公顷。争创中国人居奖和联合国人居奖工作稳步推进。

生态建设完成环湖生态带1410.21公顷（包括草海和外海），其中，生态林862公顷、湖滨湿地218.66公顷、河口湿地38.4公顷、湖内湿地240公顷、“退人退房”实施的51.14公顷，提前实现滇池湖滨生态带西山段闭合工程。

招商引资 年内全区共引进内资项目302个，实际到位市外资金105.16亿元，完成市级下达目标任务的150.23%；超计划进度50.23个百分点，超目标任务数35.16亿元；完成区委、区政府任务的131.45%，超计划进度31.45个百分点，超目标任务数25.16亿元。引进外资项目17个，实际利用外资8703.54万美元，完成市级下达目标任务的124.34%；完成区委、区政府目标任务的108.79%。

社会民生 全年实现城镇新增就业1.29万人，提供有效就业岗位1.71万个，城镇登记失业率控制在2.4%以内，实现农村劳动力转移就业2.2万人次。新增小额担保贷款扶持创业112人，发放贷款664万元。城镇职工养老保险参保12.75万人，养老金社会化发放率100%。全区参加城镇基本医疗保险38.01万人，推进城镇居民大病补充医疗保险，已参保17.2万人。全区参加失业保险职工9.3万人，发放失业保险金1489.72万元，发放率100%。工伤保险参保6.92万人，生育保险参保5.3万人；支付参统企业工伤467.02万元、生育保险594.17万元；扩大农民工工伤保险覆盖面，农民工参保人数达2.42万人。发放被征地人员养老保险待遇2774.05万元。全区参加新型农村合作医疗6.72万人，参合率99.8%。帮助弱势人群参加新农合，落实惠民政策。为4937名残疾人提供帮扶服务。

完善城乡社会救助体系建设，城市低保每月补助标准由255元提高到310元，农村低保实现全覆盖。381户符合条件的低保住房困难家庭入住廉租住房。对1131户城镇低保住房困难家庭发放租赁住房补贴194.7万元。全区农村五保户245户256人，其中集中供养158户160人。

2011年，城镇居民人均可支配收入2.29万元，农民人均纯收入9696元，同比分别增长10.1%和12.3%。

科技兴农 团结、碧鸡、海口3个街道办事处35个涉农社区居委会实施“一站一栏一员”建设项目，建成科普宣传栏295.5米，科普活动室（图书室）35个，配备图书3500多册，农村科普基础设施建设，100%覆盖涉农社区；累计创建科普示范单位76家，成立21个农村专业技术协会，会员1653人，海口里仁蔬菜经济技术协会等2个协会入选“昆明市50强农技协”。11月21日，西山区被国家科技部授予“全国县（市）区科技进步考核先进集体”。同日，西山区被云南省知识产权局确定为“全省首批知识产权强县工程试点区”。

文化惠民 复兴、永兴路社区建成全省首批“社区文化沟通协会”，西华社区被省文化厅命名为“文化惠民示范村”。为率先成立的2个“社区文化沟通协会”配备文化共享工程设备计算机4台；为全区68个社区文化信息共享工程村级站点配备计算机80台。在全省“文化惠民示范村”——西华社区内建设完成“八个工程”（1个文化大院、1个文化巷、1个文化活动中心、1个乡村文化大舞台、1个文化小超市、1个乡村博物馆、1个文化晒场、1个演艺协会）。区图书馆的电子阅览室被省文化厅设立为“绿色上网专区”试点，少儿阅览室建成并对外开放。为全区44个社区的农家书屋配送图书6.6万册，光盘4400盘，报刊8800册。重点打造的“睡美人”合唱团在昆明市首届歌舞乐展演中演唱的《过山数西》和《相思月夜》两首原创作品，获银奖、传承奖和优秀奖。举办2011年西山区广场舞蹈大赛，选拔出2支队伍参加昆明市广场舞蹈大赛,《螃蟹调》获金奖，《有一个美丽的地方》《景颇山上丰收乐》获铜奖。

（郑　航）

Dongchuan District
东川区

产业转型 2011年，利用国家资源枯竭城市转型试点扶持政策，助推产业结构调整，促进产业升级。《东川资源枯竭城市转型规划》通过国家评审。落实资源枯竭城市财力性转移支付资金2.7亿元；在山区和半山区种植核桃2万亩、红豆杉4300亩；金水公司10.5万吨粗铜技改项目进展顺利，凯通公司技改项目竣工投产，云南新铜人铜制品加工、云南鼎兴太阳能发电、畜产品加工体系建设、标准化优质畜产品原料生产基地建设、野牛风力发电等项目正积极推进；东川国家矿山公园、红土地旅游风情园二期、矿山地质环境治理重点工程项目建设稳步推进，可持续发展能力进一步增强。

2011年全区新增私营企业108户，个体工商户1730户，非公有制经济完成增加值39.3亿元，非公有制经济占GDP的比重提高到70%。通讯和信息行业发展迅速，2011年全区电信用户8.5万户，联通用户

东川区招商引资项目推进会（东川区志办　提供）

1.1万户，移动用户17万户，有线电视用户2.6万户。城区人口总量达9万余人，消费对经济增长的贡献率明显提高。

招商引资　2011年招商引资工作经市考核认定内资项目100个，资金18.42亿元，完成市级下达内资任务16亿的115.12%。外资项目3个，资金2351.87万美元，完成市级下达外资任务300万美元的783.96%，内外资综合完成情况在第三板块中排名第一。全年完成融资6.66亿元，其中向金融机构融资2.1亿元，BT、BOT项目融资5500万元，其他模式融资4.01亿元，完成市级下达融资任务6亿元的110.93%，在第三板块中排名第一。

产业园区建设　2011年启动园区基础设施建设项目11个，完成投资2.22亿元。天生桥产业园区已完成"五通一平"工程，面积约512.23亩，园区内基础设施配套占地面积占建成区的比率44.1%（目标任务比率≥32%），达到市级目标任务。工业园区基础设施建设完成投资2.2亿元，园区土地预收储1197.7亩，亿元以上开工项目1个、竣工1个，园区建设顺利推进。静脉产业园、废弃物资源化国家工程研究中心东川天生桥基地、云南泛亚工业物流园区、超联废渣料回收、昆明再生资源（集团）有限公司天生桥基地等一批项目建设顺利推进。节能减排成效明显，规模以上工业企业万元增加值能耗下降4.2%。产业集群格局初步形成，县域经济整体竞争力得到提升，发展态势良好。

城乡建设　2011年，城镇化水平进一步提高，城市功能大幅度提升。城市道路建设步伐加快。新建金沙路延长线、东起路、民安路、石羊东路和祥和路五条城市道路，道路全长5088米，总投资达1.7亿元。加快旧城改造步伐。开工建设查子树片区、图书馆片区等4个项目，改造面积达125.46亩。景观工程建设上新台阶。湿地公园一期工程已完工，国家矿山公园博物馆和湿地公园二期工程稳步推进。基础设施逐步完善。新建并投入使用垃圾处理场一个，城区垃圾收集率达100%。水利设施得到加强。完成各项水利建设投资1.63亿元，坝塘水库枢纽工程和野牛水库工程已下闸试蓄水。不断努力提升城市品位。完成创建全国卫生城市的综合评审和省考评。全区新增绿地面积34.39公顷，绿地率38.28%，城镇化率达到40.5%。人居环境、投资环境更加优化，城市面貌焕然一新。

环保节能　2011年，全区空气质量良好天数为100%，未出现超过国家空气质量二级标准的情况。空气质量综合污染指数（API）小于100，空气质量日均值达标率为100%。全年城区降雨均未出现酸雨，其平均pH值分别为6.15、5.90、5.95、5.95。东川区集中式饮用水源地主要为大菜园水源地、黄龙洞水源地、多牛隧道水源地。大菜园水源地水质保护目标为Ⅱ类水，全年水质类别为Ⅰ类水，水质达标率为100%。全年共完成69家委托性年检监测，完成48家重点企业、3家医院、1家污水处理厂的环境统计的上报工作。在上级各部门的支持及指导下，开展全区2011年度污染减排和污染物总量控制工作，共同推进污染减排任务的完成。2011年，共审批建设项目578个，其中编制《环评报告书》项目5个，编制《环评报告表》项目19个，编制《补充报告》项目1个，填写登记表项目553个，做到了建设项目环保审批率100%。

文化产业　2011年，完成文化市场综合执法机构改革，成立了昆明市东川区文体广电旅游市场稽查大队。充实完善文产项目储备，完成铜都街道小新街社区、阿旺镇岩头村云南省文化传承示范村的申报工作，做好云南省文化产业示范基地和昆明市"十佳"成长型文化企业推荐申报工作，组织文化户参加民博会及各种展览会。各文艺工作者协会活动日益繁荣，举办了大型摄影书法美术作品展3次，正式出版以东川为题材的文学作品4部，并荣获昆明市第五届"茶花奖"和创作奖。立足活跃群众文化生活，组织开展文化科技卫生"三下乡"等一系列文化活动。

（高　宾）

Chenggong District
呈贡区

撤县设区　2011年5月20日，国务院同意撤销呈贡县，设立昆明市呈贡区。之后，云南省人民政府下发了《关于调整昆明市部分行政区划的通知》。11月1日，昆明市在市级行政中心会堂举行呈贡县撤县设区暨加快呈贡发展大会。市委、市人大、市政府、市政协主要领导分别为昆明市呈贡区委、区人大、区政府、区政协授牌授印，标志着呈贡撤县设区工作全面完成，并从即日起，呈贡县级机关及所属部委办局、街道、社区全部启用新公牌、印鉴、文件版头。呈贡撤县设区，标志着呈贡的经济社会发展从此迈向了新的历史起点。

新区建设 年内，市级机关整体入驻呈贡，云南白药集团整体搬迁呈贡。9所高校基本建成，全部实现招生，入驻师生13.9万人。新区40平方千米核心区城市形态初步形成。全年共完成投资13.6亿元，建成城市道路15.41千米。水、电、气、通信管网等基础配套设施建设同步推进。轨道交通1号线工程进展顺利，即将投入试运行。铁路枢纽改造工程全面启动。春城公园、中央公园二期建设完工。松茂、果林中型水库除险加固工程通过省级竣工验收。师大附中附小、市体育学校暨全民健身中心、市中医院、昆医附一院等一批公共服务项目加紧建设；东盟商贸港、上海东盟大厦、实力心城等一批城市综合体项目快速推进；大成金融、新都昌、昆明涌鑫中心等一批大项目开工建设；七彩云南第壹城、置信广场等一批项目建设取得新进展；云南龙城中泰农产品物流中心、斗南国际花卉产业园区等特色产业项目有序推进；颐明园、众和东苑、滇池星城建成交付使用，大方居、广电苑等项目进展顺利。全年共征地9335.81亩，完成项目建设涉及的管线迁改65条。

园林绿化 按照建设“城在林中、林在城中、环境优美、充满活力的山水园林城市”的要求，组织开展“十万人植百万棵树”活动，大力推进园林绿化建设。2011年，全区新增各类绿地面积281.05公顷，占目标任务的232.27%。其中，公园绿地33.12公顷，道路绿地9.41公顷，附属绿地131.48公顷，防护林地31.11公顷，其他绿地75.92公顷。乔木种植128.84万株。建成区绿地率达41.6%，绿化覆盖率达46.7%，加强绿化管养工作。严格按照一般时段16小时，特殊时段24小时不间断浇水，确保绿化苗木浇水及时到位，干旱时期没有发生苗木旱死现象。认真做好植物养护及病虫害防治工作，及时组织修枝整形和防虫刷白150万株；对辖区内的绿化植物进行了五次全面药物防治，保证了绿化植物的健康生长。严格按照新建居住区绿地率不低于45%的标准开展园林单位、园林小区创建工作，全区已创园林单位（小区）24个，占单位（小区）总数的50%。认真落实市委大量种植中山杉、银杏的指示精神，投资120万余元种植中山杉4500株、银杏4500株。投资930万元完成辖区彩云路5．5千米一期绿化改造，共种植滇朴112株、银杏625株，种植红叶石楠球1960株、种植常春藤、银边吊兰、蝴蝶藤等地被约8万平方米、移植原有小灌木约3000平方米。年内，与昆明市一体化成功创建国家园林城

11月5日无极限世界行走日（呈贡区志办 提供 唐荣华 摄）

市、国家卫生城市、国家节水型城市，争创国家环保模范城市、国家级生态县、国家森林城市、中国人居环境奖工作加快推进。被评为“全国十佳绿色城市”。

社会保障 全年提供就业岗位5494个，新增城镇就业2146人，城镇登记失业率控制在3.9%以内，新增农村劳动力转移就业7026人，农村劳动力转移培训6356人。扶持失地农民5094户、9964人外出租种地，租地面积7.76万亩，兑现扶持补助金2447.3万元。覆盖城乡居民的社会保障体系基本建立。城镇企业职工养老保险参保8081人，城镇基本医疗保险参保达10万余人，被征地人员养老保险参保13255 人，失业保险参保9026人，均大幅度超额完成目标任务。实现城乡低保全覆盖，标准提高到每人每月310元。户籍人口医疗保险参保率99%以上。深入开展“千名干部下基层进万家慰问群众”活动，共走访慰问群众25587户，发放物资折合290万元。创新失地农民安置住房投资建设模式，制定过渡期租房补助政策，上报审批3000余亩用地指标，引入省内外5户企业参与项目建设，到位资金5.5亿元。龙一地块、雨花二号地块二期项目启动建设，龙斗一号地块完成征地任务。

平安建设 紧紧围绕“构建平安呈贡、建设和谐新区”的要求，狠抓社会矛盾化解、社会管理创新、公正廉洁执法3项重点工作，全面推进综治维稳工作。健全矛盾纠纷排查化解工作机制，努力把社会矛盾化解在基层、化解在萌芽状态。年内，全区共调解各类矛盾纠纷3409件，比上一年增加66%，调解成功率为98．6%。认真落实以财保障、以地保障、以业保障、以房保障四大民生工程，按时兑付5402户、10602名失地农民在外地租种83091亩土地的补助款；完成3000余人共66万余元的城市低保和1100余人共27万余元的农村低保发放工作。加强流动人口管理服务工作，共采集录入暂住人口信息5万余条、出租房信息5000余条。大力开展科技强警和技防网络建设，强化“网格化”布警，完善打黑除恶长效机制，深入开展“清网行动”、“南线扫毒”等专项行动，严厉打击“命案”、“两抢一盗”等违法犯罪行为，全力维护新区平安和谐的社会秩序。年内，区检察院受理公安机关提请批捕各类刑事犯罪案件295件528人，比上一年分别上升9.7%和9.8%，审查后，批准逮捕266件458人，比上一年分别上升14.7%和12.5% 。区法院受理刑事、民事、行政、执行等各类案件2337件，比上一年上升13%；审结1981件，结案率85%。平安建设的扎实推进，有效地维护了新区人民群众生命财产安全，为新区创造了一个和谐稳定的经济社会发展环境，被省委、省政府评为先进平安县。

（唐荣华）

An’ning City
安宁市

城镇化进程 完成《禄脿镇总体规划》的审批工作。完成43个行政村总体规划，196个自然村建设规划编制。主城区、各重点镇、行政村、自然村实现了规划全覆盖。全域城镇化步伐加快。通过园区带动、项目拉动、产业联动，7313名农业人口转变为城镇居民，全市城镇化率达到67.8%。年内重点推进安澜雅苑、始甸、罗白等11个集中居住区建设，完成投资10.6亿元。和平片区全域城镇化试点工作取得初步成效。

改善民生 制定出台《安宁市“十二五”教育发展规划》等相关规划。新建、改扩建农村幼儿园5所，学龄前儿童入园（班）率达89.9%。累计投入2.81亿元，完成八街小学、鸣矣河小学、县街学校、禄脿学校等第一批校安工程、安宁中学高完中强基提质工程如期竣工投入使用，安宁一中、昆钢实验学校、太平学校改扩建、嵩华学校新建等第二批校安工程全面启动建设，城乡教育环境得到较大提升。完成户用沼气池建设102口，新建大中型沼气池4座。完成金方街道文化站改扩建工程；完成35个基层文化信息资源共享工程点、49个农家书屋建设任务。建成健身路径3条，文化体育活动广场4个，村级健身工

2011年9月15日，安宁市妇联安康图书室项目捐赠仪式（安宁市志办　提供）

程点3个，新建农村活动场所10个。建设各类保障性住房5264套，实施棚户区改造6220套。

创建国家卫生城镇 2010年12月29日，国家卫生镇命名表彰大会在安宁再次举行，温泉镇、青龙镇、八街镇荣获"国字号"荣誉。全省4个"国家卫生镇"安宁独揽3个，为云南省创国家卫生镇工作提供了可借鉴经验，起到模范带头作用。2011年11月5日，安宁市创卫工作通过全国爱卫办综合评审，梦圆"国家卫生城市"收获国家卫生城市这块金牌。

撤镇设街道办事处 为实现"一级政府两级管理"的城市管理体系，2011年4月11日，举行撤镇设街道办事处授牌大会，宣告八街、县街、温泉、太平新城、青龙、草铺、禄脿撤镇设立街道办事处，这在昆明市及全省县（市）中均尚属首家。街道办事处的成立是安宁经济社会发展的必然结果，是加快全域城镇化的必然要求，具有极其重要的意义。

安宁老人实惠多 安宁重视老年人事业发展，让全市4.1万名老人享有越来越多的实惠。1.从2008年起，按不同年龄段给老年人发放保健补助，80~90岁每人每月100元，90周岁不满100周岁的老人每人每月发放150元，100周岁以上的老人每月每人200元。老年保健补助金逾1200万元，2.2008年5月1日起，老年人凭"爱心卡"免费乘公交车，并由市里承担交通意外伤害保险，2008年至2010年，"爱心卡"刷卡近1000万次，全市持卡及刷卡人数以每年1.2%左右递增。3.近年来，市、街道村（居）委会三级联动，多渠道筹集资金，不断加大老年活动室等老年福利服务设施建设，不断满足老年人的物质和精神文化生活需要，目前，全市496个村（居）民小组均建立健全了老年活动室，成立老年协会390个。4.为全面提高农村敬老院养老水平，在2008年投入5000多万元，撤并完善连然、八街、县街、禄脿4所农村敬老院。按照《安宁市农村五保供养实施办法》和《安宁农村敬老院管理暂行办法》，全面加强4所敬老院的规范化管理和服务水平，确保农村五保对象集中供养率达70%以上。5.2011年9月8日安宁市启动城乡居民社会养老保险发放仪式，1.9万老年人在7月1日前满60岁的老人可陆续领到每月60元的基础养老金。

（马义芳）

Jinning County

晋宁县

县域经济综合实力增强 2011年实现地区生产总值67.37亿元，同比增长14.6%，人均地区生产总值2.37万元，同比增长14%。财政总收入14.18亿元，同比增长41.8%，其中地方一般预算收入8.43亿元，同比增长35.1%；全社会固定资产投资89.3亿元，同比增长61.2%；社会消费品零售总额16.54亿元，同比增长19.7%，服务业增加值18.9亿元，同比增长13.1%。三次产业结构比为20.3：52.8：26.9；非公经济增加值32.8亿元，同比增长15.8%，非公经济占经济总量的48.7%；城镇居民人均可支配收入达20700元，同比增长18.8%；农民人均纯收入7522元，同比增长23.8%。县域经济综合实力大幅提升，在昆明市15项重要经济指标排名中，晋宁县有8项指标名列二板块第一名。连续4年荣获云南省县域经济发展先进县称号，全省综合排名第13位。

环湖生态建设 晋宁县境内滇池湖岸线长53千米，入湖河道8条，长87.37千米。2008年至2011年，投资8550万元，退田退塘1.77万亩，退人1.19万人，退房55.85万平方米，拆除防浪堤20.1千米。投资1.68亿元，建设环湖生态湿地25块1.98万亩；投资3053万元，巩固提升河道水环境整治成果，采取生态填料等10种模式完成滇池流域118个村庄"三池"净化设施建设。8条入湖河道中4条河道水质达1V类水质标准，其余4条河道主要污染物浓度减少10%以上。城乡义务植树139.66万株，绿化造林2.91万亩，建设苗木基地1.73万亩，恢复"五采区"植被480亩，森林覆盖率达49.55%，县城绿地率和绿化覆盖率分别达39.87%和44.07%，人均公共绿地面积16.65平方米。

民生工程 县政府年内承诺的6件实事进展顺利，夕阳民族中学等9所农村标准化学校建设竣工投入使用。投资1.37亿元的1346套廉租房全面开工建设，部分乡（镇）廉租房项目主体工程封顶断水。"四退三还一护"范围内搬迁户安置规划建设，昆阳安置点投资18.18亿元，一期建设用地面积580亩，建筑安置房113栋3066套，面积54万平方千米，年内已竣工交房。晋城安置点投资20.88亿元，建设用地面积529亩，建筑面积75万平方千米，设计安置房3346套，项目分2期实施，安置点规划内已征地425亩，年内工程全面启动。投资4.6亿元的东大河西侧北延长线等12个基础设施建设项目竣工。全县提供有效就业岗位4424个，城镇新增就业3297人，组织农村劳动力转移培训2.81万人，实现劳动力转移3.4万人。城镇基本养老、工伤、生育保险参保人数分别达2.81万人、2.23万人和1.14万人；城乡居民社会养老保险参保15.05万人，参保率97.07%，发放城乡居民基础养老金1100万元，发放率100%。

新农合惠民 推行新型农村合作医疗制度以来，农民参合率由2005年的89.8%提高到2011年的98.74%。2011年全县27.04万人次门诊住院患者、2.01万人次住院患者得到新农合补偿，补偿资金3064.42万元，门诊患者次均补偿9.50元，住院患者次均补偿1396.66元，筹集资金使用率为88%。从当年6月1日起，

老年学校成立仪式（晋宁县志办　提供）

住院和门诊报销比例再次提高，新农合政策范围内住院费用报销比例达60%，住院最高支付限额提高到5万元。推行新农合制度与农村医疗救助制度相衔接，对农村五保户、低保户由民政补助免新农合筹资费、孕产妇正常分娩免费住院。新农合资金来源主要是中央和地方财政补助，2010年至2011年，新农合资金补助标准从人均80元提高到200元，农民个人筹资标准从20元提为30元，新农合补助标准每人达230元。有效缓解了农民因病致贫，看病难，看病贵的问题。

乡村兴办老年大学　晋宁县老年大学自2001年9月开办以来，在10年中走过了创新业、谋发展，拓新路的艰难历程。2006年11月成立老年大学艺术团，2007年创办校刊《伏枥》，截至2011年末，共开设18个专业、180个班次，培训学员11449名，共建立老年大学分校7所，村级老年学校50所。县老年大学因势利导，把分校办到乡镇，再由各分校去筹办，发展村级老年学校。昆阳街道办事处由原昆阳、中和、古城、宝峰4个乡镇撤并而成，总人口11万人，60岁以上老年人1.5万余人，40个村（居）委会已成立老年学校27所，占67.5%。老年学校遵行"适其所需、授其所宜"，坚持"学、乐、为"相结合，把老年学校办成老有所学的课堂，老有所乐的舞台，老有所为的阵地。共开设了花灯、舞蹈、卫生保健、法律知识讲座等9个科目，办班90期，学员5000余人。老年大学教育既增长科学文化知识，又丰富精神文化生活，倡导社会新风尚，构建安定和谐的社会环境，使每位学员融入社会，发挥余热，更加有所作为。

（王树恩）

Fumin County
富民县

县城建设　2011年，城市基础设施建设以路网建设为重点，实施城市重点建设项目23项，总投入10.54亿元，是"十一五"期间投入总合3.53亿元的2.99倍。建成文昌路、螳川东路、螳川西路、旧县路、富兴路、景秀路6条城市主次干道，新增城市道路面积13.67万平方米，新增城市道路里程4664米，改造永南街、黎阳路（环城西路至瓦窑段）路面9964平方米。启动总长760米的园博西路和总长500米的行政小区支路建设，计划于2012年12月完成道路建设。实施滨河公园绿化景观改造。投资127.75万元，于6月底完成滨河公园改造工程，修缮原有建筑，并进行景观亮化。改造绿化景观1.6万平方米，改造游路1080平方米，安装照明路灯110盏。

城乡绿化　2011年城市绿地建设以富民湿地公园（园博园），文昌路，螳川东、西路，旧县路道路绿化；滨河公园景观改造、街头绿地改造和建设工程附属绿地建设为重点。截止12月7日，种植乔木1.02万株，加纳利海枣152株，灌木球3279株，矮灌木204.56万株，竹子3858丛，球根花卉2万株，水生植物2500株，其他地被草本植物27.15万株，草坪1.71万平方米，攀缘植物6.30万株。新增绿地面积18.37万平方米，占年初任务数的111.6%。县城绿地总面积达2739.3亩，绿化覆盖面积3069亩，公共绿地面积742.56亩，县城绿地率达44.15%，绿化覆盖率达48%，人均公共绿地面积达13.7平方米。组织335人次，对县城公共绿地进行5次病虫害防治，开展行道树清塘、施肥，加强水肥管理，确保园林植物正常生长，苗木成活率保持在98%以上。严格按照《城市道路绿化规划与设计规范》进行道路绿化种植，道路绿化普及率、达标率均达到了95%和80%以上。

贫困生救助 在县总工会、团县委、县工商联的支持下，资助58名贫困大学生，总金额31万元。大学生生源地助学贷款70人、考入高等院校贫困新生政府资助行装补助37人和大学生自主创业“贷免扶补”10人的工作任务。129名贫困学生享受到5.64万元的“希望工程”助学金，150多名贫困学生得到社会爱心人士20多万元的捐助。落实中职学校学生国家助学金补助25.5万元，补助学生340人次。落实国家补助免除中职学校涉农专业27人和农村家庭经济困难学生12人的学费，标准为1000元／生·学期，合计补助39人3.9万元。免除高中学生30人的学费，免费金额2.4万元。“助孤工程”资助金2.64万元，资助孤儿44名；中央专项彩票公益金惠及高中贫困学生106人，资助金额17.20万元，为品学兼优的贫困孤儿和普通高中家庭经济困难学生顺利完成学业提供保障。

富民杨梅 富民土壤及气候最适宜种植杨梅，所产杨梅色泽鲜艳，口感好，带有蜜油，味道极佳。杨梅引种，是富民农业产业结构调整、推动农村经济发展的又一品牌，它在富民的发展已有20多年的历史。1987年，首次从省外引进丁香杨梅在河东村试种。1991年，从贵阳乌当区引进荸荠、东魁杨梅品种，在永定镇、大营镇种植。1992年初，再次从浙江省余姚市引进荸荠、东魁品种分别在永定镇、大营镇、罗免乡、赤鹫乡种植。1994年，杨梅挂果，品质优越，深受消费者青睐，表明富民适宜种植杨梅，产生了较好的经济效益。1998年，县委、县政府将杨梅种植列入“32111”工程给予重点扶持，安排专项经费，成立杨梅种植推广领导小组，决定在山区、半山区种植1.50万亩大树杨梅，请专家分别到全县九乡（镇）举办杨梅栽培技术培训班，有力地促进了杨梅生产的发展。2011年杨梅种植面积2.78万亩，挂果面积2.5万亩，投产面积1.4万亩，产量达4200吨，产值2520万元。

人民生活 2011年全县农民人均纯收入6858元，比2010年增加1213.97元，增长21.5%，扣除物价因素后实际增长15.3%；工资性收入2377.53元，增加573.84元，增长31.8%；家庭经营性收入3779.15元，增加899.97元，增长31.3%；财产性收入176.82,元，减少280.21元，下降61.3%；转移性收入524.68元，增加20.56元，增长4.08%。农村居民2011年生活消费现金支出6692.49元，增加2202.62元，增长49.06%；家庭经营费用现金支出6431.96元，减少690.09元，下降9.69%。2011年全县城镇居民家庭总收入21948.61元，增加3476.4元，增长18.82%；城镇居民可支配收入19675元，增加2785.92元，增长16.5%，扣除物价因素后实际增长11.1%；工资性收入15752.78元，增加3551.26元，增长29.1%；经营性收入984.05元，增加485.38元，增长97.33%；财产性收入204.98元，增加37.7元，增长22.54%；转移性收入5006.79元，减少597.94元，下降10.67%；城镇居民家庭总支出19454.24元，减少932.98元，下降4.6%；消费支出14042.59元，减少996.27元，下降6.62%；食品消费支出4920.48元，增加356.28元，增长7.8%；衣着消费支出1487.91元，增加446.74元，增长42.9%；居住消费支出1111.38元，减少314.72元，下降22.07%；家庭设备用品及服务消费支出552.77元，减少106.96元，下降16.21%；医疗保险消费支出1378.88元，增加405.33元，增长41.63%；交通和通讯消费支出2741.65元，减少1358.98元，下降33.14%；教育文化娱乐服务消费支出1515.27元，减少532.81元，下降26.02%。年末，农村居民人均居住面积46.63平方米，比去年增加4.18平方米，增长10.6%，人均钢筋混凝土结构面积25.84平方米，比去年增加2.87平方米，增长12.49%，住房面积和质量均有明显提高。年末，全县每百户农户拥有洗衣机78台，电冰箱48台，抽油烟机2台，微波

新建成的农贸市场（富民县志办　提供）

炉22台，太阳能热水器62台，自行车53辆（其中电动自行车16辆），摩托车60辆，生活用汽车13辆，固定电话11部，移动电话220部，彩电108台，摄像机1台，家用计算机9台（其中接入互联网6台）。同去年相比，农户拥有耐用物品数量明显上升，农村居民生活水平显著提高。

（李志宝）

Yiliang County 宜良县

花卉苗木种植 全县花卉、苗木总面积3.56万亩（新增面积为1.32万亩）、总产值6.87亿元，有花卉企业18家（绿化苗木和盆花盆景企业14家、鲜切花企业4家）。其中鲜切花4817亩（新增面积为1503亩）、产量2.72亿枝、产值1.28亿元，绿化苗木和盆花盆景3.07万亩（新增面积为1.17万亩）、产量2.80亿盆株、产值5.59亿元。全县水果总面积2.43万亩（其中幼树面积3154.15亩、挂果面积2.11万亩）、总产量1.83万吨、总产值6291.1万元，果园覆盖面积2790亩，果实套袋1466.5万个。新植葡萄、樱桃、梨枣、桃等水果837亩19.03万株。花卉已成为宜良县的一个新兴产业，相信在今后会有更大的发展。

高效绿色蔬菜基地 宜良县马街镇新建万亩蔬菜基地建设项目，是市政府启动的新一轮“菜篮子”工程。2011年2月底完成《宜良县马街镇万亩高效绿色蔬菜基地基础设施建设规划及可研报告》和《宜良县马街镇万亩高效绿色蔬菜基地建设实施方案》的编制，3月率先通过市级专家评审，4月份开始推进实施万亩新建蔬菜基地建设工作。现已完成土地流转协议签订工作，项目建设先期启动资金已到位350万元，市政府借款1000万元给宜良县。中标单位2011年10月已进场施工，计划11月31日完成工程施工任务（工期45天）。目前，马街蔬菜基地已种植蔬菜1620亩，广西丰泽生物科技有限公司在马街镇西边村委会实施60亩有机蔬菜种植示范，云南盛中公司流转租用的1200亩土地，2011年10月中旬分批陆续开始基地规划和蔬菜种植工作；与青美农产品有限公司达成租用700亩土地意向，现仍有6480亩土地没有企业签约开发种植蔬菜。12月底基地70%面积种植蔬菜，2012年1月份有蔬菜产品供应市场。

大拉德村墙体绘画艺术——彝家篝火晚会（宜良县志办 提供）

休闲农业 2011年，全县共发展各类休闲农业41家，具有一定规模的休闲农业26家。昆明永惠种植开发有限公司、宜良雪峰绿色生态园、宜良金福饮食娱乐有限公司3家休闲农业企业还被认定为昆明市首批休闲农业与乡村旅游示范企业。全县休闲农业资产总额9160万元，固定资产投资6185万元，年营业收入6000万元，实现利润1700万元，上交税金430万元，农产品销售收入1620万元，从业人员2300人，农民就业655人，带动农户4005户，带动农民1.01万人，农民获得收入930万元，年接待42万人。休闲农业的发展，拓宽了全县农业发展道路，推动了农民转岗转业，促进了村容村貌改善，成为宜良县社会主义新农村建设的重要组成部分。

农村电影放映 2011年1月至10月全县农村公益电影放映工程放映1330场，观众达19.95万人次；广场电影放映194场，观众达1.94万人次。完成放映场次居全市、县区之首，获得了昆明市农村电影放映优秀集体奖。

2011烤鸭美食节 围绕“花乡水城·美食宜良”这一主题，以“打响宜良鸭品牌、提升宜良人气，扩大对外影响”为目标任务，以“政府引导、市场运作、节会搭台、美食唱戏”为组织形式，既有传统的农特产品展销、鸭系列产品展销、中秋月饼一条街等内容，更有千人吃鸭子比赛这一重头戏，烤鸭子比赛这一主赛事，同时还增加了机关食堂美食大赛和宜良美酒品评赛，内容多样，全民参与，集中展现了宜良富有特色的饮食文化和烹饪技艺，充分体现了“民以食为天”的宗旨，发挥了“统一思想、汇集资源、凝聚力量”的作用，放大了“聚集人气、扩大影响”的效应。历时8天的烤鸭美食节，到宜良县参赛、游玩、购物的县内外群众、宾客达10余万人次，各项综合性经济收入达1500万元。

大学生创业园 积极争取县财政列支20万元作为大学生创业园专项经费，县劳动就业局对创业园进行装修，配备办公设备，为入园团队免除水电费用，提供一定补助；同时，积极建立和完善管理制度，认真做好管理服务工作，为创业大学生搭建优质、高效的创业扶持平台。2011年10月22日，宜良县大学生（村官）创业综合园和大学生创业农业园正式开园，有25个团队通过审核进驻园区创业，带动了102人就业。

工业园区建设 2011年，加大工业园区基础设施建设力度，饲料基地土地平整1月至9月投资达8200万元，年底达到1亿元，食品工业园区主干道全年达7000万元。项目承载能力进一步得到了提高，大批工业项目落户园区，主要有：8个饲料项目、日产4000吨熟料二条生产线的红狮水泥项目、日产2500吨熟料二条生产线的金珠水泥项目、年产3亿条编织袋项目、年产200万米预应力混凝土管桩生产线项目、年产70万立方米加气混凝土砌块项目、年产1.8万吨合金铝锭项目、年产50万吨高强度钢项目等多个项目落户宜良县工业园区。

九宜二级公路工程建设 九—石—阿公路延长线九乡至宜良二级公路是云南省实施旅游开发战略的一条重要旅游干线，公路全长33.09千米，公路等级二级，概算总投资5.61亿元。起于九乡乡与九—石—阿公路相交，沿途经过耿家营乡、宜良县工业园区、北古城镇、匡远镇，止于安石二级公路江头村。工程于2011年3月18日动工，施工方为中铁集团。按照计划5月30日完成全线的征地，沿线房屋、管线的拆迁，地上附着物的补偿工作，6月30日主体工程完工，9月30日竣工并通车的目标。现工程已按计划全线完工并试通车。

养老服务事业 2011年，宜良县60岁以上老年人有5.09万人，占全县总人口的13.83%。全县现有敬老院4所，分别为县中心敬老院、北古城镇敬老院、九乡乡敬老院、匡远街道办南羊敬老院。其中县中心敬老院目前入住城市“三无”人员、农村五保老人250人，为将中心敬老院打造成养老服务的样板工程，敬老院领导班子在强化内部管理，提升服务质量上下工夫，完善各项规章制度，全面推行“专业化服务，标准化操作”。省、市、县各级领导及社会各界多次前往慰问参观，一致评价是全省亮点，全市的试点。近年来，中心敬老院先后荣获省民政厅颁发的“三星级敬老院”、国家民政部颁发的“全国模范敬老院”荣誉称号，还被市委、市政府命名为市级文明单位。

（王 颖）

Songming County 嵩明县

城乡建设 按照空港新城规划建设要求，继续推进“543”倍增计划，高起点、高标准完成县城总规及全域城镇化规划编制。扎实推进全国土地整治规划编制试点县工作，规划成果已通过国土资源部审查。2011年，入城口片区建设进展顺利，完成第二自来水厂、城市生活垃圾处理场、河滨北路、河滨南路、明湖南路等市政基础设施建设，县城建成区面积达6.81平方千米，城镇化率提高4%，达到32%。工业园区完成燕京南侧、南环路东段、东环路北延线、官军公路连接嘉丽泽段、装备制造园1号路近7千米的毛路建设及综合管网埋设，建成区面积达7.4平方千米。职教基地全长近10千米的1、2、3、4、5号道路建成投入使用，第二自来水厂扩建工程、“梦回云南”一期投入运营。星耀水乡国际度假中心初具雏形。实施“一事一议”财政奖补项目121件，农村民居地震安全工程修缮加固 2764户、拆除重建134户、危房改造281户，农村面貌持续改变。建成农村公路60.5千米，各镇（街道）客运班车通达率达100%。

云南杨林工业园区 2011年，杨林工业园区共完成基础设施建设投资任务4.5亿元，投入标准化房建设资金16.74亿元。截至12月，园区入驻企业150户，已建成投产企业98户，在建26户，其中规模以上工业企业33户，世界500强企业1家，国内500强企业2家，亿元以上投资企业28家。2011年，完成工业总产值64.21亿元，同比增长48.06%；完成规模以上工业主营业务收入62.11亿元，同比增长37.61%；完成规模以上工业增加值14.86亿元，同比增长33.6%；完成工业项目固定资产投资额28.02亿元，同比增长98.83%；完成全社会固定资产31.89亿元，同比增长83.6%；完成地方财政一般预算收入7826万元，同比增长34.4%；顺利争取园区公租房中央、省、市补助资金2100万元；帮助入园企业获得标准化厂房租金补助135万元，建设资金补助1500万元；从业人员达到5539人。截至2011年底，工业园区建成面积已达7.4平方千米，初步形成了以机械加工、食品、彩印、精细化工、医药、铸造和橡胶制品为主导产业的工业体系。

嵩明职教基地 2011年，职教基地完成固定资产投资13.5亿元，完成税收2300万元，完成地方一般预算收入1250万元，向上争取资金1300万元。融资4亿元。投资1.5亿元，建成1、2、3、4、5号道路并已投入使用。投资3649.4万元，铺设3.34万米雨污管网、1.67万米给水管网、8351米电力管网，架设施工用电线路4820米。投资4224.06万元完成县第二自来水厂扩建，日供水能力提高到2万立方。年内，入驻院校达9所，其中，云南工商学院、云南师范大学文理学院、昆明医学院海源学院、云南师范大学商学院（先期并入云南城市建设职业学院招生）、云南城市建设职业学院5所院校实现招生，云南大学滇池学院、云南外事外语职业学院、昆明财经商贸职业学院、云南东方时尚驾校正在推进中。2011年，嵩明职教基地招收入住新生达1.67万人。 与此同时，嵩明职教基地积极推进长松园片区开发建设。年内，昆明市民兵综合训练基地，中稷腾飞自来水厂，新长征绿色科技产业基地，梦回云南——大型旅游、宗教、文化艺术博览园，中稷公司御景新城，北京恒华国际生态养生城等项目已落地建设，长松园片区建成区面积达到2平方千米。

现代农业科技示范园区 2011年，嵩明现代农业科技示范园区大力调整农业产业结构，因地制宜构建循环农业产业链，以招商引资为抓手，以配套基础设施为重点，以推进项目落地为突破口，全面推进园区开发建设。年内，共向上争取资金4070万元，启动水、电、路等10项基础设施建设。全年社会固定资产累计完成投资1.53亿元，占年度目标任务的191.7%。农业园区基础设施累计完成投资3404万元。为扩大园区规模，积极吸引外资，年内，收储土地795亩。农业园区新增农业产业化项目3个。至此，入园企业达24家。2011年农业园区第一产业（花卉）实现产值1.87亿元。

生态环保 年内，以牛栏江流域治理和滇池补水工程为工作重点，大力开展“六清六建”和“四全”工作，水污染指数同比降低29.4%。节能减排目标任务圆满完成。“森林嵩明”建设扎实推进，种植特色经济林2.7万亩，建成苗木基地4550亩，完成面山造林6500亩、五采区植被恢复100亩、义务植树135.5万株，县城绿地率、绿化覆盖率分别为36.86%和43.2%，全县森林覆盖率达49.1%。县城、工业园区污水处理厂投入运行，集镇污水处理厂启动建设。加大环保执法力度，严格执行环保“一票否决”制，环境影响评价和环境保护“三同时”制度执行率达100%。全年化学需氧量、二氧化硫排放量比上年削减2%，单位GDP综合能耗、规模以上工业万元增加值能耗均下降4%以上。牛栏江水质明显改善，水污染指数同比降低21.4%。“四创两争”工作成效明显，嵩阳街道、小街镇创建为国家级生态乡镇，杨林镇、牛栏江镇创建为省级生态乡镇，东村、新村等50个村（居）委会创建为市级生态村。

（杨加祥）

Shilin Yi Autonomous County
石林彝族自治县

旅游转型提升 2011年石林旅游景区接待游客320万人次，增长15.2%；全县接待游客400万人次，增长14.3%；旅游直接收入5.1亿元，增长17.8%；综合收入23.3亿元，增长16.5%。石林景区有碍遗产保护设施拆迁工作成效显著，游客接待中心停车场交通网络等景区提升工程建成投入使用；国家5A级旅游景区通过复核，石林景区被命名为国家级国土资源科普基地，导游组被评为全国青年文明号。上海张江、苏宁环球、浙江宋城等一批知名文化企业参与石林旅游发展。旅游文化娱乐、节庆广告会展等文化产业初显成效，文化产业增加值占地区生产总值比重达11.2%。

生态工业园区建设 2005年6月，石林县开始规划建设石林生态工业集中区，规划面积28.65平方千米，分为“一园五片区”，包括县城核心片区、大屯片区、北大村片区、西街口片区和圭山片区，目标定位是将园区建设成为重要的旅游商品加工基地、绿色食品加工基地、新能源产业基地、石材加工基地。2008年创建为云南省重点特色工业园区，2010年创建为云南省第一个新能源产业示范基地。到2011年末，累计完成基础设施投资9.29亿元，建成区面积3638.5亩，入区新建项目50个、协议投资172亿元。园区全年完成规模以上工业增加值4.39亿元，规模以上主营业务收入11.08亿元，规模以上工业企业利税总额1.06亿元，工业固定资产投资达13.71亿元。在工业园区的支撑推动下，2011年石林县工业固定资产投资达15.6亿元，增长43.5%；实现工业总产值38亿元，增长18.7%；工业增加值9.7亿元，增长23.8%；规模以上工业企业达26户，增加值6.75亿元，增长32%。

石林台湾农民创业园 云南昆明石林台湾农民创业园是全国29个台湾农民创业园之一。园区总面积20万亩，规划面积5.4万亩，其中核心区面积1.2万亩。发展定位为科技先导型两岸农业科技合作试验区、休闲观光农业示范区，成为领先西部、辐射全国的现代设施农业生产试验基地和特色鲜明时尚的休闲观光农业基地。到2011年底，累计完成基础建设投资3.6亿元，实现了园区基础设施建设两年突破；入驻企业30家（其中台资企业7

石林县长张勤勋看望慰问省级民族民间文化传承人毕光明（石林县志办　提供）

家），初步形成花卉、生物产业、中药文化、园林绿化、农产品加工、烟草科研种植和银杏产业等都市型现代农业产业发展格局；推进园区6个村委会新农村建设，流转土地1.6万亩，举办园区内农民科技培训3440人次，转移就业1991人。2010年被评为“昆明市重点农业园区”，2011年被评为第一批国家农业产业化示范基地、第一批云南省农业科技示范园。

城乡建设 2011年修编完善土地利用总体规划，启动建设用地增减挂钩及低丘缓坡地综合开发利用试点工作。鹿阜旧城改造拆除15.84万平方米，建成回迁房8800平方米。新增市政道路13千米30万平方米。新增县城建成区面积1.81平方千米，达11.22平方千米，城镇化率达34%。持续开展城乡环境、临违建筑等整治活动，拆除违章建筑5240平方米，市政设施完好率保持在98%以上。387个村庄规划通过市级审批，实现规划全覆盖。集镇建设“1+4”工程深入推进，圭山生态湿地公园、西街口市场等14个项目完工，大坝、和摩站等6个集中居住区建设顺利实施，新增集镇面积0.6平方千米。建制村公路路面硬化62千米，硬化率达98%；公交出行分担率达40.5%。完成水利基础投资1.89亿元，“五小”水利、黑龙潭中型灌区节水配套改造等项目建成。实施抗旱应急工程64件，1.32万人饮水困难得到解决。完成15个扶贫开发重点村、14个新农村整村推进和82个“一事一议”财政奖补项目。

生态建设 2011年完成城乡绿化7600亩、“五采区”植被恢复300亩、珠防林工程3.3万亩，新建苗木基地9520亩，村庄绿化150个，全县森林覆盖率达43.65%。新增建成区绿地面积19.77万平方米，绿地率达41.5%，绿化覆盖率达46%，人均公共绿地面积19.32平方米。城镇生活垃圾收集率100%，污水集中处理率79.8%，环境空气质量优良天数达标率100%；划定19个集中式饮用水源地保护范围，巴江流域水质达Ⅲ类标准；完成饮用水源地和“三沿五区”坟墓搬迁2000冢。完成“一池三改”1000户，推广节能灶1000眼，改造农村卫生户厕2500座，建成大型沼气工程2个。全面推进国家生态县创建工作，圭山镇糯黑村、石林镇小箐村成功创建为国家级生态村，76个行政村创建为市级生态村。

社会保障全覆盖 2011年全面启动城镇居民社会养老保险试点，实现社会保险城乡全覆盖。开发提供就业岗位1760个，建成综合性大学生创业园，新增城镇就业1356人，城镇登记失业率1.92%；农村转移就业2.97万人；新农保参保率达97.96%；城镇基本养老、医疗、失业、工伤和生育保险参保率分别达83%、99%、86%、90%、82%； 年内发放各类保障金1222万元、各类救助款365万元，城乡低保覆盖率100%。投入221万元实施扶残项目，惠及残疾人3534人次。建成廉租房315套，农村民居地震安全及危房改造1450户，公租房建设完成主体工程的40%。兑付支农惠农资金4351万元。实施义务教育阶段住校困难家庭学生交通补助惠民工程，补助资金150万元，受益学生8028名。

（刘世生）

Luquan Yi and Miao Autonomous County
禄劝彝族苗族自治县

招商引资 2011年，全县引进招商引资项目89个，其中，内资项目84个，协议资金61.8亿元；外资项目5个，协议资金1.55亿美元。市外内资到位32.97亿元，完成市下达目标任务的206%，完成县确定目标的132%；外资项目到位资金1977.98万美元，完成市下达目标任务的659%，完成县确定目标的396%。财富中心、鑫磊石材深加工、裕丰方解石深加工、天雄石材深加工、隆辉石材荒料交易市场等20个项目开工建设。甲岩电站建设、乌东德电站前期工作按计划有力推进。

“云药之乡”建设 2011年，完成《禄劝彝族苗族自治县“十二五”中药材科技产业发展规划（2011～2015）》报告编制并通过专家评审，完成《关于禄劝中药材产业发展情况的调研报告——加快禄劝中药材产业发展对策与研究》。通过获得云药之乡认定的宣传，引进实验示范品种15个，种植面积增加9595亩，全县共计种植草乌5000亩、附子2500亩、三七150亩，板蓝根等各类中药材总面积达1.60万多亩，产量约3700吨，产值7172万元。从事中药材经营的企业增加2户，协会2个，3000多人，中药饮片加工企业1户。加强“禄劝中药材产业链研究和示范”项目的实施，建立示范园300亩。建成高山药材育苗基地1400亩，附子、草乌、续断育苗能满足周边地区的发展需要。培养中药材中职4人，高职1人，1人由昆明市学术后备人选晋升为学术带头人。组织有关中药材经营开发的企业负责人到曲靖、普洱考察学习，使企业增强了中药材种植开发的信心，为云药之乡建设发展奠定坚实的基础。

廉租住房保障 2011年，争取中央廉租住房保障专项资金90.85万元。发放廉租住房租赁补贴641户、921人，“双困”家庭廉租住房租赁补贴61.98万元。新增申请家庭91户。建成第二期廉租住房并投入使用。第二期廉租住房项目位于县城北部迎春里片区，占地13亩，住房面积1.55万平方米310套，概算投资2177万元，中央、省、市补助资金1930万元。工程于2009年12月开工，2010年12月主体工程竣工并通过初验。2011年9月，完成小区附属配套工程。12月28日，举行分配及入住仪式。

创建生态乡镇 申报茂山、团街、皎平渡、九龙、翠华、撒营盘、中屏7个镇创建国家级生态乡镇，已成功创建茂山镇、撒营盘镇2个；申报皎平渡镇、汤郎乡、九龙镇、翠华镇4个省级生态乡镇的创建工作，申报材料已通过省环保厅评审，其中，九龙镇、翠华镇、皎平渡镇3镇已通过评审并等待省级专家组现场复核后予以命名；分两批次开展市级生态村的创建工作，第一批涉及屏山街道的10个村委会已经验收待命名；第二批涉及撒营盘镇、团街镇、乌东德镇、翠华镇、皎平渡镇、中屏镇、九龙镇、云龙乡、马鹿塘乡、则黑乡、汤郎乡11个乡镇共计63个村委会经复核及验收待命名。全年完成73个市级生态村创建。

农村居民生活 2011年末，全县每百户农民家庭主要耐用消费品拥有情况：拥有洗衣机47台、太阳能热水器23台、摩托车34辆、固定电话机3部、移动电话63部、彩色电视机93台。

城镇居民生活 2011年，城镇居民人均可支配收入16800元，同比增加2302元，现价增长15.9%。人均消费支出10634元，同比增长16.1%。其中，食品消费支出4961元，增长0.6%；衣着类支出1351元，增长26.1%；居住类支出526元，下降31.8%；家庭设备、用品及服务类支出270元，增长1.7%；医疗保健类支出742元，下降6.1%；交通和通讯类支出2179元，增长141%；文教娱乐用品及服务类支出401元，增长9.7%；其他商品和服务类支出205元，增长247%。

2011年，全县城镇居民的人均住房面积为33.14平方米。其中，四居室的占14.8%，三居室的占66.7%，二居室的占7.4%，单栋住宅的占3.7%，居住普通楼房的占3.7%。全县每百户城镇居民家庭拥有洗衣机94台，电冰箱80台，摄像机6架，照相机30架，微波炉50台，健身器材4套，消毒碗柜13台，沐浴热水器98台，摩托车28辆，家庭轿车33辆，固定电话35部，移动电话256部，彩色电视机106台，接入互联网的移动电话4部，接入有线电视网络的电视机102台，接入互联网的计算机50台。

在岗职工收入 2011年，全县有在岗职工13707人，比上年增加1699人，增长14.1%。其中，国有经济职工9746人，比上年减少1202人，减11%；集体经济职工1051人，比上年增加508人，增长93.6%；其他经济职工2910人，比上年增加2393人，增长462.9%。全县职工月平均工资2848元，比上年增长13.2%。其中，国有经济职工月平均工资3146元，比上年增长21%；集体经济职工月平均工资1858元，比上年减少11%；其他经济职工月平均工资2080元，比上年增长69.8%

（张玉宇）

Xundian Hui and Yi Autonomous County
寻甸回族彝族自治县

汇龙湿地建设 县园博园（汇龙湿地）于4月1日采用BT模式启动建设，项目规划用地680亩，总投资6000余万元。作为昆明市第六届园林绿化博览会的三个展区之一，县园博园（汇龙湿地）依托县域丰富水系，以前进河为“链”，以生态湿地为“心”，坚持传承文化、节约环保、注重创新、永续发展的原则，按照“以人为主、以绿为体、以民俗为线、以水为魂”的理念，创新布展思路，优化展园设计，突出地方特色，兼具娱乐、休闲、科教、环保功能。一期工程占地220亩，现已全面建成，并于11月19日正式开园，自然景观按“五山、一水、一潭、三分田”布局，一条主园路将全园景点连成一个有机整体，其间景点遥相呼应；一条主河道将全园水域一分为二，其间岛屿连环相通。园内种植了雪松、中山衫等3324株乔木，海桐、木槿等3551株灌木，红叶石楠、满天星等151万株地被，再立花、梭鱼草等21万株水生植物。

集镇污染物处理 10月12日，牛栏江流域（寻甸段）集镇污水及垃圾收集处理设施建设项目开工，标志着该项目全面启动实施。项目采取BT方式建设，由太平洋建设集团投资2.57亿元在牛栏江流域的仁德街道办塘子片区、金所片区、羊街镇、七星镇、河口镇建设5套集镇生活污水收集处理工程及生活垃圾收集处理设施，其中，集镇生活污水收集处理工程的日处理能力分别为0.2万吨、0.2万吨、0.25万吨、0.1万吨、0.15万吨，生活垃圾收集处理设施的日处理能力分别为12.7吨、12.5吨、12.5吨、5.4吨、7.3吨。

六甲之战纪念园迁建 10月，六甲之战纪念园迁建工程竣工。六甲之战纪念塔迁建至战斗打响处——石腊坨，建设“六甲之战”红色景区景点1个，总投资1034.9万元，其中景区景点项目建设投资939.9万元。使更多人深入了解红二、六军团通过“六甲之战”，粉碎敌军围歼计划的重大革命历史事件。依托便利的交通条件，建设红色主题纪念园，打造昆明市重要的、在全省有一定影响的缅怀红军先烈的革命历史教育基地。全部工程规划设计23个子项目，一期工程先建7个子项目：旅游公厕、停车场、游路、纪念碑、红军墓、摩崖石刻、景观石，总投资180多万元，余下16个子项目将逐渐完善。

民族文艺创作 9月下旬，县文联参加昆明市第二届“文促杯”花灯、滇剧、小戏、小品大赛，获2个一等奖、2个二等奖、1个组织奖，其中，由县民族文化研究会马能俊创作的花灯小戏《女大不由娘》获剧目综合一等奖，剧中扮演母亲的罗发芝获表演一等奖；由县文化馆向阳创作的小品《生日》获剧目综合二等奖，剧中扮演婆婆的向阳获表演二等奖。在参赛的14个县区中获奖数量、奖项等次都名列前茅。

（李巧梅）

昆明市经济社会发展主要指标（表一）

县（市、区）	年末总人口（万人）		城镇人口占总人口比重（%）		单位从业人员（万人）		农业总产值（亿元）	
	2010年	2011年	2010年	2011年	2010年	2011年	2010年	2011年
昆明市	643.92	648.64	63.6	66.00	97.24	110.83	200.72	225.06
呈贡区	31.12	31.70		96.09	1.46	2.17	10.83	9.80
五华区	85.64	86.20		93.75	17.67	16.48	2.45	2.72
盘龙区	81.08	81.60		95.71	13.25	15.23	2.99	3.21
官渡区	85.43	86.00		93.40	18.18	19.31	12.60	12.36
西山区	75.46	76.24		37.60	12.04	12.46	4.35	4.86
东川区	27.22	27.40		57.00	2.74	3.28	6.97	8.08
晋宁县	28.41	28.50		33.00	2.44	3.09	19.69	22.55
富民县	14.57	14.70		27.80	1.42	2.84	9.62	11.05
宜良县	41.99	42.25		34.60	2.15	2.62	40.84	45.78
石林县	24.65	24.80		34.50	1.36	1.80	18.71	21.65
嵩明县	28.74	28.90		33.50	2.43	2.81	18.29	20.34
禄劝县	39.68	39.95		18.50	1.20	1.47	20.31	23.84
寻甸县	45.76	46.00		20.90	2.04	2.19	20.33	23.84
安宁市	34.17	34.40		68.40	6.99	8.29	12.74	14.98

昆明市经济社会发展主要指标（表二）

县（市、区）	生产总值（亿元）		第一产业（亿元）		第二产业（亿元）		第三产业（亿元）	
	2010年	2011年	2010年	2011年	2010年	2011年	2010年	2011年
昆明市	2120.30	2509.58	120.30	133.83	960.86	1161.18	1039.15	1214.57
呈贡区	70.81	84.77	6.70	6.05	35.81	42.64	28.30	36.08
五华区	540.22	608.17	1.53	1.69	302.85	340.45	235.84	266.03
盘龙区	254.43	301.85	3.84	4.14	76.27	87.65	174.32	210.06
官渡区	469.62	549.23	7.97	7.87	179.63	214.43	282.01	326.94
西山区	244.47	288.06	2.70	2.89	70.40	85.78	171.37	199.38
东川区	46.57	56.07	3.27	3.74	30.84	38.01	12.46	14.33
晋宁县	56.15	67.36	12.04	13.60	28.85	35.62	15.27	18.14
富民县	28.36	34.03	6.05	6.84	13.59	16.73	8.72	10.47
宜良县	94.20	107.25	27.21	30.37	27.06	29.85	39.92	47.02
石林县	36.81	44.65	10.39	11.95	10.46	13.98	15.97	18.72
嵩明县	42.12	51.89	8.09	9.16	21.08	27.80	12.95	14.93
禄劝县	32.62	38.69	10.82	12.59	8.63	10.63	13.17	15.46
寻甸县	38.42	45.61	11.60	13.48	11.12	13.65	15.69	18.48
安宁市	134.25	167.77	7.64	8.85	76.46	99.25	50.15	59.67

昆明市经济社会发展主要指标（表三）

单位：%

县（市、区）	生产总值构成		第一产业		第二产业		第三产业	
	2010年	2011年	2010年	2011年	2010年	2011年	2010年	2011年
昆明市	100.00	100.00	5.67	5.33	45.32	46.27	49.01	48.40
呈贡区	100.00	100.00	9.46	7.13	50.58	50.30	39.96	42.57
五华区	100.00	100.00	0.28	0.28	56.06	55.98	43.66	43.74
盘龙区	100.00	100.00	1.51	1.37	29.98	29.04	68.51	69.59
官渡区	100.00	100.00	1.70	1.43	38.25	39.04	60.05	59.53
西山区	100.00	100.00	1.10	1.00	28.80	29.78	70.10	69.22
东川区	100.00	100.00	7.02	6.66	66.22	67.79	26.76	25.55
晋宁县	100.00	100.00	21.43	20.19	51.38	52.88	27.19	26.93
富民县	100.00	100.00	21.33	20.10	47.92	49.15	30.75	30.76
宜良县	100.00	100.00	28.89	28.32	28.73	27.84	42.38	43.84
石林县	100.00	100.00	28.21	26.76	28.41	31.31	43.38	41.92
嵩明县	100.00	100.00	19.22	17.65	50.03	53.57	30.75	28.78
禄劝县	100.00	100.00	33.17	32.56	26.46	27.48	40.37	39.97
寻甸县	100.00	100.00	30.20	29.56	28.95	29.93	40.85	40.51
安宁市	100.00	100.00	5.70	5.27	56.95	59.16	37.35	35.57

昆明市经济社会发展主要指标（表四）

县（市、区）	生产总值指数（上年＝100）		人均生产总值（元/人）		国有经济固定资产投资（亿元）		社会消费品零售总额（亿元）	
	2010年	2011年	2010年	2011年	2010年	2011年	2010年	2011年
昆明市	114.0	114.0	33549	38831	636.30	1874.74	1060.19	1271.73
呈贡区	115.0	115.0	26189	26988	73.91	180.94	17.77	19.03
五华区	112.5	113.0	62612	70784	41.03	300.41	283.58	378.45
盘龙区	114.1	113.9	33043	37110	34.10	220.77	213.06	239.53
官渡区	114.1	113.8	58035	64073	154.93	397.28	205.23	238.05
西山区	112.6	113.8	33289	37977	85.06	265.14	199.46	240.43
东川区	114.9	115.1	16426	20532	8.88	47.15	10.07	11.94
晋宁县	114.5	114.6	19806	23668	14.72	66.23	14.75	16.54
富民县	113.6	114.6	19058	23246	2.81	18.88	8.20	9.13
宜良县	112.5	112.1	22322	25463	11.19	44.98	21.47	21.64
石林县	115.0	116.1	15020	18053	14.91	59.92	15.18	18.05
嵩明县	115.2	116.0	14729	18004	11.74	69.31	14.58	15.72
禄劝县	113.3	113.5	7727	9715	10.03	50.31	13.77	14.76
寻甸县	111.6	112.5	7922	9942	5.82	46.00	12.81	14.93
安宁市	114.1	115.1	40474	48956	37.64	107.44	30.26	33.52

昆明市经济社会发展主要指标（表五）

县（市、区）	地方财政收入（亿元）		地方财政支出（亿元）		人均地方财政收入（元/人）		人均地方财政支出（元/人）	
	2010年	2011年	2010年	2011年	2010年	2011年	2010年	2011年
昆明市	253.83	317.69	346.29	441.73	3991	4916	5445	6835
呈贡区	6.88	7.49	9.66	11.01	2541	2384	3571	3506
五华区	20.55	25.42	20.35	25.50	2380	2959	2357	2968
盘龙区	16.67	22.01	20.10	25.10	2164	2706	2610	3086
官渡区	26.16	32.18	29.81	35.74	3231	3754	3682	4170
西山区	17.00	22.00	19.81	25.13	2314	2901	2696	3313
东川区	4.09	5.44	16.06	19.59	1443	1992	5661	7173
晋宁县	6.24	8.43	11.24	15.41	2206	2963	3971	5415
富民县	1.90	2.68	6.67	7.99	1278	1832	4482	5460
宜良县	4.68	4.52	10.27	11.64	1104	1072	2420	2763
石林县	3.51	4.73	9.34	11.18	1431	1914	3809	4524
嵩明县	4.50	5.86	11.49	15.93	1572	2033	4014	5527
禄劝县	2.92	3.58	12.20	13.97	691	899	2888	3510
寻甸县	3.42	4.59	13.04	16.43	705	1000	2686	3581
安宁市	16.69	21.40	19.28	25.34	5029	6242	5810	7392

昆明市经济社会发展主要指标（表六）

县（市、区）	农民人均纯收入（元/人）		职工人数（人）		在岗职工年平均工资（元/人）		人均储蓄存款余额（元/人）	
	2010年	2011年	2010年	2011年	2010年	2011年	2010年	2011年
昆明市	5810	6985	92.21	98.55	34403	41644	36819	40325
呈贡区	7648	9146	1.42	1.98	39445	43560	40334	43560
五华区	7578	8822	16.77	14.69	32921	42900	} 77434	} 85824
盘龙区	7404	8660	12.71	13.17	34288	40238		
官渡区	8921	10598	17.52	17.26	32072	39795	40397	38498
西山区	8245	9697	11.16	11.30	26364	34497	37661	37267
东川区	3196	3760	2.60	2.62	23550	30882	14062	19073
晋宁县	6075	7522	2.40	2.80	26776	34953	16446	19207
富民县	5644	6858	1.35	2.59	24070	33450	14249	17769
宜良县	5890	7087	2.06	2.49	25403	28840	14104	16634
石林县	5704	7011	1.35	1.69	28589	34497	10908	13548
嵩明县	5333	6502	2.36	2.67	26065	30321	12498	13879
禄劝县	3205	3808	1.20	1.37	30154	34170	5109	7041
寻甸县	3497	4130	1.94	2.11	30897	35674	5601	7309
安宁市	6913	8104	6.67	7.20	34991	40311	25571	30756

Qujing City

曲靖市

主　编　刘建军
责任编辑　方爱琴

概述　曲靖市位于云南省东部，总面积28904.11平方千米。市政府驻麒麟区寥廓街道文昌街，距省会昆明135千米。

2011年，辖沾益县、马龙县、富源县、罗平县、师宗县、陆良县、会泽县、宣威市、麒麟区；乡镇(街道办事处)115个，其中镇62个，乡44个（其中民族乡8个）、街道办事处9个。

2011年末，户籍总人口达632.27万人，其中非农业人口78.68万人，占总人口的12.44%；少数民族46.94万人，占全市总人口的7.43%。全市常住人口589.89万人，人口自然增长率6.82‰。

2011年，实现生产总值1209.9亿元，比上年增长13.1%。其中：第一产业实现增加值225.7亿元、第二产业实现增加值647.2亿元、第三产业实现增加值337亿元，分别增8.1%、17.2%、8.7%，居民消费品价格总水平比上年上涨4.9%，其中商品零售价格总水平上涨4.7%，人均GDP突破2万元，达20510.6元。

2011年，完成财政总收入309亿元，比上年增收58亿元，增长23.2%。非税收入9亿元。地方一般预算收入88.3亿元，增加15.9亿元，增长21.9%。地方一般预算支出222.2亿元，增加40.6亿元，增长22.4%。

学龄儿童入学率99.5%，初中毛入学率102.03%，高中阶段毛入学率达86.79%。有87个乡镇通过市政府“无文盲乡镇”评估验收，共扫除青壮年文盲12689人，剩余文盲86777人。

新农合参合率96.29%，比上年增加7.08万人，参合率提高0.36个百分点。每千人有病床3.3张，每千人有卫生技术人员2.2名。

2011年，农村居民人均纯收入5035元，扣除物价因素，实际增长21.9%。城镇在岗职工年平均工资为35808元，比上年增加3288元。城镇居民人均可支配收入18407.8元，比上年同期增长15.5%，扣除物价因素影响，实际增10.1%；人均消费性支出12611.2元，增15.5%，扣除物价因素影响，实际增10.1%。城镇居民平均住房面积27.29平方米，农村人口人均住宅建筑面积35.79平方米。城镇登记失业率为3%。

开展“新农村故事会”活动　2011年，曲靖市为着力破解部分村组织活动场所吸引力不强、利用率不高、资源闲置等问题，用农民的话说事，用农民的事说理，用农民的亲身经历说变化，用农民身边的变化说发展。全市广泛开展“新农村故事会”活动，全市累计开展4.3万余场次、讲故事近12万余个，参与群众达160余万人次，取得“党员动起来、阵地用起来、支部活起来、农民笑起来、民力聚起来”的良好效果，得到中组部和省委组织部的充分肯定。12月13日，省委组织部部长刘维佳批示：“曲靖的党员活动室发挥了多功能性，新农村故事会为农民群众喜闻乐见，这是党在基层开展政治教育和群众工作的好形式，值得各州市县学习借鉴。”

滇中四城迈向同城时代　2011年3月23日，昆明市与曲靖市签订《推进滇中城市群昆曲一体化发展合作框架协议》。昆明市与曲靖市将充分发挥各自比较优势，坚持规划共绘、交通共联、产业共兴、市场共构、环境共建、信息网络共享，提升滇中城市经济圈的竞争力和辐射带动

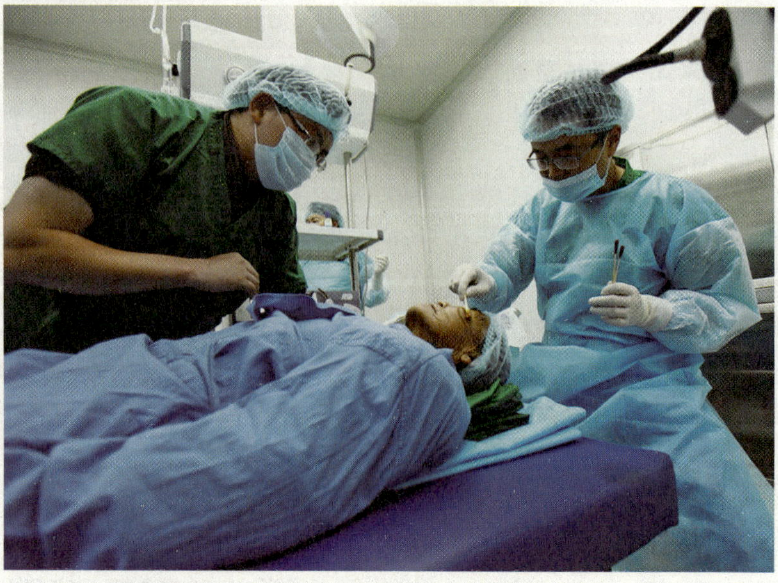

百万贫困白内障复明工程（曲靖市志办　提供）

农家书屋（曲靖市志办　提供）

力。这也是昆明继与玉溪、楚雄两市州签订一体化发展合作框架协议后的最后一站，滇中城市经济圈的深度一体化合作框架即将建成，滇中经济区建设迈出实质性步伐。

新村庄新社区“两新”工程建设　2011年，曲靖市组织实施以推进新村庄新社区建设为重点的统筹城乡发展工作。围绕新村庄“四通”（通水、通路、通电、通网络）、“四化”（村内道路硬化、绿化、亮化、美化）、“三配套”（配套建设有一个设施相对完备、服务功能相对集中的包括含行政办公、文体活动、医药卫生服务、幼托教育、商业服务等多功能综合服务中心，配套建设垃圾和污水集中处理设施）、新社区“十有”（有完善的建设规划、有支撑带动能力强的特色产业、有规模大档次高的集中居住区、有运转高效的便民服务中心、有垃圾中转站、有污水集中处理设施、有较大面积的游园绿地、有发达的商贸服务设施、有完善的教育文体科技医疗设施、有健全的养老就业等社会保障体系）的目标任务，坚持以科学规划为龙头，政府主导、项目补助、部门支持、企业帮扶、群众主体，多渠道筹措资金，加强组织领导，形成统筹发展新合力，坚持以土地“城增村减”“矿村结合”和深化户籍制度改革为抓手，以居民、土地、产业“三集中”为切入点，积极探索创新资源配置方式、资金筹措机制、户籍制度，构建统筹发展新机制，“两新”工程建设取得阶段性成效。截至年底，全市首批30个“两新”建设点（涉及1.05万农户3.98万人）完成投资22.85亿元，占计划投资37.68亿元的60%，共完成工程总量的约70%，共减少自然村14个，节约宅基地3577亩，增加城镇建设用地指标1936亩；工业项目布局更趋合理，入驻和迁入工业园区项目20多个；创新实践农业产业化型、城郊农业型等适合实际的产业发展路子，共引进项目16个，引进资金14795万元，培育龙头企业17个，建设产业基地16个，建立社会中介组织34个，累计输出农村劳动力2.3万人，农民转市民4000余人，农民人均纯收入达6362元。

“母亲水窖”等项目实施　2011年，曲靖市妇联在麒麟区珠街乡开展“水印计划·安全饮水”项目，争取项目资金10余万元；争取百事基金会——中国妇女发展基金会支持，在师宗竹基乡、陆良板桥镇实施“母亲水窖·饮水安全”项目，总投资191.61万元，新建集中供水设施2处（件），2所农村学校安装自动电热烧水器，配备保温桶、热水器等安全净水设备；培训项目地区群众1.55万人，为师宗、陆良县解决农村安全饮水近2万人，解决5216头大牲畜饮水困难问题。联合市林业局在市妇联挂钩联系点——宣威市阿都乡建“百亩核桃巾帼示范基地”1个，在同兴村建设百口“母亲沼气村”，共培训妇女360人。争取全国妇联资金10万元扶持女能人丁美桃创建全国“三八绿色基地”，建大棚11个，培育红豆杉苗木24万株。

示范园区建设　2011年，曲靖市依托省级“十优十强”“百县百园”创建活动，加快“一县一区、一乡一园”现代农业示范区规划建设。初步建成20个现代农业示范园区，建成年出栏万头生猪养殖场24个和牛羊养殖小区280个，建成1万亩罗平库区生态渔业养殖，建成会泽鱼子酱加工基地和鲟鱼鱼种繁育基地；马龙县现代农业示范园建设的做法被省农业厅列为全省学习典型；师宗县初步建成生物产业加工园区；宣威市率先建设国家现代农业示范园区；云南（曲靖）国际农业食品科技园规划建设成效得到国家农业部的肯定，并被列为国家农业产业化示范基地，中央和省级正大力支持曲靖市把云南（曲靖）国际农业食品科技园建设成为国际领先、国内一流的农业科技示范园区。

保护坝区农田建设山地城镇工作　2011年，曲靖市积极开展保护坝区农田建设山地城镇工作。及时出台《曲靖市人民政府贯彻云南省人民政府关于加强耕地保护促进城镇化科学发展意见的实施意见》，进一步明确以“两保护、两上山、两集中、两统筹”为主要内容的工作目标及措施，召开保护坝区农田建设山地城镇工作会议，启动保护坝区农田建设山地城镇试点工作。开展全市1平方千米以上坝子的范围界线核实认定工作。按照“三个一批”的思路，确定麒麟区太和山片区、曲靖南片区、宣威市西山片区等建设用地上山试点项目区21个，面积1.84万亩。以打造麒（麟）、沾（益）、马（龙）大都市规划建设为龙头，在原中心城区、沾益县、马龙县城市规划的基础上新增190平方千米的城市规划面积，将现行土地利用总体规划为一般农田的曲胜路以东124平方千米坝区农田调整为基本农田予以保护。

“三型五化六个一百”工程 2011年，曲靖市探索提出“三型五化六个一百”工程建设思路，从规模、装备、技术、管理、人才等方面入手，力争在“十二五”期间，全市地方煤矿建成资源节约型、环境友好型、矿村和谐型的“三型”示范矿井100对，建成达国家二级以上标准的质量标准化示范矿井100对，建成达21万吨以上产能的规模化示范矿井100对，建成达国家规定标准的机械化示范矿井100对，建成具有完善法人治理结构的现代公司化示范企业100个，培养造就掌握现代管理知识和先进适用技术的专业化带头人100名，全面加强和提升地方煤矿安全保障能力，夯实煤矿安全基础。全行业认真落实《曲靖市人民政府关于实施“三型五化六个一百”工程促进煤炭产业安全发展的意见》要求，按照具体《实施方案》，将项目安排到具体煤矿，责任落实到具体单位和人员，确保项目建设顺利推进。

全国粮食生产先进集体和个人表彰 2011年，在农业部举行的“2010年度全国粮食生产先进单位、先进个人及标兵”评选会上，曲靖市2个县2人5个种粮大户荣获2010年全国粮食生产先进县、全国粮食生产先进工作者、全国粮食生产大户和全国粮食生产大户标兵称号。受到农业部表彰的单位和个人分别是：沾益县、陆良县获“全国粮食生产先进县”称号；高世华、赵永平2人获“全国粮食生产先进工作者”称号；盘江镇松林社区王长宝、炎方乡炎方村谢林荣、小百户镇老母村张海生、中枢镇北门社区黄涛见和丹凤镇糯白村李玉才等获“全国粮食生产大户”称号，其中种粮大户王长宝还获得“全国粮食生产大户标兵”称号。

品牌创建 2011年，曲靖市不断加大农业标准化生产力度，加强品牌培育工作。制定和推广49项无公害农产品生产技术规程，指导和规范企业、农户科学用药，合理施肥，提倡和推进清洁生产，健康养殖。组装和集成了《曲靖市无公害农产品生产技术规程研究与产业应用》的成果利用。建成8个国家级农业标准化示范区（罗平油菜、小黄姜，会泽马铃薯、乐业辣椒，陆良马铃薯、烤烟，富源大河乌猪，曲靖韭菜花），形成会泽马铃薯、乐业辣椒、罗平小黄姜等13项曲靖市地方农业规范，填补了曲靖市无地方农业标准的空白，促进了品牌农业的快速发展。多数龙头企业和农户逐步按照无公害农产品生产技术规程进行生产，从生产一线保障了农产品质量安全。2011年，全市通过认定的“三品”面积711.6万亩（无公害种植业产地674.01万亩、无公害渔业产地13.7万亩、绿色食品产地23万亩、有机食品产地1万亩），畜禽养殖规模546万（头、羽、只）。累计培育优质农产品品牌277个，其中无公害农产品220个、绿色食品41个、有机农产品5个，地理标志产品2个（宣威火腿、马龙深沟鸡）；“宣泰”牌宣威火腿被农业部认定为中国名牌农产品，云南蕨芋食品有限公司等9家企业的11个产品被认定为云南名牌农产品；另有中国驰名商标1个，省级著名商标32个。

特色小镇 2011年，曲靖市推进20个省级重点开发建设特色小镇建设扎实推进，全年完成投资近4亿元。现代农业小镇9个：马龙县马过河镇，富源县富村镇，陆良县三岔河镇，罗平县板桥镇，师宗县雄壁镇，宣威市海岱镇，宣威市热水镇，会泽县待补镇、迤车镇；工业小镇5个：麒麟区东山镇，沾益县盘江镇宣威市田坝镇，会泽县者海镇，富源县黄泥河镇；商贸小镇2个：陆良县召夸镇，陆良县马街镇；旅游型4个：宣威市杨柳乡，马龙县旧县镇，师宗县五龙乡，罗平县鲁布革乡。

生态示范区建设 2011年，曲靖市按照“生态建设产业化、产业发展生态化”要求，积极开展生态示范区建设。至年底，已有5个县（市）区相继被国家环保部列为全国生态示范区建设试点地区，示范区面积达15494.56平方千米，占全市国土面积的53.6%，其中麒麟区被列为全国农村小康环保行动计划示范区。

“两下乡”工作 2011年，曲靖市“家电下乡”推进力度大，全年共销售家电下乡产品36.4万台，销售金额8.2亿元，兑现补贴9474万元，同比分别增长48%、81%、69%，超额完成市政府确定家电下乡实现销售额4亿元的目标任务。累计备案销售网点1228个，销售产品69.5万台，销售金额14亿元，兑现补贴1.7亿元，销售台数和金额位居全省第一位。摩托车下乡和家电以旧换新成效显著，摩托车全年销售73284辆，销售额2.7亿元。累计销售154746辆，销售额6.4亿元，兑现补贴8052万元。家电以旧换新工作自2011年5月启动以来，备案企业95家，全年累计销售五类（电视机、冰箱、洗衣机、空调、电脑）新家电20513台，销售额8545.5万元；回收五类废旧家电17140台，回收金额26.8万元。

革命老区扶贫开发 2011年，曲靖市投入革命老区建设资金750万元，其中：沾益县100万元、会泽县150万元、陆良县150万元、宣威市100万元、罗平县100万元、富源县50万元、师宗县100万元，按照“突出重点、确保解决革命老区最薄弱、老区人民最期盼的问题”“对革命贡献大的地方优先扶持，对贫困程度深的村寨给予优先照顾”的要求，用于解决特殊困难、特殊领域、特殊人群的脱贫致富问题。先后实施产业扶持、人畜饮水，村内道路硬化，修建公厕、活动室，扩建交易市场等项目建设，实施项目12个，覆盖23个村、5034户、20985人，使革命老区贫困问题得到根本缓解。

全国示范社区卫生服务中心 2011年11月15～16日，卫生部在山东济南市召开“创建示范社区卫生服务中心”活动总结会，曲靖市宣威虹桥街道社区卫生服务中心和麒麟区南宁街道社区卫生服务中心被卫生部授予“全国示范社区卫生服务中心”称号。

第二十三届亚细亚水彩联盟展 2011年8月25日，曲靖市人民政府和亚细亚水彩画联盟主办，曲靖师范学院、曲靖市文化产业发展办公室、云南省美术家协会、曲靖市文学艺术界联合会、云南珠江源水彩画会承办的“第二十三届亚细亚水彩画联盟展暨国际水彩画论坛”在曲靖龙潭公园举行，来自中国、新加坡、日本、韩国等亚洲国家和地区的12家艺术家协会和画会参展，55名画家齐聚一堂，共同探讨水彩艺术之道，本届亚细亚水彩画联盟展共展出作品178件。除展览外，后续举办国际水彩画论坛，共同探讨水彩画创作的最新进展；中外艺术家们还在曲靖市罗平县、会泽县和沾益县进行实地创作。此次画展从8月25日开展到9月4日结束。作为曲靖水彩画创作的主要机构，“云南珠江源水彩画会”2010年被吸纳为亚细亚水彩画联盟新成员。曲靖艺术家创作的作品已在世界15个国家和地区的25个城市展出，多次在全国美术作品展中获得金、银、铜奖，并成功主办“中韩现代艺术家作品邀请展”“中泰现代艺术家作品邀请展”“云南·香港水彩画邀请展”“中国著名水彩画家画曲靖水彩画邀请展”等一系列国际国内交流展。

代普芝荣获“第三届全国道德模范提名奖” 2011年9月20日，在第三届全国道德模范颁奖典礼上，曲靖市推荐的会泽县上村乡小麦地村的代普芝获得“第三届全国道德模范提名奖”。至9月，全市已有杨长友、代普芝两人获得“全国道德模范提名奖”。11月，曲靖市推荐的杨发富获得“第三届云南省道德模范”称号。

（张　鑫）

Qilin District 麒麟区

市级首批“两新”建设 麒麟区开展的市级首批新村庄新社区建设点共有4个（东山镇独木村委会、东山镇高家村村委会、寥廓街道南城门社区和西城街道三岔社区）。该项目计划2012年5月底完成建设任务和自检自查任务。自2010年8月开展“两新”建设，到2011年底，“两新”建设取得了初步成效，主要体现在六个方面：

建设工程取得新成果。全区4个建设点完成投资3.76亿元，占计划投资5.86亿元的64.2%，完成总工程量的70.5%；建盖农民新居1091套，占计划1314套的80.03%，其中：西城街道三岔社区硬化主次干道12条2.3万平方米，水、电、太阳能全部安装到位，一期400套单元房全部竣工并分配到户；寥廓街道南城门社区462套单元房已竣工；东山镇独木村水坝沟新区一期50套二层半的联排别墅主体工程已完成，高家村业母德村已完成300套单元房一层主体工程。

产业发展突出新优势。四个建设点结合实际、因地制宜，大力发展二、三产业和高效特色产业，重点培育粮食、煤炭、大棚蔬菜、养殖、运输、商饮、天悦数码城、农贸市场等8个产业。南城门社区以服务城市为重点，科学使用预留土地，统规统建临街商业用房，引进餐饮旅店、农贸市场、沐浴休闲、汽车美容等专业市场5个，带动居民通过出租房屋或从事非农产业，大力发展第三产业，实现户年均增收达3000余元，集体经济总收入1000万元；西城街道三岔社区立足区位优势，培育专业化市场，统一招商引资，将2.8万平方米的多元化商铺建成西片区商贸一体的服务中心。

居民收入实现新突破。加快劳动力从农业向第三产业转移步伐，居民工资性、资产性（房屋出租等）、营业性、福利性、政策性收入比例进一步扩大。年内，建设点累计转移输出富余劳动力3171人，占建设区域农村劳动力6261人的50.6%，实现人均务工收入7175元，居民人均纯收入5587元，比上年增493元。

“两分两换”取得了新进展。制定出台一系列政策办法，健全土地流转机制，大力宣传引导以宅基地换住房、承包地换保障工作，4个建设点依法流转承包地1071亩，占承包地总数3466亩的30.9%，节约土地812.9亩，比农户原住房节约土地72.5%。

户籍制度改革迈出新步伐。严格按照市有关规定要求制定政策、设置门槛，加快农民变市民步伐，目前4个建设点已有2192人转为城镇居民。

社会保障实现新提升。4个建设点共开展劳动力技能培训39期1600人（次）；新型合作医疗参合率98%；特困户应保尽保，低保率达100%。同时，开展乡联网、村联控、组联防、户联勤和创平安村、平安组、平安户的“四联互创”工程，建设点治安状况良好、社会和谐稳定。

麒麟水乡旅游片区建设项目正式通航 8月25日，麒麟水乡旅游片区建设项目在沿江乡举行通航仪式。作为市、区级重点乡村旅游项目——沿江麒麟水乡建设项目，总

东山独木矿村建设新村庄（麒麟区志办　提供）

投资1.5亿元，按“一轴三片五区”旅游发展思路（一轴即以乡村旅游景区主轴为生态轴；三片：即水域环境区域、面山环境区域、朗目山草场环境区域；五区：分别为原生态农业人工湿地观赏片区、乡村生态休闲开发片区、水上娱乐开发片区、寺庙文化开发片区、万亩草场开发片区），重点打造东以麒麟生态园为主的花卉旅游区，西以餐饮娱乐为主的旅游服务区，北以葡萄种植为主的红酒庄乡村休闲旅游区、南以三木东屿南岸·生态园为主的生态农业观光旅游区、中以风情岛为主的水上娱乐、垂钓旅游区。

蔬菜销售便民网点建设　是区委、区政府高度关注民生、为市民解决“买菜难、买菜贵”的一项便民工程。严格按照“外观设计统一，网点标志统一，工作人员服装统一，度量衡统一，价格基本统一”的要求建设和经营，共投资250万元建成26个蔬菜销售便民网点及1个蔬菜配送中心，并于2011年11月11日举行开业仪式，标志着“合理布局、连锁经营、功能完善、方便生活”的蔬菜销售网络在麒麟城区全面营运，“菜篮子”民心工程迈上新台阶。

麒麟区荣获全国农村社区建设实验全覆盖示范单位称号　麒麟区被确定为“全国农村社区建设实验区”后，严格按照《民政部关于开展“农村社区建设实验全覆盖”创建活动的通知》精神，积极探索，大胆实践，不断加快农村社区化建设步伐，实现了全区社区建设的领导、规划、设施、服务、管理“五个全覆盖”的目标，全区农村居民受益面达100%。2011年12月26日，麒麟区被民政部命名为“全国农村社区建设实验全覆盖示范单位”，为全省唯一。

城乡居民收入水平显著提高　麒麟区在大力发展经济的同时，十分注重改善人民生活，千方百计提高收入水平。2011年城镇居民人均可支配收入达到19398元，与上年同期相比增长16.1%。农民人均纯收入达到6747元，与上年同期相比增长21.2%。城乡居民收入来源的构成发生了很大的变化。城乡居民由单一的工资性收入向多元化方向发展。城镇居民人均工资性收入13997.3元，与上年同比增长6%，占城镇居民总收入的比重为66.7%；人均经营净收入1609.6元，与上年同期相比增长71.9%，占总收入的比重为7.7%；人均财产性收入1144.7元，与上年同期相比增15倍，占家庭总收入的比重为5.5%；人均转移性收入4242.6元，与上年同期相比下降2.8%，所占家庭总收入的比重为20.2%。农村住户人均工资性收入3072元，与上年同期相比增长12.5%，占总收入的比重为45.5%；农民人均家庭经营性收入2910元，与上年同期相比增长11.4%，占总收入的比重为43.1%；农民人均财产性纯收入296元，与上年同期相比增长35.8%，占总收入的比重为4.4%；农民人均转移性收入469元，与上年同期相比增长7.3%，所占比重为6.95%。

民生保障更加完善　2011年，麒麟区坚持政策促、创业带、服务推，城镇就业再就业总量稳步增长。开发就业岗位9465个，城镇新增就业5978人。“零就业家庭”继续保持动态为零，城镇登记失业率3.5%。社会保障更加完善，基本养老、基本医疗保险制度全面覆盖，社会保险参保人数达56.5万人。全面启动国家级新型农村养老保险和城镇居民养老保险试点工作，为50187名60周岁以上老年人发放基础养老金1673万元，发放率达99.5%；为246名55岁以上重度残疾人发放养老补贴8.3万元，发放率100%。组织20.5万名适龄人员参加城乡居民社会养老保险，参保率达87.3%。保障性住房建设顺利推进，新建廉租房2.68万平方米536套、公租房2.5万平方米500套。改造农村危房400户。

瑞东社区获全国文明单位称号　2011年12月20日，中央文明委召开表彰会议，瑞东社区被命名为全国文明单位。

“四进村常下乡”活动　1月16日，由区委宣传部、区文明办牵头组织，农业、文化、科技、司法、卫生等19个部门的200多名工作人员参加的麒麟区2010年科技、文化、卫生、法律“四进村、常下乡”活动在茨营乡正式启动，拉开了全区“四进村、常下乡”活动的序幕。

（邓永平）

Xuanwei City 宣威市

富裕生态和谐文明的新格宜 宣威市格宜镇位于宣威市东北部，集镇距市区42千米，省道宣（威）文（兴）线和普（立）宣（威）高速公路（正在新修）穿境而过，境内有新石器时代文化遗址尖角洞，历史悠久，交通便利，2002年开始创建文明小城镇，被云南省建设厅列为小城镇建设重点镇。全镇国土面积250.2平方千米，人口62575人。2011年全镇国民生产总产值6.12亿元，农村经济总收入2.63亿元，农民人均纯收入达4893.8元。

格宜镇党委、政府按照“加快基础设施建设，调整农业产业结构，大力实施一乡一业（魔芋产业），建设富裕、生态、和谐、文明格宜”的发展思路，以建设良好的人居环境为目的，强力实施优先发展小城镇战略，努力打造极具特色、带动能力强、辐射面广的小城镇。先后投资2000多万元，硬化集镇街道5条5千米，全镇14个村均修通公路。投资200多万元安装有线电视网，投资3000多万元建成35kV输变电站1座及110kV输变电站1座；投资300多万元新建卫生院综合楼；投资250余万元建成14个村级卫生所；投资3000多万元，改（扩）建中小学校教学楼20幢；投资800多万元，累计植树230万株，现有林地面积21万亩，森林覆盖率达51%。生态建设和能源建设卓有成效。

近年来，先后投资5000万元，建成小康村，商业小区，农贸市场，硬化街道，安装路灯，种植绿化树，集镇街道实现了硬化、绿化、亮化、净化、美化。积极发展教育事业，九年制义务教育入学率100%，无青壮年文盲，教育教学综合考核连续6年名列宣威市第一。自启动新型合作医疗体制以来，全镇群众参保率均达95%以上；计划生育工作在全市名列前茅，计划生育率100%；广泛开展了形式多样的群众性文体活动，有三支（青年、中年、老年）业余文艺表演队，每天均开展文娱活动。全镇每年均举办文艺演出活动和体育运动会。

创建文明小城镇10年来，格宜镇各项事业取得全面进步，集镇面貌日新月异，人民生活更加富裕，一个富裕、生态、和谐、文明的新格宜正在形成。

汽车开进马鞍山 宣威市阿都乡是滇东北闻名的深度贫困乡，阿都村是阿都乡最边远、最贫困的一个村，“抬脚走半天、低头是深渊”“放眼望去大山荒，凶山恶水两相间，人人到此长哀叹，一脚不慎全身亡”是当地自然环境的真实写照，生态环境恶劣，基础设施薄弱，阿都村长期以来一直是“泥巴土坯房、下雨淋着床，人无百元钱，户无隔年粮”，无致富技能，无增收门路，无主导产业，发展难度大，实现小康难，被人们形象地喻为扶贫攻坚的“上甘岭”。

2010年3月2日，扶贫攻坚的

美丽的格宜启文湖（宣威市志办　提供）

春风吹到了阿都，中共曲靖市委召开会议，专题研究阿都发展问题。会议决定阿都乡列为2010、2011年曲靖市唯一实施“整乡推进”扶贫大开发、大推进、全覆盖的乡（镇），随后又被云南省列为省级“整乡推进”的三个试点乡（镇）之一。

作为“整乡推进”工程之一的基础设施建设工程，是阿都经济社会发展的先导，阿都村“两委”和挂职扶贫干部统一思想、形成共识，发扬“愚公移山”精神。说干就干，挂职扶贫干部、村级领导、村民小组长、45名党员、上千名群众，人人立下军令状，把修通村组公路作为个人学习杨善洲先进事迹的实际行动，作为村党总支开展“创先争优”活动的集中体现。通向马鞍山回族村的村组公路全长7千米，大部分路段要从十分险要的悬崖峭壁上穿过，有时为打一个炮眼，上用绳子吊着、下用树干支撑着，两个人足足打6天才能凿出一个炮眼。当地干部每天组织群众上山炸石开路，常常早上7点就出门，中午就在施工地点烧洋芋当午餐，晚上苦战到八点才收工。工程难度之大令当地干群把这条公路称为“天路”，2011年3月26日，历时103的“天路”终于修通，为马鞍山村212名回族打开了通往山外的大门，汽车开进村子时，村民兴奋地蜂拥而来，喜悦的心情难以言表，皱巴巴的眉眼间乐开了花。77岁的保右元老人说“头一次看到汽车开进我们村”，83岁的回民保右清老人高兴地说“做梦都想不到这是真的”！

曲交集团宣威公司倾力打造“新北站” 曲靖交通集团有限公司宣威公司经营的宣威汽车客运北站始建于20世纪70年代。随着城市化进程和市委、市政府对旧城改造的整体规划布局。公司确定以“客流＋物流＋财富流”为核心理念打造宣威汽车客运北站，称为“新北站”。项目包括占地约2.9公顷的宣威汽车客运北站（含公交车驿回站）、占地约6.5公顷的鑫亚批发市场、年货物吞吐量为30亿千克的中通物流中心、占地约3.2公顷的立康医院、占地2.2公顷的云南省交通高级技工学校宣威分校、占地0.5公顷的西宁幼儿园、占地3公顷的金洲小学、占地5.6公顷的宏阳盛景小区共8个子项目，总建筑面积约40公顷，计划投资12亿，建设工期18个月。客运站、物流市场自2011年年初动工，工程进展顺利，预计客运站、物流及市场在2012年上半年建成并投入营运。医院、技校、小学、幼儿园预计在2012年年末竣工。

宣威市粮食总产实现“八连增” 2011年，宣威市粮播面积17.2万公顷，粮食总产达6.4亿千克，人均有粮500千克。粮播面积、粮食总产连续八年持续增长，位居云南省第一，是云南省唯一粮食总产突破5亿千克的县（市）。2003年、2004年、2005年、2009年被国家农业部表彰为粮食生产先进县（市），2010年被评为云南省粮食生产先进县、被列为国家现代农业示范区建设县（市）之一，2011年被农业部列为整建制粮食高产创建县。2011年11月被云南省委、省政府评为粮食生产先进县（市），被国务院评为全国粮食生产先进单位。

中国烟草云南宣威大型引水济榕工程开工 引水济榕工程位于宣威市西南的热水镇与落水镇境内，主体工程及配套设施建设计划投入资金2.52亿元，工程于2011年3月23日正式开工，引水济榕工程隧洞掘进2854.4米，明渠、泄洪渠、挡渣坝已于12月底完工，现代烟草农业西边项目区工程2011年11月底竣工。

工程建成后每年可提供坝区（热水、落水、板桥等地）城乡生活用水及工业用水876万方，可提供农灌用水1498.7万方，将产生显著的经济、社会和生态效益。

（余俊柏）

Malong County
马龙县

城镇建设 2011年，马龙县城镇建设围绕“生态、休闲、宜居”精品城市的目标，全力推进城市重点项目建设。投资6.9亿元，建成行政大道、迎宾广场二期、建设路延长线、城市防洪工程、沈家山和大树林森林公园等一批项目。一批住宅小区竣工投入使用。年内启动了总投资60亿元的安厦“大国子午”项目，规划建设以“生态宜居、飞行体验、高端度假、梦幻乐园、运动休闲、文化主题公园”为核心的大型文化产业项目，项目建成后，城市功能得到完善，品位将明显提高。年末，县城建成区面积5.3平方千米，城镇人口5.42万人，城市化水平达29%，比上年提高2个百分点。进一步实施县城绿化、亮化工程，城市人均公共绿地面积8.95平方米。

城市园林化建设 2011年，马龙县加强城市园林化建设，通过抓好城市园林绿地、道路两侧绿化和大环境绿化等一系列行之有效的措施，县城园林绿化水平不断提升，生态环境和人居环境明显改善，建成园林小区4个，园林单位31家，绿化街旁绿地16处、主次干道12条。县城大树林公园、沈家山公园建成投入使用。年内，初步形成了“城市园林化、街道园艺化、单位花园化、家庭盆景化”的园林绿化格局，创建省级园林城市已初步通过省创园办的审查。

山地蔬菜标准园建设 2011年，马龙县组织开展外销型山地蔬菜标准园建设，示范区总面积1250亩。种植品种主要为生菜和西兰花。采用统一用种、统一用肥、统一防治、统一检测、统一技术指导的“五统一”栽培模式，实现“从农田到餐桌”的全程质量监控。高端的蔬菜及农产品销到中东、东南亚等国家；中端产品全部销给马龙龙滕科技有限公司加工、销售；低端产品全部收集卖给养殖户作为青贮饲料发展养殖业，实现了产、供、销一条龙的产业循环农业产业链。蔬菜标准园的示范带动下，全县蔬菜生产发展迅速，并直接带动100余户蔬菜种植大户的发展。2011年，全县蔬菜种植面积达2530公顷，实现产量4127.5万千克、产值4000余万元。

食用菌种植园区建设 2009年10月，马龙县马过河镇麻衣村引进农业龙头企业，投资1900余万元建立了占地120亩的马过河镇食用菌种植园区，从事金针菇、白灵菇、茶树菇、白蘑菇等食用菌种植。2010年10月，在种植户自愿的情况下，在食用菌种植园区成立了马龙县凯悦菌业专业合作社。通过几年来的发展，食用菌种植园区已发展成为西南地区最大的食用菌种植加工基地。2011年，菌业专业合作社年产值1200万元，带动周边150余农户种植食用菌5000平方米；发展13户白蘑种植大户，种植面积达13万平方米，年产量达1000吨，实现产值650万元。同时，合作社还吸纳安置农村剩余劳动力130余人。

落实惠农强农政策 2011年，马龙县在第一时间兑付了种粮农民综合补贴、良种补贴等各项农业生产发展补贴。全县共采用“一折通”方式发放惠农补贴资金2349.8万元，其中：农资综合补贴1865万元、水稻良种补贴293.8万元、油菜良种补贴22万元、中央农业生产救灾资金20万元、高稳产创建农民物资补贴资金149万元，受惠农户达4.28万户17.35万人。

环境保护 2011年，马龙县环境保护工作重点抓了县城绿化和污染物减排等工作，年内完成环境污染治理投资3030.8万元。工业固体废物综合利用率92.5%，工业废气处理率为85.3%，工业烟尘排放达标率94.8%；全年二氧化硫排放总量4970吨（其中工业排放总量4600吨）；生活化学需氧量排放总量1179.8吨。

新农村建设 2011年，采取义务轮户保洁、完善村规民约等方式，巩固提升新农村建设成果。已经实施的866工程、小康示范村、民居地震安全、整乡推进及扶贫攻坚等项目得到巩固和提升。累计投资3.6亿元，完成月望小海子村、通泉北门一组“新村庄、新社区”和9个省级重点村项目建设。

民族团结示范村建设 2011年，马龙县积极宣传民族政策，争取省、市有关部门的项目和资金，投资180万元建设民族团结示范村。马龙县有着彝、苗、回等26个少数民族，主要聚居在咨卡等5个民族村委会中。年内完成马鸣乡咨卡、王家庄镇吴官田村委会永发民族团结示范村建设。投资80万元，完成马鸣乡咨卡民族团结示范村创建工作，建成文化活动室9间340平方米，新建厨房3间108平方米，新建文化体育广场400平方米，整治河道140米，支砌围墙80多米。投资100万元，创建王家庄镇吴官田村委会永发回族民族团结示范村，完成村庄道路硬化，清真寺雨棚、厨房，民族文化广场、文化活动室等配套设施工程建设，建成养牛小区1个，饲养肉牛86头。

（苏正平）

Luliang County 陆良县

爨乡城镇化 县城建成区面积15.5平方千米，城区人口14.8万人，城镇人口比重快速增加，城镇化率、城市绿化率分别达37%、36.5%。完成西片区12平方千米控规和南片区863亩概念性详规；国道326过境线、西华路西延线、菜园大桥、南昌大桥建成投入使用；中兴南路延长线、滨江公园等市政工程进展顺利；西门片区旧城拆迁改造正式启动；6.5万平方米廉租房、100套公租房、1400户农村危房改造暨地震安居工程进展良好；省级园林县城创建、村庄规划编制、“两新”建设试点工作、35个重点村建设稳步推进；小寨雨古革命老区扶贫开发项目顺利完工。

爨乡文化 2011年，陆良县文化产业增加值4.98亿元，占全县GDP的4.3%，文化产业发展已初具雏形。1996年和2003年，分别被文化部授予“全国文化先进县”“中国民间（书法）艺术之乡”荣誉称号；2005年，被列为云南省文化产业特色县，文化产业被正式列入县域经济社会发展内容。文化产业的发展坚持以爨文化研究会为依托，出版发行了《爨乡文化风采》、《爨乡民俗文化大观》《爨地古乐纂辑》；投资20余万元拍摄了《爨乡——陆良史话》；大型舞剧《大爨咏歌》获得成功；长篇历史小说《爨龙颜将军传》正处于创作的收尾过程中。成立了“爨乡书画院”和“爨文化研究会”，把“爨乡书画院”努力打造成在有一定影响的集书画创作、培训、展示、销售、交流于一体的文化活动中心。经第三次全国文物普查，全县共登记不可移动文物187项，仅在马街镇范围内就有62项，其中包括第一批国家重点文物保护单位“爨龙颜碑”和第一批市级重点文物保护单位“钟灵书院”等。在新一轮评估定级达标中，全县10个乡镇综合文化站，有8个一级站、2个二级站，是曲靖市唯一一个100%达标的县；139个村（居）委会均建有文化活动室，其中116个分别于2009年、2010年建成“农家书屋”。

爨乡书法 爨乡书法历经数百年的积淀，接引取舍，其发展已成蓬勃之态。截至2011年底，全县共有中书协会员6人，占曲靖市会员总数的60%；有省书协会员26人，占曲靖市会员总数的一半以上；有市书协会员近百人。融书法、篆刻、绘画、雕塑、工艺美术等诸多

爨文化广场夜景（陆良县志办 提供）

门类为一体的刻字艺术是陆良书法艺术的重要品牌，具有更加独特的艺术面貌。在第五届全国刻字艺术展暨第八届国际刻字艺术交流展上，云南有15件作品入展，其中陆良县有9件作品，入展数占全省的60%，唯一获奖作品且荣获“全国奖”的出自陆良县；在第八届全国刻字艺术展上，唯一获“提名奖”的云南作品仍然出自陆良县，入展数占全省的50%；在第四届、六届、七届全国刻字艺术展上，陆良县入展数分别占全省的40%、40%、35%。

爨乡环保 以推广清洁生产和循环经济为突破口，以主要污染物减排为主线，以西桥工业片区污染和南盘江综合治理为重点，加强环境保护，加快推进资源节约型、环境友好型“两型”社会建设。严把项目审批关，对重点企业、重点环境问题实行重点挂牌督办，限期整治，实行严管重罚，严查环境违法行为，严惩非法生产企业。2011年，累计淘汰水泥生产线12条、116万吨，小机焦生产线13条、65万吨，磷化工生产线2条、钛合金生产线4条、石灰窑33座、纺织食品生产线2条，关停取缔违法排污企业51家，搬迁炼沥青企业2家；提前完成2006年以来新产生的铬渣无害化处理任务，历史堆存铬渣处理、西桥工业片区环境污染综合整治、南盘江综合治理、重金属污染防治等工作有序推进；累计上报“十一五”期间削减二氧化硫5000余吨、化学需氧量960余吨；整合县财政每年专项资金和企业自筹等资金，全县累计投入资金近2亿元，完成了银河纸业中段废水处理系统、五条硫酸生产线废水处理系统、母鸡山“四防”渣场、污水处理厂、城市集中供热、工业片区主干道修复等项目。

（何良兵）

Shizong County 师宗县

新型农村社会养老保险 2011年，新型农村社会养老保险参保人数达16.41万人，应参保数为21.57万人，参保率达76.12%，完成今年目标任务17.32万人的94.8%。城乡居民应参保人数6000人，已参保1830人，参保率30.5%。全县3.41万名60岁以上老人全部领到每月55元的基础养老金。全年共发放基础养老金2423万元。争取省财政补助资金380余万元，县财政补助资金80余万元。

社会保障体系 提升社会服务保障功能，城镇职工基本养老保险覆盖面不断扩大，积极做好参保单位的申报和扩面工作。2011年，有95户单位进行了养老保险登记，总参保人数达9067人，完成目标任务8130人的111.5%，其中企业职工参保人数达7139人，完成目标任务6490人的110%。今年共征收企业养老保险费4539万元（其中：清收欠费304万元；天保资金补助91.41万元；“超龄参保”人员一次性缴费1057万元；利息收入26.41万元；转移收入5.48万元），征收当年保险费3054.70万元，当年征缴率为计划数3625万元的84.27%，共支出基本养老金2830万元，年末累计基金结余2428万元。积极筹措资金，确保企业离退休人员基本养老金按时足额发放。企业退休人员社区管理服务率达100%。

城镇职工和居民医疗保险 2011年，城镇职工参保任务1.7万人，实际完成1.77万人，完成参保任务的104.2%，城镇居民参保任务2.1万人，实际完成2.14万人，完成参保任务的101.7%。城镇职工基本医疗保险收入4006.72万元，支出2997.66万元，累计结余3458.18万元。城镇居民基本医疗保险收入665.49万元，支出445.29万元，结余220.2万元。

扶贫开发 年内，师宗县完成2010年度52个省级整村推进重点村建设。项目总投资5771.5万元，占规划投资的144.6%，完成通路工程、中低产田改造、生态能源等项目建设200余项，52个村小组4974户21076人受益。革命老区项目完成建设投资152万元，完成通路、通水项目2项，1个村小组72户282人受益。完成财政扶贫项目绩效考评奖励项目建设。项目总投资65.92万元，3个村民小组317户1113人受益。完成马湾村蔬菜产业扶贫项目建设。项目总投资219.2万元，建设修缮机耕路1183米，支砌2032.4立方米，埋设混凝土管道42米，建设蔬菜样板田132.73公顷，3个村民小组677户2048人受益。2011年度批复项目全面开工建设，79个省级整村推进重点村项目建设完成投资1475万元，占计划的70%；353户扶贫安居工程完成建设投资1365.6万元，占计划的65%；4个贫困村850人的扶贫易地转移安置项目完成建设投资510万元，占计划的88%；发放小额到户扶贫贷款6156万元，占计划的220%，到期贷款回收率达98%，争取农业龙头企业扶贫贴息资金39万元；劳动力转移培训举办7期1670人次，占计划的83.5%。

万村千乡市场工程建设 2011年，建成“万村千乡市场工程”乡级二级配送中心1个，建成农家店20个，并通过了市级验收。截至2011年底，全县共建成配送中心3个（师宗农资有限责任公司、师宗鹏源商贸有限公司、师宗鹏源商贸有限公司彩云配送中心），建成农家店190个，其中日用消费品农家店171个，农资农家店19个。

家电下乡工程 全县共备案家电下乡销售网点119户，销售家电64366台（件），销售额1.21亿元，财政共补贴家电62545台（件），补贴金额1459.2万元。9月2日，举行了家电以旧换新启动仪式，师宗家电以旧换新活动全面开展。截至年末，共备案家电回收网点4户，家电销售网点3户，财政兑付补贴家电219台。

文化产业 2011年，师宗县文化体制改革顺利推进，公益文化建设态势良好，文化产业发展形势喜人，群众文化生活丰富多彩。“师宗文化现象”的内涵进一步提升，竹基镇被云南省楹联协会授予“楹联之乡”称号；师宗县获“中华传统诗词之县”荣誉。文化出版事业有新的突破，完成全方位反映师宗文化的《文化曲靖·师宗》初稿编写工作。投资2600余万元的“三馆”（文化馆、图书馆、博物馆）投入使用并免费开放，接待读者、参观者共1.4万余人次。投资70余万元完成3个农村文化体育活动广场建设。4个乡镇和63个村站（服务）点进入安装准备阶段。农村文化基础设施进一步建立健全，农村文化产业发展繁荣，全县农村文化户（联合体）队伍已发展到168支（含非经营户），从业人员3000余人。组织广场文艺演出15场，文工团演出30余场，创作编排节目30多个。举办了师宗县2011年春节文艺晚会，14个部门200余名演职人员演出了17个文艺节目。在农村全面普及了数字电影放映，7支农村数字电影放映队完成放映300场，观众达7.9万人。旅游文化品质进一步提升，凤凰谷生命文化主题公园晋升为国家4A级旅游风景区；英武山杜鹃花被授予“中国马缨花杜鹃王”“中国古老马缨花杜鹃自然群落”称号。投资900万元，重点完善英武山、凤凰谷、五龙旅游小镇的基础设施建设。成功举办了“云南师宗2011千花会暨五龙‘三月三’民俗文化旅游节”活动。全年接待游客77.4万人次，创总收入3.98亿元。

新农村建设 年内，师宗县重点抓好13个省级重点建设村、15个县级重点村的建设验收工作和下年13个省级重点建设村的项目申报、启动工作。抓好新村庄、新社区建设，确定了丹凤镇大同社区和雄壁镇堵杂村作为2011年“两新”建设的试点社区和村庄。大同新社区建设计划投入资金1.2亿元，完成投资1.2亿元，占工程总量的100%，建成占地55.33公顷、建筑面积1.4万平方米的农副产品综合交易市场，建有住房306套，其中别墅式住房250套、单元房56套、固定商铺400个、临时摊位1000个；建成占地0.1公顷、建筑面积1100平方米的社区综合服务中心，占地0.27公顷、建筑面积1500平方米的幼儿园1所和占地0.71公顷、建筑面积1993平方米的中心完小教学楼1幢。堵杂新村庄投入资金913万元，改造占地26.67公顷的旧村庄，涉及农户351户1338人，完成异地搬迁农户200户、建设房屋200幢4万平方米、建村庄道路2500米、建小水窖100个、建设学校教学楼1幢占地2000平方米，建村活动室1幢占地1500平方米，完成计划投资的100%。

基本公共医疗卫生服务 2011年，师宗县在各乡镇卫生院设立公共医疗卫生服务部，实现了“六统一”，全面完成市级下达的公共卫生项目各项指标。城镇居民建档28370份，建档率85.97%，其中电子档案建立26385份，电子档案建档率79.95%；农村居民建档181467份，建档率52%，其中电子档案建立176350份，电子档案建档率50.53%。全县所有乡（镇）卫生院（社区卫生服务中心）、乡政府所在地、所有村卫生室（社区卫生服务站）都按要求统一设置健康教育宣传栏，其中乡级21块，村级109块，各乡（镇）门诊大厅统一配备46英寸的液晶彩色电视，制作健康教育光碟按要求进行反复播放，播放音像资料65种，各卫生院发放健康资料12种，开展公众健康咨询活动163次，开展健康教育知识讲座1455次；对7119名孕妇进行系统管理，管理率达98.26%。对37530名0～6岁儿童实施系统管理，儿童健康管理率为93.97%，新生儿访视率为99.17%，为25485名65岁以上老年人进行健康检查，管理率达81.06%，管理高血压患者28403人、2型糖尿病患者5878人、重性精神疾病患者803人。

（戚乔寿）

Luoping County
罗平县

构建帮扶平台 2011年以来，罗平县总工会以打造“六型”工会组织为契机，积极开展职工医疗、送温暖、关爱劳模活动，着力构建惠民帮扶平台。截至3月底，全县参加职工医疗互助活动单位175家，参加职工18681人，收缴互助金151.22万元，报销补助金1617人次、82.47万元。开展2011年元旦、春节“送温暖”活动，救助困难职工380人，发放救助金13.91万元。开展“金秋助学”活动，为11名贫困学生发放助学救助金7300元。开展关爱劳模行动，发送劳模慰问金8400元，困难劳模补助金1.38万元，组织劳模免费体检。开展农民工关爱行动，为40名困难农民工发放补助金1.46万元；筹集3.15万元对315名农民工进行技能培训，为5名农民工办理贷免扶补资金25万元。同时，积极协调农民工劳资纠纷，解决农民工工资拖欠问题。

首个乡村旅游综合服务体投入运营 2011年2月9日，罗平县长底乡月亮村旅游度假中心正式投入运营。月亮村旅游度假中心，是罗平县首个集旅游、餐饮、娱乐、住宿、购物、布依民俗体验为一体的乡村旅游综合服务体，也是罗平依托旅游景区建设新农村、带动群众增收致富的乡村旅游项目。项目位于长底乡长底居委会，距九龙瀑布群景区约2千米。项目业主为长底乡发达旅游协会，项目总投资1500余万元，项目于2010年3月底开工建设。月亮村旅游度假中心及周边50余农家乐经营户已配套建设接待床位800余个，可同时容纳2000余人就餐，带动周边地区1000余群众直接从事旅游服务。长底乡月亮村旅游度假中心按照“党建引领、政府引导、群众主体、协会运作、市场操作”的模式进行运营。月亮村旅游度假中心的运营，标志着罗平县乡村旅游从分散型经营、无序竞争向特色化、规范化、规模化、品牌化方向发展转变。

板桥镇推行“领导干部民情联络卡”制度 2011年，罗平县板桥镇率先推行“领导干部民情联络卡”制度，联络卡正面注明领导干部姓名、联系方式、单位地址，反面附有单位工作职能和业务范围。民情联系卡联系人主要为领导干部、村（社区）干部、包村干部、基层党建指导员。同时，严肃民情卡联系人工作纪律。联系人接到群众电话后，以“民情日记”形式详细记录，按照首问首办责任制、限时办结制、服务承诺制要求逐条逐项协调解决并反馈办理结果，直到群众满意为止。年内，全镇发放民情联系卡14041张，实现户均一卡。记录“民情日记”800余篇，收集群众意见建议1000余条，为群众办理实事125件，化解群众矛盾纠纷30起。

全国首批建设野外科学观测研究基地 11月17日，罗平生物群经国土资源部专家评审通过，被命名为全国首批建设野外科学观测研究基地。基地主要的研究对象是古生物化石，包括鱼类、爬行类、棘皮动物、节肢动物、双壳类、腹足类以及植物化石，其次是动植物化石的载体——地层，赋存生物演化信息的地质剖面及具有特殊观赏价值的地貌景观等。该野外基地2006年由中国地质调查局成都地质调查中心发现并命名为“罗平生物群”，引起了国际社会广泛关注。罗平生物群与三叠纪拉丁期（2.45亿～2.30亿年前）的瑞士和意大利交界处的圣乔治山动物群相比，时代更为古老（中三叠纪安尼期，距今约2.41亿年），化石种类更为丰富，交通便利，而且发现时间晚，研究程度相对较低，具有巨大的科学研究潜力。

“十一五”云南省农业综合开发先进县 10月20日，罗平县被列为“十一五”云南省农业综合开发先进县。“十一五”期间，罗平县土地治理项目投入资金4014万元，改造中低产田5.15万亩。新建灌排渠道61.46千米、机耕道路45.8千米、抽水站1座、新建蓄水池9座、埋设管道23.43千米、建沼气池50口；营造防护林0.56万亩；营造水土保持林0.3万亩；实施封山育林0.6万亩。

10项重点农业科技措施 2011年，罗平县围绕全省新增百亿斤粮食生产建设规划，在大春生产中，实施10项重点农业科技措施提升农业生产能力。10项科技措施为：开展玉米地膜覆盖栽培技术12万亩，农作物优良（专用）品种及配套综合技术60万亩、农作物间作套种技术96.5万亩、多年生高效经济作物配套综合技术20万亩、水稻钵盘育秧及抛摆秧技术3万亩、马铃薯高垄双行栽培技术2万亩、测土配方施肥技术60万亩、农作物重大病虫害综合防治技术10万亩、农作物秸秆综合利用技术25万亩、农机作业配套综合技术推广47万亩。

（庞亚萍）

Fuyuan County 富源县

惠民工程 2011年，投入民生改善资金18.2亿元、占财政支出的71%。年内改造农村危旧房屋3800户，开工建设城镇经济适用房4万平方米、廉租房6.5万平方米、公租房7.3万平方米；改造农村电网1.4万户，全县农网改造率达67%；建成各种水利工程275件，解决了4.8万人饮水困难和安全问题；新增就业岗位3150个、发放创业贷款1亿元，实现创业带动就业5000余人；为农民人均代交15元个人参合资金，新型农村合作医疗参合率达99.92%；新型农村社会养老保险试点工作顺利推进，发放养老金4359万元、参保率达77%；对困难家庭子女实行免费就学，救助困难学生17553人；为17万亩粮食、油菜等农作物和220万亩林木提供政策性农业保险，全县所有农户住房火灾、地面塌陷、泥石流等自然灾害统筹纳入保险；建成沼气池5000口；发放救助资金1.06亿元、救助困难人口15.6万人次，新增城乡低保对象4534名、发放低保金413万元；投入4.2亿元，启动第二批113个自然村建设。全年解决2.6万贫困人口温饱问题。

城市建设 2011年全县城市基础建设和房地产投资3.48亿元，其中房地产投资完成1.87亿元。城镇化率达到30%，比上年提高2个百分点。完成第四轮富源县城总规、片区修建性详规、乡镇集镇总规修编、县城河道景观规划及332个村庄规划编制工作。积极创建省级园林县城、省级园林单位达39家，集镇功能逐步完善。完成了11个集镇规划和污水处理厂可研编制，建立了集镇管理制度，黄泥河集镇被命名为省级现代工业小集镇和市级重点小城镇，富村集镇被命名为省级现代农业小集镇，古敢集镇被命名为市级生态旅游小镇。

环境保护 2011年，生态环境建设力度进一步加强。河流、集镇重点流域污染治理全面开展，主要污染排放总量持续下降，依法关停高污染企业10户、淘汰落后产能90万吨，万元GDP能耗下降3.5%。完成防护林工程1333.33公顷、义务植树260万株，森林覆盖率达44.01%。农村面源污染和畜禽养殖业污染治理深入开展，集中式饮用水源地、饮水点得到有效保护。

农村精神文明建设 古敢水族乡洒交凼村连续2届被中央文明委表彰命名为“全国文明村”；县环保局等12个文明单位、大河镇黄泥村委会上堡子村等7个文明村被曲靖市委、市政府表彰为市级文明单位、文明村；县委、县人民政府授予县人民医院等16个单位为“文明单位”称号，授予中安镇四屯村委会李吉冲村等24个村为“文明村”称号，授予中安镇外山口社区为“文明社区”称号；授予古敢水族乡为“文明小城镇”称号，共兑现奖金186.4万元。

人民生活 城乡居民收入水平持续提高。城镇居民人均可支配收入达21255元，增长15.6%；农村居民人均纯收入5210元，增长22.0%。职工工资水平继续提高。2011年全县纳入统计单位从业人员50948人，从业人员劳动报酬15.9亿元，比上年增长5.6%。单位从业人员月平均工资为2626元，增长7.7%，其中国有单位为3106元，增长6.4%；集体为2585元，增长1.3%；其他单位2275元，增长9.5%。

（樊联全）

Huize County 会泽县

人民生活 2011年，全县农民人均纯收入3252元，人均增加609元，同比增23%。农村基础设施建设力度加大，农民生活环境进一步改善，居住质量不断提高。年末人均住房面积达26.65平方米。全县在岗职工人数3.35万人，同比减1.81%。其中国有单位职工1.95万人，同比增2.28%。全部在岗职工工资总额12.16亿元，同比增4.53%。其中国有单位在岗职工工资总额8.07亿元，同比增1.69%；全部职工年平均工资3.6万元，同比增5.06%。其中国有单位职工年平均工资4.18万元，同比增1.13%。全年城镇居民人均可支配收入1.52万元，同比增15.8%；城镇居民人均消费支出9558元，同比增16.66%。

会泽“金果林” 2006年起，会泽县采取高位推动、连片拉动、大户带动和科技促动等多位联动的方式，每年安排资金150万元用于发展以核桃为主的干果经济林，对农户种植核桃每亩奖励35元，5年内投入资金3000多万元发展经果林，种植核桃96.5万亩，但因2008年的冰雪和2010年的特大干旱，现仅存耐晚霜优质核桃66.3万亩，建立核桃育苗基地多个、丰产示范样板2万亩，培育产销协会14个，成立核桃产品深加工公司1家，发展种植大户210户。66.3万亩干果经济林产值达2.23亿元，会泽县66.3万亩耐晚霜优质核桃经果林变成“金果林”。

肉牛产业 为切实做大做强肉牛产业，在肉牛产业发展过程中，新街乡探索出“小规模，大群体”的发展路子，大力推行“送母还犊”扶贫模式，带动全乡1000户贫困户发展肉牛养殖。培育46个畜牧产销协会，引导和鼓励龙头企业与养殖户签订长期的订单生产合同，形成“公司+基地+农户”运行模式，通过政策、物资、技术、贷款、信息等加大扶持力度，建成500头以上的肉牛养殖小区（村）18个，饲养肉牛30头以上的养殖大户1200余户。在肉牛生产上，围绕提质增效，积极应用新科技，推广实用技术，建成牛改良站（点）240个，使全县牛良种覆盖率达60%以上。重点推广秸秆青贮、氨化处理技术，实施秸秆过腹还田，狠抓秸秆资源的节约和综合利用，大力发展循环经济。会泽县被农业部评为“全国十佳秸秆养畜示范县”，优质肉牛配套技术示范推广项目获得了省政府科技进步奖。通过育龙头强辐射，建基地扩规模，抓改良打品牌等方式，会泽县不仅探索出了一条山区肉牛养殖的新路子，而且打响了“会泽优质肉牛”品牌。目前，会泽县肉牛存栏量居全省第2位，出栏量居全省第1位。

订单农业帮民富 2011年，会泽县按照“建好基地引龙头、引进龙头强基地”的发展思路，充分利用乐业辣椒名气响、群众基础好、种植面积大的优势，引进了国家级重点农业龙头企业——曲靖博浩公司到会泽注册全资子公司发展辣椒种植和精深加工，做大辣椒产业，延长农业产业链，促进农业增效、农民持续增收。为打消顾虑，使群众全身心投入到色素辣椒产业中来，带动该产业提质增效，由该公司提供种子，并补贴一半的种子款，另一半等辣椒收购时再从货款中扣除，并与农户签订收购合同，按干椒15元/千克、鲜椒2.5元/千克的最低保护价进行收购，并随行就市，市价高则跟着市场走，一旦市场不景气则按保护价收购，全面保证群众利益，走“公司+基地+农户”的发展路子。同时，为表示公司做强该产业的决心和实力，该公司还交纳了800万元保障金由县农业局保管，到辣椒收购时取出用于支付老百姓辣椒收购款，保证现金收购，不打白条，让当地政府和群众吃上一颗定心丸。

会泽水利德资建 会泽县自2009年5月正式启动中德财政合作项目建设以来，严格按照德国专家和国内建设的相关要求，先后完成项目文本设计与修改、市级审查及备案审批、工程前置审计以及公开招标等相关工作，五星灌区工程于2010年2月23日开工建设，目前工程建设进展顺利，工程于2012年4月全面竣工投入使用。中德财政

合作——云南省农村贫困地区可持续发展项目是由德国复兴银行向中国财政赠款450万欧元（4000万人民币），中国财政按1∶1配套资金构成，项目涉及云南省会泽、宣威、香格里拉三个县市。会泽项目规划为五星、乐业2个灌区建设，项目总投资2959.9万元，其中：德方配套1513.4万元，国内配套1344.6万元，农民自筹101.9万元。五星灌区工程建设从跃进水库南干渠取水经倒虹吸管道引水道黑土大冲子，灌区从大冲子取水引至黑土、石龙灌片工程已基本结束，完成田间布置灌桩1609个。乐业灌区设计文本已通过德方水利专家审核，即将开工建设，工程建成后，将使五星、乐业2个乡镇8个村委会66个村民小组2.6万亩耕地、3749户1.33万人1.94万头（只）牲畜直接受益。

（田德粉）

Zhanyi County 沾益县

农业强县 以强农惠农为根本，农村经济在逆境中增长。坚持现代农业发展方向，全面落实强农惠农政策，完善农业保障体系，积极应对特大旱灾，发放各类支农补贴7463万元，实现农业总产值39亿元，增8.7%。粮烟畜支柱产业稳步发展。稳定粮食播种面积，大力发展旱作高效农业，推动高产创建，粮食安全得到有效保障；收购烤烟41.94万担，实现产值3.92亿元，较上年增加7200万元，户均收入达1.1万元；畜牧业实现产值22.6亿元，增27.5%。特色产业稳步发展，万寿菊、蚕桑、中药材、蔬菜分别实现产值3200万元、1亿元、7000万元、1.3亿元。新认定省级农业重点龙头企业1户、市级农业重点龙头企业3户，新组建农民专业合作组织12家，大坡乡大坡村被评为“全国一村一品示范村”。完成13.9万亩中低产林改造、5000亩林下资源开发，培育省级林业龙头企业2户。

工业发展 以园区建设为平台，工业经济在困境中发展。坚持走新型工业化道路，深入开展“五访五帮”活动，强化煤、电、油、运、水等生产要素保障，克服原材料价格上涨、工业产品市场价格偏低的困难，完成工业投资38亿元，完成工业总产值234亿元、增加值55.5亿元，分别增20.82%、19.6%。完善工业园区环评，健全园区管理服务体制，巩固提升煤化工基地，新建标准厂房10.5万平方米，云维集团、曲靖铝业、曲靖电厂等龙头骨干企业支撑带动作用进一步增强，规模以上工业企业新增1家，达到25家，完成总产值191亿元、增加值43.9亿元、主营业务收入192.6亿元、利税总额1.6亿元，分别增24.47%、22.7%、24.7%、21.3%。产值过亿元工业企业达16家。创新融资供求对接机制，落实优惠扶持政策，非公经济快速发展，完成增加值45亿元、上缴税金5.82亿元，分别增25%、10%。

第三产业有提升 以扩大消费为重点，第三产业在开拓中提升。坚持市场化、产业化、社会化路子，以扩大消费为重点，以市场建设为着力点，缩小三产“短板”，第三产业稳步提升。完善商贸流通体系，全面推进滇东北物流中心、城市商贸物流体系和农村现代流通服务网络建设，引进建设温州国际商城、盛大国际商贸城、珠江种业、

沾益县海峰湿地（沾益县志办　提供）

煤炭科技园等10余个城市商业综合体项目，新建、搞活小河底综合批发市场、望海农贸市场等4个农（集）贸市场，新建日用品农家店20个、配送中心1个，恢复和发展日用消费品经营网点274个，农家店行政村覆盖率达100%。实施“家电下乡”和“摩托车下乡”工程，销售家电下乡产品40589件、摩托车13449辆，分别兑现财政补贴989万元、699万元。完成社会消费品零售总额15.57亿元，同比增21.22%。坚持“以节促旅、以文促旅、以旅促商、以商促活”，加快发展文化旅游产业，完成文化旅游产业投资2000余万元，启动编制《沾益县旅游产业发展总体规划》《重要旅游景区概念性规划》和《珠江源风景区海峰湿地片区配套基础设施建设项目可行性研究报告》，启动文化旅游动漫片制作，成功举办“第六届珠江源登山越野挑战赛”“第五届珠江源山地自行车越野挑战赛”“曲靖市第七届珠江源美食文化节暨沾益万寿菊赏花会”和第二十三届亚细亚水彩联盟展“中国·珠江源国画特展”，编写了《文化曲靖·沾益》、出版了《上善若水之珠江情怀》等书籍。完成文化产业增加值3亿元、旅游综合收入2.68亿元，分别增49.7%、10%。

人民生活 全县人民生活水平进一步提高。一是职工劳动工资有所增长，全县在岗职工总数28621人，增加3837人，增15.48%；全部职工工资总额94508万元，增加14266万元，增17.78%；在岗职工年平均工资为33345元，增1.81%。二是城乡居民收入水平明显提高。城镇居民人均可支配收入18074元，增18.1%；人均消费性支出12566元，增23.72%；农民人均纯收入5715元，增18.7%；农民人均生活消费性支出4103元，增18%。

精神文明建设 2011年，县环卫处职工丁琼芬被评为曲靖市孝老爱亲模范，菱角乡稻堆村委会雷二香被推荐为曲靖市第三届“曲靖十大孝星”。广泛开展“节约用水、巾帼志愿者在行动”“关爱留守儿童”扶残助学、文明城市创建等志愿者服务活动。全年创建市级文明单位（村、社区）30个、文明小城镇2个，县级文明单位（村、社区）24个、八星级文明机关4个。

社会保障 启动实施新型农村和城镇居民社会养老保险制度，参保率达93.65%。新型农村合作医疗参合率达97.4%，累计减免补偿5454.63万元。城乡社会救助体系不断完善，发放农村五保供养金143.76万元、城乡居民最低生活保障金2071.33万元，医疗救助城乡低保对象、农村五保户等特困群体106.2万元，救助因灾、因病等临时困难家庭444户、42.36万元。老年人“四免一补”优待政策全面落实，发放高龄津贴142.8万元。成立县慈善总会，接受捐赠资金173万元，资助36名贫困大学生。住房保障力度不断加大，新建廉租住房400套2万平方米、公租房600套27220平方米，发放廉租住房租赁补贴52.7万元，实施400户农村危房改造工程。就业服务体系不断完善，办理贷免扶补创业小额贷款927户、失业人员小额担保贷款201人，开发各类就业岗位3260个，城镇失业人员新增就业2583人，城镇零就业家庭保持“动态清零”，城镇登记失业率3.5%。培训农村劳动力13375人，新增转移输出劳动力7336人，实现劳务收入5.1亿元。

新农村故事上擂台 2月16日，沾益县举行首届新农村故事会擂台赛，评选产生了“年度故事大王”一等奖1名、二等奖2名、三等奖3名，“年度最佳故事”3篇。沾益县在村级活动场所广泛开展“新农村故事会”活动，切实解决了部分村级组织活动场所利用率不高、资源闲置等问题，极大地丰富和活跃了农村文化生活。

（管晓方）

农民工的贴心人——陈家顺 生于1968年10月，云南省沾益县人，中共党员，现任沾益县人力资源和社会保障局副局长、沾益县驻浙江义乌劳务工作站站长。2007年被派驻义乌后，隐瞒身份，深入基层，与务工人员同吃同住同劳动，考察和联系各类企业680余家，输送务工人员上万人次，为群众服务，排忧解难。帮助务工人员解决工作、生活中的难题。维护务工人员的合法权益。累计调解与务工人员有关的各类纠纷1000余件；协调企业垫付务工人员车费、伙食费、医药费等费用7万余元；成功调解劳资纠纷57件，为务工人员挽回损失56万余元；化解集体辞职或罢工事件20起；帮助务工人员购买往返车票6500人次。使务工人员返乡率由最初的80%下降到5%以内，形成务工人员送得出、稳得住、能挣钱的良好局面。被农民工和社会各界誉为“民工局长”。多年来，淡泊名利，攻坚克难，为务工人员无私奉献，坚守岗位尽心履职，在平凡的工作岗位上创造了不平凡的业绩。2012年先后获国家人社部“全国人力资源社会保障系统先进工作者”称号，中共云南省委“直接联系群众的好干部”称号。

（李海荣）

曲靖市经济社会发展主要指标（表一）

地 区	年末总人口（万人）		城镇人口占总人口比重（%）		单位从业人员（万人）		农业总产值（亿元）	
	2010年	2011年	2010年	2011年	2010年	2011年	2010年	2011年
曲靖市	586.14	589.89	35.45	37.60	33.19	33.62	303.34	376.89
麒麟区	74.16	75.02		67.20	6.89	6.83	24.96	29.86
马龙县	18.52	18.68		29.00	1.24	1.23	9.75	10.93
陆良县	62.31	62.49		37.00	3.26	3.30	54.47	67.33
师宗县	39.28	39.52		28.20	2.54	2.47	25.96	33.34
罗平县	55.03	55.35		34.00	1.96	2.02	35.87	48.13
富源县	72.34	72.75		30.00	5.23	5.09	29.41	36.12
会泽县	90.93	91.33		28.00	3.42	3.45	36.42	47.63
沾益县	43.15	43.76		39.00	2.57	2.99	33.19	39.68
宣威市	130.43	130.99		38.90	6.08	6.24	53.31	63.87

曲靖市经济社会发展主要指标（表二）

地 区	生产总值（亿元）		第一产业（亿元）		第二产业（亿元）		第三产业（亿元）	
	2010年	2011年	2010年	2011年	2010年	2011年	2010年	2011年
曲靖市	1005.60	1209.93	183.57	225.79	526.67	647.12	295.36	337.03
麒麟区	309.00	370.11	13 .72	16.49	187.92	230.14	107.36	123.49
马龙县	23.42	27.50	5.63	6.24	10.77	13.25	7.02	8.01
陆良县	95.03	115.10	32.05	38.90	37.30	46.22	25.67	29.97
师宗县	51.48	62.20	18.55	23.78	20.03	23.68	12.90	14.74
罗平县	78.07	92.96	19.99	23.97	30.57	36.99	27.51	32.00
富源县	111.94	133.69	20.70	24.00	62.32	76.66	28.92	33.03
会泽县	95.02	112.93	19.89	27.03	53.65	61.07	21.48	24.84
沾益县	96.35	117.25	22.14	26.28	49.88	61.83	24.34	29.14
宣威市	148.19	178.18	32.48	38.75	66.65	82.01	49.06	57.43

曲靖市经济社会发展主要指标（表三）

单位：%

地　区	生产总值构成		第一产业		第二产业		第三产业	
	2010年	2011年	2010年	2011年	2010年	2011年	2010年	2011年
曲靖市	100.00	100.00	18.26	18.66	52.37	53.48	29.37	27.86
麒麟区	100.00	100.00	4.44	4.45	60.81	62.18	34.75	33.36
马龙县	100.00	100.00	24.04	22.70	46.00	48.19	29.96	29.11
陆良县	100.00	100.00	33.73	33.80	39.25	40.16	27.02	26.04
师宗县	100.00	100.00	36.03	38.24	38.91	38.07	25.06	23.69
罗平县	100.00	100.00	25.61	25.79	39.15	39.79	35.24	34.42
富源县	100.00	100.00	18.50	17.95	55.67	57.34	25.83	24.71
会泽县	100.00	100.00	20.93	23.93	56.46	54.07	22.61	21.99
沾益县	100.00	100.00	22.98	22.41	51.76	52.73	25.26	24.85
宣威市	100.00	100.00	21.92	21.75	44.97	46.02	33.11	32.23

曲靖市经济社会发展主要指标（表四）

地　区	生产总值指数（上年＝100）		人均生产总值（元/人）		国有经济固定资产投资（亿元）		社会消费品零售总额（亿元）	
	2010年	2011年	2010年	2011年	2010年	2011年	2010年	2011年
曲靖市	113.1	113.1	17228	20588	246.81	670.54	232.80	280.76
麒麟区	113.0	113.2	42857	49639	60.63	188.02	71.76	85.98
马龙县	113.3	112.6	12325	14794	7.53	24.66	4.87	5.96
陆良县	113.1	113.0	15579	18454	16.23	47.63	19.22	23.58
师宗县	113.1	109.1	13286	15804	14.60	40.30	7.85	9.08
罗平县	113.0	113.0	14247	16853	14.33	34.24	19.86	23.83
富源县	113.5	113.6	15682	18437	37.07	83.14	19.43	23.88
会泽县	113.1	112.0	10739	12399	13.07	55.09	15.97	19.36
沾益县	113.0	115.0	22941	26998	27.97	79.90	12.85	15.57
宣威市	113.2	113.5	11334	13638	53.61	117.56	61.08	73.53

曲靖市经济社会发展主要指标（表五）

地区	地方财政收入（亿元）		地方财政支出（亿元）		人均地方财政收入（元/人）		人均地方财政支出（元/人）	
	2010年	2011年	2010年	2011年	2010年	2011年	2010年	2011年
曲靖市	72.43	88.31	181.59	222.19	1240	1502	3110	3779
麒麟区	9.21	12.84	17.80	22.31	1277	1721	2467	2991
马龙县	2.39	3.00	8.72	9.70	1258	1613	4586	5213
陆良县	3.90	4.53	15.10	19.20	628	726	2430	3078
师宗县	2.92	3.70	11.27	14.84	753	939	2909	3766
罗平县	3.43	4.05	12.88	16.27	625	734	2348	2947
富源县	8.38	10.30	20.96	25.59	1174	1420	2935	3527
会泽县	6.10	7.02	21.00	26.10	669	771	2301	2865
沾益县	5.43	6.36	12.68	15.24	1290	1463	3015	3506
宣威市	9.00	10.50	31.32	37.95	671	803	2334	2903

曲靖市经济社会发展主要指标（表六）

地区	农民人均纯收入（元）		职工人数（万人）		在岗职工年平均工资（元/人）		人均储蓄存款余额（元/人）	
	2010年	2011年	2010年	2011年	2010年	2011年	2010年	2011年
曲靖市	4130	5035	32.21	32.18	32520	322112	8728	10158
麒麟区	5569	6747	6.62	6.41	38594	66162	26937	30383
马龙县	3665	4467	1.16	1.18	29450	11637	7675	9449
陆良县	5056	5960	3.18	3.08	28077	31835	6527	7622
师宗县	3784	4676	2.50	2.42	27574	24968	6632	7961
罗平县	4413	5450	1.72	1.73	36290	17181	5224	6439
富源县	4267	5210	5.21	5.07	29348	52113	7680	8610
会泽县	2643	3252	3.42	3.35	34307	34150	4052	4671
沾益县	4813	5715	2.48	2.86	32752	24784	6726	7888
宣威市	3735	4697	5.93	6.08	30673	59282	6390	7563

Yuxi City

玉溪市

主　编　刘建军
责任编辑　方爱琴

概述　玉溪市位于云南省中部，北和北面接昆明市，东南和南面与红河州相邻，西南和西面连普洱市，西北靠楚雄彝族自治州。市委、市政府驻地红塔区州城距云南省省会昆明市88千米。区域最大横距172千米，最大纵距163.5千米。总面积15285平方千米，其中，红塔区、江川、澄江、通海4个县(区)是坝区县，面积共3348平方千米，占总面积的21.9%；华宁、易门2个县是半山区县，面积共2888平方千米，占总面积的18.9%；峨山、新平、元江3个县是山区县，面积共9053平方千米，占总面积的59.2%。2011年底，全市常住人口231.8万人，户籍人口213.5万人，人口自然增长率为5.32‰。其中少数民族人口720817人，占总人口的33.8%。

2011年，全市完成现价生产总值（GDP）876.6亿元，按可比价格计算比上年（下同）增长12.1%，高于全国平均水平2.9个百分点，低于全省1.6个百分点。分产业看，第一产业增加值80.5亿元，增长7.7%；第二产业增加值564.4亿元，增长15.5%；第三产业增加值231.7亿元，增长5.8%。三次产业结构由上年的9.4：62.2：28.4调整为9.2：64.4：26.4。第一、第二、第三产业分别拉动GDP增长0.7、9.7和1.7个百分点，对经济增长的贡献率分别为6.1%、80.2%和13.7%。全市人均GDP达到37913元（按年末汇率1美元=6.6227人民币，折合5725美元），比上年增长11.6%。非公有制经济创造增加值284.4亿元，占全市生产总值的比重达32.4%，比上年提高0.3个百分点。卷烟生产和销售实现增加值345.5亿元，增长14.3%，占全市GDP的比重为39.4%。

2011年，全市财政总收入完成343.5亿元，增长12.9%。地方财政收入96.5亿元，增长15.4%。地方财政一般预算收入77.3亿元，增长19.3%。其中增值税完成18.9亿元，增长9.6%；营业税完成11.8亿元，增长12.5%；企业所得税完成5.0亿元，增长41.0%；城市维护建设税完成12.4亿元，增长10.8%。

学龄儿童入学率达99.9%。全市每千人有病床4.65张，每千人有卫生技术人员4.23名；卫生技术人员9051人，新农合个人财政补助标准每人每年260元(红塔区和新平县280元)，参加新型农村合作医疗保险156.02万人，参合率为95.6%。

2011年，全市在岗职工平均工资达到38180元，比上年增加7937元，增长26.2%；全市城镇居民人均可支配收入18527元，比上年增加2056元，增长12.5%；城市居民（红塔区）人均可支配收入19258元，比上年增加1923元，增长11.1%；全市城镇居民家庭每100户拥有汽车30辆，其中：红塔区家庭每100户拥有汽车43辆；全市农民人均纯收入6616元，比上年增加869元，增长15.1%。

农村经济增势强劲　2011年，玉溪市农经站对全市74个乡（镇）、661个村、6189个村民小组2011年农村经济运行情况进行全面调查统计。全市2011年实现农村经济总收入1060.68亿元，比上年增166.74亿，增长18.7%。从经营层次看：乡（镇）办企业收入158.43亿元，村组集体经营收入148.67亿元，农民家庭经营收入746.57亿元，农民专业合作社收入1.22亿元，其他经营收入5.78亿元。从行业划分看：农业收入78.61亿元，林业收入2.59亿元，牧业收入41.55亿元，渔业收入3.12亿元，工业收入575.49亿元，建筑业收入77.25亿元，运输业收入70.13亿元，商饮业收入145.51亿元，服务业收入37.89亿元，其他收入28.53亿元。

农民人均收入稳步增加　2011年，全市农村经济可分配净收入总额136.61亿元，扣除上交国家税金21.16亿元、上交国家有关部门3038万元等，农民所得总额为105.20亿元。农民人均所得达5830元，比2010年的4978元增852元，增长17.1%。

2011年，全市33个乡（镇）农民人均所得超6000元。分别是：纳古镇10704元、华溪镇8029元、玉兴街道办事处7717元、凤凰街道办事处7652元、玉带街道办事处7651元、李棋街道办事处7521元、大营街街道办事处7436元、春和街道办事处7358元、北城街道办事处7156元、盘溪镇6914元、秀山街道办事处6871元、宁州街道办事处6861元、高仓街道办事处6716元、凤麓街道办事处6630元、小石桥乡6586元、双江街道办事处6520元、研和街道办事处6512元、大街街道办事处6446元、前卫镇6442元、江城镇6422元、龙泉街道办事处6379元、河西镇6315元、浦贝乡6186元、九溪镇6134元、小街街道办事处6123元、桂山街道办事处6123元、化念镇6106元、甸中镇6080元、六街街道办事处6076元、青龙镇6066元、高大乡6039元、绿汁镇6027元、路居镇6008元。

2011年，全市263个村（居）委会、社区农民人均所得超6000元。其中：红塔区65个、江川县52个、澄江县5个、通海县33个、华宁县46个、易门县27个、峨山县23个、新平县11个、元江县1个。

2011年，全市27个村（居）民小组农民人均所得突破12000元。分别是：峨山县甸中镇昔古牙村委会小法竜35561元、易门县六街街道办事处柏树社区十八组21252元、红塔区春和街道办事处刘总旗社区七组19774元、红塔区高仓街道办事处桃源社区四组19677元、华宁县宁州街道办事处新庄村委会新庄小组18225元、红塔区大营街街道办事处大营街社区一组、二组、三组、四组、五组、六组、七组、八组、九组17805元、澄江县龙街街道办事处忠窑社区八组16200元、峨山县岔河乡云美村委会田心二组15695元、江川县大街街道办事处朱家庄居委会九组15525元、华宁县华溪镇花溪村委会六组13803元、华宁县华溪镇花溪村委会五组13076元、易门县龙泉街道办事处方屯社区十三组12894元、华宁县青龙镇青龙村委会落岩山小组12777元、通海县纳古镇三组12611元、新平县漠沙镇龙河村委会下谷田小组12307元、峨山县小街街道办事处文明社区三组上排12258元、红塔区凤凰街道办事处洗水塘社区十四组12255元、易门县小街乡罗尹村委会哨上十九组12172元、华宁县海镜村委会老得坎小组12148元。

创建生态乡镇 2011年，全市环保部门继续组织开展各类生态创建工作，指导开展生态乡镇创建活动的乡镇编制完善环境规划，并按照规划确定的目标任务开展工作，加强村镇生活污水处理、生活垃圾收集处理等环境基础设施建设，加大农村环境污染防治和生态保护力度，改善人居环境质量。元江县龙潭乡、新平县者竜乡、水塘镇、新化乡、建兴乡的创建工作在年内通过了省环保厅组织的专家审查，向省环保厅提交了申报第七批云南省生态乡镇的材料。华宁县宁州镇、易门县龙泉镇、峨山县双江、小街街道办事处及塔甸镇创建国家级生态乡镇的工作通过了省环保厅组织的专家检查考核。其中，峨山县塔甸镇、小街办事处已被推荐上报至环保部。10月27日，环保部75号公告公布第七批“国家级生态示范区”名单，玉溪市的江川县、华宁县、易门县榜上有名。至此，全市共有6个县（区）获此殊荣。11月17日，省环保厅对获得第五批、第六批云南省生态乡镇命名的乡镇进行授牌，玉溪市有10个乡镇获得授牌。截至2011年末，全市75个乡、镇（街道办事处）有36个建成云南省生态乡镇。

（刘仕荣　李晓媛）

Hongta District 红塔区

三七种植示范基地项目通过验收 春和街道在首次（2009年10月）从文山引进“三七”种植大户种植“三七”1200亩获成功的基础上，2011年又种植“三七”1100亩，年末，“三七”种植面积2300亩。11月4日，对“三七种植示范基地”项目进行实地测产验收，通过验收得出了4年期亩产648.2千克（湿重）、3年期亩产690.3千克（湿重）。

非烟工业产值首超烟草工业 2011年，红塔区非烟工业产值403.1亿元，占全区全部工业总产值的50.2%，首次超过烟草工业产值所占比重。非烟工业中规模以上工业排名前五位的是：黑色金属冶炼及压延加工业、电力生产和供应业、化学原料及化学制品制造业、通用设备制造业、农副食品加工业。

中心城区水源应急保障工程 2009年，玉溪东风水库除险加固工程建设启动，水库蓄水严重不足，再加之2010年又遭遇百年不遇大旱，中心城区饮用水水源面临严重资源性缺水及水质性问题。经玉溪市人民政府批准启动供水应急方案，总投资1878.3万元。2010年9月28日，玉溪中心城区水源应急保障工程建设启动，12月17日一次性试车成功，保障中心城区正常供水，实现中心城区安全供水3个源水（东风水库、抚仙湖—星云湖、飞井海水库）供给系统。

昆玉高速公司获“全国五一劳动奖” 云南昆玉高速公路是由红塔集团投资的。2011年4月28日，云南昆玉高速公路开发有限公司被中华全国总工会授予“全国五一劳动奖”，同时，被云南省交通运输厅评为“云南省交通系统2010年收费管理先进集体”。

红塔区被定为全国“烤烟二十六级收购验证”试点 2011年，“烤烟二十六级收购验证”试点设在红塔区研和街道宋官村委会四组的24户烟农，烤烟种植面积60亩，收购烟叶10227.7千克，上等烟比例75.03%，交售金额19.79万元，均价19.35元，与标准高0.92元，亩产值3299.18元，分级环节每担烟叶可减少用工0.17个，按每个工价60元/天计算，每担烟叶分级可节省用工投入10.2元，试点工作达到烟农减工降本增效的目的。

烟草专业生产合作社成效显著 2011年，红塔区为探索农民专业合作社发展道路，促进现代烟草农业建设，在总结上年5个经营型专业合作社成功运作的基础上，采取规划引导、政策支持、算账对比等方式，按照“种植在户、服务在社”的指导思想，新注册成立展望、龙飞等19家烤烟种植专业合作社和惠兴、春晓2个综合服务专业合作社，至此，全区实现烤烟专业合作社100%覆盖种烟面积，红塔区烟叶生产组织呈现多元化、多层次、多形式的烟农合作组织，有效提高烟叶生产组织程度和生产管理水平。当年，全区完成烤烟收购666万千克，交售收入1.24亿元，

兰溪桥竣工（红塔区志办　提供）

实现农特税 2720 万元，上等烟比例 67.36%，均价 18.57 元 / 千克，亩均收入（含各项补助）3103.91 元，实现“一减六增”：收购总量减 0.34 万担，烟叶交售总金额增 1700 万元，烟叶农特税增 368 万元，上等烟比例增 7.19 个百分点，均价增 2.91 元 / 千克，亩均收入增 475.06 元的好成绩。

易门—峨山—高仓二级公路建设工程竣工　易峨高二级公路（红塔区段）全长 18.22 千米，起于小街箐坡峨山县与红塔区分界点，止于高仓立交，工程批准总投资 5.46 亿元。2009 年 9 月开工，2011 年 6 月 30 日竣工试通车。

兰溪桥竣工　玉溪大河综合治理二期工程之一，属横跨玉溪大河步行景观桥，为三层歇山顶式阁楼、五孔莲瓣拱桥。2010 年 3 月 5 日动工，2011 年 5 月竣工。桥体总高 36.7 米，其中阁高 26.1 米，桥梁长度 103 米，桥面宽度 16 米，桥体呈直线型；南北置桥亭，高 10.3 米。“五孔分水”与上游“三水归流”相呼应，象征中国传统文化之“五行三合”。

溪口桥竣工　位于小矣资村头横跨东风水库，该桥被当地群众誉为“连心桥”。2010 年 10 月竣工，总投资 400 万元。桥长 246 米、宽 6 米，为钢混结构，有水泥护栏。桥南头建有牌坊，立有石碑。

映月潭休闲文化中心被确定为国际休闲养生示范连锁基地　映月潭从 2002 ~ 2011 年，在创建国家 AAAA 级旅游景区、国家五星级温泉、国际休闲养生示范连锁基地的过程中，累计投入资金 1426 万元进行扩建项目改造，增加游客接待量，提升映月潭的知名度。映月潭客流接待量及营业收入逐年增长，2011 年，接待 76 万人次，比上年增 6 万人次；完成营业收入 1980 万元，比上年增 347 万元。12 月，被国际休闲产业协会确定为“2011 年国际休闲养生示范连锁基地”。

红塔区被考核为全国科技进步先进县（区）　2011 年 11 月 21 日，国家科技部《关于表彰 2011 年全国县（市）科技进步考核先进集体和先进个人的通知》中，红塔区通过了国家科技部每两年举行 1 次的全国县（市）科技进步考核，受到国家科技部表彰；张小良、吕玉平、荆文义 3 人为 2011 年全国县（市）科技进步考核先进个人。

玉溪米线节获中国最具地方特色美食节　玉溪米线节至今已有 700 多年的历史，是玉溪人民的传统风俗节日，因地域、山脉、水系以及节日属性不同，故各村屯的节期也各异，主要村（居）委会过米线节的具体日程大致分为 18 片，每年自农历正月初一至三月二十二日，历时 81 天。在 2007 年获世界上历时最长的节日——“世界纪录证书”（2011 年 3 月 5 日颁发）的基础上，2011 年又荣获“中国最具地方特色美食节”。

（邹　瑾）

Jiangchuan County
江川县

云之南艺术团到江川县演出　8 月 26 日，江川县城渔文化广场歌声飞扬，激情四溢。由中共云南省委宣传部组织的“云之南”艺术团带着省委、省政府的问候与关怀，来到高原水乡江川县举行《情系母亲湖》生态文明专场文艺演出，唱响人与自然和谐共处的主旋律。

生态保护　2011 年，江川县完成了抚仙湖、星云湖“十二五”水污染综合防治规划和江川县生态建设与

溪口桥竣工（红塔区志办　提供）

2011年8月26日，"云之南"艺术团赴江川县举行《情系母亲湖》生态文明专场文艺演出（江川县史志办 提供）

环境保护规划编制。抚仙湖大鲫鱼河流域环境综合整治工程、抚仙湖一级保护区退田还湖工作稳步推进。星云湖北片区污水处理厂投入试运行，南片区污水处理厂工程加紧建设。江城镇西大河人工湿地建设及植物移栽工程完工。星云湖南岸环湖截污治污及生态修复工程可行性研究报告通过评审。星云湖蓝藻打捞船完成调试。东风水库径流区江川片区综合整治重点项目有序推进。主要入湖河道保洁工作有效开展，河段长责任制得到强化。完成第二次石漠化监测，建成生态防护林 2 万亩、九溪河小流域生态林 5500 亩，改造中低产林 1.5 万亩，治理水土流失面积 10 平方千米。在两湖流域实施农田种植保水剂试验 1000 亩、控氮减磷示范 1000 亩。投入 246 万元，加大农村环境卫生整治力度，建成沼气服务网点 11 个，改造节能灶 1900 户，完成 707 户退耕还林太阳能热水器项目。编制了两湖面山退耕还林、林产业发展和生态县建设规划，生态文明乡镇和生态文明村创建工作进一步加强，荣获"国家级生态示范区"称号。

九溪镇发展特色餐饮业 九溪镇围绕创建"生态美食名镇"的目标，强化餐饮从业人员礼仪、着装、烹饪培训，积极引导餐饮企业改进软硬件设施，提升接待水平和服务能力。开展"餐饮名店"创建和"美食名菜"认证活动。"蒋记菌子宴"、"陈记牛肉馆"分别荣获"中华餐饮名店"和"云南餐饮名店"称号。投资 200 万元完成"阳山庄一品羊肉店"改扩建，有效改善就餐环境。振溪驴肉馆等 3 家餐饮店落户九溪镇，小城镇范围内的饭店增至 10 家，餐饮集聚区正逐步形成，餐饮业辐射带动作用明显，2011 年接待人数达 31 万人次，实现营业收入 2234 万元，比上年增长 9.3%，上交税金 70 万元。

九溪镇海棠现代烟草农业示范区建设 九溪镇海棠现代烟草农业示范区建设涉及六十亩、大村、中营、大营、马家庄、阳山庄 6 个村委会，16 个自然村，18 个村民小组，农业人口 16503 人，耕地面积 33006 亩，项目区受益面积 16838 亩。现项目区耕地多为水田、梯地，农业基础设施不完善，水库灌溉设施不配套，农业生产旱季缺水突出，雨季洪涝不断，严重影响了耕地产出率和农业综合生产能力的提高，制约了当地农村经济社会发展和农民增收，对项目区水源点建设及耕地进行基础设施配套建设，可稳步提高农业生产，特别是烤烟生产水平，实现农业生产可持续发展。现代烟草农业示范区项目总投资 2113.65 万元，项目包括新建水池 60 个、倒虹吸 2 件、灌装（管网）工程 4 件、小坝塘整治 3 件及机耕路工程 13 件，项目已于 2011 年 10 月开工建设，于 2012 年 3 月全面完工。

生态移民搬迁 九溪镇河口村位于地质灾害威胁区，地质结构土壤为松软土，地形起伏高差相对较大，具有潜在的破坏性。曾有过山体崩塌、滑坡、泥石流等地质灾害，人民群众的生命财产安全受到严重的威胁。为改善人民群众生活环境，江川县投资 611.73 万元，于 2011 年 6 月完成河口村民小组生态移民搬迁工程项目，集中安置 32 户 130 人。九溪镇小营村地质结构为膨胀土，由于土壤的膨胀收缩，导致房屋出现地板撕裂、变形、倾斜现象，治理难度较大。且小营村位于东风水库——九溪断裂带上，有发生地震及地质灾害链的可能，存在巨大的安全隐患。为消除隐患，改善居住环境，江川县投资 1713.58 万元，于 2011 年 6 月完成小营村民小组生态移民搬迁工程项目，集中安置 79 户 335 人。

支持三农 2011 年，江川县完成农林水支出 13770 万元，比上年增长 25.5%。兑现退耕还林、农资直补、油菜及能繁母猪补贴等惠农资金 1554 万元；安排资金 298 万元，支持“三小”应急工程，办理 7.45 万户农房保险，6 万亩水稻、玉米和油菜保险，加快建立农业农村灾害风险分散机制；拨付农民专业合作社资金 45 万元，加强农业技术、信息服务；投入农业综合开发资金 1377 万元，完成星云湖、黄谷田水库灌区中低产田改造 0.71 万亩和九溪河小流域生态治理项目；拨付资金 775 万元，支持安化新庄村 7.88 万亩土地开发整理项目建设；拨付资金 934 万元，实施 65 个“一事一议”财政奖补项目；投入新农村建设资金 1499 万元，完成 18 个自然村整村推进、12 个新农村和 1 个民族团结示范村建设，改造节能灶 1900 户，实施 707 户退耕还林太阳能热水器项目，建成沼气网点 11 个，支持农村卫生环境整治工作、移民库区产业发展和基础设施建设。投入林业专项资金 1044 万元，实施森林生态效益补偿 34.6 万亩，支持 2.55 万亩生态林、防护林建设，首次投保 60 万亩森林火灾保险，切实保护广大林户利益。拨付资金 3033 万元，支持农村抗旱供水应急系统改扩建工程，管网、泵站和水源点工程建设，着力解决人畜饮水困难；安排资金 2530 万元，支持白河水库、团结水库、茶尔山水库、矣文水库等 22 个水库除险加固项目建设，完成 2 个农资综合动态调整项目，实施农田灌溉沟渠、节水灌溉示范工程，进一步改善农田水利基础设施条件。

土著鱼保护及开发利用 2011 年向星云湖放流大头鲤鱼种 4230.3 千克，计 110 余万尾；多单位合作完成的《抚仙湖水生生态与抗浪白鱼种群保护及人工养殖开发》通过省科技厅组织专家鉴定验收，获 2011 年度云南省农业技术推广二等奖；碧云坝抗浪鱼养殖场被评为农业部水产健康养殖示范场；大头鱼、抗浪鱼入围云南六大名鱼，并被列入 2011 ~ 2012 年度云南省土著鱼类繁育及推广养殖项目；2008 年繁殖的星云白鱼子一代 2011 年 5 月 23 日已顺利产下子二代，标志着星云白鱼人工驯养繁殖获得成功；云南倒刺鱼鲃（红脸青）、抚仙四须鲃（海心马鱼）的人工驯养繁殖鱼苗长势良好，放流抚仙湖鱼苗 6 万余尾；抚仙湖金线鲃（波罗鱼）、花鲈鲤（花鱼）的人工驯养与系列试验工作在江川顺利展开。

整村推进扶贫 2011 年向省市争项目、争资金实施整村推进项目 18 个，其中省级 10 个，市级 8 个，项目总投资 358.6 万元，其中：省扶持资金 150 万元，市扶持资金 122.4 万元，县级配套资金 10 万元，整合和自筹资金 76.2 万元。建设硬化村庄道路 18 件 10910 米 36457 平方米，修建科技文化活动室 17 所 3718 平方米，新建公厕 6 座 48 坑 285 平方米，垃圾池 1 处，支砌挡墙石方 319 立方米，建设标志碑 18 块，安装电子显示屏 5 块。

教育工作先进县评定 2011 年 1 月 6 ~ 9 日，省政府教育督导团组织督导评估组对江川县政府教育工作进行督导评估。2 月 18 ~ 25 日，江川县作为“教育工作先进县”由云南省人民政府教育督导团、云南省教育厅进行公示。3 月 18 日，云南省人民政府下发《关于表彰第 4 批教育工作先进县（区）的决定》，江川县被认定为云南省“教育工作先进县”。

生态文明家庭创建 2011 年，江川县妇联开展“清洁农村，美化家园”活动。制作了 15000 个环保布袋在广大妇女群众中宣传环保意识，在积极配合包村单位上西河开展环境卫生整治的同时，依托路居镇妇联在张营村举行“清洁农村美化家园”启动仪式，来自张营的 460 多名妇女参加了活动。启动仪式上，县妇联向全县妇女发出了《整治农村环境 · 尽我巾帼之力》的倡议，并发放了 3 辆小推车和 1000 个环保袋。各乡镇也先后开展了农村环境卫生综合整治，积极引导妇女群众参与节能减排。前卫镇利用每月的 25 日开展“清洁家园日”活动，由 11 个村（居）委会的妇代会组织了 4000 多人参加清洁活动；雄关乡开展“妇女 · 环保 · 家园”活动，组织全乡妇女干部群众清洁农村，共整治村容村貌 7 次，参与妇女达 2000 多人；路居镇组织妇女群众进行垃圾清运 4 次，共清运垃圾 300 多吨；江城镇开展“低碳家庭 · 时尚生活”系列活动，组织妇女群众 2352 人，打扫村庄道路 6 千米，公共晒谷场 18 块、公厕 25 个。

（李　伟）

Chengjiang County
澄江县

抚仙湖农村环境综合整治工程项目 位于抚仙湖北岸，共涉及龙街街道办事处、右所镇，20 个自然村。项目主要建设内容：新建不同规格截污沟 23491 米，截污管 980 米，圆形检查井 138 个，溢流井 13 个，建设泵站 2 座，污水处理系统 12 套，总投资估算为 1198.29 万元。项目于 2011 年 3 月开展前期工作，5 月初市湖泊治理科委托云南省环科院编制项目的《可研报告》和《初步设计》。2011 年 11 月 29 日，《可研报告》通过评审并报市发改委待批复。

参加全国目标数学大赛 2011 年 10 月 25 ~ 27 日，全国目标教学大赛在山东省潍坊市东明中学举行。澄江四中的李和作为玉溪市数学学科代表参赛，荣获一等奖。

“澄江化石地”申报世界自然遗产 2011年1月14日，“澄江化石地”被国务院正式确定为中国政府2011年申报世界自然遗产唯一项目。

省政府召开“申遗”工作现场办公会 2011年8月31日，云南省政府在澄江召开澄江化石地“申遗”工作现场办公会。副省长刘平实地查看设定的世界自然保护联盟专家考察路线，检查了小滥田村及帽天山的地质剖面、澄江化石地管理所、啰哩山等化石地及其周边情况，全面检查“申遗”工作进展。

联合国世界自然保护联盟专家对澄江化石地考察评估 2011年9月24～26日，世界自然保护联盟(IUCN)专家帕特里克·迈克基维尔教授和莫哈·塞菲亚·莱马教授对澄江化石地进行实地考察评估。评估的主要内容有两项：一、提名地在全球范围内突出的普遍价值及其完整性；二、提名地的保护管理能力。两位专家实地考察了化石地地貌形态、生态环境、保护管理工作、普遍价值及其完整性进行深入细致的考察了解，与啰哩山村民及利益相关人员代表进行座谈，参观新改造的展厅，听取政府部门及管理机构的汇报。考察评估结束，两位专家把基本观点和初步看法反馈给政府及相关部门。

剩余劳动力培训转移 2011年，右所镇紧紧抓住旅游项目发展为全镇农村剩余劳动力的转移和就业创造的极好机遇，积极宣传动员，精心组织开展培训，进一步转变农村剩余劳动力的就业心态和就业观念，通过创业及就业培训不断提高劳动力的就业技能及综合素质。全年共转移各类就业人员450人。

民生工程 2011年，九村镇全面落实各项惠民政策，兑付惠民资金367.85万元，其中，退耕还林补助133.93万元，农资综合直补73.88万元，农作物良种补贴9.04万元，家电下乡23.7万元，汽车摩托车下乡27.3万元。社会保障体系逐步健全，新农合参合率达97.68%，全年共支付补偿资金168.73万元，直接受益11792人次，完成了2012年新农合筹资55.27万元，参合率达97.37%，有效缓解了群众看病难看病贵的问题；提前做好新型农村养老保险基础工作，全镇1538名60周岁以上的农村老年人将于2012年开始领取养老金；认真做好廉租房补贴工作，解决住房困难群众最关心、最直接和最现实的利益问题；全镇农村低保、城镇低保救助对象分别达463人和57人，五保供养对象34人，供养率100%，全年共发放各种抚恤救助补助金312.5万元、粮食9375千克、衣被390件、应急防灾“三小”工程急救包3600套；完成残疾人危房改造3户，补助资金1.5万元，救助残疾家庭学生26人1.2万元；建立了镇级农村三资管理中心、监督平台以及定期报账等16项管理制度，农村资源、资产、资金管理得到加强；深入开展计划生育优质服务，落实计划生育各项奖励政策，办理独生子女光荣证5户，发放各种奖励金5.11万元；坚持“以民为本、为民解困”的宗旨，充分发挥民政工作“调压减震”的作用，组织志愿者和镇、村领导对残疾人进行“帮包带扶”绝对扶贫。解决了弱势群体生活问题，为构建和谐安定社会环境做出了积极贡献。

新农村建设 2011年，九村镇为有效开发利用镇内丰富的磷矿石资源，启动并组织实施蛟龙潭、渔塘村搬迁工作，通过各级各部门的共同努力，两个村的搬迁工作有序进行。2011年底，蛟龙潭、鱼塘村两个村民小组整村搬迁工作取得了实质性进展，鱼塘村完成投资3500万元，蛟龙潭村完成投资2500万元，两个村共建设新房191幢、集体公房2幢、卧式烤房50座，硬化路面4.6万平方米，建人行道1664平方米，新增绿化面积2.1万平方米，安装输水管道1.2万米，新村道路、管网等基础设施建设全面完成，农户入住新居，蛟龙潭农村社区建设进展顺利。箐水滩搬迁工作持续推进，全村一半农户搬迁至新村居住。整合新农村建设、财政奖补、扶贫开发资金258.5万元，顺利实施了平滩子、柏家村、风口哨、大西冲、者底哨、阿架村等11个建设项目，硬化路面5560米，建公房3处，建公厕3个，顺利实施了21户民居地震安全工程，进一步改善了群众的生产生活条件。

（王基宇）

Tonghai County 通海县

稳定物价保障市场供应 为了确保2011年居民消费品价格稳定，遏制市场物价的过快上涨，确保经济建设和各项社会事业的持续、健康发展，确保社会稳定和人心安定，2011年5月4日，玉溪市人民政府与通海县人民政府签订了《2011年稳定物价保障市场供应责任书》。责任书签订以后，通海县人民政府以认真高度负责和求真务实的态度落实物价稳定和市场供应责任书各项工作。通过采取一系列的措施，稳定物价保障市场供应工作取得较好成绩，在全国、全省物价大幅度上涨的情况下，通海县2011年度居民消费价格总指数为4.6%，商品零售价格总指数为2.5%。

高大村二组创建“民族团结示范村”通过验收 2011年1月5日通海县“民族团结示范村”领导小组组织县、乡、村及施工单位等相关人员到实地对整个“民族团结示范村”的各项内容逐项进行检查验收。通过实地验收，该项目实际完成情况为：1.民族文化活动室，多功能用房计划420平方米，实际完成426.07平方米，投资34万元。其中：省级补助20万元，其他部

民族团结示范村（通海县志办　提供）

门补助14万元。2.场地和街道建设，计划1600平方米，实际完成2068.6平方米，投资24.1万元，省级补助9.5万元，其他部门补助14.6万元。3.建公厕1个，投资0.5万元，省级补助0.5万元。4.科技培训计划500人次，实际培训550人次。投资2.75万元(自筹)。以上项目建设内容，共投资61.35万元，其中省级补助30万元，其他部门补助28.6万元，自筹2.75万元。整个工程投资现已全部到位。参加人员一致认为：工程质量良好，各项建设内容完整，民主测评满意率达100%，促进了该村的生产发展、生活宽裕、乡风文明、村容整洁、管理民主、民族关系和谐。社会效益、经济效益明显，同意验收。2011年9月16日通过市级验收。

外贸出口首次突破亿美元大关　2011年，通海县14户外贸企业完成外贸进出口总额1.542亿美元，与去年同期7841万美元相比增长96.7%。完成市政府下达进出口目标任务8500万美元的181.2%，占全市进出口贸易总额的38.5%，名列全市第一。

招商引资工作稳步发展　2011年，市政府下达通海的招商引资目标任务：一是引进省外国内资金7亿元人民币，二是引进境外资金100万美元。全年实际完成引资项目10项，引进省外国内资金7.4亿元，完成市任务的105.7%，比去年5.56亿元增长33.1%。

加快市场网络建设步伐　2011年，通海县认真落实玉溪市政府20项重要工作第八大项第二十四小项工作任务。抓好市场建设，培育发展大型流通企业，推进“万村千乡”和“乡村流通工程”建设。年初调研摸底10个农家农资店上报创建任务，经过一年的努力已完成筹建工作，于11月通过上级检查验收。乡镇市场改造建设项目申报两个，批准实施的四街镇六街村级市场建设共投资164.7万元，获得市级补助30万元，2011年底，建成竣工验收，并投入使用。解决了六街村农产品交易无市场，以路为市严重阻塞交通的状况。

城镇保障性住房建设　2011年，上级安排通海县的保障性住房建设任务数为：廉租住房300套，公共租赁住房900套，通海县结合实际，将廉租住房分解到教育和卫生系统7家单位建设。公共租赁住房分解到5家企业建设，至12月底已完成总投资额的61.53%。

生态文明建设　2011年，通海县在推进2个乡镇（秀山街道办事处、四街镇）、10个村（者湾村、龚杨村、大营村、七街村、大树社区、长河社区、万家社区、金山社区、云龙社区、小回村）的生态文明建设试点工作中。完成10个村环境整治工程科研报告并报省发改委进行批复。组织河西镇小回村申报“国家级生态村”，高大中心小学和杨广中心小学申报“省级绿色学校”。完成秀山街道、大树社区、小回村生态文明建设试点实施方案的编制并上报市环保局。

秀山、文庙片区旅游基础设施建设　2011年，通海县编制完成了《云南通海秀山涌金寺古建筑群修缮工程方案》并通过了国家文物局评审。投资350万元，实施秀山、文庙片区旅游基础设施建设：一是由通变集团投资恢复重建涌金寺两个配房修缮已竣工；二是完成了秀山后门生态停车场、游客中心及休息长廊建设；三是完成了秀山古建筑群消防系统建设和森林消防工程；四是完成了通海万寿宫大殿、东西厢房修缮工程、秀山涌金寺“这里来”的修缮；五是完成了文庙片区的扫尾工程。

（张亚伟）

Hua'ning County 华宁县

城市报警与监控系统通过初验　2011年5月28日，华宁县“平安华宁”城市报警与监控系统一期工程建成并通过初验。一期工程投资180多万元，于3月20日开工建设，5月20日建成并投入试运行，在县城中心城区主要街道及各重点路段、路口安装36个“电子眼”，实现“主要道路全天候监控，重点单位全方位设防，热点部位多元化防控”的城市治安状况监控新格局。

联合国科技特派员资金使用落实情况跟踪检查　2011年7月9日，由科技部农村中心陈道明博士、中国农业科学院研究员鲁卫泉等组成的联合国UNDP检查组与云南省科技厅UNDP负责人，在县政府副县长陈学林及县科技局、华溪镇相关领导陪同下，跟踪检查联合国UNDP科技特派员后期执行效果及资金使用落实情况，先后深入盘溪、华溪实地查看科技特派员姚丽英创办的柑橘基地、杨志伟创新发明安装的近地面微喷装置、梅清林嫁接的生态树茄。

陈奎元到华宁县调研滇越铁路保护利用情况 2011年9月11日，中央委员、全国政协副主席陈奎元，全国政协常委、全国政协文史和学习委员会主任陈福今率全国政协“百年米轨滇越铁路保护和利用”专题调研团到华宁县调研县境内滇越铁路保护利用情况。滇越铁路南北贯穿云南昆明和越南海防，全长854千米，轨距1米，是中国连接越南的铁路干线，也是国内目前仍在商业营运的唯一米轨铁路。滇越铁路在华宁县境内33千米，经过盘溪镇、通红甸乡和青龙镇，境内设有禄丰、糯租、盘溪3个火车站。盘溪镇境内铁路长约15千米，所设盘溪站始建于1910年4月，是滇越铁路上最早设立的二等级车站，可停靠客运列车和货运列车，属滇越铁路沿线的重要火车站之一；青龙镇境内铁路全长18千米，设有禄丰、糯租车站，是连接昆明、玉溪、红河的重要枢纽。滇越铁路在华宁县境内穿越的一百年中，成为沿线经济、社会、文化共同进步的历史见证，沿线保留的许多旧迹具有较高的历史文物价值。

新型农村养老保险试点工作启动 2011年10月20日，华宁县新型农村养老保险试点工作动员暨培训会议在宁州镇党职校召开，县级相关领导、全县各相关单位负责人、各乡镇分管领导、劳动保障所工作人员、村支部书记和村委会主任、派出所所长等250余人参加会议。华宁被列为全市第二批新型农村社会养老保险试点县。截至12月31日，全县应参加新农保13.373万人，实际参保12.28万人，参保率91.8%。收缴养老保险费用106.26万元，发放满60周岁以上（含60周岁）老年人2.24万人，发放养老保险金369.83万元，发放率100%。

新型农村社会养老保险基础养老金发放仪式 2011年11月23日，省政府在华宁县宁州镇郭家营村委会举行第二批新农保试点“新型农村社会养老保险基础养老金发放仪式”。参加仪式的有省委常委、副省长李江，省政府副秘书长张荣明，省人力资源和社会保障厅党组成员社保局长王鹏飞，玉溪市人民政府市长高劲松，常务副市长谢兴荣，副市长王跃，市人力资源和社会保障局党组书记、副局长张玉江，副局长李兴业，华宁县委书记解仕清，县委副书记李长虹，人大常委会主任李世聪，政协主席汪子新，常务副县长戴兴德，各乡镇党委书记、乡镇长，政府相关部门负责人。仪式上为郭家营村委会60周岁以上110名老年人代表发放了每月55元的基础养老金存折。

（向士学　饶倪琴）

华宁县公租房开工建设（华宁县志办　提供　陈志莲　摄）

Yimen County 易门县

扶贫开发 2011年，易门县全年投入678万元，实施扶贫开发项目30个，新建科技活动室28所4617.8平方米、硬化村庄道路26件26884米41198平方米，受益农户达2211户8211人。其中：投入492.1万元，实施整村推进扶贫项目25个；投入185.9万元，实施革命老区建设项目5个。

保障性住房建设 2011年，易门县投资1.25亿元，建设400套廉租房和500套公租房建设，有效解决900户城镇低收入家庭住有所居问题。向445户城镇低收入家庭发放93.22万元廉租住房租赁补贴，切实帮助城镇困难群体解决临时性居住问题。完成1433户农村危房改造及地震安居工程建设，有效保障农村困难群体的住房安全。

农村土地流转“转”出新天地 易门县创新农村土地流转机制，土地流转大幅上升，土地适度规模经营发展较快，农村土地逐步向种田大户、种田能手集中。全县共流转农村土地8841亩，发展农村规模经营户1244户，为县域特色产业发展提供了坚强支撑。全县农村家庭经营收入达6.2亿元，农村劳务收入达1.36亿元，土地规模化经营带动农民人均纯收入快速增长23.9%，达

2011年"滇溪龙泉杯"全国沙滩排球大奖赛（易门县志办 提供）

2183元，实现农业总产值4.29亿元，同比增长33%。

举办"滇溪龙泉杯"全国沙滩排球大奖赛 2011年9月8日至11日，由国家体育总局排球运动管理中心、云南省体育局、玉溪市人民政府主办；玉溪市体育局、易门县人民政府承办的2011年"滇溪龙泉杯"全国沙滩排球大奖赛在易门隆重举行，来自上海、山西、海南等14个省市区的54支代表队、108名运动员参加了此次比赛。国家体育总局排球运动管理中心授予易门赛区最佳组织奖的荣誉称号。

石漠化治理 易门县自2008年列入全国石漠化治理试点县。至2011年共投入2616.9万元，实施封山育林8.683万亩、人工造林2.65万亩，完成坡改梯3800亩，改建和新建水渠28.55千米，架设引水管道29.3千米，新建拦沙坝2座、小坝塘4座、水池32个，治理石漠化面积达100.8平方千米。石漠化区域水土流失得到有效防治，人居生存环境得到明显改善。

推进特色工业体系建设 近年来，易门县培育了易门铜业、贵研铂业、益兴瓷业、盛凌瓷业、丛山菌业、康源菌业、大龙口酒业、九田酒业、佑生药业、缘林生物、泰山建材、易泉水泥等一批重点骨干企业，开发了"泰山"石膏板、"贵研"铂族稀贵金属、"图形"抗菌瓷、"龙泉"日用瓷、"易泉"水泥、"楚云"水漆、"丛山"食用菌、"云之南"蕨菜、"山里香"豆豉、"洟源泉"什锦酱、"大龙口"白酒、"老方"中西药制剂、"九田"白酒等一批驰名著名商标。相继被授予"云南陶瓷高新技术特色产业基地"、"云南稀贵金属冶金新技术研发试验基地"、"中国西南建筑陶瓷生产基地"和"中国·云南野生食用菌交易中心"。截至目前，全县累计立项实施国家级科技计划1项、省级科技计划16项、市级科技计划27项，拥有授权专利95件，获批高新技术企业2个，连续三次被授予"全国科技进步先进县"。矿冶、陶瓷建材、食品加工三大产业2010年总产值达45.6亿元、占全县工业总产值的88%、"十一五"年均增长49.1%，2011年1～7月总产值达27.2亿元、占全县工业总产值的82%，同比增长36.3%。

获评首批云南省文明县城 2011年12月，易门县被省委、省政府命名为首批"云南省文明县城"，是全省获此殊荣的10个县城之一。

易门县青春创业开展行动 近三年来，全县共建立"青年就业创业培训基地"9个、"全国青年就业创业见习基地"1个，开展青年创业就业技能培训30余场4500人次，提供创业见习岗位420个，评选出易门"十佳创业青年"、"百名创业青年示范户"和"十佳优秀青年创业导师"，发放青年创业"贷免扶补"贷款1630万元，扶持280名青年成功创业，带动1500余名青年实现就业。

农村新型能源建设 截至2011年12月底，易门县农村沼气池保有量达30248万口、农村家庭普及率达81.7%，农村节能改灶保有量达22738眼、农村家庭普及率达61.5%，农村太阳能热水器保有量达6106套1.67万平方米、农村家庭普及率达16.5%，预计年可节约标准煤3.33万吨、减少二氧化碳排放6.39万吨、保护林地19万亩，年综合经济效益近亿元。近年来，易门县把加快发展农村新型能源作为促进生态保护、发展循环经济、改善农村生活环境的重要途径，大力推广沼气池+节能灶+太阳能"三位一体"农村新型能源，着力优化农村人居环境。

农业信息服务 2011年，易门县完成7个乡镇56个村（居）委会120个自然村"数字乡村"网页资料、数据、文本更新，推动"数字乡村"在招商引资、农产品销售等方面充分发挥作用。全年培训县、乡网络管理人员18人次，做到每个乡镇（街道）有1至2名专兼职网络信息管理人员，促进信息网络更新发展。全年发布农业补贴政策、农产品供求等信息819条，通过信息服务，帮助农户推销农特产品6857吨，实现农民收入1359.8万元。

引种美国山核桃 2011年4月，易门县引进云南碧根农业科技有限公司投资5000万元在浦贝乡阿姑柞树片区通过流转1637亩坡地开发种植美国山核桃。土地流转合同期限为47年，涉及农户248户，按合同规定：云南碧根公司在第1～5年内每年付给村民土地流转补偿费700元／亩，第6～10年内每年付给900元／亩，第11～15年内每年1200元／亩，第16～47年内每年1800元／亩，47年村民累计可获土地流转补偿费1.17亿元，户均累计可获土地流转补偿费47.26万元。首期头两年的208.05万元土地流转补偿费已兑现到户，涉及村民今年仅土地补偿费一项户均就增收4195元。此外，按合同规定，土地流转户今后可优先到云南碧根公司开发的美国山核桃基地打工，还可增加一笔打工收入。其中阿姑柞树村一农户此次共流转坡地17亩，现已领到头两年的土地流转补偿费2.5万元，家中还有3个劳动力到该基地里打工，预计打工年收入在2万元左右，加土地流转补偿费，在该山核桃项目上全家一年的纯收入就有3万元左右。易门县引种美国山核桃项目累计可助农增收过亿元，真正到达了"引进一个项目、致富一方百姓"的效果。

助推农民增收 2011年，发放各类惠农补贴610万余元，1649户农户受益。实施农村劳动力转移就业2535人，新增劳务收入1775万元，农民人均增收80元。举办10期技能和创业培训，1518名农村劳动力参加培训。利用玉溪农业信息网、易门农业信息网、数字乡村等网络媒体发布农产品供求信息819条，有效拓宽农产品营销渠道、促进农民增收。实现农民人均纯收入6003元，增加810元，同比增长15.6%，完成年初计划5600元的107.1%。

（矣德忠）

Eshan Yi Autonomous County 峨山彝族自治县

成功举办60周年县庆活动 2011年是峨山彝族自治县成立60周年。11月8～10日在县城有序地开展了庆典活动，主要组织了大型文艺演出《花舞彝山》、迎宾晚会《同胞共聚·舞动彝乡》，民族民间山歌赛、民族民间文艺展演和篝火晚会等。

稳步推进"2213"工程 2011年，峨山县委、政府确定了把特色农业发展作为峨山县农业产业发展的思路，全面实施"2213"工程。2011年，新种植核桃2.91万亩，竹子2.43万亩，魔芋1.02万亩，除虫菊1.2万亩。累计种植竹子13.22万亩，核桃17.33万亩。

易峨高二级公路建设 连接易门—峨山—高仓公路改进工程的易峨高二级公路是云南省一条重要的经济干线，全长106.379千米，其中峨山段60.1千米，该项工程共投资42亿元，2009年11月开工，2011

2011年庆祝峨山彝族自治县成立60周年（峨山县志办　提供）

年6月，峨山段主体工程除隧道外建成通车。

打造“彝人谷”“梁子一路情”旅游景点 2011年，峨山县完成了《峨山县旅游业总体规划〈修编〉》、《“梁子一路情”文化旅游线路策划》和《塔甸镇大西部分区域概念性规划》编制工作，利用旅游交易会平台，广泛宣传峨山旅游资源和旅游产品，推进“彝人谷”等景区景点开发建设，全年共接待游客76万人次，实现旅游总收入3.57亿元，增长15.1%。

生态县建设 2011年，峨山县紧紧围绕建设“凸现彝族特色的滇中生态城市”目标，以自治县成立60周年为契机，加快基础设施建设，加强生态建设，加强对重要生态功能区和自然保护区的保护，荣膺“辉煌十一五·中国最佳绿色生态县”称号。积极开展小街街道和塔甸镇创建国家级生态乡镇工作。全面禁止松脂采集，进一步规范木炭烧制，深入开展环保专项整制行动，立案查处违法违规行为38起，认真落实节能减排责任制，淘汰落后水泥节能13.5万吨。对4个项目开展了节能审查，在2户企业中推行清洁生产。推广高效照明节能灯35万只。

（普凤珍）

Xinping Yi and Dai Autonomous County
新平彝族傣族自治县

新农村建设取得新成效 2011年，新平县加大强农惠农资金投入，农业产业结构不断优化，农业生产条件不断改善，农村经济快速增长，新农村建设取得新成效。全年投入强农惠农资金12.7亿元，实现农业总产值17.2亿元，按现价计算比上年增21.3%，其中：种植业产值9.2亿元，增31.8%；林业产值1.3亿元，增2.7%；畜牧业产值6.3亿元，增13.2%。粮食产量1.2亿千克，增35.7%；烤烟1393.6万千克，增21.1%；甘蔗（估产）47万吨，增26.6%。新植核桃4.2万亩、杉木2.3万亩、竹子1.0万亩，被中国竹产业协会、国家林业局国际竹藤中心授予“中国特色竹乡”称号。完成中低产田地改造8.2万亩，农村沼气村级服务网点22个；实施55个新农村重点村建设和113个“一事一议”财政奖补项目，完成36个整村推进和4个省级易地扶贫开发项目，贫困村互助资金试点项目成为全市的典范。

基础设施得到新改善 2011年，新平县坚持增投资、促发展，加强基础设施建设，增强发展后劲。完成全社会固定资产投资49.1亿元，其中第一产业10.2亿元、增96%，第二产业20.8亿元、增28.1%，第三产业18.1亿元、增3.4%。投资21.8亿元的县城至三江口二级公路主体工程基本完工；投资1.1亿元完成县城至磨盘山等17条255千米农村公路通达工程。推进迤施河、马鞍山、费拉莫水库建设和黄草坝水库除险加固工程等，完成各类水利工程1465件，全面启动2011年中央财政小型农田水利重点县项目。启动扬武月牙田110千伏输变电工程，完成2010年农网改造升级工程。完成石门峡、茶马古道、金山丫口景区主体工程，推进哀牢山、磨盘山景区建设，景区旅游基础和配套服务设施更加完善。

关注民生 2011年，新平县民生问题显著改善。就业和社会保障工作实现城镇新增就业2311人、农村劳动力转移就业3273人，城镇下岗失业人员再就业904人，城镇失业登记率控制在2.9%以内。全县共有19.4万人参加基本养老保险，21.5万人参加新型农村合作医疗，参合率94.5%，有51.38万人次享受新农合减免补偿共5715.32万元。实施基本公共卫生服务项目，新建县医院住院大楼和10个村卫生所。发放各项民政救助资金5235万元，县城殡仪馆主体工程建成并投入使用。完成2.5万平方米廉租住房、2124户彝族支系山苏安居房建设，实施3544套城镇保障性住房建设。教育投入1.1亿元，在全省率先实施义务教育全免费，排除中小学危房9120平方米，新建新平县第四小学校等。完成3个农村文化体育活动广场建设，改善9个村民小组全民健身场地，全县乡镇文化站点实现全覆盖。

大红山铁矿创造五个之最 大红山铁矿是昆钢的主要铁矿石原料基地和主力矿山，探明铁矿资源储量4.5亿吨，属国内地下特大型铁矿山。经过20年的发展，大红山铁矿采用先进工艺设备和技术，创造了输矿管道长度171千米、大型半自磨机容积8.8米×4.8米、1796米长距离胶带机提升绝对高度421.15米居全国第一，高分段、大间距、无底柱分段崩落法采场结构参数居全国黑色金属矿山第一，长距离矿浆输送管道铺设复杂程度居世界第一的五个之最，成为全国矿山建设的一个标杆。

大开门矿冶产业集群 新平县把扬武镇大开门规划为特色工业园区，大力发展矿冶精深加工，并以园区建设为依托，发挥工业聚集效应，建立设施高效、配套完善、环境优美、具有活力和特色的投资区域和产业聚集区。经过近年来的发展，在新平大开门工业园区形成以省重点企业、集矿山开采、炼铁、炼钢、轧材为一体的云南玉溪仙福（钢铁）集团有限公司为龙头，云南新平县鲁奎山水泥有限责任公司日产2000吨水泥熟料生产线、红山球团公司年产80万吨生产线、昆钢耐磨材料有限公司年产8万吨耐磨钢球、鲁电矿业公司自走铁矿年产30万吨井采项目等总产值100亿元以上的矿冶产业集群。

获首批云南省文明县城 完成平甸河防洪错峰调节池二期、县城污水处理厂二期扩建、县城生活垃圾处理等24个市政工程，有序开展凤凰夏苑、景盛园、景泰名都等住宅小区建设，硬化、绿化、亮化县城南区二横八纵等市政道路，全县城镇化水平29.5%，获省委、省政府命名首批“云南省文明县城”称号。县城中心城区建成区面积5.87平方千米，比上年增3%；城镇道路长30.35千米，比上年增10.4%；道路面积55.84万平方千米，比上年增长9.7%；公园绿地面积69.28公顷。新化、水塘、者竜、建兴4个省级生态乡镇创建通过省、市级审查，戛洒、漠沙2镇列为市级生态文明建设试点乡镇，平甸乡树株德、戛洒镇旋涡、漠沙镇南碱等10个小组被列为生态文明建设试点村。

戛洒特色集镇建设 近几年来，在县委、政府的领导下，戛洒镇结合自身的资源、区位和交通优势，依托大红山铜、铁矿，紧紧围绕建设新平“第一经济重镇、第一特色集镇、第一旅游大镇”战略目标，发展壮大矿电、旅游、糖纸三大优势产业，突出工业发展、集镇建设、旅游基础设施建设和新农村建设四项重点工作，经济社会协调发展。2010年，全镇实现现价生产总值1.1亿元，比2005年增2.35倍；地方财政收入2475万元，比2005年增6.1倍；实现农民人均纯收入3001元，比2005年增1.7倍。截止2011年，实际启动“以镇带村、以村促镇”项目40项，完工32项，在建8项，累计完成投资5.85亿元。城镇化步伐明显加快，第一特色集镇建设初具规模。2011年，完成生产总值1.54亿元，辖区内财政总收入9.75亿元，农民人均纯收入3354元。集镇面积2.80平方千米，绿化覆盖率达33%，城镇化水平37.50%。通过历年建设，先后获“国家经济综合示范镇”、“全国全省重点小城镇”、“云南省特色小镇”、“云南省生态乡镇”、“玉溪市十强工业镇”、“市级食品安全示范镇”等殊荣。2011年，被《中国国家地理》评为中国十大“最浪漫栖居地”之首。

（刘凤琼）

Yuanjiang Hani, Yi and Dai Autonomous County 元江哈尼族彝族傣族自治县

扶贫开发 2011年，元江县财政扶贫资金合计1437.5万元，其中：中央财政扶贫资金641万元；省级财政扶贫资金403万元；市级财政扶贫资金393.5万元；扶贫信贷资金合计3200万元，其中：到户贷款700万元，贴息贷款2500万元。全年省市扶贫部门共批复下达元江两批整村推进扶贫项目，共37个点。其中：省级整村推进扶贫项目点22个，市级整村推进项目点15个。项目共投入财政扶贫资金555万元，其中：省级财政扶贫资金330万元，市级财政扶贫资金225万元。项目涉及10个乡镇22个村委会，37个自然村的2532户10776人；革命老区开发建设项目点3个，投入财政扶贫资金64万元，其中：省级财政扶贫资金20万元，市级财政扶贫资金44万元。截至2011年11月底，省市革命老区项目已经全部实施完成。扶贫安居工程项目资金66万元，按户均1万元的补助标准，扶持贫困农户66户。截至2011年12月，安居房已全部建设完成，贫困户已全部搬入新居；全省25个整乡推进扶贫开发项目1个（甘庄街道）。截止2011年12月已完成总投资9763.85万元(财政扶贫资金600万元，整合资金8733.85万元，群众自筹430万元)，完成总投资规划9047万元的107.92%，完成2011年投资规划6296万元的155.08%。

非物质文化产业建设工作 “十一五”期间，元江县紧紧抓住省委、省政府建设民族文化大省的大好机遇，以繁荣精品创作为重点，把组织和创作具有元江风格，深度反映元江历史、风土人情的精品力作当做一项重要工程来抓，全县艺术创作硕果累累，有100个项目被列入不同等级的非物质文化遗产名录。2011年5月23日，文化部正式批准元江县哈尼族棕扇舞为第三批国家非物质文化遗产。

金芒果文化旅游节 为继续提升“中国·元江—红河谷金芒果文化旅游节”的社会和经济效益，进一步扩大元江“红河谷·太阳城”的知名度，2011年6月24～26日在元江县城举办了“红河谷金芒果文化旅游节”。在节日期间开展了开幕式暨迎宾文艺晚会、民族特色大联欢、万人泼水狂欢、吃芒果比赛、特色乡村民间风情演绎等系列活动，演出节目内容推陈出新，受到了来宾和群众的一致好评。据统计，金芒果节期间，共接待省内外游客8.8万余人次，实现旅游收入2852.89万元。

茉莉花产业协会获奖 2011年，元江县茉莉花产业协会被中国科协、国家财政部授予“2011年全国科普惠农兴村先进单位”荣誉称号，成为全国受表彰的1000个农村专业技术协会之一。茉莉花产业协会成立于2003年，现有会员132人。协会自成立以来，积极发挥“桥梁纽带”作用，组织开展了水肥管理、病虫害防治、高产栽培技术和生产配套措施等培训，通过开展各类培训，进一步提高了花农利用科技措施的能力和水平，有效减少了茉莉花病虫害，实现鲜花亩产翻番，增加了农民收入。协会切实为茉莉花产业的发展、农户增收起到了积极的推动作用。

干热河谷生态观测站建设项目通过验收 2011年2月17日，中国科学院西双版纳热带植物园“元江干热河谷生态站建设项目”顺利通过验收。该项目属于国内首个干热河谷生态观测站，建设内容包括10kV“T”变压站、业务综合楼、气象站、水池及引水管道等。元江干热河谷植被，被学术界称为“河谷型萨王纳植被”，是我国西南山地大江河谷热区特殊的一类植被，是世界植被中萨王纳植被的干热河谷残存者，也是目前我国一类珍稀濒危植被类型。该生态观测站的建

成，填补了目前国内还没有干热河谷生态系统定位研究站的空白，将对推动干热河谷地区的科学研究和生态环境建设，促进资源合理利用，实现经济可持续发展发挥重要的作用。

兑现强农惠农政策 2011年，元江县对符合农机具补贴条件的1274户农户发放补贴资金83.14万元，补贴各类农机具1274台（套），其中：手扶拖拉机1台、耕整地机械331台、收获后处理机械11台、田间管理机械929台（电动喷雾器879台，动力喷雾机7台，机动喷雾喷粉机2台，中耕机41台）、茶叶炒（烘）干机2台，提高了全县的农机装备水平，全县农机总动力达13.2万千瓦；与县农村信用联社联合对符合条件的110户畜禽养殖户，发放2010～2012年度畜牧贴息贷款1000万元。完成3238头能繁母猪保险和126名村防疫员人身意外伤害保险工作，发放7933头能繁母猪养殖补贴79.33万元，受益养殖户3842户；及时兑付涉农补贴资金，兑付了第一批中央农资综合直补资金663万元，种粮农民补贴资金183.75万元、油菜良种补助资金15万元。第二批中央农资综合直补资金98万元。共兑付补贴资金959.75万元，直补资金补贴范围涉及10个乡镇1个农场、80个村委会、4.22万户农户、受益人口15.28万人。油菜良种补助资金补贴范围涉及4个乡镇、18个村委会、130个村民小组、5354户农户、3.72万人。小麦良种补助资金补贴范围涉及10个乡镇、55个村委会、443个村民小组、2.03万户农户、受益人口7.66万人。集中人力、物力、财力完成草原家庭承包和草原生态保护补助奖励工作，按时兑现2011年度中央补助资金465.53万元，受益农户2.65万户。

万亩糖料甘蔗高产项目 2011年，元江金珂集团糖业有限责任公司完成了“元江万亩糖料甘蔗高产创建”科技创新项目。在项目区通过统一种植高产、高糖的云引58号、新台糖22号、粤糖00/236三个品种，以“元江县甘蔗高产栽培技术方案”为标准，大力推广深耕深作、推广健康种苗及地膜覆盖应用、推广重施基肥和测土配方施肥技术和综合防治病虫草害防治、开展甘蔗技术培训等技术措施的落实，大力推进了万亩糖料甘蔗高产创建示范工作的顺利开展。11月20日，由市农业局组织专家对“元江万亩糖料甘蔗高产创建”项目进行验收。该项目示范面积为10100亩，涉及农户482户。示范片甘蔗单产6.3吨，比上一年提高8%以上，示范片甘蔗蔗糖分含量15.9%，圆满完成或超额完成任务和目标。项目的实施，推动元江甘蔗产业的健康发展。年内，元江县共完成糖料甘蔗种植面积11.38万亩，预计工业入榨量完成36万吨以上，预计比上年的25.47万吨增10.5万吨，实现工农产值4.5亿元以上，比上年的3亿元增1.5亿元，蔗农收入实现1.5亿元以上，比上年的0.74万元增0.76万元。

生物资源创新项目通过验收 2011年7月5日，根据玉溪市农业局《关于对2011年省级财政发展生物产业项目检查验收的通知》要求，元江县工业商贸和科技信息局组织县创新办、财政局、农业局等有关部门的领导和专家对元江县2010年省级财政发展生物产业项目进行验收。项目有元江县金珂集团糖业有限责任公司实施的“元冠”品牌培育项目、元江县臧健花卉科技开发有限公司实施的“臧健”品牌培育项目和云南万绿生物股份有限公司实施的“芦荟高级工业原料生产线扩大产能技术改造”贷款贴息等3个项目。验收组在项目实施自查自验的基础上，采取听汇报、查资料、看现场的方式对照实施方案和项目合同，分别对各项目单位所采取的技术措施、人员组织、资金使用、项目建设、实施效益等情况进行检查验收。通过检查，验收组认为：各项目单位严格按照项目合同和实施方案，完成了项目合同规定的各项指标，工作方法科学、技术措施有力，项目资金到位及时、用途合理、规范，各种材料、报表、证件齐全，效益明显，实现了各项目合同规定的经济指标和技术指标，一致同意验收。

人工繁殖鳄鱼、淡水鲨鱼 元江县鱼种站自1998年9月28日引进湾鳄以来，在技术人员的精心饲养和潜心研究下，经多年的试养、试繁获得成功。1998年投入资金6.25万元扩建鳄鱼产卵孵化设施400平方米，改造幼鳄养殖池60.5平方米。2011年人工繁殖鳄鱼苗300头，占2004年人工繁殖成功以来繁殖总数的90%。苏氏园腹鱼芒Pangasius sutchi(Fowler)隶属于鲶形目，鱼芒科，鱼芒属，又名巴丁鱼、虎头鲨，国际商品名叫巴鲨、龙利鱼（越南），原产于泰国、老挝、柬埔寨、越南等东南亚诸国，成鱼体形、体色酷似鲨鱼，故而在我国有些地区称之为淡水鲨鱼。2004年元江鱼种站首次从省外引进，2008年再次引进，用于人工繁育技术研究。2011年8月云南省水产技术推广站与元江县鱼种站对苏氏园腹鱼芒人工繁育技术进行联合攻关，在人工催产、孵化技术方面取得了重大突破，孵化鱼苗100万尾，实现了该鱼苗种的批量生产，标志着淡水鲨鱼的人工繁殖喜获成功。

（李红兰）

玉溪市经济社会发展主要指标（表一）

县（市、区）	年末总人口（万人）		城镇人口占总人口比重（%）		单位从业人员（万人）		农业总产值（亿元）	
	2010年	2011年	2010年	2011年	2010年	2011年	2010年	2011年
玉溪市	230.60	231.80	37.8	40.00	18.81	19.40	114.16	141.81
红塔区	49.57	49.80		58.90	7.11	7.64	16.01	19.64
江川县	28.12	28.20		34.50	1.18	1.16	15.44	16.89
澄江县	16.95	17.10		37.30	0.96	1.03	9.71	12.06
通海县	30.11	30.40		40.80	2.00	2.03	16.20	18.06
华宁县	21.49	21.60		35.40	1.17	1.10	14.54	17.74
易门县	17.73	17.75		35.80	1.42	1.45	11.17	13.13
峨山县	16.30	16.35		35.10	1.68	1.66	8.33	9.95
新平县	28.57	28.70		29.50	1.90	1.88	14.22	17.25
元江县	21.76	21.90		30.50	1.40	1.45	14.39	17.09

玉溪市经济社会发展主要指标（表二）

县（市、区）	生产总值（亿元）		第一产业（亿元）		第二产业（亿元）		第三产业（亿元）	
	2010年	2011年	2010年	2011年	2010年	2011年	2010年	2011年
玉溪市	736.44	876.55	69.60	81.75	457.88	551.84	208.95	242.96
红塔区	430.10	511.85	8.01	9.83	331.95	405.10	90.14	96.92
江川县	36.66	43.07	10.70	11.84	9.80	12.73	16.16	18.50
澄江县	36.15	44.05	6.63	7.01	14.36	19.96	15.16	17.08
通海县	48.81	55.95	9.56	10.46	19.75	22.77	19.50	22.72
华宁县	33.34	40.04	9.10	10.98	10.97	13.68	13.26	15.38
易门县	32.95	38.57	6.33	7.31	15.12	18.08	11.51	13.18
峨山县	33.17	37.92	5.19	6.19	15.78	17.96	12.20	13.77
新平县	53.79	71.99	7.33	8.83	31.79	47.07	14.66	16.09
元江县	31.02	36.04	9.01	10.10	8.28	9.80	13.73	16.14

玉溪市经济社会发展主要指标（表三）

单位：%

县（市、区）	生产总值构成		第一产业		第二产业		第三产业	
	2010年	2011年	2010年	2011年	2010年	2011年	2010年	2011年
玉溪市	100.00	100.00	9.45	9.33	62.18	62.96	28.37	27.72
红塔区	100.00	100.00	1.86	1.92	77.18	79.14	20.96	18.94
江川县	100.00	100.00	29.19	27.48	26.73	29.56	44.08	42.96
澄江县	100.00	100.00	18.35	15.91	39.71	45.31	41.94	38.78
通海县	100.00	100.00	19.59	18.70	40.46	40.70	39.95	40.61
华宁县	100.00	100.00	27.31	27.43	32.91	34.17	39.78	38.40
易门县	100.00	100.00	19.20	18.96	45.88	46.87	34.92	34.17
峨山县	100.00	100.00	15.65	16.33	47.57	47.36	36.78	36.31
新平县	100.00	100.00	13.63	12.27	59.11	65.38	27.26	22.35
元江县	100.00	100.00	29.04	28.02	26.70	27.20	44.26	44.78

玉溪市经济社会发展主要指标（表四）

地　区	生产总值指数（上年＝100）		人均生产总值（元/人）		国有经济固定资产投资（亿元）		社会消费品零售总额（亿元）	
	2010年	2011年	2010年	2011年	2010年	2011年	2010年	2011年
玉溪市	112.8	112.1	32089	37913	116.03	229.54	141.53	168.36
红塔区	114.6	113.8	90017	103071	33.29	79.67	68.25	80.56
江川县	113.8	113.6	13032	15305	6.08	17.56	9.90	11.74
澄江县	113.5	113.0	22044	25762	4.27	25.19	8.45	10.15
通海县	112.8	110.5	16114	18501	4.77	13.12	13.14	15.69
华宁县	112.7	113.5	15420	18595	6.17	9.07	7.79	9.31
易门县	111.5	112.3	18449	21754	12.56	25.71	7.78	9.30
峨山县	112.6	110.5	20423	23244	13.72	19.97	6.66	8.10
新平县	114.5	113.5	18860	25153	24.47	26.66	9.04	10.90
元江县	112.6	110.1	14241	16497	8.53	12.59	10.52	12.63

玉溪市经济社会发展主要指标（表五）

地区	地方财政收入（亿元）		地方财政支出（亿元）		人均地方财政收入（元/人）		人均地方财政支出（元/人）	
	2010年	2011年	2010年	2011年	2010年	2011年	2010年	2011年
玉溪市	64.73	77.25	107.30	139.65	2819	3341	4672	6040
红塔区	9.29	11.22	15.10	17.33	1910	2258	3104	3489
江川县	2.40	2.89	7.37	9.54	854	1026	2625	3388
澄江县	2.92	3.31	6.64	7.58	1745	1944	3968	4453
通海县	2.70	3.03	7.38	10.20	892	1000	2434	3370
华宁县	2.02	2.27	6.77	8.24	938	1052	3148	3826
易门县	2.42	2.80	6.48	8.74	1355	1580	3628	4925
峨山县	2.72	3.04	7.52	8.14	1671	1863	4627	4988
新平县	5.41	7.06	13.79	17.68	1898	2464	4832	6173
元江县	1.74	2.10	7.99	9.05	798	962	3669	4147

玉溪市经济社会发展主要指标（表六）

地区	农民人均纯收入（元）		职工人数（人）		在岗职工年平均工资（元/人）		人均储蓄存款余额（元/人）	
	2010年	2011年	2010年	2011年	2010年	2011年	2010年	2011年
玉溪市	5747	6616	18.28	18.26	30243	38180	16314	18698
红塔区	7011	7917	6.99	7.13	34265	45823	35844	38177
江川县	5637	6374	1.16	1.14	25544	31500	11458	13812
澄江县	6374	7005	0.94	0.96	26985	36344	12781	16708
通海县	6547	7436	1.94	1.96	27742	33084	16172	18697
华宁县	5566	6668	1.12	1.05	29219	34918	8779	10921
易门县	5193	6003	1.31	1.32	24839	27007	11592	14158
峨山县	5231	6089	1.66	1.63	27376	31638	12437	14294
新平县	4797	5667	1.74	1.64	30133	35435	8128	9941
元江县	5074	5900	1.40	1.42	30683	36997	6804	8370

Baoshan City

保山市

主　　编　何兴庚
责任编辑　宣　勤

概述　保山市位于云南省西部，总面积19637平方千米，其中山区、半山区面积占91.79%；坝区面积占8.21%。国境线长167.78千米．市府所在地隆阳区距省会昆明492千米，空中航程350千米，距中缅边界国家级口岸猴桥221千米，距缅北最大城市密支那395千米。2011年，辖施甸、腾冲、龙陵、昌宁4县和隆阳区；乡(镇、街道办事处)72个，其中乡46个、镇24个、办事处2个。年末，全市户籍总人口254.2万人。其中农业人口226.5万人，占总人口的89%；少数民族人口26.6万人，占总人口的10.5%。人口密度每平方千米128.6人，人口自然增长率4.96‰。

2011年，全市实现生产总值319.6亿元，比上年增长13.1%。其中第一产业增加值99.1亿元、第二产业增加值102.6亿元、第三产业增加值117.9亿元，分别比上年增长7.5%、21.3%和11.0%。居民消费品价格总水平比上年上涨4.2%，其中商品零售价格总水平上升3.6%。人均GDP12705元。农村经济总收入170.2亿元，比上年增加32.13亿元，增长23%；农业总产值161.3亿元，比上年增加29.3亿元，增长8.2%；农业增加值99.1亿元，比上年增加20.1亿元，增长7.5%。全市地方一般预算收入28.2亿元，比上年增加6.8亿元，增长31.9%，地方一般预算支出106.4亿元，比上年增加24.2亿元，增长29.4%。

小学义务教育普及率99.89%，初中义务教育普及率95.27.新农合参合率96.57%．每千人有病床3.1张；每千人有卫生技术人员2.5名。

2011年，全市农民人均纯收入4439元，比上年增长22.4%；在岗职工年平均工资27699元，增长19.4%。城镇居民可支配收入16228元，增长13.04%。城镇家庭人均消费性支出11592元，比上年增长22.4%。城镇居民平均住房面积37.5平方米，农村人口平均住房面积28.5平方米。城镇登记失业控制率3.88%。

布朗族少女（保山市志办　提供 董国平　摄）

扶贫开发　2011年，扶贫开发坚持统筹发展和开发式扶贫方针，切实加大扶贫资金投入，以解决贫困人口温饱并实现脱贫致富为首要任务，以贫困村为主战场，着力实施整村推进、多村连片、整乡推进、多乡连片扶贫开发，信贷产业扶贫开发；继续抓好易地扶贫、劳动力转移培训、社会帮扶、革命老区建设、安居工程等各项工作。年内，共投入市级以上各类扶贫资金4.99亿元，其中财政和社会帮扶资金2.23亿元，信贷资金2.76亿元。解决了8.6万贫困人口温饱，当年贫困人口减幅9%，农民人均纯收入由2010年的3626元增加到了4339元，增幅22.4%；农民人均纯收入2816元，比2010年的2253元增加563元，增幅24.9%，高于全市平均增长水平。共修建进村道路120条191.65千米、硬化村庄道路378条408.67千米；人畜饮水工程112件、架设管道343.05千米，解决了3.23万人、1.24万头大牲畜饮水困难；修建沟渠33条36.43千米，改善灌溉面积1.14万亩，改造中低产田8370亩。实施安居工程5716户，建安居房4.06万平方米；建设沼气池5727口、节能灶1410眼；种植经济作物13.20万亩、经济林果34.26万亩，发展牲畜6.82万头；培训贫困地区劳动力1.57万人，组织转移输出1.33万人；修建村级文化活动室172幢9187平方米、卫生室9幢780平方米，开展科技培训326期4.63万人次。一年的扶贫开发，圆满完成了年初市委、市政府确定的全年投入扶贫资金2亿元以上、解决5万人贫困人口温饱的扶贫开发目标任务，促进了保山市政治稳定、社会和谐、民族团结、边疆巩固。

新农村建设 2011年，社会主义新农村建设取得“十二五”良好开局。实施各类新农村建设试点510个，其中省级重点村91个、市级扶持试点30个，省、市、县各级建设的重点村达到200个，试点涉及69个乡镇、419个村、510个自然村、737个村民小组，受益农户3.82万户15.93万人。全年完成新农村建设整合投入10.6亿元，其中市县财政投入2200万元，整合项目资金6亿元，拉动群众投入和社会帮建资金4.38亿元。

亿元乡镇 2011年总产值或营业收入在1亿元以上的乡镇共计18个，其中：隆阳区10个，最高的瓦窑镇为12亿元；腾冲县1个，即腾越镇为20亿元；龙陵县1个，即龙山镇为8亿元；昌宁县6个，最高的是田园镇为8亿元。

千万元村 2011年总产值或营业收入在5000万元以上的村共计22个村，其中腾冲县7个，最高的秀峰社区为1.53亿元；龙陵县8个，最高的勐场社区为2.8亿元；昌宁县7个，最高的是达丙村为4.57亿元。

城镇居民消费结构 2011年，城镇家庭人均总收入17786元，比上年增长17.02%；人均可支配收入16228.9元，增长13.04%。城镇家庭人均总支出16739.9元，增长27.64%，其中消费性支出11591.9元，增长22.4%。人均消费支出中，食品支出占39.2%，衣着支出占12.4%，居住支出占7.6%，家庭设备用品及服务支出占4%，医疗保健支出占5.3%，交通和通讯支出占19%，教育文化娱乐服务支出占10.1%，其他商品和服务支出占2.5%。

城镇居民家庭主要消费品拥有量 2011年，保山市每百户城镇居民拥有摩托车68辆，家用汽车23辆，洗衣机99台，电冰箱86台，彩色电视139台，家用电脑66台，照相机42架，摄像机7架，微波炉43台，淋浴热水器88台，固定电话57部，移动电话224部。

农村居民消费结构 2011年，保山市农民年人均生活费支出4109元，比上年增长27.86%。其中食品消费支出占46.6%，人均消费谷物211.56千克，薯类2.84千克，豆类2.45千克，蔬菜及菜制品69.06千克，植物油1.56千克，动物油1.84千克，肉禽及其制品33.52千克，蛋类及蛋制品2.92千克，食糖1.06千克，水产品0.79千克，酒4.91千克，瓜类0.91千克，水果类10.44千克，坚果0.67千克，茶叶0.56千克。衣着消费支出占3.72%，居住消费支出占21.65%，家庭设备、用品消费支出占4.09%，医疗保健消费支出占7.31%，交通与通讯消费支出占12.01%，文化、教育、娱乐消费支出占3.27%，其他商品和服务消费支出占1.35%。

农村主要耐用品拥有量 年末，每百户农民家庭拥有洗衣机40台，自行车15辆，摩托车80辆，汽车2辆，固定电话机13部，移动电话226部，热水器47台，电冰箱19台，微波炉6台，彩色电视机98台，影碟机36台。

（杨立鑫）

Longyang District
隆阳区

全国首个公路文化馆 5月上旬，由云南公路开发投资公司兴建的潞江坝服务区云南公路文化馆试运行，成为全国首个以公路为主题的文化馆。文化馆融亚热带风光、少数民族风情、公路文化和滇西抗战文化为一体。

低收入家庭入住廉租房 6月，隆阳区组织房管部门和纪检监察机关对相关社区低收入家庭进行详细的调查、核实、摸底，按照“领取低保五年以上的低保户，且家庭人均住房建筑面积低于12个平方米的人员”的标准，对第二批廉租房入住人员进行严格把关，最后由街道社区初审，国土、房管、财政、民政、社区共同审核。经过层层审核把关，符合条件的216户低收入家庭喜迁新居。

六曼公路通车 6月1日，云南省S230线六库至曼海桥公路正式通车，全长91.96千米，投资10亿元，于2009年9月开工建设，是全省交通系统第一个采用代建制模式管理的公路项目。

农村妇女宫颈癌检查 截至7月20日，隆阳区为35～59岁农村妇女进行宫颈癌检查4.79万人，提前超额完成国家下达的检查任务464人。确认宫颈癌10例。隆阳区农村妇女宫颈癌检查项目于2009年11月24日正式启动，利用中央财政专项补助经费，连续三年为4.75万名35～59岁农村妇女进行宫颈癌检查，覆盖全区16个乡（镇）。

杨善洲纪念馆奠基 9月2日，杨善洲纪念馆举行开工奠基仪式。省人大原副主任、省杨善洲精神教育基地建设指导协调小组组长、省杨善洲精神研究会会长黄炳生，省市、县（区）相关领导和杨善洲亲属出席奠基仪式。纪念馆位于隆阳区太保山森林公园，占地面积9821平方米，建筑面积1835平方米。建设内容包括主体馆、景观廊、展示廊、陈列厅、停车场、道路扩建及其他相关配套设施，预计总投资3200万元。

数字电视走进兰城百姓家 9月15日，云南广电网络集团保山分公司在隆阳城区正式启动有线电视数字化交互式整体转换工作，标志着隆阳区有线电视网络正式迈向数字化时代。

新农村建设 2011年，整合省市区新农村建设项目，共启动各级新农村试点项目41个，其中省级重点村建设项目21个，市级项目6个，区级14个，涉及15个乡镇，32个村委会、77个村民小组、5282户、21187人。完成总投资3600万元，其中省级财政资金315万元，市级财政资金30万元，区级财政300万元，整合部门资金2000万元，群众自筹及投工投劳折资955万元。主要完成的建设内容：修建村内道路和入户通道35条，硬化村庄主次干道7.66万平方米，入户道路硬化率62.56%；公共绿化1260平方米，修建排水沟4110米3273平方米，架设路灯28盏，建农村文体活动场所8个2010平方米，建村卫生室1个98.49平方米，垃圾池19个，实施“三改三建”961户，墙体粉刷1.12万平方米，开展新型农民培训30期，7957人次。

（吴美菊）

Shidian County 施甸县

扶贫开发 2011年，全县共投入各类扶贫资金6307.15万元，其中：无偿扶贫资金3007.15万元，扶贫到户贷款3300万元。完成扶贫项目固定资产投资1.05亿元，占计划的131.5%；扶贫整村推进项目92个（省级83个、市级9个），项目资金1380万元，是上年度的2.5倍；投入5个典型示范村财政扶贫资金358.19万元，受益农户557户2455人；投入扶持产业的各类扶贫资金4132万元，占年内投入各类扶贫资金的56%，受益农户6082户2.67万人，扶持发展核桃1.54万亩、茶叶4000亩、板栗564亩、蚕桑3076亩、食用菌300亩、甜柿500亩、莲藕500亩、啤饲大麦示范样板1000亩，扶持养殖良种母猪1.40万头。解决了1.09万贫困人口的脱贫问题，占计划的109%。

城乡建设 全县城镇规划区面积为62.4平方千米（其中县城规划控制20平方千米、建设控制6平方千米），完成县城东、西片区开发建设规划，建城区面积11.88平方千米，城镇化率24%，比上年上升3个百分点，城镇人口达7.6万人（其中城市人口2.5万人），比上年增加0.42万人。城市公共绿化面积达39万平方米，比上年增加10.2万平方米，城市公共绿地率为13%，比上年上升3个百分点。全县固定资产投资完成16.82亿元，增长26.3%。其中：城镇建设完成投资13.52亿元，增长15.69%；农村非农户完成投资1.52亿元，增长4.5倍；农村私人投资完成8550万元，比上年增长2.94%；房地产开发投资完成9271万元，增长79.67%；商品房施工面积5.76万平方米，竣工面积2.17万平方米，商品房销售面积4.79万平方米，商品房销售额1.38亿元。

招商引资 2011年，全县实施招商引资县外合作项目25项，引进县外国内实际到位资金6.2亿元，同比增48.5%，其中：省外国内到位资金2.3亿元，同比增长109%；市外省内到位资金3.8亿元，同比增长23%；县外市内到位资金0.1亿元。

科技贡献 2011年，全县印发技术资料20.6万份，开展农村实用技术培训1950期、培训17.5万人次。举办农函大7个专业16个班，共有520人。全县推广杂交包谷良种16.3万亩，推广包谷苗育移栽1.13万亩，推广杂交稻6.9万亩。

环境保护 全县环保污染治理投资3459万元，工业废水排放达标率96.42%，废水排放总量83.03万吨，二氧化硫排放量0.15万吨；城镇垃圾无害化处理率100%，集中式饮用水水源地水质达标率100%。人均公共绿地面积7.11平方米。全社会能源消费总量49.31万吨标煤，比上年增长10.42%，单位GDP能耗1.71吨标煤/万元，按可比价计算，单位GDP能耗下降率为4.23%。

善洲墓园落成 10月12日，包括善洲塑像、碑林为主题建筑的善洲墓园在善洲林场落成。省委书记秦光荣出席并作重要讲话。中央创先办办公室及省、市县党政主要领导等出席揭幕仪式。

（詹应泽　杨志香）

Tengchong County 腾冲县

固定资产投资 2011年，是腾冲的“项目决战年”，全年投资建设项目175个，共完成全社会固定资产投资105.03亿元，比上年增长30.5%，投资首次突破百亿元大关。按投资类别分：城镇项目完成投资87.53亿元，农村项目完成投资10.25亿元，房地产项目完成投资7.25亿元；按产业结构分：第一产业完成投资9418万元，第二产业完成投资16.18亿元，第三产业完成投资87.91亿元。主要支撑行业为：农业、水利，完成投资6亿元；能源完成投资7.5亿元；工业完成投资8.6亿元；交通完成投资20亿元；旅游基础设施完成投资32亿元；城镇建设及房地产开发完成投资23亿元。

小背龙表演（腾冲县志办　提供）

火山热海文化旅游节暨第二届中国·腾冲翡翠博览会 12月11～13日，腾冲县举办第十二届中国云南腾冲火山热海文化旅游节暨第二届中国·腾冲翡翠博览会。主要活动有：开幕式及主题晚会“相约腾冲——2011大型演唱会”“卞和杯”玉雕作品大赛及精品赏析仪式、腾冲首次翡翠毛料公盘开盘活动、“幸福之旅”多家旅行社腾冲研讨会、翡翠商人宣誓诚信拜祖师活动、招商引资签约、闭幕式及“腾冲荭林杯《边疆文学》边地文学奖”颁奖仪式。全国人大环境与资源委员会副主任、原云南省委书记白恩培，全国人大内司委副主任委员陈建国、陈斯喜，全国人大常委、原轻工部部长陈士能，云南省政协主席王学仁及省市有关部门的领导，企业界、文艺界的朋友出席此次旅游节。

腾冲小背龙 耍龙灯在腾冲民间有着悠久的历史，是春节期间城乡群众文艺活动的主要节目之一。腾冲龙灯分双龙抢珠、一龙耍场、小背龙三种。小背龙在腾冲县龙灯中最具地方特色。目前，仅有北海乡的部分村寨还在活动。小背龙由龙头、龙身、龙尾三部分组成。表演时舞龙者身背龙身，两手分别执龙头、龙尾，作“双龙戏珠”、“翻波涌浪”等各种形态表演。民间表演多为双龙表演，极少有单龙表演的。小背龙小巧玲珑、形象生动、挥舞方便、穿梭自如，倘多人集体表演，场面甚为壮观。

首次翡翠公盘 2011年12月12～17日，腾冲在西山坝新城区腾密珠宝有限责任公司成功举办腾冲首次翡翠公盘活动。腾冲县24家毛料公司和来自广州、平洲、四会，德宏瑞丽、盈江协会的毛料商参加活动，共有来自县内外的3200份280余吨翡翠毛料参展。出席活动仪式的有省、市、县级领导，县级机关部门代表，腾冲县知名企业代表和来自全国各地翡翠行业代表，特邀嘉宾及缅甸翡翠商人等各类人士1000余人。活动期间共有1万多人次到活动现场参观公盘、进场看货，共办理会员证1139个，发标3200标，中标2248标，未投未中952标，中标率70%，成交金额达1.4亿余元。

（许振娣）

Longling County 龙陵县

打造松山旅游小镇 6月23日，总投资1.1亿元的松山旅游小镇开工建设。该项目是龙陵全力推进文化旅游产业化进程，打造松山抗战文化品牌，提高松山知名度和影响力而实施的工程。松山旅游小镇以松山战役爱国主义教育为主线，围绕抗战教育旅游文化，将用两年时间建成占地330.9亩的抗战教育系列广场及纪念馆、游客服务点、游客接待中心，切实打造辐射整个滇西抗战的松山抗战旅游小镇。

扶贫开发 2011年投入各类扶贫资金9000万元。省下达龙陵县边境县整村推进项目指标28个、市级整村推进项目指标5个，共获上级补助1490万元。8月，龙陵县被列为雨露计划实施方式改革试点工作全省8个试点县之一。开展集中连片困难地区综合开发。落实龙新乡整乡推进项目，规划总投资8841.18万元（其中县财政扶贫资金补助1000万元），实施期为两年，覆盖龙新乡11个村委会，93个村民小组，4656户、19120人，10月，项目正式启动。围绕实施农业“422”工程，积极扶持全县贫困地区特色优势产业发展。全年下达小额扶贫到户贷款指标3300万元，扶持10个乡镇1387户贫困农户发展种植业1.70万亩，发展大牲畜3335头，家禽养殖7979只，水产养殖10万千克，实现农副产品加工业创收156万元。全年各级各部门3509名领导干部深入挂钩村组开展调研，通过协调和捐款捐物，举办培训班，开展农村科技培训等，切实加大帮扶力度。

黄龙玉开发 近几年，在县境发现一种新玉种，硬度好、透明度高、色彩鲜艳丰富，由于其产在龙陵，又以黄色为主色，故名为黄龙玉。2011年黄龙玉实现工业产值3亿元，比2010年增长1.2倍，占工业新增GDP总量的30.4%。同年，龙陵县参加了第十届“天工奖”暨北京国际珠宝展，挂牌成立了总投资3500多万元的新黄龙玉公盘交易中心，举办了第二届“玉满乾”杯龙陵黄龙玉雕刻大赛及第四届中国黄龙玉高峰论坛，黄龙玉珠宝饰品检验站运转正常。成功注册了“龙陵黄龙玉雕”地理标志商标。7月，在昆明举行的“2011年中国昆明泛亚石博览会”上，黄龙玉协会精品馆的84件展品中获金奖8件、银奖20件、铜奖25件、优秀奖3件，龙陵黄龙玉商家有600多个展位、2000多人参展。

机动车拥有量大幅增长 随着国民经济快速健康发展，城市基础设施建设加快，城乡居民收入增加，生活水平不断提高，家庭购车逐步增多，2011年，全县机动车拥有量创历史新高，特别是摩托车增长幅度较大。年末，全县拥有机动车51809辆，比上年增长21.2%，百人拥有机动车17.9辆。其中，汽车5583辆，增长19.2%；私人小汽车1520辆，增长28.3%；摩托车40866辆，增长23.1%；拖拉机5360台，增长10.0%。共有机动车驾驶员37619人，比上年增长53.5%。

打造石斛产业 龙陵得天独厚的自然条件给石斛生长创造了“天然居室”，使龙陵境内的石斛品种占全国的50%以上。自2008年起，县委、县政府把石斛产业作为一项亿元产业来培植，以农民增收为目标，以林业优势为基础，以生态产业为依托，以培育生态和安全的石斛产品为核心，按照“生态建设产业化、产业发展生态化”的要求，围绕“规模扩张、打牢基础，巩固提升、打造品牌，龙头带动、做强做大”的总体思路，走“政府搭台引导夯实基础、群众借台唱戏自愿发展”的可持续发展路子，做大做强石斛产业。2011年，全县种植石斛总面积173.5万平方米，实现石斛鲜条产量600余吨，实现产值1.2亿元。全县共有石斛有限公司6家、专业合作社5个，总注册资金3500多万元，拉动民间资本近2亿元。采用自主创建的移活树种植、槽式种植、床式种植、独横木种植等种植模式；有“打虎坡”“古箐宝”“回春草”3个品牌；有石斛枫斗、石斛粉胶囊、石斛酒等6个系列数十种产品。10月，成功申报注册了《龙陵紫皮石斛》地理证明商标；11月，第五届中国石斛产业发展论坛在龙陵成功举办，与会期间中国中药协会授予龙陵“中国紫皮石斛之乡”称号。由龙陵县起草、并由省质监局颁布实施的《紫皮石斛云南省地方标准》成为云南省紫皮石斛的生产技术标准。

文化站农家书屋实现全覆盖 几年来，龙陵县围绕以“文化乐民、文化育民、文化富民”总体目标，按照公益性、基本性、均等性、便利性的要求，积极开展公共文化服务体系建设，在全市率先实现文化站和农家书屋的全覆盖。至2011年末，投入700多万元在10个乡镇建成文化站10个，在全市率先实现文化站全覆盖。在121

个村（社区）建成农家书屋121个，在全市率先实现农家书屋全覆盖，其中，每个农家书屋的藏书和光盘均在1500册和100盘以上。90%的机关、厂矿、学校都相继建起了文化活动场所或文化活动室。

（廖　立）

Changning County 昌宁县

城乡居民养老保险　新型农村社会养老保险工作于2010年11月启动。当年，完成参保19.08万人，参保率81.20%，收缴保费3872.41万元。2011年，启动城镇居民社会养老保险和被征地农民基本养老保障工作，实现全县城乡居民社会养老保险制度全覆盖。年内，新型农村社会养老保险参保人数21.90万人，参保率98.50%；城镇居民社会养老保险参保0.36万人，参保率91%；失地农民符合参保条件630人，参保37人。全县有3.95万名老人领取养老金，其中领取55元基础养老金3.80万人，参保缴费后领取养老金1500多人，累计发放养老金3018万元。

居民健康档案建设　2011年，以解决群众"看病难""看病贵"问题，促进基本公共卫生服务逐步均等化为目标，推进居民健康档案建设。完成规模性建立居民健康档案122村（社区），累计建档32.74万人，建档率94.32%，累计体检30.20万人，体检率92.24%。发出常见病防治知识为主要内容的"健康教育处方"17万余份，计划免疫、乡村两级医疗机构日常医疗服务、0～36个月儿童系统管理、孕产妇在孕产期保健等工作更加规范，高血压、Ⅱ型糖尿病两种慢性病患者由乡村医生分片负责随访服务，每年为65周岁及以上老人进行一次全面体检，推进健康教育和公共卫生服务建设。

新农村建设试点　"十一五"期间，全县组织实施新农村建设试点335个，覆盖13个乡镇97个村（社区）、335个自然村、393个村民小组、2万户农户、8.11万人。累计投入试点建设资金2.82亿元，其中整合项目资金1.17亿元，各级财政投入1863万元，群众自筹1.36亿元，企业和个人赞助1050万元。试点村实施村庄道路、入户道路硬化443千米，完成人畜饮水工程108件，改厕、改厨、改厩9963户，建园、建家、建池3085户，建设群众文化活动室66个，发展经济作物2.35万亩，扶持发展农家乐33户。2011年，完成新农村建设规划600个，启动新农村建设试点100个，试点覆盖13个乡镇67个村（社区）、100个自然村、116个村民小组、5420户农户、2.18万人。试点建设投资9939.84万元，实施改水1200户134千米，改电102户24千米，硬化村庄道路380条162千米，改造入户通道48千米，改厕1600户，改厨改灶780户，改厩840户；建家1020户2550间，墙体粉刷3200户48万平方米，庭院地板硬化670户4.02万平方米；建沼气池410口，垃圾池106口，活动室20个3000平方米；种植经济作物

湾甸文化广场（昌宁县志办　提供）

1800亩，打造了田园小寨、湾甸大平子等一批新农村亮点。

公路建设 3月8日，省道312线习谦至昌宁公路建成通车。公路起于凤庆县与昌宁县交界，止于昌宁县城北部，全长29.42千米，采用双向两车道二级公路标准修建，路基宽度为10米、12米、17米和26米四个标准，行车速度为40千米/小时至60千米/小时，概算总投资3.84亿元。7月15日，昌宁县城至耈街二级公路建成通车。工程于2010年开工建设，投资9.95亿元。公路起于昌宁县城，途经田园镇、漭水镇，跨过澜沧江后经耈街集镇，止于昌宁县与大理州永平县交界处四季利河，全长82.29千米。

扶贫开发 "十一五"期间，全县投入扶贫资金4.94亿元。扶持经济作物53.80万亩，粮食作物1.40万亩，经济林果7.60万亩。修筑村庄道路427条581.40千米，修沟渠54条97.74千米，修水窖5165个，架设人畜饮水工程162件980.45千米，建设基本农田7050亩，建沼气池2195个，改节能灶2717眼。建成教学楼11幢、卫生室10个、文化活动室8个。开展农村劳动力培训16.90万人次，转移输出2.93万人次，实现劳务收入5亿余元。农民人均纯收入从2005年的1853元提高到2010年的3653元，解决和巩固6.20万贫困人口温饱。2011年，投入扶贫资金1.23亿元，实施整村推进、易地扶贫搬迁等项目94个。建设基本农田300亩，新增灌溉面积2316亩，修建道路215.41千米，解决7935人和3558头大牲畜饮水困难，扶持经济林果6.74万亩，改善343户贫困户住房条件，解决1.02万贫困人口温饱。

（赵杨斌）

保山市经济社会发展主要指标（表一）

县（市、区）	年末总人口（万人）		城镇人口占总人口比重（%）		单位从业人员（万人）		农业总产值（亿元）	
	2010年	2011年	2010年	2011年	2010年	2011年	2010年	2011年
保山市	250.92	252.52	22.3	25.10	14.21	15.94	126.07	160.64
隆阳区	93.66	94.26		28.56	7.23	8.27	48.20	55.06
施甸县	30.56	30.75		16.77	1.05	1.18	16.06	20.17
腾冲县	64.55	64.96		26.08	3.18	3.39	29.09	35.91
龙陵县	27.76	27.94		15.91	1.21	1.41	14.29	17.60
昌宁县	34.39	34.61		23.82	1.54	1.70	24.75	31.91

保山市经济社会发展主要指标（表二）

县（市、区）	生产总值（亿元）		第一产业（亿元）		第二产业（亿元）		第三产业（亿元）	
	2010年	2011年	2010年	2011年	2010年	2011年	2010年	2011年
保山市	260.90	323.24	79.00	98.30	80.54	107.06	101.36	117.88
隆阳区	107.33	128.05	29.75	33.48	33.18	43.33	44.40	51.23
施甸县	22.86	28.71	8.63	10.75	4.88	6.94	9.35	11.02
腾冲县	70.40	87.46	17.75	21.81	23.16	30.61	29.49	35.03
龙陵县	27.50	35.92	9.28	12.06	10.47	14.39	7.76	9.47
昌宁县	34.73	46.73	15.87	20.19	8.98	15.30	9.87	11.24

保山市经济社会发展主要指标（表三）

单位：%

县（市、区）	生产总值构成		第一产业		第二产业		第三产业	
	2010年	2011年	2010年	2011年	2010年	2011年	2010年	2011年
保山市	100.00	100.00	30.28	30.41	30.87	33.12	38.85	36.47
隆阳区	100.00	100.00	27.71	26.15	30.92	33.84	41.37	40.01
施甸县	100.00	100.00	37.75	37.44	21.36	24.18	40.89	38.38
腾冲县	100.00	100.00	25.21	24.94	32.90	35.00	41.89	40.06
龙陵县	100.00	100.00	33.73	33.59	38.07	40.06	28.20	26.36
昌宁县	100.00	100.00	45.71	43.21	25.86	32.74	28.43	24.05

保山市经济社会发展主要指标（表四）

县（市、区）	生产总值指数（上年＝100）		人均生产总值（元/人）		国有经济固定资产投资（亿元）		社会消费品零售总额（亿元）	
	2010年	2011年	2010年	2011年	2010年	2011年	2010年	2011年
保山市	112.5	113.1	10469	12847	90.68	162.61	84.36	101.47
隆阳区	112.3	114.0	11479	13635	21.53	38.75	43.22	51.97
施甸县	114.6	115.3	7316	9374	11.91	7.25	7.09	8.55
腾冲县	116.1	116.1	10976	13513	20.85	78.06	18.48	22.25
龙陵县	113.8	114.5	9978	12899	10.37	24.19	6.44	7.74
昌宁县	112.3	113.1	10092	13553	14.81	14.36	9.12	10.96

保山市经济社会发展主要指标（表五）

县（市、区）	地方财政收入（亿元）		地方财政支出（亿元）		人均地方财政收入（元/人）		人均地方财政支出（元/人）	
	2010年	2011年	2010年	2011年	2010年	2011年	2010年	2011年
保山市	21.38	28.20	82.29	106.43	857	1120	3301	4228
隆阳区	6.07	7.41	20.76	24.99	663	788	2268	2660
施甸县	1.30	1.95	10.02	12.37	412	636	3178	4035
腾冲县	6.57	9.26	21.75	30.55	1024	1431	3389	4719
龙陵县	1.60	2.00	10.49	12.69	580	719	3792	4557
昌宁县	3.35	4.17	11.73	15.03	974	1209	3409	4355

保山市经济社会发展主要指标（表六）

县（市、区）	农民人均纯收入（元/人）		职工人数（万人）		在岗职工年平均工资（元/人）		人均储蓄存款余额（元/人）	
	2010年	2011年	2010年	2011年	2010年	2011年	2010年	2011年
保山市	3627	4439	14.12	15.23	23190	27699	7690	9446
隆阳区	4090	4850	7.19	7.67	22755	28228	7863	9318
施甸县	3116	3922	1.04	1.15	27045	29983	4843	6618
腾冲县	4048	5018	3.17	3.38	21785	25848	10564	13122
龙陵县	3376	4044	1.02	1.40	27431	29099	7441	8651
昌宁县	3653	4563	1.51	1.63	22036	26267	4680	6050

Zhaotong City

昭通市

主　　编　何兴庚
责任编辑　宣　勤

概述　昭通市位于云南省东北部，地处云南、贵州、四川3省结合部，是云南的“北大门”，自古就有“锁钥南滇，咽喉西蜀”之称。东西宽241千米，南北长234千米，总面积2.24万平方千米。市府驻地昭阳区，距省会昆明344千米，距成都540千米，距贵阳462千米。2011年辖昭阳区和鲁甸、巧家、盐津、大关、永善、绥江、镇雄、彝良、威信、水富10县共143个乡镇。年末户籍人口579.3万人。据人口变动抽样调查资料，常住人口为525.85万人，少数民族人口58.97万人，占总人口的10.18%，其中回族19.15万人、苗族19.05万人、彝族18.98万人。人口自然增长率7.9‰，城镇化率22.6%。

2011年，全市完成生产总值（GDP）465.04亿元，按可比价格计算比上年增长14.7%。其中：第一产业增加值91.6亿元、第二产业增加值222.87亿元、第三产业增加值150.57亿元，分别增长6.8%、21.4%和10.2%，三次产业结构由上年的19.5∶46.1∶34.4调整为19.7∶47.9∶32.4。非公经济增加值188.34亿元，增长19%。实现农业总产值142.95亿元（现价），按可比价计算增长7.4%；种植业、林业、畜牧业、渔业、农业服务业产值分别为63.63亿元、4.34亿元、71.75亿元、0.52亿元、2.7亿元。粮食总产量177.87万吨。工业总产值357.78亿元，按可比价计算增长26.2%。规模以上工业总产值255.05亿元，增长22.9%；利税69.1亿元，增长24.4%。建筑业总产值104.22亿元，增长75.5%。旅游业接待海内外游客7088万人次，增长12.9%，其中海外旅游者916人次；旅游业综合收入26.26亿元，增长30.9%。

年末，全市拥有公路里程1.61万千米，其中高速公路136千米、二级公路917千米、三级公路172千米。全市客运企业12家，客运车辆3604辆，货运企业89家，货运车辆1.89万辆；道路运输客运量2580万人次，客运周转量26.27亿人千米；货运量2859万吨，货运周转量27.94亿吨千米。

2011年，全市完成财政地方一般预算收入32.59亿元、一般预算支出178.28亿元，分别增长27.2%、21.6%。全社会固定资产投资487.39亿元，增长36.86%。各类投资中，城镇投资399.13亿元，增长31.2%；农村非农户投资63.17亿元，增长83.07%；房地产投资25.09亿元，增长43.9%。社会消费品零售总额126.83亿元，增长20%。年末金融机构人民币存款余额619.7亿元，比年初增长19.1%；其中城乡居民储蓄存款余额293.6亿元，增长25.1%。人民币贷款余额355.55亿元，增长24.2%。居民消费价格总水平上涨5.3%。商品零售价格总指数上涨5.2%，农业生产资料价格上涨9.7%。

年末，各级各类学校在校生108.88万人，其中师专5918人、普通中等专业学校10029人、普通中学37.22万人、职业中学2.24万人、小学67.82万人。小学学龄儿童入学率99.5%；初中毛入学率100.8%；高中毛入学率40%。全年扫除文盲0.95万人。全面落实“两免一补”政策。累计争取和投入各类教育专款21.07亿元，比上年增长47.8%。全市有医疗卫生机构462个，病床12772张，每千人有病床2.2张；卫生技术人员8522人，每千人有1.47人。新型农村合作医疗参合率95.8%。有公共图书馆12个，文化馆12个。昭通市博物馆开馆。广播、电视综合人口覆盖率分别为92.7%和94.3%。

2011年，全市在岗职工年平均工资34012元，比上年增长18.1%。城镇居民人均可支配收入14073元，增长14.5%；人均生活消费支出9095元，增长8.7%。农民人均纯收入3294元，增长19%；农民人均生活消费支出2935元，增长26.8%。城镇人均住房建筑面积31.2平方米，农村人均住房居住面积26.2平方米。城镇居民家庭恩格尔系数43.8%，农村居民家庭恩格尔系数50.2%。

交通基础设施建设　2011年，全市加快交通基础建设。固定资产投资70.58亿元，比上年增长14%。其中：路网项目58.77亿元，通乡油路7.14亿元，通达工程1.30亿元，建制村路面硬化项目1605万元，渡口改造、客运站点建设、水毁修复工程等其他项目3.22亿元。总里程545千米8条二级公路建成。二级公路占公路总里程的比例由2009年的2.6%提高到5.7%。11个县区均通二级公路，昭阳中心城市到各县4小时交通经济圈形成。农村公

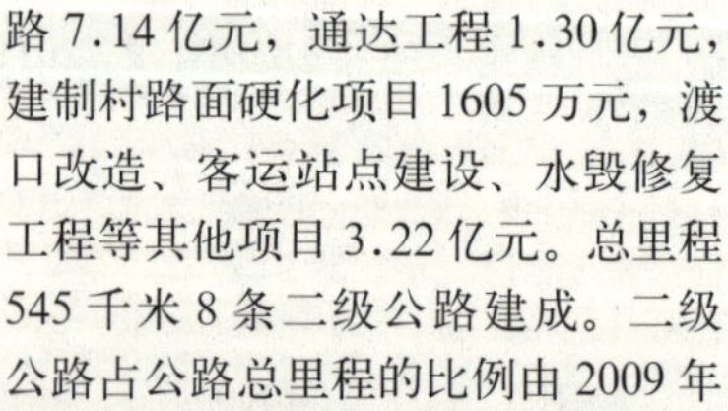

2011年9月30日上午，市委、市政府在昭巧二级公路牛栏江大桥举行通车典礼
（鲁甸县志办　提供　殷才俊　摄）

路建设稳步推进。推进24个565.6千米在建通乡油路项目建设，完工10个200.8千米。开工建设巧家县7个368.2千米、镇雄县1个25千米共8个393.2千米通乡油路项目。年底，通乡油路总里程增加到1831.2千米。启动58个553.6千米的行政村公路硬化项目。

组建农村客运公司 2011年，加快农村客运发展步伐，引导农村客运向公司化、组织化、规范化方向发展，方便人民群众出行。到年底，全市8个县区组建农村客运公司，注册资金3224万元；拥有农村客运车辆3109辆，其中纳入公司化管理的1221辆。开通农村客运线路366条，日发班次3543班，完成农村客运量1289.84万人次，客运周转量4.38亿人千米。全市143个乡镇均开通班车。783个行政村开通客运，通客运率73%。

保障性安居工程 2010年，下达新建廉租住房建设计划7250套36.25万平方米，计划总投资4.18亿元；到2011年底，完成投资4.34亿元，完成34.07万平方米6709套，完成计划投资的103.81%、计划面积的93.98%。2010年上级下达廉租住房租赁补贴资金8264万元（含镇雄县省直管资金1030万元），到2011年底用完，其中用于发放2.0万户租赁补贴3357万元、用于购买廉租住房677套4907万元。2011年计划建设廉租住房4372套、公共租赁住房3200套、城市棚户区改造3040户、国有工矿棚户区改造340户，全市11县区均开工建设，其中廉租住房完成投资1.43亿元、公共租赁住房完成投资9952.8万元、城市棚户区改造完成投资1.50亿元。农村危房改造及地震安居工程建设任务2.61万户，补助资金2.13亿元，其中第一批1.09亿元、第二批1.04亿元。拆除重建每户补助1万元，修缮加固每户补助2000元。第一批1.57万户在11县区74个乡镇实施。截至年底，完成建设1.18万户，占总户数的75%；拨付补助资金5986.85万元，占全市资金总额的55%。第二批建设任务1.04万户。截至年底，完成建设105户，占全市总户数的1%；拨付补助资金189万元，占总额的1.8%。

特色小城镇建设 2011年，各县区采取政府推动、多元融资的方式，广泛吸收社会资金投入集镇建设。全市51个重点特色集镇计划投资总额27.82亿元，到年底完成投资9.25亿元。鲁甸、威信两县全面完成9个特色重点集镇建设（鲁甸5个，威信县4个）。通过改造和建设，部分特色重点集镇基础设施逐步完善配套，环境质量得到提高，城镇居民生活条件和投资环境有所改善，一批布局合理、设施配套、环境优美的集镇正在崛起。以昭阳区旧圃镇，鲁甸县小寨乡、龙树乡、江底乡，盐津县豆沙镇、中和镇等为代表的集镇已具备城镇风貌，在全市城镇化进程中，发挥着示范带动作用。

旅游产业发展 围绕市委、市政府提出的“十二五”期间把文化旅游产业打造成为全市支柱产业的目标，对原确定的“十二五”旅游产业发展目标进行大幅调整，全力推进旅游产业发展。2011年，完成大山包国家公园5000万元年度投资；完成换乘中心和景前区征地53公顷；大山包国家公园景区游道建设工程进入扫尾阶段，完成投资5060万元。彝良牛街古镇风貌改造工程全部启动，完成投资1420万元。鲁甸县伊斯兰风情城二期开发、太阳湖二期开发建设，完成投资5212万元。黄连河景区各项建设工程推进顺利，景区游道建设完工，完成投资1.01亿元。威信红色旅游景区建设，扎西会议纪念馆拆除重建完成主体工程和内部陈列布展，完成投资2426万元。盐津县筹资1.2亿元全力打造中和水乡风情镇；拟投资1000万元，深度挖掘豆沙景区“古今五道”并行的交通发展“活化石”——“中国·豆沙关交通文化体验馆”。水富县加快推进西部大峡谷温泉深度开发工作和铜锣坝景区公路以及景区内部接待设施建设。强化旅游宣传促销工作。把组织参加省内外旅游节庆会展活动与多元旅游宣传促销形式相结合，突出重点，塑造昭通旅游整体形象，提高旅游产品竞争力。成功举办“昭通市首届彝族狂欢火把节”、“中国豆沙关第四届美食文化节”、“2011中国鲁甸樱桃文化旅游节”、“首届魔幻彩绘节暨国家AAAA级旅游景区揭牌仪式”等大型旅游节庆活动。中国西部大峡谷温泉旅游度假区总体规划在昆明通过评审。

旧圃集镇建设一角
（昭阳区志办　提供　王常海　摄）

扶贫开发 2011年，全市落实各种扶贫资金3.99亿元，组织实施整村整乡推进、连片开发、消除茅草房、易地开发扶贫、产业扶贫等项目，解决和巩固11.69万贫困人口的温饱。投入整村推进资金1.40亿元，启动实施951个整村推进项目（其中市级整村推进50个），覆盖134个乡384个行政村22.36万人口。继续实施好2010年启动实施的镇雄县木卓乡连片开发项目，累计完成投资1.90亿元，占总投资的70.62%。整合资金1.64亿元消除茅草房，到12月底，共启动实施1.74万户。2010年省安排2000万元，实施4000人的易地扶贫项目，覆盖24个乡32个行政村；截至2011年10月底，全面完成建设任务。省下达易地开发扶贫资金2000万元，实施4000人的易地搬迁项目，覆盖20个乡24个行政村，到年底完成投资934.36万元，占计划的46.7%。省下达专项产业扶贫项目资金1850万元，涉及11县区22个项目点，于11月启动。省下达扶贫到户贷款发放计划数3.04亿元，到9月底，全面完成发放工作。

2011年，"百千万帮扶工程"成效显著。国家、省、市、县区党政机关、企事业单位1243个，在全市143个乡镇1020个村开展挂钩扶贫工作。据不完全统计，全市共有3.98万人次到扶贫点开展工作，动员3.2万名干部职工结对包扶3.43万户贫困户。部门直接投入资金4319.5万元，建立帮扶基金566.26万元，援助物资折资694.57万元，帮助协调引进资金2.98亿元。修缮学校32所，资助学生1.5万名；修缮卫生室37所并配套医疗设备；建管引4.6万千米，池塘（窖）1032个2.8万立方米，解决16.6万人饮水安全问题；新修和维修公路1500千米；建输电线路514千米；环境整治7300件，建各型沼气池4916口；发展以小麦、马铃薯为主的经济作物0.9万公顷，帮助落实化肥120万吨、良种50万千克、农膜40吨，发展以核桃、花椒为主的经济林果2.68万公顷，养殖牛、羊、猪等大牲畜5.8万头（匹）。

新型工业化　坚持调结构、稳运行，抓项目、增后劲，深入实施工业强市战略，完成工业投资248.7亿元、同比增长35.6%。加快建设重点工业项目，镇雄火电厂120万千瓦一期工程建成发电，威信煤电一体化项目进展加快，水富云天化煤代气、昭阳得云水泥技改等项目建成投产，彝良旺立达碳素、盐津滇和液白酒、鲁甸昊龙电石、昆钢大关水泥厂等项目开工建设。重点产业对经济增长的拉动作用进一步增强，原煤、卷烟产量分别增长6.4%和1.2%。推进工业园区建设，新增入园企业31户。全市8个工业园区入园企业达128户，实现工业产值106.3亿元，同比增长76%；增加值35.8亿元，增长62%；利税14.1亿元，增长13.7%；从业人员2.2万人，增长37%。园区工业企业完成固定资产投资52亿元，开工建设标准厂房20万平方米，已有3户玩具企业入驻标准厂房投入生产。

（马才国）

Zhaoyang District 昭阳区

李纪恒等视察昭通中心城市建设　3月25日，云南省委副书记李纪恒等领导在市区领导陪同下，视察了昭通中心城市建设情况。李纪恒说：水富、水富，因水而活，因工业、商贸而富。他要求市区两级领导在努力推进昭鲁一体化建设的同时，认真研究好地缘经济学，认真做好水运这篇文章，真正使昭通成为背靠成渝经济区，面向东南亚，左右逢源，东西贯通，吸纳八面来风的区域中心城市，努力发展工业、口岸、商贸、物流等产业，促进昭通经济社会的跨越式发展。

玉米新品种试验成功　8月12日，云南省农科院现代农业玉米产业技术体系建设首席专家番兴明和来自美国的玉米专家丹杰弗一行在市、区农业局领导和农技专家的陪同下，到青岗岭、靖安两乡查看玉米品种展示。番兴明和丹杰弗认为，从这些展示品种可以看出，云瑞7号、北玉507等品种抗病、抗旱、丰产性能好，适合昭阳区推广运用；西单5号等品种较差，不适合在昭阳区种植。他们要求在收获时进行实测，并筛选出产量最高的品种明年进行推广运用。

首个自动气象站投入使用　11月15日，大山包保护区管理局与昭通市气象局合作建设的第一个自动气象站建成使用。自动气象站位于大山包保护区中海子，占地625平方米，含气温、气压、降水、空气湿度、风速、风向、浅表地温、日照、辐射等气象要素，定时进行数据处理，自动存储数据。

龙博饲料投产　12月6日，由永丰镇三甲村养猪协会会长龙国仙创办的云南龙博饲料有限公司在省级昭阳工业园区正式投产。云南龙博饲料公司于2010年开始创建．设计年饲料生产能力6万吨、年产值3.2亿元。成为昭通最大的饲料生产企业。

（王常海）

Ludian County 鲁甸县

万名干部下基层　4月15日，按照昭通市委"十万党员进农家、万名干部下基层"部署，全县各级党组织围绕"走访一批群众、结对一家'亲戚'、办好一批实事、解决一批问题"活动内容开展，让干部受锻炼、群众得实惠。各级党组织和党员干部深入挂钩联系点，采取"一讲二聊三听四想"的工作措施，通过入户走访、召开座谈会、深入田间地

彝族六祖圣地文化广场（昭阳区志办　提供　王常海　摄）

块倾听群众呼声面对面谈心等方式方法。31名县处级领导走访群众487户1869人，征求意见建议268条；全县党员、干部召开调研座谈会163场次，走访群众5.32万人次，征求意见建议3637条。把结对一家“亲戚”作为服务群众的长效机制，开展“五帮五送”活动，解决群众生产生活中的实际困难。在昭鲁一体化建设中，57个机关和企事业单位上千名党员干部分别结对帮扶1189户，昭鲁快捷通道沿线村庄面貌短时间内发生明显变化。政法部门开展送法上门、法制宣传、法制培训等活动，协调解决问题132件，排查矛盾纠纷264件；县文明办、妇联等部门协助12个乡镇84个村（社区）和698个家庭开展文明乡村、文明社区创建活动，不断提高群众素质和文明程度；县农业、林业、水利、交通、建设、扶贫、畜牧、科技等部门结合实际，争取项目资金2亿余元解决问题。各级领导班子和党员干部公开承诺事项8000余项，解决落实7363项；群众反映突出的536个问题，解决453个。

人才招聘会 7月16日，昭通市人力资源开发办和鲁甸县政府主办，龙树乡政府承办，农村劳动力转移就业特别行动计划万人劳务现场招聘会在龙树乡广场举行，来自山东、江苏、福建、广东及省内的28家企业和学校参加招聘会。有1.2万余群众参与，3054人与招聘企业签订意向性合同。

小寨整乡推进项目 7月22日，小寨整乡推进项目通过县级验收小组验收。项目属2009年省级试点项目之一，计划投资6100万元。实际完成总投资6411万元，其中省级600万元、市级350万元、县级200万元、部门整合和统筹政策资金3877万元、信贷资金708万元、群众自筹676万元。完成7个大项目33个子项目，4个村60个自然村107个村民小组5101户20981人受益。

首届青花椒节暨农副产品交易会 7月31日，“鲁甸县首届青花椒节暨农副产品交易会”开幕，12个乡镇、10个农产品加工企业及40余个花椒经营组织参加特色农产品展示和交易。花椒一条街设立综合展厅1个、标准展厅55个，展示全县农特产品资源。交易会得到美国、伊朗、迪拜3个国家及重庆、四川、山东、陕西等地300余位客商普遍赞誉。开幕当天，现场交易1100余万元，与15家企业签约，协议引资1.25亿元。

大麻核桃获中国首届核桃节金奖 9月10日，在河北省邢台市举办的中国首届核桃节上，鲁甸选送的“大麻1号”核桃，经过专家团综合评定，最终以优良的品质和独特的外观造型获“金奖”。

昭巧二级公路通车 9月29日，昭（阳）巧（家）二级公路通过验收。30日，在鲁甸与巧家交界处举行通车典礼。昭巧二级公路途经昭阳、鲁甸、巧家，全长134.55千米，计划投资39.12亿元，2010年1月15日开工，2011年9月14日基本完工，全线通车。昭巧公路鲁甸段长8.16千米，总投资2.26亿元，云南铁路总公司负责承建。项目设计为二级路面，双向四车道，中间景观河，宽80米。县城至昭阳中心城市19千米，工程2011年6月底全面建设完成。

新型建材项目落户鲁甸 11月8日，鲁甸工业园区亿城新型建材项目竣工投产，项目总投资2600万元，年生产18万立方米混凝土砌块，年产值5000万元，创税近1200万元，吸纳90余名工人就业。新型建材蒸压加气混泥土砌块，是一种轻质多孔新型绿色环保建筑材料，具有良好的耐火、防火、隔音、隔热、保温等性能，是国家重点推广使用的新型墙体材料，属于绿色环保型高技术产品。是全市首个新型建材蒸压加气混凝土砌块项目。

月亮湾水库开工 11月16日，月亮湾水库开工，属中型水库，以灌溉为主，总库容2217.3万立方米，总投资3.96亿元，设计灌溉面积2060公顷，年供水1413.5万立方。

鲁甸“大麻核桃”获中国核桃节金奖（鲁甸县志办　提供）

国务院扶贫办到鲁甸调研 12月7日，国务院扶贫办外资管理中心副主任曹洪民一行5人在省扶贫办党组成员、副主任夺石当及市、县领导陪同下，调研扶贫开发工作。先后到龙头山镇光明村就万亩青椒园和小寨整乡推进示范点调研，对鲁甸扶贫开发工作成绩给予充分肯定。

招商引资 2011年，全县招商引资成效显著，组团参加昆交会、旅交会、泛珠洽谈会等活动，组团深入湖南、江西等地开展招商引资工作，成功引进三一重工等知名企业落户鲁甸。全年新签约项目41个，协议引资15.32亿元，到位资金10.7亿元，引资总量列全市第三位、增速列全市第二位、完成任务第一位。

（晏　权）

Qiaojia County
巧家县

廉租房建设 县城大沙坝3幢廉租住房已完成四层楼板浇注，完成投资400余万元；老店等12个乡镇教育系统和卫生系统实施乡镇廉租住房已完成投资300余万元。11月11日，在社会各界监督下，127户城镇居民得到第二批廉租房入住权。

城乡医保 2011年，城镇职工基本医疗保险参保单位348个，参保人员1.49万人，其中在职1.09万人、

白鹤滩镇野鸭文明新村（巧家县志办　提供 张孝和　摄）

退休3993人；参加大病医疗保险1.49万人，收缴医保基金3318.65万元，支出2606万元。参加城镇居民基本医疗保险1.18万人，个人缴费18.4万元，各级配套基金57.4万元，住院报销费用219.7万元。参加新型农村合作医疗保险50.67万人，参合率97.6%，年内筹集基金1.17亿元，支出7748.5万元。

回龙湾小康文明村　包谷垴乡青山村回龙湾自然村包括上回龙湾和下回龙湾两个民居点，地处昭巧二级公路沿线，距县城150千米。2010年末，人口60户175人，从事非农产业31人，耕地11.9公顷。人均纯收入3560元。

2011年，投入人力开发项目、改灶项目、省级重点建设村项目等资金282.95万元。建取水池2个，安装管网7320米；道路硬化2950平方米；建住房900平方米，墙体粉白1.91万平方米，画外墙装饰线条1.04万米，厅室吊顶1320平方米，地板硬化2200平方米，筒瓦扣屋缘2435平方米；户均建沐浴室1间、沼气池1口、休闲桌凳1套、花台1个，户均改造厨房1间、添置衣柜1个，安装太阳能48台，改造猪厩、厕所1500平方米，筒瓦扣围墙顶432米，植绿化树180株；种植蔬菜4公顷、核桃和花椒4.7公顷、蚕桑20公顷，养猪177头。文化科技等知识培训200人次，转移劳动力31人次；建文化活动室60平方米，文体活动场100平方米，增置音响1套、桌椅15套。实现经济纯收入79.55万元，人均4546元，比上年增长27.7%。

（张孝和）

Yanjin County
盐津县

招商引资　6月6日，在第19届中国昆明进出口商品交易会暨第4届南亚国家商品展上，盐津县共签订项目5个，协议总投资16亿元。在昆明官渡大酒店国际会议中心举行的昭通市招商引资项目推介暨签约仪式上，县委副书记、县长李晓代表县政府企业代表签订了4项投资建设项目。包括与云南路红投资实业集团公司签订盐津县电石炉余热发电项目；与苏州工业园民佳纺织品贸易有限公司签订盐津竹纤维材料生产项目；与重庆市香圣客餐饮文化有限公司和昆明明效广告有限公司联合签订盐津县豆沙旅游综合型服务区建设项目；与四川建明投资有限公司签订盐津工业园区柿子重化工片区郎家沙坝内的基础设施建设项目。

全国文明村—石门村　石门村隶属盐津县豆沙镇，地处豆沙镇东边，距镇政府所在地0.5千米，距县城22千米，交通方便。东邻黑喜、石缸，南邻关河，西邻大关县吉利镇鱼田村，北邻万古、中和天宁村。该村在创建全国文明村镇工作中，严格按照国家级文明村镇标准，把农村经济社会发展和精神文明建设有机结合起来，依照“翠竹在村中、村在绿色中”的总体构想，紧紧围绕创建国家级文明村要求，扎实开展群众性精神文明创建活动。制定《石门村文明创建实施方案》《石门村道德建设“十一五”规划》《石门村道德建设“十二五”规划》《石门村精神文明建设要点》，把精神文明建设的目标任务列入村年度考核的重要内容。同时，建立党员活动室2个、建设农家书屋2个、农家文化大院1个、图书阅览室2个、体育健身活动中心1个。12月20日，在北京举行的全国精神文明建设工作表彰大会上，盐津县豆沙镇石门村榜上有名，荣登“全国文明村镇”榜。

城乡居民社会养老保险试点　9月2日，城乡居民社会养老保险制度全面启动实施。为确保试点工作按时保质完成，制定《盐津县新型农村和城镇居民社会养老保险试点实施方案》，并召开了盐津县新型农村和城镇居民社会养老保险试点工作启动会议。同时，县政府与各乡镇签订《试点工作目标责任书》。在城乡居民养老保险工作中，盐津街道深入宣传发动。采取召开干部群众会、进村入户宣讲、印发宣传资料等形式，深入宣传城乡居民养老保险工作的重大意义、参保条件、缴费标准、养老金领取等内容，让广大干部和居民了解精神、掌握政策，主动支持、参与此项工作。认真调查摸底。实行党政领导带村（社区）、部门帮村（社区）、干部包组包户工作制度，要求逐人逐户见面，逐一核对户籍信息，全面摸清辖区居民户籍情况，为养老保险全面实施提供真实准确的户籍信息。负责具体工作的干部全面掌握城乡居民养老保险工作政策法规，做到群众有问必答、答必满意。人力资源所、派出所安排专人负责政策咨询、答疑释惑、户籍证照办理等服务。城乡居民养老保险工作纳入街道对各村（社区）和部门年度综合考核，实行书记负总责、主任具体抓。同时制定奖惩机制推进工作开展。全县符合参保的城乡居民共23万，其中年满60周岁以上的近4万人。9月8日，盐井镇花苞村182位村民领取了首批养老金共3万元。年底前，全县凡年满60周岁，符合领取条件的城乡居民的养老金全部发放到位。

柿凤二级公路通车 9月4日，柿凤（盐津县柿子至镇雄县凤翥）二级公路通车典礼在盐津县柿子乡白水江畔举行。柿子至凤翥二级公路起于柿子乡，经庙坝乡，彝良县牛街镇、柳溪乡、洛旺乡，止于彝良县与镇雄县交界处凤翥，全长61.45千米，是昭通市新建8条二级公路重点项目之一，是昭通市连接盐津、彝良、镇雄、威信四县的重点经济干线。工程于2009年9月开工，全线共开挖土石方500多万立方米，建挡墙和构造物90多万立方米，桥梁32座4511米，隧道6座2310米，涵洞159道，路基宽度10米，车道宽度2×3.5米，沥青混凝土路面，总投资约19亿元。

农村电网改造 10月，无电地区电力建设和农村电网改造升级工程启动建设。项目共投资6765万元，涉及全县10个乡镇的25个行政村，共217个村民小组，设计新建10千伏线路183.77千米，新建400伏线路43.47千米，新建220伏线路391千米，安装配电变压器214台，容量4620千伏安，安装户表5773户。

关爱农村留守妇女儿童 盐津县将关爱广大农村留守妇女儿童工作当做重要的国计民生大事，与“创先争优”“十万党员进农家，万名干部下基层”等活动紧密结合，与专题开展的“共享蓝天”“送手机·赠话费”等爱心帮扶活动结合起来，全力解决农村留守妇女儿童的实际困难。据统计，2011年自开展关爱大行动以来，已投入各项建设发展扶持资金60余万元、发放“共享蓝天”关爱活动发放慰问金1.5万元、赠送关爱手机100余部，设定国内长途免费亲情电话100余个，组织志愿服务队76个，帮助30名妇女申请到贴息创业贷款，开展妇女健康、创建和谐家庭、儿童心理健康、维权援助、就业培训等活动11次。

（谭纪芳）

2011年柿凤二级公路通车典礼（盐津县志办 提供）

Daguan County
大关县

提高新农合补偿标准 从5月26日开始，大关县提高新型农村合作医疗补偿标准。在新型农村合作医疗用药范围内，村级门诊按55%补偿、乡级按50%补偿、县级医疗机构门诊检查治疗费报销补偿45%、市级及以上医院门诊医药费不予报销补偿；每人每年累计减免限额400元。全县将结核、乙型肝炎纳入一般慢性病补偿范围，门诊费用不设处方值；在县疾控中心规范治疗的门诊结核病人，报销门诊医疗费用的60%，封顶线为1000元；乙型肝炎患者在县内定点医疗机构门诊治疗，报销医药费用的60%，封顶线为2000元。特殊病门诊报销65%，减免限额计入住院封顶线，不设处方值。

“一事一议”村民受益 大关县抓住机遇，借助云南省被国家列为首批全省范围开展一事一议财政奖补3个试点省之一的机遇，全面启动实施一事一议财政奖补试点工作。通过采取健全机构、强化宣传、完善政策等措施，建立和完善了筹补结合、多方投入的村级公益事业建设新机制，建成一批村民直接受益、效果明显的基础设施项目，有力加快了社会主义新农村建设步伐。三年来，全县投资5133.54万元新建“一事一议”财政奖补项目326个，其中财政奖补资金2406.4万元，村民筹资、村集体投入、社会捐赠、村民筹料投劳2727.14万元。完成村内道路硬化、人畜饮水、小型农田水利、文化活动室等326个项目，使全县共326个自然村12.81万名村民直接受益。

翠屏山水库大坝填筑封顶 翠屏山水库位于大关县翠华镇联合办事处的黄连河上游蒿枝地小河上，集水面积4.8平方千米，是以防洪为主、兼顾农田灌溉、城乡供水以及生态、旅游等多种效益综合利用的小（一）

型水利工程，批复总投资3713.4万元。水库总库容156万立方米，坝高45.6米，枢纽工程主要由面板堆石坝、溢洪道、输水隧洞等水工建筑物组成，水库建成后可灌溉面积1.35万亩、解决2.94万人的饮水困难问题。水库主体工程于2009年6月动工建设，2010年6月完成大坝基础开挖、导流洞、上游围堰及高边坡支护等施工任务。至2011年10月15日，大坝填筑基本完成，累计完成投资3307万元。

陈学明获“全国见义勇为英雄司机”称号 12月6日，全国见义勇为英雄在人民大会堂接受颁奖。云南省昭通市大关县木杆镇微型车驾驶员陈学明荣获中华见义勇为基金会授予的全国见义勇为英雄司机荣誉称号，成为昭通市唯一获此殊荣的先进典型人物。陈学明，男，48岁，汉族，大关县木杆镇木杆村微型客运车驾驶员。2010年10月28日，木杆镇“佳惠超市”遭遇小偷入室抢劫。陈学明在店主危难之时挺身而出，不顾个人安危，只身与窃贼英勇搏斗，自己受伤后仍然冒死与歹徒浴血搏斗的壮举，谱写了一曲见义勇为的动人篇章，为广大党员、干部、群众树立了学习的榜样。2011年2月21日，勇斗歹徒扬正气的关河英雄陈学明，荣获昭通市2010年度见义勇为“先进个人”光荣称号。他的英雄事迹，引起了社会和新闻媒体的广泛关注。中国党建网等多家媒体宣传报道了《陈学明勇斗歹徒扬正气》的先进事迹。

农业科技推广 2011年，大关县农业科技推广力度进一步加大，农业部门狠抓三大科技措施（科技样板、农作物高产创建、生物多样性间套作技术），大力推广四大集成技术（良种、规格化套间作、平衡施肥、病虫害综合防治），促进了增产增收。通过一年来的艰苦工作，全县实现了主要农作物良种化，完成杂交玉米（种子35万千克）种植19万亩，杂交水稻（种子4.5万千克）种植3万亩，脱毒马铃薯种植17万亩，杂交玉米、杂交水稻、脱毒马铃薯良种覆盖率分别达到91.2%、95.4%和92.7%。此外，大关全面开展示范样板带动工程，完成大春样板28.3万亩（玉米16万亩，马铃薯9万亩，水稻2万亩，小麦0.5万亩，蔬菜0.8万亩）；玉米、马铃薯高产创建6片10.08万亩；完成粮经作物9类间套模式核心区9000亩，示范片14.4万亩，带动面积35.5万亩，主要农作物生产科技措施综合覆盖率达到90.9%。

（马仲全）

Yongshan County 永善县

城镇建设 2011年，城市建设强势推进。荷花、校园、锦绣兰花等片区开发完成商品房建设8.2万平方米，累计完成投资1.96亿元；县城玉金路、过境路、华英广场累计完成投资1.3亿元；投入470余万元实施玉金路、过境路及其连道亮化工程，新增绿地3000余平方米。管道燃气、垃圾处理场、污水处理厂等市政工程相继建成投入使用。

移民安置 2011年，依法形成“两站”库区土地“两费”和集体财产处置方案205个，占总数94%；共签订搬迁安置协议4507户1.47万人，完成搬迁安置3991户1.28万人；到位补偿补助资金10.78亿元，兑现2219户4.9亿元。实施移民重点工程建材价格临时干预；在溪洛渡电站封闭管理区建成砂石料生产系统一套，通过招拍在移民重点乡镇新建砂石料场9个、砂砖厂6个，切实保障移民建材的需求；木仰、农场安置点移民户房建工程快速推进，公建房主体工程全部完成；佛滩、桧溪集镇移民安置房建设如期开工，黄华朝阳、白砂碉和大兴新街安置点顺利推进。

野生猕猴桃资源原生态环境保护 8月，永善细沙乡获得云南省野生猕猴桃原生态环境保护点建设项目的落户实施。该项目建设总投资115万元，建设面积35公顷，分核心区和缓冲区两个部分，其中核心区14公顷、缓冲区21公顷。永善野生猕猴桃品种占云南已调查野生猕猴桃属植物资源总数41%。

“百千万”文艺下乡 全年，配合市艺术剧院深入全县15乡镇开展“百场演出进百乡”活动16场，观众4万余人次。截至年底，共开展“千场演出进千村”文艺演出活动122场次，观众20余万人次。同时，还收集整理图片资料8千余张，制作

文艺演出进乡村，文明新风送基层（永善县志办 提供 陈洪 摄）

演出图册1份。指导乡镇业余文艺演出队伍开展“万场演出进农家”活动。县级文艺骨干多次深入务基、黄华、莲峰等乡镇指导当地业余文艺团体开展文艺演出活动。全县15乡镇共组建业余文艺演出团体18个，有演出人员800余人。全年，累计开展送文艺进农家演出378余场，近20万人观看演出。

马楠乡整乡推进扶贫开发试点 5月，永善马楠乡被省扶贫办列为云南省2011年整乡推进扶贫开发试点乡，国家和省级投入扶贫专项资金1000万元，整合部门资金1.11亿元，群众自筹596.51万元，计划用2年时间在马楠乡实施劳动者文化素质提高工程、劳动力转移输出工程、基础产业夯实拓展工程、群众基础生活安置工程、基础设施建设工程、公共服务工程、班子建设工程、基本制度工程等“8大工程”。

无公害农产品认证 3月，由永善农业环境保护监测站、农业技术推广中心、畜牧技术推广站申报的无公害农产品粮经作物种植面积1.56万公顷；无公害蔬菜种植面积3333.3公顷；无公害水（干）果种植面积5166公顷；无公害畜禽养殖40.06万头（只、羽）获得云南省农业厅无公害农产品产地认定，并颁发相关无公害农产品产地认定证书。10月，溪洛渡镇、莲峰镇、茂林镇、伍寨乡等地生产的白菜、青菜、番茄、辣椒、南瓜、黄瓜、生姜、马铃薯8个农产品，通过国家农业部农产品质量安全中心无公害农产品认证，种植面积1.43万公顷。12月18日获得认证证书，允许使用无公害食品标志。

半细毛羊入选云南六大名羊 6月，省农业厅组织开展“云南六大名猪、六大名鸡、六大名牛、六大名羊、六大名鱼”评选认定活动。10月17日，省农业厅召开“五个六”评选活动新闻发布会，正式揭晓评选结果。永善以马楠原种场为核心，带动周边乡镇分片式集中放养培育出的“半细毛羊”入选“云南六大名羊”。

首个发酵床生态养鸡场 2011年，在溪洛渡镇白沙村建成首个发酵床生态养鸡场。先期投资39万余元，其中中央扶持资金20万元，群众自筹19万元。采取发酵床养殖与山林围栏放养相结合模式养殖。发酵床养殖，即利用有益微生物发酵原理，按每13平方米1千克活性益生菌的用量，铺设锯木粉，每铺10厘米锯木粉添加一次活性菌，铺设厚度30厘米，定时深翻使粪便充分发酵。此养殖方式能有效解决粪便污染及有害微生物滋生对鸡群的影响，降低疫病风险。同时山林放养能改善鸡群体质及肉质，风味与农户传统饲养一致，养鸡综合效益明显提高。

困难群众优惠参加新农合 近年来，随着新合农补助标准提高，新农合参合费也相应增加，从2007年10元／人年提高到2011年50元／人年。为减轻特困群众经济压力，多方筹措资金，帮助特困群众代缴新农合参合费。农村五保户、低保户、特困优抚对象个人缴费部分由民政部门负责代缴；两女结扎户、农村独生子女光荣户（独生子女年龄不满18周岁）由计生部门负责代缴；溪洛渡电站施工区及“两站”库区移民个人缴费部分由移民部门负责代缴。自新农合实施以来，全县累计筹资473.25万元，帮助解决困难群众参加新农合20.71万人（次）。

（马各会）

Suijiang County 绥江县

扶贫开发 2011年，投入扶贫资金1616.41万元，比上年增长41%。实施整村项目5乡镇28个行政村78个自然村，投入资金450万元；实施消除破烂房建设项目139户，投入资金139万元；实施易地搬迁扶贫44户，投入资金100万元；投入小额信贷资金2800万元。全县转移输出农村劳动力3.81万人，实现务工收入4.19亿元。4182名贫困人口实现脱贫，贫困人口降至3.45万人。

农村能源建设 年初，落实沼气池建设任务，将上级下达的900口沼气池建设计划分配到各乡镇，会仪镇100口，中城镇430口，南岸镇170口，板栗乡200口。年底，全县完成沼气池建设901口，超计划1口。其中会仪镇100口，中城镇430口，南岸镇171口，板栗乡100口。兑现农户补助资金34.51万元。

绥水二级公路竣工 7月27日，绥江至水富二级公路进行交工验收。该工程由市政府委托市交通局建设，中建五局承建。公路全长81.47千米，其中新建65.4千米，原来建设10.8千米，过境路5.27千米，完成总投资28亿元。

整村推进为民造福 2011年，全县省级整村推进项目分为两批次实施。项目总投资589.81万元，其中国家补助450万元，群众自筹139.81万元。项目覆盖全县5个乡镇28个行政村78个自然村；受益农户3860户、受益人口1.57万人。新建人畜饮水管引工程2件、长16.5千米；建设乡村公路8件、长44.7千米；人行路面硬化15件、24 千米；种植经济林果和经济作物6961亩；家禽养殖3822只。市级下达整村推进项目2个自然村，总投资26.38万元，其中市级补助20万元，群众自筹6.38万元。项目覆盖全县2个乡镇2个行政村2个自然村4个村民小组252户1159人。

农家书屋建设 年内，以“建设、管好、用好农家书屋”为宗旨，建立和完善一套适合农村图书管理的新模式，制定书目登记制度、图书借阅登记制度等，规范借阅行为，选配管理员进行培训，使农家书屋管理员掌握分类、登记、造册，上架、保管、借阅等知识，提高管理员的管理能力和服务水平。县财政投入资金14.5万元，确保农家书屋建设有序开展。到年底，实现农家书屋建设覆盖全县32个行政村和3个社区，是全市11个县区中首家实现全覆盖的县。农家书屋建筑面积达700余平方米，藏书1256种5.25万册，音像制品100种6300张。

文化信息资源共享工程　年内，整合、利用、发挥文化共享工程资源，加大文化信息资源共享工程建设力度。到年底，实现文化信息资源共享工程4镇1乡全部覆盖，并正常运行。县图书馆90多平米的电子阅览室，可容纳一次性上网50余人，“绿色网吧”代替电子阅览室，实行专人专管。建立并完善网吧岗位职责及网吧管理制度。利用卫星接收器制作播放文化、卫生、农业、科技等教育题材的节目，举办各种知识讲座，受益群众2万余人（次）。录入微机数字库2.5万册图书及1千余册期刊，增加文化信息资源库内容。

村级活动场所建设　年内，按照“有国旗、有远程教育设备、有会议室、有党员活动室、有学习资料、有档案柜、有党旗、有宣传栏”目标，整合资金200余万元，对3个村级活动场所和5个村民小组联合党支部活动场所进行建设，确保有场所开展活动。组织开展村级活动场所晋级达标活动，12个村级党组织被推荐到市委组织部申报一级达标村级活动场所，9个村级活动场所被确定为二级达标村级活动场所，14个村（社区）活动场所被确定为三级达标村级活动场所，增强基层组织活力。

新农村建设工作队　年内，新农村建设工作围绕队伍建设和制度建设切实开展：切实按照县委“抽硬人、硬抽人”的要求，从后备干部库中挑选24名精英骨干组建第五批新农村建设工作队，其中党员占92%，中层干部占100%，平均年龄34岁，文化程度均在大专以上，组成5支工作队，8名工作队长、副队长均在实职副科级以上的领导干部中选拔（市委下派的2名为副处级实职领导干部）；健全完善《绥江县新农村建设指导员管理制度》《新农村建设指导员工作考核办法》工作制度，县、乡（镇）、村层层签订指导员管理责任书，将指导员管理工作逐一分解，层层狠抓落实。认真推行承诺制，签订书面承诺64份，承诺内容包含人饮管道铺设、村容村貌整治、乡村公路修建、文化活动场所建设、科技法制培训、指导基层党建工作、解决办公用品和办公经费、为驻村协调争取项目资金等多个方面，共计448项；通过认真开展“创先争优”、学习杨善洲、张晓东活动，在工作队、指导员中推出一批先进典型，借助各级报刊、网络媒体等平台大力宣传，充分发挥先进典型的模范作用，着力提升指导员队伍的战斗力和影响力，有效推进指导员工作。编发典型人事宣传简报20期，县级媒体刊发消息、通讯126篇，市级媒体39篇，省级媒体17篇；队办和乡镇先后共组织指导员学习培训23场次，召开座谈会17场次，组织新老队员联谊活动6场次，易地观摩学习3次，组织召开指导员现场办公会、集中汇报交流等8次，乡镇每月组织1次指导员驻村工作汇报交流。队办坚持每月1次不打招呼到村到点开展工作督查，通过实地查巡、查看、走访询问等方式，查指导员在不在岗，工作到不到位、务不务实，工作制度是否遵守，同村“两委”成员团不团结、关系融不融洽，收集干部群众对指导员的反映。督查结果作为半年、年终考核的主要依据之一。全县新农村指导员围绕中心，服务大局，认真履行职能职责，参与移民矛盾纠纷调解125起，协调解决245项移民实际困难和问题，共出专栏、墙报168期，宣传移民相关政策法规，走访农户2000余户，召开各种座谈会576场次，收集群众意见645条，为群众理清发展思路96条；撰写《我和我的驻村》文章32篇，村情调研报告99篇，协助驻村造竹3000余亩，建成林下特色养殖试验点2个，发展优质水果1500亩、蔬菜2000亩，为驻村建立和完善相关制度256条，提出合理化工作建议138条（被采纳64条），参与培训农村劳动力1.13万人次，转移输出劳动力3.49万人，共为群众办实事好事395件；投入抗旱965人次，筹措抗旱资金45.6万元，完成32个村的水利基础设施调研报告；组织召开党员学习会160场次，举办党员培训班61期，培训党员4880人次，培养入党积极分子326名，发展吸收预备党员89名，新发展共青团员69名。

（杨　坤）

Zhenxiong County
镇雄县

花园大桥竣工　1月7日，由市检察院协调资金280万元扶贫修建的罗坎镇花园大桥竣工，标志着不通公路的花园村公路建设的瓶颈制约得以彻底打破。花园大桥属于钢筋混凝土预制板桥，总长79米，三孔相连；桥高19米，桥下方是两个大型桥墩和直径为1.8米的桥梁支撑柱；桥面宽7.5米，包含宽各1米的双向人行道，桥两侧由128根防护柱和124块花样栏板构成高为1.5米的桥面防护栏；整座桥按二级公路标准和抗震设防8度设计建设，其承载力可达到20吨。

镇雄车巢汽车城项目　6月6日下午，第十九届昆交会昭通市招商引资项目推介暨签约仪式在昆明官渡大酒店举行，副县长周剑锋代表县政府与云南阅城百年生土居民房地产开发有限公司签订了预计投资5亿元的“镇雄车巢汽车城项目”协议。项目建设地点位于县城西环路，力争2012年建成投入使用，年实现销售额5亿元。

农业综合开发项目通过验收　7月5日、6日，省农业综合开发验收组对县实施的2010年度赤水源镇倮倘村农业综合开发项目进行检查验收。项目总投资405万元，其中，省级财政资金300万元，县级财政资金15万元，群众自筹90万元。项目于2011年3月8日动工建设，项目建成后，项目区农民收入可增加175万元。验收组充分肯定了赤水源镇倮倘村农业综合开发项目取得的成绩，并宣布农业综合开发项目通过省级验收。

特有鱼类放流 由省农业厅和市政府主办、市农业局和县政府承办的2011年云南省赤水河特有鱼类增殖放流仪式9月17日在大湾罗甸村桥边组举行。本次活动旨在"进一步修复赤水河渔业资源、巩固禁渔期制度成果，促进赤水河渔业资源保护和可持续发展"。

多乐士希望小学落户口袋沟 多乐士希望小学于10月18日在芒部镇口袋沟村落成。学校由阿克苏诺贝尔装饰漆中国公司投资建设。阿克苏诺贝尔公司是总部位于荷兰的全球最大的涂料生产厂商，业务遍及80多个国家，在全球雇佣5.5万多名员工，年营业额超过180亿欧元，是财富全球500强企业之一。口袋沟村地处芒部镇东北部，山多路险，雾雨繁多，以汉、彝、苗为主的各族群众在此生息。小学始建于1984年，因年久失修，急需重建。阿克苏诺贝尔装饰漆中国公司慷慨捐资63万元人民币与镇雄县共同出资新建和改造该校。工程于今年5月动工，8月竣工。目前，学校拥有两幢教学楼、一个操场，可容纳500名学生入学。

农村环境综合整治项目通过验收 10月20日，县实施的2010年度国家级农村环境综合整治项目——牛场镇大寨村农村环境综合整治工程通过省级验收。项目总投资为106.53万元，其中，国家投资75万元，其他部分由当地群众自筹。项目于2010年秋末动工建设，目前已建成一座日处理50立方米的污水处理设施，包括生物调节池1个、厌氧1个和75平方米的一、二级表流湿地各1座；建成污水收集系统，包括新建污水收集沟渠500米，其中新建Ⅰ、Ⅱ级截污明沟各200米，新建清水明沟100米；新建清水收集溢流井2座，检查井4座；建成生活垃圾收集房2个；新增垃圾清运工具1套；新建卫生厕所1个；建成村卫生路3892米；在人畜饮用水源地植树造林5亩。

关工委"支学助教工程"启动 10月25日，中国关工委"支学助教工程"启动仪式在李子中学校园内举行。中国关工委向全县17所学校负责人发放捐赠物品。"支学助教工程"由中国关心下一代工作委员会教育发展中心支学助教办公室、中国教育科学基金会联合发起，此次捐赠的学习用具和教学设备，总价值达200余万元。

群众受益"一事一议" 2011年，实施720个"一事一议"财政奖补项目。其中，人饮工程24个，小型水利设施1个，村内道路硬化170个917千米，其他路面430个1146千米，村内环卫设施1个，示范村建设21个，村内公共活动场所73个。总投资达1.39亿元，其中财政奖补资金为4845.6万元，带动社会与群众筹集资金和整合劳力共计9000万元。工程覆盖全县28个乡镇217村（居）委会893个自然村，使5.4万户23.4万人直接受益。

（陈文举　王俊）

Yiliang County 彝良县

牛街镇柑橘示范种植 牛街镇历来属柑橘种植之乡。近年来，由于柑橘品种老化，柑橘树老化，失去市场竞争力，江边一带果农因此而失去昔日稳定的经济林果收入，严重制约了新农村建设进程。在县委政府提出的打造"百里果蔬长廊"中，牛街镇党委政府积极争取农业局的支持，引进永善县金沙江绿色开发有限公司进行实地考察论证后，采取公司出售苗木和派出技术人员现场指导，公司担保＋技术指导＋农户精深管理的模式，种植美国优质柑橘品种纽荷尔。牛街镇整合资金近30万元，严格按照公司技术要求，已在南厂、上白水、芭蕉3个村示范种植300余亩。按照公司技术承诺，该批柑橘能够在3年后挂果，5年到丰产期后亩产值至少达3000元以上，且市场走向好，竞争力强。种植示范成功后，能够有力地带动白水江片区柑橘品种的更新种植，为广大果农的增收奠定坚实基础。

彝良籍拳手获世界拳王金腰带 10月25日晚，UBO通用拳击组织世界拳王争霸赛暨IBF国际拳击联合会排名赛在彝良县城罗炳辉纪念馆广场举行，主赛彝良籍拳手李文扬迎战UBO总部指定的泰国拳手昆汉·通差。李文扬夺得了UBO轻量级世界拳王金腰带。

龙街乡民居建设 2011年，龙街乡新农村民居房建设和改造农户达215户，由于冬季冰凌气候长达2个月之久，给整个工程的完工带来了不利影响。为加快建成靓丽、整洁、宜居的"猫谢"公路沿线新农村民居房，龙街乡"两手"齐抓，力促全乡新农村建设加快推进。

自2月11日起，乡领导到"猫谢"公路沿线的恒底、尖山、龙街、坪子、银坪、元宝6个村，零距离接触新农村民居房建设户，摸清情况，排忧解难。对120户房屋新建户，95户旧房改造户逐户进行检查，要求涉及农户按规定由村上出具证明，乡上开介绍信，分别到水泥厂、李记建材门市等处领取水泥、腻子粉、涂料、罗马柱等必需物资。严格按照蓝瓦、白墙、深灰色线条勾勒标准，在三月中旬全面完成外墙装饰工程。对不按期完成相关工程任务的，严格追究有关人员责任。乡政府向新农村民居房建设户每户

柑橘示范栽培现场会

（彝良县志办　提供）

发放水泥4吨，线条漆1桶，罗马柱70根，腻子粉1.4吨，大部分农户已经发放完毕。根据2011年8月份的专门会议精神，按建房盖瓦面积，全额供给西式瓦、筒瓦，并向每户建房户和改造户严格标准发放水泥、腻子粉、涂料、罗马柱等物资。全乡已发水泥480吨、腻子粉168吨、乳胶漆120桶、罗马柱8400余根、筒瓦9万匹、西式瓦42万匹。由于严格标准，物资得到有效供应，套用国家物资情况基本消除。

（付状明）

Weixin County 威信县

城镇化建设　2011年城镇化建设作为提升历史文化名城形象的基础工程，围绕“一二三五”工程和“六个一”发展目标，加快城镇化建设。“一二三五”工程即：树立一个中心（以县城扎西为中心）、增强两种意识（特色意识、品牌意识）、处理好三个关系（名城开发与保护、名城发展与环境保护、丰富市民精神生活与提高市民素质）、突出五个重点（突出高起点规划，打造特色县城；突出高标准建设，打造精品县城；突出高效益经营，打造活力县城；突出高生态保护，打造低碳县城；突出高效能管理，提升名城形象），大力推进县城建设，完善城市功能，重点抓好“一片历史街区风貌，一条扎西滨河绿带，一个后山森林公园”的“三个一”工程建设，推进“一河、两路、三片区”（“一河”即扎西滨河景观，“两路”即新建外环路和兴威南路，“三片区”即田坝综合开发区、平桥居住新区和一中新校区）建设。“六个一”即：以建设一条配套功能完善的街道、一个自来水厂、一个环卫管理站、一座公厕、一个农产品交易市场、一个科技文化服务站为目标，发挥优势，搞好规划，打造特色集镇。

全年投入城镇建设资金2.71亿元，其中县城建设投资2857万元，庙沟、麟凤、旧城、罗布4个镇和水田、长安2个乡集镇建设投资1.72亿元。麟凤煤电一体化项目第一期工程建设完成投资21.07亿元。水田乡整乡推进完成投资1.23亿元。扎西纪念馆拆除重建及布展完成投资1590余万元。香桂基地完成投资1007万元。

扶贫开发　2011年投入扶贫开发资金6800万元，完成2010年跨年度重点扶贫项目扫尾工程，其中：完成整村推进项目41个，易地搬迁安置点项目4个400人，茅草房改造项目200户，产业扶贫建设项目4个，老区建设项目1个。2011年度整村推进、易地搬迁、茅草房改造、老区建设、“百千万帮扶”等扶贫开发项目顺利推进，其中第一批20个整村推进项目完成投资210万元、第二批16个项目完成投资50万元，易地搬迁安置点3个完成投资50万元，整合资金消除茅草房674户，基本实现茅草房消除任务。分别投资30万元、15万元的1个省列和1个市列老区建设项目完成投资60%，“百千万帮扶”工程投入资金83万元、协调引进资金582万元、扶助各类项目62个。争取到中央专项彩票公益金扶贫项目3000万元。通过扶贫开发项目的实施，加快贫困人口的脱贫步伐，巩固和解决6000人的温饱问题。全年转移输出农村劳动力9.83万人，比上年增加1900人，实现务工工资性收入10.96亿元，比上年增长16.6%。其中务工纯收入6.65亿元，比上年增加1.09亿元、增长19.6%。

新农村建设　2006～2010年，新农村示范点建设，共投入建设资金1.2亿元，银行贷款1.17亿元，农民自筹资金1.5亿元，投工投劳折合资金投入6000余万元，建设不同类型新农村示范点308个，其中典型示范村30个、整体脱贫村108个、取得明显成效村162个。2010年，重新调整确定“收缩战线，突出重点，集中投入，示范推动，逐步提升”的新农村建设工作思路，以生态文明家园建设为载体，以房屋改造和村庄整治为突破口，以谢大（双河乡谢家坳至麟凤乡大落脚）长廊和水田整乡推进为重点，先后在7个乡镇25个村203个村民小组开展新农村生态文明家园示范工程建设，实施省级重点建设村13个、市级示范点项目3个，启动民居改造6000余户，完成4500余户，投入资金2.69亿元。年底，全县1613个村民小组中，通公路1502个、通油路289个、通电1586个（其中完成农村电网改造1452个）、通自来水786个、连户路硬化950个，广播电视覆盖率从2006年的87%提高到96%，沼气池、节能灶等农村能源建设同步推进。

落实惠民政策　2011年，按照“一村一品、一组一业”的发展思路，以“企业+产业+农户”“产业+协会”等发展模式，把资金帮助和产业扶持结合起来，采取“五户联保，整贷零还”“五户联保，整贷整还”和“个人信用担保，整贷整还，利随本清”等三种方式，向贫困群众投放信贷资金7970万元，帮助解决产业发展的资金短缺问题。使旧城村、马鞍村连片稻田养鱼，三桃村县级烤烟样板，郭家村千亩香桂种植，坡上村黄牛养殖，香树村乌金猪养殖，龙洞村桑蚕养殖，大河村大棚蔬菜等种养殖业基地逐步走上规范化、规模化之路，2.5万个贫困家庭因此受益。结合“十万党员进农家、万名干部下基

威信县新农村建设（威信县志办　提供）

层”活动的开展，全县各级党组织把便民惠民行动落实到村组农户、田间地头，组建“党员抗旱先锋队”“党员秋收帮扶队”，推行“党员志愿服务”“流动农民服务”，实行“背包法庭”“庭式调解”等，构建上下联动、纵横互动的便民服务体系。1900名机关党员干部深入农村、社区和挂钩联系点，俯首倾听民意，宣传方针政策，现场答疑解惑，帮助解决困难，以“党群联心卡”架起心灵沟通的桥梁，以“民情日记”书写便民为民情怀。

革命老区开发建设试点　2008～2011年，分别在水田村楼上、高坎，石坎村庄子上、渣窝寨，文兴村比一湾5个自然村实施革命老区开发建设试点项目工程，完成财政专项投资330万元，项目覆盖251户1194个贫困人口。项目区建农耕路4千米，连户路硬化5.7千米，铺设石板路0.32千米，建安居房150户1.2万平方米，住房亮化99户9503平方米，改造畜圈、厕所150套。完成中低产田地改造6.67公顷，建设饮水工程4件，架设输配水管道15千米，解决251户1194人的饮水困难。安装照明用电“一户一表”99户，479个贫困人口受益。种植藤梨45.3公顷、樱桃3000株，稻田养鱼1.2公顷。开展种植业、养殖业、劳务等培训2200人次。

（周元珠）

Shuifu County
水富县

西部大峡谷温泉评为4A级景区　3月，水富西部大峡谷温泉景区被国家旅游局评定为国家AAAA级风景区。6月4日，在大峡谷民族广场举行“2011　西部大峡谷摄迷自驾·首届魔幻彩绘节暨国家AAAA级旅游景区揭牌仪式”。

医疗保险跨省结算　从5月1日起，水富县基本医疗保险参保人员（包括城镇职工和城镇居民）只要带上社会保障卡、转诊转院介绍信、身份证，在四川省宜宾市第一、第二人民医院和宜宾市康复医院住院就可实现医保报账跨省现场结算。

中国（水富）首届东南亚商品交易会　5月1～15日，在水富枫叶国际商贸城举办“中国（水富）首届东南亚商品交易会”，设立三大展区（总面积达1.7万多平方米）：一是外国商品展销区，二是金沙江奇石和珠宝展销区，三是云南民族民间工艺品和文化旅游产品展销区。来自越南、泰国、缅甸、马来西亚等东盟国家的100多户客商和云、黔、川、渝、豫、鄂、辽、苏、桂等9个省市区的450多名奇石展商进场。商品成交总额1千余万元。

农业综合开发项目　全县共实施向家坝镇中低产田改造、太平乡中低产田改造2个农业综合开发项目，完成投资475.03万元，主要有新建蓄水池27口、塘坝整治4座、衬砌渠道3592米、PE塑管埋设5500米、完成土壤改良2615亩、商品兔养殖30户等内容。项目区农民通过种植葡萄、经济林果、水稻制种、特色

2011年9月27日，水富县建县30周年庆祝活动（水富县志办　提供　卓维华　摄）

养殖等措施实现新增总产值 300 万元，新增纯收入 180.3 万元，人均增收 3952 元。

保障性住房建设　近年来，努力探索保障性住房建设长效机制，着力构建多层次住房保障体系，加快推进以廉租住房、经济适用住房、公共租赁房为重点的保障性住房建设，基本形成中等以下收入家庭购买经济适用住房、低收入困难家庭享受廉租住房政策的住房保障机制，较好地改善了居民的居住条件。全县共建成廉租房 436 套 25440 平方米、公共租赁住房 28 套 1836.16 平方米。

水绥二级公路通车　水富县至绥江县二级公路是向家坝水电站淹没区水绥公路的还建工程，项目起于水富县向家坝镇高滩村，止于绥江县南岸镇林家坝村，建设里程 65.43 千米（其中水富境内 14.4 千米），计划总投资 22.94 亿元，实际完成投资 28.92 亿元。2009 年 12 月 22 日开工建设，2011 年 6 月 30 日全线贯通，7 月 26 日交工验收，7 月 27 日举行通车典礼。

县城污水处理厂竣工　县城污水处理厂位于向家坝镇剪刀湾大桥西侧，设计规模近期为 1.5 万立方米／日，远期为 3 万立方米／日，新建污水管网 30.03 千米、雨水管网 30.74 千米，工程总投资 7227.36 万元，2009 年 12 月 18 日开工建设，2010 年 10 月 15 日移交业主云南省水务投资有限公司管理并试运行。2011 年 8 月 25 日，县里原则上同意验收。

节能减排　全县年内 1 ～ 8 月纳入统计监测的 6 户规模以上企业，总能耗 49 万吨标准煤，比上年同期增加 6.79%，单位工业产值能耗由上年的 3.04 吨标准煤下降为 2.68 吨标准煤，下降幅度为 12.03%；单位工业增加值能耗由上年的 7.82 吨标准煤下降为 6.37 吨标准煤，下降幅度为 18.45%。以上年可比价格的工业总产值计算，全县 6 户规模以上企业上半年实现节能量 6381 吨标准煤。

易地扶贫开发　水富县 2010 年度易地扶贫开发项目涉及安居工程、基本农田、人畜饮水、通路工程、通电工程、生态工程、科技培训等建设，于 2010 年 9 月启动，2011 年 7 月完成主要任务。其中，完成安居房建设 60 套 4320 平方米，中低产田改造 300 亩，新建蓄水池 1 个，安装人畜饮水供水主管 500 米、分管 3000 米、入户设备 60 套；新修公路 0.5 千米，新建节柴灶 60 口，架设 220 伏主线 2.5 千米、入户线 6 千米、入户表安装 60 只，先后组织 8 期 750 人参加农村适用技术培训。

向家坝电站库区移民搬迁　12 月 29 日，水富县委、县政府在向家坝镇邵女坪移民安置点，举行向家坝水电站云南库区（水富）移民搬迁启动仪式，在全县“四包”移民单位帮助下，首批 175 户移民喜迁新居。

（卓维华）

昭通市经济社会发展主要指标（表一）

县（市、区）	年末总人口（万人）		城镇人口占总人口比重（%）		单位从业人员（万人）		农业总产值（亿元）	
	2010年	2011年	2010年	2011年	2010年	2011年	2010年	2011年
昭通市	521.92	525.85	20.5	22.60	18.11	21.60	115.62	142.95
昭阳区	78.87	79.50		35.68	5.90	5.91	19.75	25.46
鲁甸县	39.11	39.40		18.50	1.66	1.72	8.70	10.52
巧家县	51.69	52.03		14.98	1.20	1.36	17.28	20.70
盐津县	37.03	37.31		18.01	1.05	1.24	7.69	8.92
大关县	26.35	26.55		22.96	0.76	0.79	5.66	6.30
永善县	39.47	39.77		25.42	1.14	1.30	8.89	11.30
绥江县	15.33	15.45		32.50	0.76	0.81	3.77	4.52
镇雄县	132.98	133.98		21.65	2.51	4.23	23.79	27.77
彝良县	52.24	52.63		15.60	1.14	1.73	11.36	17.47
威信县	38.63	38.92		18.14	0.89	1.32	6.85	7.70
水富县	10.23	10.31		40.56	1.09	1.21	1.88	2.29

昭通市经济社会发展主要指标（表二）

县（市、区）	生产总值（亿元）		第一产业（亿元）		第二产业（亿元）		第三产业（亿元）	
	2010年	2011年	2010年	2011年	2010年	2011年	2010年	2011年
昭通市	379.64	465.03	74.46	91.59	174.82	222.87	130.37	150.56
昭阳区	123.28	147.99	12.69	16.38	63.64	77.48	46.95	54.13
鲁甸县	25.11	30.95	5.81	7.00	12.46	16.17	6.84	7.79
巧家县	27.05	33.01	10.49	12.38	7.42	10.00	9.14	10.64
盐津县	21.31	26.14	5.09	6.00	8.96	11.90	7.25	8.23
大关县	12.58	14.90	3.99	4.43	3.68	4.84	4.91	5.63
永善县	26.89	32.14	6.41	7.69	10.62	13.11	9.86	11.34
绥江县	12.14	14.92	2.30	2.78	4.75	6.19	5.08	5.94
镇雄县	53.30	67.78	14.95	16.93	19.75	29.67	18.59	21.18
彝良县	28.10	38.13	7.43	12.05	13.04	17.18	7.63	8.91
威信县	20.36	24.77	3.99	4.46	8.22	10.88	8.14	9.42
水富县	25.65	30.95	1.20	1.49	17.08	21.11	7.36	8.35

昭通市经济社会发展主要指标（表三）

单位：%

县（市、区）	生产总值构成		第一产业		第二产业		第三产业	
	2010年	2011年	2010年	2011年	2010年	2011年	2010年	2011年
昭通市	100.00	100.00	19.61	19.70	46.05	47.93	34.34	32.38
昭阳区	100.00	100.00	10.29	11.07	51.62	52.35	38.09	36.58
鲁甸县	100.00	100.00	23.14	22.62	49.61	52.22	27.25	25.15
巧家县	100.00	100.00	38.77	37.50	27.44	30.28	33.79	32.22
盐津县	100.00	100.00	23.90	22.97	42.06	45.54	34.04	31.49
大关县	100.00	100.00	31.73	29.71	29.23	32.48	39.04	37.81
永善县	100.00	100.00	23.84	23.91	39.51	40.79	36.65	35.30
绥江县	100.00	100.00	18.96	18.66	39.17	41.53	41.87	39.81
镇雄县	100.00	100.00	28.06	24.97	37.05	43.78	34.89	31.25
彝良县	100.00	100.00	26.46	31.59	46.40	45.04	27.14	23.36
威信县	100.00	100.00	19.60	18.02	40.39	43.94	40.01	38.03
水富县	100.00	100.00	4.69	4.83	66.60	68.20	28.71	26.97

昭通市经济社会发展主要指标（表四）

县（市、区）	生产总值指数（上年＝100）		人均生产总值（元/人）		国有经济固定资产投资（亿元）		社会消费品零售总额（亿元）	
	2010年	2011年	2010年	2011年	2010年	2011年	2010年	2011年
昭通市	114.2	114.7	7193	8877	165.67	312.43	105.67	126.83
昭阳区	112.3	112.7	15454	18688	19.40	50.59	43.12	51.15
鲁甸县	117.2	117.8	6491	7884	5.44	25.32	4.52	5.50
巧家县	115.5	115.0	5174	6366	1.46	17.06	6.74	8.17
盐津县	114.8	115.5	5695	7033	2.17	20.51	4.44	5.41
大关县	113.5	113.1	4804	5632	2.99	9.68	3.42	4.23
永善县	111.7	111.5	6756	8111	29.46	8.36	5.90	6.99
绥江县	116.0	115.1	7764	9692	2.98	19.71	3.38	4.15
镇雄县	116.9	119.0	3919	5077	12.34	38.30	16.80	20.37
彝良县	116.6	117.6	5238	7271	7.46	24.09	8.00	9.40
威信县	118.0	116.1	5293	6388	2.40	26.98	5.07	6.34
水富县	110.9	114.0	25800	30137	42.43	17.37	4.29	5.12

昭通市经济社会发展主要指标（表五）

县（市、区）	地方财政收入（亿元）		地方财政支出（亿元）		人均地方财政收入（元/人）		人均地方财政支出（元/人）	
	2010年	2011年	2010年	2011年	2010年	2011年	2010年	2011年
昭通市	25.62	32.59	146.60	178.28	485	622	2776	3403
昭阳区	5.03	6.41	19.22	24.07	631	810	2408	3040
鲁甸县	1.57	2.04	11.75	14.12	405	521	3036	3596
巧家县	1.09	1.40	13.40	14.81	208	270	2560	2855
盐津县	0.92	1.14	8.29	11.25	246	306	2215	3026
大关县	0.54	0.67	8.66	8.81	205	255	3307	3329
永善县	1.36	1.85	10.96	12.71	342	467	2752	3208
绥江县	0.89	1.48	5.61	8.27	569	960	3583	5374
镇雄县	2.70	3.80	26.19	33.19	198	285	1925	2486
彝良县	1.52	2.07	12.04	17.14	282	394	2243	3270
威信县	1.27	1.62	9.82	11.52	330	418	2552	2971
水富县	1.59	1.78	5.67	5.90	1603	1736	5710	5743

昭通市经济社会发展主要指标（表六）

县（市、区）	农民人均纯收入（元）		职工人数（万人）		在岗职工年平均工资（元/人）		人均储蓄存款余额（元/人）	
	2010年	2011年	2010年	2011年	2010年	2011年	2010年	2011年
昭通市	2769	3294	17.95	20.59	28796	34012	4445	5582
昭阳区	3226	3786	5.90	5.44	29909	39050	8923	10425
鲁甸县	2572	3046	1.66	1.68	24834	27053	2546	3104
巧家县	2745	3164	1.20	1.36	29200	31405	2821	3917
盐津县	2730	3290	1.05	1.22	27948	29794	3820	4744
大关县	2600	3002	0.76	0.76	27012	29630	3849	4742
永善县	2723	3183	1.02	1.21	27970	29656	4875	6517
绥江县	2911	3416	0.74	0.77	28436	34218	8772	12686
镇雄县	2482	3040	2.51	3.94	30812	36002	2337	3112
彝良县	2650	3192	1.14	1.73	25645	32618	3390	4182
威信县	2814	3331	0.88	1.31	27079	30308	4145	5075
水富县	3318	3886	1.09	1.16	31730	34906	15559	18225

Lijiang City

丽江市

主　　编　何兴庚
责任编辑　宣　勤

概述　丽江市位于云南省西北部，金沙江中游，东接四川省凉山彝族自治州和攀枝花市，南连大理白族自治州，西、北分别与怒江傈僳族自治州和迪庆藏族自治州毗邻。全市辖区面积20549平方千米，其中：坝区河谷区1685平方千米，山区18864平方千米。山峦重叠，江河纵横，群山环抱，盆地、湖泊点缀其间，素有“一山有四季、十里不同天”的立体气候特征。辖古城区、永胜县、华坪县、玉龙纳西族自治县、宁蒗彝族自治县。一区四县共72个乡（镇、街道办事处），其中：4个街道办事处、13个镇、33个乡、22个民族乡。年末全市常住人口125.41万人，人口自然增长率4.39‰。

2011年，完成生产总值(GDP)178.5亿元，按可比价格计算，较上年增长16.5%，分别比全国、全省高出7.4、2.8个百分点，增幅位居全省各州市第2位。从三次产业看：第一产业增加值30.49亿元，增长6.5%；第二产业增加值74.39亿元，增长25.9%；第三产业增加值73.62亿元，增长12.4%。第二产业增加值总量及其比重首次超过一、三产业，产业结构调整取得突破性进展。三次产业结构由上年的18.1∶38.3∶43.6调整为17.1∶41.7∶41.2。工业增加值占GDP的比重达到26.1%。非公有经济不断发展壮大，非公有制经济增加值为89.4亿元，增长20.1%，占GDP的比重为50.1%。全年实现财政总收入40.23亿元，较上年增收14.23亿元，增长54.8%。其中：地方一般预算收入完成26.25亿元，较上年增收9.80亿元，增长59.6%，增幅排名全省第一。全年完成农业总产值53.1亿元，较上年增加8.07亿元，增长7.3%，全年完成工业总产值120.76亿元，较上年增长27.3%，其中：规模以上工业总产值95.31亿元，增长38.3%。

2011年旅游接待人数突破千万人次，达到1184.05万人次，较上年增长30.12%，实现旅游总收入152.22亿元，较上年增长35.36%。其中：接待国内游客1107.93万人次，增长30.52%；实现国内旅游收入135.73亿元，增长37.51%。接待海外游客76.12万人次，增长24.5%；实现旅游外汇收入2.54亿美元，增长25.44%。

全面实施农村义务教育“两免一补”政策，全市受益学生16.1万人，免补金额1.56亿元；中小学危房改造工程开工16.85万平方米，竣工9.7万平方米；“普九”成果得到巩固，全年小学在校人数10.16万人，初中在校5.24万人，高中在校2.19万人。幼儿园在园2.32万人。在校残疾儿童372人，残疾儿童入学率102.2%。小学毛入学率110.69%，提高0.38个百分点。小学辍学率0.73%。初中毛入学率达到106.09%，初中升学率62.67%，比上年下降7.58个百分点，初中巩固率97.46%，初中辍学率2.59%；全市小学教师学历达标率98.81%，高中教师学历达标率97.56%；全市普通高考录取率达到89.5%，较上年提高6.6个百分点。

新型农村合作医疗深入推进，新农合覆盖农业人口98.12万人，参合人数95.03万人，参合率96.85%。全年共有215.47万人次享受新农合减免补偿，减免补偿金1.52亿元。全市共有全民所有制卫生机构94个，公立医院病床数3135张，全民所有制卫生机构卫生技术员3072人。

城乡居民生活水平进一步提高。全市城镇居民人均可支配收

2011年11月8日，丽江雪山书院恢复挂牌（古城区志办　提供 张永香　摄）

入15812元，比上年增加2072元，增长15.1%。农民人均纯收入4270元，比上年增加860元，增长25.22%。年末城镇参加基本养老保险人数68677人，比上年增加5331人。城镇职工年平均工资31439元，比上年增加2666元，增长9.9%。年末城镇全部单位从业人员9.48万人，增长8.35%。城镇登记失业人数4606人，比上年增加230人；城镇登记失业率3.4%，比上年下降0.2个百分点。

菜篮子工程 2011年，各县区按照《丽江市人民政府关于加快蔬菜产业发展保障市场供应的实施意见》，稳步发展蔬菜产业并取得了初步成效。古城区在金山乡、七河乡建设200亩的工厂化育苗基地，两个基地将为金山、七河两乡提供大田蔬菜种植所需菜苗。同时，在金安乡、金山乡、七河乡、大东乡、金江乡、束河办事处推广种植6片连片300亩以上蔬菜；建设两个500吨级气调冷藏库；一个蔬菜物流批发交易市场的前期工作已启动；在七河乡、金山乡、金安乡新建蔬菜生产标准钢架大棚176个，面积达3.70万平方米。古城区明确各乡、办事处蔬菜产业发展的量化指标，通过制定目标责任考核奖励办法明确了考核奖励。玉龙县则通过加强招商引资推动蔬菜产业的发展。玉龙县引进的茂稼公司在九河乡已开工建设150亩蔬菜产业核心示范区，示范区包括50亩阳光温室大棚、50亩连体钢架大棚和50亩露地蔬菜。同时，玉龙县积极探索果树配套模式，结合拉市1000亩丽江雪桃核心园区建设，丽江瑞雪雪桃开发有限公司以间作的模式种植了600亩露地蔬菜。永胜县在蔬菜集中育苗基地建设、钢架蔬菜大棚建设、以气调冷藏库建设为主的市场流通体系建设等方面，实行了项目申报制度和合同制管理，11月23日，对申报建设内容进行批复和签订责任合同。宁蒗县的蔬菜产业项目建设也已在全县范围展开。落实高产露地蔬菜栽培2060亩及带动全县2万亩种植蔬菜；落实标准钢架大棚146亩，主要分布在大兴镇，部分已建成投入使用。华坪县根据气候条件，将蔬菜大棚的建设安排在1600米海拔以上的地区，坝区主要进行集中育苗基地建设。安排示范样板8片，每片50亩，由乡镇科技服务中心实施，示范带动2600亩蔬菜基地建设。在新庄、通达乡由协会完成50亩蔬菜种子繁育基地，落实7.8万平方米蔬菜钢架大棚和580个废液池的建设。市场流通体系和冷库的建设正在进行摸底考察。

创建农业高产片区 2011年来，丽江市认真抓好以高产创建活动为重点的科技增粮、积极落实各项农业科技措施并取得了明显效果。截至目前，全市已实施完成了25个高产创建片区。含水稻8片、玉米5片、马铃薯9片、小麦2片、油菜1片，共建设25个百亩核心区、25个千亩展示片、25个万亩示范区。与此同时，还进行室内与现场相结合的各类科技培训132期次。通过前期、中期、后期分阶段的技术服务，共发放综合配套栽培技术资料3.5万余份，实施完成玉米高产创建8.3万亩，涉及农户1.5万余户，带动面积25万亩，平均亩增加33.4千克，增产835万千克；马铃薯高产创建9.77万亩，涉及农户数近1万户，带动面积25万亩，平均亩增加52.5千克，增产77.5万千克；水稻高产创建11.15万亩，涉及农户数15586户，带动面积20.2万亩，平均亩增加61.5千克，增产1242.3万千克；油菜高产创建2.53万亩，涉及农户数1589户，带动面积4万亩，平均亩增加7.1千克，增产28.3万千克。

财政扶贫开发投入 2011年，市财政支农工作紧紧围绕市委、市政府的中心工作，切实加大了对“三农”的投入力度，更好地服务“三农”，全年财政直接投入“三农”的资金达14.33亿元。“十一五”期间，全市财政直接投入“三农”的资金累计达34.44亿元，平均每年投入6.88亿元。与“十五”相比，市财政更加着重农业基础设施的建设、农业产业的发展、林业、水利、扶贫开发、新农村建设、现代农业以及农产品加工与销售等建设。农村基础设施不断夯实，特色农产业得到进一步巩固和发展，生态产业蓬勃发展，全市形成以芒果、雪桃、苹果、核桃、中药材等为主的产业群体，并开发了“三川”“得一”“林辰”“绿A”等一系列产业品牌，特色产业培育取得新成绩。落实各项惠农政策，努力改善民生。全年有近90万农业人口享受农资综合补贴、粮种补贴、粮食直补、公益林生态效益补助、草原生态效益补偿等各种惠农补贴，每年发放到农民手中的补贴总额2亿多元。“十一五”期间，全市扶贫开发总投入达12.88亿元，比“十五”期间的8.3亿元增加4.58亿元，增长55%。

拉市海水库跻身国家级水利风景区 位于玉龙雪山南麓，拉市海是云南省第一个以湿地命名的自然保护区。景区内分布着多种观赏植物和珍惜濒危植物，动物，鸟类资源也比较丰富，共有鸟类88种，每年来此过冬的鸟类有10多万只，其中珍稀濒危鸟类有9种。水库土著鱼类有4种，引进品种有16种，水产品产量较高。这里是藏传佛教与汉传佛教的交汇区，是古时通往西藏的茶马古道，历来是多民族文化交汇之地。水库流域内林木覆盖率达87%。近年来，拉市海景区附近的旅游接待设施得到改善，每年接待游客60万人次。在发展旅游业的同时，兼顾污水处理和农业污染源的保护和排污截污工作，生态环境得到有效保护。2010年1月，拉市海水库管理所被评为第四批省二级水库管理单位。2011年由国家水利部在江苏溧阳召开了全国水利风景区建设与管理工作会议，水利部为52家全国第十一批国家级水利风景区颁发“国家水利风景区”证书，拉市海水库是云南省唯一入选的景区。

帮扶少数民族 2011年市加大对民族地区的投入，共安排实施整村推进项目266个4035万元，实施1.12万户农村危房改造及地震安居工程，建设农村清洁能源沼气池4010口。还整合了国债资金、省级小农水资金、小水窖资金及其他部门资金5403万元，解决11.66万少数民族群众的饮水安全问题。落实义务教育补助经费和民族地区中小学建设项目资金1.67亿多元，改善民族地区中小学生的学习生活条件。在永胜、华坪、古城、宁蒗4个区县的少数民族较为集中的13个乡镇、24个村委会开展民族贫困村村级发展互助资金试点工作，筹集试点资金总额401.01万元，组建31个扶贫互助社，参与农户1475户，有效缓解了民族地区贫困村产业发展资金短缺问题，增强了试点村少数民族群众的自我发展能力。2011年市级财政预算还安排民族工作专项经费100万元。全市18个民族乡每乡安排了5万元民族机动金，用于贫困学生和贫困农户的困难补助，华坪县财政每年给傈僳族阔时节、苗族花山节安排节日活动经费12万元。

在关注民族地区经济发展的同时，丽江市还加大对民族文化事业的财政投入。每年筹措1000万元资金用于文化研究和保护，积极组织开展国家级丽江纳西文化生态保护区申报工作；加强非物质文化遗产的挖掘保护，从2011年开始，对市级非物质文化遗产传承人实行每年人均2400元的传承活动补助。而宁蒗县从2011年起，县财政每年安排300万元民族文化发展资金，用于扶助、奖励或推动民族文化产业和民族文化事业发展。

（张雪英）

古城之秋（古城区志办 提供 张永香 摄）

Gucheng District 古城区

人均收入增加 2011年全区居民消费价格总指数为104.5%，同比上涨4.5%，比上年同期上升1.3个百分点。其中服务项目价格上升1.4%；消费品价格上涨5.5%。食品类价格两位数上涨的有粮食、肉禽及其制品、糖、糕点、油脂、蛋类等。据城乡住户抽样调查资料，2011年农民人均纯收入7012元，同比增加1792元，增长33.4%，村民家庭恩格尔系数为47.2%；城镇居民人均可指配收入17380元，同比增加1860元，增长12%，居民家庭恩格尔系数为41.5%。

社会保障全面加强 2011年，率先推行新型农村社会养老保险制度，全区农村实现“老有所养”。五大社会保险基本覆盖全区，社会保障和救助体系日趋完善，城镇居民医疗保险工作全面铺开，各种保险参保率不断上升。年末，新型农村社会养老保险参保5.45万人。社会养老保险参保1.66万人；医疗保险参保1.91万人；失业保险参保8707人。参加城镇居民基本医疗保险人数2.83万人。年底，全区城镇居民最低生活保障8717人，同比下降1.3%。农村低保1877人，同比增长19.3%。区内有各类社会福利院单位2个，社会福利院年末床位数260张。城镇社区服务设施数23个。全年民政事业费支出5446万元，其中：抚恤事业费支出525万元，社会救济福利事业费370.4万元；城镇居民最低生活保障费1638万元，救灾支出175.7万元。

优化城乡交通 2011年不断优化城市交通，加快农村公路建设，年末，全区公路通车里程890千米，省级公路里程114.4千米，城市公路里程71.5千米，区乡道140千米，乡道223.7千米，村道498千米。全年公路营运性客运量321万人，公路货运量280万吨。丽江机场起降民航航班2.01万架（次），同比下降4.5%，旅客吞吐量218.36万人（次），同比下降1.5%，货邮吞吐量1.71万吨，同比增长8.8%。

城市环境美化 坚定不移实施城市精细化管理，加强城市环境卫生，加快城市交通纵横发展，着力在城市形象上实现新提升，城市发展不断优化。城市建成区面积扩大到19.28平方千米，城镇化率69.4%。城市绿地面积744.54公顷，城市绿地率38.62%，绿化覆盖率41.02%。城市人均公共绿地面积30.2平方米。坚持治理与保护并重，不断加强生态环境建设，城市生活污水处理率90.35%；城市生活垃圾处理率85%。

特困户获赠电视机 大东乡党委政府贯彻落实古城区委二届八次全会

金安桥水电站七河移民新村（古城区志办 提供 树发生 摄）

精神，坚持“两个文明”一齐抓，进一步丰富农村群众精神文化生活，认真调查梳理全乡没有电视的贫困农户，进行登记，乡党委政府筹措资金，采购172台电视机发放到贫困农户手中，实现全乡户户有电视。

推进全民健身运动 5月5日，古城区贯彻国务院《全民健身计划(2011～2015年)》。落实全民健身项目，重点实施全民健身路径建设项目和体育中心健身乐园建设，至2011年，辖区内兴建足球场2块，篮球场86块，地掷球、门球场30块，活动室150个，实施国家农民体育健身工程1个，安装健身路径5条，在12个城市广场建设全民健身路径，每条路径包括单杠、双杠、平衡梯、仰卧起坐平台、太空漫步机等几十种器械，并在全市率先启动工间操活动，全区体育人口超过40%。

首座垃圾转运站建成使用 5月17日，丽江首座垃圾密闭化收集转运站在古城区西安街道象山社区棕榈巷正式建成并投入使用。项目占地83.4平方米，总投资156万元，中转站集收集、压缩、转运为一体，由保洁员定时定点收集垃圾运至中转站进行压缩，再运至垃圾场进行无害化处理，转运站日处理量50吨，辐射丽江整个北郊片区。

农村饮水安全工程 2011年，实行惠民工程，投资230万元，实施4000人农村饮水安全工程，解决七河、金山、大东乡8个村民小组1997人的饮水安全问题。

每乡一所幼儿园工程 2011年区投资300万元在每个乡镇建设一所幼儿园，年内制订金江乡邑马珍幼儿园设计方案和束河荣华幼儿园改扩建项目规划方案，启动大东、金安乡中心幼儿园项目建设，实施金山漾西幼儿园项目工程的招投标。

（张永香）

Yongsheng County 永胜县

农村经济 全县农村经济总收入18.1亿元，比上年增长17.6%。全年粮食总产量15.3万吨；收购烟叶15.8万担，实现烟农收入1.4亿元，比上年增加5416万元，完成烟叶税3126万元，比上年增加1191万元；冬早蔬菜种植5.4万亩，产值突破1亿元；新增核桃17.4万亩，中药材等新兴产业发展势头良好；畜牧业产值6.2亿元，比上年增长12%；培训农村劳动力7579人，新增转移就业7215人。

实施工业倍增计划 发展工业经济。2011年全县工业总产值25.9亿元，增长34.4%，规模以上工业增加值8.3亿元，增长46.2%。工业园区成为特色产业集聚发展平台，程海流域生态经济建设试验区总体规划已获省政府批复，起步建设仁和市级工业园区，推进县城工业园区二期基础设施建设，完成绿A生物产业园区建设规划，加快螺旋藻产业建设步伐；推进10万吨金属镁资源综合利用项目；全年煤炭总产量22.5万吨，实现税费收入3077万元；加快铜矿开采加工步伐；出口创汇实绩企业达4户，实现出口创汇额1647万美元。

环湖生态建设 强化程海湖生态保护治理工作，投入资金1.8亿元全力推进程海水污染防治“4114711”工程项目建设，实施程海湖沿湖47个村落环境综合治理工程；完成沿湖基本粮田改造、生态林果、沼气池、蔬菜大棚等工程；加快实施程海面山生态修复工程，提高环湖面山森林覆盖率；开工建设环湖生态路。建立程海湖人工模拟鱼类产卵场，提升湖内珍稀土著鱼种群数量。

环境保护 深入实施环保专项行动，程海湖周重点螺旋藻生产企业全面实现污染源在线监测、监控；淘汰日产1000吨水泥旋窑生产线1条；县城污水处理厂二期工程完工并投入运行；发展新型墙体材料，累计批准建设新型墙体材料企业7户；启动县城节能灯改造项目；建设项目“三同时”制度执行率达100%。加强天然林资源保护，开展二期天保工程，巩固退耕还林成果，森林覆盖率达53.2%。

关注民生 全面落实“两免一补”政策，抓好校舍危房改造工程，实施校安工程2010年续建项目16个、2011年新建项目35个；完成永胜县特殊教育学校、第四中学运动场建设项目；深入实施医药卫生体制改革，乡、村实现基本药物全覆盖；完成总投资9500万元的县人民医院整体迁建项目，投入3000万元购置核磁共振、CT等先进医疗设备；加快妇女儿童健康服务中心、村级卫生室建设，完善社会公共医疗卫生服务体系；2011年新农合参合人数34.6万人，参合率达96.9%。发放农村低保金2292万元、老年人保健补助金206万元。推进新型农村养老保险和城镇居民养老保险试点工作，新型农村养老保险参保率97.5%、城镇居民养老保险参保率95.2%；实施100套廉租房、400套公租房建设工程；完成农村民居地震安全工程和农村危房改造项目2700户。

扶贫攻坚 投入财政扶贫资金2434万元、投放扶贫信贷资金2650万元、整合部门资金3120万元、争取协调各级挂钩单位资金866万元，扶贫项目覆盖315个贫困自然村，受益群众1.53万户5.74万人；松坪乡整乡推进项目顺利通过验收；全面完成55个省市级整村推进项目，完成扶贫安居工程200所，全年实现脱贫1.3万人。

打造边屯文化品牌 倾力打造边屯文化品牌。投入经费2900万元，完成中国永胜·云南边屯文化博物馆、毛泽东祖先纪念园建设工程，并于12月26日顺利开馆。挖掘、整理、宣传边屯文化，出版发行优秀的文学艺术作品。如反映永胜风土人情的作品《边屯之光——毛泽东祖先足迹》《金沙水暖——熊浚程书法作品集》、戏剧集《程海枪声》、小品集《沧城夜话》、音乐集《永胜花灯音乐》等；与中央电视台联合制作《边屯丽影》电视专题片于2011年3月在中央电视台《探索·发现》栏目播出；由云南电视台拍摄的《边屯重彩》在云南电视台播出；简良开、兰绍增、杨如刚在清华大学百年校庆期间，登上清华大学讲坛，为中外学者介绍他留极度濒危的铎系文化；与云南日报等主流媒体合作，推出边屯文化专版；与丽江市广播电视台合作，推出《边屯大观》栏目，每星期播出1期；创办《边屯之窗》县文联创办《永胜文艺》双月刊杂志。

（金桂桂）

Huaping County 华坪县

人民生活 2011年，城镇居民人均可支配收入达到17060元，增长13.7%；农民人均纯收入达到5134元，增长25.4%。单位从业人员19211人，从业人员劳动报酬5.79亿元，同比增长27.8%，在岗职工年平均工资30758元，同比增长6.4%。全县“六险”参保人数达到7.4万人。新型农村合作医疗参保人数达到11.74万人，城镇居民医疗保险参保人数达到1.4万人。在全市率先自筹资金同步实施新型农村和城镇居民社会养老保险制度，有1.7万60周岁以上的城乡居民领到基本养老金。有31136名城乡居民纳入低保，累计发放低保资金3313万元。年末，有社会福利机构9个。新建100套公租房，实施412套棚户区改造工程，开工建设500套保障性住房，低收入群体住房困难问题得到有效缓解。实施积极的就业政策，全年新增城镇就业1072人。完成中心镇、兴泉镇综合文化站和10个文化活动室、22个农家书屋建设，积极推进文化信息共享和广播电视“村村通”工程，全民健身活动深入开展，城乡群众文化生活进一步丰富。

农村流通网络体系建设 至2011年，华坪县供销系统结合“新网工程”“万村千乡市场工程”“乡村流通工程”建设的实施，在全县建设农村便民超市100个，农村综合服务社127个，组建农民专业合作社28个，改扩建农村集贸市场5个、农资储备仓库4个，组建日用消费品配送中心1个，启动2个乡镇农贸市场的新建项目，经营服务网络覆盖全县所有村（居）民委员会，服务领域由过去单一的商品购销拓展到集贸市场建设管理、生猪定点屠宰、农产品收购、加工、储运、农用加油站、农村实用技术培训等，同时还积极参与农业产业化经营，帮助农民实施产业结构调整，实施科技兴农，不断内强素质、外树形象，逐渐探索出一条正常的发展之路。到现在，县供销社所属8户企业拥有资产总额2690万元，全年经营总额2.06亿元，其中商品销售8766万元，实现利润20.1万元。

红岩子村跨越发展 红岩子是一个傈僳族聚居的自然村，位于华坪县船房乡乌木河畔一座大山的半山坡凹洼处，因背后的岩石呈褐红色而取名，隶属于船房乡华荣村，海拔1600～2000米。4个村民小组52户240人，其中傈僳族人口占96%，散居在红岩子的斜坡上，上下都是悬崖，居住条件十分的恶劣，水源缺乏，过去一半的农户都吃救济粮，村民运物全靠人背马驮，产业发展不起来，生产生活十分困难，是全县远近闻名的特困村之一。为切实解决该村的贫困问题，近几年来，华坪县加大了对红岩子村4个村民小组的扶贫力度，除两个组18户76人居住比较分散没有通电外，已架通7、8两组的电，并修通7、8、9组的通村公路，家家户户建起了水窖；电通，路通，山寨大门打开了，傈僳族群众生产生活开始发生了变化。过去受制于交通运输困难，

农村便民超市一角（华坪县志办 提供）

长期发展缓慢的花椒、核桃、山药得到了大发展。村民利用红岩子充足的光热资源，多的人家种植了1～2亩的山药，每户每年都有1万～3万元的收入。因红岩子大多是红壤土，傈僳族群众又以野生山药为种，种出的山药口感好，在当地的销售价每千克6～7元，运到华坪县城就可翻一倍的价格出售，一到县城市场，就被市民一抢而空。前几年种的花椒也值钱起来，有上万元的花椒农户。短短两三年时间，就发展了1000亩核桃。攀枝花市、华坪县的客商直接将车开到村里收购农副产品。傈僳族群众家家买了摩托车，下山上山方便多了。2011年全村户均收入超1.5万元，人均纯收入4000元。至年底红岩子村在国家扶持下，4个小组有20多户进行了房屋改造。红岩子村从原来只有两名70岁以上的老党员，到现在已发展培养了既年轻又有技术的党员5名，消除了党员空白村，并成立了红岩子村党支部，通过发展党员，健全了党组织。如今的红岩子村电通了，路通了，村民们开上了农用车、看上了电视，吃上了大米饭，住上了大瓦房，日子一天天好起来了。

市政基础设施建设 2011年，紧紧围绕“跳出老城建新城，建好新城带老城，整体抓规划，局部抓优化，新城高标准，老城重提升，整体上档次，全面促发展”的总体思路，按照“政府主导、严格监管、市场运作、企业开发”的原则启动了总投资1.63亿元的兴华桥片区“11条路、4座桥、3个服务性功能场所、1条河堤改造和景观带”基础设施建设。各项工程进展顺利，36米道路、县城段河道整治、鲤鱼河5米、9米河滨景观带改造、兴华桥拆除重建工程、28米道桥至兴华桥东岸石材栏杆安装工程、河道亮化工程、24米道路东段道路施工以及片区内绿化亮化工程已全面完工，并投入使用。鲤鱼河25米河滨景观带东岸建设项目，市民广场项目36米道延长线工程（含新增工程），目前正在进行道路挡墙施工，截至年底，兴华桥片区市政基础设施建设项目累计完成投资约1.4亿元。

李江副省长到华坪视察 2011年7月14日，云南省省委常委、副省长李江，一行在丽江市主要负责人的陪同下到华坪县视察指导工作。华坪县县长、副县长等领导陪同调研。李江一行先后到荣将镇龙头果子山万亩芒果示范园、华盛公司、河东9村、丽江华坪女子高中，视察了华坪县的芒果种植、新型工业化发展、新农村建设及女子高中办学等情况，并到华坪儿童之家看望慰问孩子们。每到一处，李江都与当地群众亲切交谈，了解社情民意。李江还代表省委、省政府为女子高中赠送了30台电脑。

（李建英）

Yulong Nakhi Autonomous County
玉龙纳西族自治县

安居工程 自2009年起，先后在火车站片区和古城区清溪片区实施农村危房改造工程。到2011年，全县已建成廉租房300套、棚户区改造398套、农村危房改造1050户，发放廉租住房补贴45.53万元。

云南第二大铁路客运站投入营运 8月17日，位于玉龙新县城南口片区新建的丽江火车客运站正式投入使用。丽江火车站建筑面积1.18万平方米，车站设计最高聚集人数为2000人/每小时，是云南第二大铁路客运站。站房设计融入丽江本地建筑元素，造型精美独特，是一座具有民族风格的现代化建筑。新建丽江站启用后，原丽江东站不再办理客运服务，乘客可从丽江古城口乘4路直达火车站，或从古城南门白龙广场坐18路直达火车站，也可从古城区象山市场乘16路直达火车站。

高寒山区特色产业 2004年开始进行玛咖引进种植驯化试验工作，经过多年努力，玛咖种植培育成为全县高寒山区特色优势产业，填补高海拔山区的“产业空白”，取得良好的经济、社会和生态效益。2009年，推广种植面积达2611亩，平均亩产达300千克，总产量783.3吨，实现产值626.64万元；2010年，全县推广种植2500亩，受百年不遇旱灾影响，总产量500吨，实现产值400万元；2011年，推广种植3835亩，占全市种植面积5000亩的76.7%。

雪桃三赴国宴 10月16日，7600个雪桃从丽江机场启运至北京，三度成为人民大会堂的特供珍稀果品。自2009年10月雪桃首次进入国庆60周年人民大会堂国宴以来，到2011年已是玉龙县雪桃第三次献礼国宴。2011年，全县丽江雪桃种植面积达1.74万亩，产业涉及14个乡镇2500户1.09万人。预计到2014年，全县雪桃种植面积将达2.5万亩，产量达2万吨，产值将达2亿元。

农村文化工程惠民 实施农民健身工程，建设20个农民健身活动中心；实施广播电视“村村通”工程，完成全县20户以上村社广播电视“村村通”工程2.9万户；实施农村数字化电视覆盖工程，开通16个乡镇政府所在地数字电视；实施农村文化共享工程，建设74个村委会文化共享工程基层服务点；实施农村电影放映工程，在全县16个乡镇建立农村电影放映队组织科普电影宣传；实施文化广场建设工程，建设6个农村文化体育活动广场；实施民族文化保护传承工程，建设8个东巴文化传承基地，申报国家级东巴文化生态保护区。

鳟鱼养殖增收 2011年，玉龙县立足丰富的水资源条件和丽江旅游饮食文化市场，以龙头企业为带动，以鱼苗繁育基地为支撑，在石鼓、白沙、拉市、龙蟠等乡镇大力推广开发以鳟鱼为代表的冷水性鱼类养殖业，新增标准化鳟鱼养殖面积 7.5 亩，全县特色水产品养殖面积达 50 亩，鳟鱼养殖产值达 1000 万元。

学校危房改造 继续加大投入力度，全面推进学校危房改造工程。2011 年，共启动校安工程项目 32 个，计划投入资金 1544 万元，新建、改扩建校舍面积 1.16 万平方米；其中，新建项目 26 个，计划投入资金 1360.1 万元，建筑面积 8861 平方米。

乡村流通工程建设 改造农村流通网络，全面改造 6 家基层供销社、4 家综合服务社、1 个乡村集贸市场；创办行业协会，组织成立优质农产品产销协会、专业合作社 24 个；依托优质产品扩大市场，优先发展以集中采购、统一配送为核心的新型农资营销体系，扩大市场份额，实现化肥及农药直销，已辐射到全县各乡镇村委会；积极争取项目及资金支持，组织上报省、市"乡村流通工程"项目 4 个；组织举办专题培训，教育培训农产品经纪人 396 人次。

石头城省级旅游特色项目完成 12 月 13 日，玉龙县宝山石头城省级旅游特色项目全面完工。项目完成投资 30 万元，修缮 2 个公共卫生厕所和进入石头城的栈道，修建 2 个观景台并加盖凉亭，新建石质旅游指示牌。

（和云凤）

Ninglang Yi Autonomous County 宁蒗彝族自治县

农业经济 2011 年，完成粮食总产量 7.4 万吨。实施马铃薯规范化种植 15 万亩、无公害蔬菜 2 万亩。种植烤烟 2.4 万亩，烟叶产量 6.15 万担，实现产值 5656 万元。加快生态产业建设步伐，完成以核桃、花椒、苹果、药木瓜、中药材为主的生态产业基地建设 38.18 万亩，同时喜获"云药之乡"称号。全县省、市级重点龙头企业增加到 10 户，专业合作组织 148 个。落实扶持畜牧产业发展资金 200 万元，安排重大动物疫情防控经费 300 万元，全县大小牲畜存栏 68 万头，出栏 27 万头／只，实现肉类总产 1.67 万吨。畜牧业产值比 2010 年增长 29.77%。

扶贫 2011 年完成投资 9167．58 万元，实施省市整村推进项目 78 个，财政易地扶贫开发 1000 人，贫困地区农村劳动力转移培训 1500 人；完成产业扶贫项目 3 个，扶贫安居工程 415 户。实施扶贫到户贴息贷款 2000 万元。兑现农村民居院内地面硬化补助资金 1658.4 万元。实施新营盘、烂泥箐连片开发项目，解决 3.85 万人的饮水安全问题。

新农村建设 实施 21 个省、市级重点村建设和 12 个县级示范村建设；实施一事一议财政奖补项目 88 件；新建农村沼气池 1320 口，节柴灶 2390 眼。

工业经济 全县完成工业总产值 9.6 亿元，增长 41.3%，实现工业增加值 3.94 亿元，增长 33.9%．全县矿产品产量突破 100 万吨，产值突破 6 亿元．全县地方电力完成投资 2.37 亿元，发电量达 1.39 亿千瓦时。

旅游业 全年接待国内外游客 50.6 万人次，比 2010 年增长 33．2%；旅游综合收入 1.77 亿元，增长 33.1%；门票收入 1310 万元，增长 54.1%。

生态保护 全年实施公益林建设 11.3 万亩，及时兑现 308.52 万亩国家级公益林补偿金；实施荒山造林 2.5 万亩，全民义务植树 54.8 万株；全县共实施生态修复保护面积 23.6 平方千米，治理水土流失面积 15 平方千米；完成林权流转 150 多万亩；安排财政专项资金 668 万元用于补充购置防火物资，组成 515 人县乡专业防火队伍。

社会事业 全年筹集资金 700 多万元用于购买学生过冬御寒衣被等物资，近 3 万名农村贫困中小学生受益；同时县财政安排专项经费 170 多万元，对高寒山区贫困学生给予肉食补贴；重建校舍 4.34 万平方米，加固改造 9692 平方米；撤并义务教育阶段学校（含校点）225 所，多渠道筹资 5000 万元实施民中改扩建工程；全县中小学配备专兼职校医 137 名、专兼职保卫人员 228 名，10 所学校荣获云南省平安校园创建学校称号；全县共有 1870 名学生参加高考（不含"三校生"），上线率达 100%；全县新农合参合人数 21.75 万人，参合率 96.6%；建成 91 个农家书屋、8 个文化信息资源共享工程服务中心、53 个村级文化信息资源服务点；实施完成 25 个农民体育健身工程、10 个乡镇文化体育场；广播、电视覆盖率均达到 98%；调查整理非物质文化遗产 19 个，入选市级名录 14 项；关注民生认真落实"贷免扶补"创业政策，新增城镇就业 604 人，下岗人员实现再就业 350 人，城镇登记失业率为 3.6%，培训农村剩余劳动力 4000 人，新增转移就业 5205 人；各类社会保险参保人数达到 15.77 万人，新增扩面 2.49 万人，其中新农保参保 12.55 万人，参保率为 98.02%．全年发放城乡低保资金 6242.2 万元，5.86 人农村困难群众和 9678 人城市贫困居民的基本生活权益得到有效保障；实施城乡医疗救助 9592 人次；加强优抚安置，妥善安置 64 名退役士兵；新建廉租房 5000 平方米、公共租赁住房 1.85 万平方米；实施农村危房改造工程 1500 户，地震安居工程 400 户；县城殡仪馆及社区服务站基本建成。

风能开发 8 月 24 日下午，县政府和云南金沙中游水电站开发有限公司风能资源开发项目签约。风能开发项目位于西川沙力、永宁坪三龙塘和昔腊坪、战河李子莫、新营盘老屋基及跑马坪等一带。预计总装机 65 万千瓦，总投资 65 亿元。

（李　莹）

丽江市经济社会发展主要指标（表一）

县（市、区）	年末总人口（万人）		城镇人口占总人口比重（%）		单位从业人员（万人）		农业总产值（亿元）	
	2010年	2011年	2010年	2011年	2010年	2011年	2010年	2011年
丽江市	124.61	125.41	27.3	28.20	8.75	9.48	44.94	53.01
古城区	21.14	21.27		69.40	3.34	3.65	5.56	6.45
玉龙县	21.49	21.62		11.90	1.22	1.25	10.81	12.73
永胜县	39.24	39.52		20.70	1.30	1.40	15.22	17.78
华坪县	16.82	16.92		38.00	1.69	1.92	7.12	8.55
宁蒗县	25.91	26.08		13.10	1.20	1.26	6.23	7.50

丽江市经济社会发展主要指标（表二）

县（市、区）	生产总值（亿元）		第一产业（亿元）		第二产业（亿元）		第三产业（亿元）	
	2010年	2011年	2010年	2011年	2010年	2011年	2010年	2011年
丽江市	143.59	178.50	26.02	30.49	55.05	74.39	62.52	73.62
古城区	50.47	62.68	3.26	3.79	17.03	22.81	30.18	36.08
玉龙县	22.34	27.33	5.91	6.77	6.32	7.90	10.11	12.66
永胜县	29.41	37.00	8.96	10.51	11.02	15.57	9.43	10.92
华坪县	26.93	34.35	3.69	4.35	15.98	21.82	7.26	8.17
宁蒗县	15.00	19.22	4.20	5.06	4.26	6.34	6.54	7.83

丽江市经济社会发展主要指标（表三）

单位：%

县（市、区）	生产总值构成		第一产业		第二产业		第三产业	
	2010年	2011年	2010年	2011年	2010年	2011年	2010年	2011年
丽江市	100.00	100.00	18.12	17.08	38.34	41.68	43.54	41.24
古城区	100.00	100.00	6.46	6.05	33.74	36.39	59.80	57.57
玉龙县	100.00	100.00	26.45	24.78	28.29	28.90	45.26	46.31
永胜县	100.00	100.00	30.46	28.42	37.46	42.08	32.08	29.50
华坪县	100.00	100.00	13.71	12.68	59.35	63.53	26.94	23.79
宁蒗县	100.00	100.00	28.01	26.32	28.39	32.96	43.60	40.72

丽江市经济社会发展主要指标（表四）

县（市、区）	生产总值指数（上年＝100）		人均生产总值（元/人）		国有经济固定资产投资（亿元）		社会消费品零售总额（亿元）	
	2010年	2011年	2010年	2011年	2010年	2011年	2010年	2011年
丽江市	115.2	116.5	11680	14279	101.11	224.17	45.50	55.67
古城区	116.7	118.0	25802	29553	23.25	67.79	21.59	26.59
玉龙县	115.0	116.0	10438	12675	11.13	36.26	4.90	5.88
永胜县	116.0	118.3	7423	9395	5.94	15.53	7.68	9.41
华坪县	115.5	116.1	16213	20359	10.77	17.61	6.83	8.26
宁蒗县	116.0	118.3	5827	7392	8.91	21.55	4.47	5.53

丽江市经济社会发展主要指标（表五）

县（市、区）	地方财政收入（亿元）		地方财政支出（亿元）		人均地方财政收入（元/人）		人均地方财政支出（元/人）	
	2010年	2011年	2010年	2011年	2010年	2011年	2010年	2011年
丽江市	16.46	26.26	59.11	81.49	1331	2101	4782	6518
古城区	5.01	7.25	8.88	12.77	2612	3420	4628	6025
玉龙县	2.13	3.00	9.44	12.16	955	1393	4227	5642
永胜县	1.78	2.02	11.78	15.19	449	512	2972	3857
华坪县	3.50	4.04	9.08	12.62	2102	2392	5448	7482
宁蒗县	1.08	1.43	10.35	13.68	421	550	4015	5260

丽江市经济社会发展主要指标（表六）

县（市、区）	农民人均纯收入（元）		职工人数（万人）		在岗职工年平均工资（元/人）		人均储蓄存款余额（元/人）	
	2010年	2011年	2010年	2011年	2010年	2011年	2010年	2011年
丽江市	3410	4270	8.02	8.70	29452	32541	11923	14522
古城区	5220	7012	2.96	3.24	28518	32620	35716	39041
玉龙县	3586	4413	1.08	1.13	31575	34036	4955	6970
永胜县	3317	4054	1.30	1.40	30499	34906	6639	7993
华坪县	4095	5134	1.67	1.89	28908	30758	18631	22748
宁蒗县	2388	2962	1.01	1.04	29418	30755	4048	5337

Pu'er City

普洱市

主　　编　刘建军
责任编辑　方爱琴

概述　普洱市位于云南省西南部。总面积45385平方千米。国境线长486.29千米。市政府驻地思茅区思茅镇，距省会昆明市公路里程420千米。

2011年，普洱市辖思茅区和宁洱哈尼族彝族自治县、墨江哈尼族自治县、景东彝族自治县、景谷傣族彝族自治县、镇沅彝族哈尼族拉祜族自治县、江城哈尼族彝族自治县、孟连傣族拉祜族佤族自治县、澜沧拉祜族自治县、西盟佤族自治县共9县1区。全市共103个乡镇（其中镇30个，乡61个，民族乡12个）41个居民委员会，993个村民委员会。

2011年末，总人口256.09万人，比上年增加1.49万人。其中：少数民族人口156.24万人。人口自然增长率为5.79‰，比上年下降0.24个千分点。

2011年，普洱市实现生产总值301.2亿元，增长14.2%，高于全省平均水平0.5个百分点，增幅居全省第六位；其中，第一产业增加值88.75亿元，增长8.0%；第二产业增加值109.05亿元，增长24.6%；第三产业增加值103.40亿元，增长9.6%。三次产业结构由上年的29.7∶33.8∶36.5调整为29.5∶36.2∶34.3。居民消费价格比上年上涨4.4%，其中食品价格上涨13.0%。工业品出厂价格上涨3.7%。工业品购进价格上涨4.1%。商品零售价格总指数上涨5.0%。农业生产资料价格上涨10.7%。人均GDP为11795元。

2011年，全市完成财政总收入63.77亿元，比上年增收16.25亿元，增长34.2%。全市地方一般预算收入完成39.29亿元，增收8.43亿元，增长27.3%。全市地方一般预算支出145.41亿元，比上年增长27.6%。

新型农村合作医疗参合率达95.59%；每千人有病床2.6张；每千人有医师1名。

2011年，农民人均纯收入4338元，扣除价格上涨因素，实际增长18.8%；职工年平均工资26159元，比上年增长11.0%。城镇居民人均可支配收入14877元，比上年增长10.4%；城镇居民人均消费性支出10356元，比上年增长16.9%。居民储蓄存款余额220.16亿元，比年初增加37.61亿元，增长20.6%。城镇登记失业率4.19%

特色产业建设　2011年，普洱市实现工业总产值165亿元，增长22.9%，规模以上工业增加值54.2亿元，增长26.8%。茶、林、电、矿产业实现工业产值115.8亿元，占工业总产值的70.2%，实现利税22.6亿元，增长34.1%。文化旅游养生产业实现新突破，一批旅游景区景点、精品酒店建成使用，接待国内游客556.43万人次、海外游客3.8万人次，分别增长60.2%和32.9%，实现旅游总收入29.6亿元，增长72.8%，接待国内游客和旅游总收入增幅居全省第一。普洱工业园区入园企业137户，建成投产98户，实现工业总产值22.3亿元。天士力帝泊洱生物茶谷建设加快推进，康恩贝云南高山生物农业、澜沧江啤酒、佳浩茧丝绸等企业入园工作进展顺利。云南海王年产10万吨鲜鱼片生产线建成投产。打造“中国咖啡之都”工作扎实推进，构建与星巴克、雀巢等企业的战略合作平台，成功注册普洱咖啡、思茅咖啡地理标志证明商标，爱伲集团咖啡烘焙生产线竣工投产，全市咖啡种植面积43.9万亩，产值8.5亿元。收购烟叶115.8万担，烟农收入10.9亿元。橡胶产值10.8亿元，蚕桑产值2.3亿元，生物药业产值5.1亿元，渔牧业产值41.4亿元。非公经济增加值占全市生产总值比重达39%。

“三农”工作　2011年，普洱市实现农业总产值147.3亿元，增加值88.7亿元，分别增长8.4%和8%。粮食总产量95.5万吨，连续8年增产。完成中低产田地改造31.2万亩，其中“兴地睦边”农田整治项目11.2万亩；完成中低产林改造40万亩，生态茶园覆荫树种植57.6万亩。完成水利投资12.1亿元，江城营盘山、思茅箐门口等水库竣工验收，景东青龙、思茅背阴山、镇沅新江等水库开工建设，实施54座病险水库除险加固工程，完成1.4万件“五小水利”工程，新增和改善灌溉面积25.1万亩。农业产业化经营组织发展到760个，各类农业龙头企业发展到172家。88个省级重点村和54个市级新农村试点村建设全面启动。投入各类扶贫开发资金8.1亿元，完成730个自然村整村推进项目。扶持人口较少民族发展工作进展顺利。澜沧拉祜族聚居区扶贫开发取得阶段性成效，聚居区2.6万群众初步摆脱贫困。

城镇化进程　2011年，普洱市全力推进城乡一体化。按照“做强中心城市、做优县城、做特乡镇、做美农村”和“盘活存量、集约利用、组团发展、向山延伸”的城镇化发展思路，积极探索实践城镇上山、农民进城的城镇化发展新路子，创造了特色城镇化发展“普洱模式”，为全省城镇化建设提供了有益经验。着力打造“妙曼普洱、养生天堂”城市品牌，加大中心城区提升改造力度，实施绿化美化、灯光亮化、生态湿地、城市风貌改造工程，16条续建及新开工道路通车12

条，“城在林中、林在城中、山水相依、绿色生态”的妙曼城市初具雏形。城市品质明显提升，先后荣获2011中国魅力城市、EMBA中国最具投资价值城市、可再生能源建筑应用示范城市、中国十大特色休闲城市称号。在城镇之间、城乡之间实施绿色走廊工程，以道路沿线、城市景观节点、居民小区绿色景观等为重点的“森林城镇”建设扎实推进。各县城和重点小镇建设全面加快，西盟等特色县城风貌改造工程进展顺利，澜沧惠民旅游小镇、孟连娜允古镇、镇沅哀牢小镇等一批以生态文化、普洱茶文化和少数民族文化为特色的小城镇加快建设。10县（区）19个治污项目完工13个。城市污水和生活垃圾集中处理率分别达25.6%和62.7%。加强村庄规划，累计完成7355个村庄规划编制工作。稳步推进澜沧惠民城乡一体化试点。全市城镇化率达32.3%，比上年提高2个百分点。

文化建设 2011年，普洱市全力推动文化大发展大繁荣。“两馆一站”、文化信息资源共享等文化基础设施建设稳步推进，市文化中心等一批重大标志性文化工程建成使用。打造普洱茶科技创新和文化推广新平台，在昆明建设普洱茶科技文化中心项目进展顺利。公共文化服务体系覆盖城乡，文化惠民工程深得人心，基层文化活动蓬勃开展，群众文化活动更加活跃。推出了《妙曼普洱》、《茶马古道》、《牡帕密帕》、《普洱之恋》、《虎妈》、《阿佤山》等一批音乐、影视、歌舞、文学艺术精品力作，特色文化品牌不断涌现。举办普洱民族团结誓词碑建碑60周年纪念活动。中央电视台“心连心”艺术团首次走进普洱，并深入各县区慰问演出，带来了党中央、国务院对普洱各族人民的深情厚谊和亲切关怀，对提升普洱的知名度和美誉度发挥了积极作用。参加央视年度大型公益励志电视活动—《梦想合唱团》荣获冠军，获得100万元公益基金和来自四面八方的公益捐款；“妙曼普洱、养生天堂”全国摄影大赛作品在国内巡回展出，展现普洱文化改革发展的丰硕成果。举办以“书画普洱”为主题的第十一届中国普洱茶节，通过开展百名美术家、百名摄影家、百名书法家走进普洱、感受普洱系列文化活动，展示生态和谐妙曼普洱的魅力，留下一批书法、绘画、摄影精品，丰富普洱文化的内涵，提升普洱文化的影响力。全面加强精神文明建设，开展首届“感动普洱人物、普洱道德模范、普洱美德少年”评选表彰活动，市民文明素质和道德水平有新提升。实现各县城所在地的数字电视整体转换和移动广播电视信号全覆盖，完成所有行政村每月放映一场电影的任务，广播电视村村通工程通过省级验收。注重文化资源的保护与开发，非物质文化遗产保护工作进一步加强，景迈山万亩古茶园被批准为国家级重点文物保护单位，荣获2011年中国十大休闲胜地称号，申报世界文化遗产通过专家评估论证。

建设和谐社会 2011年，普洱市民生投入达101.4亿元，占地方财政一般预算支出的72.3%，高于全省0.7个百分点，解决了一大批关系人民群众切身利益的民生问题。投入教育经费21亿元，增长20.8%。巩固提高“两基”成果，促进义务教育均衡发展。落实“两免一补”政策，落实国家助学金补助政策，1.8万名中等职业学校学生和1万名普通高中学生获得国家助学金补助，免除1.6万名中等职业学校农村家庭困难学生和涉农学生学费。发放高校生源地助学贷款3006.6万元，为5180名家庭困难学生圆了大学梦。全市高中阶段毛入学率55.2%，比上年提高5.2个百分点，高考上线率91.8%，创历史新高。表彰首届“十大名师”和“十佳校长”。职业教育发展态势良好。思茅师专组建普洱学院获得成功，普洱从此有了第一所本科大学，翻开了普洱市高等教育改革发展新篇章。提高公共卫生和医疗服务能力，完成112个卫生基础设施项目建设，市人民医院被列为云南省州市级区域卫生中心。创建国家卫生城市工作全面启动。人口与计划生育工作在全省率先开展基层人口数据信息收集联动试点，出生人口性别比偏高问题得到有效治理。实施一大批科技项目，广泛开展科普宣传活动，组织各类实用技术培训4000余期30万人次，科技对经济增长的贡献率达30.2%。体育事业健康发展，全民健身活动蓬勃开展，国家普洱亚高原体育基地建设项目列入省规划。全面推进“乡村流通工程”建设，建立1143个农村综合服务社，农村消费环境明显改善。实施全民创业就业工程，全面落实小额担保贷款优惠政策，发放小额担保贷款总量连续三年居全省第一位。社会保障水平稳步提升，基本养老、医疗、失业、工伤、生育保险参保总人数80.8万人次；新型农村和城镇居民社会养老保险参保人数114.2万人。投入城乡社会救助资金6.5亿元，享受城市低保和农村低保人数分别达4.7万人和47.2万人，临时困难救助3.1万人。五保供养老人1.7万人。加强保障性住房建设和质量监督管理，开工建设5540套廉租住房和公共租赁住房，着力改善困难群众住房条件。全力做好移民工作，确保各项重点工程顺利推进。生态建设和环境保护成效明显，新增公益林250万亩，二期天然林保护工程顺利实施，生物多样性保护扎实有效，人民群众对城市环境满意率从上年的73%提高到80%。

（佘文琴）

Simao District
思茅区

重点项目建设 2011年，思茅区糯扎渡电站移民安置工作稳步推进，如期实现了下闸蓄水；开工建设糯扎渡电站送出工程800千伏换流站、500千伏开关站。磨思高速公路、普洱市旅游环线二级公路、碧云大桥建成通车，普洱800千伏换流站还建公路启动建设，茶马古镇项目建设全面推进，普洱国家公园、茶城生态康体休闲园、蓝眉山运动养生旅游度假村等一批重大旅游项目建设稳步推进。完成8个10千伏以下续建城市配网工程和84个农网改造升级工程。

思茅区南屏镇曼连村高家寨村民小组（思茅区志办 提供）

中心城区提升改造 2011年，思茅区配合普洱市实施振兴北路延长线、滨河路等路网建设项目；投资1700万元，实施边城路、人民路、鱼水路等人行道地砖改造工程3.72万平方米，完成部分路段的沥青路面修补、标志牌和红绿灯安装等工程；投资2715万元，完成茶城大道、8号路、帝泊洱大道等道路的绿化美化，绿化率达36.8%；投资1900万元，实施城市灯光改造工程，完成城区主要道路、楼体、节点的景观灯制作；以创建省级第二批文明城区为契机，深入开展城市环境综合治理，脏、乱、差现象得到有效整治；扎实开展违法用地和违法建设专项整治行动，查处“两违”行为313起，拆除违法建筑51起，城市建设管理水平不断提高。

社会保障体系建设 2011年，思茅区就业和再就业工作成效明显，开发就业岗位4791个，新增公益性岗位112个，城镇新增就业3100人，城镇登记失业率控制在4.3%以内。发放失业人员小额担保贷款2741万元、“贷免扶补”贷款3630万元、劳动密集型小企业担保贷款3000万元，实现直接就业1043人，间接带动就业2607人。发放灵活就业社会保险补贴515.77万元。各项社会保险新增参保16338人。发放城市低保对象临时生活补贴112.93万元，发放农村低保对象、五保供养对象临时生活补贴145.56万元。积极推行医疗救助“一站式”即时结算管理服务，支出医疗救助资金1055.73万元，救助城乡困难群众3.4万人次。支出救助资金85.38万元。

新农村建设 2011年，思茅区完成农业总产值11.18亿元，增长16.3%。农业产业结构调整力度加大，茶叶、咖啡、橡胶、烤烟产量分别增长16.7%、17.0%、11.8%、68.1%。完成中低产田地改造1.83万亩。修建各类水利设施1924件，新增灌溉面积1000亩，改善灌溉面积4000亩，解决11184人的饮水安全问题；整体推进省、市、区新农村重点村、示范村、生态村建设，实施善提箐、高家寨提升改造工程，农村生产生活条件不断改善，村容村貌明显改观。扶贫攻坚力度加大，完成26个重点扶持村建设任务，解决4613个贫困人口的脱贫问题。

小康、文明村镇——高家寨 普洱市思茅区南屏镇曼连村高家寨村民小组位于思茅城东南部，背靠梅子湖，依山傍水，为彝族世居村寨，有农户147户402人，2011年，全组农民人均纯收入4 209元。

高家寨提升改造项目投资近6 000万主要用于中轴线改造、文化广场建设、巷道建设、民房改造及旅游环线商业街建设（安置点）。

（潘 磊）

Ning'er Hani and Yi Autonomous County
宁洱哈尼族彝族自治县

绿色农业 2011年，宁洱哈尼族彝族自治县2万亩水稻及蔬菜生产基地通过无公害认证，11个产品通过绿色食品认证，2个产品通过有机食品认证，被省人民政府表彰为“全省农产品出口工作先进县”。全年实现农林牧渔业总产值10.4亿元，比上年增长8%。农作物种植面积39.47万亩，粮食产量7.13万吨。动物疫病防控水平不断提高，良种良法改造成效显著，被省人民政府列为畜牧良种补贴县。大牲畜出栏1.2万头，生猪存栏23.44万头，实现畜牧业产值2.78亿元。完成生态茶园标准化建设4.7万亩，组建茶叶种植专业合作社16个，茶业种植面积达12.27万亩，毛茶产量5082吨，实现产值 1.5亿元。咖啡种植面积8.65万亩，产量5200吨，实现产值1.25亿元。着力打造“优质、生态、绿色”烟叶品牌，完成“云南黄金廊生态烟叶勐先绿色瑰宝庄园”建设，全县种植烤烟 4.86万亩，收购烟叶13.46万担，实现产值1.25亿元。蚕桑产量54吨。核桃种植面积3万亩。完成冬农开发11万亩。实施中低产田地改造3.4万亩，建成高稳产农田（地）14.9万亩。累计完成中低产林改造3万亩，实施人工造林4.07万亩，新增生态公益林34万亩。

新农村建设 2011年，宁洱哈尼族彝族自治县全面落实国家强农惠农政策，农村生活条件改善。落实各项支农惠农政策，兑付各种惠农补贴5833万元。新建“五小”水利工程644件，新增和改善灌溉面积4.25万亩。实施农村安全饮水工程73件，解决1.2万人和2500头大牲畜饮水问题。东洱河水库除险加固工程通过省级验收，大河边水库除险加固工程、西洱河河道治理工程顺利完成。沼气普及率达83%。建设村级公益事业“一事一议”财政奖补项目59个，补助资金828万元。实施社会主义新农村建设项目24个，建设资金370万元，农村生产生活条件逐步改善。交通条件大幅改善，完成县城至德化34公里油路铺筑主体工程，完成崖羊山库区1个码头、4个停靠站点建设。

和谐社会 2011年，宁洱哈尼族彝族自治县完成宁景公路连接线、宁洱大道、污水处理厂和中医院迁建等城市开发项目，顺利推进中国民族团结第一园、茶都影剧院、客运中心建设，促成普洱小镇二期、南盛景园二期、普洱茶都商业中心、东洱河畔高档住宅区项目开工建设。磨黑历史文化名镇总体规划通过省级评审。磨思高速公路、宁景二级公路建成通车，改善了宁洱与周边县（区）的交通条件。发挥名茶、名道、名碑、名人四大文化品牌资源优势，打造茶特色文化旅游。那柯里茶马驿站景点在中国国际旅游交易会上被纳入"昆明—普洱—西双版纳"旅游线路目的地。全年接待游客58万人次，实现旅游收入1亿元。

（唐　芳）

Mojiang Hani Autonomous County 墨江哈尼族自治县

库区移民变渔民 2011年，墨江哈尼族自治县支持电站建设，使水资源优势变为电力优势，从而产生巨大的经济效益。建成中型水电站5座，电站库区宜鱼面积达40800亩。充分利用电站库区水域资源，使渔业迅速发展成为群众增收致富的新兴产业。引进外地客商建成鱼片加工厂、鱼苗良种场，建设与之配套的鱼饲料加工厂，形成墨江县渔业产业产前、产中、产后服务的完整链条，为渔业生产的发展奠定了坚实基础。年内，全县水产养殖总面积达25366亩（含稻田养殖19000亩），比2010年增加1066亩；库区养鱼网箱达6638个，是鱼产品主要生产基地。全县实现水产品总产量12660吨，比2010年增加6370吨，增长101%；实现渔业总产值1.43亿元，比2010年增加6031万元，增长42%。照顾移民故土难离的情绪，降低移民安置的难度，使移民搬得出、稳得住、能致富。

中国·墨江国际双胞文化园 中国·墨江国际双胞文化园项目核心区95亩，以展示双胞文化和生殖文化为主体，主要由大门入口广场、双胞文化长廊、儿童游乐场、双胞井文化广场、阳文化广场、阴文化广场、求子殿、景观配套设施和旅游服务配套设施组成。预计投资2100余万元，完成投资1548万元，2011年4月完成一期工程建设，同年5月，有偿将该园区转让给云南汇达置业有限公司经营40年，并于6月18日正式开园。正在建设由茶叶区、珠宝区、土特产区、餐厅区、停车场等组成的旅游购物城，预计2012年4月底投入使用。

县乡村三级文化基础设施建设 2011年，墨江县以实施文化惠民工程、文化遗产保护工程、文化艺术精品工程、文化人才培养工程四大工程为抓手，开展文化产业创意行动、文化市场绿色行动、基层文化建设行动，构建城乡公共文化服务设施网络，县、乡、村三级文化基础设施得到有力夯实。年末，投入资金600余万元建成15个乡镇综合文化达标站；建成"全国文化资源共享工程"县级支中心1个、乡级网点4个、村级网点39个；建成农村文化体育活动广场9块和农民体育健身工程33个；建成广播电视"村村通"项目点1200多个，覆盖率达96%；完成"农家书屋"建设117个；分别投入80万元和30万元修缮县文化馆和文庙。

（王　媛）

Jingdong Yi Autonomous County 景东彝族自治县

核桃产业 景东核桃栽培历史悠久。核桃个大，壳薄，果仁净白，细嫩，香脆，含油量高。可生食、榨油，是食品加工不可缺少的重要原料，在云南省及全国享有盛名。2007年，景东被省人民政府列为全省50万亩核桃发展重点县之一。2008年10月22～25日，云南省林业厅派出检查组对景东县泡核桃种苗质量进行全面检查，认为景东泡核桃所育苗木具有管理到位、工程用苗比较规范，社会育苗规模大、数量多、质量好的特点，而且适应环境能力强，成活率高，销往云南省各地以及四川 贵州等省。涌现出如文井镇清凉村的育苗大村。2011年，全村育苗收入达5000万元，其中收入上百万的有10户。全县新种植核桃3.29万亩，累计总面积达52.78万亩，干果产量5010吨，干果及苗木总产值达2.3亿元。

林下养殖无量山乌骨鸡 景东从2009年起，利用林下资源发展养殖无量山乌骨鸡，把发展林下养殖作为加快山区群众增收致富重要举措。无量山乌骨鸡于2009年被列入中国国家畜禽品种遗传资源名录，于2011年10月被评选为"云南六大名鸡"之一。景东林下养殖已经遍及13个乡镇，林下无量山乌骨鸡规范化养殖点达20多个，林下养殖为山区群众增收800多万元。例如，2011年，龙街乡丁学良家利用自家100多亩林地养殖无量山乌骨鸡，存栏3000羽、出栏6000羽、鸡苗10000羽，产值达30万元；大朝山东镇村民李开发林下养殖利润超过3万元。

挂钩扶贫 2011年，景东县各挂钩扶贫单位深入挂钩村调查研究，选择帮扶项目，制定帮扶规划，以产业开发增加农民收入，帮助贫困地区引进技术、培训人才，提供信息、物资、资金等服务，全县108个定点扶贫单位的677名领导及机关工作人员分赴13个乡（镇）102个村参与定点扶贫工作，其中挂职抓产业的有97人，考察调研580人。据统计，全年各挂钩扶贫单位共为贫困村筹集各类帮扶资金245.26万元；引进项目2个、资金54.5万元，受益人数3565人；引进技术3项；修缮学校1020平方米，救助困难学生333名；为贫困户赠送生活必需品价值10.51万元，549名机关党员与549户贫困户结成帮扶对子，帮扶贫困人口1962人；开展各类培训69期，培训农民5967人，转移剩余劳动力1203人。

新会村新农村建设 新会村距文井镇政府所在地37千米，距县城59千米，是景东县的一道南大门。辖区面积28515亩，其中，耕地面积3356亩（水田750亩、旱地2606亩），人均占有耕地3.3亩；林地面积17868亩，森林覆盖率80.7%。最高海拔2330米、最低海拔900米；年平均气温20摄氏度。全村辖6个村民小组，有农户303户1036人（劳动力605人）。境内居住有哈尼、拉祜、彝、汉等民族，哈尼族人口占全村人口的80%，是一个典型的少数民族聚居村。新会村结合本村实际，实施"一产、二改、三建、四化、五有"工程，扎实有序推进新农村建设。一产，即抓产业发展；二改，即改造厕所和畜舍、改造农电网；三建，即道路、水利、民房建设；四化，即民房墙体亮化、村庄美化、庭院绿化、入户道路硬化；五有，即有学校、有卫生所、有活动场所、有家用电器、有运输车辆。共落实项目总投资2061.37万元，其中：各部门项目资金1746.42万元（无偿资金1696.42万元、扶贫贴息贷款50万元），农户自筹资金253.4万元，投工10258个，折资61.55万元。2011年完成粮食生产1100亩、冬农开发1080亩，完成20亩钢架大棚建设并种植了葡萄；完成烤烟种植 262亩、甘蔗种植1355亩、核桃种植68.5亩；采松脂64.3吨；完成种猪供精户1户，仔猪扩繁示范户9户，畜牧业按"五有五化"（即村有兽医室、有规模养殖户、有示范户、有贩运户、有合作组织；品种良种化、圈舍设施化、防疫制度化、养殖规模化、粪污无害化）方向发展。2011年末，全村实现经济总收入827万元，农民人均纯收入5529元，比2010年增收949元。

水晶豌豆丰收 安定乡自2007年引进水晶豌豆种植以来，立足自然资源优势，把冬季农业开发作为优化调整农业产业结构，增加农民收入的一项重要工作来抓，大力发展水晶豌豆种植。水晶豌豆品种优良，管理技术到位，品质较好，深受外地客商欢迎，远销武汉、南昌、江苏、河南、四川、贵州等地。2011年，安定乡共有16个村、166个小组、3638户农户种植水晶豌豆，种植面积11790亩，全乡平均产量达953公斤/亩，平均价格3.2元/公斤，平均亩产值达3050元。实现产值35954万元。

开南书院恢复重建工程竣工 5月24日，开南书院恢复重建工程通过验收。"开南书院"始建于清康熙四十年（1701），至光绪三十一年（1905），历时204年。"开南书院"是普洱教育历史上办院时间最长、规模最大、成就最高的书院，是思普地区历史上人才崛起的摇篮，在滇西南书院群体中享有较高知名度，是景东古代一座重要的历史人文地标。开南书院恢复重建工程自2009年10月开工，占地面积10亩，建筑面积2500平方米，投入资金400万元。

哀牢山生态站科研成果展暨森林生态系统学术会 9月19～22日，景东举办"中国科学院西双版纳热带植物园哀牢山生态站30周年科研成果展示暨森林生态系统学术研讨会"，来自中国科学院、中国科学院昆明分院、中国科学院西双版纳植物园等相关单位的140多位科学家、教授、学者参加会议。中央、省、市近20家新闻媒体记者前来采访。研讨会期间，还举行了景东生态建设与经济社会协调发展座谈会，正式签订了《景东亚热带植物园建设合作框架协议》，并分别到县人民会堂及县城5所中学举办了科普宣传教育活动。

（苏文芳　陶明贵）

Jinggu Dai and Yi Autonomous County
景谷傣族彝族自治县

新农村建设 2011年，景谷县投资2081.7万元，实施财政"一事一议"奖补项目77个。整合项目资金786.9万元，完成15个新农村项目建设并通过验收。15个新农村建设点共培植烤烟679亩，建设烤房49间；实施中低产田改造130亩，水稻制种220亩；茶叶100亩；核桃管护350亩；规模养猪1698头，养牛210头；扶持农家乐5户、仔猪养殖户10户；养鱼60亩。建设主干道12750平方米；完成庭院建设83户5570平方米；安装人畜饮水管道3800米，新建水池68立方米；建公厕12间，425平方米；建垃圾池9个，容量为198立方米。新建文化室12间，1140平方米；建篮球场8块，4478平方米；建陀螺场2块，550平方米。完成农业实用技术培训24期，培训农民2138人次。农村基础设施不断夯实，村容村貌明显改善，新农村建设稳步推进。

10项重点工程 2011年，景谷县集中精力、人力、物力，抓好10项重点工程建设。完成116公里县乡油路建设；云景林纸年产9万吨纸浆技改项目完成主体设备安装，部分建成调试；威远江民族文化生态走廊中段景观打造开工建设；县人民医院整体迁建项目完成住院综合楼、门诊医技楼主体工程建设；长途汽车客运站完成地勘、回填土等工作；益智乡集镇迁建基础设施建设项目动工，集镇场平、防护堤、新集镇大桥建设完成；投资5723万元，完成1800件"五小水利"工程；曼转河水库完成进库道路、管理用房及导流（泄洪）隧洞、输水隧洞工程建设，移民安置点完成场地平整；投资2040万元，完成城东36米大道及江东中路二期建设项目路基铺筑，城市道路得到修建扩建；完成11万亩中低产林改造和1万亩核桃种植。

8件惠民实事 2011年，景谷县以人为本惠民生，办好8件惠民实事。完成烟叶生产17.2万担；完成5000平方米廉租住房和1400户农村危房改造；投资1313.6万元，解决了农村2.8万人饮水安全问题；完成糯扎渡水电站745米高程以下121户426人的搬迁安置，745米至813米高程阶段移民搬迁安置工作稳步推进；投资426.9万元，完成县一中实验楼建设；投资771万元，完成县中心敬老院建设，首批入住135人，完成永平中心敬老院完成征地、场地平整等工

景谷正兴铁鲟鱼养殖基地（景谷县志办 提供）

作；完成威远镇芒冒村广中梁子、永平镇芒腊村松盘山村民小组等省、市20个新农村示范点建设；解决1587户无电人口通电问题，县城西郊35千伏输变电工程建成投入运行。

无量宝地、佛迹仙踪旅游品牌 2011年，景谷县着手制定旅游发展总体规划，进一步完善重点景区景点的详细规划，以勐卧总佛寺、雷光佛迹寺、芒朵佛迹园等为重点，彰显“佛迹文化”优势和特色，加大对外宣传推介力度，着力打造“无量宝地、佛迹仙踪”旅游品牌，带动山水风光、康体休闲等旅游项目全面发展。以节庆活动为载体，成功举办2011年云南·景谷全国汽车场地越野锦标赛暨民族文化周系列活动；白马山·芒玉峡谷景区规划建设有序推进；大芒费旅游特色村建设基本完成。全年接待游客37.2万人次，实现旅游总收入8893万元。

（谭砚华）

Zhenyuan Yi, Hani and Lahu Autonomous County
镇沅彝族哈尼族拉祜族自治县

镇沅瓢鸡 瓢鸡是镇沅的一个地方鸡种。俗称闭毛鸡，因无尾椎骨、尾棕骨、尾脂腺、主尾羽和镰羽，体躯前高后低，覆尾羽下垂，形似葫芦瓢状，故称瓢鸡。1980年，镇沅畜禽资源调查队在文龙公社九甲一带首次发现瓢鸡品种，全县总存栏300羽左右。2006年再次进行遗传资源普查时仅调查到201羽，濒临灭绝。同年，县委、县人民政府对濒临灭绝的瓢鸡品种引起高度重视，提出“一烟二茶三瓢”的工作重心，并在广泛查找史料，征求群众的意愿后正式定名为“镇沅瓢鸡”。同时，采取相应的保护措施，加大宣传和投入扶持力度，首先在田坝乡恩乐镇一带开展保种繁育工作，其次在九甲、者东一带全面推开。2009年6月被列为云南省省级濒危畜禽遗传资源保护品种目录，11月通过国家遗传资源鉴定委员会的鉴定。2010年1月15日，中华人民共和国农业部第1325号公告，镇沅瓢鸡被列为国家畜禽遗传资源新品种，并列入国家遗传资源保护品种名录。7月，县人民政府制发《镇沅彝族哈尼族拉祜族自治县瓢鸡保护与发展规划》，切实有效地保护和开发利用好瓢鸡珍稀资源。2011年4月，据统计全县有瓢鸡28065羽。其中田坝乡17184羽，恩乐镇4330羽，按板镇743羽，勐大镇814羽，古城乡1413羽，振太乡1377羽，者东镇1613羽，九甲乡384羽，和平乡207羽。同月，被国家工商总局正式注册为“镇沅瓢鸡”商标。

烤烟产业 2011年，镇沅经过20余年的烤烟产业发展，坚持走“标准化、规模化、集约化，产量、质量、效益突出，点面结合、山坝结合、突出重点，科技兴烟、培训提高年”之路，加大政策扶持力度，搞好服务，大力发展万担村、千担组，实现了三个突破，即产量突破30万担，产值突破2.5亿元，创税突破6500万元，实现了富民、富县的目标，撑起了镇沅的一片蓝天。当年，新建卧式密集型烤房315群1932座，标准化烤房1140座，烟水工程4件；种植烤烟11.06万亩，收购烤烟30.27万担，生产总量达全国烟叶生产重点县水平；实现烤烟产业总产值28982万元，创税6901万元（地税5865万元），占全县一般预算财政总收入的37.6%。当年，镇沅被省人民政府评为全省烟叶工作先进县。

（毛锐锋）

Jiangcheng Hani and Yi Autonomous County
江城哈尼族彝族自治县

城镇建设 2011年，江城县始终坚持加快推进城镇建设，“中国边地森林城市”建设初具雏形，先后投资2.58亿元，完成勐烈湖湿地公园、三国民族文化交流中心、入城口道路绿化亮化工程、会务中心等20多项重点工程，安装、更换路灯1.5万盏。东城佳苑、盛和花园、锦绣花园等房地产项目完成投资1.68亿元，开发面积11.1万平方米，建成了一批功能齐全、设施完善、环境优美的住宅小区。投资1.2亿元三江大厦项目启动建设。三江大道两侧检察院、法院、信合营业办公楼、移动办公楼等一批重点城建项目相继完工，一个集居住生活、休闲娱乐、文化教育、交通通信、金融信贷于一体，功能完善、布局合理的县城新区靓丽呈现。完成240个村庄规划编制任务，整合各类资金1300万余元，完成1400户民居建设，新农村建设水平全面提高。

勐烈湖湿地公园 勐烈湖湿地公园位于原勐烈水库坝脚，占地5.6万平方米，属勐烈湖绿化打造一期工程。规划设计分4个区域共36个景观节点进行打造。第一区域是位于大转盘的主入口，主要以哈尼族彝族建筑风格的绿化园林景观打造为主；其次是以江城本地自然石块、自然水景观、用本地植物搭配的具有休闲娱乐和民族团结寓意的主题广场，其中的跌水景观主要以水帘洞为主，它的跌水瀑布宽50米，高6米，瀑布水源以勐烈湖的自然水源为主。这是全市最大的跌水瀑布，人们来到这里可以站在外面观赏水景，也可以在水帘洞里，隔着瀑布欣赏整个公园景观。

边民通婚子女落户 2011年1月11日，政府办对县公安局提请的关于给予边民通婚所生子女落户的请示作出批复，同意边民通婚所生子女按规定给予落户。

思江公路顺利通过验收 2011年6月，思茅至江城二级公路交工验收，该公路（江城段）全长93.27公里，工程于2009年12月开工，2011年5月完工，完成投资65316.83万元。途经勐烈镇、康平乡、整董镇等乡（镇）的多个村寨。思茅至江城二级公路属于S214线，是云南省干线公路网规划中一般干线第6条横线屏边至孟连中的一段，是普洱市与红河州之间联系的重要通道。该项目的建设对完善云南省干线公路网，改善普洱市南部地区的交通条件，加强滇南地区与东南亚地区的相互联系，促进滇南地区社会经济发展、旅游资源开发具有重要的意义。

个私协会农资分会成立会 9月14日，在县工商局召开个私协会农资分会成立会，这是江城县正式成立的第一个个体私营经济协会农资分会。会议选举产生了分会首届会长、秘书长等，79户农资经营户成为首届会员。

国际旅游线路 9月22日，县政府对县旅游局提请的关于给予批准开通江城勐康口岸到老挝丰沙里省边境旅游线路及承办旅行社的请示，作出了批复，同意开通该旅游线路，批准江城志远旅行社为承办旅行社。

发现野象群 10月19日，整董镇境内发现野象群。县林业局和森林公安局组织工作组赶往现场调查，并在整董镇猫飞山山顶的密林中找到了这群野象，象群数量达18头，半个月后，村民发现象群中多了一头分娩不久的小象。江城县多年的生态保护和自然环境改善是野象现身的主要原因。

江城首家星级酒店签约 12月10日上午，星级酒店签约仪式在丢包广场举行，县领导金文胜、徐江艳、召志强、黄正清、徐明光及河北东日房地产开发集团有限公司董事长初曦先生出席签约仪式。江城与河北东日房地产开发集团有限公司达成星级酒店兴建协议，签约金额达3亿元。

第二届中老越三国丢包狂欢节 12月9～11日，第二届中老越三国丢包狂欢节在江城县隆重举行。本届丢包狂欢节由省委宣传部、省文化厅、省旅游局、普洱市人民政府共同主办，江城县承办；普洱市委宣传部、老挝丰沙里省、越南奠边省奠边府市、勐念县，越南莱洲省勐谍县参与协办。节日以“同饮一江水，共创新和谐”为主题，以“文化交流促进文化融合，商贸交流促进经济发展，人文交流促和谐共进”为宗旨，以传统“丢包”为载体，“文化搭台、经济唱戏”为主线，组织开展了迎宾晚会、团拢古宴、国际牛体彩绘大赛、1111大型单身联谊会、“边地之花，边地之树”选秀大赛、三国民族风情展演、三国民族特色体育比赛、三国特色商品交易会等一系列文化体育和经贸往来活动。

第二届中老越三国丢包狂欢节规格高、规模大，省人大副主任杨健甲、省人大常务原副主任牛绍尧、普洱市市长李小平、市人大主任丁艳波、市政协主席白文彬，以及省委宣传部、省文化厅等70家单位166名处级以上领导前来参加；老挝代表团166人、越南代表团163人参加狂欢节，参加狂欢节的总人数达10个国家6万多人。有中央、省、市媒体26家110余人前来采访报道，是媒体关注和参与宣传最多的一次活动。

（刘明丽）

Menglian Dai, Lahu and Va Autonomous County 孟连傣族拉祜族佤族自治县

孟连县总佛寺举行开光仪式 2011年2月18日，作为打造普洱市“绿三角”旅游环线、娜允古镇保护开发的一个重要部分的娜允古镇总佛寺竣工，并举行了开光揭牌仪式，给人们展现了完整的娜允古镇三城两寨传统风貌。佛寺总面积3963平方米，大殿建筑占地面积598平方米，附属建筑有僧房、戒堂、大门等，整个建筑群如旧重建，使之与古镇传统风貌相协调，工程历经4年，总投资1000多万元。

新农村建设 自社会主义省级重点建设村实施以来，共新植咖啡840亩，转移劳动力100余人，增加收入196万元。组织开发大棚蔬菜100亩，创收178万元。新建牛厩30间、猪圈28间，增养大牲畜67头，仔猪108头，实现收入30万元。共完成危旧房改造99户；建盖文化室320平方米；建盖活动场所3070平方米；道路硬化5759米；完成绿化20平方米；新建公厕6间；新建垃圾池19个540立方米；安装气象信息显示屏6块。树新风，精神文明建设成效显著。投入1万余元安装篮球架2副，投入58万元建设文化室4间，活动场所5块，为当地和周边群众开展民族文化活动提供条件。先后在12个省级重点建

寨石（孟连县委宣传部　提供）

设村开展“十星级文明户”、“五好家庭户”“巾帼示范户”等树新风创建评比活动，组织开展“禁毒防艾”、“尊老爱幼”、“关爱留守儿童”等宣传教育活动；整合优势资源开展农民教育培训，提高群众文化素质和业务技能。累计开展培训班9期，900余人；引导村民学习科学文化知识，破除封建迷信，倡导环保节约，反对铺张浪费。通过开展精神文明建设活动，12个省级重点建设村呈现出邻里和睦，乡风文明，社会和谐的良好局面。

（张永梅）

Lancang Lahu Autonomous County 澜沧拉祜族自治县

扶贫开发 投入1.3亿元，完成2010年度各类扶贫项目，启动实施2011年度3个兴边富民、1个以工代赈、911户扶贫安居房建设、85个整村推进、3个产业扶贫、13个上海对口帮扶、361户1 641人易地搬迁及竹塘、南岭“县为单位、整合资金、整村推进、连片开发”试点、谦六整乡推进扶贫开发试点项目。整合资金1.01亿元实施拉祜族聚居区综合扶贫开发。转移培训农村劳动力3 600人次，投入信贷扶贫资金4 000万元。项目区群众生产生活条件得到明显改善，脱贫致富步伐切实加快，解决了3万农村贫困人口的温饱问题。

民族文化旅游业 完成《澜沧县旅游总体规划》等12个旅游专项规划。完成拉祜文化展示中心《牡帕密帕》葫芦广场、拉祜风情园一期建设，惠民景迈芒景景区建设完成投资4.2亿元。成功举办扩塔节、葫芦节、景迈芒景景区、拉祜风情园试开园等文化节庆活动。全年接待国内外游客101万人次，旅游综合收入1.07亿元，增长15%。

移民工作 重点工程移民工作扎实推进。举全县之力，高位推动，抽调16名县处级领导包片，20多个县直部门包点和300余名县乡村移民工作队员包户，完成糯扎渡电站库区745米高程以下1 080户4 594人移民搬迁。景洪电站各项后期扶持项目、移民资金直补稳步实施，小坝子水库完成移民实物指标分解细化公示等工作。

人民生活 人民生活水平不断提高。2011年城镇居民人均可支配收入13 545元，同比增长10.1%，城镇居民人均消费性支出9 590元，同比增长18.1%。农民人均纯收入2 618元，同比增长24.6%；农民人均生活消费性支出2 335元，同比增长21.7%，其中，食品消费支出1 604元，同比增长17.8%。农民人均有粮350千克。

黄道能基金会启动 2010年1月，海外华侨黄时春，以其先辈黄道能名义出资20万元，在澜沧县设立黄道能奖学基金会。奖学金以存本取息的方式对澜沧县品学兼优的16名高中、初中毕业生进行奖励。2011年5月，黄时春回乡追加给基金会捐助款25万元，随行的上海爱心人士张波也捐款25万元注入黄道能奖学基金会，使黄道能奖学基金会本金达到70万元。奖学基金于2011年8月正式启动。

普洱市首条利用糖厂“三废”生产有机肥生产线在澜沧建成 澜沧县德伶商贸有限公司在勐朗镇勐滨村利用糖厂“三废”建成年产2万吨有机肥生产线。该生产线借鉴了省内以糖厂“三废”为原料生产有机肥、变废为宝，根治环境的成功经验，利用糖泥、锅炉灰渣、酒精废醪液和一定比例的蔗渣混合添加PSB光合菌种经堆集、发酵、腐熟、干燥、制粒生产出有机肥。于2011年1月份开始试产，产品符合有机肥生物菌肥的生产工艺。

（田 芳）

Ximeng Va Autonomous County 西盟佤族自治县

特色产业 2011年底，全县共组建37个农业专业合作组织，累计种植橡胶22.1万亩，其中：已开割7.2亩，产值7600万元；茶叶5.3万亩，已采3.3万亩，产值3680万元；桑园0.23万亩，养蚕1150张，产值116.4万元；西盟米荞2.6万亩，产值350万元；甘蔗2万亩，入榨9875万元公斤，产值6364.6万元，咖啡5469亩，以橡胶、茶叶、蚕桑、西盟米荞、甘蔗为主的产业链初步形成，成为西盟农业经济发展和农民增收的重要来源。以西盟冬瓜猪养殖为重点，建成6个标准化畜禽养殖小区，年肉类总产量312万公斤，畜牧产值5710万元，同比增长15%。农民人均纯收入2549元，比上年增长30.7%元。

整村推进 2011年，西盟县把南亢村班神组、彩云茶厂、老寨、新寨4个村民小组，192户758人，作为一个片区整村推进。项目总投资1168万元，上级补助504万元，群众自筹664万元。昔日的叉叉房、竹笆房、石棉瓦房已被砖瓦房取代，村民走上了平坦的水泥路，有了太阳能，用上了数字电视、电脑，骑上了摩托车，村容村貌有很大改善。县、乡领导干部积极帮助牵线搭桥，引进外地老板，采取“农户＋基地＋企业”的模式，由企业投入地膜、籽种、肥料、技术，农户投入土地、劳动力合作种精品西瓜1000多亩，总产量2500多吨，总产值150万元。目前，南亢村已建成茶园5740亩，橡胶4640亩，面积和产值居力所乡之首。茶农人均收入8000～10000元。

重视民生 2011年，启动城镇居民和新型农村养老保险试点，“两保五险两新”覆盖面不断扩大，保障能力不断加强。落实城乡居民最低生活保障，沿边居民定居补助等民生保障政策，城乡低收入家庭基本实现应保尽保，共发放各类民生保障资金6509万元。加强农村流通服务网络体系建设，推进“万村千乡”市场工程，认真落实家电下乡和燃油补贴等政策，兑现补助资金147.9万元。建立社会救助和保障标准与物价上涨挂钩联动机制，发放临时价格补贴142.6万元。加强物价监管，居民消费价格总水平涨幅控制在4.9%，保持了物价总水平的基本稳定。完成260套廉租房建设并安排入住，实施了1880户农村危旧房改造工程，广大农村住房的抗震性能得到逐步提升。

扶贫攻坚 2011年，西盟完成18个重点村（整村推进）、16项“兴边富民工程”、14个社会主义新农村、150人易地搬迁、100户专项安居和产业扶持等建设项目，村容村貌得到有效整治，稳定解决了5000名贫困人口的温饱问题。

全年共争取各类扶贫资金3815.5万元，其中：中央及省级财政资金投入2519万元，市级财政资金投入120万元，财政贴息资金75万元，上海对口帮扶资金投入1055万元，外资项目46.5万元。国内财政扶贫项目实施情况为：(1)整乡推进项目，计划总投资8272.09万元。其中：中央财政扶贫专项资金1000万元、整合县级相关部门资金5284.16万元、群众自筹1401万元。项目建设包括产业发展、基础设施、农村社会公益事业、生态能源、民生保障六项内容。计划一年实施两年完成三年验收，目前项目已启动实施。该项目覆盖3个村委会41个村民小组2155户6810人。(2)专项扶贫安居工程项目，分两批进行，总投资264万元。结合易地搬迁项目在勐卡镇莫美村十组组织实施44户，属省级深度贫困群体范围；结合省级确定的整乡推进扶贫开发项目在岳宋乡岳宋村九组组织实施42户、岳宋村十二组组织实施67户。(3)小额信贷项目贴息75万元。(4)劳动力转移技能培训项目80万元。(5)易地扶贫搬迁项目，勐卡镇莫美村老寨十组（82户286人）。总投资566.5万元。项目于2011年11月启动建设计划至2012年11月底前完成建设任务。(6)产业扶持项目，财政扶持150万元。其中，岳宋乡曼亨村扶持养猪310户，发放仔猪2450头，养殖技术培训10期500人次；咖啡种植1700亩：勐梭镇1000亩（秧洛村200亩、王莫村300亩、里拉村300亩、他朗村200亩）、力所乡700亩（力所村400亩、南亢村300亩）；科技培训6期250人次。(7)边境县扶贫重点村项目，项目计划总投资2663.26万元，其中：申请中央财政扶贫资金900万元；部门整合资金635.8万元；社会帮扶资金216.3万元；群众投工投劳和自筹911.16万元。(8)市级扶贫重点村项目，市级扶贫重点村8个，项目计划总投资225.42万元，财政扶持120万元，茶园改造570亩，米桥种植500亩，猪圈改造56户，投放仔猪112头，新建组内道路硬化6条8633m^2，新建安全饮水主管道1条2800米，新建蓄水池2个共14立方米，新建公厕5所125m^2，新建党群文化室1间80m^2；新建集体活动场地2块1020m^2；新建项目简介牌8个。

认真落实各项支农惠农政策，发放惠农资金1126.2万元。组建37个农业专业合作组织，有效推动了农业产业化经营。加大农村适用技术培训力度，举办各类培训1003期，培训5.2万人次，完成劳动力转移6929人，进一步增强了农民增收致富的能力。

（陈建华）

葫芦广场落成（澜沧县志办 提供 谭春 摄）

普洱市经济社会发展主要指标（表一）

县（市、区）	年末总人口（万人）		城镇人口占总人口比重（%）		单位从业人员（万人）		农业总产值（亿元）	
	2010年	2011年	2010年	2011年	2010年	2011年	2010年	2011年
普洱市	254.57	256.09	30.3	32.25	14.09	15.83	108.17	148.75
思茅区	29.69	30.16		67.31	4.68	4.92	9.61	11.18
宁洱县	18.59	18.70		33.05	1.03	1.10	9.43	10.40
墨江县	36.09	36.22		19.19	1.13	1.19	11.42	14.04
景东县	35.99	36.11		30.96	1.24	1.90	19.07	24.55
景谷县	29.20	29.26		36.35	1.50	1.65	25.02	33.74
镇源县	20.88	20.99		26.12	0.85	0.92	10.76	15.72
江城县	12.17	12.29		30.76	0.61	1.08	5.64	8.17
孟连县	13.57	13.71		43.82	0.90	0.91	6.73	9.20
澜沧县	49.24	49.49		20.45	1.34	1.38	13.05	18.90
西盟县	9.14	9.16		21.28	0.79	0.79	2.30	2.84

普洱市经济社会发展主要指标（表二）

县（市、区）	地区生产总值（亿元）		第一产业（亿元）		第二产业（亿元）		第三产业（亿元）	
	2010年	2011年	2010年	2011年	2010年	2011年	2010年	2011年
普洱市	248.08	301.19	73.66	89.34	83.77	109.05	90.64	102.80
思茅区	54.11	64.44	5.90	6.82	22.08	28.12	26.13	29.50
宁洱县	22.42	25.90	6.04	6.24	7.74	9.69	8.65	9.97
墨江县	24.55	28.71	7.25	8.48	8.95	10.76	8.35	9.47
景东县	28.82	34.60	12.81	14.76	6.46	8.98	9.55	10.86
景谷县	40.78	51.34	16.70	20.22	14.46	19.90	9.62	11.22
镇源县	17.12	22.19	6.88	9.44	4.00	5.60	6.23	7.15
江城县	12.70	15.14	3.62	4.61	5.83	6.70	3.26	3.83
孟连县	10.62	12.99	4.00	5.48	2.36	2.72	4.26	4.80
澜沧县	26.90	34.81	8.71	11.34	8.28	12.25	9.91	11.22
西盟县	4.56	5.29	1.35	1.55	0.89	1.04	2.32	2.71

普洱市经济社会发展主要指标（表三）

单位：%

县（市、区）	生产总值构成		第一产业		第二产业		第三产业	
	2010年	2011年	2010年	2011年	2010年	2011年	2010年	2011年
普洱市	100.00	100.00	29.69	29.66	33.77	36.20	36.54	34.13
思茅区	100.00	100.00	10.90	10.59	40.81	43.63	48.29	45.78
宁洱县	100.00	100.00	26.93	24.10	34.51	37.42	38.56	38.48
墨江县	100.00	100.00	29.55	29.53	36.45	37.49	34.00	32.98
景东县	100.00	100.00	44.45	42.65	22.42	25.95	33.13	31.40
景谷县	100.00	100.00	40.95	39.38	35.45	38.77	23.60	21.86
镇源县	100.00	100.00	40.21	42.55	23.40	25.24	36.39	32.21
江城县	100.00	100.00	28.48	30.47	45.88	44.23	25.64	25.30
孟连县	100.00	100.00	37.71	42.17	22.20	20.91	40.09	36.92
澜沧县	100.00	100.00	32.38	32.58	30.78	35.18	36.84	32.24
西盟县	100.00	100.00	29.50	29.21	19.59	19.65	50.91	51.14

普洱市经济社会发展主要指标（表四）

县（市、区）	生产总值指数（上年＝100）		人均生产总值（元/人）		国有经济固定资产投资（亿元）		社会消费品零售总额（亿元）	
	2010年	2011年	2010年	2011年	2010年	2011年	2010年	2011年
普洱市	114.2	114.2	9584	11795	101.65	254.12	72.66	86.22
思茅区	113.0	113.7	19484	21531	26.45	94.28	23.04	26.97
宁洱县	111.3	111.3	11618	13886	4.84	18.30	5.50	6.46
墨江县	110.0	112.0	6453	7941	9.03	31.25	5.47	6.54
景东县	112.3	113.9	7581	9595	5.01	8.20	7.10	8.41
景谷县	114.7	117.8	13117	17564	12.07	19.36	9.50	11.20
镇源县	114.2	116.0	8051	10590	6.26	6.02	5.05	6.06
江城县	114.0	115.0	10479	12347	4.89	12.42	3.08	4.49
孟连县	115.1	110.0	7908	9512	1.54	3.06	4.27	5.12
澜沧县	111.4	114.9	5381	7055	15.85	50.34	8.39	9.76
西盟县	110.2	110.7	4922	5795	2.99	3.27	1.26	1.48

普洱市经济社会发展主要指标（表五）

县（市、区）	地方财政收入（亿元）		地方财政支出（亿元）		人均地方财政收入（元/人）		人均地方财政支出（元/人）	
	2010年	2011年	2010年	2011年	2010年	2011年	2010年	2011年
普洱市	30.86	39.29	114.11	145.75	1202	1539	4446	5708
思茅区	4.06	5.22	9.57	13.47	1459	1743	3443	4500
宁洱县	1.61	1.71	7.64	8.31	843	915	4007	4456
墨江县	1.64	2.18	11.58	12.48	442	603	3125	3452
景东县	2.29	2.54	11.49	12.36	618	704	3107	3429
景谷县	2.97	3.32	10.47	13.72	984	1135	3473	4693
镇源县	1.10	1.56	8.06	9.99	520	745	3806	4772
江城县	0.60	0.80	5.36	7.68	495	657	4416	6282
孟连县	0.52	0.70	5.62	8.39	385	511	4164	6153
澜沧县	2.22	3.11	17.52	23.26	447	629	3531	4712
西盟县	0.27	0.37	5.09	7.52	293	402	5525	8217

普洱市经济社会发展主要指标（表六）

县（市、区）	农民人均纯收入（元）		职工人数（万人）		在岗职工年平均工资（元/人）		人均储蓄存款余额（元/人）	
	2010年	2011年	2010年	2011年	2010年	2011年	2010年	2011年
普洱市	3456	4338	11.34	15.83	23230	26159	7114	8597
思茅区	3983	4802	3.19	4.92	21611	25411	21343	22520
宁洱县	3362	4196	0.98	1.10	24377	27290	8473	10225
墨江县	2658	3249	1.02	1.19	26651	30425	4330	5392
景东县	3491	4171	1.16	1.90	25056	24724	4702	6056
景谷县	3903	4762	1.38	1.65	24513	28312	6052	7334
镇源县	3138	3993	0.73	0.92	23815	28401	6292	7689
江城县	2624	3325	0.55	1.08	23362	26216	5293	6371
孟连县	2675	3356	0.71	0.91	20055	21613	12158	14770
澜沧县	2102	2618	1.24	1.38	27436	28065	3248	4459
西盟县	1949	2550	0.38	0.79	16586	21506	3443	4334

Lincang City

临沧市

主　　编　何兴庚
责任编辑　宣　勤

概述　临沧市位于云南省西南部。总面积2.45万平方千米，其中，山区面积占总面积的98%。国境线长290.79千米。市府驻临翔区凤翔街道办事处，距省会昆明534千米。辖临翔区、云县、凤庆县、永德县、镇康县、双江拉祜族佤族布朗族傣族自治县、耿马傣族佤族自治县、沧源佤族自治县。全市共有乡镇77个，其中，乡45个、镇32个。2011年末，常住人口244.77万人，其中，非农业人口25.35万人，占总人口10.36%；少数民族人口95.33万人，占总人口40.4%。人口密度每平方千米99.91人，人口自然增长率6.5‰。

2011年，实现生产总值269.86亿元，比上年增长15.2%。其中，第一产业增加值85.25亿元、第二产业增加值104.06亿元、第三产业增加值80.55亿元，分别增长7.8%、26%和10.8%。一、二、三产业比由上年的33.3∶34.9∶31.8调整为31.6∶38.6∶29.8。完成工业增加值74.1亿元，比上年增长26%；完成规模以上工业增加值56.51亿元，增长24.2%。全年接待国内外游客319.54万人次，比上年增长11%；实现旅游业总收入19.56亿元，增长35%。完成全社会固定资产投资346.08亿元，增长47.6%。全年完成社会消费品零售总额87.1亿元，增长20%。居民消费价格总水平比上年上涨4.8%，其中商品零售价格总水平上涨4.1%。全年外贸进出口总额16.6亿元，增长22.8%。

年末，公路通车里程1.44万千米。公路运输客运量767万人，比上年增长12.1%；旅客周转量10.28亿人千米，增长15.7%；货运量1357万吨；货物周转量12.28亿吨千米，增长15.7%。固定电话机总数19.25万部（含小灵通），比上年下降6.9%；移动电话用户142.84万户，增长15.1%；固定电话普及率7.8部/百人，移动电话普及率58.4部/百人。互联网用户9.13万户，增长40.6%。

2011年，完成财政总收入38.15亿元，比上年增收12.64亿元，增长49.5%，其中地方一般预算收入21.39亿元，比上年增收6.89亿元，增长47.4%。一般预算支出128.79亿元，增长41.9%。

年底，共有各类学校1357所，专任教师2.24万人。其中，高等学校1所，中等职业教育学校21所，普通中学120所，小学1152所，特殊学校1所，幼儿园62所。在校学生人数41.33万人。获得省级以上科技立项支持34项，其中国家5项，省级29项。申请专利44件，获得授权30件，其中发明专利12件，年末有高新技术企业2户。有艺术表演团队9个，表演场所1个，电影队44个，综合档案馆9个，文化馆9个，图书馆9个，馆藏图书54.78万册，印发《临沧日报》365万份。有调频转播发射台40座，电视转播发射台10座；广播覆盖率95.52%，比上年提高0.01个百分点；电视覆盖率96.28%，比上年提高0.02个百分点。全市拥有卫生机构341个，有卫生技术人员4773人，病床位5862张，有执业医师和执业助理医师2239人，新型农村合作医疗参合率达96.8%。参加省级以上运动会，共获金牌10枚、银牌9枚、铜牌9枚。

2011年，全市农民人均纯收入4284元，比上年增长30.65%；在岗职工年均工资3.02万元，比上年增长14.39%。城镇居民人均可支配收入14159元，比上年增长12.49%；农民家庭恩格尔系数为49.8%，下降6.1个百分点；城镇居民消费支出9895元，增长6.6%；城乡居民储蓄存款148.45亿元，增长20.4%。城镇登记失业率4.05%。

新家园行动计划　2011年，全市高位推进新家园行动计划。完成930个建制村、9649个自然村的村庄规划编制，形成930个建制村（二图一书）、5948个自然村（三图一书）的村庄规划文本，全市减少3701个自然村（年内完成减并157个自然村）。全市计划实施旧村改造400个自然村（组）、旧房改造3万户。投入旧村改造资金6亿元，完成旧村改造401个，其中355个自然村（组）实现住房特色化，380个自然村（组）实现乡村道路通畅化，393个自然村（组）实现人畜饮水安全化，401个自然村（组）实现管理决策民主化。投入旧房改造资金45.2亿元，其中财政补助资金4.5亿元，拉动农民投入40.7亿元（贷款3.4亿元），完成旧房改造3万户，入住2.13万户，入住率70.86%，形成农村固定资产45.2亿元。旧校舍改造工程开工92.5万平方米，竣工39.7万平方米。农村生活设施不断改善，自来水受益村883个，占全部村委会的98.4%；通电话村890个，占99.2%；通汽车村888个，占99%；通电村897个，占100%。

农民收支双增长　2011年，全市农村居民人均纯收入4284元，同比增长30.6%；扣除价格因素，实际增长24.6%。其中：人均工资性收入1137元，同比增加220元，增长24%，占纯收入比重26.5%，对纯收入增长的贡献率为21.8%（非企业组织中劳动收入83元，同比增长40.02%）；在本乡地域内劳动收入813元，同比增长25.4%；外出从业收入241元，同比增长15.2%。家庭经营收入2672元，同比增加713元，增长36.4%，占纯收入比重62.4%，对纯收入增长的贡献率为70.9%。财产性收入人均64元，同比增加16元，增长34.6%（转让承包土地经营权收入同比增加103.02%）。通过财政下拨惠农资金2.9亿元，农户各项转移性收入411元，同比增加55元，增长15.5%。农村居民人均现金支出4921元，同比增加1456元，增长41.9%。其中：家庭经营费用人均支出1578元，同比增加328元，增长26.1%；购置生产性固定资产支出220元。增加107元，增长94%。生活消费支出人均2948元，同比增长45.9%。

城镇化率提高 2011年，全市城镇建成区面积76平方千米，新增5.6平方千米。城市建成区绿化覆盖率30%，提高8个百分点。年末城镇人口75.14万人。以云凤一级公路建设为切入点，启动山地城镇建设。

生态文明建设 2011年，完成造林面积7.55万公顷，比上年增长23.6%，森林覆盖率60.56%。完成农村沼气国债项目建设1.03万口，累计建成农村沼气池17.85万口；完成“一池三改”8291户，累计完成5.49万户。新建农村沼气乡村服务网点120个，累计建成379个。累计建成沼气化村140个，农村沼气普及率38.8%。单位生产总值能耗下降3.81%，化学需氧量5.48万吨。氨氮3246吨，二氧化硫排放量2.81万吨，氮氧化物9119吨。

绿色经济建设 2011年，全市调减低产低质低效作物面积57万亩，用于发展烤烟15万亩，蔬菜12万亩，咖啡4.2万亩，蚕桑2.2万亩，香蕉等特色水果11.6万亩，澳洲坚果、生物药材等其他特色产业12万亩。建成农业产业化基地1450万亩，建成亩收入0.5万元以上的特色产业基地55.6万亩，建成亩均收入1万元以上的特色产业基地24.1万亩。

扶贫开发 继续实施2010年底启动的实施期限为3年（2010～2012年）的沧源佤族自治县“县为单位，整合资金，整村推进，连片开发”试点项目，覆盖3个乡、16个行政村、77个自然村111个村民小组，受益人口5119户、2.16万人，完成投资1.68亿元，占总投资的76%。启动实施期限为2年（2011～2012年）的镇康连片特殊困难地区综合扶贫开发示范项目，涉及南伞镇、勐堆乡、勐捧镇的5个行政村、31个自然村、49个村民小组，受益人口1.27万人，完成投资2000万元，占总投资的22.58%。组织实施整村推进项目504个，完成投资4.3亿元。实施凤庆县勐佑镇、双江自治县邦丙乡的29个村委会、143个自然村、1.67万户6.67万人的整乡推进扶贫开发试点项目，完成投资1200万元。实施易地扶贫搬迁项目2000人，总投资4236.75万元。完成贫困地区农村劳动力转移培训3.57万人，转移3.55万人。实施总建设投资3368万元的产业扶贫项目11个，覆盖7县（区）14个乡镇、41个村5890户2.62万人，项目区增加收入7061万元，人均增收1083元。年内，扶贫贴息贷款规模3.66亿元，贴息资金1584万元，奖补资金160万元。覆盖农户3.67万户，发展粮食作物8.7万亩，烤烟3.4万亩，蔬菜1.4万亩，甘蔗8.59万亩，茶叶3.5万亩，橡胶2.5万亩，林果3.4万亩，养猪7.9万头，养牛2万头，饲养家禽14.88万只，水产0.96万千克。受益贫困农户收入同比增加2232万元。扶贫安居房建设2330户，总建筑面积23.46万平方米，户均建筑面积100.07平方米，完成总投资2.18亿元。在凤庆县、双江县的15个行政村15个自然村实施贫困村互助试点项目，投入中央财政资金200万元，每县100万元，项目覆盖农户1413户。全市有866个参加定点扶贫单位，定点帮扶97个乡镇777个村委会，挂职人数557人，直接投入2511.37万元。世行贷款（PRCDP）项目完成投资234.61万元，覆盖3镇3乡40个村委会318个自然村组，涉及农户1.19万户。

临沧城缅宁大道（王邱华　摄）

镇康县综合扶贫项目实际到位资金140.7万元，包括农民俱乐部、社区能力发展、社区幼儿班等3个子项目。爱德项目总投入523.13万元，爱德基金会援助资金291.72万元。沧源县爱德项目涉及勐来乡二期项目和勐董镇社区发展与艾滋病防治项目，总投资420.13万元，爱德基金会援助107.22万元。双江县农村社区爱德综合发展项目实际到位资金103万元。全年减少贫困人口5万人。

桥头堡建设 编制《临沧市加快建设面向西南开放重要桥头堡总体规划》《临沧市固边睦邻示范带总体发展规划》《云凤一体化发展规划》《耿马（孟定）边境经济合作区发展规划》、《沧源生态文化旅游产业发展试验区建设规划》、《南滚河国家公园总体规划》、《临沧至清水河至缅甸登尼公路建设规划》等规划。《耿马（孟定）边境经济合作区可行性研究报告》上报国家审批。玉溪（新平）至普洱（镇沅）至临沧（清水河）高速公路已列入云南省"十二五"规划建设重点。祥云至临沧至普洱铁路已列入国家铁路网规划；昆明至临沧至清水河铁路已纳入云南省铁路网规划。沧源佤山民用机场建设列入国家民用航空发展"十二五"规划。澜沧江临沧港和小湾库区、漫湾库区、糯扎渡库区10个码头建设等项目列入云南省"十二五"水运发展规划。耿马（孟定）边境经济合作区重大基础设施建设项目启动。

基础设施建设 突出交通、水利、城镇三大重点。全市实施重大项目3432项，增长59.6%，其中，新开工2533项，增长75.5%。政府还贷8条（段）二级公路全面建成，全市二级公路通车总里程达1039千米，互联互通的4小时经济圈已经形成。在建的省道319线临沧至新和、国道214线临沧过境公路改造进展顺利。1424千米通达工程及684千米通畅工程全部完工，农村公路通达率、通畅率达100%。清水河至缅甸腊戌跨境二级公路、沧源立新至孟定二级公路、省道313线羊勐公路羊头岩至振兴桥段二级公路改造前期工作有序推进。永德大雪山水库、双江南等水库枢纽工程全面完工。48件重点小（二）型和17件一般小（二）型水库除险加固工程、86平方千米水土流失治理、2万件"五小水利"工程等建设任务圆满完成。全市有效灌溉保障率从27.3%提高到29.2%，解决了18万人的农村饮水安全问题。在建的临沧康家坝水库、耿马另仿水库、双江南等水库输水干渠、临翔鸭子塘水库、镇康中山河水库等建设项目进展顺利。云县中梁子水库大坝完成截流，凤庆郭大寨水库、沧源东丁水库和双江韭菜坝水库进场施工。南汀河临沧城段河道治理工程提前竣工。各县城污水和生活垃圾处理设施建设基本完成。在建的临沧缅宁大道、大学园区、临沧体育运动中心、临沧民族文化广场、新闻中心、玉龙湖、临沧城东片区道路等项目加快推进。

（王邱华）

Linxiang District
临翔区

"六个共同"示范村 临翔区博尚镇幕布村有325户1249人，其中拉祜族105户，人口412人，占总人口的33%，是一个典型的特困民族相对集中的村。全村有耕地940亩，人均占有耕地0.75亩，主要产业有烤烟、油菜、核桃、茶叶。在实施新家园行动计划中，幕布村发扬民族团结互助共同致富的优良传统，推行"六个共同"的新家园建设模式，各民族携手共建幸福新家园。

一是银行贷款共同用。大力推行"政府＋银行＋新家园理事会＋农户"的联保担保贷款、"三证"抵押贷款、信用贷款3种方式，为农户建房融资，共申请到建房贷款980万元。二是特色民居共同建。探索出"迁居腾地集中建、沿路布局带状建、依山就势原址建、加固改造美庭院"4种模式，通过集中共建、互帮互助，建房成本每平方米可节省200元以上。三是大事小情共同帮。村民不分民族、不分贫富，在村容村貌整治、红白喜事等方面，大力发扬互帮互助的美德，心往一处想、劲往一处使，形成各民族团结共进的良好氛围。四是公益事业共同干。通过向上争取扶持，积极投工投劳，集中做好村内基础设施和公益事业建设，先后建成活动场所、停车场、硬板路、文化室、集贸市场等基础设施，其中，建成硬板路7千米。五是产业发展共同谋。由农户提出意见和建议，通过村民理事会论证后，大力发展以烤烟、油菜、核桃为重点的高原特色生态农业，产业向连片种植、规模养殖、协会管理方向发展。六是文明村寨共同创。村民共同打造乡风文明、学习型农村，激发群众创业热情，形成共同建设"宜居·平安·和谐"新农村的良好精神风貌。2011年末，全村经济总收入1282万元，农民人均纯收入6153元。325户全部建盖新民居，有213户已搬迁入住。幕布村已成为边疆少数民族地区特困民族与其他民族和谐共处、互帮互助、携手建设新家园的典型。

石房村新家园建设 在新家园行动计划实施过程中，石房村以整村推进为主线，以产业建设为核心，以旧村旧房改造为重点，以机制创新为动力。做到"五个坚持，三个统筹"。五个坚持即：一是坚持保护耕地，实现耕地占补平衡；二是坚持城乡一体化发展；三是坚持因地制宜，依山就势；四是坚持村党总支指导下，理事会协调农户置换宅基地；五是坚持理事会牵头，农户建设为主。三个统筹即：一是统筹整村规划，二是统筹村庄基础设施建设，三是统筹项目规范投入。

具体做法：一是统一规划，统一风格。按照人口聚集、产业聚集、公共资源聚集的"三聚集"发展要求，坚持山、水、林、田、路、电、村统筹考虑，编制新家园

石房村新家园建设（临翔区扶贫办 提供）

行动计划村庄规划，让农民群众一看就懂，一做就会，清楚未来的村庄怎么建设、建成什么样，做到发展蓝图心中有数。根据农民需求，结合当地风俗习惯、文化传统，选定临沧市新农村建设第九种户型和第二十四种户型为基本户型，引导群众建设布局合理、功能齐全、实用大方、造型美观、经久耐用的新民居。二是迁户腾地集中建房，促进人口聚集。按照"散户并成寨，以点连成线，补空连成片"的发展思路，由理事会牵头，农户自行协调置换土地，统一测设放线，统一物资采购，降低建设成本，把村庄周边居住分散和处于滑坡地带的农户搬迁进行集中安置，与村庄连片聚集发展，原居住地复垦为耕地或进行治理。推动农村民居由分散向集中转变、由平房向楼房转变、由村庄向农村社区转变，有效促进城乡一体化发展。三是培育产业夯实基础，促进产业聚集。通过整合扶贫、农业、水利、林业、财政、烟草、茶业等项目，已巩固发展核桃5019亩，茶叶1360亩，烤烟514亩，大棚蔬菜492亩，改造低效林3394亩，扶持养殖二元杂交母猪148头，使全村特色经济产业达7385亩，人均拥有8亩特色产业。四是撤村并寨完善设施，促进资源聚集。按照"小村并大村，四山迁向路"的发展要求，合理撤并自然村进行规划建设，通过整合项目，建成主干道1条500米，次干道4条760米，并完成绿化，完成养殖小区1个1000平方米。

"四个一"工程 围绕"做美临翔"的目标，提出统筹城乡文化体育工作的"十二五"规划"四个一"工程。即统筹城乡文化体育工作着力抓好"培养文体骨干各1万名、组建文体队伍各1千支、建设文化体育阵地各1百个、建立文化体育工作长效机制各1套"(简称"四个一"工程)。2011年内分别开展元旦春节系列文艺活动骨干培训、女子象脚鼓舞培训、建党90周年红色经典歌曲演唱周培训、农村文艺汇演培训等，共培训文艺骨干7955名；建立村级文体协会134个、文化体育队伍305支，共计组建文体队伍439支；累计建成村级文体阵地446个，其中文体活动室79个、民族文化示范村、文化惠民示范村各1个、农民素质教育网络培训学校、农家书屋各93个、村级文体活动广场3个、农民体育健身工程点14个、各类体育场地162块；举办春节义务书写春联赠送活动、春节团拜会文化活动、"佤山临沧·吉祥临翔"第九届民族民俗风情展演、迎新春广场文化活动、春节电影慰问放映、除夕之夜龙灯焰火晚会、临翔区首届舞龙大赛、首届"秘境临沧·舞动临翔"女子象脚鼓舞大赛、"和谐临翔·健康快乐"职工趣味运动会、庆祝中国共产党建党90周年——"颂歌献给党"红色经典歌曲演唱周活动、区第三次党代会文艺联欢晚会、2011年新农村文艺汇演、新农村体育运动会和首届青年歌手大赛。

（胡荣莉）

Fengqing County
凤庆县

泡核桃产业建设 凤庆在明末即有核桃种植的记载。民国29年(1940)，政府创办的4个农林场都把核桃作为主要种植品种，全面推广育苗、移栽、嫁接等技术。1953年县人民政府发动群众在村边、路边、房前屋后种植核桃。1976年，凤庆被定为全省发展泡核桃基地县。到1978年，全县共有野生核桃树4.63万株，有泡核桃树1.08万株，94.8%的大队和80.7%的生产队均有泡核桃种植。1979年6月，凤庆县被列为全省25个核桃基地县之一。1992年，全县有泡核桃23.1万株，调查产量为2080吨。此后，全县大力发展，种植进一步规范化、科学化，形成凤庆的支柱产业之一。到2000年，将发展泡核桃列入林业以工代赈建设工程项目，种植面积达6.81万亩。核桃种植和产业逐年上升，2004年12月，被国家林业局命名为“中国核桃之乡”。“十五”以来，凤庆围绕建设核桃大县的目标，整合各类项目和资源，广泛发动群众，大力推进泡核桃基地建设，并以每年10万亩的速度推进。截至2011年，全县核桃基地规模已达152万亩，挂果面积53万亩，产量达3.1万吨，产值突破9亿元，农民人均2188元。

发展核桃产业坚持“总体规划、分区实施、整村推进”的思路，切实抓好专业村建设。现已形成鲁史镇古平、金鸡、凤凰村，诗礼乡永乐村，大寺乡大寺、岔河村，小湾镇正义、蕨菜村，雪山镇新民村，洛党镇琼岳、桃花村等100个核桃专业村。全县核桃年收入在1万元以上的农户达1000多户，雪山镇新民村杨仕军户2011年核桃年收入达15万元以上；单户种植泡核桃最多达1500多株，核桃产业已逐步成为新家园行动计划和实现小康社会目标的产业载体。

省级滇红生态产业园区建设 为了推进凤庆县工业经济发展，落实工业强县战略，2010年5月启动滇红生态产业园区建设，主要项目是开发建设“三区一基地”（三区即工业聚集区、城市开发新区、新家园建设示范区，一基地即商贸物流基地）。2011年5月12日，省政府和段琪副省长一行到凤庆县检查指导工作时，对凤庆县南城新区提出了建设省级滇红生态产业园区的要求，围绕这一目标定位，县委、政府按照“一区两园”构思进行规划布局，精心组织凤庆县滇红生态产业园区规划建设。园区位于凤庆县城南部等上村，规划总面积6.6平方千米，投资总额77.74亿元，按“世界精品滇红茶产业基地、全球滇红茶交易中心、生态滇红旅游观光圣地”进行定位，按照“一园、两片、三带、五大功能”的空间布局进行建设，主要布局以茶叶、核桃为主的农产品加工和生物资源研发企业，辅助布局包装物流、商贸等综合性配套服务企业，以滇红茶生产、加工、提升为主要内容。是一个企业聚集区、品牌整合区。园区内产业特色鲜明、服务功能齐全、生态环境优美、投资效益显著，是一个现代化、园林化的生态型特色园区。计划通过10年的努力，在园区聚集100户以上的企业群，其中50户左右的生产加工企业，50户左右的科研、服务配套企业，实现工业总产值100亿元以上，人口聚集3万人以上，最终实现一个企业群、一个产业链、一个文化园、一个特色园的目标。2011年8月，园区总体规划和可行性研究报告通过市级评审并报省工信委批复，将园区建设定位为省级园区。9月28日，举行凤庆县滇红生态产业园区管委会授牌仪式。自此，凤庆县省级滇红生态产业园区正式运行。

2011年滇红生态产业园区已完成一期59户农户2户企业的拆迁安置，二期涉及拆迁的120多户农户已签订拆迁协议近100户，共支付拆迁资金近3000万元。在基础设施建设中，已投入将近6个亿的资金，实施水、电、路、气、绿化、亮化工程。同时，还加大招商引资工作的力度，2011年12月底，已有26户生产加工企业入驻园区，其中滇红集团整体搬迁工程于2010年1月全面开工建设，总投资2.7亿元，截至2011年底，已完成项目投资2.13亿元。项目建成后，其生产加工规模将提高到1.5万吨，年可实现销售收入10亿元以上，带动当地就业人员5000多人，带动全县13个乡镇38万茶农增收，年可实现利税总额1亿元以上。

滇红集团全貌（凤庆县志办　提供）

已入驻园区的26户生产加工企业已有3户投产。其中制茶企业就有20户，主要以红茶为主，有部分花茶、特色茶，年加工红茶、绿茶、普洱茶能力为5吨。

（郭润兰）

Yun County
云　县

社会救助　出台《各类自然灾害救助应急预案》，全县194个行政村（社区）实现县、乡、村三级防灾联动机制。对各类自然灾害，及时核灾报灾，开展生产自救。全年下拨救灾资金235.24万元，发放救灾粮食252吨，棉被1500套，救助受灾群众5.3万人次。协助理赔民房灾害保险562户47.86万元，支付灾民倒损房屋救助349户19.24万元。全县累计享受城市低保对象3986户5577人，累计发放城市低保金1139.7万元；累计共有3.05万人享受农村低保，发放农村低保金2781.69万元，发放春节慰问、价格临时补助、一次性生活补贴489.02万元，有效保障了农村困难群众的基本生活。规范城乡医疗救助制度和临时救助制度。全县共支出城乡大病医疗救助金740.43万元，累计救助4.06万人次。7月，正式启动城乡大病医疗救助一站式即时结算服务工作，共支出城乡大病医疗救助即时结算资金215.6万元。落实和完善农村五保供养政策，努力提高集中供养率。全县累计有五保对象2 519人，其中集中供养220人，共支出五保供养资金241.8万元，其中：县中心敬老院集中供养83人，支出供养资金79.68万元。做好上世纪60年代精减职工救济和艾滋病患者救助。全县共享受60年代精减对象68人，全年发放生活救济金13.71万元；共救助艾滋病患者43人，发放救助金5.85万元。

就业和再就业　全年开发就业岗位2436个，城镇新增就业人员2213人，其中下岗失业人员再就业427

大棚蔬菜（云县志办　提供）

人，困难人员就业304人；年末失业率为3.8%；开发公益性岗位159个。全县组织农村劳动力转移培训3380人，新增转移农村劳动力3.90万人；组织3383人参加职业技能培训，参加考核后取得职业资格证书3010人，完成“贷免扶补”任务数53户，放贷金额265万元；推荐小额担保贷款373户，放贷160户800万元；扶持“劳动密集型小企业”贷款3户300万元；新增高校毕业生就业见习基地1个（云南省三奇光电有限公司），提供就业见习岗位55个，参加就业见习人员28人，支付见习补贴8.76万元。上级累计下拨就业专项资金988.62万元，共支出717万元，其中：社会保险补贴支出195元（补贴人数700人），公益性岗位补贴支出346万元，创业培训及鉴定补贴支出173万元，职业介绍补贴3万元。

社会保障　全县失业保险累计参保1.01万人，发放失业保险待遇1005人次150.1万元；城镇基本养老保险参保1.04万人，其中企业职工7720人，支付待遇2871万元；参加城镇职工生育保险9630人，其中：城镇企业职工4799人，支付保险金额80万元；参加工伤保险9549人，支付保险金额189万元；参加城镇基本医疗保险2.94万人，其中：职工1.87万人、居民1.07万人，支付金额2079万元，各项城镇居民医疗保险收入344万元，支付金额78万元。全县集体企业参保1060人（其中办理退休916人）。

发展特色经济林　云县充分利用低热河谷和坝区林产业发展不平衡、生态较为脆弱的特点，大力发展特色经济林产业。2011年，通过探索咖啡和澳洲坚果进行套种模式，共种植咖啡1万亩，其中在幸福镇建成咖啡样板林700亩；种植澳洲坚果1.6万亩；种植美国山核桃5000亩；种植泡核桃10万亩。

冬季农业开发　2011年，按照“县有万亩、乡有千亩连片示范样板”的要求，开发2.25万亩重点冬季农业示范样板。其中：在爱华片区抓好水磨村2160亩订单优质冬马铃薯外销示范基地建设；在田心、河湾、忙回、德胜等城郊结合部和公路沿线乡镇，规划建设优质无公害蔬菜生产基地5280亩；在幸福片区重点抓好3000亩优质冬玉米覆膜规范化栽培和800亩以冬辣椒为主的优质冬早蔬菜开发；在茶房、大寨片区抓好2500亩优质冬油菜样板建设；其他乡镇结合区域优势、发展特色和市场需求，分别抓好千亩连片的特色冬季农作物样板开发，进一步提升全县冬季农业开发的质量和效益。年末全县共完成冬季农业开发1.69万亩，同比增加2.02万亩。实现冬季农业开发总产量6.28万吨，同比增加2.98万吨。实现总产值1.59亿元，同比增加9549万元，涉及12个乡镇、142个村委会、4.56万农户、35.90万人，项目区农民人均增收259.7元，同比增加146元。

马铃薯种植致富能手评比 4月26日，爱华镇水磨村农民群众带着丰收的喜悦，手捧自家种植的马铃薯，参加由爱华镇举行的水磨村第三届科学种植马铃薯成果评比表彰会。此次马铃薯评比以大小及薯形、块茎红皮、黄肉、芽眼浅少、表皮光滑、无裂缝为标准。通过农科技术员认真评比，来自水磨村的38户农户获奖，其中，何正红以单个重量达4市斤获单个最大奖，杨有军以20个50市斤获一等奖，杨宇以40亩的最多种植面积获最佳种植能手奖。在表彰会现场，荣获一等奖的杨有军手拿奖金乐呵呵地说："今年我家种了15亩，共收获70多吨，收入达10多万元，已是三连冠了，现在我家已建起了一幢小洋楼，明年，我将进一步采用科学的种植方法，扩大种植面积，在增加收入的同时，争取再拿个大奖。"水磨村自发展种植马铃薯以来，始终坚持以科技种植提高单产为目标，2011年已发展到1200亩，年产值达600多万元，占全村经济总收入的50%左右。

（钟履山）

Yongde County
永德县

社会保障 2011年，城镇新增就业1112人，完成年度任务的117%；失业人员再就业412人，完成年度任务的137%；就业困难人员再就业344人，完成年度任务的172%。全县参加新型农村合作医疗29.88万人，参合率96.5%；全县有55.09万人次享受医疗费用补偿，医疗费用总额达5429万元，支出新农合资金2767万元，新农合资金使用率达40.3%。全县参加新型农村养老保险18.72万人，参保率97%，共为3.87万名农村居民发放新农保养老金2472万元。城镇居民社会养老保险试点启动实施，参保人数达1749人，参保率82.5%。兑付农资综合直补资金2715万元，兑付良种补贴资金532万元，发放购置农机具补贴120万元。兑付家电和摩托车下乡补贴资金600万元。农村劳动力转移就业培训4886人，新增就业5425人，实现劳务经济收入5000万元。投入各类扶贫资金7310万元，绝对贫困人口减少5000人。彝族支系俐侎人三年重点扶持规划启动实施，移民安置和后期扶持工作扎实推进。发放救灾救济、社会救助、优抚安置资金8111万元，困难群众生活进一步得到保障。城乡居民收入普遍较快增长，城镇居民人均可支配收入增加1593元，达14388元；农民人均纯收入增加1068元，达4199元。

施孟二级公路永德段通车 施（甸）孟（定）二级公路链子桥至临清线，全长102千米，工程于2005年3月28日开工建设，2011年9月30日通过市级初验并顺利通车。截至2011年底，累计完成工程投资14.73亿元。该公路是继省道羊镇公路后新辟的永德县与市府临沧的交通枢纽，它的建成，使永德与市府乃至省府的沟通更方便快捷。

扶贫开发 2011年，完成上年度续建扶贫项目11个，总投资9412.14万元，占计划投资的100%。全年向上级争取各类扶贫项目11个，被批复项目到位上级财政扶贫资金2256万元、社会帮扶资金387.22万元、世行贷款回补资金25.85万元。各类扶贫开发项目完成投资6568.72万元，完成全县66个自然村（组）整村推进通路及民居房建设等工程投资3810.85万元；完成易地扶贫开发转移安置59户254人，项目投资128.8万元，群众自筹128.8万元；完成贫困地区劳动力转移引导性培训500人次、技能性培训1000人次，上级财政补助资金90万元；扶持农户新建安居房269户，完成投资1434万元；中海集团帮扶永德县教育、产业发展、科技培训、沟渠及新家园建设，完成投资1079.22万元；世行项目完成新寨人饮工程、滚木中沟

施孟二级公路永德段（永德县志办 提供）

和架豆树沟后续建设，投放世行贷款回补资金25.85万元。

城镇重点工程建设 进一步加大城镇基础设施建设投入，2011年完成固定资产投资10.69亿元，比上年提高107.57%，城镇品位逐步提升，各项重点工程建设项目进展顺利。县文体中心建设项目，计划总投资8215.66万元，2011年完成投资3143万元，其中博物馆已于上年建成投入使用。县廉租住房建设项目，建设任务1090套，建筑面积5.45万平方米，累计完成投资7742万元，已全部竣工并投入使用。县城生活垃圾处理工程项目，设计日处理垃圾53吨，库容45.5万立方米，计划总投资2473.37万元，年内完成844.98万元。崇岗乡政府搬迁工程项目，计划总投资5000万元，年内完成1738万元，其办公楼、商业街、商住楼已投入使用。德阳花苑建设工程项目，计划面积7万平方米，计划投资1.8亿元，年内完成5200万元，完成3.8万立方米主体及外墙装修工程。县康德小区二期商品房建设工程，占地65.74亩，计划总投资7808.64万元，年内完成5395万元。永德县城污水处理厂及配套管网工程，计划总投资6426.97万元，建设规模为新建6000立方米／日污水处理厂1座，建设排水管网管径DN300–DN700，长度48.9千米，工程已于上年通水试运行，年内完成投资1968万元。县城供水工程—净水厂工程，总投资898.05万元，年内完成257万元，净水设备已基本安装完成，在建附属工程。县城二级路以东片区市镇道路建设项目，计划总投资3800万元，年内完成1430万元。县新城东片区市政道路绿化、亮化工程，计划总投资1800万元，年内完成1508.12万元。国有工矿棚户区改造项目，计划在永康及永甸实施，拆迁760户，新建保障性住房760套，计划投资8512万元，年内完成5045万元。小勐统镇"茶马之苑"商业街建设项目，计划总投资1.71亿元，于年内3月30日开工，完成投资2300万元。农村危房改造及地震安居工程，年内拆除重建任务1700户，累计完成投资2.55亿元。老城区道路改造工程，概算总投资1065万元，年内完成740万元，完成德顺路的房屋拆迁、路基处理、管道埋设，在建路面。城乡一体化—"水府之韵·永康城"建设项目，计划总投资7.95亿元，截至2011年完成投资9460万元，在进行征地、拆迁及安置房建设工作。2011年保障性住房建设项目，年内建设任务为4200套，在建4358套，概算投资6.58亿元，累计完成2.64亿元。"永德芒都—水榭庭居"建设项目，计划投资2亿元，于年内10月份开工，完成投资4000万元。

（全文明）

Zhenkang County 镇康县

罂粟替代种植 镇康自1996年开始，与缅甸果敢县政府签订《中国镇康县缅甸果敢县关于联合开发三万亩荒地的协议》开始实施境外罂粟替代种植。截至2011年底，有3家企业在境外开展替代种植工作并已获得省商务厅核发的《云南省境外罂粟替代种植企业证书》，3户企业在境外开展替代种植面积18.22万亩。南华南伞糖业有限公司替代种植甘蔗面积11.26万亩，投入资金1441.52万元，种蔗户达5581户，涉及人口2.35万人，支付境外边民甘蔗款1.2亿元。年底榨季替代种植返销国内农产品甘蔗进口23.92万吨。修复境外蔗区道路1975.5千米，投入资金83.24万元；新推道路719.549千米，投入资金559.14万元；沟渠维修18.14千米，投入资金29.59万元，地膜7.3万元，肥料812.45万元，农药28.15万元，种苗867.78万元，现金扶持97.02万元；镇康县南伞边贸商业有限责任公司替代种植橡胶面积1.14万亩、核桃2.56万亩，投入资金617.2万元；道路投资113万元；公益事业投入74万元；发放工人工资24万元；镇康县彩宽贸易有限责任公司替代种植核桃面积3.26万亩，投资690万元，其中：开展核桃技术培训投入41万元，提供种苗、农具、化肥70万元，维修道路30万元，投入学校等公益事业5万元。全年吸纳替代区烟农350人，发放工资28万元。开展境外罂粟替代种植，符合联合国禁毒组织及中国政府的禁毒方针，是从源头消除毒品的有效途径，不仅具有良好的经济效益，还有着深远的社会效益，也是推动建设和谐世界的需要。通过替代种植及销售农作物，当地农民解决了温饱问题，生活水平逐年提高，除了能满足生产生活需要外，还有了一定的积蓄，为彻底摆脱贫困打下了基础。

首届临沧边交会 2011年10月18～21日，首届临沧市边境经济贸易交易会在镇康县南伞镇成功举办。本届"边交会"经省政府批准，由省商务厅、省招商合作局、临沧市人民政府共同主办，临沧市商务局和镇康县人民政府承办。"边交会"以"合作、共赢、发展"为主题，组织开展了一系列经贸活动和文化活动。经贸活动主要有巡馆、招商引资项目专场签约仪式、招商引资项目推介会、国外代表团座谈会、国内外商品展示展销和"临菜"展示（评选临沧十大名菜、十大特色菜、十大创新菜）活动。文化活动主要有开幕式及大型广场文艺演出、"阿数瑟"千人弹唱之夜、"阿数瑟"民歌展演之夜、澜沧江啤酒狂欢之夜、"阿数瑟"歌王歌后赛、唱响"阿数瑟"原创歌曲之夜暨颁奖晚会，以及打陀螺、丢花包、冲碓、手腕擂台赛等镇康民间传统体育活动。1460多名国内外领导和来宾参加此次"边交会"。178户国内外参展企业参加商品展示展销，其中：国内127户，国外（主要来自缅甸）51户。共搭设展位346个，其中商品展示区240个，

临沧边境经济贸易交易会（镇康县志办　提供　杨艳　摄）

展销区106个。主要参展商品有珠宝玉石、木材、柚木家具、木雕工艺品、建材、丝织品、矿产品、工程机械、轿车、农副产品、日用百货等。会期共签约24个项目，协议资金达265.5亿元，其中，镇康45亿元。项目包括能源、工业、商业、矿产、建筑建材、旅游、城市建设等。共完成贸易总额5.59亿元，其中：国内贸易3.07亿元（市内8000.5万元，市外2.27亿元），对外贸易2.52亿元（进口5110万元，出口2.01亿元），主要进口产品为矿石、木制品、木材等，主要出口产品为锗系列产品、建筑建材、机械设备、啤酒饮料等。澜沧江啤酒集团与缅方达成1.3亿元啤酒供应协议。组织25户餐饮企业参加“临菜”（临沧特色美食）展示展销活动，期间，各餐饮企业营业额达220多万元。组织28户餐饮企业共51名厨师参加临沧名菜评选活动，最终评选出临沧“十大名菜”。“边交会”的成功举办，扩大了临沧市，尤其是镇康县的知名度和影响力，促进了临沧经济社会又好又快发展，为把临沧建设成为面向缅甸开放合作的先行试验区奠定了坚实的基础。

边境特色工业园区　9月27日，镇康县边境特色工业园区开工。工业园区规划面积21.29平方千米，辐射缅甸老街沿边一线20平方千米，围绕“统筹内外、互利共赢、以外促内、加快发展”的总体思路，按照“工业园区化、园区城市化、产业高新化、布局专业化”的要求，锁定了“两年现雏形、三年成规模、五年见成效、十年大发展”的目标。通过有计划、分步骤地实施，力争到2015年园区总产值达100亿元以上，到2020年达500亿元以上，成为云南沿边开放开发合作的试验区和实施“走出去”战略的先行区。园区共分为新型建材加工区、生物资源加工区、综合管理服务区、矿产资源深加工区、对外贸易加工区5个功能组团。

市级文明村——董家寨　董家寨是镇康县勐捧镇流水村委会的一个自然村，位于勐捧镇东南边，距离村委会2千米，距离勐捧镇政府20千米。国土面积5.61平方千米，海拔1550米，年平均气温19.50℃，年降水量1625毫米。有耕地876亩，辖3个村民小组，有农户113户，人口525人，劳动力289人。2011年，全村经济总收入135.2万元，农民人均纯收入1826元。

近年来，按照“多予，少取”的方针和“生产发展，生活宽裕，乡风文明，村容整洁，管理民主”的总体要求，围绕农业增产，农民增收，农村繁荣的目标，全力实施“强村富民”行动计划，加强基础设施建设，发展公共事业，全面推进社会主义新农村建设。现有完善的村党组织活动场所，村级各项组织统一协调，党务、村务、财务管理民主规范。各项工作运作有序，以党建促村建，成立产业协会，做到1名党员带动7～8户村民，每位党员一年出义务工15个。2010年完成甘蔗种植520亩，种植土豆50亩，魔芋50亩，核桃4500亩，人口自然增长率逐年下降，杜绝超生、抢生、多胎生育。以构建和谐社会，创建“平安董家寨”为契机，以建立“无毒村寨”为目标。协助派出所等法律部门深入群众大力开展禁毒“防艾”宣传工作，使人民群众对禁毒、“防艾”意识有所提高。基础设施建设不断得到改善，进村道路为硬板路面，村内主干道为硬板路面，距离最近的集贸市场2千米。已实现水、电、路、电话四通。拥有电视机农户95户，安装固定电话50户，其中拥有移动电话农户数113户。全村共拥有汽车4辆，拖拉机6辆，摩托车36辆。建有沼气池农户74户。实施家家户户建好猪圈牛栏，每月6～7次清理村寨环境卫生，使村容村貌保持洁净、空气清新。有卫生厕所98户，垃圾坑2个。为使村容整治经常化、制度化、规范化。成立了村组新农村理事会、产业协会成员及其职责。将“门前三包”责任制、村道养护、公厕管理、庭院保洁等制度列入《村规民约》，并通过村民代表定期巡察、户主民主评议等办法加强督促检查。大力倡导乡风文明，把“卫生庭院”“十星级文明户”“文明村寨”等创建活动作为村容村貌整治的有效载体，以此激励先进、鞭策后进。

（宇　凌）

Shuangjiang Lahu, Va, Blang and Dai Autonomous County 双江拉祜族佤族布朗族傣族自治县

农业产业结构调整　坚持在发展中调整结构，在结构调整中谋求发展，探索粮食、林果、畜牧资源综合利用的循环生态农业发展路子，产业结构调整取得进展。全县甘蔗种植面积12.1万亩，总产52.3万吨，涉及种植农户1.13万户5.18万人，建成“双高”（高产高糖）蔗园4.5万亩。白糖产量5.59万吨，酒精产量4332吨；茶叶总面积12.46万亩，毛茶总产量5828吨，鲜叶平均价每千克3.8元，毛茶销售平均价格每千克19.78元，茶叶农业总值1.15亿元，茶农人均茶叶收入937元，涉及茶叶生产经营的农业人口12.3万人，有茶叶初、精制加工企业237户，其中获QS认证25户；2011年烤烟种植面积3.17万亩，总产8.06万担，烤烟农业产值7301.1万元；药材种植面积2610亩，其中：石斛100亩，龙胆草2510亩；橡胶种植户665户，县内有年加工能力100吨的民营加工企业1个。橡胶种植面积4.13万亩，开割面积1480亩，干胶产量58吨，干胶平均单产39.19千克／亩，干胶总产值145万元，种橡胶农户平均种胶收入811元／亩（按鲜胶乳算）；咖啡总面积4055亩，2011年新植504亩，收获面积338亩。

南等水库建设　南等水库枢纽工程是云南省实施西部大开发“润滇工程”中的一件中型水利工程。于2002年12月由省计委批复立项，2003年11月开工兴建，工程批准概算总投资1.91亿元。工程由大坝、溢洪道、导流泄洪隧洞、输水隧洞组成。设计坝高89米，坝型为黏土心墙分区坝，坝轴线长280米，坝顶宽10米，坝顶高程1274米，坝址以上控制径流面积177平方千米，多年平均年径流量1.81亿立方。设计总库容5149万立方，年供水量6401万立方，其中灌溉用水5176万立方，工业及城镇供水1225万立方。南等水库设计灌溉面积8.68万亩，其中增灌6.76万亩，改善1.92万亩，灌区涉及勐勐、勐库、沙河、邦丙4个乡（镇）以及勐库华侨管理区，国营双江农场。工程兼有工业供水和沿河灌溉补水发电，并具有对下游农田及城镇防洪错峰作用。2011年1月23日，举行了南等水库枢纽工程下闸仪式。

临双二级公路通车　临双二级公路（双江段）起于临翔区博尚镇坝胡村，止于小黑江河口处。路线全长72.65千米（主线长68.82千米，两条联络线长3.83千米），其中新建42.81千米，改建29.83千米。双江境内66.91千米，临翔区境内5.74千米。项目全线设计速度40～60千米／小时，路基宽度为10～12米，平曲线最小半径125米，最大纵坡7%，汽车荷载等级公路2级，项目概算总投资9.11亿元。全线路基工程共分5个施工合同段，路面工程共分2个施工合同段。项目于2009年11月30日开工，2010年7月27日通过交工验收，2011年8月1日试通车，完成总投资12.26亿元。

民族语译播　年内县电视台使用拉祜族、佤族、布朗族、傣族4种民族语言对中共十七届五中全会、中共云南省委八届十次全会、中共临沧市委二届十次全会、中共双江县委十一届十一次全会精神及县委政府的相关决策部署进行解读，使党和国家政策家喻户晓，深入民心，受群众欢迎。双江境内居住着23种少数民族，有少数民族人口7.47万人，占总人口的45%。县广电局每周制作民语译播的政策解读节目一期，每天在县电视台中的黄金时段播出，全年录制并播出42期。

交通运输网络建设　全县公路基本形成以国道214线为骨架“二纵（即：勐忙线、勐勐—邦丙公路）、二横（即：国道214线、邦丙乡—大文乡—忙糯乡—临翔区圈内乡公路）、四连接（即：忙圈路向东连接临翔区圈内乡境内国道323线，赛罕路向南连接澜沧县境内国道214线，双耿线向西连接耿马县四排山乡、林勐线向北连接临翔区南美乡）”的公路网络。公路总里程达3535.48千米，其中：国道63.6千米，省道6.5千米，县道7条327.3千米，乡道83条540.5千米。村道478条1124.74千米，专用道21条107.34千米，蔗区路1365.5千米。随着公路网络的不断完善，路面等级不断提高，“路、站、运、管、安”五位一体化交通运输网逐步健全，实现全县4乡2镇有客运站并通客运班车目标，解决群众出行难、乘车难等问题。2011年底全县纳入行业管理的客运车辆64辆，货运车辆1171辆。全年共完成客运

量：18.9万人，客运周转量2003.4万人／千米，货运量6.71万吨，货运周转量2256.61万吨／千米。

（邱开乾）

Gengma Dai and Va Autonomous County 耿马傣族佤族自治县

城乡居民收入倍增计划 以“增加就业、增强保障、调整结构、调节分配”为重点，城乡居民收入较快增长，幸福感和满意度普遍提高。城镇居民人均可支配收入达14445元，增长12.1%；农村居民人均纯收入达4593元，增长29.1%。超额完成年初预定目标。

交通建设 振清、耿沧二级公路全面建成。113.7千米通畅工程、169千米通达工程和65千米道路路面硬化工程基本完工。省道319线新和至临沧公路改造有序推进。清水河至缅甸腊戌跨境二级公路项目建议书编制完成。孟定至沧源立新、勐省至小黑江桥二级公路前期工作稳步推进。玉溪（新平）至普洱（镇沅）至临沧（清水河）高速公路列入云南省“十二五”规划。昆明至临沧至清水河铁路纳入云南省铁路网规划。孟定机场列入云南省“十二五”民航专项规划并上报西南民航局审批。至年底，全县拥有民用汽车5458辆；全年完成货运量101.2万吨，增长15.2%；货物周转量1.68亿吨千米，增长17.4%；客运量93.1万人次，增长16.7%；旅客周转量8355万人千米，增长1.4%。年末全县公路通车里程3300千米，其中，省道326千米，县道176千米，乡村道817千米，村组道913千米，专用道1068千米。按等分，有二级公路159.7千米，四级油路170.2千米，四级弹石路120.5千米，砂石路833千米。

城镇建设 4300套保障性住房建设全面启动。县城污水和生活垃圾处理设施投入试运行。县城新客运站投入使用。县城南片区开发、景戈商业步行街二期、吉龙花园三期和幸福新城等工程加快推进。全县土地利用总体规划、林地保护利用规划、城镇近期建设规划和勐永、勐撒、贺派特色小镇规划编制工作全面完成。市容市貌百日整治活动成效明显，市政管理水平进一步提高。

增收渠道拓宽 发放种粮、良种、农机具购置和退耕还林等各类补贴8026万元，增长15%。兑现家电、汽车和摩托车下乡补贴1126万元，受益农户2.74万户。实现劳务收入3246万元，创历史新高。全年共引进农业投资企业7个，新建农家店20个，新发展农民专业合作社21个。

重点工业项目 耿马工业园区和孟定边境特色工业园区规划顺利通过市级评审。拉法基瑞安（临沧）水泥有限公司日产2 000吨新型干法水泥熟料生产线项目有序推进。耿马南华糖业有限公司和南华勐永糖业有限公司技改项目全面完成。南华华侨糖业有限公司日产200吨酒精生产线项目稳步推进。孟定南华糖业有限公司日处理1万吨甘蔗糖厂开工建设。河底岗零级和南袜河梯级电站加快推进。地质找矿行动取得重大进展，初步探明大兴乡铁矿储量2000万吨以上，达到中型矿床规模。南华林浆纸板一体化项目前期工作进展顺利。

招商引资 积极参加昆交会、旅交会、广交会、边交会等大型会展活动，累计签订招商引资项目40个，协议总资金113亿元。央企、省企、民企和外企入耿工作成效明显，分别与中国三峡新能源公司、广西洋浦南华糖业集团和云南澜沧江酒业集团签订风能太阳能开发、糖业二次创业和茶叶精深加工合作协议。

社会保障水平提升 城乡低保、救灾救济、优抚安置、五保供养和长寿老人生活补贴等各项社会救助资金按时足额发放。住房公积金缴存比例和职工大病补充医疗保险最高支付限额大幅提高。城镇职工和城镇居民基本医疗保险住院报销比例分别提高11个百分点和10个百分点。新型农村合作医疗参合率达96.5%，城镇居民基本医疗保险参保率达93%。新型农村社会养老保险参保率达97.9%，城镇居民养老保险参保率达71%。鼓励创业促进就业政策全面落实，累计发放小额担保贷款1686万元。重点人群的就业率和就业质量进一步提高，295名大中专毕业生、复转军人和残疾人实现自主创业，310名下岗失业人员实现再就业，开发公益性岗位123个，32户零就业家庭实现就业。整村推进和集中连片扶贫开发成效明显。完成扶贫整村推进项目19个，易地扶贫转移安置286人，发放小额到户贴息贷款3000万元，减少贫困人口3260人。

惠民实事全面兑现 多措并举推进新家园行动计划。改造旧城14.4万平方米、旧村42个、旧房2892户、旧校舍4.46万平方米。完成市级下达任务的100%。三旧改造任务全面完成。4500余人的农村饮水安全问题得到解决。县职教中心新校舍主体工程完工。县中医医院投入使用。县体育馆主体工程完工。培训农村劳动力1.5万人。新增城镇就业岗位1122个，新增就业1122人。县城自来水管网改造和主要街道修复工程完工。

（金跃前）

Cangyuan Va Autonomous County 沧源佤族自治县

农家书屋建设 近年来，沧源县以深化边疆党建长廊建设为载体，采取“上级补助一点、县财政配套一点、挂钩部门帮助一点、乡镇整合一点、村级自筹一点、群众投工投劳献一点、社会资金支持一点、县管党费列支一点”的方式筹集建设资金。按照统一建筑标准、统一设计图纸、统一项目标志“三统一”原则，并明确乡镇党委书记为村级组织活动场所建设第一责任人，形成了一级抓一级、层层抓落实的工作格局。在全县尤其是沿边境一线建成了一批规划设计到位、民族特色突出、阵地作用明显的村级组织活动场所。并将活动场所建设与社会主义新农村建设、农村党员干部现代远程教育接收站点建设等工作相结合，把活动场所逐步建成“党员活动中心、便民服务中心、村民议事中心、教育培训中心、文化娱乐中心、信息集散中心”六位一体的多功能活动室。利用国家实施“万村书库”“农家书屋”等文化惠民工程机遇，建设93个“农家书屋”和82个村级文化室，共配置涉及生活、法律、计生、农业科技、种植、养殖、农村实用技术知识等方面书籍33.25万册，逐步解决群众买书难、借书难、看书难等问题。

新家园行动计划 通过不断充电，拓展了知识面，沧源各族群众的思想观念由“要我发展”逐步转变为“我想发展”“我要发展”，全力投入到实施新家园行动计划和城乡居民收入倍增计划中。截至2011年底，全县累计发展竹子61万亩、核桃51万亩、橡胶14万亩、茶叶12万亩、杉木、西南桦、紫胶等50万亩，实现了农民人均拥有经济作物和经济林木10亩的目标，为把佤山沧源建设成为绿色经济强县、民族文化强县和“桥头堡”建设前沿窗口奠定了良好的基础。

城乡医疗救助 2011年，制定城乡医疗救助工作实施方案。新实施方案规定，利用城乡医疗救助资金资助城乡低保、重点优抚、边民、农村五保等对象，取消病种限制，住院医疗救助实行“零起付线”，在城镇基本医疗保险和新型农村合作医疗报销后，救助对象个人自付部分由民政部门按比例给予救助。城乡低保对象、重点优抚对象、边民、城乡低保家庭中未纳入低保对象的共同生活的家庭成员等救助对象，住院救助比例由原来的10%提高至县级住院按50%、市级住院按45%、省级住院按40%给予救助，救助后家庭困难问题仍然影响到基本生活的，按医疗救助后个人自付部分50%给予二次救助，年累计救助最高限额6000元；城市“三无”人员和分散供养的农村五保对象，住院救助比例由原来的30%提高至75%，年累计救助最高限额由3000元提高至8000元，集中供养的农村五保对象给予全额救助；同时，对城市“三无”人员、农村五保对象及患特殊病、慢性病并需要长期维持治疗的对象给予每人每年门诊救助累计不超过100元，对患特殊病、慢性病并需要长期药物维持治疗的对象给予每人每年门诊救助累计不超过1000元。新的方案出台实施，全县医疗救助覆盖7万人以上，用于此项医疗救助金支出超过500万元。

发展蔗糖产业 为鼓励蔗农积极性，有效地促进、巩固、发展壮大全县的甘蔗产业，按“公司+基地+农户”的长效运作模式，以抓好甘蔗原料发展定为考核各片区农务员和各涉蔗乡镇、村组的一项重要指标。2010/2011年度，全县累计完成甘蔗种植面积13.5万亩，入榨面积12.88万亩，实现甘蔗农业总产量57万吨，比上年增长11.3%；平均单产达4.43吨，比上年增加0.15吨；甘蔗农业总产值2.18亿元，比上年增长56.8%；蔗农人均收入达5461元，比上年增长51%；全年实现工业总产值5亿元，比上年增长83.2%，实现税收8685万元，比上年增长117%。蔗糖产业成为沧源县财政增长、农民增收的支柱产业。县委、政府授予在甘蔗原料发展中做出突出贡献的单位、村组及个人糖料甘蔗订购责任奖、科技种蔗奖、种蔗大户奖和蔗糖产业发展组织奖等各种奖励，并兑现各项奖金200万元。

沧源荣膺“中国特色竹乡”（沧源县志办　提供　赵志明　摄）

东丁中型水库开工建设 2011年11月，东丁水库工程进场动工。东丁水库位于单甲乡嘎多村境内，坝高77米，总库容1544.9万立方米，属中型水库，总投资4.37亿元。东丁水库建成后，能够解决单甲、糯良、岩帅、勐省4个乡镇5.8万亩农田灌溉，承担3.37万人、0.94万头大牲畜饮水安全问题。

沧源荣膺“中国特色竹乡” 沧源县是云南省竹种最为丰富的地区之一，是巨龙竹原产地和分布中心，竹种达10属38种，被誉为“中国巨龙竹之乡”。近年来，通过科学育竹、示范引导、重点村建设等措施，竹产业发展迅速，全县竹子种植保存面积46.53万亩，投产面积5.36万亩，产值1800万元，招商引进竹木加工企业3家，已形成“公司+基地+农户”的科学发展模式。开发竹制品、笋制品、竹化工三大系列产品，形成集竹林培育、产品加工、生产销售为一体的竹产业运营体系。2011年10月，在第六届中国竹文化节上，沧源县被中国竹产业协会、国家林业局和国际竹藤中心授予“中国特色竹乡”称号。

（李竹青）

临沧市经济社会发展主要指标（表一）

县（市、区）	年末总人口（万人）		城镇人口占总人口比重（%）		单位从业人员（万人）		农业总产值（亿元）	
	2010年	2011年	2010年	2011年	2010年	2011年	2010年	2011年
临沧市	243.21	244.77	29.1	30.70	10.02	11.88	117.86	144.55
临翔区	32.41	32.55		45.10	2.36	3.09	12.75	16.09
凤庆县	45.88	46.14		31.47	1.10	1.09	19.81	25.95
云　县	44.99	45.28		29.47	1.55	2.15	24.93	28.53
永德县	37.01	37.23		23.73	1.31	1.46	13.54	16.11
镇康县	17.65	17.77		22.45	0.76	0.82	8.63	10.83
双江县	17.67	17.79		28.32	0.61	0.61	8.43	10.03
耿马县	29.66	29.86		33.30	1.36	1.48	20.64	26.04
沧源县	17.93	18.15		26.59	0.97	1.18	9.14	10.98

临沧市经济社会发展主要指标（表二）

县（市、区）	地区生产总值（亿元）		第一产业（亿元）		第二产业（亿元）		第三产业（亿元）	
	2010年	2011年	2010年	2011年	2010年	2011年	2010年	2011年
临沧市	216.97	272.43	71.48	87.82	76.18	104.06	69.32	80.55
临翔区	33.34	42.83	7.84	9.81	8.80	13.09	16.70	19.93
凤庆县	31.51	52.93	13.07	17.13	7.90	23.26	10.54	12.55
云　县	44.63	53.27	15.66	18.57	16.67	20.62	12.30	14.08
永德县	23.38	28.49	8.53	9.83	6.69	9.64	8.15	9.01
镇康县	16.58	21.49	4.53	5.48	6.60	9.62	5.45	6.40
双江县	14.28	18.27	5.37	6.00	4.67	6.44	4.24	5.83
耿马县	32.66	44.31	13.96	17.85	8.23	13.74	10.47	12.72
沧源县	13.33	17.41	3.77	4.77	4.14	6.30	5.42	6.33

临沧市经济社会发展主要指标（表三）

单位：%

县（市、区）	生产总值构成		第一产业		第二产业		第三产业	
	2010年	2011年	2010年	2011年	2010年	2011年	2010年	2011年
临沧市	100.00	100.00	32.94	32.24	35.11	38.20	31.95	29.57
临翔区	100.00	100.00	23.51	22.91	26.39	30.57	50.10	46.53
凤庆县	100.00	100.00	41.49	32.35	25.06	43.93	33.45	23.71
云　县	100.00	100.00	35.08	34.86	37.35	38.71	27.57	26.43
永德县	100.00	100.00	36.51	34.52	28.60	33.85	34.89	31.63
镇康县	100.00	100.00	27.35	25.48	39.79	44.75	32.86	29.77
双江县	100.00	100.00	37.61	32.86	32.70	35.23	29.69	31.91
耿马县	100.00	100.00	42.74	40.29	25.21	31.02	32.05	28.70
沧源县	100.00	100.00	28.30	27.42	31.04	36.22	40.66	36.36

临沧市经济社会发展主要指标（表四）

县（市、区）	生产总值指数（上年=100）		人均生产总值（元/人）		国有经济固定资产投资（亿元）		社会消费品零售总额（亿元）	
	2010年	2011年	2010年	2011年	2010年	2011年	2010年	2011年
临沧市	112.2	115.2	8988	11166	103.39	203.30	72.58	87.10
临翔区	112.7	116.1	10569	13191	13.15	38.72	20.39	25.50
凤庆县	113.2	116.2	6883	11507	12.87	28.97	11.54	13.86
云　县	112.1	115.1	9940	11803	7.58	32.00	11.83	14.20
永德县	112.6	115.3	6324	7674	12.99	31.31	8.10	9.39
镇康县	112.0	115.8	9578	12272	9.58	20.10	3.91	4.58
双江县	112.0	115.0	8002	10306	11.67	14.53	3.69	4.35
耿马县	113.1	115.0	11022	14841	25.26	18.77	8.47	9.82
沧源县	113.2	115.9	7448	9591	10.29	18.91	4.66	5.40

临沧市经济社会发展主要指标（表五）

县（市、区）	地方财政收入（亿元）		地方财政支出（亿元）		人均地方财政收入（元/人）		人均地方财政支出（元/人）	
	2010年	2011年	2010年	2011年	2010年	2011年	2010年	2011年
临沧市	14.51	21.39	90.77	128.79	601	877	3760	5278
临翔区	1.95	2.69	9.77	15.43	617	829	3097	4752
凤庆县	2.62	3.22	12.43	16.33	573	700	2714	3550
云　县	2.17	3.01	10.52	15.39	483	667	2344	3410
永德县	1.07	1.61	11.17	15.01	290	433	3022	4043
镇康县	0.92	1.68	8.16	11.32	524	950	4671	6390
双江县	0.63	1.01	6.73	11.08	351	570	3766	6251
耿马县	1.23	1.94	11.69	16.14	424	652	4014	5423
沧源县	0.80	1.21	8.43	11.37	450	673	4750	6301

临沧市经济社会发展主要指标（表六）

县（市、区）	农民人均纯收入（元）		职工人数（万人）		在岗职工年平均工资（元/人）		人均储蓄存款余额（元/人）	
	2010年	2011年	2010年	2011年	2010年	2011年	2010年	2011年
临沧市	3279	4284	9.47	10.33	26365	30202	4926	6065
临翔区	3329	4347	2.36	3.01	31067	33880	9966	12111
凤庆县	3506	4526	1.02	0.97	28541	29343	3490	4248
云　县	3759	4795	1.48	1.68	23189	26712	3868	4810
永德县	3131	4150	1.14	1.22	23726	27150	3130	4118
镇康县	2782	3790	0.65	0.68	27677	33283	5733	6674
双江县	2928	3934	0.26	0.59	21977	26901	4167	5486
耿马县	3559	4591	1.26	1.37	26231	29496	5655	6973
沧源县	2768	3780	0.97	0.82	22391	30852	4859	5444

Chuxiong Yi Autonomous Prefecture

楚雄彝族自治州

主　　编　李乐云
责任编辑　方爱琴

概述　楚雄彝族自治州位于云南省中部偏北，总面积2.93万平方千米。州人民政府驻楚雄市鹿城镇，东距省会昆明市区138千米。全州辖楚雄市和双柏、牟定、南华、姚安、大姚、永仁、元谋、武定、禄丰9县；乡（镇）103个，其中乡49个（含民族乡4个），镇54个。2011年末，全州总人口262.49万人。其中非农业人口39.23万人，占总人口14.95%。少数民族人口91.20万人，占总人口34.7%，其中主体自治民族彝族人口73.76万人，占总人口的28.1%，占少数民族人口的80.9%。人口自然增长率4.54‰。

2011年，全州实现生产总值482.50亿元，比上年增长12.4%。其中第一产业增加值108.32亿元，增长8.1%；第二产业增加值208.43亿元，增长15.6%；第三产业增加值165.75亿元，增长11.2%。人均GDP17899元。居民消费价格总水平比上年上涨4.3%，其中商品零售价格总水平上涨4.2%。完成财政总收入103.15亿元，比上年增长19.3%。地方一般预算收入37.58亿元，增长22.4%。地方一般预算支出126.76亿元，增长16.7%。

2011年，全州小学学龄儿童入学率99.85%，初中毛入学率113.45%，高中阶段教育毛入学率71.20%。每千人拥有医院病床4.2张，每千人拥有卫生技术人员3.69人，医疗卫生机构实际开放病床床位1.15万张，各级各类医疗卫生机构平均病床使用率82.52%。

2011年，农村居民人均纯收入4627元，扣除物价因素，比上年实际增长13.9%；城镇单位在岗职工年平均工资33543元，增加4433元。城镇居民人均可支配收入17785元，实际增长9.1%。居民人均消费性支出11275元。农村居民家庭食品消费支出占家庭生活消费支出的比重51.3%，城镇居民为40.2%。城乡居民储蓄存款余额275.69亿元。城镇居民人均住房总建筑面积35.63平方米，农村人均住房使用面积35.99平方米。年末城镇登记失业率3.3%。

元（谋）双（柏）公路建成通车　2011年11月1日，元谋至双柏公路通车典礼在楚雄市三家塘双柏方向路口举行。元双公路于2009年3月28日开工建设，起于元谋县城，途经牟定县、楚雄市，止于

鹿城晚霞夕照桃源湖（楚雄州志办　提供 周能汉　摄）

双柏县城，路线全长164千米，概算批复约40亿元。其中过元谋、牟定、楚雄、双柏四县市城区路段按四车道一级公路标准建设，约34千米。该段路基宽20米，设计速度60千米／小时；其余路段按二级公路标准建设，路基宽8.5米、12米，设计速度40千米／小时。建成后的元双公路比原老公路行程缩短约41千米。

文化旅游业快速发展 2011年，楚雄州接待海外旅游者2.38万人次，比上年增长19.83%；接待国内旅游者1165万人次，增长20.81%；实现旅游收入40.33亿元，增长29.8%。完成旅游投资16.94亿元，建设重点旅游项目39个。以"品牌打造、名师名厨、素质提高、市场推广"为宗旨，开发旅游餐饮美食和旅游商品，内引外联，融入滇中乃至滇域文化旅游战略全面发展，获得国家和省补助文化旅游专项发展资金1100万元，招商引资3000多万元。实现州有彝族火把节，每个县（市）都至少有一个独具特色的民族和民俗节日，如大姚彝族插花节、南华野生食用菌美食文化节、牟定左脚舞文化节等，丰富多彩的民族文化资源吸引八方来客，支撑全州文化旅游业快速发展。

工业园区建设 2011年，楚雄州按照"工业上山"总体部署，调整工业园区规划，建设工业园区。10县（市）调整规划后，工业园区控制面积343.13平方千米。全州10个工业园区实现工业总产值231.57亿元，比上年增长41%；实现销售收入219.6亿元，增长38%；实现税收7.88亿元，增长15.6%。完成基础设施建设资金投入4.15亿元。新引入园区项目59个，主要项目有华电永仁太阳能项目、湖北一致魔芋生物科技魔芋深加工项目、云南民宇钢结构5万吨钢构项目、云南积华药业项目、云南金七制药滴丸项目、云南楚源药业项目、楚雄慧丰林业开发项目、大姚核桃机械加工项目、楚雄再生资源回收综合利用建设项目、楚雄和创药业生物制药产业化项目等。

扶贫开发 2011年，楚雄州通过调查，摸清贫困人口现状，多举措全方位实施扶贫开发。10月底，按照国定2300元新标准，全州有贫困人口152.7万人，占农业人口的68.8%。同时，按照国务院扶贫办和省扶贫办要求认真组织开展了全州扶贫统计监测调查工作。申请到资金2000万元，在大姚县三岔河乡和禄丰县高峰乡全面启动整乡推进扶贫开发。整合资金1.29亿元，发动群众以劳折资6644.42万元，实施子项目62个。项目完成后，两个乡镇的2.24万群众实现脱贫致富。申请到资金5520万元，整合项目资金1.96亿元，发动群众以劳折资7063.72万元，实施扶贫整村推进项目632个。获得资金1310万元，群众筹资6365.02万元，扶持发展产业扶贫项目24个，实施"抓一村、扶一品"和产业集中连片扶贫开发，扶持种植核桃3.61万亩、花椒8267亩、中药材2450亩、冬桃5900亩、魔芋1590亩、蚕桑1190亩、冬早蔬菜4300亩、葡萄6000亩，发放种猪2673头、购种羊400只，6156户2.46万人得到扶持，实现人均增收268元。争取中央和省级资金950万元，举办劳务输出洽谈会18次，实施规模批量输出3批，建设劳务输出示范村54个，累计举办各类培训班293期，培训贫困地区劳动力2万人次，培训后输出1.86万人，输出率达93%，转移就业贫困地区劳动力3.2万人，实现劳务收入5.4亿元。争取资金1050万元，地方配套48.92万元，整合资金726.28万元，发动群众自筹及以劳折资2619.96万元，对丧失生产生活条件的自然村组加强易地扶贫搬迁，实施546户2170人易地搬迁项目。争取发放扶贫到户贷款（小额信贷）资金2.5亿元，财政贴息资金1465.58万元，到户贷款奖补资金160万元，项目覆盖10县市92个乡镇891个村委会，扶持386个产业示范村，扶持农户1.93万户，其中扶持发展养殖业8893户，扶持发展种植业1万余户，重点扶持发展蚕桑、蔬菜、经济林果、烤烟、养猪、养牛等产业，为贫困群众解决燃眉之急。争取扶贫贴息贷款项目10个，项目贴息贷款6700万元，财政贴息资金201万元，扶持扶贫龙头企业16户，推进"公司＋基地＋农户"的产业化发展步伐。争取资金1239万元，整合资金2478万元，发动群众筹资及以劳折资1858.5万元，实施1239户特困户、散居户的土掌房、石头房、茅草房等危房改建工程。争取中央和省级投入挂钩帮扶资金1526万元，其中招商银行投入650万元，实施扶贫项目14个，"1+1"结对帮扶贫困学生1004人。州级挂钩单位万名党员干部职工与6420户贫困户结成帮扶对子，有5502名党员干部深入贫困地区开展调研指导，投入贫困地区资金6539.8万元，其中协调引进资金4645.4万元，单位投入及干部职工捐款捐物（折币）373.3万元。香港乐施会在楚雄、南华、双柏等3个县市15个乡镇开展帮扶工作，实施项目11项，总投资1219.26万元，其中乐施会援助资金461.3万元，省财政资金30万元，州级财政资金5万元，其他投入及群众投劳折资723万元。

灾害救助 2011年，楚雄州频繁发生低温冷冻、区域性干旱、洪涝、滑坡泥石流等自然灾害，受灾人口101.23万人，因灾死亡8人，农作物受灾75.04千公顷，绝收11.05千公顷，倒塌民房92间，损坏民房1106间，直接经济损失63984.62万元。全州各行各业齐心抗灾救灾，获得资金3698.3万元，救助灾民39.41万人。其中口粮救助35.86万人，发放粮食4985.4吨；衣被救助3.54万人，发放衣被6.07万件；伤病救济133人；恢复民房235户568间。发放城市低保8.17万人1.72亿元，农村低保15.64万人1.43亿元，60年代精简下放人员补助1377人252.8万元。救助城市困难群众10.15万人1631.8万元，救助农村困难群众19.82万人3335.9万元；临时救助2.30万人1104.4万元，救助流浪乞讨人员5172人次25.86万元。

《中国彝族通史》通过审定 2011年4月15日至17日，《中国彝族通史》编委会在楚雄召开第五次会议，审定《中国彝族通史》书稿，决定交付出版。《中国彝族通史》是2001年发起编著，由国家民委审批的重大历史文化课题，内容以西南地区滇、川、黔、桂为中心，按历史事实逻辑顺序，上起远古，下迄中华人民共和国建立，全书共7卷384万字、500幅图片。是一部全面系统论述中国彝族政治、经济、文化发展演变过程，阐述彝族源流和与中华民族发展的关系，讴歌民族团结、社会和谐和边疆稳定的巨著。

（周能汉）

树苴梯田（楚雄市志办 提供）

Chuxiong City 楚雄市

三农工作成效显著 2011年，楚雄市大力推进水利基础设施建设，投资6506万元，完成2010年中央财政小型农田水利重点县项目和3件小（一）型水库除险加固工程，11件小（二）型水库除险加固项目进展顺利；投资1.11亿元改造中低产田地9.3万亩；投资4928万元，建成44千米通乡油路和144.7千米农村公路；完成一户一表改造2326户，自然村通电率达100%。完成1540个村庄的建设规划编制工作；28个新农村试点村建设全面完成；投入农村公益事业"一事一议"财政奖补资金1477万元，实施95个村民小组村庄道路硬化工程和6个示范村建设项目。29个省州级扶贫整村推进、250人易地扶贫搬迁和35户扶贫安居工程等建设项目顺利实施，农村生产生活条件进一步改善。农业产业化发展步伐加快。加大农业龙头企业扶持力度，广泰、东宝等25户农业龙头企业带动能力进一步增强；建成生猪标准化规模养殖场5个；改造中低产林4.2万亩，新增核桃种植面积2.47万亩；种植魔芋3.44万亩、人工食用菌164.63万平方米、商品蔬菜4.61万亩；茶叶、优质林果、蚕桑、花卉等特色农产品生产稳步发展，农产品基地建设取得新成效；4个产品获无公害农产品认证，4个产品获绿色食品认证，"摩尔农庄"成功申报为云南省著名商标。粮烟支柱进一步巩固。兑付支农惠农补助资金8077万元，落实粮食高产创建各项科技措施，粮食总产量达1.9亿千克；建成基本烟田7580亩，收购烟叶1665万千克，上等烟比例比上年提高12个百分点，烟农卖烟收入达3.15亿元。实现农业总产值30.14亿元，增长9%。

工业经济快速增长 2011年，楚雄市工业投资力度进一步加大。烟厂、岭东、宏桂等重点企业技改项目稳步推进，实施完成云泉酱园扩建、鑫华化工搬迁等一批项目，建成标准厂房16.77万平方米，完成工业投资22.53亿元，增长55.9%。园区建设步伐加快。调整完善园区规划，把苍岭工业片区纳入楚雄工业园区，形成"一园五区"布局结构，园区面积从11.57平方千米增加到64.5平方千米；投入资金5.14亿元，加强基础设施建设，入园企业达57户，实现工业总产值72.73亿元。烟草及配套产业、能源冶金化工业、机械制造、绿色食品、生物制药产业等重点产业稳步发展，重点支柱产业实现增加值77.53亿元，增长17.4%，占全市工业增加值的80.5%。全市工业总产值突破200亿元大关，达208亿元，增长24.6%；实现工业增加值96.35亿元，增长16.4%。

消费市场繁荣活跃 2011年，楚雄市建成紫溪商业城、财富中心、明珠百货等一批专业市场，成功引进沃尔玛、肯德基等名企名店，滇中大商汇一期等项目进展顺利；深入实施"万村千乡"市场工程，累计建成农家店341个。"家电下乡""摩托车下乡"等工作有序开展，城乡居民消费活跃。实现社会消费品零售总额64.06亿元，增长19.3%。松香、野生菌、蔬菜等特色产品出口大幅增长，实现外贸进出口总额7771万美元，增长33.9%。

城市建设稳步推进 2011年，楚雄市启动北浦农贸市场片区改造，府后街、东岳庙和鲁班阁片区改造持续推进，三角地、东路综合市场片区改造全面完成，一批城市商业综合体投入使用。东南新城初具雏形，州职教园区、州医院新区等项目建成，完成青龙河富民段综合治理主体工程，第二自来水厂及配套管网项目进展顺利，实现与西静河供水管道并网供水，彝海公园等一批市政工程加快推进，东环线、万家坝南北向主干道、团结路尾段等路网及配套基础设施建设步伐加快。西北片区、西南片区建设扎实推进，彝人古镇八期、滇中大商汇一期和茶花谷等项目有序实施。投入城市建设资金7.19亿元，城市建成区面积达37.55平方千米，城镇化率达56.4%。

和谐发展的树苴乡 树苴乡位于楚雄市西北部，距市府鹿城145千米，全乡国土面积131.4平方千米，辖7个村民委员会，172个村民小组，229个自然村，居住着彝、回、白、苗、傈僳、傣、佤、藏、汉等民族，总人口1.87万人。全乡山脉纵横交错，沟箐网织其间，地形地貌复杂，气候多样，境内煤炭和石灰石资源丰富。2011年，全乡实现生产总值6.97亿元，农村经济总收入1.38亿元，财政总收入733万元，农作物产值3148万元，烤烟8975亩产值2488.1万元，核桃产值2780.4万元，畜牧业产值4078.7万元，农村人均纯收入达4110元。基础设施得到改善，乡、村、组公路通达率达92%；彝族“叫化棋”、“六子冲”等特色棋类活动丰富群众文化业余生活。省级文明示范村落户树苴二街、九街村委会小坝塘、马家村村民小组。新农村建设亮点凸现，投资25万元完成横跨5个村委会的“树苴党建长廊”建设，树苴乡党委、新农村工作队员、中小学老师，以树苴乡民族民间文化素材为典型，绘制120平方米的油画，以群众喜闻乐见的形式，打造乡文化示范带。

（海成强）

Shuangbai County 双柏县

农业经济 2011年，全县播种粮食作物22.6万亩，粮食产量达5.94万吨，粮食生产实现恢复性增长。以绿汁江、马龙河沿岸为主的热作开发取得成效，全年共种植蔬菜等反季作物4.8万亩，实现收入3738万元。发展以生态牛、羊、猪为重点的畜牧产业，实现畜牧业产值5.08亿元，增长4.7%。各项惠农政策全面落实，兑付良种、农资综合、草原生态保护、退耕还林等各项补贴资金3944万元，促进了农民增收。发展农民合作经济组织231个，4个合作组织通过无公害产品产地认证。全年实现农业总产值12.1亿元，比上年增长9.5%。

工业经济 2011年，全县围绕“兴工强县”战略，突出抓好森源化工新建生产线等10大重点工业项目，扶持重点企业发展壮大。推进工业园区规划调整，加大园区“三通一平”等基础设施建设力度，以园招商效果明显，年内成功引进3户企业入驻园区。全年实现工业总产值11.6亿元，比上年增长29.6%；实现工业增加值2.9亿元，增长17.6%；实现外贸出口总额3347万美元，增长1.2倍。

重点产业 2011年，全县收购烟叶820.75万千克，实现烟叶总产值1.48亿元，增长9.6%，均价达17.97元，实现“两烟”税收3931万元。水电能源开发步伐加快，班果河二、三级电站投产发电，新增装机0.4万千瓦，全县总装机容量达9.66万千瓦，大湾、雨果电站建设项目通过省发改委核准，戛洒江一级、小江河一二级等电站建设前期工作稳步推进，龙门、空龙河一级等在建电站加快建设，矿电能源产业实现产值1.59亿元，增长4.2%，实现税收2250万元。年内种植核桃10万亩、膏桐4万亩、冬桃6000亩，完成中低产林改造9万亩；以华兴人造板、宏光胶合板厂为重点的林板加工企业和以森源、松原为重点的林化深加工企业效益提高，现代林业产业实现产值7.98亿元，增长35.4%，实现税收1557万元。以妥甸酱油、白竹山茶叶、野生菌加工为重点的绿色食品产业发展壮大，绿色食品产业实现产值5.67亿元，增长16.6%，实现税收245万元。以虎文化、查姆文化为重点的民族民间文化得到传承和发展，新建传习所4个；乡村旅游、文化旅游基础设施不断加强，文化旅游产业实现突破发展，全年接待外地游客34万人次，实现产值1.6亿元，增长10.6%，实现税收19万元。

城镇建设 2011年，全县突出抓好查姆湖保护开发、西北片区开发、杞龙片区开发3大重点，实施扩城战略。查姆湖保护开发工程加快推进，文化品识区一期建设项目全面完成，长青路沿湖拆迁及石油公司片区开发前期工作稳步推进。县城西北片区东和大道建成投入使用，区内行政新区规划、商住房开发建设前期工作全面开展。杞龙片区5.63万平方米商住房、查姆大酒店主体工程完工。县城西南片区开发完成征地327.5亩。东和苑小区建成投入使用，东兴湖、粮贸小区建设加快推进。县城污水处理厂、城市生活垃圾处理工程投入使用。县城建成区面积达2.9平方千米，城镇化率达26.4%。

农村基础设施建设 2011年，河口河水库续建、新华水库扩建、木老虎水库配套工程建设推进。草坝子、栗树埂、团结3件小（一）型病险水库除险加固工程及毛家坝大沟、石头大沟干支渠防渗工程建设完成，李芳村等5件小（一）型病险水库除险加固工程进入扫尾阶段。“5小水利”、人畜饮水安全工程全面实施。农村小型水利体制改革全面完成，全县水利灌溉保障率达41.7%。安龙堡坡代土地整理项目完工，新会、普岩土地整理项目抓紧推进，麻栗树小流域水土治理坡耕地改造项目开工建设。全年共实施中低产田地改造3.34万亩。完成新农村省级重点建设村10个、少数民族地区基础设施建设项目28个、农村公益事业"一事一议"财政奖补项目77个，实施扶贫整村推进、产业扶贫、易地搬迁等各类扶贫项目62个，改善了少数民族地区、边远山区、贫困地区生产生活条件。年内共完成农业农村基础设施投资5.84亿元。

抗旱救灾 2011年，面对连续3年的严重旱灾，全县认真落实抗旱保民生各项措施，投入抗旱资金1747万元、抗旱设备3243台，组织12.5万人次开展抗旱救灾，解决4.6万人、6400多头大牲畜的饮水困难。栗树埂水库应急提水、抗旱打井工程投入使用，白竹山应急供水工程加快实施，缓解了县城饮水困难问题。

民生工程 2011年，全县新增城镇就业人员1203人，转移农村富余劳动力9500人，开发公益性岗位179个，发放"贷免扶补"、小额担保贷款等创业资金3029万元。新农合参合率达95.2%，为16.3万人次报销医药费用1769万元；城镇居民基本医疗保险参保率达98%，为735人次城镇居民报销医药费用167万元；启动实施被征地农民基本养老保障工作，提取保障金1168万元；新型农村和城镇居民社会养老保险试点工作全面开展，参保人数达9.25万人，收缴保费875万元，兑现基础养老金546万元。发放城乡低保资金2400万元、救助金528万元、高龄老人保健和长寿补助64万元、救灾救济粮42.5万千克。安排义务教育"两免一补"、计划生育"奖优免补"资金2190万元。68套廉租住房、175套公共租赁住房建设和1500户农村危旧房改造项目顺利推进，600户国有林区棚户区改造项目主体工程全面完工。

（张存浥）

Mouding County
牟定县

农业经济 2011年，全县粮食总产量达9765万千克，比上年增长19.7%；烤烟生产实现提质增效，实际收购烟叶788万千克，综合均价比上年提高3.25元，实现烟叶税3115万元，农民实现卖烟收入1.42亿元；实现畜牧业产值3.91亿元，增长14.7%。

工业经济 2011年，全县实现工业总产值23.8亿元，比上年增长33.3%。其中规模以上工业实现产值5.7亿元、增加值1.93亿元，分别增长28.2%和21.4%。全县工业企业实缴税金（含乡镇企业税收）9019万元，增长34.4%。星焰公司年内上缴税金1702万元，实现了县内纳税上千万元单户工业企业零的突破；纳税上百万元以上企业比上年增加1户。

农村基础设施建设 2011年，全县投入农田水利建设资金1.21亿元，设施农田水利工程2698件、完工2159件，新建小型水源工程1773件，改造中低产田地1.24万亩。整合项目资金1141万元，完成元双公路沿线乡风文明示范带建设。投资165万元，实施蟠猫乡母鲁打村等9个新农村建设。投资470万元，改善大中型水库库区和移民安置区生产生活条件。实施55个财政"一事一议"奖补、40个扶贫整村推进项目，产业扶贫、易地搬迁安置、安居工程等深入推进。完成农村饮水安全工程50件，解决1.1万人、3535头大牲畜的饮水困难。

凤屯风电场投产暨大尖峰风电场开工 2011年12月28日，牟定县举行投资4.83亿元、装机容量4.95万千瓦的楚雄州第一个风电场牟定凤屯风电场并网发电、投资4.2亿元的大尖峰风电场开工仪式。

城乡居民生活 2011年，全县居民（按户籍人口）人均GDP达12576元，比上年增加2171元，增长12.9%；全县在岗职工年人均工资32582元，增长20.8%。农民人均纯收入3986元，增长18.8%，扣除物价上涨因素实际增长7%；城镇居民人均可支配收入17056元，增长11.4%，扣除物价上涨因素实际增长7%；全县人均有粮451.6千克，增长19.8%；人均肉类产量122.2千克，增长10.5%；人均禽蛋产量3.5千克，增长9.4%；人均水产品

省委常委、省委统战部部长黄毅到牟定调研（牟定县志办 提供 李兴顺 摄）

产量 7.2 千克，增长 7.5%。城镇居民人均住房建筑面积 33.8 平方米；农村居民人均住房建筑面积 35 平方米。全县 89 个村（居）委会村村通公路和电话，89 个村（居）委会通自来水。

旅游资源 全县民族文化绚丽多彩，有与“三月会”相依相伴的左脚舞，“腊湾老人舞”，被誉为“左脚舞的故乡”；有民间乐器“龙头八方四弦琴”，花衣、花鞋等彝族刺绣。牟定能工巧匠众多，制陶等传统手工艺发达，被誉为铜匠、铁匠、篾匠、木匠、泥水匠“五匠”俱全的“匠人之乡”。牟定是红军长征过楚雄传播火种的地方，1936 年 4 月红军长征经过境内 4 个乡（镇），15 个村委会，50 个自然村，行程 49 千米。牟定有省级风景名胜区、国家 A 级旅游区化佛山，以及牟定文庙、三清阁、南山寺等人文景观旅游资源。旅游产品主要有“牟定油腐乳”、化佛茶、力石高粱酒、“鹊泉牌”喜鹊窝系列白酒，铜炊具、民族刺绣、民族乐器等。

（李世奎）

Nanhua County 南华县

节能降耗 2011 年，全县规模以上工业企业万元产值综合能耗同比下降 23.7%，万元增加值综合能耗同比下降 22.2%。其中 3 户重点监测企业：云南澜沧江酒业集团楚雄有限公司节能量 2084.36 吨标煤、南华茂森综合利用有限责任公司节能量 505.55 吨标煤、南华松香厂节能量 569.14 吨标煤，3 户企业均按要求完成了节能任务。

林化产业 2011 年，全县依托交通区位优势、资源优势，加快林化产业发展。按照《松脂采集规程》对县内适宜采脂源区实施采脂 8 万亩，产脂 3000 吨、产值 3000 万元。南华松香厂以外进原料为主，加工松香 2.70 万吨、松节油 6256 吨、树脂 5185 吨，实现加工业产值 5.07 亿元，是省林业厅认定的“林业产业省级龙头企业”。云南华香源香料有限公司加工以桉叶油为主的各类林化产品 1901 吨，实现加工业产值 1.62 亿元。

新型农村合作医疗 2011 年，全县新型农村合作医疗参合农民 20.5 万人，参合率 96.65%，筹集资金 4715.12 万元，资金使用率 65.2%。大病补充保险参保农民 14.53 万人，参保率 70.89%。其中，农民个人缴费 16.5 万人，筹资 495 万元；民政代缴五保户、低保户 1.35 万人，资金 40.62 万元；计生代缴独生子女父母、年龄不满 18 周岁独生子女和只生育两孩且采取了绝育措施的农村夫妻 2.65 万人，资金 79.39 万元。

贫困地区劳动力培训转移 2011 年，全县争取贫困地区劳动力转移培训指标 1500 人，财政扶贫资金补助 96 万元。其中引导性培训计划 400 人，财政扶贫资金补助 8 万元；职中示范基地培训计划 1100 人，财政扶贫资金补助 88 万元。全年共组织培训 3200 人，其中引导性培训 2100 人、职中基地培训 1100 人。年内，共组织转移农村富余劳动力 23320 人。其中：劳务输出 20007 人，外出务工 3313 人。实现劳务收入总额 8000 万元。

电脑农业示范 2011 年，全县电脑农业示范示范推广工作涉及全县龙川、沙桥、雨露、五街、罗武庄、红土坡、五顶山 7 个乡镇 87 个村委会 3.77 万农户，完成水稻、玉米、烤烟、油菜、蚕豆、小麦、洋芋、啤酒大麦、萝卜 9 类作物推广面积 21.96 万亩，新增总产量 778.41 万千克，新增总产值 1660.64 万元。

生态建设 2011 年，全县共实施天然林保护工程森林管护 158.34 万亩，签订森林管护责任承包合同 200 份，完成天保工程公益林建设 4 万亩；完成退耕还林工程荒山荒地造林 5000 亩，巩固退耕还林成果后续产业发展种植业 1.8 万亩，补植补造 200 亩；完成国家造林补贴项目造林 1 万亩，中低产林改造任务 2 万亩；完成农村沼气池建设 700 口，改灶 800 眼，太阳能热水器 110 户，农村能源服务网点 3 个。全年共落实育苗面积 420 亩，培育苗木 522.5 万株，其中，核桃苗 263 万株，膏桐苗 60 万株，华山松苗 65 万株，桉树苗 91.5 万株，云南松 40 万株，其他苗木 3 万株；收取省、州驻南华单位，县级各行政、企事业单位 112 家 3396 人义务植树造林绿化费 4.25 万元，完成义务植树 88.22 万株、四旁植树 150 万株。全县森林覆盖率达 65.86%。

（窦正旺）

Yao'an County 姚安县

交通建设 2011 年 5 月，完成左门 33 千米通乡油路主体工程施工，姚安县率先在全州实现通乡油路率 100%。以“通达”和“通畅”工程为重点，全面发展农村公路建设，先后完成投资 9700 万元的通乡油路 7 项 125 千米，5600 万元的通达工程 36 项 420 千米。开通客运班线 18 条，76 个行政村班车通达率达 100%。有客运经营户 91 户、营运客车 93 辆，货运经营户 1105 户、货运汽车 1247 辆；培育农村客运企业 3 个，发展城乡公交车 12 辆，投放城市出租车 30 辆，农村客运车辆 22 辆。

紫金山天文台姚安观测站投入使用 通过近三年的建设，总投资 3.4 亿元中国科学院紫金山天文台姚安观测站建设项目一、二期工程通过验收，完成投资近 2 亿元，建成了观测楼和附属设施，望远镜阵和中心配套设施安装调试完毕并陆续投入使用，开始执行观测任务。

城乡居民社会养老保险试点 2011 年 7 月，姚安县被列为全国第三

官屯统建点（姚安县志办 提供）

批新型农村社会养老保险试点县和第一批城镇居民试点县。至年底，全县共有10.41万人参加了新型农村社会养老保险，收取保险费1432.05万元，参保率达到94.15%。参加城镇居民养老保险827人，收取保险费18.38万元，参保率达到64.17%。全县60岁以上的老人2.35万人，9月10日前已全部发放基础养老金55元。

官屯统建点民房质量整改 根据云南省抗震救灾指挥部《关于对姚安“7·09”地震楚雄灾区民房教育卫生及其他基础设施恢复重建项目计划的批复》，官屯大村统规统建点规划建设安置受灾群众200户，804人；每户占地120平方米、建筑面积128平方米；国家民房补助445.4万元，分一、二两个标段各100户。民房质量问题发生后，在省委、省政府和省联合调查组的直接领导下，在州委、州政府直接指挥下，楚雄州“7·09”姚安地震恢复重建民房质量整改工程项目工作部成立了姚安县“7·09”地震民房恢复重建官屯统建点质量整改工程项目部，与楚雄州官屯大村二标段民房质量问题整改项目建设指挥部项目工作部合署办公。从2011年1月6日开始入户检测，到1月29日，完成了官屯大村统建房二标段93户的检测工作。从2月10日对大村一标段和马游两个标段的统建房进行100%的检测。从2月10日组织力量开始开凿检测面，至2月22日，一标段100户、马游150户房屋质量检测工作全部结束，由省检测中心进行数据分析后出具检测结果。同时，积极配合省勘察设计院做好官屯大村一、二标段和马游统建点地质勘查工作。2月18日，完成了二标段50个勘测点、一标段42个勘测点的勘测工作。2月23日，完成了马游统建点73个点的勘测工作。根据云南省建设工程质量检测中心检测结果，省设计院依据分户质量检测数据报告，提出技术处理方案并出具施工图纸，官屯统建点民房质量整改方案为：大村统建点二标段100户民房共需拆除重建90户、加固补强10户；一标段100幢房屋全部整改，其中楼板修缮23栋、修补45栋、配板32栋；墙体砂浆补强11栋；基础注浆20栋。省建工第五建设有限公司于2月15日到现场开展前期工作，2月21日正式开工建设。截至5月20日，二标段90幢重建房屋和10幢加固房屋整改工程已全面完工；一标段100幢加固整改房屋全面完成分户检测验收。

抗旱保民生 2011年，全县降雨量526.6毫米，比2010年同期少67毫米，比多年同期少145.8毫米。全县9个乡（镇）、22个村委会56个自然村、9609人、3406头大牲畜因旱饮水困难，小春农作物受旱面积9500亩，属全州旱情较为严重的县市之一。县防汛抗旱指挥部于2011年9月16日启动“抗旱预案中度干旱（Ⅲ级）应急响应”，并制定出台库塘、小水池窖增蓄水给予补助的方案。全县采取有效措施投入抗旱和增蓄水工作，投入抗旱资金461.05万元，投入抗旱人员8.45万人次，机动抗旱设备683台套，抗旱用电14.1万千瓦时，抗旱用油66.6吨。

扶贫开发 2011年，全县共争取各类扶贫项目总投资8275.57万元。其中：中央及省、州财政资金1788.1万元，整合部门资金2809.29万元，扶贫到户贴息贷款2600万元，群众自筹及投劳折资1079.18万元。全年共实施扶贫整村推进项目77个（其中2011年度和2012年度各20个），总投资4386.99万元，其中财政资金1155万元，整合资金2809.19万元，群众投劳折资422万元。共实施各类子项目326件，受益农户2482户、4768人。投资实施易地扶贫开发495万元，其中：财政资金75万元，群众投劳折资及自筹420万元。搬迁农户47户，212人。安居工程扶贫投入财政资金93万元，对93户贫困户实施危房改造，共改造危房面积10975平方米，使93户、439人受益。

（张晓俊）

Dayao County
大姚县

工业强县 2011年，全县围绕工业强县战略，加快新型工业化进程。冶金矿产业、机械、轻纺工业、能源工业、制药业、林产业均实现较快增长。全县实现工业总产值29.58亿元，比上年增长13.7%。工业上山步伐加快，工业园区基础设施建设完成投资6120万元，入园企业41户。多底河电站投产发电，铁川桥电站主体工程完工，金碧马屯太阳能光伏发电站、龙街老尖山和石羊叭腊么风能发电项目成功签约。

农业富民 全年通过“一折通”发放18种惠农补贴5121万元，户均获得补贴783元。全年投入农业生产及设施建设资金6.2亿元，完成2件小（一）型水库、5件小（二）型水库除险加固工程和蜻蛉河河道治理工程，33万人饮水安全项目顺利推进，新建水窖2557个，改造干渠23.37千米，改善灌溉面积1.45万亩，改造中低产田3.15万亩。全年播种粮食36.10万亩，实现粮食总产量11万吨。农业总产值达19.68亿元，同比增长9.1%；农民人均纯收入达4117元，同比增长17.9%；农民人均有粮430.70千克。

招商引资 年内全县新签约招商项目41个，项目协议总投资28.6亿元，实际引进州外到位资金14.7亿元，增长38.3%，其中省外到位资金10.78亿元，增长51.7%；工业性生产项目到位资金8.01亿元，增长30.7%。

畜牧业 2011年全县畜牧业生产计划全面超额完成，畜禽出栏增长，畜产品质量提高，优质畜产品数量、品种增加。肉猪出栏25.86万头，肉牛出栏3.20万头，山绵羊出栏14.93万只；家禽出栏97.7万只。肉类总产量3.13万吨，增长9.1%。蜂蜜产量377吨，增长11.2%。畜牧业总产值达6.25亿元，增长11.1%。

林业产业 2011年，全县林业产值达到4.93亿元，其中：核桃产值3.38亿元，农民人均核桃收入1526元。有初具规模的核桃初深加工和商贸企业8户，年加工能力近1万吨，加工产值达到4亿元。2011年9月“大姚三台核桃”在首届中国核桃节上荣获坚果类金奖，林产业已发展为农民稳定的增收渠道。

蚕桑产业 年内新植桑园5808.8亩，全县桑园总面积达5.04万亩。10月“大姚县省级蚕桑产业发展专项资金项目”通过省级评审，争取2011年省级蚕桑产业发展专项资金400万元。改造低产桑园3000亩。蚕茧质量显著提高，养种3.21万张，产茧1109吨，产值3906万元。缫丝厂于2011年3月建成投产。

扶贫开发 2011年，实施三岔河整乡推进扶贫试点项目，覆盖9个村委会91个村民小组，有3277户1.29万人直接受益，总投资1.12亿元。实施整村推进扶贫项目46个，投入财政扶贫资金690万元。启动实施两项制度有效衔接试点产业扶贫项目，投入财政扶贫资金300万元，支持湾碧、新街、赵家店、龙街4个乡镇畜牧业发展。实施易地扶贫搬迁项目1个，项目总投资757.6万元，其中财政扶贫资金115万元。争取到2011年扶贫安居工程项目两批，投入财政扶贫资金222万元，在新街乡、三岔河乡实施安居房改造222户。组织发放2011年度2500万元扶贫贴息到户贷款，资金覆盖全县9个乡镇102个行政村，获贷农户1872户。

社会生活 2011年，全县对民生方面的支出达9.2亿元，占一般预算支出的78.1%。全年完成社会保障和就业支出1.93亿元，增长27%。居民消费价格总水平较上年上涨3.7%，商品零售价格总水平较上年上涨4.7%。新型农村社会养老保险参保17.56万人，参保率95.4%；新型农村合作医疗参保24.02万人，参保率94.4%；城镇居民社会养老保险率91%，大病补充保险参保率85.1%；为1069名失地农民参保缴费。全年发放农村基本养老金2214万元；支付城镇职工、居民医疗保险费1319万元。纳入城市低保户6179人、农村低保户1.90万人，发放低保金3374.5万元；发放各种惠农补贴5121万元。

民族规范舞展示（大姚县志办　提供）

电影《梅葛》拍摄 2011年4月30日，云南非物质文化遗产题材电影《梅葛》在三台乡开机拍摄。电影

《梅葛》讲述了在美国艺术大学毕业的萨拉·埃文斯从费城到中国楚雄彝族文化研究院进修的故事。电影《梅葛》剧情起伏跌宕、诙谐幽默，演绎了中西方文化的交流与融合，展现了彝族文化的博大精深和绚丽多彩。该片由云南花漫云岭影视策划有限公司出品、制片。

（胡有洪）

Yongren County 永仁县

实施妇女儿童关爱工程 2011年初，开展了2001～2010年妇女儿童发展规划终期监测预评估，4月接受了州政府评估检查组的终期评估检查，在51个定量指标中，有46项达到和超过目标要求，达标率达90.2%，在公平教育、卫生保健等方面成绩突出，实现了妇女儿童与经济社会的协调发展。一年来，协调妇儿工委成员单位42家，投入资金2万多元，对565名师生进行了慰问和帮扶，其中慰问留守儿童158名，在春节前看望慰问特困妇女14户，送去了价值3000余元的慰问品和慰问金。看望慰问特困留守妇女儿童10名，送去了价值2000余元的慰问品，组织开展家庭教育培训11期，培训2000余人。

第四届云南民族服装服饰文化节暨中国彝族赛装节 12月9～11日在永仁县城新区民族文化广场举行。期间，举办了第二届中国苴却砚精品鉴赏博览会，中国彝族彝人风采摄影展、中国彝族服饰展演大赛、原生态彝歌大赛、云南省非物质文化遗产题材首部数字电影《梅葛》电影招待会，此外还举行了中国彝族服装服饰传承与发展研讨会和招商引资项目推荐会暨签约仪式。

阿朵所水库工程开工 2011年12月25日，宜就镇阿朵所水库工程开工建设。该工程是云南省百件骨干水源重点建设工程之一，是永仁县水利建设史上投资超过亿元的第一个工程。审定概算总投资1.34亿元。工程位于宜就镇阿朵所村附近的阿朵所河上，为新建小（一）型水利工程，距县城38千米，水库控制径流面积27平方千米，坝高68.9米，总库容444.53万立方米，是一件以农业灌溉、人畜饮水为主，兼顾防洪的水利工程。工程建成后，可为下游提供548.33万立方米的水量，解决8456亩农田灌溉、8030人的饮水问题。

（高邦云）

Yuanmou County 元谋县

绿色产业 2011年，元谋县发挥自身优势，蔬菜产销保持良好态势，林果产业进一步发展壮大，畜牧业稳步发展，现代烟草农业建设稳步推进。完成农林牧渔业总产值16.88亿元，比上年增长9.13%。自开展无公害蔬菜生产示范县建设以来，加强基地环境保护，积极开展产地认证。全县无公害农产品产地认证面积达9.6万亩，绿色食品产地环境质量达标面积15.6万亩，出口农产品质量安全管理示范区面积达21.05万亩。

特色旅游业 文化旅游产业不断壮大，元谋县全年接待游客182.03万

第四届云南民族服装服饰文化节暨中国彝族赛装节在永仁县民族文化广场举行（永仁县志办 提供）

人次，实现旅游业总收入6.65亿元。其中：接待国内游客181.03万人次，实现国内旅游收入6.41亿元；接待国外游客1万余人次，实现旅游收入0.24亿元，同比分别增长22.9%和26.71%。

县域工业 2011年，工业项目累计完成固定资产投资10.90亿元。工业园区实现工业总产值9.76亿元；园区基础设施建设投资3914万元，入园企业工业投资2.1亿元，新入园区企业户数4户；工业园区企业户数达到37户，其中农产品加工企业31户。

雷应山风电场 雷应山风电场项目是元谋县2009年引进实施的重大招商项目，规划总装机229.5MW，预计总投资25亿元以上，分五期实施。一期装机4.95千瓦，于2011年1月开工，通过各方努力，年底累计完成投资4.8亿元，安装风电塔33座，16座正式并网发电。

小额贷款公司 2011年5月20日，元谋县首家"元谋县惠民小额贷款有限责任公司"成立。该公司的成立为社会搭建了多渠道的融资平台。

城市建设 元谋县实施"扩城"战略，"两馆"至能禹城市道路工程征地工作全面完成，道路土建工程开工建设，城市建设步伐加快；县城垃圾处理场主体工程竣工验收，城市污水处理厂及配套管网工程稳步推进，自来水供水管网改扩建工程顺利实施，282套保障性住房建设基本完工，城市基础配套功能不断完善，市容市貌明显改善。2011年，城市建成区面积达到5.6平方千米，城镇化率达到33.7%。

农业经济 全县农业农村基础设施条件得到改善，新开工大型灌区续建配套工程3件、"五小"水利工程220件、农村公路建设项目8件，完成中低产田地改造1.8万亩，解决1.43万人的饮水安全问题，农网升级改造工程顺利实施；强农惠农政策全面落实，全年累计兑现种粮直补、退耕还林补贴、国家公益林补偿、草原生态保护补助、农机具补贴等各项涉农补贴资金4662万元。

交通工程 建设里程163千米（元谋段16.39千米）、总投资40多亿元（元谋段2.75亿元）的元（谋）双（柏）二级公路2008年12月18日全线开工建设，2011年11月1日建成通车。县城南部客运站启动建设，通乡油路、通村公路路面硬化、自然村通路工程全面实施，全年完成投资7200万元，铺筑沥青路面17.42千米、水泥路面11.77千米，改造路基36.67千米。

生态环境保护 "长治"八期老城小流域治理全面完成，完成人工造林1万亩、封山育林1万亩、治理水土流失317公顷。加快土地开发，老城库南4350亩土地开发（占补平衡）项目全面完工。

社会保障 社会保障体系不断健全，救灾救济力度进一步加大，城镇企业职工"五险"和农村养老保险覆盖面逐步扩大。城镇新增就业1651人；全年发放城乡低保2533万元、农村五保对象保障金和优抚对象抚恤金750万元，解决城乡特困居民医疗救助和临时救助金332万元。

（张红梅）

Wuding County
武定县

农业产业化 2011年，全县实施三大战略推进农业产业化。一是龙头企业带动战略。引进新天力等农业经济组织投资发展设施农业、农产品精深加工，建科技示范园、特色农产品基地。2011年全县年产值100万元、500万元以上农业产业化经营组织分别有20户、5户。有省级龙头企业1家、州级龙头企业8家，带动农户6.99万户，实现销售收入1.36亿元，实现利润1328万元。二是建设特色农产品基地战略。以市场为导向，积极培育区域性优势产业和地方性特色产品，建成6.5万亩优质烟叶、7万亩"久香源"优质稻、8.5万亩高山反季蔬菜、5万亩商品马铃薯、1.6万亩甜玉米、50万亩核桃、4万亩中

武定县西和新农村（武定县志办　提供）

药材等特色种植基地；建成存栏武定壮鸡208万羽、出栏753万羽，存栏黑山羊20万只、出栏22万只，商品猪出栏50万头优势养殖基地。三是品牌战略，积极培育国际农业博览会金奖产品“狮山”牌武定壮鸡熟食系列产品，成功申报“云露”牌甘蓝、“久香源”牌优质米等12个国家级无公害农产品，无公害产品种植产地认定面积达55.4万亩。

武定壮鸡入选云南六大名鸡　武定县积极参加云南省农业厅举办的“云南六大名猪、六大名鸡、六大名牛、六大名羊、六大名鱼”评选认定活动，通过公众参与网络投票和专家认定两项综合评选，2011年10月揭晓评选结果，“武定鸡”入选“云南六大名鸡”并名列榜首。武定鸡种源保护与开发工作不断加强，地理性商标注册工作进展顺利。武定壮鸡的发展，使家禽产值占到全县畜牧业总产值的三分之一。

农民入股开办农家乐　2011年7月6日，插甸乡大古普村农家乐开业运营，为县内首个由农民集资入股筹建的农家乐。插甸乡大古普村地处武定至万德、己衣、发窝、田心、东坡等乡的交通要道旁，是一个彝族聚居村，民族风情浓郁，自然生态良好，武定县将其作为生态旅游村进行包装打造。该村34户村民以土地、现金、以劳折资入股的方式，合计投资79.8万元，开办大古普农家乐。

公共卫生服务体系　武定县实施9项国家基本公共卫生服务项目，截至2011年底，全县城镇居民累计建档3.74万人，建档率65.27%，电子建档3.40万人，电子建档率59.35%；农村居民累计建档14.77万人，建档率66.52%。开展妇女儿童保健及老年人保健服务工作。对全县1.60万名65岁以上老年人实施保健管理。启动慢性病管理工作，对全县1.32万名35岁及以上年龄的高血压人群和1989名35岁及以上年龄的糖尿病人群进行管理。开展重性精神疾病患者管理工作，对633名重性精神疾病患者进行管理。

就业和再就业　2011年，全县城镇新增就业1534人，下岗失业人员实现再就业529人，困难人员实现就业260人，均超额完成任务。城镇登记失业率为3.05%，低于州下达任务的0.45%。全县共组织农业富余劳动力转移就业1.75万人，完成任务的116.9%，取得经济收入9626.4万元。全年组织创业培训160人，完成农村富余劳动力技能培训2074人。全年事业单位招考录用67名，聘用大学生村官25名，录用国家公务员23名；开发公益性岗位260个，落实未就业大中专毕业生见习岗位85个。

农村环境综合整治试点项目　2010年9月，县环保局积极争取州级农村环境综合整治试点项目专项资金24万元，实施狮山大村村庄环境综合整治项目。该项目实际完成总投资30万元，其中州级财政专项资金24万元、群众投工投劳折合投资6万元，主要项目为农村水源地保护工程、新建农村生活污水处理氧化塘2个、新建生活垃圾处理池3个、修复垃圾处理池14个及配套设施，栽种绿化榕树30株。该项目于2011年3月完工，并先后通过了州县两级验收。

特色美食名店星级评定　2011年8月，武定县美食名店以“等级标准”和“行业规范”为基本考量，邀请云南省及全国知名的饭店与餐饮企业负责人、餐饮美食行业专家等对特色美食名店进行星级划分及评定。此举在全国属首创。通过初评和复查，“罗婺人家”被省餐饮与美食行业协会评定组授予“云南省特色美食名店”“云南省四星级美食名店”和“云南省少数民族特色美食名店”三项称号，授予华兴苑“云南省特色美食名店”称号。

（唐建梅）

Lufeng County
禄丰县

工业园区建设　2011年，禄丰工业园区在继续对已有企业做好管理服务的同时，积极与大企业、大集团合作，相继引进了云冶集团钛产业项目、昆钢集团钛材深

希望的田野（禄丰县志办　提供）

加工及民用钢结构制造等项目，园区规模逐步壮大。2011年，入园企业达35户，园区内工业企业实现工业总产值92.14亿元，同比增长17.4%；实现工业增加值14.9亿元，同比下降8%；实现主营业务收入89.16亿元，同比增长16.9%；实现利税总额10.26亿元；完成固定资产投资18.22亿元。争取上级新型工业化发展专项扶持资金91万元，帮助园区内企业向上争取标准厂房建设补助资金220.9万元。

新农村建设 2011年，全县45个新农村试点建设总投资达1145.12万元，其中，争取到省级补助资金180万元，州级补助资金30万元，县财政补助新农村专项资金200万元，整合资金371.4万元，群众筹资和以劳折资363.72万元。试点村共架设钢管5226米、塑管1.39万米，建水池5个300立方米、沟渠5331米，硬化村间道路39.53千米，架设小桥1座，建文化活动室17幢，硬化文化活动场地15块6215平方米。

被征地农民基本养老保障试点工作 十五届禄丰县人民政府第四十次常务会议2011年5月23日讨论通过了《禄丰县被征地农民基本养老保障暂行办法》，成立被征地农民基本养老保障工作领导小组，并将土官镇作为全县被征地农民基本养老保障工作试点乡镇。县人民政府8月3日在土官镇组织召开了禄丰县被征地农民基本养老保障工作领导小组第一次专题会议，全面启动试点工作。

抗旱救灾 2011年，全县受干旱影响，库塘蓄水比正常年景偏少，部分水库、坝塘干涸，水源短缺。截至12月31日，全县累计降雨量681毫米，比上年同期减少77.5毫米，是1960年以来降雨量最少的一年。9月19日，县人民政府首次发布“禄丰县人民政府抗旱救灾令”，指挥部署全县抗旱工作。年内，全县参加抗旱人数达3.79万人，投入机电井31眼、泵站45处、机动抗旱设备642台套、机动运水车辆1344辆，投入抗旱资金409.92万元，建设一批供水应急工程，最大限度保证了全县城乡居民生活和工农业生产用水基本需求。

食品安全 2011年，禄丰县采取有效措施，加强日常监督检查力度，组织开展了农资打假、查处违法添加非食用物质和滥用食品添加剂等10余个专项整治行动。共出动执法人员3万余人次，检查食品生产企业200余户次、食品添加剂经营企业3073户次、食品流通企业3.53万户次、餐饮服务企业9351户次。查处案件351起，查获三无产品饲料原料药52千克、超过保质期猪用浓缩料2万千克、经营过期兽药、禁用兽药1620瓶（支），假劣农资2.12万千克，查扣非食用物质和食品添加剂635.5千克，罚没款44.2万元。召回不合格食品945件；没收不合格食品3067.36千克，取缔存在严重质量问题的无证生产饮料“黑作坊”1家，取缔无照经营食品户40户。

文化信息资源共享“农文网培学校” 全县将“农文网培学校”与服务“三农”结合起来，逐步走出了一条文化与经济社会协调发展的路子，文化信息资源共享工程“农文网培学校”被列入国家公共文化服务体系示范项目。4月20日，仁兴、和平两个乡镇综合文化站作为全国文化信息资源共享工程农村实用人才培训经验交流会现场参观点，迎来了来自文化部社文司、国家文化共享工程中心及全国各省（市）文化厅（局）的领导100余人现场观摩学习，办学经验和模式得到了与会领导的高度评价。

旅游商品创意大赛 2011年9月30日至10月6日，在恐龙文化艺术广场举办了以“荟萃龙乡特产、策划旅游商品”为主题的“禄丰县旅游商品创意大赛暨展销活动”。金山镇、黑井镇、仁兴镇等14个乡镇参加了旅游商品展销。在旅游商品展销期会上，展出了钛工艺品、刺绣手工艺品、特色鲜花饼、装饰品以及系列野生菌、干果土特产品；推出了禄丰香醋系列、萝卜咸菜系列、风味食品系列以及黑井古镇特产系列旅游商品。尤其是一平浪镇组织的“山里核桃”“彝庄青茶”“大青石斛”和“生态果蔬”等6种农产品成为展销活动的一大亮点。11月，组织侏罗纪世界投资有限公司、黑井天源旅游公司、云南禄丰鼎鑫醋业有限公司、云南禄丰鑫旺经贸有限责任公司等6家企业11类22件旅游商品代表禄丰参加全州大赛。

“彩云”牌无公害农产品 禄丰县彩云镇属中亚南缘低谷次热坝干燥气候类型，是全省距昆明最近的“次热坝区”。1996年被农业部列为国家级农业综合开发区，1998年被省政府列为省级现代农业示范区，2000年被列为国家级小城镇建设重点开发镇，2001年被州委、州政府列为全州“三区八大基地”的特色蔬菜种植园区，2002年被列为国家级农业科技示范园区。现拥有“彩云”牌无公害小蓝西瓜、无公害甜脆玉米、无公害东升南瓜、无公害柑橘、无公害葡萄、无公害哈密瓜等自主品牌。2011年彩云印象优质精米加工厂生产的“彩云印象”大米荣获国家农业部认证的无公害农产品称号。

全国文明村镇——黑井镇 黑井镇位于禄丰县西北部，距县城98千米。2011年黑井镇按照“保护为主、抢救第一、合理利用、加强管理、突出重点”的方针，抓好武家大院、大龙祠古建筑群、石头庵石刻、古盐井群、节孝总坊、万春山真觉禅寺等6个文物保护点省保申报工作，并举办了第四届盐龙女文化旅游节，被省政府命名为“云南旅游名镇”。2011年12月20日召开的全国精神文明建设工作表彰大会上，黑井镇被中央文明委授予第三批全国文明村镇荣誉称号。

（张　丽）

楚雄州经济社会发展主要指标（表一）

县（市、区）	年末总人口（万人）		城镇人口占总人口比重（%）		单位从业人员（万人）		农业总产值（亿元）	
	2010年	2011年	2010年	2011年	2010年	2011年	2010年	2011年
楚雄州	268.71	270.43	31.5	33.70	16.27	16.66	149.01	181.29
楚雄市	58.93	59.07		56.42	5.61	5.81	25.60	30.14
双柏县	16.00	16.03		24.14	0.78	0.80	9.83	12.06
牟定县	20.90	21.07		25.96	0.83	0.86	10.03	12.30
南华县	23.64	23.84		24.41	1.15	1.20	13.56	15.94
姚安县	19.79	20.08		28.69	0.79	0.77	13.25	15.33
大姚县	27.36	27.52		21.95	1.63	1.64	16.03	19.62
永仁县	10.94	10.96		26.37	0.58	0.68	6.96	8.69
元谋县	21.60	21.62		24.88	1.00	1.04	14.80	16.88
武定县	27.23	27.53		23.10	1.14	1.22	15.82	19.28
禄丰县	42.32	42.71		37.95	2.76	2.65	26.63	31.05

楚雄州经济社会发展主要指标（表二）

县（市、区）	生产总值（亿元）		第一产业（亿元）		第二产业（亿元）		第三产业（亿元）	
	2010年	2011年	2010年	2011年	2010年	2011年	2010年	2011年
楚雄州	404.73	482.50	90.78	108.32	171.81	208.43	142.14	165.75
楚雄市	164.27	194.42	16.38	19.34	93.72	112.96	54.18	62.12
双柏县	13.39	16.41	5.65	6.94	3.13	3.88	4.61	5.59
牟定县	21.30	25.78	6.06	7.40	6.88	8.71	8.36	9.68
南华县	22.21	26.74	7.75	9.19	6.48	8.27	7.97	9.28
姚安县	20.47	24.51	7.52	8.75	6.11	7.75	6.85	8.00
大姚县	28.89	34.61	8.85	10.79	10.55	12.69	9.50	11.13
永仁县	11.56	14.41	4.18	5.26	2.76	3.70	4.61	5.46
元谋县	22.09	26.34	8.72	10.22	5.33	6.79	8.04	9.33
武定县	24.09	29.44	8.76	10.72	7.37	9.20	7.96	9.53
禄丰县	85.34	100.05	16.87	19.94	32.01	38.29	36.46	41.82

楚雄州经济社会发展主要指标（表三）

单位：%

县（市、区）	生产总值构成		第一产业		第二产业		第三产业	
	2010年	2011年	2010年	2011年	2010年	2011年	2010年	2011年
楚雄州	100.00	100.00	22.43	22.45	42.45	43.20	35.12	34.35
楚雄市	100.00	100.00	9.97	9.95	57.05	58.10	32.98	31.95
双柏县	100.00	100.00	42.16	42.29	23.38	23.66	34.46	34.05
牟定县	100.00	100.00	28.44	28.68	32.31	33.78	39.25	37.54
南华县	100.00	100.00	34.91	34.36	29.19	30.93	35.90	34.71
姚安县	100.00	100.00	36.72	35.70	29.82	31.64	33.46	32.66
大姚县	100.00	100.00	30.62	31.17	36.51	36.67	32.87	32.17
永仁县	100.00	100.00	36.19	36.47	23.91	25.65	39.90	37.88
元谋县	100.00	100.00	39.47	38.79	24.14	25.80	36.39	35.41
武定县	100.00	100.00	36.37	36.39	30.60	31.25	33.03	32.36
禄丰县	100.00	100.00	19.77	19.93	37.51	38.27	42.72	41.80

楚雄州经济社会发展主要指标（表四）

县（市、区）	生产总值指数（上年＝100）		人均生产总值（元/人）		国有经济固定资产投资（亿元）		社会消费品零售总额（亿元）	
	2010年	2011年	2010年	2011年	2010年	2011年	2010年	2011年
楚雄州	111.3	112.4	14960	17899	105.97	262.87	131.93	158.32
楚雄市	113.3	112.5	29456	32935	28.84	91.45	53.68	64.06
双柏县	111.7	112.7	8384	10245	6.62	8.40	2.24	2.82
牟定县	112.1	113.0	10339	12265	9.08	15.50	5.20	6.40
南华县	112.0	113.2	9405	11265	3.53	13.79	8.27	9.92
姚安县	111.5	112.2	9612	11794	5.12	10.52	6.13	7.27
大姚县	111.6	112.1	9950	12238	9.99	21.74	8.25	10.17
永仁县	112.1	112.7	10583	13171	5.48	12.89	2.02	2.48
元谋县	110.3	112.3	10294	12211	3.27	9.86	5.17	6.30
武定县	112.2	113.5	8606	10758	7.24	18.91	5.98	7.57
禄丰县	112.0	110.1	19395	23425	26.79	46.93	22.81	27.23

楚雄州经济社会发展主要指标（表五）

县（市、区）	地方财政收入（亿元）		地方财政支出（亿元）		人均地方财政收入（元/人）		人均地方财政支出（元/人）	
	2010年	2011年	2010年	2011年	2010年	2011年	2010年	2011年
楚雄州	30.70	37.58	108.58	126.76	1139	1394	4030	4702
楚雄市	9.73	11.60	18.71	21.60	1704	1965	3276	3661
双柏县	0.98	1.14	6.77	7.35	612	715	4235	4591
牟定县	0.96	1.30	6.63	8.66	461	621	3199	4126
南华县	1.24	1.71	8.07	9.02	519	721	3391	3800
姚安县	0.77	1.01	6.09	7.61	376	504	2993	3817
大姚县	1.45	2.22	9.12	11.87	515	809	3234	4324
永仁县	0.88	1.14	5.41	6.69	807	1038	4950	6110
元谋县	0.86	1.00	7.24	8.38	401	461	3368	3877
武定县	1.95	2.76	8.23	10.88	707	1007	2985	3973
禄丰县	4.63	5.40	15.65	15.01	1071	1271	3622	3531

楚雄州经济社会发展主要指标（表六）

县（市、区）	农民人均纯收入（元）		职工人数（万人）		在岗职工年平均工资（元/人）		人均储蓄存款余额（元/人）	
	2010年	2011年	2010年	2011年	2010年	2011年	2010年	2011年
楚雄州	3896	4627	14.81	14.63	29110	33543	8482	10195
楚雄市	4434	5145	5.46	5.40	31484	36516	15007	16953
双柏县	3083	3814	0.69	0.72	27637	30650	5867	7542
牟定县	3356	3986	0.73	0.71	26977	32582	5835	7276
南华县	3602	4228	0.98	0.97	26021	31140	5576	7127
姚安县	3722	4376	0.76	0.75	28571	32978	6241	8068
大姚县	3491	4117	1.31	1.30	30476	35080	6052	7551
永仁县	3240	3915	0.47	0.53	28901	30380	6617	8376
元谋县	4783	5602	0.84	0.84	24795	29363	6350	8043
武定县	3223	3856	1.02	1.04	26850	30045	6226	7773
禄丰县	4584	5293	2.56	2.38	28000	31850	9312	10815

Honghe Hani and Yi Autonomous Prefecture

红河哈尼族彝族自治州

主　编　李乐云
责任编辑　方爱琴

概述　红河哈尼族彝族自治州位于云南省南部。总面积3.29万平方千米。国境线长848千米。州政府驻地蒙自市文澜镇，距省会昆明289千米。2011年，全州辖蒙自市、个旧市、开远市、建水县、石屏县、弥勒县、泸西县、屏边苗族自治县、金平苗族瑶族傣族自治县、河口瑶族自治县、元阳县、红河县、绿春县13个县市，133个乡镇，其中：乡75个，镇55个，街道办事处3个。

2011年末，全州户籍总人口443.57万人。其中：城镇人口74.95万人，占总人口的16.90%；少数民族人口263.89万人，占总人口的59.5%。主体自治民族中哈尼族80.86万人，占总人口的18.23%，彝族 108.58万人，占总人口的24.48%，分别占少数民族人口30.6% 和41.14%。人口自然增长率4.99‰。

2011年，全州实现生产总值780.64亿元，比上年增长13.5%。其中：第一产业增加值124.56亿元、第二产业增加值422.54亿元、第三产业增加值233.54亿元，分别增长7.9%、16.7%和10.9%。居民消费价格总水平比上年上涨4.5%，其中商品零售价格总水平上升4.4%。人均GDP17270元。

2011年，全州完成财政总收入195.35亿元，比上年增收35.09亿元，增长21.9 %。非税收入16.81亿元，比上年增长15.7%。全州地方财政一般预算收入完成72.79亿元，增加11.57亿元，增长18.9%。全州地方财政一般预算支出213.19亿元，增加43.77亿元，增长25.8%。

2011年底，红河州有普通高等院校2所，在校学生1.42万人，专任教师714人。中等职业教育学校42所，在校学生4.92万人，专任教师2127人。普通中学201所，在校学生24.95万人，专任教师1.53万人。普通小学1182所，在校学生40.61万人，专任教师2.25万人。幼儿园357所，在园幼儿11.72万人，专任教师2840人。全州青壮年文盲率 0.5 %。

年末，全州有卫生机构2166个，有病床1.93万张，卫生技术人员1.45万人。每千人有病床 4.27张；每千人有卫生技术人员3.19名。新农合参合率96.06 %。

2011年，全州农民人均纯收入4650 元，比上年增长18.6 %；在职职工年平均工资 32159 元，比上年增加4855元。城镇居民可支配收入16789元，比上年增长25.1%。人均消费性支出11277元，实际增长32%。居民人均储蓄存款 1.04万元。城镇居民平均住房面积40平方米，农村人口平均住房面积27.4平方米。城镇登记失业率 3.64 %。

全国政协副主席罗富和到红河州调研　2月16～17日，全国政协副主席罗富和率全国政协调研组到红河州调研。调研组一行到元阳县就元阳哈尼梯田的现状进行实地考察。罗富和要求，在开发梯田景观的同时，当地政府要重视农业产业的发展，以提升农业生产效益，如梯田红米的开发，可以先申请商标，再进行认证，打造梯田红米品牌。同时，政府可以牵线搭桥，开发更多的梯田产品，鼓励农民直接与超市对接，提升农业效益。

第十一届中越（老街）国际贸易交易会　11月11日，2011年第十一届中越（老街）国际贸易交易会在越南老街省举行，有12万人次参加。此次交易会有展位700个，300家企业和客商参展，其中中方112家。中方企业参展除传统产品外，新增加了农用机械、采矿机械设备、旅游用品等。交易会期间签约项目19个，金额2亿美元，比上年增长48%。整个边交会销售额达7800万元人民币。

村级科技服务体系建设(试点)　2011年，红河州结合国家农业科技园区服务体系建设，率先在开远羊街、蒙自草坝国家农业科技和园区核心示范区开展“红河州村级科技服务体系建设(试点)”工作，在两个乡镇的每个村委会和每个自然村由基层和农民按照统一制定的“红河州科技特派员管理办法（暂行）”自主选出1名“科技特派员”，每个特派员除自己起好示范作用外，还要带动5户科技示范户。年内，聘请了122名科技特派员，落实科技示范户610户，项目总投资116.73万元。

品牌培育　2011年，红河州特色优势生物产业出口基地备案认证7个，通过认证的无公害产品4个，绿色产品8个，有机食品2个，地理标志证明商标1个。以出口为主的市场拓展有了新的起色，三鼎公司“伟艳”牌水果在泰国曼谷达拉泰建立直销点，蒙生石榴合作社在上海、北京8家大型超市建立直销点，石斛、葡萄酒、茶色素、茶多酚等产品与上海建立营销合作，板蓝根、龙胆草等原料基地与国内制药集团签订了原料供货协议，保证原料销售渠道畅通。

新型农村合作医疗　2011年，红河州充分发挥新农合惠泽群众的功能，及时调整补偿标准，新农合人均筹资标准提高到230元。全州有337.91万名农民群众参加新农合，参合率96.06%，筹集新农合资金7.85亿元，支出新农合资金5.80亿元，补偿农民591.23万人次，参合农民受益率174.97%。为进一步缓解农民群众"因病致贫、因病返贫"的问题，州政府出台《红河州新型农村合作医疗大病补充保险实施方案》，在蒙自、个旧、开远、弥勒4个市县开展新农合大病补充医疗保险试点，18.75万名农民参加大病补充保险。年内，全州有872人得到大病医疗赔付，赔付金额296.28万元，农民患大病最高赔付金额5万元。

农村卫生工作 2011年，红河州开展城市支援农村、内地支援边疆对口帮扶和万名医师对口支援活动，用新观点、新技术开拓基层医务人员的思路，规范医疗常规。年内，投入资金270万元、设备383台件；从州级医疗机构选派医务人员25人对口支援7所县级医院，组织疑难病例和死亡病例讨论140次，完成手术320台，开展新技术15项，学术讲座66次。进一步推进基层卫生体系服务能力、服务水平和管理水平，各县级医疗保健机构派出专业技术人员111人，对口支援37个乡镇卫生院，引进新技术新项目67项，完成手术203例，为基层医务人员授课307次。加强卫生室信息化建设，投资资金511.65万元，为13个县市1137个村卫生室配置1004台台式电脑、1004台打印机。先后举办乡镇卫生院妇产科、超声知识与技能、药剂知识、管理知识培训，乡村医生培训和村卫生室人员妇产科知识培训。年内，培训农村卫生人员2252人次。各种常见病、多发病能够在基层得到医治，人民群众在农村基层能够享受到优质、价廉、便捷的医疗卫生服务。

重点项目建设 2011年，全州投资50万元以上在建项目6011个，比上年同期增加2468个；年内新开工项目5112个，比上年同期增加2119个。全社会固定资产投资完成641.91亿元，同比增长23.3%。重点建设项目推进顺利，已建成通往南部二级公路4条，全州县县通高等级公路目标即将实现，石林至锁龙寺高速公路建成，锁龙寺至蒙自高速公路进入收尾阶段；玉蒙铁路加紧铺轨，蒙河、云桂铁路建设顺利推进；红河机场辅助工程开工建设，中石化输油管道即将开工；完成城农网改造投资近14亿元。云锡10万吨铜、云冶建水30万吨铝、60万吨碳素阳极基本建成，开工建设云冶个旧15万吨铝、红钢80万吨钢板材、蒙自矿冶6万吨铅等项目，石屏泥炭、国电煤电多联产、国能弥勒25亿立方米煤制天然气、云锡10万吨锡搬迁、建水10万吨锌、红河烟厂异地技改和一批电站、风能项目及红河技师学院前期工作进展顺利。

保障性住房建设 2011年，红河州2010年度廉租住房建设任务1.02万套、公共租赁住房建设任务750

文化科技卫生"三下乡"集中示范活动在绿春县大兴镇举行（红河州文化局　提供）

套全部建成安排入住。年内，红河州城镇保障性住房建设任务1.88万套（不含廉租住房租赁补贴7500户），按目标责任书规定时限及工程量要求，全面完成年度工作任务，工程建设进展顺利。全州完成农村危房改造1.42万户、农村民居地震安全工程9000户。

兴边富民工程 2011年，红河州投入资金1260万元，用于边境3县兴边富民重点县建设，在边境一线实施34个“兴边富民示范村”以及改善边境地区引水、道路等项目。同时，每个县分别投入100万元发展特色产业试点项目，为边境少数民族地区的发展提供产业支撑。在其他10个县市以整村推进的形式，每村投入30万元，每县实施1个民族团结示范村建设。年内，全州“两村”建设项目累计有237个（其中兴边富民示范村127个，民族团结示范点110个）。

援助帮扶就业 2011年，红河州采取举办开发公益性岗位、专场招聘会、动员企业吸纳、发展社区服务业等多种措施，对“零就业家庭”等就业困难群体实施帮扶援助。消除“零就业家庭”178户，“零就业家庭”成员中有211人实现就业；开发公益性岗位4292个；组织专场招聘会23场次，提供岗位信息数3476个，签订就业意向2376人；提供就业见习岗位584个，参加就业见习331人。

边境小额贸易 2011年，红河州调整贸易结构，推进边境小额贸易快速增长。边境小额贸易进出口贸易完成进出口总值2.55亿美元，比上年增加7936万美元，增长45.1%。其中：出口1.26亿美元，增长35.7%；进口1.29亿美元，增长55.6%。边境小额贸易占全州外贸进出口总值的19.5%。边贸进口铁矿石111万吨，完成进口总值9212万美元；农产品出口增长势头强劲，边贸农产品完成出口总值9000万美元，农产品出口主要品种为马铃薯、豌豆、菜花、葱酥、葵花籽、橘子、苹果、石榴、葡萄等。

桥头堡建设 2011年，红河州实施互利共赢的开放战略，推动中国红河—越南老街跨境经济合作区建设，实施了物流保障、产业支撑、进出口贸易等对外合作平台建设，红河综合保税区申报工作取得积极进展。与泛珠三角、川渝地区和全国各地经济交往更加密切，与省内大企业建立了战略合作关系，招商引资取得新成果。全年，州外实际到位资金168亿元，实际利用外资2248万美元。加快出入境服务体系的构建，口岸基础设施不断改善，与越南地方政府和民间在多领域的合作更加紧密，“走出去”战略取得新突破，实际完成境外投资987.2万美元。全方位、多层次、宽领域的开放格局进一步拓展。

（黄树英）

Mengzi City
蒙自市

出口农产品种植基地质量安全示范区建设 10月31日至11月1日，由省商务厅牵头，省农业厅、省财政厅、省出入境检验检疫局、省工商局、省质监局联合对蒙自出口农产品质量安全示范区进行验收。该示范区共有15万亩农产品，其中，石榴10万亩、枇杷1.5万亩、葡萄1万亩、水蜜桃1万亩、大棚甜椒1万亩、小红枣0.5万亩。在实地检查和听取汇报后，考核验收组宣布蒙自市出口农产品质量安全示范区建设通过专家验收。

公益性岗位开发 2011年，蒙自市结合社区建设、城乡发展、困难群体就业援助，大力开发公益性岗位，建立就业援助长效机制。公益性岗位的开发主要集中在保洁保绿、交通协管和城管协勤行业，并逐渐向行政事业后勤、社区工作站协管员、文员、勤杂工等服务行业延伸。公益性岗位安置范围包括国有及集体企业下岗失业人员中的“4050”就业困难人员、夫妻双下岗人员、高校毕业生、单亲家庭、低保户、长期失业人员、残疾人、失地农民等。全年全市共开发公益性岗位510个，利用公益性岗位优先安置就业困难人员381人。

农村能源建设 近年来，蒙自紧紧抓住农村能源建设的有利时机，大力发展农村能源建设，截至2011年末，全市建成农村户用沼气池2.14万户，节柴改灶5.56万户，太阳能5932平方米，相当于每年可保护18.26万亩的薪炭林免遭砍伐，每年可以保土4.83万吨、蓄水3.52万吨，为农户节约开支7640万元，产生了可观的生态效益、经济效益和社会效益。

整村推进项目建设 2011年，蒙自市实施整村推进项目57个，完

中国最具发展潜力旅游城市新闻发布会（蒙自市志办　提供）

成总投资2460.66万元。其中：省级资金615万元，州级资金90万元，市级资金150万元，部门整合资金562.33万元，群众自筹(含以劳折资)1043.33万元。完成建设内容为：新建村内卫生路23.15万平方米，乡村公路4.06千米，农田地改造117亩，水窖4172立方米，饮水管道16.3千米，种植经济作物2367亩，经济林果1455亩，养猪700头，家禽85只，沼气池10口，新建文化活动室986平方米，活动场地4190平方米，劳动力转移培训671人，新建永久性标志牌57块。项目受益34个村委会、57个自然村、3934户1.59万人。

草坝镇“三位一体”示范村项目建设 草坝镇围绕“创先争优，强基富民，一体开发”主题，坚持农业产业化、基层党组织、新农村建设“三位一体”同建设同发展，大力推进依三则村“三位一体”示范村项目建设。示范村项目建设完成总投资2357万元，修建机耕道路7条4.91千米，沟渠10条5.72千米，建良种仓库1个、小型水库1座；举办设施农业技术培训25期，培训1600人次，发放技术资料1800份；发展钢架大棚1400棚，种植番茄、黄瓜、甜瓜、甜椒等优质蔬菜，每亩大棚年收入达2万~3万元；道路硬化9.3千米，安装路灯300盏。

农村合作经济组织 2011年，蒙自市结合农业发展，依托特色产业，采取引导农民自办、农村能人及乡村干部领办等多种形式，积极发展农村合作经济组织，全年发展“两社一会”(农民专业合作社、农村综合服务社、农村行业协会)87个。其中：新发展农民专业合作社20个；新发展农村综合服务社12个；新发展农产品经纪人协会、农合会1个；规范专业合作社30个；省级示范专业合作社12个；州级示范专业合作社2个；省级标准化综合服务社10个。2005~2011年，全市供销合作社系统发展的“两社一会”等农村合作经济组织188个，入社(会)农户4929户，服务带动农户11.82万户，助农增收1.80亿元。发展的专业合作社涉及种植、养殖、加工、流通等行业，涌现了蒙生石榴产销专业合作社和天福农养殖专业合作社等一批具有影响和带动力的合作社。2011年蒙生石榴产销专业合作社被全国供销总社确定为示范专业合作社。5月21日，在“秀山特产杯”2010“中国合作经济年度成就奖”颁奖典礼上，蒙生石榴产销专业合作社荣获“2010中国50佳合作社奖”。12月，蒙生石榴产销专业合作社的“蒙生”牌石榴荣获“云南名牌产品”称号。天福农养殖专业合作社的“铁扎”牌鸡蛋获得云南省著名商标。

(程红春)

Gejiu City 个旧市

工业经济 2011年，全市工业实现工业总产值368.97亿元，比上年增长12.5%，实现增加值94.10亿元，增长14.2%。其中：规模以上工业企业完成总产值311.77亿元，增长14.3%，实现增加值84.03亿元，增长15.8%。从轻重工业看：轻工业产值11.05亿元，增长21.7%；重工业产值357.92亿元，增长12.2%。从经济类型看：国有经济完成产值6.68亿元，增长9.4%；集体经济0.97亿元，增速与去年持平；股份制经济310.74亿元，增长16.1%；其他经济类型50.58亿元，下降5.4%。经济效益大幅增长。全市规模以上工业实现利税总额19.98亿元，增长41.8%，实现利润9.65亿元，增长49.5%。全年统计的28种主要产品中，铅、锌、铝、锡材、农用化肥、发电量等16种主要产品产量比去年同期增长，占到产品总数的57%。

转型发展 进入国家第二轮资源枯竭城市转型发展扶持范围，获得中央财力性转移支付资金1.63亿元，争取到上级各类扶持发展资金5.3亿元。霞石综合利用项目实现新突破，与浙江海亮集团和重庆博赛集团签订意向性开发框架协议。

扶贫开发 不断加大扶贫工作力度，易地扶贫、产业扶贫、小额信贷等各类资金投入达3605.2万元，小贾沙村易地扶贫搬迁项目顺利启动实施。全面加强防汛抗旱能力建设，完成水利基建投资4500万元，治理水土流失面积10平方千米，干支渠防渗处理11.3千米，新、改、扩建各类水利工程2109件，解决2.23万人饮水安全问题。有序实施29个新农村、36个整村推进和2个整镇推进乡村示范工程项目。解决贫困人口温饱3710人，其中，解决绝对贫困人口温饱1586人，巩固温饱不稳定人口2124人。完成2011年600户农村危房改造及500户农村民居地震安全工程。

社会保障体系建设 2011年，认真抓好“两个确保”和“三条保障线”工作。年末，职工参加养老保险4.31万人，工伤保险5.53万人，生育保险1.74万人，农民工参加工伤保险2.05万人。新型农村和城镇居民养老保险试点工作正式启动，两项保险参保人数达10.24万人，其中：“新农保”8.96万人，城镇居民参保1.28万人。城镇职工医疗保险12.2万人，城镇居民基本医疗保险10.3万人，失业保险5.32万人。城乡低保工作坚持按标施保、应保尽保、分类施保、动态管理的工作要求，保障覆盖面不断扩大，保障水平不断提高。全年城镇保障人数4.2万人，发放保障金8668.75万元；农村保障人数1万人，发放保障金992万元。老年人居家养老服务水平进一步提高，老年人日间照料中心竣工投入使用，启动全州首个爱心助老呼叫信息服务中心。保障性住房建设及棚户区改造顺利推进，建盖廉租住房3466套8.42万平方米，解决了8700人的住房困难问题，发放住房租赁补贴3005人194万元。

就业和再就业 年内，全市新增就业和再就业6517人，城镇登记失业率为3.92%。出台了《个旧市失地农民就业培训实施意见》，完成农民工培训2225人，其中186名符合条件的失地农民进入技校完成学历教育，培训农村富余劳动力5358人，转移农村劳动力6663人。全年共发放失业人员小额担保贷款1735万元，扶持个人成功创业359人，带动就业1726人；发放“贷免扶补”创业小额贷款147万元，扶持个人成功创业30人；发放劳动密集型小企业小额担保贷款11户，贷款金额1310万元，带动就业1117人。

（何少华）

Kaiyuan City 开远市

老燕子村（开远市志办　提供　张怀寿　摄）

全国文明村——老燕子村 红河州开远市羊街乡卧龙谷村委会老燕子村，位于开远市南部，三角海水库南坝旁，卧大公路沿线，依山傍水，绿树成荫，瓜果飘香。平均海拔1265米，年平均气温18℃～22℃，年降雨量约800毫米。2011年，全村有农户56户，232人，其中汉族117人，彝族115人。设党支部1个，党员32名；团支部1个，团员12名。2011年，全村耕地面积823亩，其中水田548亩，旱地（含其他地）275亩；经济总收入205.64万元，人均纯收入6829元，人均纯收入比全乡人均纯收入6643元多186元，多2.8%。粮食总产量259.75吨，人均有粮1110千克，人均有粮比全乡人均有粮700千克多410千克，多58.6%。人均纯收入比2005年的4260元增加2569元，增长60.3%，粮食总产量比2005年的237.46吨增加22.29吨，增长9.39%。全村主要粮食作物有水稻、包谷、豆类等，经济作物主要是花生。

20世纪60年代以前，新燕子村和老燕子村是一个村，叫燕子窝村，村名因村旁红大地坡上的一个燕子洞而得。20世纪60年代末，燕子窝村十分贫穷。由于过度开荒，村后的山体经常滑坡，威胁民宅，村前的河流经常涨水淹没农田，村民们过着“吃了上顿没下顿，拆了衣服补裤子”的生活，收成不好的年景，一些村民甚至靠乞讨或向附近的苗族群众借粮度日，由此得了“口袋村”的雅号，迫于生计，许多村民不得不选择搬迁。1969～1972年间，很多农户都搬走了，一部分搬到燕子窝村附近定居下来，成为新燕子村；留下的8户与从屏边搬迁来的8户组成了老燕子村。

改革开放以后，老燕子村逐年焕发出勃勃生机。1999年，该村开始实施坡地绿化、河沟绿化、沼气池建设三大工程建设项目，初见成效。2000年1月1日，老燕子村被市委、市政府命名为“开远市生态农业科技示范园”；2003年，被确定为市委书记挂钩联系的市级小康示范村，当年被评为市级文明村。2005年，政府投资40多万元，村民集资2万元，村民投工投劳5500个，把4.6公里的村内道路和1.1千米的进村道路铺成水泥路，水泥路面铺设率达100%。老燕子村抓住作为市级小康示范村的契机，按照“科学种田强经济，生态建设美环境，基础建设净村容，法制教育兴文明，互助建房解难题”的工作思路，全面推进经济社会蓬勃发展。

从2005年10月份开始，全村农户以自愿方式，积极推行“互助模式”。

一是“互助建房”。这是该村部分村民首先提出来的，村干部分析研究后，认为实施“互助建房”对于快速改善村民的居住条件十分有益，便在全村推广。基本模式是：几户关系较为亲密的农户，邀约组成一个互助组，互助组对各成员户的经济实力、家庭状况及建房意向进行详细分析，按经济实力的强弱、现住房的新旧及成员户的意向排序，对经济实力较强、现住房较破旧又想盖房的农户先行建房。对建房者，其他互助成员无偿提供借款和人力支持，帮助其建盖起“小别墅”。2006年，全村采取“互助模式”建盖“小别墅”26幢。经过对2006年建起的26幢“小别墅”进行核算，互助组成员投入的人力劳力不计，每建盖一幢“小别墅”，平均投入13万元左右，盖房户出资6万～7万元，互助组其他成员为建房户免费筹集6万～7万元的借款。按当时每年人均4000元纯收入计算，户均4人，每幢别墅造价13万元算，每户农户独自建盖一幢“小别墅”，至少也得10年左右。采取“互助建房”，只要家里积攒到6万～7万元，就能在其他村民的帮助下建起新房，提前住进“小别墅”，而且不用还贷款利息。从2006年2月开始推行互助建房，至2011年12月，全村56户农户，有54户建起了“小别墅”，户均别墅拥有率96%。

二是“互助建池”。通过户与户之间，村民与村民之间的劳动力互助，实施坡地绿化、河沟绿化、沼气池建设三大项目。1999年开始实施坡地绿化、河沟绿化、沼气池建设，至2010年，全村56户农户，有52户建了沼气池，沼气池拥有率93%。每口沼气池节省师傅工钱、小工费、运输费等共400多元，52口沼气池共节约资金2万多元，解决了资金、劳力不足的难题。

三是"互助生产"。根据劳动力特点，将农业生产互助组分为4个队，即用水协会、机耕队、栽秧队和机防队。其中，用水协会由村里的党员干部和村民代表组成，主要负责协调耕作前的用水问题，确保栽到哪家的田哪家田就有水。机耕队由村里原有的12名农机驾驶员组成，主要负责村里700亩水田的耕作整理。机耕队服务费对外收取100元，对内收取60元（低于市场价格），既满足了农民耕种，又增加了集体收入。栽秧队由村里的50多名妇女组成，统一负责全村田块的插秧任务。机防队负责全村优质稻的病虫害防治。这样家家户户都参与农业生产互助组，无论哪家都能顺利完成春耕生产。通过农业生产互助方式，实现了统一品种、统一机耕、统一栽种、统一防治的"四个统一"，使春耕生产时间由原来的45天左右，提前到15天左右就能完成，而且栽种成本由原来每亩220元减少到90元左右。老燕子村的互助生产模式，解决了农业生产中个体劳动难以解决的生产难题，成为家庭联产承包责任制的有效补充；打破了以往农业生产中单打独斗的农村耕种格局，实现了农业产业的二次分工，使农村劳动力得到了合理充分的利用，缩短了工时，节约了生产成本；解决了部分农户外出务工人力不足的实际困境，合理调配了农村现有生产力，促进了经济快速发展。

老燕子村推行"互助模式"的做法，得到各级领导的重视和支持，作为典型在全省推广。2009年8月，全省社会主义新农村省级重点建设村推进会在开远召开，省委副书记李纪恒、副省长孔垂柱和全省16个州市及省有关部门领导到老燕子村参观考察，李纪恒对老燕子村的做法给予充分肯定和高度评价。

2006年，开远市开始新农村建设。借新农村建设东风，2006年5月，老燕子村投资30万元建盖了占地面积210平方米的科技文化中心。2010年7月，投资150万元，建成占地面积4亩，可同时容纳三四百人用餐的集体餐厅1幢。在各级各部门的关心支持和全村干部群众的共同努力下，全村呈现出"经济林，郁葱葱；生态园，瓜果香；讲科学，调种养；粮满仓，钱满兜"的可喜面貌，两个文明建设硕果累累。

2006年7月至2009年7月，老燕子村被中共红河州委、红河州人民政府命名为文明村；2007年9月，被省科学技术学会评为云南省科普富民示范村；2006～2008年，被中共云南省委、云南省人民政府命名为文明村；2007年，被省文明委命名为省级文明村；2009年1月，被中央文明委命名为全国文明村镇；2009年1月，被中央文明委命名为全国文明单位；2009年1月，被中央文明委评为全国创建文明村镇工作先进村镇；2011年6月，被中央文明委命名为全国文明村。

农村社区化管理试点工作　为探索农村社会管理新途径，中共开远市委、开远市人民政府决定在小范围内进行村改社区试点工作。

2011年1月12日，市委、市政府印发《中共开远市委、开远市人民政府关于农村社区化管理试点工作的实施意见》。根据文件规定，试点工作的范围及内容是：1. 对灵泉办事处西路村委会、南路村委会、落云村委会3个城中村进行调整，以村委会为基础，各组建1个社区居民委员会。2. 将乐白道办事处小坝心、凤凰谷片区的仁者村委会、旧寨村委会的部分村组进行行政区划调整，组建2个社区居民委员会。3. 将小龙潭镇老马寨村委会组建为1个社区居民委员会。后来，市委、市政府根据实际情况，对试点工作的范围及内容重新作了调整。7月11日，成立了开远市农村社区化管理改革试点社区工作组。7月13日，下发《中共开远市委办公室、开远市人民政府办公室关于印发〈开远市农村社区化管理改革试点工作实施方案〉的通知》，试点工作的范围及内容重新调整为：将旧寨村委会的旧寨村、大乐村、小乐村、沙坝村、石头寨、白土墙村共6个自然村组建成1个社区居委会，名称为"旧寨社区居民委员会"；将乍黑甸、左乃山、老黑地共3个自然村组建成1个社区居委会，名称为"乍黑甸社区居民委员会"；将中和营镇响水村委会的小独山村、化肥厂村整村搬迁合并到中和营村委会的跃进新村，合并后的跃进新村从中和营村委会和响水村委会的管辖中划分出来，单独组建1个社区居委会，名称为"跃进社区居民委员会"。

7月11日，旧寨社区居民委员会成立；同日，跃进社区居民委员会成立。7月8日，跃进社区党总支成立；7月12日，旧寨社区党总支成立。紧接着，乐白道办事处、中和营镇分别组建了工作组，制订了实施方案，进行社区干部选任工作。整个工作从7月13日正式开始，至8月12日结束。此次社区干部选任，采取面向社会招选的方式进行。招选工作分为报名、资格审查、笔试、面试、考察及公示5个环节。通过上述环节，确定正式候选人，最后投票选举选产生社区干部。

8月1日，旧寨社区召开党员大会，选举产生党总支委员会成员。大会以无记名投票方式进行选举。共有党员111名，应到会党员111名，实到会党员102名，发出选票102票，收回选票102票，党员参与投票率92%。普定红以94票、王美华76票、余勇明68票当选为中国共产党旧寨社区总支部第一届委员会委员。根据选举结果并报请乐白道办事处党委批复，普定红任党总支书记，王美华、余勇明任党总支委员。8月10日、12日，旧寨社区召开居民代表大会选举产生社区居民委员会干部。大会以无记名投票方式进行选举。全社区共有选民3093名，大会发出选票3061票，收回选票3058票，选民参与投票率99%。普定红以2189票当选为旧寨社区居民委员会主任，林重离以1700票当选为副主任，王美华以1661票当选为副主任。

8月1日，乍黑甸社区召开党员大会，选举产生党总支委员会成员。大会以无记名投票方式进行选举。共有党员33名，应到会党员32名，实到会党员30名，发出选票30票，收回选票30票，党员参与投票率91%。选举结果为：高慧芬19票，李凯良22票，李生23票，杨万兴17票。根据选举结果并报请乐白道办事处党委批复，高慧芬任党总支书记，李凯良、李生任党总支委员。8月10日，乍黑甸社区召开居民代表大会选举产生社区居民委员会成员。大会以无记名投票方式进行选举。全社区共有选民980人，大会发出选票977票，收回选票976票，选民参与投票率99.7%。仲锡以627票当选为乍黑甸社区居民委员会主任，张保生以666票当选为副主任，李茜以639票当选为副主任。

8月1日，跃进社区召开党员大会，选举产生党总支委员会成员。应到会党员9名，实到会党员9名，发出选票9票，收回选票9票，党员参与投票率100%。选举结果为：陶志南8票，李永华8票，项朝品6票。根据选举结果并报请中和营镇党委批复，陶志南任党总支书记，李永华、项朝品任党总支委员。8月10日，跃进社区召开居民代表大会选举产生社区干部。大会以无记名投票方式进行选举。全社区共有选民293名，大会实发出和收回选票均为293票，选民参与投票率100%。李锦昌以176票当选为跃进社区居民委员会主任，杨辉以203票当选为副主任，马绍七以184票当选为副主任。

（张怀寿）

Jianshui County
建水县

人民生活 2011年，建水县城镇居民人均可支配收入14003元，比上年增长26.8%。农民人均纯收入4836元，增长16%。拓宽就业渠道，全年城镇新增就业2562人，帮助下岗职工和就业困难人员就业1358人，开发公益性岗位366个，保持零就业家庭的动态清零。小额担保贷款和“贷免扶补”工作扎实推进。累计发放贷款2570万元，534名城乡劳动者圆了创业梦。全县支付城镇企业养老金1.06亿元，发放救灾款、城乡低保金、五保对象补助金、优抚对象抚恤金、老龄保健长寿补贴等资金6800万元，投放扶贫到户贷款4200万元，城镇职工和城镇居民医疗保险实现全覆盖。共发放农资综合补贴、良种补贴、粮食直补、油菜补贴、退耕还林补贴、农村民居地震安全工程补贴等支农惠农资金4556.63万元，55个整村推进项目获得省州财政补助680万元。保障性住房建设稳步实施，城市低收入家庭及农村群众住房条件进一步改善，投资1010万元完成廉租房建设120套，面积6000平方米；投资109.8万元完成棚户区改造20套，面积965平方米；完成地震安居改造工程2800户，农村危房改造300户。发放移民后期扶持直补资金417.84万元，投入建设资金1065万元，完成移民后期扶持项目12个，移民生产生活条件进一步改善。

工业经济 2011年，建水县工业经济增长速度不断加快，实现工业产值（现价）70亿元，同比增长29.6%；规模以上工业企业实现增加值12.2亿元；全年累计完成工业固定资产投资（不含电力）31.5亿元。工业园区配套设施日趋完善，500千伏惠历变电站竣工投入运行，建水火车北站开工建设。锰系合金一期年产20万吨项目建成投产；炭素阳极一期年产60万吨项目完成投资18.18亿元；LNG气化站建设一期项目完成投资3800万元；马堵山电站投产发电；年产10万吨电锌、10万千瓦太阳能光伏发电和30万吨千瓦风能发电项目积极推进；大黑公电站完成前期工作；建水特色陶瓷工业园区项目经省工信委备案，启动土地征收工作；云锡集团与鑫隆矿业、虾洞公司铅锌矿资源整合工作进展顺利，完成全县6个矿区、25个采矿权资源整合工作。

旅游业 旅游产业发展态势良好，旅游配套设施不断完善。2011年实现旅游业总收入10.12亿元，比上年增长10.8%。接待国内外游客240.36万人次，增长15.3%，其中海外游客2.2万人次，增长11.7%。旅游基础设施建设不断改善，临安旅游小镇、西庄旅游小镇建设项目稳步推进，分别完成投资1.30亿元和4300万元。西门古镇项目完成土地征收工作；泸江烟柳节点景观建设推进；团山古村立面改造全面完成，新村样板房建设项目顺利实施；五星级临安酒店装修接近尾声；文化旅游商业广场项目开工建设；燕子洞风景区项目已与红河宏文伟业投资有限公司签订托管建设合作协议，启动了洞内“冰雪世界”等一期项目建设；旅游景区景点交通导向标志牌安装二期工程完成并投入使用。

城乡建设 2011年，完成《建水县临安府衙片区风貌恢复规划方案》等11个方案专家评审工作，《建水国家历史文化名城保护规划》上报省住建厅待批，《建水国家级风景名胜区总体规划》上报住建部待国务院审批，《建水县城市总体规划2009～2030（修改）》通过州级批复；完成南庄镇、官厅镇等集镇总体规划编制和65个行政村总体规划及425个自然村建设规划。投资2837万元，完成青山路、仁和路、青云路、新桥街等7条市政道路建设，新增里程5.54千米。完成县城17座公厕建设，南城门修复项目进展顺利。推进涉及征收户1690户的12个古城风貌恢复改造项目，累计兑付征收补偿款3.16亿元。投资2700万元，完成城市天然气输气干管敷设29千米；污水处理厂建成运行。全县城镇化率达37%，县城建成区面积达14.7平方千米，城市绿化率达30.6%，绿化覆盖率达33.9%，人均绿化面积10.76

平方米，城区供水普及率达92%，供水安全率达100%，城镇人均住宅建筑面积30.11平方米。

建水紫陶 建水县推进民族民间传统文化保护传承，建水紫陶先后在国家级工艺美术大赛中获得4金7银的好成绩，影响力不断扩大。贝山陶庄文化产业有限公司被文化部公布为第一批国家级非物质文化遗产生产性保护示范基地，陶茶居被文化厅认定为省文化产业示范基地，建水荣获“中国名陶之乡”称号。

（孙向阳）

Shiping County 石屏县

百村千户万元增收行动 2011年2月，石屏县委、县人民政府联合下发《关于开展“百村千户万元增收行动”的意见》，明确主要目标和基本原则，通过不断完善农业产业发展体系、加快农村基础设施建设、拓宽农民增收渠道、壮大农村集体经济、维护农产品市场稳定、全面深化农村改革，力争到“十二五”末，全县农业基础设施更加完善，产业结构及布局更加合理，农村整体经济实力明显增强，农民收入大幅提高，使年收入突破100万元的农户达200户以上，年收入介于10万元至100万元之间的农户达2000户以上，全县基本消除年收入低于1万元的家庭。

廉租住房建设 2011年，石屏县实施完成2010年廉租住房建设任务720套3.6万平方米，并分配廉租住房保障户入住，完成投资4900万元。根据州政府下达石屏县2011年建设廉租住房400套2万平方米。截至2011年底，完成投资240万元。

城市建设 2011年，石屏县城区总绿地面积达202公顷，绿地率30.7%，绿化覆盖率35%，人均公共绿地面积15平方米。对县城45条街（路）85万平方米街道清扫保洁任务，做到“每日一大扫、全日保洁”；同时每天完成城区80余吨垃圾收集运输和处理，做到日产日清日运，垃圾清运率达100%。

扶贫开发 2011年，石屏县投入扶贫资金1.09亿元，通过采取科技扶贫、挂钩扶贫、信贷扶贫等方式。实施整村推进项目36个，项目总投资1339.5万元，项目使9个乡镇、27个村委会、36个自然村、3722户1.3万人受益；通过上海对口帮扶项目，总投资1802万元，实施新农村建设、产业发展、社会事业等项目15个；投入资金80万元实施劳务培训与输出项目，组织饲料加工、核桃种植、计算机维修维护等15期1000人的技能培训，转移900人，转移安置率90%，培训后的民工被输送到省内、外企业，人均月工资达1200元，全年新增劳务收入1080万元，增加了农民收入。全年减少贫困人口2900人。

环境保护 2011年，石屏县对52

柏木租村（石屏县志办　提供　普文祥　摄）

个企业的工业废水、废气、固体废物的排放量、达标量、综合利用量等指标进行统计，其中：工业废水排放量52.74万吨，排放达标量52.74万吨，达标率100%；工业废气排放量17.70亿立方米，二氧化硫去除量222.52吨，烟尘去除量1.50万吨；工业固体产生量82.03万吨，综合利用量52.15万吨。

新型农村社会养老保险 2011年，全县参加新型农村社会养老保险的人数16.01万人，参保率96%，收缴保费1306万元，中央、省、县补贴资金1759.14万元。截至12月末，共3.3万人领取养老金，支付养老金2635万元，共306人领取养老补助金，支付养老补助金8.27万元。

城镇居民社会养老保险 截至12月，全县参加城镇居民社会养老保险人数2293人，完成应参保人数的91%，其中缴费参保1384人，占应缴费人数的90%。2011年度收缴保险金25万元，上级补助156万元，享受养老金待遇的910人，累计发放养老金待遇30.81万元，享受养老补助待遇11人，累计发放养老补助金0.38万元。

石屏杨梅节 2011年石屏杨梅节于5月举办。期间，分别举办了假面舞会、主题酒会、迎宾晚会、“都市时尚、民族风情”主题晚会、“小桥流水快乐湾、石屏美女俏花腰”主题晚会等丰富多彩的活动。评选出2011年“杨梅王”一、二、三等奖及“杨梅王中王”，并对获奖杨梅进行拍卖。此外，在以上活动中贯穿了许多娱乐互动活动。据统计，5月1～31日，共接待国内外游客30.57万人，实现旅游业总收入1.33亿元，同比分别增长35%和26.1%。

中药材种植 石屏县龙武镇种植三七、露水草、龙胆草、除虫菊、铁皮石斛、重楼等中药材10000余亩，为群众创收近1亿元，其中仅三七产业就创收8000余万元。药材种植户达总农户数的50%以上。中药材种植大幅度增加了群众收入，加快了龙武镇农户脱贫致富的步伐。2011年，有“三七村”美名的昌明村实现收入100万元以上的有13户，介于10万～100万元的有27户，到2013年全镇基本消除1万元以下的家庭，人民生活水平显著提高。

俞正声到石屏县视察 2011年8月15日，由中央政治局委员、上海市委书记俞正声带队的上海市党政代表团在云南省委书记、省人大常委会主任白恩培，省委副书记李纪恒陪同下到石屏县大桥乡视察扶贫开发工作开展情况。

（张 纯）

Mi'le County 弥勒县

全国科普示范县 弥勒县动员和组织全县各方力量全面实施《全民科学素质行动计划纲要》，加强科普基础设施建设工作，在各乡镇建立科普学校、科普活动站和科普宣传栏，在各村委会建立科普宣传栏和科普活动室。每年科技活动周，弥勒县都举行内容丰富的科普活动。以科学技术为支撑，加快推进现代设施农业建设，在竹园镇土桥村委会种植辣椒2000亩，在竹园村委会、赵林村委会、矣果村委会、花园村委会种植番茄3000亩，在花园村委会种植西葫芦1000亩，在矣果村委会种植花菜2000亩，建成以竹园村委会为龙头在全镇种植莲藕6000亩的农业产业“一村一品”的新格局，2011年末竹园镇农业总产值实现2.21亿元，农民人均纯收入5078元。以“县有示范乡、乡有示范村、村有示范社、社有示范户、户有科技明白人”为目标，开展各种科普宣传培训及“农函大”教育培训。2011年农函大培训覆盖12个乡镇，开设59个教学班，培训1759人，结业率100%。2011年，弥勒县有农业科普学会、协会20个，其中2011年新成立了弥勒县青少年科技辅导员协会和弥勒县种子协会。2011年，弥阳镇卫泸奶山羊协会获中国科协、财政部“科普惠农兴村先进单位”称号，西二镇海泊村委会小河口村获云南省科协、财政厅“科普富民示范村”称号；弥勒县被中国科学技术协会命名为“全国科普示范县”。

“唱响中国”全国巡演到弥勒（弥勒县志办 提供）

全国先进基层党组织 弥勒县西三镇地处红河州北部，素有红河州“北大门”之称。全镇辖区面积288.8平方公里，辖9个村委会46个村民小组，6277户2.37万人，以彝族支系阿细为主的少数民族占总人口的83.4%，是一个典型的少数民族聚居的山区乡镇，是“阿细跳月”的故乡。镇党委下设10个党总支51个党支部848名党员，其中少数民族党员占92%。2011年，镇内党代表向群众征求到有价值的意见建议1000余条，为联系户做实事1500件，结对帮贫致富557户，联系致富带头人138人，协调处理各类矛盾纠纷8起。创建了可邑“旅游村”、小龙潭“烤烟村”、花口“羊汤锅村”、大龙铺“佛香村”等17个特色村。全镇实现农村经济总收入1.63亿元，地方一般预算收入1610万元，农民人均纯收入2955元。2011年7月1日，西三镇党委被中共中央组织部授予“全国先进基层党组织”称号。

乳业奶源示范基地建设 红河国家农业科技园区乳业奶源示范基地建设项目是省级农业科技创新工程计

划项目，实施年限2008～2011年，省级支持经费150万元，其中2011年拨入经费20万元。项目由红河云牛乳业有限责任公司组织实施，实现了弥勒奶牛科学饲养从无到有，全机械化挤奶的转变。建成示范型奶牛合作社17个，完成优质示范奶牛存栏养殖3211头，在新哨镇葫芦岛奶牛养殖示范基地规划并完成种植优质牧草紫花苜蓿和黑麦草1240余亩。通过示范养殖，融合了国内外的优质牧草种植、优质原料奶生产的技术，结合红河本地气候特征，提高了部分奶牛单产，约13%的优质存栏奶牛单产突破6吨／年，蛋白和脂肪含量突破3.2%，保证了每年为项目承担单位提供优质原料奶约1.70万吨，同时直接带动了养殖农户1517户，实现种养殖产值约4000万元。2011年项目培养专业科技带头人44人、学术带头人1人、技术创新型人才4人、晋升高职1人，形成《红河州优质奶牛养殖规程》1份、《云牛乳业生鲜乳生产标准》1份。在省级创新型企业研发平台建设中，红河云牛乳业有限责任公司被列入云南省第五批科技创新型试点企业，获支持经费50万元。

弥勒工业园区 弥勒工业园区原规划面积15.59平方千米，采用“一园两区”的格局，即由弥阳工业区和朋普工业区组成。近年来，随着工业经济形势的发展和变化，结合省委、省政府关于城镇上山和工业项目上山的指导思想及省第九次党代会提出的发展要求，弥勒工业园区将按“一园五区，山水相依”的格局进行调整。调整后的弥勒工业园区包括弥阳、小石山、东风、新哨、朋普五个片区，总面积为43.41平方千米，主要产业包括：烟草及其配套产业、煤及煤化工产品开发利用产业、装备制造及机械加工产业、化学工业及建材加工产业、竹浆纸及冶炼产业，新的规划正在勘测论证中。2011年，园区入驻企业30户，从业人员4600人，年工业总产值达26.79亿元。

（薛　海）

Luxi County 泸西县

乡村流通工程 泸西县供销社通过以推进“乡村流通工程”建设和完善农村社会化服务体系为切入点，大力发展“两社一会”，拓展服务领域、构建农村现代流通服务体系，切实解决农民买难卖难问题，实现小生产与大市场的有序对接，促进农村经济持续增长。2011年，全县共组建和创办“两社一会”34个，建设乡村流通网络终端数33个，建农资连锁直营店2个；泸西县供销社建成1个县级日用消费品配送中心，2个县级超市，建成农村便民超市85个。配送中心销售额达1200多万元；2011年，发展“两社一会”新型农村合作经济组织226个，其中：农民专业合作社79个，均有明确的章程、组织机构，并规范运作，已注册的18个；综合服务社133个；行业协会14个。收购蜂蜜160吨，支付资金288余万元，销售130吨。新增3个红河农产品信息采集点，有一个信息中心和12个基层信息网点，信息网点已基本覆盖全县各乡（镇），交易各种农产品59110余吨，交易额达2742.89余万元。

新能源产业开发 近年来，泸西县开展了以风能、水能、太阳能为主的新能源项目招商引资工作，至2011年底，泸西县共签订了4个风力发电和2个抽水蓄能电站投资开发项目，协议总投资达172.5亿元。其中：风电项目投资规模达57.5亿元，总装机容量达60万千瓦；抽水蓄能电站协议总投资达115亿元，总装机容量达255万千瓦。风电项目之一的李子箐风电场总投资约6亿元，装机容量4.95万千瓦，2011年底，33台机组已成功发电。

现代畜牧业建设 近几年来，泸西县大力发展现代畜牧业。至2011年底，全县形成生猪存栏在100头以上有45户；牛存栏在100头以上有2户；肉（奶）羊存栏100只以上的有50户；蛋禽存笼在1万羽以上的有32户。按照“一乡一产业、一村一产品”的思路，大力发展健康养殖，无公害、绿色、有机畜产品认证和生产，全县共集中了规模养殖场116户、适度规模养殖户160户、畜禽养殖示范村110个。泸西县兴安禽业有限公司、泸西县科程农业发展有限公司被国家农业部授牌为国家级畜禽标准化示范养殖场；泸西县田野黑山羊生态养殖场考评为省级畜禽标准化示范养殖场。2011年5月，泸西县田野黑山羊生态养殖场、三塘供销股份合作社（生猪养殖及火腿加工）、泸西县东山火腿厂、泸西县天禾绿色实业有限公司（生猪养殖）4户畜牧企业被州政府认定为第五批农业产业化经营州级重点龙头企业。至年底，全县注册了“东泽”“老东山”火腿、“圆宝乐”鸡蛋、“蓝天”“经

彝家欢歌（泸西县志办　提供）

林”种猪、“羚清”牌乳饼、“致翔”牌黑山羊及“山烘烘”羊肉系列产品、“答恩”牌正诚清真牛干巴等一批商标企业，其中“东泽”牌东山火腿被省工商局评为云南省著名商标，结束了泸西畜牧企业无名牌产品的历史。2011年，泸西县成为农业部核定的省级17个国家生猪调出大县之一，荣获中央财政奖励资金332万元。

农村医疗救助“一站式”服务 2011年凡户籍在泸西县行政区划范围内的农村低保对象、五保对象和重点优抚对象，在定点医疗机构就医时，只需在定点医疗机构支付新型农村合作医疗补偿和民政救助后的个人支付部分即可出院，切实解决农村低保户、五保户、重点优抚对象“住院难、报销难”问题。

中国（泸西）高原足球训练基地建设 该基地是云南省高原体育训练基地“十二五”规划中的重点项目，位于泸西阿庐古洞风景区附近，2011年12月7日举行奠基仪式，预计2013年6月建成投入使用。

新农村建设 2011年泸西县申报省级重点建设村项目11个、州级16个、整乡推进新农村示范乡镇（永宁乡）建设项目1个，以山、水、林、田、路、电、教育、卫生、文化设施及产业培植为重点，共投入扶贫资金7589万元，整合部门资金1054万元，发放贴息贷款2200万元，完成整村推进53个，解决4600人的温饱和增收问题。整合危房改造资金1195万元，排除中小学危房10393平方米，拆除及加固改造农村危房2100户，完成农村沼气建设1305户。

（赖俊芬）

Yuanyang County
元阳县

农业经济 2011年，元阳县投入1532.28万元，完成中低产田地改造1万亩，新增耕地面积150亩；投入400万元实施国家糖料甘蔗基地建设，促进甘蔗生产向高产、优质、高效方向发展；投入4600万元，完成小型农田水利建设268件，改善灌溉面积5.95万亩；农村小型水利工程管理体制改革稳步推进，发放产权证5322本，确权率达100%。全面实施“3个10万亩”和“4个5万亩”农业产业建设工程，大力发展冬季农业开发、稻田养鱼等特色农业，完成绿色农产品产地认证9400亩；完成粮豆播种面积55.6万亩，粮食总产量达14.24万吨，农民人均有粮345千克；完成中低产林改造和营造林8.1万亩，森林覆盖率达42.8%；投入498万元，实施标准化规模养殖场建设，全年实现生猪存栏34.75万头，出栏38.93万头，肉类总产量3.79万吨，畜牧业产值6.1亿元；投入180.64万元完成劳动力转移培训7506人，全县常年在外务工人员保持在5.8万人以上，劳务收入6亿余元。实现农业总产值11.66亿元，同比增长22.6%；农村经济总收入13.55亿元，同比增长20%。

旅游开发 2011年，编制完成了红河哈尼梯田申报世界文化遗产提名文本，并通过世界遗产中心预审，红河哈尼梯田被国务院列入2013年正式申报世界文化遗产名单。总投资1.2亿元的梯田小镇改造工程一期竣工，累计完成投资4130万元；投资3493.74万元完善了多依树等景区景点基础设施；总投资5922万元的箐口游客服务中心完成投资2241.2万元；计划投资1.8亿元的哈尼王府海航酒店建设完成投资2060万元，计划投资12亿元的“云之梦·ALILA”酒店开工建设；总投资4.01亿元的景区4条重要交通要道快速推进，多依树至勐品旅游环线竣工验收，景区旅游基础设施得到完善。投资584万元实施了箐口、大鱼塘和普高老寨村内基础设施、接待中心、箐口旅游乡村环境治理工程及农家乐示范户建设11户，带动景区群众积极发展乡村旅游。加强农耕文化、土司文化、贝玛文化等民俗民间文化资源的挖掘、整理和展示工作，《祭寨神林》申报为第三批国家级非物质文化遗产保护名录，建立民族文化传承基站30个，成功举办了“中国红河·元阳2011年哈尼梯田文化旅游节”。全年旅游接待总人数82.8万人次，同比增长12.2%；实现旅游综合总收入8.2亿元，同比增长13.7%；实现旅游门票收入330.3万元，同比增长68.5%。

扶贫开发 2011年，元阳县累计投入各类扶贫资金6697万元，实施整村推进项目105个、易地扶贫开发项目3个、安居工程300户、产业扶贫和社会帮扶项目18个、省

实施一镇六村扶贫开发建设后独具哈尼特色的大鱼塘村（元阳县志办　提供）

级重点村和州级示范村项目23个；投入1350万元实施“一事一议”财政奖补项目147个，投入384.26万元完成了以俄扎乡哈播村为重点的哈尼饮食文化特色村扶贫开发项目，总投资4612万元的沙拉托乡整乡推进扶贫开发试点项目建设完成投资2700万元。全年共投放扶贫到户贷款资金2000万元，项目覆盖14个乡镇52个村委会203个自然村，使760户3423人直接受益。全年解决了1.3万贫困人口的温饱和增收问题。

梯田旅游小镇改造工程 元阳县梯田旅游小镇改造工程是全省重点开发建设的60个旅游特色小镇之一，是红河哈尼梯田景区建设“一镇六村”项目的组成部分之一。项目总投资为1.28亿元，分两期实施。其中：一期工程重点建设内容为“一广场、三条路、两片区”；二期工程建设内容主要实施第三段步行街、过境路和客运站到原检察院道路、绿化、美化、亮化及防洪沟等工程。一期工程建设于10月底全面竣工，累计完成投资5800万元。投资1427.55万元，实施立面改造工程。投资502.06万元，完成梯田广场改造工程。投资985.28万元，完成三条路面改造。投资1240.12万元，实施了“三线入地”工程。引进红河明丰建筑有限公司，改造慧丰公司和原工会俱乐部片区，共投资1082.01万元，建设规范化农贸市场，打造“商品一条街、小吃一条街、杂货一条街”，促进农村市场的繁荣发展。投资200万元，实施“美化、绿化、亮化、净化”工程。通过实施梯田旅游小镇一期工程建设，初步形成以梯田广场为中心，以步行街为主轴的城镇功能结构，为全面打造凸显哈尼特色，人与自然和谐发展的山地旅游小镇奠定了基础。

省级文明村—牛街村 牛街村隶属元阳县马街乡马街村委会，世居民族为傣族。2011年，全村人口104户471人，全村耕地面积575亩，人均耕地1.22亩，属典型的中下半山热带河谷经济发展地带。近年来，全村加强基础设施建设。修缮水利灌溉沟渠10条1000米，解决群众安全饮水23户；对村庄建设实行统一规划，扩宽硬化村内道路900平方米，实现“户户通”；新建垃圾池6个，村内硬化、绿化、净化、美化率不断提高。全面实现“沼气池、厨房、卫生间”配套改造工程，至2011年，共建设沼气池100口，基本实现沼气池全覆盖。先后开展了创建文明信用户、科技致富户等活动，组织了“十星级文明户”等评选活动。文体活动设施建设逐步完善，建成村老年活动室和科技文化活动室，数字电视普及率90%，丰富了群众文化生活。成立水果甘蔗农民专业合作社，实现特色产业的规模化、产业化、集约化发展。通过以村广播弘扬正气、村干部入户宣讲、党员带头示范等宣传方式，营造出全村和谐、小康、文明的新农村发展景象。2010年以来，全村未发生一起纠纷安全事故、无一户违反计划生育政策，新农合参合率100%。2011年全村完成粮食播种面积485亩，产量290吨。水果甘蔗种植面积1100亩，产量7000吨，产值达1200万元；香蕉320亩，产量1600吨，产值达400万元。生猪存栏493头，出栏576头；牛存栏292头，出栏98头。实现农村经济总收入240万元，农民人均纯收入4000元。2001年、2006年、2009年分别被评为省级文明村。

（周智荣）

Honghe County
红河县

上海奉贤区党政代表团到县考察 3月8日，上海市奉贤区委书记、区人大主任张立平亲领党政代表团一行到红河县考察指导对口帮扶工作。上海市奉贤区自1996年开始对红河县开展对口帮扶。十余年来，奉贤区党委、政府始终高度重视对口帮扶工作，先后投入资金3899.3万元（其中：捐资捐物折币431.3万元），对全县农村基础设施建设、产业培植、教育、卫生、科技等多领域开展帮扶工作，为改善贫困地区生产、生活条件，提高劳动者素质和解决温饱起到积极的促进作用。

红河至（元阳）南沙二级公路通车 3月31日，红河至南沙二级公路通车典礼在元阳县南沙镇举行。红河至南沙二级公路全长60.014千米，路基宽度为10米，公路途经红河县迤萨镇、元阳马街乡、南沙镇3个乡镇。该项目于2009年10月开工建设，概算总投资6.1亿元，建设总工期18个月。是全州公路“三纵三横”主骨架网中的重要组成部分。

风能开发 5月5日，红河县人民政府与华能新能源股份有限公司云南分公司举行风力发电开发项目合作协议签字仪式，项目计划投资30亿元，5年建成30万千瓦风力发电厂，将于2013年底完成一期5万千瓦装机工程并投产发电，2015年前完成整个项目的开发投入运营。

红河县人民医院住院综合楼建成 10月9日，县人民医院住院综合楼正式投入使用。该工程2009年9月30日开工，2011年9月27日通过县级验收，总投资2400万元，建筑面积9600平方米，为8层框架结构，内设200个床位，是县内唯一一个国家二级乙类医院。

招商引资 在10月31日至11月1日举行红河哈尼长街宴活动期间，签约招商引资项目4个，协议金额32亿元以上，其中有总投资30亿元的风力发电项目、1.5亿元的县城木香园片区开发项目、5000万元的高岭土资源开发及产品加工项目和县域内矿产资源整合开发合作项目。

中药材产业发展 红河县按照“政府引导、市场主导、龙头带动”原则，对龙胆草、板蓝根、豆腐渣果、草果为主的生物中药材产业进行开发培植，取得显著成效。2011年末，全县共发展龙胆草3.1万亩、板蓝根7378亩、豆腐渣果4500亩、草果5260亩，年产值2000余万元。

农业科技 红河县坚持以科技为动力，不断加大农业实用技术推广力度，五年来，全县杂交水稻种植面积稳定在5.2万亩，杂交玉米种植面积稳定在3万亩，水稻薄膜育秧种植面积稳定在0.8万亩，水稻条栽推广种植面积稳定在1.2万亩，旱地立体高产栽培种植面积稳定在4.5万亩。通过白玉兰远程教育项目实施农村远程教育培训140期，受训人数2395人次；农业实用技术培训438期，受训5.69万人次；农村信息服务体系建设县级网站1个，乡级13个，建立90个行政村、820个自然村的基础数据库及网页，全覆盖县、乡、村、组，有力推动农业科技进步。

新农村示范村建设 2011年，红河县共实施7个村州级示范村和8个省级重点村建设项目。项目村通过“上级补助一点、领导协调一点、部门整合一点、社会帮扶一点、群众自筹一点”的办法筹集项目建设资金，开展道路硬化、卫生公厕、排水沟、文化活动室等基础设施建设。15个项目村受益农户931户，受益人口4429人，预计投资510.52万元（其中：上级补助260万元）。州级示范村总投入资金171.92万元，完成村内道路硬化3620米6440平方米；建成卫生公厕4座；完成进村道路挡墙支砌330立方米；建成1条167米长的排水沟；改造困难群众茅草房住房18户；新建猪厩24个；发展稻田养鱼150亩和茶叶种植100亩。省级重点村投入资金54.6万元，开挖进村公路750米，完成村内道路硬化2300米3450平方米；建成卫生公厕5座。示范村村容村貌有了较大改善，生产生活条件得到提高。

（郭　武）

Lvchun County
绿春县

“削峰填谷”造新城 2009年4月16日，时任省长秦光荣在绿春调研时，提出“削峰填谷、扩大城镇、减负降压”的思路。绿春县积极响应省委、省政府“城镇上山”政策，积极探索“山地城镇建设和地质灾害治理一体化”的开发新模式，着力实施“削峰填谷”项目，并把整个“削峰填谷”重造的新城称为绿东新区。“削峰填谷”项目经云南省环境科学研究院环境评估，证明工程不会造成对周边环境、附近水库的水土保持及地质安全的影响。工程主要是分级开挖、平整俄批梁子和把不粗两座山包，填平北侧晋思公里之间沟谷、南侧局部沟床、河床，削峰最高高度100米，可平整开发城市用地约1.56平方千米（2340亩），缓解绿春缺乏市镇建设用地局面。

黄连山地区综合扶贫开发 3月23日，时任省委副书记李纪恒作出重要指示：“绿春黄连山国家级保护区数万群众生活困难情况严重，请将其列入省委、政府确定的160万‘深度贫困’群众予以重点扶持”。绿春县认真贯彻落实李纪恒指示精神，精心编制项目规划，及时制定项目实施方案，以解决保护区贫困群众的生产生活难题为突破口，扎实推进黄连山国家级自然保护区深度贫困群众的扶贫攻坚工作。11月21日，李纪恒代省长又作出重要批示，要求对绿春县黄连山地区贫困群众综合扶贫开发工作予以关注、给予支持。黄连山地区规划实施范围内的深度贫困人口共涉及6个乡镇19个村委会112个自然村5461户2.59万人。11月，州委、州政府下发对扶持该地区深度贫困群众项目实施意见和部门切块资金安排，确定从2011年开始，连续3年投资1.98亿元，项目涉及8大工程、21个项目，重点实施基础设施、产业发展、安居工程等项目建设。累计到位资金1.1亿元，启动实施扶贫整村推进、贫困群众安居、农田水利基本建设、公路建设、自然村通电、广电村村通、产业扶贫、民生保障等工程。对6个乡镇7个村委会15个村寨开展重点示范村项目建设工作，项目受益1312户6536人，先期投入各类资金6596万元。

新农村示范建设 绿春县积极整合各种项目资金2.9亿元，实施完成省州重点村建设21个，县级示范村建设10个，省级专项扶贫安居工程799户，整村推进项目45个；戈奎乡整乡推进项目扎实推进；大力实施进村公路、村内道路硬化、人饮工程和农村公厕、沐浴室建设，新农村建设步伐明显加快。同时，编制上报了《滇西边境山区绿春县区域发展与扶贫攻坚规划（2011–2020年）》，规划总投资达1010亿元；省级已将绿春县列入“整县推进”项目盘子予以重点扶持。

保障民生 绿春县全面落实“两免一补”等教育惠民政策，12个校安工程和青少年学生校外活动中心等建设项目顺利推进，启动实施县职中校舍建设项目，筹建东城区幼儿园（民办）。努力改善县乡村医疗卫生条件，县医院能力建设项目有序推进，县卫生监督所、平河乡卫生院和戈奎乡卫生院业务用房开工建设。深入推进医药卫生体制改革，医疗卫生“四大体系”建设不断健全，全县新农合参合率达96.39%，群众“看病难、看病贵”问题逐步缓解。向上级争取低保指标，年内新增1万余个，全县累计低保对象9.16万人，城乡低保覆盖率分别为19%和43%，其中农村低保覆盖率位居全省第一；新型农村和城镇居民社会养老保险参保率分别为65%和46%，城镇职工“五大保险”覆盖面进一步扩大；医疗救助、残疾人救助、孤儿救助、红十字会救助、双拥优抚安置等工作扎实开展；半坡、平河等5个乡镇敬老院建设加快推进；大力实施保障性住房建设，2300户农村民居地震安全工程和农村危房改造工程基本完成主体工程，1110套廉租房建设积极推进。

石斛致富迷克村 绿春县大兴镇有个远近闻名的“石斛村”——迷克村，在这个158户的村子里，种植石斛的农户就有126户，种植面积189亩，投产面积53亩，年创收达636万元，户均增收4.03万元。收入的增加激发了村民建设新农村的热情，在镇政府的扶持下，村民自觉自愿备沙备石、投工投劳，修建环村公路，改善生产生活条件，逐渐形成产业发展支持新农村建设，新农村建设反哺产业发展的良性循环。

（李忠文）

Pingbian Miao Autonomous County 屏边苗族自治县

经济发展 2011年，屏边县完成地区生产总值14.53亿元，同比增长12%，其中第一产业完成4.08亿元，增长2%；第二产业完成5.04亿元，增长24.1%；第三产业完成5.40亿元，增长9.7%。完成财政总收入1.06亿元，增长19.4%，其中完成地方财政一般预算收入6263万元，增长15.5%。完成财政总支出7.09亿元，增长24.8%。实现粮食总产量6.49万吨，增长3.99%；实现农业总产值6.44亿元、农村经济总收入5.09亿元，分别增长15.73%和14.76%。完成工业总产值7.63亿元，增长21.07%；实现规模以上工业增加值1.81亿元，增长18.4%。全年接待游客30.09万人次，增长2.32%；实现旅游总收入1.80亿元，增长21.27%。完成社会消费品零售总额5.51亿元，增长20.1%。

人民生活 年内全县新型农村合作医疗参合农民11.92万人，参合率95.15%。共开发公益性岗位68个，城镇新增就业人员225人，下岗失业人员再就业109人，帮助困难人员再就业68人，城镇登记失业率控制在4.6%以内。在岗职工年人均工资收入32104元，增长34.16%；城镇居民人均可支配收入10800元，增长16.36%；农民人均纯收入2472元，增长17.1%。

重点项目建设 泛亚铁路蒙河线屏边段进展顺利；蒙屏二级公路、屏边大道竣工通车，大围山公路和花山场环形公路、2010年通达工程及中修工程顺利完工，屏边零开至河口南溪公路和金厂河、姑租碑通村公路弹石路面改造启动建设；编制完成《S221线屏边县城过境公路项目可行性研究报告》并通过省级评审。

城镇化建设 全面启动保护坝区良田建设山地城镇工作，《屏边县加强耕地保护促进城镇化科学发展完善土地利用总体规划（2006～2020年）》经州人民政府批准并上报省国土资源厅；《屏边县林地保护利用规划（2011～2020年）》、《屏边县县城总体规划（修编）调整》上报省、州审查待批。完成县城污水处理厂及排水管网工程厂区自控系统联动调试、逸情湾项目建设策划，县城生活垃圾处理工程库区建设通过环保验收，永和步行街、县城供水改扩建工程有序推进，县政法办公区启动建设，县新行政服务中心建设前期工作顺利推进；采用BT建设模式，对县城区街道路灯进行改造；完成白鸽集贸市场建设，四寨集贸市场基础设施建设基本完工。完成城市批次用地报批26公顷、独立选址项目报批13个。全县城镇化率提高到16.7%。组织开展农民进城工作前期调研并初步形成具体实施方案。完成《屏边苗族自治县县城水系规划》和38个行政村、338个自然村规划编制工作，组织开展《屏边县“十二五”城镇近期建设规划》以及和平、白云、白河3个《集镇总体规划修编》编制工作。

民族艺术精品创作 彝族舞蹈《彝山神韵》获第十五届香港世界中老年“金紫荆花奖”音乐、舞蹈、器乐艺术最高奖和金紫荆花组织金奖；《苗岭颂歌》《七彩晚霞》两台晚会获红河州一等奖；舞蹈《七色花》获全省三等奖，并在全省“大家乐”广场舞比赛中荣获金奖。

（岳丽萍）

Jinping Miao, Yao and Dai Autonomous County 金平苗族瑶族傣族自治县

改善民生 2011年，金平县积极实施就业与再就业政策，不断加大创业扶持的力度。全年扶持创业人数372人，实现城镇新增就业人数864人，城镇下岗失业人员243人，城镇登记失业率控制在2.15%。全社会保障制度日趋完善，养老、事业、医疗、工商等各类社会保障覆盖面不断扩大。城乡居民最低生活保障制度得到较好落实，累计完成保障对象12.78万户29.38万人次，发放城乡低保金1.15亿元。各类社会保险参保率逐年增加，保障水平不断提高，将全县7.2万户农户纳入保险；启动实施城乡居民社会养老保险试点工作，完成上级下达参保任务。

扶贫开发 全年共投入各类扶贫资金9807万元，组织实施整村推进、易地扶贫、产业扶贫、希望工程、温饱工程、医疗文书等101个项目，项目带动效应明显，基础设计得到改善。农村小额信贷工作过运作平稳，累计发放小额信贷1500万元，受益492户2045人。农民人均纯收入2556元，比上年增长20.11%。扶贫工作成效显著，绝对扶贫现象基本消除。

生态文明建设 2011年，金平县生态保护工作成效明显。大力发展生态产业、改善生态环境，推动退耕还林、封山育林、天然林保护等生态工程建设。全县完成造林3153公顷，完成中低产林1333公顷，完成封山育林666公顷，义务植树60余万株，新建沼气池600口，治理水土流失面积10.5平方千米。工业经济生产严格落实节能减排目标责任制，突出抓好重点领域、重点行业、

卫生路竣工典礼（金平县志办　提供）

重点企业的节能减排工作，节能降耗效果明显。

（罗文福）

Hekou Yao Autonomous County
河口瑶族自治县

基础设施建设　2011年，河口县加快推进重大基础设施项目建设，实施建设项目311个，完成全社会固定资产投资22.17亿元，增长38.5%。口岸设施方面。完成城市总规修编；北山、槟榔寨、山腰3个片区控制性详细规划和城市五年近期规划通过评审。河口公路口岸获国务院批准正式对外开放，口岸新联检楼、北山国际货场通过国家级验收正式投入使用。滨河路改造工程竣工投入使用，国际商贸中心完成二期、三期、四期工程和五星级钻石大酒店、明珠广场、北山片区3条市政干道等项目建设加速推进。城市“两污”工程完成投资4139万元，垃圾处理厂投入试运行。交通建设方面。投资7050万元的河口汽车新客运站竣工投入使用。全年累计投资1.01亿元，完成了7个农村客运招呼站建设，新（改）建农村公路7条340千米，新增4个行政村通畅公路，行政村通畅率由上年的18.5%提升至33.3%。水利水电建设方面。槟榔寨水库引水工程和河堤三期工程竣工。投入资金3198.83万元，完成“五小水利”工程357件，新增灌溉面积350亩，改善灌溉面积2.96万亩，受益人口2.1万人。220千伏南溪输变电工程、110千伏地龙口输变电工程、35千伏新街输变电工程、新街电站、南溪河电站、河堤三期工程（南溪河一条半段）、南溪河河口县段治理工程、瑶山旱塘水库等前期工程进展顺利。

“兴边富民”整村推进　2011年红河县通过深入调研，在全面了解村寨贫困状况、贫困原因、资源优势，以及群众急需解决的问题的基础上，将桥头乡、瑶山乡、莲花滩乡、老范寨乡、南溪镇的14个村民小组列为“兴边富民”整村推进项目村，按照“统一规划、整合资金、渠道不乱、性质不变、各计其功、各负其责”的原则，整合县属各涉农部门资源，加大投入。整个项目投入资金2486.7万元。其中：“兴边富民”整村推进项目专项资金700万元，整合部门资金780.7万元，群众自筹及投工投劳折资1006万元。共硬化村间道路主线6184平方米，支线4676平方米；消灭篱笆房、杈杈房275间，民房立面改造137间，换瓦46间；新建活动室1间75平方米；挡墙263立方米；猪牛圈62间，户厕25间；排水沟1716米，以及村容村貌整治等建设项目。

新农村示范村建设　2011年，河口县有8个村民小组列为省级新农村重点建设村项目，6个村民小组列为州级新农村示范村项目，南溪镇列入州级新农村整镇推进示范镇建设项目，还有10个村民小组列为县级新农村示范村建设项目。项目投入2141.8　万元，其中省级新农村建设项目资金120万元，州级新农村建设项目资金90万元，县级新农村建设项目资金300万元，整镇推进项目资金100万元，整合部门资金1026万元，群众筹资及投工投劳折资505.8万元。累计完成村间道路硬化主线1.40万平方米，支线9401平方米，建设村内排水沟1420米，涵洞6个，民房换瓦106间，民房立面改造221间，挡墙157立方，新建活动室5间540平方米，场地1907平方米，新建猪、牛、马圈及户厕1877平方米，太阳能路灯22盏，消灭篱笆房、杈杈房、危房民房重建138间，新建民族风情寨门3幢。

产业扶贫　河口县2011年争取并发放扶贫到户贷款4000万元，加快贫困群众产业结构的调整，促进农业增效农民增收。争取到产业项目扶持资金160万元，采取“农民专业合作社＋农户＋基地”和“公司＋基地＋农户”的运作模式，在莲花滩乡、瑶山乡扶持307户贫困户发展生猪养殖1173头，扶持生猪养殖专业合作社3家，在莲花滩乡发展无公害反季节蔬菜种植，带动带动贫困地区群众产业发展。

对外开放　2011年，河口县充分发挥作为红河、云南省对外开放“桥头堡”的作用，利用得天独厚的区位优势，进一步加强与省内外及越南等国家的交流合作，促进了外向型经济的发展。全年实现对外贸易进出口贸易总额76.46亿元，与上年相比增长19.5%。其中：进口总额13.16亿元，增长2.4%；出口总额63.30亿元，增长23.7%。进出口货运量241.4万吨，增长47.2%；出入境人员399.1万人次，增长10%，出入境运输工具15.76万辆（列）次，与上年相比增长33.2%。

（罗美英）

红河州经济社会发展主要指标（表一）

县（市、区）	年末总人口（万人）		城镇人口占总人口比重（%）		单位从业人员（万人）		农业总产值（亿元）	
	2010年	2011年	2010年	2011年	2010年	2011年	2010年	2011年
红河州	450.58	453.46	35.3	36.00	27.21	28.31	175.84	207.56
蒙自市	41.76	42.01		70.90	3.99	4.50	18.19	22.65
个旧市	46.03	46.26		69.80	6.28	6.18	11.70	13.86
开远市	32.30	32.47		58.30	3.01	3.07	15.06	18.01
屏边县	15.41	15.47		16.00	0.68	0.73	5.56	6.44
建水县	53.20	53.53		36.80	2.40	2.60	24.51	27.70
石屏县	29.94	30.12		31.50	1.80	2.05	22.39	26.65
弥勒县	54.03	54.38		40.50	2.78	2.78	22.86	26.55
泸西县	40.12	40.40		27.50	1.98	1.95	14.58	17.15
元阳县	39.72	40.04		9.90	0.78	0.82	9.56	11.66
红河县	29.68	29.91		9.90	0.77	0.79	9.30	10.82
金平县	35.66	35.94		16.70	1.01	1.05	8.49	9.69
绿春县	22.24	22.41		10.80	0.72	0.74	7.05	8.68
河口县	10.47	10.52		29.90	1.01	1.04	6.60	7.71

红河州经济社会发展主要指标（表二）

县（市、区）	生产总值（亿元）		第一产业（亿元）		第二产业（亿元）		第三产业（亿元）	
	2010年	2011年	2010年	2011年	2010年	2011年	2010年	2011年
红河州	650.42	780.64	104.38	124.23	345.15	422.54	200.88	233.87
蒙自市	73.58	88.34	11.66	14.85	38.65	45.33	23.27	28.16
个旧市	122.49	147.34	6.98	8.06	80.96	100.23	34.55	39.05
开远市	90.74	108.68	10.46	12.25	45.24	55.13	35.04	41.30
屏边县	12.32	14.53	3.61	4.08	4.00	5.04	4.71	5.40
建水县	63.14	75.20	14.41	16.64	23.35	28.78	25.38	29.78
石屏县	26.77	31.86	11.16	13.40	7.01	8.59	8.60	9.87
弥勒县	141.95	167.95	12.12	13.85	109.72	129.79	20.11	24.31
泸西县	36.32	45.20	8.25	9.71	13.68	18.20	14.40	17.29
元阳县	20.05	24.32	6.63	8.16	4.94	6.63	8.48	9.53
红河县	13.66	16.65	5.73	7.06	2.48	3.21	5.45	6.38
金平县	19.89	23.45	4.98	5.95	9.38	10.86	5.53	6.64
绿春县	11.10	14.37	3.49	4.48	3.94	5.58	3.67	4.31
河口县	18.53	22.56	4.89	6.16	3.77	4.62	9.87	11.79

红河州经济社会发展主要指标（表三）

单位：%

县（市、区）	生产总值构成		第一产业		第二产业		第三产业	
	2010年	2011年	2010年	2011年	2010年	2011年	2010年	2011年
红河州	100.00	100.00	16.05	15.91	53.07	54.13	30.88	29.96
蒙自市	100.00	100.00	15.85	16.81	52.53	51.31	31.62	31.88
个旧市	100.00	100.00	5.70	5.47	66.09	68.02	28.21	26.50
开远市	100.00	100.00	11.53	11.27	49.86	50.73	38.61	38.00
屏边县	100.00	100.00	29.33	28.11	32.46	34.70	38.21	37.20
建水县	100.00	100.00	22.82	22.13	36.98	38.27	40.20	39.60
石屏县	100.00	100.00	41.71	42.04	26.17	26.96	32.12	30.99
弥勒县	100.00	100.00	8.54	8.25	77.30	77.28	14.16	14.47
泸西县	100.00	100.00	22.72	21.48	37.65	40.26	39.63	38.26
元阳县	100.00	100.00	33.06	33.56	24.63	27.26	42.31	39.18
红河县	100.00	100.00	41.96	42.41	18.12	19.25	39.92	38.34
金平县	100.00	100.00	25.03	25.38	47.16	46.31	27.81	28.31
绿春县	100.00	100.00	31.45	31.19	35.45	38.79	33.10	30.02
河口县	100.00	100.00	26.38	27.28	20.34	20.47	53.28	52.25

红河州经济社会发展主要指标（表四）

县（市、区）	生产总值指数（上年=100）		人均生产总值（元）		国有经济固定资产投资（亿元）		社会消费品零售总额（亿元）	
	2010年	2011年	2010年	2011年	2010年	2011年	2010年	2011年
红河州	111.0	113.5	14546	17270	226.85	441.31	153.47	184.21
蒙自市	116.0	113.7	17932	21088	26.14	53.28	20.10	24.16
个旧市	110.1	113.3	26727	31927	28.28	53.20	30.82	36.98
开远市	113.5	113.6	28527	33574	21.66	53.27	19.36	23.48
屏边县	110.1	112.0	8165	9392	3.09	9.00	4.59	5.51
建水县	112.1	112.6	11906	14097	11.52	60.28	16.81	20.18
石屏县	110.4	111.2	8949	10578	8.03	19.51	10.58	12.70
弥勒县	109.6	111.8	26243	30981	14.85	53.13	16.95	20.37
泸西县	112.7	114.3	9127	11227	16.44	32.94	13.79	16.59
元阳县	114.9	115.9	5073	6096	5.86	13.54	5.66	6.56
红河县	110.1	112.4	4655	5589	6.43	10.56	3.96	4.75
金平县	110.0	111.0	5614	6550	10.15	15.89	4.45	5.25
绿春县	115.6	114.8	4987	6436	10.98	11.77	3.75	4.47
河口县	113.2	113.1	17767	21490	9.23	11.53	2.69	3.23

红河州经济社会发展主要指标（表五）

县（市、区）	地方财政收入（亿元）		地方财政支出（亿元）		人均地方财政收入（元/人）		人均地方财政支出（元/人）	
	2010年	2011年	2010年	2011年	2010年	2011年	2010年	2011年
红河州	61.22	72.79	169.42	213.19	1368	1610	3787	4716
蒙自市	7.23	9.05	13.22	17.24	1762	2161	3221	4117
个旧市	7.90	8.62	21.02	23.17	1724	1869	4584	5020
开远市	5.77	7.01	12.51	15.80	1810	2165	3925	4880
屏边县	0.54	0.63	5.68	7.09	359	406	3760	4590
建水县	4.76	6.00	13.67	16.43	898	1125	2576	3078
石屏县	2.00	2.30	10.26	11.60	670	767	3438	3861
弥勒县	6.95	8.08	15.50	17.91	1292	1490	2883	3304
泸西县	3.16	4.01	11.21	14.02	795	997	2817	3483
元阳县	1.21	1.40	9.54	11.55	306	351	2412	2895
红河县	0.43	0.63	9.04	11.44	145	212	3078	3839
金平县	1.63	1.91	10.55	13.30	460	535	2977	3715
绿春县	0.83	1.00	7.83	10.07	373	449	3517	4512
河口县	1.03	1.19	5.96	7.60	988	1134	5709	7237

红河州经济社会发展主要指标（表六）

县（市、区）	农民人均纯收入（元/人）		职工人数（万人）		在岗职工年平均工资（元/人）		人均储蓄存款余额（元/人）	
	2010年	2011年	2010年	2011年	2010年	2011年	2010年	2011年
红河州	3922	4650	25.70	25.53	27304	32159	10298	11819
蒙自市	4139	4876	3.70	4.02	27100	32725	14689	17460
个旧市	6080	6781	6.11	5.73	28720	34965	22645	24207
开远市	5498	6438	3.00	3.00	32313	37091	17386	19036
屏边县	2112	2472	0.62	0.52	23929	32104	5061	6018
建水县	4169	4836	2.30	2.40	24884	29699	11418	13473
石屏县	3762	4251	1.66	1.85	24244	27773	10328	12543
弥勒县	4106	4785	2.40	2.02	28211	31532	9425	11021
泸西县	3448	4060	1.92	1.91	25353	30059	8894	10205
元阳县	2448	2867	0.72	0.78	28190	31353	3300	3841
红河县	2183	2555	0.74	0.76	20352	26842	2726	3250
金平县	2128	2556	0.95	0.96	29293	33067	3489	4271
绿春县	2119	2505	0.61	0.62	18984	25927	2746	3672
河口县	3436	4019	0.96	0.93	26095	24470	15799	17871

Wenshan Zhuang and Miao Autonomous Prefecture

文山壮族苗族自治州

主　　编　何兴庚
责任编辑　宣　勤

概述　文山壮族苗族自治州位于云南省东南部。土地总面积31456平方千米，其中山区和半山区占总面积的97.0%。国境线长438千米。州府所在地文山县开化镇，距省会昆明356千米。2011年末，辖文山市和砚山、西畴、麻栗坡、马关、丘北、广南、富宁7个县，102个乡（镇），其中16个民族乡，947个村（居）委会，15967个村民小组（队）。全州常住人口354.23万人，增长0.6%。其中：城镇人口106.27万人，人口城镇化水平为30.0%。少数民族人口202.97万人，占总人口57.3%。人口自然增长率6.85‰。

2011年，全州实现生产总值401.39亿元，同比增长14.2%。其中：第一产业增加值91.53亿元，增长8.0%；第二产业增加值154.16亿元，增长21.5%；第三产业增加值155.71亿元，增长10.9%。全州三次产业比重由上年的22 : 37 : 41调整为23 : 38 : 39。全年居民消费价格指数104.5%，比上年上涨4.5%。按常住人口计算的人均GDP由上年的9457元提高到11364元。完成社会消费品零售总额173.13亿元，增长20.5%。

全州实现财政总收入48.49亿元，增长28.0%。完成地方一般预算收入27.45亿元，增长24.6%。财政支出143.79亿元，增长26.0%。全州新农合参合率为95.81%，共补偿资金43.3亿元，补偿354.88万人（次），受益率118.2%，资金使用率62.7%。年末，九年义务教育巩固率达93%以上。2011年，全州共投入资金109万元，建成国家级职工书屋5个、省级7个、州级23个、县级43个。累计完成农家书屋建设738个，覆盖率达78%，边境三县行政村实现全覆盖，全州70%以上的农村群众受益。全州卫生机构372个（含诊所、卫生所及医务室）共有病床9519张，卫生技术人员8282人。

2011年，全州城镇新增就

外滩桥　（文山州志办　提供　康根友　摄）

业1.56万人，城镇登记失业率为3.65%，农村劳动力转移就业22.4万人。年末全州单位从业人员15.3万人，增长5.1%，其中：在岗职工14.1万人，增长2.4%。全州城镇居民人均可支配收入16688元，增长14.2%；农民人均纯收入3864元，增长37.7%。在岗职工年平均工资30145元，增长11.5%。城乡居民储蓄存款余额251.92亿元，同比增长23.4%。

三七产业 2011年，围绕“基地、加工、市场、科研”四大平台，以规范种植、园区开发、扶持龙头、项目实施、科技创新、发展特色、对外宣传及政策研究等措施，开发三七产业。全州三七产业实现现价总产值42.59亿元、销售收入65.90亿元，分别比上年同期增30.42%和20.79%；税利13.2亿元，比上年同期下降10.29%。提高三七标准化种植技术和水平，全州推广三七标准化种植面积8.5万亩；三七在地面积9.79万亩，产量470.7万千克，三七种植业实现总产值25.02亿元、销售收入27.02亿元，分别比上年同期增27.90%和20.26%；税利9.73亿元，比上年同期下降3.80%。年底，全州三七加工企业已发展到11户，产品涉及药品、食品（保健食品）、化妆品等4大类125个产品，文山三七药物产业园区规划发展迅速，全年三七药物产业园区实现工业总产值13.22亿元、比上年同期增加17.48%，销售收入31.84亿元、增加21.09%，实现税利2.12亿元、比上年同期下降29.33%。云南白药集团、昆明制药集团、天津天士力集团、云南云科药业、黑龙江珍宝岛药业等积极介入拉动三七产业发展。全年全州三七加工业实现总产值17.57亿元，销售收入13.59亿元，税利1.33亿元，分别比上年同期增34.17%、28.03%和24.43%。以文山三七国际交易中心为市场和信息、贸易辐射平台，以标准化种植、GMP药品生产、地理标志产品保护、证明商标使用及文山三七国家标准为基础，开拓国际国内市场，全州三七流通企业已发展到270户，从业人员1634人。三七原料已进入全国20个大中药材市场，三七营销网络已经覆盖全国，三七制品已进入全国各大城市医院及药店销售，以日本、泰国、越南为重点的国际市场正不断拓展。市场容量不断扩大，随着三七被越来越多的群体所认识，消费群体快速增长，三七销售呈稳步上升的趋势。以文山三七国际交易中心为基础的三七物流配送体系已经建成，实现了与全国各大中药材市场和各大加工企业的链接，使文山成为了国内外三七交易的最大集散地。2011年3月7日，文山三七电子商务股份有限公司正式开业，标志着文山三七交易已由几百年来的传统交易上升为电子交易。

扶贫开发 全年投入各类扶贫资金21.74亿元，其中：无偿资金4.85亿元，有偿资金4.87亿元，群众自筹12.02亿元。着力实施整村推进、产业扶贫、易地扶贫、社会扶贫以及扶持特殊贫困群体等工程，解决了20.2万贫困人口的温饱。

上海对口帮扶 2011年，上海市及闸北、虹口、浦东新区、松江4区投入政府协议内帮扶资金5010万元，对口支援8县（市）建设项目117个，其中：投入4370万元，援建新农村建设项目108个，主要实施包括安居温饱、通电、通路、人畜饮水、产业增收、沼气池、科技培训、卫生设施、基层组织建设等项目在内的新农村建设；投入290万元，扶持特色产业发展项目7个，主要围绕整村推进项目区，开展特色增收产业项目建设，增加群众收入；投入350万元，援建社会事业发展项目2个，主要实施文山州富宁县洞波中心小学标准化建设和扶持文山州农特产品开拓上海市场。8月13～14日，上海云南第13次联席会议在云南召开期间，中共中央政治局委员、上海市委书记俞正声为团长的上海市党政代表团到文山考察后，新增安排2011年帮扶资金2000万元，用于支持文山8县（市）新农村道路、产业等46个项目建设。通过各方面积极争取协调，共争取上海政府协议外资金571.9万元，用于文山教育、卫生、产业发展等项目。

“僰人”发展扶持项目 文山州彝族僰人支系主要分布在丘北县官寨、舍得、腻脚、双龙营、曰者、树皮6个乡（镇）21个村民委44个自然村，共有2704户12375人。2011年，投入僰人地区扶持发展资金4888.81万元，其中：投入公路建设资金300万元，扩修9个僰人村寨基本等级公路30.85千米；整合投入种植业、养殖业项目扶持发展资金2322.38万元，群众自筹及劳物折资2266.43万元。种植核桃1875亩、油茶127.5亩、红豆杉548.75亩、花椒400亩、香椿367.5亩、烤烟3188.7亩、辣椒5886亩、马铃薯9496亩，扶持养羊1.52万只，养猪5925头，养鸡1.63万只；举办农村种、养业实用技术培训55期3450人（次），劳动力转移培训输出445人。

社会救助 全州共有城镇低保对象5.79万人，累计发放低保金1.22亿元，低保标准为210元／月，月人均补助水平为175元；有农村低保对象42.89万人，累计发放低保金3.87亿元，低保保障标准为1420元／年，月人均补助水平为80元；年内资助城镇困难群众参保6.58万人，资助农村困难群众参合54.57万人；全州8县（市）全面推行城乡医疗救助“一站式”即时结算方式服务工作；农村五保对象住院、门诊医疗个人自费部分实施全额救助。城市医疗门诊救助年人均提高到713元，农村人均为450元，住院救助城市年人均提高到8750元，农村提高到人均8625元；城乡医疗救助资金结余率实现控制在当年筹集基金总额15%以内的标准，其中，城市结余率为10.5%，农村结余率为7.2%；将全州15953名农村五保供养对象全部纳入财政转移支付补助范围，累计发放补助资金1933.6万元，其中集中供养1192人，比上年度的867人，提高3.12个百分点；建立完善五保供养标准自然增长机制，并适时调整提高供养标准至每人每月230元，分散供养标准为每人每月134.6元；投入建设补助金3860万元，建成并投入使用8个敬老院，11个敬老院主体工程建设已完成；制定出台城乡困难群众临时救助实施办法，实施城乡临时救助17.3万人（次），累计支出3221.67万元。

保障性住房建设 2011年，省政府下达全州廉租住房4000套、公共租赁住房4500套共47万平方米建设任务，计划总投资6.63亿元，项目已于9月底前全部开工建设，到年底完成投资4亿元，占总投资的60.3%。城市棚户区改造5013户，计划总投资7.7亿元，项目于2011年10月底全部启动实施，到2011年底完成投资4.6亿元，占计划投资的60%。农村危房改造2.47万户(其中拆除重建1.57万户、加固改造9000户)，预计投资7亿元。截至年底全部完工，完成投资7.39亿元。农垦、林业棚户区改造项目—任务数610户，计划投资4536.7万元,2011年10月底已全部开工建设，2011年完成投资2722.5万元，占计划投资的60%。

农村学生营养改善计划启动 2011年秋季学期，文山州启动实施农村义务教育学生营养改善计划，范围包括砚山县、西畴县、麻栗坡县、马关县、丘北县、广南县、富宁县7个国家集中连片特困地区试点和文山市1个省级试点，范围学校1898所，其中小学1773所，初中125所。学生47.35万人，其中小学32.66万人，初中14.56万人，特殊教育323人。计划所有范围学校学生均采取食堂供餐方式。中央、省财政按照每生每天3元的标准为试点地区农村义务教育阶段学生提供营养膳食补助，全年按200天计算，每生每年补助资金600元。

污染减排 4月，州人民政府与各县（市）政府签订了主要目标责任书，落实污染减排目标责任制，将污染减排指标纳入当地经济社会发展综合评价体系，全年不计新增排放量，全州削减化学需氧量4071.88吨、削减氨氮375.4吨、削减二氧化硫1074.83吨、削减氮氧化物29.57吨。组织完成了文山州2010年度污染源普查动态更新调查工作。共对289个工业源，75个农业源，44个(43个建制镇和机动车）生活源及11个集中式污染治理设施进行了更新调查，并报省环保厅审核确定。

七彩云南文山保护行动 组织上报项目69个，项目涉及饮用水源保护、区域环境安全保障、农村环境保护、基础能力等五大方面，申请补助资金5467.44万元。同时积极组织申报文山“桥头堡”建设环保项目，项目涉及重金属污染防治、湖泊河流污染防治、农村环境综合整治、饮用水源保护、基础能力建设、工业污染治理、环境应急能力建设、生物多样性保护8个方面24个项目，申报资金64.40亿元。共争取到砚山县上拱村、西畴县龙坪村、文山市五家寨戈革村农村环境综合整治项目、丘北县普者黑湿地修复示范工程、环境监测执法业务用房、广南冠桂糖业有限公司环保综合治理工程等13个项目资金补助1124万元，项目涉及饮用水源保护、区域环境安全保障、环境监管能力建设、农村环境保护、可持续发展等五大方面。世行项目稳步推进。世行检查团对利用世界银行贷款文山城市环境建设项目进行审核，回补文山州环境监测和监察系统能力建设项目世行资金131万元；回补砚山县城排水管网工程世行资金800万元；回补广南县污水理厂及截污管网工程世行资金1987.7万元；回补丘北县污水处理厂及截污管网工程世行资金2114万元。

农村广播影视建设 全州广播和电视人口综合覆盖率分别达到94.3%和95.4%，比上年分别增长0.7%。“村村通”工程。第二、第三批5398个村广播电视“村村通”直播卫星覆盖工程16.39万套设备全部通过省级验收。推进农村广播电视“村村通”管理和维护体系建设，恢复了州、县（市）广播电视“村村通维护中心”，在乡镇设立“村村通维护站”、村民委员会设置“村村通维护点”，村民小组设立“村村通联络员”；在县（市）、乡（镇）维护中心（站）配备广播电视技术骨干和专业管理维护人员，在村委会、村小组聘请协管员、联络员，解决农村“村村通”管理维护有人服务、有能力服务的问题。马关、富宁2县在村民委员会建立广播电视协管员制度，将全县村委会的文书聘任为广播电视协管员，每年每个协管员1200元的报酬纳入财政预算，年底进行组织考核，作为下年续聘的依据。制定“村村通”服务工作流程、服务规范等相关管理制度，进一步明确管护人员、协管员、联络员的工作职责，实行目标管理考核。

总投资47亿元、年产80万吨氧化铝厂施工现场（文山州志办 提供）

公布服务电话和投诉电话，定期对从业人员进行技术培训，进行职业道德教育，不断提高服务水平和业务能力。各县（市）通过“一事一议”，采取群众出一点，财政配套解决一点的办法，多方筹集管理维护经费。富宁县政府将“村村通”运行维护经费纳入财政预算，每年安排维护经费45万元；麻栗坡县采取受益村寨群众“一事一议”的办法，每个村每年出资100元对“村村通”管护进行投保。电影事业。加强和改进对农村数字电影院线公司的管理，对放映员进行技术及业务的培训。全年共放映社区电影725场，超额完成年放映任务；放映农村数字电影1.19万场，完成全年总放映任务的108%，观众人数达159万余人（次），其中民族语电影280场；译制民族语电影50部，其中故事片30部，科教片20部。开展广播电视直播卫星公共服务区域划分工作，为实施“户户通”做好前期准备工作。同时，完成20户以下“村村通”的建设方案及调整。协助云南中广传播公司完成马关县CMMB设备的安装、调试和开通，项目总投入100万元。文山、砚山、马关县（市）开通CMMB（移动多媒体广播电视）。

农村饮水安全 2011年，全州解决农村饮水安全计划为22.91万人，工程总投资1.10亿元，其中第三批21.41万人，投资1.02亿元；第四批1.5万人，投资755万元。第三批工程于9月20日全面动工建设，截止12月底，建成集中式供水工程680件，分散式供水工程6566件，完成投资1.07亿元，占计划的104%。全州2011年实际解决了24.56万农村群众饮水安全问题。第四批已组织管材招标，土建工程陆续开工，按计划于2012年3月底完工。

山区五小水利工程 2011年，全州计划建设五小水利工程6万件，估算总投资5.76亿元。年底，累计完成“五小水利”工程6.02万件，完成投资6.56亿元，占计划的114%，新增蓄水容积295.56万立方米，增加供水能力6115.98万立方米，解决和改善供水人口36.42万人，新增灌溉面积5.87万亩，改善灌溉面积9.79万亩。

（李万辉）

Wenshan City
文山市

易地搬迁 年内，易地搬迁项目有古木镇冲头、新发寨2个点，共64户300人，其中：集中搬迁安置56户265人，插花安置8户35人。投入资金336.3万元。其中：中央财政资金150万元，市级政府配套69.7万元，群众自筹资金116.6万元（含投工投劳折资）。项目通过实施，冲头安置点投入资金190.5万元，按照规划科目完成建设，已于11月中旬通过州级验收。主要实施项目有：新建安居房35套，建筑总面积3360平方米；坡改梯70亩；建20立方米小水窖35口，建300立方米蓄水池一个；种植经济林果70亩，养猪70头；安装30kVA变压器1台，架设低压线路1000米及35户用电设备；建村内道路500米，硬化路面700平方米，开挖排水沟400米；新建8立方米沼气池35口及35户用气设备；完成培训科技实用技术4期225人（次）。新发寨安置点由于安置点选点、土地置换未能与土地承包农户达成一致等原因未能按照省、州的要求按时完工。目前共投入资金109万元完成新建安居房21套，建筑总面积2016平方米；坡改梯42亩；架设引水管1000米及21户用水设备；种植经济林果42亩，养猪42头；架设低压线路700米及21户用电设备；建村内道路300米，硬化路面600平方米；培训科技实用技术4期175人（次）。插花安置按要求完成实施，即完成安置8户35人，户均补助1.5万元。

扶贫开发 2011 年度实施上海对口帮扶项目13项，实施地点在东山乡，其中建设扶贫开发重点村12个，生猪标准化养殖项目共计划投资1208万元，其中对口援助510万元，市自筹资金698万元；实施项目实际投入资金1286.34万元，其中对口援助510 万元，市自筹资金776.34万元。主要完成项目有：上寨建设进村公路和村内道路及入户路6.6千米，建成卧式密集式烤房10座，建沼气池10口，小水窖10口，修缮绿化村内蓄水塘1个3000立方米，维修人饮蓄水池3个共计250立方米，完成住房改造7户，庭院改造19户475平方米，改厕改厩30户，改厨17户。种植经济作物450亩、经济林果50亩。扶持养殖示范户，全村养猪300头、养牛300余头、家禽1500余只（羽）。组织开展果树栽培、烤烟、畜禽养殖等科技培训4期200人（次），劳务输出14人；科技活动室新建1间150平方米，公厕1间20平方米，垃圾池1个。硬化活动场地600平方米。制作固定标志牌1块、展板6块。配备了科技活动室桌椅18套。组建文艺队1支12人。开展“十星级文明户”评比活动，并向市文明委申报文明村；下寨建设进村公路和村内道路及入户路5.2千米，庭院改造31户775平方米，改厕19户，改厨40户。种植经济作物1260亩、经济林果75亩。扶持养殖示范户，全村养猪1800头、养牛180余头、家禽9000余只（羽）。组织开展果树栽培、烤烟、畜禽养殖等科技培训5期500人（次），劳务输出50人；改造和修缮科技活动室1间150平方米，建公厕1间20平方米，建垃圾池2个。硬化活动场地500余平方米。制作固定标志牌1块、展板4块。配齐了科技活动室内桌椅20套。组建文艺队1支18人；金竹凹塘建设进村公路和村内道路及入户路5千米，建小水窖25口，新建蓄水池1个500立方米，对村大水塘进行清淤。完成住房改造45户，改厨29户，庭院改造26户650平方米，改厕44户。种植经济作物700亩、经济林果50亩。扶持养殖示范户，全村养猪300头、养牛185

头、家禽1700余只（羽）。组织开展果树栽培、烤烟、畜禽养殖等科技培训3期500人（次），劳务输出25人；改造和修缮科技活动室1间120平方米，建公厕1间20平方米，建垃圾池2个。硬化活动场地400平方米。制作固定标志牌1块、展板4块。配齐科技活动室内桌椅10套。组建文艺队1支10人。

美丽的新农村——者白村 者白村位于文山城西南部郊区，距城9千米，地处文（山）至都（龙）二级公路旁。2011年底有79户人家，200人劳动力。居住着汉、苗、彝三种民族，其中彝民占全村人口的90%以上。全村有耕地面积890亩。粮食作物以种植水稻、玉米为主，经济作物以甘蔗、烤烟为主。种养结构单一，群众经济收入较低，贫困面大。2011年者白村实施整村推进新农村建设项目，此项目建设共投入各级资金220万元。建设后的者白村村内外道路平整干净畅通，共建道路3438.9米，垃圾池2个，40平方米公厕1个。危房重建21户；四配套及庭院改造70户。建成517平方米科技活动室1个；成立1支19人的村文艺队和10人的村篮球队；开展“四旁”绿化美化，砌花台80余平方米，种植花草树木600余株，封山育林300亩。同时加大产业开发项目扶持，从而形成产业优势。种植业充分利用村域适合种植冬粮食、甘蔗及林果的优势，大力发展户外经济。年内，种植稻谷300亩；发展油茶100亩，经济林果200亩。养殖畜、禽发展家庭经济，养猪290头，牛50头，鸡750只。还有计划地进行劳务输出，每年输出劳动力40人。村内建有党支部1个，民兵、妇女、青年等组织具全，还建立民兵之家、妇女之家、调解小组、治安联防队、并设卫生监督员、村务监督员等。建立《卫生公约》《村务、财务公开制度》《村规民约》《示范村后续管理办法》等10余项制度。

（王　文）

Yanshan County
砚山县

着力创建“四型”新农村 2011年，阿猛镇上拱村创新社会主义新农村建设，着力打造“四型”新农村。即打造产业型新农村。坚持“烟叶支撑，畜牧带动，多业并举”的发展思路，强力推进产业发展。做大做强烤烟产业，促使全村人均增收350元以上；调优扶强生猪养殖业，全村年均出栏生猪1万余头，创产值2000多万元；种植核桃800亩、油茶400亩，使之成为农民增收的新亮点。打造靓丽型新农村。在原自然村4条主干道已实现硬底化的基础上，发动群众集资8万元，争取上级资金50余万元，铺设村道10千米；拆除村小学1栋C级危房，新建1栋520平方米的教学楼；建盖5个约200平方米的科技活动室，丰富了群众的文化娱乐生活；发展沼气用户200余户，全村改水改厕150余户，建设垃圾池10余处，并实施道路绿化，全村卫生条件和人居环境进一步改善。打造和谐型新农村。进一步完善《村民议事会议制度》《村务财务公开制度》和《一事一议筹资筹劳制度》，使村级管理更加民主、公开、透明；组建村老龄协会，创办农家书屋，成立新农村建设文艺宣传队；开展“十星级文明户、五好家庭”等评选活动，丰富了村民的文化精神生活。打造服务型新农村。大力培养“双带型”党员，全面实行党员承诺制，加强党员的责任感；树革沙冲党支部的全体党员组织发动群众自筹资金3.22万元修进村道路，把树革岔路至2个村的进村路扩建成5.5米宽的路面，带动了整个三联片区的主干道扩建工作，方便了群众生产、生活；建立为民服务站，开通“农事e网通”业务，为群众提供更为快捷、方便的服务。

专业合作助致富 稼依镇新寨一组大兴田村的宏茂蔬菜种植专业合作社，以“做给农民看、领导农民干、帮助农民赚”为宗旨，通过组织社员开展规模化蔬菜种植，为社员和农户提供低于当地市场价格的化肥、农药、种子和技术指导等综合服务，引领群众增收致富。先后投资260余万元建成示范基地340亩，购置生产机械设备15台（套），安装喷灌设施配套面积120亩，实现滴灌80亩，主要引种荷兰豆、意大利生菜、娃娃菜、西兰花、紫甘蓝等优良品种，产品主要销往泰国、马来西亚等国家和地区，合作社每月发给农民工的工资近8万元。2011年合作社社员从上年的158户发展到218户，全社实现总收入238万余元，社员户均收入上万元。

工业园区建设 2011年，依托铁合金冶炼业、新型建材业、乙炔化工业、农副产品加工业等重点产业，紧紧抓住“央企入滇”等机遇，积极引进带动力强、附加值高、见效快的大工业项目，打造产业龙头，延伸产业链，培养产业集群。已引进香港美泰集团、安徽海螺集团等全球500强企业投资建厂，广州森仕集团等全国500强企业已达成投资协议。年底共有50户企业落户园区，累计完成固定资产投资8.54亿元；园区完成工业总产值61.99亿元，增长47.98%；完成工业增加值17.6亿元，增长40%；实现销售收入58.83亿元，增长43.35%；上缴税金1.72亿元，增长14.66%；实现利润2.8亿元，增长29%；安排就业8480人，增长10%。

国家烤烟标准化示范县建设 县委、政府坚持“市场引导、计划种植、调整布局、主攻质量、创名优品牌”的发展思路，以现代烟草农业及新烟区开发示范为重点，紧紧围绕“提高质量、突出特色，提高单产、减工降本”和“建设烟叶强县”两大发展目标，整县推进国家级烤烟标准化示范县建设并顺利通过国家检查验收，名列全国10个示范县第2名。2011年，全县种植烤烟14.2万亩、收购烟叶37.35万担、实现烟农收入3.39亿元，实现税收0.75亿元。全县烤烟生产连续3年被省、州评为烤烟生产先进县。全县烤烟标准化示范种植取得了良好的经济效益和社会效益。

"东桑西移"促农增收 贯彻国家"东桑西移"战略，充分利用地理环境和剩余劳力多的优势，采取"公司+基地+农户"的经营模式，由公司有偿提供桑苗、蚕种，免费提供技术服务、跟踪指导，最后由公司统一收购。2011年全县桑园种植1.1万亩，饲养蚕种6868张，总产蚕茧287.3万千克，促农增收5711.5万元。已被列为全省30个现代农业蚕桑生产加工示范县之一。

（高保元）

Xichou County 西畴县

特色产业 全年共完成农作物总播种面积73.91万亩，预计实现粮食总产9484.9万千克、经作总产2633.2万千克、蔬菜总产5175.1万千克。分别比上年增加1.73万亩、391.5万千克、190.4万千克和1228.38万千克，分别增长2.4%、4.3%、7.8%和31.1%。茶、桑、果：全年在地面积3.24万亩（茶叶1.29万亩、水果1.93万亩、桑园270亩），实现总产量758.38万千克（茶叶23万千克、水果735万千克、蚕茧0.38万千克），比上年增加0.26万亩和352.5万千克，分别增长8.7%和86.8%。渔业：全年完成养殖水面3180亩，实施稻田养鱼9526亩次，实现水产品总产量1217吨，比上年增加167吨，增长15.9%。畜牧：年末全县实现生猪存栏23.48万头，增长2.09%，生猪出栏37万头，增长5.7%；大牲畜存栏7.15万头，增长2.14%，肉牛出栏3.3万头，增长10%；山羊存栏6200只、增长29.17%，出栏肉羊7000只，增长14.79%；家禽存栏140万只、增长0.72%，家禽出栏200万只，增长6.38%。全县肉类总产量达3.67万吨，较去年同期增长8.82%。生物产业：生物企业实现销售收入2.79亿元，比2010年2.10亿元增加6866.6万元，增长32.7%。组织开展三七产业普查工作，全县有适宜种植三七的面积为6.97万亩，适宜种植面积占全县总耕地面积的35.5%。现有6个乡（镇）96户种植三七，种植面积为1636亩。

扶贫开发 省级财政专项补助资金690万元，实施扶贫重点村建设项目46个。累计完成投资1763.5万元，其中：财政专项补助资金470万元，整合部门资金465.9万元，群众自筹及投工投劳折价827.6万元。硬化村内道路4.82万平方米，完成危房改造148户，安装人畜饮水管道16千米，建成蓄水池3个1000立方米。投入县级财政资金320万元，实施100个村容村貌整治，补助水泥1万吨，建成进村主干道63条（段）84.6千米，支干道79条（段）61.3千米，入户路127条（段）81.2千米。

2011年，争取农村劳动力培训转移资金64万元，开展技能培训800人。至12月，县职中已开展2期培训，培训农艺工326人，占计划的40.75%，输出326人。易地开发扶贫及扶贫安居工程：2011年，省、州下达全县实施易地扶贫开发项目1个，投入财政专项扶贫资金200万元，实施插花安置90户400人的易地开发扶贫任务。项目规划总投资765.8万元，其中专项资金200万元，群众自筹及投工投劳折价565.8万元。全年，省下达小额信贷贴息资金3500万元，省级财政贴息175万元，扶持贫困群众发展种养业。至12月，全县累计投放扶贫到户小额贴息信贷资金3607.17万元，扶持全县55个村委会540个村民小组1524户农户发展种养殖业，其中种植业457户1082万元，养殖业762户1803万元，加工业76户180.3万元；其他行业229户541.87万元。

（黄明韬）

低产田改造（西畴县志办 提供）

麻栗坡油榨房新农村（麻栗坡县志办　提供）

Ma Lipo County
麻栗坡县

扶持农特产业　2011年，在加大农业基础设施建设、增加农业科技投入的基础上，优化农业产业结构，提高农业产值效益，投入扶贫资金1000万元，扶持农特产业发展，一批特色农业产业由此逐步发展壮大。在巩固和扩大原有大坪镇、麻栗镇种烟区的同时，新增铁厂、马街2个新烟区，使全县种植烤烟达3.5万亩，收购烟叶9.6万担，实现烟农收入8620万元；新种植木薯1.5万亩、香蕉1.1万亩、中药材1244亩，核桃、咖啡、油茶、大木漆分别发展到10.4万亩、1.2万亩、2万亩和1.5万亩；编制完成8.8万亩甘蔗产业发展规划；启动年产2万吨咖啡初加工、3000吨咖啡精加工产品生产线及红薯淀粉厂项目前期工作；启动实施草原生态保护奖励机制工作，兑现补助奖励资金199.4万元；组建南锋蔬菜种植、光富养殖等75个农民专业合作社。粮经比例由2010年的6.7:3.3调整为6.6:3.4。粮食总产量1.02亿千克，增长4.5%。加快马街年出栏3000头生猪专业养殖场等基地建设，建成动物防疫整村推进示范乡1个、防疫示范区96个，全县生猪存栏27.7万头、出栏36.8万头，大牲畜存栏12万头、肉牛出栏3万头，实现畜牧业产值5.3亿元，同比增长6.1%。全年实现农业总产值11.90亿元，增长8.1%。

实施工业强县战略　依托地域资源，抓好矿业、电力、冶炼等优势产业发展，推进工业经济提速增效，“电矿冶”一体化稳步推进。矿业产业方面，以钨、锡、铅锌、铁钴镍等矿产开发为重点，成功引进厦钨、中国工艺、江西江锂科技等一批公司、企业落户县境，促成天雄锰业8万吨电解锰、云镍科技年产1万吨电解金属镍和年产60万吨硫酸厂等项目落地，初步实现优势资源向优势企业、责任企业集中，资源整合向产业整合推进。全县发展采选企业8户，日处理原矿石1.01万吨，实现矿业产值6.79亿元，同比增长43%。电力产业方面，以电站、电网建设、电力配置为重点，加大风能、生物质能开发力度，狠抓“已建、在建、待建”三个环节，推动电力实现转化增值，累计完成4.86万户农网改造，建成龙林110千伏安变电站，促成天雄集团收购县内6个电站，大唐公司风能资源开发项目稳步推进，全县30户发电企业44座电站电力总装机达63万千瓦，完成发电量21.06亿度，实现电力产值5.21亿元，同比增长38.6%。冶炼业方面，完成中信硅业、鸿源硅业、联营铁合金厂3户企业矿电熔炉技改扩建，大坪新寨锡矿采选厂技改项目稳步推进，以工业硅、硅锰合金为主的冶炼业逐步形成规模，发展冶炼企业8户，实现冶炼业产值3.02亿元，同比增长15.4%。建材产业方面，以水泥粉磨、免烧砖、石材加工等为主的建材产业加快发展，引进客商对石材资源进行集中开发，各类建材企业发展至11户，实现建材业产值3266万元，同比增长40.1%。全年完成工业总产值21.87亿元，比上年增长18.7%。其中规模以上工业企业完成产值14.46亿元，增长16.8%；规模以下工业完成产值7.41亿元，增长22.5%。

扶贫开发　在继续抓好2010年度未完工项目建设的同时，投入扶贫开发项目资金1.50亿元，同比增长16.76%。其中上级下达2011年专项财政扶贫资金3802万元，社会各界帮扶资金和物资折价3647.96万元。新启动实施整村推进项目102个点121个村小组，至年末完成总投资2906.7万元，其中补助资金660.8万元，部门整合432.3万元，群众自筹1812.1万元，小额信贷1.6万元；建成砂石路16.9千米，道路硬化35.27千米；建成沟渠1.3千米，架设人畜饮水管道0.66千米；改造危房156户、圈舍445间、厨房405间、厕所454间，建成村民活动中心52间、活动场地3066.5平方米，亮化房屋

355户，建成垃圾池8个，卫生公厕28间；种植经济作物1190亩、经济林果2030亩；发展养牛18条、养猪1131头；封山育林、植树造林2960亩，节柴改灶511户，建成沼气池135口；开展科技培训1848人（次）。项目直接受益4036户1.71万人。

油榨房片区新农村建设 2010年11月启动实施。项目涉及基础设施、经济发展、村容村貌整治、社会事业、生态建设、基层组织及精神文明建设6大类25个子项目，2011年8月竣工，完成总投资1043.42万元，其中整村推进项目补助资金150万元，部门整合资金195万元，群众自筹及投劳折资698.42万元。建成进村水泥路3000米（1.05万平方米）、入户水泥路3490米（8725平方米）；改造危房37户，房屋亮化93户，发放瓷瓦2.60万件、换瓷瓦130户，家家户户都重新改造厩舍，建卫生厕所、洗澡室，安装太阳能，建沼气池等；建成380平方米科技活动室1幢，配置桌椅88套、沙发4套、电视音响设备1套、65平方米的农村书屋1个、配置书柜10个、图书2000册，建成浇灌混凝土公共活动场地610平方米、25平方米卫生公厕1个、花台4个、周边绿化81平方米，安装篮球架1套、乒乓球桌2张；建成22个大棚共10亩蔬菜基地，发展养猪700头；实施封山育林、植树造林1200亩，完成节柴改灶130户；完成村内沟渠建设600米，修建休闲凉亭2个，清理200平方米鱼塘1个，打造寨中120平方米花园1个；完善党支部2个、团支部3个，培养入党积极分子4人，发展新党员2名、团员5人，树立五带头党员示范户5户，组建青年团员之家1个、妇女之家1个，成立治保小组3个、蔬菜种植协会1个，完善各套组织制度20个，开展了"十星级"文明户评比活动，组建有20人村内文艺队1支、排练文艺节目4个，建成农村文化长廊100平方米、绘画16幅。通过项目的实施，入户水泥路面通达率、自来水到户率、厩舍改造、厨房改造、卫生厕所建设率、太阳能安装入户率均达100%，从根本上改善了当地群众的生产生活条件，基本实现"生活富起来，精神乐起来，生态好起来，村落美起来，班子强起来"和山绿、水清、村美、人富的建设目标。至2011年末，片区实现粮食总产量29.3万千克，人均有粮530千克；生猪存栏551头，家禽存栏2840只；家庭经济总收入77.28万元，人均纯收入3001元，被中共文山州委、州人民政府表彰为"整村推进工作先进集体"。

（李云章）

Maguan County 马关县

基础设施建设 2011年，启动编制

马关壮族婚俗（马关县志办 提供）

《云南建设中国面向西南开放“桥头堡”马关县建设规划》和开展铁路和高速公路前期工作，共向国家、省、州上报马关县农田水利工程、沿边公路、农村公路、生猪标准化规模养殖场（小区）建设、易地搬迁、以工代赈、兴边富民工程、解决战区遗留问题、能源工业建设等项目50个，审批基础设施建设类项目9个，备案加工类、农业经济、建材类等项目18个。通过加强与省、州的汇报和衔接，全年争取到涉及交通、农田水利、电网改造、市政建设、社会事业等方面建设项目31个，总投资1.36亿元，上级补助资金8504万元。通过努力，文山至马关至河口高速公路已纳入国道加密计划和《云南省高速公路干线网规划》。圆满完成州下达马关县同比增长20%的投资任务。全年完成固定资产投资27.97亿元，同比增长20.11%，其中：城镇投资完成16.38亿元，非农户固定资产投资8.37亿元，农村私人投资完成3.22亿元。

2011年，全县公路总里程2512千米，比上年增加62千米，公路路网密度达93.87千米/百平方千米，其中：国道11千米，省道52千米，县道627.7千米，专用道18千米，乡道533.3千米，村道1270千米；三级及以上公路52千米，四级公路869千米，等外公路1591千米，等级公路率为37.6%。通乡油路实现100%覆盖，建制村通达率达100%，自然村通公路率达95.53%。1542个自然村，已有1473个修通公路，尚余69个未通公路。城乡公路网络日趋完善，群众出行难、出行安全的问题进一步缓解。

全县累计完成水利水电投资1.70亿元，占年度投资任务1.60亿元的105.82%，其中水利投资1.26亿元。重点水源工程有达号水库、马洒水库、中越国际界河治理、小（二）型病险水库除险加固等，占年度投资任务的102.61%；水电投资4152万元，重点建设项目有小白河二级电站工程、花鱼河电站工程、芦塘子电站工程等，占年度投资任务的117.12%。

马关县马洒新貌（马关县志办　提供）

扶贫开发　2011年，全县投入各类扶贫资金2.05亿元，其中：国家补助资金3160万元，部门整合资金2550.37万元，上海帮扶资金976.4万元，其他资金623万元，信贷资金3630万元，群众自筹资金（含投劳折资）9592.86万元。完成整村推进新农村建设102个；其中：2010年度边境县整村推进项目47个、上海对口帮扶援建“三确保”整村推进项目10个，第二批整村推进扶持重点村7个，新农村省级重点建设村8个，县级自筹资金建设重点村16个；2011年度上海对口帮扶援建“三确保”整村推进项目14个；完成易地扶贫项目2个，安居房建设190户，项目惠及全县5247户2.15万人。

招商引资　2011年，马关县以承接产业转移为契机，紧紧围绕大项目带动大发展的工作思路，不断创新招商思路，改进招商方式，优化投资环境，全县招商引资工作实现良好开局。一季度，全县共实施国内合作项目15个，协议总投资17.28亿元，其中，新签约项目2个，协议总投资1.10亿元，上年结转项目13个，协议总投资16.18亿元。年内，累计到位资金13.68亿元，本年度新到位资金8600万元，同比增长72%，其中，省外资金3000万元，省内州外资金4400万元，本州市资金1200万元。

管道天然气建设项目签约　马关县以特许经营方式引进云南云投新奥燃气有限公司投资建设并运营马关县城区管道天然气项目，特许经营期限为30年。项目预计总投资1.2亿元，新建LNG（液化天然气）储配站1座，城区汽车加气站1个，敷设覆盖县城区的中压干管，远景供气量12万方/日，可满足所有城区居民的用气需求。项目于4月底开工建设，11月实现点火通气。项目建成后，对完善县城基础设施功能，优化能源结构，改善生态环境将起到积极的推动作用。

“双语”普法　马关县针对边境少数民族地区交通不便、信息闭塞、语言不通等实际，将《宪法》《刑法》《治安管理处罚法》《民族区域自治法》《反国家分裂法》《艾滋病防治条例》《人民调解法》及党的民族政策等10余部法律法规分别译为苗、壮、傣、瑶4种少数民族语言刻录成宣传光盘，抽调精通少数民族语言的法律服务工作者，深入金厂、都龙、小坝子、夹寒箐、仁和、木厂等6个边境乡镇开展双语普法宣传和学法用法活动。截至目前，累计开展法制宣传100余场（次），发放少数民族语言法制光盘200余盘，发放宣传资料1万余份，调解民间纠纷144件，办理法律援助案件50件，受教育人数达5万余人（次）。

（蒋盛莉）

Qiubei County 丘北县

普者黑特色景观旅游名村 丘北县双龙营镇普者黑村是国家5A级“普者黑风景名胜区”核心村，全村1068户4670余人，是全县最大的自然村之一。主要居住着彝、汉等民族。“普者黑”彝语为鱼虾多的地方。景区景点面积为165平方千米，有孤峰312座，大溶洞83个，天然湖泊54个，河流15条；中心景区有旅游水面2万余亩，水上风景资源荷花面积近万亩。是云南省民委重点打造的“民族特色村寨”之一。村委会把保护景区自然环境、传统文化、民族特色相结合，在不改变景区田园风光的基础上，加大景区基础设施建设的投入；在村中成立社会治安、妇女之家、环境卫生、文艺队等各种协会（队），让村民自己管理村内事务；以民族特色旅游经济为导向，开展多期专题培训，向村民宣传党的方针政策、法律法规，培养村民健康向上的生活情趣。近年来，村民们主动参与旅游开发，开起特色农家乐、当起船工、参与文艺演出队等，村民收入不断增加。2011年，普者黑村全村人均纯收入达4200余元，成为全县较富裕的村子。被国家住建部、国家旅游局命名为“国家特色景观旅游名村”，是云南省获此殊荣的6个村镇之一。

光明村前景更光明 光明村，原名大板田村，是丘北县舍得彝族乡疆磜村民委下辖的一个纯僰人村寨，全村共17户、76人。该村地处丘北县最高海拔杨雄山的半山腰上，多年来，由于受自然、地理位置等各种因素的制约和影响，人民群众的生活较为贫困。在实施僰人发展扶持工作过程中，大板田村被列为僰人易地扶贫开发项目建设搬迁村寨，并改名为“光明村”。项目于2010年4月动工建设，截止2011年底，共投资118万多元，加上群众自筹和投工投劳，完成了进村公路、挡土墙、安居房、村内道路建设等工程项目。易地扶贫开发项目建设搬迁工程完成后，光明村村民开始陆续搬进新村，准备在新家过龙年春节。搬进新村后，道路交通等得到了极大的改善，更主要的是，群众的思想观念发生了转变，以前，村民只会种些荞子、洋芋和玉米，现在公路通了、电有了，好多村民都在议论说，以后要多栽些果树、多养牛、多养猪，光明村的生活就会越来越好了，光明村僰人的前景也就会像他们的村名一样更光明了。

农民喜爱农家书屋 农家书屋是为满足农民文化需要，在农村建立的、由农民自己管理的、能为农民提供实用的图书报刊和一些音像电子产品等公益性的文化设施。僰人聚居的丘北县树皮乡小坝心村民委矣能庆村在文化部门的帮助下，于2011年9月17日建成了农家书屋，从此，村里的各族群众就多了一个活动、学习的好去处。书屋管理员李光明说：建立农家书屋以来，全村不管大人小娃，只要是识字的，都经常到书屋来看书，要查资料，一时看不完的，来登记个号码就可以拿回家去看。书架上摆放着各种书籍，有政治、法律、科技、文化教育、医疗卫生、文学艺术等内容。时代气息浓厚，通俗易懂，老少皆宜，对于丰富农民业余文化生活、提高农民文化素质是很有帮助的。管理员还说：“大部分读者喜欢看养殖业、种植业方面的书，妇女爱看些炒菜、绣花、栽花这方面的书。”丘北县自2008年启动农家书屋建设以来，至2011年，已经完成23个农家书屋的建设任务。涵盖全县12个乡镇，并为所有农家书屋统一配置了书架、阅览桌凳，以及音像资料等。

（陈兴年）

普者黑的秋天（丘北县志办 提供 朱佩云 摄）

Guangnan County 广南县

无电村通电工程 投资1825万元，建设全县上年剩余64个7户以上无电村通电工程，新建10千伏线路115.24千米，安装台变68台、3500千伏安，新建低压线路42.15千米，一户一表安装1776户。全县村通电率由94.5%提高到97.7%，户通电率由97.5%提高到98.9%。

住房保障 全县新建廉租住房710套4.18万平方米、公共租赁住房550套3.3万平方米，向815户符合条件困难家庭发放廉租住房租赁补贴130.14万元；实施农村危房改造及地震安居工程拆除重建1640户。

扶贫开发 全县投入扶贫开发资金2.66亿元，其中：中央4742.55万元，省级1362万元，县筹80.12万元，扶持企业贴息950万元，小额到户贴息4000万元，上海对口帮扶600万元，结对帮扶697.02万元，部门整合4316.37万元，群众自筹9878万元。实施社会主义新农村建设整村推进村（组）131个，实现易地搬迁村寨2个45户216人，产业化扶贫开发项目7个，信贷扶持企业2个，贫困地区劳动力转移培训5400人，解决农户安居住房问题582户，扶贫项目惠及3.2万户14.2万人口，当年脱贫5.5万人。

全国种粮大户—— 殷艳兴 殷艳兴，广南县珠琳镇白泥塘村委会老寨村小组农民。2009年，他看到农村外出务工人员增多，土地丢荒面积大，便承租土地100亩，加上自家地32亩，种植玉米132亩。购置农机2台投入生产，降低劳动强度和生产成本。通过精心种植和管理，平均亩产玉米536千克，总产玉米7.1万千克，按当地市价每千克2元计算，产值14.2万元，纯收入8.7万元。2010年，他抓住广南县农业技术推广中心在本村实施现代农业玉米产业体系建设项目机遇，将种粮面积扩大到257亩，从省农科院引进云瑞8号、云瑞88、云瑞47、云优105等高产、抗旱、抗病玉米新品种，严格按技术要求，实行双行双株密植。同时，参加县、镇组织先进适用技术培训，学习科学种植方法，开展覆膜高产栽培、配方施肥、玉米营养袋育苗移栽等节本增产技术。经省、州组织测产验收，平均单产583千克，比当地大面积生产亩增产115千克，增24.5%，最高单产692千克（云优105），受到省农科院、省农大专家和各级领导肯定。当年，收获粮食14.9万千克，产值29.8万元，销售粮食12万千克，销售收入24万元，获纯利14万元。2011年，他将种粮规模扩大到326亩，通过实施新良种良法配套，平均单产624千克，收获粮食20.3万千克，产值40.6万元，销售粮食19万千克，销售收入38万元，纯收入25万元。2011年12月26日，被国务院授予“全国种粮大户”荣誉称号。

文化惠民工程 全县建成农村数字电影放映队6个、数字电影放映点110个，覆盖12个乡（镇）110个村委会，送电影下乡放映6932场，观众50万人（次）；大篷车送戏下乡100场，演出节目1600个；完成广播电视“村村通”项目（20户以上）建设2745个，全县广播电视人口覆盖率94.8%；建成农家书屋77个、乡（镇）文化信息资源共享工程“农文网校”9个、村级服务点37个，投资522万元，建成莲城、杨柳井等16个乡（镇、农场）综合文化站；投资65万元，建设南屏镇“文化示范镇”示范点；投资105.3万元，建成村级文化体育小广场9个；投资10万元，建成八宝镇全民体育健身工程，五珠、珠琳等乡（镇）建设篮球场11块、篮球架11套；投资10万元，为群众性文艺队配置乐器、道具、服装；开展好社区、村镇、企业、校园文化辅导，全年群文辅导工作日300个，群文演出节目35场（次）700个。

广南县那洒镇贵马村《壮族彝族铜鼓舞》（广南县志办　提供）

就业再就业 全县城镇新增就业岗位2882个（其中开发公益性153人），新增就业人数1961人，下岗失业人员实现再就业260人。帮助就业困难人员再就业209人；城镇登记失业人数556人，城镇登记失业率3.18%。农村劳动力转移培训就业，举办各类招聘会22场，提供就业岗位8267个，城乡劳动者进场求职4211人（次），与用工单位达成就业意向459人，实现就业429人。农村劳动力转移9.22万人（新增转移2.31万人），其中：省外8.70万人，县外4464人，县内688人，实现新增劳务经济收入5.6亿元。创业培训，实现创业带动就业。开展创业培训11期528人。成功创业400人，带动就业1380人。

基本公共卫生服务 全面开展9类基本公共卫生服务，提高居民健康素质。健康档案：城乡居民建档率39.49%。健康教育：更换宣传栏内容1001次，完成率87.81%，公众健康咨询活动204次，完成率107.94%。健康讲座：1082次，完成率94.91%。免疫规划：对0～6岁儿童进行预防接种，接种率95%。儿童保健系统管理：为辖区0～36个月龄儿童建立《婴幼儿保健手册》，并进行随访，管理率87.34%，新生儿家庭访视率91.47%。孕产妇保健系统管理：建立《孕产妇保健手册》，管理率 91.54%。老年人健康管理：为65岁以上老年人进行健康危险因素调查和体格检查，管理率 56.21%。慢性病健康服务指导：全县高血压、糖尿病管理人数分别为 2.33 万人和 5473 人，将 593 人重性精神疾病患者目标人群全部纳入管理范围。艾滋病咨询检测：娱乐场所高危人群干预覆盖率 100%，艾滋病一线抗病毒治疗 168 例。

生态环境保护 开展辖区企业环境监管，确保环保设施运行正常，达标排放。督促企业开展废水循环利用，减少用水量和污水排放量，减轻水环境安全压力。开展“创绿”工作，完成坝美镇申报省级生态乡镇材料上报。以新农村建设为依托，创建生态示范村为载体，对坝美村村落环境进行综合整治。6 月 8 日，对坝美村村落环境综合整治项目污水收集及处理工程（污水收集管网、污水处理系统、植物打捞及配套工具）、垃圾收集清运工程（垃圾收集房）进行招标，云南利鲁环境建设有限公司中标；6 月 25 日，签订施工合同；6 月 29 日，施工队进驻；7 月 14 日，开工建设。至年底，完成征地、改河道、污水处理系统建设，安装主管 800 米，完成投资 150 万元。

（靳锡祥）

Fu’ning County
富宁县

蔗糖原料基地建设 年内，采取“公司＋基地＋农户”的模式，有效推进甘蔗原料基地建设，加快蔗糖产业发展。在 13 个乡镇 116 个村委会 1210 个村小组，发动 2.5 万余农户种植甘蔗，总面积达 30 万亩。仅 2011 年榨季，全县甘蔗总产量 101.42 万吨，糖产量 10.14 万吨，产值10.43亿元，助农增收4.3亿元。

油茶基地建设 年内，富宁县制定出台《油茶产业发展实施意见》和《油茶产业发展扶持办法》，财政每年安排 500 万元投入油茶产业发展，对严格按照标准化整台地、打塘，种植面积在 1000 亩以上，且面积相对集中、单块面积在 200 亩以上，经验收合格的油茶种植户，给予每亩 720 元的资金补助，无偿提供种植种苗。全年共发放油茶林权抵押贷款 370 万元，有 26 家企业和个体户投入标准化连片油茶基地 10.7 万亩，种植面积达 40.2 万亩，累计发放油茶标准化种植补助 1080.63 万元。“十一五”期间，全县共争取到产业资金 320 万元，其中财政资金 260 万元，上海援建资金 60 万元；发展油茶基地 1.34 万亩。项目覆盖 5 乡镇 43 个村小组 1665 户 7289 人。项目建成，为项目区贫困农户年实现销售总收入 1072 万元，年实现利润 320 万元，户均增收 1922 元。

扶持山瑶 年内，按照“搬家＋种树＋办教育”的总体思路对全县 1828 户 8429 名山瑶群众进行综合扶持发展。全年累计投入资金 2.06 亿元，完成 751 户 3477 人山瑶族群众的扶持安置，其中城镇廉租住房安置 120 户 600 人，跨乡易地安置 206 户 1030 人，就近就地扶持发展 425 户 1847 人。扶持发展种植油茶 4581 亩、甘蔗 4650 亩，建成 2 个山羊育肥示范点，培植 5 户年出栏 50 头的养羊大户，转移就业 2150 人。实现人均纯收入 1126 元，较 2009 年的 936 元增加 190 元，扶持山瑶族发展基本实现有饭吃、有水喝、有房住、有书读、有路走、有医疗、有增收项目“七有”目标。

扶贫开发 “十一五”期间，全县累计投入各类扶贫资金 6.19 亿元，解决 10.1 万贫困人口的温饱和 6.8 万人 4.6 万头（匹）大牲畜的饮水困难问题。实施 337 个小康及温饱示范村建设，完成危房改造 1723 户，建成沼气池 7430 口，完成人畜饮水管道建设 307 件 315 千米、水池水窖 229 口，完成进村及村内道路硬化 59.20 万平方米，建成灌溉沟渠 61 条、科技文化活动室 186 间、卫生公厕 233 间，厩舍改造 7687 间，完成科技培训 594 期 5.73 万人（次），经济作物种植 2.24 万亩、经济林果种植 4.55 万亩，生猪养殖 1.43 万头。项目惠及 1131 个村小组 1.25 万户 5.70 万人。完成 27 个村 835 户 4322 人易地搬迁安置，建设安居房 835 套 7.43 万平方米，建人畜饮水工程 19 件，安装饮水管道 44.84 千米，建成蓄水池 10 个 530 立方米；建成水利沟渠 6 条 11.13 千米，高稳产农田地 1743.8 亩，沼气池 325 口；架通高压电线 6.26 千米，修通村级公路 8 条 6.1 千米，建成技校 9 所 592 平方米，安装电视接收站 4 座。投入各类扶持资金 1503.88 万元，引进技术 98 项、人才 76 名，建沼气池 2771 口，新建和改造农村公路 271.5 千米，安装人畜饮水管道 67.1 千米，改造输电线路 61.7 千米，建成引水沟渠 51.3 千米，地面卫星接收站 36 座，开展实用技术培训 829 期 5.11 万人（次）。

十大品牌建设 6 月 11 日，富宁县第十二次党代会提出，今后一段时期，富宁经济社会发展主要是全力打造好“云南红都”“蔗糖产业大县”“油茶产业大县”“中国八角之乡”“承接产业转移试验示范区”“云南东大门”“珠江第一港”“特困群体扶持新模式”“中国富宁壮族坡芽文化”和“云南低海拔体育训练基地”十大品牌。按照“一个品牌打造、一名领导主抓、一班人马负责、一套方案推进”的思路，全力打造，全面提升富宁的知名度和竞争力，推动全县经济社会又好又快发展。

坡芽歌书入选国家级非遗 6 月 11 日，国家第六个文化遗产日，国务院公布了第三批国家级非物质文化遗产名录 191 项，“坡芽情歌”（即坡芽歌书）榜上有名，入选第三批国家级非物质文化遗产保护名录。“坡芽情歌”属于民间文学类，以其原始的图画文字将壮族民歌记录于土布上的民歌集，是迄今为止发现的唯一用图画文字记录民歌的文献。

（黄志高）

文山州经济社会发展主要指标（表一）

县（市、区）	年末总人口（万人）		城镇人口占总人口比重（%）		单位从业人员（万人）		农业总产值（亿元）	
	2010年	2011年	2010年	2011年	2010年	2011年	2010年	2011年
文山州	114.00	354.23	27.6	30.00	3.47	15.32	120.07	151.71
文山市	113.00	48.66		52.60	1.60	5.29	16.02	20.40
砚山县	113.60	46.65		34.30	0.59	2.08	16.00	19.94
西畴县	112.10	25.66		23.58	0.76	0.76	7.53	9.45
麻栗坡县	112.10	27.95		27.33	1.29	1.36	9.52	11.91
马关县	113.50	37.00		34.11	1.36	1.38	13.50	16.96
丘北县	111.00	48.08		22.49	1.30	1.37	18.53	23.50
广南县	113.20	79.19		21.38	1.77	1.83	25.08	31.73
富宁县	112.30	41.04		25.88	1.18	1.24	13.88	17.82

文山州经济社会发展主要指标（表二）

县（市、区）	生产总值（亿元）		第一产业（亿元）		第二产业（亿元）		第三产业（亿元）	
	2010年	2011年	2010年	2011年	2010年	2011年	2010年	2011年
文山州	329.85	401.40	73.11	91.53	122.15	154.16	134.60	155.71
文山市	100.07	120.51	10.02	12.69	48.11	59.32	41.95	48.50
砚山县	51.64	63.28	9.43	11.73	22.94	28.90	19.27	22.64
西畴县	13.62	16.20	4.57	5.70	1.80	2.09	7.26	8.42
麻栗坡县	25.47	31.03	5.96	7.36	10.56	13.50	8.95	10.17
马关县	36.10	43.00	7.82	9.81	16.22	19.09	12.06	14.09
丘北县	26.40	32.98	10.75	13.59	4.84	6.74	10.81	12.65
广南县	42.16	52.39	16.01	19.73	9.52	12.88	16.63	19.78
富宁县	33.71	41.11	8.55	10.91	11.79	14.66	13.37	15.54

文山州经济社会发展主要指标（表三）

单位：%

县（市、区）	生产总值构成		第一产业		第二产业		第三产业	
	2010年	2011年	2010年	2011年	2010年	2011年	2010年	2011年
文山州	100.00	100.00	22.16	22.80	37.03	38.41	40.81	38.79
文山市	100.00	100.00	10.01	10.53	48.07	49.23	41.92	40.25
砚山县	100.00	100.00	18.26	18.54	44.42	45.67	37.32	35.79
西畴县	100.00	100.00	33.52	35.16	13.21	12.87	53.27	51.97
麻栗坡县	100.00	100.00	23.41	23.73	41.47	43.51	35.12	32.76
马关县	100.00	100.00	21.67	22.82	44.93	44.41	33.40	32.78
丘北县	100.00	100.00	40.72	41.22	18.33	20.44	40.95	38.34
广南县	100.00	100.00	37.97	37.66	22.59	24.58	39.44	37.76
富宁县	100.00	100.00	25.36	26.53	34.99	35.67	39.65	37.80

文山州经济社会发展主要指标（表四）

县（市、区）	生产总值指数（上年＝100）		人均生产总值（元/人）		国有经济固定资产投资（亿元）		社会消费品零售总额（亿元）	
	2010年	2011年	2010年	2011年	2010年	2011年	2010年	2011年
文山州	113.0	114.2	9456	11364	142.32	207.25	143.64	173.13
文山市	114.8	115.6	20862	24884	28.31	74.47	45.12	54.19
砚山县	112.1	114.4	11168	13602	19.68	31.45	17.51	21.01
西畴县	110.2	110.5	5351	6332	6.77	10.41	5.40	6.40
麻栗坡县	111.3	113.3	9176	11126	11.83	14.76	9.01	10.60
马关县	111.4	112.7	9838	11653	12.55	12.68	14.70	17.66
丘北县	112.3	114.1	5546	6880	18.44	21.47	10.01	12.43
广南县	112.0	114.5	5367	6631	34.67	21.74	21.96	27.61
富宁县	111.5	113.2	8289	10046	10.08	20.27	19.92	23.23

文山州经济社会发展主要指标（表五）

县（市、区）	地方财政收入（亿元）		地方财政支出（亿元）		人均地方财政收入（元/人）		人均地方财政支出（元/人）	
	2010年	2011年	2010年	2011年	2010年	2011年	2010年	2011年
文山州	22.03	27.45	114.12	143.79	632	777	3272	4071
文山市	6.80	8.60	15.27	20.08	1447	1776	3250	4145
砚山县	2.82	3.41	11.89	15.65	611	733	2575	3365
西畴县	0.61	0.71	7.81	10.91	240	277	3074	4260
麻栗坡县	1.70	2.50	11.34	13.02	613	898	4087	4669
马关县	2.71	3.51	12.65	14.53	737	950	3445	3938
丘北县	1.63	2.21	13.51	16.70	346	460	2866	3484
广南县	1.62	2.00	15.72	20.91	207	253	2012	2647
富宁县	1.80	2.32	13.67	16.61	445	567	3378	4060

文山州经济社会发展主要指标（表六）

县（市、区）	农民人均纯收入(元/人)		职工人数(万人)		在岗职工年平均工资(元/人)		人均储蓄存款余额(元/人)	
	2010年	2011年	2010年	2011年	2010年	2011年	2010年	2011年
文山州	2806	3864	13.78	14.09	27030	30136	5852	7112
文山市	3547	4691	4.42	4.48	29043	33018	15256	17959
砚山县	2900	3860	1.96	1.90	25414	29163	4944	6105
西畴县	2415	3523	0.75	0.75	26586	28759	4258	5191
麻栗坡县	2630	3680	1.23	1.36	24753	26337	6123	7106
马关县	3005	4055	1.27	1.27	29296	33540	6714	8149
丘北县	2636	3732	1.26	1.33	23995	26586	3207	4033
广南县	2626	3655	1.72	1.76	25992	28547	3126	3999
富宁县	2739	3793	1.18	1.24	27245	28807	4349	5278

Xishuangbanna Dai Autonomous Prefecture

西双版纳傣族自治州

主　　编　刘建军
责任编辑　方爱琴

概述　西双版纳傣族自治州位于云南西南部。总面积19124.5平方千米。国境线长966.29千米。州府驻景洪市允景镇，距省会昆明582千米。2011年，辖3个市县、景洪市、勐海县、勐腊县；乡镇31个，其中乡13个、镇18个。年末常住人口114.2万人。其中非农业人口28.42万人，占总人口24.89%；少数民族人口73.87万人，占总人口64.68%；民族自治地区主体自治民族傣族人口32.36万人，占总人口28.34%，占少数民族人口43.81%。人口自然增长率6.32%。

2011年，全州实现生产总值197.68亿元，比上年增长13.6%。其中：第一产业增加值56.95亿元、第二产业增加值59.8亿元、第三产业增加值39.8亿元，分别增长7.5%、20.5%、20.6%，居民消费品价格总水平比上年上涨4.8%，其中商品零售价格总水平上升4.8%。人均生产总值17366元。

2011年，全州完成财政总收入28.31亿元，比上年增收9.12亿元，增长47.52%。全州地方一般预算收入完成17.6亿元，增加6.34亿元，增长56.3%。全州地方一般预算支出67.13亿元，增加24.7亿元，增长58.2%。

九年制义务教育普及率100%；青壮年扫除文盲率29%。

新农合参合率达97.82%；有病床5340张；有医师5645名。

2012年，农民人均纯收入5327元，比上年增长22.3%；在职职工年平均工资28680元，比上年增加6830元。城镇居民人均可支配收入15190元。人均消费性支出13030元。居民人均储蓄存款16487元。城镇居民平均住房面积32.14平方米，农村人口平均住房面积31.9平方米。城镇登记失业率2.2%。

生物产业　以推进"四个百亿元产业"为目标，开发橡胶深加工项目，产值突破60亿元，"大益"牌普洱茶获中国驰名商标、实现零的突破，茶产业产值达15亿元，以汉麻、石斛等为主的一批新兴生物产业继续快速发展，建成红木一条街。

旅游业　2011年，中国科学院西双版纳热带植物园荣膺国家5A级景区，版纳州全年旅游总人数达1000万人次、总收入达100亿元，比上年增长18.4%和26%。

桥头堡主阵地建设　2011年成功举办首届澜沧江——湄公河流域国家文化艺术节，实现通往老挝琅勃拉邦航班正常化。西双版纳边境贸易旅游交易会影响力不断增强。至2011年成功举办14届交易会；中老泰三国六方合作机制、全州口岸联席会议机制落实，与周边和州外的合作交流继续扩大。签订西双版纳－上海浦东新区合作框架协议，引进了一批央企民企和全国驰名商标、全球知名酒店管理品牌。全州对外经济技术合作5600万美元，比上年增长11.6%。对外经济贸易总额达11亿美元、增长10%；实际利用州外资金68.9亿元，增长34.6%，接待海外游客29.4万人次、增长35.9%。

平安和谐州建设　2011年版纳州财政一般预算支出中用于民生领域的占2/3成以上；建设创新型云南行动计划年度目标圆满完成，科技进步和创新成效显著，科技惠民工程有实效。深化教育改革，中小学校安工程及区域布局调整成效明显，高中毛入学率提高，西双版纳职业技术学院新校区开工，公共卫

傣家人过上幸福生活（勐海县志办　提供　刀亚江　摄）

生服务功能提高，人口自然增长率控制在6‰内、城镇登记失业率控制在2.3%内，就业再就业政策全面落实。社会保障覆盖面及待遇提高，全州城镇居民人均可支配收入14800元、增长10.6%，农民人均纯收入5220元、增长19.9%，农场承包户人均收入大幅提高；社会消费品零售总额61.7亿元、增长22%。人口较少民族深度贫困，少数民族群体扶持力度加大，基本实现人口较少民族聚居行政村“四通五有三达到”。创新流动人口管理机制落实，信访工作责任制，排查化解社会矛盾纠纷，整治毒品重点地区，禁毒防艾。配合中央、省妥善处置“10·5”中国船员湄公河遇害事件，启动中老缅湄公河联合巡逻执法。

生态州建设　2011年版纳州国家级自然保护区、新建州级、县市级自然保护（小）区工作加强，跨境与老挝共建尚勇—南木哈和西双版纳—丰沙里跨境联合自然保护区域，广泛开展全民植树造林、绿化美化活动，全州森林生态系统服务功能价值增至1400多亿元。在全省率先开展农村连片环境综合整治示范项目，污水和垃圾处理设施建设加快，规划流沙河、南凹河治理和建设，景洪引水入城工程启动，综合整治城乡环境，创建国家级生态乡镇，2个乡镇通过改造检查。

（段怡敏）

Jinghong City
景洪市

割胶培训进村寨　2011年1月，景洪市农业局在勐龙镇南嗨村委会的曼先坦下寨、南嗨新寨、南嗨老寨、阿克普村小组和曼戈龙村委会的曼戈龙下寨及陆拉村委会的曼播新寨开展为期13天的割胶技术培训，来自3个村委会6个村小组的240名胶农参加。培训班邀请有关专家讲授胶园管理、橡胶树病虫害防治知识等。景洪市农业局经济作物站技术员现场示范、指导学员们磨胶刀、割胶技术练习等，并向参训村民发放《橡胶栽培管理技术》《橡胶割胶技术》《民营橡胶割胶科普实用技术》光盘及胶刀、磨石、头灯等200套。

研讨国际生态旅游名城建设　2011年1月7日，景洪市举行国际生态旅游名城建设高层研讨会。来自清华大学旅游管理高级研修班、中国森林风景资源评价专家委员会、上海同济大学、中国建筑科学院光学研究室、云南省住房和城乡建设厅的专家学者，就景洪市围绕打造国际生态旅游名城，如何找准城市形象定位、完善城市功能布局和交通设施、强化城市魅力特征等提出意见和建议。

中外散文诗学会勐岭山创作基地挂牌　2011年4月11日，中外散文诗学会、西双版纳景洪国际泼水节笔会开幕式暨西双版纳勐岭山创作基地挂牌仪式在景洪市景讷乡勐岭山村举行。中外散文诗学会主席、《散文诗世界》杂志社社长兼总编辑海梦，景洪市相关部门负责人以及来自菲律宾和北京、广东、福建、山西、四川、湖南、新疆等地的34名作家参加。中外散文诗学会西双版纳勐岭山创作基地是中外散文诗学会在国内外继海南、新疆、四川和菲律宾后第5个散文诗创作基地。

景洪市人民医院首例乳腺癌保乳手术取得成功　2011年5月24日，在上海市第六人民医院第三批对口支援医疗队外科副主任医师戚大川指导下，景洪市人民医院为乳腺癌患者玉某，实施了第一例乳腺癌保乳手术并取得成功，标志着景洪市人民医院乳腺癌手术治疗技术又迈进了一步。

边境一线村小组党支部远程教育全覆盖　2011年6月，景洪市建设完成41个边境村民小组党支部远程教育终端站点，实现边境一线村民小组党支部党员干部现代远程教育终端站点全覆盖。

启动医疗救助即时结算服务试点工作　2011年7月20日，景洪市景讷乡卫生院成为景洪市城乡医疗救助“一站式”即时结算服务管理模式试点单位，为困难群众医疗救助费用结算减少了许多繁琐程序。

新农保管理信息系统开通　2011年8月4日，云南省新型农村社会养老保险管理信息系统景洪市勐养镇网点开通。该系统可对新农保人员进行新参保、缴费申报、到龄通知、中断缴费、终止缴费等管理。

景洪市新农村建设网站开通　2011年9月22日，景洪市新农村建设网站开通仪式在景洪市举行，标志着景洪市新农村建设工作又迈上一个新台阶。

西双版纳·景洪国际“越冬节”通过评审　2011年11月11日，西双版纳·景洪国际“越冬节”项目可行性研究报告评审会在景洪召开。评审组认为：“越冬节”品牌对宣传西双版纳、实现旅游产业大发展、推动文化大发展大繁荣具有积极作用，同意通过评审。

景洪工业园区发展态势良好　2011年，随着景洪工业园区在招商引资方面采取一系列有效措施，不断完善投资环境，很多企业纷纷入驻工业园区，使园区发展呈现良好态势。截至8月，工业园区累计招商入园24个企业28个项目，总投资额219亿元，规划占地8平方千米，项目涉及旅游综合开发、家具制造、食品生产、汽车装配、橡胶加工、机械制造、玉石加工等。工业项目占全部项目的85%，处于主导地位。金星啤酒、长安汽车、大连万达等一批知名企业的落户和投产，已成为“十一五”期间拉动区域经济增长的骨干力量。上半年，新增项目7个，超额完成责任目标任务，项目协议总投资46亿元，同比增长10倍。

（郭志明　李　杰）

Menghai County 勐海县

城乡居民收入持续增加 2011年，在粮食、甘蔗、茶叶、蔬菜、瓜果、肉类等农产品价格不断攀升的推动下，农民经营性收入快速增加。农民人均纯收入4560元，增长18.5%；农场人均纯收入3637元，增长10.2%。城镇居民人均可支配收入14453元，增长11.2%；城镇居民人均消费支出9340元，增长19.0%。

着力打造两张名片 勐海气候条件十分优越，土壤肥沃，雨量充沛，生态系统良好，具有得天独厚发展茶叶生产的天然优势，是茶树良种的种植基因库，是世界茶树的原产地和普洱茶的故乡，素有“世界茶王之乡”、“普洱茶圣地”之称。境内有世界上最古老的树龄达1700多年的巴达野生茶树群落和世界上最古老的树龄800多年的栽培型古茶树王，拥有国家级优良品种大叶茶14个。勐海有4.6万亩百年以上的古茶园，全县茶叶种植面积35.9万亩，有机生态无公害茶园22.92万亩，茶园面积位于全国县级第一。近年来，勐海县茶产业跃居为全县第一大产业，成为中国普洱茶生产大县。目前，勐海所产的130多个茶色品种已推向国内100多个大中城市及37个国家和地区，并且在全国基本形成了各省区的营销网络。

勐海县地处低纬度地区，北回归线以南，气候属热带、亚热带西南季风气候，具有“冬无严寒，夏无酷暑，四季如春，年多雾日，雨量充沛，干湿分明，夏秋多阴雨天气，冬春多晴朗天气，年温差小，日温差大”的特点，被誉为“最适宜居住的真正春城”。2011年，勐海县着力打造“中国普洱茶第一县”和“西版纳纳春城”两张名片，重点推进“四园”（南糯山古茶园、布朗山古茶园、贺开古茶园、茶马古道文化园）、景真八角亭民风民俗旅游、茶禅世界、佛海古镇等高端旅游项目前期规划工作。

加快推进“生态县”创建工作 2011年，勐海县加快推进“生态县”创建工作，完成《勐海县生态县建设规划》，11个乡镇环保所挂牌成立，完成1个国家级生态乡镇、1个省级生态乡镇和3个国家级生态村、14个州级生态村申报工作。推进节能减排，实行节能目标责任追究制，加强对县内矿冶加工、制糖、橡胶加工、建材等重点企业的环境监察工作。

首批星级乡村旅游特色经营户授牌 3月31日，勐海县旅游局在打洛镇勐景来村举行首批12户乡村旅游特色经营户星级授牌仪式 。此次对勐景来村、曼板村的12户特色经营户进行了等级评定，评出三星级9户、二星级1户、一星级2户。

举办第二届原生态哈尼民歌会 4月15～17日，第二届“原生态哈尼民歌”暨首届勐海普洱茶“阿卡老博”赛茶会在勐海县格朗和乡举行。中国文联副主席、中国作家协会副主席丹增出席整个活动。此次活动以展示勐海县“原生态哈尼民歌”和勐海普洱茶“阿卡老博”（哈尼茶叶文化）为核心，充分挖掘哈尼民间原生态歌曲和“阿卡老博”文化、多层次多角度全方位展示哈尼民族文化和“阿卡老博”文化及产品和普洱茶茶道表演，彰显“普洱茶圣地——勐海”的品牌形象。

布朗山乡整乡推进扶贫开发试点项目启动 2011年，勐海县布朗山布朗族乡被列为省级整乡推进扶贫开发试点。10月15日，布朗山乡整乡推进扶贫开发试点项目正式启动，

勐海鑫海花园小区一景（勐海县志办 提供 刀亚江 摄）

2011年10月17日，勐腊县佛教协会组织“解安居”开门节化缘活动（勐海县志办 提供）

发起了第三轮布朗山乡扶贫攻坚战，将用3年时间，实现全乡系统性整体脱贫，农民人均纯收入达到3000元以上。整乡推进扶贫开发项目估算总投资10217万元，涉及产业开发、基础设施、社会事业、生态能源建设、科技培训与推广、民生保障等6大方面16个项目190个子项目，覆盖全乡52个村民小组63个自然村。

勐海网正式开通 10月18日，云南网省级外宣平台共建基地——勐海网揭牌暨开通仪式在勐海县举行。勐海网的正式开通上线运行，标志着勐海的新闻发布平台向网络化、信息化、规范化迈出了坚实的一步。通过“勐海网”平台建设，使勐海县能依托云南网这一省级外宣主流平台，全面展示“中国普洱茶第一县”“西双版纳春城——勐海”这两张名片，展示勐海深化改革、扩大开放和加快发展的新成就、新变化、新面貌。

“大益”牌商标被认定为“2011年中国驰名商标” 11月29日，大益集团“大益”牌商标被国家工商总局商标局认定为“2011年中国驰名商标”。20世纪80年代末，勐海茶厂（勐海茶业有限责任公司）正式注册并开始使用“大益”牌商标，“大益”茶受到无数消费者的青睐和喜爱。近年来，“大益”普洱茶更是屡屡斩获国际国内的多项大奖，并在2011年入选国家商务部评定的“中华老字号”名录。

（刀亚江）

Mengla County 勐腊县

党建远程教育利边民 勐腊县与老挝、缅甸山水相连，边境线上各民族跨境而居，世代交往。针对这一实际情况，勐腊县在推进党员干部现代远程教育工作中，注重抓好边境沿线基层党组织和远程教育站点建设。在107个边境村小组中，设立63个党支部。2010年，县财政投入20万专项资金用于全边境村远程教育站点建设，将远程教育站点建成了宣传政策的窗口和联系群众的桥梁。这一举措吸引了邻国边民前来参观学习。勐满镇曼飞龙村小组还定期举办了“老挝亲戚班，”使邻国老挝的边境村民也加入到使用技术学习中。

克木人探索出特色致富路 尚勇镇曼庄村委会南欠村小组克木人成立了“蔬果种植专业合作社”。发展会员134户，辐射带动周边近500多农户以蔬果种植业走上致富之路，成为西双版纳州第一家最具有影响力的“克木人农民专业合作社”。2011年上半年，合作社组织经营收入达到134.88万元。

提升旅游主题形象 勐腊创新宣传促销方式提升旅游主题形象和美誉度。一是举办2011年首个“中国旅游日”活动启动仪式，开展旅游产品推荐、旅游咨询服务、发放旅游优惠券、旅游卡优惠打折等公益惠民活动。对勐腊旅游资源及旅游工作动态信息进行深层次、多角度的宣传。二是收集各类西双版纳东线旅游特色的图文资料，制作集“吃、住、游、购、娱”为一体的5万份《勐腊旅游》宣传册，借助邮政私家车信息库平台，突出自驾旅游资源优势，加强勐腊旅游形象宣传和产品展示展销。三是依托民族节庆日及黄金周推出丰富多彩的假日活动旅游套餐，提升假日旅游活动内涵。四是与中科院植物园、望天树景区合作举办西双版纳勐腊县首届“热带雨林达人秀”大赛。

境外罂粟替代种植 勐腊县从1992年开始实施境外罂粟替代种植，截止2011年底，全县发展替代种植企业14户，累计完成投资3亿余元。企业主要以直接投资，或以提供农作物种子、种苗、化肥、农药以及农业技术培训等方式，在老挝北部丰沙里省、南塔省和乌多姆赛省开展橡胶、甘蔗、水稻、玉米、茶叶等农作物种植。目前，境外罂粟替代种植面积达772400亩。其中：橡胶544986亩、甘蔗61469亩、茶叶800亩、核桃22071亩，其它农副产品143050亩。为深入推进禁毒人民战争，减少和杜绝境外毒源，实现境外罂粟基本禁种发挥了重要作用。

老挝外交部视察中老边界 3月30日，老挝外交部国际边界委员会办公室主任普考一行到勐腊视察中老边界第一次联合检查新置换的界碑。

中老联合揭幕中老29号界桩 4月11日，老挝外交部副部长谢姆一行至磨憨参加中老边界第一次联合检查中老29号界桩揭幕仪式。

勐腊天勐有限责任公司投资老挝盐矿业 5月，勐腊天勐有限责任公司投资的老挝乌多姆赛盐业有限公司曼宽盐矿正式投入生产，这是勐腊县第二家在境外投资矿业的企业，也是第一家国内企业在境外项目，填补了老挝无精致加工盐的空白。

“廉政文化进傣乡”章哈比赛 11月11日，勐腊县纪委在勐捧镇勐哈村委会勐哈村民小组举办了“廉政文化进傣乡”章哈比赛。来自勐腊镇、勐捧镇、勐仑镇、关累镇、瑶区乡等乡镇13个村委会的章哈选手参赛，他们用章哈和舞蹈形式表达对幸福生活的赞美。《党的政策好》《歌颂共产党》等一个个充满民族浓郁风情的章哈节目内容，展示了勐腊县各少数民族和谐相处、团结奋进的精神风貌。

（依旺进）

西双版纳州经济社会发展主要指标（表一）

县（市、区）	年末总人口（万人）		城镇人口占总人口比重（%）		单位从业人员（万人）		农业总产值（亿元）	
	2010年	2011年	2010年	2011年	2010年	2011年	2010年	2011年
西双版纳州	113.47	114.20	35.8	37.10	10.58	7.78	73.16	97.63
景洪市	52.05	52.38		41.04	5.88	4.52	32.29	44.16
勐海县	33.22	33.43		30.12	1.78	2.01	15.17	19.91
勐腊县	28.20	28.39		38.05	2.92	1.26	25.70	33.57

西双版纳州经济社会发展主要指标（表二）

县（市、区）	生产总值（亿元）		第一产业（亿元）		第二产业（亿元）		第三产业（亿元）	
	2010年	2011年	2010年	2011年	2010年	2011年	2010年	2011年
西双版纳州	160.32	197.59	43.83	57.39	47.67	59.81	68.83	80.40
景洪市	88.12	105.27	22.05	25.56	28.43	34.62	37.65	45.09
勐海县	38.88	48.01	8.91	11.51	14.98	18.42	14.99	18.09
勐腊县	39.21	47.34	15.87	20.32	8.09	9.19	15.25	17.83

西双版纳州经济社会发展主要指标（表三）

单位：%

县（市、区）	生产总值构成		第一产业		第二产业		第三产业	
	2010年	2011年	2010年	2011年	2010年	2011年	2010年	2011年
西双版纳州	100.00	100.00	27.34	29.04	29.73	30.27	42.93	40.69
景洪市	100.00	100.00	25.02	24.28	32.26	32.88	42.72	42.84
勐海县	100.00	100.00	22.92	23.97	38.53	38.36	38.55	37.67
勐腊县	100.00	100.00	40.48	42.92	20.63	19.42	38.89	37.66

西双版纳州经济社会发展主要指标（表四）

县（市、区）	生产总值指数（上年=100）		人均生产总值（元/人）		国有经济固定资产投资（亿元）		社会消费品零售总额（亿元）	
	2010年	2011年	2010年	2011年	2010年	2011年	2010年	2011年
西双版纳州	111.9	113.6	14503	17357	41.13	120.47	50.60	60.70
景洪市	114.5	114.0	17579	20158	28.12	93.08	31.27	37.72
勐海县	113.1	115.1	11667	14405	4.13	11.06	8.84	10.53
勐腊县	111.3	111.0	14474	16728	8.88	16.33	10.49	12.46

西双版纳州经济社会发展主要指标（表五）

县（市、区）	地方财政收入（亿元）		地方财政支出（亿元）		人均地方财政收入（元/人）		人均地方财政支出（元/人）	
	2010年	2011年	2010年	2011年	2010年	2011年	2010年	2011年
西双版纳州	11.26	17.60	42.43	67.12	1019	1546	3839	5896
景洪市	4.77	8.09	14.27	26.31	951	1550	2848	5039
勐海县	1.38	1.85	10.21	15.34	414	557	3063	4602
勐腊县	2.27	2.63	8.93	13.84	838	928	3297	4889

西双版纳州经济社会发展主要指标（表六）

县（市、区）	农民人均纯收入（元/人）		职工人数（万人）		在岗职工年平均工资（元/人）		人均储蓄存款余额（元/人）	
	2010年	2011年	2010年	2011年	2010年	2011年	2010年	2011年
西双版纳州	4354	5327	10.53	7.78	21850	105322	13540	16435
景洪市	5036	6397	5.86	4.52	23666	58619	18015	21667
勐海县	3848	4560	1.77	2.01	22128	17741	10459	8307
勐腊县	3663	4415	2.90	1.26	17974	28962	9047	16351

Dali Bai Autonomous Prefecture

大理白族自治州

主　　编　何兴庚
责任编辑　宣　勤

概述　大理白族自治州位于云南省西部，州府驻地大理市下关，距省会昆明338千米。东邻楚雄州，南与普洱、临沧两市相连，西北毗邻保山市和怒江州，北靠丽江市。辖区总面积29459平方千米。境内的山脉主要属云岭山脉及怒山山脉，点苍山位于州境中部，如拱似屏，巍峨挺拔。北部剑川县雪斑山是州境内群山的最高峰，海拔4295米；最低点是云龙县怒江边丙栗坝，海拔730米。金沙江、澜沧江、怒江流经州境，红河发源于州属巍山县境。主要湖泊有洱海、剑湖、海西海、茈碧湖等，气候属亚热带、暖温带，冬干夏湿的高原季风气候。州域常年平均气温15℃左右，年均降雨量850毫米左右。2011年，辖大理市、漾濞彝族自治县、巍山彝族回族自治县、南涧彝族自治县、永平、祥云、宾川、弥渡、云龙、洱源、剑川、鹤庆等12县市，110个乡镇，其中乡44个、镇66个。年末，全州户籍总人口354.71万人，少数民族人口 181.7万人，占总人口51.22%。人口自然增长率控制在5.12‰。

2011年，全州完成生产总值568.5亿元，增长14.2%。三次产业结构比例为21.7：41.9：36.4。财政总收入100.3亿元，增长24.4%，其中地方一般预算收入45.9亿元，增长22.1%；一般预算支出159.6亿元，增长28.5%。全州实现农业总产值231.6亿元，增长16.6%。农村经济总收入 447.3亿元，　增长16.2%。粮食总产157.3万吨，增长15%。工业经济提速增效，实现工业总产值607.9亿元，增长27.4%；工业增加值197.6亿元，增长22.2%。规模以上工业实现增加值 154.1亿元，增长24.7%。非公经济实现增加值260亿元，占生产总值的比重达46%。第三产业蓬勃发展，旅游二次创业稳步推进，崇圣寺三塔被评为国家5A级景区，鸡足山景区改造提升全面完成，苍山大索道、大理游客服务中心等投入运营。接待国内外游客1545万人次，增长15.5%；旅游业总收入138.4亿元，增长20.3%。年末金融机构各项存贷款余额701.4亿元和469.7亿元；比年初增长17.4%和20.5%。年内新增贷款100亿元。大理被命名为“中国金融生态城市”。

2011年，投资持续较快增长，项目建设扎实推进。全州在建重大基础设施基础产业项目143项，竣工投产25项，完成投资204.5亿元。全社会固定资产投资完成360.3亿元，增长27.4%。交通建设全面推进，完成农村公路通畅工程21个、494千米，通达工程135个、1210千米。水利建设力度加大，完成投资16.4亿元，增长52%，建成“五小水利”工程4.3万件，解决15.1万农村人口和3.6万农村学校师生饮水安全问题。能源建设步伐加快，大龙潭等5个风电场建成投产，新增装机容量22.7万千瓦、累计达46.9万千瓦，占全省建成总量的67%。全州城镇建设步伐加快，城市总体规划修改和滇西中心城市新区规划编制工作稳步推进；县城以上城市规划区控制性详规覆盖率达65.6%。新增城市绿地73.9万平方米，城镇绿化覆盖率达25%；城镇建成区面积144.5平方千米，新增6平方千米，全州城镇化率达36%，提高3个百分点。新农村建设扎实推进，“四大工程”建设完成投资16.3亿元，12个中心集镇、24个中心村、36个示范村建设成效明显，120个省级重点村、19个民族团结示范村建设进展顺利。生态建设力度加大，洱海保护治理深入推进，洱海水质总体保持Ⅲ类，有5个月达到Ⅱ类。生态建设和资源保护不断加强，巩固退耕还林19.5万亩，

云龙“耳子歌”在大理国际影会上展演（云龙县志办　提供）

完成荒山造林3万亩；实施天保工程森林管护2100万亩，公益林建设20万亩；完成义务植树950万株。苍山申报世界地质公园通过国家评审，进入向联合国推荐目录。节能减排目标顺利实现，单位生产总值能耗下降4.8%。

2011年，实施中小学校舍安全工程和农村义务教育薄弱学校改造计划，排除中小学D级危房13.3万平方米；免费义务教育全面实现。新型农村合作医疗参保291.8万人，参合率95.9%，人均筹资标准提高到230元；城镇基本医疗保险参保42.1万人。新增城镇就业2.2万人，城镇登记失业率控制在4.1%以内；城乡居民最低生活保障33万人，发放保障金3.8亿元；新型农村社会养老保险和城镇居民养老保险扩大到8个县市，参保105万人；城镇居民人均可支配收入17713元，增长12.1%。文化事业繁荣发展，乡镇综合文化站、文化资源信息共享、农家书屋工程年度建设任务全面完成，广播电视村村通、农村电影放映工程取得成效。建设城乡公共体育设施513项。

“三农通”惠农 2011年9月，州农业局通过“三农通”（手机短信）向全州农民群众发布州农科的蚕豆良种供应信息，使广大农户对蚕豆良种供应和栽培技术有问处、有购种处。据统计，“三农通”信息发布后收到咨询和购种电话2615次，500多万千克良种通过多种途径销售到州内外，其中州内销售300万千克左右，直接到州农科所购种的数量达11万多千克。2011年，州级发送“三农通”信息79条，12县市联络站发送信息914条。“三农通”为全州90多万农户（移动手机用户）免费提供涉农政策、农产品价格、农资供应、农业科技、灾害预警、外出务工以及农村教育、医疗、卫生等实用信息。农民群众足不出户、打开手机就能及时接收到丰富的信息，有效化解了农村“信息入户”的难题，在政府部门与农民群众之间搭建起信息沟通的新桥梁。

整县整乡推进项目试点 2011年，大理州整县推进和整乡推进工作在抓好祥云、宾川两县整县推进和整乡推进项目扫尾和检查工作的同时，努力扩大整乡推进试点，完成云龙县漕涧镇整乡推进试点前期工作。年内，全州整县、整乡推进试点进展顺利。2009～2010年，大理州列入“县为单位、整合资金、整村推进、连片开发”整县推进试点的宾川县、祥云县和整乡推进的宾川县拉乌乡、祥云县米甸镇，实行一次规划、两年实施、3年验收试点，通过两县进一步抓紧抓实项目扫尾工作，到2011年底，祥云、宾川两县整县推进和整乡推进项目已完成项目建设计划目标任务，进入自检、自查、初验和审计阶段。同时，云龙县漕涧镇整乡推进试点前期工作完成。漕涧镇整乡推进试点是继宾川县拉乌乡、祥云县米甸镇开展整乡推进试点之后的第三个整乡推进试点乡镇，《漕涧镇整乡推进扶贫开发规划》通过省评审，采取一次规划、两年实施、3年验收，投入扶持资金1000万元的方法推进，到2011年底，漕涧镇整体推进工作全面启动。

扶贫综合开发示范园区建设 2009年，州委、州政府决定在祥云县祥城、下庄、刘厂、禾甸、米甸和宾川县的拉乌、平川、钟英、力角、金牛、鸡足山、太和、彩凤等13个山区乡镇（农场）高标准建设大理州扶贫综合开发示范园区。经过3年的努力，到2011年底，示范园区“三大工程、十个重点项目”已累计完成投资67.75亿元，占规划总投资的80.17%，初步形成了以示范园区交通干线为轴线，沿线有基地、园区有加工、产品有市场的现代经营格局，示范园区内的农村道路通达率达95%以上，水利化程度达70%以上，森林覆盖率达61%以上，农民人均纯收入预计可达5000元以上。在示范园区建设过程中，大理州抓住中央和省扩大内需、实施积极财政政策、大幅度增加财政对农村基础设施建设和社会事业发展投入的良好机遇，切实加大对园区道路、农田水利、电力、能源、生态等基础设施建设的投入。交通建设方面，祥（云）—平（川）公路、祥（云）—（大）姚公路、鸡足山旅游公路已建成通车，累计完成投资23.43亿元；示范园区内农村公路路基路面改造、通达工程累计完成投资9680万元、公路里程418千米。中低产田地改造和水利建设方面，2010年投资1.24亿元完成示范园区内中低产田地改造8.25万亩，2011年投资的4万亩改造项目加快实施；总投资3.4亿元的中国烟草云南祥云大型水源工程已全面完工，同时完成项目区乡镇饮水安全工程和一大批山区“五小”水利建设，增强了抗御自然灾害的能力。电力通讯方面，铁川桥电站、盘口箐电站等电源点建设进展顺利；完成项目区无电地区通电工程和农村电网改造项目；以农产品信息交换平台和外销“绿色通道”为主的农村信息网络建设、农村广电事业健康发展，完成了170个自然村广播电视“村村通”工程。加快特色产业开展，农民收入大幅增加。大理州以发展产业为核心，着力抓好产业扶贫，按照高产、优质、高效、生态、安全的要求，培植山区特色优势产业，扶持壮大农业龙头企业，贫困地区发展基础不断夯实。加大核桃和特色水果产业培植力度，发展林下中药材，示范园区内种植核桃101.3万亩，宾川项目区种植优质水果14万亩，祥云红梨基地、宾川中药材和朱苦拉咖啡基地建设项目进展顺利；认真落实支农惠农政策，积极调整农业种植结构，在示范园区发展水稻、玉米等粮食生产和优质蔬菜、油菜、烤烟、白肋烟、蚕桑等经济作物种植；扶持宾川河绕村、白户长和祥云旧邑村、米甸村等科学养猪示范村，引导山区群众发展“七彩山鸡”等特色养殖；加快生态养殖产业培植，祥云怀宝经贸公司综合养殖场、建瑞养殖专业合作社蛋鸡养殖小区、华邦万头瘦肉型猪养殖场和宾川县生猪优良母本扩繁场、熊继李养殖场、平川规模养殖场等带动了示范园区畜牧产业快速发展；实施龙头企业带动战略，重点扶持发展以核桃、柑橘、葡萄为主的干果、水果和葱蒜等精深加工，鼓励农产品加工企业到优势农产品区建立基地，提高农产品生产加工水平。重点打造“核心区”，园区示范带动作用进一步彰显。扶贫示范园区建设过程中，大理州抓好项目和资金整合，集中力量办大事，在安排项目、配套资金上不撒“胡椒面”，州财政每年安排1000万元引导性建设资金，在“核心区”4个乡镇（祥云县米甸镇、禾甸镇，宾川县平川镇、拉乌乡）每年选择8个行政村来重点打造。列为重点村建设的项目村因地制宜、发挥优势，突出重点、打造亮点，起到了建成一个、带动一片的示范作用。3年来，共投入资金1.85亿元，完成示范区重点村建设24个，打造出了米甸镇小里坡村，禾甸镇黄联村、茨芭村、大淜村，平川镇盘谷村、帽角村，拉乌乡碧鸡村、拉乌村等一批新农村建设示范村。

招商引资 2011年，全州招商引资工作实现跨越式发展，全年引进州外到位资金突破200亿元。州委、州政府积极营造最好的政策环境，使全州真正形成资金流、项目流和人才流的“洼地”效应，到年底，全州共实施国内经济合作项目355项，同比增长48.9%，完成州下达年度目标任务的118.9%。新批外商投资企业4户，实际利用外资2976万美元，同比增长36.3%，完成省政府下达年度任务的110.22%，引进州外国内实际到位资金201亿元；全年共实施国内合作工业项目204项，占全州实施招商项目数的57.3%，引进工业项目州外实际到位资金131.2亿元，占全州引进州外实际到位资金的65.3%。

干部挂钩帮扶 深入推进干部挂钩帮扶整村推进项目工作，2011年全州有92个单位挂钩帮扶50个项目村，共有5000多人次到挂钩点开展工作。截至年底，全州有5208人次到各县市挂钩点开展帮扶工作，其中，县处级领导干部621人次，科级干部2460人次，一般干部2127人次，累计工作时间7130天。干部职工捐款52万元，挂钩单位办实事187件，投入资金450万元，协调资金1700万元，投入物资1300件。各挂钩单位按照州委、州政府的部署，围绕整村推进确定的“866”工程，制定了切实可行的帮扶措施，从单位实际出发，发挥部门行业优势，举部门和职工之力，千方百计为贫困地区办实事，受到了群众的好评。

自然村整村推进项目 2011年度，州确定建设项目50个自然村新农村建设扶贫开发工程，在相关部门及各县市的共同努力下，各项目村项目实施进展顺利。在项目建设中，大理州对2011年度抽调的50名新农村建设扶贫开发工程下派干部进行政策和业务培训，组织有关部门和专家对50个村规划方案进行评审，并定期不定期地深入到村进行调研，督促检查。到年底，全州累计就位资金5629.22万元。其中，州级财政补助资金就位900万元，占计划数的60%，县级财政补助资金1437万元，占计划数的94.42%，部门整合资金1541.53万元，占计划数的60.8%，群众自筹资金1750.69万元，占计划数的54.59%。

专项扶贫开发 不断创新扶贫开发模式，以劳动力转移培训、易地扶贫、信贷扶贫、扶贫重点村等为重点，稳步推进全州扶贫开发工作。通过努力，全州专项扶贫开发取得显著成效，加快了群众的脱贫步伐。在劳动力转移培训项目中，2011年，9个县市（包括两个州级示范基地）11个“云南省贫困地区劳动力转移培训示范基地”共下达劳动力转移和培训任务1.6万人，共下达资金1040万元，年内完成培训7300人，占计划的45.6%。在易地扶贫项目中，安排弥渡、漾濞、南涧、祥云、云龙5个县转移安置416户1850人，共下达安排资金925万元。年内累计完成安居房建设176户，占计划的42.3%；完成农田地改造500亩，占计划的100%；水利建设（包括人畜饮水）沟渠管道4560米，占计划的84%；5个项目县所有搬迁点基础设施项目全面启动，项目可望在一年的建设周期内全面完成并竣工验收。在扶贫重点村项目中，安排下达12个县市以自然村为扶持对象的重点村建设508个村，扶持资金7620万元，重点帮助贫困村解决与贫困群众温饱直接相关的基础设施、产业发展、能源建设、社会公益事业等项目的建设已经启动实施。在信贷扶贫项目中，全州共发放扶贫贴息贷款3.91亿元，安排财政扶贫贴息资金1692万元，发放扶贫到户贷款3.27亿元，占扶贫贴息贷款总额的83.6%；安排扶贫到户贴息资金1500万元，占总扶贫贴息资金的88.65%；其他行业贷款2574.6万元。到户信贷扶贫资金覆盖了72个乡（镇）3个农场，有23581户、11.74万人获得贷款扶持。在扶贫安居工程项目中，对2402户住房困难的贫困户实施安居住房建设工程，扶持财政资金2402万元。在实施过程中，对纳入扶持计划的贫困农户做到项目到户、资金到户、工作措施到户。在产业扶贫项目中，以龙头企业带农户、专业合作组织联农户的运作和扶贫模式，扶持12个县市产业扶贫项目17个，重点扶持发展种植、养殖业项目，扶持资金1085万元。扶持连翘、附子等药材种植1.1万亩，核桃等为主的经济林果3.27万亩，茶叶1000亩，油菜种植2000亩及加工厂1个。

（赵秀元）

Dali City
大理市

环洱海农家庭院式污水处理设施 大理市近年来在洱海流域推广建设农家庭院污水处理设施，有效控制洱海流域面污染。市财政给予每座农家庭院污水处理设施2500元补助，至2011年底，累计投入资金2000多万元，建成农家庭院污水处理设施8257座，日处理生活污水量超过1816立方米（每座日处理污水0.22立方米），年处理生活污水达66.3万立方米。

农资网点实现全覆盖 截至2011年12月，全市建成2个县（市）级农资配送中心，1个日用消费品配送中心，1个烟花爆竹配送中心，22个乡镇级农资连锁店（配送分中心），11个乡镇级日用消费品连锁店（配送分中心），228个村级农资综合服务社（或农资农家店），76个村级综合服务社和2347个日用消费品连锁配送网点，商品配送率达98%以上，实现全市行政区域内的100%覆盖，同时，建设区域性（滇西片）农资批发市场1个，乡镇农资市场11个（其中与供销社有产权关系1个），小型农产品批发市场3个，在全市建成完整的农村现代流通服务体系。

“两社一会”农致富 2011年底，全市共发展“两社一会”439个，其中专业协会77个，专业合作社286个，综合服务社76个，5个合作社有7个注册商标，涉及种植、养殖、加工、流通、农机、农技服务等领域，服务全市5.9万户农户，占全市农户9.78万户的60%，带动农民6.5万人致富。

乡村旅游产业 近年来不断加大农村旅游产业扶持力度，积极打造特色乡村休闲旅游，建设农村“旅游示范户”，提升乡村旅游档次，推动全市乡村旅游发展，2011年，全市乡村旅游休闲农业园区达26个，农家乐550家，接待游客200多万人次，年营业收入4.2亿元。

基本公共卫生服务 在城乡基层广泛开展 9类11项基本公共卫生服务项目。2011年，城镇居民建档11.69万份，农村居民建档24.34万份，城镇居民完成电子健康档案录入8.09万人，农村电子健康档案录入16.91万人。高血压患者管理1.52万人，糖尿病管理5292人，重性精神病管理1078人，开设健康讲座1243次，发放健康材料53.04万份。享受农村孕产妇住院分娩补助3923人，完成年度任务的88.64%。农村妇女宫颈癌检查1.9万例。开展生育妇女补服叶酸3750人。继续实施国家百万贫困白内障患者复明工程，初筛出患者449人，完成手术150例。开展“健康快车”白内障复明工程，初筛出患者726人，完成手术277例。

（杨　艳）

城市低收入家庭生活水平稳步提高 据国家统计局大理市调查队抽样调查资料显示，2011年大理市城市低收入家庭收入实现较快增长，家庭人均总收入8963.91元，同比

火把欢歌（大理市志办　提供）

增长24.82%，其中人均工资性收入7339.44元，同比增长59.44%。城市低收入家庭就业人口数为每户1.72人，就业者负担系数为1.8，比2010年2.36的就业者负担系数有明显好转，城市低收入家庭人均经营净收入619.25元，比上年翻番。比全市人均可支配收入平均增速快1.22个百分点，比中等收入家庭收入增速快10.04个百分点。收入的较快增长促进了消费增长，低收入家庭生活质量提高。2011年城市低收入家庭人均消费支出为7326.07元，同比增长17.60%，扣除物价上涨实际增长12.43%。人均食品支出3841.46元，同比增长24.42%。用于衣着、家庭设备用品及服务、医疗保健的人均支出分别为849.93元、398.53元和304.23元，同比增长51.84%、21.03%和18.31%。人均社会保障支出1595.41元，是上年同期的2.59倍，其中个人缴纳的养老基金和医疗基金分别增长63.38%和179.42%。

城市居民收入增长 据国家统计局大理市调查队调查，2011年大理市城市居民人均可支配收入17712.76元，比上年增长12.1%；人均消费支出13558.89元，比上年增长16.44%。城市居民工资性收入增长7.3%，经营性收入增长36.97%，财产性收入增长13.63%，转移性收入增长5.37%。城市居民人均总收入20461.48元中，工资性收入15679.46元占76.63%，经营性收入1042.72元占5.1%，财产性收入198.85元占0.97%，转移性收入3540.43元占17.30%。据调查，2011年大理市居民消费价格比上年上涨4.6%，其中：食品价格上涨11.9%，非食品价格上涨1.5%，低收入居民生活费用价格上涨6.7%，服务项目价格上涨3.8%。食品价格呈全面上涨态势，是居民消费价格上涨的主要推手。其中肉禽及其制品上涨27.6%（猪肉上涨45.6%）、油脂上涨17%、蛋上涨14.2%、粮食上涨11.9%、糖上涨10.7%、水产品上涨9.9%、在外用膳食品上涨9.3%、干鲜瓜果上涨8.3%、液体乳及乳制品上涨6.2%。食品等价格上涨给人们生活带来明显压力，但整体而言，收入增幅高于CPI涨幅7.5个百分点，收入跑赢了CPI。

（赵秀元）

Xiangyun County 祥云县

青海湖周边新农村建设 以晒经坡自然村为重点的社会主义新农村建设完成大城公园整体建设和绿化、美化、亮化工作。完成老320国道长716米，30厘米厚的混凝土路面硬化和路旁绿化工作；完成两条长120米和90米、15厘米厚的村庄主巷道路面硬化；完成51户，229间房顶青瓦整治；完成97户，27.29万平方米的沙灰白墙墙体粉刷；完成14户，1757.42平方米的房屋拆除重建；完成35户，2094.32平方米老房屋的拆除和整治；完成50户2689.81平方米村间道路的硬化，安装太阳能路灯3盏，打300.58米的深井一口，新建300立方米的蓄水池一个，新建426平方米的农贸市场一个，完成6个农户拆迁和土地征用，推进惠民广场的整体建设和绿化美化工作，完成老年活动场所和小广场的建设。沙龙镇白石岩、小后所、水涨地、祥城镇土官自然村、狗村铺自然村在省级补助15万元的基础上，经整合一事一议财政奖补等项目各项工作已全面完成，全年共完成总投资503.76万元，其中"一事一议财政奖补"省级投资138万元，整合资金272.3万元，村集体投资89.46万元，村民以工折资4万元，投工投劳4888个。社会主义新农村的大力推进，使青海湖周边各自然村的基础条件进一步改善，村容村貌焕然一新，广大群众的生产生活条件得到较大改善。

省级重点村建设 全县涉及的5个乡镇9个村委会11个自然村。共完成总投资925.43万元，其中"一事一议财政奖补"省级投资244万元，整合资金557.51万元，村集体投资112.25万元，村民筹资2万元，村民捐资2万元，村民以工折资6.35万元，村民以资代劳1.32万元，投工投劳5873个。截至2011年12月底社会主义新农村省级重点建设村，按照规划项目共完成进村道路硬化24条，长9106米，3.64万平方米；修建档墙12件2033.37立方米；白墙粉刷61户1.91万平方米；新建老年活动场所5个2962平方米；科技文化室5个8间780.6平方米；新建垃圾池10个1012.71立方米；新建公厕6个，面积186.65平方米；绿化美化村内环境470平方米；路旁植树442株；新建便民农贸市场一个，面积462平方米；完成人畜饮水工程一件，打300.58米深水井一口，建能蓄水300立方米的水池一个，架设饮水管道1089米；整个工程完工后涉及农户1737户，受益群众6704人。

新能源建设 2011年，已有华能澜沧江水电有限公司、华能新能源产业控股有限公司、水电十四局大理聚能投资有限公司、中国电力技术装备有限公司四家企业与县签订风电开发意向性协议。全县风电项目预计总装机容量830兆瓦，总投资77.5亿元，已经建立18座测风塔，投入资金360多万元。华能澜沧江水电有限公司白鹤厂风电场，装机容量49.5兆瓦，拟建33台单机容量为1500千瓦的风电机组，年上网电量1.06亿千瓦时，预计总投资4.56亿元，2011年已经完成总体规划和预可研评审，到位资金4000万元。

祥云县嫁接改良后的桑园长势喜人

"彩云红梨"促农增收 彩云红梨又名云南红梨（祥云红梨），其果皮淡黄覆红色，果实汁多、肉细、酸甜适中、风味独特、品质优异，2009～2011年连续3年在昆明国际农业博览会上获得优质产品金获。2005年开始在祥云大波规模种植，以后面积逐年扩大，2011年12月止，全县共种植云南红梨1.16万亩，已投产见效4300亩，年产量3100吨，产值约3100万元。

嫁接改良桑树 入春以来，在蚕桑主产区禾甸、刘厂镇实施千亩桑树品种嫁接改良项目。嫁接品种选用县栽植多年的"农桑8号、12号、14号"及从中国农科院蚕桑科学研究所、云南省农科院蚕桑科学研究所，浙江海宁、桐乡等地引进的强生桑10号、5号、云丰1号、2号、丰田1号等。项目实施后，桑农按技术要求进行了秸秆覆盖、破膜、去砧等技术管理。据调查，桑树嫁接改良成活率在95%以上，嫁接出的新梢长势喜人。

（杨勇辉）

Binchuan County 宾川县

葱蒜助农增收 近年来，宾川充分利用光热资源，积极发展葱蒜产业，促进农业增效，农民增收。据统计，2011年，全县共种植大蒜3.95万亩，产量7.34万吨，产值3.95亿元；种植小葱2.78万亩，产值1.5亿元，葱蒜种植已成为宾川农民增收致富的重要产业。

桔果上山腾地 2001～2011年，宾川积极组织实施国家、省州县级投资土地开发整治项目15个，建设总规模6.15万亩，完成投资8664.86万元，新增耕地4.95万亩。结合土地整治工作的开展，探索出"果树上山，平坝还田"的土地利用模式，据统计，截至2011年上半年，"桔果上山"工程为坝区腾地4.2万亩，为群众年增收7000万元，增效超过2亿元，拓展了特色高效经济作物的发展空间。

鸡足山旅游公路（宾川县志办 提供）

鸡足山旅游公路通车 2011年5月15日，鸡足山旅游公路全线通车，这是省政府确定的全省2009年100个新开工重点建设项目之一。公路全长104.55千米，概算总投资14.67亿元，由一条主线、两条支线、一条联络线和一条延长线构成，把沿途景观、佛教文化、民风民俗、产业发展有机结合在一起，是大理州投资较大、里程较长、辐射较广、社会关注度较高的重点公路之一。鸡足山旅游公路的建成，形成了香格里拉—丽江—大理—鸡足山—宾川间的便捷通道；与大理机场、大丽高速、214国道和祥临二级公路相连，对完善云南省干线公路网，改善滇西北交通运输条件，促进滇西北地区经济社会发展，旅游资源开发具有重要意义。

宾川新客运站启用 2011年9月26日，大理交通运输集团宾川分公司客运站新址正式启用。宾川客运站新站按国家二级客运站标准投资1000万元兴建，配备了行包安检、电子显示屏、计算机售票系统、电子监控系统等现代化设备，占地15亩，建筑面积9543平方米，客运班线9条，覆盖州内大理、祥云、鹤庆等县市以及昆明、丽江等地州，通达省外攀枝花等地，设计日发送旅客2000人次，是目前州内档次较高，规模较大、管理先进的县级客运站，它的建成将有效改善宾川人民群众的出行条件。

宾川被评为"中国水果之乡" 至2011年，全县水果种植面积达23.31万亩，挂果面积17.38万亩，总产51万吨，总产值20.4亿元。其中，葡萄12.24万亩，挂果7.47万亩，总产22.31万吨，产值13.65亿元；柑橘7.72万亩，挂果6.73万亩，总产20.2万吨，总产值4.7亿元；石榴、枣子、梨等其他水果3.35万亩，挂果3.18万亩，总产8.49万吨，总产值2.05亿元。水果产业已发展成为宾川农民群众增收致富的支柱产业。2011年10月，经过中国果蔬产业品牌论坛组委会实地调研考察和最终审核评定，宾川被评为"中国水果之乡"。

农业科技入户服务 2011年，州经济作物科学研究所完成科技示范户565户，超计划55户，培养科技骨干示范户438户，辐射带动农户5540户，超计划440户，开展科技培训408场，1.68万人次，发放技术资料1.35万份，每户示范户辐射带动周边农户10户，完成辐射带动户5932户。在科技入户工作中以经济作物、粮油、新品种新技术的示范推广为主导，示范推广新品种22个，新技术16项，科技入户率达100%。服务指导优质水果、葡萄、柑橘、枣、枇杷、脱毒红薯、芭蕉芋、中药材、蔬菜、油料、糖料、亚麻、水稻等作物1.40万亩，每亩示范农产品产量比前三年平均增产11.59%。

大尖峰跨越式发展 金牛镇大尖峰村委会地处高寒山区，最高海拔2800米，年平均气温13℃，有132户581人、632亩耕地、3.61万亩林地。2010年开始实施扶贫开发整村推进项目工程，投资413.32万元，硬化村间道路1400米，维修公路17.4千米，新建、改造和加固山区住房69户，硬化庭院122户，粉刷墙体1.23万平方米，新建、修复小水窖69个、水池47个、卫生厕所15间、公共厕所3座、卫生厩156间，实施清洁能源132户，新建人饮工程2件，改扩建“通达工程”21.6千米，极大地改善了基础设施条件；大力发展核桃、冬桃、蜂糖梨、饲养母猪、母牛、种山羊等致富产业，使山区群众持续稳定增收有了保障，2010年，大尖峰农村经济总收入476万元，农民人均纯收入达3248元。整村推进工程的实施，不但加快了山区村庄美化、道路硬化、环境绿化、卫生洁化的进程，更重要的是推动了山区群众思想观念、生产方式和生活方式的深刻变革，群众脱贫致富的信心更足，等、靠、要的思想不断清除，变“要我干”为“我要干”。2010年，群众自筹建设资金达190多万元，工程结束后，群众仍继续投资建新居、修道路、调结构，自力更生建设美好家园。

村级公路实现油路化 2011年，宾川被省州交通部门列入“通村油路”建设项目的宾居华侨社区至周官营村等9条公路相继启动，总长69.7千米，分5个施工合同段建设，计划总投资3469万元，其中：中央补助2439万元，地方自筹1030万元。项目于8月10日开工建设，年底已全面完工投入使用，通往州城镇的周官、龙邑、老赵、宾居镇的龙泉、毗村、清河，大营镇的排营、萂村，乔甸镇的石碑等9个村委会的公路实现了油路化或水泥路化，极大地方便了州城、力角、宾居、大营、乔甸等5个乡镇3.6万群众的出行。

农村入户调查 2011年，在全县10个乡镇86个村（居）委会中，抽取3个村15个村民小组60户农户开展农村入户调查。据统计推算，全县第一季度农村经济总收入为8.52亿元，较上年同期增1.15亿元，增长15.51%；农民人均纯收入1175元，较上年同期增121元，增长11.41%。第二季度农村经济总收入为10.76亿元，较上年同期增1.45亿元，增长15.54%；农民人均纯收入1564元，较上年同期增177元，增长12.75%。第三季度农村经济总收入25.93亿元，较上年同期增3.92亿元，增长17.86%；农民人均纯收入4022元，较上年同期增549元，增长15.8%。第四季度农村经济总收入32.01亿元，较上年同期增6.20亿元，增长24.04%；农民人均纯收入4835元，较上年同期增616元，增长14.60%。

（张红云）

Midu County
弥渡县

特色专业村助农增收 弥渡县在建设新农村中围绕市场需求，培植种植、养殖、手工、加工等特色专业村，发展一村一业、一村一品。在新街镇王彦厂整治村容村貌的同时投入资金190多万元，修建田间机耕道路，修建塑料大棚，种植无公害蔬菜使农民人均年收入达4000元；在大理卫、大马房、下双村等村引导农民利用农闲时间，编织篮子、提篮、簸箕等竹器；在弥城镇驻官营、瓦仓、吴小营、舒价营等村发挥地处城郊的区位优势，运用绿色防控蔬菜技术，种植无公害蔬菜，蔬菜销往昆明、武汉、广州等地，出口韩国，破解蔬菜增产不增

一村一品手工编织（弥渡县志办　提供）

收的难题；在红岩镇仙女庄、上坝厂等村的良田种植牧草，制作青贮饲料，科学养殖奶牛，交售优质牛奶，制作乳制品；在寅街镇培植种植专业村，建立10万亩蔬菜、3700亩脱毒洋芋、2200亩大蒜、1000亩葡萄、1000亩香椽基地；在密祉乡八士、中心、永和种植中药材灯盏花，引导、鼓励农户大力发展核桃、樱桃、红雪梨、冬桃等特色经济林果；在德苴乡多依上村培植蚕桑、葡萄产业。通过培植一村一业、一村一品，不断增加农民经济收入，实现生产发展、生活宽裕的新农村建设目标。

工业特色小镇——苴力镇 2011年，苴力镇依托优越的交通区位优势和丰富的矿产资源，实施工业强镇战略，建设工业走廊，优化投资环境，着力打造工业特色小镇。

认真做好工业走廊规划：以东山片区同紫园至先锋丫口，依托矿产资源全力打造工业走廊；水田到苴力沿线，利用优越的交通区位优势，发展壮大餐饮服务，商贸流通业。同时，搭建培训、信息、维权、信用体系服务平台，为企业提供优质服务；为企业协调解决土地、税收、融资担保、落实环保政策等发展难题。目前，已有弥渡腾峰有限责任公司商品混凝土拌和站以及二期的外加剂厂、管砖瓦厂，弥渡世骐矿业有限公司煤炭储运中心，云南实果业有限公司有机复合肥厂，弥渡滇西方园实业公司石材城，三德集团洗精煤厂，云南昊天公司煤炭仓储货运中心等项目和企业落户在东山片区同紫园至先锋丫口连片工业走廊内；大理周氏投资有限公司小河淌水风味园、客车服务站等项目入驻水田到苴力沿线工业走廊，共引进资金1.6亿元，各类工业、服务业企业的建设投产有力推动苴力镇经济快速发展，带动辖区内农民就业创收，实现强镇富民目标。

党员家政服务队 在密祉乡莲峰村委会的田间地头，活跃着一支以党员为主的家政服务队，他们积极主动地为广大群众解决生产生活中一些纷繁琐事，赢得广大群众的信任和爱戴。莲峰村是密祉乡典型的劳务输出大村，2011年，全村外出务工人员占全村人口的23%。2007年，针对外出务工人员较多，家中留守的都是老人、妇女和小孩的实际情况，该村党总支成立家政服务队，义务服务外出务工家庭的生产生活。几年来，这支以党员骨干为主的家政服务队伍不断发展壮大，逐渐形成一支以党总支牵头、支部为单位、党员和热心群众为骨干的服务队伍，除为生产生活上有困难的家庭进行家政服务外，还主动承担村里的公共卫生打扫等一些公益事务。

群众花灯队活跃城乡 全县8个乡镇89个村委会（办事处）900多个自然村，活跃着300支群众业余花灯队，人数最多达400多人，最少的也有30多人。每当夕阳西下的时候，中国民间文化艺术花灯之乡的弥渡县便热闹起来。在城区社区、在乡下坝区山区、在机关企业的文体活动广场上，300多支群众文体队伍伴随着弥渡花灯曲调，有的在唱崴弥渡花灯、有的在打歌跳舞、有的在打球下棋。群众花灯队用村民们喜闻乐见的形式，抒发着对新农村生活的向往和对党惠民政策的歌颂，每个人都有自己喜欢的活动内容，呈现一幅幅其乐融融的和谐景象。村民们通过参加文体活动，增强相互之间的交流沟通，邻里之间和谐相处、团结互助，处处洋溢着和谐新风 。用当地百姓的一句话“我们是全民闹灯，跳唱幸福，精彩人生。”

（曾海平）

Yongping County 永平县

关注民生 全年共投入扶贫资金3.2亿元，完成43个扶贫开发项目。安置公益性岗位使下岗失业人员再就业95人，发放养老保险金1659.47万元，城镇居民参加各种保险人数达到1.65万人。全县有卫生医疗机构13个，拥有医疗病床670张，有专业医务人员313人；有村卫生室73个，乡村医生169人；全县农民新农合参合人数15.59万人，参合率95.97%。

媒体到永平专题采访 4月12～13日，省林业厅组织《人民日报》、中央人民广播电台、中新社和《云南日报》《大理日报》等16家中央、省州新闻媒体记者到永平县专题采访林产业发展情况。县委书记程永标、县长周曙光等县党政领导陪同采访。经过集中采访，各媒体记者认为永平县通过林改，真正实现了还山于民，还权于民，还利于民，满足了农民兴林致富的要求。

白恩培到县调研 4月18日，省委书记白恩培一行，在州委书记刘明、州长何金平等领导的陪同下到永平县北斗乡考察千亩核桃基地。在考察中，白恩培指出：“实践证明，青山绿水与金山银山并不矛盾。”他要求当地干部在推进城镇化进程中，要通盘考虑城镇、城乡群众在教育、医疗、文化、社会保障等方面的新需求，让山区群众最大程度地得到实惠。

政务服务中心启动运行 6月24日，永平县人民政府政务服务中心正式揭牌运行，标志着永平县行政许可、非行政许可审批和便民服务事项正式实现了“一站式办公、一条龙服务”。

中缅油气管道工程永平段启动 10月3日，中缅油气管道工程建设永平段正式启动。中缅油气管道工程建设永平段总长56千米，涉及县内杉阳、博南、厂街、龙街4个乡镇。

（张焕明）

Yunlong County 云龙县

关注民生 2011年，新农合参合4.91万户，参合率97.76%，参合17.93万人，参合率95.83%。每千人有病床2.26张；每千人有医护人员1.76名。农民人均纯收入3189元，扣除物价因素，实际增长34.2%；在职职工年平均工资3.38万元，比上年增加3277.8元。居民人均储蓄存款1.33万元，比上年增长14.66%。城镇居民平均住房面积20平方米，农村人口平均住房面积18平方米。城镇登记失业率控制在4.5%以内。

庭院重楼种植 功果桥镇汤邓村村民李志国于2009年起用花盆在自家庭院内种植重楼，到2011年已扩种到菜园、花园等地，种植盆数达3万多盆，每年仅出售重楼种子收入就达2.5万元，在他的带动下，本村许多农户开始用花盆在自家庭院内种植重楼。

第一个高中麦苗班开班 2011年9月28日，"麦田计划"资助的第一个高中麦苗班在云龙县第一中学举行开班典礼。2005年，公益人士莫凡在云龙发起致力于改善中国贫困山区孩子教育环境的"麦田计划"，并于当年在云龙县关坪完小筹建了中国第一个麦苗班。

功果桥电站首台机组发电 2011年11月9日，云南省"十二五"期间投产的第一座大型水电站华能功果桥水电站首台机组（22.5万千瓦）投产发电。

（杨叶露 赵剑萍）

功果桥电站下闸蓄水（云龙县志办 提供）

Er'yuan County
洱源县

生态文明建设 洱源是云南省唯一的国家级生态文明建设试点县。全县围绕新的洱海保护治理"六大工程"，巩固和扩大洱海保护治理成果，积极争当全省生态文明建设排头兵，生态文明建设各项工作扎实推进。

推进截污治污工程建设。投资6101万元的邓川等5个镇乡集镇污水处理及配套管网工程、投资320万元的县城老城区污水收集管网工程建设顺利完成，永安江、罗时江、沵苴河水环境综合整治和东湖、西湖湿地生态修复工程扎实推进，茈碧湖饮用水水源地湖滨带修复、县城垃圾处理场及配套设施建设工程有序实施，县环境监测站通过省级计量认证。提升城乡绿化率。切实抓好重点生态功能区保护和"森林洱源"建设，加强苍山、罗坪鸟吊山、西罗坪、黑虎山、茈碧湖、海西海6个野生动植物类型和湿地类型自然保护区的建设管理。累计完成公益林建设43.42万亩，管护天然林203万亩。生态屏障体系建设扎实推进，全县林木绿化率达59.4%，森林覆盖率达47.9%。开展生态创建活动。县行政中心、县总工会被命名为省级园林单位，20个"百村整治"项目村建设全面实施，县城垃圾分类收集处理工作不断巩固，农村垃圾管理新模式有效推广。

新型能源开发 累计投资17.2亿元，建成罗坪山、马鞍山等7个风电场，共有230台风机并网发电，风电装机容量达32.6万千瓦，累计上网电量4.6亿千瓦时，实现总产值2.5亿元，与同等火电项目相比，

洱源县千名干部助春耕（洱源县志办 提供）

可节约标准煤89.37万吨。清水郎山风电场建设总体规划和石蒲塘风电场1～4期建设规划通过评审，湾佛村太阳能光伏发电项目测光站建成，全县新能源开发不断加快。

生态旅游 突出“水乡、温泉、民俗、生态”主题，从改善旅游基础设施入手，旅游项目建设稳步推进。不断加大宣传促销力度，强化行业管理，服务质量和服务水平不断提升，旅游市场日益活跃。《大理州洱源县温泉产业旅游区总体规划》通过州级评审。2011年，全县旅游企业发展到42家，床位2895张，从业人员1900人，共接待游客70万人次，实现旅游社会总收入4.89亿元，比上年增长9%。

新农村建设 2010～2011年度，洱源县南村、小邑村、大湾子村、新建一组、中登村、长乐村等6个自然村列入社会主义新农村省级重点村建设，涉及邓川、右所、三营、牛街、茈碧湖等5个镇乡。至2011年6月底，6个省级重点建设村通过省州验收。累计完成总投资289.76万元，修建进村入户道路硬化4997.2米，1.68万平方米，挡墙130米，土方开挖回填1348立方米，治理沟渠1857.1米，完成墙体粉刷1.10万平方米，彩绘665平方米，新建村民活动中心2个，368平方米、污水处理池16个、堆粪池23个、公厕1座，完成危房改造5户、地震安居工程306户，新建标志石（碑）6块。2011年3月12日，全县组建第四批新农村建设工作队9支，下派指导员88名，积极投入到生态文明建设、扶贫开发、农村矛盾纠纷调处、社会治安综合治理、教育卫生、基础设施建设、烤烟生产、大小春生产及抗旱救灾等事关全县经济社会发展和群众切身利益的重要工作中。

创建省级油菜高产区 2011年，洱源县在凤羽镇创建1万亩省级油菜高产示范区，示范区涉及5村22个农业社4707户农户。其中在凤翔村创建千亩展示区和百亩核心攻关区。通过对整个项目区进行调查和实地验收，万亩示范区平均单产201.2千克，比上年产量增长39.2%；千亩展示区平均单产215.5千克，比万亩示范区增2.5%；百亩核心区平均单产228.4千克，比千亩示范区增6%。

邓川牛跻身“云南六大名牛” 2011年5月，云南省农业厅组织“云南六大名牛”评选认定活动。经评审委员会组织、社会推荐、品种初选、专家评审、公众投票、综合评分，9月，洱源县邓川牛被认定为“云南六大名牛”之一。

社会保障 2011年，城镇职工参加养老、医疗、失业、工伤和生育保险3.4万人；新型农村社会养老保险参保15.02万人，参保率95.25%。启动了城镇居民社会养老保险试点工作，年内参加保险1011人。被征地农民社会保障、未参保集体企业职工基本养老保险等政策全面落实。发放城乡最低生活保障金2.6万人，3103.3万元，农村五保供养金721人，111.6万元。实施医疗救助958人次、救助金241.12万元。总投资650万元，建成洱源县中心敬老院（社会福利中心）。敬老院占地面积3353.49平方米，建筑面积5197平方米，其中新建2200平方米，改建2997平方米；拥有250多个床位。

（杨杰超、李志诚、杨国培、杨树星）

Jianchuan County
剑川县

农村危房改造 2011年，加大农村危房改造力度，先后多渠道集资1200万元，计划在全县共改造1200户农村危房。第一批600户危房改造于8月23日正式安排部署，开工建设342户；第二批600户危房改造，也于9月30日作了安排。对农村危房改造项目实行全部信息录入，跟踪督办的同时，采取县、乡（镇）、村（居委会）三级联动、层层签订责任状，列入相关考核，确保各项工作落到实处。

耕地保护 2011年，始终坚持抓耕地保护工作不动摇。一方面，继续坚持重耕地保护目标责任书的签订，不断强化对耕地和基本农田的监督、检查，严格执行土地利用总体规划和年度计划，严格土地用途管理管制和耕地占补平衡制，严守全县1.79万公顷耕地保护“红线”；

村容村貌的使者（剑川县志办 提供）

另一方面，努力开展土地开发整治工作。年内分别在金华 、羊岑、甸南、沙溪 4 个乡镇（片区）的土地整治实施中，金华镇螳螂河土地开发整治项目效果明显，总投资 1092.81 万元，建设规模 557.98 公顷。新增耕地 37.8 公顷，已于年内 8 月份通过省级验收。其余三个乡镇（三片区）的土地整治合计总投资 2367.35 万元，建设规模 744.97 公顷，建成后将新增耕地 162.27 公顷。其中羊岑片区建设规模 30.49 公顷，新增耕地 22.64 公顷项目亦已经初验，尚待省验收。剩下的都转入招投标程序阶段稳步推进。

首次城镇居民经济情况调查　年内，县农调队正式启动城镇居民经济情况调查。全县共设 50 个点（户），均集中在县城金华镇，由农调队专人负责跟踪开展调查工作。调查结果显示，50 户城镇住户 2011 年人均总收入 17311.81 元，其中，最高收入项目为工资性收入，人均收入 12138.11 元，人均可支配收入为 16134.67 元；人均总支出 17481.19 元。在食品、衣着、家庭设备用品及服务、医疗保健、交通和通信、教育文化娱乐服务，其他商品和服务等八大消费调查项目中，交通和通信消费支出，人均 3408.88 元，食品消费人均 5251.61 元；50 户城镇住户基本情况调查还显示人均住房建筑面积 46.61 平方米，20 项耐用消费品中，每百户占有洗衣机数 102 台、彩电 116 台、移动电话 238 部，空调、健身器材项目为零。

落实社保惠民政策　2011 年，剑川县组织专门力量，开展社保惠民政策的落实工作。先后为 990 名关闭破产企业退休人员落实基本医疗保险待遇，百位 70 岁以上二十世纪九十年代企改下岗职工中的超龄人群按政策规定领到了医保 IC 卡，实现了他们老有所医的医保愿望；过去的集体企业人员所涉及的基本养老保障遗留问题，也妥善得到解决。确保了集体企业人员和关闭破产企业退休人员享受到和其他参保人员同等的养老医疗保险待遇。

（李玉生）

Heqing County
鹤庆县

新农村建设　2011 年，投资 6956.6 万元，完成 48 个省级重点村、4 个州级重点村、2 个中心村、3 个示范村及金翅鹤白族特色村等项目建设。投资 4014.1 万元，完成农村通达和通行政村油路 26 条 124.35 千米、新建及改造通村公路 19.9 千米、新农村建设道路硬化 18.41 千米；筹集资金 1518.5 万元，完成 148 个农村公益事业建设“一事一议”财政奖补项目建设，惠及人口 8.4 万人；投资 315.95 万元建成沼气池 732

把路修到种田边（鹤庆县志办　提供）

口；筹集扶贫资金1429万元，发放信贷扶贫资金2500万元，扶贫工作顺利实施，农村生产生活条件明显改善。

推进新型工业化 2011年，紧紧围绕新一轮工业倍增计划，全面实施工业强县战略，新型工业化进程快速推进。工业经济总量进一步提升。全县实现工业投资27亿元；完成工业总产值42.09亿元，增长40.04%，其中规模以上工业企业完成产值32亿元，增长64.5%；实现工业增加值16.08亿元，增长42.44%，占GDP的比重达48.7%；工业税收实现2.4亿元，增长54.8%，占财政总收入的51.5%。重点项目快速推进。3万千瓦六合电站、年产100万吨新型干法水泥熟料第二条生产线及配套1万千瓦纯低温余热发电、年产40万吨精煤洗选、年产7万吨石油压裂支撑剂就地技改项目相继建成投产；龙开口电站、小邑登电站和500千伏黄坪、220千伏羊龙潭、35千伏草海输变电及线网工程建设稳步推进；年产7000吨阳极导电连接件项目开工建设；年产50万吨一期20万吨石油压裂支撑剂、年产120万吨球团铁、1.65万千伏安电热炉技改项目即将开工建设；年产60万吨高精铝板带一期30万吨和北衙地区选矿尾渣综合回收利用项目前期工作有序推进。整装勘查项目顺利实施。勘查区块面积达1011平方千米，探获新增资源量：金60吨、银1000吨、铁矿石4000万吨、铅70万吨、锌50万吨。工业园区规划建设积极推进。坚持“持续、协调、生态、节约”的原则，按照“一园四片”布局，完成兴鹤山地工业园区总规和可研并通过州级评审。节能减排顺利完成州下达任务，万元生产总值能耗同比下降2.9%。

民生保障 社会保障体系不断完善。全县城镇职工基本养老保险、医疗保险、失业保险、工伤保险、生育保险新增参保5104人，总参保4.57万人，支付各项保险基金4333.88万元、增长56.33%。未参保集体企业职工参加城镇职工基本养老保险工作稳步推进。农村社会养老保险参保总人数16.22万人，参保率93.8%，发放养老金1805.66万元。城镇居民养老保险试点工作全面启动。全县享受城乡低保2.58万人，新增2100人，发放低保金3337.61万元，同比增长47.5%。发放高龄老人保健补贴140.39万元。发放各类救灾救济救助资金256.1万元，受益困难群众1.82万人次。年内救助农村孕产妇2746人，救助资金109.84万元。就业形势持续稳定。落实更加积极的就业再就业政策，发放下岗失业人员小额担保贷款、劳动密集型小企业贷款、“贷免扶补”创业贷款共4437万元。年内新增城镇就业人员1350人，开发公益性岗位270个，帮助特殊困难群体就业280人，城镇登记失业率控制在4%以内。惠民政策全面落实。全年共兑付农资综合补贴、种粮直补、农机具购置补贴、家电及汽车摩托车下乡补贴、退耕还林补助、森林生态效益补偿等资金7466.52万元。培训农村劳动力3210人次，转移2505人次，实现工资性收入3700万元。1000套保障性住房建设进展顺利，竣工面积达1.8万平方米，年内832户入住廉租房，累计入住1130户；投资1764万元，完成1764户农村危房改造，部分困难群众住房条件得到改善。

垃圾处理厂投入使用 鹤庆县城市生活垃圾处理厂于2011年1月底正式投入使用，标志着鹤庆县县城生活垃圾简易堆放处理成为历史，正式走上了规范化、科学化管理轨道。鹤庆县城市生活垃圾处理厂于2009年2月开工建设，2010年8月交付县城管理局管理后，又继续投入资金110万元购置相应设备才正式投入使用的。

蚕桑丰产丰收 2011年，抓住茧丝市场价格上涨的有利时机，充分调动蚕农养蚕积极性，狠抓全县蚕桑工作，蚕桑生产获得丰收。全县全年养蚕5.18万张，同比增长5149张；生产鲜茧2135.13吨，同比增长314.71吨；蚕农收入7181.27万元，同比增长1441.04万元。全县全年平均张产茧41.21千克，平均张产值1386.08元；按全县投入生产的3万亩桑园面积计算，平均亩产值达2393.76元。

（夏光柱）

Yangbi Yi Autonomous County 漾濞彝族自治县

核桃种植明星村——箐口 太平乡箐口村辖7个村民小组368户，总人口1363人，户户都种植核桃。太平乡是漾濞县核桃产业发展最快的乡镇，而箐口村又是太平乡核桃种植规模最大、产量最多的一个村。2011年，全村泡核桃种植面积6800亩，户均18.5亩、农民人均5亩；泡核桃干果产量52万千克，泡核桃仁产值2318.4万元，户均6.3万元、农民人均1.7万元，其中收入在10万～30 万元之间的有 18户、5万～10 万元之间的有150户、2万～5万元的有 200户，2010年获“大理州核桃种植明星村”的荣誉称号。该村科技青年祁建荣研制的智能化核桃无烟节能烤房在2011年3月荣获全国“三农科技服务金桥奖”，已被漾濞县人民政府列为县农机购机补贴项目。年内还引进投资1000多万元的箐口牛座山核桃基地建设项目。

平坡中心集镇建设 平坡镇投入3225万元启动中心集镇建设项目，改善镇域基础设施，推动全镇经济

李怀秀、李怀福演唱《万泉河水清又清》（漾濞县志办 提供）

社会全面发展。根据中心集镇建设"十个有"的标准，启动实施平坡孔雀箐至镇政府主干道公路、栗子园至平坡街公路、栗子园特色农业园区建设、平坡集镇商业街建设、平坡集镇文体娱乐灯光球场及活动室建设工程；实施平坡集镇自来水厂100管网安装及配套设施和集镇污水处理项目，开展平坡公园绿化、亮化、美化以及亭台楼阁建设、平坡停车场硬化工作。同时，实施平坡垃圾处理点垃圾池及焚烧设备工程项目，进行平坡集镇居民区道路硬化、电网改造和平坡集镇公厕工程改建工程。

漾濞核桃走上快车道 多年来，坚持发展核桃，使漾濞成了远近闻名的核桃大县，先后荣获"中国核桃之乡"、"中国名特优经济林核桃之乡"等殊荣，漾濞核桃成了漾濞县的名片。目前，全县9个乡镇65个村委会核桃种植总面积已达88万亩，产量2.7万多吨，年产值突破5亿元，农民人均有核桃近100株，核桃收入约占农民年均纯收入的79%以上，核桃真正成了漾濞富民兴县的支柱产业。随着漾濞核桃产业的大发展，核桃产业的生产经营活动中暴露出了，非漾濞核桃的种苗、果、仁打着漾濞核桃的招牌鱼目混珠等一些问题，使漾濞核桃的品牌资源受到严重损害，漾濞县于今年9月1日实施了《云南省漾濞彝族自治县漾濞核桃产业发展条例》。为了维护漾濞核桃在国内外市场声誉，通过近两年的筹备申报，已于今年6月成功获得国家工商总局商标局地理标志证明商标注册。2008年经漾濞县委政府批准，成立漾濞核桃产业协会，对农村经济运行机制的创新，以其独特的形式，灵活的机制，广泛的适应性，在普及核桃种植、加工科学知识，推广核桃科技成果，拓展核桃经营市场，提高农民科学文化素质，促进农业结构调整和农民致富奔小康等方面发挥了积极作用。立法保障、商标保护、协会搭桥使漾濞核桃走上了健康发展快车道 。

农产品亮相农博会 9月5日至9日，2011第七届昆明泛亚国际农业博览会在昆明国际会展中心举行，漾濞县组织漾濞核桃有限公司、涵轩公司、核桃秀工艺品厂、活性炭厂、苍山大酒坊等6家县内农业龙头企业到会参展，推介企业产品。3个展位在会展中心6号馆各州市优质农产品展区展示了以核桃为主的54种系列产品。同时，还推出宣传展板20多块，赠送投资指南700多份，发放彩色宣传折页、形象光碟、及产品简介等宣传材料2万多份，现场解答咨询1.5万多人次，展馆总客流量超过21万人次。

（梅　菊）

Nanjian Yi Autonomous County 南涧彝族自治县

名品名牌创建 积极开展著名商标、名牌产品创建工作。"土林"成为省级著名商标，"鑫凤凰"牌凤凰沱茶成为省级名牌农产品 。积极组织龙头企业参加中国云南普洱茶国际博览交易会、广州、杭州、深圳、东莞茶博会，通过茶博会这一平台，宣传推介南涧企业及产品。鼓励企业发展出口业务，全年出口创汇35万美元；土林公司取得了出口许可证，凤凰生态茶厂已申报出口许可证。

森林南涧 坚持生态立县、环境优先，深入实施"绿色家园"行动计划，新建沼气池2096口、节柴改灶789眼，推广太阳能801台。开展杨善洲纪念林、"万棵树苗入农家"等植树造林活动，栽植各类苗木79万余株，新增特色经济林1.7万亩、补植补造1200亩。完成天保工程公益林建设2.5万亩、春夏季造林5.6万亩、小湾电站淹没区植被恢复易地造林1.2万亩、中低产林改造4万亩、森林抚育3万亩。投资564万元的无量山国家级自然保护区二期工程、县森林防火营房建设工程、公郎镇和南涧镇天保工程管理所建设全面竣工。完成国家和省级森林生态效益补偿南涧县实施方案修订和全县林地保护与利用总体规划、天然林保护二期工程规划编制工作。核发经济林木（果）权证1.2万本，发放抵押贷款2800多万元。

生态农业 按照生态农业示范县建设实施意见，围绕烤烟、泡核桃、茶叶、肉牛、无量山鸡、生猪、药材、蔬菜、马铃薯9个标准化生产示范基地，多渠道整合项目资金，以点带面、示范带动，9个生态农业示范村建设稳步推进。全县财政支农资金1.68亿元、增长11%，其中农民直补资金3216万元、增长21.7%。完成农业总产值13.79亿元、增长17.6%。实现粮食总产量1.04亿千克。实施烟叶生产考核办法和烤烟种植大户奖励办法，种植"红大"烤烟8万亩，收购烟叶18.73万担，烟农总收入2亿元，实现"两烟"税收6044万元。新种植泡核桃4.23万亩、补植补造4.59万亩，泡核桃面积累计达73万亩，实现核桃产量8000吨，产值2.36亿元。累计茶园面积10.6万亩，实现茶叶产量3883吨、产值1.86亿元。认真实施草原生态补助和动物防疫整村推进工作，无量山乌骨鸡评选为"云南省六大名鸡"之一，中央财政现代农业发展优质肉牛项目全面竣工，以肉牛和无量山鸡为主的畜牧业稳步发展。出栏肉牛7.6万头、肉禽225万只、生猪18.4万头，实现畜牧业产值5.6亿元。与云南维和药业携手打造"无量药谷"，完成项目投资2亿元，种植三七和板蓝根等中药材6000亩，实现公司+基地+合作社的产业发展模式。

城乡人居环境 为进一步完善"彝族文化生态园林山城"建设思路，修编县城总规、控规、近期建设规划和相关专业规划，不断加强县城基础设施建设，县城建成区面积4.75平方千米，城镇化率达28.1%。投资4659万元的县城金龙路改扩建二期一标段、中兴路改扩建、跳菜雕塑广场、偃月公园整体升级改造、移民大楼、十六米街、涧河宋词长廊建设项目全面完工。保障性住房建设完成投资1600万元，开工率达100%、竣工率达60%以上。县城东片区“龙凤丽都”房地产开发项目累计完成投资2.76亿元。投资3756万元的县城污水处理厂及配套管网项目进入试运行阶段，生活垃圾处理场项目完成投资2500万元。振兴路、安定路、四十米大街、幸福路等路段美化亮化和县城东片区供水管网建设、南北两端城市公园土方回填工程、公安业务技术用房、信合大楼建设完成投资2150万元。投资715万元的县城至祥临路连接线、县城南北入口、富民街、小军庄平交口4个广场和涧河宋词长廊绿化工程全面竣工，县城后山生态修复工程和省级园林县城创建活动已组织实施，新增城市绿化面积2.7万平方米。组建县公共汽车有限公司，统一客运车辆车身标志，客运市场管理不断加强。完成县城红绿灯及电子监控系统、道路交通标线标志等配套设施建设。推行县城门前三包责任制，加强广告标志规范化管理，县城管理水平不断提升。新农村建设完成投资7014万元，全面完成乡集镇规划和宝华集镇二期工程建设，公郎中心集镇和全县行政村、自然村村庄规划编制顺利推进，2个中心村、3个示范村、2个行政村扶贫开发整村推进、9个新农村省级重点村、68个扶贫重点村和乐秋瓦午晒肚皮苗族村建设全面竣工，完成农村危房改造1500户，发放扶贫贷款4029万元。农村“一事一议”财政奖补项目完成投资2030万元。

工业强县战略 全面实施工业强县战略，出台加快工业经济发展决定，工业用地收储、园区基础设施和标准厂房建设顺利推进。进一步完善招商引资目标责任绩效考核办法，实施招商引资项目31个，实际到位资金7.23亿元。收储工业园区土地1319亩，建成园区标准厂房4368平方米。编制得胜生态农特产品加工园区详规，安定工业园区蚂蝗箐治理一期和园区进场公路太阳能路灯示范工程全面竣工。凤凰木业集成材生产线、家具生产线投入生产，东恒经贸日处理300吨的铁矿石初选生产线建成投产，南涧水泥制品厂和红云核桃技改搬迁项目、无量山水泥技改扩建项目顺利推进。完成工业总产值15.57亿元、工业增加值2.40亿元，分别增长40%和35.1%。加大优秀民营工业企业、企业负责人和个体工商户扶持奖励力度，非公经济增加值占全县生产总值的比重达47.6%。

母子垦水库扩建工程验收 母子垦水库扩建工程属云南省“润滇工程”项目之一，经省计委、省水利厅批准立项建设，初设批准概算总投资9607.51万元，总库容量1266.9万立方米，灌溉面积1780公顷。2002年11月6日开工，2010年12月全面竣工，累计完成工程投资8378万元。2011年7月通过省水利厅单元工程验收，12月13日，云南省发改委、省水利厅组织的验收组，对母子垦水库扩建工程进行竣工验收。已投入使用。

（袁登雁）

Weishan Yi and Hui Autonomous County 巍山彝族回族自治县

社会保障 2011年，全县新增城镇就业1325人，城镇登记失业率为2.88%。全县有6270人参加企业职工基本养老保险，基本养老金累计支出2521万元。65人参加被征地农民养老保险，做好未参保集体企业退休人员参保工作，660人办理了参保手续，495人按月领取了养老金。城乡居民社会养老保险参保19.02万人，参保率95.8%，有1.11万人和1.02万人分别参加城镇职工基本医疗保险和城镇居民基本医疗保险。建立健全城乡低保退出机制，2011年城市低保保障3736户4855人，月人均保障水平157元；农村低保增加扩面人员3290人，保障9832户2.37万人；供养农村五保对象1670人，发放救灾、城乡医疗救助和临时救助资金848.74万元、救灾粮43万千克，受灾户和贫特困户的基本生活得到保障。发放小额担保贷款4397万元，新增城镇就业1325人，城镇登记失业率为2.88%。

推进城镇建设 2011年，城镇建设完成投资2.36亿元，对《巍山县城近期建设规划》进行调整并通过州评审，古城保护利用顺利通过国家历史文化名街考核组复查。市政道路“一纵三横”路基建设基本完成。文华山片区、大仓永建新区开发建设规划取得成果。县城生活垃圾处理场建成试运行，南诏文化广场和文庙片区保护性开发基本完成，县城污水处理厂建设稳步推进。对雷祖殿街、学旁街、祁衙巷等14条历史文化街区进行恢复改造，总长2000米的道路铺贴路面石材2.2万平方米。新建保障性廉租住房800套，商品房379套，启动实施400套公租房建设，漾江林业局棚户区改造、客运站小区建设进展顺利。完成红河源路灯光工程建设。全县城镇化率达27%，城镇绿化覆盖率达13.65%。

新农村建设 2011年，进一步加大新农村建设力度。支持农业加快发展。农林水事务支出1.89亿元，增长67.11%。及时发放各项惠农补贴资金。补助涉农保险保费300万元，通过“一折通”兑付农资综合补贴、良种补贴、草原生态补贴4355万元，金融机构发放涉农贷款7.89亿元，增幅达57.27%。继续实施村级公益事业“一事一议”财政奖补试点。实施97个试点项目，总投资额达2220万元，获得中央、省、州财政奖补资金984万元，受益农户1.21万户，3.73万人，解决了部分农村“出行难，饮水难”和“脏、乱、差”等问题，农民生产生活条件得到较大改善。继续实施“万村千乡”市场工程。全年安排75万元用于“万村千乡”市场工程。兑付家电下乡资金905万元，补助汽车69辆，摩托车7267辆，家电1.59万台。筹集资金961万元实施农业综合开发，完成了8300亩中低产田改造，受益人群6340人；筹集资金

432万元，实施新增千亿斤粮食生产能力田间规划工程；筹集583万元用于农村人畜饮水安全项目，使农村基础设施得到加强，切实改善了农民的生产生活条件。

扶贫开发工程 2011年，扶贫开发工程建设项目涉及大仓镇甸中村委会4个自然村，农户386户，农村人口1467人。4个项目村共投入资金683.67万元，完成计划的121.5%。项目严格按照"866"要求组织实施，圆满完成任务，并通过州级考核验收。农户"八有"建设：完成安居房建设45户，改造安居房130户，青瓦白墙改造282户，硬化院心178户，改造节能灶220口，安装太阳能40套，建小水窖23个，建水池（水井）12口，完成人畜饮水铺设管道1570米，建蓄水池10个，建户用卫生厕186座，建卫生厩261间，种植核桃3606亩，购置猪115头，牛92头，羊100只，开展科技实用技术培训972人次。自然村"六有"建设：改造公路5600米，铺筑村内弹石路2200平方米，铺筑村内水泥路8245平方米，架设便民桥、涵管、路基挡墙等32件，新建村民议事点300平方米，改造村民议事点420平方米，硬化村民活动场地498平方米，建公告公示栏20个，建花台、石桌凳等配套设施15件，垃圾池11件，排污沟2200米，安装路灯、消火栓等设施20件，绿化、亮化村庄1400平方米，四旁植树160株，维修村内古建筑、拆除破墙烂壁16件，建项目建设标志碑4座。项目村种植业收入达150万元，畜牧产业收入达110万元，林果业收入达5万元。项目村生产生活所需的通电设施齐备，广播电视信号和农村电话已实现全覆盖。自然村"六提高"情况：项目村农民人均纯收入达2500元，比去年增加200元，乡风文明程度得到明显提高，综合发展层次得到一定提高。

（侯建华）

发展肉牛产业项目 2011年，中央财政支持现代农业发展肉牛产业项目是巍山县畜牧业发展中的重点建设项目，该项目总投资1172.6万元，其中中央财政补助400万元，自筹772.6万元。巍山县加强项目管理，项目实施稳步有序推进。到年底，项目工作进入扫尾阶段，完成新建标准化牛舍1.23万平方米，青贮窖建设5200立方米，化粪池1786立方米，集粪池1673立方米，排污沟8460米，优质饲料地建设680亩，饲草机械购置54台，完成投资1209.55万元，占完成任务数的103.15%。

（赵秀元）

彝山放歌（巍山县志办　提供）

大理州经济社会发展主要指标（表一）

县（市、区）	年末总人口（万人）		城镇人口占总人口比重（%）		单位就业人员（万人）		农业总产值（亿元）	
	2010年	2011年	2010年	2011年	2010年	2011年	2010年	2011年
大理州	346.01	347.80	31.9	34.50	23.00	24.09	188.69	234.82
大理市	65.28	65.69		57.80	11.24	11.55	24.60	28.20
漾濞县	10.24	10.29		27.60	0.44	0.53	4.80	5.86
祥云县	45.61	45.85		35.00	2.80	2.81	27.29	31.26
宾川县	34.91	35.09		32.00	1.23	1.28	37.79	47.23
弥渡县	31.35	31.50		31.50	1.13	1.07	15.76	18.21
南涧县	21.17	21.26		28.00	0.64	0.91	11.74	13.80
巍山县	30.47	30.61		27.00	1.15	1.18	14.93	17.65
永平县	17.54	17.62		27.00	0.66	0.77	10.98	13.44
云龙县	20.01	20.10		26.00	0.73	0.80	12.23	14.50
洱源县	26.86	27.01		26.00	1.05	1.13	18.96	22.45
剑川县	17.02	17.09		26.00	0.77	0.88	6.71	7.59
鹤庆县	25.56	25.69		25.50	1.16	1.19	12.91	14.64

大理州经济社会发展主要指标（表二）

县（市、区）	生产总值（亿元）		第一产业（亿元）		第二产业（亿元）		第三产业（亿元）	
	2010年	2011年	2010年	2011年	2010年	2011年	2010年	2011年
大理州	474.13	568.10	108.961	123.45	188.29	238.21	176.87	206.44
大理市	179.68	216.32	13.352	15.09	89.05	110.51	77.28	90.72
漾濞县	10.70	12.81	2.964	3.58	5.43	6.53	2.30	2.69
祥云县	63.33	77.82	17.199	19.99	33.35	42.12	12.78	15.71
宾川县	46.85	57.24	21.344	25.29	11.31	14.85	14.20	17.10
弥渡县	23.32	28.47	7.133	8.23	6.55	8.94	9.64	11.30
南涧县	17.67	21.49	6.701	7.87	3.03	4.11	7.94	9.50
巍山县	22.79	27.69	8.890	10.44	5.51	7.12	8.39	10.12
永平县	17.32	21.12	7.029	8.52	4.60	6.15	5.69	6.45
云龙县	19.54	24.65	5.850	7.33	7.92	10.73	5.77	6.59
洱源县	25.41	31.32	9.312	11.07	7.79	10.65	8.30	9.60
剑川县	13.30	16.07	3.306	3.66	6.18	8.01	3.82	4.40
鹤庆县	24.49	34.87	6.358	6.93	11.59	20.77	6.53	7.17

大理州经济社会发展主要指标（表三）

单位：%

县（市、区）	生产总值构成		第一产业		第二产业		第三产业	
	2010年	2011年	2010年	2011年	2010年	2011年	2010年	2011年
大理州	100.00	100.00	22.98	21.73	39.71	41.93	37.31	36.34
大理市	100.00	100.00	7.43	6.97	49.56	51.09	43.01	41.94
漾濞县	100.00	100.00	27.70	27.97	50.78	51.00	21.52	21.02
祥云县	100.00	100.00	27.16	25.69	52.66	54.13	20.18	20.19
宾川县	100.00	100.00	45.56	44.18	24.13	25.95	30.31	29.87
弥渡县	100.00	100.00	30.58	28.90	28.09	31.40	41.32	39.71
南涧县	100.00	100.00	37.92	36.65	17.15	19.13	44.94	44.23
巍山县	100.00	100.00	39.00	37.70	24.18	25.73	36.82	36.57
永平县	100.00	100.00	40.60	40.35	26.57	29.11	32.84	30.54
云龙县	100.00	100.00	29.93	29.73	40.55	43.54	29.52	26.73
洱源县	100.00	100.00	36.66	35.33	30.67	34.01	32.68	30.65
剑川县	100.00	100.00	24.85	22.80	46.43	49.81	28.71	27.38
鹤庆县	100.00	100.00	25.97	19.88	47.35	59.56	26.68	20.56

大理州经济社会发展主要指标（表四）

县（市、区）	生产总值指数（上年＝100）		人均生产总值（元/人）		国有经济固定资产投资（亿元）		社会消费品零售总额（亿元）	
	2010年	2011年	2010年	2011年	2010年	2011年	2010年	2011年
大理州	113.1	114.2	13498	16376	108.38	307.84	142.10	170.50
大理市	112.0	114.0	27559	33026	42.82	125.06	58.98	70.75
漾濞县	113.7	114.0	10439	12447	4.98	8.61	2.89	3.44
祥云县	113.0	115.2	13596	16516	4.52	20.58	18.20	21.86
宾川县	112.6	114.0	13328	16191	13.21	29.65	10.59	12.71
弥渡县	113.0	115.0	7304	9060	3.38	10.58	9.81	11.77
南涧县	112.9	115.0	7990	9682	1.81	5.58	6.35	7.62
巍山县	112.9	114.4	7299	9068	5.91	9.41	7.70	9.24
永平县	112.6	115.2	9504	11792	3.15	8.85	4.64	5.57
云龙县	115.9	116.1	9469	12292	6.63	32.90	5.16	6.19
洱源县	113.4	114.1	9125	11631	9.31	15.26	7.28	8.74
剑川县	113.8	114.2	7506	9404	5.09	8.24	4.28	5.14
鹤庆县	113.8	123.3	9143	13609	7.57	33.11	6.23	7.48

大理州经济社会发展主要指标（表五）

县（市、区）	地方财政收入（亿元）		地方财政支出（亿元）		人均地方财政收入（元/人）		人均地方财政支出（元/人）	
	2010年	2011年	2010年	2011年	2010年	2011年	2010年	2011年
大理州	37.62	45.95	124.24	159.62	1080	1324	3566	4601
大理市	14.21	17.10	21.05	28.15	2198	2611	3255	4300
漾濞县	0.78	0.91	5.09	5.81	758	890	4971	5659
祥云县	3.34	4.11	11.38	14.80	731	899	2490	3237
宾川县	1.90	2.19	9.95	11.96	548	625	2871	3418
弥渡县	1.30	1.74	8.56	10.83	412	554	2707	3447
南涧县	1.63	2.09	6.93	8.76	751	987	3183	4127
巍山县	1.34	1.87	8.25	10.56	437	611	2684	3458
永平县	1.38	1.62	6.15	8.19	771	924	3436	4657
云龙县	1.09	1.51	7.97	11.49	538	752	3922	5730
洱源县	1.20	1.45	8.50	10.70	440	539	3111	3973
剑川县	0.98	1.31	6.50	7.77	563	767	3754	4556
鹤庆县	1.87	2.27	9.00	10.26	717	885	3442	4006

大理州经济社会发展主要指标（表六）

县（市、区）	农民人均纯收入（元/人）		职工人数（万人）		在岗职工年平均工资（元/人）		人均储蓄存款余额（元/人）	
	2010年	2011年	2010年	2011年	2010年	2011年	2010年	2011年
大理州	3902	4733	19.71	19.92	28956	34111	9247	10913
大理市	5407	6430	9.43	9.36	29522	35571	22724	25412
漾濞县	3232	4238	0.42	0.48	30706	35544	6240	7415
祥云县	3801	4857	2.45	2.49	26326	32106	7325	8975
宾川县	3915	4918	1.13	1.04	29404	34961	6822	7940
弥渡县	2935	3755	0.99	0.92	27674	31348	5701	7152
南涧县	2518	3539	0.55	0.69	32773	31783	4196	5574
巍山县	2532	3398	0.82	0.86	29683	32653	4980	6076
永平县	3060	4138	0.58	0.62	27878	32006	5254	6629
云龙县	2378	3189	0.68	0.70	30543	33821	5116	6726
洱源县	3428	4266	1.03	0.93	26633	32360	5671	6675
剑川县	2396	3199	0.71	0.80	28858	31734	6539	8081
鹤庆县	3408	4365	0.93	1.02	29384	34543	8662	10109

Dehong Dai and Jingpo Autonomous Prefecture

德宏傣族景颇族自治州

主　　编　何兴庚
责任编辑　宣　勤

概述　德宏傣族景颇族自治州位于云南省西部，高黎贡山南麓。东西最大横距122千米，南北最大纵距170千米，总面积1.15万平方千米。除梁河县外均有国境线，国境线长503.8千米。州府驻芒市，陆距省会昆明649千米，空距427千米。辖芒市、瑞丽市、梁河县、盈江县、陇川县2市3县，50个乡镇，1个街道办事处，373个村（居）委会，3 849个村民小组。2011年末，总人口122.05万人，人口自然增长率7.38‰。

2011年，全州实现生产总值172.32亿元，按可比价计算比上年增长15.5%，其中第一产业实现增加值45.41亿元，增长7.8%；第二产业实现增加值59.85亿元，增长22.0%；第三产业实现增加值67.06亿元，增长15.0%。三次产业结构由上年的26.5∶33.9∶39.6调整为26.4∶34.7∶38.9。非公有制经济创造增加值70亿元，占全州生产总值的比重达40.6 %。完成工业总产值132.86亿元，比上年增长29.4%（按现价计算）；完成固定资产投资总额171.39亿元，比上年增长30.7%；实现社会消费品零售总额65.28亿元，比上年增长20.1%。居民消费价格总水平比上年上涨5.2% ；商品零售价格上涨4.9%；农业生产资料价格上涨10.4%。完成对外贸易进出口总额13.85亿美元，比上年增长21.6%。接待国内外游客532.09万人次，比上年增长13.4%。其中海外游客11.99万人次，增长26.4%；国内游客 520.1万人次，增长12.9%。旅游业总收入60.07亿元，增长30.8%。

年末，公路通车里程7416千米，比上年增长4.7%；拥有民用车辆41.06万辆，比上年增长12.9%。旅客运输量1950万人，增长17%；旅客周转量16.21亿人千米，增长22.5%。全年邮电业务总收入为3569万元。拥有城市固定电话9.95万户，比上年下降9.0%；乡村固定电话8.20万户，下降30.5%；年末移动电话用户125.38万户，增长37.9%；宽带互联网用户8.78万户，增长20.5%。

2011年，全州完成财政总收入30.91亿元，比上年增长42.2%，地方一般预算收入18.91亿元，增长42.8%；财政一般预算支出92.31亿元，比上年增长58.8%。金融机构存款余额352.51亿元，比年初增长21.3%。各种保费收入6.03亿元，比上年增长15.0%。

年末，在校学生21.94万人（不含师专）。小学学龄儿童入学率99.8 %，初中学龄少年毛入学率112.9%。全州有卫生机构321个（不含村卫生室），比上年下降5%；卫生技术人员4569人，其中：执业医师1513人，助理医师313人，注册护士1445人，其他卫生技术人员955人。病床4543张，每千人拥有病床4.5张。

实现科技项目138项。其中，国家、省科技计划项目26项，州级项目立项112项。获省政府科学技术奖1项，获德宏州政府科学技术奖34项。有艺术表演团体7个，艺术研究所1个，文化馆7个，文物管理所7个，公共图书馆7个。有广播电台1座，广播人口覆盖率93.73%；电视台1座，有线电视用户9.16万户，电视人口覆盖率64.02%。参加省级以上运动会比赛6次，获得金牌 35枚，银牌32枚，铜牌24枚。

2011年，农民人均纯收入4096元，增长21.6%。城镇居民人均可支配收入15255元，增长10.6%；城镇居民人均消费支出11367元，增长9.4%；农村居民人均消费支出3690元，增长27.5%。城镇居民人均房屋使用面积37.7平方米；农村居民人均住房面积27.3平方米。城镇居民每百户拥有家用汽车19辆，摩托车99辆；农村居民每百户拥有摩托车94.6辆，手机171.1部。

2011年，全州城镇职工参加基本养老保险7.23万人，比上年增长52.9%；参加失业保险4.77万人，下降0.3%；参加基本医疗保险11.73万人，增长3.7%。城镇居民基本医疗保险参保9.04万人，比上年增长8.1%。农村参加新型养老保险45.69万人。参加新型农村合作医疗的农民达90.44万人，参合率达98.4%。年末，全州享受最低生活保障的城乡居民有21.68万人，其中城镇居民4.67万人，农村居民17.01万人；全年共发放城乡居民最低生活保障金2.41亿元，比上年增长26.5%。

桥头堡建设全面启动　2011年5月30日，云南省加快建设面向西南开放重要桥头堡动员大会在瑞丽召开，标志着我国西南对外开放的桥头堡建设已全面启动。省委书记、省人大常委会主任白恩培，省委副书记、省长秦光荣，省委副书记李纪恒，省政协主席王学仁等领导出席启动仪式。

国务院于2011年5月6日下发《国务院关于支持云南省加快建设面向西南开放重要桥头堡的意见》（以下简称《意见》），充分体现了党中央、国务院对云南各族人民的亲切关怀、深情厚谊和殷切期望。白恩培要求，各级各部门要切实增强责任感、使命感和紧迫感，倍加珍惜难得的历史机遇，倍加珍惜良好的发展势头，以桥头堡建设为契机，推动云南科学发展。全省各级各部门要吃透政策精神，搞好政策衔接，完善政策体系，用好用足支持政策，切实拿出实在管用的办法和措施，把《意见》提出的政策措施加以细化落实，不断推进各项改革创新。秦光荣在会上作了讲话，提出了当前要重点研究的8个方面工作。期间，桥头堡建设两项重点工程—大理至瑞丽铁路保瑞段和龙陵至瑞丽高速公路建设奠基。

瑞丽试验区建设 德宏州在全省“一盘棋”总体布局下，重点围绕“一个通道枢纽，一个重点开发开放试验区，一个中缅跨境经济合作区，三个产业基地，三个服务平台，三个交流窗口”规划建设桥头堡黄金口岸。把瑞丽试验区建设作为工作的着力点和发展的突破口，坚持高质量开发、高水平开放、差异化发展，大胆探索，先行先试。按照“一核两翼，联动发展；一区多园，政策叠加”的思路，依托通道干线，以瑞丽为核心，芒市、陇川为两翼，重点建设跨境经济合作区、国际物流仓储区、国际商贸旅游服务区、进出口加工区、特色农业示范区（基本农田保护区）和生态安全屏障区六个功能区，构建土地利用、投融资、人才支撑三个平台，实施体制机制创新试验，加快推进一大批基础设施、产业和社会事业重大项目建设。围绕建设桥头堡内联外通重要通道枢纽目标，构建“东连滇中、西入南亚、南下缅甸、直进印度洋”的国际大通道综合立体交通网络。重点加快推进芒市机场开放为国际口岸机场，积极谋划搬迁至遮放前期工作。全力配合国家抓好铁路、高速公路、中缅陆水联运大通道和中缅油气管道建设。加快畹町连接弄岛的瑞丽大道建设。加强口岸基础设施建设，提升通关便利化水平，构建沿边现代立体口岸体系。推进芒杏120万千瓦水电站、天然气热电联产等重大能源项目建设，强化跨境能源合作和城乡电网建设。加快“数字德宏”建设，构建面向南亚、东南亚的区域性国际通信与信息服务枢纽。积极推动昆明—皎漂经济走廊建设，加快转变贸易发展方式，优化贸易结构，深化与南亚、东南亚及环孟加拉湾国家经贸交流合作，打造沿边重要国际贸易平台。努力把瑞丽重点开发开放试验区建设成为中缅边境经济贸易中心、我国面向西南开放重要国际陆港、国际文化交流窗口、国际绿色休闲度假黄金口岸城市、沿边统筹城乡发展先行区和中缅睦邻安邻富邻示范区。

基础设施建设 全年共实施5000万元以上固定资产投资项目126个，增加13个；亿元以上项目61个，增加9个。交通基础设施建设取得重大突破。建成腾陇、潞梁两条二级公路，德宏迈入环州“高等级公路网”时代。建成畹町芒满至缅甸105码二级公路，成为州首条跨境高等级公路。大瑞铁路保瑞段在瑞丽正式奠基，龙瑞高速公路、中缅油气管道（境内段）控制性工程开工建设。改建农村公路1071千米。麻栗坝水库等一批重大水利水电项目主体工程相继建成，盈江回龙河

瑞丽重点开发开放试验区建设启动仪式（瑞丽市志办 提供 李卫昌 摄）

震后恢复重建（瑞丽市志办　提供　何海燕　摄）

水库、瑞丽芒林中型水库相继完工，瑞丽220千伏等一批变电站建成运营。实施了一批小型农田水利、“兴地睦边”农田整治、病险水库除险加固、中小河流以及界河治理工程。瑞丽口岸查验货场、边民互市市场等一批口岸基础设施项目竣工并投入使用。市政基础设施建设力度加大。芒市机场大道、瑞丽大道等一批市政主干道路建设顺利竣工，城市园林绿化、亮化照明、供排水管网以及污水垃圾处理等市政建设不断完善，全州城市建成区面积达56.5平方千米。芒市成功创建国家卫生城市、省级园林城市。

农村学生营养改善计划　按照“政府主导、因地制宜、突出重点”的原则，积极探索农村义务教育学生营养改善计划工作的措施办法。目前，全州纳入实施计划范围的学校共424所，占公办义务教育学校总数的94%，覆盖学生11.44万人，占公办义务教育阶段学生总数的73%。全州学校供餐模式共3种：食堂供餐227所，占覆盖供餐学校总数的54%，覆盖学生7.05万人，占学生总数的62%；向企业购买供餐学校157所，占覆盖学校总数的37%，覆盖学生3.79万人，占学生总数的33%；家庭（个人）托餐40所，全部为小学，占覆盖学校总数的9%，覆盖学生5956人，占学生总数的5%。

医改新突破　2011年，新农合制度平稳运行，惠及广大人民群众。全州新农合参合人数90.44万人，参合率达98.41%，连续3年保持全省第一的好成绩。人均筹资标准提高到230元，省、州、县、乡四级住院补偿比例分别提高到45%、55%、80%、90%，住院封顶线提高到6万元。全年补偿205.12万人次1.80亿元，资金使用率达85.79%。全面实施国家基本药物制度，药品价格明显降低。基层卫生服务体系不断完善，服务能力明显提高。中央安排州项目18个，规划建设规模2.4万平方米，总投资5709.75万元，已开工建设4个，正在筹备前期工作14个。安排全科医生培训23人，乡镇卫生院招收定向免费医学生13名，安排3批15名人员到上海市人民医院和上海中医药大学进修学习，对基层卫生技术人员进行在职教育、培训1429人次。全州建立城乡居民电子健康档案67.33万人份、建档率55.46%；对4.01万名高血压、1.17万名Ⅱ型糖尿病和1300名重性精神病患者进行管理；对1.91万名农村妇女进行免费宫颈癌检查；对1.43万名农村孕产妇住院分娩进行补助，共补助597.01万元；对4185名结婚登记人员进行免费婚前医学检查；对663例农村贫困白内障患者实施免费复明手术；0～6岁儿童计划免疫全程接种率达98%以上、15岁以下儿童补种乙肝疫苗接种率达99.93%；设置健康宣传栏471个，举办健康讲座3287期次，发放健康宣传材料77万份，受教育人数达80多万人次。探索公立医院改革，完善内部运行机制。积极开展临床路径试点工作，管理病种增加到62个，人均住院费用有所降低；在二级以上医院开展优质护理示范工程，取得了“三提高、三下降”的显著成效（即：患者满意度提高、患者的表扬增多、护士责任感提升，患者的投诉降低、自聘护工或家属陪客比例降低、不良事件数量降低）；建立了应急处置联动、第三方人民调解、医疗责任保险、医疗救助“四位一体”医疗纠纷调处机制，推进了平安医院建设。

（线智林）

Mang City 芒 市

创建国家卫生城市 自2009年以来，经过3年的不懈努力，2011年12月芒市创建国家卫生城市顺利通过国家和省的检查考评和验收。

自创建国家卫生城市以来，按照省爱卫会的实施方案，采取有效措施，成立了爱卫工作机构，配齐配强干部队伍，保障工作经费，制定方法步骤，将工作任务进行细化、量化，形成一级抓一级，层层抓落实的良好局面，促进创建目标的最终实现。同时，号召全民以卫生村镇为龙头、以农村改水改厕和除“四害”为重点的全民爱国卫生运动。加大综合治理力度，坚持创建与管理、突击性整治与经常性管理相结合，重点解决集贸市场、摊点管理等老大难问题，突出抓好食品卫生和小街小巷整治，着力解决好环境污染问题，条件好的城市和县城要争取提档进位，把城市基础设施建设纳入有计划按比例发展的轨道，拓宽投资渠道，实行多元投资体制，因地制宜建设城市供、排水系统工程和绿化、美化、净化、亮化工程以及城市垃圾、粪便和污水无害化处理系统工程，不断完善基础设施，改善环境质量，逐步提高卫生整体水平，努力创造净、绿、亮、美的人居环境。

通过创卫，进一步提升芒市品位，改善投资环境，加快招商引资和对外开放的步伐，为芒市的重大项目发展创造优良的环境条件，为全市经济社会实现跨越发展奠定良好的基础。

新农村建设示范村——芒别村 芒别村位于风平镇西北边，是一个纯傣族居住村寨，距镇政府4千米。全村共有农户1300户，农业人口6389人，劳动力5144人。有耕地面积15836亩，其中水田11712亩，旱地4124亩，人均耕地2.47亩。

芒别村结合村情，通过深入调研，按照“因地制宜，规划先行”原则和“主导产业强村，科技人才兴村，建设生态家园”的新农村建设思路，科学规划，认真实施，使芒别村民小组新农村建设取得了阶段性成效。绿化美化环境，整治村容村貌。

芒别的新兴产业——老缅芫荽（芒市志办　提供　李天义　摄）

以做好村庄规划为龙头，推进“三改”（改厕、改厨、改圈）和“三清”（清粪堆、清垃圾堆、清柴堆），实施沼气入户，净化村庄环境、整治村容村貌。针对芒别村“垃圾乱倒、污水乱泼、柴草乱放、粪土乱堆、禽畜乱跑”等现象，村干部和党员形成共识，以重点开展从村容村貌专项整治行动为切入点，带领村民建设环境优美的新家园，充分调动群众参与新农村建设的积极性。同时，教育群众宣传普及沼气、安全用水、安全用电、卫生健康等科技知识，动员和帮助农户美化家庭环境，在村庄外围，村道两旁和房前屋后的空地上种植特色乡土绿色树种、花、草等。筹集资金，改善生产生活条件。芒别村积极引进各种人才，以改善生产生活为切入点把芒别村作为州、市新农村建设的试点来实施。2011年，投入项目资金375万元，其中州级补助20万元，群众自筹123万元。主要用来改善芒别村的道路硬化，全年投入345万元，修建芒别村小组和允门村的各3千米、7.5千米，道路覆盖率达芒别村90%、允门村达100%。培育优质特色产业，依靠科技增效益。芒别村委会发展以“老缅芫荽”等效益高的优势作物，强化农村建设的产业支撑和经济基地，调整农业结构，推进“一村一品”产业项目发展。2011年9月，成立芒市傣香食材种植专业合作社产，专门种植“老缅芫荽”，至年底，缅芫荽面积达600亩，年收入1200万元；甘蔗达5305亩，收入870万元；咖啡350亩，西瓜面积3470亩，在排灌条件最好的水田种植优质稻，冬季发展种植甜脆玉米、蔬菜；利用玉米、稻草秆等发展大牲畜、生猪养殖业。推广良种、病虫害防治技术，推行测土配方施肥、保护性耕作；推广、沼、菜等，降低成本，发展循环生态农业。“农家乐”餐饮娱乐蓬勃发展中。通过新农村建设，促使芒别村的民风民俗大为改善，逐步实现了城乡一体化，人民群众过上了安居乐业的生活，同时带动了部分家庭，通过发展农家乐等第三产业，收入得到了较大的提高。2011年末全村经济总收入5744万元，人均纯收入4629元。

（李天义）

Ruili City
瑞丽市

大瑞铁路保瑞段建设启动 2011年5月30日大理至瑞丽铁路保瑞段建设动员会在瑞丽举行。大理至瑞丽铁路保瑞段是国家中长期路网规划中的重点项目，泛亚铁路西线的重要组成部分，同时也是省“八入滇、四出境”铁路网规划中的重要出境通道之一。大理至瑞丽铁路设计全长330千米，其中保瑞段长196千米。线路设计时速为每小时140千米，可开行12对列车，年货物运输量1200万吨以上。

龙瑞高速公路奠基 2011年5月30日，云南龙瑞高速公路建设工程奠基。龙瑞高速公路起于龙陵县龙山卡，与保龙高速公路相连，途经芒市，止于瑞丽市姐勒，是国家高速公路网杭州至瑞丽公路的重要组成部分，也是云南重点推进的“四出境”国际大通道之一。龙瑞高速公路主线全长128.4千米，建设标准为双向四车道，路基宽度24.5米，设计行车时速80千米／小时；设计建设特大桥9座，大桥91座，隧道15座，建设工期预计为四年，概算总投资107.45亿元。

边民交易市场通过省级验收 瑞丽利民边民互市贸易交易市场建设项目2011年7月9日通过省级验收。利民边民互市贸易交易市场项目由瑞丽市利民边民互市交易市场有限公司开发建设，经过1年的建设，于5月完工。市场总占地面积70.84亩，建设面积8540.8平方米，有进口交易、出口交易、国内交易、办公四大功能区。设有电子出入系统、高清监控设施、电子地磅、集团电话广播网络等基础建设和配套设施设备，成为省边民互市贸易中规模最大、设施最完善的边民互市交易市场。

第十一届中缅胞波节暨第四届珠宝文化节在瑞丽举行 中国·瑞丽第十一届中缅胞波狂欢节暨第四届国际珠宝文化节于2011年10月2日至4日在瑞丽举行。与往届相比，本届中缅胞波节暨珠宝文化节有五大亮点：多位实力明星助阵开幕式暨文艺晚会；58辆牛车争奇斗艳竞头彩；民族风情狂欢让您一饱东南亚各国民族风情眼福；珠宝公主选美大赛更具国际化；百名玉雕大师竞技“神工奖”。评选出的20名“瑞丽巧雕大师”和100名“瑞丽巧雕师”获奖作品进行集体展出，让游客一览玉雕界“化腐朽为神奇”“俏色巧雕”的独特玉雕魅力。

本届中缅胞波狂欢节活动除传统的经典节目中缅民族风情大巡游、民族服饰评选、牛车彩车评选等活动外，中缅双方还举办了一系列异彩纷呈的文化体育活动，如中缅藤球比赛、中缅高尔夫球友谊赛、中缅抢柚子大赛等。国际珠宝文化节也在以往的基础上提高了档次、扩大了规模，并且延伸了珠宝文化的内涵，融入了红木家具展、珠宝走秀、摄影作品展等内容。

“国门春城”项目奠基 2011年10月3日，由中国华力控股集团投资的“国门春城”项目举行奠基及开工仪式。“国门春城”项目是由中国华力控股集团有限公司与华盈置地集团有限公司借势“国家重点开发开放试验区”和云南省“新高地”的带动效应，共同在瑞丽市投资开发的瑞丽市政府重点建设项目之一。项目东为瑞丽市环城西路、南为国境线、西为傣族民俗风情寨、北为勐卯大道，总面积6540亩，投资额预计超过120亿元。项目以“城”为规划理念，以城市规划方式划分出华商论坛、半岛养生、国门商务、都市居住四个主题功能区域。建成后“国门春城”将成为瑞丽首个集商务、会展、休闲、娱乐、养生、度假、居住为核心功能的大型综合配套区域。

中缅边交会 2011年12月8～12日，瑞丽市举办的第十一届中缅边境经济贸易交易会，经贸合作成果丰硕；签订进出口贸易项目41个，总金额2.68亿美元；签订招商引资项目9个，金额18.94亿元。边交会进出口贸易现货成交额2963.92万美元，货物过货量为1.40万吨。本届边交会突出“特色化、专业化、国际化”优势，无论会展规模、参展商家均超过往届。本届中缅边交会设有室内和室外两大展区，室内展位414个，其中缅方50个，特装展位4个；室外设有中、重型机械、农机展位2500平方米，有广东、上海、陕西等10余个省区市和缅甸、越南、孟加拉、印度等国的近百家企业参展。商品覆盖20多类100多个品种。

瑞丽国际医院奠基 总投资7.88亿元的瑞丽国际医院12月28日在瑞丽市举行奠基仪式。项目由云投集团投资，建设周期为3年，计划2015年初正式投入运营。瑞丽国际医院项目涵盖医疗服务、康复养生、医疗后勤、配套住宅和商业等内容。项目总用地面积440亩，其中医院用地130亩。项目按国际标准（JCI）进行规划设计，按国内三级标准进行建设，医院总建筑面积9.23万平方米，一期实施8.17万平方米，可达800床位，并预留500床位的发展空间。瑞丽国际医院是云投集团继安宁新昆华医院、呈贡新区医院之后投资建设的第三个大型医院，也是集团在云南省地州市建设的第一所现代化综合医院。项目建成后将进一步提升瑞丽市城市配套功能，满足群众多层次的医疗服务需求，成为瑞丽市加快推进沿边开发开放试验区建设的民生工程。

口岸贸易 随着瑞丽口岸联检中心查验货场、一国门两通道功能完善工程、边民互市交易市场等全面建成，瑞丽口岸扩大向第三国人员开放顺利通过省级验收，口岸基础设施和通关服务能力大幅提升，口岸流量迅猛增长。2011年共完成进出口贸易总额17.46亿美元，同比增长33.77%，占全州和全省总额的89%和27.3%；瑞丽口岸进出口贸易在全省口岸中率先突破百亿元大关。口岸进出口额、出入境人流量、出入境车流量三项主要指标年内均名列全省第一，连续四年成为云南省最繁荣的口岸。

（朱溪江 宋元岫）

Lianghe County 梁河县

新农村建设 2011年，全县9个州级试点村，计划投资197.27万元，实际完成投资444.08万元，占计划投资的225%。建设项目完成：村内道路混凝土硬化路面长7988米，硬化面积2.73万平方米；综合文化活动室建设4个，占地面积3207平方米，钢架铁屋面建筑面积1315平方米，室外混凝土硬化地面1892平方米，建大门一道，休闲娱乐和绿化设施一块；卫生公厕建设2个；垃圾池1个，消防池1个；村内亮化工程，外墙粉刷1.45万平方米；挡土墙及排水沟471米，衬砌石方404立方米；村内绿化工程；安居建设27户；人畜饮水1件，管道架设2800米；篮球场建设1个，混凝土硬化球场面积435平方米；安装水泥涵管62米；建设钢筋混凝土桥涵1座及水泥涵管1道；发展种植白花油茶100亩，养殖生猪58头；科技培训4期，300人次。

7个省级新农村重点建设村，计划投资239.02万元，实际完成投资337.77万元，占计划投资的141%。建设项目完成：村内道路硬化长5.17千米，硬化面积1.76万平方米，水泥砂浆砌块石（同子石路）硬化长1.2千米，硬化面积6233平方米；支砌挡土墙及排水沟1726立方米；建文化活动室3个，占地面积3684平方米，建筑面积966平方米，建筑类型钢屋架结构；公厕建设1个，民房建设23户。

遮岛小学全体师生举行庆祝少先队建队纪念日主题活动（梁河县志办 提供）

遮岛小学百年 2011年10月1日，梁河县遮岛小学举行百年庆典。梁河县遮岛小学办学历史已超过一百年，创建于1910年，曾几度迁址，几易其名，历史底蕴深厚，是云南省一级示范学校、省绿色学校、州文明学校。学校坐落在县城东南角，占地30亩，建筑面积5502平方米，绿化面积约1500平方米。

学校始终坚持“为每一个孩子提供一生值得回忆的小学教育”的办学宗旨，以“自信、向上、阳光”为校训，长期形成“和谐、探究、发展”的良好校风，着力实施素质教育，努力推进教学改革和课堂创新，学校办学特色日益鲜明，办学质量稳步提升，社会影响力与日俱增。 仅1978年至今，遮岛小学为社会培养、输送人才6000多人。先后荣获云南省普及实验教学先进集体等72项殊荣，教师个人获各种荣誉40余人（次），学生获国家、省、州级奖励60余人（次）。目前发展中的遮岛小学，借着“校安工程”的东风，学校正在建设一栋面积为6228.84平方米的教学楼和一栋学生宿舍楼，总投资超过1000万元。“博文楼”和“雏鹰楼”的建成，将为这所百年小学再添新亮点。发展中的遮岛镇中心小学，正向着成为全州一流的品牌学校和名牌学校的目标大步前进。

和谐文化村——永和村民小组 梁河县九保阿昌族乡丙界村永和村民小组有91户369人，其中阿昌族占全村总人口的86.1%。自2008

年被省委宣传部、省文明办列为全省和谐文化村建设示范点以来，按照和谐文化村示范点建成后要达到“六有”（即：有一个功能齐全的活动室；有一个群众文化小广场；有一支文艺演出队；有一套地面卫星电视接收设备；有一个农家书屋；有一个室外宣传橱窗）的标准，精心组织实施，积极推进和谐文化村示范点建设，全力打造生态文明和谐新农村。

村民小组把老年协会、妇女之家、青年民兵之家等各种群团组织整合资源，建成了一功能齐全的活动室，可以满足全村各种组织开展各种活动的需要；2005年永和村民小组规划建设了一个阿昌族阿露窝罗文化活动中心，规划占地面积8800.04平方米，投入资金575.73万元。经过两年半时间的建设，2008年5月主体工程全部完工，基本满足开展群众性文化活动的要求；以老年协会和妇女之家等为载体，成立了业余演出队，并在各种节日中积极开展丰富多彩的文体活动，丰富了群众的业余生活；经过广播电视部门的努力，目前整个村民小组均可接收到中央和省、州、县各级广播电视节目；县委宣传部、组织部、县人武部于2008年共同出资6000元，帮助村民小组建成了一个农家书屋，现藏书1000多册，可满足村民科技文化方面的知识；县委宣传部、县文明办积极筹措资金5000多元，帮助村民小组设立了室外宣传橱窗，并在宣传栏中积极开展党的路线、方针、政策和农村精神文明等方面的内容宣传。出资金5万余元重新修建了卫生公厕，进一步改善了村容村貌的。

为起到良好的辐射示范带动作用，村民小组立了写有“和谐文化村”的石碑。结合永和村是阿昌族聚居村寨，具有浓厚的阿昌族民俗文化的特点和优势，着力实施阿昌风情园建设、阿昌族图腾绘画、阿昌族文化长廊，全力打造浓厚的和谐文化环境氛围。除此之外，该村民小组还依托县民宗部门、县发改部门、县新农办等实施的人口较少民族整村推进项目和州级新农村建设示范点、兴边富民示范村等项目，加大了对群众的科技培训力度，对村内的水利、道路、文化、卫生、教育等基础设施进行了改造和完善，有效地改善了群众的生产生活条件，有力地推动了全村经济社会的发展。

（杨秋萍）

Yingjiang County
盈江县

国家绿色能源示范县 2011年7月9日，在全国农村能源工作会议暨国家绿色能源示范县授牌仪式上，盈江县正式获得国家能源局、财政部、农业部三部局联合授牌，成为

傣家竹桥（盈江县志办 提供 李加强 摄）

云南省“国家绿色能源示范县”之一，这是盈江县首次在新能源开发利用方面获得的国家级称号。多年来，盈江县始终坚持生态文明发展战略，通过大力实施植树造林、封山育林、退耕还林，小域治理、水电农村电气化、以电代柴、小水电代燃和节能减排等措施，切实加强生态环境建设与保护力度。2010年，盈江县森林覆盖率达73.85%，新能源和可再生能源占能源消耗比例的79%。

弄璋糖厂扩建 德宏英茂糖业有限公司弄璋糖厂日处理甘蔗7000吨技改扩建项目，2011年10月8日顺利通过州安全预评价评审，这是盈江“3·10”地震后，德宏州工业企业恢复重建第一个通过安全预评价的重点工程项目。

盈江县弄璋糖厂始建于1996年，日处理甘蔗500吨。1985年改造日榨甘蔗1500吨，1996年技改扩建，日榨能力4500吨以上，成为德宏州经济支柱骨干企业。盈江“3·10”地震，平原糖厂严重受损，影响10万亩甘蔗入榨和3万蔗农的经济收入。为保障蔗农经济收入，盈江县委、县政府决定将平原糖厂撤并弄璋糖厂，扩建工程总投资1.85亿元。7月19日，弄璋糖厂日榨甘蔗7000吨扩建工程开工。为把弄璋糖厂建成工艺先进、设备一流、节能环保的现代制糖企业，确保项目工程12月底前试车并投入生产，扩建工程项目建设施工、设计、监理单位团结协作，保证工程进度、施工质量和施工安全；在建设项目主体设施时，德宏英茂糖业有限公司把安全设施与主体工程同时设计、同时施工，同时投入生产和使用，以从源头上保障安全，有效遏制安全生产事故发生。扩建后的弄璋糖厂，不仅提高日处理能力，还能完成平原、弄璋糖厂蔗区17万亩的甘蔗入榨任务。

工业园区建设 按照“一园四区”工业园区总体布局，设置仕明边贸加工区、昔马镇水电冶循环经济区、芒允铁合金冶炼区、新城工业硅冶炼区，规划面积10.79平方千米。近期重点打造仕明边贸加工区建设。累计协议征地2282亩，其中2011年征地1300亩，采用BT模式，实施仕明边贸加工区“四纵四横”道路建设，计划投资3.32亿元。公开招标两个标段，合同价款3.46亿元，完成投资5000万元。办理入园企业（单位）土地报件20户，申办单独选址项目报件23宗，申报土地面积1477.15亩，预交土地款1.47亿元，23个项目计划投资13.6亿元。完成23宗土地的环评、水保方案、选址意见书、勘测定界报告书、征地协议书、听证公告等，组织申报土地。

中华翡翠毛料城 2011年12月6～17日，全国工商联金银珠宝业商会、中国特产之乡推荐暨宣传活动组委会在北京授予盈江县“中华翡翠毛料城”和“中国坚果之乡”两项殊荣。2008年，盈江县重新打通中断7年的翡翠玉石毛料陆路运输线，建设云南省首个翡翠玉石毛料公盘交易市场，面积5000平方米。2009年以来，成功举办翡翠毛料公盘交易会15次，上市交易量8000余吨，成交额5亿多元，其中：2011年举办公盘交易会7次，成交额2.5亿多元。目前，盈江县有珠宝玉石行业协会2个，会员9000 多人，珠宝企业和经营户500余户，从业人员近万人，4家珠宝玉石企业在盈江建成玉石毛料公盘交易市场（玉石投标交易市场），珠宝玉石成为县域经济支柱产业之一。

中国坚果之乡 盈江县依托丰富的热区优势和旱地资源，实行区域化布局，发动农户在海拔600～1200米区域内种植澳洲坚果，打造“中国坚果之乡”品牌，大力发展坚果种植、加工产业。1997年开始规模化种植澳洲坚果，坚果面积达11万亩，成为中国种植澳洲坚果面积最大的区域。带动德宏州种植17万亩，占全国种植面积的70%以上，目前投产6万亩，产量2万吨，实现工农业总产值5亿元，13个乡镇，83个村委会3万农户受益。

文化惠民工程 盈江是边疆少数民族县，边境线长214.6千米，受境外宗教、文化影响。为搭建文化平台，实施文化惠民工程，盈江县实施“两强一堡”战略，建立健全机制，把基层文化基础设施建设作为“惠民、固边”工程来抓，结合边疆解“五难”“兴边富民工程”，加大投入力度，“十一五”期间，投资2900万元，建成县级文化活动中心，乡镇综合文化站16个，文化广场7个。同时，采取“三点”方式（财政争取一点、群众自筹一点、挂钩单位补助一点），投资5 000万元，建村组文化活动室254个，篮球场180块。投资200万元，建太平文化广场，占地面积1.18万平方米，建广场、篮球场、傣族泼水亭、景颇族目瑙示栋等设施，是全省目前面积最大、功能齐全、最具民族特色、内部设施最好的边境县文化广场。13个乡镇文化站配备书架、阅览桌、音响设备、摄影机、DVD、照相机、电脑、打印机、电视机、投影机等设备，建立“文化信息共享工程”，县级支中心1处，乡镇服务点16处，村级服务点55处，形成县、乡、村三级服务体系文化网络。成为各族群众学习科技文化平台、文化娱乐场所、抵御境外腐朽文化的阵地。通过信息共享工程服务平台，学习先进管理种植技术、发布信息，广开销售渠道，产品远销昆明、上海等地，增加农民收入。

（李加强）

Longchuan County
陇川县

阿昌会街节 会街节是陇川县户撒阿昌族乡阿昌族传统的盛大民族民间节日。每年的农历九月初十左右举行。

据傣文记载：会街节诞生于佛历544年9月10日后的芒东街天（即南北朝癸巳岁。延昌二年513年）至今有1507年，每年都举行会街节是为了纪念释迦牟尼对人间的关怀。

新中国成立后，会街节延续成为陇川县阿昌族盛大的民族传统节日，1983年4月5日，德宏州第八届人民代表大会第一次会议通过的《关于恢复和建立民族节日的决定》正式确定（阿露—会街）为陇川县阿昌族的传统民族节日之一。1993年5月，经陇川县户撒阿昌族乡和梁河县两地的阿昌族反复协商，报经德宏州第九届人大常委会第三十次会议讨论批准，将原陇川县户撒阿昌族的阿露节与梁河阿昌族的窝罗节合为“阿露窝罗节”，统一法定在每年3月20日举行。节日的意义已从纪念“个打玛——释迦牟尼”变为共庆农业丰收的活动。青龙白象（竹条或木条和彩纸扎制）是会街节的吉祥物。

会街节日期间，附近村寨的阿昌族男女老幼装扮一新，统一聚集在一起，然后簇拥着本村或是一个奘（几个村寨共同拥有一个塔称为一奘）精工制作的青龙、白象（用肩抬、或是放在机动车上），敲着象脚鼓、铓锣，汇集到赶摆预定的场所。节日当天青龙白象就是主角了，到了会街地点，先举行仪式，旧时是由土司给青龙、白象挂彩，解放后由当地行政负责人给青龙、白象挂彩。仪式结束后，以青龙白象为首，热情好客的阿昌族民众身着艳丽的服饰，和着象脚鼓、芒锣的节拍，舞起青龙、白象，与远道而来的客人们一同分享节日的快乐。人们围绕着青龙白象载歌载舞，这时鞭炮齐鸣，葫芦丝声声，一时间，广场上所有人都跟着阿昌族村民跳起了“蹬窝罗”，浩荡的队伍中不但有景颇族、傣族、傈僳等少数民族，还可看到外国游客，就连帮助维持秩序警察也身不由己地挤进了欢乐的人群中“蹬窝罗”。节日规模一年胜似一年，开幕式上有精彩的阿昌族歌舞表演、民族服饰展示、王刀评选、户撒刀打制精湛技艺比赛、最佳过手米线评选等活动，这些活动将节日的欢乐气氛推向又一高潮。

傣族新农村——喊撒村民小组 章凤镇户弄村委会喊撒村民小组，是一个纯傣族居住的自然村，全村有农户96户，人口439人，党员8人，有耕地面积934亩，农业生产主要是以种植甘蔗、水稻、红土晒烟为主；兼种油菜、西瓜、包谷、马铃薯等。2011年经济总收入225万元，比去年增加5.2万元，增长2.3%，农民人均纯收入2550元，比去年增加190元，增长8%。粮食总产28.63万千克，人均占有粮食646千克。农作物播种面积2123亩，比去年增加138亩，增长6.9%，种植水稻495亩，比去年增加95亩，增长23%，甘蔗800亩，增加88亩，增长12.3 %，玉米260亩，增加20亩，增长8%，红土晒烟102亩，经济林果71亩。

新农村建设总投资57万元，(其中：省级资金15万元，州县资金20万元，自筹22万元)。完成村内水泥路硬化1220米，4270平方米，投资45.45万元；排水沟400米，投资3.5万元；挡墙及附属设施，投资7.55万元。村内道路硬化，500米，1963平方米，原来在雨季村民出行和农用物资、农产品运输都是十分艰难，如今问题得到彻底改变。特别是村文化活动室的建成后，为群众创造了一个宽敞的固定学习、娱乐活动场所，为社会主义精神文明在基层农村的建设发展创造了条件。科技培训也有了好的环境，全年共办科技培训1750人次。村内环境卫生“脏、乱、差”的现象大大改善，如今的傣族村犹如换上了新装的一个新娘，马路两边花草树木充满着大自然的气息，踩在柏油路上，闻着花朵的香味，犹如仙境一般。村庄里有固定的垃圾站，每天的清晨村民主动打扫卫生。农民环保意识得到提高，农村居住环量明显改善。在乡间小路上行走，细心聆听，总有人们在议论村里发生的喜事；行到田间地头，总有人们辛勤劳动、创造成果的身影。农民生活逐渐达到小康水平。

(张洪芬)

章凤镇喊撒村水泥路(陇川县志办　提供　张洪芬　摄)

德宏州经济社会发展主要指标（表一）

县（市、区）	年末总人口（万人）		城镇人口占总人口比重（%）		单位从业人员（万人）		农业总产值（亿元）	
	2010年	2011年	2010年	2011年	2010年	2011年	2010年	2011年
德宏州	121.28	122.05	33.6	35.40	100575	10.058	58.00	71.45
芒　市	39.03	39.28		53.21	37693	3.769	16.51	19.79
瑞丽市	18.08	18.43		39.03	23013	2.301	8.27	10.03
梁河县	15.43	15.46		24.70	7953	0.795	5.36	6.60
盈江县	30.55	30.67		30.29	18420	1.842	16.45	20.75
陇川县	18.18	18.21		27.23	13496	1.350	11.41	14.29

德宏州经济社会发展主要指标（表二）

县（市、区）	生产总值（亿元）		第一产业（亿元）		第二产业（亿元）		第三产业（亿元）	
	2010年	2011年	2010年	2011年	2010年	2011年	2010年	2011年
德宏州	140.63	172.32	37.24	45.41	47.62	59.85	55.76	67.06
芒　市	44.30	53.85	11.01	13.15	13.81	17.73	19.48	22.96
瑞丽市	28.74	35.24	5.73	6.93	5.86	7.10	17.15	21.22
梁河县	9.94	12.05	2.99	3.65	2.94	3.74	4.01	4.66
盈江县	40.32	49.12	10.71	13.19	20.12	24.59	9.50	11.34
陇川县	17.33	22.36	6.81	8.50	4.89	7.31	5.63	6.55

德宏州经济社会发展主要指标（表三）

单位：%

县（市、区）	生产总值构成		第一产业		第二产业		第三产业	
	2010年	2011年	2010年	2011年	2010年	2011年	2010年	2011年
德宏州	100.00	100.00	26.48	26.35	33.86	34.73	39.65	38.91
芒　市	100.00	100.00	24.85	24.42	31.18	32.93	43.97	42.65
瑞丽市	100.00	100.00	19.95	19.66	20.38	20.14	59.66	60.20
梁河县	100.00	100.00	30.04	30.26	29.58	31.07	40.38	38.67
盈江县	100.00	100.00	26.56	26.85	49.89	50.07	23.55	23.08
陇川县	100.00	100.00	39.28	38.02	28.23	32.70	32.49	29.28

德宏州经济社会发展主要指标（表四）

县（市、区）	生产总值指数（上年＝100）		人均生产总值（元/人）		国有经济固定资产投资（亿元）		社会消费品零售总额（亿元）	
	2010年	2011年	2010年	2011年	2010年	2011年	2010年	2011年
德宏州	115.1	115.5	11681	14157	49.58	116.83	54.36	65.28
芒　市	114.9	115.0	11458	13743	11.97	43.00	18.31	22.06
瑞丽市	115.0	116.5	16375	19279	5.86	32.38	15.22	18.40
梁河县	110.2	111.5	6295	7803	2.02	6.91	3.13	3.63
盈江县	115.4	115.0	13321	16040	15.58	26.69	13.65	16.39
陇川县	115.8	115.1	9568	12283	3.65	7.84	4.06	4.79

德宏州经济社会发展主要指标（表五）

县（市、区）	地方财政收入（亿元）		地方财政支出（亿元）		人均地方财政收入（元/人）		人均地方财政支出（元/人）	
	2010年	2011年	2010年	2011年	2010年	2011年	2010年	2011年
德宏州	13.24	18.91	58.11	92.30	1100	1554	4829	7586
芒　市	3.30	4.46	13.36	16.66	855	1138	3458	4255
瑞丽市	3.73	5.12	9.88	13.94	2126	2805	5635	7635
梁河县	0.68	0.96	6.23	7.98	428	623	3944	5169
盈江县	2.89	4.33	11.07	28.86	955	1413	3660	9429
陇川县	0.89	1.27	8.41	10.40	491	700	4642	5714

德宏州经济社会发展主要指标（表六）

县（市、区）	农民人均纯收入（元/元）		职工人数（万人）		在岗职工年平均工资（元/人）		人均储蓄存款余额（元/人）	
	2010年	2011年	2010年	2011年	2010年	2011年	2010年	2011年
德宏州	3368	4096	9.64	9.54	25511	28592	15224	16943
芒　市	3603	4197	3.56	3.82	29544	30908	12190	14106
瑞丽市	4218	4824	2.24	2.16	21761	23143	50764	51072
梁河县	2461	3108	0.77	0.76	26079	31740	6669	7866
盈江县	3716	4712	1.78	1.55	25793	32263	8075	9974
陇川县	2740	3433	1.29	1.24	20225	25241	6688	7966

Nujiang Lisu Autonomous Prefecture

怒江傈僳族自治州

主　　编　何兴庚
责任编辑　宣　勤

概述　怒江傈僳族自治州地处云南省西北部。总面积14703平方千米。国境线长449.47千米。州府驻泸水县六库镇，距省会昆明581千米。辖泸水县、福贡县、贡山独龙族怒族自治县、兰坪白族普米族自治县，乡镇29个，其中，乡20个(含民族乡3个)，镇9个。2011年末，总人口53万多人，其中城镇人口11.81万人，占总人口22.7%；少数民族人口48.7万人，占总人口93.54%；主体自治民族傈僳族人口27.15万人，占总人口48.21%。是怒族、独龙族、普米族的主要聚居地。白族人口14.34万人，普米族人口1.77万人，怒族人口3.2万人，独龙族人口0.61万人，其中怒族、独龙族、普米族为全国的较少民族。人口密度每平方千米33人，人口自然增长率控制在4.45‰。

2011年，全州实现生产总值64.63亿元。比上年增长18%。其中第一产业增加值8.22亿元，第二产业增加值24.03亿元，第三产业增加值32.4亿元，分别增长6.2%、15.9%和6.7%。居民消费品价格总水平比上年上涨18.7%，人均GDP为11874元。全州完成财政总收入10.86亿元，比上年增长9.96%。一般预算收入6.66亿元，增长14.01%。其中，税收收入4.47亿元，增长17.78%。非税收入2.18亿元，增长6.99%。全州地方财政一般预算支出42.69亿元，比上年增长25.4%。年末金融机构人民币存款余额95.3亿元，增长4.07%。其中，储蓄存款余额39.74亿元，增长17.42%。金融机构人民币贷款余额58.72亿元，增长14.15%。

全州中等职业技术学校5所，在校生1688人，比上年下降37%；毕（结）业生414人，比上年下降6.1%。普通中学30所，在校生（包括初中高中学生）2.89万人，比上年增长0.87%；毕业生8730人，比上年下降5.18%。小学134所，在校生5.02万人，比上年下降0.1%。小学学龄儿童净入学率99.32%，初中学龄净入学率68.74%。特殊教育机构1个，在校生330人，毕业生14人。

2010年争取到省科技计划项目9项，科技经费480万元；州级科技计划项目立项54项，安排科技经费140万元。年末，全州有艺术表演团体4个，艺术研究所1个，文化馆5个，公共图书馆5个，文化站29个。成功举办“2011云南省科技文化卫生‘三下乡’集中示范活动”等重大活动，大型舞蹈史诗《傈僳人》《独龙江·独龙人》，电影《走路上学》《碧罗雪山》等一批影视文学艺术作品获国家、省级大奖，怒江民族文化的影响力和知名度显著提升。广播电视无线发射台7座，广播人口覆盖率88.45%；有线电视用户3.0万户，其中数字电视用户2.43万户，电视人口覆盖率93.46%。卫生事业不断进步。年末有卫生机构59个。病床1559张，卫生技术人员1654人。执业医师及助理医师568人。

2011年，全州农民人均纯收入2362.4元，扣除物价因素，实际增长14.8%，城镇居民可支配收入12117元，比上年增长15.6%。全州城镇基本养老保险参保人数达1.79万人，比上年增长9.1%，征缴基本养老金8625万元，比上年增长4.6%；工伤保险参保人数达4.42万人，比上年增长294.6%；失业保险参保1.74万人，比上年增长0.57%；参加新型农村合作医疗的42.6万人，参合率达97.17%，参加城镇基本医疗保险总人数达到7.03万人，比上年增长78.9%。

独龙族安居房

改建“独龙”天路 1999年12月，从贡山县城至独龙江乡政府，建成了唯一与外界联系的独龙江公路，全长96.2千米，最高海拔3390米。这是一条非等级碎石路面的简易公路，技术标准低、路况极差、临时性桥涵多。每年从12月至翌年6月间，大雪封山长达半年之久，属于季节性通车公路，就是通车时也因经常发生雪山崩、塌方和泥石流而阻断交通，严重制约独龙江乡的生产生活物资补给和经济社会发展。省委、省政府在兴边富民工程中，对独龙江乡实施整乡推进整族帮扶行动计划。独龙江公路改建工程，于2011年1月由国家发展改革委批准立项，省交通运输厅委托省公路局组织实施，1月29日，工程正式开工建设。改建路线基本采用原公路走向，对路基进行局部加宽，提高路基承载能力，增加排水设施，每千米设置至少3个错车道，满铺沥青路面，达到单车道四级公路标准；在K40＋800处新建6.68千米的特长隧道穿越高黎贡山，隧道净宽7米，净高4.5米，最高海拔降至3025米，改建路线全长79.98千米，改建工程完成后，路线将比原有公路缩短约16千米，可实现全年通车，项目投资6.09亿元。截至年末，道路一标段已基本完成路面路基硬化，道路地标段部分路面已油化；隧道共累计完成掘进1282米，4个标段累计完成投资1.52亿元。

独龙族整体脱贫提速 2010年1月，省委、省政府决定将独龙江乡列为省级扶贫开发整乡推进试点，启动实施安居温饱、基础设施、产业发展、社会事业发展、素质提高、生态环境保护与建设“六大工程”建设。建立了由近30个省直部门组成的独龙江乡整乡推进独龙族整族帮扶综合统筹协调领导小组，已累计安排下达各类帮扶资金6.33亿元，占3年计划资金的67.6%。12月底，独龙江公路改造工程及前期保通工作取得实质进展，累计完成投资1.52亿元。农村电网工程完成60%的架设，实现部分村寨20千伏供电；通信工程建设完成贡山县城至独龙江公路41千米处通信光缆架设工程等。投入农村饮水工程资金593万元，全部解决独龙江乡群众饮水的安全问题。

年内，独龙江乡6个行政村25个村民安居工程全部开工，工程共涉及1027户3934人，275户2011年已入住，其余的将在2012年8月底前完成主体工程；新建的独龙江乡信用联社、学生宿舍楼、学生食堂、浴室等辅助工程已竣工；乡村文化活动站（室）设备配置到位。全乡已种植草果3.2万多亩，并开展大棚蔬菜、地膜包谷种植，扶持群众发展中蜂、独龙鸡、独龙牛和生猪等养殖，同时已完成封山育林3万亩，薪炭林建设1.1万亩。

城乡基础设施改善 2011年，怒江州累计投入交通建设资金39.4亿元。完成金六、六曼、剑兰二级路建设和六片油路改造。独龙江公路改造、六丙二级路一期、德贡路、六库怒江二桥交通环线等重点工程开工建设。完成22座江桥建设。怒江机场前期工作扎实推进。建成3座220千伏变电站，110千伏供电网络更加完善。完成水利投资7.8亿元，新建、续建、维修各类水利建设项目8951个，丰坪水库通过省级验收，黄木水库、瓦姑水库相继开工建设。建成9个乡（镇）客运站点，建设农村公路1847千米，全州乡（镇）通油路率达96.5 %，行政村通公路率达92.6%。全州行政村、自然村通电率分别达98.8%和89%。通信网络基本覆盖全州乡（镇），90%的行政村、85%的自然村通电话。泸水撤县设市工作稳步推进，六库新老城区建设改造步伐加快，城镇化率从14.5%提高到22.7%。

矿冶产业初具规模 2011年，兰坪、泸水两个园区已形成15万吨电锌、6万吨硫酸、14万吨工业硅、60万吨水泥的生产能力。2011年矿冶业总产值达37.4亿元，比2005年增长2.8倍，占全州工业总产值的85%，提供就业岗位达1.3万个。

发展电力产业 稳步推进“两江”流域干流水电开发，黄登、大华桥电站建设取得重大进展。中小水电迅猛发展，完成电力投资41亿元，新建电站41座，新增装机72.7万千瓦，全州水电总装机达91.56万千瓦。

培育生物产业 制定出台加快推进优势生物产业发展的政策措施，通过“四个百万”工程实施，核桃、漆树、草果、云黄连、秦艽等生物产业基地建设不断加快，完成林果面积169万亩、庭院经济林153万株、中药材50万亩。加强对外合作，加大生物资源开发力度，推出了“中国木蜡”、瓦姑茶、鸡脚稗酒等一系列怒江特色生物制品。

旅游产业健康发展 完成《怒江大峡谷旅游景区开发建设总体规划》，引进怒江大峡谷温泉旅游小镇及精品旅游酒店等一批项目。连续五年开展“阔时”文化旅游节系列活动，成功举办“滇西北4+2旅游论坛”“百名记者聚焦怒江”“百名作家怒江行”等活动，怒江被评为全国最具民俗文化特色旅游目的地，“阔时”旅游文化节被评为全省“十大民族狂欢节”，怒江大峡谷生态旅游品牌的知名度不断提高。全州接待国内外旅游者760.58万人次，年均增长13.49%；实现旅游业总收入40.16亿元，年均增长13.21%。

扶贫攻坚 年内，整合各类扶贫资金，扎实开展山区综合开发，全面启动独龙江乡整乡推进独龙族整族帮扶工作，切实做好扶贫攻坚大会战各项前期工作。解决了9.8万人的温饱问题，完成整村推进920个、易地扶贫1.04万人、安居房建设1.29万户。实施了一批人口较少民族经济社会发展扶持项目，极大地推动了人口较少民族的发展。发放各种惠农补贴资金3亿多元。转移农村劳动力11.3万人（次），创劳务收入6.18亿元。

对外贸易 2011年，紧紧抓住国家把泸水片马列为边境经济合作区的重大机遇，编制完成《建设国家级泸水（片马）边境经济合作区可行性研究报告》和《片马口岸"十二五"发展规划》。积极调整进出口结构，转变贸易方式，年内，对外贸易进出口总额完成4.03亿元，恢复到历史较好水平。加强与欧洲、澳洲和周边国家的合作交流。积极争取国家和省的大力支持，召开了怒江州总体发展思路座谈会、怒江发展问题座谈会和云南省人民政府加快怒江发展专题工作会议，怒江已从非重点发展地区逐步成为全国、全省关注和重点支持的地区。

生态建设 深入实施天然林保护、退耕还林、生物多样性保护等重点生态工程建设，启动了省级公益林和国家重点公益林生态补偿工作。投入林业发展资金5亿多元，完成营造林200万亩，公益林建设41.8万亩，退耕还林16.7万亩，义务植树496.04万株。全州新增森林面积48.7万亩，森林覆盖率达72.9%，比2005年提高5个百分点。开展"生态修复工程全民大行动"活动，积极推进生态脆弱地区的生态修复与建设，治理水土流失面积208平方千米，怒江、澜沧江沿岸生态环境明显改善。着力实施沘江河流域水污染治理。建成泸水和兰坪两个县城污水处理厂。扎实抓好节能降耗工作，圆满完成省下达的目标任务。

（张丽莲）

Lushui County 泸水县

污水处理厂竣工 9月29日，六库城区污水处理厂竣工通过验收。污水处理厂位于六库新城区南端，总占地面积约34亩。建设规模按近期（2013年）污水日处理能力1.3万吨，远期（2020年）污水日处理能力2.6万吨规划设计。一期用地约15亩，近期工程概算投资5505万元。污水处理厂主要对六库新老城区7.14万人的生活污水进行净化处理，经过处理后的污水在达到国家相关排放标准后排入怒江，解决县城生活用水对怒江的污染，改善县城生态环境，完善城市功能，提高城乡居民生活质量。

垃圾处理厂竣工 12月27日，六库垃圾处理厂竣工通过验收。垃圾处理厂位于上江乡大练地村大凹子沟谷，距六库城区13千米，项目一期占地面积167亩，利用大凹子沟宽敞的谷地依荒山坡修建而成，建设规模为日处理垃圾100吨，工艺采用卫生填埋法，填埋场总库容按远期统一规划设计，分期实施，近期填埋库容为38.01万立方米，规划服务六库城区面积8万平方千米，服务人口7.1万人，使用年限8至10年，工程包括垃圾收运系统、垃圾填埋场、调节池、渗透液处理站、管理房、地磅房等，工程总投资3133.11万元。

六曼公路通车 6月1日，云南省第一条采用代建制模式建设的公路，省道S320线六库至曼海桥二级公路建成通车。六曼公路属云南省公路"8619"路网规划中第8条纵线云南S320线德钦至瑞丽公路中的一段，是出滇、入藏、连接口岸的重要通道。北起泸水县上江乡三界桥，南至保山市隆阳区潞江镇，全长91.95千米，设计标准为二级公路，设计时速为每小时60千米，工程投资10.9亿元，是云南省52条政府还贷二级公路之一。与金六公路形成进出怒江的环形通道。从保山经潞江坝到六库仅需两个多小时，行车时间缩短了40%。

村组通畅工程 2008年至2010年，泸水县扶贫、发改、交通等部门在全县实施兴边富民工程通组公路建设和通村公路改造，沙石料政府补助，村民投工投劳，共投资1300多万元完成10条通村公路的硬化改造，县扶贫部门投入4500万元，建设169.3千米入组入户公路，4000户1.30万人从中受益。一条条干净整洁的村间硬化道路延伸到每家每户，一辆辆农用车、摩托车，直接开到了家门口。兴边富民工程不仅方便了群众的出行，而且让老百姓放心地发展起各种产业。

农家书屋大作为 近年来，针对农村文化资源贫乏、农民综合素质较低、群众学习渠道单一的状况，采取部门联运，整合资金，社会帮扶等方式，推进"农家书屋"建设。在实施过程中，把"农家书屋"建设与"边疆党建长廊"、基层组织建设、社会主义新农村建设有机结合，实行多模式化建设，利用已建成的党员活动室等基础设施，引导企业和社会参与建设。年末，"农家书屋"覆盖全县71个行政村和4个社区居委会，农民群众足不出村就能读到适用的图书，找到致富之路。"农家书屋"成了群众学文化、长技能、强本领的"黄金屋"。

农业综合开发 2001年，省农业综合开发项目在泸水县实施，全县采取抓典型，抓示范带动，对上江乡、大兴地乡进行集中连片示范点建设，通过对"山、水、田、林、路"项目综合规划整治，兴水利、修道路、建产业、抓培训，达到建设一片，成效一片，带动一方发展的目标。十年来，全县先后投入开发资金2672万元，在上江和大兴地两个乡实施农业综合开发项目，改造治理土地3.17万亩，受益群众2.15万人，带动农民年人均增收230多元，探索出了一条符合泸水县农业发展实际的边疆少数民族山区农业综合开发新路子。2011年，泸水县被评为云南省"十一五"期间农业综合开发先进县。

（何春城）

Fugong County 福贡县

农村经济发展 2011年实现农村经济总收入1.67亿元，增长26.2%。实施达友村、腊吐底村、古当村1.05万亩土地整理项目；建成农田水利骨干沟渠及田间沟渠75千米，新增和改善灌溉面积1.33万亩，农业生产条件不断改善。粮食播种面积19万亩，粮食总产量3.21万吨，农业综合生产能力稳步提高。全县大小牲畜存栏18.5万头（只），增长2%；大小牲畜出栏12.4万头（只），增长5.2%。肉类总产量5500吨，增长8.5%，畜牧业发展不断加快。推进农村安全饮水工程建设，解决了2.2万人、2.5万头（只）大小牲畜的安全饮水问题。

建设林果基地9.12万亩，种植庭院经济林果1.75万株。补种草果7143亩，累计种植成活草果12.9万亩；种植云黄连9588亩，累计种植6万亩。种植重楼476.5亩，累计种植1204亩。种植桑树400亩，累计种植1016亩，生产蚕茧5665千克，实现收入22.6万元，蚕桑产业持续发展。

改善办学条件 2011年，投入资金3920万元，完成县民族中学学生宿舍楼等19个建设单体，新增建筑面积2.45万平方米；启动总投资3162万元的马吉完小宿舍楼等12个建设单体，建筑面积1.86万平方米，办学条件得到极大改善。

基础设施 年内，建成上帕怒江大桥，全长13千米的赤恒底通村公路硬化项目顺利竣工，续建完成10条108千米农村公路；启动5条48千米农村公路建设工程。拉马底“幸福桥”、“连心桥”2座跨江桥梁顺利建成通车，开挖连接两座桥梁的公路4.3千米；娃吐娃、旺洛、架究、马吉新农村指导员爱心桥等4座江面吊桥建成投入使用。民族生态园、国门中学、污水处理厂项目加快推进，县级部门综合楼、县总工会职工培训中心等工程建设进展顺利。房地产开发加快推进，新增建筑面积2.38万平方米。电力基础设施持续改善。220千伏福贡至剑川输变电项目加快推进，新建线路10.5千米；完成110千伏阿路底变电站至鹿马登变电站线路建设9.05千米；改造35千伏木古甲电站至上帕变电站输电线路9.4千米。实施10千伏及以下农网改造和无电地区电力建设项目线路232.6千米，解决涉及18个自然村204户用电困难，全县户通电率达83%。通信设施继续完善，全县移动电话用户4.9万户，移动电话普及率48%。

文化工程惠民 实施农村实用技术培训354期，受训群众3.4万人（次）。实施4个自然村广播电视“村村通”工程，受益农户190户618人，全县广播电视综合覆盖率分别达87%和90%。推进“两馆一站”、农家书屋建设，为57个行政村农家书屋配置硬件设施。完成怒族民间音乐曲调抢救整理工作。放映农村数字电影230场（次），观众达4.6万人（次），农村群众“看电影难”的问题得到进一步缓解。

社会保障 2011年新增城镇就业308人，下岗人员实现再就业27人，城镇登记失业率控制在4.16%。社会保障体系不断完善，3431人纳入城镇低保范围，4.21万人纳入农村低保范围。新农合参合人数8.76万人，参合率97.6%；支出新农合资金1390.75万元，资金使用率达70%，受益群众25万人（次）。启动新型农村和城镇居民社会养老保险制度，城乡居民参保人数达5.07万人，发放养老金301.98万元。石月亮中心敬老院建成投入使用，农村五保对象集中供养能力不断提高，1070人列入农村五保供养对象。投入1891万元实施城镇保障性安居工程，新增建筑面积1.22万平方米。

生态环境建设 2011年完成营造林11万亩，义务植树13.47万株，管护公益林257.89万亩，兑现省级公益林和国家重点公益林生态补偿资金241.49万元，森林覆盖率达76.6%。积极开展“生态修复工程全民大行动”，治理水土流失面积10.05平方千米，生态修复和建设取得新成效。落实企业探采矿风险责任和限期开发等制度，矿产资源开发秩序进一步规范。加强自然保护区管理，兑现野生动物肇事补偿资金47.12万元。开展机关企事业单位“低碳生活绿色行动”为主题的节能活动，实施农村沼气池、节柴灶建设和节能灯推广工程，节能降耗工作成效明显。

（余菊芳）

拉马底桥通车（福贡县志办　提供）

Gongshan Dulong and Nu Autonomous County
贡山独龙族怒族自治县

服务三农 2011年贡山水利工程建设共完成农村人畜饮水工程项目及灾后人畜饮水修复工作36件。架设引水管线53.79千米（其中：维修管线5.08千米）。解决及改善7010人，884头（只）大小牲畜的饮水困难。新建饮、蓄水池166个，蓄水容量达230立方米。总投资421.86万元。农田水利防渗加固及抢险维修28件，一般岁修清淤62千米，干渠防渗固36.1千米，清淤沟渠54.3千米，开挖土石方7654.45立方米，支砌方2233立方米，砼1893.62立方米，灌溉面积191公顷，新增灌溉面积35.33公顷，改造中低产田70公顷。共投资1617.75万元，农民投工投劳折资301万元。

中小水电开发 年内，共有中小水电站11座，总装机容量37.28万千瓦，全县有效装机容量达19.3万千瓦，完成投资11.03亿元，年度累计完成投资2.98亿元（其中：丹珠河电站完成投资达2.10亿元），电力生产经营大幅度上升，随着2010年底双拉河电站、浪格洛河电站、斯瓦洛巴河电站投产运行，共完成发电量3.49亿千瓦／时，同比增长1.11亿千瓦／时，增幅为46.48%。

水政水保 年内开展为期三周的"世界水日""中国水周"水法规宣传活动。在全县范围内刷写永久性标语5条，发放宣传资料500余份，出动宣传人员21人（次）。运用车辆7辆（次）。截至12月。完成水行政性收费211.90万元；水资源费200.90万元。其中：补征怒江峰水电开发有限公司历年拖欠水资源费79.64万元，水保两费1万元，对玉铁矿开发有限公司未经批准在河道内修建拦墙河建筑物罚款10万元，完成捧当乡闪当村水土保持综合治理项目，完成经果林162平方千米，水保林235平方千米，封禁治理3338.2平方千米，其他治理264.8平方千米，共投资121万元。完成退耕还林措施治理10.3平方千米。

灾后重建 8·18县东月各特大泥石流项目新建防洪堤248米，其中：江堤168米，河堤80米，总投资375.36万元。年内，新建雨量站9个，自动水文（位）站1个，监测预警平台1个，投资200万元。推进独龙江乡整乡整族帮扶农田水利工作7件，投资601万元，中央拨款补助资金投资300万元。农村饮水安全经费中央预算内第三批和省级投资181.3万元，解决3999人农村饮水问题，江河治理投资1500万元。

（陶正英）

省民委帮扶独龙族发展村民文化活动室（贡山县志办　提供）

Lanping Bai and Pumi Autonomous County
兰坪白族普米族自治县

民生改善 年内新增城镇就业1410人。发放创业贷款682万元，扶持119人自主创业并带动358人就业。培训农村剩余劳动力1.51万人次，新增转移就业1.2万人。资助困难群体参合参保5.96万人次。新型农村、城镇居民社会养老保险试点工作有序推进，全社会保险参保人数突破16.4万人。建成和在建保障性住房630套，兑现廉租住房补贴87.8万元。完成农村居民点地震安全工程拆除重建3500户、63个扶贫重点村、5个自然村异地搬迁、384户安居工程、2个革命老区建设项目。解决3.1万农村人口饮水安全。城镇居民人均可支配收入12885万元，增长15%；农民人均纯收入2614元，增长16.2%。城镇登记失业率4.39%。

落实畜牧业惠民政策 近年来，国家制定出台一系列强农惠农政策，为使这些强农惠农政策得到有效的贯彻和落实，让广大养殖户得到实惠，组织精干人员，积极开展惠民政策的宣传和落实工作。全县能繁母猪养殖户达1.60万户、兑现能繁母猪补贴3.06万头，每头能繁母猪补贴100元；政策性能繁母猪保险：全县政策性能繁母猪参保2.75万头，理赔845头，每头赔付金额1000元；草原生态保护补助奖励机制工作全面启动，全县草原承包面积8.97万公顷，其中：禁牧面积

兰坪县民族中学（兰坪县民族中学　提供）

1.16万公顷，涉及农户2846户，其中单户承包1790户，承包面积5933公顷，联户承包1056户，承包面积5693公顷；草畜平衡7.81万公顷，涉及农户1.45万户，其中单户承包8598户，承包面积3.93万公顷，联户承包5899户，承包面积3.88万公顷；项目涉及农户合计1.73万户，按国家农业部补助标准：禁牧草原按每亩补助6元；草畜平衡奖励按每亩补助1.5元。于12月底配合地方财政部门将补助资金兑现到农户手中。

非物质文化遗产保护　完成兰坪县12份国家级、省级非物质文化遗产项目代表性传承人推荐申报的文字、表格、音像材料；完成全县第二批非物质文化遗产项目代表性传承人10人和传习点3个点的评定、上报审核、公布工作。举行通甸镇龙潭村，河西乡大羊、箐花村为国家级非遗项目普米“搓磋”的传习点以及通甸镇龙潭村省级非物质文化遗产项目普米族“四弦舞乐”传习点的挂牌仪式。

推进旅游产业发展　罗古箐—大羊场旅游区基础设施建设项目。9月，省发改委将该项目在旅游基础设施建设2011年中央预算内投资计划下达，罗古箐—大羊场旅游区基础设施建设项目进入具体实施阶段。按照省发改委批复文件的相关要求，总投资2500万元，其中，申请国家资金支持60%，1500万，地方自筹40%，1000万。已委托广东建科建筑设计院云南分院完成项目初步设计方案，项目涉及的三块共6.73公顷土地的地形图勘察工作。同时，兰坪境内的老窝山被列入三江并流风景名胜区建设项目，申报资金为2500万元，其中争取国家投资1225万元，省级投资525万元，地方自筹750万元。

兰坪民族中学项目建设　兰坪民族中学项目总建筑面积4.59万平方米，概算总投资1.20亿元，到位资金8250万元。其中：第一期初中部建设项目估算总投资3288.39万元；第二期高中部建设项目总建筑面积2.88万平方米，估算总投资8000万元；第三期图书馆建设项目估算总投资711.61万元。2011年11月21日，县委政府隆重举行民族中学竣工典礼，标志着历时5年的兰坪县民族中学建设项目主体工程全面竣工。

教育资源整合　2009年始，加快学校布局调整、集中办学的步伐，积极稳妥地推进校安工程及学前教育试点项目建设，加大教育资源整合力度，优化教育资源配置，促进教育均衡发展。2011年，全县共撤并整合小学64所（个），其中完小3所，教学点61个。9月，首批资源整合后的三所学校（河西中心完小、通甸黄木完小、拉井中心完小）实现了集中办学，使2364名乡村学子享受到了优质教育。为适应中小学布局调整的要求，规范全县中小学寄宿生管理，提高寄宿制学校管理水平和教学质量，县教育局制定《兰坪县寄宿制学校管理办法（草案）》，并于6月15日举行听证会，广泛听取、综合各方意见，进一步完善《兰坪县寄宿制学校管理办法》。同时，将此项工作列入年度党政班子议事日程来抓。5月份以来，局领导班子成员先后多次到河西、通甸、拉井三乡镇就集中办学工作开展情况进行调研和指导，先后组织召开多次专项工作座谈会、推进会和协调会，确保集中办学学校如期开学、教育教学工作顺利进行。

兰坪县中医院竣工　2011年6月20日，第二批国家扩大内需建设项目工程兰坪县中医院通过验收并投入使用。项目投入资金2015万元。医院占地面积1公顷，建筑面积6488平方米，设置病床80张。

（杨增才）

怒江州经济社会发展主要指标（表一）

县（市、区）	年末总人口（万人）		城镇人口占总人口比重（%）		单位从业人员（万人）		农业总产值（亿元）	
	2010年	2011年	2010年	2011年	2010年	2011年	2010年	2011年
怒江州	53.49	53.61	21.6	22.60	3.41	4.17	10.567	12.483
泸水县	18.50	18.54		28.80	1.43	2.14	3.929	4.485
福贡县	9.87	9.89		10.80	0.43	0.37	1.540	1.935
贡山县	3.79	3.80		18.40	0.26	0.36	1.369	1.624
兰坪县	21.32	21.37		23.40	1.29	1.30	3.729	4.439

怒江州经济社会发展主要指标（表二）

县（市、区）	生产总值（亿元）		第一产业（亿元）		第二产业（亿元）		第三产业（亿元）	
	2010年	2011年	2010年	2011年	2010年	2011年	2010年	2011年
怒江州	54.76	64.63	6.63	8.22	19.72	24.03	28.40	32.38
泸水县	18.71	22.14	2.33	2.92	6.20	7.82	10.18	11.41
福贡县	5.40	6.10	1.02	1.27	2.12	2.26	2.26	2.57
贡山县	3.92	4.60	0.84	1.06	1.57	1.82	1.52	1.72
兰坪县	23.34	26.87	2.33	2.96	13.48	15.31	7.52	8.60

怒江州经济社会发展主要指标（表三）

单位：%

县（市、区）	生产总值构成		第一产业		第二产业		第三产业	
	2010年	2011年	2010年	2011年	2010年	2011年	2010年	2011年
怒江州	100.00	100.00	12.11	12.72	36.02	37.18	51.87	50.10
泸水县	100.00	100.00	12.46	13.20	33.13	35.30	54.41	51.51
福贡县	100.00	100.00	18.84	20.77	39.29	37.06	41.87	42.17
贡山县	100.00	100.00	21.29	23.14	40.09	39.47	38.62	37.39
兰坪县	100.00	100.00	9.97	11.03	57.79	56.98	32.24	31.99

怒江州经济社会发展主要指标（表四）

县（市、区）	生产总值指数（上年=100）		人均生产总值（元/人）		国有经济固定资产投资（亿元）		社会消费品零售总额（亿元）	
	2010年	2011年	2010年	2011年	2010年	2011年	2010年	2011年
怒江州	113.1	110.0	10266	11968	21.40	47.10	14.87	17.65
泸水县	111.5	111.4	10891	12302	6.78	16.40	6.62	8.00
福贡县	112.5	102.8	5600	6111	2.57	6.72	1.74	2.03
贡山县	116.7	110.0	10489	12105	3.06	5.38	1.31	1.53
兰坪县	114.0	107.2	11144	12597	9.00	18.60	5.19	6.09

怒江州经济社会发展主要指标（表五）

县（市、区）	地方财政收入（亿元）		地方财政支出（亿元）		人均地方财政收入（元/人）		人均地方财政支出（元/人）	
	2010年	2011年	2010年	2011年	2010年	2011年	2010年	2011年
怒江州	5.84	6.66	34.04	42.68	1090	1243	6357	7971
泸水县	1.27	1.46	8.47	9.52	683	789	4540	5138
福贡县	0.27	0.34	5.80	6.90	273	349	5964	6986
贡山县	0.26	0.32	5.25	6.81	697	849	13918	17935
兰坪县	2.80	3.10	9.33	11.35	1309	1452	4361	5319

怒江州经济社会发展主要指标（表六）

县（市、区）	农民人均纯收入（元/人）		职工人数（万人）		在岗职工年平均工资（元/人）		人均储蓄存款余额（元/人）	
	2010年	2011年	2010年	2011年	2010年	2011年	2010年	2011年
怒江州	2005	2362	3.06	3.44	31154	33175	6322	7415
泸水县	2214	2645	1.36	1.67	30692	32800	7724	9275
福贡县	1460	1832	0.37	0.36	24141	25712	3030	3588
贡山县	1502	1886	0.23	0.32	28007	30702	5201	6444
兰坪县	2201	2556	1.09	1.09	34786	36827	6794	7745

Diqing Tibetan Autonomous Prefecture

迪庆藏族自治州

主　　编　刘建军
责任编辑　方爱琴

概述　迪庆藏族自治州位于云南省西北部滇、藏、川三省区交界处，总面积2.3万平方千米，州府所在地香格里拉县建塘镇，距省城昆明市608千米。辖香格里拉县、德钦县和维西傈僳族自治县，乡镇29个，其中乡20个，镇9个。2011年末，全州总人口为40.28万，其中：户籍管理人口360518人。全年出生人口3744人，人口出生率10.12‰，死亡人口2151人，人口死亡率5.81‰，人口自然增长率4.13‰，人口城镇化为25.3‰。

2011年全州生产总值96.4亿元，按可比价计算，比上年增长19.1%，增速比上年回落0.4个百分点。按总人口计算的人均生产总值为24317元（总人口为年平均人口），比上年增加4266元，按可比价计算，增长15.5%。一、二、三产业占GDP的比重由上年的9.3:38.5:52.2调整为8.4:41.7:49.9，第一产业比重较上年下降0.9个百分点，第二产业比重较上年提高3.2个百分点，第三产业比重较上年下降2.3个百分点，三次产业结构逐步趋于合理。

全州实现农林牧渔业总产值13.2亿元，按可比价计算，比上年增长7.3%；其中，农业产值5.93亿元，增长5.7%，林业产值1.77亿元，增长5.1%，牧业产值4.11亿元，增长7.9%，渔业产值0.24亿元，增长5.3%，农林牧渔服务业产值1.14亿元，增长7.7%。

全州完成工业总产值42.9亿元，比上年增长24.72%。其中年产品销售收入2000万元以上工业企业（以下简称规模以上工业）产值29.3亿元，增长10.99%；年产品销售收入2000万元以下工业企业（以下简称规模以下工业）产值13.6亿元，增长70.13%。在规模以上工业总产值中，股份合作企业产值3.36亿元，增长1.08%；股份制企业产值19.47亿元，增长11.35%；外商及港澳台商投资企业产值6.52亿元，增长15.7%。全州规模以上工业企业15户，实现产品销售产值27亿元，比上年增长19.04%。

2011年完成全社会固定资产投资167.8亿元，比上年增长25.22%。其中：城镇投资152.0亿元，增长23.49%，农村投资2.8亿元，增长221.25%，农村私人投资8.3亿元，增长30%，房地产投资4.6亿元，增长28.34%。

2011年末，全州公路通车里程为5372千米，其中等级公路4053千米，占公路通车里程的75.4%。全年完成旅客运输量535.5万人，同比增长8.2%；货物运输量611万吨，同比增长17.7%。完成旅客周转量89923万人千米，同比增长18%；货物周转量339680万吨公里，同比增长11.6%。客货运输中，民航旅客运输量完成37.5万人，同比增长42.6%；民航货物运输量完成456吨，同比下降41.5%。民航旅客周转量完成18739万人千米，同比增长42.3%；民航货物周转量完成25.62万吨千米，同比下降41.2%。

2011年，完成邮电业务总量27832万元，比上年增长19.1%。年末固定电话用户数为36349户，比上年下降2.99%，移动电话用户总数为339795户，比上年增长22.8%，电话普及率达到每百人94.89部，比上年末增加13.2部。

2011年，实现社会消费品零售总额25.3亿元，比上年增长20.7%。全年完成外贸进出口总额为1210万美元，比上年增长163.6%。其中，出口额完成1023万美元，同比增长122.9%；进口额完成187万美元。

全年新签利用外资协议（合同）项目4个，实际利用外商投资10266万美元，同比增长17.9%，年末实有外商投资企业31个。全年招商引资实际到位州外资金80.1亿元，同比增长21.9%。

2011年香格里拉城区居民消费价格比上年上涨5.6%，其中，食品上涨10.8%。商品零售价格比上年上涨4.3%，农业生产资料价格上涨4.9%。

2011年，全州地方财政一般预算收入8.6亿元，比上年增长44.13%；地方财政一般预算支出66.1亿元，增长53.2%。

年末金融机构本外币各项存款余额143.1亿元，比年初增长19.25%。金融机构本外币各项贷款余额109.5亿元，比年初增长25.36%。其中，短期贷款余额14.5亿元，增长2.12%；中长期贷款余额94.99亿元，增长29.91%。全年金融机构现金收入10.5亿元，现金支出29.1亿元，收支相抵，累计净投放现金18.5亿元，比上年增加投放352万元，增长0.22%。全年各种保险保费总收入16063万元，比上年增长16.1%。

全年共安排、争取、落实科技计划项目51项，其中：国家级项目1项，省级项目16项，州级和配套项目34项。共投入项目资金1377万元，其中，国家和省级投入1077万元，州级投入300万元。全州共受理科技专利申请29件，授权15件。

全州拥有幼儿园8所，在园幼儿4456人；小学122所，小学在校学生29485人，小学适龄儿童入学率99.37%，小学辍学率1.09%。中学17所，其中完全中学7所，初高中在校学生22304人，其中高中在校生5634人，初中在校生16670人，初中毛入学率110.96%，辍学率2.56%。职业中学2所，在校学生143人。中等专业学校1所，在校学生2544人。教师进修学校3所。

2011年末，全州拥有卫生机构260个，其中：医院8个，基层医疗卫生机构240个，专业公共卫生机构12个。卫生机构床位数935张，专业卫生技术人员1445人，其中执业（助理）医师691人。全州有293565人参加了新型农村合作医疗，比上年增加478人，参合率为97.42%。

2011年末，全州共有文化、文物事业机构共53个，其中艺术表演团体3个，艺术表演场馆2个，文化馆4个，公共图书馆4个，乡镇文化站29个，文化文物行政主管部门4个，文物保护管理机构4个，博物馆3个。全州广播人口覆盖率96.43%，电视人口覆盖率96.43%。《迪庆报》出版发行336期465万份，其中：藏文版52期，20万份。

全民健身、群众体育活动不断深入，竞技体育水平得到明显提高。2011年，全州参加省及省以上运动会运动员205人，获得省及省以上运动会奖牌46枚，其中金牌5枚，银牌20枚，铜牌21枚。

全年共接待国内外游客817.6万人次，同比增长35.5%，其中，海外游客86.55万人次，同比增长18.7%；国内旅游者731.05万人次，同比增长33.6%。旅游业总收入77.5亿元，同比增长25.8%。

2011年末，全州单位从业人员38538人，增长19.8%，其中在岗职工30968人，增长8.7%。单位从业人员劳动报酬145314万元，增长28.8%，其中在岗职工工资135644万元，增长25.2%；在岗职工年平均工资43801元，增长10.5%。农民人均纯收入4105元，增长22.65%。城镇居民人均可支配收入17970元，增长12.34%，城乡居民人均储蓄存款11730元，增长24.9%。

2011年末，全州参加基本养老保险职工人数19637人，比上年增长25%；参加失业保险人数19998人，增长25%；参加城镇职工基本医疗保险人数37888人，增长10%；参加城镇居民基本医疗保险人数28071人，增长8%。全州城镇最低生活保障对象为12146人，比上年末增加202人，共发放保障资金2646.65万元，增长4.9%。年末全州农村低保人数为108074人，增加4174人，共发放保障金10311万元，增长36.9%。

生态文明建设富有成效 2011年，有效管护2583万亩天然林，实施天然草原退牧还草305万亩。累计完成天然林保护工程公益林建设67.9万亩，森林覆盖率达到73.9%。科学管理自然保护区，生物多样性保护成效显著。高度重视能源、资源的科学利用，综合能耗累计下降14%，生态更加良好。

民生保障明显提高 2011年，迪庆州累计实现城镇就业3.3万人、农村劳动力转移就业11.9万人次，城镇登记失业率控制在3.9%。启动了新型农村养老保险和城镇居民社会养老保险试点工作，覆盖城乡的社会保障体系初步形成。城镇居民医保参保人数达6.6万人，新农合参合率达97.4%。全州贫困人口由2005年的14.82万人下降到2011年的7.83万人。城镇居民人均可支配收入增加8104元，年均增长10.6%。农民人均纯收入增加2591元，年均增长18.8%。

社会事业改革发展取得新进步 2011年，迪庆州围绕教育均衡发展，以集中办学为抓手的教育综合改革快速推进，“两基”顺利通过国家验收。科技科普工作不断加强，投入5222万元，累计实施各类科技项目186项。公共卫生、医疗救治体系进一步健全，先后实施了香格里拉人民医院、州藏医院等一批基础设施建设工程。加快推进文化兴州战略，完成了一批重点文化设施建设，公共文化服务体系进一步完善。深入开展全民健身运动，实施并完成了民族体育中心等4个体育重点项目，获得云南省第十届民运会举办权。

维护藏区社会稳定成效显著 2011年，迪庆州全面落实党的民族宗教政策，维护社会主义新型民族关系，认真宣传、贯彻和落实《云南省迪庆藏族自治州藏传佛教寺院管理条例》和《云南省迪庆藏族自治州民族团结进步条例》，连续4年开展了不同主题的“千名干部进村入户（寺）”活动，切实加强涉藏外事

高原绿野（迪庆州志办　提供）

管理，健全维稳、调处和防控机制，严密防范和严厉打击境内外敌对势力的破坏、渗透活动，“平安迪庆”建设取得显著成就，成为全国最稳定的藏区。

藏民喜置家具 2011年春节前夕，在香格里拉县城香巴拉大道的汇都家具城看到，许多百姓喜气洋洋地在家具城购买新家具。近年来，香格里拉县农村群众勤劳致富、安居乐业，生活水平显著提高，广大群众对家具有了新的追求，购买新款、时尚的家具成了他们改善生活条件的又一目标。据一位姓陈的重庆籍家具老板介绍，以往购买家具的大都是城里人。但自2010年以来，到汇都家具城购买家具的藏族群众一直有增无减。购买家具的除香格里拉县群众外，还有来自德钦县拖顶乡、奔子栏镇和四川省得荣县、乡城县的群众。受群众青睐的家具包括电视柜、衣橱、沙发和席梦思等。

红盾护农行动 2011 3月 24日，香格里拉县工商局牵头组织的2011年“红盾护农”普法宣传、农资识别下乡宣传及专项执法行动，在粮食主产区金江镇拉开了序幕。进入春耕备种季节，香格里拉县工商局组织工作队，沿金沙江一线从五境乡至虎跳峡镇宣传消费者权益保护相关法律法规，严厉打击制售假劣农资坑农害农行为，切实保障广大农民群众用上放心农资，确保农资产品有效供给。

教育惠民政策暖人心 近年来，迪庆州先后实施的“两免一补”、高原农牧民子女学生生活补助、集中办学等一系列教育惠民工程，让藏区农牧民切实感到了党和国家的温暖。从2007年3月1日起，高原农牧民子女学生生活补助提高为农村及城镇低保家庭小学生每年补助1600元、中学生每年补助1700元，中等职业学校学生每年可享受1500元国家助学金，就读涉农专业的学生还免除学费。在雪域高原，各族群众在教育惠民政策中得到实惠，很多农村孩子享受到了优质教育。

农民人均纯收入增幅居全国藏区之首 2011年迪庆州农村居民人均纯收入达3347元，比2005年的1425元增加1922元，增长134.88%，年均递增18.62%，增幅在全国十个藏族自治州中排第一位。2010年，迪庆州农民人均纯收入在全国十个藏族自治州中排名第6位，比最高的海西州5034元低1687元，比最低的果洛州2629元高718元。

森林保险试点工作 2011年11月7日迪庆州正式启动森林保险试点工作，全州共有2783万亩公益林和商品林纳入保险范围。其中公益林2572万亩、商品林211万亩。

建立农民工工资保障长效机制 2011年，迪庆州人民政府办公室下发了《迪庆州贯彻执行〈云南省农民工工资支付保障规定〉的实施意见》，决定建立农民工工资准备金、农民工工资保证金、用人单位农民工工资支付不良信用管理等制度，建立长效机制，加强对农民工工资支付违法违规行为的管理，有效解决拖欠或克扣农民工工资问题，维护农民工获得劳动报酬的合法权益。

（李燕兰）

Shangri-La County 香格里拉县

新农村省级重点建设村工作 根据迪庆州委农办《关于对2010年度新农村省级重点建设村建设项目实施方案的批复》精神，全县2010年度在7个乡镇的7个村民小组开展省级重点建设村工作（东旺乡新联村浪打村民小组、五境乡泽通村通古村民小组、小中甸镇团结村阿央谷村民小组、金江镇新建村迪满村民小组、洛吉乡洛吉村木圣土村民小组、三坝乡东坝村车拉八村民小组、上江乡良美村第四村民小组）。全县7个新农村省级重点建设村项目点总投资476.66万元，其中，省级补助（中央代发地方政府债券）105万元，州级配套资金70万元，县级配套资金70万元，项目实施点群众自筹及投工投劳折资231.66万元，建设周期为1年（2010年8月至2011年7月）。

区域协作促进基础设施建设 2011年，香格里拉县积极推进区域经济合作与联动，实现资源共享与优势互补，促进基础设施建设。年内，与昆明市投资促进局、官渡区、盘龙区对接，完成昆迪合作项目6项、资金110万元。其中，官渡区人民政府援助30万元实施建塘镇北门社区独拉姆道路硬化、援助20万元实施五境乡泽通吉仁村民小组道路硬化；盘龙区人民政府援助15万元实施五境乡霞珠村吃大同村民小组太阳能建设项目、援助15万元实施虎跳峡镇松鹤村基础设施建设项目、援助20万元实施建塘镇金龙社区笔教道路硬化建设项目；昆明市旅游局援助10万元实施纳赤塘小学旅游宣传室建设项目。同时，年内香格里拉县还上报6个项目，争取资金200万元。另外，尼西乡中心完小作为“腾讯新乡村行动”在迪庆香格里拉的首个项目，一期工程和二期工程建设全部竣工并通过验收，共投入资金800万元。

改善民生 2011年，全县累计发放各项惠农补助资金1.6亿元。积极实施促进农村消费的家电、汽车、摩托车“下乡”工程，兑现补贴资金231万元，实施农村公益事业“一事一议”财政奖补项目25个，兑现奖补资金487万元。投资2659.1万元实施了91个村民小组整村推进，受益农户3387户15139人。按照“整合资金、整乡推进、连片开发”的扶贫工作要求，投资5200.8万元（其中财政扶贫资金1000万元），实施了东旺乡整乡推进项目，项目覆盖5个行政村，54个村民小组，1022户6472人。社会主义新农村建设扎实推进，通过实施整村、整乡推进、上海帮扶、易地扶贫等项目，全年解决温饱人口0.33万人。城乡就业工作得到加强，开发公益性岗位113个，新增城镇就业1845名，安置就业困难人员112人，城镇登记失业人数495人，失业率控制在3.5%以内；农村富余劳动力转移工作稳步推进，实现农村劳务输出和外出务工19088人，农村劳务输出收入1.1亿元；就业技能培训实效增强，开展农村劳动技能培训5864人次，支付培训补贴177.54万元；全面落实教育惠民工程，群众子女得到实惠。全年发放“高原农牧民子女学生生活补助”2371万元，拨付中小学生生均公用经费1087万元，发放贫困大学生救助金30万元，受理生源地助学贷款321人次，贷款金额172.11万元。社会保障体系不断完善，城乡居民养老、医疗、失业、工伤和生育保险参保人数分别达69876人、20995人、5126人、7901人和6464人；新农合保障水平不断提高，到2011年底，全县参合农业人口达114673人（其中民政助缴的低保对象、五保户参合33428人，计生助缴参合6743人），参合率达99.07%，发放新农合资金补偿1674.65万元；完善体系，做好城镇居民和城镇职工的基本医疗保险工作，全县城镇居民和城镇职工参保人数分别达10690人和10305人，一年来支付城镇职工和城镇居民医药费和医疗补助1608万元；扎实做好城乡困难家庭医疗救助工作，全年共救助城乡医疗救助对象3153人，发放救助资金547.7万元，代缴参合资金83万元。加强农村低保和城镇低保规范管理，实现应保尽保。将人均纯收入低于1430元的农村困难群众基本纳入了低保范畴，并将每人每月补助提高到82元，2011年全县农村低保对象37498人，全年发放农村低保资金3788.4万元，农村特困救济支出646.3万元；扩大城镇低保的覆盖面，将所有收入低于保障标准294元的城镇困难群体纳入城镇低保，到2011年底全县城镇低保对象达3776户5791人，全年共发放保障金1344.8万元；加大社会救助工作，及时组建县红十字会机构，全年共发放困难群众救助金、五保户供养金、流浪乞讨人员救助金和农村民房应急保障金等各类救助金497.3万元。全面落实优抚政策，做好抚恤金、伤残补助等各类优待金的发放工作，全年共发放抚恤金、优待金361.22万元。全面实施了农村危房改造及民居抗震工程，完成农村危房改造及民居抗震建设1500户，完成768套、38000平方米的廉租房建设任务，建立健全困难家庭档案1100余户，发放低收入租赁补贴2429户、95.85万元。人民群众生活水平持续提高，2011年城镇居民人均可支配收入达19556元，比上年增长12.4%，农民人均纯收入达4078元，比上年增长20%。

集中办学取得新进展 2011年，完成全县初中（新一中、二中、三中）及部分小学撤并重组工作，全县撤并农村中学8所（含开发区中学），转移学生5596人，转移教职工562人，实现了州委提出的“州办高中、县办初中、乡镇办小学”的目标和“中学进城”的目标，撤并了23所小学校点，转移学生1685人。完成投资1.09亿元的一中、三中校园道路、绿化、管网、附属工程建设及学校设备购置安装工程；启动了东旺、格咱、洛吉、三坝东坝完小改扩建工程。教师队伍建设得到加强，全县各级各类学校教职工人数达1790人，其中专任教师1460人，小学、初中、高中专任教师学历合格率分别达到98.1%、98.4%、100%；教学质量不断提高，普通高校招生上线率为95.83%，比上年提高3.45%，高中、中专、初中录取率逐年提高。

旅游业和招商引资 2011年，全县累计接待旅游人次613.2万人次，同比增长35.59 %，其中，国内旅游总人数为548.29万人次，增长37.9%；实现门票收入9780万元；实现旅游总收入581152万元，同比增长25.84%。其中，国内旅游总收入为366660万元，增长43.26%。

2011年，全县招商引资项目共有72个，投资总额173.19亿元，其中，迪庆方投资8.06亿元，外来方投资165.14亿元，到12月份止，实际到位资金总额为34.13亿元，其中，州外实际到位资金为33.96万元，比上年同期增长11.75%。

云南生物多样性保护教育基地挂牌 1月8日，云南生物多样性保护教育基地挂牌仪式在香格里拉高山植物园挂牌。香格里拉高山植物园国家在藏区建立的第一个公益性高海拔植物园。园区有高等植物620株，其中，中国特有物种达354种。

杨传堂到香格里拉调研 6月3日，国家民委党组书记、副主任杨传堂在省委常委、省委统战部部长黄毅的陪同下，率国家民委、中央统战部、《求是》杂志社等部门组成的民族工作“云南经验”联合调研组先后深入松赞林寺、建塘镇解放村小街子民族特色村、普达措国家公园、霞给藏族文化生态旅游村、独克宗古城和迪庆红军长征博物馆就革命历史、宗教文化、民族风情、生态旅游和群众生产生活状况等进行调研。

（李俊成）

Deqin County 德钦县

加大基础建设投资 完成国道214线德盐段公路提质改造、羊拉公路加宽改造、启动德贡公路、伏霞油路、拖粗公路等一批重点项目交通基础设施建设累计投入资金65.16亿元。全县规范种植葡萄面积达到8576亩，葡萄产量从626吨增加到1981吨，总产值从217万元增加到753万元，年生产1000吨葡萄酒的梅里国际冰酒庄生产线顺利建成，云南香格里拉酒业公司酒庄建设前期工作基本完成。核桃种植面积达到10.15万亩，年产量从

2575吨增加到4935吨，总产值从983万元增加到2081万元。

生态建设稳步推进 至2011年，累计投入林业建设资金9924.5万元，完成荒山造林1万亩、人工造林10.56万亩、封山育林10.7万亩，推广太阳能3183套、沼气池10184口、节柴灶2970眼，实施藏区温暖工程一灶一炉3356套。

民生保障得到加强 至2011年，累计投入教育资金2.96亿元。不断健全县、乡、村三级医疗卫生服务体系，创建农家卫生室120个，增设村医68个、农家卫生员120个，全县医疗卫生服务体系建设进一步完善，医疗条件和服务水平明显提高，累计投入基础建设资金2968.2万元。

招商引资成效明显 2011年，继续深化国库集中支付、预算管理、政府采购、非税收入管理、乡财县管等财税体制改革和金融体制改革，金融机构活力明显增强，对地方经济建设的支持力度进一步加大；政府机构改革稳步推进，机关职能配置更趋科学化、合理化；集体林权制度主体改革基本完成，林业在促进农民增收，推动农村发展的活力日益显现；继续依托优势资源，正确处理政府、企业、群众三者之间的利益关系，全方位、多层次地实施对外开放和招商引资战略，引进水电、矿产、旅游、服务等领域的招商引资项目。

民主法制进程加快 2011年，高度重视人大代表建议、政协委员提案办复工作，妥善解决建议、提案反映的热点、焦点问题，按照“能办的立即办、有困难的创造条件办、因条件不具备不能办到的做好解释工作”的原则；全面贯彻党的民族宗教政策，不断巩固和发展平等团结进步的社会主义民族关系；不断完善应急体系建设，低温雨雪灾害、洪涝灾害、地质灾害、安全事故及各类突发性事件得到及时、妥善处置。

（衡 汝 余红英）

Weixi Lisu Autonomous County
维西傈僳族自治县

生物产业比重增加 2011年，加快推进生物园区建设，高度重视本地特色产业扶持力度，养蜂产业形成了一定的规模，培训蜂农300人，改造蜂箱6000个，全县养蜂达到4.5万箱，实现蜂产值6750万元。中药材、冰葡萄、雪桃、大棚蔬菜、畜牧业等生物产业后备基地建设有序推进。核桃乳、木瓜饮料生产线投产运营，核桃油、百花蜂蜜、中药材等系列产品远销省内外，生物产业的龙头地位初步显

在建的姑布移民安置点、移民大桥，完成移民项目投资9915万元（维西县志办 提供）

现，生物产业已成为财政增收、农民致富的重要途径。

林业生态产业 维西县坚持走生态立县发展战略，深入开展“七彩云南香格里拉保护行动”和滇西北生物多样性保护工程，继续巩固天然林保护、退耕还林、退牧还草、林权建设等重点生态建设项目成果。实现森林管护523万亩，完成封山育林10.5万亩，巩固退耕还林补植补造1200亩，森林抚育2万亩，新增密植型核桃园4万亩，新造特色经济林2万亩，公益林1万亩分片承包到场（站），完成义务植树造林1880亩，建成小流域水土保持林376亩，治理水土流失面积22平方千米，森林覆盖率达74.83%。建成节柴灶800眼，沼气池600口，太阳能1533套、4599平方米。总投资9300万元、建设规模3460亩的维西三江并流珍稀濒危特有植物保护工程已获立项批复。

扶贫开发工作 维西县始终把扶贫开发工作作为“三农”工作的重点，及时做好扶贫开发项目储备，精心做好项目建设。2011年实施了财政扶贫行政村整村推进项目、藏区连片开发整村推进、藏区生态移民、财政易地搬迁等项目，全年完成扶贫项目投资9824万元，实施安居工程2098户、完成村组公路176千米、简易桥梁8座、卫生路8.3万平方米、三面光和防河堤1.5万米、饮水管道9.4万米。扶持龙头企业6家，投入扶贫贴息贷款2436万元。发放农村小额贷款1600万元。扶贫口完成农村劳动力培训1.3万人次，共转移劳动力2150人。

文化产业 2011年，维西县加大了城乡文化设施建设力度，完成康普、维登、中路、永春4个乡综合文化站建设，完成了小河口、同乐、腊八底、塔城村、阿尼比、托八等6个文化活动点建设。总投资4200万元的维西县体育馆开工建设，完成投资1000万元。新建了州、县广播电视自办节目覆盖乡镇联网工程，完成投资250万元，全县广播电视覆盖率分别达到95%和96%。完成了叶枝、中路、维登、永春四个乡镇文化共享工程基层网点，完成了15个农村书屋1.8万多册图书登记上架工作。文博工作有声有色，完成了文化馆国家级三级馆的评估定级工作，完成了《维西傈僳族传统服饰制作工艺》、《阿勒古歌》等10个非遗项目申报工作。抢救影印出版了民国版《维西县志》。2011年组织各类体育运动会12次，参加运动员4300人次。积极开展“文化下乡”、“科技下乡”活动，组织文艺演出33场，观众人数7万人次，放映电影474场，其中放映科技电影474场，观众5万人次。

（唐春荣）

迪庆州经济社会发展主要指标（表一）

县（市、区）	年末总人口（万人）		城镇人口占总人口比重（%）		单位从业人员（万人）		农业总产值（亿元）	
	2010年	2011年	2010年	2011年	2010年	2011年	2010年	2011年
迪庆州	40.06	40.28	24.3	25.30	3.22	4.09	11.72	13.20
香格里拉县	17.32	17.41		30.25	2.13	2.83	4.61	5.05
德钦县	6.67	6.70		16.87	0.44	0.49	1.59	1.88
维西县	16.08	16.17		13.18	0.65	0.77	5.52	6.27

迪庆州经济社会发展主要指标（表二）

县（市、区）	生产总值（亿元）		第一产业（亿元）		第二产业（亿元）		第三产业（亿元）	
	2010年	2011年	2010年	2011年	2010年	2011年	2010年	2011年
迪庆州	77.10	96.39	7.15	8.12	29.69	39.40	40.25	48.87
香格里拉县	48.93	59.76	3.10	3.37	19.41	25.00	26.43	31.39
德钦县	11.89	14.49	1.01	1.19	6.22	7.05	4.65	6.25
维西县	18.27	22.29	3.15	3.56	5.75	7.35	9.37	11.38

迪庆州经济社会发展主要指标（表三）

单位：%

县（市、区）	生产总值构成		第一产业		第二产业		第三产业	
	2010年	2011年	2010年	2011年	2010年	2011年	2010年	2011年
迪庆州	100.00	100.00	9.27	8.42	38.52	40.87	52.21	50.70
香格里拉县	100.00	100.00	6.33	5.64	39.67	41.84	54.00	52.52
德钦县	100.00	100.00	8.52	8.20	52.34	48.65	39.14	43.15
维西县	100.00	100.00	17.23	15.97	31.46	32.97	51.31	51.06

迪庆州经济社会发展主要指标（表四）

县（市、区）	生产总值指数（上年＝100）		人均生产总值（元/人）		国有经济固定资产投资（亿元）		社会消费品零售总额（亿元）	
	2010年	2011年	2010年	2011年	2010年	2011年	2010年	2011年
迪庆州	119.5	119.1	19779	23996	77.55	124.07	20.99	25.34
香格里拉县	118.5	116.5	29145	34402	28.98	62.54	15.13	18.36
德钦县	120.3	115.6	18373	21692	3.07	26.48	2.62	3.05
维西县	120.2	116.0	11615	13821	2.28	35.05	3.24	3.93

迪庆州经济社会发展主要指标（表五）

县（市、区）	地方财政收入（亿元）		地方财政支出（亿元）		人均地方财政收入（元/人）		人均地方财政支出（元/人）	
	2010年	2011年	2010年	2011年	2010年	2011年	2010年	2011年
迪庆州	5.97	8.60	43.15	66.11	1531	2141	11069	16458
香格里拉县	2.10	2.75	11.25	23.49	1250	1583	6701	13526
德钦县	0.71	1.00	7.63	15.49	1093	1497	11782	23174
维西县	1.01	1.45	10.67	11.55	645	898	6783	7161

迪庆州经济社会发展主要指标（表六）

县（市、区）	农民人均纯收入（元/人）		职工人数（万人）		在岗职工年平均工资（元/人）		人均储蓄存款余额（元/人）	
	2010年	2011年	2010年	2011年	2010年	2011年	2010年	2011年
迪庆州	3347	4105	2.85	3.53	39633	42433	9258	11529
香格里拉县	3398	4078	1.90	2.44	39443	42873	14300	17763
德钦县	3372	4222	0.44	0.49	45630	51173	6179	7968
维西县	3269	3995	0.50	0.60	34416	34549	5088	6291

附 录 APPENDIX

国务院关于支持云南省加快建设面向西南开放重要桥头堡的意见

各省、自治区、直辖市人民政府，国务院各部委、各直属机构：

云南省是我国通往东南亚和南亚的重要陆上通道，战略地位十分重要。为促进云南省经济社会又好又快发展，进一步完善国家对外开放格局，现就支持云南省加快建设我国面向西南开放重要桥头堡提出以下意见：

一、加快建设面向西南开放重要桥头堡的总体要求

（一）基础条件。

云南省是我国重要的边疆省份和多民族聚居区，与越南、老挝、缅甸接壤，与东南亚、南亚多国邻近，具有向西南开放的独特优势；多民族和谐共处，与周边国家关系和睦，长期保持民族团结和边疆稳定的良好局面；拥有丰富的矿产、水能、生物等自然资源以及民族文化和旅游资源，发展潜力巨大；改革开放特别是西部大开发战略实施以来，云南省改革开放不断迈出新步伐，滇中城市群带动能力明显增强，区域自主发展能力明显提高，全省经济社会发展取得显著成就，具备了进一步加快发展步伐、建设面向西南开放重要桥头堡的基础条件。但是，云南省也面临着对外通道不畅、基础设施落后、生态环境脆弱、产业层次不高、贫困面较大等困难和问题，必须牢牢把握科学发展主题和加快转变经济发展方式主线，从全局和战略的高度着力做好云南桥头堡建设的各项工作。

（二）重大意义。

在经济全球化曲折发展、国际区域经济合作不断深化和国家进一步深入实施西部大开发战略的新形势下，紧紧把握重大历史机遇，加快把云南省建设成为面向西南开放的重要桥头堡，有利于构建我国通

往东南亚、南亚的陆路国际大通道；有利于提升我国沿边开放质量和水平，进一步形成全方位对外开放新格局，加强与周边国家的互利合作，促进共同发展，增进睦邻友好；有利于促进区域协调发展，加快边远地区脱贫致富，推动云南经济社会又好又快发展，实现各族群众共同富裕和边疆和谐稳定。

（三）指导思想。

高举中国特色社会主义伟大旗帜，以邓小平理论和“三个代表”重要思想为指导，深入贯彻落实科学发展观，坚持解放思想，锐意改革创新，坚持统筹国内发展和对外开放，着力构建国际大通道，增强基础设施支撑保障能力；着力加强对外经贸交流和合作平台建设，全面提升开放水平；着力打造特色优势产业基地，促进产业结构升级和发展方式转变；着力加强生态建设和环境保护，增强可持续发展能力；着力发展社会事业，促进基本公共服务均等化；着力推进兴边富民工程，建设繁荣稳定和谐边疆，努力把云南打造成我国连接东南亚和南亚国家的陆路交通枢纽、对外开放的重要门户、西南地区的重要经济增长极。

（四）战略定位。

——我国向西南开放的重要门户。加快外接东南亚、南亚，内连西南及东中部腹地的综合交通体系、能源管网、物流通道和通信设施建设，构筑陆上大通道。

——我国沿边开放的试验区和西部地区实施“走出去”战略的先行区。在对外经贸合作、对外文化交流、通关便利化等方面先行先试，深化大湄公河次区域合作，加强与东南亚、南亚合作。

——西部地区重要的外向型特色优势产业基地。依托国际大通道，优化产业布局，把云南打造成为我国重要的出口加工贸易基地、清洁能源基地、新兴石油化工基地、优势特色农产品生产加工基地、生物产业基地和国际知名旅游目的地。

——我国重要的生物多样性宝库和西南生态安全屏障。加快滇池等高原湖泊水环境综合治理，推进大江大河上游森林生态建设、水土保持和重点区域石漠化治理，切实加强生物多样性保护，促进人与自然的和谐。

——我国民族团结进步、边疆繁荣稳定的示范区。巩固和发展民族团结、边疆稳定的良好局面，大力推进兴边富民工程，促进各民族交往交流交融，共同团结奋斗，共同繁荣发展。

（五）基本原则。

坚持统筹规划，科学发展。以建设面向西南开放重要桥头堡为抓手，加快转变经济发展方式，全面做好经济社会发展各项工作。

坚持互利合作，共赢发展。积极融入国内外区域合作，拓展合作领域，创新合作方式，实现共同发展。

坚持开放带动，高效发展。以市场为导向，以外向型特色优势产业基地建设为突破口，以扩大开放为动力，推动经济社会又好又快发展。

坚持以人为本，和谐发展。把保障和改善民生作为各项工作的根本出发点和落脚点，切实解决各族群众最关心、最直接、最现实的切身利益问题。

（六）发展目标。

——到2015年，通道和物流体系基本完善，交通、能源、水利、通信等基础设施建设取得新进展；承接东中部地区产业转移和面向东南亚、南亚的出口加工基地初步形成；与东南亚、南亚国家的合作交流迈上新台阶；公共服务能力进一步增强，城乡居民收入显著提高，贫困人口数量大幅减少；高原湖泊、重点流域水质恶化和水土流失加剧趋势得到遏制，石漠化治理取得明显成效，森林覆盖率达到50%以上，全面完成国家“十二五”节能减排目标。

——到2020年，基本建成连接国内外的公路、铁路、管道、电网和电信设施，形成交通、能源、物流、信息等通道，面向西南开放的平台和窗口作用进一步增强，辐射带动能力明显提升；外向型产业和特色优势产业体系基本形成，区域布局和产业结构进一步优化，综合经济实力明显增强；农民人均纯收入显著提高，绝对贫困问题基本解决；社会事业取得长足发展，基本实现公共服务均等化；高原湖泊水质改善，江河上游水土流失面积明显减少，石漠化得到有效控制，森林覆盖率达到55%以上，生态安全屏障作用不断巩固，实现全面建设小康社会目标。

二、强化基础设施建设，提高支撑保障能力

（七）构建比较完善的综合交通体系。

抓紧实施昆明—长沙—杭州铁路客运专线，云桂铁路，大理—瑞丽铁路，以及成都—昆明铁路扩能等工程建设，推进国际铁路境内段及昆明—重庆铁路的规划和建设。实施国际公路云南境内路段的高速化改造。重点推进重庆—昆明、汕头—昆明、杭州—瑞丽、广州—昆明等国家高速公路云南段建设，加快省内州市间快速通道、滇中城市经济圈城际快速交通、兴边富民沿边干线公路、重要旅游区快速通道的建设，加快实施通村沥青（水泥）路等农村公路建设。完善澜沧江—湄公河国际航运。逐步提升重要航道等级，加快百色水利枢纽通航设施和富宁港建设，实现右江—珠江千吨级航道贯通。加快泸沽湖、红河机场建设，研究论证沧源、澜沧等机场建设。构建以昆明新机场为西部重要航空枢纽，丽江、西双版纳、芒市、大理、香格里拉、腾冲、文山等支线机场为辅助的机场布局网络。积极发展通勤航空和其他通用航空。鼓励中外航空公司开辟和增加国际航线，重点发展连接东南亚、南亚、西亚和欧美的航线。

（八）建设安全稳定经济清洁的能源保障体系。

建设以水电为主的绿色能源基地。深化前期工作，在切实做好生态环境保护和移民安置的基础上积极稳妥推进金沙江水能资源开发；积极推进重点水库建设，协调发展高参数、大容量、高效率火电机组，以及燃气调峰机组；积极有序发展太阳能、风能和生物质能等可再生能源。大力推进与周边国家的可再生能源资源开发合作。统筹考虑云南和邻近区域电源建设，加强西电东送通道和骨干电网建设，拓展电力输送通道，建设跨区域电力交换枢纽。大力发展农村水电，积极开展水电新农村电气化县建设和小水电代燃料生态保护工程建设，继续支持农网改造和无电地区电力建设。

（九）建设国际性的信息枢纽。

将云南建设成为面向东南亚、南亚的通信枢纽和区域信息汇集中心。支持云南与东南亚、南亚国家合作发展陆地通信网络和互联网业务。开展1:10000基础地理空间数据资源建设，建立综合卫星定位服务系统、政务地理信息应用系统。加强宽带通信网、数字电视网和下一代互联网等信息基础设施建设，支持符合条件的地区开展“三网融合”试点。加强电信普遍服务，促进少数民族地区通信发展。

（十）建设保障有力的水利工程体系。

加大投入力度，加强骨干水源工程建设，着力解决工程性缺水问题。积极实施“润滇工程”，将具备条件的大中型水库建设纳入国家规划。加快推进牛栏江—滇池补水工程建设。抓紧开展滇中引水前期工作，纳入国家规划并适时开工建设。加强中小河流治理和山洪地质灾害防治，实施灾害监测预警及防治工程。推进病险水库除险加固工程建设，全面消除工程安全隐患。加强小塘坝、小水窖、小堰闸、小泵站、小渠道等水利设施建设，加快灌区配套改造。实施城乡饮水安全工程，2015年底前全面解决农村饮水安全问题。

三、依托重点城市和内外通道，优化区域发展布局

（十一）提升滇中城市经济圈的辐射带动能力。

将滇中地区培育成为云南省经济发展的重要增长极。加快建设以昆明为中心，包括曲靖、玉溪、楚雄的滇中城市经济圈，使之成为重要的区域性国际交通枢纽，全国重要的旅游、文化、能源和商贸物流基地，以化工、有色冶炼加工、生物为重点的区域性资源深加工基地，承接产业转移基地和出口加工基地。加快昆明装备制造业、战略性新兴产业和现代服务业发展，强化科技创新、商贸流通、信息、旅游、文化和综合服务功能，充分发挥面向东南亚和南亚、服务广阔腹地的西南地区重要中心城市作用。加快曲靖煤电及新能源基地、重化工基地、有色金属及新材料基地和省内交通枢纽、物流中心建设。加快玉溪装备制造业发展，建设休闲旅游基地。加快楚雄绿色产业基地、冶金化工基地、民族文化旅游产业基地建设。大力推进滇中城市经济圈一体化建设，加快滇南、滇西城市群发展，合理引导滇东南、滇西南、滇西北、滇东北城市布局。

（十二）建设重要的沿边开放经济带。

以边境经济合作区、跨境经济合作区建设为重点，完善跨境交通、口岸和边境通道等基础设施，加快形成沿边经济带。建设瑞丽沿边重点开发开放试验区，积极支持符合条件的地区按程序申请设立海关特殊监管区域。重点发展外向型特色加工制造业。规范并促进边民互市贸易区（点）的发展，积极发展保税物流、跨境旅游。推进与周边国家的贸易便利化合作，加快云南电子口岸建设，推进通关便利化，改善对外贸易软环境，提高口岸通行能力。继续支持口岸联检设施、查验货场等基础设施建设，提高监管水平。

（十三）完善对外经济走廊。

依托昆明—河口高速公路及国际航空港，加快推进昆明—河内经济走廊建设。以个（旧）开（远）蒙（自）城市群和河口为载体，重点发展以现代物流、矿产开采加工为主的产业集群，与南宁—河内经济走廊、环北部湾经济圈协调互动、合作发展。以楚雄、大理、保山、瑞丽等城市为节点，重点发展石油化工、现代物流、农产品替代种植、宝玉石加工和旅游业，推动与环孟加拉湾国家的区域合作。以玉溪、普洱、景洪、磨憨、临沧等城镇为载体，重点发展以农林产品深加工、生物产业、商贸旅游服务业为主的产业集群，务实推进大湄公河次区域合作。积极谋划以保山、腾冲为节点的昆明—密支那经济走廊建设，适度发展钢铁、有色等产业，大力发展现代物流和旅游业。

（十四）增强对内经济走廊的纽带作用。

以南昆铁路、云桂铁路、广昆高速公路和西江航运干线为依托，建设昆明—文山—广西北部湾—广东珠三角经济走廊，重点发展特色旅游、生物医药及矿冶加工产业。以成昆铁路、沪昆铁路和沪昆客运专线、内昆铁路、渝昆高速公路和兰州至磨憨213国道为依托，建设昆明—昭通—成渝经济走廊，重点发展清洁能源和石油化工产业。以滇藏铁路、滇藏公路为依托，建设昆明—丽江—香格里拉—西藏昌都经济走廊，重点发展矿产资源、可再生清洁能源、雪域高原民族特色文化旅游产业。

四、加强经贸交流合作，全面提升开放水平

（十五）巩固发展睦邻友好关系。

贯彻周边是首要的外交方针，

进一步发展与周边国家睦邻友好、互利发展的外交关系。加强对云南省外事工作的指导和协调，为其开展对外交流与合作提供政策便利，支持周边国家在昆明设立领事机构，吸引国际组织、跨国公司在云南设立办事机构、研发机构和企业总部。设立云南大湄公河次区域教育联盟秘书处，扩大云南高校招收外国留学生规模。

（十六）全面提升对外经贸合作水平。

充分利用中国—东盟自由贸易区平台，进一步加强中国—东盟湄公河流域开发合作机制、大湄公河次区域合作机制，提升孟中印缅合作层次。支持云南省与东南亚、南亚国家和亚洲开发银行等国际组织建立全方位、多层次的经贸合作机制。积极开拓东南亚、南亚市场，合理扩大矿产品等资源性产品进口，支持机电、化工、纺织、日用品、成套设备、特色产品和互补型农产品等优势产品出口。加强检验检疫，不断提升进出口产品质量水平。将云南出口货物人民币结算退（免）税试点扩大到省内所有边境口岸和指定的重点通道。加大外事协调力度，实施好《大湄公河次区域便利客货跨境运输协定》等协议。进一步提高利用外资便利化程度。充分利用中国—东盟投资合作基金，扩大云南与周边国家经济技术合作。

（十七）积极支持有条件的企业“走出去”。

把实施“走出去”战略作为提升对外开放水平的重点。引导金融机构为符合国家政策导向的“走出去”企业提供出口信用保险等各类保险和信贷服务。支持“走出去”企业品牌国际化建设。进一步推进投资便利化，建立外经和境外投资项下人员物资出入绿色通道。

（十八）深入开展对内区域经济合作。

积极引导中央企业和省外企业到云南投资兴业，支持云南承接东部地区产业转移，打造承接产业转移基地。推进泛珠三角区域合作，加强珠江中上游资源、水运的综合开发和生态建设，搞好重大项目建设协调。进一步扩大与长三角地区的合作领域，增进上海市与云南省的对口帮扶合作关系。加强云南省与其他西部省（区、市）的合作，以改善铁路、航空、内陆水运条件为重点，推动西南地区共同向东南亚、南亚开放。

五、立足资源和区位优势，建设外向型特色产业基地

（十九）做大做强特色农业。

建设优势特色农产品生产加工基地和流通中心。强化对云南粮食生产的扶持，加大中低产田改造和高标准粮田建设力度，提升农机装备水平，稳定发展粮食生产，粮食自给率保持在90%以上。重点建设以橡胶、咖啡、中药材等为特色的工业原料基地，提高蔬菜、茶叶、花卉等特色园艺产品基地建设水平。不断完善良种繁育体系，切实加强畜牧业生产基地和水产品养殖基地建设。大力支持出口食品农产品质量安全示范区建设。加强边境动植物疫病防控体系建设。建立入侵生物阻截带，防止外来物种入侵。建设重要的农产品加工、物流和会展中心，农机交易服务和农业科技服务中心。加强农业生物种质资源保护和水生生物资源养护。充分发挥林地资源优势，大力发展林业和林下产业，培育新的经济增长点。深化大湄公河次区域农业科技交流合作，探索在周边国家建设一批农业科技示范基地和动物疫情监测站，加强境外农业技术指导和培训，使云南成为面向东南亚的农业技术推广枢纽。积极引导各类金融机构加大对云南优势特色农产品生产和加工的支持力度。

（二十）改造升级传统工业。

落实西部大开发有差别的产业政策，积极承接产业转移，培育新的增长点。重点推进化工、装备制造、有色、钢铁等产业优化升级。依托油气管道和水电开发，合理发展石油化工产业和技术水平先进的载能工业。尽快编制相关原油和天然气利用规划，配套建设大型炼化项目，形成园区化、集约化石化基地。根据天然气利用政策，围绕民用气、车用气和工业领域用气，积极开拓天然气市场。稳妥推进现代煤化工升级示范工程建设，合作发展新型煤化工产业。推进昆钢搬迁改造。推进矿业和水电开发利用相结合，适度发展清洁载能产业。建设国家重要的铜、铅锌、磷等资源接续区。在充分保护自然植被前提下，有序发展林纸一体化项目。建设一批企业技术中心、工程研究中心和工程实验室，加强产学研合作，推进产业技术创新战略联盟建设，提高自主创新和技术成果转化能力。加大中央地质勘查基金、国土资源调查评价资金投入力度。

（二十一）积极培育战略性新兴产业。

依托国家级产业园区，加快培育生物医药、生物技术服务、光电子、新材料、新能源、高端装备制造等新兴产业。实施生物医药产业创新发展、生物质能应用示范、绿色食品保健品、生物化工产品开发等工程，建设生物资源开发创新产业基地。做大做强昆明光电子产业基地，加快发展光伏、半导体照明、红外及微光夜视产业链。着力打造稀贵金属新材料产业链，建设有色金属和稀贵金属新材料产业基地。打造昆明高技术服务产业基地，进一步扶持软件和信息服务业发展。国家在战略性新兴产业发展专项资金安排方面对云南给予倾斜。依托现有科技资源和科技基地，大力推进中国面向西南开放的科技创新与技术转移。指导云南设立中小企业创业投资引导基金。

（二十二）加快发展物流、会展等现代服务业。

推进现代物流服务和信息平台

建设，把昆明建设成为全国性物流节点城市和区域性国际物流中心。建设大理、景洪、蒙自、临沧等地区性物流节点，推进磨憨、河口、瑞丽、猴桥、孟定口岸物流基地建设，鼓励有条件的基地发展保税物流，完善专业物流体系。积极发展会展产业，支持在云南举办各类大型会议。在昆明逐步培育和建设国际性矿业交易综合市场。

（二十三）大力提升金融业的支撑服务能力。

支持把昆明建成面向东南亚、南亚的区域性金融中心。增加云南跨境贸易人民币结算试点企业数量，积极推进与周边国家签订双边本币结算协议，建立双边银行间的支付清算机制，为双边贸易、投资提供支持。推进贸易投资使用人民币，加快自由兑换进程。支持符合条件的云南企业上市融资，发行企业债券、短期融资券、中期票据、中小企业集合债及集合票据。鼓励企业利用期货市场开展套期保值，进行风险管理。支持保险产品和服务创新，推动开展与边境贸易和国际物流相关的保险业务试点。

（二十四）推动旅游业跨越式发展。

充分利用和挖掘云南自然、历史文化资源，以文化丰富旅游内涵，促进文化与旅游的融合。把云南建成国内一流、国际知名的旅游目的地。形成滇中昆明国际旅游休闲区、滇西北香格里拉生态旅游区、滇西南大湄公河旅游区、滇西火山热海文化旅游区、滇东南喀斯特、哈尼梯田、少数民族特色村寨等山水文化旅游区和滇东北生态及历史文化旅游区。加快推进云南旅游业综合改革。支持云南举办国际公路自行车赛等旅游体育活动。将云南有条件的旅游城市机场建成对外开放口岸。简化游客出入境手续，研究推动大湄公河次区域内人员往来正常、有序开展，适时研究推进相关出入境便利措施。对云南省符合国家产业政策和供地政策的重大旅游产业项目，在新增建设用地计划指标安排上予以倾斜。

六、加强生态建设和环境保护，实现可持续发展

（二十五）继续推进水污染防治。

加大以滇池为重点的高原湖泊及金沙江、澜沧江、怒江等流域水污染综合防治力度。把滇池治理列入国家“十二五”重点流域水污染防治规划，加强滇中城市经济圈污染联防联控。加大对洱海、抚仙湖和异龙湖水污染防治支持力度。加快推进重金属污染防治。加强界河治理力度，开展水生态系统保护与修复试点，制订红河、南盘江、牛栏江、沘江等流域水体跨界断面水质监测方案，加大对跨界河流风险防范能力建设的支持力度。加强生态环保领域的国际合作。

（二十六）加快治理水土流失和石漠化。

以金沙江、澜沧江、怒江、珠江等流域水土流失治理和滇东南、滇东北石漠化治理为重点，继续实施天然林保护、退耕还林、小流域综合治理、坡耕地改造、岩溶地区草地治理、南方草原开发利用、防护林体系建设等生态建设工程。实施金沙江、澜沧江、怒江流域生态保护与水土流失治理。编制实施迪庆藏族自治州“两江”（金沙江、澜沧江）流域生态安全屏障保护与建设规划。全面启动石漠化重点县（市、区）的综合治理，实施人工造林种草、封山育林育草。实施哈尼梯田生态环境保护与建设工程。加强矿山生态与地质环境保护。

（二十七）加强生物多样性保护。

加强以滇西北、滇西南为重点的生物多样性保护。实施濒危动植物和极小种群物种保护，提高有潜质和保护价值较大的保护区级别。在重要地段建立生物走廊带，完善自然保护区体系。以原生生态系统、特有珍稀濒危动植物和沼泽、湖泊为重点，继续加强对生物多样性和高原湿地保护和建设的投入。全面系统保护川滇生态功能区，加大对国家级自然保护区、国家级风景名胜区、森林公园、重要湿地、重点野生动植物园以及“三江并流”世界自然遗产地保护的投入。加强野生动物保护，完善野生动物损害补偿机制。加强西南种质资源库、生态监测网络体系建设，建立边境地区跨境自然保护区协作机制。考虑云南生态环境特点和发展承载能力，统筹研究重点生态功能区转移支付范围问题。推进森林和草原防火体系、有害生物防控体系建设。

（二十八）推进节能减排和循环经济发展。

继续加大对高耗能行业节能改造的支持力度，组织实施好节能产品惠民工程。深化主要污染物总量控制，突出结构减排，加强工程减排，强化管理减排。规范各类工业园区管理，推进清洁生产和污染集中治理。重点支持主要污染物、温室气体减排能力建设和节能减排、低碳工程项目建设。开展排污权有偿使用和排污交易试点工作，探索建立交易政策与总量减排的衔接机制。开展循环经济重点工程建设，做好大宗产业废物综合利用示范基地试点工作。促进循环经济产业链接技术的研发和推广。对具有资源优势和产业特色的循环经济相关产业和项目给予优惠扶持政策。制定废弃物资源化再利用优惠政策，鼓励共伴生矿、尾矿及大宗产业废物综合利用。支持普洱市发挥自然生态和资源环境优势，大力发展循环经济，建设重要的特色生物产业、清洁能源、林产业和休闲度假基地。

七、大力发展社会事业，切实保障和改善民生

（二十九）优先发展教育事业。

科学整合教育资源，合理规划中小学布局，方便学生就近入学，边远地区中小学逐步实现相对集中办学。加快普及学前教育，加大对

农村寄宿制学校建设的支持力度，实施农村义务教育阶段薄弱学校改造计划。逐步提高农村中小学家庭经济困难寄宿生生活补助标准，改善农村教师工作生活条件，提高农村教师待遇。扩大高中阶段教育规模，2015年高中阶段教育毛入学率达到80%以上。加强云南高校重点学科专业建设，适当扩大国家重点院校对云南的招生规模，支持区域性高水平大学建设，加强专业技术人才、高技能人才和紧缺人才培养。落实中等职业教育免学费政策，整合现有教育培训资源，形成一批区域性职业教育中心和实训基地，加强职业培训。支持云南高校与东南亚、南亚国家开展教育交流与合作。加强民族地区双语教育，采取定向招生、定向培养等措施，加大少数民族人才培养力度。推进教育信息化建设。

（三十）加快发展医疗卫生事业。

以边境州（市、县）、边境口岸（通道）、交通沿线州（市、县）为重点，加强医疗卫生服务网络建设，提高紧急救援、医疗救治、疾病预防、卫生监督及食品药品安全监测能力，加强食品药品监管基础设施建设。建设中医药、民族医药研发基地，加强对外交流与合作，提高民族医药研发能力和诊疗水平。建立与周边国家疾病信息沟通、防治技术交流的联防联控和卫生应急救治联动机制，建立和完善边境地区传染病联防联控模式。加强艾滋病防治，加大结核病、疟疾等重大疾病防控力度。完善基层计划生育服务体系，稳定低生育水平。加强与东南亚、南亚国家在临床医疗教学科研、传统医药、热带病防治和食品药品检验检测等方面的交流与合作。依托省级重点医院，把昆明建设成为面向东南亚、南亚的国际医疗和技术、人才交流区域中心。

（三十一）大力发展民族文化事业。

加强文化基础设施建设，健全公共文化服务体系。建立健全公共文化服务和设施运转经费保障机制。加强边境地区广播影视基础设施建设，增强少数民族语言节目的译制和制作能力，实现广播电视村村通。加大对民族文化的传承和保护力度，加强对文物和非物质文化遗产的保护与开发利用，建设博物馆、科技馆、艺术交流中心、影视基地等文化项目。充分利用云南省丰富的文化资源，加快推进民族文化产业发展。深化与东南亚和南亚国家的文化交流合作，大力发展文化贸易。加强少数民族语言文字出版能力建设。引导和支持基层公共体育设施建设。建设高原体育训练基地。

（三十二）着力完善劳动就业、社会保障和社会服务体系。

推动农村富余劳动力转移，大力发展劳务经济。鼓励边境地区富余劳动力就近就地转移就业。开展就业援助，开发公益性就业岗位，确保零就业家庭至少一人实现就业。与周边国家建立合作机制，有序开展劳务合作。加大推进新型农村社会养老保险试点工作力度，“十二五”期间所有市县全部纳入实施范围。完善城乡最低生活保障制度，逐步提高城乡低保标准。进一步完善城镇居民基本医疗保险和新型农村合作医疗制度，提高补助标准和保障水平。推进职工基本医疗保险市（州）级统筹，扩大异地持卡就医试点范围。建立和完善城镇居民养老保险制度，完善失业保险制度。加快推进养老服务设施建设，构建社会化的养老服务体系。加强残疾人康复托养设施建设。完善城乡综合社区服务设施和功能，提高服务能力。加强防灾减灾救灾体系建设，完善应急处理机制，提高环境突发事故和自然灾害应急处置能力。切实加强宗教基础设施和宗教工作队伍建设，维护宗教领域和谐稳定。

八、加快脱贫致富步伐，建设稳定繁荣边疆

（三十三）促进边疆和贫困地区加快发展。

以滇西边境山区、乌蒙山区和石漠化地区为重点，加强扶贫开发工作。编制实施兴边富民行动“十二五”规划，继续加大对云南边境地区经济社会发展的支持力度。国家加大支持力度，指导和帮助云南省扶持边远少数民族贫困地区深度贫困群体脱贫。加快推进农村危房改造。对生态环境恶化、丧失生存条件地区的贫困人口实施易地搬迁。加大兴地睦边农田整治重大工程的支持力度。实施基本口粮田、小型农田水利等工程建设，大力推广良种技术。

（三十四）促进各民族共同繁荣发展。

采取更加有力的措施，加快少数民族和民族地区发展。继续实施扶持人口较少民族发展规划，加大支持力度，改善人口较少民族和特困民族地区群众生产生活条件。巩固莽人、克木人脱贫成果，重点推进独龙族、傈僳族、拉祜族、佤族、景颇族及瑶族支系山瑶等特困群体发展步伐。将少数民族教育放到突出重要位置，采取特殊政策加强少数民族人才培养，加大少数民族干部培养和选拔力度。

（三十五）加强边防管控和出入境管理。

完善基础设施建设，提高技术装备水平，提高边防管控和出入境管理能力。切实做好周边外事、侨务及出入境管理工作。加强反恐、禁毒、艾滋病防治和防范非法出入境活动的国际合作，严厉打击跨国犯罪。

（三十六）加快农垦企业改革发展。

统筹农垦与地方协调发展，把农垦企业从业人员的社会保障纳入属地管理，国家在资金上给予补助。农垦在职职工和退休职工按规定参加职工基本医疗保险，其他人员按有关规定参加城镇居民基本医疗保险或新型农村合作医疗。将垦区中低产田改造、道路和电网改造、饮水安全、危

房改造等基础设施建设纳入国家和地方建设规划，与地方同步实施。落实垦区强农惠农政策。鼓励云南农垦企业整合以天然橡胶为主的优势产业，培育橡胶龙头企业集团。

九、加大政策支持力度，创新体制机制

（三十七）财税政策。

国家加大转移支付和投资力度，支持云南桥头堡建设和发展。加大边境地区专项转移支付力度，加强边界日常维护和边界管控，促进边境贸易发展，改善边境地区民生。研究中小企业信贷增量奖励政策，加大涉农信贷增量奖励支持力度，鼓励地方出台相应补贴和奖励政策。加大对云南贫困地区的贷款贴息支持力度。鼓励地方政府开展优势特色农业保险保费补贴试点工作。

（三十八）金融政策。

鼓励银行业金融机构为符合国家政策的重大基础设施建设项目提供信贷支持。鼓励和引导外资银行到云南设立机构和开办业务。支持符合条件的大中型优势企业在国际资本市场上市和发行债券。支持符合条件的境内外保险机构在昆明设立区域性总部、后援服务中心、培训基地等。

（三十九）投资与产业政策。

中央安排的公益性建设项目，取消县以下（含县）及集中连片困难地区市地级配套资金。支持云南利用中国—东盟投资合作基金、中国—东盟专项信贷资金建设有关项目。实行差别化产业政策，对云南具有特色优势的项目适当给予倾斜。对于边境地区技术水平先进的清洁载能工业给予优惠政策。

（四十）土地政策。

对云南年度建设用地计划实行倾斜，改革完善建设用地审批制度，简化手续，保障重点工程建设用地。支持探索水电站、水库等重大能源和水利基础设施建设涉及的淹没区及生态修复整体绿化的用地方式改革。支持建立耕地保护补偿机制，充分调动基层政府和农民保护耕地积极性，鼓励通过市场化的耕地占补平衡模式合理有序地开发利用土地资源。

（四十一）价格和生态补偿政策。

把云南作为全国电力价格改革试点省，实施发电企业与电力用户直接交易试点。开展国际重要湿地、以滇池为重点的九大高原湖泊等重点流域生态补偿。

（四十二）人才政策。

根据国家规定，逐步提高云南机关事业单位职工工资水平，落实艰苦边远地区津贴动态调整机制，中央财政按规定政策给予适当补助。支持中央国家机关、重点院校、科研院所、大型企业选派人才对云南实施人才帮扶。在实施边远贫困地区、边疆民族地区和革命老区人才支持计划时，加大对云南省人才和智力支持力度。

（四十三）体制机制改革。

深化行政管理体制改革，推进涉外经济体制改革，深化外贸管理体制改革，完善境外投资、外商投资、口岸管理体制。深化资源性产品价格改革。优化所有制结构，继续深化国有企业产权制度改革，大力推进非公经济和中小企业加快发展，积极引导民营资本参与桥头堡建设。鼓励先行先试，形成有利于桥头堡建设的体制机制。

云南省人民政府要切实加强组织领导，全面做好桥头堡建设各项工作。国务院有关部门要按照职能分工，进一步细化各项政策措施，加大对桥头堡建设的支持力度。发展改革委要会同云南省人民政府抓紧编制桥头堡建设的相关规划，并与“十二五”规划、全国主体功能区规划和相关专项规划做好衔接。建立由国务院有关部门和云南省人民政府参加的协调机制，加强对桥头堡建设的指导和综合协调，帮助解决实际工作中出现的困难和问题。

把云南省建设成为我国面向西南开放的重要桥头堡，意义重大，使命光荣，各有关方面要进一步解放思想，开拓创新，团结拼搏，扎实工作，努力开创云南跨越式发展和我国对外开放新局面。

国务院

二〇一一年五月六日

索引

INDEX

A

阿卜杜尔　哈米德 孟加拉议长 访滇 141c
阿昌会街节 568b
阿都乡 脱贫 399c
阿富汗 164b
哀牢山生态站 466b
艾滋病 防治 342c 宣传 322b
爱国卫生运动 342b
爱上经典 云南卫视栏目 310b
安居工程 457b 保障性 437a 抗震 281a
安全生产 120c 49c 监管 109c 指导 101c 事故查处 109c 应急能力 109b
安全体系 建设 云南机场集团 149a
安全用药月 346c
安全整治 108c
奥运会 备战 348b

B

巴基斯坦 163b
白恩培 140c 549c
搬家 话剧 获奖 305b
板板桥 金平县 369b
版权保护 313c
半细毛羊 443a
保健品 管理 346a
保障性住房 418b 419c 448a 505c 524a
报刊 出版 312b 赠阅 322b
边交会 481c 中缅 565a
边境公路 建设 143c
边境旅游 124b
边民互市 交易市场 验收 564b 口岸 183a
边屯文化 品牌 456a
宾川 水果之乡 547c
博物馆 合作 308b 免费开放 307a
不丹 164b

C

财政扶贫 453b
财政收支　42a
彩云红梨 547a
菜篮子工程 453a
餐饮服务 管理办法实施细则 344b 绩效考核 343c
残疾人 日间照料站 375a 福利 329a
蚕桑 553b 495b
沧源县 中国特色竹乡 485c
草坝镇 示范村 507a
茶马古道 国家保护规划 306c
产能 落后淘汰 106b
产业结构调整 传统产业 112a 农业 483a
产业园区 建设 380a
产业转型 379c
陈家顺 408c

陈奎元 滇越铁路保护调研 419a
陈学明 见义勇为 442a
呈贡区 撤县设区 380c
城际列车 昆明 楚雄 开行 145a
城建监察人员 280c
城市报警监控系统 418c
城市改造 376c
城市管理 数字化 280c
城市建设 405b 491a 497a 511b 园林化 400c 美化 454c
城乡发展 统筹 395a
城乡规划 298ab 技术培训 279b 制度建设 298c
城乡基础设施 573b
城乡建设 380b 387b 389a 430a 510c
城乡交通 454c
城乡绿化 384c
城镇化 382b 446a 462c 517b 401b 城镇化率 475a
城镇建设 400c 442b 467c 481a 491c 555c
城镇居民 经济情况调查 552a 新型养老保险 334b
城中村 改造 376b
澄江化石地 申遗 417a
筹资融资 51c
出版物 发行 313b 质量检测 313c
出发 On line 网络游戏 312b
出入境 管理 338c
初中教育 评介 293a
畜牧科技 296b
畜牧业 495b 513c 576c
传统文化抢救 专项经费 少数民族 323b
创新企业 培育 299a
春运 旅客 145c 售票 145b
慈善活动 329b
葱蒜 547a
爨乡文化 401c 环保 402b
翠屏山水库 大坝封顶 441c
村级公路 油路化 548a
村级活动场所 444a
村庄 规划 281a

D

大村模式 文化惠民示范村 305c
大红山铁矿 422c
大开门矿冶产业集群 422c
大麻核桃 439b
大湄公河次区域 经济合作 159b
大坪子村 龙陵县 362a
大瑞铁路 保山至瑞丽段 564b 动员会 146c
大滩子村民小组 南华县 368a
大学生创业园 386c
大益牌商标 539b
傣族医学 340a 基础理论 340b
代普芝 全国道德模范提名奖 397b
导游 管理 126b 援藏 127c
盗版工具书 治理 314a
道路运输 134a 客运整治 144a
德乐村 凤庆县 366a
邓川镇 洱源县 371a
低碳 试点 106c
低温 灾害 57a
迪姑村 维西县 373c
迪庆州歌舞团 赴台演出 322c
地方志 州市县编纂 314b 工作会 315a 行政法规 出台 314c 业务培训 315c
地沟油 整治 343b
地球之声 云南卫视晚会 310c
地质灾害 防治 286b
地质找矿 121a 122c
第三产业 407c
滇红产业园区 478a
滇剧花灯 传承基地 375b
电力生产 119c
电网建设 120a
电影 农村 386b
电子制造业 101c
东盟国际图书城 立项 313b
东盟经济 157a
东南亚商品交易会 447c
董家寨 文明村 482b
动漫产业网 云南分站 启动 307c
动漫协会 挂牌 308a
都市经济 376c
独龙江公路 改造 573a
独龙族 帮扶 320a 脱贫 573a
度假酒店 建设 126b
对口帮扶 523b
对外承包工程 178c
对外开放 134c 518c
对外贸易 134c 46a 573c
对外投资 178c
多晶硅 122a

E

峨山县 60 周年县庆 421c
鳄鱼 养殖 424c
儿童福利事业 329a
二顺村 会泽县 360c

F

犯罪侦破 侵财 337a
泛亚经贸合作 165a
泛亚科技 昆明新区 377a
泛珠三角区域合作 论坛 311b
防汛 94a
防灾减灾 327c
防灾应急 328a
房地产 376a 开发 284a 45a 调控 283a
房价 284c 355a
非公企业 133c
非时政报刊出版单位 改革 312b
非物质文化遗产 423b 联展 307a 保护 577a 传承人 推荐 307b 保护中心 成立 307b 生产性示范基地 307b
非烟工业 413b
菲律宾 153a
翡翠 博览会 430 交易 431a 毛料城 568a
废气 81b
废水 81a
风电场 497a 492c 风能开发 458c 515c
扶贫 330bc 454c 456a 458b 465c 470a 518c 523c 533b 573c 开发

320a 403b 419c 423b 428c 430a 431a 433b 437c 443b 469a 475b 480c 489b 494c 495c 507c 511c 514c 516b 517c 523b 525b 527b 528c 530b 532a 538c 543b 544b 556a 585b 革命老区 396c
辐射 80c 环境管理 83b
抚仙湖 环境整治 416c
妇女 参与社会管理 351c 353c 创业就业 351a
妇女儿童 关爱 496a 发展规划 352a 困难帮扶 352a

G

甘蔗 高产 424a
柑橘种植 445b
干热河谷 观测站 423c
高家寨 小康村 464b
高考 方案 294a 云师大附中 293a
高新技术企业 培育 299a
高原体育 训练基地 348c 514a
割胶培训 537a
革命老区 开发 447a
个私协会 农资分会 468a
耕地保护 551c
工程安全 282b
工程技术 研究中心 299b
工伤保险 334a
工业 407b 494c 497a 倍增计划 455c 43b 项目 484b
工业经济 458b 490b 491b 492b 507b 510b 102b 运行目标 100c
工业品价格 354c
工业强县 528b 555a
工业园区 387b 513a 537c 387a 489a 498c 526c 567c 生态建设 388b 边境 482b
工资标准 企业最低 333a
工资分配 332c
公安交通 管理 339c
公安消防 管理 339c
公共卫生服务 342b 532c 545b 体系 498a 302a
公路建设 433a 574b
公路文化馆 429b
公路运输 142c
公务员 管理 334c
功果桥电站 550a
宫颈癌 农村妇女 429c
供水 管理 280a
固定资产 投资 44a 430b
固体废弃物 81b
拐卖妇女儿童 打击 337a
官渡区 中国民间文化艺术之乡 306b
光明村 531b
广播电视 村村通工程 309c 获奖项目 309a
广播影视 农村 524c
广场舞 大赛 306a
广电产业 310a
国际旅游 124a
国家公共文化服务体系示范区 入围名单 306a
国家公园 建设 75b
国库 管理 55b
国内旅游 124c
国土资源 保障 285a 管理 287b
国务院扶贫办 调研 439c

H

哈尼民歌会 538c
哈尼梯田 申遗 306c
喊撒村民小组 568c
旱灾 57a
好义村民小组 安宁市 360c
和谐家庭 建设 352b
河流 水环境 质量 79c 水质 出境跨界 80a
核桃 种植 553c 554ab 421a 产业 465b 477c
黑井镇 文明村镇 500c
红盾护农行动 582a
红河至元阳 二级公路 通车 515c
红色旅游 125b
红塔集团 116b
红塔区 烤烟收购验证试点 413c 全国科技进步先进县区 414b
红岩子村 456c
红云红河集团 117c
洪涝 57b
胡春华 戏剧梅花奖 305a
湖泊 水质 78c
沪昆客运专线 开工 146c
花卉 种植 386a 产业创新基地 297c 图书馆 斗南 375a
华彩云南 云南卫视栏目 310c
滑坡 57c
化妆品 管理 346a
环保节能 380b
环境保护 401a 405b 430b 455c 511c 49a 行政处罚 82c 突发事件 82c 信访 83c 专项行动 82c 科技 298b 官渡区 377c
环境治理 城市 83b 农村 445a 村 498b
黄道能基金会 启动 469b
黄金 产量 121b
黄龙玉 431b
恢复重建 282b
回龙湾 小康村 440a
惠民工程 405a
惠民政策 落实 446c 惠农 52a 90a 424a 401a
火山热海旅游节 430c
货币金银 管理 55a

J

机动车 431b
鸡街 漾濞县 372b
鸡足山旅游公路 通车 143a 547b
基础教育 监测 293c
基础设施建设 422b 476a 45c 518a 529c 561c 575b 582c 583c 城市环境 83a 小城镇 281c
缉私 339b
疾病预防控制 342a
集镇建设 553c
集中办学 583b
计划生育 改革 349b 宣传 350b 计生队伍 建设 350c
记者站 管理 312c

记者征 核发 312c
纪念馆 免费开放 307a
技术创新 体系建设 295a
技术市场 301b
技术中心 企业 299b
家电下乡 396c 403b
戛洒 特色集镇 423a
假冒伪劣商品 打击 181b
假日旅游 126a
价格 42c 稳定措施 355b 改革 资源性产品 356b 政策 惠农增收 356a 政策 完善 356c
坚果之乡 568a
柬埔寨 153c
建材项目 439b
建筑业 44a
健康档案 432b
江川县 教育工作先进县 416b
降水 56a 80b
交通建设 484a 493c 工程 497b 道路安全 109a 基础设施 436c
交通运输 47a 网络 483c
教育惠民 582a
教育事业 292a 48b
教育收费 治理 293b
教育体制改革 试点 292b
教育资源 整合 577b
节能 49b 产品 106b 减排 448b 科技创新 298c 降耗 493a
节水 管理 280a
杰出女性 353a
戒毒 338b
界桩 揭幕 中老 540b
金融 对外开放 55b 合作 55b 三农服务 54b 综合管理 54c
金融保险 48a
金属矿床 135b
金星社区 盘龙区 360a
进出口 贸易 103a
禁毒 337c
经典之夜 云南卫视栏目 310a
经济犯罪 打击 337b
经济果林 406a
经济合作论坛 孟中印缅 140a 164c
经济合作区 跨境 178b
经济技术开发区 178c
经贸高官会 中国 南盟 165a
景区建设 127b
竞技体育 348a
境外投资 134c
九大高原湖泊 污染防治 81c
九溪镇 特色餐饮业 415b 现代烟草农业示范区 415b
九宜 二级公路 建设 387a
就业 331b 479a 498b 506a 508a 49c 532c 青年 420c
苴力镇 工业特色小镇 549a
居民生活 城乡 492c 城镇 390a 农村 390a
居民收入 134b 倍增 484a 城市 546a 538a 提高 398b
居民消费价格 354a
桔果 547a
剧目 展演 305a
捐资助学 445b
卷烟产品 市场营销 118b
卷烟经营 114a 销售 116b
卷烟品牌 115b 培育 118b
卷烟生产 116b 经营 116c 118a

K

开南村 景东县 365c
开南书院 466b
抗旱救灾 494b 94a 282b 492a 500a 327a
烤鸭美食节 386c
烤烟标准化 示范县 526c
烤烟产业 467b
科技 430b 48b 计划 294c 成果 300c 生物产业 交易会 85c 推广 114b 边疆惠民 296c 创新 卷烟企业 116a 117a 119a 创新园 299c 服务体系 村级 484c 奖励 301a 开发专项 299c
科技合作 国际 299c 国内 300a
科技兴农 379b
科学技术奖 颁奖 300a
可持续发展 实验区 298c
克木人 致富路 539c
客运公司 农村 437a
客运站 宾川县 547b
空气质量 80a
口岸 边境 182ab 便利化通关 183b 电子信息化 183b 基础设施建设 182c 进出口 134b 开放 182c 合作 183c 贸易 565a
矿床 122a
矿冶产业 573b
矿业 交易 122a
昆交会 成果 179b 会期 179c 会展 179c 客商 179a 展位 179a
昆明新机场 检验检疫 181c
昆明新知集团 柬埔寨 313b
昆玉高速公司 全国五一劳动奖 413c

L

垃圾处理厂 553b 竣工 574b
垃圾转运站 455a
拉马底 索改桥 通车 143b
拉市海水库 水利风景区 453c
辣椒种植 406b
兰坪民族中学 577b
兰溪桥 竣工 414a
澜沧江 航道 152a
澜沧江 湄公河 复航 152b 考察 151c
劳动保障 332a
劳动关系 332a
劳动合同 332a
劳动力 转移培训 417a 493b 贫困地区 330c 331ab
劳动争议 332b
老虎 驯养基地 73c
老年大学 384a
老年人 福利 328c 实惠 383a
老挝 153c
老挝考察团 访滇 141c
老燕子村 文明村 508a
李纪恒 141c 438b
历史文化名城 保护 279a
历史文化名村 保护 279a
历史文化名街 保护 279a

历史文化名镇 保护 279a
丽江火车客运站 457b
廉租房 429b 保障 389c 建设 439c 511b
粮食 高产创建 296c 表彰 396a 增产 400b
列车 值乘接管 昆明 上海 145a 购票 互联网 启动 146a 列车运行图 调整 145a
邻苯二甲酸酯 食品整治 343b
林化产业 493a
林权 数据库 74c
林业 生态产业 585a 标准 专家库 74b 改革 74c 林业产业 495b 远程诊断 73b
临双 二级公路 通车 483b
灵源村 永胜县 364c
留守妇女儿童 441b
流动人口 管理 349c
六甲之战 纪念园 迁建 390c
六街 易门县 361a
六库 曼海 二级公路 通车 143a
六曼公路 通车 429c 574b
六沾复线 建设 146c
龙瑞 高速公路 奠基 564b
鲁克村 泸西县 369c
罗平县生物群 野外科学观测研究基地 404c
落户 边民 467c
旅行社 管理 126b
旅客 运输 暑期 146a 列车 昆明 济南 开行 145b
旅游 标准化建设 126c 对外交流 127c 转型 388b 开发 514b 基础设施 建设 418c 景点 422a 片区建设项目 397c 品牌 467a 人才 培训 127c 生态建设 127b 线路 468a
旅游产业 437b 573c 577a 改革 123a 综合效应 123b 旅游项目建设 127a 宣传 127a 政务服务中心 建设 123c 旅游资源 493a 企业 经营 126c 商品创意赛 500b
旅游市场 124a
旅游小镇 431a 改造 515a
旅游业 458b 48a 510c 583b
绿色经济 475b
绿色能源示范县 566c
绿色农业 464c

M

马登村 剑川县 371c
马尔代夫 164b
马来西亚 153a
马铃薯 种植 480a
玛咖种植 457b
曼公村 景洪市 367c
漫画 PaRTY 数字出版产品 312b
芒果 文化旅游节 423c
贸易 边境小额 506a 交易会 国际 504c
梅葛 电影 495c
煤电 保供 356a 油运 管理协调 101a
煤矿建设 396a
勐海网 开通 539a
勐烈湖 467c
勐廷村 昌宁县 363a
勐外村 孟连县 367a
勐约栋村 陇川县 373a
孟加拉国 163c
弥勒县 科普示范县 512b
猕猴桃 野生资源 442c
缅甸 153b
庙沟 威信县 363c
民房质量 整改 494a
民间投资 103a
民居建设 445c
民情联络卡 404c
民生 135a 378b 379a 383c 417a 422b 455c 469c492a 516c 517c 549b 549c 581b 582c 保障 52c 398c 553a 584a 改善 382c 576c
民主法制 584b
民族服装服饰文化节 496b
民族广播 业务培训 311c
民族机动金 文化教育项目 321b
民族教育 321c
民族贸易 扶持 320b
民族民间歌舞乐 展演 321a
民族民间工艺博览会 开幕 307c
民族团结示范村 401b 417c
民族文化旅游业 469a
民族文艺 创作 390c
民族语 译播 483c
民族自治地方单行条例 319c
命案侦破 336c
磨思高速公路 通车 143a
茉莉花产业协会 423c
母亲水窖 395b
木本作物 135c

N

纳米比亚 文化代表团 访滇 308b
耐用品 农村 拥有量 429b
南等水库 建设 483b
南滚河 国家公园 建立 73c
南碱村 新平县 361a
能源 保障 133c 消费 49b 农村新型 420c
尼泊尔 164a
泥石流 57c
年鉴 评奖总结大会 314c
聂耳故居陈列馆 377b
牛街村 文明村 515a
牛街乡 巍山县 372c
农产品 出口 91b 加工 92a 品牌 91b 质量 92b 种植基地 质量安全示范区 506b
农村电网 改造 441b
农村改革 93b
农村公路 人口较少民族 143c
农村合作经济组织 507a
农村环境 保护 82b
农村基础设施建设 491c 492b
农村经济 455b 574c
农村劳动力 转移就业 92a
农村流通网络 456b 458a
农村能源 93c 443b 75a 506c
农村频率 故事广播 311a
农村养老保险 403a 512a 信息系统 537c 基础养老金 419b 试点

419b 新型 334b
农村土地流转 419c
农村危房 改造 281a
农村卫生 505a
农电 体制改革 120a
农副产品交易会 439a
农家乐 498a
农家书屋 312c 431c 443c 484c 531c 574c 卫星数字 建设 313a
农民工 返乡慰问 351a 权益 332c 工资保障 582b 文化节 首届 306b
农民人均收入 412c 582b
农民增收 91c 421b 474c
农田保护 395c
农文网络学校 500b
农业 386b 495a 生产 43a 88a 生态环境 92c 投入 90a 高原特色 88b 高产片区 453b 园区建设 378c 开发 479c 405a 444c 447c 574c 信息服务 421a 科技 405a 516a 547c 90a 创新 296b 推广 442a 科技示范园区 388a 电脑培训 320b 电脑示范 493b 现代农业 112b
农业支持 416a
农业产业化 92a 497c 结构调整 90c
农业机械化 91b
农业经济 458a 491b 492b 497a 514a
农业强县 407a
农资 价格 355a 网点 545a
弄璋糖厂 567b

P

排污费 征收 82c
瓢鸡 467a
贫困群体 帮扶 330a 贫困生救助 385a
品牌创建 396b
平安建设 382a
坡芽歌书 国家级非遗 533c
普炭一级公路 通车 143a
普者黑 旅游名村 531a

Q

七彩云南保护 文山 524b
麒麟区 社区建设示范单位 398a
企业技术 创新 295b
气候 事件 56b 特征 55c 气温 56a 气象灾害 56c 气象站 438b
汽车城 444c
汽车客运站 宣威县 400a
桥头堡建设 476a 506b 536c 560c 561a
秦光荣 141a
青花椒节 439a
情暖人间 道德建设栏目 311c
庆云村 丽江古城区 364b
区域旅游 合作 124b
区域中心城市 281b
全民健身活动 347c 455a 基础设施工程 347b 健身条例 347a
拳王 445c
群众花灯 549b

R

燃气管理 280a
人才 培养引进 299c 334c 队伍建设 334b 招聘会 439a
人居环境 554c
人均收入 454a
人口 49c 发展研究 350b
人民生活 385b 405c 408a 456b 469b 510a 517a
人事制度 改革 303b
仁丽铁路 通车 146b
日照 56b
融资 省属企业 105c
肉牛产业 406a 556c
乳业奶源示范基地 512c
软件业 101c
瑞东社区 全国文明单位 398c
瑞丽医院 奠基 565a

S

三河村 泸水县 373a
三七产业 523a 种植基地 验收 413b
三峡上游 水污染防治 82a
三下乡 353a
散文诗学会 创作基地 537b
桑树 嫁接 547a
扫黄打非 313c
森林 资源 80c 建设 89b 火灾 57c 保险试点 75a 582b 保险方案 74b
沙滩排球赛 420a
山地蔬菜园 建设 400c
商务论坛 巴基斯坦 中国 165b 中国 南亚 165a
少数民族 干部结构 322b 文化交流 322c 传统体育运动会 320c 传统文化抢救 321b 发展资金 管理 320b 歌曲展播 311b 地区经济发展规划 323c 图书选题 获准 323a 文字出版 313a 帮扶 454a
社保惠民政策 落实 552b
社会保障 333a 382a 389b 403a 408b 454b 479b 480a 484b 497b 50a 551b 555b 575c 基金监管 333b 保障体系 464a 507c
社会福利事业 50a
社会救助 479a 523c
社会生活 495c
社会事业 88c 458c 581c
社会养老保险 城乡居民 440c 城镇居民 512a 试点 493c
社会用电 120b
社区卫生服务中心 示范 342a
生活用品价格 城市 354a
生态环境保护 388a 414c 458b 497b 533a 治理 89b 建设 389a 493b 537a 574a 575c 584a 环湖 383b 455c 示范区 82c
生态旅游 551a 名城 研讨会 537b
生态农业 554c
生态示范区 建设 396c
生态文明建设 378c 418b 475b 517c 550a 581b 文明家庭 创建 416c
生态县 创建 538b
生态县 建设 422a

生态乡镇 413a 389c
生物产业 584c 规划编制 85b 举措 84c 培育 573c 示范 85b
生物多样性保护 82a
生物多样性保护 教育基地 583c 香港图片展 84c 中越合作 73b
生物能源 产业化创新基地 297b
生物医药产业 298a
生物资源 创新 424b
生育保险 334a
生育关怀行动 350b
声环境 质量 80c
省博物馆 建馆 60 周年 307a
省滇剧院 建院 60 周年 305b
失业保险 334a
施甸 链子桥 二级公路 通车 143a
施孟 二级公路 通车 480b
湿地 81a 建设 390b
石斛 致富 517a 产业 431c
石门村 440c
石漠化 治理 420a 75b
石头城 旅游项目 458a
实验室 省级重点 299a
食品安全 500a 进出口 突发事件 181a 小餐饮整治 343c 信息化 346b 宣传 346c 学校食堂 344a 专家委员会 组建 344a 添加剂 打击 181b 343a
食用菌 基地 75a 种植园区 401a
市场价格 秩序监管 357a
市容环卫 281a
市政公用设施 建设 279c 基础设施 457a 资料软件 280c
柿凤 二级公路 通车 143b 441a
手机报 312c
蔬菜基地 386a 销售 便民网点 398a
树苴乡 491a
树林乡 彝良县 363a
数学大赛 416c
数字电视 429c
双胞胎文化月 465b
双拥慰问 329b
双语教学 座谈会 322c 教材 编译 322a
水电 农村 96a
水晶豌豆 466a
水库 水质 78c 工程 496b 建设 485c 555b
水利工程 山区 525a 改革 96c 规划 94a 建设 94c 406c
水路 134a
水上搜救机构 首家 152c
水绥 二级公路 通车 448a
水土保持 82b 96a
水源工程 建设 94b 应急 中心城区 413b
水政 576b
水资源 49a 保护 95b 管理 95a
思江 二级公路 验收 468a
斯里兰卡 164a
饲料 438c
送书下乡 313a
酸雨 80b
绥水 二级公路 竣工 443c

T

台湾农民创业园 石林 388c
台湾原舞者文化艺术团 赴滇 322b
太邑乡 大理市 370a
钛业 基地 122b
泰戈尔画展 昆明 165c
泰国 153a
特困地区 扶贫 330b
特色产业 462b 469b 496c 527a 528a
特色经济林 479c 林产业 75b
特色旅游业 496c
特色小镇 281b 396b
特色专业村 548c
特殊对象 救助 328b
腾陇 二级公路 通车 143b
体育 48c 藏区工作 348a 对外交流 347c 彩票 348c 赛事 349b
天然林 保护 82b
天然气 530c
铁冲小流域 治理 376a
铁路建设 146b 运输 144b
铁路局 经营机制 转换 147a
通达乡 华坪县 365a
同城时代 滇中四城 394c
投融资 旅游产业 123c
图书交易博览会 313b
图书音像电子出版 312a
土地供应 357c
土地 税费政策 357c 整治 286b 执法 监察 286c
土著鱼 保护 416b
退耕还林 82b
退役军人 安置 329c

W

外贸出口 418a
外商 投资 178a
外资 审批 178a
网络安全 339a
危房改造 农村 551c 学校 458a
微波冶金 121c
卫生 48c
卫生城市 创建 563a
卫生城镇 创建 383a
卫生服务 示范社区 397a
未成年人 思想教育 352c
慰问演出 305b
温泉景区 447b
文化产业 303b 380c 403c 585b 人才培训 291b 政策 290c
文化创意周 启幕 308a
文化馆达标活动 306b
文化环境整治 校园周边 314b
文化惠民 379b 532b 568a 575b 农村 457c 示范村 创建 307c
文化建设 463a 对外交流 303c 精品工程 世居少数民族 321a 人才培养 304b 艺术 创作 302b 艺术活动 305a 体制改革 290c
文化旅游业 489a
文化市场 291a 管理 303b 303c 综合执法 307c
文化事业 48c
文化信息 共享 444a
文化遗产 保护 302c 遗产日 307b
文化云南 云南卫视直播 310c

文化云南网 开通 308c
文化志愿者 云南行 306a
文莱 153b
文明县城 420c
文山 公路 通车 143b
文物保护单位 数量 306c 推荐评审 306c
文物普查 306b
文艺下乡 442c
乌骨鸡 养殖 465c
污染 减排 81c 治理 城市 279a 污染物 处理 390c
污水处理 环洱海 544c 处理厂 竣工 574a
无公害农产品 500c 认证 443a
五保供养 328b
武定壮鸡 498a
物价 417c
物流集团 135c
物种 81a
物资 出省运输 144c 重点运输 144c

X

西部大开发 设想 131c
西山村 施甸县 362b
西翥 生态旅游实验区 昆明 377a
希望小学 445a
溪口桥 竣工 414a
下帮扫村民小组 墨江县 365b
夏令营 青少年 322a
县城建设 384b
县域经济 383b
乡村公路 135a
乡村流通工程 513b
乡村旅游 建设 125c 示范点 127c 产业 545b 服务体 运营 404b 经营户 538c
乡镇市场 建设 418b
消防安全 109b
消费结构 城镇居民 429a 农村居民 429b
消费品 市场 45c 城镇居民 429a 490c 需求 103a
小背龙 龙灯 430c
小城镇建设 437b
小甸头村 个旧市 369a
小额贷款公司 497a
小梨园村 宾川县 370c
小熊猫 驯养基地 普洱 73c
校舍 中小学 292c
新格宜镇 富裕和谐 399a
新加坡 153a
新家园行动 474c 485a 476c
新看点 云南卫视栏目 310b
新能源建设 546c 产业 513b
新年戏曲交响音乐会 305a
新农村故事会 394c 408c
新农村建设 401b 403c 417b 422a 429a 429c 446c 458b 464b 464c 466a 466b 468c 499b 514a 516ac 518c 526ab 529a 546b 551a 552c 555c 565b 582b 示范村 563c 试点 432b 工作队 444a 网站 537c
新平县 文明县城 422c
新区建设 呈贡 381a
新闻出版业 改革发展项目库 313b
新窝村 鹤庆县 372a
新型工业化 133b 438a 553a
新型能源 开发 550c
新型农村合作医疗 383c 443b 493b 504c 补偿 441c
新兴产业 112c
信贷资金 103a
信用体系 建设 55b
刑事犯罪 打击 336c
兴边富民工程 506a 经验 97a 实施 97ab
学前教育 计划实施 292c
雪桃 457c
循环经济 规划 107c

Y

亚细亚水彩展 397a
烟草农业 现代 114b
烟草专卖 证件管理 114a
烟草专业生产合作社 413c
烟区 开发 114c
烟叶 114b 对外交流 115a 进出口贸易 115a 开发 114c 原料 116a 原料保障 118c 资源配置 改革 114c
杨梅 富民 385b 杨梅节 石屏 512a
杨善洲 绿化基金会 成立 73c 墓园落成 430b 纪念馆 奠基 429c
养鸡场 生态养殖 443b
养老保险 被征地农民 333c 500a 城乡居民 432a
养老服务 387a
养老金 企业退休人员 333b
养老社区 375b
养生汇 云南卫视栏目 310b
养殖业 91a
药材标准 345c
药品 安全 344b 信息化 346b 宣传 346c 责任体系 试点 344b 整治 345b 广告 清理违法 345c 流通市场 345a 监督管理 344c
野象群 468a
医疗保险 135b 333c 城乡 439c 城镇职工居民 403a 结算 447b
医疗改革 562b
医疗救助 328a 485a 结算服务试点 537c 农村 514a
医疗器械 监管 346a 检测机构 比对 346b
医疗卫生 404a 科技 298b 专家进社区 341c
移民 469a 安置 442b 松花坝 375c 搬迁 415c 448c
彝人新村 永仁县 368b
彝族赛装节 496b
彝族药学 340b 医药 开发 340b
以法修志 出版物 315b
义务教育 保障机制 293b
艺术客厅 演出 305b
易地搬迁 525b 扶贫 448c
易峨高 二级公路 建设 421c 竣工 414a
疫病疫情 防控 动植物 92c
音乐现场 云南卫视栏目 改版 311c
殷艳兴 种粮大户 532a